據文淵閣四庫全書本排印

开元占经

（上）

（唐）瞿昙悉达　著

九州出版社
JIUZHOUPRESS

图书在版编目(CIP)数据

开元占经 / (唐) 瞿昙悉达著. ——北京 : 九州出版社, 2011.12(2016.6 重印)

ISBN 978-7-5108-1263-7

Ⅰ. ①开… Ⅱ. ①瞿… Ⅲ. ①占星术-中国-唐代 Ⅳ. ①B992.2

中国版本图书馆 CIP 数据核字(2011)第 241725 号

开元占经

作　　者	(唐)瞿昙悉达 著
出版发行	九州出版社
出 版 人	黄宪华
地　　址	北京市西城区阜外大街甲 35 号(100037)
发行电话	(010)68992190/3/5/6
网　　址	www.jiuzhoupress.com
电子信箱	jiuzhou@jiuzhoupress.com
印　　刷	北京毅峰迅捷印刷有限公司
开　　本	880 毫米×1230 毫米　32 开
印　　张	37
字　　数	900 千字
版　　次	2012 年 10 月第 1 版
印　　次	2016 年 6 月第 2 次印刷
书　　号	ISBN 978-7-5108-1263-7
定　　价	98.00 元(全二册)

唐开元占经提要

臣等谨案，唐《开元占经》一百二十卷，唐瞿昙悉达撰。《唐书·艺文志》载一百十卷。《玉海》引《唐志》亦同。又注云：《国史志》四卷，《崇文目》三卷。此本一百二十卷，与诸书所载不符，当属后人分卷有异。自一卷"天占"至一百十卷"星图"，均占天象。自一百十一卷"八谷占"至一百二十卷"龙鱼虫蛇占"，均占物异。或一百十卷以前为悉达原书，故与《唐志》及《玉海》卷数相符。其后十卷，后人以杂占增附之欤？卷首标衔，悉达曾官太史监事。考《玉海》开元六年诏瞿昙悉达译《九执历》，则悉达之为太史监，当在开元初。卷首又标奉敕撰，而奉敕与成书年月皆无可考，惟其中载历代历法止于唐《麟德历》，且云李淳风见行《麟德历》。考唐一行以开元九年奉诏创《大衍历》，以开元十六年颁之，其时《麟德历》遂不行，此书仍云见行《麟德历》，知其成于开元十七年以前矣。所言占验之法，大抵术家之异学，本不足存。惟其中卷一百四、一百五全载麟德、九执二历。《九执历》不载于《唐志》，他书亦不过标撮大旨。此书所载，全法具著，为近世推步家所不及窥。又《玉海》载《九执历》以开元二年二月朔为历首。今考此书，明云今起显庆二年丁巳岁二月一日以为历首，亦足以订《玉海》所传之误。至《麟德历》虽载《唐志》，而以此书校之，多有异同。若推入蚀限术、月食所在辰术、日月蚀分术诸类，《唐志》俱未之载。又此书载章岁、章月、半总、章闰、闰分历、周月法、弦法、气法、历法诸名，与《新唐书》所载全不合。其相合者，惟辰率、总法等同。盖悉达所据当为《麟德历》，见行本《唐志》远出其后，不无传闻异词。是又可订史传之讹，有裨于考证不少矣。又征引古籍，极为浩博。如《隋志》所称纬书八十一篇，此书尚存其七八，尤为罕见。然则其术可废，其书固有可采也。卷首有万历丁巳张一熙识语，谓是书历唐迄明，约数百年，始得之挹玄道人，钩沉起滞，非偶然已。

乾隆四十五年五月恭校上

总纂官：臣纪　昀
臣陆锡熊
臣孙士毅
总校官：臣陆费墀

唐开元占经识语

纬书之学盛于西汉，自光武严禁不行，故历代弘儒未及尽睹。至唐瞿昙悉达奉敕，以成《占经》一百二十卷，探集纬书七十余种，可谓无遗珠矣。然历来禁秘，不第宋元，即我明巨公皆未之见。今南北灵台亦无藏本。吾弟好读乾象，又喜佞佛，以布施装金而得此书于古佛腹中，可谓双济其美。无但不知藏之何代何人，而今一旦泄漏，其关系谅必匪轻。吾欲弟列之架上，何如藏古佛腹中时也，后之览者可不知苟重云。时万历丁巳孟秋上瀚，兄明哲书于流云馆中。

是书历唐迄明约数百年，始获于挹玄道人，亦奇矣哉！而志其所获由来者，道人之兄也。戊子初夏倡游芜江，蒙友人不秘而手录之，殆有夙缘乎？

古宣张一熙质先甫识于必必轩

目录

上册

开元占经卷一　天地名体

开元占经卷二　论天

开元占经卷三　天占

开元占经卷四　地占

开元占经卷五　日占一

开元占经卷六　日占二

开元占经卷七　日占三

开元占经卷八　日占四

开元占经卷九　日占五

开元占经卷十　日占六

开元占经卷十一　月占一

开元占经卷十二　月占二

开元占经卷十三　月占三

开元占经卷十四　月占四

开元占经卷十五　月占五

开元占经卷十六　月占六

开元占经卷十七　月占七

开元占经卷十八　五星占一

开元占经卷十九　五星占二

开元占经卷二十　五星占三

开元占经卷二十一　五星占四

开元占经卷二十二　五星占五

开元占经卷二十三　岁星占一

开元占经卷二十四　岁星占二

开元占经卷二十五　岁星占三

开元占经卷二十六　岁星占四

开元占经卷二十七　岁星占五

开元占经卷二十八　岁星占六

开元占经卷二十九　岁星占七

开元占经卷三十　荧惑占一

开元占经卷三十一　荧惑占二

开元占经卷三十二　荧惑占三

开元占经卷三十三　荧惑占四

开元占经卷三十四　荧惑占五

开元占经卷三十五　荧惑占六

开元占经卷三十六　荧惑占七

开元占经卷三十七　荧惑占八

开元占经卷三十八　填星占一

开元占经卷三十九　填星占二

开元占经卷四十　填星占三

开元占经卷四十一　填星占四

开元占经卷四十二　填星占五

开元占经卷四十三　填星占六

开元占经卷四十四 填星占七

开元占经卷四十五 太白占一

开元占经卷四十六 太白占二*

开元占经卷四十七 太白占三

开元占经卷四十八 太白占四

开元占经卷四十九 太白占五

开元占经卷五十 太白占六

开元占经卷五十一 太白占七

---

* 此卷缺标题二。四库本标题多有缺漏，本次整理悉依原本原貌，不作添改。

开元占经卷五十二　太白占八

开元占经卷五十三　辰星占一

开元占经卷五十四　辰星占二

开元占经卷五十五　辰星占三

开元占经卷五十六　辰星占四

开元占经卷五十七　辰星占五

开元占经卷五十八　辰星占六

开元占经卷五十九　辰星占七

下　册

开元占经卷六十　东方七宿占一

开元占经卷六十一　北方七宿占二

开元占经卷六十二　西方七宿占三

开元占经卷六十三　南方七宿占四

开元占经卷六十四　分野略例

开元占经卷六十五　石氏中官一

开元占经卷六十六　石氏中官二

开元占经卷六十七　石氏中官三

开元占经卷六十八　石氏外官四

开元占经卷六十九　甘氏中官

开元占经卷七十　甘氏外官　巫咸中外官

开元占经卷七十一　流星占一

开元占经卷七十二　流星占二

开元占经卷七十三　流星占三

开元占经卷七十四　流星占四

开元占经卷七十五　流星占五

开元占经卷七十六　杂星占

开元占经卷七十七　客星占一

开元占经卷七十八　客星占二

开元占经卷七十九　客星占三

开元占经卷八十　客星占四

开元占经卷八十一　客星占五

开元占经卷八十二　客星占六

开元占经卷八十三　客星占七

开元占经卷八十四　客星占八

开元占经卷八十五　妖星占上

开元占经卷八十六　妖星占中

开元占经卷八十七　妖星占下

开元占经卷八十八　彗星占上

开元占经卷八十九　彗星占中

开元占经卷九十　彗星占下

开元占经卷九十一　风占

开元占经卷九十二　雨占

开元占经卷九十三　候星善恶占

开元占经卷九十四　云气杂占

开元占经卷九十五　云气犯二十八宿占

开元占经卷九十六　云气犯列宿占　石氏中外官占

开元占经卷九十七　猛将军阵胜负云气占

开元占经卷九十八　虹蜺占

开元占经卷九十九　山石冢光占

开元占经卷一百　井泉自出河移水火占

开元占经卷一百一　霜雪雹冰寒雾露霾曀霰霁濛占

开元占经卷一百二　雷霆占

开元占经卷一百三　历法　麟德历经

开元占经卷一百四　算法　天竺九执历经

开元占经卷一百五　古今历积年及章率

开元占经卷一百六　星图一

开元占经卷一百七　星图二

开元占经卷一百八　星图三

开元占经卷一百九　星图四

开元占经卷一百十　星图五

开元占经卷一百十一　八谷占

开元占经卷一百十二　竹木草药占

开元占经卷一百十三　人及鬼神占

开元占经卷一百十四　器服休咎城邑宫殿怪异占

开元占经卷一百十五　禽占

开元占经卷一百十六　兽占

开元占经卷一百十七　牛占

开元占经卷一百十八　马占

开元占经卷一百十九　羊犬豕占

开元占经卷一百二十　龙鱼虫蛇占

开元占经卷一

天地名体

天体浑宗

按：后汉河间相张衡《灵宪》曰：昔在先王，将步天路，用定灵轨。寻考本元，先准之于浑体，是为正仪立度。而皇极有逌，建也。枢运有逌，稽也。乃建乃稽，斯经天常。圣人无心，因兹以生心。故《灵宪·作兴》曰：太素之前，幽清玄静，寂漠冥然，不可为象。厥中惟虚，厥外惟无，如是者永久焉，斯谓溟涬。盖乃道之根也。道根既建，自无生有。太素始萌，萌而未兆。并气同色，混沌不分。故道志之言云，有物混成，先天地生。其气体固未可得而形，其迟速固未可得而纪也。如是者又永久焉，斯谓庬鸿。盖乃道之干也。道干既育，有物成体。于是元气剖判，刚柔始分，清浊异位。天成于外，地定于内。天体于阳，故圆以动；地体于阴，故平以静。动以行施，静以合化，堙郁构精，时育庶类，斯谓天元。盖乃道之实也。在天成象，在地成形。天有九位，地有九域；天有三辰，地有三形。有象可效，有形可度。情性万殊，旁通感薄，自然相生，莫之能纪。于是人之精者作圣，实始纪纲而经纬之八极。地维径二亿三万二千三百里。南北则短减千里，东西则广增千里。自地至天，半于八极，则地之深亦如之。通而度之，则是浑也。将覆其数，用重差钩股，悬天之景，薄地之仪，皆移千里而差一寸得之。过此而往，未之或知也。未之或知者，宇宙之谓也。宇之表无极，宙之端无穷。天有两仪，以舞道中，其可睹枢星。是谓之北极。在南者不著，故圣人弗之名焉。其世之遂九分而减二。阳道左回，故天运左行。有验于物，则人气左赢形右缭也。天以阳回，地以阴淳，是故天致其动，禀气舒光；地致其静，承施候明。天以顺动，不失其中，则四时顺至，寒暑不减，致生有节，故品物用生。地以灵静，作合承天，清化致养，四时而后育，故品物用成。凡至大者莫如天，至厚者莫若地。至质者曰地而已，至多莫若水。水精为汉，汉周于天，而无列焉，思次质也。地有山岳，以宣其气。精钟为星，星也者，体生于地，精成于天。列居错跱，各有逌属。紫宫为皇极之居，太微为五帝之廷。明堂之房，大角有席，天市有座。苍龙连蜷于左，白虎猛据于右。朱雀奋翼于前，灵龟圈首于后，黄、神、轩辕于中。六扰既畜，而狼蚖鱼鳖，罔有不具。在野象物，在朝象官，在人象事。于是备矣。悬象著明，莫大乎日月。其径当天周七百三十六分之一，地广二百四十三分之一。日者，阳精之宗积而成。乌象，乌有三趾，阳之类，其数奇。月者，阴精之宗积而成。兽象，兔阴之类，其数偶。其后有冯焉者羿，请无死之药于西王母，姮娥以之奔月，将往枚筮之于有黄，有黄占之曰：吉，翩翩归妹，独将西行，逢天晦芒，毋惊毋恐，后且大昌。姮娥遂托身于月，是为蟾蜍。夫日譬犹火，月譬犹水。火则外光，水则含景。故月光生于日之所照，魄生于日之所蔽。当日则光盈，就日则光尽也。众星被耀，因水转光，当日之冲，光常不合者，蔽于地也。是谓暗虚。在星星微，月遇则食。日之薄地，暗其明也。由暗视明，明无所屈。是以望之若大，方于中天，天地同明。由明视暗，暗还自夺，故望之若小。火当夜而扬光，在昼则不明也。月之于夜，与日同而差微，星则不然，强弱之差也。众星列布，其以神著有五列焉。是谓三十五星，一居中央，谓之北斗。动变定占，实司王命。四布于方，为二十八宿。日月运行，历示吉凶。五纬更次，用告祸福。则天心于是见矣。中外之官常明者百有二十四，可名者三百二十。为星二千五百，而海人之占未存焉。微星之数，盖万一千五百二十。庶物蠢动，咸得系命。不然，何以总而理？诸夫三光同形，有似珠玉，神守精存，丽其职而宣其明。及其衰，神歇精斁，于是乎有陨星，然则奔星之所坠，至则石矣。文耀丽乎天，其动者七：日、月、五星是也。周旋右回天道者，贵顺也。近天则迟，远天则速。行则屈，屈则留回，留回则逆，逆则迟，迫于天也。行迟者，觌于东；觌于东，属阳。行速者，觌于西；觌于西，属阴。日与月以配合也，摄提荧惑，地候见晨，附于日也。太白辰星见昏，附于月也。二阴三阳，参天两地，故男女取焉。方星巡镇，必因常度，苟或盈缩，不逾于次，故有列司作使，曰老子四星，周伯王逢絮芮各一，错乎五纬之间，其见无期，其行无度，实妖经星之所，然后吉凶宣周，其详可尽。

张衡《浑仪注》曰：浑天如鸡子，天体圆如弹丸，地如鸡子中黄，孤居于内。天大而地小，天表里有水，天之包地，犹壳之裹黄。天地各乘气而立，载水而浮。周天三百六十五度四分度之一，又中分之，则一百八十二度八分之五覆地上，一百八十二度八分之五绕地下。故二十八宿，半见半隐。其两端谓之南北极。北极，乃天之中也，在正北，出地上三十六度。然则北极上觋径七十二度，常见不隐。南极，天之中也。在南入地三十六度，南极下规七十二度，常伏不见。两极相去一百八十二度半强，天转如车毂之运也。周旋无端，其形浑浑，故曰浑天也。

赤道，横带，天之腹，去南北二极，各九十一度十九分度之五。

横带者，东西围天之中要也。然则北极小规去赤道五十五度半，南极小规亦去赤道五十五度半。并出地入地之数，是故各九十一度半强也。

黄道，斜带，其腹出赤道，表里各二十四度。

日之所行也，日与五星行黄道，无亏盈。月行九道，春行东方，青道二；夏行南方，赤道二；秋行西方，白道二；冬行北方，黑道二。四季还行黄道，故月行有亏盈。东西南北，随八节也。日最短，经黄道南，在赤道外二十四度，是其表也。日最长，经黄道北，去赤道内二十四度，是其里。故夏至去极六十七度而强，冬至去极百一十五度亦强。日行而至斗二十一度，则去极一百一十五度少强。是故日最短，夜最长，景极长。日出辰入申，昼行地上一百四十六度强，夜行地下二百一十九度少强。夏至日在井二十五度，去极六十七度少强，是故日最长，夜最短，景极短。日出寅入戌，昼行地上二百一十九度少强，夜行地下一百四十六度强。

然则黄道斜截赤道者，即春秋分之去极也。

斜截赤道者，东西交也。然则春分日在奎十四度少强，西交于奎也；秋分日在角五度弱，东交于角也。在黄赤二道之交中，去极俱九十一度少强，故景居二至长短之中奎十四角五，出卯入酉，日昼行地上，夜行地下，俱一百八十二度半强，故昼夜同也。

张衡《浑仪图注》曰：今此春分，去极九十一度少强，秋分去极九十一度少强者，就夏历景去极之法以为率也。是以作小浑，尽赤道黄道，乃各调赋三百六十五度四分之一，从冬至所在始起，令之相当值也。取北极及衡，各针穿之为轴，取薄竹篾穿其两端，令两穿中间与浑半等以贯之，令察之与浑相切摩，乃从减半起，以为八十二度八分之五，尽衡减之半焉。又中分其篾，拗去其半，令其半之际正直，与两端减半相直。令篾半之际，从冬至起一度一移之，视篾之半际多少，黄赤道几也。其所多少，则进退之数也。从北极数之则去极之度也。各分赤道黄道为二十四气，一气相去十五度十六分之七。每一气者，黄道进退一度焉。所以然者，黄道直时去南北极近，其处地少，而横行与赤道且等，故以篾度之于赤道多也。设一气令十六日，皆常率四日差少半也。令一气十五日，不能半耳。故使中道三日之中差少半，三气一节，故四十六日而差今三度也。至于差三之时，而五日同率者一，其实一节之间不能四十六日也。今残日居其策，故五日同率也。其率虽同，先之皆强，后之皆弱，不可胜记耳。至于三而复有进退者，黄道稍斜，于横行不得度故也。春分秋分所以退者，黄道始起更斜矣，于横行不得度故也。亦每气一度焉，故三气一节亦差三度也。至三气之后稍远而直，故横行得度而稍进也。立春立秋，横行稍退矣，而度犹云进者，以其所退减其所进，犹有盈余未尽故也。立夏立冬横行稍进矣，而度犹云退者，以其所进增其所退，犹有不足未毕故也。以斯言之，日行非有进退也，而以赤道量度，黄道使之然也。本二十八宿相去度数，以赤道为强耳。故黄道亦有进退也。冬至在斗，二十一度少半，最远时也。而此历斗二十度俱一百一十五度强矣，冬至宜与之同率焉。夏至在井，二十一度半强，最近时也。而此历井二十三度俱六十七度强矣，夏至宜与之同率焉。

汉灵帝时，议郎蔡伯喈于朔方上书曰：论天体者，有三家。宣夜之学，绝无师法。《周髀》术数具存，考验天状，多所违失，唯浑天近得其情。今史官所用候台铜仪，则其法也。立八尺圆体而具天地之形，以正黄道，占察发敛，以行日月，以步五纬，精微深妙，百世不易之道也。

蔡氏《月令章句》曰：天者，纯阳精刚，转运无穷，其体浑而包地，地上者一百八十二度八分之五，地下亦如之。其上中北偏出地三十六度，谓之北极。极星是也。史官以玉衡长八尺、孔径一寸，从下端望之，此星常见于孔端，无有移动，是以知其为天中也。其下中南偏入地亦三十六度，谓之南极。从上端望之，当孔下端是也。此两中者，天之辐轴所在，转运所由也。天左旋出地上而西，入地下而东，其绕北极径七十二度，常见不伏，图内赤小规是也。绕南极径七十二度，常伏不见，图外赤大规是也。据天地之中而察东西，则天半见半不见，图中赤规截娄角者是也。

后汉末，吴人陆公纪《浑天》曰：先王之道，存乎治历明时，本之验著，在于天仪。夫法象莫若浑天，浑天之设久矣。昔在颛顼，使南正重司天，而帝喾亦序三辰。尧命羲和，钦若昊天，历象日月星辰。舜之受禅，在璇玑玉衡，以齐七政。以是数者言之，曩时已立浑天之象明矣。周公序次六十四卦，两两相承，反覆成象，以法天行，周而复始，昼夜之义。故《晋卦·象》曰：昼日三接。《明夷·象》曰：初登于天，后入于地。仲尼说之曰：明出地上，晋，进而丽乎大明。是以昼日三接，明入地中。明夷，夜也。先昼后夜，先晋后明夷，故曰：初登于天，照四国也；后入于地，失则也。日月丽乎天，随天转运，出入乎地，以成昼夜也。浑天之义，盖与此同。仲尼殁，大道乖，诸子穿凿妄作，乃有盖天之说。其为虚伪较然可知。又曰：浑天以日出地上则昼，故《易》曰：明出地上，昼日三接。又曰：晋，昼也。日入于地则夜，夜则明伤。故《易》曰：明夷，伤也。又曰：初登于天，照四国也。后入于地，失则也。《尚书》：寅宾出日，寅饯纳日。以此言之，知出入于地审矣。若日不出于地，则何缘得有昼夜明暗乎？天半覆地上，半周地下，绕地而运，故二十八宿半见半隐，如天半右覆地上，半不在地下。二十八宿何故更见更隐乎？由此言之，天乃裹地而运，信矣！此是昏明之大术也。天之形状，圆周浑然，运于无穷，故曰浑。《易》曰：乾为天为圜。又曰，先甲三日，后甲三日，终则有始，天行也。此之谓矣。天大地小，天统地，半覆地上，半周地下，譬如卵白，白绕黄也。扬子云《太玄经》曰：天穹隆而周乎下，地旁薄而向乎上，故知天裹地下。周天三百六十五度四分度之一，一百八十二度八分度之五覆地上，一百八十二度八分度之五周地下，故二十八宿半见半隐，日月出入以成昏明也。北极，星北方偏出于地三十六度。南极，中偏入于地亦三十六度。南极北极，天轴所在，转运所由。譬车之有轮，所以自行也。众星皆移无常，惟北极守中不易，是以知其为天中也。天倾故极在中北。仲尼曰：譬如北辰居其所，而众星共之。又《太玄经》曰：天圆地方，极枢中央，动以历静，时乘十二，以建七政。是以《尧典》曰，在璇玑玉衡，以齐七政。此之谓也。绕南极七十度，常在地下，不出地。周天一百七万一千里，东西南北径三十五万七千里，立径亦然。自外诸说，度次交会，与蔡氏、张衡同，故略云。吴时庐江王蕃《浑天象说》曰：幽平之后，周室遂卑，天子不能颁朔，鲁历不正，百有余年，以建申之月为建亥，而怪蛰虫不伏也。历纪废坏，道术浸乱，浑天之义，传之者寡。末世之儒，或不闻见，各以私意为天作说，故有《周髀》、《宣夜》之论。《宣夜》绝无师法，《周髀》见行于世，考验天状，多所违失。依刘洪《乾象历》之法，而论《浑天》曰：前儒旧说天地之体状如鸟卵，天包地外，犹壳之裹黄也。周旋无端，其形浑浑然，故曰浑天也。周天三百六十五度，五百八十九分度之，百四十五东西南北辰转周规，半覆地上，半在地下，故二十八宿半见半隐。以赤仪准之其见者，常百八十二度有奇，是以知其半覆地上半隐地下。其二端谓之南极北极，天之中也。北极在正北，出地三十六度；南极在正南，入地亦三十六度。两极相去一百八十二度半强。众星皆移而北极不徙，犹车轮之有缸轴也。绕北极径七十二度，常见不隐，谓之上规。绕南极七十二度，常隐不见，谓之下规是也。上规去南极，下规去北极，皆一百四十度半强。以二规于浑仪为中规，赤道带天之纮，去两极各九十一度少强。黄道，日所行也。半在赤道外，半在赤道内，与赤道东交于角五弱，西交于奎十四少强。其出赤道外极远者，去赤道二十四度斗二十一度是也。其入赤道内极远者，入赤道二十四度井二十度是也。日南至斗二十一度，去极百一十五度少强，是日最南，去极最远，故景最长。黄道斗二十一度，出辰入申，故日亦出辰入申。昼行地上百四十度强，故日短，夜行地下二百一十九度少弱，故夜长。自南至之后，日去极稍近，故景稍短。日昼行地上度稍多，故日稍长，夜行地下度稍少，故夜稍短。日行度稍北，故日出入稍北，以至于夏至日在井二十五度，去极六十七度少强，是日最近北，去极最近，故景最短。黄道井二十五度出寅入戌，故日亦出寅入戌，日昼行地上二百一十九度少弱，故日长；夜行地下百四十六度弜，故夜短。自夏至之后，日去极稍远，故景稍长，日昼行地上度稍少，故日稍短，夜行地下度稍多，故夜稍长。日所在度稍南，故日出入稍南，以至于南至而复初焉。斗二十一度井二十五度，南北相应四十八度。春分日在奎十四少强，秋分日在角五少弱，此黄赤二道之中交也。去极俱九十一度少强，南北处斗二十一井二十五之中，故景居二至长短之中，奎十四角五出卯入酉，故日亦出卯入酉，日昼行地上，夜行地下，俱百八十二度半强，故日见之漏五十刻，不见之漏五十刻，谓之昼夜同。夫天之昼夜以日出入为分，人之昼夜以昏明为限。日未出二刻半而明，日入后二刻半而昏。故损夜五刻以增昼刻,是以春秋分之漏昼五十五刻。浑天遭周秦之乱,师传断绝,而丧其文,唯浑仪尚在台,是以不废。故其详可得言,至于纤微委曲,阙而不传,周天里数,无闻焉尔。而《洛书轨曜度》、《春秋考异邮》皆云,周天一百七万一千里。至以日景验之,违错甚多。然其流行布在众书,通儒达士未之考正,是以不敢背损旧术,独摅所见。故按其数,更课诸数,以究其意也。古历皆云,周天三百六十五度四分度之一,皆分一百七万一千里数为一度,阔二千九百三十二里七十一步二尺七寸四分大强,斗下分为七百三十三里一十七步五尺一寸八分大弱。三光之行,不必有当,术家以算追而求之,故诸家之历,各有异同。汉灵帝之末,《四分历》与天违错。时会稽东部都尉太山刘洪善于推候,乃考术史官自古至今历法,原其进退之行,察其出入之验,视其往来,度其终始,课斗下分不能四分之一,减以为五百八十九分之一百四十五,更造乾象历,以追日月五星之行。比于诸家,最为精密。今史官所用,则其历也。故所作浑象,诸分度节次,及昏明中星,皆更以《乾象》法作之。周天一百七万一千里,以《乾象》法分之,得二千九百三十二里八十步三尺九寸五分弱。斗下分为七百二十一里二百五十九步四尺五寸二分强。《乾象全度》长《古历全度》九步一尺二寸少弱,斗下分减古历,斗下分十一里五十八步六寸六分弱。其大数俱一百七万一千里,斗下分减,则全度纯数使其然也。又陆绩云,周天一百七万一千里,东西南北径三十五万七千里,立径亦然。此盖天黄赤道之径数也。浑天、盖天黄赤道周天度同,故绩取以言耳。此言周三径一也。古历术日率圆周三中径一,臣更考之,径一不翅周三,率周百四十二而径四十五,以径率乘一百七万一千里,以周率约之,得径三十二万九千四百一里一百二十二步二尺二寸一分七十一分分之十。东西南北及立径皆同,半之得十六万九千七百里二百一十步一尺六寸百四十二分分之八十一。地上去天之数也。夫周径固前定物,为盖天者,尚不考验,而乃论天地之外,日月所不照,阴阳所不至,日精所不及，仪术所不测，皆为之说，虚诞无征，是亦邹子瀛海之类也。臣谨更以晷景考周天里数。按《周礼·大司徒之职》云：土圭之法，测土深正日景以求地中。日南则景短多暑，日北则景长多寒，日东则景夕多风，日西则景朝多阴。日至之景，尺有五寸，谓之地中。郑玄云：土圭之长尺有五寸，以夏至立八尺表，其景适与圭等，谓之地中。今颍川阳城地为然。郑玄云，凡日景于地千里而差一寸，景尺有五寸者，南戴日下万五千里也。诚以八尺之表而有尺五寸景是立八十而旁十五也。南万五千里而当日下，则日当去其下地八万里矣。从日斜射阳城，则天径之半也。天体圆如弹丸，地处天之半，而阳城为中。则日春秋冬夏、昏明昼夜，去阳城皆无盈缩矣。故知从日斜射阳城为天径之半也。以勾股法言之，旁万五千里则勾也，立八万里则股也，从日斜射阳城则弦也。以勾股求弦法入之，得八万一千三百九十四里三十步五尺三寸六分，天径之半，而地上去天之数也。倍之得十六万二千七百八十八里六十一步四尺七寸二分，天径之数也。以周率乘之径率约之得五十一万三千六百八十七里六十八步一尺八寸二分，周天之数也。减《甄曜度》《考异邮》五十五万七千三百一十二里有奇，一度凡一千四百六里百二十四步六寸四分十万七千五百六十五分分之万九千四十九。减旧度千五百二十五里二百五十六步三尺三寸二十一万五千一百三十分分之十六万七百三十分。夫末世之儒，多妄穿凿，补增《河》《洛》，窃作谶纬。其言浮虚，难悉据用。六官之职，周公所制；勾股之术，目前定数。晷景之度，事有明验。以此推之，近为详矣。黄赤道相与交错，其间相去二十四度，以两游仪准之，二道俱三百六十五度有奇。是以知天体圆如弹丸，而陆绩造浑象，其形如鸟卵。然则黄道应长于赤道矣。绩云，东西南北径三十五万七千里。然则绩亦以天形正圆也。而浑象为鸟卵，则为自相违背。月行二十七日有奇，而周天其行，半出黄道外，半入黄道内，在内谓之阴道，在外谓之阳道。其行阴阳道极远者，不过六度。黄道无常，诸家各异，各依其历节气所行宿度。《尚书》《月令》太初三统四分，乾象各不同，昏明亦异。日行蹉跌，不遵常轨之所为也。夫三光之行，虽有盈缩，天地之体，常然不变。故诸家之历，皆不著浑象。唯黄道当各随其历而错之。而今臣所施，黄道，乾象，法也。审校先代诸儒，于春秋二分多差，而冬夏二至，恒在二分限中。蕃按，浑象之法，地当在天中，其势不便。故反观其形，地为外匡，于已解者，无异在内，诡状殊体而合于理，可谓奇巧。古旧浑象，以二分为一度，周七尺三寸半分。汉张衡更制，以四分为一度，凡周一丈四尺六寸一分。臣以古制局小，以布星辰相去稠概不得了察，而张衡所作又复伤大，难可转移。前表间以三分为一度事，许令臣新作周一丈九寸五分四分分之三长，古法三尺六寸五分四分分之一，减张衡亦三尺六寸五分四分分之一。浑象法黄道赤道，各广一度有半，故今所作浑象，黄赤道各广四分半，相去七寸二分。浑仪中筒为璇玑，外规为玉衡。（吴太史令陈卓所作浑天论，与王蕃大同。）姜岌《浑天论答难》曰：浑天之说，天体包裹，地在其中。七曜躔丽，道有常率。天体旁倚，故日道南高而北下，运转之枢，南下而北高。二枢为毂，日道为轮，周回运移，终则复始。北枢谓之北极，出地上三十六度，故天北际七十二度常见而不伏。南枢谓之南极，入地下亦三十六度，故天南际七十二度常伏而不见。或云，火阳也，故外照。金水阴也，故内景。日为阳精，故外照。月为阴之宗，应内景，而月复能外照，何也？对曰：月光者，日曜之所生。是故外景如日照也。是故莹金澄水得日之照，照物亦有景。又曰：月无亏盈，亏盈由人也。日月之体，形如圆丸，各径千里。月体向日，常有光也。月之初生，日曜其西，人处其东，不见其光，故名曰魄。魄一日之后微东而南，故明生焉。八日正在南方半之，故见其弦也。望则人处日月之间，故见其圆也。假使月初生时移人在日月之间，东向以视，则月光圆若望也。夏至之日，日入戌，月初生时则西北近日有光，及出于寅未，阅三日以视，月则东北近日处光满也。研之于心，验之于日，月体向日有光而形圆矣。难者又云：日曜星月，明乃生焉。然则月望之日，夜半之时，日在地下，月在地上，其间隔地，日光何由得照月，暗虚安得常在日冲？对曰：日之曜天，不以幽而不至，不以明而不及，赫烈照于四极之中，明光曜焕乎宇宙之内，循天而曜星月，犹火之循突而升。及其光曜，无不周矣。惟冲不照，名曰暗虚，盖日及天体犹满面贲鼓矣。日之光炎在地之上，碍地不得直照而散，故薄亏而照则近；在地之下，聚而直照，故满盈而照则远。以斯言之，则日光应曜星月，有何碍哉！《易》传，日夜食则星亡，无日以曜之故也。难云：地上不得直照而散，故薄亏而照近，检先望一日，日未入地而月已出，相去三十余万里，日在地上散而直照，不应及月，而使月全明者，何也？对曰：薄亏而照则近，是言碍地光难周耳。水流湿，火就燥，类相从也。月、星者，类也。日光散照虽不及月，譬之燃烛，一烛在上，一烛在下，灭下烛使烟相当，则上灭之炎，循烟而下燃下烛矣，此类相从也。难者又曰：日夜食则众星亡，按月体不大于地，今日在地下，月在地上，地体大尚不能掩日，使不照月，月体小于地，安能掩日使不照曜星也？对曰：上元之初，日月如叠璧，五星如连珠，故曰重光。重光者，日在上，月次之，星居下，地在宿内，故掩日月光，星月存而曜亡也。月在星宿之外，故掩日，日光不得照星也。

梁武帝《尝仪》云：月体不全光，星亦自有光，非受明于日。若是日曜月所以成光，去日远则光全，去日近则光缺，五星行度亦去日有远近，五星安得不盈亏？当知不然。太阴之精自有光景，但异于太阳，不得浑赫星月及日，体质皆圆，非如圆镜，当如丸矣。

祖暅曰：姜岌此言非也。星犹月，禀日之光，然后乃见。若星在日里则应盈魄，今既不然，故知星在日表而常明也。按，星体自有光曜，非由禀日始明。今星宿有时食月，在魄中分明质见，则是星行亦在月里，不专在表。又姜岌承二烛为喻，理亦迂回，非实验也。

晋侍中刘智《论天》曰：凡含天地之气而生者，人其最贵而有灵智者也。是以动作营为皆应天地之象。古先圣王观灵曜，造算数，准辰极，制浑仪，原性理，考征详，赞其幽义而作历术焉。浑仪象天之圆体，以含地方，轮转周匝，中有二端。其可见者，极星是也，谓之北极。在南者，在地下不见，故古人不名。阴阳对合为群生父母，精象在于五星，其于共成天地之功也。则日月为政，五星为纬，天以七纪七曜是也。北极不过为众星之君，命政指授，以斗建时，斗有七星，与曜同精而布节气于下者也。晦朔分于东西，消息辨于南北，取以定四方。天地配合方气有常，天以七纪方修其政，故方有七宿二十八星是也。天有常度，日月成象，众星有宫分，方物有体类，在朝象官，在野象物，在人象事，理自然也。众星定位，七曜错行，盈缩有期节，故历数立焉。日，太阳也，施温万物生，施光则阴以明。众所禀为倡先者也，君尊之象也。月，太阴也，禀照于阳，亏盈随时，有所禀受，臣卑之道也。五星象五常，托四时成五事。旧说日譬犹火也，月譬犹水也。火则施光，水则含景，故月光生于背日，当日则光盈，近日则明灭。然则月为臣象可知矣。又曰，当其冲月食者，阴性毁损，不受光也。君臣不等强，日月不等明，阴在于上，不自抑损，阳必侵之，望在交度，其应必食，故《诗》云：彼月而食，则维其常。道势然也。侵甚则既虚之象也。日尊，君象也。月卑，臣象也。晦朔之会，交则同道，同道则形相蔽。天道君为尊，臣由臣道，虽度相值，月不掩日，卑下尊也。不由臣道，月掩日体，卑凌尊也。是故太平之时，交而不食，尊卑道顺。或问云：颛顼氏造浑仪，黄帝为盖天，其遗说云，盖天象笠，极在其中，日月远近，以为晦明；浑仪以天裹地，地载于气，天以回转，而日月出入以为晦明。二说谁其得之？刘智曰：盖天之论谬矣。以春秋二分，日出卯入酉，若天象车盖，极在其中，日月星辰回还藏明，二分之时，当昼短夜长，今以漏刻数之，则昼夜分等。以日入较之，则出卯入酉，此盖天之说不通之验也。然此二器皆古之所制，但传说义者，失其用耳。昔者圣王治历明时，作圆，盖以图列宿，极在其中，回之以观天象，未可正昏明分昼夜，故作浑仪也。象天体亦以极为中，而朱规为赤游周环，去极九十一度有奇。

考日所行，冬夏去极远近不同，故复画为黄道。夏至去极近，冬至去极远，二分之际交于赤道。二道有表里，以定宿度之进退，为术乃密。至汉顺帝时，南阳张衡考定进退，灵帝时，太山刘洪步月迟疾，自此之后，天验愈详。自司马迁、刘向、刘歆、扬雄、贾逵、张衡、蔡邕、刘洪、郑玄，此九君者，不但精于算步，皆博索沈综，才思弘远，而不合论浑盖之用，明定日行四时之道，虽或精考，雅有所得，亦或出心裁，失其本旨。人之不同，处意各异，道之难尽效于斯矣。

或问曰：古历论月食，或云阴损则不受明，或云暗虚，暗虚所在，值月则月食，值星则星亡，今子不从，何也？刘智曰：言暗虚者，以为当日之冲，地体之荫，日光不至，谓之暗虚。凡光之所照，光体小于所蔽，则荫大于本质。今日以千里之径而地体蔽之，则暗虚之荫将过半矣。星亡月毁，岂但交会之间而已哉！由此言之，阴不受明近得之矣。又问曰：若如所论，必有大荫，月在日冲，何由有明？刘智曰：夫阴含阳而明，不待阳光明照之也。阴阳相应，清者受光，寒者受温，无门而通，虽远相应，是故触石而云出者，水气之通也。相向而相及，无远不至，无隔能塞者，至清之质，承阳之光，以天之圆，面向相背，侧正不同，光魄之理也。阴阳相承，彼隆此衰，是故日月有争明，日微则昼见。若但以形光相照，无相引受之气，则当。阳隆乃阴明隆，阳衰则阴明衰，二者之异，无由生矣。

后魏太史令晁崇，修浑仪以观星象。按，其仪以永兴四年岁次困敦创造，传至后魏末，入齐往周隋，至于大唐，历年久远，仪盖日以倾坠。太史者，历正也。自景云三年奉敕重令修造，使银青光禄大夫、检校将作少监杨务廉，与银青光禄大夫、行太史令瞿昙悉达，正议大夫、行太史令李仙宗，试太史令殷知易，荆州都督兼秘书监兼右卫率薛玉，银青光禄大夫、检校秘书监吴师道，正议大夫、行秘书少监阎朝隐等，首末共营，各尽其思，至先天二年岁次赤奋若成。其铭曰：周天三万七千里，分寸无败；成岁三百六十日，盈缩有期。敬之敬之，以授人时。今史司见用测候。

守太子率更令何承天《论浑象体》曰:详寻前说,因观浑仪,研求其意,有悟天形正圆而水居其半,地中高外卑,水周其下。言四方者,东曰旸谷,日之所出,西曰濛汜,日之所入。《庄子》又云:北溟有鱼,化而为鸟,将徙于南溟。斯亦古之遗记,四方皆水证也。四方皆水,谓之四海。凡五行相生,水生于金,是故百川发源,皆自山出。由高趋下,归注于海。日为阳精,光曜炎炽,一夜入水,所经焦竭,百川归注,足以相补,故旱不为减,浸不为增。又云:周天三百六十五度三百四分之七十五。天常西转,一日一夜过周一度,南北二极相去一百一十六度三百四分度之六十五强,即天径也。黄道斜带赤道,春分交于奎七度,秋分交于轸十五度,冬至斗十四度半强,夏至井十六度半弱。从北极抉天而南五十五度强,则居天四维之中,最高处也,即天顶也。其下即地中也,自外与王蕃大同。

徐爰《宋书》云:元嘉十三年,有诏太史令钱乐之,依旧说铸浑天铜仪。径六尺八分,周一丈八尺二寸六分。地在天内,立黄赤二道,南北二极,规布列二十八宿,北斗极星。五分为一度,置日月五星于黄道之上。置立漏刻以水转仪,昏明中星与天相符。到十七年,又被敕作小浑天。径二尺二寸,周六尺六寸,二分为一度,安二十八宿。中外宫星备具,以白色珠及青黄三色珠为三家星。日月五星悉居黄道。

梁奉朝请祖暅亘《浑天论》曰:自古论天者多矣,而群氏纷纭,交相非毁。窃览同异,稽之典经,仰观辰极,傍瞩四维,睹日月之升降,察五星之见伏,校之以仪象,覆之以晷漏,则浑天之理,信而有征。辄遣众说,附浑仪云。考灵曜先儒,求得天地相去十七万八千五百里。以晷景验之,失之于过多,既不显求之术而虚设其数。盖夸诞之辞,非圣人之旨也。学者多因其说而未之革,岂不知寻其理欤?抑未能求其数故也?王蕃所考,校之前说,不啻减半。虽非揆格所知,而求之以理,诚未能遥趣其实,盖近密乎。辄因王蕃天高数,以求冬至春分日高,及南戴日下去地中数法,令表高八尺,与冬至景长一丈三尺，各自乘并而开方除之为法，天高乘表高为实，实如法得四万二千六百五十八里有奇，即冬至日高也。以天高乘冬至景长为实，实如法得六万九千三百二十里有奇，即冬至南戴日下去地中数也。求春秋分数法，令表高及春秋分景长五尺三寸九分，各自乘并而开方除之为法，因冬至日高实而以法除之，得六万七千五百二里有奇，即春秋分日高也。以天高乘春秋分景长实，实如法而一，得四万五千四百七十九里有奇，即春秋分南戴日下去地中数也。南戴日下所谓丹穴也。推北极里数法，夜于地中表南傅地，遥望北辰细星之末，令与端参合，以人目去表数及表高，各自乘并而开方除之为法。天高乘表高数为实，实如法而一，即北极细星高地数也。天高乘人目去表为实，实如法即去北辰极下之数也。北戴斗极为空桐，日去赤道表里二十四度，远寒近暑而中和。二分之日去天顶三十六度，日去地中，冬夏春秋晨昏昼夜皆同度也。而有寒暑者，地气上腾，天气下降，故远日下而寒，近日下而暑，非有远近也。犹火居上，虽远而炎，在旁，虽近而微。视日在旁而大、居上而小者，仰瞩为难，平观为易也。由视有夷险，非远近之效也。今悬珠于百仞之上，或置之于百仞之前，从而观之，则大小殊矣。先儒弗斯取验，用繁翰墨，夷途顿辔，雄辞折辩，不亦迂哉！今大寒在冬至后二气者，寒积而未消也。大暑在夏至后二气者，暑积而未歇也。寒暑均和乃在春秋分后二气者，寒暑积而未平也。譬之火，始入室而未甚温，弗事加薪，久而愈炽。既已迁之，犹有余热也。月行有中道，有阴道，有阳道。如姜岌说《周髀》云：日径千二百五十里，盖天乖谬，已详前识，无足采焉。以浑象言之，失于过大矣。张衡日月其径，当周天七百三十六分之一，地广二百四十二分之一。按此而论，天周分数，圆周率也。广分数，圆径率也。以八约之，得周率九十二，径率二十九，其率伤于周多径少，衡之疏也。衡以日月之径居一度之半，又言八极之维，径二亿三万二千三百里。既非考定，日月径又不明。其理饰辞华，说不足穷核者也。望日月法，立于地中，以人目属径寸之管而望日月,令日月大满管孔及定管长,以管径乘天高管长,除之即日月径也。月阴,精也。其形圆,其质禀日之光而见其体。日光不照,则谓之魄。故月望之日,日月相望,人居其间,尽观其质,故形圆也。二弦之日,日照其侧,人观其旁,故半魄半明也。晦朔之日,月照其表,人在其里,故形不见。旧说日月行九道,斯盖未究月行之变,而假为其说。谨按,著作郎张东对《三道九行》曰:按《汉·天文志》日有三道,月有九行者,谓日月行黄道为得其正。或行黄道外,或行黄道内,内外及正行,因名三道。故曰,房有四表三道。日月经房星南门即为旱,经房星北门即为水。日有三道者,但内外差及正行之道也。月有九行,谓青道二出于黄道东,赤道二出于黄道南,白道二出在黄道西,黑道二出在黄道北。故郑玄注《月令》,立春、春分,日行青道,月为之佐;立夏、夏至,日行赤道,月为之佐;立秋、秋分,日行白道,月为之佐;立冬、冬至,日行黑道,月为之佐。故月之九行,非为黄道外,别有九道。交横绵络,贯于躔舍。但为日月,既为动物,不能不小有盈缩,或行黄道内外。又按,日月以立春合宿在营室,即北方之星,色当言黑。春分合宿在奎,奎为西方之宿,色当言白。而郑云立春春分,日行青道者,考以岁起于春,春在东方,东方色青,故起青号。南西及北三方准此方,故日月共有三道,实无九行。但以因八节之差,顺四时之色,曲为九名,故月行言九,直举其实,故日道称三。三道九行,其义一也。则夫日之三道躔于二十八宿,月之九行经于八节也。梁武帝云,自古以来,谈天者多矣,皆是不识天象,各随意造,家执所说,人著异见,非直毫厘之差,盖实千里之谬。戴盆而望,安能见天?譬犹宅蜗牛之角,而欲论天之广狭;怀蚌螺之壳,而欲测海之多少。此可谓不知量矣。《系辞》云,《易》有太极,是生两仪,元气已分,天地设位,清浮升乎上,沈浊居乎下。阴阳以之而变化,寒暑用此而相推。辨尊卑贵贱之道,正内外男女之位,在天成象,三辰显曜;在地成形,五云布泽。斯昏明于昼夜,荣落于春秋。大圣之所经纶,以合三才之道。清浮之气,升而为天。天以妙气为体，广远为量，弥覆无所不周，运行来往不息。一昼一夜，圆转一周。张覆之广，莫能际其边际；运行之妙，无有见其始终。不可以度数而知，不可以形象而譬，此天之大体也。沈浊之气，下凝为地。地以土水为质，广厚为体。边际远近，亦不可知。质常安伏，寂然不动。山岳水海，育载万物，此地之大体也。天地之间，别有升降之气，资始资生，以成万物。《易》曰：大哉乾元，万物资始。大哉坤元，万物资生。资始之气，能始万物，一动一静，或此乃天之别用，非即天之妙体。资生之气，能生万物，一翕一辟，或此亦地之别用，非即地之形体。四大海之外，有金刚山，一名铁围山。金刚山北，又有黑山。日月循山而转，周回四面，一昼一夜。围绕环匝，于南则现，在北则隐。冬则阳降而下，夏则阳升而高。高则日长，下则日短，寒暑昏明，皆由此作。夏则阳升，故日高，而出山之道远；冬则阳降，故日下，而出山之道促。出山远则日长，出山促则日短。二分则合高下之中，故半隐半见。所以昼夜均等，无有长短。日照于南，故南方之气燠；日隐在北，故北方之气寒。南方所以常温者，冬月日近南而下，故虽冬而犹温；夏则日近北而高，故虽夏犹不热。北方所以常寒者，日行绕黑山之南，日光常自不照，积阴所聚，熏气远及，无冬无夏，所以常寒。故北风则寒，南风则暖。一岁之中，则日夏升而冬降；一日一夜，则昼见而夜隐。黑山之峰，正当北极之南，故夏日虽高，而不能不至寅而现，又至戌而隐。春秋分则居高下中。朝至金刚山之外，虽与山平而去山犹远，故为金刚所障，日未能出，须至卯然后乃现，西方亦复如是。冬则转下，所隐亦多，朝至于辰则出金刚之上，夕至于申则入金刚之下。金刚四面略齐，黑山在北，当北弥峻，东西连峰，近前转下，所以日在北而隐，在南而现。夫人目所望，至远则极。二山虽有高下，皆不能见。三辰之体，理系阴阳，或升或降，随时而动。至于天气清妙，无所不周。虽自运动无间，日月星辰，迟疾各异，晷度多少，不系乎天。金刚自近天之南，黑山则近天之北，极虽于金刚为偏，而南北为一。制旨解释云，金刚山自近天之南，黑山则近天之北，极准于金刚为偏，而于南北为一。令上林馆学士虞剧颖、上林馆倪徽仁、刘文道等，算其度数，开列于后。臣履等谨奉依敕旨，推按历法表景长短之差，日行南北之道，旁考经记，近较目前，莫不事事符合，昭然可见。谨略条度数如左：日道圆周三百六十五度，分为十二辰，辰三十度半。春秋分出卯入酉，冬至则出辰入申，夏至则出寅入戌。春秋分出卯中左右十五度，冬至日出卯南，去卯中二十四度，则是侵辰九度；夏至日出卯北，去卯中二十四度，则是侵寅九度。春分日入酉左右亦各十五度，冬至日入酉南，去酉中二十四度，是侵申九度；夏至日入酉北，去酉中亦二十四度，是侵戌九度。北极璇玑玉衡，上当天之北五十五度，北去黑山顶三十六度。夏至日在天南十二度，春秋分日在天南三十六度，冬至日中日在天南五十度，冬至日中日去金刚南三十度。梁武说云：四大海外有金刚山，一名铁围山。山北又有黑山。虞履等又以璇玑、玉衡在人之北五十五度，北去黑山三十六度。或曰：瞻星望月，盖不及浑；度景量天，浑不及盖。窃较卵之笠之，未尽天体之赜，而候之测之，才穷推出之妙。

梁人朱史《定天论》：日一千六百七十里，周天六十万二百三十一里，径率求之得十九万四千一百六十四里，即天东西南北相去之数也。求之得九万七千八百里，即春秋分日天去地之数也。夏至日天去地上八万一千三百九十四里，冬至之日为天去地上十万六千二十里也。

隋掖县丞刘焯《浑天论》曰：璇玑、玉衡，正天之器。帝王钦若，世传其象。汉之孝武，详考律历，则落下闳、鲜于妄人共所营定。逮于张衡，又寻述作，亦体制不异闳等。虽闳制莫存，而衡造有器。至吴世陆绩、王蕃，并更修铸。绩小有异，蕃乃事同。宋有钱乐之、魏初晁崇等，总用铜铁小大有殊，规域经模不异蕃造。观蔡氏《月令章句》、郑玄《注考灵曜》，势同衡法，迄今不改。焯以愚管留情，推测见其数制，莫不违爽。失之千里，差在毫厘，大象一乖，余何可验？况赤黄均度，月无出入，分至所恒，定气不别。衡分刻本差，轮回守故，其为疏谬，不可复言。亦既由理不明，致使众家间出。盖及宣夜，三说并驱；平昕安穹，四天腾沸。至当不二，理惟一揆。岂容天体七种殊说？又漏景去极，就浑可推，百骸共体，本非异物。此真已验，彼伪自彰。岂朗日未辉而爝火不息。理有而阙，讵不可悲者也！昔蔡伯喈《自朔方上书》曰：以八尺之仪，度知天地之象，古有器而无其书。常欲寝伏仪下，案度成数，而为立说。伯喈以负罪朔方，书奏，不许。伯喈若蒙许，亦必不能。伯喈才不逾张衡，衡本岂有遗思也？则有器无书，观不能悟。焯今立术，改正旧浑，又以二至之景，定去极晷漏，并天地高远，星辰运周，所宗有本，皆有其率。祛今贤之巨惑，稽往哲之群疑。豁若云披，朗如雾散，为之错综，数卷已成，待得景差，谨更启送。又云，《周官》夏至日景尺有五寸，张衡、郑玄、王蕃、陆绩先儒等，皆以为景千里差一寸，言南戴日下万五千里，表景正同，天高乃异。考之算法，必为不可。寸差千里，亦无典据，明为意断，事不可依。今交爱之州，表北无景，计无万里，南过戴日，是千里一寸，非其实差。焯今说浑，以道为率，道里既定，得差乃审。既大圣之年，升平之日，厘改群谬，斯正其时。请一水工并解算术士，取河南北平地之所可量数百里，南北使正，审时以漏，平地以绳，随气至分，同日度景，得其差率，里即可知。则天地无所匿其形，辰象无所逃其数，超前显圣，效象除疑。请勿以人废言不用。

按，刘焯《皇极历》云：凡日食，由月行黄道，体所映蔽。大较正交如累璧，渐减则有差，在内食分多，在外无损。虽外全而月下，内损而更高，交浅则间遥，交深则相搏。或由近而不掩，因遥而蔽多。所观之地又偏，所食之时又别，月居外道，此不见亏，月外之人，反以为食。交分正等，因在南方，冬损则多，夏亏乃少，假均冬夏，早晚又殊。处南北体则高，居东西傍而下。视有邪正，理不可一。且古史所说，本有纷互，今故推其梗概，求者知其指归。苟地非于阳城，皆随所而渐异。然月食以月行虚道，暗气所冲。日有暗气，天有虚道。

正黄道常与日对，如镜居日下，魄曜见阴，名曰暗虚，月则食。故张衡称当月月食，当星星亡。虽夜半之辰，子午相对，正隔于地，值虚即亏。既月兆日光，当午更曜，时亦隔地，无废禀明。谅以天光神妙，应感玄通。比陆绩于愚凡，意天彰于灵曜，正当夜半，何害亏禀。月由虚道，表里俱食，日之与月，体同势等，较其食分，月尽为多。容或形差，微增亏数。疏而不漏，纲要克举。议曰：月隔奁匣，镜不生菱；地隔高天，月宁含景。窃稽诸典，比陆绩于愚凡，意天彰于灵曜者，殆以虚而喻实，亦理所绝无，必求知也。凡事可依，必须取论无滞，或以当夜半，何害亏禀。日轮所照，日光所临，何关大地。近验应符，乃华言之饰辨，非忘私之至公。弱于德，强于辨，为后人通弊，信乎其然矣。

开元占经卷二

论 天

论 天

夫言天体者，盖非一家也。世之所传，有浑天，有盖天。说浑天者，言浑然而圆，地在其中。盖天者，言天形如车盖，地形如覆盘，皆中高外下，二曜推移，五星迭觌，见伏昏明，皆由远近运移丽天不入于地。日之将没，去人弥远，明衰光灭，故暗其明。及其将出，去人弥近，光明炎炽，故显其照。扬雄以为浑天得之，难盖天曰：今于高山之上，设水平以望日，则日出水平下。若天体常高，地体常卑，日无出下之理。于是盖天无以对也。浑天之说，天体包裹，地在其中。七曜躔离，道有常率。天体旁倚，故日道南高而北下；运转之枢，南下而北高。二枢为毂，日道为轮，周回运移，终则复始。北枢谓之北极。北极出地上三十六度，故天北际七十二度常见而不伏。南枢谓之南极。南极入地下亦三十六度，故天南际七十二度常伏而不见。

《周髀》云：日一度二千九百三十二里有奇，夏至景一尺四寸，冬至一丈三尺五寸，周天百七万一千里，径三千五万七千里。四表内万五千里，其外亦万五千里。故天日四游于三万里之中。冬南夏北，春西秋东，皆薄四表而止。地亦升降于天之中，旁游之数与天游同。日道星宿之外亦万五千里，圆周之径正与四表等。冬至之日出辰入申，夏至之日出寅入戌，进退于六十度之中焉。非专四游之差，亦有地之升降。冬至之后，日转北移，非专日之移也，亦由天地游而南，故物有生而不死。夏至之后，日转南移，非专日之移也，亦由天地游而北，故物有伏而不生。二分之日，出卯入酉，正与地上平。故半表之径，得天地相去十九万里。然则地处天半而下也。故曰出地上百八十二度八分度之五谓之昼，入地下百八十二度八分度之五谓之夜。昼则出地上而西,夜则入地下而东。周匝百刻,昏明五十刻。分之日,刻数既均,天度又等。与极应规,谓之中绳。居寒暑景之和,处迟疾之中。春分之后,日行中绳之北,故昼长而夜短,伏少而见多,景短而温气甚。秋分之后,日行中绳之南,故昼短而夜长,伏多而见少,景长而寒气多。《易说》冬至之景,一丈三尺;夏至之景,一尺四寸八分;并二至之景,得一丈四尺四寸八分。春分之景,七尺二寸四分;秋分之景与春分等。并二分之景,亦得一丈四尺四寸八分。然东西南北经纬均也,太平时和,七曜顺轨,优游两仪之中,不内不外。汉之乾象,魏之景初,皆以二分之时,行浑仪之内,故南北阔而东西狭。冬至去极百一十五度,景长一丈三尺。夏去极六十七度有奇,景长一尺五寸。并度得百八十二度八分度之五,并景得一丈四尺五寸。春分去极八十九度,景长五尺二寸五分。秋分去极九十度,景长五尺五寸。并度得百七十九度,并景得一丈七寸五分。东西少于南北三度焉。东西九千度弱,东西之景短于南北之景三尺七寸五分,为里三万七千五百。东西之径定也,而度与景里则有殊。然则一度之里,一寸之差,及四游之说,殆难明矣。郑玄以二至之景,一寸俱差千里。夏至之日,八尺之表,景得一尺五寸。日下之地南于嵩,高一万五千里。冬至之日,八尺之表,景得一丈三尺。日下之地南于嵩,高十三万里。夫日高则景小,卑则景差多,日无上下之说,而天地有升降,安得千里同差一寸也。故东西之径小于南北之径,以度言之,则九千里;以景言之,则三万七千五百里。二分之日,南北千里,盖当景差四寸矣。郑氏之言岂合理哉?天游薄四面而止,日道与四表等,不升不降,常与四表交错。二分之日,道与二极应规,而天地居四游之中。春分之后,天地降而下游西南,至于夏至,天游至南表而止,故视日北而高。(景差少高之故。)自此以后而北,至秋分还与日道应规。秋分之后,天地升而上游而北,至于冬至,则天游至北表而止,故视日卑而南。(景差多卑之故。)计其进退，南北不系于三万里之内。春分之后至夏，差度二十四。除其钩弦之数，乃常南游六万余里。此盖升降之度，里则少矣。今置浑天于地，以衡望日，地升浑上，则日去极远；地降浑下，则日去极近。远近之验，不必在于南北，亦由升降可知矣。然则旁游与外降各十二度，与天地游三万里相近矣。日月丽天，有亏有盈，有交有会，日行日出，以半周天焉。即月道交错，半入日道之内，半出日道之外。在外谓之行阳，在内谓之行阴。当交则会，会则有食。

蔡氏《月令章句》曰：天者，纯阳，精刚，转运无穷。其体浑而包地，地上者一百八十二度八分之五，地下亦如之。其上中北偏出地三十六度，谓之北极。极星是也。史官以玉衡长八寸、孔径一寸，从下端望之，此星常见于孔端，无有移动。是以知其为天中也。其下中南偏入地亦三十六度，谓之南极。从上端望之，当孔下端是也。此两中者，天之辐轴所在，转运之所由也。天左旋出地上而西，入地下而东。其绕北极，径七十二度，常见不伏，图内赤小规是也。绕南极，径七十二度，常伏不见，图外赤大规是也。据天地之中而察东西，则天半见半不见，图中赤规截娄角者是也。岌按，此与张衡所说不殊，而云玉衡长八寸，则似是古仪矣。又云据天地之中，所云规数，据盖图缀星是也。

后汉末吴人陆绩，字公纪，于孙权时，又作《浑天仪说》。绩造浑天图，曾于土室居，令不觉昼夜，已在内推步度数，击鼓节与外相应，而不失毫厘。陆公纪《浑天说》云：先王之道，存乎治历明时。本之验著，在于天仪。夫法象莫如浑天。浑天之设久矣，昔在颛顼，使南正重司天，而帝喾亦序三辰。尧命羲和，钦若昊天，历象日月星辰。舜之受禅，在璇玑玉衡，以齐七政。以是数者言之，曩时已立浑天之象明矣。周公序次六十四卦，两两相承，反覆成象，以法天行，周而复始，昼夜之义。故《晋卦·象》曰：昼日三接。《明夷·象》曰：初登于天，后入于地。仲尼说之曰：明出地上，晋，进而丽乎大明。是以昼日三接，明入地中，明夷。明夷，夜也。先昼后夜，先晋后明夷。故曰先登于天，照四国也。后入于地，失则也。日月丽乎天，随天转运。出入乎地，以成昼夜也。浑天之义，盖与此同。（云云。）余已见前篇。至与蔡氏张衡同，故略云。故曰言天体，非一家也。

吴时庐江王蕃，字兴元，为中常侍。善数术，尝造浑仪及《浑天象说》云：幽、平之后，周室遂卑。（云云。）至日光不得曜星也。（与前说并同。）

开元占经卷三

天　占

天名主

《易》曰：天地贞观，日月贞明。

《洪范传》曰：清明者，天之体也。

《易》曰：天行健，君子以自强不息。

《易·说卦》曰：乾为天。乾，健也。

《河图叶光纪》曰：元气闿阳为天。

《易乾凿度》曰：清轻者上为天，重浊者下为地。

《礼统》曰：天地元气之所生，万物之祖也。天之为言颠也，神水珍也。

《尔雅》曰：穹，苍苍，天也。春为苍天，夏为昊天，秋为旻天，冬为上天。

《太玄经》曰：九天一为中天，二为羡天，三为顺天，四为更天，五为睟天，六为廓天，七为咸天，八为沈天，九为成天。

《考灵曜》曰：观玉仪之游，昏明主时，乃命中星。中央钧天，其星角、亢、氐；东方苍天，其星房、心、尾；东北变天，其星箕、斗、牵牛；北方玄天，其星须、女、虚、危、营室；西北幽天，其星东壁、奎、娄；西方昊天，其星胃、昴、毕；西南方朱天，其星觜、参、东井；南方炎天，其星舆鬼、柳、七星；东南方阳天，其星张、翼、轸。

《淮南子》曰：道始于虚霩，虚霩生宇宙，宇宙生气，清阳者薄靡而为天。

天 数

《洛书甄曜度》曰：周天三百六十五度四分度之一，一度为二千九百三十二里，则天地相去十七万八千五百里。

《广雅》曰：天围广南北二亿三万三千五百里七十五步，东西短减四步，周六亿十万七百里二十五步，从地至天一亿一万六千七百八十七里。下度地之厚，与天高等。

《灵宪》曰：天有九位，自地至天一亿一万六千二百五十里，悬天之景，薄地之仪，皆移千里而差一寸。

《关令内传》曰：南午北子，相去九千一万里；东卯西酉，亦九千一万里。四隅空无，相去亦尔。天去地四十万九千里。

徐整《三五历纪》曰：天地浑沌如鸡子，盘古生其中。一万八千岁，天地开辟。清阳为天，浊阴为地。盘古在其中，一日九变，神于天，圣于地。天日高一丈，地日厚一丈，盘古日长一丈。如此一万八千岁，天数极高，地数极深，盘古极长。后乃有三皇。数起于一，立于三，成于五，盛于七，处于九。故天去地九万里。

《淮南子》曰：九野，九千九百九十里，去地一亿一万里。

《春秋内事》曰：天下十二分次，日月之所躔也。

《孝经援神契》曰：周天七衡六间者，相去万九千八百三十三里三分里之一，合十一万九千里。从内衡以至中衡，从中衡以至外衡，各五万九千五百里。

天 裂

京氏《易妖占》曰：天开见光，流血滂滂。

《天镜》曰：天裂见光，流血汪汪；天裂见人，兵起国亡。

刘向《洪范传》曰：汉惠帝二年，天开东北，广十余丈，长二十余丈。《星经》亦云：或则天裂，或则地动，皆气有余，阳不足也。地动，阴有余，天裂，阳不足，皆下盛强将害君之变也。其后有吕氏之乱。

景帝三年，天北有赤者如席，长十余丈。或曰赤气，或曰天裂，其后有七国之兵。

晋惠帝元康二年二月，天西北天裂。按刘向说曰：天裂，阳不足；地动，阴有余。是时人主昏瞀，妃后专制。

又，八月庚午，天中裂为二，有声如雷者，三君道衰、臣下专僭之象也。是日长沙王奉帝出拒成都、河间二王，后成都、河间、东海又迭专威命，是其应也。

穆帝升平五年八月己卯夜，天中裂，广三四丈，有声如雷，野雉皆鸣。是后哀帝荒疾，海西失德，太后总万机，桓温专权，威振内外。阴气隆，阳道微也。

《天镜》曰：天以冬裂，天下大兵有阴谋，主有丧。春秋，主君臣怀忧；夏冬，主有大兵。

京房《妖占》曰：天分，作乱之君，无道之臣欲裂其土，国之主当之。

《天镜》曰：天裂而言，如其言，天裂见牛马豕，天下忧。

《汲冢纪年书》曰：懿王元年，天再启于郑。晋穆帝升平五年，天裂有声，又有天裂，见其流水马人。

天变色

《洪范传》曰：天忽变色，是谓易常。天裂见人，兵起国亡。天鸣有声，至尊忧且惊。皆乱国之所由生也。

《天镜》曰：天忽变色，四夷来侵，不出八年有兵。

天　鸣

京房《易传》曰：天鸣，必有杀行，民流亡。又曰，万姓劳，厥妖天鸣。

《天镜》曰：天鸣，世主失，不出十日。又曰：天鸣，主死，百姓哭。

《河图秘微》曰：刘帝即位，百七十日，太阴在庚辰，江充构祸，其变天鸣。

晋元帝大兴二年八月戊戌，天鸣东南，有声如风水相薄。京房《易妖占》曰：天鸣有声，人主忧。

晋大兴三年十月壬辰，天鸣至甲午止。其后王敦入石头，王师败绩。元帝屈辱，制于强臣，既而晏驾。

晋安帝隆安五年闰月癸丑，天东南鸣，二年九月戊子，天东南又鸣，是后桓玄篡位，安帝播越，忧莫大焉。鸣每东南者，盖中兴江外，天随之而鸣也。

晋安帝义熙元年八月，天鸣在东南。京房《易传》曰：万姓劳，厥妖天鸣。是时安帝虽反政，而兵革岁动，众庶勤劳也。

天雨禽兽　雨虫　雨鳖　雨骨

《天镜》曰：天雨鸟兽，主兵丧，万民流亡。

刘向《洪范传》曰：天雨禽兽，是谓不祥，不出三年，其下兴兵。

《洪范传》曰：人君不亲骨肉亲他人，故虫从天堕地。骨肉去也，不救，兵大起。其救也，立王公，率同姓诸侯，无偏党，则灾消。

又曰：春秋者虫之灾也，以罚暴虐而取于天下，贪叨无厌，以兴动众，取邑治城，而失众心，虫为害矣。

文公三年秋，雨虫于宋，是时宋公以暴虐刑，重赋敛无度，应是而虫也。

《天镜》曰：天雨鱼鳖，为兵丧，万民流亡。《洪范传》曰：天雨鱼鳖，国有兵丧。

又曰：天雨骨，是谓阳消，王者德令不行，佞人用，不出三年有内争。《易飞候》曰：天雨骨，师将破亡。

天雨筋　雨膏　雨肉　雨锡　雨水银

《洪范传》曰：天雨筋，国大饥。

又曰：天雨膏如虫，辅臣多贪之应也。《易飞候》曰：天雨膏，其国有急。

《洪范传》曰：君无道暴虐，天雨肉。天雨肉，天不享其德，将易其君。

《续汉书·五行志》曰：桓帝建和三年，北地雨肉似羊筋，大如手。时帝幼，太后专政。

《魏志》曰：公孙泉将亡襄平，北市生肉，长围各数尺，有头目口喙，无手足，而动喙。摇占曰，有形不成者，其国灭。

《洪范传》曰：天雨爵锡，如甘露着树木，不出三年，更政易主。白者名甘露，黄者为爵锡。

《天镜》曰：天雨如水银，是谓刑枉。不出三年，兵丧并起，亡国失土。

天雨血

京房曰：天雨血，兹谓不亲，黔首怨之，不出三年，亡其宗人。

《尚书中候》曰：夏桀无道，天雨血。

《天镜》曰：天雨血，是谓天见其妖，不正者不得久处其位，不三年兵起。

《演孔图》曰：君过，满七九则雨血。

《运斗枢》曰：偏任不移，雨血漂流。

京房《易传》曰：王者不顾骨肉，不亲九族，天雨血二日。又曰：血自天堕，三年大兵。

《易飞候》曰：天雨血流染衣，其国亡君戮。

《太公金匮》曰：唐尧克有苗，问人曰：吾闻有苗时，天雨血沾衣，有此妖乎？人曰：非妖也，有苗诛谏者，尊无功，退有能，遇人如仇，故亡耳。

京房《易》曰：临狱不解，兹谓进非厥咎，天雨血。天雨血者，兹谓不亲宗有怨，恐不出三年，亡其宗。佞人用功，天雨血。

《汉书·五行志》曰：惠帝二年，雨血于宜阳，一顷所，刘向以为近赤祥也。时大臣诛灭诸吕，僵尸流血。又曰：哀帝建平四年，山阳胡陵雨血，广三尺，长五尺，大者如钱，小者如麻。后三年，王莽专朝，诛贵戚。

天雨羽毛　天雨金银铁钱

《天镜》曰：天雨羽毛，是谓兴人不常，弃亡，前后有丧，不出九年，兵马兴。

京房曰：天雨毛，邪人进，贤人逃，贵人走。

《易飞候》曰：天雨毛羽，其国大风。又曰：天雨羽毛，大人出亡。又曰：天雨羽，君德不通，逆于天下。

《天镜》曰：天雨金为兵丧，万民流亡。

《易飞候》曰：天雨金铁，大兵入。

《天镜》曰：天雨金铁，是谓刑余，人君残酷，好杀无违，不出一年，兵交于朝。

京房曰：天雨金银，兵将兴，失道之君当之。（谨按：《史记》：秦献公十八年雨金。）

《易飞候》曰：天雨铁钱，其国大饥。

天雨石　雨冰　雨笠　雨杵　雨灰土

《天镜》曰：天雨石，为兵丧，万民亡。

京房曰：天雨石，为政者质信不施，伪诈妄行，国君死亡。

《易飞候》曰：天雨冰，其国大疾。又曰：天雨笠，国大饥。又曰：天雨杵，其国大饥。

皇甫士安曰：殷纣暴虐，天雨灰。天雨灰色，君有归来邑者。

《墨子》曰：商纣不德，十日雨土于亳。天雨土，君失封。

《易飞候》曰：天雨土，是大凶。民人负子东西，莫居其乡。又曰：天雨土，是谓高土，百姓劳苦而无妨土，是谓高社，民劳苦，繁于土功，不安，主外戚谋。

天雨五谷　雨棕　雨草木　雨梳　雨釜甑

《天镜》曰:天雨五谷,是谓禾不熟,人君赋敛重数,故示戒,不出五年,困之军粮。

《墨子》曰:天雨粟,不肖者食禄,与三公一位。天雨黍豆麦粟稻,是谓恶祥,不出一年,民负子流亡,莫有所向。

《易飞候》曰:天雨五谷,其国大饥。天雨黍,为政者去,大人出死他国,三年有死将。又曰:天雨棕,兵起四方。

《天镜》曰:天雨草,是谓增福,不出三年,外国输谷。天雨草木,为兵丧,万民流亡。天雨木,多风,五谷伤。

《墨子》曰:国君失信,专禄去贤,则天雨草。

《易飞候》曰:天雨草,国有残,民破亡。又曰:君谗臣不和,天雨草木,其岁民多兵死。

《易飞候》曰:天雨梳,其国有权。又曰:天雨釜甑,其国大饥。

《墨子》曰:天雨釜甑,岁大穰。

天雨絮布帛　雨蘖　雨墨　雨火

《天镜》曰:天雨丝帛,天下有兵丧,不出六年,兵起且乱。又曰:天雨布帛,为兵丧,万民流亡。

《墨子》曰:天雨絮,其国将丧,无复有兵。

《易飞候》曰:天雨蘖,其君有咎。

《天镜》曰:天雨墨,是谓阴谋,君臣无道,谗人进用,不出五年,君亡。

《墨子》曰:天雨墨,君阴谋。

《天镜》曰:天火烧国郭门,其地有谋人欲发。又曰:天火焰宗庙,人君不谨敬,淫佚,又数犯冬令也。又曰:天火焚朝庙,社稷主有大殃,国将亡。(谨按:后魏时造作宫室过度而频有天灾,其后寻有兵乱。)又曰:一条天火烧正殿,此必人君不听谏,戮大臣,佞人持政。

天火烧街，有大兵。天火烧厩，兵大起。天火烧民舍，兵方起。天火烧野五谷，国将亡。天火烧山阜，百姓不安。天火烧万物，天下分裂。天火烧牛马，兵屠裂。天火烧水，逆兵方起。天火焰大木，木鸣呼，是谓奸起，六月霜降。天雨火，为兵丧，万民流亡。天妄下火焚烧，是谓大殃，民负子流亡。

《墨子》曰：天下火燔邑城门，其邑被围。

《易飞候》曰：天雨火，是谓大凶，民人卖其子，东西莫居其乡。又曰：天官见师为祸，司马必败。（司马谓兵师也。）

天殒石　天雨杂物　雨戟　雨人

京房《易候》曰：王者不顾骨肉，不亲九族，则天殒石。

甘氏曰：无云而雷石殒，随地，大可一丈围，形如鸡子，两头锐，名曰天鼓，所下之邦必有大战，伏尸数万，不可救。

《春秋》：僖公十六年，陨石于宋，五。此时宋襄之应也。望之是星，至地为石，其所无光荣之象也。

《天镜》曰：天雨杂物，皆为兵丧，万民流亡。天雨戟，是谓不祥，不出三年，天下兵兴。

《天镜》曰：天雨人，无名字，妄语言，是谓凶殃，不出十二年，必易王。

开元占经卷四

地　占

地名体

《易》曰：天地贞观，日月贞明。

《坤卦》曰：牝马地类，行地无疆。

《象》曰：地势坤，君子以厚德载物。

《淮南子》曰：重浊者淹滞而为地。

《说文》曰：元气初分，重浊为地。万物所陈列也。

《洪范·五行传》曰：地者，成万物者也。

《元命包》曰：地者，易也。言养物怀任易变化，含吐应节，故其立字，土力于一者为地。

《圣证论》曰：孔昆云，普天之下，华岳列居。河海所流，丘陵坟衍，总谓之地。

《素问》曰：积阴为地，故地者浊阴。

《元命包》曰：地所以右转者，气浊清少，含阴而起迟，故转右迎天。（谓阴气也。）

《考灵曜》曰：地有四游，冬至地上北而南三万里矣。恒动而不止，而人不知。譬如人在大舟，行而人不觉也。

《汉·地理志》曰：保章氏掌天文，以星土辨九州之地。所封之域，皆有分星以视吉凶。

地　数

《河图·括地象》曰：地广东西二万八千里，南北二万六千里。有君长之。八极之广东西二亿三万三千里，南北二亿三万一千五百里。

《诗含神雾》曰：天地东西二亿三万三千里，南北二亿三万一千五百里，天地相去亿五万里。

《广雅》曰：神农所治，四海内东西九十万里，南北八十一万里。唐帝所治，九州地二千四百三十万八千四十二顷。夏禹所治，四海内地东西二万八千里，南北二万六千里。

《命历序》曰：神农始立州制形。

《甄曜度》曰：四海东西九十万里，南北八十万里。

《山海经》曰：帝命竖亥，步自东极，至于西极，五亿十选（郭璞注曰：竖亥健行人选万也。）九千八百八步。竖亥左手把策，右手指青丘。一曰禹令竖亥，一曰五亿十万九千八百步。

《纪年》曰：穆王东征天下二亿二千五百里，西征亿有九万里，南征亿有七百三里，北征二亿七里。

《山海经》曰：天地之东西二万八千里，南北二万六千里。出水者八千里，受水者八千里。

《博物志》曰：地祇之位，起形于昆仑，纵广万里，高万一千里，神物所生，圣人仙人之所集。昆仑之东北地转下三千六百里，有八玄幽都，方二十万里。地下有四柱，柱广十万里，有三千六百轴，犬牙相举也。

《吕氏春秋》曰：凡四海之内，东西有五亿九万七千里，南北亦有五亿九万七千里。

《淮南子》曰：禹乃使大章步自东极至于西极，二亿三万三千五百里七十五步，使竖亥自北极至于南极，二亿三万三千五百里七十五步。

《古今通论》曰：夫地者，厚三万里。凡八极之广，东西二十三万三千里，南北二十三万一千五百里。

地　动

京氏曰：地动阴高者为下，下者为阳，此人君俱进君子为小人同伦，任小人为上宰，置君子于下位，此阴高而阳卑也。故反也，害及大人。

《河图秘征篇》曰：地之动，大臣逆。

《雒书雒罪级》曰：土震不言，众虐盛。

《尚书夏侯说》曰：地动，大臣盛，将有为，下不静，兵数动也。

《运斗枢》曰：地之动，乱并孳，群臣蹶施。（宋均曰：蹶动也，施放纵之也。）阴喧哗。又曰：地震之异，阴倍主。

《保乾图》曰：地动下逆，无阳自烛，则退强臣，诛大过，免近戚。

《潜潭巴》曰：地动摇，臣下谋上。

《运斗枢》曰：后族专权，地动摇宫。

《春秋公羊传》曰：臣专政，阴而行阳，故地震。

《谷梁》曰：地动，大臣盛，将动有变。（变谓反也。）

夏氏曰：地动，民不安，摇扰流移。

刘向《洪范传》曰：地动者，臣不臣也，臣下大贵也。

董仲舒《对灾异》曰：地者，阴之类也。动者，后宫臣下专主之盛，阳衰，故致疾疫，当制后宫齐御百官以救之。

京房《对灾异》曰：地者，大臣之位，当载安万民，怀藏物类。而动摇者，此不欲为君载安万民，动摇不安，思欲篡杀也。

京房传曰：地动蹶城，天下亡。

《天镜》曰：地动，世主失，不出千日。

京房曰：地动蹶屋室人，天下兵行。地移，或西或东，不列王公，此谓不公其行也。地动动床，木岁大熟。地动，教令从臣下出，必有流血饥亡。地动，有赤水出，司马戮。地动，疾惊牛马，禽兽变动，天子失地。地独动于灵庙中及朝廷，邑有乱臣且凶。国无忠臣，地动不已。地比四五日动，人主不安。地数动，杀人，贼臣暴。地以春动有音，岁不昌。以夏动有音，人主有丧。以四月动有音，五谷不熟，民大饥。以五月动有音，人主有丧，民流亡。以六月动有音，少老多死，岁恶。以秋动有音，大兵起。以九月动有音，殃大。以冬动有音，人主有丧，兵起。以十月动有音，邑有土功。以十一月动有音，其邑有大兵丧及民饥亡。以十二月动有音，其邑有兵行。

《地镜》曰：地动，三年，其国民流东西；动十日以上，必有兵。地动千里，是谓阴盛阳衰，人君犯四时兴土功，不出年，国有丧。地动坏城郭宫室，是谓阴道失，四海有兵丧。

《抱朴子》曰：军中地动，必大战，或有谋反。

张衡上书曰：地动者，民扰也。

《易坤灵图》曰：地大动摇世主之宫，国不安。

《国语》曰：周幽王二年，西周三川皆震。伯阳父曰：周将亡矣。夫天地之气，不失其序，若过其序，民之乱也。阳伏而不能出，阴迫而不能烝，于是有地震。今三川实震，阳失其所也。

《史记》曰：周幽王二年，西周三川皆震。三川，泾、渭、洛也。伯阳甫曰：周将亡矣。天地之气，不失其序，若过其序，民乱之也。阳伏而不能出，阴迫而不能烝，于是有地震。今三川实震，是阳失其所而填阴也。阳失而在阴，原必塞，原塞国必亡。夫水土演而民用也，土无所演，民乏财用，不亡何待？昔伊洛竭而夏亡，河竭而商亡。今周德若二代之季矣，其川原又塞，塞必竭。川竭，山必崩。夫国必依山川，山崩川竭，亡之征也。若国亡，不过十年，数之纪也。

《左传》曰：昭公二十三年八月丁酉，南宫极震，苌弘谓刘文公曰：君其勉之，先君之力可济也。周之亡也，其三川震，今西王之大臣亦震，天弃之矣。东王必大克。注：子朝在王城，故谓西王。敬王居狄泉，在王城之东，故曰东王。

汉安帝永初元年，郡国十八地震。地者，阴也，法当安静。今乃越阴之职，专阳之政，故应以震动。

汉献帝初平年中，京师地震。董卓以问蔡伯喈，伯喈对曰：地动阴盛，大臣逾制之所致也。公乘青盖车，远近以为非宜为。先是山东豪杰并起，卓惧，乃徙天子都长安，燔烧洛阳宫室，自为太师，号曰尚父。乘青盖车，金华爪画两轮，故谏之。卓乃更乘金华皂盖车。

《地镜》曰：地动而折，有急，令近臣谋，主兵革兴。

地　坼

《秘征篇》曰：三公秉执，卦录在心，则地坼。

《考异邮》曰：臣恣，地裂坼。

《汉含孳》曰：大夫专权，兵陵地坼。

《海中占》曰：主好听谗言，废置大臣，女子为政，刑法诛杀不以道理，则地坼。

京房《对灾异》曰：阴倍阳，则地坼；臣叛君，则义废。此人君不亲，上下不厚，致此灾也。不救则骨肉相残，父子分离，羌夷叛去。

《演孔图》曰：地坼，阴畔不静，阳不施。臣下专恣，故天下以谋去主。

《潜潭巴》曰：地裂，下分威执，曰臣不臣。

《汉书》曰：和帝永元七年，赵国易阳地裂。

京房《易传》曰：地坼裂者，臣下分离，不肯相从，灾及王公。

张衡上书曰：土裂者，威分。

《月令》曰：季秋行冬令，则土地分裂。

《尚书说》曰:黄帝相亡则地裂。

京房《易妖占》曰:阴倍阳,地分坼。又曰:地分,下叛,主贤明者退,不肖者进。又曰:地劈大者,此谓兵起,天下分离,长一里以上,及成谷,其中有水且至。所谓地劈者,坼也。又曰:地劈于邑城,毁废;劈于邑朝,天下有大兵。其邑独亡,春夏无伤。劈于朝廷,邑分离为数乡;劈于宫殿室邑,社稷灭亡;劈于社稷,乃大祠,其下邑有大殃;劈于丘塚,下民大死亡。

《抱朴子》曰:军中地裂,急徙居,不则军败。

《地镜》曰:地裂劈,臣下有分离。若在城门,骄臣从中起,邑有谋兵。地裂朝廷,分其乡部。地裂社稷,天下有大兵。地裂市里居家,不出三年,大兵起,国有忧。王道中忽坼,不出四年,王道绝,有分天地。居地分裂一里以上,或山阜破,丘有水,天下流亡。地劈有音,及见杂物形,若于朝廷宗庙,丘社道中,咸为兵乱国乱。地坼有声,天下不安,国分,急兵起。地夏裂一丈以上,杀五谷;秋裂,民流亡;冬裂,大凶,兵起,国主亡。

京房《易妖占》曰:地以正月劈,不伤岁;以二月劈,人主吉,岁乐;以三月劈,岁熟,吉;以四月劈,人主吉,岁熟,五谷登;以五月劈,五谷收;以六月劈,此岁定;以七月劈,此惊骇,兵起发;以八月劈,兵大作,民流亡;以九月劈,煞兵行,人主恐亡;以十月劈,有亡邑有兵;以十一月劈,民不安,兵大作;以十二月劈,人主大降将凶。

《潜潭巴》曰:地鸣而坼,君不专政,臣叛作。

《易坤灵图》曰:黄之人精兵起,地大裂,土化为人。

《易妖占》曰:地劈有状,掌掌阑阑,此兵急邑分;有音哅哅,乱天下,不安,传驿相从。地分坼,军破将急出,去不可止。

汉阳嘉二年六月,雒阳宣德亭地坼,长八十五丈,时李固对策,以为阴类专恣,将有分离之象,上帝以戒陛下。

地　陷

《地镜》曰:地自陷,天王亡地。

《书纬运期授》曰:赤帝亡,五郡陷。

《秘征篇》云:邑之沦,主势夺。

《运斗枢》曰：邑之沦，阴吞阳，下相屠。

《潜潭巴》曰：天子无深凿地，深则民苦，邑反沦而下。

《保乾图》曰：地沦山亡之兆，乱如涂，祸漫漫。

《地镜》曰：地无故自下，天下乱，兵大起。

《易妖占》曰：地自下，其君亡。又曰：家无故宅自陷下，此必人亡其邑君矣。

《地镜》曰：地陷没入，人君为臣下所擒。

《异苑》曰：晋武帝太康五年，宗庙地欻陷，无故梁自折。凡宗庙所以承祖先嗣承世，不利安居，摧陷，是缥绝之征也。

京房曰：山无故自下陷，天下兵作。

晋太康八年七月，大雨，殿前陷方五尺，深数丈，中有破船。

京房《妖占》曰：地以正月自下，且有大事；以三月自下，水月火至；以五月自下，不吉，天下有兵，民分离乡；以六月自下，大水且至，多不常；以七月自下，天下兵大行；以八月自下，天下大摇，民多行；以九月自下，天下有亡主；以十月自下，天下有兵；以十一月自下，有水且行；以十二月自下，大水，且移者伤。

《地镜》曰：春地陷，有大水，鱼行人道；夏陷，兵起国分，有非常水；秋陷，有大兵；冬陷，有兵水。

地　燃

京房《易传》曰：火出地，其国大出水，其君死。

《述异记》曰：姚兴永和十年，华山东界地燃，广百余步。草木烟枯，井谷沸竭，置生物皆熟，民残之征也。晋惠帝光熙元年五月，范阳国北地燃可爨，至九月而骠骑范阳王司马虓薨。十一月惠帝用食而崩。怀帝即位，太傅东海王司马越杀太宰，河间王司马颙专柄朝政，又寻死，遂汨永嘉之乱，海沦殪越之乱，副亦皆殄灭。石勒焚越之尸，此其应也。

《前秦录》曰：初秦之未乱也，关中大燃，无火而烟气大起，月余不灭。

慕容熙光始四年，辽东新郡地燃，五年八月为辽西太守邵颜聚徒反。至九月败，诛。熙建始元年正月，华阳郡地燃，是岁熙僭号之七年也。其年五月，为尚书郎苻进谋反事觉，诛。至九月，熙出逸妻瘗，进余党推之贼高和为主，据城反，熙驰还，不得入，遂逃，不免，为和所诛。后三年，宋高祖平齐，冬，尽坑其众，二燕并灭。慕容氏歼焉。此皆不祥之应也。

地　鸣

《地镜》曰：地中啕啕有声，人君好兴兵相攻。

《潜潭巴》曰：地鸣有声，天子不知国政，任妇人。地中有声洞洞者，邑亡。

京房《易侯》曰：地中讻讻若嗷嗷，为凶祥，所爱子死，邦有殃。

地生毛

《地镜》曰：地忽生毛，天下乱兵起。

《易妖占》曰：地生毛，百姓劳苦。

《史记》曰：赵王迁时，人讹言曰：秦为笑，赵为号，以为不信，视地之生毛。后五年，地果生毛，七年而秦灭赵。

地呕血

《地镜》曰：地出血，为兵乱国亡。地忽生血，国将虚。

《潜潭巴》曰：地呕血，祸之极效也。

《地镜》曰：地无故赤如燃，兵大起。

《河图》曰：地赤如丹，血流泛泛。

《易妖占》曰：功臣戮，厥地生血。

王隐《晋书》曰：祖约为豫州府，内地皆如丹，其后果凶。

京房曰：地生血，贼必来攻，凶。急去勿留。

地出光

《地镜》曰：地忽生光如火照，忧国危亡。

《潜潭巴》曰：地生光，女谒行。地忽生光，小人进，贤人灭。（注云：近验敬晖、桓范等被逐而小人用事，于时洛阳城东白马寺侧，地光如镜，行者影现。）

京房《易候》曰：不顾骨肉，不亲九族，厥德已衰，地出光。

地自出泉

《地镜》曰：地无故自成泉，天下乱兵起，大水。

《易候》曰：天不下雨，而地自出泉，其国大水，乱从中生。

《地镜》曰：涌泉忽出，臣为祸害，或以疾。不过三年，国忧有丧。家中庭忽出泉者，当富。

地自长

《地镜》曰：地忽自长，在道中，天下不通；地长邑下，其治毁；地长市中，国有利；地长社稷，王者增土；地长洲屿上，亦增土。地无故自长如丘陇，室屋其上，或生草木，皆失地亡民。春长者，吉昌。卒长有生树，天王安；有死树，国王亡。地夏长，年中熟。秋长，杀生易地。冬长，国不安。地上卒息者，大人将起。

地自营宫　地生杂物　地生卵

《地镜》曰：大泽中地无故自营宫，女患，位卑者暴贵。

《地镜》曰：地无故生杂物，天下乱兵起，大水。

《易传》曰：地自生卵，将军且疾。

地生石

京房《易传》曰：地自生石，军可久居。

《地镜》曰：石生平野，庶人逆谋兴兵，臣反。不出三月，齐兵起。

地生谷

京房《易传》曰：地自出五谷，将军得大道，生黄色，将军得土地。

开元占经卷五

日占一

日名体

张揖《广雅》曰：朱明、曜灵、东君，日也。兵法曰：姓张，名长生，字子房。一名子明，字长史，能者知，便不畏白刃。

皇甫谧《年历》曰：日以昼明，名曰曜灵。

《春秋元命包》曰：日之为言，实也，节也。含一开度立节，使物咸别，故谓之日。言阳布散合如一，故其立字，四合共一者为日。望之度尺以千里立。（实者，周圆缺合一言其身者。）

《春秋元命包》曰：天尊精为日，阳以一起，日以发纪尊。故满满，故施施，故仁仁，故明明，故精精，故外光，故火日外景，阳精外吐。

《春秋元命包》曰：元开阳为天，积精为日，散而分布为大辰。天一阳成于三，故日中有三足乌。

《淮南·天文问诘》曰：积阳之热气生火，火气之精者为日。日者，阳之主也。故阳燧见日则然而为火。又曰：日者，天之使也。

《河图》曰：在天为日月，在地为水火。

杨泉《物理论》曰：日者，天阳之精也。夏则阳盛，故昼长夜短；冬则阴盛，故夜长昼短；春秋则阴阳均，故昼夜等。

张衡《灵宪》曰：日者，阳精之宗积而成。乌象，乌有三趾，阳之类，其数奇也。日，譬犹火也。月，譬犹水也。火则外光，水则含景。故宣明于昼，纳明于夜。如有瑕必露其匿，人君者仰则焉。

石氏曰：日光旁照十万二千里，经三十二万四千里，同一百万二千里。晖经千里，（《周髀》曰：经一千二百五十里。）周三千里。（徐整《长历》曰：日经千里，周三千里。周三千里，与石氏同也。）

张衡《灵宪》曰：日月其当天，七百三十分之一。（徐整《长历》

曰：日下于天七千里。）

日行度

扬雄《方言》曰：日晕为躔历行也。（躔，践也）

《春秋元命包》曰：日行一度，以立序行三百六十五度四分度之一。

《春秋元命包》曰：日月左行，周天二千三万里。

《河图》曰：天元十一月甲子夜半朔，日月俱起，牵牛初度。推历考宿，正月在营室，二月在奎，三月在胃，四月在毕，五月在东井，六月在柳，七月在翌，八月在角，九月在房，十月在尾，十一月在斗，十二月在牵牛。

《河图》曰：日月五星同道。过牵牛、女、虚、危、室、壁、奎、娄、胃、昴，皆行其南之九尺；毕，北七尺；觜、参，北一丈三尺；贯东井出鬼，南六尺；出柳北，六尺；出七星张，北一丈三尺；出翌、轸，北一丈三尺，贯角亢出氐，南一尺；出房左右股间、出心，北二尺；出尾，北九尺；出箕，北一尺；贯南斗复至牛。此日月五星行常道也。

《洛书》曰：日月五星，行历左角内，行左亢外，四尺；行历左氐外、行房两股间，行心内，六尺；行尾内，十八尺；行箕内，十二尺；行斗柄中，一尺；行牛中、行女外，四尺；行虚外，六尺；行危外，十三尺；行室外，十六尺；行壁外，十三尺；行奎外，十三尺；行娄外，九尺；行胃外，十尺；行井中、行鬼外，十四尺；行柳内，九尺；行觜内，八尺；行参内，十八尺：行七星内，十五尺；行张内，十八尺；翼内，十六尺；行轸内，十六尺；在上者为北。此日月五星之正道也。

《易坤灵图》曰：王者至德之萌，则日月若连珠璧。（郑玄曰：至德之萌，谓将兴之时。连璧，谓无朔望之异也。）

《尚书考灵曜》曰：天地开辟，曜满舒元。历纪名月，首甲子冬至，日月五纬，俱起牵牛。初，日月若悬璧，五星若连珠。

《淮南·天文问诘》曰：太阴元始建于甲寅。（大元初，有日月五星之时也。)日月俱入营室五度。(日月如连璧,五星如贯珠,皆右行。)天一以始建七十六岁,日月复以王月入营室五度,无余分。(余分,少余也。)名曰一纪。天下凡二十纪,千五百二十岁大终。日月星辰复始甲寅之元。日月行危一度,而岁有奇四分度之一,(危,北方宿也。)故四岁而积千四百六十一日而复合。故舍八十岁而复。故曰子午、卯酉为二绳。丑寅、辰巳、未申、戌亥为四钩,东北为报德之维,西南为倍阳之维,东南为常羊之维,西北为蹮通之维。日冬至则井北中绳,阴气极,阳气萌,故曰冬至为德。日夏至则斗南中绳,阳气极,阴气萌,故曰夏至为刑。阴气极,则北至北极,下至黄泉,故不可以凿地穿井。万物闭藏,蛰虫首穴,故曰德在室。阳气极,则南至南极,上至朱天,故不可以夷丘上屋。万物蕃息,五谷兆长,故曰德在野。(夷平也。)

《汉书·天文志》曰:凡君行急则日行疾,君行缓则日行迟。日行不可指而知也。故以二至二分之星为候。日东行星西转,冬至昏奎八度中,夏至氐十三度中,春分柳一度中,秋分牵牛三度七分中。此其正行七日。行疾则星西转疾,事势然也。故过中则疾,君行急之感也。不及中则迟,君行缓之象也。至月行则以晦朔决之日。冬则南,夏则北,冬至于牵牛,夏至于东井。日之所行为中道,月五星皆随之。

《礼纬》曰:天子服中礼,从容中则,日月五星不敢纵横。

京房《别对灾异》:日行房乘三道。太平上道,升平中道,霸世行下道云。

日晷影

许慎《说文》曰:晷,日景也。

刘熙《释名》曰:晷,规也,如规画也。

《周礼·地官司徒》曰:以土圭之法,测土深。正日景以求地中。日南则景短,多暑;日北则景长,多寒;日东则景夕,多风;日西则景朝，多阴。日至之景，尺有五寸，谓之地中。天地之所合也，四时之所交也，风雨之所会也，阴阳之所和也。（按：土圭者，非削土为其圭象，训为度也。置圭度景，谓之土圭。日南则景短多暑者，谓夏至，日躔南方井宿也。日北则景长多寒，谓冬至，日躔北方斗宿也。日东则景夕多风者，谓秋分，日躔东方角宿也。故秋分，祭月也。日西则景朝多阴者，谓春分，日躔西方娄宿也。故春分，祭朝日也。古来天国，春秋二分，并交娄角也。谅知夕者，秋分之异。名朝者，春分之别。号景长称南至，景短称北至，今日南则景短，日北则景长者，先论日躔宿也，后论日躔景也。）

《周髀》曰：周髀长八尺，其勾之损益一寸千里。

张衡《灵宪》曰：悬天之晷，薄地之仪，皆移千里差一寸。

郑司农曰：土圭之长尺有五寸，以夏至日立八尺表，其景适与圭等，谓之地中。今颍川阳城地为然。（按晋《太康地记》曰：河南阳城县，是谓土中。夏至景尺有五寸，所以为候也。《南越志》曰：南景在日之南，五月立表望之，日在表北，景在表南。交州日景较北三寸，林邑九寸一分也。）

郑玄曰：凡日景于地千里而差一寸，景尺有五寸者，南戴日下万五千里也。

《洪范·五行传》曰：日月之行，则有冬有夏，而为寒暑。若南失节晷过而长，则为寒，退而晷短则为燠。人君急则晷进疾而寒，舒则晷退迟而燠。故曰急恒燠若。一曰晷长为潦，晷短为旱。奢者为扶。扶者，邪臣进，正臣疏，君子不足，奸人有余。

《汉书·天文志》曰：冬至日南极，晷长，南不极则温为害。夏至日北极，晷短，北不极则寒为害。故《书》曰，日月之行，则有冬有夏也。故治变于下，日月运于上矣。

《易纬》曰：日冬至人主不出宫室，寝兵，听乐，日击黄钟之磬，公卿大夫列奏音侍，则阴阳之晷如度。故夏至之礼如冬至之礼。又曰：冬至之日，树八尺之表，日中视晷。晷如度者则其岁美，人民和顺；晷不如度者则其岁恶，人民多伪言，政令为之不平。晷进则水，晷退则旱。进一尺二寸则月蚀，退则日蚀。月食则正王臣之行，日蚀则正人主之道。又曰：冬至晷长一丈三尺，（按《周髀》曰：长三尺五寸。刘向曰：长一丈一尺四寸。何承天长一丈三尺。祖暅铜表长一丈三尺。今历景长一丈二尺七寸五分。）当至不至，则旱，多温病；未当至而至，则多病暴逆心痛，应至夏至。

《易纬》曰：小寒晷长一丈二尺四分，（按《周髀》长一丈二尺五寸小分五。何承天长一丈二尺四寸八分。祖暅长一丈二尺四寸三分。今历景长一丈二尺二寸八分。）当至不至，先小旱，后大水，丈夫多病喉痹；未当至而至，多病身热，来年麻不熟。

《易纬》曰：大寒晷长一丈一尺八分，（按《周髀》长一丈一尺五寸一分小分四，何承天长一丈一尺三寸四分，祖暅长一丈一尺二寸。今历景长一丈一尺一寸五分。）当至不至，则先大旱，后大水，麦不成，病厥；未当至而至，多病上气嗌肿。

《易纬》曰：立春晷长一丈一寸二分，（按《周髀》长一丈五寸二分小分三，何承天长九尺九寸一分，祖暅长九尺八寸。今历景长九尺六寸二分。）当至不至，兵起，麦不成，病疟疾；未当至而至，多病熛疾。

《易纬》曰：雨水（是今历启蛰也。）晷长九尺一寸六分，（按《周髀》长九尺五寸三分小分二，何承天长八尺二寸八分，祖暅长八尺一寸七分。今历景长八尺七寸。）当至不至，旱，麦不熟，多病心痛。未当至而至，多病，薨。

《易纬》曰：惊蛰（是今历雨水也。）晷长八尺二寸，（按《周髀》长八尺五寸四分小分一，何承天长六尺七寸二分，祖暅长六尺六寸二分。今历景长六尺五寸四分。）当至不至，则雾，稚禾不穗，老人多病疾疟；未当至而至，多病痈疽胫肿。

《易纬》曰：春分晷长七尺二寸四分，（按《周髀》长七尺五寸五分，刘向长七尺二寸六分，何承天长五尺三寸九分，祖暅长五尺三寸七分。今历景长五尺三寸三分。)当至不至,先旱后水,岁恶,禾不熟,多病痺;未当至而至,多病疢身痒。

《易纬》曰:清明晷长六尺二寸八分,(按《周髀》长六尺五寸五分小分五,何承天长四尺二寸五分,祖暅长四尺二寸五分。今历景长四尺三寸四分。)当至不至,菽豆不熟,多病疾疟、振寒;未当至而至,多病暴死。

《易纬》曰:谷雨晷长五尺三寸二分,(按《周髀》长五尺五寸六分小分四,何承天长三尺三寸五分,祖暅长三尺二寸六分。今历景长三尺三寸。)当至不至,水物杂揉,羊不蕃,多病疾疟、振寒、霍乱;未当至而至,老人多病瘟气肿。

《易纬》曰:立夏晷长四尺三寸六分,(按《周髀》长四尺五寸七分小分四,何承天长二尺五寸,祖暅长二尺五寸三分。今历景长二尺四寸九分。)当至不至,旱,五谷伤,牛畜病;未当至而至,多病头痛肿嗌喉痹。

《易纬》曰:小满晷长三尺四寸,(按《周髀》长三尺三寸八分小分二,何承天长一尺九寸七分,祖暅长一尺九寸九分。今历景长一尺九寸八分。)当至不至,多凶,言有大丧,先水后旱,多病筋急痹痛;未当至而至,多病熛气嗌肿。

《易纬》曰:芒种晷长二尺四寸四分,(按《周髀》长二尺五寸九分小分一,何承天长一尺六寸九分,祖暅长一尺六寸九分。今历景长一尺六寸四分。)当至不至,多凶,主国有枉令;未当至而至,多病厥头眩病。

《易纬》曰:夏至晷长一尺四寸八分,(按《周髀》长一尺六寸,刘向长一尺五寸八分,何承天长一尺五寸,祖暅长一尺五寸。今历景长一尺四寸九分。)当至不至,国有大殃,旱,阴阳并伤,草木夏落,有大寒;未当至而至,多病肩肿。

《易纬》曰:小暑晷长二尺四寸,(按《周髀》长二尺五寸九分小分一,何承天长一尺六寸丸分,祖暅长一尺六寸九分。今历景长一尺六寸四分。)当至不至,先小水后旱,有兵,多病泄,注腹病;未当至而至,多病膨胀。

《易纬》曰:大暑晷长三尺四寸,(按《周髀》长三尺五寸八分小分一,何承天长一尺九寸七分,祖暅长一尺九寸七分。今历景长一尺九寸七分。)当至不至,外兵来,年饥,多病筋痹胸痛;未当至而至,多病胫痛恶气。

《易纬》曰:立秋晷长四尺三寸六分,(按《周髀》长四尺五寸七分三,何承天长二尺五寸,祖暅长二尺五寸五分。今历长二尺四寸九分。)当至不至,暴风为灾,来年岁不稔;未当至而至,多病疾疟,上气咽肿。

《易纬》曰:处暑晷长五尺三寸二分,(按《周髀》长三尺五寸六分小分四,何承天长三尺二寸五分,祖暅长三尺二寸六分。今历景长三尺三寸。)当至不至,国多淫合,兵起,麦不熟;未当至而至,病胀,身热不汗。

《易纬》曰:白露晷长六尺二寸八分,(按《周髀》长六尺五寸五分小分五,何承天长四尺二寸五分,祖暅长四尺二寸五分。今历景长四尺。)当至不至,多病疽疸泄;未当至而至,多病水腹闭疝瘦。

《易纬》曰:秋分晷长七尺二寸四分,(按《周髀》长七尺五寸五分,刘向长七尺二寸六分,何承天长五尺三寸九分,祖暅长五尺三寸七分。今历景长五尺三寸三分。)当至不至,草木复荣,多病温悲心痛;未当至而至,多病胸胁腹痛。

《易纬》曰:寒露晷长八尺二寸,(按《周髀》长八尺五寸四分小分一,何承天长六尺七寸二分,祖暅长六尺六寸七分。今历景长六尺五寸四分。)当至不至,来年谷不成,畜鸟兽被殃,多病疝瘕腰痛;不当至而至,多病热中。

《易纬》曰:霜降晷长九尺一寸六分,(案《周髀》长九尺五寸二分小分二,何承天长八尺三寸八分,祖暅长八尺一寸七分。今历景长八尺七寸。)当至不至,百物大耗,来年多大风,人病腰痛;未当至而至，多病胸胁肢腨。

《易纬》曰：立冬晷长一丈一寸二分，（按《周髀》长一丈五寸二分小分二，何承天长九尺九寸一分，祖暅长九尺八寸。今历景长九尺六寸三分。）当至不至，地气不藏，立夏寒，早旱晚水，万物不成；未当至而至，多病臂掌痛。

《易纬》曰：小雪晷长一丈一尺八分，（按《周髀》长一丈一尺五寸一分小分四，何承天长一丈一尺三寸四分，祖暅长一丈一尺三寸。今历景长一丈一尺一寸四分。）当至不至，来年黍麦不熟，多肘腋病；未当至而至，亦为肘腋痛。

《易纬》曰：大雪晷长一丈二尺四分，（按《周髀》一丈一尺五寸小分五，何承天长一丈二尺四寸八分，祖暅长一丈二尺四寸三分。今历景长一丈二尺二寸八分。）当至不至，温气泄，夏蝗生，大水，多病少气，五疸小肿；未当至而至，多病痔疽，应在芒种。

日光明

刘向《洪范传》曰：日者，昭明之大表，光景之大纪，群阳之精，众贵之象也。故曰其气布德，而主在地。日德者，生之类也。故日出而天下光明，日入而天下冥晦。

日变色

《礼斗威仪》曰：日青中黄外，是为一不可。（日者，黄中为主，应行君仁，黄中而青外，君礼，黄中而赤外，君义，黄中而黑外，君智，五色积聚，明照四方矣。今反青中而黄外，是位次倒置，黄为外夺，故为一不可矣。）赤，君喜怒无常，轻杀不辜无罪，不事天地，忽于鬼神，天则雨土，常热，日蚀无光，地动，雷下降。（赤者，火。火死为土。礼失其政，天雨土也。南方者，火。故常热也。南方为离，离为日，故日蚀无光，火灭灰为土，故地动。雷者，土气所为，故雷下降也。下者，雷电折击下杀人民也。）其时不救，兵从外来为害，戮而不葬。

日赤中黄外，是为二不可。白，君乱，无威，臣独逆理而不能诛。（白者，变为白，白系西方之色也。万物衰老之处也，故为君德衰乱，乱臣专其威，无礼，君衰乱于政事不能诛也。）贤者不得为辅朝中，因女而进者众。隆山数崩，时大旱，河海不流，虎狼害人。其民好赇，吏并为奸。兵数十起千里之内。其时不救，及其年中亡。当诛臣逆理进者，以禁绝灾害。因女进者，时日以救则灾及其年。日白中黄外，是为三不可也。黑，贱人为君，妇人轻贤佞谄，候间得亲，将小臣所私及危其身。（色变为黑者，暗。故贱人为君。黑，阴色，故妇人持政，轻诛贤。黑者，水流行无所不及，随器方员，以喻佞人随君方圆，故候间得亲私者，窃也。小人将盗窃其位，及其身。）时则常雨不休，水则海溃河溢，民多溺水死，乘舟者多。蛇入都邑，鸡雉同宿。（好妇人者，必用其言，欲废嫡立庶，故蛇入都邑，雉从鸡宿。蛇雉有文章在野，喻同政贤从欲代其位。故《易萌气枢》曰：继体不改，号令不行，群下争利，君弱臣强。选举失，暴风发屋折木为咎。则有蛇入都邑，雉从鸡宿也。）妇人多重死胎子不就。（用妇人言，欲专其政，转相嫉害也。）其时不救，患在门内。（当远妇人，复进贤者。）其日黑中黄外，是为四不可也。

《春秋潜潭巴》曰：箕主正月，日色如青赤者，昧暝玄黄，亭亭夺光，旬望以上，七月朔日日蚀。近侯辅臣反，其正月地动摇，官兵大扰。

《春秋潜潭巴》曰：房主二月，日色如正月旬望以上。八月二日日蚀，南夷北狄侵中国。流星数出，天下旱三年，兵来。二月天雨血，后九十日名水决，天下多伪臣，朝廷女党悖，天子备玩好之喜，且以此逢害。

《春秋潜潭巴》曰：角主三月，日色如正月望旬以上。五月大雾，九月朔日日蚀。十月有兵仓皇其来。三月彗星如房，后百二十日，名山崩。荧惑守心，其效也。故日者，天子之象，君父夫兄之类，中国之应也。夫明主之践位，群贤履职，天下和平，黎民康宁，则日丽其精明，扬其光耀。

《黄帝占》曰：有道之国，日月过之即明，人君吉昌，人民安宁。

《尚书考灵曜》曰：五政不失，日月光明。五政，谓四时及季夏之政也。

《尚书考灵曜》曰：日照四极九光。东日日中，南日日永，西日宵中，北日日短。光照四十四万六千里。

《礼斗威仪》曰：君乘土而王，其日太平，则日五色无主。（宋均曰：包五行之色，不主于一也。）

《礼纬含文嘉》曰：君政尊而制命，日月贞明。

《春秋感精符》曰：王者之明，以日为契。日明则道正，暗昧不明则道乱。各以其类占，天子常戒以自励。

《孝经古秘》曰：日光明海内，乐无怨心，阴阳调，年命长，民人以康。

《孝经内记》曰：日和五色，君有德。

京房《易传》曰：日者，众阳之精，内明玄黄，五色无主。以象人君，光照无主，不可以色名也。

京房《易传》曰：圣主在上，则日五色备。

京氏曰：日大光，天下和平，上下俱昌，延年益寿世无极。

孙氏《应瑞图》曰：人君不假臣下以柄权，则日月扬光。又曰：王者动不失时，日扬光。

王充《论衡》曰：王者道至于天，则日扬大光。

韩杨曰：日则帝兴亡微（阙）太子崩，海内失命，哭声吟吟，天下定异，推在名公崩之出，天子格自正孝，度天心，思消之，天子吉。

《春秋潜潭巴》曰：轸主四月，日色白丹如黄丹，青比梅叶，芄兰无色，旬朔以上，十一月朔日日蚀。天子诛于强臣。百二十日五山亡。一曰君死不葬。吴楚以东十国称王，天子继绝，诸侯多亡，豪杰纵横。

《春秋潜潭巴》曰：张主五月，日色如正月旬望以上，十一月朔晦日日蚀。南夷为乱，后九十日地呕血，兵祸并起，逆为天上百二十日，五星从荧惑，聚中国，四夷争起，妻妾哭于宫，天子灭于国。其五月，彗星五芒出于斗极，九虹见交，与日并立。天子亡，诸侯自君，上灭庶雄，制命兵雷令。

《春秋潜潭巴》曰：东井主六月，日色赤如赪旬望以上，十月朔日日蚀。四方射主，武将威兵。后九十日国大乱。其六月天鸣地坼，三公九卿皆反，各自立为君。胜者称王，非天命也。

《春秋潜潭巴》曰：氐主七月，日色青赤若昧瞑，亭亭夺光，旬望以上，正月朔日日蚀。后七十日，山冢绝崩，百川沸腾，大臣皆用，禄在名公。百二十日，高峰为谷，梁谷为陵，天下昏乱，群小执纲，以方为圆，以欺为忠，帝人失势，俯从风靡，天子大弱。可防而消。

《春秋潜潭巴》曰：昴主八月，日色如正月旬望以上，三月朔日日蚀。妻后杀主。后百二十日，地必大动，天下起兵，害诛王。其来八月殒石，五六月，天下谋杀其王。易于卿，大雨壤波流翔，主失伍姓，不亡。期百二十日斗星消。易姓起，至期而无征，天子缮三王之政，五帝之功，以立中兴。

《春秋潜潭巴》曰：奎主九月，日色如正月青黑不明旬望以上，来岁天雨蝗，五月殒霜，京师中三月晦日日蚀。天子以色，后妃党横。其来九月，虎入邦，雉群翔巢国中。天子好野游，主人去，外人昌，吴楚以南灭，兵乱以兴。

《春秋潜潭巴》曰：东璧主十月，日色如黑文网网然，四月朔日日蚀。后七十日蛇群入市，雉死庙堂之中，主失国，野鸟跦跦，或致鸲鹆。君王危，天下惊，邻国入，主出，臣下逐上。其类令天子备，司祸为福。

《春秋潜潭巴》曰：虚主十一月，日色如绿绨旬望以上，十日天雨堵，（宋均曰：堵当作赭，赤色土也。）五月朔日日蚀。大臣杀主。七十日大霜，天下无所措，不出，民或藏匿，走入宫，主惊去国，天下瓦解，礼义消烁，中国夷狄。其来七月出兵，大合屠君诛父，无服之属，九族之亲，君臣易位。

《春秋潜潭巴》曰：斗主十二月，日色如灰如涂如虹如合瓜，旬望以上，六月朔晦二日日蚀，九十日日魄。大臣专国，代其君为王，天子废斥，强侯执命，夷狄内侵，中国百年上无天子，下无方伯，众狼为政。后二百二十日虎哭地陷，天雨沙，山跃石。其来六月，天子弱，大臣为主。

《春秋感精符》曰：君营于邪，辅宰不纳，奢大纵盗，快意所欲，民不聊生，则游气蔽日，日青黄白黑。

《春秋感精符》曰：主弱则日色赤如灰，王沦泞则日流血。又曰：大臣擅命，妻专盗成党，女妃虚赋敛残贼，则日为青黄。又曰：君不听明，无知德，为臣下所侵，则日光青赤，后大旱，地动摇。又曰：日青赤黄白黑乍连，于气茫茫，不可以类推象，度三十日以往，蚀无期，此至乱，故比年日蚀。又曰：夷狄并侵，兵将用，则日紫。又曰：日色赤如灰，主以急见伐。

《春秋纬》曰：日黄浊布散，必有后党嬖。

《孝经契》曰：日和五色，明照四方。黄白失信，赤青夺明，黑多暴害，乖离失信则慢。

《孝经左契》曰：日变有五色，苍色见于百姓也。

京氏曰：察天不顺厥异，日赤，其中有黑。

京氏曰：日变色，青为饥与忧，赤为争与兵，黄为德与善，白为旱与丧，黑为水，民半死。又曰：日赤如赭布如灰，不出其岁，有大将死于野。又曰：日有黑光，不出六十日，有大水伤五谷空屋，所见之国，粂贵十倍。二旬乃止。

京氏曰：《救黄经》云，贤者之言，行之而蔽，其人有以其美自扬厥异，日色黄。黄者，中和色，喻美行也。人君内有贤臣，卒得其位，保其社稷。人君自知非其德行所能，设称扬其人则复矣。

《救赤经》云：人君不学道无以教下，发号令动害百姓，日应之而赤；人君听用仁贤，尊之如宾客，避寝思道则复矣。

《救黑经》云：臣不能进谏其君，怨下见百姓，故日黑；人主当忧劳求贤，罢左右强臣，则黑除矣。

《救白经》云：人君软弱，海内咸贫，日白六旬，不可复变；未满六旬，求任贤臣，抗武扬威，诛罚为非，则复矣。

《夏氏图》曰：日晕黄浊黑，动摇为风雨；其不动摇，忧病暴怨。

《荆州占》曰：日始出一竿，赤如血，有死王，以宿占国。又曰：日赤如血，其国君死；赤始末赭，将军战死于野。（按王隐《晋书》曰：东海王越自阳成帅甲士四万，京邑多徙次许昌，以鸣崇为兵，司马越领豫州牧。三月四日，日有赤散流，其光若血下流。其光之所照皆赤，日中有若飞鹊者七八十。九日，越薨于项也。）

《孝经内记》曰：主不敬天地，犯名山大川，则日色青白黄黑。

甘氏曰：日或黑青黄，师破丧侯王。

京氏曰：日者，太阳之精，萌于东，盛于南，其色赤。今乃青，青，东方少阳色也。谓人君微弱，国无贤辅，则致此灾。不救，日蚀为灾；其救也，率股肱，正台辅，任忠直，报功能，立将军，修城郭。

京房《易传》曰：人君不闻道德，其乱国背上则日赤。（按《洪范》曰：汉成帝河平元年正月壬寅朔，日月俱在营室，日赤。二月十二日癸未日朔，日又赤，其夜月赤。十三日甲申，日出赤如血，无光，漏上四刻半，乃颇有光，照地赤黄，食时后乃复是。时帝无道德，后宫赵氏乱内，外宗王氏擅朝，逐主亡国之应。）

京房《易传》曰：上微弱无法制，则日白六十日，万物无霜而死。又曰：臣下无智勇，天下自征伐，则日白体动而寒。又曰：人君弱而能任其事，谓不亡，则日白。又曰：人君公行愆过不自改，则日黑，大风起。（天无云而日光掩也。）

京房曰：日有青光，不出二旬，大风，粂贵，斗米二千。一岁五见，粂倍；十见以上，民多疾疫。不出一年。

京氏曰：日青，君弱亡，君无知也。黄间，若不与也。黑慈（阙）。

甘氏曰：臣逆君法，日赤如火，其国必乱。

《荆州占》曰：日色赤而三日不复，则雾而昏。昼昏，此人君无德故也。又曰：日色赤黄，其月旱。又曰：有黄光照下国，有土水若流血，名王死之。有白光，破国，主忧丧。有青色，国实仓。有赤光，流血滂滂。有黑光，多死兵。（以上日色之变。）

乍赤乍白各十日，臣有伏兵，欲谋君。

又曰：日色如紫，名为日死，王者恶之。

日戴光

《太公兵法》曰：日戴，天下大凶，期不出三年。

日无光

《太公阴秘》曰：君不明，臣不忠，故日无光，月不明。见变不救，殃祸生，臣欲反，主失名。安百姓，用贤人，弱者扶，则无害。又曰：凡四时受王之日，日月当清明，五星顺度，润泽有光。凡此君臣和同。或昼不见日，夜不见月，五星失度，阴蔽日光，乱风连日，此国君迷荒，不顺时令，疾病虫霜，忠臣受诛，谗言者昌，兵火欲起，民人惶惶，盗贼满道，死者不葬。

《黄帝用兵要法》曰：沈阴日月俱无光，昼不见日，夜不见月星，皆有云障之而不雨，此为君臣俱有阴谋，两敌相图谋也。若昼阴夜月出，君谋臣；夜阴昼日出，臣谋君，下逆上。又曰：日濛濛无光，士卒内乱。

《河图帝览嬉》曰：日月不光，有亡国死王，期不出五年。

《春秋感精符》曰：三失阳事，则日无光。

《春秋感精符》曰：君行内虚外，有肃敬布政修度之名。苟无至诚，为下犯冒晚晚不惊，则日光冥冥，郁怏不清，其后水数淫，雨雾霜屡臻。

《春秋感精符》曰：日无光，主主势夺，群臣盗谗蔽行。（按《洪范日月》曰：汉元帝永光元年四月，日色青白，无影，日中时影无光。是夏寒。至九月乃有光。是时宦者弘恭、石显等倚势，谗贼忠良，上弱不明不义不达之应也。）

《春秋感精符》曰：妻党翔，群臣恣横，则日黄无光。（翔横言从盗也。黄地色，妻象也。恣奸谋，故先见于天，使日黄至于无光泽也。）偏任权柄，大臣擅法，则日青黑。（日为君，月为臣，月生于水，水色青，母子助，故二气并见。）子党犯命，权威宫国，则游气蔽日，日赤郁怏无色。（日色赤，子生于父，父子同气。今赤气蔽日，子奸父之象也。）九十日，日黄则日中无影，其时叛作，璚珥数出，黄云入国，妻党翔应。青则寒霜虐雹，偏任气应赤，则日斗湛阴雾集。（雾集，犹雾冥也。子犯命应。）

《春秋感精符》曰：日久不明，天子蔽塞，各以其类自敕，以消之。

《春秋孔演图》曰：骐骥斗兮日无光。

《春秋纬》曰：日光亡，诸侯叛。三十日不光，群祸起。

《孝经内记图》曰：日无故过中时无光，人君不明，天下有雨，主兵。

甘氏曰：日出一年而无光耀其月，有王死。一曰王有忧。

《孝经内记图》曰：王骄慢，日月失明。

《孝经内记图》曰：日出东方二竿，亭亭无光，为日病；未入二竿，亭亭无光，为日死。日死，君死；日病，君病。

甘氏曰：见一日为十日，见二日为一月，见一月为一岁，不出其年，兵起。（按韦昭曰：日下无光，谓唯质见耳。）

《荆州占》曰：日始出二竿未入二竿，其色赤而无光，其分主凶，必有兵丧。春则为旱，灾在六月。

《太公兵法》曰：日未入两竿而无光曜，其月必主死。一曰主忧。

京氏曰：日未入二竿，亭亭无光，所舍国君死，日出三日无光，国乃不昌。

甘氏曰：日出旦无光，阳见德也。日旦而无明，入而无光，此谓阳见刑也。

甘氏曰：人君宰相不从四时行令，刑罚不明，大臣奸谋，离贤蔽能，则日月无光。见瑕适不改其行，其国五谷不成，六畜不生，人民上下纵横，贼盗并起。

甘氏曰：日出无光曜者，主病。一曰主有负于臣，百姓有冤心。

甘氏曰：日失色，所临之国不昌。

京房《易妖占》曰：君不明，日不光。

京氏曰：天下云尽赤日不光，三十日者有大兵，王者亡。五十日者，兵且作，大饥，民亡。七十日者，有大殃，亡主，兵作，大饥。九十日者，社稷亡。百二十日者，邑墟亡。

京氏曰：日月大无光，国无王，民不安，天下有兵。

京氏曰：日失光明，主令不行，民饥流亡。

京氏曰：日无故久无光，天下不彰，社稷隳亡。

京氏曰：日月皆无光，则渊涸山崩，王者恶之。

董仲舒《灾异占》曰：日无故白无光，其主不死，国乃不昌。青无光，天下人民相食，主去。日赤无光，天下兵起，大旱。日黄无光，天下主失德，名山崩，地动。日黑无光，臣下为政。

《气经》曰：日光赤气见，为贼者皆君左右大臣也。

京房《易妖占》曰：日赤无光，君凶也。

开元占经卷六

日占二

日昼昏

《春秋感精符》曰：日者，阳之精，曜魄光明，所以察下。夫以照灭昼晦，甚所惧也。

《春秋纬》曰：后族专权，谋为国害，则日昼昏。

京氏曰：奸臣盛，日昼昏。

《春秋运斗枢》曰：日昼昏之异，臣为政，莫制持，专权跋扈，阴骗舒。

《雒罪级》曰：日昼昏，不言擅畔。

石氏曰：日昼昏，行人无影，到暮不止，刑急，民无聊生，不出二年，大水下，田不收。

甘氏曰：日昼昏，鸟群鸣，天下国家分析，臣持政，期不出五年中。

甘氏曰：日无故昼昏到暮，不出一年，大水。

京房《别对灾异》曰：国有谗佞，朝有残臣，则日无光，暗冥不明。

《易》曰：日中见斗，日中星见，明其冥也。故贬之为暮也。其救也，远佞谄，近忠直，修经典，闭私道，则日光明。

《洪范传》曰：日正昼而冥晦者，阴反为阳，臣反制君也。

《孝经雌雄图》曰：子日昼冥者，六溢山崩，水灌凉州，凶在武都、酒泉。丑日昼冥者，鬼山崩，水出灌兖州，凶在济阴、任城。寅日昼冥者，虎山崩，水灌徐州，凶在下邳、琅琊。卯日昼冥者，水山崩，一日风，山水灌青州，凶在平原齐国。辰日昼冥者，风山崩，水出灌扬州，凶在豫章、庐江。巳日昼冥者，龙山崩。一曰水山崩，水灌豫州，凶在淮扬、汝南会国。一曰凶在淮扬、南昌。午日昼冥者，水山崩。一曰上山水灌幽州，凶在日南、苍梧。一曰水灌青州，凶在平原齐国。未日昼冥者，土山崩。一曰水山水出灌荆州，凶在南阳。申日昼冥者，石山崩，水灌益州，凶在蜀郡、广汉。酉日昼冥者，铁山崩，水灌并州，凶在河内、五原。戌日昼冥者，气山崩，水灌雍州，凶在河内、太原。一曰凶在河内、京兆。亥日昼冥者，岑山崩，水灌冀州，凶在赵国清河。一曰水灌兖州人民也。

日无云而不见

《河图》曰：天无云，日不见，三日为大丧，必有灭国。

甘氏曰：八月朔日，日不见；正月酉日，日不见，主死。

《春秋汉含孳》曰：日不出，懦下。（不出，谓日当出不出，君懦畏群下也。）则就阴位。（燕自阙）

《春秋纬》曰：沉日不出，则为天下冥冥，俱溺绝。

日中乌见

《洛书》曰：日中有乌见，名曰阴德。不出六十日兵出，从其所向伐之，胜。若有国，主死。（按《抱朴子》曰：吴赤乌十三年，日中乌见，三足，然魏蜀不见，孙权死。）

京氏曰：日中有乌见，主失明，为政者乱。

黄帝曰：日中三足乌见者，其所居分野，有白衣会，大旱赤地。三足乌出住日外者，天下大国受其灾，戴麻森森，哭声吟吟。

《太公阴秘》曰：日中乌见者，君咎，双乌见者，将相逆。入斗者，主出走。乌动者，大饥，水旱不时，人民流在他乡。救之法，实仓库，举贤士，远佞邪，察后宫，任有道，赦不从，则灾消矣。

《孝经内记图》曰：日无晕而乌见，所宿之国亡绝。（王隐《晋书·惠纪》曰：元康六年六月，日中若飞燕者，积数日，后有愍怀太子事。）

《日傍气图》曰：日中乌见，其国君死，期三年。

《荆州占》曰：常以月十四日，候日中有气如飞鸟，其地无居者。

京房《灾异》曰：日月薄赤，见日中乌，将军出旌，举此不祥，必亡。

日中有杂云气

《黄帝占》曰：日中有火光气见者，其国左右大臣欲反。

《春秋潜潭巴》曰：君德鹰扬，君臣和德道庆，则日含王字。（日中有王字者，君德象，日光所照无不及也。）

石氏曰：日中有立人之象，君慎左右急。

《荆州占》曰：日中有人行者，臣害主，而主争客胜。有三人，天绝，主人必更。

《杂云气占》曰：青气入白，如老人黑帽黑衣，杖刀立日中，从日出至食时不罢，君失位。又曰：青气入日，状如两乌，重立日中，从日出至食时不罢，日无精光，夷人为主，正治失位，河水逆流。

京房曰：祭天不顺，兹谓逆日，中有黑子。又曰：臣不掩君恶，令下见于百姓，百姓恶君，则日变。（中有黑者，阴也。皆日出入时也。）

《文命钩》曰：偏任权柄，大臣擅法，则有青黑子。

《甘氏占》曰：日青赤掩月，不有战，必有亡国。

《京房占》曰：日中有黑云，若赤、若青、若黄，乍五、乍十、乍三十，天子崩。（按《晋中兴书》曰：升平三年十月丙午，日中有黑子如卵，少时而孝宗崩。太和四年十月乙未，日中有黑子，明年海西公废。）

《太公阴秘》曰：日中有黑气，若一若二至四五者，此阳中伏阴，君害臣。上出者，臣谋君；旁出者，君谋臣；不出者，宫女有忧。昏见在臣，晨见在君。救之法：轻刑罚，赦无罪，节威权，安百姓，贷不足，则灾消矣。又曰：日中有黑气者，一若二至四五者，教令不行，三公为乱，爵赏不平。不救者，臣诛君，子谋父。救之法：任贤直，信道德，退贪邪，轻刑罚，察奏纠，思刑戮，则无害。又曰：日中有黑气，见君有过而臣不掩，故日不明。见变不救者，主有忧。救之法：承顺天地，申用明堂，则无害矣。

《洪范五行传》曰：人君有过，故不循天治，则日黑居侧，大如弹丸。

《荆州占》曰：日中有黑气大如桃李者，臣蔽主明。（按何法盛曰：太兴四年三月癸未，日中有黑子。永昌元年十月辛卯，日中有黑子。是时中宗宠幸刘隗，擅作威福，殊伤君道。王敦因之，托晋阳之举兵，逼都辇，祸及忠贤，故日有瑕也。宁康元年十月己酉，日中有黑子如李。二年三月庚寅，日又有黑子如鸡卵二枚。十一月己巳日，又有黑子大如鸡子，是时帝已长，而康献皇后以从嫂临朝，实伤君道，故日有瑕。太元十三年二月庚子，日有黑子大如李。十四年二月辛卯，日中又有黑子。二十年十一月辛卯，日中又有黑子。是时会稽王以母弟专政，故日有瑕。）

京氏曰：日有白云贯，天下有白徒之众三年。至其黑云，天下有谋不成。

京氏曰：候日无色，其中有赤气，大如瓜踊跃，为人君绝命。

京房《妖占》曰：赤云贯日者，状如建鼓，此谓守威，有扈下，此云启之所攻也。

《荆州占》曰：赤云贯日如建鼓，三年不雨。

日生牙齿足

《春秋感精符》曰：夷狄并侵，战兵将用，则日垂牙举足。其发，必子辅政，擅威福。

郗萌曰：日有齿足，则其国谋反。

甘氏曰：日足白，有破诸侯王。

石氏曰：日有白足，有战者破罢，败将军死。

《洛书》曰：日始见赤足，主坐急见伐，名臣反，辅相夺。

《春秋感精符》曰：日赤足，主颠蹶破杀王使，并相伐。

《春秋纬汉含孳》曰：日赤足，君赤走，足为火。又曰：有赤足数十，下江下地，则君必出走。

《春秋考异邮》曰：日赤足，有兴兵者；日白足，杀诸王侯。（按宋均注曰：足动也，喻臣也。日色赤而为足，是臣下夺主势而兴兵也。白金气，故杀大臣也。）

《河图》曰：日两足，庶雄起。

日有彗芒

《孝经雌雄图》曰：日彗者，君有火德，天下大丰。

高宗曰：日上芒如烽火，国主失土。

《春秋纬汉含孳》曰：日垂芒，战争。（谓芒角则战也。）

《洛书》曰：日有气而芒，色黄白润泽，是为阴光。天子有喜，小有德令赦。

夏氏曰：上黄白芒，君福昌；不得正色，王有忧。

日　刺

《孝经雌雄图》曰：日刺者，为有气刺日中也。谓下贱度上心，知其是非如豫行之也。一年有殃臣之犯上也。日大色黄，最所极甚，则众阴恶气近傍，则贱度上心。为刺在左，为欲谏恶；在右，为欲立王；在上，为欲抚主；在下，为欲易君。若此之变，君急责躬自悔，考过执事，慎其是非，以洽王治也。又曰：日刺甲乙，父子求恶也。日刺丙丁，君臣相疑，改政教也。日刺戊己，后妃有意害君左右。日刺庚辛，将欲（阙）日刺壬癸，宦者有伤。

日大小

《春秋汉含孳》曰：日大则（阙）处（阙）消，日小则夺大。日大于常则无光，君无羽翼也。日小于常则夺威势也。

《春秋纬》曰：日大则（阙）独立势不出，日小则以渐侵。（阙）

石氏曰：日消小者，所当国。（阙）

京氏曰：日小主（阙）赏赐不当。

《春秋纬》曰：赤帝之灭，日消小。

日分毁

《孝经内记图》曰：日分割，君失亡。

《春秋合诚图》曰：君蔽臣专，则日出乃毁。

《春秋汉含孳》曰：日毁则国毁。（谓日分四五分，则国分也。）

京氏曰:日中分,不出五年国亡。

《孝经雌雄图》曰:日中分,天下分为二。

京氏曰:露夺日光,日中破,军灭国。一曰,阴胜阳,臣胜君,两敌相当。

《洛书》曰:贤人失位,谗进忠退,政烦民扰,则日分为两,无救,从王民叛。

《荆氏气占》曰:日中分为两,国主死。分为两,见有乌居其中争,主死。

《荆州占》曰:日中分为两,所舍国亡。(按《孝经内说图》曰:当纣之时,六月壬子,分为两日,破为两巳,上者主尽。)

《荆州占》曰:日分为两以上,有从王。

《春秋感精符》曰:群臣争则日裂,主偏任则日裂为五。

《春秋纬》曰:日毁为五,帝将煞,渐起偏任。

《孝经内记》曰:日毁为五,此谓帝失天下,戮于中也。

《河图》曰:日割,国分。

《春秋纬》曰:日裂,主诛,臣争。

《尚书中候》曰:夏桀无道,杀关龙逢,灭皇图,坏乱历纲,残贼天下,贤人逃,日伤。

《春秋纬》曰:日坏者。(阙)

京氏曰:日无半则国破亡,两敌相当。

《荆州占》曰:常以正月三日尽八日,观日光无环者,天下有兵丧。

《春秋纬》曰:日之穿,可贯机。(音脱)

日夜出

《河图》曰:日夜出,是谓阴明割剖图分。(按《墨子》曰:昔三苗大乱,天命殛之,日为夜出。随巢子曰:三苗大乱,妖日宵出。)

《春秋感精符》曰:王(阙)则日夜出。

《尚书金柜》曰:日夜出者,纪纲灭,大臣专政,作威夺权。无救,大臣贼其主,夺其邦。其救也,亲仁贤,退骄佞,填四时,布恩惠,赦天下,则日夜出,不为伤也。

《易纬》曰：日夜出，隐谋合，国雄逃亡，从处易主。

《孝经内记图》曰：日夜出，明臣贼其主，夺其家。一曰兵起，天下饥。再出，三年君死国亡。

京氏曰：日夜出，是谓阴反阳。不出二年，天下见大兵。不出一年，有大水在所见处之国，天下不安。又曰：日暮而出，是谓阴重，天下见兵。

京氏曰：日出于夕，人君不祥，社稷亡。

郗萌曰：日夜出，是谓阴明，有国者亡。兵起，天下饥，以日命其国。

郗萌曰：日夜出，照见角宿，妾党纵横，四夷侵犯，十二诸侯攻伐，败亡。（阙）

《荆州占》曰：日宵出，是谓明绝，（阙）。内伐不昌，不出三年有。（阙）

《荆州占》曰：日夜出，北斗见，天下兵悉起。

《荆州占》曰：日夜出，不出二年，天下有兵。水、兵出在所见国。（按韦昭《洞记》曰：汉武三年四月，有物如日夜出。三年春，河水溢于平原，大饥，人相食，闽越围东瓯，遣严助救之，闽越走。）

日当出不出当入不入

《春秋纬汉含孳》曰：日当出不出，霈下；当入不入。（阙）

日再出再中

石氏曰：日再出为渗光，其国君死，有兵起。

《春秋汉含孳》曰：日复中，支庶起。

京氏曰：日再中，帝王穷。（按《帝王郊祭志》：文帝时，新垣平上言曰：日再中，居顷之，日却复中，乃更以十七年为元年。）

日出复入日入复出

京氏曰：日出复入，日入复出，主降臣。又曰：日出复下，日入复高，日入复见为还，天下大乱，期三年。

《荆州占》曰：日出又还，不出三年，天下大乱。所谓反者，君不秉其柄，舍法度，用私意，不任官职，而好自治，则日反。日还者，为日出而复下，下而复高。无救，当为大乱，不轨皆叛，不从其敕。正心固一，修古道，守法正，无忒业，则日还不为伤也。

《春秋感精符》曰：主惊惧，则日入复出。

京氏曰：日暮入复出，天下亡。

《春秋汉含孳》曰：日曜则畏后，文景移位，支庶起。跃，谓日暮当下入，入更跃，此畏后权。文景者，日反也。

《春秋纬》曰：跃如则曲从，天下骇扰，无君桀。

《孝经》曰：日已入而光复照，兵起。

日坠日流

《洛书》曰：日从天坠，有道之君正天下，无道之君走。

《春秋汉含孳》曰：日流则提击，流谓累如赤珠数十在日下，此则君兵提击东西也。

《春秋纬》曰：日流则君王灭，以沉湎并夺。

日出异方

京氏曰：日出于午，天子失国。

京氏曰：日出于巳，天子失明，令不行。

《河图》曰：日出西方，以母制。

日并出

《春秋运斗枢》曰：主弱，公侯狡猾，起莫能匡，则日并照。

《河图》曰：日不照，月不消，山吐泉，火烧林。又曰：两日照，天下民饥。

《春秋潜潭巴》曰：两日并出，地裂，水不流。

《诗纬》：推度灾，逆天地，绝人伦，则二日出相争。

京氏曰：两日并出，是谓诸侯有谋，自底灭亡，天下兵兴，无道之臣举兵亡。又曰：两日并出，天下争王。

《孝经纬》曰：夏时两日并出。谶曰：桀无道，两日照，夷山亡，龙逢诛，人民散，郊社墟。

《博物志》曰：桀时，费昌之河上见二日。在东者焰焰将起，在西者沉沉将灭，若疾雷之声。问于冯夷曰：何者为夏，何者为殷？夷曰：西日为夏，东日为殷，桀将亡乎！于是费昌归，徙其族于东，归商也。

京氏曰：两日并出，是谓并明，假主争明，天下有两主。

京氏曰：日并出，无道之臣为君争功德。先举兵者昌，后举兵者亡。

《荆州占》曰：两日并出以上，是谓乱明。乱明出，天下大乱。家有亲亲，欲同谋上，皆成形。不出三年，五谷大贵，一石值千钱，国大饥。

《荆州占》曰：两日以上出，天下有灾，夏以两日亡。

《尚书考灵曜》曰：(阙)帝之亡，三日并照。(《晋阳春秋》曰：建武元年，三日并出，观台令史谏章曰：天下其三分乎！)

巫咸曰：三日并见于房心下，不出一年，天下治有裂地为三州者。

京氏曰：三日并出，大臣争夺王政。又曰：三日并出，不出三旬，诸侯争为王。

《孝经内记》曰：三日并出者，国君必亡，其位有人在前后宫中同人君即亡也。

《荆州占》曰：三日并出，其国有灭，诸侯有亡，地空邑，河水大出。不则其年大兵，并大丧。

《春秋纬》曰：三日并出，天子黜。又曰：数日并出，两主争。

《京房占》曰：二日三日四日五日并出，此谓争明。天下兵作，亦主三四五六主立。(按《国志》曰：建兴四年二月，江东初闻愍帝凶，问群臣并见五日，一日正中央，余在四边。夏侯族曰：天下多天子，何所怪也。)

《汲冢书》曰：胤甲居西河，天有孽，十日并出。

《淮南子》曰：尧之时，十日并出，焦禾稼草木，民无所食。尧使羿射之，中其九乌，皆死，坠其翼。

日重累

《孝经雌雄图》曰：日重累甲乙，皇太子重殃。丙丁，大臣折伤。戊己，后妃失御为祟是也。庚辛，将卒军，奸大行也。壬癸，君政暮露而下不掩救也，变变悉悉见见者亡灭之事，惟有贤君良臣，除大恶，革伪朝，定尊卑。如此，则消却变众害伏也。

日斗斗而晕蚀

黄帝曰：凡日斗，以日中三足乌见为正日斗也。常以日出食时，候若三足乌不见者，不为斗也。

京氏曰：两日斗，天下争；三日斗，法如鸡斗相搏，当视先灭以决其事。

《金柜》曰：日斗者，人君内无聪明，邪臣争权。日斗者无精，众人见乌其中，无救，期六十六日，王者亡其土地。其救辟四门来仁贤，授爵分职，循名责躬，则斗不为伤。

《海中占》曰：日斗月蚀，主病胀偏枯口舌咽喉心腹。

京氏曰：日斗，常以日出至食时以斗，斗后乌见六十日，王者亡地；若乌不见，不为斗。凡日斗不及三年，下有拔城大战，齐燕多水。

京氏曰：日赤黑比斗者，其国分。不出三年中，食人，大小民饥亡。

京氏曰：日斗，黄者为中胜，中国强；青者为左胜，左国强；白为右胜，右国强；赤为前胜，前国强；黑者为后胜，后国强，不胜者将有殃。

京房《对灾异》曰：日斗，或赤或白，或苍或黄，虎入邦。此谓守邑破亡，周君以此亡。又曰：数日俱出若斗，天下兵大战。

石氏曰：白日与黑日斗，其国相攻，天下有兵。不出三年，大饥。

《春秋纬》曰：赤日相荡血滂滂，君臣无道行纵横。

京氏曰：日斗有变晕，日蚀君死日皆伤，兵起。

吕氏曰：乱国之主，众莫亲，邪气盖积，则蚀斗。（按《尚书璇玑钤》曰：桀时有日斗蚀。《太公金柜》曰：三苗时，有日斗也。）

日以十二辰斗

《孝经雌雄图》曰：子日日斗者，李氏欲为天子。
《魏氏图》曰：子日日斗者，李氏、窦氏欲为天子。
《孝经雌雄图》曰：丑日日斗者，赵氏欲为天子。
《魏氏图》曰：丑日日斗者，赵氏欲为天子。
《雌雄图》曰：寅日日斗者，姚氏欲为天子。
《魏氏图》曰：寅日日斗者，邓氏、尚氏欲为天子。
《雌雄图》曰：卯日日斗者，张氏欲为天子。
《魏氏图》曰：卯日日斗者，卫氏、张氏欲为天子。
《雌雄图》曰：辰日日斗者，边氏欲为天子。
《魏氏图》曰：辰日日斗者，陶氏、但氏欲为天子。
《雌雄图》曰：巳日日斗者，步氏欲为天子。
《魏氏图》曰：巳日日斗者，宗氏、上氏欲为天子。
《雌雄图》曰：午日日斗者，刘氏欲为天子。
《魏氏图》曰：午日日斗者，马氏、郭氏欲为天子。
《孝经雌雄图》曰：未日日斗者，朱氏、霍氏欲为天子。
《魏氏图》曰：未日日斗者，（阙）欲为天子。
《孝经雌雄图》曰：申日日斗者，陈氏欲为天子。
《魏氏图》曰：申日日斗者，侯氏、陈氏欲为天子。
《孝经雌雄图》曰：酉日日斗者，（阙）欲为天子。
《魏氏图》曰：酉日日斗者，周氏欲为天子。
《孝经雌雄图》曰：戌日日斗者，阎氏欲为天子。
《魏氏图》曰：戌日日斗者，孔氏、刘氏欲为天子。
《孝经雌雄图》曰：亥日日斗者，秦氏欲为天子。
《魏氏图》曰：亥日日斗者，秦氏、尹氏欲为天子。

日月并出

《春秋感精符》曰：后妃专，则日与月并照。
《春秋考异邮》曰：日月并照，出数月俱行，或小或大，满不消，其下必有煞君灭邦，女主持政，大夫乱纲，夷狄内侵，天下咸兵。

京氏曰：日月并出，为并明，天下有两主立。

京氏曰：《气占》云，日月并俱出，君臣争明。

京氏曰：日月并出，兵在内。

京氏曰：日月两见，是(阙)皆有兵饥。

京氏曰：日月并出，相去二寸，臣下作乱，灭其主。

《魏氏图》曰：日月并见者，君为臣，臣为君，其世乱，民相残。

《孝经内记图》曰：日月两见，十日不雨，兵在内起及外。

《荆州占》曰：日月并出，是谓灭亡，天下有国者亡。

《洪范五行传》曰：吴之亡也，日月并出，其后越灭吴。臣欺其君，夷狄侵中国。

《荆州占》曰：日月并见，是谓争光，大国弱小国，不出三年，兵起，岁恶，风雨不时。

《荆州占》曰：日月并出，是谓死丧，吏人会聚，以下凌上。

魏氏曰：日月并昼见者，君弱臣强，以臣伐君，谋为天子。

日月与大星并见

《洛书》曰：日月大星并出昼见，是谓争明。大国弱，小国强，有立侯王者。

日入月中月入日中

《春秋感精符》曰：君亡失阳事，日月相干。

石氏曰：日入月中并不出，九十日兵大起。

《易令》曰：日入月中，铁贵三倍，二旬而止。

石氏曰：日入月中，女主病。不则将军司马吉。一曰：日在月中，后死。

《荆州占》曰：日见月中者，不出三年人主亡，月入日中亦然。

《孝经内记图》曰：月入日中，臣贼其主，夺其家。

石氏曰：月入日中，光不灭，后妃持政。

开元占经卷七

日占三

日 冠

石氏曰：有气青赤，立在日上，名为冠。

王朔曰：日冠者，闻也。冠者，如半晕也。法当在日上。

如淳曰：日气在日上为冠。

魏氏曰：冠者，君有私事，在南宫中。

《高宗占》曰：日冠者，有喜气从冠外入，从中出有喜。喜气者，谓王相气润泽也。

甘氏曰：日冠，天子立侯王，不出三年。

《孝经雌雄图》曰：日冠，谓臣权在君上也。不损，至于进所爱。复不损，害忠良；复不损，专主威；复不损，邪行私；复不损，王政衰；复不损，谋为非。冠也，谓不以礼自治也。上不知也。

《孝经内记》曰：日上冠者，君与兄弟姊妹私通。

《孝经雌雄图》曰：日冠甲乙，天子欲养仇。丙丁，君臣相反覆，下逆上，上不能止息也。戊己，妻党贵宠极也。庚辛，将帅僭号，欲为奸贼也。壬癸，寒贱暴贵。

日 戴

石氏曰：气在日上，名为戴。又曰：戴之色青赤。

王朔曰：日戴者，形如直状，其上微起，在日上为戴。戴者，德也，国有喜也。

如淳曰：气在日上为戴。

《高宗占》曰：重戴，天子有喜，得地，若有所立。

日珥

石氏曰:日两傍有气,短小,中赤外青,名为珥。

《释名》曰:日珥者,在日两傍之名也。珥言似耳在两傍也。

如淳曰:气在日傍直对,为珥。

王朔曰:珥,耳也。珥者,仁也。珥者,近臣也。珥者,亲近之人也。珥者,当如珥也。

甘氏曰:珥,朝有耳。纯白色为丧,间赤为兵,间青为疾,间黑为水,间黄为喜。

甘氏曰:日朝有珥,国有行进之事,其不行,凶能戎。

《荆州占》曰:日夕有珥,赤黑白,有大客。

董仲舒曰:日交速而珥,兵大出。

《荆州占》曰:日交珥象,一方众兵皆起,军在外者罢。

《孝经内纪》曰:日珥赤,兵;白,丧;青,忧;黑,死;黄,有喜。不出三年。

《孝经内记》曰:日珥,人主有喜,为拜将军,若有子孙。一曰有风。

郗萌曰:日珥,人主有喜,兵在外亦有喜。

《洛书》曰:日珥而张者,即人主有忧,欲听欲外。

《荆州占》曰:日珥北方以及三方,必有疾雷。

石氏曰:有军,日有一珥为喜。在日西,西军战胜,东军战败;在日东,东军胜,西军败。南北亦然。无军而珥为拜将。

《孝经雌雄图》曰:日左珥者,君有阴事,与傍妻为奸,在西宫中欲立。

《摘亡辟》曰:日有赤黑珥,夷人起兵,外降附之。

《孝经雌雄图》曰:右珥者,君有重宫,妇人阴事私发。

夏氏曰:日左右有黄白珥,君下赦。

京氏曰:日以春有二珥,人君听事。

王朔曰:日珥等,两军相当,无相奈何。

《摘王辟》曰:日有两珥,无封侯。桀恐,还自伐。

京氏曰：日两珥，且有大使。一日两珥，焰焰如光，为人君有喜。

《洛书》曰：日两珥，中赤外青，色黄白润泽，天子喜。

《洛书》曰：珥中有赤云贯日，有名之人死。

京氏曰：日有三珥，人君有女子忧。

《孝经内记图》曰：珥有四，天子大喜。

石氏曰：日有四珥，天子拜将，太子立王侯。

甘氏曰：日四珥，天子有子孙喜，期不出三年。

京氏曰：日出四珥，将军亡。日入四珥，有大兵。

京氏曰：日朝五珥，国忧兵起。夕珥临日两傍，必有大客来言北方之事。

甘氏曰：日有六珥，命曰大提。六十日分，有丧。若赤云掩日，下有亡国。

日　抱

如淳注《汉书》曰：气如半环，向日为抱。

蔡伯喈曰：气见于日傍，内曲向日为抱。

京氏曰：气青外赤内，曲向日月为抱，两军相当，顺抱者胜。

王朔曰：气向日晕状而短则为抱。抱者，苞也。苞者，附也。抱者，近臣也。抱者，和亲也。按其色占之，抱黄白润泽，法有赦。

京氏曰：气向日月为抱。抱多者，奕亲附者众多也。

孙氏《瑞应图》曰：君贤得土地，则有黄抱。

京氏曰：气抱日为和亲，见者其臣欲亲。

石氏曰：日抱，邻国臣佐来降。

石氏曰：抱，气青赤在日月傍，为其分，若王者有子孙之喜。

《孝经援神契》曰：黄气抱日，辅臣纳忠。

《孝经内记图》曰：日光润泽有抱，国昌。

《洛书》曰：日抱，黄白润泽，中赤外青，天子有喜。有和亲来降者。军不战，敌降军罢。色青，将喜；赤，将兵争；白，将丧；黑，将死。

《高宗占》曰：抱傍有黄气如人像，人主有贤佐，匡天下。

夏氏曰：日有两齐等以战抱，先衰者败。

《高宗占》曰:《日傍气图》日有两抱,外欲自亲者,人主有喜。

夏氏曰:日傍有气抱,战胜,无军,有欲和亲者。

高宗《日傍气图》曰:日有三抱,天子喜,天下和平。色赤黄白,皆吉,若有亲者。

《孝经内记》曰:日四傍各有重抱,四方附信也。

高宗《占日傍气图》曰:日四抱,天子有喜,皆将相向主,若有来和亲者。

《夏氏日晕图》曰:日傍抱五重,再战顺,抱者胜也。

日　背

京氏曰:日中赤外青,曲向外,名为背。

蔡伯喈曰:气见于日傍外曲,曰背。

石氏曰:背,气青赤而曲外向,为叛象,其分臣反。

石氏曰:日背,有反臣,若边将去,善防之。

夏氏曰:日背,背者,大夫卿欲为主。

《孝经内记》曰:日两背,有反者。

《孝经内记》曰:日四背,有兵兵罢,无兵兵起,以宿分占之。

《太公兵法》曰:日四背,见军在外,有反者。

《摘亡辟》曰:日四背,天下骇扰,大将起,在中野。

《春秋感精符》曰:日背出,天下分裂,臣子得志,主上弱。

《春秋考异邮》曰:诸侯谋反,五背刺日。

日　璚

石氏曰:气青赤曲向外,中有一横,状如带钩,名为璚。

如淳曰:日刺日曰璚。璚,决,伤也。

孟康曰:璚者,日将蚀先有异气也。

王朔曰:日璚,璚者,决也。璚者,臣下走也。璚者,臣下急也。形如背状微小而钩,则为璚。璚者,谪也,为乖离也。

夏氏曰:日傍有青璚,大臣有去者。不去,有德令也。

《孝经雌雄图》曰:日璚者,此变最剧,败伤君者也。致灭上有之征。祸从君不禁下起，在左右；祸从臣诈主，在上；祸从妃后，在下。祸从臣专政，从为自用，横为暴多，有奸臣通。

《春秋考异邮》曰：臣谋反，璚刺日。

《孝经内记图》曰：日傍一璚，万人死其下。

夏氏曰：日四璚，有兵兵罢，无兵兵起。（阙）

《春秋感精符》曰：日四璚并立，政不一。（按《五行传》曰：日傍有气，皆为晋国之将亡。四璚刺日，而后三卿分晋，以灭其祀。）

《春秋感精符》曰：日九璚，后起之人并出。

《春秋吕氏》曰：人主自恣，不修古王道，逆天暴物，妖祸起，地曜，日璚，日反光地曜，璚气上刺反光，日景见南。又上光盛，无能见其轮体；及至反光，午上体见，光微没时，却忽时暂明，亦如灯将尽，而光忽暂明炽。自古以来，将亡之国，必生暴君虐主。其君必夭荡其志，使穷极骄盈，而神照如来，故以反光深诫之也。

日　直

石氏曰：日直，色赤丈余，正立日月之傍，名为直。其分有自立者。

夏氏曰：日直，直者，正直。在日上下左右，主直臣自立也。直在下，光色润泽，有立侯王者。

夏氏曰：日有黄直，君立臣；青赤直，臣自立。

夏氏《日晕图》曰：日傍有一直，色黄白润泽，有立侯王。

《洛书》曰：有一傍直，一方欲自立侯王；有二傍直，二方欲自立；三傍直，三方欲自立；四傍直，四方皆欲自立侯王。

《孝经内记》曰：日傍有一直，蔽在一傍欲自立，从直所击者胜。

《孝经内记》曰：日傍有两直，其色润泽，有侯王立。

夏氏《日晕图》曰：日傍有二直，欲自立者，其色中赤外青，不成。

高宗《日傍气图》曰：日有二重直在，左右谋欲自立。

《洛书》曰：日四直者，是谓四强。色黄白润泽，天子有喜，安足无兵，国多幸，臣使王。色青，天子有忧；赤，有兵；白，民多丧；黑，主死国分。

日 交

王朔曰：日有交。交者，青赤如晕状。或如合背，或正直。交者，偏交者，两气相交也。或相贯穿，或相背交。主内乱，军中不和。

石氏曰：日交，人受淫勃之气。

京氏曰：偏交在日傍，从交在日，傍交所击者胜。

甘氏曰：常以九月上景候日傍交赤云，其下有兵。

日 提

夏氏《日晕图》曰：日傍有赤云，曲如车盖映日，名曰扶提。不出其年，有自立者，以日宿占之。

《荆州占》曰：日傍有白云，曲而向日，其一者居东方，其一者居西方，名曰提。不出其年，中有自立者。

《孝经内记》曰：日有赤云如车轮，或二或四，（按，图有二云，或背日，或向日，当如车盖，不应如车轮，字之误也。）其背向外提，外臣背其主。期六月一提，不出六年，王者亡地。其曲向日，为内臣背其主。二提，期三十日至。四提，期六十日至。

《孝经内记》曰：日傍有赤云如车轮，四曲向日，名曰兵提。不出其年，有自立者，以宿占之。

甘氏曰：日四傍有赤云，曲而向日，名曰四提。

《荆州占》曰：提，犹耳也。不出其年中，兵起，王者死。一曰：亡地，有自立者。

《孝经内记》曰：日四提，不出二年，大有兵，大将出亡。五谷贵，价一倍。三十日至，大雨不止。

京氏曰：四提，不出二年，有大兵，有大饥。

高宗曰：日六提，国君当之，宜防。

京氏曰：日六提，天子亡，布贵，天下乱，五十日至。

董仲舒曰：殷时有云居日左右，曲布向日，名曰日提。占曰：不出六年，天子不利，必有立者。高宗感之修德，昌祚数百年，可谓灾消而福生也。

日　格

甘氏曰:有青气横在日上下者,为格也。格者,格斗之象也。

日履纽缨

《洛书》曰:日下有赤黑青气,是谓履气。交日下将缨,或曰纽也。天子有喜,有臣反从外来者,所以然者,日,天子之象也。黑,水之精也。赤临,是谓水火相薄。故言天子喜。水者陷,故言有臣从外来反。

日　承

夏氏曰:承者,气如半晕在日下,则名为承。承者,臣承君也。为君臣相承,有吉。

高宗《日傍气图》曰:日下有黄气三重若抱,名曰承。福,人主有吉,喜且得地。

杂冠戴纽珥抱背璚直虹刺

《洪范传》曰:日抱珥重光,以见吉祥,君获贺,福禄并降。

夏氏曰:日冠而珥,人主有喜。且有所立,期不出年中。

《洛书》曰:日平晓,冠有两珥,色黄白润泽,天子有喜,听言立王。色青,忧;白,丧;黑,死。所以然者,平晓至食时,为王两珥有所听,黄白两设为有喜立。

王朔曰:日冠,当有两珥,甚吉。

魏氏曰:日冠右珥者,邦东有善人出,得位。

《孝经雌雄图》曰:日冠左珥者,君为妇母私相知。

《孝经内记》曰:日左珥冠者,君东宫私妇女之事。

石氏曰:日冠右珥者,邦南善人欲为政位。

魏氏曰:日冠左右珥者,君与群女妇姊妹私相通。

《孝经内记》曰:日冠左右珥者,天下有喜。

魏氏曰:日冠缨上下者,邦南北有善人出为政。

《孝经雌雄图》曰：日纽冠者，君兄弟妇女私相知奸淫也。

《洛书》曰：日戴而冠不中日者，名为妇，一名离疏。中赤外苍，色黄且润泽，天子有臣暴幸者，色青以音幸；色赤，以兵幸；白与黑者，主失用。所以然者，日，天子之象也。色黄白润泽，是谓附，故言天子有喜。不中日，故言附。上有戴，故言有暴幸。阴阳不和，故言失用。

高宗《日傍气图》曰：日戴珥，人主有喜，天下和平有所立。

高宗《日傍气图》曰：日重戴，左右珥，天子有喜，得地，若有所立。

《洛书》曰：日两珥，有直出珥中，中赤外青，色皆黄白润泽，天子有珠宝，喜立王侯。所以然者，日，天子之象。珠者，阴之荣也。直者，辅也。黄白润泽，故言天子有喜宝，直有立侯。青，有忧；赤，有兵；白，有丧。黑者，水也。

《孝经内记图》曰：日出而珥戴，天子有德令。一曰有贺喜。

《孝经雌雄图》曰：日四傍有四珥，珥外左右有二抱者，子孙昌。

司马迁《天官书》曰：日抱且戴，喜。

《孝经援神契》曰：王者德至于天，则日抱戴。

京氏曰：日抱一背为破走。抱者，顺气也。背者，逆气也。两军相当，顺抱击逆者胜，故言破走。

《洛书》曰：日抱有一珥，色皆白润泽，中赤外青，平晚至食时见，天子有喜。日中至日入，色苍白为忧。为有人从外来者，有喜事者，不可信也。

高宗曰：日抱两珥，下有黄气如月，名曰遗德。有太子喜，无气，天子喜。

高宗曰：日重抱在左右，人主有喜。

高宗《日傍气图》曰：日有重抱两珥，人主有喜。

夏氏曰：日重抱中有璚，顺抱击者胜。军中有欲反者。又曰：重抱且背，顺抱击者胜。得地，并有罢师。

《洛书》曰：三抱重有两珥正方，色皆黄白润泽，天子有喜，是谓大和。抱者，亲和之象也。珥方者，兵之象也。

《春秋浑付》曰：人主修名无诚，言外方语，内怀负心，骄蹇自恣，不谒忠称孝，毁所增，日背璚青赤不明。

《洛书》曰：日背而内璚色中黑，故言水。主大臣反，故言天子有忧。外赤中黑，故言有水火相伐，反臣从中起，天子死。

京氏曰：日背璚在日之南及其三方者，其国有反臣。

《易纬》曰：日背璚重累，小人略地，大人争时。

京氏曰：日月皆璚，其国有反者。

《洛罪级》曰：日背璚不言内乖恶。

《摘亡辟》曰：日背璚并出，颠倒相贯屈，天子灭，下作祸。

《春秋纬》曰：桀之世，有后通族擅权，背璚刺日，垂其耀光，有此则亡引也。

《春秋感精符》曰：君臣乖错不和，则日背璚。

高宗《日傍气图》曰：日傍有一直，赤气如鳞在上，近臣欲自立也。

高宗《日傍气图》曰：日有二背一直，大臣谋欲自立也。

甘氏曰：日四璚，是谓大役，军众在外有反者。

《孝经内记》曰：日有四背璚，无军在外而见，天下兵起；军在外，天下兵尽罢。

《春秋感精符》曰：日四背璚，臣射主。

《孝经内记》曰：日四背璚，气如大车随者四，人主不安，大国不出一年。大车贯二背，有反臣，三月大雨下。

《春秋纬》曰：日有四背璚，其国内乱，有兵起，若有背叛。

魏氏曰：日傍有二直三抱，有自立者，不成。顺抱击者胜，杀将。

魏氏曰：日缨左珥，后宫出位喜。

《孝经雌雄图》曰：日冠纽左珥者，君与舅母私相通。

《孝经雌雄图》曰：日冠纽左右珥，天下有吉喜，五逆皆除。

《日晕图》曰：日冠缨左旄者，后宫有喜。

《日晕图》曰：日冠缨右珥，后宫出位有喜。又曰：日晕冠缨，左右旄，天下大喜，除刑。

《孝经雌雄图》曰：日纽左珥者，为兄弟私相知。

《孝经内记》曰：日冠纽者，君与青衣私相爱，欲成立为妻，已在宫也。

甘氏曰：日戴珥，天子有贺喜。抱以为和亲，抱亦亲多，抱珥见数，国家欢喜而和。

甘氏曰：日戴且珥，天子有子孙昌，期不出其年。

夏氏曰：日戴而珥，有令德。

夏氏曰：日重抱，抱中外有璚而珥，顺抱击者胜。破军，军中不和，不相信。

《孝经内记》曰：日傍有重抱，其一傍有抱，抱后有背戴，顺抱者胜。

高宗《日傍气图》曰：日有一抱、一直、一珥，人主有喜，且有所立。

吕氏曰：日背璚四直交在中，臣欲为邪。色青中赤外、有芒刺则为逆。其色赤中青外、无芒刺为谋。若数见，则国家凶。向日为抱，背日为背。背且抱，有欲为者，顺胜逆，明胜枯，久胜疾。若有白虹以攻战，从抱击之者胜。芒外者，中人胜。芒内者，外人胜。皆以象类为法。

《孝经雌雄图》曰：日上有冠三重，日下有虹下行，正直长丈，不出一年立，故贵人绝后者，其年小熟小贱，岁有兵，一年中天下不安。

夏氏曰：日抱且两珥，一虹贯抱中日，顺虹击者胜，杀将。

夏氏曰：日抱两珥且璚，二虹贯抱中日，顺虹击者胜。二将有相去。

夏氏曰：日重抱有三白虹贯抱中日，顺虹击者破军将。二虹杀大将，一虹杀偏将。

魏氏曰：日重抱左右二旄有白红虹贯抱，顺击胜，得二将。有三虹得三将。

高宗《日傍气图》曰：日一背一直，有赤气如卷，近臣欲自立。二背一直，大臣欲自立。

《孝经雌雄图》曰：日刺冠重累并出边见者，是臣弑君、子弑父之变也，不可不审察也。见于东方，父子自为之；见于南方，君臣为之；见于西方，亲戚将卒为之。变在君者，多赤；变在臣者，多青；变在边夷者，多黑。自天生大贼，五色错乱。

开元占经卷八

日占四

日　晕

石氏曰：日傍有气，圆而周匝，内赤外青，名为晕。

夏氏曰：日晕者，运也。

如淳曰：晕，日运也。晕者，屯也。晕者，围也。一说晕者，军营卫气也。营卫君也。

蔡伯喈曰：气见于日傍四周为晕。

《方言》曰：日晕为躔。躔，历行也。

《尔雅》曰：弇日为蔽云。郭璞曰：即晕气五色覆日者也。《释名》曰：晕，卷也。气在外卷结也。

《春秋感精符》曰：一失阳事则日晕。

石氏曰：日晕者，军营之象。周环匝日，无厚薄，敌与军势齐等。若无军在外，天子失御，民多反叛。

班固《天文志》曰：两军相当，日晕，等力均也。

甘氏曰：日月皆晕，共战不合若兵罢。

《洛书》曰：日出而晕，必有取主，不乃有师破。

石氏曰：日以庚子晕，有赦令。

《河图帝览嬉》曰：正月日晕，兵春起，不胜。

《河图帝览嬉》曰：日以正月若五月中有九晕以上，道上有热死将，一曰多死人。

《荆州占》曰：日有朝夕之晕，是谓失地，主人必败。

《荆州占》曰：日三晕，军分为三。

夏氏曰：《日晕图》云，日晕润黄浊黑，摇为风雨且恶；不动摇，有忧病。不则有暴恶令。

《太公阴秘》曰：日晕明分中赤外青，外人胜；中青外赤，中人胜。

中黄外青黑,中人胜;外黄中青黑,外人胜。外白内青,外人胜;内白外青,中人胜。中黄外青,外人胜;中青外黄,内人胜。

《太公阴秘》曰:日晕黄白,不斗,兵未解。青黑,和解分地。色黄,土功动,民不安。色黑,有水阴国盛。色白,有丧。色青,为疾病。色赤,大旱,流血千里。

京氏曰:日晕,有兵在外者,主人不胜,宜客。

《太公兵法》曰:日晕始起,前灭后匝而后成者,后面胜。

《太公兵法》曰:日晕周匝,东北偏厚,厚为福。东军在东北战。西南,战败。

《孝经内记》曰:日晕而明,天下有兵兵罢,无兵兵起,不战。

《洛书摘亡辟》曰:日晕明,人主有阴伏之谋。

京氏曰:日晕若井垣,若车轮,二国皆兵亡。

石氏曰:日有青晕,不出旬,有大风,粢贵十倍,人民多疾病,凶。

《河图帝览嬉》曰:日晕中赤外青,群臣亲外,赤中青,群臣内其身,外其心。

石氏曰:日有黑晕,灾在用事臣。

高宗《日傍气图》曰:日晕苍黑,女主有忧。

京氏曰:日有黄晕一重,人主有喜。

《洛书》曰:日有青围之,谓之青晕。不出二旬,大寒,粢大贵,外长三钱。一岁五见,粢五倍;六见,粢六倍不止。不出一年,民相食,多疾疫,在所见之国。

《礼斗威仪》曰:君乘木而王,其政升平,则日黄中而青晕。

《洛书》曰:日有黑围之候,不出六十日,有大水,伤五谷,败人室宅,所见之国,粢贵十倍,三旬止。一岁十见此者,四海有役,穷民不得守其乡,死不收藏。

《礼斗威仪》曰:君乘水而王,其政升平,则日黄中而黑晕。

《孝经内记》曰:日有白围之候,一本日白晕,不出九十日,有大暴兵,粟大贵三倍,岁多暴风,春雪霜,民多病,亡野,犬多狂,所见之国尤多,其君不安。

《礼斗威仪》曰：君乘金而王，其政象平，则日黄中而白晕。（宋均曰：象者，取象，于镜见仪表端正。）

《洛书》曰：日有赤围之候，不出终食，必有大雨雷霹雳，杀乎为人民者，天下不同，独以所见为然。必有大暑，道无行人。围候者，日与辰星俱失度。不出旬日，围候数如此者，不便贵人。一岁数有围候，岁十余，王者不安，大臣坐事。不出二年中，天子亡，细布贵。后一年，蚕不为缣，絮四倍。万民大寒，见此之戒。

《礼斗威仪》曰：君乘火而王，其政烦平，则日黄中而赤晕。

《孝经内记》曰：日有黄围之候，风雨农田治。一岁数见，且大安。所见之国，吉，不出三年。

《孝经内记》曰：日晕亡日，无雨，大风，起兵，若土功，各当其星占。（凡日月傍有异气抱珥，强带，虹蜺、背、璚、缨、纽、格、履之属，三日内有大风，二日内有大雨，灾解不占。）

甘氏曰：日晕七日无风雨，兵大作，不可起，众大败，不乃月蚀。

日方晕连环晕

高宗《日傍气图》曰：日方晕而上下聚二背，将败民散。又曰：日晕方如井干，天下不和。

《荆州占》曰：日晕连如环，为两军兵起，君争地。

高宗《日傍气图》曰：日晕环而聚，君死。（四边亚出也。）

日晕而珥

京氏曰：日晕而珥，宫中多事，后宫分争。七日不雨，审察中。

甘氏曰：日晕而珥，主有谋。军在外，外军有侮。

《荆州占》曰：日晕而珥，天下有立侯王。

《荆州占》曰：日晕而珥，于晕上，将军易。

甘氏曰：日晕而珥，如井干者，国亡以乱，有大兵反。又曰：日晕而珥，合在军中，一珥一国，二珥二国，三珥三国，同攻是国也。

甘氏曰：日晕而珥，聚在傍，贵人有罢者。

《太公兵法》曰：日晕而珥，主有谋。十日不雨，兵起。

石氏曰：日晕而珥，合国有谋反。

《日晕图》曰：日晕右珥者，王侯有喜，人君有私，事在后宫。

《洛书》曰：两敌相当，日晕两珥平等俱起而色同，军无相奈何。色厚润者，贺喜。又曰：日晕两珥，君有喜。一曰众在外，有大事。

石氏曰：春晕有四珥，人主更令。

日晕而负

夏氏曰：日负，负者，青赤如半晕状，以着晕上，则为负。负者，位也，得地为喜。

京氏曰：日晕重有四负，殃，大国乱。若三日大雨，不占。

《孝经内记图》曰：日晕负且戴，国有喜。战从戴所击者胜，得地。

日晕而冠戴珥抱背璚直提虹蜺云气

《孝经内记》曰：日晕且冠戴，又有反照于日，上有戴赤青长四五尺，左右上下有气各一丈许，不出九十日，有立侯王，不出百日，有大赦。粢贵十倍，大豆尤甚。

石氏曰：日晕且冠且戴，天下有立侯王，若自立者分必益土。

石氏曰：日晕且冠，王者有拜谒。若立诸侯，德令四方，天下大赦。

《孝经内记图》曰：日晕有冠，两珥有缨贯珥中，下交日下，天下有名之臣死。不出三十日，有赦。

《太公兵法》曰：日晕冠三珥，天子有喜。或为大赦，或拜大将军。

高宗曰：日晕冠珥纽，人主有喜庆，且有所立，不出年中。

京氏曰：日晕戴抱珥，其色皆赤内青外清明，即国家有吉贺喜。

《洛书》曰：日晕且戴而晕，两有气皆如珥形，中赤外青，是谓珙璧。一名雾成。色皆黄白润泽，有献璧玉宝瑶器者，天子有喜。所以然者，日，天子象也。璧玉者，阴之荣也。黄白润泽，故言天子有喜。

夏氏曰：日晕而珥，外有一抱，所围城者在外，外人胜。

《孝经内记》曰：日晕，晕中有珥一抱，所谓围城者在中，中人胜。

高宗《日傍气图》曰：日晕珥两抱，天子且有庆。一抱，喜至。气黄白赤，皆吉也。

《荆州占》曰：日晕而珥背，左右如大车轮，兵起，其国亡城，兵满野而城复归。

京氏曰：日晕有四珥，各四背璚，期六十日，群臣有异谋者，有急事，闭关不行，使天下更命。三日雨，不占。四背，白气干之，其端青赤，是妃与臣下共弑其君。

夏氏曰：有军，日一晕有一抱，抱为顺贯晕中，在日西，西军大胜，东军大败，中赤外青，若在日东，东军大胜，西军大败，南北亦然。

石氏曰：日晕有抱，抱为顺，在日月之傍，王者有喜，子孙吉昌，政令行。

《洛书》曰：凡占，两军相当，必谨审日月之晕气。知其所起止、远近，应与不应，迟疾大小，厚薄长短，抱背为多少，有无实虚、久亟、密疏、泽枯相应日等，无相奈何，故曰近胜远，疾胜迟，大胜小，厚胜薄，长胜短，抱胜背，多胜少，有胜无，实胜虚，久胜亟，密胜疏，泽胜枯。重抱大胜无抱也。抱为和亲，抱多，亲者益多。背为不和，分离相去。背于中者离于中，背于外者离于外也。凡分离相去之相亲疏，赤中外青，以和相去，青中外赤，以恶相去。

《太公兵法》曰：日晕抱珥，喜气；日晕黄者，主人有喜。

《太公阴秘》曰：日晕一抱一背为不和。信者更逆，不信者顺。

夏氏曰：《日晕图》云，晕有重抱，后有偕战，顺抱者胜，得地。

高宗曰：日晕两抱，天子有喜，天下和平。色赤黄白，皆吉，有和亲。

高宗《日傍气图》曰：日晕四抱，天子有喜，将相治端，皆向主者，来和亲。

甘氏曰：日晕抱珥，上将军易。

京氏曰：日晕背气有晕中，此为不和，分离相去。其色青外中赤，忠臣受命，主有所之。两军相当，中人军欲降叛于外也。

董仲舒曰：日晕而背，君臣俱危，主失节。

《太公阴秘》曰：日晕有背，大臣有叛者。或曰左右欲有走。

石氏曰：日晕而背，兵起，其分失城。

石氏曰：日晕有背，背为逆，有降叛，有反城。在日东，东有叛；在日西，西有叛，南北亦如之。

高宗《日傍气图》曰：日晕一背，臣弑主。（按《中兴书》曰：隆安元年十二月壬辰，日晕有背璚。是后帝不亲万岁，会稽世子元显专行威罚。义熙六年五月丙子，日晕有背璚，是时卢循逼京都，战于郊也。）

石氏曰：有军，日晕有一背，背为逆。在日西，东军大胜，西军大败。若在日东，西军大胜，东军败。南北亦然。

《孝经内记图》曰：日晕上下有两背，无兵兵起，有兵兵入。

魏氏曰：日晕四背在晕内，名曰不和，有内乱，离于中。

《夏氏日晕图》曰：日晕，晕中有两背两璚，又半晕临日，反臣起，中不成。

《孝经内记图》曰：日晕外四背璚，所谓离于外者，外臣有离去者。

《孝经内记》曰：日晕中有四背璚，其背端尽出晕者，反役内起。

京氏曰：日晕而背四，如大车者四提，设其国众在外，有反臣。

高宗《日傍气图》曰：日晕一背丽阵贯之，大臣欲犯其主。

《孝经内记图》曰：日晕有璚，裂地立王。

石氏曰：日晕中有璚气，璚为不顺，与背同。人臣不忠而外其心，君臣乖离，其国兵起，若有逃臣。

京氏曰：日晕，直气贯晕中白其色，将失。顺其气攻，破军。

高宗曰：日晕清明一傍直，有立侯王。其色青外赤内润泽者，上所立也。

石氏曰：日晕有直气在两傍，其国有自立者，若立诸侯。一曰王者封赏左右。

《魏氏图》曰：日晕有二直，欲自立者，明者立。若黑，不明者死。

《魏氏图》曰：日晕有一直一背，欲自立；二直二背，欲自立；有三直三背，欲自立；有四直四背，皆欲自立也。赤中青外，不成。

夏氏曰：日晕有直珥，为破军。贯日中，为杀将。

高宗《日傍气图》曰：日晕两直一背，有反臣。

石氏曰：日晕四提，必有大将出亡者。

京氏曰：日晕而且冠三重，日下有虹行，正长数丈，不出其年有反者，贵人绝后，有兵饥。（按司马彪《续汉书》曰：光武建武七年四月丙寅日，而日有晕，虹贯晕在毕八度。毕，边兵，秋，隗嚣反，侵安定。）

《荆州占》曰：日晕而珥，赤虹贯直其国分者，受其害。

石氏曰：日晕有抱背珥直，而有虹贯之者，顺虹击之大胜，得地。

玄冥曰：日月晕背彗孛虹蜺在箕，兵起后宫。

玄冥曰：日月晕虹蜺彗孛在尾，兵起于宫，将交走，期百八十日。

石氏曰：日月无精光，青赤晕，蜺背璚在心度中，是谓大荡。兵丧并起，王者以赦降外。

京氏曰：凡日出虹晕，主分地。日入虹晕，诸侯分地。黑者，以兵分地。白者，以丧分地也。

《荆州占》曰：日晕而白虹，奸。而属域之东，东斥地；域之南，南斥地；域之西，西斥地；域之北，北斥地。四方皆奸，而四方斥地。是谓人主骄溢，期不出五年。

夏氏曰：日晕二，白虹贯晕，有客战胜。

《孝经内记》曰：日晕，有虹贯晕中，顺虹击者胜，杀将。

甘氏曰：日晕而珥，有云穿之者，天下名士死。

高宗《日傍气图》曰：日晕两珥，而下有黄云，人主有喜，期百二十日，远年中。

甘氏曰：日晕而两珥在外，有聚云在中与外，不出三日，城围出战。

《春秋感精符》曰：日一晕两珥，有立云贯日出，国多妖孽。

《洛书摘亡辟》曰：日晕而两珥立云贯之，国有大疾。

《春秋纬》曰：日晕有两珥，黄云贯之，不出三月，贵人有死者。

《黄帝兵法》曰：日月晕，仰视之，须臾忽有云气从傍入者，急随云以攻之，大胜。

《太公阴秘》曰：日晕，有五色云如杵贯日，从外入，外人归胜。从内出，内人胜。欲知姓字，白者商，赤者征，青者角，黑者羽，黄者宫。

《太公阴秘》曰：日晕，有众云在左右，色黄白，吉；青白，兵行；黑白，内乱；青赤，和解；青黑，流血。俱明者，未解。兵不归，明者胜。

甘氏曰：日晕，有聚云不去者，兵起。

甘氏曰：日晕，有聚云外入，不出三日，国城围。

夏氏曰：日晕，有云气从晕外入者，兵得入。云气从中出者，兵从中出。

《孝经内记》曰：日晕，有青云三从外贯晕，战，客胜。

夏氏曰：贯日，以日宿占之。

夏氏曰：日晕，有青气从中四出，有围城，城中胜。有直交三，有欲自立不成。

《夏氏日晕图》曰：日晕，有青云从外四贯晕，有围城，外胜中。

高宗《日傍气图》曰：日晕，下有青云如死虹属晕，大将死亡。

《五音候》曰：日晕，合气如人在晕中，偕日者，臣叛，不脱。日晕不合，叛者得脱。

《孝经内记图》曰：日有白气从外向内刺，外人胜，围城城拔。

《孝经内记图》曰：日晕，有白气从内向外刺，中人胜，围城城不拔。

石氏曰：日晕，有白云如车盖临上，城降，得地。

高宗曰：日晕，有赤气如戟临之，其国兵起。

高宗《日傍气图》曰：日晕，傍有赤气，如节如旗状在外，名曰蚩尤之旗。兵从内起。

《孝经内记图》曰：日晕，赤气贯中属日，臣贼主。赤甚者为用兵，不甚者为用药。阴者不发，人莫知之。

高宗《日傍气图》曰：日晕，有黄气承之，得地，不出年中。

《夏氏日晕图》曰：日晕，有虹贯晕，不中日，战，从贯所击之，胜，得小将。

《夏氏日晕图》曰：日晕，有白虹贯，从虹所击，战胜，破军杀将。

《魏氏图》曰：日晕，有白虹七贯晕，以围城，主人胜，城不拔。

《孝经内记》曰：日晕，有气如牛入居晕，不出三日，寇入城。

京氏曰：日晕不合，有云如牛，在晕外来，入晕中，臣不服。

京氏曰：日晕，有气如毛羽，临日不去，国有大兵忧。

高宗曰：日晕有四锐气，如峰四出，国君亡。

高宗曰：日晕，有锦文气，润色从外入者，有文书，喜至。从中出者，王使出喜事也。枯干不明者，举事忧。

王朔曰：日晕，有锦文之气在晕中，君欲遣使，文书大行。日晕，有锦文之气在晕外，外文书来。

《五音候》曰：日晕，气如人在晕中向日，中人受令。在晕外向日，外人受令。一曰：使臣还，得其正色，有喜。不得王气，有忧。

《五音候》曰：日晕，气如卧人，在晕上，其下破败。

《五音候》曰：卧人气在晕中，君有忧，臣暴死。又曰：日晕卧人，气在晕外，臣有忧，忧主死。

日重晕

魏氏曰：日重晕，中赤外青，有臣谋邪，不成。

夏氏曰：日重晕，攻城围邑不拔。重晕，天下有立侯王，不乃拔城。

京氏曰：日重晕，有德之君得天下。

石氏曰：日晕再重，其分战有功。

《河图帝览嬉》曰：日晕二重，其外青，中浊不散。

《孝经内记》曰：日有青晕二重者，其灾在春，内女亲用事。甲乙晕者，所见之国，雕杀草木五谷。不出六十日，中有兵起所见之处者。用事弱乱，故日晕青，三年乃止。

石氏曰：日有青晕再重，主后亲戚在内为乱，王者有忧。（案《洪范五行传》曰：周幽之败也，日晕再重，中晕赤，外晕青，一黑尽上下通在日中，是岁有幽王之败。）

《孝经内记》曰：日有黑晕二重，其灾在冬月。

开元占经卷九

日占五

候日蚀一

京房《日蚀占》曰：日之将蚀也，五龙先见于日傍。青龙见于日左，以春蚀；赤龙见于日上，以夏蚀；黄龙见于日中央，以六月蚀；白龙见于日右，以秋蚀；黑龙见于日下，以冬蚀。欲候此龙见日蚀法，当以五寅日候之。春以甲寅，夏以丙寅，六月下旬以戊寅，秋以庚寅，冬以壬寅，此所谓五寅也。置盆水庭中，平旦至暮视之，则龙见欲知何月，孟月以孟，仲月以仲，季月以季。欲知何日蚀，龙以上旬见，日以朔蚀；龙以下旬见，日以晦蚀。龙以日出见，以日出蚀；龙以日中见，以日中蚀；龙以晡时见，日以晡时蚀；龙以日入见，日以日入蚀。

《春秋合诚图》曰：日之将蚀，阳微阴渐，其城君蔽臣恣，下壅塞，九引先出，日乃毁息。（阳，日也，君也。阴，月也。渐犹入也。君微弱，故阴气入日，是主间蔽，臣下壅塞，君恩化使不施行也。九引先出，卒蚀日也。日将蚀破灭，必先气引出见祥也。）常经以效类垂萌，法至尊，阳精魄，（常经垂萌上十二月所祭者也，故冬至夏至，入阳气，阴注布贞，以猜明魄，权成其尊也。）

《春秋感精符》曰：日将蚀，必先青黄不卒，至渐消也，日光沉掩，皆月所掩毁伤。雌为政，伐其雄。

京氏曰：日失魄者，将蚀；月失魄者，水。所谓失者，日光精移处，若有两日也。

《尚书璇玑钤》曰：北斗第一星率色数赤不明，七日内日蚀。

《春秋感精符》曰：日紫色出二十日以上则蚀，既祸必合。

石氏曰：日月以二月八月出房南，过其度其冲，日月以晦蚀；出房北，过其度其冲，日月以朔蚀。

郗萌曰：辰星受制，不见舆鬼，乃日蚀。

郗萌曰：岁星辰星逆乘张左右角，皆为日蚀。国有大变。

《荆州占》曰：诸日变皆旬望以上，旬十日、望十五日，其冲月皆应当蚀，乃灾成，正月日色变，来七月日蚀是也。

韩杨曰：荧惑南去列星间，从四舍以上，期百二十日日蚀。

候日夜蚀二

《易萌气枢》曰：日夜蚀者，火中无影，言日当夜蚀。建八尺竹，视其下无影，蚀不可见，故以表候之耳。日所以夜蚀者，人君讳其过，臣下强，君不能制。见臣之恶，反以为善；见臣邪僻，反以为正直，故日夜蚀。阴过盛，阳道微。日夜蚀者，谋臣诛。

日薄蚀三

《河图帝览嬉》曰：日月赤黄无光命曰薄，破毁伤命曰蚀。

孟康子曰：日月无光，曰薄。

京房《易传》曰：日月不交而蚀，曰薄。

韦昭曰：月气往迫之为薄。

京房《易传》曰：蚀皆于晦朔。有不于晦朔者，名曰薄。此人君诛不以理，贼臣渐举兵而起。虽非日月同宿，时阴气盛，犹掩薄日光也。

《释名》曰：日月亏，日蚀稍侵，亏如虫食草木也。（按谢承《后汉书》曰：江夏黄琬七岁，祖琼为魏郡太守，梁太后诏问其日蚀之状，未能对。琬跪而曰：何不言日蚀之余如月之初。）

《谷梁传》曰：日有蚀之，吐者外坏，蚀者内坏，阙然不见其坏，有食之者也。

《毛诗》曰：彼月而食，则惟其常；此日而食，于何不臧。

《春秋考异邮》曰：麟龙斗则日月蚀。（按《淮南鸿烈》曰：麒麟斗，日月蚀也。）

《五经通义》曰：日蚀者，月往蔽之，君臣反，不以道，故蚀。

《春秋汉含孳》曰：臣子谋，日乃蚀。（案檀道鸾《晋阳秋》曰：孝武太元元年十月辛亥，日有蚀之，时有张五虎、路六根等谋反，诸葛侃诱斩之，灭其凶党。）

《春秋运斗枢》曰：人主自恣，不循古，逆天暴物，祸起，则日蚀。

《礼斗威仪》曰：君喜怒无常，轻杀不辜，戮无罪，慢天地，忽鬼神，则日蚀。

《淮南子》曰：君失其行，日薄蚀无光。

京房《易说》曰：下侵上则日蚀。

《河图帝览嬉》曰：日蚀，所宿国主疾，贵人死。用兵者从蚀之面攻城取地。

《河图》曰：日三蚀，三雄谋；日四蚀，四夷谋。

《春秋感精符》曰：再失阳事，则日蚀谪见。

《春秋感精符》曰：日蚀有三法，一曰妃党恣，邪臣在侧，日黄无泽则日以晦蚀，其发必于眩惑；二曰偏任权并大臣擅法，则日青黑以二日蚀，其发必于酷毒；三曰宗党犯命，威权害国，则日赤郁怏无光色，则日以朔蚀，其发必于嫌隙。

班固《天文志》曰：古人有言曰，天下太平，五星循度，无有逆行者，日不蚀朔，月不蚀望。

《洪范传》曰：日蚀必以朔，非朔为薄。蚀，阴盛侵阳。其君凶，不出三年。日蚀，皆蚀合朔，不当蚀晦。蚀晦者，阳行迟，阴行疾，君舒臣骄之异也。

京房《易传》曰：人君谋罚不理，臣下将起，则日蚀，不以朔晦。

《春秋感精符》曰：日之蚀，国绝也。

《春秋纬》曰：君不聪听，无知德，威令不严，舒懦，为臣下所侵，则日光青赤，其后久旱，地动摇宫，阴气盛，下臣太恣横，阳精挑夺，日行失度，不得则日月薄于晦，阳为臣所悦，故以晦日蚀之，失后也。（案《洪范天文日月度占》曰：春秋鲁昭公二十四年夏五月乙未朔，日有蚀之。周之五月建辰，今之三月也。鲁赵分也，鲁太师梓慎曰：将水。叔孙昭子曰：旱也。夫日过春分而阳犹不胜阴，能无旱乎？是秋鲁大旱。凡二至二分日，有蚀之，不为水灾，大旱而已也。）

《易萌气枢》曰：昭明蔽塞，政在臣下，亲戚干朝，君不觉悟，即杂气失，以星奔、日蚀为咎。（案《洪范五行传》曰：汉成帝建始三年冬十二月戊申朔，日有食之，其夜未央殿地震，日在须女九度，占在皇后贵妾。其后皇后废，赵飞燕姊妹乱宫，皇子死，王氏专权。）

《易通卦验》曰：日蚀则害命，王道倾侧，故日蚀则正人主之过。

《诗推度灾》曰：日蚀君伤。（按檀道鸾《晋阳秋》曰：孝武大元二十年三月庚辰，日有食之。二十一年九月庚申，帝崩。）

《诗含神雾》曰：日之蚀，帝消。（案袁宏《汉纪》曰：安帝永初五年正月庚辰朔，日有蚀之。本志以为正旦，王者听朝之日也。邓太后摄政，天子守虚位，不得行其号令，盖阳不克之象也。《晋中兴书》曰：成帝咸和六年三月壬戌朔，日有食之。是时显宗已长，幸司徒第，犹出入见王导夫人曹氏，如子弟之礼。以人君而敬人臣之妻，有亏君德。九年十月乙未朔，日有食之，是时显宗冠，当亲万几，而委政大臣，君道有亏也。）

《春秋潜潭巴》曰：凡日蚀之败，或地呕血，或天雨蝗，鸟旁蜚，龙群斗，长人入宫，虎哭雉巢，列宿灭，皆祸败显然之征也。

《春秋潜潭巴》曰：日蚀之后，必有亡国弑君，奔走乖离，相诛专政，拥主灭，兵车天下昏乱，邦多邮。（按《洪范天文志日月变占》曰：春秋鲁昭公十五年夏六月丁巳朔，日有食之，晋鲁分也。后二年，晋昭公九年，六卿专晋，三家擅鲁，鲁昭公奔之应也。《洪范五行传》曰：汉高帝三年冬十一月癸卯晦，日有食之，吴齐分也。后二年，齐韩信徙封楚王，三年废为侯，而诛之应也。《晋中兴书》曰：太和三年三月丁巳，日有食之。五年七月癸酉，日有食之。皆海西被废之应也。《宋书·天文志》曰：晋元帝太兴元年四月丁丑朔，日有食之。明帝大宁三年十一月癸巳朔，日有蚀之，在斗。斗，吴分也。其后苏峻作逆。安帝元兴二年四月癸巳朔，日有食之。其冬桓玄篡位。）

《春秋合诚图》曰：日蚀之，主见贼。

《春秋保乾图》曰：日蚀，主行蔽明，壅塞，改身修政，乃黜不法。

又曰，日蚀治乱。

《春秋公羊传》曰：日蚀，皆臣弑君、子弑父、夷狄侵中国之异。（按《洪范天文志日月变占》曰：春秋鲁庄公十八年春三月，日有食之，卫齐分也。后狄人灭卫，齐桓公救而封之应也。二十六年冬十二月癸亥朔，日有食之，燕分也。其后山戎侵燕，齐桓救燕，北至孤竹，平山戎之应也。三十年九月庚午朔，日有食之，楚之分也。其后楚世子商臣杀其君父之应也。鲁文公元年春二月癸亥朔，日有食之，齐分也。后十一年间狄三侵齐。一四年昭公卒，其弟公子商人杀其君兄子而自立，四年齐人杀之，大乱之应。十五年六月辛丑朔，日有食之，晋分也。此正阳纯乾之月，阴气未起而能侵阳，其灾最重。明年晋赵穿杀其君灵公，而周匡王崩之应也。鲁襄公二十一年秋九月庚戌朔，日有食之，楚分也。后十二年楚公子围杀其君兄而自立之应也。韦昭《汉纪》曰：光武十七年二月，日有食之，二十年五月，朔虏数犯上党、铜鞮、右扶风。二十一年，匈奴大入上谷郡之应是也。）

《洛书》曰：日蚀复生者，日光复故也。从日蚀生地击敌，破之。

《荆州占》曰：日蚀之下有破国，大战，将军死，有贼兵。（按《洪范天文日月变占》曰：鲁成公十六年六月丙寅朔，日有食之，晋分也。是月鲁侯伐郑，战于鄢陵，楚师大败，恭王伤目，将军子反死之。晋侯时豫而骄，多杀大臣。明年，晋大夫栾书、中行偃遂杀厉公，大乱之应也。）

《洛书》曰：日蚀不祥，善恶各为其国。（按《左氏传》曰：昭公七年夏四月甲辰朔，日有食之。晋侯问于士文伯曰：谁将当日食？对曰：鲁卫恶之，卫大鲁小。公曰：何故？对曰：去卫地如鲁地。杜注曰：卫地，豕韦也。鲁地，降娄也。日食自于豕韦之末，及降娄之始乃息。故祸在卫大，在鲁小也。《传》曰：于是有灾，鲁实受之，其大咎，其卫君乎，鲁将工卿。注曰：八月卫侯卒。十一月季孙宿卒。又《洪范天文日月变占》曰：鲁僖公五年秋九月戊申朔，日有食之，楚周之分也。其后楚庄王观兵于周疆，有问鼎之应。《洪范五行传》曰：

汉高帝三年冬十月甲戌晦，日有食之，燕吴越分也。后二年燕王臧荼反诛，复以卢绾为燕王，亦反诛，南越王赵佗自立称帝之应也。）

《洛书》曰：日月蚀，当用兵击之，君安。日月蚀，不可出军。日蚀之岁，不可出军。月蚀之月，不可出军。

甘氏曰：无道之国，日月过之薄蚀。兵之所攻，国家亡，又以有丧。

甘氏曰：日，阳精之明耀魄宝，其气布德，而至生本在地，曰德。德者，生之类也。德伤则亡，故日蚀，必有国灾。日蚀则失德之国亡。日蚀，修德。

甘氏曰：日薄色赤黄，其月旱。

京房《妖占》曰：日蚀，无道之君当之。

京氏曰：外交之蚀，蚀且不亏，亏而地犹明，是外谋也。

京氏曰：专政之蚀，日明缺至，阳虽侵，光犹明，是司马举兵欲起。

京氏曰：日蚀，诸侯相侵。白青明，君弱。

京氏曰：日蚀，国有兵。大战，从西方来胜。

京氏曰：日蚀，王为君蚀，相为臣蚀，囚为罪人蚀，死为夷狄蚀，休为民。有兵，其兵从阴所来。日蚀后必通水，在阴所来。在于三年之内。又必有火烧屋。（按韦昭《洞纪》曰：汉和帝永元二年二月日食。三年左校尉耿夔等征匈奴，战破之。安帝元初三年日蚀，京师旱。武陵蛮夷烧官寺。桓帝永康元年日食，渤海水溢杀人。十二月丁丑帝崩。孙盛《晋阳秋》曰：武帝太康七年正月甲寅朔，日有食之，乙卯又食。诏曰：邦之不盛，实在朕躬，公卿大臣，极言其失。太尉亮、司徒舒、司空瓘上言曰：三朔之始，日有食之，盖阳节过而坚冰未消，谨按经义曰：君道也，父道也，夫道也，君子道也。阳胜阴，阳气之常。今冰不消，阴气盛，阴盛者，臣擅主权也。孝道不修也，后宫过度，小人在位也。后八年正月戊申朔，日又食。太熙元年而武帝崩之应也。）

刘向《洪范传》曰：日之为异，莫重于蚀。故《春秋》日蚀则书之也。日蚀者,下凌上、臣侵君之象也。日蚀数者,其乱众。稀者,乱亦稀。

《洪范传》曰:人君失序,享国不明,臣下务乱,群阴蔽阳,则日月薄蚀,汶阇暗昧,若蚀从中起,背璚纵横,则乱交争,兵革并行。

《史记·天官书》曰:诸侯作乱,日蚀尽时。

夏氏曰:日蚀,出军军折,伤后疾病。

《荆州占》曰:日蚀当其国,君王死。(按韦昭《洞纪》曰:周平王五十一年日食,三月平王崩。《洪范天文志日月变占》曰:高帝九年六月乙未晦日,日有食之,周秦分也。是时汉都长安都东及洛阳为畿内,明年四月高帝崩。韦昭《洞纪》曰:汉文帝二年十一月晦,日食。帝引咎责躬,举直言,省徭费,辟籍田,除诽谤妖言之罪。文帝后四年四月晦,日食。七年六月己亥帝崩。哀帝元寿元年正月辛丑朔,日有食之,不尽如钩,明年哀帝崩。《晋中兴书》曰:愍帝建兴五年十一月先晦二日丙子,日有食之。十二月愍皇帝崩于虏庭。咸康八年正月乙未朔,日有食之。京都大雨,郡国以闻,是谓三朝,王者恶之。六月而显宗崩。升平四年八月辛丑朔,日有食之。几既在角,为天门,人主恶之。明年孝宗崩也。)

《洛书》曰:日蚀,从所蚀利击敌也。

王朔曰:日蚀,两敌相当,即从蚀所击之,大胜杀将。

日蚀早晚所主四

甘氏曰:日出至早食时蚀为齐,食时至昺中食为楚,昺中至日中蚀为周,日中至日昳蚀为秦,日昳至日晡蚀为魏,晡时至日夕蚀为燕,日夕至日入蚀为代。皆为不出三年,当之者国有丧。

甘氏曰:日始出而蚀,是谓无明,齐越受兵。一曰亡地。

京氏曰:日始出而蚀,是谓弃光,齐楚亡。

甘氏曰:日中而蚀,荆魏受兵。一曰亡地,海兵大起。

《太公兵法》曰:日中蚀,海内兵大起,王公忧。

石氏曰:日晡蚀,兵将罢,兵不起。

甘氏曰：日将入而蚀，大人出兵赵燕当之，近期三月，远期三年。

《魏氏图》曰：日入而蚀，是谓胜明，大人出兵起当之。

日蚀从上起五

《春秋感精符》曰：日以上蚀者，子为害。

甘氏曰：凡日蚀则有兵。日蚀从上，失于道，君当之。

京氏曰：日蚀上者，君为其伪，佞人而安用之故。尊卑失礼，责于尊者，故天见亡君之象。

京房《易传》曰：凡日蚀从上，失臣。

郗萌曰：日蚀上皆为责在君，其色青则弱于任善，生怨患。赤则君无礼，不好学。黄则君欺其下，掩臣美。白则弱于诛恶，生仇雠。黑则简宗庙鬼神。

日蚀从中起六

甘氏曰：日蚀从中央起，内乱，兵大起，更立太子。

京氏曰：日蚀内者，君即朝临政，厉心为治，不疑臣下。臣下以邪乱君政。故天见亡臣之象，故臣当之。

京氏曰：日蚀从中，中青赤外黄，国亡。又曰：中人为乱。

郗萌曰：日蚀中，皆为内有伏谋。青则谋者止，赤则谋其事，黄则谋成者受诛，白则事觉，黑则逆谋成其事。

《洪范》曰：日蚀贯日中央，上下竟而黑，臣弑君，从中成之刑也。

《荆州占》曰：凡日蚀从中者，人君有娶于同姓。

《荆州占》曰：日蚀从中央始，国君遇贼。

《荆州占》曰：日蚀从中起，君受兵。一曰所宿国有兵。一曰臣谋君。

《荆州占》曰：日蚀中央空，主死，期三年。应以善事，则消灾。

日蚀从下起七

甘氏曰：日蚀从下者，王室女淫自恣，此臣下当有动，师众行军。又曰：失于事，将当之。

《春秋感精符》曰：日蚀从下起，妻害急。

京氏曰：日蚀从下起，失民。人君疑于贤者为不肖，不用其政教，故天见亡民之象也。以人君尊，天将亡君，必先丧其民。蚀者，侵削之意也。

京氏曰：日蚀从下起，多死。一曰下人为寇。

郗萌曰：日蚀下皆为责在民。青则民相谮，后有疾疫虫灾。赤则众庶上谮，强乘弱，后有旱灾。黄则失民，伤宫室争土疆，后有土功，皆夺主光，减年算。白则民相贼害，后有小兵。黑则小民多怨，后有水灾，期三年也。

日蚀后左右起周蚀四傍八

京氏曰：日蚀光清无云，三日乃蚀。蚀已，天鸣，蚀左右，此臣与君争美尸大功。日，君也。所以有功者，我也，心生慕意，起之蚀也。后九年，臣谋君，六年成。

京氏曰：日蚀左，为噬嗑火烧民。

京氏曰：日蚀从傍起者，为兵从其方起，黎庶为乱。

郗萌曰：日蚀左，皆为责在臣。青则臣专恩，赤则臣无礼于君，黄则臣侵君上，白则臣专法，黑则欺君失臣。

京氏曰：日蚀从右傍者，君亲作惑，道虎狼之行。

京氏曰：日蚀右，皆为责火烧诸侯，必有异灾起。

郗萌曰：日蚀右，皆为责在臣。青则佐公作恶，赤则佐公作福，黄则放其君，白则佐公作刑，黑则臣作威。

《天镜》曰：日蚀从右傍者，淫女暴为主君，当暴治丘墟，伤害人民，百姓怨。

甘氏曰：日蚀从傍起，失于令，相当之。

《河图》曰：日青黑以傍蚀之，臣之害。（按《洪范日月变占》曰：汉武元狩元年五月乙巳晦，日有蚀之，从傍左。明年丞相公孙弘薨之应。）

《春秋感精符》曰：日蚀傍者，臣欲作祸之应。杀君亡国，四夷入侵，远期二十七年，中期二十九月，近期九月。

郗萌曰：日月蚀皆为责在妃。青则女疾，众妾欺君，夺主荣，恣害争宠内患。赤则右夫人乘君损主。白则众妾怨妒。黑则君内消，将绝嗣，卑妾得志，灭君德，失夫人。

《荆州占》曰：日蚀四傍缺，诸侯王有死者，期在三年中。

日蚀中分日蚀不尽日蚀三毁三复九

京房《易传》曰：诸侯越职征伐，与上分威，则日蚀中分。

《荆州占》曰：日蚀中分，五年其国亡。一曰二年亡。

《荆州占》曰：日蚀，有亡其国者。少半蚀少半亡，半蚀半亡。

甘氏曰：日蚀过半，必有亡国，期一年。

甘氏曰：日蚀不尽，有失地。一曰强国有逐相。

京氏曰：日蚀不尽，相有出走者，期八十日。

董仲舒曰：诸侯不承天子命，自相侵伐，则日蚀三毁三复。（此仲舒日异对也。）

日蚀既十

《河图》曰：日蚀尽者，王位也。不尽者，大臣位也。近期三月，远期三年。

《春秋感精符》曰：日蚀既，则破阴谋，黜豪杰，备边辅，王易号，失天下，外填寇，内填下。

《春秋感精符》曰：君行无常，公辅不德，夷强狄侵，万事错，则日蚀既。

《孝经内记》曰：日朔蚀既，天绝。晦蚀既，地绝。先晦蚀既，人绝。

石氏曰：日蚀尽，其国大人亡，不尽，相去。

京房《易传》曰：亡师兹谓不御，厥异日蚀，其蚀既也。

京房《易传》曰：君臣不通，兹谓亡厥蚀三既。

京房《易传》曰：弑君获位，兹谓逆，厥蚀既，先风雨折木，日赤。

京氏曰：日蚀地拆。

董仲舒曰：前事已大，后事将至者又大，则曰蚀既。

董仲舒《灾异对》曰：人君自专禄，不封赐功臣，则日蚀既而黑光反外照。

董仲舒《灾异对》曰：乱臣贼子欲作逆，弑君窃位，则日蚀既，先风折树。

董仲舒《灾异对》曰：人君妒贤嫉能，臣下谋上，则日蚀既。先雨雹，杀走兽。

《洛书》曰：日蚀尽伐者谓既也。伐者，人君死，子代之，或臣篡杀。不尽者，日亏缺也。（按《洪范天文日月变占》曰：春秋鲁襄公二十四年七月甲子朔，日有食之既。既，尽也。秦晋分也。后十二月秦景公卒，其弟车自晋复于秦之应也。汉惠帝七年夏五月丁卯先晦一日，日有食之既。既，尽也。亦周秦分野，阴匿始起而犯盛，其年八月惠帝崩。吕后七年春正月己丑晦，日有食之既。既，尽也。在营室九度，为宫室中。吕后曰：此为我也。明年吕后崩应也。）

甘氏曰：日蚀尽，天下大凶，有亡国。一曰必更王，人主死。近期二年。不尽，有失地者。

京房《易传》曰：君诛杀失理，臣下有叛心，则日蚀尽而光散。又曰：君臣见灾不改行，国将亡，则日蚀三尽也。

京房《妖占》曰：日蚀尽，臣欲杀主。一曰岁有夷王起。一曰有丧。（按韦昭《洞纪》曰：周桓王十一年七月日食既，十三年壬辰陈桓公鲍卒，弟佗杀兄子代立也。）

京房《灾异对》曰：日蚀尽，无光露者，亡其邑。

京氏曰：日蚀尽，日官不见直日者，其国有丧。

《荆州占》曰：日蚀尽光，此谓帝之殃。三年之间，有国必亡。

日蚀变色十一

京房《易传》曰：凡日蚀，其质赤黄、黑而渐之者，明臣侵君也。日质赤黄而黑贯其中者，此人君无威势不行，为臣下所轻，故臣谋欲逐其君，居其剧也。黄尚有中和之色也，故其咎也必觉，谋不行。君诛臣，当诛而不诛，则君必失其位。

京氏《易传》曰：日蚀赤质而黑渐之者，此人君诛众失理，民持兵去之，其咎欲杀。

京氏《易传》曰：日蚀赤质青黑渐之者，为三公诛众失理，民亦持兵去，顺受命征无道（阙）黑而贯其中，臣欲杀其君。不改，期在九年，必杀矣。

京房《易传》曰：臣有伏兵将欲杀其君者，日变白。咎十日而去，则日蚀矣。白青者弱，赤者无知也。强臣所缘上下必由此矣。黄赤者，非臣所缘为也。

京氏曰：日蚀，日光明先青赤白黑而蚀。蚀，黑贯白中，日明，此圣德之臣，行兵诛伐小人左右不义之臣，擅诛小人，天子所谓无命而征，与弑君同之蚀也，后五年杀。

京房《易传》曰：酒无节，兹谓荒。厥蚀乍青乍黑，乍赤乍自。

京氏曰：日青并蚀，惟命是争诛。

京氏曰：日赤并蚀自杀。

京氏曰：日黄并蚀，其下得土。

京氏曰：日黑并蚀，自杀。

《易传》曰：诸侯逆叛，更立法度，则蚀失光，晻晻月形见也。

日蚀而珥有云冲之十二

京房《妖占》曰：以甲乙有二珥而蚀，东西南北有白云冲之，天下有兵。

京氏曰：日以甲乙有四珥而蚀，有白云冲出四角，青云交贯中央，天下有兵。

京氏《妖占》曰：日以丙丁二珥而蚀，有黑云冲出东南西北，天下有兵。

京氏《妖占》曰：日以丙丁有四珥而蚀，下有黑云冲出，天下有大水。

京房《妖占》曰：日以戊己有二珥而蚀，上有青云冲出东南西北，人主有丧。

京房《妖占》曰：日以戊己有四珥而蚀，有青云冲，天下兵行。

京房《妖占》曰：日以庚辛二珥而蚀，从下始又有赤云冲出东南西北，三邑兵作。

京氏《易占》曰：日以庚辛有四珥而蚀，从上始有赤云出西方，下有乱王。

京氏《妖占》曰：日以壬癸有二珥而蚀，有黄云冲出，邑有土功事。

京房《妖占》曰：日以壬癸有四珥而蚀，有黄云冲出，天子亡。

京氏曰：日四珥蚀，从上而下，天子起兵，从下而上，天子有大丧。

京氏曰：日以春二珥而蚀，从下始大半，邑有死主。

京房《妖占》曰：日以春三珥而蚀，从上始大半，天下邑有小兵，重以丧。

京氏《妖占》曰：日以春四珥而蚀，从下始大半，天下凶。

日蚀而晕珥彗虹蜺十三

《河图》曰：日蚀而交晕贯日中，两军争，后者胜，将死之。

《荆州占》曰：日蚀，其所从为侧，日蚀从中起而晕，其分必亡国。

京氏《妖占》曰：日以春晕三珥，而蚀从上始，天下有兵。

京氏《妖占》曰：日以春晕四珥，而蚀从下始，天下有大丧。

《洛书》曰：日蚀，下有气如彗星，诸侯失国，天子有忧。不改，不出十二年。

甘氏曰：日蚀有如虹在日上者，比近臣谋上，政不明不能见，不出五年。

京氏曰：日蚀，转为五色而蚀，白虹见日傍，光掩掩，此嫡让庶之蚀也。后三年尊坐无处。

日蚀而有云气在日傍十四

京氏曰：日蚀，有云如坐人于上者，主安居，下臣安。

《洛书》曰：日蚀，有黄云，中有伏龙，周室以兴，文王受命。

《洛书》曰：日蚀而傍有白虎守之，大臣谋，死其君主，不出三月。一曰三年。

石氏曰：日蚀如白虎守日者，人君九族有伏谋，乱君政以自成。不救，不出五年，当有谋臣。

甘氏曰：日蚀有如白兔守日者，民当谋举兵，威乱三州，其先见变不改，不出其年，兵行。

京氏曰：日蚀有如兔守日，政令不由君，或君不用贤，泽不下施，则高岸为谷，深谷为陵，发于冲。

石氏曰：日蚀有兔守之，民为乱，臣逆君。不出其年，分兵起。

甘氏曰：日蚀，有如群鸟。《太公兵法》曰：两鸟夹日，名为天鸡守日。人君妻家谋夺君处，先数视君动静，欲行其志，天先见变，戒之。

《天镜》曰：日蚀有鸟夹之，君当司谋防之急。

日蚀而地鸣震裂十五

京房《易传》曰：内臣外向兹谓背厥蚀。蚀已巳，且而地中鸣。

京氏曰：日蚀，盛中时黑乃蚀之，从内（阙）地中鸣，此京师诸侯叛，群下与外土诸侯交乱法度之蚀，后人君亡国，臣伏其殃。

京氏曰：日蚀，先地中鸣乃蚀，蚀左右居云中，四方无云，先大风三日，此宰相专公谋反之蚀也。后三年，邪人谋反。

京房《易传》曰：臣欲居主位，兹谓不和。厥蚀白青，四方赤，已蚀地震。

京房《易传》曰：人君荒酒无节，则日蚀乍青乍黑乍赤，明日大雨，发濛而寒，地震动，宫中有水。

京氏曰：日蚀后雰雰不解，地必震，不过旬中。

京氏曰：诸侯更制，兹谓叛，厥蚀三蚀三复，已而风，地动。

京氏曰：专制之蚀，光散左右冠三蚀三复，已而风，明日地必动，是谓诸侯专制之变也。后九年杀。

京氏曰：日蚀地震，一曰震裂。日白若中分日（阙）然见而寒乃蚀，左右发四正，此方伯征诛过职，威权上侵之蚀。二年杀。

日蚀而寒风雨雹雷十六

京房《易传》曰：同姓上侵，兹谓诬君厥蚀。四方有云，中央无云，其日大风。

京氏曰：亲伐之蚀，日体而寒时明，是不和，自举兵。

京氏曰：日蚀其质黄者，阳觉悟也。寒后九十日，必有诛者。

京氏曰：日食已而寒，饥，阴疾，多丧。

京氏曰：日大寒，饥病非一处，蚀阳下平旦，蚀发于（阙）对蚀从外，后中国。大饥，盗贼群君，夷狄动心。后九年诸侯乱。（阙）

京氏曰：日蚀，白气先出，半天乃蚀，五色至大寒，黑贯日，有旋风。（阙）

京氏曰：日食，先焱风三日乃食，蚀左右四方，并有云浊，中央无云，其日大寒发于风，此同姓诸侯侵蚀也。后九年杀。

京氏《易传》曰：宰相大臣因专权日蚀，先大风日食时日居云中，四方无云也。（阙）

京氏曰：日食焱风雨七日，折木，乃蚀既，此臣剥其君之蚀也。五年，五谷化为虫。

京氏曰：日蚀为乱为兵。已蚀而风，是谓兵起；已蚀而雨，是为分殃。已蚀而雾，群豪聚。已蚀而飞鸟不复其乡。

京氏曰：君疾善下谋下，兹谓乱。厥蚀既，先雨雹，杀走兽。赤质黄贯其中，此君不肯用贤而任小人政教，君必逐。

京氏曰:纵欲兹谓不明,厥蚀先大雨三日,雨降而寒既蚀。

京氏曰:日蚀而雷,国亡。

日蚀而星坠蚀尽晦而星见十七

京氏曰:日蚀,星坠复上,此赋敛重数下竭之蚀。九年杀。(阙)

京房《易传》曰:人君贪残重赋,日蚀而星坠前而下也。

韦昭《洞纪》曰:周(阙)王(阙)年日蚀尽晦(阙)年星又昼见(阙)年周贞定王崩,哀王时为太子,立三月,为弟叔杀之。叔自立为思王,五月后为少弟嵬复弑之,嵬立,是为考王。

日与月俱蚀十八

《洛书》曰:日月俱蚀,有亡国。月先即阴国当之。日先即阳国当之。蚀阳男主受之。蚀阴女主受之。

魏氏曰:日月俱蚀,国亡。一月三蚀,主亡。

开元占经卷十

日占六

日四时蚀一

《春秋左氏传》曰：鲁昭公二十一年，秋七月壬午朔，日有蚀之。公问梓慎曰：是何物也？祸福何为？对曰：二至二分，日有蚀之，不为灾。日月之行也，分，同道也；至，相过也。其他月则为灾。阳不克也，故常为水。

甘氏曰：日者，人主之象。故王者服道不道，施德不德，日为之变。见道不明德，薄日为之。无光无德，日乃尽蚀。春蚀，大凶。又曰国有女丧。夏蚀，无年。又曰诸侯王多死者。秋蚀，有兵战胜。又曰主死。冬蚀，有丧。一曰相死。

甘氏曰：春丙丁、夏庚辛、秋壬癸、冬甲乙日蚀者，皆相死。诸蚀三日有雨，解之。

甘氏曰：春以庚辛、夏壬癸、秋丙丁、冬戊己日蚀，皆臣弑君也。一曰以德令除咎。

京氏曰：日冬蚀相死，不即有逐。

《荆州占》曰：日夏蚀，阳为南国，阴为北国，是为祸国。

日十二月蚀二

京房《易传》曰：正月日蚀，大臣出走。不然，大臣一人死。

石氏曰：正月日蚀，不见光，人多疾。

陈卓曰：正月日蚀，齐大凶，五谷贵。

京房《易传》曰：二月日蚀，人主夫人死，不然大旱。

石氏曰：二月日蚀，不见光，人多丧。

陈卓曰：二月日蚀，鲁大凶，豆贵牛死。

京房《易传》曰：三月日蚀，有欲反者，近期三月，远期三年。

石氏曰：三月日蚀，不见光，水大出。

陈卓曰：三月日蚀，楚大凶，丝绵布帛贵。

京氏《易传》曰：四月日蚀，人主有过，臣有忧。

石氏曰：四月日蚀，不见光，天下大旱。

陈卓曰：四月日蚀，宋大凶，牛食贵，六畜死。

京氏《易传》曰：五月日蚀，诸侯多死，期三年。

石氏曰：五月日蚀，不见光，大旱民饥。

陈卓曰：五月日蚀，梁大凶，牛死畜贵。

京房《易传》曰：六月日蚀，人主有谋，外国侵，土地分。

石氏曰：六月日蚀，不见光，六畜贵。

陈卓曰：六月日蚀，沛大凶，稻米谷粟贵。

京房《易传》曰：七月日蚀，有反者从内起，期三年。

石氏曰：七月日蚀，不见光，其岁恶。又曰秦国恶之。

陈卓曰：七月日蚀，陈大凶，缯大贵。

京房《易传》曰：八月日蚀，大水败城郭，天下更始，期三年。

石氏曰：八月日蚀，不见光，兵大起。

陈卓曰：八月日蚀，郑大凶，兵起，兵革金贵。

京氏《易传》曰：九月日蚀，外主欲自立不成，期一年。

石氏曰：九月日蚀，不见光，布帛贵。又曰卫国大恶。

陈卓曰：九月日蚀，韩大凶，衣盐贵。

京氏《易传》曰：十月日蚀，奸臣在朝，二人亲，一人远，陵君君走。

石氏曰：十月日蚀，不见光，六畜贵。又曰魏国鱼盐贵。

陈卓曰：十月日蚀，秦大凶，鱼盐贵。

京房《易传》曰：十一月日蚀，王者亡地，子弑父。

石氏曰：十一月日蚀，不见光，鱼盐贵。又曰赵国大恶。

陈卓曰：十一月日蚀，燕大凶，鱼盐贵。

京氏《易传》曰：十二月日蚀，天下有兵，大臣欲自立不成，夫人弑君也。

石氏曰：十二月日蚀，不见光，谷粟贵。又曰燕国牛死。

陈卓曰：十二月日蚀，赵大凶，帛贵。

京房《易传》曰：日以十二月正月蚀，破为两以上，王者尽走。

日六甲蚀三

甘氏曰：甲乙日蚀，东夷侵；丙丁日蚀，南夷侵。

《春秋潜潭巴》曰：甲子日蚀，有兵狄强起。

京氏曰：甲子日蚀，北夷欲杀，中臣有谋。不者，大水在东方。

《春秋潜潭巴》曰：乙丑日蚀，大旱，大夫执纲。

京房曰：乙丑日蚀，诸侯之臣欲弑其君。在西北兵行不胜。后有小兵。五谷颇虫伤。

《春秋潜潭巴》曰：丙寅日蚀，虫，久旱，多水征。

京氏曰：丙寅日蚀，司徒欲弑君，后有小旱在东南。

《春秋潜谭巴》曰：丁卯日蚀，旱，有兵。

京房曰：丁卯日蚀，诸侯欲弑君。在北方，后有蝗虫之殃。

《春秋潜潭巴》曰：戊辰日蚀，地动阴强。

京房曰：戊辰日蚀，同姓近臣欲弑君，后有地动变在东南。

《春秋潜潭巴》曰：己巳日蚀，地动，火灾数降。

京房曰：己巳日蚀，婚家欲弑君，后有诸侯谋兵在西南。

《春秋潜潭巴》曰：庚午日蚀，后火烧后宫，有兵行。

京房曰：庚午日蚀，司徒欲弑其主，兵必行，后有大旱在南方。

《春秋潜潭巴》曰：辛未日蚀，大水汤汤。

京氏曰：辛未日蚀，司空欲弑君，后有大虫在东方。

《春秋潜潭巴》曰：壬申日蚀，水盛，阳溃，阴欲朔。

京氏曰：壬申日蚀，诸侯相弑，在东北方，后有小兵寇盗并行。

《春秋潜潭巴》曰：癸酉日蚀，连阴不解，淫雨数出，有兵。

京房曰：癸酉日蚀，上强天下谋兵，不出其年，大兵行，始于西方。

《春秋潜潭巴》曰：甲戌日蚀，草木不滋，王令不行。

京房曰：甲戌日蚀，近臣欲弑君，反为戮辱。后有小旱在西南。

《春秋潜潭巴》曰：乙亥日蚀，阳不明，冬无冰。

京房曰：乙亥日蚀，子欲弑父，身获虏，后有阴雨。一曰日蚀阴，天下大乱。

《春秋潜潭巴》曰：丙子日蚀，五月大霜。

京房曰：丙子日蚀，诸侯欲相弑，兵必行，在东，后有大水。

《春秋潜潭巴》曰：丁丑日蚀，诛三公。

京氏曰：丁丑日蚀，诸侯近臣欲弑其君，在西北方，后有小兵。

《春秋潜潭巴》曰：戊寅日蚀，天下大风，无园果。

京氏曰：戊寅日蚀，异姓近臣欲弑其君，后岁旱，土沸腾。

《春秋潜潭巴》曰：己卯日蚀，地贼起，砂石踊，以有壅。

京氏曰：己卯日蚀，东夷欲杀，后有大虫。

《春秋潜潭巴》曰：庚辰日蚀，彗星东出，有寇兵。

京氏曰：庚辰日蚀，君易贤以刚，卒以自伤。后有水在东北。

《春秋潜潭巴》曰：辛巳日蚀，妃谋王子，用兵。

京房曰：辛巳日蚀，诸侯外亲欲弑其君，兵行暴。至期，冲兵起西北。

《春秋潜潭巴》曰：壬午日蚀，久雨旬望。

京氏曰：壬午日蚀，三公与诸侯相贼，弱其君王，天应而蚀。三公失国，后旱且水。

《春秋潜潭巴》曰：癸未日蚀，仁义不明。

京氏曰：癸未日蚀，诸侯上侵，下臣欲弑其君，在东北，后有小虫。

《春秋潜潭巴》曰：甲申日蚀，虫，四月大霜。

京房曰：甲申日蚀，司马大夫欲弑君，后有小水在晋。

《春秋潜潭巴》曰：乙酉日蚀，仁义不明，贤人消。

京氏曰：乙酉日蚀，君弱臣强，司马将兵，反征其主。

《春秋潜潭巴》曰：丙戌日蚀，臣憎主，狱不理，多冤讼。

京氏曰：丙戌日蚀，同姓近臣欲弑其君，后有大旱，火从天堕。

《春秋潜潭巴》曰：丁亥日蚀，匿谋满王室。

京氏曰：丁亥日蚀，君臣无别，司马牧民，司徒将兵，后有虫在西北方。

《春秋潜潭巴》曰：戊子日蚀，宫室内淫，必惑雄。

京房曰：戊子日蚀，妻欲害夫，九族夷灭，后有大水在东方。

《春秋潜潭巴》曰：己丑日蚀，臣伐其主，天下皆亡。

京房曰：己丑日蚀，婚家欲弑，后有小兵在西方。

《春秋潜潭巴》曰：庚寅日蚀，诛相，大水，多死伤。

京房曰：庚寅日蚀，臣欲将兵，诛过职，身被刑杀，后有小旱在东南方。

《春秋潜潭巴》曰：辛卯日蚀，臣伐其主。

京氏曰：辛卯日蚀，天子微弱，诸侯诛兵，欲弑其主，卒反得其殃。后有小虫在东方。

《春秋潜潭巴》曰：壬辰日蚀，河决海溢，久霜连阴。

京氏曰：壬辰日蚀，诸侯欲弑其君，当诛。日复蚀之后，有大水在东方。

《春秋潜潭巴》曰：癸巳日蚀，在阳位者权不行。

京氏曰：癸巳日蚀，诸侯隔绝，转相伐，兵稍出。

《春秋潜潭巴》曰：甲午日蚀，大虫螟蝗兴，主贪暴，民流亡。

京房曰：甲午日蚀，南夷欲弑其君，后有大旱。

《春秋潜潭巴》曰：乙未日蚀，天下多邪气，郁郁苍苍。

京氏曰：乙未日蚀，君责众庶暴虐，黎民背叛。后有地动。

《春秋潜潭巴》曰：丙申日蚀，诸侯相攻。

京氏曰：丙申日蚀，君暴死，臣下横恣，上下相贼，后有大水。

《春秋潜潭巴》曰:丁酉日蚀,侯侵王。

京房曰:丁酉日蚀,诸侯之臣欲弑其主,身反获伤。后有大兵起西北。

《春秋潜潭巴》曰:戊戌日蚀,有殃,主后死,天下谅阴。

京氏曰:戊戌日蚀,婚家欲弑,后有旱马骖运。

《春秋潜潭巴》曰:己亥日蚀,小人用事。

京氏曰:己亥日蚀,主弱,小人持政,欲心成,天应日蚀,诫使精。

《春秋潜潭巴》曰:庚子日蚀,君疑其男。

京氏曰:庚子日蚀,庶子欲弑嫡,卒不得。守臣征伐,后有大水。

《春秋潜潭巴》曰:辛丑日蚀,主疑三公。

京氏曰:辛丑日蚀,贤者离散,小人盛,常欲弑主。

《春秋潜潭巴》曰:壬寅日蚀,天下苦兵,大臣横。

京房曰:壬寅日蚀,诸侯欲弑主,反亡其国,在东南。后有小旱在东南。

《春秋潜潭巴》曰:癸卯日蚀,群鸟翔,禽入国,外伐内,主危亡。

京氏曰:癸卯日蚀,诸侯非其天子不顺,司徒亡国。后有大虫。

《春秋潜潭巴》曰:甲辰日蚀,四骑胁。

京房曰:甲辰日蚀,王后爵命绝,后有水。

《春秋潜潭巴》曰:乙巳日蚀,东国发兵。

京氏曰:乙巳日蚀,诸侯上侵以自益,近臣盗窃以为积,天子不知,日为之蚀。

《春秋潜潭巴》曰:丙午日蚀者,民多流亡。

京房曰:丙午日蚀,亲戚争嗣,同姓欲弑其主,后有大旱在南方。

《春秋潜潭巴》曰:丁未日蚀,王者崩。

京氏曰:丁未日蚀,执政欲弑,司徒不肖。后有虫,地震动。

《春秋潜潭巴》曰:戊申日蚀,地动摇宫,外侵兵强。

京房曰:戊申日蚀,臣欲弑君,意在王位,后必有小水。

《春秋潜潭巴》曰:己酉日蚀,妃死,子不葬,以内乱相怨疑。

京房曰:己酉日蚀,西夷欲弑君,后有大兵,必西行。

《春秋潜潭巴》曰:庚戌日蚀,臣相侵。

京氏曰:庚戌日蚀,司马之卿欲杀,有小旱。

《春秋潜潭巴》曰:辛亥日蚀,子为雄。

京房曰:辛亥日蚀,司马之大夫欲弑君,反受其殃。后有虫害。

《春秋潜潭巴》曰:壬子日蚀,女谋王。

京氏曰:壬子日蚀,诸侯同姓任政者欲弑其君,大夫害。

《春秋潜潭巴》曰:癸丑日蚀,水汤汤。

京氏曰:癸丑日蚀,寇盗行,兵恐,君王目为不明。

《春秋潜潭巴》曰:甲寅日蚀,雷击杀人,骨肉争功。

京氏曰:甲寅日蚀,同姓大臣欲弑其君,后有旱。

《春秋潜潭巴》曰:乙卯日蚀,雷不行,霜不行,杀草,长人入宫。

京氏曰:乙卯日蚀,必有专政欲杀,不出三年,身被其诛。后有大虫。

《春秋潜潭巴》曰:丙辰日蚀,山水淫淫。

京氏曰:丙辰日蚀,帝命之极,武王乃得。

《春秋潜潭巴》曰:丁巳日蚀,下有聚兵。

京房曰:丁巳日蚀,天乃去恶依圣人,后有小兵。

《春秋潜潭巴》曰:戊午日蚀,久旱,谷不伤。

京氏曰:戊午日蚀,有婚家执政,贼由妻始,后有旱。

《春秋潜潭巴》曰:己未日蚀,失名王。

京氏曰:己未日蚀,臣不安居,群阴谋欲侵,后地大动。

《春秋潜潭巴》曰:庚申日蚀,夷狄内攘。

京氏曰:庚申日蚀,骨肉相贼,后有水。

《春秋潜潭巴》曰:辛酉日蚀,女谒且兴。

京氏曰:辛酉日蚀,昆弟相杀,更有国家,后有兵大行,三年不息。

《春秋潜潭巴》曰:壬戌日蚀,群山崩。

京房曰：壬戌日蚀，诸侯欲杀，在西南。

《春秋潜潭巴》曰：癸亥日蚀，大人崩。

京氏曰：癸亥日蚀，天下命终极，圣人更起，不可救止。后大雨水。

日十二辰蚀四

《春秋感精符》曰：日蚀寅卯辰，木域，招谋者司徒也。日蚀已午未，火域，招谋者太子也。日蚀申酉戌，金域，招谋者司马也。日蚀亥子丑，水域，招谋者司空也。（按：端谋人卒难别，故以时粗略其官位，南方，阳精也，为君。君城有异，虽子属也。）

《孝经雌雄图》曰：子日日蚀者，燕国王死，期在五月、十一月。丑日日蚀，赵国王死，期在六月、十二月。寅日日蚀者，齐国王死，期在七月、正月。卯日日蚀者，鲁国王死，期在八月、二月。辰日日蚀者，楚国王死，期在九月、三月。（魏氏曰：越王死。）巳日日蚀者，宋国王死，期在十月、四月。午日日蚀者，梁国王死，期在五月、十一月。未日日蚀者，沛国王死，期在六月、十二月。申日日蚀者，陈国王死，期在七月、正月。酉日日蚀者，郑国王死，期在八月、二月。（魏氏曰：吴国王死。）戌日日蚀者，韩卫王死，期在九月、三月。亥日日蚀者，秦魏王死，期在十月、四月。

日在东方七宿蚀五

《黄帝占》曰：日入角而蚀，将吏有忧，国门四辟，其邦凶。

甘氏曰：日在角亢而蚀，戒之在于耕田之臣。

京氏曰：日蚀角中，其国不安。一曰贵臣有忧。一曰主农之官忧。

《春秋感精符》曰：日蚀亢中，其邦君有忧。

石氏曰：日蚀亢中，其谋在朝廷之臣有罪者。

《黄帝占》曰：日月蚀氐中，天子疾崩。

石氏曰：日蚀氐中，卿相谗谀，人君灭无辜。

甘氏曰：日在氐房而蚀，戒之在三公九卿大夫，且有相谮误主上，使过刑，杀不辜者。

甘氏曰：日蚀氐中，大官恶之。一曰右宫恶之。王者复以赦除之。

《雒书说征示》曰：淫色信谗，日以蚀房参。

石氏曰：日入房而蚀，王者有忧昏乱。大臣专权，必有忧病。

郗萌曰：日在房心而蚀，公卿大夫有黜者。

《春秋感精符》曰：日在心而蚀，兵丧并起。

甘氏曰：日在心而蚀，王者臣下相疑，不相信也。

甘氏曰：日入心而蚀，政令失仪，礼度失绳，则为变甚。一曰君臣不相信，有疑惑。

《海中占》曰：日蚀心度，兵丧并发。王者以赦除咎。

《春秋感精符》曰：日蚀尾箕中，尊后有忧。

甘氏曰：日在尾箕而蚀，将有疾风飞车，发屋折木，戒之于出入。

日在北方七宿蚀六

《春秋感精符》曰：日蚀入斗，将相有忧，其国饥凶。一曰兵大起。

甘氏曰：日入斗度而蚀，其国反叛兵起。

甘氏曰：日在牛而蚀，戒之在右夫人侄妇，且有祠礼，求幸于主者。

《春秋感精符》曰：日蚀须女，邦有女主忧，天下女工不为。

甘氏曰：日在须女而蚀，戒之宫中，且有使巫祝祷祀以求贵幸者，戒之在于巫祝。

《黄帝占》曰：日蚀虚中，其邦有崩丧，天下改服，期九十日。

甘氏曰：日在虚危蚀，戒之在于主市租税及缯帛刀剑金玉之臣。（如少府是也。）

甘氏曰：日蚀危，必有兵丧，大臣薨，天下改服。

《黄帝占》曰：日在营室离宫而蚀，出入无近妃色，趣任辅成功业。

《春秋感精符》曰：日蚀营室，王者自将兵，天下扰动。

甘氏曰：日在营室东壁而蚀，则阳消微，男道施而不能泄，阴道坏而不能化，故多有伤者败。

石氏曰：日在东壁而蚀，王者不从师友，失忠孝，故曰亏，文章图画不用。

日在西方七宿蚀七

《春秋感精符》曰：日蚀奎，南邦不宁，有白衣之会。

石氏曰：日蚀奎，鲁国凶，邦君不安。

甘氏曰：日在奎娄而蚀，慎之在主边境厩库之臣。一曰慎在边境得意之臣。

《春秋感精符》曰：日蚀娄，则王者郊祠不时，天下不和，神灵不享，小臣不忠，责在大臣。

甘氏曰：日在娄而蚀，戒之在聚敛之臣。

《黄帝占》曰：日在胃而蚀，王者食大绝或亡，主委输之臣有黜者。

《春秋感精符》曰：日蚀胃，国王奉修宗庙，敬祀神灵，则害消。

石氏曰：日蚀胃，国有忧，大臣诛。一曰，主修郊庙，奉皇天，其咎消。

甘氏曰：日在胃而蚀，戒之在主委输之臣。（如今大司农是也。）

《春秋感精符》曰：日蚀昴，王宗谋国，同姓自立。

石氏曰：日蚀昴，臣厄囹圄者解。

石氏曰：日蚀昴，王者有疾。

甘氏曰：日在昴毕而蚀，戒之在众，主狱之臣有乱天子者。

《春秋感精符》曰：日蚀毕，边王死，边军自杀其将，若军校尉诛，远国谋乱。

石氏曰：日蚀毕，天下主狱之臣有当黜者。

《春秋感精符》曰：日蚀觜，臣杀主，慎之。

石氏曰：日蚀觜，大将谋议。

甘氏曰：日在觜参伐而蚀，戒之在将兵之臣。（如今诸将军校尉执金吾是也。）

《春秋感精符》曰：日蚀参，大臣有忧之，臣自相戮，以外胜内，远国强。王者修身则日蚀不为灾。

甘氏曰：日在参伐而蚀，戒之在将帅之臣。

日在南方七宿蚀八

甘氏曰：日蚀东井，秦邦不臣。蚀不尽，谋不成。天下大旱，民流千里。

甘氏曰：日在东井，舆鬼蚀，戒之在供养之臣。

陈卓曰：日蚀东井，其国内乱苛法。（盛悬《象说》曰：晋咸和二年五月甲申朔，日有蚀之，在东井，女主之象。明年皇太后以忧逼崩。）

《春秋感精符》曰：日蚀舆鬼，其国君不宁，臣下易服。一曰秦君当之。一曰皇后贵臣。

甘氏曰：日蚀舆鬼，其国君不安，近期一年，远期三年。

《春秋感精符》曰：日蚀柳，王者以疾，不安宫室。

石氏曰：日蚀柳，君厨官忧。

甘氏曰：日在柳七星而蚀，戒之在门户道桥之臣。（若今卫尉是也。）

《春秋感精符》曰：日蚀柳七星，亏正阳，王者不赐衣裳。承天郊，退太常，放在狱，则无咎。

石氏曰：日蚀柳七星，桥门之臣有黜者。

《春秋感精符》曰：日蚀张，王者失礼，宗庙不亲。急退太常，以廷尉代之。不者不安。期在十二月与五月。

甘氏曰：日在注张而蚀，戒之在主山泽污池之臣。（如今水衡也。）

《黄帝占》曰：日蚀翼，王者退太常，以法官代之。有德则日蚀不为害，其岁旱。

石氏曰：日蚀翼者，王者失礼，宗庙不亲。

甘氏曰：日蚀翼者，忠臣见谮言，正者亡，不出其年。

甘氏曰：日在翼轸而蚀，戒之在主车驾之臣。（如今太仆奉车驸马是也。）

《河图圣洽符》曰：日蚀轸，国有丧，以赦除其咎。

甘氏曰：日蚀轸，贵臣亡。一曰后不安，期百八十日。

《海中占》曰：日蚀轸，王侯寿绝。王者以赦除咎则安。一曰其国有忧，必有丧事。

救日蚀九

《春秋感精符》曰：救日蚀，天子南面，秉图书，察九野萌生者，绝始正本案类，敕下闻异，郡官修政，招贤进士，独绝其萌，所以防塞之者。故日蚀大水，则鼓用牲于社。言社者，阴之主。朱丝萦社，鸣鼓协之也。（按《左氏传》曰：庄公二十五年六月辛未朔，日有食之。鼓用牲于社，非常也。惟正月之朔，日有食之，于是乎用币于社，伐鼓于朝。秋大水，鼓用牲于门，亦非常也。凡天灾，有币无牲。文公十五年六月辛丑朔，日有蚀之，天子不举伐鼓于社，诸侯用币于社，伐鼓于朝，以昭事神，训民事君，示有等威，古之道也。）

《春秋感精符》曰：消变之道，案明坛南郊，日之将蚀渐青黑，谨遣大将三公，如变所感之过以告天曰：天子臣某，谨承皇戒，退避正居，思行愆误。阳精有币，已政类素，正事去非，释苛禁，不敢直命，遣臣钦喻。已绝国害之谪，近以绪尽力宣文，思维表道。愿得修政以奉宗祖，追往翼今，勉开嘉纪，纵大扬精，以兴日宝，归报天子，三日就宫，遣使诏诸侯问过，举名士，察奸理冤，督教化，不宣者审以敕身务佐为行，天子吉。

《春秋感精符》曰：朔日蚀，正臣阴，退后妃，以内过省己。蚀二日者，王侯蕃黜州辅，以暴恣自改。晦日蚀者，正近臣退素食。

《周礼·地官司徒》曰：救日蚀，则诏王彭。（郑玄曰：救日月食，王必亲击鼓。）

《礼记·昏义》曰：男教不修，阳事不得，谪见于天，日为之蚀。是故日蚀则天子素服，修六官之职，荡天下阳事。（郑玄曰：谪之言责也。）

《谷梁传》曰：日有食之，鼓，用牲于社。鼓，礼也。用牲，非礼也。天子救日蚀，置五麾，陈五兵五鼓。诸侯置三麾，陈三兵三鼓。大夫击门，士击柝。（言救日降杀多少之礼也，门取开合，有阴阳之道，柝舂粢盛之具，亦有上下阴阳之道也。）

《星传》曰：日者德，月者刑。日蚀修德。月蚀修刑。

《洪范天文》曰：凡日蚀，改行修德，即灾消除。不改，应在三年。三年不改，至六年。六年不改，至九年。九年而灾成。

司马彪《五行志》曰：君道有亏，为阴所乘。故日蚀者，阳不克也。人君改修德其事，则咎害除。

京氏《对灾异》曰：人君骄溢，专明为阴所侵，则有日蚀之灾，不救之，必有篡臣之萌。其救也，君怀谦虚下贤，受谏。位有德，禄有智，日蚀灾消也。

京氏曰：日蚀既，下谋上。救也设七事，正图书，修经术，改恶为，化己随贤，则国家安，社稷宁。

董仲舒《灾异对》曰：日蚀者，阴气盛滀，渐夺君明，治道有失，臣专君政，出入为奸，则治道在上德不宣，下民常怨。当应析宠臣之势，减玉食之权，无忽谏言大恶，在于任贤，则灾害不生也。

董仲舒曰：日蚀者，邪臣蔽主之治，不有反臣，必有亡国。退臣绝阴，正权平衡，以德消则无害。

《荆州占》曰：日蚀，审所始蚀之乡及星之野以名之。当者之国，吉凶在焉。是故圣主见变则改身修行，亲贤问老，与共忧之，则患可止而福可致。故曰，有福将来，受之以危，则福为祸；将受之以德，则祸反为福。辄禳祠之，去祸致福也。

虞赞《决疑》曰：凡救日蚀者，皆着帻以助阳。日将蚀，天子素服避正殿，内外严警，太史灵台伺日，有变便伐鼓。闻鼓音，侍臣皆赤帻带剑，则灾异消。

开元占经卷十一

月占一

月名体一

皇甫谧《年历》曰：月者，群阴之宗。光内影月以宵耀，名曰夜光。

《易·说卦》曰：坎为月。

《河图帝览嬉》曰：月者，金之精。

《春秋感精符》曰：月者，阴之精，地之理。

《广雅》曰：夜光谓之月。

《天官书》曰：太阴之精上为月。月者，天地之阴，金之精也。

王子年《拾遗记》曰：瀛洲水精为月。

《礼记》曰：月者，阙也。

范子计然曰：月者，水也。

《淮南子》曰：月者，天之使也。水气之精者为月。

《汉书》李寻上疏曰：月者，众阴之长，妃后大臣诸侯之象。

张衡《灵宪》曰：月者，阴精之宗积而成。象兔、蛤焉，阴之类，数偶也。羿请不死之药于西王母，姮娥窃之以奔月，遂托身于月，是谓蟾蜍。

《春秋演孔图》曰：蟾蜍，月精也。

杨泉《物理论》曰：月，阴之精，其形也圆，其质也清。禀日之光而见其体，日不照则谓之魄。故月望之日，日月相望。人居间，尽睹其明，故形圆也。二弦之日，日照其侧，人观其旁，故半照半魄也。晦朔之日，日照其表，人在其里，故不见也。

月行度二

四十分日之七百四十三奇，一则迟疾之，一终而复始矣。月朔而晨见东方，谓之侧匿，行迟也。月晦而夕见西方，谓之朓，行疾也。迟疾相通，谓之平行。一日十三度六十七分度之二十五半，二十七日一千三百四十分度之七百四十三奇，一而周天矣。一年月十三周天，有闰之年则十四周天，与日合度，是为月朔。日月相与东行，日行迟而月行疾，二十九日一千三百四十分日之七百一十一则月周天复还及日，即二朔去之日数也。

《春秋元命包》曰：日月右行，周天二十三万里。

《河图》曰：日月五星同道，过牵牛、女、虚、危、室、壁、奎、娄、胃、昴，皆行其南，去之九尺，毕北七尺，觜参北一丈三尺，贯井出鬼南六尺，出柳北六尺，出七星张北一丈三尺，出翼轸北一丈三尺，贯角、亢出氐南二尺，出房左右服间出心北二尺，尾北十尺，出箕北六尺，贯斗至牛，此日月五星行常道也。

《洛书》曰：日月五星行历左角内，行左亢外四尺，历左右氐外，房两服间，行心内六尺，行尾内十八尺，行箕内十二尺，行斗柄中一尺，行牛中行女外四尺，行虚外六尺，行危外十三尺，行室外十六尺，行壁外十三尺，行奎外十三尺，行娄外九尺，行胃外十一尺，行昴外五尺，历毕左角，行觜内六尺，行参内十八尺，行井中、行鬼外十四尺，行柳内九尺，行七星内十五尺，行张内十八尺，行翼内十六尺，行轸内十三尺。在上者为北，此日月五星之正道也。

月行盈缩三

石氏曰：明王在上，月行依道。若主不明，臣执势，则月行失道。大臣用事，背公向私，兵刑失道，则月行乍南乍北。女主外戚擅权，则或进退朓朒，皆君臣刑德不正之咎也。有不如常，随事占其吉凶。月行疾则君刑缓，行迟则君刑急。月之与日迟疾势殊，而事势异也。是故人君月有变则省刑以德，恩从肆赦，故春秋有眚灾肆赦。

刘向《洪范传》曰：晦而月见西方，谓之朓。朔而月见东方，谓之侧匿。朓则王侯其舒言政缓，则阳行迟阴行疾也。侧匿则王侯其肃言政急，则阳行疾阴行迟也。舒者，臣骄而执政也。肃者，臣下恐惧太甚也。

刘歆曰：舒者，王侯展意专政，臣下促急，故月行疾也。肃者，王侯缩讷不任事，臣下弛纵，故行迟也。

《春秋运斗枢》曰：主势集于后族，群妃之党横僭为害，则月盈。

京房《易飞候》曰：月生八日当中，五日六日而中，有兵在列，大战。

《荆州占》曰：月行疾，天下有急事。又曰：月行过急，奸邪起。月行不及度，多留事。又曰：入月五日昏而月中，急兵大起，粜大贵。又曰：大月八日昏中，小月七日昏中过度，有兵事。不及度，有丧事。

月行阴阳四

京氏《对灾异》曰：人君好用佞邪，朝无忠臣，则月失其行。

班固《天文志》曰：月失节度而妄行，出阳道则旱风，出阴道则阴雨。

京房《妖占》曰：月行南为旱，行北为水，当道天门驷之间，天下大安，五谷大得，人主延年益寿。

《河图帝览嬉》曰：月行一岁，不三出昴毕间，来年有兵。

郗萌曰：月不道东西咸，必有贼。

京房《易飞侯》曰：月入八日，北向阴，国亡地。月不尽八日，北向阳，国亡地。

月光明五

《易萌气枢》曰：臣道修则月明有光。

《高宗占》曰：月出如盛，天下且有主治也。

《尚书纬考灵曜》曰：五政不失，日月光明。五政，谓四时及夏季之政也。

《礼纬含文嘉》曰：君道尊而制命，即日月精明。

《黄帝占》曰：有道之国，日月过之即明。人君吉昌，人民安乐。

孙氏《瑞应图》曰：人君不假臣下以权，则日月扬光。

甘氏曰：月经心，清明烈照，天王内明，必有延庆。

月变色六

《河图帝览嬉》曰：月光如张炬火，所宿其国立王，亦立上卿。

京氏《妖占》曰：月变色青为饥与疫，赤为争与兵，黄为德与喜，白为旱与丧，黑为水，民半死。

《京房占》曰：君幼弱，月青色。

京房《易飞候》曰：月生八日当玄兔色，上旬粲贵。无则上旬粲贱。不尽八日色，下旬粲贵。无则丰而下旬贱。

《荆州占》曰：月赤如赭，大将死于野。又曰：月赤如血，有死王。以宿占国。

《荆州占》曰：月生而色黄，主人受其殃。月二十八日其色黄，攻地入，客受殃。

《河图帝览嬉》曰：月入而黄，主人受殃，出而黄赤，客受其谪。赤三日不复，主人战，不胜。

《河图帝览嬉》曰：月生三日，其中缦缦如丝布状，其野虚，兵在内尽出在外，主人不胜。

月光盛七

《郗萌占》曰：月初生盛，女主持政。

京氏《易飞候》曰：月之光如张芒，所宿之国立君。三齐所宿之国立将军上卿。

《荆州占》曰：月上弦已后盛，君无戕德，臣执权柄，人背君，尊其臣。

月无光八

《太公阴秘》曰：君不明，臣不忠，故月无光。月不明，见变；变不救，殃祸生。臣欲反，主失名。其救也，安百姓，用贤人，弱者扶，无则害。

《黄帝占用兵要诀》曰：沉阴，日月俱无光，昼不见日，夜不见月星，皆有云障之而不雨，此为君臣俱有阴谋，两敌相当，阴相图议也。若昼阴夜月出，君谋臣，夜阴昼日出，臣谋君，下逆上也。

甘氏曰：人君宰相不从四时行令，刑罚不时，大臣奸谋，离贤蔽能，即日月无光见瑕谪。不救，其国五谷不成，六畜不生，人民上下不从，盗贼并起。

《河图帝览嬉》曰：日月无光，有亡国死王。期不出五年。

《孝经内记图》曰：主骄慢，日月失明。

《京氏占》曰：月大无光，国无王，民不安，天下有兵。

《京氏占》曰：月昏无光，则渊涸山崩，王者恶之。

《河图帝览嬉》曰：月大无光，主死士战不胜。

《高宗占》曰：月大无光，城不降；月小无光，城降。

京氏《妖占》曰：月无光，臣下作乱，教令不行，民饥国亡。

京氏《易飞候》曰：月不光，贵人死。

《荆州占》曰：月生无光，下有死王。

京房《易飞候》曰：月生无光，君子徒凶。

月兔不见九

《河图帝览嬉》曰：月中无兔蟾蜍，天下无官。

《荆州占》曰：月中兔蟾蜍不见，天下失女主。一曰宫女不安。

《河图》曰：蟾蜍去月，天下大乱。

《黄帝占》曰：月望而月中蟾蜍不见者，月所宿之国，山崩大水，城陷，民流亡。亦为失主，宫中必不安。

月中有杂云气十

《荆州占》曰:有云如杆,长七尺冲月,所宿国主君将死。

京房《易飞候》曰:白云如杵,长七尺冲月,所宿之国人主死。杵柄中月,王后死。入月中,王后当之。月戴珥,主人来疾。

《河图帝览嬉》曰:月始出时,有云居其中,如禽兽状,其名曰綦娄。甲乙见东方受之,丙丁见南方受之,戊己见中央受之,庚辛见西方受之,壬癸见北方受之。受者受其害。

《荆州占》曰:月下有气如人相随者,是谓恶成。侯王有坐之者,有分国。

《荆州占》曰:月中有云如人行者,臣害主。两主争,客胜。有三人,天维绝,主人必更。

《河图帝览嬉》曰:月旁有白云大如杵者,三抵月,期六十日外,有战,破军死将。

《荆州占》曰:月始出有黑云贯月,名曰激云。不出三日,异雨有害人者,客且至。

《河图帝览嬉》曰:月旁多赤云如人头,大战多。白为风,黑为雨。

《荆州占》曰:有赤云黑云交临月,当其国亡军。

《河图帝览嬉》曰:月旁有白云一、黑云二、苍云一,其大如厚布抵贯月,围城拔邑。

《高宗占》曰:青云挟月,是谓贼害。王受其殃,岁为五谷不熟。赤云挟月,是谓仇贼。黄云挟月,女主有戮死者,期不出三十日。白云挟月,其国君遇贼。黑云挟月,阴雨逾时。

《荆州占》曰:月中有黑气大如桃若李,臣有蔽主明者。

京氏《易传》曰:有黑云状如群羊豕,如飞鸟,如鸣鸡,在月及月旁,三日五日不雨,匈奴兵起。

京房《易传》曰:赤气覆月如血光,大旱,人民饥千里。

《荆州占》曰:常以十四日夜候月中有气如飞鸟,其野无居者。

《尚书金柜》曰:视不明,听不聪,则云气五色蔽日月之明。无救则群臣谋杀,关梁不通。其救,辟四门求仁贤。

《春秋感精符》曰:诸气之出,皆历日月旁,天子国君之害也,期如日蚀远近之符。

《荆州占》曰:凡诸气日月有变,不出两日,大雨,吉。不雨,皆凶。小雨无益。

月生牙齿爪足十一

《河图》曰:月生齿,主见欺。(阙)

《春秋文曜钩》曰:赵有君尹吏,日月生齿,在毕宿,主见欺。

《大星占》曰:子杀父,臣刺君,期岁二月,有兵患。(宋均注曰:月,太阴之精也,属水,水生于金。毕金精也。水齿之,臣子杀逆之象也。毕又为边兵,毕主八月,其冲则二月,兵患于此发也。)

《荆州占》曰:月生齿,人主有贼臣,王者偏左右。(阙)

徐广《历记》曰:隆安五年三月甲子,月生齿在斗。占曰:月生齿,人主有贼臣,群下相贼。(阙)

《春秋感精符》曰:月生齿,妻妾黜外。垂牙,主威歇。

《考异邮》曰:诸侯谋叛,则月生爪牙。

《荆州占》曰:月生爪牙,国君遇贼。又曰:月爪所指,四方烦苦,有土功事。

《洛书》曰:陪臣执命,王公望风,其将叛谋公卿,群下并附,诸侯归心,则月举足垂牙。

《河图秘征》曰:帝淫泆,政不平,则月生足。

《春秋纬》曰:生足,君有过,后族擅权。月生足齿,有此类则亡国也。

《荆州占》曰:月生牙齿,天子有贼臣,群下自残害。

郄萌曰:月生爪牙,主赏罚不行,偏任,兵起。招贤明,夺强国,兵势则已。

《海中占》曰:月生爪牙,人主偏,左右遇贼。有刺客,各在中分。

月生角芒刺十二

《春秋运斗枢》曰：后族擅权，月生芒。

《洛书摘芒辟》曰：月盈而生芒，后党成辈，且害其主。

《春秋运斗枢》曰：月垂芒，国乱忧在公，祸大作，兵败北。

夏氏曰：月上有黄芒，君福昌。一曰皇后有喜。

《荆州占》曰：月生角，天下兵，国将受殃。

《河图帝览嬉》曰：月生四日，月两角刺如矛状，其野有弑其君者，且废之。其上角大者，君上胜；其下角大者，臣下胜。

《荆州占》曰：月生刺在一日，是谓贼。贼生中国。月二日生刺，是谓隐。其女子卒，有阴疾。月三日生刺，是谓内伤大阳，是谓天芒。月四日生刺，是谓不明，是谓蔽光。月五日生刺，是谓音荡，当有讹言者。月六日生刺，是谓内虚，是谓去邑。月七日生刺，是谓有剥，其地弱。月八日生刺，是谓割地，有分民其当者，名曰禽获阳平。月九日生刺，其地民饥，民以食弱，其世以兵行。月十日生刺，阴始盛，主女子执朝政。月十一日生刺，是谓忧土居，老幼穴处。月十二日生刺，其地有以阴死者。月十三日生刺，是谓始强得地。月十四日生刺，是谓不利，其女君伤下。月十五日生刺，是谓盛强，其强地多兵。月十六日生刺，是谓内弱，大臣弑其主。月十七日生刺，是谓威法，主有流兵。月十八日生刺，是谓君瘟死。月十九日生刺，是谓阳衰阴治，女子执事。月二十日生刺，是谓地有土功。月二十一日生刺，是谓千里外聚，其都有土功。月二十二日生刺，是谓始衰，贵人多死者。月二十三日生刺，是谓阴盛，女子为王。月二十四日生刺，是谓中有大谋。月二十五日生刺，是谓隐蔽，是谓佚殃。月二十六日生刺，是谓感多，忧在内谋。月二十七日生刺，是谓大饥。月二十八日生刺，是谓竟城数政。月二十九日生刺，是谓内乱，是谓自伐。

月大小十三

《荆州占》曰：月初生小而形广大者，月有水灾。

《海中占》曰：月大而体小者，旱。有气色非常，皆为皇后阴谋事。

月分毁及坠下流十四

京氏《易妖占》曰：月毁为三四五六见，天下乱。

《荆州占》曰：月分为两，国无道，君失天下。

《河图占》曰：地沦月散，必有立王。

京氏《易妖占》曰：月自天坠，有道之臣亡。

京房《易妖占》曰：月出地中，庶民为王公。

月昼见十五

《易纬辨终篇》曰：月昼见，隐谋合，国雄逃。

京房曰：月昼见，必有亡国。

京氏《对灾异》曰：月昼明，奸邪并作，专明，擅君之朝。

京房《对灾异》曰：月若昼明者，月为臣，日为君，臣以明续君，党当在其时，不可与君用力，含秽以舒刑。今昼明者，奸邪并作，专明，擅君之朝。不救，则失其行而毁矣。其救也，出退强臣，断奸佞，近直臣，亲贤良，则月得其行，不可专明矣。

《洛书》曰：月与大星并出昼见，是谓争明。大国弱，小国强，有立侯王者。

月当盈不盈十六

石氏曰：月当盈不盈，君侵臣。不则有旱灾。

月当朔而不朔晦不尽十七

《荆州占》曰：月当朔而不朔，国有大丧。月当晦而不尽，所宿国亡地。

月当弦不弦不当弦而弦十八

《荆州占》曰：月生六日而弦，大臣为政，不用主命。

《荆州占》曰：月生七日而弦，主人胜，客不胜，主人将死。

《荆州占》曰：月未当弦而弦，是谓兵起。当弦不弦，国有大兵。

《郗萌占》曰：不当上弦而弦，国兵起。

《荆州占》曰：未当下弦而弦，臣下多奸。

《荆州占》曰：月生八日而弦，天下大安。八日而不弦，攻人城者不胜。

《河图帝览嬉》曰：月十日不弦，以战不胜，主将死。当弦弦也，是谓大安。

月当望不望未当望而望十九

《荆州占》曰：月十四日而望，主更令，期一年。十五日而望，主安久长，天下和，人民歌乐以行。

《河图帝览嬉》曰：月未当望而望，是谓趣兵以攻人城者大昌。当望不望，以攻人城者有殃。所宿之国亡地。

《荆州占》曰：月十六日而望，主不昌，更立公王，期十年。（此谓不依历数而望，他皆仿此。）

《易萌气枢》曰：月当满不满，君侵臣。当毁不毁，臣陵君。君侵臣则大旱之灾，臣陵君则有兵水之难。大进月盈则有人君之忧，缩则有臣下之害。

《郗萌占》曰：月行急，未当中而中，未当望而望，皆为急兵大战，军破将死，大臣执政逼君，女主将有擅权，天下乱，易宗庙。

月当毁不毁未当缺而缺二十

《春秋汉含孳》曰：妻怨成无诎制之者，则月满不亏，有女妃虐。（宋均曰：不亏，不缺也。虐若赵飞燕妒杀皇子。）

《荆州占》曰：月当毁不毁，阴事无形。

《黄帝占》曰：月未当缺而缺，大臣灭，女主黜，诸侯世家绝。

月当出不出出而复没二十一

《京房占》曰：月当出而不出，有阴谋，有死王，天下乱。

《郗萌占》曰：月生七日见者，天下有兵；十日见者，有大兵；十二日至十六日而后见者，天下有灭国。

《海中占》曰：月出复没，天下乱。

月再中反缺二十二

京氏曰：月再中，帝王穷。

《荆州占》曰：月望前西缺，望后东缺，名曰反月。臣下不奉法制度，侵夺主势。无救，为涌水兵起其冲。其救也，正刑罚，诛奸猾，任贤而稽疑，定谋事成，即月变为复矣。

月失行及偃仰二十三

《郗萌占》曰：月出非其所行，非其路，皆女主失行，奸通内外，阴国兵强，中国人饥，下欲僭权。

《海中占》曰：月生正偃，天下有兵合，无兵主人凶。

京房《易飞候》曰：正月有偃月，必有喜。

月出异方二十四

黄帝曰：月始生，见南方而蚀者，众大贵。

《荆州占》曰：月始生天中者，上谋下，其事不成。

月并出及重累二十五

京房《易传》曰：君弱而妇强，为阴所乘，则月并出。

京氏曰：月并出为并明，天下有两王立。又云：相去二寸，臣作乱，灭其主。

《春秋运斗枢》曰：主势夺于后族，群妃之党横僭为害，则月盈并。若两月连出，妃党交萌若炤，同力排灭王公。

郗萌曰：月并出相重，当有急兵至。

《荆州占》曰：三月并见，其分有立诸侯，而亡女主。有竞两月并出，天下治兵，异姓大臣争朝势为害，王者选能授之。月重出，皆为异兵残害，为天下乱首，将有亡天下之象。（案汉成帝建始元年八月戊午晨漏未尽二刻，两月重见。京氏《易传》曰：君弱妇强，为阴所乘，则两月并见。其后赵飞燕为皇后，姊妹专宠，杀害皇子，成帝不能禁，后皆诛灭之应也。又按，故太史令李淳风云：隋大业九年正月二十七日晓起，东方有二月见，相去二尺许，在箕斗之间，众俱见之。俄而杨玄感于黎阳起逆，朱燮、管宗义残贼江南，天下因此遂兵贼相继，至于灭亡。此尤效。）

《海中占》曰：月两弦中间，月光盛而众多，或二三、或四五，及至十月并见，皆为天下分裂，天子失政，政在诸侯自立。（诸月傍气象，皆与日占大同。）

《春秋潜潭巴》曰：十月并出，不必争强猾出。（宋均曰：月为大臣，今如是，大臣必多争，并为奸称疾也。）

《郗萌占》曰：东方小月承大月，小国毁。大月承小月，大国伐之为主客。在西方小月承大月，小邑胜。大月承小月，大邑胜。

《春秋运斗枢》曰：小月承大月，群奸在宫。当此之时，主若赘旒。（宋均注曰：喻见制在下也。）大月承小月，近臣起，谗人横，陪臣执命，三公望风。（宋均曰：望风者，望陪臣风而事之也。）

开元占经卷十二

月占二

月冠珥戴一

《黄帝占》曰：月珥而冠者，天子大喜。或大风。

《荆州占》曰：月珥且戴，不出百日，主有喜。

《帝览嬉》曰：月珥，期六十日兵起。

京房《易传》曰：月珥，期三十日兵起。

《帝览嬉》曰：月不晕而珥，人主有喜。兵在外，亦有喜。

《荆州占》曰：月昏而珥者，兵半起。夜过半珥者，边地恐。

《春秋运斗枢》曰：主排公侯，狡猾起，尊能主则月珥两。

《帝览嬉》曰：月珥青，忧也。赤，兵起。黄，喜也。白，丧也。黑，失国。期皆不出三年。

《高宗占》曰：月两珥，十日雨。三珥，国喜。四珥，女主丧。又曰，人主诸侯立。

《荆州占》曰：月珥，大水。又曰：月四提，天子无妻，若国有丧。月六提，天子游天下。（提犹珥也。）

《荆州占》曰：月珥且戴，不出百日有大喜。

月背璚二

《春秋纬感精符》曰：背璚以外围月者，臣弛纵，叛逆欲相残贼，不和之气也。天子偏左右。

《帝览嬉》曰：月不晕有四璚，臣有谋，不成。

京房《易传》曰：月背璚，其国有反者。

刘向《鸿范传》曰：月背璚，臣欲为邪也。其色青中赤外有芒刺，则为逆。其色赤中青外无芒刺，为谋。此数见，即国凶。且背且抱，为不和。有欲为忠，有欲为逆者也。

月与五星合宿同光芒相陵三

《荆州占》曰：月与岁星光明相逮，饥三年，粢贵，民流亡。

巫咸曰：岁星与月同光，以其月月蚀，且以饥亡。一曰国以女乐亡。

《海中占》曰：月与岁星同光，即有饥亡。

《黄帝占》曰：月陵岁星，年多盗贼，刑狱烦。

京房《易传》曰：月与荧惑会宿，国王死。

《海中占》曰：月与荧惑合，其国太子死，贵人复伤，凶。不可有为，若有内兵。

《荆州占》曰：月与五星荧惑合，光芒刺相及，其国有内乱兵三年。又曰，其国太子死，期三年。

巫咸曰：月与荧惑同光，以其月月蚀，内有乱臣，且以饥亡。

《荆州占》曰：月与填星合，芒刺相及，其国饥。

巫咸曰：月与填星同光，以其月月蚀，且有以徭徙亡者。

京房《易传》曰：月与太白会宿，太子死。

《荆州占》曰：月与太白聚合宿，其国立太子，期不出一年。

《荆州占》曰：月与太白合，其下兵大起。

巫咸曰：太白与月同光，其月月蚀，且以兵亡。

《荆州占》曰：月与太白皆出，城守为卖城，圣主明王急便守城。

《河图帝览嬉》曰：月与太白相过，月出其南，阳国受兵。月出其北，阴国受兵。

《海中占》曰：太白出月右，阴国有谋，出左，阳国有谋。月挟太白，诸侯将相谋不轨。太白出月下芒相耀，君死民饥。

《荆州占》曰：月戴太白，卒兵，期五日。

《巫咸占》曰：月不尽三日候太白出东方，在月南，中国胜。在月北，中国不胜。

《巫咸占》曰：月入月三日，太白出西方，在月南，皆海国败。在月北，皆海国胜。

《荆州占》曰：月入月三日，太白失行，而月在北，太白在南，秦战不胜。

《荆州占》曰：秋冬入月三日，太白出西方，居月北者，君强。月南，君弱。

《荆州占》曰：入月三日，月刺太白阳，大邑拔小邑驱掠。刺太白阴，兵在外者不及入，在内者不及出。南方为阳，北方为阴。

《巫咸占》曰：辰星与月同光，其月月蚀，且以女乐亡。

《荆州占》曰：辰星与月光相逮，其国水。

《海中占》曰：月与辰星相遇，所合宿雨水败。

《帝览嬉》曰：月与辰星合宿，其国亡地，君王死。

《荆州占》曰：月与辰星合，所宿之国兵起。

月与五星相犯蚀四

《巫咸占》曰：五星入月中，人主死。不出，臣死，非将即相也。近期一年，远期三年。

《帝览嬉》曰：月犯五星，粟贵。二犯之，数贵。

《海中占》曰：月贯五星，天子坐之。

《郗萌占》曰：金火与月相近，其间六寸，天下有兵。间尺，天下忧兵。五尺，无害。

《荆州占》曰：五星入月中，其野有逐君，大臣贼主。月蚀五星若薄若余，皆其分有灾。

《河图帝览嬉》曰：岁星入月中，其国有逐相。

《春秋纬文曜钩》曰：岁星入月中，以妃党之谮去。

《黄帝占》曰：岁星入月中，不出一旬，天下有大灾，人君不平。天星坠若雨雾，不出一年，籴什长八，不出二年，天下亡徙为乱，若有野兵。

《海中占》曰：岁星蚀月，有大丧，女主死，臣弑君易位。

《荆州占》曰：岁星入月中，大臣贼其主。

《荆州占》曰：月犯岁星，其国民饥死。一曰主死，期三年。（按大兴四年十二月丁亥，犯岁星在房，占曰：其国兵饥，民流亡。永昌元年，王敦率江荆之众来攻京都，六军败绩，不能有以拒战。于是杀护军将军周颛、尚书令刁协、骠骑将军戴渊。又镇北将军刘隗出奔。四月又杀湘州刺史谯王丞，镇南将军甘车。闰十二月，元帝崩。）

《荆州占》曰：月犯岁星，其国疾。

《春秋纬元命包》曰：岁星逆犯月，法令散。

《河图帝览嬉》曰：月犯岁星，其国饥，一年二年乘之，主死。

《荆州占》曰：月乘岁星，相死。

《帝览嬉》曰：月贯岁星，有流民。不出十二年，国饥亡。

司马迁《天官书》曰：月蚀岁星，其宿地饥若亡。

《帝览嬉》曰：月蚀岁星，其乡大战，大拔邑。（按：晋建兴三年正月乙卯，月掩岁星在参，益州分也。六月，镇西将军，益州刺史周抚薨。十月，梁州刺史入益州以叛，朱序率众助刺史周楚讨平之。）

《荆州占》曰：月蚀岁星，邦主无人，人相食。

《荆州占》曰：月吞岁星，其国十二岁而败。

《河图帝览嬉》曰：荧惑入月中，忧在宫中，非贼乃盗也。有乱臣死，相若有戮者。（按《洪范传》：汉宣帝地节元年正月戊午夜，月食，荧惑左角亢。亢为朝廷忧在殿内。非其贼有盗，有内乱，谗臣在傍。故将军霍光妻与其子及昆弟诸婿为侍中诸曹，九卿太守皆谋反伏诛。又晋太元十二年二月戊申，荧惑入月。占曰：有乱臣死，相若有戮者。一曰女亲为政。是时琅琊王辅政，王妃从兄国宝，以姻昵受宠。又陈郡袁悦私媚苟进，交通主相，扇扬朋党。十三年杀悦。是时主相有隙，乱阶兴矣。）

《海中占》曰：荧惑入月中，臣以战不胜，内臣死。

《荆州占》曰：火星入月中，臣贼其主。

《黄帝占》曰：荧惑蚀月，谗臣贵，后宫有害女主者。

《海中占》曰：荧惑入月中，及近月七寸之内，主人恶之。一曰，谗臣在傍，主用邪。

巫咸曰：荧惑居河若守之，月数出其间，百日兵多移。

巫咸曰：荧惑犯月，战，小吏死。

《帝览嬉》曰：月犯荧惑，国内降贵人，兵死。

京氏《妖占》曰：月犯荧惑，天下有女主忧。

《荆州占》曰：月战胜之国，大将斗而死。

《帝览嬉》曰：荧惑贯月，阴国可伐，期不出三年，其国乱，贵人兵死。近期不出五年，其国受兵。远期不出十年，而以兵乱亡也。

《海中占》曰：荧惑触月，上角为相，下角为将，中央为主。

司马迁《天官书》曰：月蚀荧惑，其宿地乱。

《海中占》曰：月蚀荧惑，有白衣之事。又曰其国内败，五年大兵。

《荆州占》曰：月蚀荧惑，有死相。

《荆州占》曰：月蚀火星，天下灭亡，期九年。

《帝览嬉》曰：月蚀荧惑，其国以兵起，饥，又以乱亡。月以旦，相及太子当。晦以君当之。

刘向《洪范五行传》曰：月蚀荧惑，在角亢，忧在中宫，非贼而盗也，有内乱。一曰，有死相若戮者，贵人兵死，谗臣在旁。

《荆州占》曰：月毁荧惑，急在臣下。

《黄帝占》曰：月吞火，贼灭国。

《荆州占》曰：月咽荧惑，其师破败。

《河图帝览嬉》曰：填星入月中，臣贼其主。

《黄帝占》曰：填星入月中，不出四旬，有土功事，若贵人绝嗣，不出其年，王者当之。

《郗萌占》曰：填星蚀月，女主凶，当黜者有丧。

《河图帝览嬉》曰：月犯填星，为亡地。期不出十年，其国以饥亡。一曰天下且有大丧。（按《洪范传》：汉成帝建始元年十一月乙卯，月蚀填星在舆鬼西北八九尺，其占为饥，民流千里。后十五年，民人饥，函谷关逐食。）

《荆州占》曰：月犯填星，其国贵人兵死，天下乱。一曰，主死，先举事者败，若天下有大风。

巫咸曰:月犯填星,女主败。(按魏青龙二年十月乙丑,月犯填星。三年丙寅正月,太后郭氏无疾乃忽崩。)

《河图帝览嬉》曰:月乘填星,地动,不乃天裂。

《河图帝览嬉》曰:填星贯月,国内乱。期不出五年而亡。

《河图帝览嬉》曰:月蚀填星,女主死。其国以伐亡,若以杀亡。

司马迁《天官书》曰:月蚀填星,其宿地下犯上。

班固《天文志》曰:月蚀填星,民流千里。

《荆州占》曰:月蚀填星,国女乱。

《巫咸占》曰:月不尽三日,候太白出东方,与月并准之,其间容一指,则入月有破军死将,主人不胜。容二指,期十三日,客军不破,主人亡地。容三指,期二十日,有破军死将,主人亡地。容四指,期八十日,客大败。容五指,期三十日,军起而不战。

巫咸曰:入月三日,候太白与并准之,其间容一指,军在外,期十日有破军死将,客胜。容二指,期十五日,破军死将,主人胜。容三指,期十八日,有破军死将,客军大胜,主人亡地。容四指,期二十五日,客军入境,主人不胜。容五指,期三十日,军阵不战。

《荆州占》曰:太白与月光并,军大战。相去一寸,有拔城。二寸,有忧城。三寸,有忧军。

《郗萌占》曰:太白与月相去三寸,天子罢相。

《巫咸占》曰:太白与月相近五寸,天下有忧兵。间五尺,天下无害。

《荆州占》曰:太白东方始出为低,在月南为得行,在月北为失行。其与月相过失行,月不尽一日二月,二日三月,三日四月,四日五月,五日六月,六日七月,七日八月,八日九月,而起兵。

《荆州占》曰:太白在西方以始入为低,在月北为得行,在月南为失行。其与月相过失行,月生一日二月,二日三月,三日四月,四日五月,五日六月,六日七月,七日八月,八日九月,而起兵。

《荆州占》曰:太白入月中不出,客将死。出者,主人将死。无军大将当之。

《帝览嬉》曰：太白入月中，将军戮死。一曰臣谋主不成，皆不出三年。又曰必有内恶，战不胜，亡地。

《海中占》曰：太白入月中，有杀。不及九年，国以兵亡。

郗萌曰：太白入月中，国失政，大人为乱，期三年。一曰大人当之。

《荆州占》曰：太白入月中，无军大将当之，兵死，期四十日。又军出，主人将死。

《河图帝览嬉》曰：月弦太白入月中，侯多死者。

《荆州占》曰：太白入月中，其国有分国立王。

《郗萌占》曰：西方先起军者，即太白与月相去三尺，有忧军；相去二尺，有忧城；相去一尺，有拔城。

《郗萌占》曰：月犯太白，将有两心。戴太白，有卒兵。

《帝览嬉》曰：月犯太白，强侯作难，国战不胜，人君死，亡国。（按《宋书·天文志》青龙二年十一月戊寅，月犯太白。占曰：人君死，为兵。景初元年七月，公孙渊叛。三年正月，遣司马懿讨之。三年正月，明帝崩。）

《荆州占》曰：月犯太白，强侯死。又曰大将有两心。又曰太白与月相犯，国多寇盗。

《帝览嬉》曰：太白与月贯，期不出三年，国大危，战败，亡地。以女乱亡，期不出六年。

《帝览嬉》曰：月蚀太白，强国以饥亡，不必九年，以城亡。

司马迁《天官书》曰：月蚀太白，强国以战败。

班固《天文志》曰：月蚀太白，其国以战亡。

《郗萌占》曰：月蚀太白，其年臣弑主，胜臣亦死。

《荆州占》曰：月蚀太白，民靡散。（按晋兴宁三年十月丙戌夜，月掩太白，在须女。占曰：天下民靡散。）

郗萌曰：太白蚀月，易大将，刑死。

《海中占》曰：太白居月中无光，名曰月蚀太白。臣弑其主，胜，皆期三年。（崔鸿《春秋燕录》曰：正始三年秋八月，太白入月中。冬十月戊辰，云临东堂。幸臣杂班姚仁怀剑执袋而入，称有所启，剑击云，云以反拒仁，仁进而杀。）

《帝览嬉》曰：辰星入月中，贼臣欲杀主，不出三年，必有内恶，战不胜，亡地。

《黄帝占》曰：辰星入月中，不出三旬，内有匿谋，春夏有大水，秋冬有大雪，牛马疾疫，谷贵。（按《晋阳秋考》曰：太元十三年十一月戊子，辰星入月，在晋。涛水入石头。春大水，冬大雪，牛马死，谷踊贵，不出百日。）

《荆州占》曰：辰星入月，刑事起。

《荆州占》曰：辰星入月中复出，君死。入不出，君臣皆死。

《帝览嬉》曰：月犯辰星，兵大起，上卿死。一曰廷尉有忧，期不出三年。

京房《妖占》曰：月犯辰星，天下大水。

《海中占》曰：辰星贯月，不出四年有殃，内祸匿谋。

《荆州占》曰：辰星贯月，国以女子内乱，期六年。

《巫咸占》曰：辰星与月薄，所舍之宿其主死，其国亡。

《帝览嬉》曰：月蚀辰星，其国以女乱亡。若水饥，期不出三年。又曰兵未起而饥，所当之国起兵，战不胜。

京房《易传》曰：月蚀辰星，其国女以战。

《郗萌占》曰：辰星蚀月，大水。

开元占经卷十三

月占三

月与列星相犯

郗萌曰：月宿东壁、营室、奎、娄、胃，皆主水。以此星雨者，则冲月雨水甚，则水甚雨泽，入地一寸，至其报月立水七寸，其潢流绝车辙，溪谷溢。又占曰：月宿觜、参、井、鬼、柳，皆主旱。以此星雨者，则冲月旱。雨甚者大旱，雨微者小旱。

《帝览嬉》曰：月犯列宿，其国有忧。又曰：列星贯月，阴国可伐也。期不出五年，其国受兵。不出十年，中国有内乱，大危。

甘氏曰：月蚀列宿，其国忧。星灭，天下有亡国。星复见，亡国复立，兵起大胜。

《高宗占》曰：星入月中，将有大兵。

《海中占》曰：星入月中，其国君有忧。一曰不出三年，臣胜其主。

京房《易传》曰：星入月中，大臣谋伐其主，主令不行。

《荆州占》曰：星入月中，其国有丧。又曰有破军。又占曰：月未中而星入之，有贼人为攻者，在东方，文者长，武者亡。月过中而星入之，有贼人为攻者，在西方，武者长，文者亡。

《帝览嬉》曰：星出月阴，负海国有胜。星出月下，芒角相历者，君死人饥。

甘氏曰：月犯列星，其国忧，若受兵殃。

《荆州占》曰：月犯所宿之星，其国有军将死。

京氏《妖占》曰：星与月同光，臣不作乱，则人民非上。

《荆州占》曰：月蚀列星不见者，其国亡。星还复见者，国复立。又占曰：星蚀月，其国相死。

京氏《妖占》曰：月中有星，天下有贼。星多者贼多。

《荆州占》曰：列星居月中无光，其国以饥亡。

月犯东方七宿

月犯角一

石氏曰：月犯左角，大人忧，期六月。一曰大臣忧丧。

《海中占》曰：月犯角，其国有忧。

《河图帝览嬉》曰：月犯左角，左将战死，期不出三年。犯右角，右将战死。

《荆州占》曰：月犯左角，大臣诛，天下决水，大狱。犯右角，兵起。

《河图帝览嬉》曰：月乘左角，法官诛。乘右角，兵起。

《海中占》曰：月出角南，国家多暴狱，治病骄恣。

《荆州占》曰：月出左角南三尺，多狱。五尺以上至丈所，天子明威。又占曰：月乘右角，后族家及将相有坐法死者。

郗萌曰：月乘左角为旱，右角为水。又曰：犯左角，左将军死之。一曰天下有兵。（按魏正始七年七月丁丑，月犯左角。占曰：月犯左角，天下有兵，左将军死。到嘉平元年正月甲午，大将军曹爽诛。时太傅舞阳侯屯兵浮桥，积二年七月。咸熙二年闰月庚子，月犯左角。到太始四年十月，荆州刺史上言，吴遣使持节施续领三万人围轸乡，右丞相万彧领万五千人围直城，大将军丁奉徇寿春，义阳王率诸军，徇寿春兵起之应也。）

郗萌曰：月贯左角，三年太子死。又占曰：月蚀角，大人忧，期三年。一曰有狱事，都尉死。一曰天下大凶。

《巫咸占》曰：月蚀角，天子忧。牢狱空，用赦当之，期九十日。

《荆州占》曰：月蚀角，三年更赦。

《河图帝览嬉》曰：角星贯月，三年国君死。

《郗萌占》曰：左角入月中，不出其年，强国有丧。右角入月中，其君死，期三年。

月犯亢二

《河图帝览嬉》曰：月犯亢，兵起，期不出三年。

《黄帝占》曰：月犯亢，将军亡其鼓，其国将死。

《海中占》曰：月犯亢，亡地，其国有忧。

《荆州占》曰：月犯亢，朝臣有事。

郗萌曰：月乘亢，左星为水，右星为大兵。（案魏正始九年正月辛亥，月犯亢南星，占曰兵起。一曰将军死。到嘉平元年正月，废大将军曹爽等，十六日诛爽。时太傅勒兵浮桥，积一年。魏嘉平三年五月甲寅，月犯亢距星。到七月太尉王凌诛。到四年三月镇东将军诸葛恪上言，贼朱异蚁聚，即诛戮，死者三万余人，积十一月始应。

月犯氐三

韩杨曰：月入氐，天下兵起。

《河图帝览嬉》曰：月犯氐，其国有军将死。一曰将当之。

《荆州占》曰：月犯氐，其国有军。一曰其国有忧。

《海中占》曰：月犯氐左星，郎中左将诛死；犯右星，郎中右将诛死，皆期三年。

《荆州占》曰：月乘氐右星，天下有大兵，天子自将兵于野。（按，魏嘉平三年四月戊子，月犯氐东北星.占曰将军死。五年二月癸丑，后将军兖州刺史黄华薨。）

《海中占》曰：月蚀氐，氐星翳，一将死之，国有诛者。

月犯房四

《帝览嬉》曰：月行中道，是谓安宁，天下和平。举兵不吉，欲被其刑。逆天之道，辱以无名。又曰：月宿天厩中央，一军罢归，期不过三十日。

《郗萌占》曰：月当天门驷之间，五谷大得，人主益寿。

《河图帝览嬉》曰：月行阳环，多小暴事。又曰：月宿天厩左间，将军论老弱分归,期不过三十日。又曰:月行阳,里治骄恣,多暴狱及惊骇,内乱。又曰:月行四表之南阳,人且错,祸不可克。又曰:冬三月月出房南,近小旱,远大旱,期在冲。去房三尺曰近,五尺曰远。

《郗萌占》曰:月宿房南,粟不美,稻不实。又曰:正月十九日候月出房南,有兵,女主丧。

《荆州占》曰:月出四表以南,人君有忧。

《河图帝览嬉》曰:月行太阳,天下乱,人民啼哭,及天下大荒,祸不可禁,天下有两心。又曰:月行阴间,多阴事小起。又曰:月宿天厩右间,将军伐,期不过三十日。

郗萌曰:月出阳间,黍稷不为,菽美。

《河图帝览嬉》曰:月行阴里,权衡不得,兵革时作,边境不休。又曰:月行四表之北,阴人将革,祸不可克。又曰:冬三月月出房北,近小水,远大水,期在冲。

郗萌曰:月行四表之北,水旱不时,民皆流食。

《荆州占》曰:月行房北,帝有乱臣。

《河图帝览嬉》曰:月行太阴,天下兵悉起,及内淫流食。

《荆州占》曰:月行太阴,民流亡。

《河图帝览嬉》曰:月犯房星,四足之虫多死,期不出一年。

《海中占》曰:房上第一星,上相。次星,次相。下第一星,上将。次星,次将也。(按晋咸康二年正月辛亥,月犯房南第二星,占曰:将相有忧。五年七月,丞相王导,八月太尉郗鉴,六年正月,征西大将军庾亮并薨也。)

《荆州占》曰:月犯房为死亡,近之为辱将相,期三年。(按魏景初元年二月乙酉,月犯房第二星。房四星,股肱臣将相位也。占曰:将相有忧,若死亡。到十二月,司空陈群薨。到三年七月,司徒陈矫薨。积一年六月。)

《黄帝占》曰:月犯上将,上将诛。犯次将,次将诛。犯次相,次相诛。犯上相,上相诛。

《河图帝览嬉》曰:月犯房心,天下有殃,主有忧。

《郗萌占》曰：月犯房，有乱臣，期不出三年。臣伐其主，天下有亡国。

陈卓曰：月犯房，有兵。又曰天下有殃，主忧。

郗萌曰：月乘房灭左右官为有诛。伏甲者阵兵在宗庙中。天子不可出宫下堂。又曰多暴事。

《河图帝览嬉》曰：月行房心间，其旁有红云，一诸侯、一王死。

郗萌曰：月乘钩钤，大人忧火令。

《荆州占》曰：月有中犯陵房星者，国君忧。色青，忧丧；赤，忧积尸成山；黑，有将相诛；白芒角，大哭。

郗萌曰：月有中犯乘守房，左骖左服，皆为夫人死，所中相诛。又曰：月犯乘钩钤，大臣有误，天子不尊事天者，致火灾于宗庙。天子崩，王者不宜出宫下殿，有谋匿于宗庙中者。一曰犯钩钤，驷马驾，将有行。（按魏正始六年十二月己巳，月犯钩钤。占曰：王者忧。一曰有火灾。到七年二月荧乘黄厩，署屋延烧。又魏青龙三年十二月戊辰，月犯钩钤，王者忧。到景初二年十二月，明帝崩。积三年十一月。又案魏正始六年十二月己巳，月犯钩钤。占曰：五星犯钩钤，皆主王者忧。一曰有火灾。到七年二月荧乘黄厩，廷烧西掖门。到嘉平二年七月壬戌，皇后甄氏崩。积三年七月应。又案魏时火犯钩钤，皆为后崩也。）

郗萌曰：月守房，皆为人君无道。又曰皆为天下诸侯谋相吞，道不同。又曰皆为胡发兵。

月犯心五

班固《天文志》曰：月犯心，其国有忧，若有大丧。

《摘亡辟》曰：六月辛酉，月犯心，亡君之戒也。

郗萌曰：月犯明堂星，大人忧。

《海中占》曰：月犯心中央星，人主恶之。犯其前星，太子恶之，及失位。犯其后星，庶子恶之。皆应以善事。

郗萌曰：月行出心以南，在外大将易。一曰无兵，太子事。

陈卓曰：月行宿心而雾，山崩谷塞。一曰水深。

《石氏占》曰：月乘心，其国相死。月北出，其国旱，宗庙有焚者。月南出，其将相有起兵。

《荆州占》曰：月犯乘心，大人凶，天下大旱，万民灾伤。近期三年，远九年。

《石氏占》曰：月合心星，其君死。又曰：犯大星，主遇贼害，国人为乱。

又占曰：月犯心大星，女执行。又曰：太子不立。

郗萌曰：月犯心星，臣弑君。又曰：灭其君，三年有忧贼臣。

《海中占》曰：月犯心，有乱臣，天下有亡国。蚀心，国内乱，有大贼。

《河图帝览嬉》曰：月犯心，乱臣在旁，伐国。期不出三年，其下有亡国。又民伐其主。应之以善事，已殃除。

《海中占》曰：月犯心中央星，人主败，国有贼人为乱。（按魏甘露二年六月己酉，月犯心中央大星。景元元年五月，高贵乡公败。）

郗萌曰：月贯心，其国乱，臣弑君。

《石氏占》曰：月贯心，其国政乱。

《海中占》曰：月贯心，一年国君死。不则臣伐主。

《黄帝占》曰：月贯心星，三年国内乱。（按汉孝成帝阳朔元年七月壬子，月犯心星。占曰：其国忧，若有丧。房心为宋，今为楚地。十月辛未，楚王芳薨。积四月应。又按王莽地皇元年正月，月犯心前星，为太子，是岁后莽杀太子临之。黄初四年十二月丙子，月犯心大星。占曰：犯心国忧，若有丧。七年五月丁巳，文帝崩。积二年六月。魏景初二年闰九月癸丑，月犯心大星。占曰：月犯中央星，其国有忧，若有大丧。到三年十二月，明帝崩。积一年四月。）

月犯尾六

《河图帝览嬉》曰：月犯尾，君臣不和。

郗萌曰：月犯尾，贵戚有诛者，其国有军将死。又曰：在尾宿，有变，后宫不安，妃后争，人君子孙不吉，在宫中矣。

月犯箕七

石氏曰：月干犯箕度，君臣不和。

《含文嘉》曰：月至箕则风扬。

《春秋纬考异邮》曰：月失行，离于箕者风。

《春秋纬潜潭巴》曰：月入箕中，其国有忧。

《黄帝占》曰：月入箕，粂大贵。

郗萌曰：月入箕，天下大乱，有兵，国君死之。又曰：必赦。月在箕踵，期三十日，在口，期六十日。

《河图帝览嬉》曰：月犯箕，有客谗人者。

《海中占》曰：月犯箕，女主有忧。

郗萌曰：月犯箕，其国有军将死。（按魏嘉平五年六月十二日庚辰，月犯箕。占曰：军将死。到正元元年正月乙丑，镇东将军毋丘俭反，正月甲辰斩俭。积一年九月。又按魏甘露元年八月七日辛亥，月犯箕东北星。占曰：犯箕东北星，军将死。到二年五月，征东大将军诸葛诞谋叛不就，后杀扬州刺史乐綝。积十月。）

月犯北方七宿

月犯南斗一

郗萌曰：月宿南斗，风。一曰雨。又曰：月入南斗魁中，大人忧。一曰太子殃。又曰：宫中有自贼者，期三十日。

《荆州占》曰：月入南斗，兵起有忧，不出三年。

京氏曰：月以子丑申入南斗，后百八十二日赦，无余囚。

陈卓曰：月犯入南斗魁，天下大赦。一曰兵起。（按晋成帝咸和六年正月丙辰，月入南斗。占曰：有兵。一曰有大赦。是月石勒杀掠娄、武进二县，于是遣戍中州，明年湖贼又掠南沙海虞民。是年正月大赦。伐淮南，讨襄阳，平之。又咸和八年三月己巳，月入南斗，与六年占同。其年七月，石勒死。彭彪以谯石生，以长安郭权以泰州并归顺。于是遣督护乔球率众救彪，彪败，球退。又石季龙、石斌攻灭生、权。咸康元年正月大赦。）

《黄帝占》曰：月以十月至四月入南斗中，天下大赦。近期六十日，中期六月，远期一年。

郗萌曰：月一岁三入南斗口者，其岁有赦。

《河图帝览嬉》曰：月犯南斗，大臣及将去。

《郗萌占》曰：月犯南斗魁，女主当之，不出三年。

《荆州占》曰：月犯南斗，将军死。

陈卓曰：月犯南斗，风雨不时，大臣诛，不出三年。

郗萌曰：月乘南斗，色恶苍苍，丞相死。又占曰：月变于南斗，乱臣有更天子之法令者。

《荆州占》曰：月变于南斗，易相，近臣死。

月犯牵牛二

《河图帝览嬉》曰：月犯牵牛，将军奔，天下牛多死。

郗萌曰：月犯牵牛，其国有忧，将军亡旗鼓。一曰有军将死。

陈卓曰：月犯牵牛星，道路不通，牛马暴贵，天下有大诛，邦谷大贵。又曰：月犯牵牛，军亡。犯河鼓，战。

郗萌曰：月乘牵牛，天下有大水起。又占曰：月变于牵牛，牺牲事也。又曰四足之虫疾。

《荆州占》曰：月行犯若晕牵牛，天下马多疾死。

月犯女三

《河图帝览嬉》曰：月犯须女，天下多女患。

陈卓曰：月犯须女，将军死，其国有忧。

《郗萌占》曰：月变于须女，有兵不战而降。又曰有嫁女娶妇之事。

陈卓曰：月宿须女，雾，大人死。一曰蛰虫死。

月犯虚四

《河图帝览嬉》曰：月犯虚，空邑复起。

郗萌曰:月犯虚,天下乱政,天下大虚。其国有忧,军将死,有哭泣之事。又占曰:月变于虚,有土功事。又曰在外军大饥。

月犯危五

郗萌曰:月行若犯危,有哭泣之事。

《河图帝览嬉》曰:月犯危,治楼室屋者多。

《海中占》曰:月犯危,其国有忧。

郗萌曰:月犯危,有军将死。

陈卓曰:月行所宿危而雾,兵起,士卒多死。

《荆州占》曰:月有入危者,大乱。(天下大乱也。)

月犯室六

《河图帝览嬉》曰:月犯营室,以乱,若亡地及宗庙毁,若起室者。

《海中占》曰:月犯营室,其国有忧。

郗萌曰:月犯营室,有宰相死。

《荆州占》曰:月犯营室,兵起。

郗萌曰:月变于营室,大臣为乱,兵在外,军人见弃败。

月犯壁七

郗萌曰:月宿东壁,不雨则风。

《河图帝览嬉》曰:月犯东壁,大乱,人民多死。

《海中占》曰:月犯东壁,其国有忧。

郗萌曰:月犯东壁,兵在外,军将死。一曰有土功事。

郗萌曰:月变于东壁,兵在外,军人大惊,近臣去。

《海中占》曰:月蚀东壁,其国有闭门事。

《石氏占》曰:月蚀东壁,大臣戮亡,有文章者被执。

月犯西方七宿

月犯奎一

郗萌曰：月入天库，天下有兵起。

《河图帝览嬉》曰：月犯奎，大乱，人多死者。

郗萌曰：月犯奎，边兵不安。又曰有大水，乱人多死。又占曰：月犯若晕奎，其国大人有忧。又占曰：月蚀奎星，大将战死，军乏食。

《海中占》曰：月蚀奎星，必有大战，军乏食。

郗萌曰：月变于奎，有沟渎事。一曰女子事。

陈卓曰：月宿奎而雾，有妖星见。或曰妖死。一曰十日妖见君车。

月犯娄二

《河图帝览嬉》曰：月犯娄，多淫猎。

《海中占》曰：月犯娄，国有忧。

《郗萌占》曰：月犯娄，军将死，民多移徙。又曰狱多冤死。

陈卓曰：月犯乘娄，国君好爱妇女，游猎无度。

黄帝曰：月变于娄，有兵在外，不战而和。

陈卓曰：月行宿娄而雾，多有人死复生者。

《海中占》曰：月蚀娄星，军不战，在外罢。

月犯胃三

《河图帝览嬉》曰：月犯胃，仓库散若有令。一曰其国有变。

《荆州占》曰：月犯胃，仓粟散。

《海中占》曰：月犯胃，其国有忧。

郗萌曰：月犯胃，邻国有暴兵伐中国。一曰有军将死。又曰：以夷为忧，天下国无实。

《海中占》曰：月犯乘胃，小国起兵，仓库虚。一曰军不战，民多病伤有令。

《陈卓占》曰：月宿胃而雾，死于孕，孝妇谋死。

月犯昴四

石氏曰：月入昴中，胡王死。

《河图帝览嬉》曰：月犯昴，天子破匈奴，不出五年，中若有白衣会。

《荆州占》曰：月犯昴，以粟米为贱。

《河图帝览嬉》曰：月行犯昴，北有赤白云缘月，兵入匈奴，地有得。赤白云不缘月，兵入无得，期不出三年。

《黄帝占》曰：月乘昴，贵人有忧。

郗萌曰：月乘昴，天下用法峻。一曰水满野，五谷不收。又占曰：月合昴，有赦。又占曰：月行触昴，匈奴扰扰。又曰：月生于昴，天下有赦。

《黄帝占》曰：月变于昴，兵在外食绝。

郗萌曰：月变于昴，国有丧。

《石氏占》曰：月蚀昴，贵臣诛，贵女失势。

《海中占》曰：月蚀昴，诸侯黜门户，臣有事，天下饥。

石氏曰：月出昴北，天下有福。一曰胡王死。

郗萌曰：月犯昴，其国有忧，将军死。一曰胡不安。（按魏正始元年四月二十七日戊午，月犯昴东头第一星。其年十月庚寅，月犯昴北第四星，占曰：月犯昴，胡不安，将军死。到二年六月，征西将军赵儼上言，鲜卑大人阿妙儿等杀掠敦煌，太守王延等将兵斩首千一百级。冬十月，又讨斩阿妙儿，斩首千级。三年正月，又斩鲜卑大师首六百级，讨鲜卑，斩首千余级。八月丁巳，轻车将军特进王忠薨。积三年四月应。）

月犯毕五

《诗》曰：月离于毕，俾滂沱矣。谓大雨也。

《春秋纬考异邮》曰：月失行，离于毕，则雨。

蔡氏《月令章句》曰：月离者，所历也。

班固《天文志》曰：月入毕则多雨。

郗萌曰：月入毕，其国君大忧。又曰：兵起，期一年。先起兵者有破亡。又曰：与两股齐，近期二十日，远期六十日，有将死。

刘向《洪范传》曰：月入毕中，将若相有一家事坐罪者。近期百二十日，远期十月。一曰国有反臣。

《郗萌占》曰：月犯毕，兵革起。一曰有女丧。一曰女主当之。（按魏太和四年二月丁未，月加午在毕大星四寸。其五年十二月丁未，月犯毕赤星。占曰：下犯上，贵人诸侯当之。又曰有大赦。其五年三月，蜀刘升为丞相诸葛亮将五万人入天水，攻将军贾魏，副车骑将军舒等三万余人讨之，斩首三万余人，投降者万余人。七月乙酉，大赦。六年正月甲戌，皇女泰薨。上及群臣皆为之服。五月甲戌，皇太子殿下薨。十一月壬寅，吴越贼将周贺于东莱牟平之内恣杀掠，与青州刺史程喜战，射杀周贺，斩首四千余级，又生擒八千余人。青龙元年八月己未，大赦。二年三月庚寅，故汉帝山阳公崩，以天子礼葬之，谥曰献帝。积三年六月应也。）

郗萌曰：月入毕，有拘主。近期百日，中期十月，远期一岁。又曰：小人自立。一曰小人罔上。一曰将相惊。又曰大赦，期三月。一曰在毕口，期六十日。赦在踵，期三十日。又曰有土功。又曰有以弋猎事，惑其君者。

石氏曰：月居毕中，不出其年，女君死。

《河图帝览嬉》曰：月犯毕，天子用法以诛罚急。贵人有死者。

京氏《妖占》曰：月犯毕，天下有变令。

《黄帝占》曰：月犯毕，出其北阴，国有忧。

《海中占》曰：月犯华，南阳国有忧。一曰贼臣诛，不然，边有兵。

郗萌曰：月行犯毕赤星，臣弑主。一曰乘毕赤星，将死。又占曰：月犯蚀毕，有小疾。又曰：合毕，天下有赦。合其阴，水；合其阳，风。又曰月变于毕，边境有事。

《黄帝占》曰：月蚀毕，使边者凶。

《郗萌占》曰：月蚀毕，诸侯相谋。又曰：月入毕中而晕，人主生。

一曰人主伐。又占曰：月入毕而圣人生。一曰人主伐。

《荆州占》曰：月蚀毕中星居月中，不出其年，女主当之。

《石氏占》曰：月蚀毕星中，有土功事。一曰女主有忧，大臣系囚者。一曰：天下兵起，是谓小人国。

陈卓曰：月行宿浊而雾，君使有道死于诸侯者。一曰诸侯之使有道死者。（浊者毕也。）

《陈卓占》曰：月犯附耳，兵起。若将相有丧忧，不即免退。

月犯觜六

《河图帝览嬉》曰：月犯觜觿，小将有死者。

《海中占》曰：月犯觜觿，小战。又曰小将吏多死。

郗萌曰：月犯觜觿，武将皆叛。

《荆州占》曰：月犯觜觿，道多死人。

月犯参七

郗萌曰：月宿参若宿伐，皆为风雨。

《河图帝览嬉》曰：月犯参伐，有兵事竞城堡。

《海中占》曰：月犯参，其国有忧。又曰国有兵事。

郗萌曰：月犯参，有军将死。

《海中占》曰：月犯参右肩，右将战死；犯左肩，左将战死。

郗萌曰：月犯右股，大将战死。犯赤星，将诛。

石氏曰：月犯乘参右股，五谷熟。

《黄帝占》曰：月蚀参，贵臣诛，赤地千里。其国大饥，人民相食。

京房《易传》曰：月蚀参，天下有小兵。

《陈卓占》曰：月蚀参，兵起。战从蚀所胜。

《海中占》曰：月蚀参伐，兵大起。

月犯南方七宿

月犯井一

《郗萌占》曰：月宿东井，雨，不雨则风。

《河图帝览嬉》曰：月入东井，诸侯贵人多死。

《荆州占》曰：月入东井，有兵。

《河图帝览嬉》曰：月犯入东井中，其国君有忧。

《黄帝占》曰：月犯东井，有水事，若水令。

《郗萌占》曰：月犯东井，军将死。（按魏青龙三年十一月己丑，月犯东井北辕西第一星。占曰：月犯东井，将死。一曰国内有忧。一曰有水令。到十二月乙卯，右将军朱盖薨。四年十二月癸巳，司空颍阴侯陈群薨。又景初元年九月壬申，诏曰今年雨过差，冀兖徐豫四州特剧，遇水溺没死者，所在开仓救济。庚辰，皇后毛氏崩。积二年十一月应。正始五年十一月壬申，月犯东井距星。六月癸酉，月犯东井南辕西头第二星。占曰：月犯东井，将死。到七年十一月庚子，镇北将军吕昭薨。积二年。魏嘉平三年四月戊寅，月犯东井南辕西头第二星。占曰：月犯东井，将死。一曰有忧。到七月壬戌，甄皇后崩。太尉王陵诛，积四年。）

《黄帝占》曰：月蚀东井，大臣有谋，皇后不安，五谷不登。

陈卓曰：月行宿东井而雾，有水患。

《河图帝览嬉》曰：月犯钺，大臣诛。

郗萌曰：月中犯乘钺，兵起，斧钺用。又曰：月中犯乘钺，若蚀钺，为内乱。（按魏正始四年十月七日、十一月十四日，月犯乘守钺，兵起。一曰斧钺用。是月太傅舞阳侯上言，吴将诸葛恪屯据，遣众军讨恪，恪弃城奔走，投水死者万计。到五年三月己卯，大将曹爽率众军西征蜀。积六月应。又按魏嘉平五年月晕犯钺，兵起。一曰光禄夫夫张缉皆诛。九月车骑将军郭淮上言，姜维等攻陇西，斩首万余人。积十月应。）

月犯鬼二

《郗萌占》曰：月犯舆鬼，有军将死。

陈卓曰：月行宿舆鬼而雾，军战，主人败。又占曰：月犯乘天尸，乱臣在内。

郗萌曰：月有入舆鬼者，皆为财宝出。

《河图帝览嬉》曰：月犯鬼，大臣有诛。一曰国有忧。

陈卓曰：月犯鬼天尸，国君有忧，大乱，大臣诛。又曰：月入舆鬼乘质者，君贵人忧，金玉用，人民多病。从南入为男，从北入为女，从西入为老，棺木倍贵。（按魏青龙二年二月辛卯，月犯舆鬼中央星。其年十二月甲子，复犯，舆鬼为天锁，主斩杀，占曰：民多病，大臣忧。又曰：国有忧。三年正月辛巳，自冬涉春，节气不和，因下诏曰：连年疫疾，凋伤人民。二月丁巳，文德皇后崩。四年五月乙卯，司徒乐平侯董昭薨。三月应。魏正始二年九月癸酉，月犯鬼西北星，主金玉。三年二月丁未，月犯鬼西南星，主布帛。占曰：大臣忧。一曰有钱金。到八月丁巳，轻车将特进王忠薨。至四年甲子上加服元，赐诸侯王公公卿校将军以下钱各有差。一年五月应。又魏嘉年二年十月丙申，月犯鬼距星。五年三月一日，月犯鬼距星。如占。六年七月甄皇后崩。太尉王陵、楚王彪有谋，妻子五岁以下皆诛。积十月应。）

陈卓曰：月蚀舆鬼，贵臣皇后有忧，天下不安。近期一年，远期三年。

月犯柳三

郗萌曰：月入天库，天下有起土。

《河图帝览嬉》曰：月犯柳，有木功事。又占曰：月犯柳，其国有忧。又曰有军将死。

石氏曰：月犯乘柳，工匠兴。

陈卓曰：月行宿柳而雾，民多阴内之病。又鸟多死。

《石氏占》曰：月蚀柳，王者以病不安宫室。

《黄帝占》曰：月蚀柳，大臣忧。

月犯七星四

《河图帝览嬉》曰：月犯七星，兵在外战。

《海中占》曰：月犯七星，轻车战。

《郗萌占》曰：月犯七星，掌食臣有诛者。国有忧，将军死。

《黄帝占》曰：月行宿七星而雾，民分。

《郗萌占》曰：月犯七星，臣为乱。

《石氏占》曰：月蚀七星，君后大臣有暴忧。国大饥。

《海中占》曰：月蚀七星，国相更政。

月犯张五

《河图帝览嬉》曰：月犯张，有飧客。

郗萌曰：月犯张，将相死，其国有忧。

《黄帝占》曰：月蚀张，贵臣失势，皇后有忧，期七十日。

陈卓曰：月宿张而雾，天子恶之。

月犯翼六

《河图帝览嬉》曰：月犯翼，飞虫多死。

《海中占》曰：月犯翼，其国有忧。一曰相传令。一曰外夷有兵。

郗萌曰：月犯翼，有军将死。若北夷有兵。又曰：月犯翼，女主恶之。

《黄帝占》曰：月蚀翼，忠臣见，谮言正事者亡，不出其年。

陈卓曰：月行宿翼而雾，后恶之。

月犯轸七

《海中占》曰：月犯轸，兵车用。近期二年，远期三年。

《郗萌占》曰：月宿轸，风。又曰月犯轸，其国有忧。一曰兵车出，近期一年，远三年中。

班固《天文志》曰：月入轸则多风。

《黄帝占》曰：月蚀轸，贵人亡。皇后不安。期有八十日者。

开元占经卷十四

月占四

月犯石氏中官一

《海中占》曰：月入摄提，圣人受制。一曰谋臣在侧。

《郗萌占》曰：月犯蚀大角，强国亡，战不胜。一曰大人忧之，期三年。一曰大角贯月，天子恶之。陈卓曰：月犯大角，天下疾。又曰有水灾。一曰月蚀大角，天子死，期十三年中。

郗萌曰：月犯天牢，以狱不平。（贯，索之别名。）

郗萌曰：月犯织女，女主有诛。一曰人主有诛死。

石氏曰：月犯守东西咸，女主因淫致祸，有阴谋。不通东咸，必有贼。（按晋孝武帝大元二十一年四月，月犯东咸。吴郡内史钦发人戒严，吴兴诸郡响应为贼也。）

石氏曰：月入天市中，大将死，或易政。

《黄帝占》曰：月入天市，有更币之令。

《海中占》曰：月入天市中，近臣有抵罪者。

《帝览嬉》曰：月行入天市，及有变留其中，女主忧，将若相有戮死于市者。

郗萌曰：月犯乘天市，粟贵。

石氏曰：月犯候星，有忧。

石氏曰：月犯帝座宗星，人主有忧。

石氏曰：月犯宦者，侍人诛。

石氏曰：月犯天江，大水，关梁塞。

陈卓曰：月犯建星，有臣相谮。（按《宋书·天文志》曰：魏陈留王景元元年二月，月犯建星。后钟会、邓艾破蜀。会谮艾，遂皆夷灭。）

郗萌曰：月变于建星，有乱臣更天子之法令者。一曰易将相，近臣多死。(按晋咸康三年九月戊子,月犯建星。占曰:易相。一曰大将死。五年,丞相王导薨。庚戌,代辅以太尉郗鉴,征西大将军庾亮并死也。)

《黄帝占》曰:月犯天弁,粟贵。一犯一贵,数犯数贵。

《黄帝占》曰:月犯河鼓左星,左将死;右星,右将死。一曰所中者诛。一曰有军败,亡其大将,有兵起。

《河图占》曰:月乘大陵天下尽丧星,众兵革起,死人如丘山。星希则无。

石氏曰:月乘卷舌,天下多丧。

《黄帝占》曰:月入五车天库,兵起,道不通。(按《宋书·天文志》曰:宋武大明七年十二月,月犯五车。后二年帝后崩。大臣将相诛灭,皇子被害,皇后崩。四方兵起,遣诸军锋外讨之。)

石氏曰:月犯五车,兵起趋驾。

《帝览嬉》曰:月行天渊中,臣逾主。

《黄帝占》曰:月行天渊中,若犯之,贵人死。

《黄帝占》曰:月犯天关,有乱臣更天子之法。主关津者有罪,王者忧。

《黄帝占》曰:月出天门中道,百姓安宁,岁美无兵。

《帝览嬉》曰:月乘天高,将死,外臣有诛者。

石氏曰:月出天门中道之南,君恶之。大臣不附。

郗萌曰:月犯南河戍,为中邦凶。

石氏曰:月行南河戍中,四方兵起,有丧,若大旱,百姓数病。

《帝览嬉》曰:月行南河之南,兵旱并起。男子丧乃始。

刘向《洪范传》曰:月入南河戍门,民疾疫。

《黄帝占》曰:月出天门中道之北,胡主死,天下多死。

石氏曰:月行北河戍之间冠带,国兵尽起,道不通。

《帝览嬉》曰:月行北河之北,兵水并起,女子丧乃始。

郗萌曰:月经南戍之南,刑法峻暴,诛伐不当。经北戍之北,以女金钱奢侈,贪色失治道。皆近期三年,中期六年,远期九年而灾至。

石氏曰：月犯五诸侯，诸侯诛。（按《宋书·天文志》曰：宋孝武大明三年四月，月犯五诸侯。时竟陵王诞反，遣沈庆之领羽林兵战属城。）

《帝览嬉》曰：月入轩辕，有乱臣，期不出三年。

《帝览嬉》曰：月行轩辕中，女主失势。其所中以官名名之。一曰五官有不治者。

《海中占》曰：月犯轩辕大星，女主当之。（按晋安帝元兴三年四月甲午，月押掩轩辕第二星。明年七月，永安皇后崩。又按晋孝武大元五年七月庚子，月犯轩辕大星。九月癸未，皇后王氏崩。）

《帝览嬉》曰：月犯轩辕左右角，臣有诛者。

《帝览嬉》曰：月犯女御星，女御有忧。

郗萌曰：月犯御星，御仆死。

石氏曰：月中犯乘轩辕大星，民大饥大流。太后宗有诛者，若有罪。中犯乘少星，民小饥小流。皇后宗有诛者，若有罪。

郗萌曰：月乘轩辕端，臣子反，其事成。

《荆州占》曰：月乘轩辕端，女主有散死亡去者。

郗萌曰：月蚀轩辕，女主有忧，以官名名之。

石氏曰：月入轩辕中犯乘守之，有逆贼，有火灾。

《巫咸占》曰：月犯少微，处士有忧。（按《续晋阳秋》曰：会稽谢敷李庆绪隐若耶山，初月犯少微，时戴逵名著于敷，时人忧之。俄而敷死。会稽嘲曰：吴中高士，便是求死不得也。）

《黄帝占》曰：月入中犯乘少微，女主忧。一曰宰相易。

《荆州占》曰：月犯少微南第一星，诸处士忧。犯第二星，诸仪士忧。犯第三星，诸博士忧。犯第四星，诸大夫忧，易史官黜。

石氏曰：月入中犯乘守少微，皆为五官乱，宰相忧。

《荆州占》曰：道太微，为宫中逆乱，政不行。又曰：月行太微中，贵者失势，必夺权劳，所中成刑，以官命之。

《黄帝占》曰：月行入太微中，皆为大臣有忧。一曰大臣死。

郗萌曰:月入太微中,君弱臣强,四夷兵不制。有奸人来听伺主之庭者。又曰有丧。

《荆州占》曰:月入太微庭中东出,大臣出令如主。入中华西门出,右掖门必有反臣。

《荆州占》曰:月犯太微,庭臣弑其主。

《海中占》曰:月犯南门左右扉,将相有免堕者。期不出三年。左右扉者,执法也。

石氏曰:月入太微,庭所中犯乘守者,皆为天子所诛,若有罪者。

《帝览嬉》曰:月入太微,庭所中犯乘守者,各以其官名之。

《春秋纬合诚图》曰:入华阙门者,皆为臣弑君之候也。

《荆州占》曰:月入天子宫者,为大臣者死。

《帝览嬉》曰:月入太微而出端门者,臣不臣。

石氏曰:月入太微中乘东西门若左右掖门,而南出端门者,皆为必有反臣。又曰:入西门出东门,皆为人君不安,欲求贤佐。入中华西门出中华东门,皆为臣出令。入太阴西门出太阴东门,皆为天下大乱有丧,若大水。

郗萌曰:月入西门而折出右掖门,皆为大臣假主之威,而不从主命。月入西门犯天庭,出端门,皆为大臣代主。(按《宋志》晋恭帝元熙元年正月丙午三月壬寅,五月丙申,七月己卯,皆月犯太微。二年六月三日,帝逊位于宋。)

《黄帝占》曰:月行入及留太微中,为大臣有忧。

石氏曰:月出东掖门,为将受命东南。出西掖门,为将受命西南。

《荆州占》曰:东南为德事,西南为刑事,期以春夏。

《荆州占》曰:月中犯乘守四辅,为臣失礼,辅臣有诛者。

《帝览嬉》曰:月行犯左右执法,皆为大臣有忧。

《春秋纬文曜钩》曰:月入太微轨道者,司出门守,皆为天子所诛。

《帝览嬉》曰:月出黄帝座之北,祸之大。出其南,祸之小。若近之，大臣谋乱，祸不成。

石氏曰：月犯黄帝座，大人忧。其中黄帝座，大人易，天下乱。

《帝览嬉》曰：月犯黄帝座，天下大乱，存亡半。

《海中占》曰：月犯黄帝座，有乱臣，人主恶之。

郗萌曰：月犯黄帝座，臣子反弑其主，事成。

郗萌曰：月抵黄帝座，有土功事。

《黄帝占》曰：月犯四帝座，天下有丧。

石氏曰：月犯四帝座，若乘之，君忧。

《荆州占》曰：月犯四帝座，诸侯凶。

甘氏曰：月中犯乘守四帝座，天下亡。

石氏曰：月中犯乘守屏星者，为君至失礼，而辅臣有诛者，若免罢去。

《孝经内记》曰：月入三台中，君有大忧患，败在臣下。

《黄帝占》曰：月入三台，大臣为天子，公族共弑君。

月犯石氏外官二

郗萌曰：月入库楼，天下有兵起。

郗萌曰：月宿羽林中，兵大起。

石氏曰：月犯乘，若中北落，皆为天下兵大起。

石氏曰：月入天仓，主财宝出，忧臣在内，天下有兵。

石氏曰：月犯天仓，有移五谷。

石氏曰：月入天仓市，兵起。

《郗萌占》曰：月行弧宿，臣逾主。

《郗萌占》曰：月变于狼，阵兵不战。一曰兵起如小战。一曰有水事。

月犯甘氏中官三

石氏曰:月在天理,臣当坐,欲反者而入狱。一曰君有大忧。

《帝览嬉》曰:月乘天高,将死,外臣有诛者。

《黄帝占》曰:月入五潢中者,皆为兵起,军道不通,天下大乱,易政。一曰贵人死。

《黄帝占》曰:月中犯乘守五潢,皆期二十日兵起。

郗萌曰:月入咸池,暴兵起,期四十日。

郗萌曰:月入咸池,有迷惑人主者。

《荆州占》曰:月入咸池,天下大乱,人君死,易政。以入日占国。

郗萌曰:月有不从天街者,皆为政令不行,不出其年,有兵。又曰:行天街中,天下宁,百姓顺。一曰行天街外,百姓凶。

月犯甘氏外官四

《郗萌占》曰:月行折威中,天子亡。

《甘氏占》曰:月入哭星,女主崩。

《黄帝占》曰:月入天积(即刍藁也),财宝出,主忧臣在内。

月犯巫咸中外官五

《郗萌占》曰:月乘键闭星,大人忧。

《郗萌占》曰:月犯乘键闭星,大臣大误,天子不尊事天神,致火灾于宗庙。天子崩。一曰:王者不宜出宫下殿,有偃兵于宗庙者。

《黄帝占》曰:月行天渊中,若犯之,贵人死。一曰臣逾主。

石氏曰:月犯𫓧锧,有戮臣。

《黄帝占》曰:月入𫓧锧者,为大臣诛。

《郗萌占》曰:月中犯乘守𫓧锧者,为𫓧锧用。一曰兵将有忧。

《石氏占》曰:月行天厩,星开,为兵归。月行天厩,上不安。

开元占经卷十五

月占五

月晕一

《石氏占》曰：月傍有气，圆而周匝，黄白，名为晕。

巫咸曰：月之晕者，臣专权之象。

《石氏占》曰：月晕受衡，所在之国安。

甘氏曰：月晕，战兵不合，若军罢。

《甘氏占》曰：日月皆晕，战兵不合。（谓昼有日晕，夜有月晕也。）

京房《易传》曰：凡月晕，七日无雨，大风，兵作，土功起。

《高宗占》曰：月晕，明王自将兵。

《荆州占》曰：月晕，赤有光，主起兵，城降。

《帝览嬉》曰：月晕，兵春起，不胜。

《荆州占》曰：月终岁不晕，天下和亲。

《荆州占》曰：四孟月之七日、四仲月之八日、四季月之九日，皆当月晕。晕不以其日，不出三日，有暴风甚雨。

石氏曰：月以正月一日二日晕，必有土功。

《荆州占》曰：月春二晕者，其民好斗，不有从民。岁必大恶，不出一年粮贵。

《石氏占》曰：正月上旬，一晕树木虫，二晕禾谷虫，三晕震雷。

《荆州占》曰：一月五六七八九晕，天下有亡地者。十一晕，天下更政。

《帝览嬉》曰：五月中九晕以上者，道上有热死者。

《荆州占》曰：月晕四仲月之八日、四季月之九日，三日不雨，皆为月蚀。

《河图帝览嬉》曰：月晕中赤外青，群臣亲内。外赤中青，群臣内其身，外其心。

《荆州占》曰：正月九日、十六日夜月晕者，其五月有令。十日晕者，三月有令。十一日晕者，其月大旱。十二日十五日晕者，飞虫多死。二十三日、二十四日晕者，五谷不成。二十五日、二十六日晕者，女枭贵。

《荆州占》曰：月以庚戌晕，有救以迟疾为期。（谓晕疾亦疾，晕迟亦迟。）

《荆州占》曰：月正月甲乙日晕者，木贵，民人多病。丙丁日月晕者，旱，金钱轻。戊己日月晕者岁美，小旱，田宅贵。庚辛日晕，赦。壬癸日晕者，多水。

《高宗八节月晕占》曰：月以立春四十六日内晕者，赤，有兵。黑，多水，虫为灾，逆贼生。民生子多怪。月以春分四十六日内晕者，赤，为兵。黄白，忧多虫。月以立夏四十六日内晕者，赤，少水。白旱，万物不出者死，人民流亡。月以夏至四十六日内晕者，赤，小水。黄白，万物化为白耳。月以立秋四十六日内晕者，赤小白，明日甚雨出。黄，羽异身伤害五谷之心。（谓螟螣之类也。）月以秋分四十六日内晕者，赤少黄白，大雷发，折木杀人。月以立冬四十六日内晕者，赤重如盖状，明日甚雾。黑，多冰霜，春多风。月以冬至四十六日内晕，赤大白，春多风杀人。

京房《易传》曰：正月三晕，所宿国小饥。五晕，大饥。

月重晕二

《石氏占》曰：月以十二月八日晕再重，大有风，兵起。三重，天下兵，大乱。

《石氏占》曰：月晕再重，天下大风起。

《帝览嬉》曰：月晕三重，其外青中浊，不散，军会聚。

《荆州占》曰：月晕四重，以有亡国死王者。五重，其国女主死。七重，天下易主。八重，天下有亡国。（汉高祖七年月晕围参昴七重，占曰：毕昴间，天街也，街北胡，街南中国，昴为匈奴，参为赵，毕为边兵。是岁高祖为冒顿单于所围。)

《荆州占》曰:月晕三重,赤云贯之,其国破丧。

巫咸曰:月五月中晕,有九重以上,道路大有热死者。

《高宗占》曰:月晕十重,天下更王。

京房《易传》曰:月晕十二重,天下半亡。

《帝览嬉》曰:月晕再重,倍在外,私成于外。倍在内,私成于内。

月交晕三

《帝览嬉》曰:月色黄白交晕,一黄一赤,所守之国受兵。

《高宗占》曰:月交晕赤有光,其国不出二年遇兵。

《石氏占》曰:月交晕贯月,有事.从贯击者胜,杀将。有珥,有喜。

月连环晕四

《荆州占》曰:月晕连如环,为两军兵起,君争地。

《石氏占》曰:月晕一重,下缺不合,上有冠戴,傍有两珥,白晕连环贯珥接北斗,国有大兵,大战,流血,其地纷纭。不出一年,忧。

《石氏占》曰:月晕如连环重晕北斗魁前第一第二星,大臣下狱,流移一千里。又曰:晕辅星,大臣下狱。

《荆州占》曰:月晕如连环,有白虹干晕,不及月,女贵人有阴谋乱。

月晕五星五

岁 星

《甘氏占》曰:月晕岁星,色不明,主人胜客;明,客胜主人。

巫咸曰:月晕岁星,其国主死。

《荆州占》曰:月晕岁星,粜贵,石千文,民相食。

《海中占》曰:月晕岁星,其主病。重晕,囚死,或大水。五晕,人主有病丧。

《高宗占》曰：月晕岁星，三复之，相出走，战不胜，所宿国饥。

《荆州占》曰：月晕岁星，三复之，人相击，客不胜，所击主人胜。五复之，国女主死。

《帝览嬉》曰：月晕四重华，五复之，所宿其国主死。三复之，黜相。一曰客畔之，不合所攻，主人胜。

《帝览嬉》曰：月晕，回留岁星所守之国，岁大熟。

石氏曰：岁星与月合在氐而晕，不出四十日，有德令。

荧　惑

《巫咸占》曰：月晕荧惑星，女主有忧，若有死亡。

《巫咸占》曰：月晕荧惑星，其国主亡。

《荆州占》曰：月晕荧惑，有兵在野，大战归，其国亡。

《荆州占》曰：月晕赤星荧惑，三月兵起。

《海中占》曰：月晕荧惑三复之，国贵人忧。

《荆州占》曰：月晕荧惑三复之，相死。

《海中占》曰：月晕荧惑五复之，主出走。

《荆州占》曰：月晕荧惑五复之，主死。

《帝览嬉》曰：月晕回荧惑，所之国亡。又客兵入境，为寇掠。

《帝览嬉》曰：月晕回荧惑，其色恶不明，客败。其色明如角，则客胜。

郗萌曰：月晕胃荧惑在其中，天下有兵发于魏国。不出一年大赦。

填　星

《甘氏占》曰：月晕填星，色不明，主人胜客；明，客胜主人。

《巫咸占》曰：月晕填星，其国主死。一曰旱。

《高宗占》曰：月晕填星，所在之国兵起，战不胜。

《海中占》曰：月晕填星，相死，若皇后死。不则亡地。

《荆州占》曰：月晕填星，五合五解，所宿国主当之。

《帝览嬉》曰：月晕回填星，所宿之国有德。

《帝览嬉》曰：月晕回填星，三复之，相死，天下土尽动大起，邑屋大坏，女主有忧。五复之，主死。

太　白

《甘氏占》曰：月晕太白，色不明，主人胜客；明，客胜主人。

《巫咸占》曰：月晕太白，其国主死。

《荆州占》曰：月晕太白与月合，其主死境外。

《荆州占》曰：月晕太白入晕，其色恶不明，则客败。其色明而有角，客胜。其色如晕与月合，人主忧从中宫起。

《海中占》曰：月晕太白五复之，主死。

《荆州占》曰：月晕太白五复之，其国女主死。

《帝览嬉》曰：月晕太白，当其野者国受兵，战不胜。又曰，所守之国兵起。

《帝览嬉》曰：月晕太白三复之，所宿国将若相死之。一曰客攻不合所攻，主客。

辰　星

《甘氏占》曰：月晕辰星，色不明，主人胜客；明，客胜主人。

巫咸曰：月晕辰星，再合再解，其国败，不出其年。

巫咸曰：月晕辰星，其国主死。

《荆州占》曰：月晕辰星，其国以水亡。又曰秋兵起。

《海中占》曰：月晕辰星，在春大旱，在夏主死，在秋大水，在冬大丧。

《荆州占》曰：月晕辰星，再合再解，所宿之国饥败，期一年。

《高宗占》曰：月晕辰星三复之，国以水亡。

《荆州占》曰：月晕辰星五复之，其国女主死。

《帝览嬉》曰：月晕围辰星，所守之国有大水。

《帝览嬉》曰：月晕回辰星，春夏，民疾寒热；秋，兵起及水；冬，主死，若有水忧。

《荆州占》曰：月晕辰星，角亢回二重如连环，不出三年，大臣大谋若诛。

月晕列宿同占六

郗萌曰：月以正月十二月晕角、亢、氐、房、心五星者，大赦。晕四星者，小赦。

《巫咸占》曰：月晕角亢氐，虫多死，天下士卒死。

陈卓曰：月晕角亢，大将军有忧。

《帝览嬉》曰：月晕回角亢，虫多死。

石氏曰：月晕氐房心，有德令。

郗萌曰：月晕氐房心，其地有役。

石氏曰：月晕房心，帝国有兵庙堂。句氐宿，大赦。句三宿，小赦五百里以下。句二宿，赦百里内。

石氏曰：月晕房箕，风地动。

石氏曰：月晕心尾亢，骨虫为害。一曰四足虫。一曰：不出其年，易政，出崩，出五十里外。

石氏曰：月以十一月晕心尾，麦有价。

《荆州占》曰：月晕尾箕，分有疾凶。

石氏曰：月晕箕斗，兵从东方北方来者胜，从南方来者不胜。

《帝览嬉》曰：正月月晕回箕斗，五谷不成。

巫咸曰：月晕围斗，五谷不成，大将易。

《帝览嬉》曰：月晕牵牛须女，女子功丝枲皆贵。一曰牛多暴死。

郗萌曰：月晕虚危，有兵谋不成，风起。又曰有丧。

石氏曰：月晕虚危，兵革离动宗庙。

《荆州占》曰：月晕营室东壁，其地有谋不成。一曰风起。一曰大水且至。又曰寡妇婴儿多死。

《帝览嬉》曰：月晕营室东壁，有大土功。

郗萌曰：月晕奎娄，其地大病。一曰水虫多死。

《帝览嬉》曰:月晕胃昴,民多腹之疾。

郗萌曰:月晕胃昴毕,有庆,上赐下者。一曰有德令。无令,则有兵起。

郗萌曰:月晕昴及毕,比有反者。

郗萌曰:月晕昴毕参,赦者有善令,期六十日。又曰,不出三年人主忧,若有赐令。

郗萌曰:月以太岁所在辰晕毕与五车,及一星小赦,二星次赦,三星及五星大赦。

郗萌曰:月以十一月晕五车及昴参,其星皆入晕中,有大赦。其不尽入,有小赦。期在来年五月中。

石氏曰:以正月上旬月晕昴毕参伐,有赦令。

《帝览嬉》曰:月晕回毕参,黼矢弓弩贵。

石氏曰:月晕参井,冰霜数至。

巫咸曰:月晕围井鬼,其年不和。一曰旱。

京房《易传》曰:月晕翼轸,军在外战,亡其偏将。

郗萌曰:月晕轸角,先起兵者不胜。重开吉,重发兵者兵死。

巫咸曰:月晕轸角,赦期百二十日。一曰:以四孟月晕轸角,皆为赦。

月晕东方七宿

月晕角一

《石氏占》曰:月晕左角,有军,军道不通。

石氏曰:月晕右角,大将军有病。岁偏民饥。角鳞虫多死。

《黄帝占》曰:月晕围两角,大水,期一年。

《石氏占》曰:月角中而晕,王者喜。

石氏曰:月晕左右角,大赦。晕一角,小赦。甲乙为春,丙丁为夏,庚辛为秋,壬癸为冬。

巫咸曰:月晕角亢,有角虫多死,天下士卒死。及角中央,王自将兵,不行百里,士遁亡军,道不通。及右角,害太尉。及左角,狱大乱。(《后魏书》曰:天兴五年十月戊申,晕左角。时帝讨姚兴弟平于乾辟,克之。太史令姚崇奏,角虫野死,上虑牛疾,乃命减诸辎重。甲戌,车驾北引,牛大疾,死者十八。自宫车所驭巨辖数百,同日毙于路侧,尾相属,亦多死之征也。)

《海中占》曰:月晕角亢,岁民饥。

陈卓曰:月晕角,大将有殃。

郗萌曰:月晕角,有兵,百日罢。无兵,后百日起。又曰,先起兵者不胜。又曰:晕右角,右将军有殃;晕左角,左将军有殃。又曰晕右角,臣倍主;晕左角,大臣谋。期三年。晕天门,十月十二月诸侯有不通者。又曰,乘若晕角,为水。又曰多风雨。

《荆州占》曰:月晕围左右角,天下有大兵,天子为军自守。左右动摇非常,人主忧臣弑君。

《荆州占》曰:月以正月晕角,公子死。一曰将军死,岁饥。又曰:以正月十七日月晕于角,天下赦。正月戊己晕左角,有丧。

《河图帝览嬉》曰:月行天门晕三重,天清净,关梁不通。应之以善事。(晋咸和三年,月晕左角,有赤白珥,礼约以问戴洋。洋曰:壹门当大战,有贼乱。洋字国流,吴国人,颇识天文阴阳之数。约为豫州,洋为督护。约本胡后,洋遍游公侯之门,莫不说重其所占候,并多神验。事见《晋史》也。)

甘氏曰:月入角而晕,大赦。不则日蚀,所蚀之宿其邦不安。

《帝览嬉》曰:月晕左角,天子为军自守。晕两角,有军,军道不通,大龙见。

月晕亢二

石氏曰:月晕围亢,君有兵革之事。期三十日,远三月。

石氏曰:月以秋一日三晕亢,大臣有死者。兵大战水中,期三十八日。再晕,大雨雪水。

郗萌曰:月晕亢,有兵,八十日罢;无兵,后八十日兵起。秋三月,再晕亢,民移千里。三晕亢,有赦令。秋一月再晕亢,必冬雷而水。三晕亢，大臣有死者。一曰大战。三冬晕亢，年有所不安，以赦解之。

《荆州占》曰：月晕围亢，王者自将兵，不过百里。期一月，远三月。

《帝览嬉》曰：月晕亢，主自将兵，不行百里。

《海中占》曰：月晕角亢，岁凶民饥。

《石氏占》曰：月晕亢者，角虫多死。

月晕氐三

《郗萌占》曰：月晕氐，人多疾。以十一月十二月晕左，天子有不安，以赦解之。

郗萌曰：月晕围氐，不出四十日，有治道之事。

《河图帝览嬉》曰：月晕氐，大将诛，若水虫多死。

月晕房四

《河图帝览嬉》曰：月晕房，行三军而战。

郗萌曰：月晕房，太子座之。若财宝出，若谷贵。又曰：月以三冬晕房，天子有所不安，以赦解之。

《荆州占》曰：月晕围房，四方兵起，野有露骨不葬。

《荆州占》曰：月晕围房心，其地大疫，水虫多死。

《易纬是类谋》曰：月珥指房，四方烦，若以土之功。

月晕心五

石氏曰：月晕心，大战，山崩谷塞，水出五十里。一曰火。

《海中占》曰：月晕围心，人主有殃。又曰大旱。

《荆州占》曰：月晕心，主忧。一曰将死。又曰军进。又曰：有兵，三十日罢。无兵，三十日兵起。又曰：月以正月晕心，蚕不为茧。围心，将易，有主死。又曰赤地千地。

石氏曰:月晕心,谷大贵。

《帝览嬉》曰:月晕心,不出其年,大失火。

郗萌曰:月晕心,三日不阴不雨,不出三日有大丧。又曰:三日不风雨,不出三十日有奇令。

石氏曰:月一岁再晕围心,有大旱及大火。其将举兵起,若国易相,期三年。

郗萌曰:月晕心五重,其国女主死。再重,为有大喜。

《海中占》曰:月晕围心,中有赤云若白云大如杵而贯月,大人当之。不然兵起。

郗萌曰:月晕心三重,赤云贯之,此谓之守国破丧,戮侯王。

月晕尾六

《东观占》曰:月晕尾,有益地者百里以上。又曰民多病寒热。又曰风大至若水。

石氏曰:月晕尾,益地。

郗萌曰:月晕天司空,其岁不登,有大水在东方。又曰不出其年有赦。

《荆州占》曰:月晕围尾,有盖地者百里以上。又曰民病寒热。又曰大风至。

月晕箕七

石氏曰:月晕箕,五谷以风伤。

郗萌曰:月晕司空,不出百里,必有守仓,求食者以千数。

《荆州占》曰:月晕箕,大风发屋。有坐口舌死者。北夷谷贵,燕赵大饥。

《荆州占》曰:月晕箕,岁星在其中,王者娉皇后,贵妾不出,百八十日。

月晕北方七宿八

月晕斗一

郗萌曰:月晕南斗,大将死,民流千里,马牛大病。

陈卓曰:月晕南斗,大臣免,大将为乱,五谷不成。

《河图帝览嬉》曰:月晕南斗,大将出。

月晕牛二

郗萌曰:月晕乘牵牛,五谷不成。

《黄帝占》曰:月晕牛,有军曝血,将死。

《黄帝占》曰:月晕牛,小儿多死,牛疫死。一曰马多疫死。

《荆州占》曰:月晕牛,牛羊贵。

月晕女三

《河图帝览嬉》曰:月晕须女,必有军曝血,将死。

郗萌曰:月晕须女,寡妇多疾,有兵谋,谋不成,风起。

石氏曰:月晕围须女,兵进而不斗。一曰:兵不战而降,寡妇多死,有兵谋,谋不成,风起。

《荆州占》曰:月晕须女,布帛倍价。

《河图帝览嬉》曰:月晕须女,兵起不斗。一曰民多去室宅。一曰丝贵。

月晕虚四

《黄帝占》曰:月晕虚,兵起大战。

《郗萌占》曰:月晕虚,民饥,有哭泣,蛰虫死。一曰飞虫多死。又曰兵起,有土功事。

《荆州占》曰:月晕虚,有白衣聚。远期百八十日。又曰宗庙动兵。

《帝览嬉》曰：月晕虚，民多去室宅者。

月晕危五

《黄帝占》曰：月晕危，有兵。一曰军败。

郗萌曰：月晕危，其国主死，民多疾死，有兵谋不成。

《荆州占》曰：月晕危，有乱谋，天下扰，民无所措。

《帝览嬉》曰：月晕危，军所止，民多去宅者。

郗萌曰：月正月晕危，民去室宅。

月晕室六

《海中占》曰：月晕室，大城围屠。

郗萌曰：月晕营室，为宫败。又曰有蛮夷来。

《荆州占》曰：月常以四月七月十月俟月月晕玄宫，不出六十日，必有妄言惊聚百姓者。不然，不出九十日，天下有急事。

《帝览嬉》曰：月晕室，有丧。

月晕壁七

《海中占》曰：月晕东壁，有大土功事。

黄帝曰：月晕于东壁，军人败。

郗萌曰：月晕壁，民流亡。一曰见大龙。一曰妇儿多死者。

《荆州占》曰：月晕壁，大乱。又曰，月晕壁三重，国动兵不战，不出一年。

《帝览嬉》曰：月晕壁见龙，大败。

月晕西方七宿九

月晕奎一

郗萌曰：月晕奎，妖星出，大将战死。

巫咸曰：月晕奎，米贵。

《荆州占》曰：月晕奎，兵大败，士卒亡，鲁国亡。

石氏曰：月晕奎，兵大败。一曰有兵令。一曰不出十日妖星见。

《荆州占》曰：月晕奎娄，絮大贵。

月晕娄二

郗萌曰：月晕娄，大人忧。一曰大人死。一曰：蚕多死，枲苦絮贵。四孟之月晕，赦。

《荆州占》曰：月晕娄，五日之内不雨，宰相疑默事解。

郗萌曰：月晕娄尽围三星，赦。若岁星守娄在晕中，大赦，期九十日。

《河图帝览嬉》曰：月晕回娄，君和解。

月晕胃三

郗萌曰：月晕胃，其国主死。天多阴雨，妊妇多死。一曰山崩。又曰：尽围三星，赦。

《荆州占》曰：月晕围胃，兵起其国，战不胜，有破军。一曰：不战，山崩。若军大归，谷大贵。

郗萌曰：月以四孟之月三四晕胃，赦。

《荆州占》曰：月晕围胃，兵不战。一曰妊女多死。

《河图帝览嬉》曰：月晕回胃，兵不战。

月晕昴四

《荆州占》曰：月晕昴，其国主死。一曰贵人多死。一曰有兵若暴令，近期三十日，远百里，坐流言者。又曰：不出其年，天下有变。又曰：水，无收，粢贵，民离其乡。又曰：有腹病，畜产多死。

《荆州占》曰：月晕昴，天下饥。

京氏曰：月以九月十二月十三日晕昴及五车，天下赦。

郗萌曰：月晕昴，以甲午、乙未及戊己，必大赦，期三日。戊己，期六十日。

郗萌曰：月晕昴，尽得七星，三月小赦。

石氏曰：月晕昴，天下饥。一曰贵人多死。一曰粢贵。

郗萌曰：月晕昴三重，不出五十日，赦。

巫咸曰：月晕昴，食大绝。一曰兔多死。

石氏曰：月一岁三围昴，来年天下大赦。若弓絮贵。

《郗萌占》曰：月晕昴，民忧疾。又曰：一岁一晕，小赦。再晕，中赦。三晕，大赦。期并不出其年。

月晕毕五

郗萌曰：月晕毕，无德令则民忧兵。又曰五谷大贱。

《荆州占》曰：月晕毕，大赦，期三十日。

《郗萌占》曰：月入毕中而晕，人主坐之。一曰人主代。

京房《对灾异占》曰：月三晕毕，天下中外俱赦。

《郗萌占》曰：月晕从毕，两角前围之不及本一星，主四月赦。

月晕觜六

《荆州占》曰：月以正月晕觜觿，大赦。

郗萌曰：月晕觜觿，有德令，女子多疾。

《荆州占》曰：月晕觜觿，大赦，期三十日。

《河图帝览嬉》曰：月回觜觿，道多死人，大将死。一曰弓弩贵。

月晕参七

郗萌曰:月晕参,不出岁中,天下乱。其国战兵弱,地裂,人主有殃。

《荆州占》曰:月晕参,其国客军大恐,战不胜。

郗萌曰:月晕参头,赦期二十日。一曰晕二星,小赦。晕三星,大赦。冲为期。

石氏曰:月晕伐,将军死,贵人有诛者。

京房《易飞候》曰:月晕参,其有兵则战,无师。是年三操土功事。

郗萌曰:月晕伐,大人多死。

石氏曰:月晕参,军不胜。晕匝有云溃晕,兵大起,在外大战。

《荆州占》曰:月晕伐,二百一十日有兵若赦,有善令,不出五日雨。

郗萌曰:月以正月十一月十二月晕参,其岁恶,虎狼群出,害人民。

《甘氏占》曰:月以正月晕伐,二夜不出,三旬兵起。

晕南方七宿十

月晕井一

《海中占》曰:月晕东井,胡兵起。

郗萌曰:月晕东井,天下有兵。

郗萌曰:月晕东井,王者出游,来年大旱。又曰,后六月丙辰,大赦。

《荆州占》曰:月晕东井,阴阳不和。又曰:月晕围东井,四夷求和。

郗萌曰:月以十二月壬癸晕东井,大赦。

《巫咸占》曰:三月晕东井,大水流。

月晕鬼二

石氏曰:月晕鬼,黍贵三倍。

甘氏曰:月夏三晕鬼,大雨,五谷不成。

郄萌曰:月以正月上旬晕鬼,赦,期三十日。

《海中占》曰:月晕鬼,大旱。

《荆州占》曰:月晕鬼,阵不战。

郄萌曰:月以一月再晕鬼,多死人。

郄萌曰:月以夏三月晕鬼,一曰大雾、一曰大雹、大霜。一曰大雪。一曰大雨水。一曰大虫。一曰大火。又曰:二晕,小水;一晕,为寒。

郄萌曰:月以夏一月一晕鬼为寒,再晕小水,三晕大水。

郄萌曰:月以四月七月十月晕舆鬼中,出气东行者,皆为老公多死。南行者,皆为丁壮多死。西行者,皆为老妪多死。北行者,皆为少年多死。皆期九十日。

月晕柳三

石氏曰:月晕柳,秋木郁,若有兵战。

《巫感占》曰:月晕柳,三日有赦,大臣有死者。兵不战,有水,民移。

郄萌曰:月晕柳,有狱事。若其地旱,民多疾死。又曰:月晕注,其地有祸,其岁中人多死者,老小哭泣道路。若飞虫多死。又曰谷贵,人相食。又曰围注,不出三十日,有野兵围城。(注即柳之别名。)

《巫咸占》曰:月晕柳,有野兵。

郄萌曰:月以正月十月晕柳头,赦,期三十日。

月晕星四

郗萌曰：月晕七星，有狱事，其地有祸，若旱。一曰轻车战。

《河图帝览嬉》曰：月晕七星，轻兵战，若飞虫多死。

《石氏占》曰：月以七月晕七星。月晕七星，民多夭伤，物再荣。

月晕张五

《黄帝占》曰：月晕张，天下大水。

《黄帝占》曰：月晕张，飞鸟死。一曰海鸟亡。

郗萌曰：月晕张，其地旱。若大人忧。一曰人相食。

《荆州占》曰：月晕张，大水，鱼行人道。

陈卓曰：月晕张，五谷贵，若盐贵。

《帝览嬉》曰：月围张，飞虫多死。一曰，狱罪人民不定。

月晕翼六

郗萌曰：月晕犯翼，女主恶。

《黄帝占》曰：月晕翼，士卒多遁走。一曰士卒大聚。

陈卓曰：月晕翼，士卒大盗。一曰卒胜大盗。一曰士卒胜。一曰春赦。一曰亡其将。

郗萌曰：月晕翼，春有赦。又曰旱，若大风伤。

《荆州占》曰：月晕翼，兵起天下，库兵出。一曰有军军罢。

《巫咸占》曰：月晕翼，大战，民去室宅。

郗萌曰：月以二月晕翼，至五月赦。又曰：月晕翼，有车驰人走之事。贵人多反者。

月晕轸七

《春秋纬考异邮》曰:月晕轸,诸侯灭兵。

《黄帝占》曰:月晕轸,大将军战死。一曰亡其将。一曰罢军无军。

郗萌曰:月晕轸,兵起,先起兵者不胜。若大风伤岁。

陈卓曰:月晕轸,岁小旱。

《荆州占》曰:月一月而三晕轸,天下无悬车系马。

郗萌曰:月以正月晕轸,公子死。又曰:大饥,车贵。以二月晕轸,至五月赦。以四月晕轸,有德令。以十二月晕轸,库无悬车,厩无系马。一曰有军则罢。

开元占经卷十六

月占六

月晕石氏中官一

郗萌曰：月晕摄提，大角在晕中，天下兵横行不禁，诸侯分政，天下大乱。内兴兵与上争立者，以其时赦。

《黄帝占》曰：月晕大角，人君侯王亲戚忧服。

郗萌曰：月晕大角，国家亡地。

郗萌曰：月以正月三晕，天牢大赦。一曰天下大败，多盗。（贯，索别名。）

《石氏占》曰：月晕织女，兵满天下。

《郗萌占》曰：月晕天市，有兵。

郗萌曰：月晕津星，大将死。五谷不成，民流千里，牛马大疫。

《荆州占》曰：月晕津星，蛟龙见。

郗萌曰：月晕津星之口，不出二旬，天下大赦。

郗萌曰：月晕津星，有乱臣更天子之法令者。

《荆州占》曰：月晕津星，天下大乱亡。

陈卓曰：月晕河鼓，大将出，将失计。

《荆州占》曰：月晕围大陵前足，赦死罪；围后足，赦小罪。

郗萌曰：月晕五车，其国女主恶之。

石氏曰：月晕五车围一星，赦小罪；围二星三星四星，赦次罪；围五星，赦死罪。并晕毕昴大陵，必大赦。

《巫咸占》曰：月晕五车一柱，兵少出围；二柱，兵半出围；三柱，兵尽出，兵在外。晕一柱，兵少罢；二柱，兵半罢；三柱，兵尽罢。

郗萌曰：月晕五车，不及狱星，无赦。又曰：月以正月晕五车围五星，有德令。以四月七月十月晕五车，有水，阴雨五十日。以十一月晕五车，五谷贵。又曰：以十二月晕五车，期四月有德令。

郗萌曰：月一岁三晕天关，其年赦。又曰：月晕天关，不出六月有大丧。以其日占国，晕天关，民多疾。（南北河之别名。）

《荆州占》曰：月行宿天门，晕三重，气青，关梁不通。

《帝览嬉》曰：月晕南北河戍，有云贯之，起兵者胜。

郗萌曰：月晕南北河戍，有土功。

《黄帝占》曰：月晕轩辕，有女丧。

《荆州占》曰：月晕轩辕，不出其月，有客来。

京房曰：庚子夜月晕轩辕，后甲子有大赦。

郗萌曰：月晕围轩辕，不出五十日，天下小赦。

《荆州占》曰：月晕天庭，天子以兵自卫。

《巫咸占》曰：月晕太微庭，天子发军自卫，不入将军之军。又曰：一二三军庭，人主自卫。

郗萌曰：月三晕紫微，赦。

石氏曰：月晕太微宫，天子以兵自守。三晕之，天子自临兵行。

甘氏曰：月一月三晕围太微庭，天子座发军，谋在军中。一曰天子亡也，以大赦解之。

《京房占》曰：月以庚子夜晕太微，至后甲子，有赦令。

郗萌曰：月晕黄帝座，有赦令。

郗萌曰：月晕文昌，赦。

《荆州占》曰：月以正月三晕，天牢大赦。

《巫咸占》曰：月晕连环及北斗，天下大乱，国丧，民徙千里。不则有流亡拔城反地者，不出二年。

《黄帝占》曰：月晕北斗，有丧，流民千里，粢贵兵聚。甲乙，期百二十日。丙丁，期八十日。戊己，期六十日。庚辛，期四十日。壬癸，期二十日。皆行矣。一曰，兵大起，有益地者。一曰天下火兵大起。

《郗萌占》曰：月晕北斗，再重如连环状，不出三年，大臣有诛者。又曰：晕北斗，有大丧，赦天下。（按魏黄初四年十一月十七日有此，到七年五月文帝崩，明帝即位，大赦天下。）

陈卓曰：月晕北斗太微大角各得一星，兵大动，天下乱。不然，即水入城，伤人民，期三十日。

夏氏曰：晕如连环，重晕北斗魁前第一星、第二星，大臣下狱，流移二千里。又曰：晕辅星，大臣下狱。

石氏曰：月晕一重，下缺不合，上有冠戴，旁有两珥，白晕连环贯珥接北斗，国有大兵，大战流血，其分亡地，不出一年。

月晕石氏外官二

石氏曰：月晕平星，凶。又曰：月晕鱼星，凶。

石氏曰：月晕九次，凶。

郗萌曰：月以四月七月十月晕弧，兵起。

《荆州占》曰：月晕狼星，狗多暴死。

月晕甘氏中官三

《荆州占》曰：月宿天门，晕三重，气青，关梁不通。

郗萌曰：月晕天高，不出六月，必有大丧，以其日占邦。

石氏曰：月晕月星，不出四年，有殃，内祸匿谋。

郗萌曰：月晕天街，关梁不通。

月晕而珥冠戴抱背璚直虹蜺云气四

《帝览嬉》曰：月晕而珥，岁为平安。

《帝览嬉》曰：晕而两珥，先起兵者有喜。

《帝览嬉》曰：月有云晕不合，外有四倍璚，外有谋不成。

甘氏曰：月晕有虹背蜺，乱起，期百八十日。

《帝览嬉》曰：月晕蜺云，乘之以战，从蜺所往者大胜。

石氏曰：月晕无精光，青赤晕虹蜺背璚，是谓大荡，兵丧并起，王者以赦除。

《高宗占》曰：月晕有云加之，兵入境，所宿国主有丧。

《帝览嬉》曰：月晕有云贯晕，左右吏死。

京房《易传》曰：月晕有云贯晕，不期年所值国有丧。

《荆州占》曰：月晕有云横贯之，起兵者胜。

《帝览嬉》曰：月晕有云大如厚布，四贯晕通月，不出其年主人忧。

《帝览嬉》曰：月晕有云如厚布，若三若四贯晕抵月，以战勿当，当者破。

《帝览嬉》曰：月晕赤云大如杵，有军在外，万人死其下。

《荆州占》曰：月晕有白云出其中，东西竟天，万民受赐。

《帝览嬉》曰：月有白云贯晕，其云大如杵，一端抵月，月之所直者，不出年中，国主女丧。

《高宗占》曰：月晕，多白气从外入，攻城城拔，得大将。多白气从中出，主人胜。

《帝览嬉》曰：月晕，有白气广可二三尺，而抵月在东方，名婴儿。攻人地者亡其师。

卓氏曰：月晕，有云贯晕约月，不出其年，所直国有丧。

《荆州占》曰：月晕，有白云一、黑云二，如布抵晕，有国城拔邑，将死。

《帝览嬉》曰：月晕，有青云刺月，是谓贼害。主受其殃，为岁五谷不熟。有赤云刺月，是谓仇贼。有黄云围月，有女主戮死者。期不出四十日。有白云刺月，其国君遇贼。有黑云贯月，乍一乍二乍三，其名曰衡云。所宿国主死，若将军死。

月晕有流星出入月晕中五

《荆州占》曰：月晕，有流星出其中，其国贵人有出走者。流星入其中，有大使入者。

《帝览嬉》曰：月晕，有流星横贯月度晕中者，诸侯皇后有亡失国者。又曰：流星贯晕不中月，出月右如建鼓，右吏死。出月左，左吏死。

《帝览嬉》曰：天下无云，有流星过月下若月上，其国有喜。一曰兵出。

《荆州占》曰：月晕，有流星从中出，其色苍，其国忧。若赤，拔城。黄，益地。白，来年谷熟。黑，军败。

《帝览嬉》曰：月晕，有星出，中国贵人有出走者。有星从外入晕中，其国有大夫入者。

月晕客星六

《帝览嬉》曰：月晕客星，所宿之国忧。

《石氏占》曰：月晕客星，星在月北，北国胜。星在月南，南国胜。（他方准此。）

开元占经卷十七

月占七

候月蚀一

京氏曰：月生三日无光魄，其必蚀。

京房《易飞候》曰：孟月六日而晕月蚀，仲月七日晕月蚀，季月八日晕其月蚀。

《易纬萌气枢》曰：候月尽蚀，视水中不见影者，月尽蚀。

月薄蚀二

《帝览嬉》曰：月赤黄无光曰薄，毁伤曰蚀。皆不祥，善恶各有为其国。

京房《易传》曰：日月不交而蚀，曰薄。

孟康曰：日月无光曰薄。

《易·丰卦》曰：月盈则食。《释名》曰：日月亏曰蚀。稍侵亏，如虫食草木叶也。

《诗》曰：彼月而食，则惟其常。此日而食，于何不藏。

班固《天文志》曰：古人有言曰，天下太平，五星循度，无有逆行者。日不蚀朔，月不蚀望。

王充《论衡》曰：王者有至德之萌，日月无朔望之异。（异谓蚀之。）

《京氏占》曰：月与日相衡，分天下之半。循于黄道，乌兔相冲，光盛威重，数盈理极。危亡之灾，一时顿尽。遂使太阳夺其光华，暗虚亏其体质。小潜则小亏，大骄则大灭。此理数之常然也。

《洛书》曰：日月蚀，当用兵击之。若安居，日月蚀，不可出军。日蚀之岁，不可出军。月蚀之月，不可出军。

甘氏曰：无道之国，日月过之薄蚀。兵之所攻，国家坏亡。又以有丧。

《洪范传》曰：人君失序，国不明，臣下瞀乱，君阴蔽阳，则日月薄蚀，暗昧无光，四方蹐起，背璚纵横，贼乱交争，兵革并行。

《春秋纬考异邮》曰：麟龙斗，日月蚀。（按《淮南鸿烈》曰：麒麟斗，则日月蚀之。）

《河图帝览嬉》曰：月薄，所宿国主疾。

《春秋纬感精符》曰：臣下大恣横，则日月薄于晦。

《石氏占》曰：月蚀，其乡有拔邑，大战。

《石氏占》曰：师出门而月蚀，当其国之野大败。一曰军死而后生。

《石氏占》曰：月蚀三日有雨，事解不占。一云七日。（其雨及雪，必须普霈，如微不解。）

《雒书雒罪级》曰：月蚀既，不吉，刑法失命。

《荆州占》曰：谋臣以直死，月为之数蚀。

《帝览嬉》曰：月蚀，所宿国贵人死。用兵者从月蚀之面攻城取地。日亦然。

《荆州占》曰：日月蚀，当其国君王死。又攻战，从蚀所击之者胜。

《尚书纬刑德放》曰：当赦而不赦，月为之蚀。

董仲舒《对灾异》曰：臣行刑罚，执法不得其中，怨气盛，并滥及良善，则月蚀。

《河图帝览嬉》曰：月蚀，所宿国贵人死。又曰：其乡有拔邑，大战。

《易纬通卦验》曰：月蚀则粂贵。故月蚀则正臣下之刑。

《诗纬推度灾》曰：月蚀，大臣刑。

京房《灾异对》曰：月蚀者，人君行适过时，专受所致也。不救，则致水害坏城。

《荆州占》曰：月蚀，则失刑之国当之。

京房《易候》曰：月蚀，失刑，所宿之国当之。

《帝览嬉》曰：兵常在内而月蚀，其国受殃。又曰：兵未起而月蚀，所当之国起兵，战不胜。

京房《易飞候》曰：月当交而蚀，君子道长，小人道消。

夏氏曰：月蚀出军，军折伤，后有失。

《帝览嬉》曰：月满而蚀，两军相当，必战。无军，兵必出，将死于野。

月蚀早晚三

《帝览嬉》曰：月蚀以晨，相及太子当之。以夕，君当之。

月蚀所起方四

《荆州占》曰：月蚀起南方，男子恶之。起北方，女子恶之。起东方，少者恶之。起西方，老者恶之。

《帝览嬉》曰：月未望而蚀，从上始而尽无光，天子坐之。

《帝览嬉》曰：月蚀东方，其月中有恶风。月蚀西方，主人为客。

《帝览嬉》曰：月蚀从上始，谓之失道，国君当之。从下始，谓之失法，将军当之。从傍始，谓之失令，相当之。又曰：从上始为君亲，从下始为赤子蚀，其阴为女蚀。

月蚀既及中分五

《帝览嬉》曰：月蚀尽，女主当之。

《荆州占》曰：月尽蚀，当其下者，君死。一曰有死相。

《河图帝览嬉》曰：有军在外而月蚀尽者，军罢帅。

《荆州占》曰：月蚀尽，有大战，军破将死，拔邑亡地。蚀不尽，军破将不死。

京房《妖占》曰：以十五日蚀而尽，此谓毁亡，其君有丧若水。

京房《易飞候》曰：月蚀尽，则有亡国。不尽，有失地。

《荆州占》曰：月蚀尽，大人忧。又曰籴贵。又曰豪族灭，势家绝。

石氏曰：月蚀不尽，光耀散，臣之象。

石氏曰：月蚀尽，光耀亡，君之殃。

《刑德放》曰：五刑当轻，反重虐酷，忽月蚀消既，行失绳墨，大水淫，枯旱。其救之也，惟敬五刑，以成三德。

石氏曰：月蚀中分，不出五年，国有忧，兵败军亡。

月蚀变色六

《荆州占》曰：月蚀青色，人民多死者，五谷有伤，籴且大贵。望以下贱，皆不出一年，各为其国灾。月蚀赤色者，君为客，不出其年。月蚀黄色者，不出其年，有立诸侯为国者。月蚀白色，其国失地，若有丧。

《荆州占》曰：月蚀尽者，籴贵，各为国。月已蚀而青者，为忧。月已蚀而赤者，为兵。月已蚀而黄者，为财。月已蚀而白者，为丧。月已蚀而黑者，为水。（萧子显《齐书》曰：永泰元年正月乙亥，月蚀色赤如血。二日而大司马王敬则举兵反。）

月蚀而晕斗月并蚀七

京房《易飞候》曰：月晕蚀殃祥，得其日者吉，得其时者凶。

石氏曰：月蚀而晕，其国君主恶之。

《荆州占》曰：月晕而蚀，人相食。

石氏曰：月斗薄而蚀，有军必战，无兵兵起。

石氏曰：两月并蚀，天下大乱。

月蚀云气入月中又有风雨八

《荆州占》曰：月蚀，有气从外来，入月中，主人凶。气从中出，客凶。气南行，南军凶。北东西者亦然。

月一月再蚀九

《帝览嬉》曰：军在外，一月而再蚀，将还兵。其国战不胜。

月未望而蚀十

石氏曰：月生三日而蚀尽，是谓大殃，国有丧。

甘氏曰：月生十日至十四日而蚀，天下兵起。（如望在十四，依垣占。）

石氏曰：十五日而蚀，国破灭亡。（如望在十五，亦然。）

月四时蚀十一

京氏曰：月春蚀，岁恶，将军死。一曰有忧。夏蚀，旱，忧谷。秋蚀，羌兵起。冬蚀，其国饥，有女丧。

京房《易候》曰：月春蚀，有忧。夏蚀，有兵起，民无有一月粮，粢贵。

《荆州占》曰：孟春月蚀，贱人当之。仲春蚀，贵人当之。季春蚀，人主当之。

《帝览嬉》：月春蚀东方，王死之。夏蚀南方，王死之。季夏蚀中央，王死之。秋蚀西方，王死之。冬蚀北方，王死之。国以谋亡。

《荆州占》曰：月夏蚀南方，岁饥。秋蚀西方，兵起。

月十二月蚀十二

《荆州占》曰：正月蚀，有灾异虫。一曰燕受灾，期在七月之后。

《帝览嬉》曰：正月月蚀，贱人病，粢石二千。二月月蚀，贵人病，粢石二千。三月月蚀，人主当之，粢石四千。四月月蚀，人主当之。五月月蚀，年饥。六月月蚀，赤地千旦。七月月蚀，有兵。八月月蚀，兵罢。九月月蚀，年饥。一曰有战。十月月蚀，藏谷。一曰起军。十一月月蚀，有丧，兵围城，破军杀将。十二月月蚀不尽，是谓当其数，不占。

《荆州占》曰：正月月蚀，岁灾。上旬蚀，旱。中旬蚀，虫。下旬蚀，贱人死。

《荆州占》曰：十二月月蚀，吴国受灾，期六月。一曰有流民。尽，乃以日辰占其野。

《荆州占》曰：十二月月蚀，来年国有大事，小兵起。

月十干蚀十三

《洛书》曰：月以甲乙日蚀，年多鱼。丙丁日蚀，年饥。（一曰年谷收。）戊己日蚀，无耕下田。庚辛日蚀，高田不入凶。壬癸蚀，其岁和美。

司马迁《天官书》曰：月蚀甲乙，四海之外，不占。丙丁，淮海岱也。戊己，中州河济也。庚辛，华山以南。壬癸，恒山以北。月蚀，皆将军当之。

月东南西南方蚀十四

《荆州占》曰：蚀辰巳地，来年麦伤春虫。蚀午未地，禾稼少实，麦夏伤。

月行五星晕而蚀十五

甘氏曰：月行宿岁星而蚀，民相食。粟石千文，司农忧。

《荆州占》曰：月晕岁星而蚀，天下大战。

甘氏曰：月行宿荧惑而蚀，天下破亡，有忧，期不出三年。

《荆州占》曰：月犯荧惑晕而蚀，天下破亡失地，大将有忧，期不出三年。

《帝览嬉》曰：月犯荧惑晕而蚀，天下破军亡地，大将有忧。蚀尽者，主位也。不尽者，大臣位也。近期三月，远期三年。

甘氏曰：月行宿填星而蚀，其国以伐饥亡。

《巫咸占》曰：月当填星而蚀，其国有土功之事。

甘氏曰：月行宿太白而蚀，强国战不胜，亡城，大将有两心，不出三年。

《荆州占》曰：月宿太白晕而蚀，其国有强兵，若战而亡。

甘氏曰：月行宿辰星而蚀，其国有女乱而亡国，期三年若五年。

月在东方七宿而蚀十六

石氏曰：月蚀在角亢，刑法之臣有当黜者。

《黄帝占》曰：月入角而蚀，将吏有忧，国门四闭，其邦凶。

陈卓曰：月蚀于角，其君死。

甘氏曰：月在亢中蚀，其君邦有忧。

《黄帝占》曰：蚀在氐中，天子忧疾。一曰妃后忧疾。

石氏曰：月在氐中蚀，大臣死，后恶之。一曰后宫恶之。王者复礼以赦，除之。

《荆州占》曰：在氐房蚀，主治耕之臣当有黜者。

石氏曰：月在房而蚀，公卿大夫有忧，当有黜者。

石氏曰：月在房蚀，王者有忧，皆乱。大臣专政，必有忧病。

京氏《妖占》曰：月蚀于房，天子有丧。

郗萌曰：月蚀房心间，人主有兵害。

石氏曰：月在心蚀，人主恶之。太子庶子有忧，三公有死者。

郗萌曰：月蚀心，臣伐主，内乱。

《荆州占》曰：月在心蚀，三公诸侯有当黜者。

甘氏曰：月蚀尾箕，后族有刑罪，若御妾有坐者，后有忧。

石氏曰：月在尾箕而蚀，主御者及乐人有当黜者。

郗氏曰：月蚀于箕为风。一曰车骑发。

陈卓曰：月宿箕而蚀，人相食。

月在北方七宿而蚀十七

甘氏曰：月在南斗而蚀，将相有忧，饥凶。

甘氏曰：月入牵牛度而蚀，其国叛兵起。

甘氏曰：月在须女而蚀，邦有女主忧，天下女功废。

郗萌曰：月在须女而蚀，宫中有巫咒诅祷祝以求幸，有当黜者。

《黄帝占》曰：月蚀在虚而蚀，邦有崩丧，天下改服，期九十日。

郗萌曰：月蚀虚危，民多去其室。一曰大战。

郗萌曰：月在虚危而蚀，主刀剑衣履金玉之臣有当黜者。

甘氏曰：月蚀危，不有崩丧，必有大臣薨，天下改服。

石氏曰：月在危而蚀，刀剑之官忧。一曰月在虚危而蚀，戒在衣履金玉之臣有黜者。一曰必有惊恐之事。

石氏曰：月蚀危，不有病主必有大丧，天下改服。

甘氏曰：月在营室而蚀，为军族士众之溃。

石氏曰：月蚀营室，大军绝粮。

郗萌曰：月在营室而蚀，阴道毁，不能化生，有黜削之罪。

《玄冥占》曰：月在东壁而蚀，大臣有戮，文章者执。

月在西方七宿而蚀十八

石氏曰：月在奎而蚀，有大臣忧削，凶，期九十日。

石氏曰：月食奎度中，鲁国凶。一曰邦君不安，白衣之会。

《郗萌占》曰：月在奎而蚀，主边兵之臣有当黜者。

《海中占》曰：月蚀于奎，大将军有谋。

石氏曰：月在奎娄而蚀，主聚敛之臣有黜者。

甘氏曰：月蚀娄，皇后犯危，大臣受诛。

《海中占》曰：月蚀娄，其国有王事。

郗萌曰：月宿娄而蚀，人相食。

《黄帝占》曰：月在胃而蚀，王者相吞食，大邑亡主，大将亡军。一曰委辖之臣有罪。

甘氏曰：月在胃而蚀，皇后有忧。一曰虐吏忧。

郗萌曰：月在胃而蚀，人相食。

石氏曰：月在昴而蚀，大臣贵，女失职。

郗萌曰：月在昴而蚀，人相食。

郗萌曰：月在昴毕而蚀，天下聚。又曰主狱之臣有黜者。

甘氏曰:月蚀在毕,有边使者凶,若边国有臣诛,不出一年。

京房《妖占》曰:月蚀于毕,天下有小兵。

郗萌曰:月宿毕而蚀,人相食。

郗萌曰:月在觜参而蚀,主兵之臣当黜之。

甘氏曰:月在觜蚀,主杀臣。

石氏曰:月在参而蚀,旱,赤地千里,人民饥。

甘氏曰:月在参而蚀,贵臣诛,大饥,人相食。一曰贵臣谋。

《海中占》曰:月蚀于参,兵在外,大将死。其国有忧,天下更令。

月在南方七宿而蚀十九

石氏曰:月在井鬼而蚀,主人主五祠之官忧。

甘氏曰:月在东井而蚀,大臣诛。一曰:大臣谋,皇后不安,五谷不登。

陈卓曰:月在东井而蚀,其国内乱。

甘氏曰:月在舆鬼而蚀,废贵臣,后有忧,天下不安。期一年,远三年。

石氏曰:月在柳而蚀,大臣有黜者。

甘氏曰:月在柳而蚀,主虞水官有当黜者。

郗萌曰:月宿注而蚀,人相食。(注者,柳之别名。)

甘氏曰:月在七星而蚀,正阳亏太阴星,大臣有暴诛,国大饥。又曰主词事者忧黜。

郗萌曰:月在七星而蚀,主道桥门户之臣有当黜者。

甘氏曰:月在张而蚀,贵人失势,皇后有忧,期七十日。

郗萌曰:月在张而蚀,人相食。

甘氏曰:月在张而蚀,水衡虞人当有黜者。

甘氏曰:月在翼而蚀,忠臣见谮言,清正者亡,不出其年。

郗萌曰:月在翼而蚀,主车驾之臣有黜者。

甘氏曰:月在轸而蚀,贵臣亡。一曰后不安,期百八十日。

郗萌曰:月在轸而蚀,车骑发。

月犯石氏中官而蚀二十

《荆州占》曰：月在建而蚀，后妃侄娣有当黜者。

石氏曰：月在太微而蚀，有破国易王。

月在石氏外官而蚀二十一

石氏曰：月在弧狼而蚀，主供养之官当黜者。一曰食者亡。

救月蚀二十二

《海中占》曰：月蚀，王者以救除咎则安。又曰：月蚀，清刑明罚敕法。

《周礼·地官司徒》曰：救月蚀则诏王鼓。（郑玄曰：救日月食，王者必亲击鼓。）

《礼记·婚义》曰：妇教不修，阴事不得，谪见于天，月为之食。是故月蚀则后素服而修六宫之职，荡天下之阴事。

《星传》曰：月者，刑也。月蚀修刑。（郑玄曰：救月蚀，王必亲击鼓也。）

开元占经卷十八

五星占一

五星所主一

《春秋纬》曰：天有五帝，五星为之使。

《荆州占》曰：五星者，五行之精也。五帝之子，天之使者，行于列舍，以司无道之国。王者施恩布德，正直清虚，则五星顺度，出入应时，天下安宁，祸乱不生。人君无德，信奸佞，退忠良，远君子，近小人，则五星逆行变色，出入不时，扬芒角怒，变为妖星。慧孛、茀扫，天狗、枉矢，天枪、天棓，欃云、格泽。山崩地振，川竭雨血。众妖所出，天下大乱，主死国灭，不可救也。余殃不尽，为饥、旱、疾疫。

甘氏曰：五星主兵，太白为主。五星主谷，岁星为主。五星主旱，荧惑为主。五星主土，填星为主。五星主水，辰星为主。五星：木、土以逆行为凶，火以钩己为凶，金以出入不时为凶，水以不效为凶。五凶并见，其年必恶。

巫咸曰：五星者，五胜也。十二辰、二十八宿，舍于刑德。日为朱鸟，月为玄武，房心为青龙，参为白虎。常每向北斗、太一审，能知此，万事尽毕五星、二十八舍。以王时则王者之事也，以相时则卿相之事，以囚时则囚徒之事也，以废时则万民之事也。五星各受制而司无道之国，故审五星逆顺，变色留守，观其喜怒变色所加宿之左右前后，远近疏数，害克防阳，及见五气相贼，王者而救之，转祸为福，宗庙可得而保，社稷可得而有。

石氏《五星赞》曰：五星更出司不祥，应节守道不为殃。月满不入其事兴，过时不出阴谋行。以星所守占其方，芒角变动非其常。

审察五色别青黄，各以事类知其殃。

五星行度盈缩失行二

石氏曰：五星不失行，则年谷丰昌。

《黄帝占》曰：有道之国，五星过之不失其行，则人君吉昌，万民安宁。又曰：出中道，天下太平；出阳道，旱；出阴道，多雨水。

《动声仪》曰：五音和，则五星如度。

陈卓曰：五星出阴道，多阴谋。

石氏曰：五星分天之中，积于东方，中国大利。积于西方，负海之国用兵者利。

《春秋纬》曰：五星早出，为盈，盈者为客。晚出，为缩，缩者为主人。祸发其冲。

《考灵曜》曰：天失日月，遗其珠囊。（珠，五星也。遗囊者，盈缩失度也。）

《黄帝占》曰：五星不出两河间，必有不道之臣。一曰必有道不通。

《春秋纬》曰：君臣有谋，心愤未言。精象动于物，五星错于官。

郗萌曰：五星不行天门天阙间，皆为有丧。五星不道东西咸，皆为必有贼。五星行往天阙，不出其年有兵。五星皆逆行，主且乘法，臣且谋其主。

石氏曰：五星行二十八舍星七寸内者及宿者，其国君死。五星舍二十八宿，王者诛，除其国。五星犯合宿中间星，其坐者在国中。犯南为男，犯北为女，东为少，西为老。五星逆行去宿，虽非七寸内而守之者，其国君被诛刑死，顺而留之，疾病死。

郗萌曰：五星并出，皆逆行，不出其年，天下遣五将，期五十日。

巫咸曰：五星受制而出司无道之国，变色而逆行，犯度列宿及中官留守。二十日以上，皆臣杀。满六十日以上，王者杀。则慧茀出，所过之乡，其下有乱兵。故世乱感则天文变，下侵上则五星逆。五星逆守列宿，若已去之，还复居之，绕环成勾已，乍大乍小，乍明乍晦，是谓绝纪，其祸愈甚。

《海中占》曰：五星不当，历列宿，绝列星，有分国，贵人有狱。抵列舍，其国有丧。以五色占其吉凶，黄为喜，赤为兵，白为丧，苍为忧，黑为水。

董仲舒曰：五星失行度者，臣非其人，贤不肖并立，臣乱于下则星错于上，进贤退不肖以救之。

《黄帝占》曰：五星逆行变色，出入不时，则王者宜变俗更行，起毁宗庙。立无后，赈贫穷，恤孤寡，宽刑罚，赏有功，举名士，礼贤者，顺天道四时，发藏财物，虚府库，薄赋敛。则日月五星，妖孽虹彗，不为祸害矣。

郗萌曰：五星有逆行及变色，若非其常则以闻于上，各以其事修其政。

五星喜怒芒角变色冠珥三

甘氏曰：凡五星同色，天下偃兵，百姓安宁，歌舞以行，不见疾病，五谷大昌。

巫咸曰：五星起怒，犯凌留守列舍，察其守犯，审其始留之日。观其时气有与五星相贼者，以决其事。视其色变，以知吉凶之情。又别其光芒所指，以知兵起所加之乡。芒多而短者，谋而未成，芒少而长者，其谋已成。其气专而上行，芒从一至四，是谓道极芒。或指西，或指东，或指其南，或指其北。四芒已具，其下必有亡国之主。

芒过四以上，未可救也。凡五星之起怒，芒角四达，其形未变，是谓诫兵。其星形变而锐上向下，大小状如拔剑，是谓成形，不可救复。急坚甲励兵，以待不祥。

《海中占》曰：五星有三角者，兵息。有五角者，则兵行。以角多战也。

甘氏曰：五星反羽，其下之国不可久处。反羽者，光芒上大下小，状如反羽也。

郗萌曰：五星之常行，刑即乘芒，上锐下大，色如其常。及其逆行，而反芒上向，状如反羽。

《黄帝占》曰：无道之国，五星过之即斗状，如故炭争流而去，荧惑太白，还而不离，妖星数见，徘徊不去，如此者兵之所攻，国家灭亡，又以有丧。

《考灵耀》曰：五政俱失，五星色明，年谷不登。

石氏曰：荧惑色黑，填星色青，太白色赤，辰星色黄，岁星色白者，必败。荧惑为火灾，填星为土功，太白为兵灾，辰星为大水。

甘氏曰：五星日月争光，臣有无道，与其主争者。

巫咸曰：吉凶忧患，各比色变言之。将有兵，金星变，将有水，水星变。明主圣王候而司之，转祸为福，使灾不来。

巫咸曰：五星变色，进退、逆顺、喜怒，皆与时气相应。至其象也审明，金不可以怒火之乡，木不可以怒金之乡，水不可以怒土之乡，火不可以怒水之乡，土不可以怒木之乡。逆顺进退，左右前后，五星皆同法。

《天官书》曰：五星色白圜为丧，旱，赤圜则中不平，为兵，青圜为忧水，黑圜为疾多死，黄圜则吉。五星色：赤角犯我城，黄角地之争，白角哭泣之声，青角有兵忧，黑角则水。

巫咸曰：二十八舍，各有国分。水旱之灾皆相应。故旱之岁，其国火星赤，水星黑。五星守二十八宿，各以其色占，以其害为祸败。岁星守木星，其色白必败。荧惑守火星，其色黑必败。填星守土星，其色青必败。太白守金星，其色赤必败。辰星守水星，其色黄必败。

郗萌曰：五星变色者，太史公以斗于上，上乃以修其身，平政决狱，宽刑罚，薄赋敛，去关市之税，废关津之禁，以利宣天地之气，则以次行。

《孝经右秘》曰：五星冠珥，臣下逐。

五星所守列宿中外官四

甘氏曰：五星犯列宿，若入其国，官有殃。

巫咸曰：五星守木星，有木异；守火星，有火异；守土星，有土异；守金星，有金异，屠城；守水星，有水异。

二十八宿中外官者，各有金木水火土气，五星守之。祸败皆不相贼害为吉凶，以官名其事。

岁星守木星，荧惑守火星，填星守土星，太白守金星，辰星守水星，是为五重守，并气之象也。法曰：并气者，是谓重施。过节则民多疾疫，五谷不成，灾害并生。一曰天下旱，万物不成。

岁星守火，荧惑守土，填星守金，太白守水，辰星守木，是谓五星守其子，阳不施之象。阳气不足，故多水灾，五谷不成。

岁星守土，荧惑守金，填星守水，太白守木，辰星守火，是谓守所胜下之象也。法曰：赋敛众多，徭役繁数，下民屈竭，莫之能供，故下皆恶其上，则强凌弱，众暴寡，故盗贼众多，兵革并起。一曰人民相恶。

岁星守金，荧惑守水，填星守木，太白守火，辰星守土，是谓守所不胜上之象也。法曰：民臣隆盛，侵凌其上，君弱臣强，故奸臣贼子谋杀其主。

岁星守水，荧惑守木，填星守火，太白守土，辰星守金，是谓五星守其母，阴气不成之象。法曰：气不足，故旱，多火灾，五谷不成。一曰万物不成。

开元占经卷十九

五星占二

五星相犯一

《易坤灵图》曰：王者有至德之萌，则五星若连珠。（郑玄曰：谓聚一舍，以德得天下之象也。）

郗萌曰：五星俱见，兵布野，期不出三年。

《春秋纬》曰：帝有过失，既已命绝于天，则五星聚摄提，反衡乱不禁。五星聚，天子穷。

《荆州占》曰：五星并聚，篡弑成。

《含神雾》曰：五纬合，王更纪。

《海中占》曰：五星若合，是谓易行。有德受庆，改立天子，乃奄有四方，子孙蕃昌。无德受罚，离其国家，减其宗庙，百姓离去满四方。五星皆大，其事亦大，五星皆小，其事亦小。（周将代殷，五星聚于房。齐桓将霸，五星聚于箕。汉高祖入秦，五星聚东井。齐则永终侯伯，本无更纪之事。是五星之聚，有不易行者矣。）

《洛书雒罪级》曰：五星一合，不言圣起，合有谟。

《考异邮》曰：五星聚于一宿，天下兵起。

《荆州占》曰：五星合于一舍，其国主应缩，有德者昌，无德者亡，受其凶殃。五星皆聚于一舍，填星在其中，天下兴兵。

《诗纬》曰：五纬聚房，为义者受福，行恶者亡。（《帝王世纪》曰：文王在丰，九州诸侯咸至，五星聚于房。）

《海中占》曰：五星合亢，为五谷频不成。

郗萌曰：五星聚于虚，天下之君必有盟者。二星则二国君，五星则五国君，皆相见。

《考灵曜》曰：帝起受终，五纬合轸。

《河图》曰：岁星帅五纬聚房，青帝起。

石氏曰:岁星所在,五星皆从而聚于一舍,其下之国可以义致天下。

《荆州占》曰:岁星与火土金水五合同舍,相去三尺以外、七尺以内,相守十日以上至四十日,天下两主争国,大帝易迹。近期三年,远七年。

《运斗枢》曰:岁星帅五精聚于东方七宿,苍帝以仁良温让起,皆以所舍占国。

《春秋纬》曰:五精入牛,从岁星聚,用兵遏乱,以义得天下。(班固《天文志》曰:汉高元年,有五星聚于东井,历推之从岁星也。此高皇帝受命之符,故客谓张耳曰:东井,秦地。汉王入秦,五星从岁星聚,当以义取天下。秦王子婴降于轵道。汉王以属吏曰:宝器妇女任所取,闭宫封门。还军次于灞上,以候诸侯,与人民约法三章,人无不归心者,可谓能行义矣。李奇注曰:岁星得其正度,其四星随此常正行,故曰从也。孟康注曰:岁星先至,先至为主也。《洪范天文星辰变占》曰:客有齐人甘文卿者,善天文,后五年,高帝遂定天下。)

石氏曰:荧惑所在,五星皆从而聚于一舍,其下之国可以礼致天下。

《运斗枢》曰:荧惑帅五精聚于南方七宿赤帝,以宽明多智略起。

黄帝曰:填星与五星俱聚一舍而填星亡焉,所舍之国亡。填星在焉,大如狼星而黄,天下之兵虽合,其国不亡。

《运斗枢》曰:填星帅五精聚于中央,黄帝以重厚贤圣起。

石氏曰:填星所在,五星皆从而聚于一舍,其下之国可以重德致天下。太白所在,五星皆从而聚于一舍,其下之国可以兵致天下。

《天官书》曰:太白与五星相犯,大战。出其南,南国败,出其北,北国败。行疾武,不行文。

《运斗枢》曰:太白帅五精聚于西方七宿,白帝以勇武诚信、多节义起。

《河图》曰:太白帅五纬聚参,白帝起。辰精帅五精聚于北方七宿,黑帝以清平静洁通明起。

《春秋纬》曰：五星从辰星聚北方七宿，黑帝起，以宿占国。

《河图》曰：辰星帅五纬聚营室，黑帝起。

石氏曰：辰星所在，五星皆从而聚于一舍，其下之国可以法致天下。

《考异邮》曰：四表戒，五星薄，天下分争，甲兵作。

郗萌曰：五星一相抵触，军半破。再相抵触，军大破。五精星相薄，天下大战。相去二三尺，破军杀将，流血滂滂，天下饥荒。

《春秋纬》曰：五星错，斗臣挟兵，上下相持。

《合诚图》曰：五星斗，天子去。一曰国昏乱，忧在公侯。

甘氏曰：岁星荧惑填，太白四星与辰星斗，皆为战。兵不在外，皆为在内。

郗萌曰：五星斗，相贯抵触，光耀相及，有兵大战，覆军杀将。

《荆州占》曰：五星合斗，人走马驰，九州鼎沸，弃其妻儿，五郡无主，夷狄为君。五星相与合斗，及列宿乘凌抵触磨靡，及入贯刺犯守勾己环绕，所在之国皆有兵丧灭国之殃。

石氏曰：五星主司人君诸侯大臣之过。五星合斗者，皆为谋反，大臣当有诛者。

四星相犯二

《汉·天文志》曰：四星若合，是为大荡。（《晋灼》曰：荡犹荡涤也。）其君兵丧并起，君子忧，小人流。（按《家书》曰：始兴九年，岁填荧惑，太白聚东井。后历五年，至晋义熙十三年，相国刘裕入关，擒姚泓于长安而秦亡。）

《荆州占》曰：四星若合于一舍，其国当王，有德者繁昌，保有宗庙。无德者丧。（按《宋书·天文志》曰：晋孝怀帝永嘉六年七月，荧惑、岁星、填星、太白聚牛女之间，徘徊进退。是后两郡倾覆，而元帝中兴扬土，是其应也。安帝义熙三年二月癸亥，荧惑、填星、太白、辰星聚于奎娄，从填星也。奎娄，鲁分。是时慕容超僭号于齐，侵掠徐兖，连岁寇掠，至于淮泗。姚兴谯纵僭号秦蜀，卢循及魏南北交侵，五年，高祖北殄鲜卑。九年又聚东井，秦分。十三年，高宗定关中，纵修群凶之徒皆已剪灭。于是天人归望，建国旧条。元熙二年受终纳禅，皆其征也。汉平帝元始四年，星聚柳张，各五日。柳张，三河分。后有王莽、赤眉之乱，而光武兴复于洛。晋怀帝永嘉六年，四星聚牛女。后刘聪、石勒之乱，而元帝兴复扬土。汉献帝初平元年，四星聚心聚箕尾。心豫州分。后有董卓李傕暴乱，黄巾赤眉之忧，而魏武迎帝都许，遂以兖豫定京。建安二十二年，四星又聚。二十五年而魏文受禅。此为四星二聚而易行矣。檀道鸾《晋阳秋》曰：孝武太元十九年十月癸酉，太白、填星、荧惑，辰星合于氐。二十一年九月庚申，帝崩。）

《荆州占》曰：四星合斗，闭其关梁。女子运仓，天下半亡。

《文耀钩》曰：岁星与三星斗，九州谋王。

郗萌曰：岁星荧惑，阳也。太白辰星，阴也。阳主中邦，阴主外邦。阳与阴合，中外邦相连以兵。阳与阳合，兵谋在国。阴与阳合，兵谋在外邦。荧惑在未申间，太白亦出西。其出也，必有令。四星俱出，令大；二星俱出，令小。不然者，必有赏赐之事。

《荆州占》曰：岁星与太白荧惑辰星同合，相去三尺以外，留守七日以上至二十日，天下兵起，国主绝嗣。天下三主鼎足，俱用兵，必有灭国，亲戚内自相贼，九州谋杀作兵。社稷危亡，宗庙毁灭，期百八十日。残戮九年乃更始。其守七寸以内，芒角七日以上至四十日，天下灭亡，人民殄尽，行将易纪，宫殿飞流，期一年，灾十年。（火起为飞，水涌为流。）

石氏曰：荧惑与岁星、填星、太白会成勾己，光不相及，主以攻者。不救，乱，三王、九侯、二十一名臣争为主，更相残贼。

三星相犯三

《海中占》曰：三星合，其国外有兵丧，人民数改立侯王。（按班固《天文志》曰：孝文后六年四月乙巳，水木火三合于东井。是岁诛反者周殷长安市。其七年六月文帝崩。孝景元年七月乙丑，金木水三合于张。其二年三月，立皇子为三，淮阳汝南河间临江长沙广川也。）

班固《天文志》曰：三星若合，是谓惊位，是谓绝行。（宋均曰：有兵丧，故曰惊位。改立，故曰绝行。）外有兵与丧，立王。（按成帝河平二年十月下旬，填星在东井轩辕南端，大星尺余，岁星在其西北尺所，荧惑在其西北二尺所，皆从西方来，填星贯舆鬼，先到岁星，次荧惑，亦贯舆鬼。十一月上旬，岁星荧惑西去，填星皆西北逆行。其年十一月丁巳，夜郎王歆大逆不道，牂牁太守立捕杀歆。三年九月甲戌，东郡庄平男子侯丹辟兄弟五人群党为盗，攻燔官寺，缚县长吏，盗取印绶，自称将军。三月辛卯，左将军千秋卒。右将军史丹为左将军。四年四月戊申，梁王贺薨。）

司马彪《天文志》曰：孝献建安十八年秋，岁星、填星、荧惑俱入太微，逆行，皆守帝座百余日。占曰：三星入太微，人主改政。二十五年正月，魏文帝受禅。

《荆州占》曰：三星合于一舍，其国可复。修德者强，无德者受殃。三星合斗，天下动。

《海中占》曰：荧惑、填星、辰星近角合斗，女子为天下害，大臣杀主。

郗萌曰：岁星与荧惑、太白斗，杀大将。近环之贯之，杀边将。又岁星与荧惑填星相合，与参会一舍，君子过也。有乱相，为水为旱，为饥为土功。荧惑与岁星若与辰星舍尾，皆为用事者当之。天下开牢大赦。太白与木星、填星合，其国谋，兵起不战。

《荆州占》曰：岁星与太白、填星同舍，相去三尺以外，国有女丧，有白衣会。用兵不战。相去七寸以内，名曰交芒。将军与皇后为奸，谋杀其君。相守七日以至四十日，必成刑，期百八十日。国主应以善令，则无咎。岁星与荧惑、填星同舍，相去三尺以外，各留七日以上至二十日，天下兵起，五谷大贵，人民相食，国分土地。其相去七寸以内，名曰交芒。天下大叛，弑君父，妻去其夫，期百八十日。太白与岁星、填星色赤，为兵。黄为旱，苍为春多死亡。岁星、荧惑、太白三星合于一舍，其国大乱。若相去一尺至三尺，守之七日已上至二十日，天下皆兵。填星与太白俱入荧惑中，天下且有大谋兵。木、金、火三星合斗，其分国绝嗣，三王鼎足而居。必有亡国，内亲相贼，九州作乱，社稷灭亡。期百八十日，远一年。太白与荧惑、辰星春斗，其岁旱。夏斗，不出三年主易。秋斗，不留，其年兵起。冬斗，不出三年有女丧。

司马彪《天文志》曰：填星与太白、辰星合宿，为国亡地，战不胜。火、金、水俱在斗，有戮将若死相。荧惑、太白、辰星俱在东井，内外有兵。木、金、水三星合轸，为白衣会也。

二星相犯四

《天文志》曰：二星合，有小兵，小人愁，人君忧。

《海中占》曰：二星相近者，其殃大。相远者，其殃小，无伤。

《荆州占》曰：二星若合，其国有兵，改立侯王。有德者兴，无德者亡。

开元占经卷二十

五星占三

岁星与荧惑相犯一

郗萌曰:岁星、荧惑,阳也。太白、辰星,阴也。阴主外邦,阳主中邦。阳与阴合,中外邦相连。以兵,阳与阳合,兵谋在国。阴与阴合,兵谋在外邦。

甘氏曰:岁星干荧惑为地动。荧惑干木星,蛰虫冬出,动雷,旱行,禾不成。

《荆州占》曰:荧惑犯岁星为战。(按《宋书·天文志》曰:晋太安三年正月,荧惑犯岁星。七月卫将军陈赊率众奉帝伐成都,六军败绩,赊擅兵逼乘舆。九月壬戌,又攻成都于邺,邺溃,成都由是衰亡。帝迁洛,张方又胁如长安也。)

《荆州占》曰:荧惑犯岁星,冬雷鸣,蛰虫行,人民惊恐。又曰:荧惑当出不出,谓之潜行。见而近岁星出其北,天下有急。出其南,有谋在中。又曰:岁星与荧惑接,芒于西方,诸侯君臣有忧。其明年春害农时。与岁星会于东方,日为之食,不出二年,宰相乱,人主之计不定,乍退乍进。不出三年,大兵起。岁星与荧惑同舍,相去三尺以内,相守七日以上至四十日,其国有反臣,五谷伤,百姓不安,期一年。

《天官书》曰:木火合,为旱为饥。战,北军困。岁星与荧惑合柳,岁星色赤,兵起。黄白,五谷伤。黑为忧。青而角,亦有兵起。期三十日,远期六十日。岁星与荧惑合相守,国君大忧。近期二年,远期三年而发。岁星与荧惑合于宿之阳,母子同乡,其国宁。合于宿之阴,有兵起。岁星与荧惑合相守,其国凶消。十日以上,大人作乱,期三年。木与火合,大臣匿谋有反者。若主亡地,其国水。

司马彪《天文志》曰:岁星与荧惑合于虚,为丧。

石氏曰:荧惑与摄提再合宿,相不死,出走。

《海中占》曰：荧惑与木星合，为内乱，大臣谋主。

《荆州占》曰：荧惑与岁星合，大臣匿谋，行疾，兵从之战不胜。荧惑与岁星合同相守，其分走，期三年。荧惑与摄提再合，有走主，谓东行合西行又合，不出二年。

司马彪《天文志》曰：荧惑犯岁星，为奸臣谋，大将戮。

石氏曰：荧惑与岁星合，其国若水。荧惑与岁星聚于一舍、荧惑在岁星之上，名曰子母同光，其国日以大强。留百日，其国且重德致天下。在下亦然。

《海中占》曰：荧惑木星斗，有夷狄之害，有杀大将。

《天官书》曰：岁星与火合斗者，大臣弑其君，子弑其父。

《荆州占》曰：荧惑与岁星斗，其名曰谗星。不出其年，强国有易相。又曰为内乱。

《文耀钩》曰：荧惑与木斗，夷狄肆害。

《荆州占》曰：荧惑、岁星合斗于夏，兵饥并起，其分相凶。不可举兵，殃大将。一曰有病君。岁星食荧惑，不出三年而国亡。

《海中占》曰：荧惑贯岁星，杀小将。

石氏曰：荧惑与岁星相拂，天下有争言。

《汉·天文志》曰：荧惑与木斗，有病君，民饥岁恶。

《荆州占》曰：荧惑守岁星，大赦。

岁星与填星相犯二

石氏曰：地侯雌雄，所出之宿，国亡地。所入之宿，国得地。地侯为雌，岁星为雄。

郗萌曰：填星干木星，野有兵相攻。填星所在，岁星从之，伐者利。

《荆州占》曰：岁星所在，填星从之，伐者不利。又曰：岁星土星皆出东方，夕入西方，百九十日，皆正中者兵发，东方国胜。当入不入，反东行九十日正中者，当发兵主死，人民流亡。

《文曜钩》曰：填星与木星合，则变谋更事，主且失势。

石氏曰：地侯与摄提所合之宿，大战不胜，亡地主死。

甘氏曰：岁星土星合，则为内乱。（按《宋书·天文志》曰：晋光熙元年九月，填星犯岁星。是时司马越专权，终以无礼晋简文帝。咸安二年正月己酉，岁星犯填星在须女。七月，帝疾甚，诏桓温曰：少子可辅则辅之，不可辅君自取之。顾侍中王坦之毁手诏，改使为王导辅政事，温闻之大怒，将诛坦之等，内乱之应也。安帝义熙七年丁卯，岁星犯填星在参边，时朱龄石克蜀，蜀民人寻反，又讨灭之。）

郗萌曰：岁星与填星合于张者，则太阳昼。太阳昼者，天必有变。不伤为政者，则害于民。又曰：井泉高而平原出云，岁不调和，贵人多内乱，有大水。又曰：天下易令，民流千里，鱼鳖死于陆道，民忧盗贼。又曰：岁星与土星合，不过十日离，十日不离，天祸且降。不义者乃合之，其祸甚久。

《天官书》曰：填星与木合，乱饥生，勿用战必败。

《荆州占》曰：岁星与填星同舍，相去三尺以内、相守二十日以上至百九十二日，其国更主立王，天下大争，大臣相残，王者易统，天下存亡半。其守夕逆行而复相守，以所近之宿位当之。相守一年，期三年。岁星填星合，以合日占其国，色苍为水，赤为兵，黄为旱，白为丧。岁星与填星合，其国熟。若主吏死。填星与岁星合相犯，为内乱，不可举用兵。土在木下，利为主人。土在木上，利为客。六十日不下，其国凶，失地。填星与岁星合一舍，岁星在下，填星在上，名曰雌雄间。客军大破，主人胜。在下六十日，不下，必有空邦徙主。填星为雌，岁星为雄。填星与岁星合，为饥为旱为兵。填星与岁星合，有军在外，战不胜，失地。

巫咸曰：填星与岁星斗，不出其年，王者亡地，将军死之。

《荆州占》曰：岁星与填星斗，此谓离德。不出三月，必有亡国。岁星逢填星曰斗。先作事者败，兵起必受其殃。岁星填星数合斗，使客接道，冠盖相望，其下国哭泣。期不出六十日。岁星填星斗，其色青为丧，赤为兵，白为旱，黑为水潦。填星与岁星合斗，有军必战，无军起兵。土木交行，必有破伤。

岁星与太白相犯三

巫咸曰:太白犯木星为饥,期三年。(按《宋书·天文志》曰:晋孝武太元十年十二月己丑,太白犯岁星。是时河朔未一,连兵在外,冬大饥之应。)

《荆州占》曰:太白犯岁星,为旱为兵。若环绕与之并光,有兵战,破军杀将。

石氏曰:太白与岁星相犯而有灭者,诸侯相灭,所宿之国受之。

甘氏曰:岁星干金星,军再死再生,杀大将。

《荆州占》曰:太白入木星次中,君贼死。

《海中占》曰:太白出岁星北,客利。岁星出太白北,主人利。

《荆州占》曰:太白环绕岁星,有亡主。

甘氏曰:太白与岁星并,太白在南,岁星在北,名曰牝牡相承。五谷成熟。太白在北,岁星在南,年或有或无,岁不熟,饥。(《晋灼》曰:岁星,阳。太白,阴。故曰牝牡。又曰:太白在岁星南,以兵饥。在岁星北,以水饥。一曰有亡国。)又曰:岁星太白相去尺,若不能,天下有兵。不出四旬中战。色青则东方胜,赤则南方胜,黄即中央胜,白则西方胜,黑则北方胜。岁星所在,太白从之,伐者利,有功。太白所在,岁星从之,伐者不利,无功。岁星与太白相遇,有兵兵罢。太白与岁星过木金也,命曰伐其野战。入太白中次中,大将必死。太白岁星俱出东方,若并入西方,王者亡地。

《洪范传》曰:金木舍于觜,为白衣之会。

《黄帝占》曰:岁星与太白合,为饥为疾,为内兵。

《文耀钩》曰:太白与木合光,大战不胜,兵虽起不成。

《天官书》曰:不斗合相毁,野有破城。

《荆州占》曰:岁星太白合光,所合之野谋兵。其相环也,乍居西乍居东,有逐相,兵起不战。又曰:岁星犯太白,为诛死,外将军慎之。无将军,不出四十日。拜将军,期九十日。岁星与太白同光,杀大将。相去一尺,天下治兵。不出四十日。

石氏曰：太白与岁星合于一舍，西方凶。岁星出左，有年。出右，无年。合之日以知五谷之有无。（陈卓曰：甲乙为麦，丙丁为黍，戊己为粟，庚辛为稻，壬癸为豆。）

巫咸曰：太白与木星合，有白衣之会，为水。

《荆州占》曰：岁星与太白合为丧。岁星与太白同舍，相去三尺以内，七寸以外，金木不当同舍，七日以上，王者诛将军。其岁星往犯太白，为诛死，国有将军慎之。乘犯于外官之中，则外将军慎之，乘犯于内官之中，内将军慎之。其国无将军而犯太白，不出四十日拜将。期九十日。岁星与太白合于东方，名曰牝牡。岁星在北，太白在南，阴阳和为年丰。太白岁星合于西方，木在金位，命曰伐其国凶，为白衣之会。木在金北，年不熟。岁星与太白合，其分兵起。（按《宋书·天文志》曰：魏明帝太和四年十一月壬戌，太白犯岁星。五年三月，诸葛亮以大众寇天水，遣大将军司马懿拒退之。晋元帝大兴元年八月乙未，太白又犯岁星。三年六月丙辰，太白与岁星合。永昌元年三月，王敦率江荆之众来次京都，大军拒战，败绩，于是杀护军将军周顗、尚书令刁协、骠骑将军戴渊。又镇北将军刘隗出奔。四月又杀湘州刺史谯王承、镇南将军甘卓。《晋阳秋》曰：孝武宁康二年二月丙申，太白犯岁星。太元元年九月，元帅符坚屠凉州，掳刺史西平侯张天锡。冬十月，车骑桓伊遣军泛舟淮泗以救凉州，又发二州员吏移积，流民悉置淮南。太元五年辛卯，岁星与太白相犯于东井。十二月元帅符坚围襄阳。）

《荆州占》曰：太白居岁星南，南国败。居岁星北，北国败。岁星出，随太白于西方相远，天下无兵。太白与岁星合，未至太白从岁星疾，主人急，忧失城。岁星从太白疾，客急。太白与岁星合，其国有谋兵。一曰：金木合于一舍，其分有蝗。太白与木星会，相去五尺，战。三尺，有破军。二尺，拔国。光芒相及，大乱，其分民饥兵起。

司马彪《天文志》曰：岁星与太白斗，其野有破军，国有内乱。

《荆州占》曰：岁星与太白斗西方，八日兵起。不则八岁兵起，有流血其下。

《黄帝占》曰：太白与岁星斗，强国易相。

石氏曰：太白与岁星斗，所在之国有内乱。

《文耀钩》曰：太白与岁星斗，将军杀。若军在外，破军杀将，有夷狄害。

巫咸曰：太白与岁星斗，名雄，无戈兵。太白与木星合斗，兵在外为乱。

《荆州占》曰：太白与岁星斗，相乱，有灭诸侯，人民离其乡。一曰民多死者。岁星逢太白曰斗。有土功，岁旱，天下大饥。先举兵不胜，必受其殃。太白与岁星合斗于东方，有兵。于外必有战。斗于西方，必有亡国死王，白衣之会。

岁星与辰星相犯四

司马彪《天文志》曰：辰星犯岁星，为兵。

《荆州占》曰：辰星与岁星合而犯之，为陨霜。若合而斗，其国乱。岁星与辰星合，相去七寸而交芒，相接七日以上至二十日，天下民流，水泉涌出。期三年。一曰有女丧。

郗萌曰：岁星干辰星，冬泄疾。

《荆州占》曰：岁星掩辰星，客将死，期不出其年。

《黄帝占》曰：岁星与辰星合，则为变谋而更事，国多水，民饥。

《荆州占》曰：岁星与辰星合舍，相去三尺，相守七日以上，其国君臣俱和，道德相生。期百八十日，有衣荣。岁星与辰星合，先起兵者凶，后起兵者吉。辰星与岁星合，其分有水，兵饥并起。

甘氏曰：岁星与辰星合斗，军在外，则有战兵，兵不在外，为内乱。

郗萌曰：岁星辰星斗，灭之，杀大将。薄之贯之，杀偏将。

《荆州占》曰：岁星与免星斗，将军死，期一年。

开元占经卷二十一

五星占四

荧惑与填星相犯一

巫咸曰：荧惑犯填星，兵大起。（按《宋书·天文志》曰：晋穆帝升平二年八月戊午，荧惑犯填星。三年十月，诸葛攸舟军入河，败绩。）

《荆州占》曰：荧惑与填星合而犯，大将军为乱。若守之，女主凶。期三年。

司马彪《天文志》曰：荧惑犯填星，大人忌。

《春秋纬》曰：荧惑干填星，大旱。

《荆州占》曰：荧惑入填星中，将军为乱。

《文耀钩》曰：主喜，不失政，则荧惑与填星相扶。

《荆州占》曰：荧惑去填星而复归环绕之，不出六年，中国亡主。又曰为狱事。

石氏曰：荧惑与填星会，主走出。

巫咸曰：荧惑与土合，是谓内乱。

班固《天文志》曰：土与水合，为雍沮。（《晋灼》曰：水性雍而溺土，故曰雍沮。一曰雍填也。）不可举事用兵。又曰国亡地。

郗萌曰：荧惑与填星合，其国争者坐之。又曰：荧惑与填星环绕之，不出三年，天子失位。又曰荧惑与填星合，女子坐之。

《文耀钩》曰：填星与火合，则大旱，阳行害。又曰火与土合，忧主孽祥。

石氏曰：填星与火合，大人恶之。

《海中占》曰：填星与荧惑合，女子为天下害。

郗萌曰：填星与荧惑合，为祸丧，其国不可举事，用兵必受其殃。（按司马彪《天文志》曰：孝顺帝汉安二年六月乙丑，荧惑光芒犯填星。明年八月，孝顺帝崩。孝冲即位，明年正月又崩。）

《荆州占》曰：填星与荧惑合，土在火上，他兵加之，必有克。土在火下，各不动者，名曰子母同光。其国得地猛强。若同上下，民有逆心，其分兵起更王。

石氏曰：地侯与荧惑所合宿，战不胜，国饥。（按《宋书·天文志》曰：宋武大明五年正月，火土同在须女。占曰：女主恶之。三月，孝穆皇后崩。此其应也。）

石氏曰：荧惑从填星聚于一舍，名曰大阳。其下国且有重德致天下，期在十年。

《文耀钩》曰：荧惑与土斗，则子弟乱。

巫咸曰：填星与荧惑斗，不出其年，有亡国。

郗萌曰：荧惑与土合斗，兵起。近期十五日，中期三十日，远期六十日。

《荆州占》曰：填星与荧惑合斗，必有叛臣为乱，有兵起。期不出二年。又曰：荧惑与填星斗，不出三年，有亡国。又曰：荧惑与填星斗，王者亡地，将军死之。又曰：填星与荧惑合相守，王以孽为忧，其下国失地，若有围邑。又曰：荧惑与填星相守，为忧丧。

石氏曰：荧惑守填星，旱。一曰兵大起。

荧惑与太白相犯二

《荆州占》曰：荧惑与太白相犯，大战。太白在荧惑南，南国败；在荧惑北，北国败。

《文耀钩》曰：荧惑从太白，军忧。离之，军却。出太白之阴，有分军。出其阳，有偏将之战。当其行太白，逮之，破军杀将。

《荆州占》曰：荧惑太白相犯，为兵丧，为逆谋。

甘氏曰：荧惑干太白，草木伤华妨政。

石氏曰：荧惑与太白会为铄。

《荆州占》曰：太白荧惑合，去之一尺，曰铄。其下之国不可举事，用兵必受其殃。

《荆州占》曰：荧惑入太白，将军戮。

《海中占》曰：与荧惑合，金从火，有兵罢。火从金，兵大起。（按张璠《汉纪》曰：初王师败于河阳，欲浮河东下，太史令王立曰：春太白犯填星于斗，过天津荧惑又逆行，守北河不犯也。由是遂渡北河，将自轵关东出。立又谓宋开、邓艾曰：太白守天关与荧惑会，金火交，金革之象也。汉祚终矣。晋魏必有兴者。后立数言于帝曰：天命有去就，五行不常旺。代火者，土也。承汉者，魏也。能安天下者，曹姓，惟委任曹氏而已。公闻之，语立曰：知公忠于朝廷，然天道深远，幸勿多言。）

《荆州占》曰：太白与荧惑遇，是谓金入火。有兵兵罢，国安无祸。

《海中占》曰：荧惑太白合，野有破军将死。（按班固《天文志》曰：孝景后元年五月壬午，火金会合于舆鬼之东北，不至柳，出舆鬼北，可五寸，丙戌，地大动，铃铃然。民大疫死，棺贵，至秋止。司马彪《天文志》曰：孝殇延平元年正月丁酉，金火在娄，金火合，大人忧。是岁八月辛亥，孝殇帝崩。）

《荆州占》曰：荧惑与太白合，主人兵不胜。又曰：所合国野有殃。二旬四五日，兵过其野。三旬四五日，兵宿其野。三月不去，其国亡。又曰：荧惑与太白合同舍，其分有兵战。相离则军离。（按檀道鸾《晋阳秋》曰：孝武宁康二年十一月癸酉，太白掩荧惑在营室。时桓石虔破氐贼姚苌于盩江。）

又曰：荧惑秋与太白合，其国不可以举兵，反受其殃。

《黄帝占》曰：荧惑太白俱入斗，不出其年，国乱有忧。又曰：荧惑入东井，太白随之，兵丧并起。

郗萌曰：荧惑入东井，太白随之，将若相死。一曰君死。又曰粂贵。

《荆州占》曰：荧惑入东井，太白随之，道上多死人。

陈卓曰：荧惑入东井，太白随之，百川皆溢。

韩杨曰：荧惑太白接，皆赤而芒，三十日舍天津，关河不渡，诸侯不通，其君死之。

石氏曰：荧惑与太白相随西行，荧惑舍天门西，太白舍天门中。

一曰舍天津,人主无出国门。

《荆州占》曰:太白从荧惑聚于一舍,荧惑在上,名曰乘太白。其岁多,兵不用,其国将以武致天下。逆行,兵起。

石氏曰:荧惑太白所守之宿在东方,女胜男。

《海中占》曰:荧惑太白中上出,破军杀将,客胜。

《荆州占》曰:荧惑入太白中,五十日将死。又曰:荧惑与太白相入,入而不出,其国乱有忧。又曰:荧惑出太白之左,左军战,左将胜。出其右,右军战,右将胜。又曰:出太白之左,小战。出太白右,去之三尺,军小败。

《黄帝兵法》曰:荧惑出太白之阴,若不有分军,必有他急,分大军也。

《荆州占》曰:荧惑所在,太白从之,伐不利,无功。太白所在,荧惑从之,伐者利,有功。

石氏曰:荧惑往从太白,聚于一舍,太白为失明,荧惑赤色而光环绕太白,所守之国大兵起。

《荆州占》曰:太白与荧惑遇,是谓金入火。有兵罢,无徭役。又曰:太白在荧惑之上,所聚之国且以义致天下。若在左右,名曰秋兵。其国必大败。又曰:荧惑在太白前后左右,成战,客胜。又曰:太白出荧惑之东,不出三月兵起。又曰:太白居荧惑之后而相及,破军杀将。又曰:太白上居荧惑上,复下居荧惑下,有反者。

《宋武兵法》曰:太白荧惑,一南一北,为死丧。

郗萌曰:太白乘荧惑,军败。随荧惑,军忧。又曰:荧惑太白合,而太白起角芒而光,居荧惑之上,其国且有用兵。三十日不去,天下三年兵起。六十日不去,下有空国死主。

《荆州占》曰:太白与荧惑相留十日,如去,有兵大战。其不满十日,有兵而不战。期不出一年中。又曰:荧惑环太白,大将死。

《文耀钩》曰:荧惑方行,太白环之,破军杀将。

石氏曰:荧惑薄太白,亡偏将。

《荆州占》曰:荧惑从太白下,上抵太白不入,军急不战。又曰:

荧惑正抵太白不去，客将死。又曰：荧惑摩太白下，破军，主将死。又曰：荧惑摩太白，有数万人战，军败，人主死。又曰：太白贯荧惑，亡偏将。

《春秋纬》曰：荧惑与太白相逢而斗，胜太白，破军杀将。荧惑破，人主弱名闻海内。

《文耀钩》曰：荧惑与金斗，阴不制。又曰：有战兵，兵不在外，为在内。（按《宋书·天文志》曰：晋惠帝永宁二年十月，荧惑太白斗于虚危。十二月，荧惑就太白于营室。初齐王冏定京都，因留辅政，遂专傲无君。是月成都河间长沙王讨之，冏乂交战，攻焚宫阙，冏兵败夷灭，又杀其兄上将军实以下二十余人也。）

巫咸曰：太白与荧惑斗，不出其年，兵起。又曰：太白与荧惑春斗，岁旱。夏斗，不出其年，易相。秋斗，不出其年，兵起。冬斗，不出二年有丧。

《荆州占》曰：荧惑与太白相过而斗，不胜有忧。又曰：太白与荧惑斗，大将战死。

又曰：荧惑与太白斗，诸侯王有丧，若离国，若多口舌，有内疾，人民尚伐好战，杀大将，岁大饥。又曰：荧惑与太白斗，不出三年易相。又曰：春太白与荧惑斗，亡君之戒也。夏斗，不出三年，名山破。冬斗，不出其年有大丧。一曰女丧。

郗萌曰：荧惑守太白北，太子终，若皇子终。守其南，嬖人死，若季子死。居东西亦然，若相死。皆期三月。

《荆州占》曰：太白与荧惑相守，其间容斧，血满其野。其间容矛，有血流。久相守，血盈满。

荧惑与辰星相犯三

刘向《洪范传》曰：火水合于斗，不可举事，用兵必受其殃。（按《洪范天文星辰变占》曰：汉景帝初元年十一月，荧惑与辰星合于斗。后三年吴王濞变，七国同举兵反。汉大尉周亚夫败之。）

《荆州占》曰：荧惑与辰星秋合，有兵。冬合，有丧。又曰：荧惑与免星合东方，免星白而火，兵在外削地为和。又曰：荧惑与辰星合，大水。交行，其国不可以先起兵。合于东方，臣谋其主。合于西方，不出九十日，其国宫中有事。又曰：荧惑与辰星合于尾箕，其国大臣凶。春夏为兵。秋冬为丧凶。

郗萌曰：荧惑与辰星在尾箕相近，天下将大赦。又曰：荧惑与辰星处虚北，冬雷雨水流。忌甲子。

石氏曰：荧惑与辰星合为水，必饥，举事用兵有内乱。又曰：荧惑与辰星相去三尺，大人当之。一曰天下大赦。又曰：免星与荧惑会冬为刑，他时为淬。(《晋灼》曰：火入水，故曰淬也。)其下之国不可举事，用兵必受其殃。(《天官书》曰：为丧。)

甘氏曰：免星干火星，雨雹。上即妨太子嬖人，下即妨太尉司马。

《荆州占》曰：辰星与荧惑合而相守，水火乱行，国有兵丧，若不用兵，疾疫流行。(按班固《天文志》曰：孝景五年四月乙巳，水火合于参。其年四月，梁孝王死。)

《荆州占》曰：免星与荧惑合，其国大旱，赤地千里。又为饥，将行举事，大败。有覆军杀将。

陈卓曰：免星与荧惑合，其国主出走。又曰荧惑所在，辰星从之，伐者利，有功；辰星所在，荧惑从之，伐者不利。又曰：荧惑与辰星相过，是谓不祥。不可用兵，命曰自伐。一曰：野有兵不战，兵在外亦罢。

《文耀钩》曰：辰星抵触荧惑，展转复离而合，河漂山，天雨蛤，国主哭于宫。

《荆州占》曰：荧惑薄辰星，抵之贯之，杀偏将。

《文耀钩》曰：荧惑与水斗，则以暴败。

班固《天文志》曰：火与水合为北军角。

《荆州占》曰：火与水合斗，女子为天下害。又曰：荧惑与辰星斗，相毁败也，则有外兵。不即内乱其国。斗东方，臣伐主。斗西方，期九十日强国宫中有乱。又曰：荧惑与辰星斗，辰星灭，将死。又曰：荧惑与辰星合斗，其国内乱，有兵起，其分凶。

开元占经卷二十二

五星占五

填星与太白相犯一

石氏曰：太白干填星，败殃，五谷不熟，惟饥之亡。

《文耀钩》曰：填星与金合，则为白衣会。

《春秋纬》曰：填星与金合，为水。

石氏曰：地侯与太白合，所合之宿国亡地。

《荆州占》曰：填星与太白合，太白在填星南，名曰牝牡，年谷熟。在填星北，岁遍无饥。又曰：填星与太白合一舍，太白在上，填星在下，名曰并光，逆也，不出三年，有兵民流。又曰：填星与太白合在金，北去之七寸，母子同光，义让而行，年谷登，人主寿。又曰：填星与太白合相守，为兵饥疾疫。不出三年，下有流民。

石氏曰：填星与太白俱入营室中，天下且有谋兵。

郗萌曰：填星与太白合斗，光芒相接，相为乱。

甘氏曰：太白与填星合，为疾为内兵。（案《宋书·天文志》曰：晋惠帝光熙元年十二月癸未，太白犯填星。是后河间王为东海王越所杀。明年正月，东海王越杀诸葛玫等。五月汲桑破冯嵩，杀东燕王。八月荀晞大破汲桑。穆帝永和十二年七月丁卯，太白犯填星，在柳七度。其年八月，桓温破姚襄于伊水，定周之地。）

《荆州占》曰：太白与填星合，填星色苍，为春多死。赤，为兵。黄，为旱。又曰：太白在填星北一尺，女主不用事。在填星南一尺，女主死。又曰：太白环绕填星，将治兵，必增土。

焦延寿曰：填星与太白俱出，国得地。

《荆州占》曰：填星太白相近，数十日间不相去，有奸太后者。

《文曜钩》曰：主任恣则太白触填星。

《荆州占》曰：填星干太白，水草木死。

《文曜钩》曰：太白触填星，发大兵相残贼。

巫咸曰：太白与填星斗，期九十日其君忧，王者亡地。若有兵与丧，更立王公。

《荆州占》曰：填星与太白合斗，臣谋主，有兵起，其国失地。

填星与辰星相犯二

《荆州占》曰：填星干辰星，冬虹雷行，夏寒雨雹陨霜。

甘氏曰：水干土，夏寒而雨雪，妨女主。

《荆州占》曰：辰星犯填星，夏多寒霜，秋多淫雨，女主见放。一曰女主有忧。

石氏曰：地侯与免星合于东方，免星色白而大，天下有兵于外，裂地相赂为和。

《五行传》曰：汉文帝后七年十一月戊戌，填星辰星合于危，齐分。占曰：为壅沮，若得水为怀，所当之国，不可举事，用兵必受其殃，将有覆军。后三年，齐王举兵应吴楚，吴楚败而自杀之应也。

《天官书》曰：土与水合为壅斗。有覆军，其国不可举事。出，亡地。入，得地。（谓所出宿所入宿也。）又曰：土与水合，则变谋而更事。

《文曜钩》曰：免星与填星合，内乱，饥，勿用战。

石氏曰：逸星与填星合，为壅沮。所当之国不可举事。用兵必受其殃。

甘氏曰：免星与填星合，有败军死将。

《海中占》曰：辰星与填星合在虚中，秋水出。（案檀道鸾《晋阳秋》曰：孝武太元五年七月丙子，辰星犯填星。冬十月，丹阳平陵义兴水灾。六年六月，扬荆州江大水。）

郗萌曰：辰星与填星合，有阴谋者。又曰：辰星与填星合虚中，齐国地动。

《荆州占》曰：辰星出而与填星会，主令不行。

石氏曰：辰星填星会者，国有土功田役，非法奸臣所为，诛之吉。

郗萌曰：填星所在，辰星从之，伐者不利。

《荆州占》曰：辰星所在，填星从之，伐者利，有功。又曰：填星与辰星为雌雄，俱入之宿，其国得地。俱出之宿，其国失地。

《黄帝占》曰：填星与浼星斗东方，臣伐君；斗西方，期九十日，强国宫中有乱事。

《荆州占》曰：填星与辰星合斗，军在外，必战。无军，为内乱。又曰：辰星与填星合斗，其国有兵。水土相从，关梁不通，其分乱。

太白与辰星相犯三

石氏曰：太白干辰星，西方有人，东方大虚，有殃及匹夫。

甘氏曰：辰星干太白，鱼不为化。

《荆州占》曰：太白出东方，辰星出其下，谓在太白东方。太白出西方，辰星出其后，谓在太白西方。太白辰星，以初出为先后。又曰：太白出东方，辰星亦出东方，太白先出，辰星后出，辰星上过太白而去，臣倍其主者，不出其年。又曰：太白辰星同日出于东方，东方有兵。同日出于西方，西方有兵。

《天官书》曰：辰星不出，太白为客。其出，太白为主人。

《荆州占》曰：太白辰星更迭出入，以为主客。太白出而辰星不出，太白为客。辰星出而太白不出，辰星为客。而金水俱不出，荧惑为客，无主人。有兵虽盛，不合战。

《黄帝兵法》曰：太白与辰星俱出东方，西方国大败；俱出西方，东方国大败。若客主人俱出，军在东方，东方军败；在西方，西方军败。言其表面军也。在表者不善不获，己军坚守可也。

石氏曰：辰星与太白俱出东方，皆赤而角，倍海国大败，中国大胜。其与太白俱出，西方皆赤而角，中国大败，倍海国大胜。（倍海国，夷狄也。）一曰：皆黑色，水国利。

《荆州占》曰：太白辰星俱出东方，俱出西方，客主相见，有军必战，无军起军。又曰：太白出辰星右，走居太白前，主人小利。逐入之，主大利。太白出辰星左，走居太白前，客小利。逐入之，客大利。

留，有兵兵罢。又曰：太白出辰星北，客利。辰星出太白北，主大利。并出东方，利以西伐；并出西方，利以东伐。又曰：太白出辰星，居其后二十日，兵起。辰星居其前十五日，兵罢。居其右去之三尺，有军必战，客将死。居其左，兵（阙）一人吏死。又曰：辰星居太白前，则兵罢。居后，则兵起。居阳，则利客。居阴，则利主人。

石氏曰：辰星居太白前旬三日，军罢。出太白后，兵起。

《荆州占》曰：太白与辰星遇，太白避之，主人畏客。又曰天下有兵。太白在东方，辰星居其前而不去，十五日若二十日而入，阴兵灭，不大战。辰星去，兵罢。又曰天下有兵。辰星在西方，居太白之前，十五日若二十日而入，阳兵灭，客去。又曰天下无兵。辰星太白俱出西方，辰星居太白之前，相近间可槭剑（苏林曰：槭音函，函，容也。其间可容一剑也）。在西北，阴国有兵谋。在西南，阳国有兵谋。其不相近，兵官有灭者。

郗萌曰：太白辰星在西北，北国之事也。在西南，南国之事也。正在酉，则中国之事也。正在卯，则阳国之事也。

《荆州占》曰：有军，太白辰星俱出一方，同面异宿，客主人来会，敌军虽近势未战。宿乃逐不同，合各自罢。又曰：有军，太白出东方，辰星出西方，若太白出西方，辰星出东方，格野虽有兵，军不战。

石氏曰：辰星出而与太白不相从，虽有军不战。

《海中占》曰：辰星与太白合东方，天下兵大起，盛而不战，裂地相赂为利。

甘氏曰：辰星与太白合，为变谋，为兵忧。（班固《天文志》曰：孝景元年正月癸酉，金水合于婺女。其三年，吴楚胶西胶东菑川济南赵七国反，军败散走。又《宋书·天文志》曰：孝武大明三年四月，金水合于西方。时竟陵王谋反，遣羽林军攻战，其应也。）

《荆州占》曰：太白与辰星相去二尺若一尺，破军杀将。其从前大病，从旁小病。与太白相薄，战，其先起兵凶。又曰：辰星与太白不相近三四尺于东方，辰星二十日不入，至三十日，东南国有兵不战，期至春夏有兵。又曰：辰星与太白不相近于西方，二十日至三十日辰星不及入西方，北国有兵。又曰：辰星与太白相近三尺四尺于西方，二十日至三十日，军战。辰星相远，不战。

郗萌曰：辰星随太白于西方，天下无兵兵起。期六月。天下有兵客利。相去间可四尺，客兵愈相远不战。兵军未解，辰星退而罢。

郗萌曰：太白与辰星合，边有兵。（司马彪《天文志》曰：孝殇元兴元年闰七月辛亥，水金二星合于一舍。其年辽东貊人反，抄六县。发上谷、渔阳、右北平、辽西，马桓讨之。）

石氏曰：太白辰星聚于一舍，天下小旱。其下之国必以重德致天下。守之三十日不去，其草木皆伤，五谷灭亡。

陈卓曰：太白与辰星舍箕，用事者坐之。

《洪范传》曰：金水合婺女，有变谋，为兵忧。

《二十八宿山经注》曰：太白辰星同守昴，不出百日，赵君为人所囚，大臣相戮。

《荆州占》曰：太白与辰星合，太白为主人，辰星为客，则有兵战，客胜。若辰星环绕太白，大战，主人偏将死。抵太白，主人大将死。又曰：太白出，辰星从之急，相去一尺，兵起，大战。光芒相及若摩之，其下有数万人战，客胜，主人军败。又曰：辰星随太白于西方，环绕居抵太白，居西北，则阴国起兵。居西南，则阳国起兵。期六月。兵在外，则战，客利。

石氏曰：辰星来抵太白，不去，将死，正旗所出，破军杀将，客胜。（《天官书》曰：不出，客亡地也。）视旗所指，以命破军。又曰：辰星摩太白左，大战，主人与吏死。摩太白右，万人战，主人胜。

《文曜钩》曰：辰星摩太白，入相倾。（宗伯曰：摩，谓光相及也。倾，坏败也。）

巫咸曰：太白与浼星斗，不出其年，国臣反。

《天官书》曰：太白与辰星斗，必有大战，客胜，主人与吏死。

《荆州占》曰：太白与辰星合斗，有军在外，大战流血。兵在外则有内乱。

《春秋纬》曰：辰星围太白，若与斗，大战。过太白间可容剑，小战。出太白右,军急。青角,兵忧。黑角,水流。

甘氏曰:辰星与太白合斗,亢旱。

《荆州占》曰:辰星与太白相逢而斗,辰星不胜,燕赵代有忧。又曰:辰星与太白斗,其分有反臣。期不出三年。又曰:辰星与太白斗,太白分散,客军胜,秦国有忧。若辰星分散,主人军胜,燕代有忧。又曰:太白环绕辰星,若与太白抵触一尺容剑,破军杀将,主人胜。

石氏曰:免星入太白中,五日而出,反入而上出,破军杀将,客胜。下出,客亡地三百里。

《荆州占》曰:辰星入太白中复出,人君死。又曰:太白守辰星,其国君死。又曰:辰星从太白相守,其间可械剑,有数万人战其下。

开元占经卷二十三

岁星占一

岁星名主一

石氏曰：岁星，他名曰摄提。一名重华。一名应星。一名经星。

《天官书》曰：岁星，一名纪星。又曰：岁星，庙也。

《春秋纬》曰：春精灵威仰神为岁星体，东方青龙之宿。

石氏曰：岁星，木之精也。位在东方，青帝之子，岁行一次，十二年一周天，与太岁相应，故曰岁星。人主之象，主仁、主义、主德，主大司农，主次相。其国吴齐，主春日甲乙，其辰寅卯，所在之邦有福。

石氏曰：岁星，主颜貌怒喜，意所欲施行。

《合诚图》曰：岁星主含德。

《洪范五行传》曰：岁星者，于五常为仁，恩德孝慈；于五事为貌，威仪举动。仁亏貌失，逆春令则岁星为灾。（案班固《天文志》曰：逆春令，伤木气，则罚见岁星。）虽主福德，见恶逆则怒，为殃更重。

《淮南子》曰：东方木也。（木入地而生也。）其神太皞，（天神五帝，太皞主东方。）其佐勾芒，执规而治春。（规者圆也。）其神为岁星，其兽为青龙，其音角，其日甲乙。

《荆州占》曰：岁星，主春，农官也。其神上为岁星，主东维。又曰主岁五谷。又曰：岁星，主司天下诸侯人君之过。

《天镜》曰：岁星，主春。苍帝之子，为天布德。

石氏曰：岁星所在之国不可伐，可以伐人。

甘氏曰：邦将有福，岁星留居之。

《淮南子》曰：岁星之所居，五谷丰昌，其对为冲，岁乃有殃。

《荆州占》曰：岁星所居之宿，其国乐；所去宿，其国饥。又曰：所从，野有庆。所去，起兵。又曰：岁星居次顺常，其国不可以加兵。可以伐无道之国，伐之必克。又曰：岁星所留之舍，其国五谷成熟。

石氏曰：岁星，君之象也。

《石氏赞》曰：岁星，象主，色欲明润。

岁星行度二

《洪范五行传》曰：岁星以上元甲子岁十一月甲子朔旦冬至夜半甲子时，与日月五星俱起于牛前五度，顺二十八宿右行，十二岁而一周天。（案历法：岁星一见三百六十三日而伏，三十五日一千三百三十分日之一千一百六十二奇四十五复见如初，一终三百九十八日一千三百四十分日之一千一百六十二奇四十五，众象家之说皆云十二年而一周天，准此微为疏矣。）

《河图雒书》曰：岁星日行十二分度之一，十二岁而周天，出东方以晨，入西方以昏。

甘氏曰：岁星凡十二岁而周，皆三百七十日而夕入于西方。三十日复晨出于东方。视其进退左右，以占其妖祥。

甘氏曰：岁星所居处，安静中度，吉。

《天官书》曰：岁星出东行十二度，百日而止，反逆行八度，百日复东行。

巫咸曰：岁星受制，则行柔惠，进群贤，封有功，出财货，行赈贷，禁开阖，通障塞，无伐木。

《尚书纬》曰：时五纪气在于春纪，可以观农桑，禁斩伐，以安国家。如是，则岁星得度，五谷滋矣。政失于春，星不居其常。

《乐动声仪》曰：角音和调，则岁星常应太岁。月建以见，则发明至，为兵备。（发明，金精，鸟也。金既克木，又兵象也。）

《荆州占》曰：岁星居舍，进退如度，其国有福，王者吉，奸邪息。又曰：人君治急，岁星行疾，缓者行迟。刻者行阴道，宽者行阳道，和者行中道。行阳道者旱，行阴道者水，行中道者，阴阳调和。又曰：岁星行正，则王者心正；行邪，则人主心邪。行正者，行黄道也；行邪者，失黄道也。又曰：君行宽则岁星行阳道，多旱。王者外其心，忧在边臣，封宠无功之人。

甘氏曰：凡岁星所在，不可伐。假令岁星在寅，则其岁不可东北征。利西南，西南无年，有乱民，是为岁星之冲，常受其凶也。十二岁皆放此。

《荆州占》曰：岁星，岁行一次，居二十八宿，与太岁应。十二岁而周天。太阴居维辰，岁星居维宿二；太阴居仲辰，岁星居仲宿三。

《淮南子》曰：太阴在四仲，则岁星守三宿。（太阴，谓太岁也。四仲，子午卯酉也。假令岁阴在卯，岁星守须女虚危，故曰三宿也。）太阴在四钩，岁星行二宿。（四钩，谓丑寅为一钩，辰巳为一钩，未申为一钩，戌亥为一钩。假令岁阴在寅，岁星在斗牛，故曰二宿也。案《晋灼》曰：太阴在四孟四季，则岁行二宿也。）二八十六，三四十二，故十二岁而行二十八宿。日行十二分度之一，岁行三十度十六分度之七。十二岁而周。

《春秋纬》曰：太阴在亥，岁星居角亢。太阴在子，岁星居氐房心。太阴在丑，岁星居尾箕。太阴在寅，岁星居斗牵牛。太阴在卯，岁星居须女虚危。太阴在辰，岁星居营室东壁。太阴在巳，岁星居奎娄。太阴在午，岁星居胃昴毕。太阴在未，岁星居觜参伐。太阴在申，岁星居东井舆鬼。太阴在酉，岁星居柳九星张。太阴在戌，岁星居翼轸。运之常也。

甘氏曰：岁星处一国是司岁十二，名摄提格之岁。（案李巡曰：言万物承阳而起，故曰摄提格。格，起也。孙炎曰：阳摄持提携万物，使上至。）摄提格在寅，岁星在丑，以正月与建斗、牵牛、婺女，（案《天官书》与斗牵牛，石氏曰在斗牛。《太初历》曰在营室东壁。《淮南鸿烈解》曰：太阳在寅岁，名摄提格。其雄为星舍斗牵牛。许慎注曰：太阴在天，为雄。岁星在地，为太阴。）晨出于东方，为日，十二月。（案《淮南鸿烈解》曰：以十二月与之晨出东方，东井舆鬼为对。许慎注曰：东井舆鬼在未，斗牵牛在丑，故为对也。）夕入于西方，其名曰监德，其状苍苍若有光。其国有德，乃熟黍稷。其国无德，甲兵恻恻。其失次，将有天应见于舆鬼。（《天官书》曰：应见杓。）其岁早水而晚旱。（案《淮南鸿烈解》曰：摄提格之岁，早水晚旱，稻疾蚕不登。菽麦昌,民食四升。)

甘氏曰:单阏之岁,(案李巡曰:日在卯,言阳气推万物而起,故曰单阏。单,尽也。阏,止也。孙炎曰:本单作殚,释曰殚,犹申也。阏壅之物于此尽申也。)摄提格在卯,岁星在子,与虚、危(《天官书》曰:与婺女虚危。《汉书·天文志》曰:太初历在奎娄。)晨出夕入,(《淮南子》曰:岁星舍婺女虚危,以十二月与之晨出东方,柳七星张翼对也。)其状甚大有光,若有小赤星附于其侧,是谓同盟两国,或昌或亡,死者不在其乡。其失次见于张,其名曰降入。周王受其殃。国斯反服,甲兵恻恻,其岁大水。(《淮南子》曰:单阏之岁,岁和菽恶,蚕昌。民食五升。)

甘氏曰:执徐之岁,(案李巡曰:言蛰之物,皆敷舒而出,故曰执徐。执,蛰也。徐,舒也。孙炎曰:勾者毕达。蛰伏之物尽舒也。)摄提在辰,岁星在亥,与营室、东壁(《天官书》曰:以三月与营室、东壁。《天文志》曰:太初历在胃昴。)晨出夕入,(《淮南子》曰:岁星合营室东壁,以正月与之晨出东方,翼轸为对。)其名为挎谷。(《天官书》曰:青章,甚章也。)其国有德,必数其状。其失次见于轸,(石氏曰:失次杓。)其名曰青章。其国不利,治兵将有大丧。其岁早旱而晚水。(《淮南子》曰:执徐之岁,早旱晚水,小饥,蚕开麦熟,民食三升。)

甘氏曰:大荒落之岁,(李巡曰:言万物皆炽茂而大出,霍然落落,故曰荒落。孙炎曰:物长大荒芜落莫者也。)摄提在巳,岁星在戌,与奎、娄、胃(《天官书》曰:以四月与奎娄胃。《汉·天文志》曰:初历在伐也。)晨出夕伏,(《淮南子》曰:岁星舍奎娄,以二月之晨出东方,角亢为对也。)其名曰路嶂。(《天官书》谓之跰踵。)其状熊色有光,其国兵,其君增地。其失次见于亢,其名曰清明。其下出贼死主。是岁不可西北征,利东南。东南无军,有乱民,将有兵作,于其旁执杀其主。(《淮南子》曰:大荒落之岁,有小兵,蚕登,麦昌,菽疾,民食二升也。)

甘氏曰:敦牂之岁,(太阴在午岁,名攙抢。郭璞曰敦牂。《淮南子》注曰:则郎切。李巡曰:言万物皆茂状,倚移其枝,故曰敦牂。

敦，茂也。牂，状也。孙炎曰：万物茂状也。）摄提在午，岁星在酉，与毕、昴（《天官书》曰：以五月与胃昴毕。《天文志》曰：太初应在井舆鬼也。）晨出夕入，（《淮南子》曰：岁星舍胃昴，以三月与之晨出东方，氐房心为对。）其名曰启明。（《天官书》曰：开明。一曰天津。石氏曰名磬明。）其状熊熊，若有光。天下偃兵，唯利二立王，不利治兵。其失次见于房，（石氏曰失次杓。）其名曰不祥。孽及殷王，祸及四乡。其岁早旱晚水。（《淮南子》曰：攙抢之岁，岁大旱，蚕登稻疾，菽麦昌禾为，民食二升。）

甘氏曰：协洽之岁，（李巡曰：在未，言阴阳欲和，万物和合，故曰协，洽，和也。孙炎曰：物生和洽，含英秀也。）摄提在未，岁星在申，与觜觿、参伐（《天官书》曰：以六月与觜觿参。《天文志》曰：在张七星。）晨出夕入，（《淮南子》曰：岁星舍觜觿。参，以四月与之晨出东方，尾箕为对。）其名曰张列。（《天官书》曰：长列。）其状昭昭若有光，其色若赤，无有他祥。唯利行兵，征于四方，仇人不敢治民。其失次见于箕，其名曰不疑。小民有子，持头相期。（《淮南子》曰：协洽之岁，有小兵，蚕登稻昌，菽麦不为，民食三升。）

甘氏曰：涒滩之岁（郭璞曰：涒音汤昆切，滩音汤干切。李巡曰：言万物皆修其精气，故曰涒滩。孙炎曰：涒滩，物吐秀倾垂之貌也。）摄提在申，岁星在未，与东井、舆鬼（《天官书》曰：以七月与东井舆鬼。《汉·天文志》曰：太初历在翼轸也。）晨出夕入，（《淮南子》曰：岁星舍东井舆鬼，以五月与之晨出东方，斗牵牛为对。）其名曰大晋。其状昭昭，白色有光。有国其亡，亦不在其乡。其失次见于牵牛，其名曰小章。不利治兵，其国有诛，必害其王，岁小水雨。（《淮南子》曰：涒滩之岁，岁和，小雨行，蚕登，菽麦昌，民食三升。）

甘氏曰：作愕之岁，（《淮南子》曰：作愕或作噩。孙炎曰：愕音咢。李巡曰：在酉言万物坠落，故曰作愕作索也。愕，茂也。孙炎曰：作愕者，物落而枝起之貌。）摄提在酉，岁星在午，与柳七星张（《淮南子》曰：岁星在柳七星张。《天官书》曰：以八月与柳七星张。《汉·天文志》曰：太初历在亢。）晨出夕入，（以六月与之晨出东方，须女虚危为对也。)其名为长王。其状作有芒,有国其昌,书有四方享献之祥。其失次见于虚,(《天官书》曰:应见危。石氏曰:失次杓。)其名曰大章。有旱而昌,或为之殃,必在其乡。其岁有火,有女丧民疾。(《淮南子》曰:作愕之岁,有大兵,民疾,蚕不登,菽麦无穗,民食五升也。)

甘氏曰:阉茂之岁,(李巡曰:言万物皆蔽冒,故曰阉茂。阉,蔽也。茂,冒也。孙炎曰:霜阉茂物,使俱落也。)摄提在戌,岁星在巳,与翼、轸(《天官书》曰:以九月与翼轸。《汉·天文志》曰:太初历在氐房心也。)晨出夕入,(《淮南子》曰:岁星舍轸,以九月与之晨出东方,营室壁为对。)其名为天睢。其状白色大明,其色若青,国有大疾。其失次见于东壁,(石氏曰:失次杓。)其国士卿相谪,民人各直刺,无有仇谪,鬼神书壁,其名曰天侈。其岁有小水,有女丧。(《淮南子》曰:阉茂之岁,小熟有兵,蚕不登,麦不为,菽昌,民食七升。)

甘氏曰:大渊献之岁,(李巡曰:言万物落于亥,大小深藏屈近阳,故曰渊献。渊,藏也。献,近也。孙炎曰:献万物于大深,谓盖藏也。)摄提在亥,岁星在辰,与轸、角、亢(《天官书》以十月与角亢。《汉·天文志》曰:太初历在尾箕。)晨出夕入,(《淮南子》曰:岁星舍角亢,以十月与之晨出东方,金娄为对也。)其名为大皇。(《天官书》曰大章。)其状色玄青,天下不宁,有归为政,星若耀而阴出,是谓正平。利起军旅,其帅必武,有德将,四国海内尽服。其失次见于娄,其名屏营,天下尽惊。(《淮南子》曰:大渊献之岁,有大兵,大熟蚕、蕃、菽麦,不蠡贼,民食三升。)

甘氏曰:困敦之岁,(郭璞曰:敦音顿。李巡曰:在子,言阳气皆混,万物芽孽,故曰困敦。孙炎曰:困敦,混沌也。万物初萌,混沌于黄泉之下。)摄提在子岁,星在卯,与氐、房(《天官书》曰:以十一月与氐房心。《汉·天文志》曰:太初历在建星牵牛。)晨出夕入,(《淮南子》曰:岁星舍氐房心,以九月与之晨出东方,胃昴毕为对也。)其名为天泉。其状玄色甚明。江池其昌,不利起兵。其失次见于昴,其名曰赤章。其国有丧,不在其王,有水而昌。(《淮南子》曰:困敦之岁，大雾起，大水出，蚕登稻疾，菽麦昌，民食三升也。）

甘氏曰：赤奋若之岁，（李巡曰：言阳气奋迅，万物而起，不若其性，故曰赤奋若。赤，阳也。奋，迅也。若，顺也。孙炎曰：物萌色赤奋动，顺其性而气始芽也。）摄提在丑，岁星在寅，与心、尾、箕（《天官书》曰：以十二月与尾箕。《汉·天文志》曰：太初历在婺女虚危。又曰：甘氏、太初历所以不同者，以星盈缩，在前后所见也。其四星亦各如此者也。）晨出夕入，（《淮南子》曰：岁星舍尾箕，以十月与之晨出东方，觜觿参为对。）其名为天昊。黯然黑色甚明，侯王有庆。其失次见于参，其名洋，有国其虚，其岁早水。（《淮南子》曰：赤奋若之岁，有小兵，早水，蚕不出，稻小疾，菽不为，麦昌，民食三升。）

岁星相王休囚死三

石氏曰：岁星之相也，从立冬冬至尽，其色精明，无芒角。

甘氏曰：岁星之王也，立春至春之尽，其色比左角大而苍，有精光而内实，仲春时有芒角。岁星之休也，从立夏至仲夏，无光明而赤黄。岁星之囚也，从仲夏至夏之尽，及四季王时，其色当青黑，止而不行。岁星之死也，从立秋至秋之尽，其色黑而细小不明，此岁星之常也，天下大昌。当其相也而有王色，主弱臣强。有休色，相免。有囚色，相囚。有死色，相死。所留之舍，其国大强。行中度，天下和。其休，相有逆谋不成。当其王而有相色，主弱臣强。有休色，人主有疾病之忧。有囚色，大赦。有死色，有大丧。其进舍也，有德令。其退舍也，有还令。其所守之舍，其下有逆德。当其休也，而有王色，所居之舍，其国受兵。有相色，其国大臣诛伤。有囚色，草木伤。有死色，禾豆不入，稻芋半伤。当其囚也而有王色，政令不行，下反其上，主听不聪。有相色，臣下专政，六月下霜。有休色，所谋不成。有死色，诛故贵公卿。所居之舍，其国有祸丧。当其死也而有王色，则秋荣华。有相色，枯木复生。有休色，有土功。有囚色，有大丧。

《荆州占》曰：岁星王时，当有芒角。若无芒角者，王者无威，势在臣下。

岁星变色芒角四

甘氏曰：候岁星以春甲乙，此王气当如其常，色变则失所也。

甘氏曰：岁星如左角之状，其色苍，十二芒，苍比伐左肩，赤比心，黄比（阙）大角，黑比奎大星。

巫咸曰：岁星色青白如灰，主有忧，期五月。兵狱大起。青多为狱，白多为兵，青白等，兵狱并起。

《海中占》曰：岁星色黄，得地。

焦贡曰：岁星主岁。色黄泽，有年。赤而黑，无年。

《天官书》曰：岁星色黄赤而沉，所居野大穰。

《荆州占》曰：君有德，则岁星润泽光明。君无德，则岁星细小不明。岁星黄赤润泽，立竿见影，大熟，人主有喜。岁星始正月受岁。色赤黄润，所居之野大穰。其色黄白，有爵禄之赏也。色正白，人主死，草野素服。诸侯皆戒，当有兵谋不成。色白而圆瘁而不光，期三十日有丧。岁星色青白，是其常色。赤则主有忧，色黄有喜，色白为旱、丧，色黑多疾病。一有水灾。岁星色青黑，期六十日有丧。岁星色黄白，岁穰。岁星色青圆为忧，赤圆、黑圆，病。不出三十五日，大丧改服。岁星在春，其色当苍黄而光润泽。其变而白，秋有丧。变而赤者，夏有兵。岁星赤黄而动，期九十日，兵若丧。色赤黑，侯王忧。岁星失色而黄，女后持政，期百八十日。失色而青黑，不出百八十日，有大丧。

《黄帝占》曰：岁星在东方之宿，色当青。色白而角，有怒。色赤，有兵。色黑，有丧。色黄白，岁大熟。岁星在北方之宿，色当黑，色白而角，有兵。色青，有忧。色白，有怒。色黄白，岁大熟。岁星在西方之宿，色当白。色赤而角，皆为有兵。青为忧，黑为丧，赤有怒色，黄白岁大熟。岁星在南方之宿，色当赤。色白而有角，兵。青有忧，若怒。色黑，有喜。色黄白，岁大熟。

《文曜钩》曰：岁星色赤有角，所居之国昌，人主以武强。战，无芒角，不胜。色赤黄，以反德丰穰，君臣和合。色青白而赤耀，其国有乖离之谋，大臣发计，主有忧惧。

《钩命决》曰：天子失知则黄龙不见，岁星五角。

巫咸曰：岁星赤黄角，国有喜。

《海中占》曰：岁星色苍黄，吉。赤芒泽，有子孙喜，立王。黄，得地。白，有兵。黑，有德令。

《荆州占》曰：岁星东行，前芒短者，欲留之象。不出七日留。正见南方。芒指卯酉子午者，此王者正也。指西维者，不正也。岁星西行，前芒短者，欲留。不出三日留。岁星失色，白耀耀圆而扬赤芒，王者诛大臣，期九十日。岁星色青而角，有水功事。岁星色赤角，则犯我城。岁星角，人主有怒。岁星一角七寸外射者，大使大臣出，期九十日。三角，兵诛，期六十日。岁星三角芒，伤近臣，诛内将相，期百八十日。岁星五角，王者自出将兵，期百八十日。岁星留不行而芒角有长者，是星欲行，候随芒角所指，如是从之。其芒南者，星入外宿，王者欲遣大使之边国，期九十日。芒北入中宿者，是王者在外欲还也，不出四十日。芒在东者，欲顺行也，不出七日行。是天子欲出，不过五十日则王者出宫。其芒在西者，欲逆行也，不出七十日逆行。不出四十日，王者诛大臣。岁星芒邪角不正，则王者心不正。外邪以应外臣，内邪以应后夫人。岁星有芒无角，则王者心平，天下安宁，期百八十日。岁星变色，人主有怒。若有芒角，黑，有水。青角，有兵。白角，死丧。若无芒角，有军，战不胜。岁星七角又芒者，王者与四方战，期不出一年。岁星九角又芒者，杀贤人，诛边将，期一年。

石氏曰：岁星色白角，哭泣之声。岁星木用事，王东方。无芒角，是王者内弱，威不使臣也。五寸以内曰芒。五寸以上至九寸曰角。

《天官书》曰：岁星角迎角，而战者不胜。

岁星盈缩失行五

《五行传》曰：岁星超舍而前为盈，退舍而后为缩。盈，其国有兵，缩，其国有忧。

《荆州占》曰：岁星超舍而前，过其所当舍，而宿以上一舍两舍三舍，谓之盈。侯王不宁，不乃天裂，不乃地动。岁星退舍而后以一舍二舍三舍，谓之缩。侯王有戚，其所去宿国有忧。三年有兵，若山崩地动。

《雒书雒罪级》曰：岁星当居不居，未当去而去，不言，主酷暴。

《诗纬》曰：岁星无光，进退无常，此仁道失类之应。

《文曜钩》曰：岁星所居久，其国有德厚，人主有福，不可加以兵。

石氏曰：岁星主仁。仁失者罚出，变见于岁星。岁星盈缩，故曰罚出。此失政也。言岁星所以盈缩之宿，乃以仁失，逆春气之所致也。以其宿，命其国。圣人观岁星所盈缩之宿，以知仁失之国也。

石氏曰：其国失义，失春政，则岁星盈缩。盈则其下之国有兵，不居复。缩则其下之国有忧，其将死国倾败。又曰：岁星当居而不居，未当去而去，若居之又南北东西翔之，摇动不留，名曰六排。皆阴惊其阳，臣下胜其主人，主有大忧，三公之祸。相以所之宿名其官，不舍者懦强邦，去之者嬖妃雄，动摇者势不亡，期在衡。（案《左传》曰：鲁襄公二十八年，梓慎曰：今兹宋郑其饥乎！杜预注曰：梓慎，鲁大夫也。传曰：岁在星纪，而淫于玄枵。注曰：岁，岁星也。星纪在丑，斗牛之次，玄枵在子，虚危之次。明年当在玄枵，今已在玄枵，淫行失次也。传曰：蛇乘龙。注曰：蛇，玄武之宿，虚危之星。龙，岁星，木也。木为青龙，失次出虚危，下为蛇所乘也。传曰：龙，宋郑之星也。注曰：岁星本位在东方，东方房心为宋，角亢为郑，故以龙为宋郑之星。传曰：宋郑必饥，玄枵虚中也。注曰：玄枵三宿，虚星在其中也。传曰：玄枵，耗名也。土虚而民耗，不饥何为。郑裨灶曰：今兹王及楚子皆将死，岁星弃其次，而旅于明年之次，以害鸟帑，周楚恶之。注曰：旅，客处也。岁星弃星纪之次，客在玄枵，岁星所在其国有福。失次于此，祸冲在南，南为朱鸟，鸟尾曰帑。鹑火鹑尾，周楚之分。故周王楚子受其咎。经曰：十有二月甲寅，天王崩。乙未楚子昭卒。往年郑皆饥。则梓慎之占，各有其验也。）又曰：岁星去其舍之他舍，所去失地，所之得地。岁星所居而徙摇前后左右，人主不安。岁星不得其宿，其国必亡君。又曰：岁星修仁，顺则喜，逆则怒。

甘氏曰：岁星所处而不处，其国乃亡。既已处之又东西去之，其国凶，不可举事用兵。岁星出入不当其次，有天妖见其冲，所去国凶，所之国昌。

《荆州占》曰：岁星当出不出而去其次，凶。

《淮南子》曰：岁星当居而不居，越而之他处，主死国亡。

京氏曰：乐不兴，则岁失行。人君不行仁恩，破胎伤孕，春杀无辜，则星失度。不救，则弟杀兄，臣弑君。

班固曰：政缓则岁不行，急则过分，逆则占。

郗萌曰：岁星当移而不移，民有忧，诸侯四流。行不用其道，则凶。

《荆州占》曰：岁星当居而不居，其国失地。未当居而居，其国得地。期九十日。岁星当居其国之宿而终宿不居，其野亡。岁星未当居而居之，当去而不去，既已去复还居之，皆为有福。岁星行不至所当舍之宿，其国凶。又曰不行其宿，其国必亡君。岁星居之安，国安。居之不安，国不安。岁星一东一西，害侯王，人主不安。一南一北，害于黍稷，侯王忧。移而北，旱。移而南，大水。又曰南北为贵贱，东西为妖祥。

《鸿范传》曰：佃猎不当，饮食不享，出入不时，及有奸谋，则岁星逆行变色。

《春秋纬》曰：好害盛德，则岁星逆行。春政乱者，夺民时，猎野兽，则岁星逆行。

石氏曰：岁星顺行列宿者，天德喜也。所守犯中外官，皆吉。有暴贵者。星逆行不欲犯列宿中外官者皆诛。岁星逆行，其国不可以兴兵。星顺，兵宜进；星逆，兵宜退。

巫咸曰：岁星乱行，五谷不实，草木秋英。

《天镜》曰：岁星逆行不轨，为殃贼。

焦氏曰：岁星逆三月二月有害。乃行三舍以上，则为害。

郗萌曰：岁星之行，当迟而疾，失一次以上至二次，则人主惊走，社稷危亡，天下兵起，民去其土，死者如丘陵。

《荆州占》曰：岁星犯守错逆，其国殃咎。若守之满六十日，灾必应。岁星变色乱行，主无福。（案《宋书·天文志》曰：晋简文咸安二年五月，岁星形色如太白，占曰：进退如度，奸邪息。变色乱行，主无福。岁星自于仲夏当细小而明，此其失常也。又为臣强。七月帝疾甚，诏桓温曰：少子可辅者辅之，如不可辅，君自取之。赖侍中王坦之毁手诏，使如王导辅政事。温闻之大怒，将诛坦之等。是月帝崩。）王者不行春令，兴土功，作宫室，筑城隍，治沟渎，而夺民时，百姓怨嗟，则岁星盈当缩，顺而逆，水旱不时。当出不出，变为妖彗，所见之邦，大兵起，国破主亡。王者行义，起宗庙，立无后，赈贫穷，存孤寡，省刑狱，赏有功，举隐伏，礼贤良，发库藏，罢徭役，宽赋敛，则星顺度无咎矣。人君宰相之治也，春不劝农民耕种，通沟渠，治城郭，而夺民时，百姓怨谤，则岁星盈缩，逆行变色，而天雨不时，有大旱与水。其无救，即天掊出。出则殃起，主农官及用事者忧。君行急则岁星行阴道，行阴道多水潦。王者内其心，恩在亲戚，功臣不录。岁星行疾而迟，不及其次至二次，人主暗昏，国绝嗣，女后持政，大夫不服，民贼不禁。岁星逆行变色，其国逐功臣，杀太子，人主以妾为妻，内乱亲戚。岁星逆行，不可以战，凶。其所去国，五谷皆贵。君治逆则岁星逆。逆行入阴道者，内事逆。逆行入阳道者，外事逆。君治逆不止，则星逆行不止。

《海中占》曰：主好阴谋，侵凌诸侯，急兵革，则岁星逆行。

岁星昼见六

甘氏曰：岁星昼见，臣谋其主，国相有忧及死，有白衣事。（《宋书·天文志》曰：晋惠帝永宁二年四月癸酉，岁星昼见。占曰：为臣强。初齐王冏定京都，因留辅政，遂专傲无君。十二月成都河间长沙王乂讨之，交战及焚宫阙，国兵败，夷灭之，杀其兄上军将军寔以下二十余人。）

《晋阳秋》曰：孝武太元十一年六月甲午，岁星昼见在胃，占曰：鲁有兵，臣强。十二月，慕容钊寇河东，崔辽使子寇、陈颖、朱序遣讨之，钊走渡河。

岁星变异大小七

《龙鱼河图》曰：夫岁星主德庆，其神下为大乙之神。

巫咸曰：岁星下，为壮男止于田野。

《汉武故事》曰：西王母遣使谓上曰：求仙而先杀戮，吾与帝绝矣。又致三桃，食此可得极寿。使至之日，东方朔死，上疑之，问使者曰：朔是木帝精为岁星，下游人中，以观天下，非陛下臣也。上厚葬之。一本云：朔死，乘云飞去。仰望大雾，望之不知所在。朔在汉朝，天上无岁星。

《二十八宿山经注》曰：岁星为四彗，出于奎娄，则邦丰熟和平。

《考灵耀》曰：政失于春，岁星满偃，不居其常。

石氏曰：岁星，德也，人主之象。其角反动，乍小乍大，若色数变，人主有怒。又《天官书》曰：人主有忧。

巫咸曰：岁星大其常，且赋敛不常，民饥。岁星小，民且多疾，牛马疫死。

《天官书》曰：岁星大即为嘉。

《荆州占》曰：岁星始出大而日愈小者，所居之国耗。岁星始出小而日愈大者，所居之国利。岁星行宿大而明内实，天下安宁。小而内虚，其国不安，主有忧。

岁星流与列星斗八

甘氏曰：岁星流，主死失地。

巫咸曰：岁星沉浮，国亡，有土功争。又曰有忧。沉数日不见，国亡。乍见乍不见，国忧丧。

《天官书》曰：岁星出如浮而沉，其国有土功。如沉而浮，其野亡。浮者见之，沉者伏之。

《荆州占》曰：岁星变色，逆行，相凌而斗，舍合留，舍环守，其国无道。

岁星穰气自晕九

《黄帝占》曰：岁星生气而为青穰者，明日大寒小雨。见此者，萫鱼盐贵，不出三旬。

《孝经内记》曰：岁星生气为青穰者，明日大寒小雨。见此者鱼盐大贵，不出三旬。皆可再倍，贵不过二十日止。所见之国，伤苗少实，天下有一岁十饥见者。不出其年，富民从其故乡。王者不安，大臣坐事。不出二年，天下无布，练贵，缣絮四倍，万民大寒。

郗萌曰：岁星出穰长三尺，三日雨。若不雨，大雾。

甘氏曰：岁星自晕，有丧。

开元占经卷二十四

岁星占二

岁星犯东方七宿

岁星犯角一

石氏曰:岁星犯左角,天下之道皆不通。犯右角,天下王使绝灭。

《荆州占》曰:岁星犯角,天下有兵,将相有忧。犯右角,右将忧。

石氏曰:岁星入角,天下有兵。其行疾,六十日。行迟,百二十日,远百八十日。

《黄帝占》曰:岁星出中道,天下太平。出阳道,旱。出阴道,多雨。

陈卓曰:岁星出阴道,多阴谋。

甘氏曰:岁星逆行入角,人主出入不时。若有急事千里之行。一曰女子多死。

《孝经右秘》曰:岁星在角,天下大病。

石氏曰:岁星乘左角,法官诛。乘右角,大将军死。

郗萌曰:岁星乘左角为旱。乘右角为水为兵。

《荆州占》曰:岁星乘右角,为后族家若将相有坐法死者。

郗萌曰:岁星居角,岁大熟。又占曰:岁星守角为中兵,留两角间,关梁不通,军有兴。国廷边城境不通。

石氏曰:岁星出入,留舍角。角为天田,岁星来入守之,其国五谷大熟,丝绵为平民大乐。守之百日不下,国有兵。又占曰:岁星守角中,五谷成熟,岁平安乐。守之百日,兵起。又占曰:岁星守右角十六日,君命众子。又占曰:岁星守左角七日,朝去国有忧。去一尺七寸,天下同心。

甘氏曰:岁星守角,王者大赦,忠臣用。

《海中占》曰：岁星守左右角，其色黄白，小旱，民小厉。其逆行即旱，其还立雨，籴如故。又占曰：岁星犯左右角，逆行为旱，五谷不收。又占曰：岁星守角一南一北，宜黍与稷。

郗萌曰：岁星守左右角，赦。一曰守十余日，有赦不尽。又占曰：岁星守角处其北，五谷不收。又占曰：岁星守角，政事急，有千里之行。又占曰：岁星守角，为兵，伤大臣。

《荆州占》曰：岁星守右角，有大德令，期八十日。又占曰：岁星守右角处其北，五谷半收。守左角处其南，及守天田，有大水，五谷不成，大饥，人相食。

石氏曰：岁星犯乘守左角七日以上，天下大赦。守右角，贤士用。期七十日。

郗萌曰：岁星逆乘陵左右角，其为日蚀。国有忧。又占曰：岁星犯天庭，臣为乱。又占曰：岁星守犯陵右角，为祸咎。又占曰：岁星舍，若食角，女子多死。

岁星犯亢二

石氏曰：岁星犯亢天子之座，则败于君。又曰：岁星数入亢，其国疾疫。

巫咸曰：岁星入亢，岁有旱，丝绵贵。若守之三十日以上，有兵起。其年饥，人相食。

郗萌曰：岁星入亢行疾，国君受吊。有大飞虫惊动人心，期在百五十日。其行迟，至难。期二百五十日中。又占曰：岁星逆行亢，其君不亲政事，朝廷多非其人。

石氏曰：岁星经亢朝，郑国有兵。

《春秋图》曰：岁星之亢，其年大熟，丝絮大贵。

郗萌曰：岁星入亢，或东或西，去亢一尺若三尺，地大动。期戊己食时。

陈卓曰：岁星乘亢右星，谷物有不成者，为大兵。

郗萌曰：岁星逆乘灭亢右星，为大人忧逆。乘灭左星，天下有奇令。又占曰:岁星舍亢,为岁小有水。

《黄帝占》曰:岁星舍亢南,地动。

郗萌曰:岁星出入留舍亢六十日,不下十月,有兵进来,守之,兵不用。国有名者死。退而守之,有客外来者,期十月。又占曰:岁星有留廷中,为天下忧。

石氏曰:岁星守亢,年大熟,天下有大令,国有忠臣。若守之去一尺七寸,星陨。又占曰:岁星守亢,下田丰,鱼十倍。又占曰:岁星守亢处其南,其岁地动。处其东,狗生妖。处其北,米大贵,人多徙。处其西,马生妖。守东,羊生妖,若狗生妖也。又占曰:岁星守亢,有小兵。

《海中占》曰:岁星守亢,为地动。又占曰:岁星守亢北,贵人多移徙,贵人为妖祥多疾。一曰大人流亡。又占曰:岁星守亢,王者有德令,禾稼熟。又曰:封侯有小疾,国君受吊。飞虫六畜生非其类为妖。有小贼,民多流亡。期百五十日若一年。又曰:居亢,岁旱。

郗萌曰:岁星守亢,天子大令国用忠臣。其守七日以上至四十日,国征大贤,王者更政号,期百五十日。一曰大赦,使行九州。

陈卓曰:岁星犯天府,边臣为乱。

郗萌曰:岁星守亢左星,为焦旱不生。一曰多虫蝗。守右星,五谷以水伤败。一曰有大兵,百二十日。又曰:岁星守亢十日而去,国大丰穰,库仓余。

《黄帝占》曰:岁星逆行守亢为中兵。

甘氏曰:岁星犯守亢,逆行,失其明色,王不用事。

岁星犯氐三

石氏曰:岁星犯氐,国无储。

《荆州占》曰:岁星犯氐左星,左中郎将诛死。犯右星,右中郎将诛死。皆期三年。

郗萌曰:岁星入氐,不出其年有赦。又占曰:岁星逆行氐,其君治宫室过制度。

《黄帝占》曰：岁星之氐，其岁熟，贱人有病。

郗萌曰：岁星乘氐之右星，天下有大水大兵。乘氐之左星，天子有自将兵于野。

《海中占》曰：岁星居氐，五谷以旱伤。

郗萌曰：岁星处氐西，岁多饥伤。北，有小贼，贵人多徙，牛多死，其肉杀人。南，马多死，民多寒热疾。

石氏曰：岁星出入留舍氐者，天库之星也。其国有急令，其岁则太平。还而守之，其国以兵致天下。又占曰：岁星守氐，孽妾有喜者。若与月合在氐而晕，不出四十日有德令。又占曰：岁星守氐，王者立后，期八十日。

甘氏曰：岁星守氐，君有喜，若拜后，不出九十日。又曰皇后喜。

巫咸曰：岁星守氐，国大饥，人民流亡。又占曰：岁星守氐，为民多疾病。

郗萌曰：岁星守氐南，其年地动。又占曰：岁星守氐逆行，其君不居其宫。

《荆州占》曰：岁星守氐，诸侯人君有来入宫者。其行疾，期六十日。其行迟，百二十日。（案《宋书·天文志》曰：宋后废帝元徽三年十月丙戌，岁星入氐。五年七月，废帝陨，安成王入纂皇统。后三年齐受禅。）又占曰：岁星守氐，为后夫人忧。谓东行反还，去两星二尺，期一百二十日。去两星一尺期六十日。与两星齐，期二十日。以赦解之。

陈卓曰：岁星守氐，五谷虫蝗，万物不成。

《海中占》曰：岁星守犯氐，成钩已环绕之，其国饥，人君失时，政令不行。

岁星犯房四

石氏曰：岁星犯房，太子之身居其所，避之九十日。

郗萌曰：岁星入房三道，为天子有子。

又占曰：岁星入房十日成钩己者，为天子恶之。以赦解之。又曰：为后夫人丧，过房东行复还反也。又占曰：岁星入房，更令。期百二十日。

《荆州占》曰：岁星入房，五谷丰，治太平，民无疾殃，有德令。期四月。

郗萌曰：岁星居房南，岁多旱，五谷以旱伤。居房北，多水，五谷以水伤。又曰：在房北，为大水，其国舟楫相望。又占曰：岁星处房南，民多寒热病。处房北，牛多死，其肉杀人。东，马多死。西，饥伤。

《黄帝占》曰：岁星舍房，玄色不明，有丧。又曰大水。

郗萌曰：岁星与房合，兵战满野。又曰有白衣之会。

《荆州占》曰：岁星中犯陵房，国君忧。色青，忧丧，色赤，忧兵，积尸成山。色黑，有将相诛。色白，有芒角，大哭。

《黄帝占》曰：岁星守房七日不出，有崩王。十五日不出，兵大起。

石氏曰：岁星守房，有白衣会，发男也。又占曰：岁星守房，其国多祸殃。吏民相伤，大臣将满道而行。又占曰：岁星守房，为大人忧。以赦解之。又占曰：岁星守房在南，牛马无羁縻。又占曰：岁星守房，五谷丰熟。

甘氏曰：岁星守房，天下和平。

《海中占》曰：岁星守房，他国有献马者，鱼盐十倍。

郗萌曰：岁星守房天仓，仓虚空。又占曰：岁星守房，为人主无下堂。又占曰：岁星守房，为天下诸侯相谋虑，道不通。又占曰：岁星守房，为边兵发。又占曰：岁星守房，为大饥，人相食，死者不葬。

又占曰：岁星守房，大赦。（案《宋书·天文志》曰：魏景元四年十月，岁星守房。占曰：将相有忧。明年正月，太尉邓艾、司徒钟会并诛灭。特赦益土。咸熙二年秋，又大赦。）

《荆州占》曰：岁星守房，王者心平，百姓得情。

《荆州占》曰：岁星守房，有反臣，大人丧，天下易王。

《黄帝占》曰：岁星行房南，若犯守之，为大旱。行房北犯守之，为大水。

《东官候》曰：岁星犯守房，去复还，色不明，成钩己，国有丧，白衣之会。

郗萌曰：岁星中犯，乘守房右骖若右服，其大人死所中，将相诛。（案司马彪《天文志》曰：孝明永平十六年正月丁丑，岁星犯房右骖北第一星，不见。辛巳乃见。房右骖为贵臣，岁星犯之，见诛。是后司徒邵穆与阜陵王延交通逆谋，自杀。）

郗萌曰：岁星逆留犯守乘陵房左右骖，主崩，臣有阴谋。逆行乘陵中道，天子失位而亡。顺行乘陵中道，天下平和。又占曰：岁星不入房中正道，其君不居明堂。一曰不敬明堂。

韩阳曰：岁星犯房钩钤，王者忧。

郗萌曰：岁星犯乘钩钤，大臣有误，天子不尊事天者，致火灾于宗庙中。王者不宜出宫下殿，有谋匿于宗庙中者。

《海中占》曰：岁星守钩钤，天下饥三年。

《荆州占》曰：岁星守钩钤，去之三寸，王者失政，宫门不开，近臣起乱。

岁星犯心五

石氏曰：岁星近心七寸以内，有暴贵者。不出百八十日。

《仰观占》曰：岁星犯心，所当之国战不胜。一曰将军斗死。

《海中占》曰：岁星犯心天子星，王者绝嗣。犯太子，太子不利。犯庶子，庶子不利。

石氏曰:岁星经心,清明烈照,天下内奉明王,帝必延年。

《黄帝占》曰:岁星至心,正不失道,天下和平。轨道失纲,灾变生。

《东宫候》曰:岁犯,犯庶子星,庶子有忧,不出百八十日。

郗萌曰:岁星不入明堂正道,其君不敬明堂。一曰不居明堂。

郗萌曰:岁星入心,天下诸侯有庆赏之事,期九十日。

《荆州占》曰:岁星入角守氐之心,满二十日以上,期不出一年之中,且有立王。其所行者无不利也。行疾则治肃,行迟则失职。

石氏曰:岁星乘心北,其国旱,室庙有焚者。南出行疾,有兵起。

石氏曰:岁星乘心,其国相死。

《海中占》曰:岁星居心,多旱,五谷以旱伤。又占曰:岁星合心,玄色不明,有丧。

《齐伯五星占》曰:岁星出入,留舍心之上,春夏粂贵,秋冬平价。二十日不下,冬兵大起,负海大败。六十日不下,天下有急令。

《春秋纬》曰:岁星守心,天子有庆赐。

《援神契》曰:岁星守心,年谷丰。

石氏曰:岁星守心,王者得天心,阴阳和,天下大丰,五谷成熟。有庆赐,贤士用,皆有令德。

巫咸曰:岁星守心,有火异。又占曰:岁星守心,万物五谷不成。吴楚其齐倍。

郗萌曰:岁星守天司空,贵人多病死。又占曰:岁星守天司空,土功起。又占曰:岁星守心东,马多死,其肉杀人。守心西,万物不成,多饥伤。守心南,多寒热病。守心北,牛多死,其肉杀人。

《荆州占》曰:岁星守心,七日以上至七十二日,名曰母覆其子。阴阳和平,王者得天心。忠士皆用,四夷服,天下安。

《黄帝占》曰:岁星逆行,守心环绕成钩己,为大人忌之,期六月。故赦以解之。

甘氏曰:岁星犯守心内,礼臣欲谋主。若旱,有土功。春夏粂贵，秋冬粜贱。若守之六十日不下，有急令。

石氏曰：岁星犯乘守心，大凶。

郗萌曰：岁星犯乘守心明堂，为大人忧。近期十月，远期三年。又占曰：岁星犯乘守心明堂，为内乱，臣欲杀主，有亡国。近期一年二年三年，远期二十八年。又占曰：岁星犯乘守太子星者，太子忧，不死则去。又占曰：岁星犯乘守太子星，女主势行。

石氏曰：岁星中犯乘太子位，太子忧。犯少子位，少子忧。又占曰：岁星中犯乘守心明堂，在阳为燕，在阴为外。

巫咸曰：岁星中犯乘守心明堂，为大战不胜，将军斗死。

郗萌曰：岁星中犯乘守心明堂，为万民备火。近期一年，中期三年，远期九年。一曰天下旱。又占曰：岁星犯乘心明堂，大臣当之。

《海中占》曰：岁星留逆犯守乘陵心者，王宫内贼乱，臣下有谋易主者，天子权在宗家得势大臣。

岁星犯尾六

石氏曰：岁星入尾，天下诸侯有庆贺之事，期九十日。

巫咸曰：岁星入尾，王者赐后宫，立太子。若后族有升显者。不出百八十日。

《东官候》曰：岁星入尾，妾为嫡，臣专政卖权，灾为起。

郗萌曰：岁星逆行而宿尾，天子淫佚。又占曰：岁星处尾旁，旱水。又占曰：岁星舍尾，处其东，冬龙马多死。处其北，牛多死，肉杀人。处其西，伤谷。处其南，民多寒热，政急。

《海中占》曰：岁星出入，留舍尾五十日不下，天下一国有大臣亡者。

《齐伯五星占》曰：岁星出入，留舍尾。尾者，燕之星也。其国则以义致天下。三十日不下，大乱。

《河图》曰：岁星守尾三十日，有逆杀上者，兵起车驰。

甘氏曰：岁星守尾，人民为变，大臣作乱，有反逆从大将家起，若中有谗谀臣。期二十日，若卿当之。又占曰：岁星守尾，谷大贵，人民归食。又占曰：岁星守尾三十日，王者立贵后夫人，若生太子，欲封宠后族。

郗萌曰：岁星守尾，为用事者当之。天下牢开大赦。

巫咸曰：岁星守尾，旱。

郗萌曰：岁星守尾成钩己，夫人女君死亡。

《玄冥占》曰：岁星守尾，王者赐后宫，立太子。

甘氏曰：岁星入尾而守之，人主以嫔为后，政在臣下。期四十日。

郗萌曰：岁星犯守尾，为女主、夫人、妃后恶之。又占曰：岁星留逆，犯守乘陵尾，皇后有珠玉簪珥惑天子者。诬谗大起，后相贵臣诛，宫人出走，兵起宫门。

岁星犯箕七

《春秋纬》曰：岁星犯箕中，天下大乱，兵大起。

郗萌曰：岁星犯箕，女主宫人有忧。

郗萌曰：岁星犯箕，为天下大赦。

石氏曰：岁星入箕，天下大乱。其中有一星，民莫处其室养者。星在箕南，旱。在北，有水。箕踵者，岁熟。

巫咸曰：岁星入箕中，伺其出日而数之，皆如期二十日兵发。伺始入处数之，率一日期十日军罢。

郗萌曰：岁星入箕，粢价三倍。又占曰：岁星入箕中行，病。宫中有口舌相谗事。期五十日，若百二十日。

《荆州占》曰：岁星入箕，盗大起，多斗死者，岁不熟。

石氏曰：岁星出箕，谷大贵，天下大旱，饥死过半。

郗萌曰：岁星逆行入箕中，其君淫佚。

《春秋图》曰：岁星之箕，年多风。

郗萌曰：岁星出入留舍箕，箕者，燕之星也，岁星守之，其国以武致天下。六十日不下，其燕且有为致天下也。又曰：岁星居箕，多旱。

《春秋纬》曰：岁星守天司空，岁水。

甘氏曰：岁星守箕，多恶风，有旱灾，其国大饥，人相食。

郗萌曰：岁星守箕东，岁熟。南，小穰熟，北，大穰。西，饥。

郗萌曰：岁星守箕，贵人多死病。又占曰：岁星守箕，为其岁水。又占曰：岁星守箕，则多土功。又占曰：岁星守司空，大臣卫守。

《东官候》曰：岁星留守箕七日以上，去之七尺以内，贵女有尊进者。

开元占经卷二十五

岁星占三

岁星犯北方七宿

岁星犯南斗一

石氏曰:岁星犯南斗,为赦。

《北官候》曰:岁星逆行犯南斗,其君赏赐非其人。

《海中占》曰:岁星入南斗中,死者甚众。

郗萌曰:岁星入南斗,天下受爵禄,近期六十日,远期百二十日。

《荆州占》曰:岁星入南斗中,水不可当。

陈卓曰:岁星入南斗魁中,有殃。一曰岁旱。一曰:斗为宰相,岁星入斗,留二十日以上,卿相有忧。太后恶之。又曰:逆行入斗中,必有亡国死王。

《北官候》曰:岁入南斗,必有受禄增爵者。

石氏曰:岁星经南斗,吴国稻粱大熟。

《春秋纬》曰:岁星入南斗,五谷丝麻价平。

《海中占》曰:岁星居南斗,五谷以旱伤。

郗萌曰:岁星居南斗,河戍间道不通。又曰:岁星处南斗北,不利儿子。处斗西,岁多饥伤,民多死。处斗南,多病寒热。又曰:岁星处南斗北,岁早水晚旱。

《北官候》曰:岁星处南斗西,虎狼入国。一曰:民多死。处南斗南,多亡狗。

郗萌曰:岁星处南斗,旗不用,众有天下。

《荆州占》曰:岁星入南斗,二十日以上至二百四十日,主者用德,忠臣升位。

郗萌曰:岁星舍南斗,处其北,牛多死,其肉杀人。处其东,马多死。又曰:岁星出入留舍南斗,六十日不下,天下大流亡。退而守之，其国有兵，客大破。

《考异邮》曰：岁星守南斗，君臣乖倍。

石氏曰：岁星守南斗魁，失道者死。又曰：岁星守南斗，天下大饥，人相食。

《荆州占》曰：岁星守南斗，君臣俱明，天下更年，五礼更兴。

《感精符》曰：岁星逆行入南斗守魁中，大臣国相逆，天下叛离不同心，君臣不和顺。行而守南斗，既去而复还居之，不久易其色常光明，天下同心，君臣和义。

《北官候》曰：岁星逆行守南斗，其国且有兵。一曰有军来者。一曰客军大败。

郗萌曰：岁星舍木退而守南斗，其国且有兵，客军大败。（牵牛，为木星也。）

巫咸曰：岁星入南斗者，留守斗，所守之国当诛。

《春秋图》曰：岁星犯南斗而守之，大臣逆谋，其国有兵，年大饥，人相食，岁大恶。

郗萌曰：岁星犯南斗，百日兵用，大臣死。

陈卓曰：岁星犯守南斗，有赦。

岁星犯牵牛二

郗萌曰：岁星入牵牛，为天下牛车有行。又曰：岁星入牵牛，诸侯有失期者。

《荆州占》曰：岁星入牵牛，岁多水，虎狼害人。民人冻死。臣谋其主。民饥，贵人多死，小儿多死。

石氏曰：岁星行牵牛，越贡献金银。

郗萌曰：岁星逆行牵牛，其君不爱亲戚。

《春秋图》曰：岁星之牵牛，筋皮革大贵。

《玉历》曰：岁星之牵牛，岁水，民饥，有自卖者。

郗萌曰：岁星乘牵牛，为天下有大水。

郗萌曰：岁星乘牵牛，为人相弃于道。又占曰：岁星居牵牛，多旱。一曰居牵牛南三尺,旱。

《海中占》曰:岁星舍牵牛,杀虎狼入国。一曰守牛西,虎狼多入邑中者。

郗萌曰:岁星出入留舍牵牛,三十日不下,天下大臣且有死者,致于鈇钺之中。九十日不下,大将出,客兵来。期不出三年。

《孝经章句》曰:岁星守天关在其北,民流死。在西,民以风灾死,若虎狼入国。在其南,狗多狂亡。在其东,不利婴儿。

石氏曰:岁星守牵牛,三十日至九十日,天下和平道德明,四夷朝中国。又曰:岁星守牵牛,农人死于野,阴阳不和。

巫咸曰:岁星守牵牛,马五谷多伤。

《海中占》曰:岁星守牵牛,臣谋君,籴贵,三月乃复。

郗萌曰:岁星守牵牛,为谷贵。又曰:岁星守牵牛东,春牛大疠。一曰居南,夏牛大疠。

陈卓曰:岁星守牵牛南,五谷以水伤。守牛东,万物不成,饥民流亡。六畜若牛多死病。大臣有谋事。守牛北,民寒冻死。守牛西,地气发泄,岁多水。

《文曜钩》曰:岁星犯守牵牛,大臣谋其主,大人有戮死者。火犯众,火宫火大起,道路不通。

甘氏曰:岁星犯牵牛留守之,为破军杀将。

陈卓曰:岁星犯牵牛,贵人多丧,诸侯失明。

岁星犯须女三

甘氏曰:岁星入须女,有进美女者,大人有庆,若有女喜,立后拜太子。期三十日,若九十日,宫人有受赐者。

《北官候》曰:岁星入须女,诸侯有贺天子以美女。期三十日,若九十日。

石氏曰:岁星经须女,越贡献金银。

郗萌曰:岁星居须女,宫中有水灾。一曰五谷有水伤。

《玄冥占》曰:岁星居须女,岁多水。

《荆州占》曰：岁星留须女二十日，布帛大贵，期四十日。

巫咸曰：岁星宿须女而逆行，其君不务农桑令。

《黄帝占》曰：岁星出入，留舍须女而守犯，至三十日不下，小人有庆。五十日不下，更立侯王。六十日不下，兵起于野。冬入在春也。

郗萌曰：岁星出入留舍须女，不出二年，天下用兵。

《黄帝占》曰：岁星守须女，籴石三百，民有自卖者。

《春秋图》曰：岁星守须女，丝麻大贵。

石氏曰：岁星守须女，国邑饥。一曰有丧。一曰大水，且主有女丧。

郗萌曰：岁星舍须女东，不利儿子。舍其南，多亡狗，狗多嗥。舍其西，虎狼入邑，民多风雷死。舍其北，多寒冻死。一曰多鼠。

巫咸曰：岁星守须女，三日以上，至二十日，去之一尺（《荆州占》曰去之三尺）以外，王者欲发财宝，若发女工伎，不出七十日。

巫咸曰：岁星守须女，为万物不成。又曰：岁星守须女，寡妇多死。一曰大人有庆。

《海中占》曰：岁星守须女，有嫁娶布帛之事。

郗萌曰：岁星守须女，为后夫人有变。一曰妾为主。又曰：岁星守须女，谷不熟。

《玄冥占》曰：岁星守须女，国大饥。

陈卓曰：岁星逆行，留犯守陵女，天子及大臣有疾，女有奇政令。

岁星犯虚四

甘氏曰：岁星入虚，天下大虚。

巫咸曰：岁星入虚中，伺其出日而数之，二十日皆为兵发。伺始入处之，率一日期十日，军罢。

郗萌曰：岁星入虚，为天下大乱，政急，大人忧有德令。

《荆州占》曰：岁星入虚百二十日已上，有功臣封立侯国邑。其犯乘守，其东西南北，宰相有重诛者，必有德令。

郗萌曰:岁星逆行虚,其君简祭祀。

石氏曰:岁星经虚,齐国多美女。

《春秋图》曰:岁星之虚,五谷大熟。

郗萌曰:岁星居虚,岁多水,五谷以水伤。又曰:岁星出入,留舍虚一岁,乃下更元年。

《齐伯五星占》曰:岁星出入,留舍虚十日不下,天下苦。

《孝经章句》曰:岁星守虚在东,民多暴死。守其北,不占。在其西,其岁少雨。在其南,王者宫中有忧,宰相之家坐弃市。

石氏曰:岁星守虚七日已上,尽三十日,王者起宗庙修陵,家有白衣之会,不出九十日。

甘氏曰:岁星失色守虚,天子改服,不出六十日。

郗萌曰:岁星守虚,天下兵大起。又曰:岁星守虚,君将离散,其卒多死亡。又曰:岁星守虚,食贵,民自卖。又曰:岁星守虚三月已上,有裂土受爵者。

巫咸曰:岁星入虚,留守之二十日不下,有立诸侯。六十日不下,国有死亡。百日不下,改年号,大臣戮死。期二年。

《海中占》曰:岁星犯虚而守之,王者以凶改服,有白衣之会。不出六十日,天下饥。又民流千里,君臣离散。(《宋书·天文志》曰:晋惠帝永宁元年七月,岁星守虚危。二年十二月,成都河间长沙王又讨齐王冏,交战攻焚宫阙。冏兵败,夷灭。又杀其兄上将军寔以下二十余人。大安二年,成都攻长沙。于是公私饥困,百姓力屈。)

岁星犯危五

郗萌曰:岁星入危,政在臣下,期在四十日中。

《荆州占》曰:岁星入危三月以上,有受爵土者。又曰:岁星入危,天下大乱,若贼臣起。

《春秋图》曰:岁星之危,民不宁处。

石氏曰:岁星舍危南,雨血膏王室。

郗萌曰:岁星出入,留舍危六十日不下,国君死之。

石氏曰:岁星守危,三月若二十日,诸侯兵起。

甘氏曰:岁星守危,立诸侯,天子更宫室,民多土功,若有哭泣事。又曰:岁星守危,民不宁。

巫咸曰:岁星守危,徭役烦,赋敛众,下屈竭,莫能俱,不恶其上,强凌弱,兵起。又曰:岁星守危,为多盗贼,人民相恶。

《海中占》曰:岁星守危,国有兵忧。一曰兵并起。

郗萌曰:岁星守危,多雨,为来岁损。又曰:岁星守危,为大人盖屋事。

郗萌曰:岁星守危,处其东,民多饥死。

《玉历》曰:岁星守危七日以上,去之四尺外,则王者治宗庙,高宫阙,不出四十日。

郗萌曰:岁星守危,其君简祭祀。

《玄冥占》曰:岁星入危,守之百日不下,谷贵。

《玄冥占》曰:岁星入危,守之三十日不下,诸侯兵起。六十日不下,其国亡。百日不下,谷贵,客军将死。

郗萌曰:岁星守坟墓,为人主有哭泣之声。

岁星犯营室六

石氏曰:岁星犯营室,犯阳为阳有急,犯阴为阴有急。

郗萌曰:岁星犯营室,有土功之事。

《黄帝占》曰:岁星入营室,过而去,人主有庆赐之事,天下当有受爵禄者。

郗萌曰:岁星逆行营室,其君用兵不时。一曰其君不还。

《春秋图》曰:岁星之营室,田宅大贱。

郗萌曰:岁星处营室东壁,半赦。其去阳之阴,天下喜,牢中虚。又曰:岁星处营室东壁北入月不移,有兵,七十日罢。又曰:岁星处营室东,食贵。处南,春食贱。处西南,马牛贱。

《海中占》曰:岁星舍营室东,民多徙去。处其北,民有忧。

《北官候》曰:岁星宿营室,不顺正道,其君吏不选者。

郗萌曰：岁星出入留舍营室，八十日不下，其地半动。九十日不下，有急令。一曰大将出。

《齐伯五星占》曰：岁星出入留舍营室，主危。又曰：岁星守之，其国有急令。

《春秋纬》曰：岁星守营室，天下皆以饥为忧。

《春秋纬》曰：岁星守营室，其国有急令。

《孝经内记》曰：岁星守营室，在其东，有喜事，期四十日应。在其北，民忧，期三十日。在其西，期四月五月粂贵，及黍贵十倍，有铜弊之事。在其南不占。

石氏曰：岁星守营室，人君施不加亲戚，宫中有火灾，人君不安。

巫咸曰：岁星守营室，为民多病疾。

《海中占》曰：岁星守营室三日以上，王者去正殿，居省室，布恩德，赦有罪，则无咎。

郗萌曰：岁星守营室，为土功事，粂贵。又曰：岁星守营室南，有迁王。一曰立后。又曰：岁星守营室，为大人忌。以赦令解之。又曰：岁星守营室，为宫中女有夭死者。又曰：岁星守营室中，为后夫人忧。

《玄冥占》曰：岁星守营室。其年国有得地。

《帝览嬉》曰：岁星近守营室三日以上，王者避正殿，入省室。二十日以上至七十日，王者自整三军御贼，天下兵车行。

石氏曰：岁星犯守营室，君有德者得地归，与民爵。

郗萌曰：岁星犯守营室，宫中有夭死，大人皆有土功之事。

《荆州占》曰：岁星犯守营室，为女有宗庙事，以赦解之。

岁星犯东壁七

《北官候》曰：岁星入东壁三月，天下男子有庆贺，君受爵禄。

郗萌曰：岁星逆行东壁，其君决狱不以时，赦令不明。

石氏曰：岁星居东壁，五谷以水伤。

《春秋图》曰：岁星舍东壁，人心不宁。

郗萌曰：岁星舍东壁北，民忧，期二十五日。又曰：岁星出入留舍东壁，五十日不下，大人当之。九十日不下，土功大起。百日不下，国空，有徙王。又曰：岁星出入，留舍东壁，人民流亡，不归其乡。三十日不下，五谷贵。

甘氏曰：岁星守东壁，王者有尧舜之治，四海同心。

郗萌曰：岁星守东壁，人君施不加亲戚。宫中有火灾，人君不安。又曰：岁星守东壁，诸侯相谋。又曰：岁星守东壁，为大人卫守。又曰：岁星守东壁，为天下兵起。一曰秋兵起。又曰：岁星守东壁，为有土功事。又曰：岁星守东壁，为岁多晚水。

《荆州占》曰：岁星守东壁，去之九寸，守四十日至百四十日，王者好文章，天下举用文士，不出百八十日。

陈卓曰：岁星守东壁，天下大赦。

《玄冥占》曰：岁星守东壁，天下大兴。有圣主朝廷群臣，天下同心。

《河图》曰：岁星逆行，守东壁若成勾己，其君教令不明，人心不宁。木能害土故也。

开元占经卷二十六

岁星占四

岁星犯西方七宿

岁星犯奎一

郗萌曰:岁星入奎,其年五谷以虫为害。居其南,春籴贱,牛马缯帛皆贱。居其西,籴贵,凡物皆贵,民不安。

《海中占》曰:岁星润泽出奎,有善令。变色入奎,有伪令来者。若出奎,有伪令,出使者。

《帝览嬉》曰:岁星之奎,有喜庆之事,若有赦令。

石氏曰:岁星居奎,五谷以水伤。处奎中,有土功之事。

郗萌曰:岁星处奎中,有白衣之会。

《海中占》曰:岁星处奎中,小赦。

《帝览嬉》曰:岁星舍奎南,牛马缯布帛贱。舍其北,八月兵起。七十二日罢,或至三岁乃罢。

《海中占》曰:岁星舍奎处其南,春食贱。处其东,籴乍贱乍贵,民移徙不安。处其西,四月五月食贵。处其北,民忧。

《齐伯五星占》曰:岁星出入留舍奎,有小旱,晚多水雨。居左右者,不占。其中者,外客军且来矣。

《黄帝占》曰:岁星守奎,北夷来降。

《洛书》曰:岁星守奎三十日,天下道兴符明。

《洛书》曰:岁星守奎,五谷成熟。

石氏曰:岁星守奎,大饥。

甘氏曰:岁星守奎,其国道兴。王者至仁行,忠臣并进,天下三年而平。

《海中占》曰:岁星守奎,执法吏多死。

《海中占》曰:岁星守奎逆行,旱,五谷耗。其顺行,色润泽,即岁大熟。

《海中占》曰：岁星守奎南，马贱。一曰牛贱。

郗萌曰：岁星守天库，多狱贵人。又曰：岁星守天库，以饥起兵，若有客军。又曰：岁星守奎，为有沟渎事。一曰有水事。

《荆州占》曰：岁星守奎，王者忧之。一曰大人当之。又曰：岁星逆行守奎，女子多死。

《河图》曰：岁星入奎中而守之，国有匿谋，有兵起，人主有忧，若大臣当之。

甘氏曰：岁星逆行入奎而守之，其君好攻战，兵甲不息，人民流亡，不安其居。

岁星犯娄二

《荆州占》曰：岁星入娄，国有聚人若有丧，期一年。

《海中占》曰：岁星入居娄中，小赦。

《春秋图》曰：岁星之娄，牛马大贱。

郗萌曰：岁星居娄，五谷以水伤，岁多水。

《海中占》曰：岁星处娄南，春食贱，牛马缯帛贱。处其北，八月兵起，七十二日罢。远期三年。

郗萌曰：岁星处娄北，有夺地之君。处东，金器贵。

《海中占》曰：岁星舍娄胃，去娄舍奎，有赦。

《河图圣治符》曰：岁星守娄，天下赦。

石氏曰：岁星守娄三十日不下，天下平。九十日不下，国有兵，谷贵。

甘氏曰：岁星守娄，王者承天得度，天下安平。

巫咸曰：岁星守娄，王者承天位，天下安宁，有庆贺，有兵罢。

司马彪曰：岁星守娄，为兵，为匿谋。

《海中占》曰：岁星守娄中又晕之，大赦，期九十日。

巫咸曰：岁星守娄，民多疾疫。

郗萌曰：岁星守娄，有土功之事。一曰大热。又曰：岁星守娄，岁多狱贵人。又曰：岁星守娄，有死君，岁大饥。又曰：岁星守娄，有白衣之会。

《荆州占》曰：岁星守娄东，有徙民。守其北，有兵。守其西，不占。守其阴，牢空，天下有庆贺。又曰：岁星守娄，有德令，牛马多死，苑囿空虚。

《玄冥占》曰：岁星守娄，去之五尺以外，守之十五日以上至三十日，王者出祀四海山川百神。不出九十日。

《西官候》曰：岁星守娄南，春粜贱，牛马又贱。皆在岁月中。守其东，一贵一贱。守其中，有白衣之会。又有小赦。

《玄冥占》曰：岁星守娄，六畜大贵，其国尤甚。

《海中占》曰：岁星逆行守娄，甚其君牢吏，狱断不以时，人多怨讼，若有赦令。

《感情符》曰：岁星入娄犯守之，有白衣众聚。三十日不下，其国有兵。九十日不下，必有大丧，期三年。

岁星犯胃三

郗萌曰：岁星犯胃，为天下谷不实，以食为忧。

石氏曰：岁星经胃昴毕，赵水涝，鱼行人道。

《春秋图》曰：岁星之胃，其年早霜。又曰：岁星处胃北，八月兵起，七十二日罢，远三年。

郗萌曰：岁星处胃中，有白衣之会。处其南，男子疾。一曰牛马贱。处其东，民移徙不定，若食贵。又曰：岁星舍胃，是谓去阳之阴，有喜，牢空。

《荆州占》曰：岁星宿之逆行胃，其君不爱五谷。

《齐伯五星占》曰：岁星入留守胃，国家即妄动土功事，不祥。小人且亡。丝绵布帛有急令。

郗萌曰：岁星出入留舍胃，兵起不用。一曰大人有忧。一曰十月小旱。

《巫咸占》曰：岁星守胃，为兵灾，万物不成。

《黄帝占》曰：岁星守胃，国以无义失币，有水旱事。

甘氏曰：岁星守胃，王者顺天德，中畿国昌。

《海中占》曰：岁星守胃岁大热，一曰五谷大熟。

郗萌曰：岁星守胃，赵兵伐中国。

《荆州占》曰：岁星守胃三尺以外，守入二十日，王者开仓廪，大赋天下，转运不出百八十日。

《甄曜度》曰：岁星入胃犯守之，国有更令，大人有忧。若有祸殃，必有土功。

郗萌曰：岁星犯守胃，邻国有暴兵伐中国者。

《荆州占》曰：岁星犯胃，国有变更之令，期四月。又曰天下狱空。

陈卓曰：岁星犯守胃，天下无人。

岁星犯昴四

《甄曜度》曰：岁星入昴，胡兵入国，有土功，若有赦令。

郗萌曰：岁星入昴，天下有白衣之会。期六十日，远百二十日。

郗萌曰：岁星入昴中，小赦。

《西官候》曰：岁星入昴，为金宝贵。

《春秋图》曰：岁星之昴，棺木大贵。

郗萌曰：岁星乘昴若出北者，为阴国有忧。若外王死。

郗萌曰：岁星居昴毕间，赤色，大旱。一曰其国有大殃。又曰：岁星处昴南，男方病，岁旱早水晚。处昴北，多暴雨。处昴东，徙民。又曰：岁星留之逆行昴，其君杀不辜。

《荆州占》曰：岁星舍昴处南，有土功，民多口舌。

郗萌曰：岁星入留舍昴，五十日不下，必有死君，期三岁。若有死将，期四月。又曰：岁星出入留舍昴，其年早霜。

《齐伯五星占》曰：岁星出入留舍昴，胡人以出，其国无兵，禾豆耗，布帛贵。

《黄帝占》曰：岁星守昴东，粲大贵。三月复守北，其国有德令。

《孝经章句》曰：岁星守昴，在其南，籴一贵一贱，其月土功，有死君，变其政。在其东，金器刀剑贵。在其北，有别离之国，夺地之君，若死。在其西，不占。

甘氏曰：岁星守昴，王者有德令。昴者，天之囚室。岁星近之，下狱之臣皆有解者，不出四十日。

巫咸曰：岁星守昴，大饥，为万物不成。又曰：岁星守昴，大旱，多火灾，若有兵。

《海中占》曰：岁星守昴，天仓实。

郗萌曰：岁星守昴，夷狄胜中国。又曰：岁星守昴北，多暴雨。又曰：岁星守昴东，行至天高，复反至五车，边兵发。一曰为赦令。

石氏曰：岁星入，若守天狱，天下狱虚。

《河图》曰：岁星犯守昴，大臣有坐法死者。津关吏忧，人民饥，多食草实。

郗萌曰：岁星中犯乘守昴，为兵北征于狄。一曰近臣为乱。一曰白衣之会。

甘氏曰：岁星守昴，王者失礼，陷于刑。大赦除咎。

郗萌曰：岁星中犯乘守昴，天下有福。一曰近臣为乱。

岁星犯毕五

《黄帝占》曰：岁星犯毕，出其北为阴国有忧，出其南为阳国有忧。

《圣洽符》曰：岁星入毕口，将相忧，大人当之。期不出百八十日。

石氏曰：岁星入毕中，边有兵。

巫咸曰：岁星入毕中，各伺其出日而数之，期二十日，为兵发。伺始入处之率，一日期十日，为军罢。

郗萌曰：岁星入毕，为其国易主。又曰：岁星入毕中，边有忧兵。

《西官候》曰：岁星入毕中，八十日若有百四十日，人君谋，兵大起。

石氏曰:岁星出毕阳则旱,出毕阴则水。为政令不行。

郗萌曰:岁星逆行毕,其君畋猎不时。若徙倚不明,其君不敬祠。

《春秋图》曰:岁星之毕,有德令。

郗萌曰:岁星居毕昴间,色赤,大旱,国有大殃,在王。一曰在民。又曰:岁星处毕北,其岁有赦令。有别离之国,夺地之君。一曰:岁星处毕南,有土功,男子多疾,早旱晚水。处毕东,多暴雨,金器刀剑贵。又曰:岁星出入留舍毕,二十日,其国有以武致天下。丝絮布帛大贵,两百斤千。

《荆州占》曰:岁星出入留舍毕,三十日不下,人民流亡,不反故乡。

《春秋图》曰:岁星守毕,王者出游猎,不出四十日,兵车行。

石氏曰:岁星守毕中,国大赦。王赐夷狄,若有德令。一曰籴大贵。

巫咸曰:岁星守毕,为大旱,多水灾。

郗萌曰:岁星守毕,万物不成,国以饥亡。

《玉历》曰:岁星入毕,留守之三十日不下,人君有谋,大兵起,有攻战。客军败,人民流亡,不反其乡,期一年。

陈卓曰:岁星犯守毕,年谷小丰。

《西官候》曰:岁星犯守毕,军乱国,有赦令。王者有赐,夷狄若有谋兵。期八十日若二百四十日。

陈卓曰:岁星犯毕附耳,兵起,若将相有丧忧也。若不即免退。

岁星犯觜觿六

石氏曰:岁星犯觜觿,万物不成。

石氏曰:岁星犯觜觿,其国兵起,天下动移。

郗萌曰:岁星入觜觿中,伺其出日而数之,期二十日兵发。伺始入处之率,一日期十日,军罢。

郗萌曰:岁星入觜觿,五谷更贵更贱,岁一旱一水。天气不和调。一曰有兵。

郗萌曰：岁星入觜觿，多盗贼。又曰：岁星逆行觜觿，其国君诛罚不当。

《春秋图》曰：岁星之觜觿，兵器大贵。

《洪范传》曰：岁星舍觜觿，为白衣之会。

郗萌曰：岁星入留觜觿，六十日不下，禾豆半伤。九十日不下，侯王见功。又曰：岁星出入留舍觜觿，二百日不下，客军大败，主人大胜。一曰山林空。

石氏曰：岁星守觜觿三日以上，王者大将军出兵在道。

石氏曰：岁星守觜觿，国有反者，民疫，天下大饥。又曰：岁星守觜觿，西方客动，侵地欲为。君主崇礼以制义则国安。

又曰：岁星守觜觿，君臣和同。

《荆州占》曰：岁星守觜觿，妖怪起，丁壮多暴死。

《玄冥占》曰：岁星守觜觿，大臣且亡。（魏时，木守觜觿，后诸葛公亡。）

《齐伯五星占》曰：岁星守觜觿六十日，五谷伤。九十日兵起。

石氏曰：岁星犯守觜觿，不出一旬，民病疟。

《海中占》曰：岁星犯守觜觿，不出一旬，必有侦候之事。农夫不耕，天子皇后俱崩，期甲辰日。

《玉历》曰：岁星犯守觜觿，三十日，五谷伤，其国大饥，民多饿。天下大疫，农夫不耕，妇女不绩。

岁星犯参七

石氏曰：岁星犯参，水旱不时。

《圣洽符》曰：岁星入参，天子更布政，宰相不安，期六月。

郗萌曰：岁星逆行参，其君诛罚不当。又曰：岁星逆行若留上衡中，为兵革起。

《黄帝占》曰：岁星处参东若处伐东，多走民，多暴雨。处参西若处伐西，多流民从东方来。处参北若伐北，衡水。

郗萌曰:岁星处参南若处伐南,为易君。一曰大人多寒热之疾。处参北,国有易相。处参东若伐东,晚稼不成。处参西若伐西,产子者多死。一曰老人多死。

《荆州占》曰:岁星处参所近者,是王者欲封为远国君也。期一年。

郗萌曰:岁星宿参若宿伐者,为有反臣中兵也。

《荆州占》曰:岁星入参七日以上至七十日,王者欲出之他国,不出百八十日。

石氏曰:岁星守参,国有反者,五谷更贵。又曰:岁星守参,天下农夫不耕。又曰:岁星守参,有赤星出参中,边有兵。

甘氏曰:岁星守参,其岁大疫,王者恐疫。木入金,其君危。

《荆州占》曰:岁星守参,多雨岁恶。

巫咸曰:岁星守参,万物不成,民大饥。

《海中占》曰:岁星守参,多盗贼。高田贵,下田贱,其年树木多烂。

郗萌曰:岁星守参,晚稼不成。

《海中占》曰:岁星守参,后夫人当之。一曰天下有兵惊。一曰旱,人民多病。

《春秋图》曰:岁星入参犯守之,其国以兵致天下。退而守之,士卒有惊。若离散,五谷贵。一曰水火为败。

郗萌曰:岁星入参守伐,天下有兵惊,不足伤民。天下受兵事。

开元占经卷二十七

岁星占五

岁星犯南方七宿

岁星犯东井占

《黄帝占》曰:岁星入东井,军在外.岁星进兵退,岁星退兵进。

郗萌曰:岁星入东井一南一北,侯王优。又曰害于黍稷。

《黄帝占》曰:岁星入东井,留二十日以上,易正朔。又曰:天下有土功、川渎之事。期十月,若十一月。又曰:居其东,五谷不成。居其南,国君病,诸侯多死。居其西者,及儿子多死。居其北,有改令。

《黄帝占》曰:岁星出入留舍东井,三十日,天下一国有水者。

陈卓曰:岁星在东井,兵起。近期一年,远五年。

《黄帝占》曰:岁星中犯东井,人君有戮者。

陈卓曰:岁星犯守东井,王者法令急,多狱事。其年大水,民饥,天下改令。

郗萌曰:岁星中犯乘东井,其国内外有兵起。(案孝武帝政和二年四月乙卯,岁星在东井。占曰:兵起,近期一年,远五年。到三年正月,匈奴入五原酒泉,杀两都尉。三月遣将军广利七万人出五原,御史大夫高成将兵三万人出河西,重合保马通将四万骑出酒泉,与虏战,多斩首。广利败匈奴,积三年。又案,魏甘露三年三月庚子,岁星顺行犯东井距星。占曰:兵起。到景元元年己丑,太后令曰:昔日立东海王子鲩,悖逆不道,自陷大祸,以民礼葬之。京师严兵。积二年三月。)

《荆州占》曰:岁星去东井七寸,七日以上至一百五十日,则王者用法,大臣修度,天下和平。

石氏曰:岁星守东井,河溢。

甘氏曰：岁星守东井，法令急，多狱事，其年大赦。

《黄帝占》曰：岁星守东井，岁大饥，人民疾病。

《黄帝占》曰：岁星守东井南，男子多寒热病。

郗萌曰：岁星守东井，大人多病，若有丧。守其北，多暴雨。又曰：岁星守东井，若将相死。一曰君死。又曰粢贵。

石氏曰：岁星守东井，旱。

《荆州占》曰：岁星守东井，道上多死人。

《黄帝占》曰：岁星守东井，水。

郗萌曰：岁星守东井，百物五谷不成。久守之，金钱易。

陈卓曰：岁星守东井，百川皆溢。

郗萌曰：岁星入，若守东井，有土功事。又曰：岁星入犯乘守东井，留三日以上，其岁诸侯当之。

《感情符》曰：五精入东井，从岁星聚杀，白而发黄，神奉绝用，兵卒乱，以义得天下。

石氏曰：岁星逆行东井，有兵。一曰：岁星守东井，有兵。（案《宋书·天文志》曰：晋永兴二年九月，岁星守东井。占曰：有兵。井，又秦分也。是年荀晞破公师蕃，张方破范阳王虓，关西诸将攻河间王颙，颙奔走，东海王迎杀之。）

郗萌曰：岁星逆行东井，其君出入不时。

陈卓曰：岁星逆行东井，山川壅塞。又曰：岁星中犯乘守东井若钺，人君有戮死者。又曰：岁星环绕钺，诸侯诛。一曰赦。（案魏武帝甘露二年八月壬午，岁星犯钺。其年九月庚寅，岁星逆行井钺。到三年征东将军诸葛诞诛，积六月应。）

《黄帝占》曰：岁星入钺，大臣诛。一曰岁星入钺，贤相死。

郗萌曰：岁星干钺者，为斧钺用。又曰：岁星中犯乘守钺，其国内乱兵起。

岁星犯舆鬼二

郗萌曰：岁星入舆鬼，相诛。

巫咸曰：岁星入舆鬼，为十日以上，金钱大散于诸侯。期六十日，若十月。

石氏曰：木入舆鬼，大臣诛。一曰乱臣在内。（案汉孝武帝后元二年十月戊午，岁星在舆鬼中，占曰：大臣有诛者。一曰有金钱之赐令，近期一年，远五年。到昭帝始元二年二月，赐诸侯王列侯，进宗室金钱各有差。七月，赐天下民牛酒。到四年六月，复赐丞相以下至郎吏钱帛各有差。廷尉李种有罪弃市。在期内如占说。又案汉宣帝元康二年六月，岁星入舆鬼，到四年三月乃出。占曰：岁星入舆鬼满数十日，金钱帛之施诸侯。一曰大臣诛。一曰岁乐，粜石三四十钱。一曰有大丧，近期一年，远五年。其月诏赐天下将吏二千石、诸宗室高年钱帛，男子爵，女子牛酒。是比年丰，谷石五钱。大司马卫将军张安世薨。到神爵二年，司隶尉盖宽饶有罪自杀。又案魏甘露四年四月甲申，木犯舆鬼东南星，东南星主兵。占曰：木入舆鬼，大臣有诛者，金钱之令。到景元元年五月，尚书王经伏诛。到六月当逆乡公即位，赐天下民爵，积一年二月也。）

石氏曰：木犯守鬼，积尸，邦有兵。犯南星，王有疾崩，若戮死者。近布帛，发布帛。近金钱，发金钱。近马发马。近兵发兵。七寸以内为近，其守之三日以上，所发明审也。又曰：岁星逆行，出鬼阳，男坐之。阴，女坐之。出鬼左，贵女坐之。右，为贵人坐之。抵其中央，君坐之。

郗萌曰：岁星去五诸侯入舆鬼，诸侯世子有疾死者，期六十日，去天高入舆鬼，不出百二十日，大人恶之。

石氏曰：岁星出入留舍舆鬼，五十日不下，有大丧。六十日不下，国相不明。百日不下，民半死。

郗萌曰：岁星舍舆鬼东北，麻豆成，稻不成。舍东南，豆麦熟，有渴死人。舍西南，万民多丧。舍西北，黍稷成麦不成，早蚕不熟，晚蚕熟。舍中，岁乐，石三四钱。

《黄帝占》曰：岁星处舆鬼南，有易君。处其北，国易相。处其西，杀老人。一曰杀妊子者。

甘氏曰：岁星犯舆鬼，人君必有所戮。

巫咸曰.岁星守舆鬼，天子赐诸侯金钱。

郗萌曰：岁星守舆鬼，五谷多伤，民以饥死者无数。又曰多狂病死者。

《海中占》曰：岁星守舆鬼，角动，有杀主者。色黑，诛死不成。

石氏曰：岁星犯天尸，国有兵，王者病疾。一曰人君有戮死者。

《海中占》曰：木守鬼，出其北，旱。出其南，雨水，五谷熟。

郗萌曰：岁星逆行舆鬼，其君不聪明，用财奢浮过度，治衰。

《荆州占》曰：岁星逆行舆鬼，其君不聪于事。

《荆州占》曰：岁星入舆鬼，财宝出。

《荆州占》曰：岁星入舆鬼，乱臣在内，有屠城。

郗萌曰：岁星乘质，铁钺用。

《荆州占》曰：岁星乘质，君贵人忧，金玉用。人民多疾。从南入为男，从北入为女，从西入为老人，从东入为丁壮。若棺木倍价。

司马彪《天文志》曰：岁星入舆鬼，为死丧。

《荆州占》曰：岁星干犯守舆鬼者，皆为天下有大丧。阳为后，左为天子，右为贵臣，又随所守主物，王者发之，不出七十日。

石氏曰：岁星守舆鬼，为大人有祭祀事。

郗萌曰：岁星守舆鬼，大人以命终。又曰：岁星守舆鬼西南，皆为秦汉有反臣。以赦解之。

岁星犯柳三

郗萌曰：岁星入天库，以饥起兵。一曰五谷收入。

石氏曰：岁星入柳，诸侯有庆贺，天下安宁，五谷丰熟。不出其年，民人歌舞而行。又曰：岁星处柳东，晚稚不成。处其南，有易君。处其西，杀老人。一曰杀妊子。一曰民疾。处其北，贵人徙。一曰国易相。又曰：岁星处柳南，地必动。处其西，民疾，岁大水。一曰大人坐。

甘氏曰：岁星守柳，贵臣得地，有德令。不出九十日。

石氏曰:岁星守柳,人饥。

巫咸曰:岁星守柳,多水灾,万物五谷不成。

郗萌曰:岁星守柳,多狱。不然狱空。又曰:守天相,政事急,民有千里之行。

陈卓曰:岁星逆行柳阴,女主坐之。逆行柳中,其君坐之。若逆行柳阳,男坐之。若逆行柳左右,坐贵亲。

郗萌曰:岁星与柳合同光,其国将大强。

《荆州占》曰:岁星与荧惑合柳,岁星色赤,兵起。黄白,五谷伤。黑为忧。青而角赤,兵起。近期三十日,远六十日。

郗萌曰:岁星守柳,有反臣中兵也。

《海中占》曰:岁星居柳,岁和熟。又曰:岁星出入留舍柳,九十日不下,将军出。又曰:岁星逆行柳,其君不敬祭祀。

岁星犯七星四

《荆州占》曰:岁星入七星,五谷多伤,天下盗贼起。期一年。

陈卓曰:岁星出入,留舍七星,其国有以义致天下。

郗萌曰:岁星居七星,岁和同。又曰:岁星处七星,民疾。处其西,岁水。

陈卓曰:岁星犯七星,天子忧兵,功臣受封。

甘氏曰:岁星守七星,皇天以佑王者,其邦获五福九十年。

陈卓曰:岁星与七星同光者,以粟当钱。

巫咸曰:岁星守七星,旱,多火灾。万物五谷不成。有兵饥。

《海中占》曰:木犯七星,使者满道。子弑父,臣弑主。

《荆州占》曰:岁星犯七星,王者敬天,宗庙有礼,天下和平。

郗萌曰:岁星逆行七星,其君衣服不法。

《荆州占》曰:岁星逆行七星,处其南,地伏动。处其西,大人坐之。处其北,贵人徙。

《黄帝占》曰:木犯七星,逆臣为乱。

郗萌曰:岁星逆行七星,地动。

《黄帝占》曰：木守七星，为反臣也。一曰夏物不成。

石氏曰：木守七星，有兵。

郗萌曰：岁星守七星，反臣中兵也。

甘氏曰：岁星入七星，有君置太子者。

郗萌曰：岁星留守七星，天下大忧，忧中央。

岁星犯张五

石氏曰：岁星入张，天子有庆贺之事。天下大乐，谷大丰。

《荆州占》曰：岁星入张，不出一年，天子有庆贺之事，天下大乐。

巫咸曰：岁星入张星，多火灾，万物五谷不成。

郗萌曰：岁星出入留张舍，三十日不下，有兵。六十日不下，更立侯王。

石氏曰：岁星守张，民人病疫。一曰其岁民多心腹疾。

郗萌曰：岁星居张，岁和熟。

甘氏曰：岁星守张，其国大丰。守之一年，七年升平，君臣同心。又曰：岁星处张南，地必动，若六畜贵。处张西，其岁水。

《荆州占》曰：岁星守张四十日至百二十日，阴阳和，群臣忠良，王者吉。

郗萌曰：岁星守张，政事急，民有千里之行。一曰贵人死。

《荆州占》曰：岁星逆行张，其君衣服不法。

郗萌曰：岁星逆行张，其君用乐淫佚。又曰：岁星守张，有反臣中兵也。

《荆州占》曰：岁星与坟星合于张，岁不和，贵人多内丧，一曰大水六年。

郗萌曰：岁星与坟星合于张，天下有变，不伤为政者则害于民。一曰：民忧盗贼，若功臣受封。又曰：后且大旱。

《荆州占》曰：岁星与坟合守张，天下易令，民流千里。

岁星犯翼六

石氏曰:岁星入翼,五谷风伤,期一年。

郗萌曰:岁星出入留舍翼,六十日不下,地亡六十里。

石氏曰:岁星出入留舍翼,且有急事征召。

郗萌曰:岁星居翼,岁和熟。

石氏曰:岁星守翼,有兵,若大水。一曰川枯不通。

甘氏曰:岁星守翼,圣臣代主。

《荆州占》曰:岁星守翼,王道大兴。王者得天心,将相忠良,不出九十日,文术大用。

郗萌曰:岁星守翼南,六畜贵。

《海中占》曰:岁星守翼,处其东,鱼盐瓦器贵。处其南,车贵。处其西,不占。处其北,五谷不成。

郗萌曰:岁星逆行翼,其君用乐淫佚。若失火。

甘氏曰:岁星入翼,有海客。

郗萌曰:岁星入翼,四海有急,国忧。

石氏曰:岁星守翼,万物不成。

石氏曰:岁星守翼,人民流亡。

岁星犯轸七

郗萌曰:岁星入轸,天下多丧。

《荆州占》曰:岁星入轸,邦有将死。期六年。

陈卓曰:岁星入轸,兵大起。

《荆州占》曰:岁星在轸,王者忧疾,不出九十日。

巫咸曰:岁星入轸中,伺其出而数之,期二十日为兵发。伺始入处之率,一日期十日军罢。

郗萌曰:岁星舍轸,七日不移,赦。

《黄帝占》曰:岁星处轸东,籴贵。处轸西,有女丧,有水。

《海中占》曰:岁星犯守轸,天子养孤老不平,大臣背叛,师旅起,车骑尽发。

《荆州占》曰：岁星干犯守轸，大臣戮死。

甘氏曰：岁星守轸，国主疾。王者修宗庙，赦三百里内，则灾消。

巫咸曰：岁星守轸，民多疾病。

《海中占》曰：岁星守轸，主库者有罪。

郗萌曰：岁星守轸，有土功事，若旱，万物不成，民饥。

《黄帝占》曰：岁星守轸南，六畜皆贵。

郗萌曰：岁星守轸北，五谷不成。

《荆州占》曰：岁星逆行轸，失火。

郗萌曰：岁星逆行轸，其君持丧服不谨，若贵亲坐之。又曰：木守轸，川楫不通也。

开元占经卷二十八

岁星占六

岁星犯石氏中官

岁星犯摄提一

《海中占》曰：岁星犯摄提，臣谋其君。若主出走，有兵起，期一年。

岁星犯大角二

《海中占》曰：岁星守大角，臣谋主者。有兵起，人主忧。王者戒慎左右。期不出百八十日，远一年。

岁星犯梗河三

巫咸曰：岁星守梗河，国有谋兵。四夷兵起，来侵中国，边境有忧。

岁星犯招摇四

《圣洽符》曰：岁星犯招摇，边兵大起，敌人为寇。若守之，敌人败，敌人死。期不出二年。

《荆州占》曰：岁星入招摇，兵起，马多死。

岁星犯玄戈五

《圣洽符》曰：岁星守犯玄戈，边兵大起，突厥为寇。若守之，突厥败，若其主死。期不出三年。

岁星犯天枪六

巫咸曰:岁星犯守天枪星,边夷兵起,机枪大用,防戍有忧。若诛边臣,期不出年。

岁星犯天棓七

巫咸曰:岁星守天棓,边夷兵起,机枪大用,防戍有忧。若诛边臣,期不出年。

岁星犯女床八

《荆州占》曰:岁星犯女床,凶。

甘氏曰:岁星守女床,兵起宫中,若妃后暴诛者。期百八十日,远一年。

岁星犯七公九

《黄帝占》曰:岁星守七公,为民饥,君不安。

石氏曰:岁星犯守七公,辅臣有谋,议臣相疑。若有诛者,主人有忧。

岁星犯贯索十

巫咸曰:岁星犯守贯索,天下乱兵大起。有狱事,贵人有死者。

石氏曰:岁星入天牢中犯乘守者,以狱为乱,多不平。

岁星犯天纪十一

《文曜钩》曰:岁星犯守天纪,幸臣执权,有兵起,王者有忧。

岁星犯织女十二

《黄帝占》曰:岁星守织女,天下有女忧,有兵起,不出其年。

岁星犯天市十三

郗萌曰：岁星入天市中，五官有忧。一曰赦。

巫咸曰：岁星入天市，诸侯有戮者，将相凶。期百八十日，若一年。

郗萌曰：岁星入天市，诸侯有戮者。一曰弊易。

《海中占》曰：岁星入天市，五官有忧，若市惊。一曰易市。

石氏曰：岁星守天市，诸侯相谋，若国有兵忧。

郗萌曰：岁星守天市，五谷大贵。

岁星犯帝座十四

石氏曰：岁星犯帝座，为臣谋主，有逆乱事。

玄冥曰：岁星犯帝座，为臣谋主，天下乱兵大起，不出年。

岁星犯候星十五

《海中占》曰：岁星犯守候星，阴阳不和，五谷伤，人大饥，有兵起。

岁星犯宦者十六

甘氏曰：岁星犯宦者，左右辅臣诛，若戮死。期不出年。

岁星犯宗正十七

石氏曰：岁星犯守宗正，左右群巨多死。若更政令，人主有忧。

岁星犯宗人十八

石氏曰：岁星犯守宗人，亲族贵人有忧，若有死者。一曰人主亲宗有离绝者。

岁星犯宗星十九

甘氏曰:岁星犯守宗星,宗室之臣有分离者。

岁星犯东西咸二十

石氏曰:岁星犯守东西咸,为有臣不从令,有阴谋。

岁星犯天江二十一

巫咸曰:岁星犯守天江,下有水。若入之,大水齐城郭,人民饥亡,去其乡。

岁星犯建星二十二

陈卓曰:岁星入建星,臣相谮。

石氏曰:岁星入建星,诸侯有谋入关者。期六十日,若百五十日。

《文曜钩》曰:岁星守建星,关梁不通,天下大饥,人相食,期二年。

石氏曰:岁星守建星,粢贵,人相食。

《海中占》曰:岁星守建星,旱,死者甚众,民大耗。

郗萌曰:岁星守建星,天下多暴贵,一曰牛贵。

郗萌曰:岁星守建星,天下之人有相食者以百数。一岁不发,三年乃发。三年不发,六年乃发。六年不发,九年乃发。郡国有坐之。又占曰:岁星守建星,为臣谋其主。又占曰:岁星守建星,地气泄,贵人多死。又占曰:岁星守建星,岁水民饥,有自卖者。

岁星犯天弁二十三

甘氏曰:岁星犯天弁,若守之,则囚徒兵起。一曰五谷不成,粢大贵,人民饥。

岁星犯河鼓二十四

《齐伯五星占》曰：岁星犯河鼓，大将若左右将有诛者。若守之，将有罪。以五色占之。

石氏曰：岁星入守河鼓，诸侯之将出，大兵起。旗鼓用，人主忧，期一年。

岁星犯离珠二十五

石氏曰：岁星犯离珠，宫中有事，若有乱宫者，若宫中人有罪黜者。

岁星犯匏瓜二十六

《圣洽符》曰：岁星守犯匏瓜，天下有忧，若有游兵。各果贵。一曰鱼盐贵价十倍，不出其年。

岁星犯天津二十七

《海中占》曰：岁星犯天津，关道绝不通。有兵起，若关吏有忧。

郗萌曰：岁星守天津者，皆革也。

岁星犯螣蛇二十八

甘氏曰：岁星守螣蛇，天子前驱凶。若奸臣有诛，前驱为害。

岁星犯王良二十九

石氏曰：岁星守王良，为有兵。

《齐伯五星占》曰：岁星犯守王良，天下有兵，诸侯放强臣谋主，期不出年。

岁星犯阁道三十

石氏曰：岁星犯阁道绝汉者，为九州异政，各主其王，天下有兵，期二年。

岁星犯附路三十一

石氏曰：岁星守附路，大仆乃罪，若有诛。一曰马多死，道无乘马者。

岁星犯天大将军三十二

郗萌曰：岁星入天将军者，吉。

石氏曰：岁星守犯天将军，为大将死若诛。

岁星犯大陵三十三

石氏曰：岁星入大陵，国有大丧，大臣有诛，若戮死。人民死者大半，皆不出其年。

《荆州占》曰：岁星乘大陵，天下尽丧，死人如岳。

岁星犯天船三十四

郗萌曰：岁星守天船，皆革也。

《圣洽符》曰：岁星入守天船，兵大起，舟船用，有亡国，期不出年。

岁星犯卷舌三十五

石氏曰：岁星乘卷舌，天下多丧。又占曰：岁星入守卷舌，有佞臣谋其君，以口舌为害，人主有忧。

岁星犯五车三十六

石氏曰：岁星犯五车，大旱，若有丧。一曰犯库星，兵起北方，若西方，犯仓星，谷贵，若有水。

《海中占》曰：岁星入五车，兵大起，车骑行。五谷不成，天下民饥，若军绝粮。

郗萌曰：岁星入五车向其傍，粜石三百。当其门，粜石五百。入其中，粜千钱。

《荆州占》曰：岁星入五车天库，天下兵起。一曰若有水。

《孝经右秘》曰：岁星入五车，王义绝，乱帝家。

石氏曰：岁星中犯乘五车，若入天库，以饥起兵。

《荆州占》曰：岁星入五车中，犯乘守天库星，水饥兵起。

岁星犯天关三十七

石氏曰：岁星守天关，臣谋主，若大臣有不道者，有兵起，期二年。

郗萌曰：岁星守天关，为贵人多死。

《海中占》曰：岁星守犯天关，道绝，天下相疑，有关梁之令。（案《宋书·天文志》曰：晋康帝建元元年，岁星犯天关。安西将军庾翼与兄水书曰：岁星犯天关，占云：关梁当滞塞。比来江东无他故，江道亦不艰，而石唐频年闭关。夫关闭不通信使，此复是天公愦愦，无皂白之征。）

石氏曰：岁星守天关，岁水，民饥有自卖者。

郗萌曰：岁星行不从天关，不出其年有兵。

岁星犯南河北河戍三十八

石氏曰：岁星行南河戍中，为四方兵起，百姓疾病。

《黄帝占》曰：岁星乘南河戍，若出南河南为中。

石氏曰：岁星守南河，蛮夷兵起，边戍有忧，若有旱灾，人民饥。

郗萌曰：岁星守天高，天下赦。岁星逆行天高，其君斋戒不谨。

《黄帝占》曰：岁星若留止守南河戍，为百姓疾病。一曰为旱。岁星行南河戍中，若留止南河戍，皆为丧。岁星出北河，若乘北河戍，为女丧。

《黄帝占》曰：岁星乘北河戍，若出北河戍北，外国王死。

《玄冥占》曰：岁星守北河，朔方兵动。若守之三十日不下，北兵败,若北主死。天下大水,人民饥,期不出二年。

巫咸曰:岁星守北河,大臣有忧,若边臣有罪,若有戮死者。

郗萌曰:岁星经南河之南,刑法复暴,诛伐不当。经北戍之北,以女子金钱,贪色奢侈失治道。近期三年,中期六年,远期九年而灾至。

《黄帝占》曰:岁星出北河戍间,若留守北,若居南戍间,若守两间,为天下有难起,道不通。

《荆州占》曰:岁星守两河间,天下乖离,道路不通。

郗萌曰:岁星有不行入天关间,为丧。

岁星犯五诸侯三十九

石氏曰:岁星犯五诸侯,若守之,兵大起,将士出,诸侯有忧,若有死者。

巫咸曰:岁星入五诸侯,伺其出日而数之,若二十日兵发,伺始入处之率,一日期十日,军罢。

《玄冥占》曰:岁星守北诸侯,臣有谋主者,若议臣不忠,若有罪,黜期一年。

石氏曰:岁星中犯乘守五诸侯,兵死,期三年。

郗萌曰:岁星中犯乘守五诸侯,为所中乘守者诛,若有殃,期三年兵发。

岁星犯积水四十

巫咸曰:岁星犯守积水,其国有水灾,物不成,鱼盐贵。一曰以水为败,籴大贵,人民饥,期二年。

岁星犯积薪四十一

甘氏曰:岁星守积薪,天下大旱,五谷不登,人民饥亡。

岁星犯水位四十二

郗萌曰:岁星犯水位,大水。一曰出其南,大旱。

石氏曰:岁星犯守水位,天下以水为害,津关不通。一曰大水入城郭,伤人民,皆不出其年。

岁星犯轩辕四十三

郗萌曰:岁星出东陵,有青龙出左右若宫中者。

石氏曰:岁星在轩辕中,有以女子请人君者。

《黄帝占》曰:岁星行轩辕中犯女主,女主失势。(失势者,忧丧也。)列大夫有放逐者,五官有不治者。色悴为忧为疾,其所中犯乘守者诛,若有罪。岁星中犯女主者,皆为女主当之。其守犯女主,女主有忧。(案《宋书·天文志》曰:宋元嘉十四年七月辛卯,岁星入轩辕。其后皇后袁氏崩。)

《荆州占》曰:岁星守轩辕,女后有以子诤者。

巫咸曰:岁星行犯守轩辕,女主失政,若失势。一曰大臣当之。若有黜者,期二年。

《玉历》曰:岁星犯守轩辕,女主有忧,其君失政,威令不行,后宫不安,期一年。(司马彪《天文志》曰:孝桓延熹七年八月庚申,岁星犯轩辕大星。八年二月癸亥,皇后邓氏坐执左道废,迁于祠宫死。)

石氏曰:岁星入轩辕中犯乘守之,有逆贼,有火灾。岁星犯乘守轩辕太民星,大饥大流,太后宗有诛者,若有罪。中犯乘守少民星,小饥小流,皇后宗有诛者,若有罪。

《荆州占》曰:岁星中犯乘守轩辕左右角,皆为大臣当之。

岁星犯少微四十四

石氏曰:岁星入少微,君当求贤佐。不求贤佐,则失威夺势矣。岁星犯守少微,名士有忧,王者任用小人,忠臣被害,有死者。

《黄帝占》曰:岁星入犯乘守少微,宰相易。岁星入中犯乘守少微,女主忧。

石氏曰:岁星入中犯乘守少微,五官乱,宰相有忧。

岁星犯太微四十五

《帝览嬉》曰:岁星行犯太微左右执法,为大臣有忧。

郗萌曰:岁星犯左右执法,执法者诛,若有罪。(班固《天文志》曰:哀帝元寿元年十一月,岁星入太微,逆行干右执法。二年十月戊寅,高安侯董贤免大司马位,归第自杀。司马彪《天文志》曰:孝桓延熹九年十月癸酉,岁星犯左执法。十一月戊午,岁星入犯左执法。其九年十一月,荆州刺史李隗等皆弃市。至永康元年十二月,太傅陈蕃、大将军窦武等皆枉死也。)

《荆州占》曰:岁星道从太微西蕃北南方星间入,致南蕃东方星间南出,道中西蕃直坐入者,非道也。岁星以壬子日慎入太微天廷中,天子所使也。不以壬子日入非天子使。

郗萌曰:岁星当太微门为受制。当左执法为受事左执法,当右执法受事右执法。守太微门三日以下为受制,三日以上为兵,为贼,为乱,为饥。

《荆州占》曰:岁星出东掖门为相受命,东南出德事也。出西掖门为将受命,西南出刑事也。期以春夏。

《齐伯占》曰:岁星入太微执道而出,王者有福,诸侯有受赐爵封者。

《黄帝占》曰:岁星入天廷,色白润泽,为期百八十日,有谷。岁星东行入太微廷中,出东门,天下有急兵。若守,将相御史大臣有死者。若入端门守廷,大祸至。入南门出东门,国大旱。若入南门逆行出西门,有大水。逆入东门出西门,大国破亡。若顺入西蕃而留不去,楚国凶殃。

《合诚图》曰:岁星入华阙门者,为臣杀之侯之。

石氏曰:岁星入太微中华东西门若左右掖门,而南出端门者,必有反臣。岁星入太微西门出东门,为人君不安,欲求贤佐。有入中华西门出中华东门,为臣出令。有入太阴西门出太阴东门,为天下大乱有丧,若大水。

郗萌曰：岁星入太微西门，犯天廷，出端门，皆为大臣伐主。入西门而出右掖门，皆为大臣假主之威，而不从主命。岁星入西华门出端门，为臣诈称诏。

《荆州占》曰：岁星入太阴西门若端门，出东门，贵者夺威势。岁星与五星俱会太微宫中成勾己，而光不相及者，三王九侯亡。一曰名臣争为主，更相残贼。岁星入太微天廷出端门，臣不臣。岁星入太微宫，为天下大惊。一曰有兵。岁星入天廷，国不安其宫。

司马彪《天文志》曰：岁星入太微，人主改政。

巫咸曰：岁星逆行太微天廷中，为大臣有诛，若诸侯戮死，期二年。

石氏曰：岁星逆行太微之中，及出入左右掖门，为有逆谋，天子有命将征伐之事。一曰大赦可以解其患。岁星逆行入太阳东门，若入中华门，人主改政非次，天下不安。

郗萌曰：岁星逆行入左掖门，为臣劫其主。有入东华门至黄帝座出西门，为臣欲谋主不成。

《玉历》曰：岁星逆行入太微，强臣凌主，诸侯兵起。

《荆州占》曰：岁星主东方，南逆行入太微东南隅星之北，为南方。入二星之北为东方。

《黄帝占》曰：岁星留于太微，守三十日以上，为必有兵革，天下大赦。

《荆州占》曰：岁星入太微，从右入二十日以上，人主大不安，有大忧。（案《宋书·天文志》曰：魏黄初五年，岁星入太微逆行，积百四十九日乃出，至七年五月，文帝崩，明帝即位，大赦天下。）

《荆州占》曰：岁星入太微，从右入七日以上，为人主忧。（司马彪《天文志》曰：孝桓延熹九年正月壬辰，岁星入太微中，五十八日出端门。永康元年十二月丁丑，桓帝崩。）岁星道南蕃入，留止南门，为大臣有忧。岁星留太微廷中，为天下大忧。中央留十日以上，皆为天下有亡徒为兵者。

陈卓曰：岁星入太微犯左右执法，将相执法者有忧，若死亡。近期一年，远五年。

《荆州占》曰：岁星入太微天廷，所中犯乘守者杀，若有罪，各以守官名之。岁星食太微东西蕃，四辅臣有诛者，若君臣失礼。

岁星犯黄帝座四十六

石氏曰：岁星犯黄帝座，改正易王，天下乱，存亡半。又占曰：岁星逆来犯黄帝座，王者恶之，祸成矣。期三年。

郗萌曰：岁星干犯黄帝座，非其主立，天下不安。

《荆州占》曰：岁星入黄帝座，其色白者，为有赦。又占曰：岁星逆行入太微天廷中，为诸侯将有戮上者。至黄帝座而成，不至黄帝座而还，有谋不成。以其入日占国。又占曰：岁星中黄帝座，为大人易，天下大乱。又占曰：岁星触黄帝座，主贼。

《黄帝占》曰：守黄帝座，大人忧。

岁星犯四帝四十七

石氏曰：岁星犯守四帝，臣谋主。去之一尺，事不成。

《玉历》曰：岁星入太微犯四帝辟，忧君也。

甘氏曰：岁星中犯乘守四帝座，天下亡。

岁星犯屏星四十八

甘氏曰：岁星犯守屏星，君臣失礼，下而谋上。一曰大臣有戮死者。

石氏曰：岁星中犯乘守屏星，为君臣失礼，而辅臣有诛者，若免罢去。

岁星犯郎位四十九

甘氏曰：岁星犯守郎位，辅臣有谋，左右宿卫者为乱，王者宜备之。

岁星犯郎将五十

巫咸曰：岁星犯守郎将，命曰陵，陵则将有诛，若将忧。一曰大臣为乱，诫慎左右。

《荆州占》曰：岁星犯乘守郎将，且有以符节为奸者。又占曰：岁星中犯乘守郎将，必有不还之使。

岁星犯常陈五十一

甘氏曰：岁星犯守常陈，守卫有谋，兵起宫中，天子自出行诛。期百八十日，远一年。

岁星犯三台五十二

《玉历》曰：岁星入犯上台司命，近臣有罪，若有诛。一曰近臣有逃走者。以五色占，色黄，当日无故；青黑，忧死丧，期一年。

郗萌曰：岁星犯守上台，改年易纪，太尉死。不则天子恶之。中台，司徒病。下台，司空。期百日，若七十日丙子日。

《文曜钩》曰：岁星犯守中台司中，奸臣有谋，若诛者，中公当之。

巫咸曰：岁星犯守下台司禄，近臣有罪，若出走。黑，死者。

岁星犯相星五十三

石氏曰：岁星犯相星，辅臣凶。

岁星犯太阳守五十四

甘氏曰：岁星犯守太阳守，大臣戮死，若有诛谋，不出年。

岁星犯天牢五十五

《海中占》曰：岁星犯守天牢，王者以狱为弊，贵人多系者。

岁星犯文昌五十六

石氏曰：岁星入文昌，天下兵起，其君不安，若有走主。

岁星犯北斗五十七

《圣洽符》曰：岁星入北斗口中，天下大乱，改政易王，国有大丧，期三年。

巫咸曰:岁星入北斗,若守之,贵臣受殃。

郗萌曰:岁星入守北斗,贵人有系。

《荆州占》曰:岁星守北斗,天子恶之。

《荆州占》曰:岁星守北斗,不出一年,其岁大水。一曰大赦。

岁星犯紫微宫五十八

《海中占》曰:岁星入长垣,天子以兵自卫,强臣凌主。一曰叛臣被诛,若戮死。期不出百八十日。

《玄冥占》曰:岁星入紫微宫,奸臣有谋,兵起宫中,天下乱,人主忧。期二年。

巫咸曰:岁星守紫微宫,民莫处其室宅,流移去其乡。

岁星犯北极钩陈五十九

石氏曰:岁星犯守北极主星,必有大丧,若有反臣。

《玉历》曰:岁星犯守太子星,太子忧,若有罪。犯守庶子,庶子忧,若有罪。

《荆州占》曰:岁星中犯乘守北极主星,为大人忧。

《黄帝占》曰:岁星犯守钩陈,后宫乱,兵起宫中。幸臣谋,主者忧。

岁星犯天一六十

石氏曰:岁星犯守天一,幸臣有谋,人主忧。

岁星犯太一六十一

石氏曰:岁星犯守太一,幸臣有谋,有兵起,人主忧。

开元占经卷二十九

岁星占七

岁星犯石氏外官一

岁星犯库楼一

《黄帝占》曰:岁星犯库楼,兵出。一曰民饥举兵。

巫咸曰:岁星入库楼,其国以饥起兵,若有旱灾。期不出年。

岁星犯南门二

《荆州占》曰:岁星守南门,王者出畋猎,不出三十日。

石氏曰:岁星犯守南门,夷兵起,若路不通。

岁星犯平星三

石氏曰:岁星犯平星,凶。

甘氏曰:岁星守平星,执政臣忧,若有罪诛者。期一年。

岁星犯骑官四

甘氏曰:岁星犯守骑官,有兵起,马多发,若多死。

岁星犯积卒五

石氏曰:岁星入积卒,若守之,兵大起,士卒大行,若多死,期二年。

岁星犯龟星六

《海中占》曰:岁星犯龟星,天下有水旱之灾。守阳则旱,守阴则水。

岁星犯守傅说七

石氏曰:岁星犯守傅说,王者简宗庙,废五祀,后宫凶。一曰有绝嗣。期不出三年。

岁星犯鱼星八

甘氏曰:岁星犯守鱼星之阳,为大旱,鱼行人道。犯守鱼星之阴,为大水,鱼盐贵。

岁星犯杵星九

《海中占》曰:岁星入杵星,若守之,天下有急发米之事,不出其年。

岁星犯鳖星十

《黄帝占》曰:岁星守鳖星,为有白衣之会。

石氏曰:岁星守鳖星,有白衣,若聚众,若大水。

巫咸曰:岁星守鳖星,国有水旱之灾。守阳则旱,守阴则水。

岁星犯九坎十一

石氏曰:岁星守九坎,天下旱,名水不水,五谷不登,人民大饥。一曰:之阴,大水;之阳,大旱。

岁星犯败臼十二

石氏曰:岁星守败臼,民不安其室,忧失其釜甑,若流移去其乡。

岁星犯羽林十二

《海中占》曰:岁星入守羽林,有兵起,若有逆行。变色成钩已,天下大兵,关梁不通,不出其年。

郗萌曰:岁星入守羽林,有反臣中兵起也。

《玄冥占》曰：岁星入守羽林，诸侯悉发兵，强臣谋主，王者忧，期二年。（案《宋·天文志》曰：晋安帝义熙五年五月戊戌，岁星入羽林。是年四月高祖讨鲜卑，西虏攻安定，姚略自以大众救之。六年二月鲜卑灭。）

石氏曰：岁星入天军，诸侯悉发甲兵。一曰兴兵者吉。

郗萌曰：岁星犯守天军，为兵起，有破军死将。

岁星犯北落十四

石氏曰：岁星与北落相贯抵触，光芒相及，有兵大战，破军杀将，伏尸流血，不可当也。期百八十日，若一年。又守北落，亦为兵起。

岁星犯土司空十五

《海中占》曰：岁星守土司空，其国以土起兵，若有土功之事，天下旱。

郗萌曰：岁星守土司空，多土功事。

岁星犯天仓十六

《黄帝占》曰：岁星入天仓中，主财宝出，主忧。乱臣在内，天下有兵，而仓库之户俱开，主人胜客，客事不成。期二十日中而发。

巫咸曰：岁星入天仓，若守之，天下有转粟之事，岁恶民饥。

《齐伯占》曰：岁星守天仓，诸侯有发粟之事，兵起。星若当户守之，将受命不为主用。

岁星犯天囷十七

石氏曰：岁星入天囷，天下兵起，囷仓储积之物皆发用。一曰：御物多有出者，库藏空虚，期二年。

岁星犯天廪十八

石氏曰：岁星犯守天廪，天下乱，大饥，粟散出。

甘氏曰：岁星入守天廪，天下有兵，岁大饥，仓粟散出，不出其年。

岁星犯天苑十九

甘氏曰：岁星入守天苑，牛羊禽兽多疾疫。若守之二十日，兵起，马多死，其国忧。

岁星犯参旗二十

《海中占》曰：岁星守参旗，兵大起，弓弩用，士将出行。一曰弓弩贵。

岁星犯玉井二十一

《黄帝占》曰：岁星入玉井，为强国失地。其出之，强国得地。

巫咸曰：岁星入玉井，国有水忧，若以为水败，水物不成，期不出年。

岁星犯天屏二十二

甘氏曰：岁星入守天屏星，诸侯有谋，若大臣有戮死者。

岁星犯天厕二十三

《黄帝占》曰：岁星入守天厕，为大臣有戮者。

《甄耀度》曰：岁星入守天厕星，天下大饥，人相食，死者大半。期二年。

岁星犯军市二十四

石氏曰：岁星入守军市，兵大起，大将出，若以饥兵起。

岁星犯野鸡二十五

甘氏曰：岁星入犯守野鸡，其国凶。必有死将，军营败，兵士散走。

岁星犯狼星二十六

郗萌曰：岁星守犯狼星，大人免。

石氏曰：岁星入守犯狼星，野兽死。

《荆州占》曰：岁星守犯狼星，大将出行，其国有兵。一曰有死将。

《玉历》曰：岁星犯守狼星，大将出，天下多兵。盗贼起，人主忧。

岁星犯弧星二十七

《荆州占》曰：岁星守弧，贵人多死，若将当贵人伐。

《荆州占》曰：岁星守弧，大将有千里之行，国惊。

岁星犯天稷二十八

《海中占》曰：岁星犯守天稷，有旱灾，五谷不登，岁大饥。一曰五谷出。

岁星犯甘氏外官二

岁星犯四辅一

《荆州占》曰：岁星中犯乘守四辅星，君臣失礼，辅臣有诛者。

岁星犯日星二

《荆州占》曰：岁星守日星，王者得忠臣，阴阳平。守之二十日至四十日不去，王者与天同心，四夷和平，五谷大丰。

岁星犯天田三

《荆州占》曰：岁星守天田，五谷丰，不出年中。

岁星犯平道四

甘氏曰：岁星守平道，天下治，隐士外，不出一年。

岁星犯酒旗五

《荆州占》曰：岁星守酒旗，天下大酺，有酒肉、财物赐，若爵宗室。

岁星犯天高六

《黄帝占》曰：岁星逆行天高，其君斋戒不谨。一曰守天高，赦。

岁星守天潢七

《黄帝占》曰：岁星入天潢，为天下大乱易政。一曰贵人死。

《黄帝占》曰：岁星入天潢，为运道不通，兵起。

郗萌曰：岁星失度，入天潢中，为人主以水为害，若以井为害。以见入之日占其国及与其官。

《黄帝占》曰：岁星中犯乘守天潢，期二十日兵起。

岁星犯咸池八

甘氏曰：岁星入咸池，有兵丧，天子且以火败，失忠臣，若旱。一曰：大水，道不通，贵人死。以入日占国。

郗萌曰：岁星入咸池，为有以迷惑人主者。一曰大旱岁饥。

郗萌曰：岁星入咸池北，大水出；咸池南，旱。

《荆州占》曰：岁星入咸池，天下大乱，人君死，易政。以入日占其国。

岁星犯天街九

郗萌曰：岁星当天街，为诸侯自立为王。一曰大水。

郗萌曰：岁星留止逆行天街中，为兵革起。

石氏曰：岁星犯守天街，及徘徊乱行，主弱臣强，道隔绝，天下不通。

郗萌曰：岁星不从天街，为政令不行，不出其年有兵。

岁星犯甘氏外官三

岁星犯哭泣一

甘氏曰：岁星犯哭泣，有大丧。（案《宋·天文志》曰：孝武太元二年六月辛巳，岁星犯哭泣星。占曰：有哭泣事。是年元月，孝武帝崩。）

岁星犯鈇锧二

《荆州占》曰：岁星犯守鈇锧，五日以上，臣有谋。又曰：岁星犯鈇锧，诛国相。

郗萌曰：岁星中犯乘守鈇锧，为鈇锧用。一曰兵将有忧。

岁星犯刍藁三

《黄帝占》曰：岁星入天积中，主财宝出，忧臣在内。（天积，刍藁也。）

岁星犯军井四

《荆州占》曰：岁星入军井三日以上，其岁大水。

岁星犯天狗五

《荆州占》曰：岁星入天狗北，夷大饥来归，邻国多土功。

岁星犯天庙六

《黄帝占》曰：岁星入天庙，若守皆为庙事。一曰为凶忧。

《荆州占》曰：岁星入天庙，有庙残之事。吏不去，死。

岁星犯巫咸外官四

岁星犯土司空一

《荆州占》曰：岁星守入土司空，有土徭之事。

岁星犯键闭二

《荆州占》曰：岁星犯守乘键闭星，大臣有误天子尊事天者。天子不宜出宫下殿，有匿兵于宗庙中者。

《荆州占》曰：岁星守键闭，王者出国，不出七十日。

岁星犯天渊三

郗萌曰：岁星守天渊，海水出，江河决溢，若海鱼出。

岁星犯天厩五

《荆州占》曰：岁星入天厩中，十日以上，马有食变。

《黄帝占》曰：岁星守天厩，为灾之事，人主以马为忧，不则马死。

开元占经卷三十

荧惑占一

荧惑名主一

《黄帝占》曰：荧惑，一曰赤星。

《广雅释天篇》曰：荧惑，一曰罚星。或曰执法。

《荆州占》曰：荧惑居东为悬息，西方为天理，南方为荧惑。其行无常，司无道之国。

吴龚《天官书》曰：荧惑，火之精。其位在南方，赤帝之子，方伯之象也。为天候主岁成败，司察妖孽。东西南北无有常。出则有兵，入则兵散。周旋止息，乃为死丧。

《诗纬含神雾》曰：荧惑司实。

《春秋纬》曰：荧惑主候守。

《春秋纬》曰：荧惑主礼成天意。礼失则妾为妻，支为嗣。精感类应，则荧惑逆见变怪。

石氏曰：荧惑主忧，主南维，主于火日，主丙丁，主礼。礼失者罚出，荧惑之逆行是也。此失夏政也。以其所守之舍命其国。

石氏曰：荧惑者，天子之礼也。东西南北无有常，五月而出。

石氏曰：荧惑主大鸿胪，主死丧。

巫咸曰：荧惑者，太白之雄也，五星之伯也。其色赤胜太白。

巫咸曰：荧惑，主忧患过恶，祸福所由坐也。

《洪范五行传》曰：荧惑于五常为礼，辨上下之节。于五事为视，明察善恶之事也。礼亏视失逆夏令，则荧惑为旱灾、为饥、为疾、为乱、为死丧、为贼、为妖，言大怪也。

班固《天文志》曰：逆夏令，伤火气，罚见荧惑。

《淮南天文间诂鸿烈》曰：南方，火也。其帝祝融，其佐朱明，执衡而治夏。（衡平也。）其神为荧惑，其兽为朱雀，其音征，其日丙丁。又曰：出入无常，辨其变其色，时见时匿。

班固《天文志》曰：荧惑，天子理也。故曰，虽有明天子，必视荧惑所在。

郗萌曰：荧惑为司马。

《荆州占》曰：荧惑，火之精，其神上为荧惑，其国荆楚。又曰：主吴越以南。

《荆州占》曰：荧惑，天一候者，司万物之变。

《荆州占》曰：荧惑，上承天一，下主司天下人臣之过。司骄司奢，司祸司贼，司饥司荒，司死司丧，司正司直，司兵司乱，司惑，灾殃无不主之。

《荆州占》曰：王者礼义，荧惑不留。其国凶殃，荧惑罚之。

韩杨曰：荧惑之为言荧或，以像谗贼进退无常，不可为极。

韩杨曰：荧惑，火行之星。其理也，主诸侯。

韩杨曰：荧惑为天一候。犯逆留隐其雷鸣，臣子主社稷，倾五精并聚弑成刑。出西反明，主不荧，受命兴起，天下平。变色失行，所留者亡，所抵有兵。

韩杨曰：荧惑，修礼，顺则喜，逆则怒。

石氏曰：荧惑躁急促疾，主南方，从巳至未。南方，夏气所治位也。盛阳在上，微阴在下，尊卑承养，物礼也。言失夏政，封锡逆天，则荧惑有变。

韩杨曰：荧惑入列宿，其国有殃。

韩杨曰：荧惑所止，为其国君死。

《海中占》曰：荧惑，法使，行无常。

荧惑行度二

《洪范五行传》曰：荧惑以上元甲子岁十一月甲子朔旦冬至夜半甲子时，与五星俱起于牛前五度，顺行二十八宿，右旋二岁，一周天也。（案历法，荧惑一终七百七十九日一千三百四十分日之一千二百二十奇六十二岁强一周天。）

《乐动声仪》曰：征音和调，则荧惑日行四十二分度之一。伏五月得其度，不反明从海，则动应致焦明，至则有雨，备以乐和之。

《春秋文耀钩》曰：荧惑东行，急一日行一度半，其行东西南北疾，兵各聚其下，主以烦秽，若自恣招祸。谋用战，顺之胜，逆之败。

石氏曰：荧惑行率变百五十六日而行八十三度。（旧四分及景初象家准法皆同。）甘氏曰：荧惑之东行也，急则一日一夜行七寸半。其益此则行疾。疾则兵聚于东方。荧惑之西行疾，则兵聚于西方。其南其北为有死丧，其南丈夫之丧，其北女子之丧。

甘氏曰：荧惑法东方，修纬及常十六舍而止，逆行西运动以成章，舍一舍半。

巫咸曰：荧惑休入常，不得过五月而出，远八月而出。受制则举贤良，赏有功，主封侯，出财货，行赈贷。

《荆州占》曰：荧惑日行一尺以上，期五月至十五月而废。五寸以上，期十五月至二十五月而废。三寸以上，期二十五月至三十月而废。一寸以上，期三十月至五十月废。诸废期月或皆为日。

《荆州占》曰：荧惑顺行，而其国有道。又曰：荧惑出东方行顺，即其国吉。

《尚书纬》曰：气在初夏，其纪荧惑，是谓发气之阳。可以毁消金铜，与气同光，使民备火，皆清室堂。是谓敬天之明，必勿行武。与季夏相辅，初是夏之时衣赤，与季夏同期。如是，则荧惑顺行，甘雨时矣。

荧惑王相休囚死三

甘氏曰:荧惑之相也,从立春至春之尽,其色则当精明,无角芒。

《甘氏占》曰:荧惑之王也,从立夏以至夏之尽,其色如赤,则当比心大星而精明。仲夏之时有芒角。

甘氏曰:荧惑之休也,从仲夏以至夏之尽,及四季王时。其色则当无精明,黑黄。

甘氏曰:荧惑之囚也,从立秋以至秋之尽。其色则当青白,止不行。

甘氏曰:荧惑之死也,从立冬以至冬之尽,其色则当细小黄黑而不明。此荧惑色之常也,其色和经天下和平。

甘氏曰:当其相也而有王色,所居之国受殃。有休色,谗臣诛,国相免。有囚色,国有捕囚,及于将相。有死色,大臣诛伤。其留守也,其国兵起。其进舍也,有虫蝗,五谷伤。其退守也,赤地千里。

甘氏曰:当其王也而有相色,蔽主聪。有休色,政令不行。有囚色,谗臣用事,王路不通。有死色,则有大丧。其留守也,不可举事用兵。其进舍也,其国不祥。其退舍也,有旱殃。

甘氏曰:当有休色而有王色,所居之舍,其国受祸。有相色,国乱,百官不从。有囚色,有小兵。有死色,盗贼横行,讹言庙堂有火灾。所居之舍,其国受殃。其进舍也,灾伤。其退舍也,利舌危。

甘氏曰:当其囚也而有王色,大臣逃亡。有相色,臣下毁伤。有休色,使者冠盖相望。有死色,白衣成行,丁男从,独有老公。所守之舍,道路不通。其进舍也,兵殃。其退舍也,谈言讻讻。

甘氏曰:当其死色而有王也,宗庙不享。有相色,大臣摄行。有休色,是谓不祥,宗庙失火,边有侵地。有囚色,丁壮多死以兵。所留舍,其国君遂亡,开其府库,出其甲兵,四十余日破亡。其进舍也,数多微风。其退舍也,流水荡荡。

荧惑光色芒角四

甘氏曰：候荧惑以夏丙丁，此王气当如其常，色变则失所也。

郗萌曰：荧惑色变，一见一伏，求之所不可得，奎之目，辰之心，参之右肩，龙之左角，毕之右股，此五星也。类此色，即荧惑也。

《荆州占》曰：荧惑色，以毕右星为正。一曰比心中央星。

《推度灾》曰：荧惑黑圆，为水丧。

《春秋纬》曰：主乱虚而侵杀，则荧惑光益大。

甘氏曰：荧惑色赤黄也，发疾。黑青，发难。黄若赤，一岁内发。白色，期二年。青色，期三年。黑色，期四年至五年。以星行尺寸深浅为广大小期应。

《荆州占》曰：荧惑一赤一黄，王公有祸，士女降。候星若无光，先起兵者必败。

巫咸曰：荧惑如炬火，亡人怒，君子洙洙，小人抢抢，不有乱臣则有大丧。亡期其使，吏欺其主。使之不杀，哀孤恤寡则止。

《海中占》曰：荧惑色赤，国有忧厚。白则国有忧薄。苍即天下多丧，其国尤甚。

郗萌曰：荧惑之常，色赤而黄有丧，期六十日。又曰：荧惑色赤光而泽也，期不出二年，兵丧并起。

郗萌曰：荧惑出色黄，所居宿有土功事。

郗萌曰：荧惑夏三月出南方，色赤而逆行，乃有害萌。火光之妖且见。观之有德，而降之以福。观之逆德，而降之以祸。凡降祸，流水汤汤。乃为之祠于祝融及南海之神。春见为之修德，赏有功，论有劳，迁有善，任有能。夏见为之宽政令，薄赋敛，赐爵禄，行赏罚，视以佐阳德。大暑乃至，时雨乃行，百姓乃丰，五谷乃登。甘雨和风乃至，草木以时零落，民不夭疾，帝乃延寿。是谓德。秋见为之修吉初，逐有罪，诛有过。冬见为之开闭大赦。此四者，所以应天之明神也。

《荆州占》曰：荧惑出色赤，怒。逆行为兵，成钩以战凶。有围军。

《荆州占》曰：荧惑色大而盛，先起者亡，后起者昌。

《荆州占》曰：荧惑色赤，为大兵旱，秋有火灾。

《荆州占》曰：荧惑色变为黄，有德。

《荆州占》曰：荧惑秋出，色黄，兵而和。

《荆州占》曰：荧惑色黄白，不出其年丧起。

《荆州占》曰：荧惑色黑圜，为疾为丧。

《荆州占》曰：荧惑色白，为饥为兵。

《荆州占》曰：荧惑春色赤，百姓有忧。冬色白，大臣多辱。

《荆州占》曰：荧惑白圜而光，其野病旱。

《荆州占》曰：荧惑色变正白者，冬有丧。色变而赤者，秋有兵。

《荆州占》曰：荧惑失色，有兵从之，人主忧。

《荆州占》曰：荧惑黄而不明，即变其色。时不昌，春不生，夏不荣，秋不实，冬不藏。四时皆变其色，不出其年，君主有以女乐亡者。

《荆州占》曰：荧惑如炬火，有乱臣，亡期使，吏欺其主，少胜长，下胜上，妇胜姑，子胜父，君令不行。

《荆州占》曰：荧惑色青圆，为水，为忧，为饥。一曰色青者多雨。

《荆州占》曰：荧惑色苍黑，苍多黑少，有丧。苍少黑多，有水。苍黑，丧水并起。皆期六十日，或三年。

《荆州占》曰：荧惑出而色正黑，所守国有水殃，期六十日。

《诗纬》曰：贤者退，小人进，而谗言侈，阴贼行，而天下昏，荧惑数出，干主位。赤而芒，为火兵。黑而圆，为水丧。止舍为其邦，疾则事急，留则殃重。

《春秋纬》曰：荧惑主怒，则角扰动及绕圜之，若芒前后左右，主令无常，各以其类，乱虚而侵，杀则光为火。

甘氏曰：荧惑色赤而芒角，其怒也昭昭然明大，则军战，其国亦战。

甘氏曰:荧惑芒名正旗。旗所指,破军杀将。正旗而伐之大胜。

郗萌曰:荧惑环绕宿,其长戮,其同光死,其光若外附不同光,主出走。赤芒,南方国利之。白芒,西方国利之。黑芒,北方国利之。青芒,东方国利之。黄芒,中国利之。又占曰:荧惑色正黑多芒,所居之野有妖惑者。

司马迁《天官书》曰:荧惑白角,有哭泣之声。

《荆州占》曰:荧惑色正白无芒,所居多有女丧。色正白而多芒,所居宿有男丧。

《荆州占》曰:荧惑始出,苍多芒,所居宿其国有妖而饥。又占曰:荧惑始出,色赤而芒,军在外,大战。无军,起。又占曰:荧惑出,色黄多芒,所居宿其国有忧主,期百二十日。又占曰:荧惑生芒,为主忧。又占曰:角则兵起。又占曰:荧惑成钩已绕环,有芒角如锋刃,人主无出宫下殿,有伏兵。又占曰:荧惑角则主怒。又占曰:荧惑出而有角,行疾用武,行迟用文。又占曰:荧惑色青而角,来年之春,草木五谷肃。一曰色青而角,有兵忧。

荧惑盈缩失行五

韩杨曰:荧惑出列宿之南为孽,出列宿之北,复入为盈,逆为缩。如是者,其下必有伏尸腐肉。

甘氏曰:荧惑,政缓则不出,急则不入,违道则占。

《尚书纬》曰:政失于夏,则荧惑逆行。

《什图征》曰:圣王正律历,不正则荧惑出入无常,占为大凶。

《春秋纬》曰:荧惑,主有谋气,事未施行,则见怡其妖祥,反道二舍以上,居之三月,有淫佚。五月,受夷狄之兵,王以谗言致非祥。七月半,亡地。九月大半,亡地。因与宿俱入俱出,国绝祀。

《文耀钩》曰:荧惑留其宿阴四旬,太子死。三旬,重臣消。

《钩命决》曰:天子失义不德,则白虎不出,荧惑逆行。

石氏曰:其国失礼,失夏政,则荧惑逆行。荧惑所留久也,三年而发,亡五百里。其中也,三百里,其杀也,四百里。居其阴,万家邑拔,千家邑驱掠。居其阳,万家邑驱掠,千家邑拔。远去而复还,居之甚忧。隘其从阴之阳,亡地三百里。(《荆州占》二百里。)从阳之阴,亡地二百里。(《荆州占》百里三百里。)从前之后,亡地二百里。从后之前,亡地三百里。留其前六日不从,主首子死。留其阴旬二日,嬖人死。留其前一月,季子死。(《荆州占》太子死。)留其后二月(《荆州占》二日。)不从,王后死。(《荆州占》季子死。)留其后二旬,相死。留其阴五月,(《荆州占》一日。)上卿死。(《荆州占》王后死。)其前二旬,(《荆州占》一日。)太子死。

巫咸曰:荧惑出东方若西方,留迟者,天祟也。强国之王死之。又曰:留一月以上,为忧,为丧,为饥,为兵。荧惑之行东西南北,名曰失行。主用事必且失其位。使之不然,杀不孝者以当失行,如此则止。荧惑东行疾,名曰狡。狡者止,相且死。西行疾,名曰犹。犹者起,且有死将。南行疾,名曰谗。(《荆州占》曰:变其常南行客三舍,名曰谗。)谗且有男丧。北行疾,名曰贼,贼且有女丧。荧惑静居不行,名曰营,且有殃。荧惑南去列宿间,客三舍,期百二十日倍之,君不治,政在臣下使之然。不然,迁,不治复冤,冤止奸诈,如此则止。

京房《妖占》曰:君多虚饰,则荧惑失道。

郗萌曰:主行重赋敛、夺民时、大宫室、高台榭事,则荧惑逆行,霜露肃杀五谷,民多病,温疫扰轸。荧惑从北往南,是谓持水入于火。不出三年,国有大丧,乱兵起南方。荧惑妄行,一东一西,一南一北,主有吉凶。赤为兵,白为丧,黄为喜,青为忧,黑为水。

《元命包》曰:妾为妻,支为嗣,精感类应,则荧惑逆行变怪。

郗萌曰:荧惑逆行变色,人主简宗庙,去祷祠,废祭祀,逆天时,变妾为妻。荧惑逆行变色,为弃法律,杀太子,逐功臣。荧惑出而逆行变色,以内淫乱,犯亲戚。荧惑而逆留守宿者,所主货物皆贵。荧惑以庚辛日留,天下有大丧,有兵。

班固《天文志》曰：荧惑所守，为乱贼丧兵。守之久，其国绝嗣。

《荆州占》曰：王者不顺礼遗德，不求贤举隐，骄慢自恣，不顺五常，就于女色，妻妾为政，邪臣在位，杀戮无辜，陵弱暴强，星则为之逆行，出不以时，变为妖彗，蚩尤之旗，格泽之气，起兵大战，主死将亡，伏尸流血。王者行礼，起宗庙，礼山川，存孤恤寡，薄赋轻徭，星顺度，可以除咎。

《荆州占》曰：荧惑变色失行，所留者亡，所抵者兵。荧惑逆行变色，人君宰相之治，推择不以德贤，圣隐蔽而不肖者进，远忠臣而近谗谀。一曰：人君宰相之治，骄恣，不从五行，妻不政，贤者伏匿，谗臣乱治，逐功臣，诛不辜，即荧惑逆行变色。荧惑变其常，东行客三舍，名曰缩星。缩星出，有死相。荧惑变其常，西行客三舍，名曰驰星。驰星出，有死将。（韩杨曰：东行疾名曰驰星，有死将。）荧惑变其常，南行客三舍，名曰谗星，谗星出，有男丧。荧惑变其常，北行客三舍，名曰贼星。贼星出，贼将起。又为旱。荧惑逆行，色赤而怒，有兵。荧惑逆行，环绕屈曲成钩已至三舍，名山崩，大川竭。若守之三日不下，其分国亡，有大丧。荧惑逆行至五舍，大臣谋反，诸侯王也。荧惑逆行，必有破军死将，国君若寄生。又曰：夷将为王，敢诛者昌，不敢诛者亡。当此之时，趣立九侯置三王，取与必当，无逆天殃。荧惑当出不出，天下有兵，民流亡。当入不入，所在其国有殃。荧惑往来，疾者期不过九十日，迟者不过三年，荧惑留二十日乃占，荧惑不动，兵不战，有诛将。荧惑逆行二舍半，有火灾。一曰有女丧。一曰为大水。荧惑、太白东西南北行之，而复居其处，天下为四国谋者，其行也，同时驰。荧惑出东方，其行顺则其国不凶。其逆行一舍，其国有兵，战破亡地。其色悴小，其国君有忧。荧惑行失度而妄出宿间，天下作兵。荧惑东则兵东，西则兵西，南则兵南，北则兵北。荧惑东西，害侯王。一南一北，为死丧。荧惑失行西北，是谓水利于火，有兵兵罢，天下大旱。存孤老，廪鳏寡，天下亲附，则荧惑顺度。荧惑春夏而失道南行疾，为旱，为兵，在阳国。秋冬而失道北行疾，为火入水，必有破军杀将。

甘氏曰：荧惑出入，进退以战，背之大胜，迎之大败。

《荆州占》曰：荧惑顺宿南行疾，有男丧。又曰谗人将起。顺宿北行疾，有女丧，贼将起。荧惑正乘列舍，守之十日以上，其分内乱。二十日以上，相走。六十日，主死。九十日，殃及子孙。荧惑止留三日以上，国则忧，相不死出走。十日以上，主大忧。一月至三月，三月至六月，殃及子孙。去之丈，伤五谷。去之七尺，伤人民。去之四五尺，伤吏。去之二三尺，伤卿相。去之一尺，伤主。荧惑出西方若东方甚疾，至宿留二十日以上，及为留即去之，若复反其所留之宿，其君当之。（《海中占》曰：国君死。）之所宿者，天子恶之。四孟之月，侯王受之。四仲之月，大臣受之。四季之月，小臣受之。荧惑顺行，留守宿二十日以上，与逆行不满十日等。顺行留守三十日以上，与逆行留守宿十五日等。顺行留守宿四十日，与逆行留守宿二十日等。顺行留守百日，与逆行五十日等。荧惑所守，其国宰相死。荧惑与宿星舍守之，其国大人死。守之久，五年而发者，亡地五百里。期二年而发者，亡地二百里。期一年而发者，亡地百里。荧惑所守之分，其国凶。守之速，殃小。守之久，殃大。去而复还守之，或前或后，或左或右，殃殊重，不可救，国破主死，流血城市。荧惑逆行守星者，为饥。（即其年旱饥也。）复还顺行，黄色而至，粜为反贱。

韩杨曰：荧惑东西南北疾，谋用战。顺之胜，逆之败。

《汉·天文志》曰：荧惑顺宿东行疾，则兵聚于东方。西行疾，则兵聚于西方。

韩杨曰：荧惑乍东乍西，受者国大忧。居之久者三岁，中二岁近一岁，殃至。荧惑逆而西行，则不杀。为王敢诛者昌，不敢诛者亡。当此之时，趣立九侯，置三王，取与必当，无逆天殃。荧惑出于北方，不出其年起兵。荧惑还北方，其兵不还，有忧。荧惑春出南方，有丧。不然当小旱饥。荧惑春出于南方，群君有忧。荧惑凡行二十八宿，已去复还反，其国君死之。荧惑正乘其国之宿，星留三日以战大将死。留五日，君破亡地。留十日，其君死国无兵。而荧惑正乘其宿，星留十日内乱起，绝宿；星从南之北，从北之南，其国贫。一曰所居久者，其野有兵。

《荆州占》曰：荧惑所居久者，其野有兵。入其星三日，其野有忧。过三日，其忧大。

韩杨曰：荧惑常行，其留不行从宿居，入宿又守之，其国当举兵战斗，杀将乱事，家室破残，父子相扶于流亡。又曰：荧惑行绝道，正乘宿，留二十日以上至五十日，破军杀将。荧惑之行无常，东行守宿十日为留，其环所久宿者，殃其国，宰相死。荧惑东行四十日，行三舍以上，谨守其反日，不行日，数之百八十日，女孽出。

班固《天文志》曰：荧惑逆行一舍二舍，为不祥。

韩杨曰：荧惑西行，行三舍以上，谨守其反日，数之百八十日，兵起。不然，天妖出。

韩杨曰：荧惑逆行而留，其国逆凶。顺行而留，其国顺凶。

石氏曰：荧惑逆行还复故道，名曰挠迹。其灾重。

荧惑昼见反明六

甘氏曰：荧惑昼见，臣谋主。

韩杨曰：荧惑出西方而逆行，是为反明。天下更王国忧。受者亡其。南若北，为死丧。南，为丈夫。北，为女子。

《洛书》曰：荧惑反明，邦命更王。荧惑反明，相掠所灭。荧惑反明，不言纪更。

《尚书纬》曰：荧惑反明，白帝亡。

《春秋纬》曰：赤帝之世，有过则荧惑出，冠守，见萌以淫乱。失时则反明，有此类则亡引也。

《文耀钩》曰：荧惑反明，主以悖更残物之过亡，天下更纪，易其主。（《元命包》曰：殷纣无道，荧惑反明。宋均注曰：反出西方也。）

《天官书》曰：荧惑反明，主命恶之。

《荆州占》曰：荧惑反明，怒气结。

韩杨曰：荧惑所止舍而数之七舍，而数为日七月，而入于西方；伏行五舍，为日五日而复出于东方，其反出西方，是谓反明。天下更政，所宿其国伐。荧惑入西方，反出为反明，天下更王。荧惑有三反明，三吐舌，以威咎杀太子，以妾为妻。

京氏曰：礼经不用，荧惑反明。

荧惑变异吐舌七

《龙鱼河图》曰：夫荧惑主司非，其精下为风伯之神。

巫咸曰：荧惑下为童男，止于都市。（《搜神记》曰：吴地草创之，信不坚固，边屯守将质其两女子，名曰保质。童子少年，以类相与嬉游者，日有十数。凤皇三年三月，有一异儿，长四尺余，年可六七岁，衣青，来从群戏。诸儿莫之识也，皆问：尔谁家儿，今日忽来？答曰：见尔群戏乐，故来耳。详而视之，眼有光芒，焰焰若火。诸儿畏之，重问其故。儿乃答曰：尔恶我乎？我乃荧惑星也。将有一言告尔，天下归司马氏。诸儿大惊。或走告大人，驰往观之，儿曰：尔舍去乎！竦身而跃，即已化矣。仰面视之，若引匹练以登天。大人来，有犹及见焉。飘飘渐高，有顷而没。时吴政峻急，莫敢害也。后五年而蜀亡，六年而晋兴。至是而吴灭于司马氏矣。一书云：荧惑卒不见，下地为人，衣韦衣，若白衣，乃使民多妖言。）

京房《对灾异》曰：荧惑作变，为华州人君之祸也。弟于东，骨肉欲。暮近北，边国谋入。于西，则兵大起，蛮貊战。入斗，则大臣叛。住东西，万民病。不救之，则致日食既下，谋上。其救也，设七政，争正图书，修经术，改恶为善，则安矣。

《运斗枢》曰：人君政乱，朝多谗臣，则荧惑吐舌。

京氏曰：人君无礼法，轻薄房室，外行慢易遇下，不理赋敛，夺民时，则荧惑失度，吐舌为变。逆度作怪，以诫人君。不救，则大旱，中火燔宫殿。其救也，追功禄爵，位贤德，养幼孤，廪鳏寡，则荧惑还度，天心得矣。

韩杨曰：荧惑吐舌，状如星也。其舌上则主忧，下则民愁。

《运斗枢》曰：阳越度，阴失符，则荧惑生足。（宋均曰：阳君也，阴臣也。）

石氏曰：荧惑生足，故主殃，新主易。

巫咸曰：荧惑大而赤，东西南北行，非也。一曰有谋兵起。荧惑失其常，吏且弃其法，诸侯乱其政。

《荆州占》曰：荧惑始出大而日愈小者，其国不利。始出小而日愈大者，其国利。荧惑赤角，卒多不出，秋兵起。又曰：荧惑赤大，昭然而芒，其野有兵。荧惑大而赤角，有兵，兵出有功。战，客利。背之者大胜，逆之者大败。荧惑色赤大而角，军大惊。

巫咸曰：荧惑，小名曰进贼。万物相暴从为贼，不有死王，必有灭国。使之不然，哀老弱，怜孤寡。

郗萌曰：荧惑出东方，反行以西，有小星，击之即去，所宿之国受兵。

《荆州占》曰：两敌相当，荧惑当其日而大，以其大之日利，当其日而小，以其小之日不利。上旬为阳国，中旬为中国，下旬为阴国。星大赤则兵出有功，小赤则无功，皆以其日占国。荧惑贯小星，杀小将。荧惑之阴，有小星去四寸以内，诸侯阴谋。荧惑之阳，有小星去四寸以内，诸侯有小兵。荧惑之傍，有小星两，其一在南，一在北，皆四寸以内，诸侯从。荧惑之傍，有小星两，其一在东，一在西，皆四寸以内，诸侯横。荧惑小而赤角，兵出无功。

荧惑跃而沉浮与列星斗八

《荆州占》曰：荧惑跃而沉浮，主用心悼愦。荧惑守列舍，浮跳不安，人主心邪，无刚政。

韩杨曰：荧惑有宿星斗，不出三年，臣背其主。荧惑变色，逆行相凌而斗会舍还，其国无道。若与宿同光，国君出走。

荧惑穰气晕彗九

《黄帝占》曰：荧惑生气，如为赤穰者，明日大暑，至夕时而大雨。荧惑出，穰气长一丈，有百日旱。

《孝经内记》曰：荧惑黑赤气，为赤穰者，不出五月有贼，三十日有兵，五十日旱，鱼盐贵二倍自止。

甘氏曰：两军相当，而云掩荧惑，必有覆军，若将死。其出入进退以战，背之大胜，迎之大败。

郗萌曰：两军相当，云厚掩荧惑，必有逐军。

巫咸曰：荧惑白晕，大臣背其主。其角也，兵。气赤色也，国有忧。

郗萌曰：荧惑出彗东南维，其下受亡地，不出三年。

开元占经卷三十一

荧惑占二

荧惑犯东方七宿

荧惑犯角一

《荆州占》曰：荧惑犯左角，都尉死之。

《陈卓占》曰：荧惑犯角，赦，期一月。

石氏曰：荧惑犯左右角，大人忧。一曰有兵，大臣为乱。

甘氏曰：荧惑入左角，有大赦。入右角，兵大起。

《黄帝占》曰：荧惑出角中道，天下太平。出阳道，旱。阴道，多雨。

陈卓曰：荧惑出角阴道，多阴谋。

郗萌曰：荧惑出入天门间，宫门移。又占曰：荧惑逆行角，失火。

《荆州占》曰：荧惑逆行角中，成勾已，若环绕之，人主忧。有兵丧，若关梁不通，期六月。

郗萌曰：荧惑起角，刺如锋刃，经角间，三十日而三留之，人主无下殿出宫，廊庙间有伏阵兵。又曰：荧惑赤色光芒居天门中，三十日，天下有大征发，男年十五至耄老，三年乃止。或曰三月。

郗萌曰：荧惑起芒角赤色而光，守天门中二十日，饥。一曰小旱。又曰：荧惑过两角，多雨。

《荆州占》曰：荧惑成钩已，环绕角，有芒如锋刃，天子失位。

郗萌曰：荧惑乘左角，为旱。乘右角，为兵为水。又曰：乘陵左右角者，为日蚀，国有大变。

石氏曰：荧惑乘右角，后族家若将相有坐法死者。又占曰：荧惑与角合，韩相出走。

《河图》曰：荧惑居角阳，其国有喜。居阴，有忧。

郗萌曰：荧惑居角亢间及太微宫，臣有请兵于天子者。若去复还居角亢之间，天子听之，兵且起。又占曰：荧惑大反行留角，国受殃及加兵。又曰：色黑为疾为死。青为水为饥。又占曰：荧惑反行，留角三十日，万家邑拔，千家邑虏。既居之，南北去之，其邑不可用兵。进为兵，退为丧。

《荆州占》曰：荧惑行廷中不止，有大狱。

巫咸曰：荧惑舍天门，人主绝祀。

郗萌曰：荧惑舍天门中，大赦。又曰：入天门，出复反之，天下大乱。守反者，事大。

《春秋文曜钩》曰：夺民时，荧惑守左角。

《海中占》曰：荧惑守左角，有丧。色白为兵，黄为土功，赤为旱，青忧，黑死。

郗萌曰：荧惑守左角，臣谋其主。

《荆州占》曰：荧惑守左角，兵起，将军死之。期六十日，若六月。又曰缣缯倍价。

《黄帝占》：曰：荧惑守右角，有兵起。期三月，将死。又占曰：荧惑守左右角，左右校尉、都尉若相当之，或戮死。又占曰：荧惑守两角间，若轸道绝不通。出其阴，阴伐利，战胜，取其将。又占曰：荧惑守角三十日，其后忧。又占曰：荧惑守角，出其南，多病。出其北，多死。行右，中国有殃。行左，负海国有殃。又占曰：荧惑贯若守左右角，大战。

《洛书》曰：荧惑守角，下土逆谋，兵乃出。

《春秋纬》曰：荧惑守角，若反行，留角二十日，相死。

石氏曰：荧惑守天门中二十日，国有大丧，若大臣受谋。期一年。又占曰：荧惑守左角，左将军忧；守右角，右将军忧。去复还守之，二十日，将军戮死。又占曰：荧惑居守角，三月有殃，五月受兵，七月其野亡。又占曰：荧惑守角，霸者争土，农者争犁。圣人出，二十日大贵。又占曰：荧惑入天门，已去复反守天门，关梁不通。进以善事则亡。

甘氏曰：荧惑守角，忠臣诛，国政危。又占曰：荧惑守左角，廷尉有忧;守右角,大尉有忧。

《海中占》曰:荧惑守左右角,其色黄白,小旱,民小厉。又占曰:荧惑守左右角,逆行为旱,还立雨,为五谷不收。又占曰:荧惑守角,贵人子有系者,去狱之天牢,贵人子赦。又占曰:荧惑起芒角,赤色而光,久守天门,王者绝嗣。各以占其国。

郗萌曰:荧惑守左角若右角,去复还之,天子行诛伐,期年中。又占曰:荧惑守左角,左将军;右角,右将军;守角前,前将军;守角后,后将军;一周五将军发。又占曰:荧惑守角,谗臣欲进,政事急,有千里之行。又曰:将军有乱,有兵兵罢。又曰大旱。又曰:荧惑守角为中兵大臣,留两角间,将兴国,廷开梁,边境不通。又占曰:荧惑守东关,赦,期一月。

《荆州占》曰:荧惑守天陈,大饥,太后族人有受诛者。又曰:以夏三月中守角,若出角入角,中外不通。

《二十八宿山经注》曰:荧惑守角亢,其色赤,不出三年,则韩国王死。

《黄帝占》曰:荧惑守角,西为父母,后为妻,前为子,东为身,如此者臣弑君。近一年,中二年,远五年。

石氏曰:荧惑守犯凌左角,为祸咎。

荧惑犯亢二

《黄帝占》曰:荧惑入亢,有芒角犯凌之,当有白衣之会,籴大贵。

郗萌曰:荧惑入亢,天子廷有兵有水。

《东官候》曰:荧惑入右亢,(谓北星也。)天下有白衣之期,五谷不熟。

石氏曰:荧惑数入亢,其国疾病疫。

郗萌曰:荧惑入亢,成钩己环绕之,有亡国,必有臣谋主。(案《宋书·天文志》曰:魏嘉平三年十月癸未,荧惑犯亢南星。正元三年二月,李丰等谋乱诛。)石氏曰:荧惑十二月入龙宿,成钩己,若环绕之,天子失廷。

《荆州占》曰：荧惑逆行亢，主成咸，非其人。

陈卓曰：荧惑乘亢右星，为大兵，为水，为谷贵。

郗萌曰：荧惑乘灭亢左星，为大人忧。乘右星，为天下奇令。

《春秋纬》曰：荧惑与亢合，主命凶。

《河图》曰：荧惑居亢阳，其国有喜。居阴，有忧。

《荆州占》曰：荧惑留亢，天子恶之。

郗萌曰：荧惑留廷中，为天下大忧。或曰：为焦旱，物不生。多虫蝗起。又占曰：荧惑舍亢，为岁有小水。

《黄帝占》曰：荧惑以八月守亢，两将相当。在东南，期一岁。（石氏曰：期岁中。）又曰：平地出水，桥梁不通，河内将相忧。

甘氏曰：荧惑守亢，天下大乐，民得封爵，期不出年。

甘氏曰：荧惑守亢东，天下州战。守西，木果不实。又占曰：荧惑守亢，五谷不熟，民死之。又曰：守疏庙，有土事。又守天门，有忧。

巫咸曰：荧惑守亢，小臣为乱，臣疾疫。又曰：兵大起，天下旱，万物不成。

《海中占》曰：荧惑守亢，天下有白衣之会。天子易政，道路不通。

《海中占》曰：荧惑守亢，成钩已而环绕之，三十日，天子自将兵，国易主。

郗萌曰：荧惑守亢，环绕之成钩已，天子恶之。期六月，若十月。又占曰：荧惑守亢，大将有喜。守亢左，左将军有喜。又占曰：荧惑守亢，五谷以水伤败。又占曰：荧惑守亢，为天下大旱，多火灾，逆行为失火。

《黄帝占》曰：荧惑守亢，西为父母，后为妻，前为子，东为身。如此者，臣弑主。近一年，中二年，远五年。

郗萌曰：荧惑守亢，贵人病亡。一曰留十日，后忌。又占曰：荧惑守亢，天子有祠庙之事。又曰天下病头。

《荆州占》曰：荧惑色黑守亢，旬日水万里不测，二旬有没王，三旬泽海。又曰赦。

《东官候》曰：荧惑守亢，国籴贵。芒角犯凌，有白衣之众暴聚，麻麦载倍价。又占曰：荧惑守亢，大人忧之，若水船急，若民忧，非一国也，政危。守之，三十日，民多疾。又占曰：荧惑入守亢，天子有所治宗庙之事，赦解之。

《黄帝占》曰：荧惑逆行守亢，为中兵。

郗萌曰：荧惑乘若守亢，左星大水。乘右星，为大兵，为有收系者。

甘氏曰：荧惑犯守亢，逆行不顺，失其明色，大政不用。

郗萌曰：荧惑犯守亢，天下病头。

《东官候》曰：荧惑犯守亢，二十日而去，五谷不登，大人忧，乱臣在朝，忠臣不进。

荧惑犯氐三

《荆州占》曰：荧惑犯氐左星，左中郎将诛死；右星，右中郎将诛死，皆期三年。

甘氏曰：荧惑入天子宫，天子失其宫。

郗萌曰：荧惑守亢，还入氐中，三十日，大人当之。其远氐者，将大病。在氐南行，国有小丧。在其阳者男，在其阴者女。

甘氏曰：荧惑入氐，留守二十日不下，当有贼臣在内，下有反者。（案班固《天文志》曰：孝宣地节元年正月辛酉，荧惑入氐。其四年，将军霍禹、范明友及奉车霍山诸昆弟嫔婚为侍中。诸曹九卿郡守皆谋反伏诛，其应也。）三十日不下，其国兵起，人主当之。氐为天子之宫，罚星入之，不祥之征。所守之国，其君死之。

石氏曰：荧惑入氐，留二十日，有一国之君系饥死，若毒死者。

郗萌曰：荧惑入天门，至氐前进退，人主无出廊庙间，无出国，无之远宫，其间有伏阵之兵。

《荆州占》曰：荧惑入氐，宿留之二十日，大发卒战。近期三十日，中期六十日，远期百日。又占曰：荧惑以戊辰岁钩已入氐，犯西南东北星，光合者，到己巳岁，大将军诛，大赦天下。又占曰：荧惑出东方，若西方，留氐者，天子宫也，去复还居之，天之坐之。

巫咸曰：荧惑逆行氐，失火。一曰守氐，多火灾。

《荆州占》曰：荧惑逆行氐，地动。

郗萌曰：荧惑乘氐之左星，天子自将兵于野。一曰天下有大水，大兵。又占曰：荧惑出入，留舍氐五十日不下，天下大疾。一曰二十日不下，五月有病。

《荆州占》曰：荧惑出入，留舍氐十日，其君当之。

《黄帝占》曰：荧惑守氐，成钩己者，大人忧。（甘氏曰：赦，期六日。）

石氏曰：荧惑守氐，大人忧，若强国当之，若主有系者，饿而死。若近臣忧，非一国也，政不安。一曰天下有兵。一曰大国忧。

《春秋纬文曜钩》曰：荧惑与氐星合，失地一百里。

石氏曰：荧惑守氐，去一旬复还，有大兵起。二月有亡地。又占曰：荧惑逆行守氐，大臣谋反，其事成。

甘氏曰：荧惑守氐，大臣相谮，主大战。

巫咸曰：荧惑守氐，君有疾，有兵起，所守国其君恶之。（案《宋书·天文志》曰：武帝永初二年六月乙酉，荧惑犯氐。景平元年，庐陵王义真废，王领豫州也。）

《海中占》曰：荧惑守氐，国乱，有反臣，近臣有忧，有兵，期六月。不出六十日，赦，不遍天下。岁春旱，晚水，不出其年，人相食。

《黄帝占》曰：荧惑出氐，复还守之，强国之君恶之。

郗萌曰：荧惑守氐，地震动。又曰有土功事。又曰：守二十日，相死，亲近戮死者。西北之夷来。又曰：守氐，色黑，国家有小丧。

《荆州占》曰：荧惑守氐，天子恶之。（案《宋书·天文志》曰：武帝永初二年六月乙酉，荧惑犯氐。三年五月，宫车晏驾。）

郗萌曰：荧惑守氐，西为父母，后为妻，前为子，东为身。如此者臣弑君。近期一年，中二年，远五年。

《荆州占》曰：荧惑守氐成钩己者，强国之君死之，王者忧。贵人有饥死、囚系者。谓东行反之,还去两星二尺,期百二十日,去两星齐,期二十日,以赦解之。又占曰:荧惑守氐,去复反守之,其色黄白,与两星齐,期十日,去两星尺,期六十日,有赦。又占曰:荧惑色赤若黄,以九月守氐,六十日,有夺地死王。期一年。

荧惑犯房四

《洛书》曰:荧惑犯房,亡君之夷。

《文曜钩》曰:荧惑犯房宿,将军为乱,王者恶之。

《荆州占》曰:荧惑守犯凌房,国君忧。色青忧丧,赤忧兵,积尸成山。黑,右将相诛。白芒角,大哭。(司马彪《天文志》曰:孝和永元五年九月,火犯房北第一星,为相。六年正月,司徒丁鸿薨。《宋书·天文志》曰:魏明帝太和五年五月,荧惑犯房。占曰:房四星,股肱将相位也。五月星犯守之,将相有忧。七月车骑将军张郃,追诸葛亮,为亮所害。十二月太尉华歆死。晋成帝咸康八年六月,荧惑犯房上第二星。占曰:次相忧。建元二年,车骑将军江州刺史庾冰薨。是时骠骑将军何充居内,冰为次相也。)

郗萌曰:荧惑入房,天子之宫,大臣有反者,天子忧。期六月。又曰:有白衣之会。又占曰:荧惑入房,天下有丧。又占曰:荧惑入房三道,为天子有子。

石氏曰:荧惑入房,马贵。出房,马贱。

郗萌曰:荧惑出房北,主也。出其南,诸臣也。处之,忧甚。行,除忧无故。

《海中占》曰:荧惑行房南,旱;若守之,为丧。行房北,为水。若守之,为兵。

郗萌曰:荧惑逆行房,为失火,若地动。

《春秋演孔图》曰:尧恒视荧惑所在,在房,则改法蠲令。(宋均曰:房为天子明堂,政教有门,故改法蠲令也。)又占曰:荧惑磨心环房,不留正舍,往来彷徉,人主无下殿远宫阙,有伏兵。

《洛书》曰:荧惑钩己房,主命凶。

《玉历》曰：荧惑逆行房成钩己，大人忧，臣弑其君，凶。（郗萌曰：期不出六十日也。）下有反者，大兵起。

《文曜钩》曰：荧惑与房合，车驰人走。（宋均曰：荧惑与房合，为诸侯所逐也。）

郗萌曰：荧惑与太白合房，哭泣者多，堂空。

甘氏曰：荧惑贯房中央，天下无兵。出房南，为男忧；出其北，女忧。

郗萌曰：荧惑入房，留二十日，主出走。留十五日，主战。近期三十日，远三月。

石氏曰：荧惑出中道留也，天下有夷。期三月。四月，天下大赦。

《荆州占》曰：荧惑出入房中道，良马用，天下兵满野。将相为盗，大臣有忧。

《黄帝占》曰：荧惑守房，十日不去，山崩。又占曰：荧惑守房，大臣为乱。王围于野，天下作兵，五年而止。

石氏曰：荧惑守房，天下更政。

《黄帝占》曰：荧惑守房，有兵与丧。居之三月，其邦有殃，五月受兵，十月其野亡。又占曰：荧惑守房，贵人疾。又占曰：荧惑守房，三日五日，天子车驾有惊。又占曰：荧惑行房南犯守之，为大旱。行北犯守，为大水在宋地。又占曰：荧惑守房，入之成钩己，天子失宫，期六十日。

《春秋纬说题辞》曰：房心，木位。荧惑守之，烧弑，阳类相灭，子代位。

石氏曰：荧惑守房，火近于木。子火灭其母。十日不去，国有丧。（郗萌曰：有崩主。）十五日不去，兵大起。二十日不去，臣弑君，子杀父。（郗萌曰：臣叛其君，子去其父也。）民去邦邑，阴阳相克，天下大动。期不出一年。

石氏曰：荧惑守房，为大饥，人相食，死者不葬。又占曰：荧惑守房，为良马出厩。又占曰：荧惑守房左，丝絮贵。其守阴间星，将有喜。

郗萌曰：荧惑逆而西行，守房十日成钩己，大臣弑其主，期不出六十日。

石氏曰：荧惑行，不出房中央，其年有氏守房，王者恶之，天下更政易王。若将反逆者，从近君起。以赦令解之。

甘氏曰：荧惑守房，去复还成钩己，若环绕之，国有崩丧，戴麻天下，将大乱，诸侯起霸，天子失其宫。期六月。

巫咸曰：荧惑守房，多水灾。

《海中占》曰：荧惑守房三日，鬼火夜行，人民大恐，多死丧。

郗萌曰：荧惑以九月守房，车骑盖野，期后年，父子尽给军事，无得留家者。又占曰：荧惑守房，土功兴。留三十日，地大动，大兵起。又占曰：荧惑守房心，赦。成钩己者，水。成己者，火。又占曰：荧惑守房间，直心而留守房，天下大乱，东方大得，西方大失。又占曰：荧惑守房北，燕赵负殃。守中央，鲁卫负殃。又占曰：荧惑守房，为胡兵发。

《荆州占》曰：荧惑守房，期一年，大臣盗国宝，大兵起于后宗。其芒角犯凌，留三十日以上，大臣凶。一曰秦燕赵大凶。

《二十八宿山经注》曰：房心星宿暗黑，荧惑守之，二百日止，则音声，万民相声，大水，鱼盐五谷贵，百姓愁苦。

郗萌曰：荧惑犯中乘守房，左骖左服，为君死，所中将诛。有中犯乘守房右骖右服，为夫人死，所中相诛。又占曰：荧惑留逆犯守乘凌房左右骖，主崩，臣有阴谋。逆往乘凌中道，天子失位而亡。顺行乘凌中道，天下和平。

韩杨曰：荧惑犯房钩钤，王者忧。（案《宋书·天文志》曰：晋穆帝升平三年三月乙酉，荧惑逆行犯钩钤。五年穆帝崩。檀道鸾《晋阳秋》曰：孝武大元十九年十一月甲申，荧惑犯钩钤。二十一年九月庚申，帝崩。《宋书·天文志》曰：宋武大明二年十一月庚戌，荧惑犯房及钩钤。壬子又犯钩钤。占曰：有兵。其年索虏寇历下，遣羽林军讨破之。）

郗萌曰:荧惑犯乘钩钤,大臣有误天子,不尊事天者,致火灾于宗庙。王者不宜出宫下殿,有谋匿于宗庙中者。

石氏曰:荧惑逆行至钩钤,天子侍臣俱亡。

《春秋纬》曰:出行不节,则荧惑守房钩钤。

刘向《洪范》曰:钩钤,天子御也。荧惑守之,不大仆则奉车,不黜则死。(《洪范》曰:汉宣帝本始元年,荧惑守房。其后六年,奉车都尉霍山举家谋反,诛灭。)

郗萌曰:荧惑守钩钤,大赦,若有德令。

荧惑犯心五

《黄帝占》曰:荧惑犯心,战不胜国,大将斗死。一曰主亡。

《海中占》曰:荧惑犯心,天子王者绝嗣。犯太子,太子不得代。犯庶子,庶子不利。又占曰:荧惑犯心,必有饥饿而死者。

郗萌曰:荧惑犯心,有谋臣,不即有死王。

《文曜钩》曰:荧惑入心前后星,相戮中野。

郗萌曰:荧惑入心,大臣有反者,天子忧之,期六月。

《黄帝占》曰:荧惑经心,清明烈照,天下内奉,王帝必延年。

郗萌曰:荧惑入角,道逆行,进退欲留氐亢,因复少进,绕心与房,不留止舍,往来彷徉,可三十日。又曰:因以东西有忧,南北有丧。

《春秋演孔图》曰:荧惑在心,则缟素麻衣。(宋均曰:荧惑在心,海内之殃,海内亡主,故素缟麻衣。)

郗萌曰:荧惑回心,若去之,复还反之,二日大赦。

石氏曰:荧惑乘心,其国相死。又占曰:荧惑犯蚀乘心右星,太子有忧,若不立。一曰不死即去。

《洛书》曰:荧惑居心阳,其国有喜。居阴,有忧。

郗萌曰:荧惑入心,留二十日,主病。三十日,疾困。群臣亦然。

陈卓曰:荧惑留心,近臣为乱。

石氏曰:荧惑舍心,贵人振旅,天下大兵。若色玄不明,丧。

司马彪《天文志》曰：金火俱在心，为大丧。

《黄帝占》曰：荧惑宿心，色青，有丧。色赤，有兵。宿心东，为齐越。西，为秦郑。（甘氏曰：秦魏为中。）南，荆宋。北，卫赵。（甘氏曰：燕赵。）中，为魏鲁。

《文曜钩》曰：荧惑与心合，主死；不死，出走。又曰易帝。

郗萌曰：荧惑起角芒如剑刃，经两角间进退不留止，磨心以行，有伏阵兵。

甘氏曰：荧惑贯心，天下民饥。

郗萌曰：荧惑与心斗，天下暴丧，期三年。

《洛书》曰：荧惑守心成钩已，不言王命凶。

《春秋纬》曰：荧惑守心，海内哭。（案班固《天文志》曰：汉高帝十二年春，荧惑守心。四月宫车晏驾。韦昭曰：凡初崩为晏驾者，臣子之心犹谓宫车当驾而出也。《宋书·天文志》曰：晋武帝太康八年三月，荧惑守心。永熙元年四月乙酉，武帝薨。光熙元年九月丁未，荧惑守心。十一月惠帝崩。）

石氏曰：荧惑守心，大人易政，主去其宫。（案《史记》曰：宋景公时，荧惑守心。子韦曰：祸当君。虽然，可移于宰相。公曰：相，吾之股肱，所与治国家。曰：可移于民。公曰：民死，寡人将谁为君？子韦曰：可移于岁饥。公曰：岁饥民困，民谁以我为君？子韦曰：天居高而听卑，君有至德之言，天必三赏。君荧惑果徙三舍，行七星，星当一年，君寿延二十一年。）

《海中占》曰：火守心色赤，有兵，臣谋其主。黑，主死。白，谋臣有赐爵者。青，大人有忧。

石氏曰：荧惑守心，天子走，失位。入心，必见血，其国库兵出，天下士半死，五月大旱。二十日不下，天子有令有忧，布大贵。

《雒书雒罪级》曰：荧惑守心，必有逆臣起。

石氏曰：荧惑守心，时王将军为乱。

甘氏曰：荧惑守心，大臣为变，谋其主，诸侯皆起。又占曰：荧惑守心，成钩已及环绕之，天子失其宫，期六月。

巫咸曰:荧惑守心,万物不成,土功兴。一曰岁水。

《海中占》曰:荧惑守心,天下大吟。居之三月,有殃。五月,受兵。十月,其野亡。

石氏曰:荧惑守心,成钩己,期三月,大臣反,攻战,不将军死。

《海中占》曰:荧惑守心南,为水。北,为旱。又占曰:荧惑守心,民流亡。

郗萌曰:荧惑守心南,有小男丧。守北,有小女丧。又曰:以十月守心北,不出其岁,国有大丧。以十月守心,期六十日,有辱主。一曰皆起兵。又占曰:荧惑守心为侵阳,守心上下星,名幸臣。骖乘者有事。

《黄帝占》曰:荧惑守心,大人恶之。

郗萌曰:荧惑守心,有反者,从太子起。一曰九卿为害。又曰大国兵四起,天子军破。又曰二十日相死。又曰守心留十日,后死。又曰守心三十日,有女丧。

郗萌曰:荧惑守心房间,三十日,地动。又占曰:荧惑守心,有反者,从宗家。(案《宋书·天文志》曰:晋元康九年六月,荧惑守心,八月入羽林。后二年赵王废,惠帝为太上皇。俄而三王起兵讨赵王伦。伦悉起中军,兵相拒累月也。)

《荆州占》曰:荧惑守心色黑,有兵必败。

陈卓曰:荧惑守心,期三十日,彗星出王都西南指。

《玄冥占》曰:荧惑守心为饥。(案袁宏《汉纪》曰:安帝永初元年五月戊寅,荧惑逆行守心,三年三月,京都饥,人相食。)

《春秋纬说题辞》曰:荧惑守心,主死,天下大溃。

《黄帝占》曰:荧惑逆行而西守心二十日,大臣为乱。(袁宏《汉纪》曰:安帝永初元年五月戊寅,荧惑逆行守心。司空周章谋诛。邓骘兄弟废太后及上,立平原王为帝。事发觉,自杀。)

石氏曰:荧惑逆行守心,哭泣涝涝,主命恶之。国有大丧与兵。(案司马彪《天文志》曰:孝灵中平三年四月,荧惑逆行守心。后三年而灵帝崩。)国易政。

郗萌曰：荧惑逆行守心，旱，失火。

陈卓曰：荧惑逆而行心，地震。

《黄帝占》曰：荧惑逆行守心，环绕成钩己，皆为大人忌。期六月。以赦解之。

石氏曰：荧惑逆行守心中央大星，有白衣之会。

巫咸曰：荧惑中犯乘守心明堂，大臣当之。在阳为燕，在阴为胡。一曰有火异。

郗萌曰：荧惑中犯乘守心明堂，为万民备火。近期一年，中期三年，远期九年。一曰旱。又占曰：荧惑中犯乘守庶子，女主势行。又占曰：荧惑中犯乘守蚀心右星，为庶子有忧，若死。又占曰：荧惑中犯乘守太子星，天心明堂星，有大丧。又曰中国有小忧。一曰宋忧。又曰：中犯乘守太子星，天下大赦。又占曰：荧惑中犯乘守心明堂成钩己，为大人忧。近期十月，远期三年。以赦令解之。

《海中占》曰：荧惑留逆犯守乘凌心星，王者宫中乱，臣下有谋易立天子者，权在宗家得势大臣。

荧惑犯尾六

《文曜钩》曰：荧惑入尾三月，客兵聚。

郗萌曰：荧惑入尾，宫中有谗谀之臣。又占曰：荧惑入尾箕，九州当之。甲乙日入，东方有咎；丙丁日入，南方有咎；戊己日入，中央有咎；庚辛日入，西方有咎；壬癸日入，北方有咎。

《荆州占》曰：荧惑入尾，缣帛贵。将相、人民离其城郭。

《东官候》曰：荧惑入尾，后宫有忧，后恶之。一曰幸臣乱宫。

郗萌曰：荧惑逆行尾者，失火。一曰大水。

《荆州占》曰：荧惑逆行尾，其君淫佚。

郗萌曰：荧惑在尾，与辰星相近，天下牢开，大赦。

《文曜钩》曰：荧惑绕尾踟蹰，则以妾为妻。

《荆州占》曰：荧惑入尾犯乘之，天下有战兵。

《河图》曰：荧惑居尾阳，其国有喜。居阴，有忧。

《黄帝占》曰：荧惑留尾箕，臣下淫乱。

郗萌曰：荧惑舍司空三十日，马多死。一曰牛多死。一曰刍大贵。

《齐伯》曰：荧惑出入留舍尾，其国且无人，兵虽起不用，吉，其国缮城郭。

石氏曰：荧惑守尾，岁多妖祥。

甘氏曰：荧惑守尾，皇后恐。又曰：人民为变，国易政，兵始动。

巫咸曰：荧惑守尾，天下大饥，人相食。一曰留十日，后忌。

巫咸曰：荧惑守尾，下凌上，君弱臣强，奸臣贼子谋弑其主，人民多死丧。又曰后宫干政。又曰：以十月守尾中央，六十日，天下发兵，车骑行。守端三十日，发士卒。又占曰：荧惑守尾，人君为忧，大臣作乱者，反逆从大将家起，期二十日。

郗萌曰：荧惑入守尾，天下称兵。又占曰：荧惑守尾，二十日，宫中匿谋，嫔妾有谗后者。一曰满二日，光明相及，为女主。

《荆州占》曰：荧惑守九江，赤地千里，人民流亡，谷贵三倍，药草再倍，布贵。臣有毒弑其君，大臣反。守尾宫中，匿谋，后妾相妒，三公九卿奸，大将有反。

《玄冥占》曰：荧惑守尾，后宫有相害者，期百二十日。又曰荧惑守尾，舟船相望。

郗萌曰：荧惑守尾箕，九卿当之，期二十日。

《春秋纬》曰：荧惑逆行守尾，久者，有兵起，车骑聚于道。大臣宫人为乱，国易政。

郗萌曰：荧惑犯守尾，为女主夫人妃后恶之。又占曰：荧惑留逆犯守乘凌尾，皇后有以珠玉簪珥惑天子者。诬谗大起，后相贵臣诛，宫人出走，兵起宫门。

荧惑犯箕七

《春秋纬》曰：荧惑犯箕，女主宫人有忧。

郗萌曰：荧惑犯箕，天下国相击，男不得耕，女不得织，牛马大死。

《春秋纬》曰：荧惑入箕，主失位。又曰天下大乱，兵起。（案《宋书·天文志》曰：晋永康元年八月，荧惑入箕。明年赵王篡位，改元年，寻为大兵所灭。）

石氏曰：荧惑入箕，箕中一星，民莫处其室。养者，星在箕南，旱在箕北；有年在箕踵者，岁熟。

巫咸曰：荧惑入箕中，伺其出日而数之，期二十日，兵发。伺始入处之率，一日期十日，军罢。

《荆州占》曰：荧惑入箕，盗大起，多斗死者，岁不熟。又占曰：荧惑入箕，后族有口舌事。期六月。入箕中，仓粟出。

石氏曰：荧惑出箕，谷大贵，天下大旱，饥死。

郗萌曰：荧惑出天梁守箕，大赦。又占曰：荧惑逆行箕，失火，诸侯相谋。

《春秋图》曰：荧惑之箕，有小赦。

郗萌曰：荧惑舍箕，用事者坐之。又占曰：荧惑舍司空，三十日，牛车大出，马牛大死，刍大贵。又曰：留守箕，后宫干政，若有忧。又曰臣下淫乱。又占曰：荧惑出入留舍箕，天下有兵事，君臣属骑相连，吏民相攻。其国失地二百里。又曰禾豆不成。

《黄帝占》曰：荧惑守箕左，岁恶，天下劳。又占曰：荧惑守箕，燕王有疾。一曰内变。

《文曜钩》曰：荧惑守箕，主恐。又曰人民饥糟糠。又曰其国更市。又占曰：荧惑守箕，天下分离，臣子谋，咎在人主自恣。

《孝经纬》曰：荧惑守箕，多土功事。小旱，雨泽霜露不时，岁为中。

《荆州占》曰：荧惑十月守箕，天下大赦。守箕前，其国恶。守后，粢贵三倍。

石氏曰：荧惑守箕，主恶。

《海中占》曰：荧惑守箕，大旱。

《海中占》曰：荧惑以十月守箕，名曰火入水。万民饥死，谷价五倍，天下大赦。

郗萌曰：荧惑守箕，贵臣乱其国，主有淫事。一曰攻急。又占曰：荧惑守箕，贵人多病死。一曰主恐。又曰地动。守三月，彗星出。又占曰：荧惑守箕，岁水。又占曰：荧惑守箕，若留止箕口中，兵起，有兵罢。

《荆州占》曰：荧惑守箕，有大淫事，九卿当之。若狐貉有忧。

《黄帝占》曰：荧惑入箕中守之，天下兵起，吏民相攻，士卒半死，人民流亡，不居其乡，其国失地。

巫咸曰：荧惑入箕，去复还守之，贵臣有诛乱主者，国有土功之急，贵人多死。大水万里，泽为海，桥梁不通。

郗萌曰：荧惑入箕中，若守箕，宫中口舌之事，仓谷出，三月六月。又占曰：荧惑入箕，去复还守之，天下饥，期不出三年中。

《荆州占》曰：荧惑入箕守之，若犯乘箕，牛马多疾，北夷来降。

开元占经卷三十二

荧惑占三

荧惑犯北方七宿

荧惑犯南斗一

石氏曰：荧惑犯南斗，为赦。又曰破军杀将。

《海中占》曰：荧惑犯南斗，且有反臣，道路不通，丞相有事。（案司马彪《天文志》曰：孝顺永和二年八月庚子，荧惑犯南斗。明年五月，吴郡太守羊珍等起兵反，杀吏民，烧官室。太守王衡拒，杀珎等。又江贼蔡伯流等数百人攻庐陵九江，烧灭城郭，杀都尉。）

《圣洽符》曰：荧惑入南斗口，将相有谋反者。

石氏曰：荧惑入南斗，三月，吴王死。二月，王后死。一月，相死，不死出走。又曰：大国之臣，外内谋大乱。（案《宋书·天文志》曰：吴王赤乌十三年五月，荧惑北至，逆行入南斗，犯魁第二星而东。大元二月权薨。是时王陵谋立楚王彪。晋太安二年正月，荧惑入南斗。七月右卫将军陈眕率众奉帝伐成都王。大军败绩，兵逼乘舆。九月，王又攻成都王于邺，邺兵溃，成都由是衰亡。帝还洛，张方又胁如长安。时天下盗贼群起，张昌尤甚。）

甘氏曰：荧惑入南斗中，国大乱，兵大起。（司马彪《天文志》曰：孝顺嘉平元年十月，荧惑入南斗中。其十一月，会稽贼许诏聚众，自称大将军，昭父坐为越王，攻破郡县也。）荧惑入南斗口中，大臣反，被诛者，若将相出走。

郗萌曰：荧惑入南斗，国饥。荧惑入南斗口中，立太子。期不出百二十日。荧惑入南斗，天下受爵禄，期六十日，若九十日。荧惑逆行，三芒入斗口中，必有亡国死王。

《玉历》曰：逆行角入斗口中，必有大丧。

郗萌曰：荧惑行南斗，有土功事。

《海中占》曰：荧惑逆行南斗，怒动大明，天下大惊。

郗萌曰：荧惑过南斗，出斗上行疾，天子忧。出斗下行疾，臣有忧。

《春秋纬》曰：荧惑入南斗，先潦后大旱。

郗萌曰：荧惑留南斗，无功者赏。

甘氏曰：荧惑舍南斗之西，木果不实。

《海中占》曰：荧惑舍南斗，环绕成钩己，太尉、上卿、宰相死。

郗萌曰：荧惑舍南斗之东，天下大战。一曰守三十日，其君忧。

《玉历》曰：荧惑出入留舍斗魁之中，五日不下，天下有兵将军，国易政改元，不出一年有兵事。

《黄帝占》曰：荧惑守南斗百日，五谷出，妇女转漕。若有诸侯客来见天子者。荧惑守南斗，粂贵。又曰：七日以上，太子疾。十二日以上，庶子当之。又曰：去复还守之，吴越有忧，期不出三年。

《河图》曰：荧惑守南斗，宰相坐之，有兵罢。荧惑逆行守南斗，山崩。又曰兵车合，国君为帅。

石氏曰：荧惑守南斗，百二日，大赦。

巫咸曰：荧惑入南斗，若留守，所守之国当诛。

《五行传》曰：荧惑与斗晨出东方，因留守斗，其国绝嗣。（《汉书》景帝元年七月丙戌，荧惑在斗，晨出东方，留守斗。后三年吴王濞率七国举兵反，汉太尉周亚夫败之，灭国之应。）荧惑守南斗，为乱，为贼，为丧，为兵。守之久，其国绝嗣。（汉武帝元鼎中，荧惑守南斗。是时南越王赵婴齐将入朝汉，其相吕嘉不愿内属，乃杀其王及王太后，举兵反。汉遣六将军将兵诛之，遂灭其国，置交州为七郡也。）

《海中占》曰：荧惑守南斗，旱，多火灾。

郗萌曰：荧惑守南斗，留二十日，大人忧。守三十日，有德令。

郗萌曰：荧惑以十月守南斗，三十日，民介胄不出。一百日，其国有亡兵。荧惑守南斗，有内变，期一年。荧惑守南斗，地动。婴儿多疾死，关梁不通。留二十日以上出复，大人忧，期五月。

陈卓曰：荧惑守南斗，五谷不成，期百二十日。又曰荧惑守南斗，且有废臣，天下大乱，道路不通。一曰上官吏死。

荧惑犯牵牛二

郗萌曰:荧惑犯牵牛,其国之君必有外其大臣。

陈卓曰:荧惑犯牵牛,臣谋主。

石氏曰:荧惑入牵牛中四月,越主死。

巫咸曰:荧惑入牵牛,粂大贵。

《二十八宿山经注》曰:荧惑入留牵牛,三日不出,越王为强兵所逐。

陈卓曰:荧惑入牵牛三月若四月,齐王死。一曰晋王当之。

郗萌曰:荧惑乘牵牛,为天下有大水起,谷贵,人相弃于道。

《挺辅占》曰:牵牛为令天下者,荧惑居阳则喜,居阴则忧。

《海中占》曰:荧惑出入留舍牵牛,春旱秋水。一曰关梁不通。

《齐伯》曰:荧惑出入留舍牵牛,三十日不下,薪蒿有急,牛且大贵。进行十度以上至三十度,不出百六十日,客兵来。

《黄帝占》曰:荧惑守牵牛,民为乱,贵人多死。

石氏曰:荧惑守牵牛,民饿,有自卖者。

巫咸曰:荧惑守牵牛,为多火灾。又曰牛大疫,多有死者,灾非一国。牛贵十倍。(石氏曰三倍。)道无行牛。一曰当有税牛之役。

《海中占》曰:荧惑守牵牛,为旱。荧惑守牵牛,有急行。又曰岁多雨露。

郗萌曰:荧惑十月守牵牛,不十日,兵大起。荧惑守牵牛,若有谷畜产事。荧惑守牵牛,有牺牲之事。有反逆者从中起,有走军死将,期一年。(案《宋书·天文志》曰:晋成帝咸康元年六月乙亥,火犯牵牛中央星。建元二年,征西将军庾亮薨。)

《荆州占》曰:荧惑守牵牛,三十日以上,人相食。

《北官候》曰:荧惑守牵牛,二十日以上,有反逆者,牛车用。期四十日,若七十日。

《圣洽符》曰:荧惑入守牵牛,岁大水,津河不通,五谷大伤,其岁不中。

郗萌曰:荧惑入牵牛中,出守牵牛之南,有大赦。期二十日。

《荆州占》曰:荧惑以春二月三月留牵牛相守者,刍蒿贵,至八月止。又占曰：荧惑犯守牵牛大星，臣谋主，诸侯将兵，大人忧之。其国乱，人民饥。

甘氏曰：荧惑犯牵牛留守之，有破军杀将。

《海中占》曰：荧惑犯守牵牛，诸侯多疾。

荧惑犯须女三

《帝览嬉》曰：荧惑犯须女，若守之三十日不下，女主有病者，若府藏中有甲兵。十日不下，主后有死者，期百八十日。

石氏曰：荧惑入须女，中旬，主后死。

郗萌曰：荧惑入须女，留二十日，为天子受女之庆。近期三十日，远期四月。荧惑入须女，粢贵，石三百。人有自卖不出，县邑有死者。荧惑入守，妃贵人、女子多死者。

《荆州占》曰：荧惑入须女，布帛贵，天子内美女。不然甲兵起。

郗萌曰：荧惑出须女中，主也。出须女两傍，诸臣也。留，为忧。

《春秋纬》曰：荧惑之须女，上求女。

郗萌曰：荧惑在须女，逆行至牛，复还女，倏去倏还，为千里无稼穑。

《河图》曰：荧惑居须女阳，有喜；居阴，有忧。

郗萌曰：荧惑舍须女，蚕不得。荧惑出入留舍须女，五十日不下，天下人民大恐。其国开库出兵，加于吴越城。荧惑留须女，有反逆者，徙女者诸夫人家起。

《齐伯》曰：荧惑出入留须女，十日不下，刀剑大贵。

《黄帝占》曰：荧惑以十二月守须女之西南，奸人入邑。守其北百日，有诸侯嫁女绝国者。

《黄帝占》曰：荧惑守须女，皇后疾，宫中有火灾。

《文曜钩》曰：荧惑守须女，人主以媵为后，以妾为妻，若有献女者。

甘氏曰：荧惑守须女，王者发布帛。守二十日，丝绵布帛大贵。

陈卓曰：荧惑守须女，大人不安，五谷不登，民多病疾。

甘氏曰：荧惑守须女，国饥，粢贵，民有自卖者。

巫咸曰：荧惑守须女，邦有女子丧，主后也。又曰宫女有忧，牛角大贵。

郗萌曰：荧惑守须女，后夫人有忧，大人不安。荧惑守须女，女子为天下政。一曰女子为乱，法令更。行疾，无忧。国有嫁女、娶妇事。臣下衣服奢侈。守三十日，其君忧。荧惑守须女北，国大水，人民处木上。

《荆州占》曰：荧惑守须女，色青，有女丧，宫女有忧。黑，女多死。黄白，吉。

《海中占》曰：荧惑犯守须女，多妖祥，大臣当之。

《荆州占》曰：荧惑守犯乘须女，二十日，大人妇女有反逆者，从女起，若有女丧。其年籴三倍，人民多死。

陈卓曰：荧惑留逆犯守乘凌须女，天子及大臣有变，必有奇令。

荧惑犯虚四

《黄帝占》曰：荧惑入虚东，一曰居其左右，君恐失火。（《荆州占》曰：君有大事。）

《文曜钩》曰：荧惑入虚，咎在毁伤。

石氏曰：荧惑入虚中三月，齐王死。入旬，相死；不死，出走。

巫咸曰：荧惑入虚中，伺其出日而数之，期三十日为兵发。伺始入处之变，一日期十日，军罢。

郗萌曰：荧惑入虚，逐功臣。一曰牛车贵。

《荆州占》曰：荧惑入虚，天下有变，诸侯有死者。有罢军破将。天下更政令，期一年。

陈卓曰：荧惑在虚东，东藩旱。在虚南，楚地旱。在虚西，庐江旱。在虚北，辽东辽西旱。

郗萌曰：荧惑入虚成钩己，天下大乱，政急，大人忧，以战不胜。一曰有德令。

《春秋纬》曰：荧惑留虚，有以丧徭。

郗萌曰：荧惑留虚，群臣不尊敬祭祀，女主不谨。荧惑留虚三十日，其君臣忧。荧惑舍天府，天下喜，赐诸侯王。又曰舍天府门中央，天下赦。

《齐伯》曰：荧惑出入，留舍虚之间，忧在齐，其国治城郭，兵来。期不出十年中败。

《黄帝占》曰：荧惑守虚，赤地千里，人相食。荧惑守虚，大臣为乱，百姓多疾。

《圣洽符》曰：荧惑守虚，百二十日以上，诸侯亡土地，将有庆赐爵封者。

《春秋图》曰：荧惑守虚，五谷大贵，吏民死解。

石氏曰：荧惑守虚，将军及兵发起，天下更令。（《晏子春秋》曰：荧惑守虚，期年不去。公问晏子曰：孰当之？晏子曰：齐当之。公不悦，曰：天下大国十二，齐何以独当之？晏子曰：虚，齐分野。且天下之殃，固于富强，为善不用，出政不行，贤人使远，谗人反昌，百姓疾怨，是以列舍无次，荧惑逆行。公曰：可去乎？对曰：出冤聚之狱，使反田矣；散百官之财，施之民矣；赈孤寡而敬老人。若能是者，恶可去，何独孽乎？公曰：善。行之三日，而荧惑迁。）

郗萌曰：荧惑守虚危，有土功事。九十日，天下乱，岁大饥。

甘氏曰：荧惑守危，以人民为变，天下大水。

郗萌曰：荧惑守危，以民流多死。一曰女子多死。

《玉历》曰：荧惑守危，以水火入，多疾疫。若有土功，修治陵庙，期不出年。

《黄帝占》曰：荧惑入虚而犯守之，天子自将兵，流血满野，必有死国死王。期三年。

郗萌曰：荧惑犯守虚，有土功之事。一曰合于虚，土功当举。

石氏曰：荧惑犯守虚，天下有变更令者，百姓多疾，岁不熟，赤地千里，谷粢踊贵，菽粟三倍。（《荆州占》曰：十倍。）

荧惑犯危五

《荆州占》曰：荧惑犯危，天下大乱。

《黄帝占》曰：荧惑入危，大赦天下。

石氏曰：荧惑入危，贼臣起。荧惑入危中，三月，齐王死。不死出走。

郗萌曰：荧惑入危中，天下有变更之令。又曰：入天府，天子临府事。

《黄帝占》曰：荧惑入危，越地亡。

郗萌曰：荧惑逆行危，其君简祭祀。荧惑入危留之，以过复还留之，大人当之。荧惑留危，群臣不敬宗祀。荧惑舍天府，天子赐诸侯王。舍门中，天下赦。荧惑出入留舍危，其国缮城郭而起兵。

巫咸曰：荧惑出入留舍危，国中大乱，吏民相攻。荧惑守危，大国有忧，人民为变，国易政，不出其年。天下大疾，死者不葬。荧惑守危，国为政者急。

《黄帝占》曰：荧惑守危，大臣为乱。

《文曜钩》曰：荧惑守危，民多疾疫，岁旱不熟，天下大饥，兵起。

《海中占》曰：荧惑守危，春旱，秋多水灾。

郗萌曰：荧惑守危，大人变常。荧惑守危，宾客有事死。荧惑守危，宫地震裂。荧惑守危，为大人盖屋事。

《荆州占》曰：荧惑守危，南方有兵，诸侯有死者，库室有缮者。

陈卓曰：荧惑守危宫，多火灾。

《北官候》曰：荧惑守危，有土功，饥兵起，诸侯相谋。

石氏曰：荧惑守危，守之三十日不下，有立宫庙哭泣之事。六十日不下，国易政。

《荆州占》曰：荧惑入危，乘守二十日，若九十日，东方兵起，国有死者。岁旱不熟，粜十倍。民食草木.嫁妻卖子，牛羊倍价。荧惑乘危，天下大乱。

《北官候》曰：荧惑入危，留守三十日，若九十日，天下易政。咎以入日占。

《黄帝占》曰：荧惑入危，诸侯王谋，大兵起，天下易变。若有土功。守上星，为人民死。守中星，诸侯死。守下星，大臣死。期百八十日。

郗萌曰：荧惑守坟墓，为人主有哭泣声。

荧惑犯营室六

郗萌曰：荧惑犯营室者，犯阳为阳有急，犯阴为阴有急。

石氏曰：荧惑犯营室，以贱人为役。荧惑入营室中，入三月，卫君死。入五月，相死。不死，出走。

《荆州占》曰：荧惑犯乘营室，诸侯相攻大战，枲倍。

甘氏曰：荧惑入营室，大臣匿谋。

巫咸曰：荧惑入营室，臣伐主。一曰有兵兵罢。

郗萌曰：荧惑入营室壁中，有恶谋。荧惑入营室中，贼臣起，非盗乃客，期六十日。

《荆州占》曰：荧惑入营室，齐国有兵，诸侯若民多死，岁不收，期十月。

《圣洽符》曰：荧惑逆行营室，成钩己，天子失宫殿，大臣为乱，兵大起。

石氏曰：荧惑逆行营室，环绕之三十日，有破国。六十日不下，有崩王，吴太子死。期一年，中二年，远三年。

石氏曰：荧惑逆行，经犯营室，臣谋兵起。

《河图》曰：荧惑居营室，两军相据当相和；不相和，有殃罚。

《荆州占》曰：荧惑经营室中，诸侯兵相谋。

《洛书》曰：荧惑入营室留守之，大人有忧，臣有阴欲杀主者，后宫有大变，期不出年。

《黄帝占》曰：荧惑入营室中，天子宫也。留二十日已上，天子恶之。（郗萌曰：天子失位也。）期不出十月中。其经之，大臣伐主。

《海中占》曰：荧惑入营室，留二十日，天子死。守其南，皇后死。（郗萌曰忌。）守其西，太子死。（郗萌曰忌。）守其北，为诸侯有死者。

郗萌曰：荧惑留营室六月，大人忧，期百日。

陈卓曰：荧惑留营室，后死。一曰臣下欲为贼。

《北官候》曰：荧惑舍营室，大人死。复居久者，三年祸发。中二年，近一年。居其阴，万家邑拔，千家邑败掠。居其阳，千家邑拔，万家邑亡。

郗萌曰：荧惑出入留舍营室中，有客来欲见君者。其岁多土功。

《河图》曰：荧惑守营室，火起，后宫有变。赤色怒，赤而环之成钩己，乃有咎。不然无咎，必察喜怒，以决吉凶。

《元命包》曰：荧惑守营室，群妃斗。

《文曜钩》曰：荧惑守营室，专于妻妃。

石氏曰：荧惑守营室，天子为军，自守王者。有水灾，粢贵。又曰：守三月，王春崩，及立王。

甘氏曰：荧惑守营室，客烧主人，将军凶。不有诛，必有逆兵。主将去之，有祸。又曰人民为变。守之三十日以上，天子死。

巫咸曰：荧惑守营室，旱，五谷不成，多火灾。

《海中占》曰：荧惑守营室，人民疾疫，多死亡。

郗萌曰：荧惑守营室，人君攻宫室为土功事。又曰：以正月守营室，三月若五月，有大旱之灾，天下大饥。

石氏曰：营惑入，若守天宫四十日，诸侯转粟千里，各虚。

《文曜钩》曰：荧惑入守犯营室，以内淫近色，及天殃，皆不以命终，王者恶之。

郗萌曰：荧惑犯守营室中，皆有土功事。

《黄帝占》曰：荧惑守离宫正东为父，守正西为母，守正北为妻，守正南为子，守舍星为身。其焰赫赫，其国离易。期三年，远五年，兵起。

荧惑犯东壁七

《春秋图》曰：荧惑入东壁，百九十日，且服劳。

《文曜钩》曰：荧惑入东壁，大臣为谋，人主自将兵，贼臣内起，天子以兵自守。

石氏曰：荧惑入东壁中三月，王君死。入五月，相死；不死，出走。

甘氏曰：荧惑入东壁，有匿谋。

郗萌曰：荧惑入东壁，九州当之。甲乙日入，东方有咎。丙丁日入，南方有咎。戊己日入，中央有咎。庚辛日入，西方有咎。壬癸日入，北方有咎。荧惑入东壁，民疾。

《荆州占》曰：荧惑入东壁，大臣有谋杀者。

《北宫候》曰：荧惑入东壁，天下以食为忧。

《海中占》曰：赤星入营室东壁，大臣凌主。

《河图》曰：荧惑入东壁，两军相据，当相和。不相和，有殃罚。

郗萌曰：荧惑出入留舍东壁，三十日不下，五谷贵，民流亡，不居其乡。六十日不下，兵至其国。

《黄帝占》曰：荧惑守东壁，言政事者诛。术士不相隐藏，内外相谮以相胜。正三军亦大起兵。

巫咸曰：荧惑入东壁，岁不熟，万物不成。

《海中占》曰：荧惑守室壁，宫失火。一曰旱，五谷不成。一曰兵民多死。

郗萌曰：荧惑守东壁，为天下兵起。一曰伏兵起。又曰为大人卫守。又为多水，若岁晚水。或西方有忧。荧惑守东壁三十日，其君忧。二十日，大赦。荧惑守东壁，为有土功事。荧惑守东壁，其光润泽，大吉。荧惑守东壁三十日不下，三年兵起。

《荆州占》曰：荧惑守东壁，人主自将兵，粢石至千。又曰文章者伤。

郗萌曰：荧惑守东壁，诸侯相谋。

陈卓曰：荧惑守东壁，王者大灾。

《北官候》曰：荧惑守东壁，守其南，主后死。守其西，天子死。守其北，诸侯死。守其东，大人自将兵。荧惑守东壁，臣下不明。

巫咸曰：荧惑入东壁留守之，有土功。

郗萌曰：荧惑留守东壁，臣下弄法。二十日以上，贼臣起，期十月。

《荆州占》曰：荧惑逆行，守乘壁，女主自恐。一曰民多疾。

《齐伯》曰：荧惑逆行，守东壁，成钩己，有大兵加于卫，其国无以待之。若三月不下，卫王死。不则出走。

开元占经卷三十三

荧惑占四

荧惑犯西方七宿

荧惑犯奎一

《黄帝占》曰：荧惑入奎中，民多疾。又曰乱臣弑其主。

《文曜钩》曰：荧惑入奎，主偏阿诛不决。

石氏曰：荧惑入奎中三月，鲁主死及国相死。不死，出走。

《北官候》曰：荧惑入奎，成勾己及环绕之，天子灾宫殿，期六月。

《海中占》曰：荧惑润泽出奎，有喜令。其变色入奎，有伪令。来者若出奎，有伪令，出使者。

巫咸曰：荧惑从娄，逆行至奎，有兵起。

甘氏曰：荧惑入奎，环绕之三十日，相死。三月不行，其国王死。不死，出走。期三年。

石氏曰：荧惑入奎，留二十日以上，大臣有匿谋，若国有伏贼。期八十日，若九月。

郗萌曰：荧惑留奎，臣下专权。一曰霸者争立。

《孝经章句》曰：荧惑舍奎，有兵起。其民有自卖于县邑者，岁为下。

《齐伯》曰：荧惑出入留舍奎，天下且有争言者，不且有伏士出者。其国兵至，加于鲁之城，其国无以得之。

《黄帝占》曰：荧惑守奎，农夫不得耕。

《春秋图》曰：荧惑守奎，天下有叛者。

《感精符》曰：荧惑守奎，库兵当起，车骑用，国有死君，岁多狱事。

石氏曰：荧惑守奎，兵起，北夷侵边。一曰粟有补于民。

甘氏曰：荧惑至奎，其国相谮，天下怀忧，父子不相信，君隔臣蔽。又曰民多疾。荧惑守奎，摇动进退，为赦。又曰天下有水，民多死。

巫咸曰：荧惑守奎，天下大水。

《海中占》曰：荧惑守奎，其国坐之。三十日不下，其君忧。

郗萌曰：荧惑守奎，多狱，关梁不通。又曰女淫。荧惑以二月守奎百日，多出盗。又曰女子多乳死者。荧惑守奎，为沟渎事。一曰有水事。

《荆州占》曰：荧惑守奎，为王者忧。一曰大人当之。荧惑守奎，兵起，车骑满野，贵人多病，若有死者，菽粟贵。一曰岁大熟。

《西官候》曰：荧惑守奎二十日以上，大臣有谋。国有兵，若有死王。兵加于鲁国之地，期一年。荧惑守奎，其国诸贵为孽，国有大贼，谋在近臣。近期三月，远期九月。荧惑守奎，兵官当之，期百二十日。又曰：荧惑以二月守奎，多盗贼，来二千石，多调役之事。

石氏曰：荧惑守奎，色正明，留二十日以上，下有兵。

《荆州占》曰：荧惑逆行守奎，女子多暴死。

荧惑犯娄二

石氏曰：荧惑入娄中三月，鲁主死。入旬，相死。不死，出走。荧惑入娄而守之，天下有聚众，兵大起，车骑用。必有死君走相。天下不熟，饥非一国。若山林有大盗，路不通。期一年，远二年。

甘氏曰：荧惑入娄，国有兵，人民多死。

《荆州占》曰：荧惑入娄，天下有聚众。近期四十日，远期二百四十日，兵大起，车骑用。

《西官候》曰：荧惑起芒角而入娄，国且有焚烧仓库之灾。

石氏曰：荧惑逆行，入娄成勾已，国有焚烧仓廪库之灾。若逆行至奎，大兵起，臣谋君，将军为乱。期不出年。

《荆州占》曰：荧惑留娄，狱多奸。

郗萌曰：荧惑出入留舍娄中守之，色赤而光明，胡人为凶。

《齐伯五星占》曰：荧惑出入留舍娄，其国必有名者死。

石氏曰：荧惑守娄，即库兵动，民多死。荧惑守娄，为有白衣之会。

甘氏曰:荧惑守娄,有大臣不当其位,损常制、乱政者。又曰有水殃,民多疾。

巫咸曰:荧惑守娄中,民病,大水,金银贵。荧惑守娄,旱,为多火灾,五谷贵。

郗萌曰:荧惑守娄,有兵,北夷侵边,道不通。又曰:关梁不通,霸者争立。又曰大赦天下。又曰北主死。又曰牛多死,牛大贵。荧惑以二月守娄百日,多山盗。一曰女多乳死。荧惑守娄之南,大赦。

《荆州占》曰:荧惑守娄,岁大饥,若收财物。

陈卓曰:荧惑守娄二十日以上,宫中大臣死,期八十日。

《玉历》曰:荧惑守奎娄,有名人死,民多疾。

《百二十占》曰:荧惑守娄,车骑发,有死军。一曰贵人当狱事。

《海中占》曰:荧惑入若守娄,天子受贺。期三十日,远八月。

郗萌曰:荧惑入守娄,其国坐之。一曰守三十日,其君忧。

荧惑犯胃三

郗萌曰:荧惑犯胃,为天下谷无实,以食为忧。荧惑犯胃,为国有暴兵伐中国者。

石氏曰:荧惑入胃,主死。入三旬,王后死。

甘氏曰:荧惑入胃二十日,天下有兵乱,仓粟出。

郗萌曰:荧惑入天府,法令更。

《荆州占》曰:荧惑入胃,国有匿谋,其事不行。荧惑以三月入胃,进退犯凌百日以上,天下仓廪不实,国有大兵,流血千里。

《二十八宿山经》曰:荧惑黄黑,绕环胃昴毕,忧多,疾死。

《春秋图》曰:荧惑之胃,贱人当有封者。

石氏曰:荧惑舍于胃,天下大饥,有转粟之令。

《黄帝占》曰:荧惑守胃,籴大贵。

《河图》曰:荧惑守胃,其年旱,饥民,多疫疾,仓粟大出。

《文曜钩》曰:荧惑守胃,其国贵人戮死,贱人当贵。一曰大人有入牢狱者。

石氏曰:荧惑守胃,其年旱,饥民多疾。王者行仁,则大吉。(甘氏曰：王者行仁，则荧惑去也。）以火克金，以仁教义，天下无咎。荧惑守胃，天下藏府有火灾。

甘氏曰：荧惑守胃，有水殃。

《海中占》曰：荧惑守胃三十日，其君忧。

郗萌曰：荧惑守胃，大臣不爱百姓。一曰牢狱空。

《荆州占》曰：荧惑守胃，铜贵。

《西官候》曰：荧惑守胃，若其中星众者，则粟聚。星少，粟散。

石氏曰：荧惑入胃而守之，三十日不下，赵地大急，人民半死。大兵起，客军败，主人胜。期不出一年。

巫咸曰：荧惑入，若守胃东出，民扰。

郗萌曰：荧惑入若守胃，牛疾。荧惑入，若守胃，若天仓，四十日，旱。

陈卓曰：荧惑入犯守胃，贵人有死者，若贵人子系狱。

《圣洽符》曰：荧惑逆行守胃，天下有急兵，人民饥，仓廪用，有赋敛之忧。若有火灾。

荧惑犯昴四

巫咸曰：荧惑犯昴，若入之，中国有边警，匈奴大出，四夷兵起，国有忧。（案《晋书·天文志》曰：晋成帝咸和六年十一月，荧惑守胃昴。八年七月，石勒死，石虎自立，多所残灭。是时虽勒、虎僭号，而其强常占昴，不关太微紫微宫。）

《文曜钩》曰：弃法律，荧惑入昴。

石氏曰：荧惑入昴，天子有急令。

郗萌曰：荧惑入昴，天下大安无兵，有兵亦罢。四月五月，大赦。近期十五日，远期三十日赦。又曰不可为害。一曰贵人多戮死。

巫咸曰：荧惑入昴毕中，一入一出，即有大兵，可立而待。

郗萌曰：荧惑逆行，入昴成勾已，天下大赦，期八十日。

《洛书》曰：荧惑入昴二十日不下，国有大众，甲兵大起，将军有出者。（巫咸曰：期六十日，远六月。）岁大旱，人饥。

《海中占》曰：荧惑入昴留二十日以上，牛马多疾。

郗萌曰:荧惑留昴,典吏多为奸者。

甘氏曰:荧惑舍昴,天下多大贼。

郗萌曰:荧惑舍昴,天下多赋敛。

巫咸曰:荧惑出入留昴,赤色而光,因犯以行,边地多警。不出三月,军起,在其西北八百里。

《齐伯占》曰:荧惑出入留舍犯昴,多有立屋室,且有兵。

《黄帝占》曰:荧惑以春三月守昴,夏旱。夏守,秋旱。秋守,冬旱。冬守,春旱。荧惑守天狱,赦。

《河图》曰:君苛政扰,民苦其诛,愁气布,则荧惑守昴,六月大怪。

《孝经章句》曰:荧惑守昴,天下多狱,其政烦,雨泽不时,岁为中。

巫咸曰:火犯守昴,四夷兵起。

甘氏曰:荧惑守昴,无罪者诛。(案《石虎列传》曰:十一年冬,荧惑守昴,五十余日不移。太史令赵揽奏,昴,赵分也。荧惑舍留分,其王恶之。宜以朝廷宠贵大臣姓王者当之。虎于是假以他罪,诛中书监王波,欲以消咎。于是议者进以宋景三吐仁君之言,荧惑退舍。夫修短分定,命不可延,而杀人求福,不亦悖乎!)

巫咸曰:荧惑守昴,天下多火灾,万物不成,人民疾,多死。

《海中占》曰:荧惑守昴,边境不宁。荧惑守昴,忧在大人。

郗萌曰:荧惑守昴,大人为乱,天下谋主,大将出反,国政不安。一曰多狱事,大将有囚者。又曰地裂山崩。又曰:守一二日,相死。火以夏三月守昴,至秋,粂贵。荧惑守昴,男子有急。一曰女子有急。荧惑守昴,当有津河发事。荧惑以二月守昴,百日,其国有流民。

《荆州占》曰:荧惑守昴东,齐越负兵。守其南,荆宋负兵。守其西,秦郑负兵。守其北,燕赵负兵。荧惑守昴星,色大而黄,马牛贵。

《西官候》曰:荧惑守昴,兔多死。春三月旱,牛马皆死。荧惑守昴,大将有外出者,若忧旱。野有流血,大将死,士卒病。

《百二十占》曰:荧惑守昴,且有急令,诸侯谋,道不通,阳为中国,阴为四夷,若阴国有忧。

石氏曰:荧惑若以三月守昴,皆百二十日,其国有白衣之聚。

巫咸曰：荧惑守昴，以去后反守之，有臣为天子破匈奴者。期三年。

《荆州占》曰：荧惑若守昴北，主突厥王死。（《宋书·天文志》曰：晋成帝咸和八年七月，火入昴，是月石勒死。）

《春秋图》曰：荧惑经昴毕之间而守之，三十日不出，即马系其足，群凶相续，妇儿哀哭，无所止属，民食不足，人相食。

《西官候》曰：荧惑犯守昴中，民疾病。一曰赦狱，讼疑，出囚。

郗萌曰：荧惑中犯乘守昴，兵北征匈奴。又曰为天下有祸。一曰逆臣为乱。

荧惑犯毕五

《黄帝占》曰：荧惑犯毕右角，大战。犯毕左角，小战。荧惑犯毕，出其北，为阴国有忧，出其南，阳国有忧。

《海中占》曰：荧惑犯毕，国有畋猎之事。

《黄帝占》曰：荧惑入毕中，国君有卫守。

《文曜钩》曰：荧惑入毕而出之，有赦令。一曰有德令，爵禄之事。期一百八十日。

巫咸曰：荧惑入毕，将相忧。一曰国相乱。荧惑入毕中，各伺其出日而数之，二日期二十日为兵发。伺如入处之率，一日期十日军罢。

郗萌曰：荧惑入毕中，有女主丧。荧惑入毕中，有大赦令。期十五日，若三十日。将若相忧。若其国有白衣之聚，期不出一年。荧惑入毕，为忧兵，其国易主。

《玉历》曰：荧惑入毕，将相有咎。

郗萌曰：荧惑出毕中央，主也；出旁，臣也。其行徐忧，其行疾无故。

石氏曰：荧惑出毕阳则旱，出阴则水，为政令不行。

《五行传》曰：荧惑行毕至昴，为死丧。（案汉文帝七年，荧惑东行，行毕阳还毕东北，西而逆行至昴，南而东行。后四年，赵王与七国谋反，北连匈奴，诛死之应。）

《河图》曰：荧惑在毕。毕，天空也。不可为人客，为人客者，殃罚。

《春秋纬》曰：荧惑之毕，有德令。

郗萌曰：荧惑与毕合并光，主必亡。荧惑留毕昴间，天下道路塞，关梁不通。荧惑入毕中留二十日以上，兵起，期四十日，若三月。

《西官候》曰：荧惑留毕，臣猎不当。

甘氏曰：荧惑舍毕，其国多枉刑。

郗萌曰：荧惑舍毕口六十日，贵人诛死。一曰贵臣有夷族者。一曰贵臣有饥死者。荧惑舍毕之口，其国灭无后。荧惑舍毕，辅太子，奉蕃国。荧惑入舍毕，边有兵。荧惑出入，舍留毕左右，明年小旱。又曰，明年天下有失地之君。

《齐伯》曰：荧惑出，留舍毕中，军起三年，若居其左右，兵起其野，禾豆不入，岁小旱，必有失土之君。

《春秋纬》曰：荧惑守毕口，即马驰人走，天下有急兵，国有败伤，人民流亡。

《文曜钩》曰：畋猎不时，荧惑逆守毕。

《甄曜度》曰：荧惑守毕，将相有忧，白衣之会。（郗萌曰：期在岁中。案《宋书·天文志》曰：荧惑守毕。占曰：万民饥，后大官多丧，公主薨亡，天子举哀，相继岁大旱，民饥。）

石氏曰：荧惑守毕，天子虐，国多枉刑。

甘氏曰：荧惑守毕，边兵大惊，侵凌中国，仓谷出。又曰敌兵起。

郗萌曰：荧惑守毕，不出二十日若三十日，大赦。一曰：成勾已，赦。一曰：环绕之，赦。荧惑守毕，有亡国。又曰天下多盗。一曰：大帅将兵，期二十日。邑驱掠。荧惑守毕，太岁子午卯酉，有兵。荧惑守毕，三十日，其君忧。若以四月守毕踵，大人忧之。

石氏曰：荧惑守毕，有大兵大师为乱。

郗萌曰：荧惑以四月守毕百日，匈奴有降王。三十日，男子有赉爵命，若有赦令。荧惑入毕，已去复还守之，诸侯、女子、贵臣有诛者。期不出三年。

《荆州占》曰：荧惑守毕，有走君。荧惑守毕踵，人民骇走，去家千里，儿妇啼哭，无所触抵。留一月，大兵连薄。留二月，二年战。

留三月，三年战。三月以上，易政。荧惑入毕，去复还守之，有吏臣为天子破匈奴者。期三年。荧惑逆守毕，兵大起，马顿蹄，牛运其角。妇儿碌碌，无所止属，万民去其处。饥于菽粟，人相食。若其国正不安。其留二十日以上，贵人当有掠者。期七十日，越地凶。

《河图》曰：荧惑入毕，留守之六十日不下，有女主之丧。大臣诸侯相谋，边兵起，若有战，期一年。

陈卓曰：荧惑犯附耳，为兵起，若将相有丧忧，不即免退。

荧惑犯觜觿六

石氏曰：荧惑犯觜觿，其国兵起，天下动移。

甘氏曰：荧惑入觜中，天下有善政。

郗萌曰：荧惑入觜觿中，伺其出日而数之，期二十日兵发。伺始入处之率，一日期十日，军罢。

甘氏曰：荧惑出觜觿间，天下乱。西方大得，东方大失。（《西官候》曰：东方吉，西方凶。）

《春秋图》曰：荧惑之觜觿，大臣且有忧。

石氏曰：荧惑以觜觿合，赵相死。

郗萌曰：荧惑以觜觿合无光，主必亡。

《荆州占》曰：荧惑留觜觿，诛罢不行。荧惑出入留舍觜觿，君臣将兵。

《黄帝占》曰：荧惑守觜觿，将军反，天子之军破，牛马有急行。

《黄帝占》曰：荧惑守觜觿参，国有丧，期六十日。若籴贵。

《文曜钩》曰：逐功臣，荧惑守觜参。

石氏曰：荧惑守觜觿，西方客动侵地，欲为君王。崇礼以制义，则国安。一曰西羌兵起。荧惑守觜觿，君臣和同。

甘氏曰：荧惑守觜觿，万物不生，天下愁悲。

巫咸曰：荧惑守觜觿，旱，多火灾，五谷不成，天子不可动兵。

巫咸曰：荧惑守觜觿，有石堕其野者。一曰有怪石。以入日占何国。荧惑守觜觿，谷贵。入之，石二百。不入，石一百。

《海中占》曰：荧惑守觜觿，其国有忧。

郗萌曰：荧惑守觜觿参，弃法律。又曰小民多伤。荧惑犯守觜觿，不出三十日，有兵。荧惑守觜觿，国易政，天下多不孝子，父子相斗，铁器贵。一曰禾贵。

《西官候》曰：荧惑守虎首，一日为十日以上，天下兵起，斧钺用。

《齐伯》曰：荧惑守觜觿，害国之君，将兵入于秦之域矣。六畜大疫，山谷尽空。

《春秋图》曰：荧惑守觜觿，有兵起，将为乱，若有急令。天下斧钺大用，不出百八十日。

《黄帝占》曰：荧惑犯觜觿，野多反者，斧钺用。

郗萌曰：荧惑犯觜觿，而守之六十日，其国有丧，大臣有诛被逐者。万物不生，天下饥，谷大贵。

荧惑犯参七

《黄帝占》曰：荧惑犯参，有大将反者，兵大连精，四方相射，王者不安，转徙宫室。

石氏曰：荧惑犯参左肩，大战。星角明大，天下之兵卒起而强。微细，天下兵弱。

《说题辞》曰：荧惑入参，主威下国废。

《文曜钩》曰：荧惑入伐，有兵战。守之五日以上，大将死。

郗萌曰：荧惑入参若伐，天子忧市。一曰君国失市。

《春秋纬》曰：荧惑逆入参成勾己，天下大乱，天子失度，大人忧。若环绕之，主命恶，若有大丧。期一年，远三年。

《荆州占》曰：荧惑逆入参，必有一国之君饥，若戮死者。

《春秋图》曰：荧惑之参，将有忧。

郗萌曰：荧惑南至参，将必有下狱者。

甘氏曰：荧惑舍伐，不出三旬，大赦。

郗萌曰：荧惑宿参若伐，直横者，为有反臣中兵。荧惑入参一月，相死。二月，后死。三月，君死。

《西官候》曰：荧惑入参，留二十日以上，兵战出。期七十二日，若十月。若有丧，小儿多伤。

郗萌曰：荧惑逆行，若留止衡中，为兵军起。荧惑出入留舍参中，天子宫中兵起。

《黄帝占》曰：荧惑守参，多霜雹。

《河图》曰：荧惑以四月守参，其国兵起。兵起宫中，战有功若封侯者。五月守之，大人有忧下狱者。

《孝经章句》曰：荧惑守参，兵大杀，千里之行，淮主亦惊。牛马多死。雨泽不时，岁为下。

石氏曰：荧惑守参，大将军反，天子之军破，牛马急行。麦大贵，人相食。

甘氏曰：荧惑守参，王者不安，徙宫室。

巫咸曰：荧惑守参，有怪石堕其野。以入内占。荧惑守参，旱，多火灾，万物五谷不成，其国有忧。

《海中占》曰：荧惑守伐五日，人主死。

郗萌曰：荧惑守参足下五日，籴暴贱。二十日以上，大贱。三十日，有赦。一曰四月守参，三十日，赦。荧惑守参，为大人当之。

《荆州占》曰：荧惑以四月守参，天下金贵。

郗萌曰：荧惑守伐，百二十日，成勾已，若环绕之，大人恶之。若有忧，期六月。

《荆州占》曰：荧惑守参白虎，兵起，鈇钺用。

陈卓曰：火守伐，天下更正朔。

《西官候》曰：火守伐，燕王当死。其留二十日以上，大人恶之。期六十日，若秦地凶。

甘氏曰：荧惑守参，有赤星出参中，边有兵。

石氏曰：荧惑以四月守参，火入舍，金钱发。荧惑入参守之二十日以上，兵起于野。将军出战，有死将。石陨其野，多反者。荧惑与龙星并见参中，天子更政，有戮死臣。荧惑与彗星若妖星见参伐，天子更政。妖星，一名望龙。

郗萌曰：荧惑经参，能见参伐，大国君为臣所谋。荧惑与彗星见参，大国君不吉。

开元占经卷三十四

荧惑占五

荧惑犯南方七宿

荧惑犯东井一

《黄帝占》曰：荧惑犯东井，小有兵。（案《宋书·天文志》曰：安帝义熙九年二月丙午，荧惑填星皆犯东井，十三年三月，索头大众缘河为寇，高祖讨之，奔退，其别帅跋嵩交战，大破之，嵩歼焉。复攻关中，八月擒宏也。）

陈卓曰：荧惑犯东井，群臣有以家事坐罪者。（案《宋书·天文志》曰：魏高贵乡公正元二年十二月戊午，荧惑犯东井北辕西头第一星。甘露元年，诸葛诞族灭。宋孝武大明二年三月辛未，荧惑入东井。其年四月，海陵王休茂为雍州刺史。五年，休茂反，诛。）

《黄帝占》曰：荧惑以春入东井，有赦。

《文曜钩》曰：荧惑入东井，失道行阳，天下大旱，有火灾，若内乱。期不出三年。

石氏曰：荧惑入东井，兵起，若旱。其国乱，有兵兵止，无兵兵起，大臣当之。（案《宋书·天文志》曰：晋成帝咸康元年八月戊戌，荧惑入东井。是年夏，发众列戍，加王遵司马，以备胡贼也。）荧惑入东井，必先军起役有令。荧惑角气行疾入东井十日，相死。三十日，主终。后命恶之。

《黄帝占》曰：荧惑入东井，牛大疫，兵器铖大贵。

石氏曰：荧惑入东井中，海水出，水暴下。

甘氏曰：荧惑入东井，有逃主。又曰：四百人，贵一人。

巫咸曰：荧惑入东井，中国有遁主。荧惑入东井，贵人不安其位，一国大旱。

郗萌曰：荧惑入东井，国失火。（案《汉书·天文志》曰：景帝四年七月癸未，火入东井行阴。后二年，有栗氏事。后未央东阙火灾。《洪范天文星辰变占》曰：未央门火灾。）荧惑入东井，太白随之，籴贵，道上多死人。荧惑入东井，先起兵者，大将戮死。期六十日。荧惑逆行东井，贵人死伤，若失火。

《海中占》曰：荧惑入东井，角动，赤黑色，大人当之。以水起兵。其环绕之，事必成。其留二十日，色赤黄，大人增地。黑，忧，夺地。

司马彪《天文志》曰：荧惑入东井口中，大臣有诛者。

石氏曰：荧惑正过东井中南出者，天下有易王业者。

《海中占》曰：荧惑过东井上二丈者，军将必当去其兵，归必有病事。

《黄帝占》曰：荧惑去北戍，至东井，干一星，将军有野死不葬者。干二星，中幸臣有市死者。北戍者，北河也。

《春秋图》曰：荧惑之东井，有从白衣之封为侯者。

《海中占》曰：荧惑在东井北戍，去戍三丈，当复发千人以上。去戍二丈，复发万人。去戍一丈，门开，道无行人。若其留戍下六十日，天下大赦。

《晋灼》曰：荧惑留东井中三十日，天下大水，人主以身游水。荧惑西方守东井舆鬼，去复还反之，强国君忌之。

《海中占》曰：荧惑入东井留三十日以上，既去复还居之，若环绕成勾己者，国君有忧。若重，有丧。期九十日，若一年。

郗萌曰：荧惑出入留舍东井，三十日不下，必有破国死王。

《河图》曰：荧惑在西方若东方，守东井，有男丧。

石氏曰：荧惑以十二月守东井，且忧火。荧惑守东井，名水有绝者。大鱼死，国大旱。荧惑守东井如炬火，兵起。

甘氏曰：荧惑守东井，贵相戮。荧惑以五月守东井，六十日，江海决，溢水出。

巫咸曰：荧惑守东井间，有逐王。

郗萌曰：荧惑守东井，为万物不成。久守之，金钱易。荧惑守东井南，主后死。守其西，太子死。守其北，诸侯有死者。荧惑守日月之门，国内乱。以其日占国。荧惑守东井，大人忧。（案《宋书·天文志》曰：晋元帝大兴三年十月乙亥，荧惑在东井。永熙元年十二月，元帝崩。）

陈卓曰：荧惑守东井，天下不安。

郗萌曰：荧惑守东井，天子为军自守。荧惑守东井，百川溢。

《黄帝占》曰：荧惑入东井，留守井中，天子有火灾。

《感精符》曰：荧惑逆行，守东井成勾己，天子坐之，天下兵起。守之二十日以上，相恶之。四十日以上，人主当之。先起殃，后起昌。

《甄曜度》曰：荧惑入东井而守之二十日以上，其国有大兵起，有大丧。三十日不下，有逃走相，破军杀将，其国失地。不出期年，远二年。

石氏曰：荧惑入若守东井，河决有水令。荧惑入若守东井二十日以上，宫中以火为败，若内乱，臣当之。

郗萌曰：荧惑入若守东井，为土功事。荧惑犯乘守入东井中，以日占，临其时者，辱也。留三日以上，占其大臣当之。期三月，若一年，二年，三年，远五年。

《洛书》曰：荧惑守钺，兵大起，臣谋主，斧钺用，将相有戮死者。（案《宋书·天文志》曰：魏高贵乡公甘露元年七月乙卯，荧惑犯井钺。三年，诸葛诞夷灭。《晋阳秋》曰：安帝隆安元年八月乙巳，荧惑守井钺。二年八月，以谯王尚之弟允之为振威将军，守芜湖，以备庾楷等。由是内外骚动。王恭虑祸难，复密要殷仲堪、桓玄同会京师。玄等皆响，遣石显仲堪在芜湖，朝廷震骇。）

石氏曰：荧惑犯守钺，大臣有诛，斧钺用，有兵起。一曰：执法者诛，不出其年。

郗萌曰：荧惑中犯乘守钺，斧钺用，为其国内乱兵起。一曰执法者诛。

荧惑犯舆鬼二

《黄帝占》曰：荧惑犯舆鬼，皇后忧失势。

《帝览嬉》曰：荧惑犯舆鬼，为国有忧，大臣诛。（案司马彪《天文志》曰：孝明永平十三年闰月丁亥，火犯舆鬼。其十二月楚王英与颜忠等造作妖书谋反。英自杀，忠等皆伏诛。）

甘氏曰：荧惑犯舆鬼，执法者戮。（司马《天文志》曰：延禧七年八月庚戌，荧惑犯鬼质星。八年二月，太仆南乡侯左胜以罪赐死，弟中常侍上蔡侯绾等自杀。宗亲侍中比阳侯邓康、河南尹邓万等皆系。万等死，康等免官。桂阳太守任胤等背散走，皆弃市。九年七月乙未，荧惑行鬼中犯质星。十一月太原太守刘瓒、南阳太守成瑨皆坐杀无罪，尚书郎孟珰坐受金漏言，皆弃市。永康元年十二月，桓帝崩。）

《荆州占》曰：荧惑犯舆鬼，忠臣戮死，皆不出一年中。

甘氏曰：荧惑入舆鬼，犯积尸，天下兵起，大战流血，有没军死将。（《宋书·天文志》曰：晋安帝义熙十四年七月甲辰，荧惑犯舆鬼。占曰：秦有兵。十五年西虏寇长安。雍州刺史朱龄石诸军陷没。）三十日不下，国有大丧，人民流亡死者大半。期三年。

《黄帝占》曰，荧惑入舆鬼，有兵丧，金玉用，有大赦。及留守之，物贵，天下大疾疫。其留二十日以上，兵大起，多战死者。为宗庙神明事，若民多疴疾，若有女丧。期十月。（司马《天文志》曰：孝桓建和元年八月壬寅，荧惑犯舆鬼质。和平元年十二月甲寅，梁太后崩。《宋书·天文志》曰：晋成帝咸和九年三月己酉，荧惑入舆鬼。占曰：

兵在西北，有没军死将。四月镇西将军郭权始以秦州归从，寻为石斌所灭，徙其众于青徐。）

《春秋纬》曰：荧惑入舆鬼，主以内乱淫佚。

《孝经章句》曰：荧惑入舆鬼，主坐之。（司马《天文志》曰：孝质本初元年三月癸丑，荧惑入舆鬼，闰月一日，孝质帝为梁冀鸩而崩。）

石氏曰：荧惑入舆鬼，中旬，主后死。七日，相死。四月，主死。荧惑入舆鬼，斧钺用。其星视动颉颉然，是谓王府国家不安，故则物不欲聚也。皆以入日命其国。

巫咸曰：荧惑入舆鬼，将相有诛者。（《宋书·天文志》曰：晋成帝咸和九年三月己亥，荧惑入舆鬼犯积尸。四月镇西将军雍州刺史郭权始以秦州归从，寻为石斌所灭。徙其众于青徐也。）刘向《洪范》曰：荧惑入舆鬼，大贼在大人之侧。（《宋书·天文志》曰：晋安帝元兴元年七月戊寅，荧惑在东井，又犯舆鬼积尸。二年桓玄篡位，迁帝于浔阳。）

《海中占》曰：荧惑入舆鬼中央星可四五日，大人当之。

郗萌曰：荧惑入舆鬼，为大人卒事以命终也。荧惑守柳入舆鬼，人相食。

《荆州占》曰：荧惑入舆鬼，为乱臣在内，有屠城。

陈卓曰：荧惑入舆鬼，有金钱令。《宋·天文志》曰：明帝泰始三年六月，荧惑犯舆鬼。九月以皇后六宫衣服金钗杂物赐北征将士也。有火灾。）

《齐伯》曰：荧惑入鬼中，大臣有诛，兵大起，白骨满野。（《五行传》曰：汉宣帝本始四年，荧惑入舆鬼天质。后三年，霍氏谋反之应也。）

郗萌曰：荧惑留舆鬼，臣下不明。

《南官候》曰：荧惑留舆鬼，君臣疾病。逆行，失火，女主用财大奢过度。

郗萌曰：荧惑舍舆鬼中十余日，出舆鬼又舍南河，二十日三十日，因南行，国有小男丧。正月初见者，七月吉。凶发正月七月，孟长男坐之。九月初见者，三月吉。凶发九月三月，季少男坐之。荧惑舍舆鬼中央十余日，出舆鬼又舍北河，二十日三十日北行，邦有小女丧。十月初见者，四月吉。凶发十月四月，孟长女坐之。十二月初见者，六月吉。凶发六月十二月，季少女坐之。荧惑舍舆鬼中，三十日至五十日，天下有大丧。十一月见，五月应之。他放此。荧惑舍舆鬼中央，多霜露，风雨不时。荧惑舍舆鬼西北，妇人多妊子而死者。舍中央，小儿多死。一曰：万民多病头目痛。舍东北，长年多死。一曰必有流水。舍东南，老人多死。

《齐伯》曰：荧惑出入留舍舆鬼，五十日不去，国伤水，邑空。

《黄帝占》曰：荧惑守舆鬼，女主病。留十日，诸侯王夫人当之。留二十日，太子夫人当之。东去，病在孔窍不利。南去，在头。西去，病在手足。北去，病在阴。荧惑守舆鬼东南七日，少年病。守十日，老人病。荧惑守舆鬼中央，大人忧。

石氏曰：荧惑守舆鬼，贵相戮。荧惑守舆鬼，大人有祭祀之事。

巫咸曰：荧惑守舆鬼，有兵兵罢。多水灾，万物五谷不成。荧惑守舆鬼，人君贵人忧，铁钺用。

郗萌曰：荧惑守舆鬼，去复还居之，大国君不吉。

《海中占》曰：荧惑守舆鬼，出其南，水。出其北，旱。（巫咸曰：守北水，守南旱。）

郗萌曰：荧惑守舆鬼，执法吏有过罪者。一曰：主死，民多疾。丧棺木麻布贵。一曰牛马贵。荧惑守舆鬼东北，男子兵相杀。守东南，万民多死。守西北，为戎皆反逆叛兵军。守西南，人君恶之，秦汉有反臣兵事。以赦令解之。荧惑守舆鬼，在南，有男丧。在北，有女丧。荧惑守舆鬼，有土功事，若有德令。荧惑守舆鬼北七十日，女子病。守南七十日，男子疾。荧惑经历舆鬼中，东行还守西北角，有逐王来降，其后匈奴大败北地。（班固《天文志》曰：荧惑守舆鬼，为火变有丧。汉孝武六年，荧惑守舆鬼。其岁高圜有火灾，窦太后崩。）

《荆州占》曰：荧惑守舆鬼东北星，棺木贵。守东南星，五谷贵。守西南星，金钱贵。守西北星，铁器鱼盐皆百倍。

《玉历》曰：荧惑守舆鬼，秦有疾病，金玉贵。

石氏曰：荧惑守舆鬼，必大赦。期六十日。入鬼已去复还守之，大赦。荧惑出西方若东方，出入舆鬼，守成勾己，尊者失宗庙。期六十日，若百八十日。

《春秋纬》曰：荧惑逆行守舆鬼，成勾己，王者恶之。兵起，财帛金钱散，将军有战死者。若有火灾，期不出年。

郗萌曰：荧惑入舆鬼，去复还守之，期不出三年中。荧惑入若守舆鬼，为多忧，财空出。乱臣在内，若大臣谋，有干钺。乘质者，君人忧，金玉用，民多疾。从南入为男，北入为女，西入为老，东入为丁壮。

《河图》曰：荧惑入舆鬼犯守之，天下白徒聚，土功兴。

《荆州占》曰：荧惑干犯守舆鬼，随所守物，王者发之。不出七十日，天下有大丧。阳为人君，阴为皇后，左为太子，右为贵臣。

《荆州占》曰：荧惑经舆鬼，中犯乘积尸者，兵在西北，有没军死将。久留守之，天子有丧。其以十二月入守之，下贱多死，有土功事，有德令。

荧惑犯柳三

《河图》曰：荧惑犯柳，当有谋臣不从王命。

石氏曰：荧惑犯柳，有木功事。若名木见伐者。

郗萌曰：荧惑犯注，色赤三芒，天下有亡王，若死将。

《黄帝占》曰：荧惑入注，大人御守。

《甄曜度》曰：荧惑入注而去之，天下安，大归其乡，有兵兵止，万民安乐，贵人吉，安其社稷。以六月守注，百二十日，其国人饥旱。

巫咸曰：荧惑入柳，诸侯有庆贺之事，天下大乐。

郗萌曰：荧惑入柳，国有觞客之事。一日五日，宫中觞。

《南官候》曰：荧惑入柳，麻贵，在后年。又曰：入注，天下安。

郗萌曰：荧惑逆行柳，失火。

《春秋图》曰：荧惑之柳，天下忧四夷。

郗萌曰：荧惑入注，留二十日以上，有负海之客。

《荆州占》曰：荧惑留柳，供养者非其人。

郗萌曰：荧惑以三月舍注，下芒赤色怒，左右倚两傍，冬，地大动，民大恐，兵大起。三年乃止。

《春秋图》曰：荧惑出入留舍柳三十日不下，天下有急令，天子大忧，将有诛者。其国之中必有败，土功事大起。

郗萌曰：荧惑出入留舍柳，将有讹言者，其国必败。

《黄帝占》曰：荧惑守柳，侯王不宁。

《文曜钩》曰：荧惑六月守柳，其国失地，人民以饥流亡。

石氏曰：荧惑守柳，有兵，逆臣在侧。

石氏曰：荧惑守柳，为反臣中外兵，以赦令解之。荧惑守柳，天下旱，多火灾。万物五谷不成，籴大贵。

巫咸曰：荧惑守柳，天下大旱，羊贵。

郗萌曰：荧惑守注三十日以上，万家邑拔，千家邑掳。退居之南北去之，其邑不可举事用兵，反受其殃。

郗萌曰：荧惑守注，官有治宫之事，民多疾疫。一曰宫有大火。荧惑守柳南，圣人在南国。

《荆州占》曰：荧惑迫守柳，宫门闭。

陈卓曰：荧惑守注三十日，其君忧。

《百二十占》曰：荧惑守柳，谗臣乱，若有兵。

《黄帝占》曰：荧惑犯守柳，有导主为非、乱其国事者。若天子以饮食为害，不安社稷。

荧惑犯七星四

郗萌曰：荧惑犯七星，臣为乱。

《南官候》曰：荧惑犯近七星三日以上，所近犯者诛。

《文曜钩》曰：井味沉湎，荧惑入注侯星。（宋均曰：注侯，七星也。）

甘氏曰：荧惑入七星，必有君置太子者。

巫咸曰：荧惑入七星，必有觞客事。

郗萌曰：荧惑留七星，为天下大忧，忧中央。

《圣洽符》曰：荧惑舍七星，人民趣舍，安桑蚕，宁其土。

郗萌曰：荧惑出入留舍七星，国失地，天下大乱，若臣下衣服失度。

《齐伯》曰：荧惑出入留舍七星周，国多男女丧，失城，有水，天下决江。岁多土功，大乱，更为元年。

郗萌曰：荧惑逆行七星，地动，若失火。

石氏曰：荧惑与七星合，国君恶之。

郗萌曰：荧惑与七星合光，大人必有疾者。

《黄帝占》曰：荧惑守七星，有兵，若猎车骑。又曰，社稷倾亡，宫中生荆棘。又曰治宫室之事。

《黄帝占》曰：荧惑守七星四十日，其君忧。

《河图》曰：荧惑守七星，二阳同居，其岁枯旱，五谷不成。若守之百日，三年不雨。王者退火官伐之，则灾消。

郗萌曰：荧惑守七星，为反臣中兵也。

《甄曜度》曰：荧惑守七星，民有忧，万物不成，天下有水。

石氏曰：荧惑守七星，地动。

巫咸曰:荧惑守七星,白鱼贵。

《海中占》曰:荧惑守七星,人主有忧,津桥不通。

郗萌曰:荧惑守七星三旬以上,大凶,天下有忧,期一年。荧惑守七星,曝巫于市,金鼓不行,百鬼不飨。荧惑守七星,为臣中外兵。以德令解,谓赦令也。荧惑守七星,为国有大徭,民苦。

《南官候》曰:荧惑守天都,民有忧,大水为灾。

《感精符》曰:荧惑入七星,若犯守之,人主有忧,大臣有诛,必有大客贵人有系者。若守五十日,民多死。不出其年,人主行急令。

郗萌曰:荧惑入若守七星,有觞客之事。

《南官候》曰:荧惑入若守七星,大人有疾者,若国有徭。

荧惑犯张五

石氏曰:荧惑入张,大乱兵起,六月干之国空。

巫咸曰:荧惑入张,国有觞客之事。

郗萌曰:荧惑入张,贵人安其社稷,其岁男子小忧。荧惑出张中,旱。

陈卓曰:荧惑出张,种大贵。

郗萌曰:荧惑逆行张,地动,若失火。

陈卓曰:荧惑逆行张,功臣当之。

石氏曰:荧惑逆行乘张,大乱兵起。

《春秋图》曰:荧惑之张,天下霜。

巫咸曰:荧惑之张,三十日不下,其君忧,有兵起。

石氏曰:荧惑与张星会,所在之国不可举事用兵,必受其殃。

《河图》曰:荧惑居张,绝粮道。

郗萌曰:荧惑留张,臣下衣服失度。

《黄帝占》曰:荧惑守张,大将有千里惊,大水,五谷贵。一曰:土功作,役不时,百姓怨谤。

《春秋纬》曰：残阴，则荧惑守张。

《考异邮》曰：荧惑守张，诸侯谋反。

《孝经章句》曰：荧惑守张，政不平，民多诉讼。黄葭贵，雨泽不时，谷水不通，岁为下。

石氏曰：荧惑守张，天下必有归兵。一曰凤凰下，以其守日占之，知何国。火主礼故也。荧惑守张，五谷贵，大人不恤，政事危急，民饥，有千里行者。

郗萌曰：荧惑守张者，为有臣中兵也。

石氏曰：荧惑守张，兵起，女主用事，宫中生荆棘。荧惑守张，天下大饥，国仓空。

巫咸曰：守张，国必有大客远来者。

甘氏曰：荧惑非其次守张，当去不去，其色大赤，其国举兵。从留得其次，不为灾殃。

《海中占》曰：荧惑守张，功臣当有封者。

郗萌曰：荧惑守张，天子有兵事。荧惑以六月守张，六十日，岁穰熟，其岁民有庆赐之事。荧惑守张，国治宗庙，期二十日。荧惑守张，为反臣中外兵，以德令解，谓赦令也。

《南官候》曰：荧惑入张而守之，天下大乱，大人忧，兵大起，若有急，弓甲聚其地，其将亡。

《海中占》曰：荧惑犯张若守之，天下有兵，宫门当闭。男子有急，女子不安，五谷不成，民大饥。一曰：火居张，人绝粮。

《荆州占》曰：荧惑犯若守张，宫门当闭，大将被甲兵。

荧惑犯翼六

《荆州占》曰：荧惑犯入翼，车骑无极，四海大兵，民当何所息？万民饥愁，当何所食？

石氏曰：荧惑入翼，四月，楚主死。旬，相死。不死出走。

郗萌曰：荧惑入翼，四海有急，国忧。

陈卓曰：荧惑入翼中，将军为乱。

《南官候》曰：荧惑入翼，鱼盐贵，水虫倍价。

郗萌曰：荧惑逆行翼，不出其年，大军起，天下大忧。

《荆州占》曰：荧惑逆行翼，邪臣乱朝廷，忠臣不可以进。荧惑逆行翼，失火。

郗萌曰：荧惑入翼，留二十日以上，大人有病。一曰守三十日，其君忧。荧惑入翼，留二十日以上，国有白服之朝。期百三十日中。若人有病，若国大徭，民苦以劳。

《南官候》曰：荧惑留翼，臣下淫佚逆行。色赤，失火。一曰大乱，臣乱朝廷。

郗萌曰：荧惑出入留舍翼，使者有急事，兵起，不用于外地。逆行之，不出九年，必有军起，天下亡矣。

《甄曜度》曰：荧惑守翼，王者微弱，臣不顺命，若大人有病，天下有忧。

《孝经章句》曰：荧惑守翼，先水后旱，布缕大贵，人病头首，雨泽不时。

石氏曰：荧惑守翼，若大旱，鱼盐五谷贵，万物不成。荧惑守翼，天下修兵。

甘氏曰：荧惑守翼，王者软弱，臣不从令。忠心奉天，则荧惑退。

郗萌曰：荧惑守翼，为反臣中外兵，以德令解，谓赦令也。

陈卓曰：荧惑守翼，川谷不通，多盗贼，人民相恶。

《玉历》曰：荧惑守翼，有急事，若大风。

《南官候》曰：荧惑守翼，岁饥，民流千里，有亡国。谷贵，蛇龙见。荧惑守翼，佞臣乱政，其岁多风雨，车骑聚，天下大饥。荧惑以十月守翼，五十日，甲兵卒车骑军屯轻将，行五十日而罢。卒有功而锡金者。

《百二十占》曰：荧惑守翼，大旱。色赤，乱且至，人民流。一曰有海国客献神鸟也。

《感精符》曰：荧惑逆行守翼，邪臣为乱，忠臣不立。不出其年，兵大起，王者忧也。

《文曜钩》曰：荧惑犯翼，若守之，天下大乱，车骑无极，大兵起，四海匈匈，然于无命。

荧惑犯轸七

《春秋纬》曰：荧惑入轸中，兵大起。

石氏曰：荧惑入轸中，四月，楚主死。入旬，相死。不死出走。

甘氏曰：荧惑入轸，有负海客。

巫咸曰：荧惑入轸中，伺其出日而数之，期二十日皆为兵发。伺始入处之率，一日期十日，军罢。

郗萌曰：荧惑入轸，大水，田宅贵，若车贵。

陈卓曰：荧惑入轸，国有大丧，若将军死。

《南官候》曰：荧惑入轸，兵益，水旱为害。人民扰动，妖言无实，国政数改，士卒劳苦。

石氏曰：荧惑出轸南，民多病。出其北，民多死。

郗萌曰：荧惑出轸阴，兵。出轸阳，乍西乍东，远去之游，其国小忧。去而复还，其国大忧。近期一年，中期二年，远期三年。荧惑行轸左，负海国有殃；行轸右，中国有殃。

石氏曰：荧惑逆行轸，失火。

《文曜钩》曰：荧惑逆行至轸，名曰迳天。其下之国，当有败者。大将有忧，士卒扰动，人民苦役，多有死者。

郗萌曰：荧惑守两角间，若至轸，道绝不通。出其南，多病。出北，多死。出其阴，阴伐利，战胜取将。出其阳，阳伐利，战胜取将。

《河图》曰：荧惑在轸，不可为人客。为人客者有殃，罚当死。

石氏曰:荧惑与轸合而并光,主必亡。

巫咸曰:荧惑守轸,旱,川枯不通,国多火灾,万物五谷不成。

郗萌曰:荧惑与轸斗,诸侯当有夺地者。

《黄帝占》曰:荧惑以十月守轸,三十日,车骑发。其居轸中也,天下尽给军事,无得居家者。

《春秋图》曰:荧惑守轸绕环,及已去复还守之,成勾已,天下兵溃起,主命恶之,大臣欲谋其君,大人有忧,不出年。

石氏曰:荧惑守轸,青绛帛枲其物皆贵。其国有兵之灾。

石氏曰:荧惑守轸,有兵,天子车驾凶。若有病,若大臣戮死。

郗萌曰:荧惑守轸,兵战,将有功。期不出三年。荧惑守轸,为反臣中外兵,以德令解,谓赦令也。一曰水。

《荆州占》曰:荧惑守轸,将军大败。

《河图》曰:荧惑入轸若守之,其国有丧。将军为乱,兵革大起,人主恶之,必有亡国,期不出二年。王者以赦除咎,则灾消。

《南官候》曰:荧惑干犯轸,大臣戮死。

开元占经卷三十五

荧惑占六

荧惑犯石氏中官上

荧惑犯摄提一

《洛书》曰：荧惑入摄提钩已，帝必亡。

《百二十占》曰：荧惑入摄提，兵聚一国，若大臣有诛，人主忧，期百八十日。

巫咸曰：荧惑入若犯摄提，坐大臣成刑。

石氏曰：荧惑出若入摄提，大臣诛，兵满野。

《黄帝占》曰：荧惑与摄提合，相走去。

郗萌曰：荧惑守左摄提，左校兵作；右摄提，右校兵作。

荧惑犯大角二

郗萌曰：荧惑舍大角东西，必有立侯。

《海中占》曰：荧惑守大角，臣谋主者，有兵起急，人主忧，王者诫慎左右。期不出百八十日，远一年。

郗萌曰：荧惑守大角，有亡国。一曰守三日，天下大哭。

玄冥曰：荧惑犯守大角，臣谋君，子谋父，天下兵起，王者恶之。若有大丧，近期一年，中二年，远三年。

荧惑犯梗河三

巫咸曰：荧惑犯守梗河，国有谋兵，四夷兵起，来侵中国，边境有忧。

荧惑犯招摇四

《圣洽符》曰：荧惑犯招摇，边兵大起，敌人为寇。若守之，敌人败,若敌主死,不出二年。

《荆州占》曰:荧惑入犯招摇,回纥兵起,侵犯中国。若防守之,兵自退。主其国有忧,期三年。又占曰:荧惑入若守招摇,旗帜起。又占曰:荧惑守历招摇星者,远夷有内相杀者。若边将有不请于上而诛夷狄者。

荧惑犯玄戈五

《春秋纬》曰:荧惑守玄戈之阳,以左右占其方,合则主居滕宫,天下有议,女令横行。

石氏曰:荧惑守玄戈,乱于邑。

《春秋纬》曰:灾惑逆行守玄戈,以妾为妻。

《圣洽符》曰:荧惑犯守玄戈,边兵大起,敌人为患。若守之,敌人败,若敌王死,期不出二年。

荧惑犯天枪六

巫咸曰:荧惑守天枪,边夷兵起,机枪大用,防戍有忧。若诛边臣,期不出年。

《荆州占》曰:荧惑守天枪,多枭民。一曰铁钺大用。

荧惑犯天棓七

《黄帝占》曰:荧惑犯天棓,兵四起。

巫咸曰:荧惑犯天棓,边夷兵起,机枪大用,防戍有忧。若诛边臣,期不出年。

荧惑犯女床八

《荆州占》曰:荧惑犯床,凶。又曰:荧惑守女床,后宫奸谋。

甘氏曰:荧惑犯守女床,兵起宫中,若妃后有暴诛者。期百八十日,远一年。

荧惑犯七公九

石氏曰:荧惑犯七公,群臣有疑议。

《黄帝占》曰:荧惑守七公,为民饥,君子安。

石氏曰:荧惑守七公,有乱疾之事。

石氏曰:荧惑犯七公,辅臣有议,臣相疑,若有诛者,人主有忧。

《玄冥占》曰:荧惑犯守七公,天下乱,有兵起,大臣当国,有忧。

荧惑犯贯索十

石氏曰:荧惑入天牢中犯乘守者,以狱为乱,多不平。

《荆州占》曰:荧惑入天牢,天下有贼。又占曰:荧惑入天牢,大水。期一年。一曰旱,期一年。一曰岁饥,人相食。

《黄帝占》曰:荧惑入天牢,赦。其守天牢二十日,赦。以丑未日候之。

《荆州占》曰:荧惑舍贯索,有国灭,无后。又占曰:荧惑干贯索,天下赦。守二十日,小赦。三十日,大赦。

《洛书》曰:荧惑守天牢,狱冤囚多。

《荆州占》曰:荧惑守天牢,名水有绝者。若大鱼死。又占曰:荧惑守天牢,十月,大赦。远期八十日。

巫咸曰:荧惑守贯索,天下乱兵大起,多有狱事,人有死者。

荧惑犯天纪十一

石氏曰:荧惑犯天纪,天下国相攻。

郗萌曰:荧惑舍天纪星西,人相食。东,五谷不实。北,木果实。南,天下州战。

巫咸曰:荧惑守天纪,天下国相系。

石氏曰:荧惑守天纪,君不安,有饥民。

《文曜钩》曰:荧惑守天纪,幸臣执权,有兵起,王者有忧。

甘氏曰:荧惑犯守天纪,天下乱,山崩地动,人主不安,有亡国,期二年。

荧惑犯织女十二

《黄帝占》曰：荧惑入织女，兵起，十年乃解北方。又占曰：荧惑入织女，人主政一家族之。一曰政一国族之。

郗萌曰：荧惑入东桥，二十日，兵起。

《玉历》曰：荧惑入织女，天下有女丧，产乳多死。一曰丝绵布帛大贵。

《黄帝占》曰：荧惑犯守织女，天下有女忧，有兵起急，不出其年。

《海中占》曰：荧惑入犯守织女，有大兵起，十年乃罢。若贵女有忧。

荧惑犯天市垣十三

《黄帝占》曰：荧惑入天市成钩已，反环绕之，天下恶。期十月。

石氏曰：荧惑入天市，都邑有兵。

甘氏曰：荧惑入天市，币乱，人民忧。一曰钱币乱。

《海中占》曰：荧惑入天市，天子失廷，期六月。

郗萌曰：荧惑入天市，名曰受谷。籴大贵。又占曰：荧惑入天市中，为将凶。一曰五官有忧。一曰赦。

《荆州占》曰：荧惑入天市之中，大饥。

《玉历》曰：荧惑入天市中，为将相凶，有戮死者。

石氏曰：荧惑入天市中而出市外，死罪复生。

郗萌曰：荧惑出入天旗，大将斩。又占曰：火居天市，有金钱之征。

《黄帝占》曰：荧惑入若经天市，市惊乱，人民有忧。

郗萌曰：荧惑当天市门而止，籴贵再倍。若入市门中，籴五倍。更入廷而守之，籴贵十倍，人民大饥。又占曰：荧惑居天市，民讼。

石氏曰：荧惑起，角芒长，色如鸡血，三十日舍天市，臣谋其主。

《黄帝占》曰：荧惑守天市，天下兵起。

刘向《洪范传》曰：荧惑守天市，必戮臣不忠者。

郗萌曰：荧惑守天市垣，若入之，皆为辟乱。若天下名市移及失火。若有暴买立市。皆大臣坐之。

《玄冥占》曰：荧惑守天市垣，若入之，皆为天下乱，名人受诛。人主忧，期一年。

郗萌曰：荧惑入若守天市，必有大臣戮。

郗萌曰：荧惑入若守天市，皆为更币。一曰币易。

荧惑犯帝座十四

石氏曰：荧惑犯帝座，有逆乱事。

《玄冥占》曰：荧惑犯帝座，为臣谋主，天下乱，兵大起急，不出年。

石氏曰：荧惑犯天廷，兵大起，有自立主者，若有徙王。期百八十日，若一年。

荧惑犯候星十五

《圣洽符》曰：荧惑守候星，天下饥，兵革起，国有忧，期二年。

《海中占》曰：荧惑犯守候星，阴阳不和，五谷伤，人大饥，有兵起。

荧惑犯宦者十六

甘氏曰：荧惑犯守宦者，左右辅臣有诛，若戮死。期不出年。

荧惑犯斗星十七

郗萌曰：荧惑守市斗，粜石五百。守斗中，粜石千。

石氏曰：荧惑守斗，斗斛之事，仓吏不平。

荧惑犯宗正十八

石氏曰：荧惑犯守宗正，左右群臣多死，若更政令。人主有忧。

荧惑犯宗人十九

石氏曰：荧惑犯宗人，亲族贵人有忧，若有死者。一曰人亲宗有离绝者。

荧惑犯宗星二十

甘氏曰:荧惑犯宗星,宗室之臣有分离者。

《玄冥占》曰:荧惑触抵宗星,宗中幸臣有诛者,期二年。

荧惑犯东西咸二十一

陈卓曰:荧惑犯东西咸,当去不去,贼臣有谋,不出一年。

石氏曰:荧惑守东西咸,先乐后忧。又占曰:荧惑守咸星,女主忧诛,若贵女有戮死,期二年。

郗萌曰:荧惑守东西咸,大战。

《荆州占》曰:荧惑守东西咸,忧兵。

石氏曰:荧惑守犯东西咸者,为有臣不从令,有阴谋。

荧惑犯天江二十二

石氏曰:荧惑守天江,必有立王。一曰贼起水中。(案韦昭《洞记》曰:汉灵帝中平三年,荧惑守天江。江夏兵过南阳反,杀太守岑颉、太尉张廷克也。)

巫咸曰:荧惑犯守天江,天下有水。若入之,大水齐城郭,人民饥亡,去其乡。(案《宋书·天文志》曰:晋穆帝升平三年七月乙酉,荧惑犯天江。四年五月,天下大水。)

荧惑犯建星二十三

《圣洽符》曰:荧惑犯建星,臣谋其主,若大臣不亲其君。上下相疑,有兵起,王者有忧。

郗萌曰:荧惑犯建星,婴儿多死,大臣相谮。

《黄帝占》曰:荧惑入建星,人臣有走者。

甘氏曰:荧惑入建星,津河水大,若出,关梁不通。

郗萌曰:荧惑入建星,人主谋,兵罢。出建星,军乃战。

石氏曰:荧惑入建星,留二十日已上,诸侯谋反。期百二十日。

甘氏曰:荧惑舍建星,有置主。

郗萌曰:荧惑舍建星,马大贵。

《荆州占》曰：荧惑舍建星，人民起蚕桑以作妇，各安其土，天下大乐。

《黄帝占》曰：荧惑色青，守建星北，天下有辱王。西去，天下有女主治者。又占曰：荧惑守建星，三十日，天下有水。

石氏曰：荧惑守建星，三十日，色赤，大旱，赤地千里，民流满道。星色青黑，则有女君忧。

郗萌曰：荧惑守建星，宰相坐之。又占曰：荧惑守旗附，三十日，兵起。又占曰：荧惑守建星，地气泄，贵人多死。

《荆州占》曰：荧惑守建星，岁水民饥，有自卖者。

《玄冥占》曰：荧惑守建星，诸侯有谋，若大臣有戮死者。期百八十日。

荧惑犯天弁二十四

甘氏曰：荧惑犯天弁，若守之，则囚徒起兵。一曰五谷不成，粂大贵，人民饥。

荧惑犯河鼓二十五

巫咸曰：荧惑犯河鼓，大将死。犯左右将，左右将死。

《黄帝占》曰：荧惑守河鼓，军食绝。

《文曜钩》曰：荧惑守河鼓，三十日，大将出，必有战。守左将，左将忧。守右将，右将忧。去疾，军罢疾；去迟，军罢迟。期不出年。

郗萌曰：荧惑居河鼓中，若守之日，因数出入其间百日，兵大起。

荧惑犯离珠二十六

石氏曰：荧惑犯离珠，宫中有事，若乱宫者，若宫人有罪黜者。

《海中占》曰：荧惑犯离珠，宫人有忧，若兵起宫中。若有诛，期二年。

《黄帝占》曰：荧惑守离珠，有忧。行徐，忧甚；行疾，无故。

荧惑犯匏瓜二十七

郗萌曰：荧惑入匏瓜中，人主攻一邑残之。星出匏瓜，天下有游兵，不战。

甘氏曰：荧惑守匏瓜，二十日，狗群哗，鸡夜鸣，天下尽惊。若有兵。期百八十日，若一年。

《圣洽符》曰：荧惑犯守匏瓜，天下有忧，若有游兵。名果贵。一曰：鱼盐贵，价十倍。不出期年。

荧惑犯天津二十八

《海中占》曰：荧惑犯天津，关道绝不通。有兵起，若关吏有忧。

郗萌曰：荧惑犯天津，五日，国相出走。又占曰：荧惑入汉中，大乱，大旱，大残。以其所近舍四方，中央死而不葬，易世立王。

郗萌曰：荧惑入汉中，为将相贵人有渡江事。一曰贵人溺死。又占曰：荧惑色青若苍，二十日舍天津中，必有亡海失江。天下备道路，修桥梁。又占曰：荧惑赤芒而守天津，三十日，关梁不通，不可以渡。人主有忧，若诸侯兵起，有亡国。期一年，迟二年。

石氏曰：荧惑守天津，兵船大贵。

《圣洽符》曰：荧惑入天津，去复还守之，津道不通，诸侯起兵，天下乱。期三年。

荧惑犯螣蛇二十九

石氏曰：荧惑犯螣蛇，鱼盐贵。

甘氏曰：荧惑守螣蛇，天子前驱凶。若奸臣有谋，前驱为害。

《海中占》曰：荧惑入守螣蛇，天子忧，前驱为害。若因水为败，期不出年。

荧惑犯王良三十

巫咸曰：荧惑入王良，人主堕坠，以车为败，马多死，关道不通。

郗萌曰：荧惑入王良，车骑贵。又占曰：荧惑入天桥，赦。又占曰：荧惑舍王良，地动。

石氏曰:荧惑三十日舍王良,将亡。一曰将士皆亡,车骑行。

《文曜钩》曰:荧惑守王良,津桥不可渡,并诸侯不通。守之三十日,大兵起,车骑行。期二年。

《春秋纬》曰:荧惑守王良,兵马起。

郗萌曰:荧惑守王良,天下大水,道不通。

郗萌曰:荧惑守天马,天子马多死者。

《齐伯占》曰:荧惑守王良,天下有兵,诸侯相攻,强臣谋主,期不出年。

荧惑犯阁道三十一

巫咸曰:荧惑守阁道,阁道中有伏兵,臣有谋主者,若宫中兵起。期百八十日,若一年。

《荆州占》曰:荧惑守阁道,中有伏兵,人主当藏房户,或备女兵。

石氏曰:荧惑犯守阁道而绝汉者,为九州异政,各主其王,天下有兵,期二年。

荧惑犯附路三十二

石氏曰:荧惑守附路,太仆有罪,若有诛。一曰马多死,道无乘马者。

荧惑犯天大将军三十三

郗萌曰:荧惑入天大将军,兴军者吉。

《荆州占》曰:荧惑舍天大将军,有阴谋。

石氏曰:荧惑守天大将军,军吏不安,饥为败。

巫咸曰:荧惑守天大将军,三十日,天下有兵,大将出行。期一年。

《荆州占》曰:荧惑守天大将军,兵大起,将军行。

石氏曰:荧惑守犯天大将军,为大将死,若诛。

荧惑犯大陵三十四

石氏曰:荧惑入大陵,国有大丧,大臣诛。若戮死者大半,皆不出年。

《荆州占》曰：荧惑入大陵，女主宗室有诛者。又占曰：荧惑入大陵，天下尽丧，死人如丘山。

《玉历》曰：荧惑入守大陵，天子崩。若幸臣有死者，大人当之，期二年。

荧惑犯天船三十五

巫咸曰：荧惑入天船，诸侯有自立者，有兵起。若关津不通，人主忧。

郗萌曰：荧惑守天船，不出三年，楼船大作，五谷大贵。

《玄冥占》曰：荧惑守天船，天下有兵，若有丧。守之三十日，有亡国。

《圣洽符》曰：荧惑入守天船，兵大起，舟楫用，有亡国。期不出年。

荧惑犯卷舌三十六

郗萌曰：荧惑入卷舌，国有佞臣谋其君，以口舌为害，人主有忧。

石氏曰：荧惑乘卷舌，天下多丧。

《春秋纬》曰：荧惑守卷舌，天下多乱谋，国君以口舌之害起寇。

石氏曰：荧惑守卷舌，有谗言乱主明，口舌作。

《文曜钩》曰：荧惑入卷舌，若守之，天下大旱。有兵起。谗臣乱主，其国有忧，期不出年。

荧惑犯五车三十七

石氏曰：荧惑犯五车，大旱，若有丧。一曰犯库星，兵起西北方，若西方。犯仓星，谷贵，若有水。

《黄帝占》曰：荧惑入五车，大旱。一曰留不去，大旱。

《海中占》曰：荧惑入五车，兵大起，车骑行。五谷不成，天下民饥，若军绝粮。

巫咸曰：荧惑入五车，天下乱，大兵起。其国大旱，人民饥亡，若有赦,期百八十日。

郗萌曰:荧惑入五车,大旱。以所近占四方中央。又占曰:荧惑入五车,赦。必先军起,后有令。又占曰:荧惑以春入五车,赦。

韩杨曰:荧惑出入五车,贵人溺死。

郗萌曰:荧惑至五车,兵在外者有功,得地五百里。

《黄帝占》曰:荧惑过毕口,直五车一月,兵连战一岁;留二月,兵连战二岁;留三月,兵连战三岁。若其留土车,兵在外有小功,得地百五十里。留水车,当以水为难。

郗萌曰:荧惑出五车东,东西留二十日以上,卿死之。去之复还,其国君死之。有大赦。又占曰:荧惑舍五车西南,万民多死。

《黄帝占》曰:荧惑守五车星,五谷大贵,人相食。

郗萌曰:荧惑守五车,必易帝王。天下有以车之名为官者,大败。有车器之怪。又占曰:荧惑守五车格休留十日,有大丧。又占曰:荧惑守五车二十日,有丧。以入日占何国。又占曰:荧惑守五车格休,右军大发。一曰大赦。

《黄帝占》曰:荧惑入五车中,犯乘守天仓星下转,菽粟大贵。又占曰:荧惑入五车中,犯乘守天仓星,以食起兵。

《荆州占》曰:荧惑入五车中,犯乘守天库星,兵起,乱十年。

荧惑犯天关三十八

《海中占》曰:荧惑出入天关左右,必有置立关塞之事。一曰必有逆兵不顺者。

石氏曰:荧惑守天关,道路不通,多盗贼,弟攻兄,子攻父,臣攻君。

郗萌曰:荧惑守天关,大臣有不道者。又占曰:荧惑守天关,二十日若四十日,天下大赦。又占曰:荧惑守天关,必有一国之王不朝者,车有急行。

《荆州占》曰:荧惑守天关,为有兵,关梁不通。

《玄冥占》曰:荧惑守天关,若以七月十月守之,二十日若三十日,必有大赦,期不出年。

《帝览嬉》曰：荧惑逆行守天关，车骑有急行，兵大起，士卒满野，期九十日。

《雒书摘亡辟》曰：荧惑逆行守天关，东方兵起。

《荆州占》曰：荧惑入天关，留止守焉，不出百日，天下兵悉起，州州战。

《海中占》曰：荧惑守犯天关，道绝，天下相疑，有关梁之令。

郗萌曰：荧惑行，不从天关，不出其年，有兵。

荧惑犯南北河戍三十九

《黄帝占》曰：荧惑行南河戍中，若留止守南河戍，为旱。

石氏曰：荧惑行南河戍中，若留止者，为四方兵起，百姓疾病。

郗萌曰：荧惑行南河戍中，若留止守南河戍，皆为兵。又占曰：荧惑经南河戍之南，行法峻暴，诛罚不当。经北河戍之北，以女子、金钱，贪色奢侈，失治道。近期三年，中期六年，远期九年而灾至。

《荆州占》曰：荧惑中犯乘守南河戍，天下兵尽起。

《黄帝占》曰：荧惑乘南河戍，若出南河，为中国兵。又占曰：荧惑舍南河戍，二十日若三十日，国有男丧。

《海中占》曰：荧惑舍南阙下，饥。

《黄帝占》曰：荧惑蚀南河戍西星，有兵。蚀南河戍东星，天下州战。

巫咸曰：荧惑守南河戍之西星，木果不实。

郗萌曰：荧惑守南河戍间，大国君重，不吉，子代。又占曰：荧惑守南河戍，女主忧，若多旱灾。

石氏曰：荧惑守南河，蛮夷兵起，边戍有忧，若有旱灾，人民饥。

《玉历》曰：荧惑守南河戍，以火为害。一曰边寇入境。

《文曜钩》曰：荧惑逆行，犯守南河，有男主之丧。若犯守北河，有女主之丧。守二十日，以吉成凶。

《荆州占》曰：荧惑中犯乘守南戍，天下兵尽起。一曰家相击。一曰州战。一曰饥。

郗萌曰：荧惑入北河戍，从西入，六十日，有丧。从东入，五十日，有兵。

《荆州占》曰：荧惑入北河守戍西，留止焉不出，即天下兵悉起。

《荆州占》曰：荧惑入北河戍，大臣有盗贼者。

郗萌曰：荧惑北至北戍，去北戍三丈，当复发千人以上；去北戍二丈，复万人以上；去北戍一丈，城闭，道无人行。又占曰：荧惑守北河戍环绕之，主突厥主死。

《黄帝占》曰：荧惑入若舍北河戍，天下有覆狱移击。一曰大臣诛。

郗萌曰：荧惑舍北河戍，三十日，有女丧。

《文曜钩》曰：荧惑守北河，边兵大起，来侵境。若守之二十日，其国有忧。

郗萌曰：荧惑守北戍间，大国女主重，不吉。又占曰：荧惑失度，守阴门若阳门，皆为诸侯奸。

《荆州占》曰：荧惑守北河戍，有兵兵罢，无兵兵起。一曰水。

《玄冥占》曰：荧惑守北河，三十日不下，天下大水，人民饥。期不出年，若二年。

郗萌曰：荧惑出北河戍北，若守北河戍环绕之，边境将帅有不请于上而伐夷狄之君者，胜之。

巫咸曰：荧惑守若舍北河戍之西星，人相食。蚀北戍之东星，五谷无实。

《黄帝占》曰：荧惑留止守北河戍，不出百日，天下兵悉起。又占曰：荧惑守若蚀北戍之东星，有兵。

郗萌曰：荧惑守舆鬼，逆行守北河，有女子丧。又占曰：荧惑舍两河中，留二十日，关河不渡，诸侯不通。

《黄帝占》曰：荧惑守南北河，三十日，诸川皆溢。

《文曜钩》曰：荧惑守两河，兵起，天下困悲。

司马迁《天官书》曰：荧惑守南北河，谷不登。

郗萌曰：荧惑守两河戍间，百日，天下中隔不通。

《荆州占》曰：荧惑守两河间，天下乖离，道路不通。

石氏曰：荧惑久守天关门，主绝祀，以入日占国。

郗萌曰：荧惑守天关门中，三十日，有大丧。又占曰：荧惑守日月之门，国内乱。以其日占国。又占曰：荧惑入天高，先军起，后有赦。又占曰：荧惑守衡星，大国女主有忧。

《黄帝占》曰：荧惑入天高中，留二十日，小赦。三十日，大赦。

郗萌曰：荧惑不行天门，天阙门为有丧。又占曰：荧惑逆行天高中，必有破军死将，亡国去王。

荧惑犯五诸侯四十

巫咸曰：荧惑入五诸侯，伺其出日而数之，皆二十日兵发。伺始入处之率，一日期十日，军罢。

《文曜钩》曰：主软弱愦愚，则荧惑守五诸侯。

郗萌曰：荧惑守五诸侯，诸侯有夺地斩死者。

石氏曰：荧惑犯五诸侯若守之，兵大起，将士出，诸侯有忧，若有兵死者。期三年。（案《宋书·天文志》曰：晋太兴三年十二月己亥，荧惑居五诸侯南，踟蹰留止三十日。永昌元年三月，王敦攻京师，六军败绩，于是杀周颉、刁协、戴渊等。）

《海中占》曰：荧惑犯五诸侯，其国有兵，车骑出行。若贵臣有殃，若有死者。

《玉历》曰：荧惑逆行，犯守五诸侯，秦国不以兴兵，先起亡，后起昌。

郗萌曰：荧惑中犯乘守五诸侯，为所中犯乘守者诛，若有殃。期三年，兵发。

开元占经卷三十六

荧惑占七

荧惑犯石氏中官下

荧惑犯积水四十一

巫咸曰:荧惑入积水,大臣诛。荧惑守积水,有大名水出,出入定有水兵。

甘氏曰:荧惑守积水,兵起,国有水灾。

《荆州占》曰:荧惑入积水,若守之,大水,兵起。

巫咸曰:荧惑犯守积水,水物不成,鱼盐贵。一曰以水为败,籴大贵,民饥。期二年。

荧惑犯积薪四十二

巫咸曰:荧惑守积薪,大旱,江河易道,若火事。

石氏曰:荧惑守积薪,大旱,为火事,庖官以火为忧。

郗萌曰:荧惑守积薪,多火灾,若火事。旱,兵起。

甘氏曰:荧惑犯守积薪,天下大旱,五谷不登,民饥亡。

荧惑犯水位四十三

《荆州占》曰:荧惑守水位,下田不治。

石氏曰:荧惑犯守水位,天下以水为害,津关不通。一曰大水入城郭,伤人民,皆不出二年。

荧惑犯轩辕四十四

《荆州占》曰:荧惑犯轩辕,女御天子仆死。荧惑犯轩辕,所中以官名名之,皆成刑。(黄帝曰:成刑者忧丧。)

《文曜钩》曰：荧惑入轩辕，主以后妃党之过亡。一曰用事女当惑之。又曰：有白衣兵，期在百三十日中。

《荆州占》曰：荧惑入轩辕中其端门中而东，大臣出令。

《雒书》曰：荧惑犯若勾已轩辕，妃后内乱。

《文曜钩》曰：荧惑展转轩辕中，远后爱媵。

《春秋纬》曰：专于妻妃，则荧惑展转轩辕中。

《黄帝占》曰：荧惑行轩辕中犯女主，女主失势。（失势者，忧丧也。）列大夫有放逐者，五官有不法者。色悴为忧为疾，其所中犯乘守者，诛若有罪。

《黄帝占》曰：荧惑中女御，为女主当之。

石氏曰：荧惑在轩辕中，有女子谋人君者。

郗萌曰：荧惑留轩辕，率留一日为十日久，以率推之，其在轩辕四方中央各为其方。

《黄帝占》曰：荧惑守轩辕，期五月兵起。

《元命包》曰：荧惑守轩辕，贵妾争。

《春秋纬》曰：荧惑守贵房侧，主乱于色。

石氏曰：荧惑守轩辕，宫中有放者。期百二十日内赦。

《海中占》曰：荧惑守轩辕十五日以上，大兵起，宫人不安，天下乱，国易政。期三年。

郗萌曰：荧惑守轩辕，女主恶之。（《宋·天文志》曰：前废帝永光元年九月丁酉，荧惑入轩辕，在女主大星北。明年昭太后崩也。）荧惑守轩辕，天下有庆贺事，赦类也。（《晋阳秋》曰：孝武宁康元年七月乙未，火犯轩辕大星。二年正月癸未，大赦天下。）

《荆州占》曰：荧惑守犯轩辕，地动。又曰御女有诛者。

石氏曰：荧惑守轩辕，守卫有诛者。

《河图》曰：荧惑入轩辕中，复还守，应以善事则已。

《文曜钩》曰：荧惑逆行守轩辕，大星环绕之若成勾已，天下大乱，后妃当诛，宫破主亡，易其王。期百八十日，远一年。

巫咸曰：荧惑行犯守轩辕，女主失政，若失势。一曰大臣当之，若有黜者。期二年。

《荆州占》曰：荧惑犯乘守轩辕，主命恶之。

石氏曰：荧惑入轩辕中乘守之，有逆贼，若火灾。荧惑中犯乘守轩辕太民星，大饥大流，皇太后族有诛者，若有罪。中犯乘守少民星，小饥小流，皇后之族有诛者，若有罪。

荧惑犯少微四十五

郗萌曰：荧惑犯少微，贤士有让善者。

石氏曰：荧惑入少微，君当求贤佐。不求贤佐，则失威严夺势矣。

石氏曰：荧惑犯守少微，名士有忧，王者任用小人，忠臣被害，有死者。

《黄帝占》曰：荧惑入犯乘守少微，宰相易。荧惑中犯乘守少微，女主忧。

石氏曰：荧惑入中犯乘守少微，五官乱，宰相有忧。

荧惑犯太微四十六

郗萌曰：荧惑犯太微，天下不安。（《宋书·天文志》曰：明帝泰始二年四月壬午，荧惑入太微犯右执法。其年四方反叛，内兵大出，六师亲戎。昭太后崩，抚军将军殷孝祖为南贼所杀。尚书右仆射蔡兴宗以荧惑犯右执法自解，不许。后失淮北四州地，彭城、兖州并为虏所没。）

《帝览嬉》曰：荧惑行犯太微左右执法，大臣有忧。（《宋书·天文志》曰：晋成帝咸康四年五月戊戌，荧惑犯右执法。五年七月庚申，丞相王导薨。武帝永初三年九月癸卯，荧惑经太微，犯右执法，已未犯左执法。元嘉三年，徐羡之及傅亮、谢晦悉诛。十六年九月荧惑犯右执法，明年大将军义康出徙豫章，诛其党。《晋阳秋》曰：太元十二年五月丙午，荧惑出端门犯左执法。十三年正月丙午，左将军谢玄薨。戊辰，冠军将军桓石虎薨。）

巫咸曰：荧惑犯太微门右，大将死。门左，小将死。（《晋阳秋》曰：孝武宁康元年九月癸巳，火入太微掩西蕃上将。二年正月己酉，北中郎将徐兖二州刺史刁彝薨。《宋书·天文志》曰：晋成帝咸康六年三月甲寅，荧惑顺行犯上将星。四月丁丑，又犯右执法。是时何充为执法，有谴，命避其咎。明年求为中书令。建元二年庾冰死，皆大将执政之应也。是岁正月，征西将军庾亮薨。穆帝升平四年八月丙辰，荧惑犯太微西上将星。五年正月，北中郎将郗昙薨。宋前废帝永光元年，荧惑入太微犯西上将星，其年太宰江夏王义恭、尚书令柳元景、仆射颜师伯等并诛。太尉沈庆之薨。庐陵王敬先、南平王敬猷、南康侯敬渊并赐死。司马彪《天文志》曰：孝桓延熹八年五月壬午，荧惑入太微犯右执法。九年九月辛亥，荧惑入太微西门，积五十八日。九年十一月，太原守刘瓆、荆州刺史李隗等皆弃市。永康元年十二月，太傅陈蕃、大将军窦武、尚书令尹勋、黄门令山冰等皆枉死。）

郗萌曰：荧惑犯左右执法，左右执法者诛，若有罪。

陈卓曰：荧惑犯太微东南陬星，天下大饥。近期一年，远期五年。

《荆州占》曰：荧惑道从太微西蕃北南方星间入，到南蕃东方星间出，道中西蕃直出入者，非道也。

甘氏曰：荧惑常以十月十一月入太微天庭受制，而出行列宿，司无道之国，罚无道之君，失礼之臣。若犯左相，左相诛；犯右相，右相诛。守宫三旬，必有赦，期六十日。

《玄冥占》曰：荧惑常以十月丙子入太微宫，七日受制，而出行列宿，司无道之国，七日以上成灾，如占。

《文曜钩》曰：荧惑以戊子日顺入太微庭中，受使于天子，不为咎；非其日，灾殃如占。

郗萌曰：荧惑当太微门为受制，当左执法为受事左执法，当右执法为受事右执法。守太微门三日以下为受制。三日以上，为兵，为贼，为乱饥。

《荆州占》曰：荧惑出东掖门，为相受命东南出，德事也。出西掖门，为将受命西南出，刑事也。期以春夏。

《黄帝占》曰：荧惑入天庭，色白润泽，为期百八十日有赦。

《帝览嬉》曰：荧惑入太微而出端门者，臣不臣。（司马彪《天文志》曰：孝桓永寿元年八月己巳，荧惑入守太微，二十一日出端门，为乱臣，是时梁氏专政。）

《圣洽符》曰：荧惑入太微天庭中央，帝族相攻伐，天子忧。若守端门，臣谋弑君。若留止门外，大臣戮死。荧惑入太微庭中，天仓闭，妇女不得食，天下饥荒。

郗萌曰：荧惑入天庭，在屏南出门扉左，左将死。出门扉右，右将死。直出，无为。

《合诚图》曰：荧惑入华阙门，臣杀之候也。荧惑入庭中，臣多逆不轨。（司马《天文志》曰：孝灵光和五年四月，荧惑在太微中守屏，占曰：荧惑入太微，为乱臣。是时中常侍赵忠、张让、郭胜、孙璋等并奸乱也。）

石氏曰：荧惑入太微中华东西门，若左右掖门，而南出端门者，为必有反臣。荧惑入太微西门，出东门，臣谋其主，人君不安，欲求贤佐。有入中华西门，出中华东门，为臣出令。有入太阴西门，出太阴东门，为天下大乱，有丧，若水大。荧惑若入中华西门，天子忧之。若出中华东门，天下大乱，兵大起。期不出二年。

甘氏曰：荧惑出太微天庭中，有立王，若徙王。

郗萌曰：荧惑出天庭中，当道而为勾已天庭，天下更纪。（《宋·天文志》曰：晋安帝义熙十四年十月癸巳，荧惑入太微，犯西蕃上将，仍顺行至左掖门，留二十日，乃逆行。元熙元年三月五日，出西蕃上将西三尺许，又徙还入太微，时填星在太微，绕填星成勾已。其年四月二十七日丙戌，从端门出。占曰：荧惑填星勾已天庭，天下更纪。二年六月，晋帝逊位，高祖入宫也。）

郗萌曰：荧惑入太微西门，犯天庭，出端门，为臣伐主。入西门而折出右掖门，为大臣假主之威，而不从主命。荧惑入西华门，出端门，为臣诈称诏。荧惑入太微端门，出东门，为贵者夺威势。

《荆州占》曰：荧惑出太微南门，执法用大事。出左掖门，大臣诛。（司马彪《天文志》曰：孝安延光二年八月己亥，荧惑出太微端门。是时大将军耿宝、中常侍江京等谮太子乳母王男厨监邴吉等，杀之，徙其父母妻子日南也。九月丁酉，废太子为济阴王。）

《荆州占》曰：荧惑入太微宫，为天下惊。一曰有兵。荧惑入天庭，国不安其宫。荧惑入太微庭中，主命无期。荧惑入天庭，君子恶之。又曰大臣死。荧惑入太微，色白无芒，天下大乱。一曰天下大饥。

《黄帝占》曰：荧惑东行入太微庭，出东门，天下有急兵。（《宋书·天文志》曰：安帝义熙十年五月癸卯，荧惑顺行入太微。十一年林邑寇交州，刺史杜慧度距战于九真，大败之。）若守将相丞御史大臣有死者。若入端门守天庭，大祸至。入南门出东门，国大旱。若入南逆行出西南门，有大水。逆行入东门出西门，大国破亡。若顺入西蕃而留不去，楚国凶殃。

巫咸曰：荧惑逆行入太微天庭中，为大臣有诛，若诸侯戮死，期二年。

石氏曰：荧惑逆行太微之中，及出左右掖门者，有逆谋，天子有命将征伐之事。一曰大赦可以解其患。

郗萌曰：荧惑逆行入左掖门，为臣劫其主。（《宋书·天文志》曰：晋安帝元兴三年正月戊戌，荧惑逆行犯太微西垣，占曰：天子战于野，上相死。是年二月丙辰，杀桓玄等，桓循劫帝如江陵。）

《荆州占》曰：荧惑逆行入太微天庭中，为诸侯将有杀上者。至黄座而成，不至黄座而还，有谋不成。以其日入占国。荧惑逆行天庭中不止，有大狱。

郗萌曰：荧惑入太微宫中，至屏而留，有兵在中。

郗萌曰：荧惑入天庭中，留十日以上，赦。

《荆州占》曰：荧惑道南蕃入留止南门，为大臣有忧。（司马彪《天文志》曰：光武中元二年八月丁巳，火犯太微西南角星，相去二寸,太微西南星为将相。后太尉赵熹、李䜣等免官。)荧惑入太微,若从右入七日以上,为人主有忧。(司马彪《天文志》曰:孝桓永康元年正月庚寅,荧惑逆行入太微东门,留百日出端门。其年十二月丁丑,桓帝崩。《宋书·天文志》曰:晋简文咸安元年十二月辛卯,荧惑逆行入太微,二年三月不退。是时帝忧桓玄之逼,常怀忧惨,十二月帝崩也。)荧惑入天庭中,二十日以上,廷尉坐之,期六月。荧惑留太微庭中,为天下大忧。中央留十日以上,为天下有亡徒为兵者。

《黄帝占》曰:荧惑守太微垣门外之左,廷尉有事。守门外之右,丞相御史有事。荧惑守端门中二十日,臣谋反,主出走,期不出百二十日。(《宋书·天文志》曰:晋海西公太和六年闰月,荧惑守端门,十一月,桓玄废帝。)

甘氏曰:荧惑守角亢,反守太微,臣有谋兵于天子者。

《春秋纬》曰:荧惑守太微,王者恶之。

郗萌曰:荧惑守太微,诸侯及三公谋其上。铁锧用,必有斩臣。又曰女主不吉。(《宋书·天文志》曰:晋元康三年四月,荧惑守太微六十日后,贾后陷杀太子,而赵王废后,又杀之。斩张华、裴颜,遂篡位废帝,为太上皇。天下从此构乱连祸也。)

《玄冥占》曰:荧惑入太微,无所犯守,顺度而行,出左右掖门,所之野,天子谋之。

《黄帝占》曰:荧惑干太微,留守三日以上,为必有兵革,天下赦。

《合诚图》曰:荧惑入太微,陵犯留止,后三年,必有丧。

《荆州占》曰:荧惑入太微天庭,所犯乘守者,若有罪,各以守官之名。荧惑食太微东西蕃,四辅辅臣有诛者。

荧惑犯黄帝座四十七

石氏曰:荧惑犯黄帝座,改政易王,天下乱,存亡半。

甘氏曰:荧惑入中华门犯帝座,天下乱,贼臣害主破宫,期九十日。

《荆州占》曰:荧惑犯黄帝座,大臣戮死。

《玉历》曰：荧惑入太阴西门，犯黄帝座，天子宫破，国灭绝嗣，不出二年。

甘氏曰：荧惑中黄帝座，臣杀其主。

《雒罪级》曰：荧惑入黄帝座，不吉，强臣弑主。

甘氏曰：荧惑入黄帝座，大人戮死，朝廷有哭。

郗萌曰：荧惑入天庭直出期十日，入蕃期二十日，去出尺，期十日，有赦。

《荆州占》曰：荧惑入帝座，其色白者，为有赦。荧惑入天庭至黄帝座，有赦。

《荆州占》曰：荧惑出黄帝座北，诸侯徙，天子辱。若中黄帝座，为大人伤。

甘氏曰：荧惑近黄帝座，大臣谋为乱，不成。荧惑触黄帝座，主亡。

《黄帝占》曰：荧惑守黄帝座，为大人忧。

荧惑犯四帝四十八

《玉历》曰：荧惑入太微，犯四帝，臣有谋，若被诛。

石氏曰：荧惑犯守四帝，臣谋主。去之一尺，事不成。

石氏曰：荧惑犯乘守四帝坐，辟忧。（辟君也。）

甘氏曰：荧惑中犯乘守四帝坐，天下亡。

荧惑犯屏星四十九

郗萌曰：荧惑入太微宫中，至屏而留，为有兵在中。（《宋书·天文志》曰：宋明帝泰始二年正月甲午，荧惑逆行在屏而南，其年四方反叛，内兵大出，六卿亲戎。）

甘氏曰：荧惑犯守屏星，君臣失礼，下谋上。一曰大臣有戮死者。

石氏曰：荧惑中犯乘守屏星，为君臣失礼，而辅臣有诛者，若免罢去。

荧惑犯郎位五十

甘氏曰：荧惑犯守郎位，辅臣有诛，左右宿卫者为乱，王者宜备之。

荧惑犯郎将五十一

巫咸曰：荧惑守郎将，曰凌。凌则将有诛，若将有忧。一曰大臣为乱，戒慎左右。

《荆州占》曰：荧惑犯乘守郎将，且有以符节为奸者。荧惑中犯乘守郎将，必有不还之使。

荧惑犯常陈五十二

甘氏曰：荧惑犯守常陈，守卫有谋，兵起宫中，天子自出行，诛。期百八十日，远一年。

荧惑犯三台五十三

《玉历》曰：荧惑入犯上台司命，近臣有罪，若有诛。一曰近臣有逃去者。以五色占，黄白，无故；青黑，忧死丧。期一年。

郗萌曰：荧惑犯守上台，宫中禁门燔，太尉病，天子恶之。犯守中台，司徒、公族、皇后忌。犯守下台，司空为庶人。皆期百七十二日。

《文曜钩》曰：荧惑犯守中台，司中奸臣有谋，若有诛者，中公当之。

巫咸曰：荧惑犯守下台，司禄近臣有罪，若出走。色黑者死。

《黄帝占》曰：荧惑守三台，三十日，天下大乱，兵起宫中，大臣戮死。若守三台间，尤甚急。期百八十日。

郗萌曰：荧惑守三台，三日以上，三公有戮死者。荧惑守三能之中央，百二十日，三公皆谋害国。荧惑入天柱，天下有庆贺之事。荧惑居天柱，兵起，三年乃止。荧惑留系天柱，地大动，兵大起。

《春秋纬》曰：天下奋击，臣子相谮，三公专恣，则荧惑流而触能。

荧惑犯相星五十四

石氏曰：荧惑犯相星，辅臣凶。荧惑守相星三十日，大臣为乱，天下兵起，人主有忧。

荧惑犯太阳守五十五

石氏曰：荧惑犯守太阳守，执御臣忧，内将军有死者。期九十日。

甘氏曰：荧惑犯守太阳守，大臣戮死，若有诛，期不出年。

荧惑犯天牢五十六

《荆州占》曰：荧惑入天狱，贵人多枉死者。

石氏曰：荧惑入天牢，若守之二十日，名人有系者。一曰若有赦，期不出百八十日。

《海中占》曰：荧惑犯守天牢，王者以狱为蔽。一曰贵臣多下狱。若有叛臣篡狱杀君。不出二年。

荧惑犯文昌宫五十七

《黄帝占》曰：荧惑入文昌宫，庭中有兵，天下有耗，土空民饥。

《春秋纬》曰：荧惑入文昌庭，守之二十日以上，必有兵，君不康。

石氏曰：荧惑入文昌，天下大乱，王者忧亡，期一年。

《荆州占》曰：荧惑守文昌，天下大乱，不出其年。

郗萌曰：荧惑入司命，近臣有抵罪者。荧惑三十日舍司禄，民大疾。舍司命，小童疾。

荧惑犯北斗五十八

郗萌曰：荧惑入北斗魁，天下多狱，廷尉坐之。荧惑入守北斗，贵人有系者。

甘氏曰：荧惑守北斗，天下大乱，诸侯皆起兵，王者有忧。

郗萌曰：荧惑守北斗，有移徙民，宫宅贱。

《玉历》曰：荧惑守衡星，有女丧，若贵女有殃。有兵兵罢，无兵兵起。

《雄图三光占》曰：荧惑入北斗魁中，而守之十日，天下大乱，易其王，天子死，五都亡。期二年，远三年。

《春秋纬》曰：荧惑入北斗杓头，为政令犹豫。

《海中占》曰：荧惑抵北斗杓头星，女主政令犹豫，若女主用事。期一年。

《齐伯》曰：荧惑舍北斗西，人相食。舍其东，五谷无实。舍其南，果无实。舍其北而之东，天下大兵战。

郗萌曰：荧惑系辅星，有死相，若夷之。

巫咸曰：荧惑与北斗斗，有徙王移都邑，宫室破坏，人民去其乡。不出年。

荧惑犯紫微宫五十九

石氏曰：荧惑入紫微宫中，大臣有谋，兵起宫中，天下大乱。人民傍徨，背弃其乡，逃走四方。期不出二年，远三年。

《荆州占》曰：荧惑入紫微宫，天下邑裂，大夫多死者。一为天下有亡国，天下无人。一曰帝有乱臣。一曰天下大乱。又曰从阴入，有死王。

《帝览嬉》曰：荧惑守紫微宫中，天下诸侯伐其主，主以骄暴失帝位。

巫咸曰：荧惑守紫微宫，民莫处其家宅，流移去其乡。

《荆州占》曰：内乱。（《宋书·天文志》曰：晋孝怀永嘉三年正月庚子，荧惑犯紫微，占曰：当有野死之王，又为火烧宫。是时太史令高堂冲奏，乘舆宜迁幸，不然必无洛阳。后帝崩于平阳。）

荧惑犯北极钩陈六十

《黄帝占》曰：荧惑入紫宫，犯北极中央大星，为不道，臣弑其君，子害其父，贼臣破国，天下大乱，期不出九十日。

《春秋纬》曰：荧惑犯北极左星，支为嗣。

郗萌曰：荧惑犯北极中央大星，帝有乱臣。应以善事已。

巫咸曰：火入北极，天下乱兵大起，聚于一国。若出之疾，兵还罢。

《荆州占》曰：火入天枢，国家有变。一为天下之兵聚一国。

《雄图三光占》曰：火入北极，天子忧。若犯抵之，天子死，后宫乱，不出三年。

《黄帝占》曰：火出天枢，兵盛于四野。

《荆州占》曰：火舍天枢下三月，芒赤色怒，地大动，民大恐，兵起不已，三年乃止。

甘氏曰：火犯北极，若守之，大臣谋主。若耀刺北极，为杀太子，期百二十日。

《荆州占》曰：火守天枢，大人忧。一曰天子女多死。

郗萌曰：火犯太子星，太子忧死。犯庶子星，庶子忧死。一曰中犯北极星，主有大忧。一为有大丧。一为有反相。

《荆州占》曰：火守钩陈，人主忧。

黄帝曰：火犯钩陈，后宫乱兵起，宫中幸臣谋主，王者有忧。

荧惑犯天一六十一

石氏曰：火犯天一，幸臣有谋，有兵起，人主忧。

齐伯曰：火守天一，臣弑其主，余殃为水灾。

荧惑犯太一六十二

石氏曰：火犯守太一，幸臣有谋，有兵起，人主忧。

开元占经卷三十七

荧惑占八

荧惑犯石氏外官一

荧惑犯库楼一

《黄帝占》曰:荧惑犯天库,兵车出库,所指兵往也。

石氏曰:荧惑入天库,有兵火。守库,兵起,乱十年。

郗萌曰:荧惑入天库,骑官兵起,期三年中。一曰:天下有惊,若岁旱。又占曰:荧惑赤色角三芒,三十日舍天库,国有急,五诸侯悉发甲兵。

玄冥曰:荧惑守库楼,兵车大出。守之一月,兵乱十年乃罢。

《海中占》曰:荧惑逆行守天库,兵起未罢。若顺行,乃罢。以其远近东西南北,其日占之。

荧惑犯南门二

郗萌曰:荧惑,天候也,主发兵。常舍于南门,其出,色赤白而大,东西南北非其常,谋国兵起。其入则兵入。其所行而留止,兵随而攻之。又占曰:荧惑居处无常,入时不得,求之南门中。

石氏曰:荧惑若守南门,兵车大起。又占曰:荧惑入守南门,天下战其北也。又占曰:荧惑犯南门,边夷兵起,若道路不通。

荧惑犯平星三

石氏曰:荧惑守平星,兵起,且以乱亡。又占曰:荧惑犯平星,凶。

甘氏曰:荧惑守平星,执政臣忧,若有罪诛者。期一年。又占曰:荧惑守平星,有狱出疑囚。

荧惑犯骑官四

石氏曰：荧惑入骑官，若守之，兵大起，车骑用，将军出，若骑士忧。

郗萌曰：荧惑守骑官，不出二十日，赦天下。

甘氏曰：荧惑守骑官，有兵马多发，若多死。

荧惑犯积卒五

石氏曰：荧惑入积卒，若守之，兵大起，士卒大行，若多死，期二年。

《玄冥占》曰：荧惑犯守积卒，主失位，天下乱，兵大起，期百二十日。

石氏曰：荧惑犯守积卒，主失位，天下凶。

荧惑犯龟星六

甘氏曰：荧惑守龟星，天下大水。去之疾则旱，万物不成，人民饥。

石氏曰：荧惑守龟星，兵起，兵在外。再守龟，兵罢。又占曰：荧惑守龟星，有白衣聚，以入日占何国。

《海中占》曰：荧惑犯守龟星，天下有水旱之灾。守阳则旱，守阴则水。

荧惑犯傅说七

石氏曰：荧惑犯守傅说，王者简宗庙，废五祀，后宫凶。一曰有绝嗣君。期不出二年。

荧惑犯鱼星八

石氏曰：荧惑守鱼星，在其阳，旱；在其阴，水。

巫咸曰：荧惑守鱼星，火暴出，天下旱，五谷不成，人民大饥。期不出年。

甘氏曰：荧惑犯守鱼星之阳，为大旱，鱼行人道。之阴，为大水，鱼盐贵。

荧惑犯杵星九

《玉历》曰：荧惑守杵星，国有急兵，有赋米之事，若有军粮之急。

《海中占》曰：荧惑入杵星，若守之，天下有急发米之事，不出其年。

荧惑犯鳖星十

郗萌曰：荧惑入鳖星，天下大水，去则旱。

《黄帝占》曰：荧惑守鳖星，为有白衣之会。

巫咸曰：荧惑守鳖星，国有水旱之灾。守阳则旱，守阴则水。

《玄冥占》曰：荧惑入守鳖星，王者有易，水，若大旱，鱼行人道。

荧惑犯九坎十一

石氏曰：荧惑守九坎，天下旱，名水不流。五谷不成，人民大饥。一曰：之阳，大旱；之阴，有水。

甘氏曰：荧惑守九坎，其国大旱，若大火之变。期百八十日。

石氏曰：荧惑犯守九坎，凶。

荧惑犯败臼十二

石氏曰：荧惑守败臼，民不安其室，忧失其釜甑，若流移去其乡。又占曰：荧惑守败臼，饥丧。

荧惑犯羽林十三

《荆州占》曰：荧惑入羽林之宫，二十日，天子当之。

郗萌曰：荧惑经过羽林中，天子为军自守。

《荆州占》曰：荧惑舍羽林之宫，兵大起。

《黄帝占》曰：荧惑守羽林，大赦。

石氏曰：荧惑守羽林，马有行，期三十日。又占曰：荧惑芒角赤色，守天军三十日，大国有急，诸侯悉发兵甲。一曰兴兵者亡。又占曰：荧惑守羽林，兵起，期六十日。火经羽林，臣欲弑主。（《宋书·天文志》曰：晋孝武太元元年九月，荧惑犯哭泣星入羽林，占曰：中军兵起。三年六月，荧惑又守羽林，占曰：禁兵起。四年六月，兖州刺史谢安、谢玄击氐贼，大破之，余烬皆走。十四年十二月，荧惑入羽林。十五年，翟辽据司兖，众军屡讨弗克。鲜卑又跨略并冀。安帝义熙四年十月戊子，荧惑入羽林。五年，高祖讨鲜卑。是后南北军旅运转不息。宋文帝元嘉十三年十二月戊子，荧惑入羽林。后三年，废大将军彭城王义康及其党与犯，所收掩皆羽林兵出也。）

《圣洽符》曰：荧惑入羽林，守之二十日以上，臣欲弑主，大人当之，期九十日。（案《荆州占》曰：汉二年，荧惑入羽林起角三芒，守之三十日，国有负兵，秦以之亡也。）

《海中占》曰：荧惑入守羽林，有兵起。若逆行变色成勾己，天下大兵，关梁不通，急不出其年。

郗萌曰：荧惑入守羽林，有叛臣中兵也。

《元命苞》曰：荧惑守羽林若垒城，谋在司马，将军为乱。

《荆州占》曰：荧惑入天军，凶。又占曰：荧惑入天军，兵败不可用，国更残也。

郗萌曰：荧惑犯守天阵，为兵起，有破军死将。

甘氏曰：荧惑入垒壁阵，在司马，内将军为乱，宫中兵起。

郗萌曰：荧惑入垒城，有兵起。

荧惑犯北落师门十四

石氏曰：荧惑守北落师门，为兵大起。舍军门，兵起。

《玄冥占》曰：荧惑入守北落师门，兵大起，将军出境，士卒大行。

石氏曰：荧惑与北落师门相贯抵触，光芒相及，有兵大战，破军杀将，伏尸流血，不可当也。期百八十日，若一年。

荧惑犯土司空十五

《海中占》曰：荧惑守土司空，其国以土起兵，若有土功之事，天下旱。

郗萌曰：荧惑守土司空，备大臣。

荧惑犯天仓十六

《黄帝占》曰：荧惑入天仓中，主财宝出，主忧，臣在内，天下有兵，而仓库之户开，主人胜客，客事不成。期二十日中而发。

石氏曰：荧惑出入天仓，天下谷聚一邦。

郗萌曰：荧惑近天仓，天下大旱，天下转粟。期其年中。一曰期三年。一曰千仓败，天下饥。

《春秋图》曰：荧惑经天仓，去而不守，其岁恶，籴大贵，仓大出。

石氏曰：荧惑守天仓三十日，有转粟之事。

《黄帝占》曰：荧惑守天仓，天下转粟千里，籴贵。

《海中占》曰：荧惑守天仓，天下有兵，若有出粟。

郗萌曰:荧惑守天仓,已去复反,天下大饥,人相食,不出五年。

《玄冥占》曰:荧惑逆行守天仓,天下大饥,人相食。期二年,远三年。

荧惑犯天囷十七

石氏曰:荧惑入天囷,天下兵起,国仓储积之物皆发出。一曰:御物多有出者,库藏空虚。期二年。

郗萌曰:荧惑守天囷二十日,粟出,布于民,岁大饥。(案《宋书·天文志》曰:晋孝武太元二十年六月,荧惑入天囷。隆安九年,王恭举兵,朝廷杀之,及王国宝王绪。是后连岁水旱,人民大饥也。)

《玉历》曰:荧惑守天囷,兵起。王者财宝皆出用,库藏中虚耗。人主不安,其国有忧。期百八十日,远一年。

荧惑犯天廪十八

《黄帝占》曰:荧惑守天禀,有兵起,天下粟聚于一国,若有运粟之事。

甘氏曰:荧惑入守天廪,天下有兵,岁大饥。仓粟散出,不出其年。

石氏曰:荧惑犯守天廪,天下乱,粟散出。

荧惑犯天苑十九

巫咸曰:荧惑入天苑,天下以马起兵。若守之,牛马禽兽多死。

石氏曰:荧惑入守天苑,牛马羊禽兽多疾。若守之二十日,天下兵起,马多死,其国忧。

荧惑犯参旗二十

石氏曰:荧惑入参旗,边县兵起。

石氏曰:荧惑守天弓,天下乱,兵大起,人民惊恐,其国忧。若三十日守之,必有国亡。

陈卓曰:荧惑守参旗,下谋上。

郗萌曰:荧惑守参旗,兵大起,弓弩用,士将出行。一曰弓矢贵。

荧惑犯玉井二十一

《黄帝占》曰:荧惑入玉井,为强国失地。其出之,强国得地。

巫咸曰:荧惑入玉井,国有水忧。若以水为败,水物不成,期不出年。

《荆州占》曰:荧惑守玉井,多大水,有溺死者。

《齐伯五星占》曰:荧惑守玉井,天下大水,沟渎溢流,杀人民。期百八十日。

荧惑犯屏星二十二

郗萌曰:荧惑留舍屏星,三日,民疾疫。

石氏曰:荧惑守屏星,二十日,臣谋主,若贵臣有诛,若戮死,期一年。

甘氏曰:荧惑守天屏,二十日,国移。又占曰:荧惑入守屏星,诸侯有谋,若大臣戮死者。

荧惑犯天厕二十三

《黄帝占》曰:荧惑守天厕,国移,若易名。

石氏曰:荧惑守厕中,有贼兵。

郗萌曰:荧惑守天厕,籴贵。又占曰:荧惑守厕矢、矢圊之间,有伏谋反，贵人惊于圊厕。

《甄曜度》曰：荧惑入守厕星，天下大饥，人相食，死者大半。期二年。

甘氏曰：荧惑入守厕星，有谋臣在厕中，王者警备之。

荧惑犯天矢二十四

《海中占》曰：荧惑守矢星，天下旱，五谷不成。人民大饥，多疾死，期不出年。

《荆州占》曰：荧惑守矢星，贵人有疾。

荧惑犯军市二十五

《荆州占》曰：荧惑入守军市，兵大起，将军出，若以饥兵起。

《雄图三光》曰：荧惑入军市，若守之，军大饥，将离散，士卒亡。期不出年。

荧惑犯野鸡二十六

甘氏曰：荧惑入犯守野鸡，其国凶。必有死将，军营败，兵士散走。

荧惑犯狼星二十七

《春秋纬》曰：荧惑守狼弧，诸侯相攻。

《海中占》曰：荧惑守狼星，四夷兵起，来侵中国。弓矢大贵，王者有忧。一曰夷将有死者。

郗萌曰：荧惑守狼弧，小有忧。其成钩己若环绕之，大人忧，期六月。又占曰：荧惑守狼弧，狄自反其主。

郗萌曰：荧惑守狼，有小令，出大水。

《荆州占》曰：荧惑守狼，天下发兵。一曰其国有兵。又占曰：荧惑守狼星，狗大贵。不即多死狼，天狗也。

石氏曰：荧惑入守狼，野兽死。

甘氏曰：荧惑犯守狼星，将军出，有千里之行，天下皆兵。盗贼纵横，若有死将，期二年。

荧惑犯弧星二十八

巫咸曰：荧惑守弧星，兵大起，将军出行，弓弩大贵。国多盗贼，民不安。期百八十日，远一年。

郗萌曰：荧惑守弧星，人民饥，食茹，粟谷大贵。又占曰：荧惑以五月守弧星，六十日，其邦有兵战。

《荆州占》曰：荧惑守弧星，贵人多死，若将当伐贵人。又占曰：荧惑守弧星，大将有千里之行，国政悰。一曰车骑兵出。

荧惑犯天稷二十九

《海中占》曰：荧惑犯守天稷，有旱灾，五谷不登，岁大饥馑。一曰五谷散出。

荧惑犯甘氏中官二

荧惑犯四辅一

《荆州占》曰：荧惑犯四辅星，君臣失礼，辅臣有诛。

荧惑犯五帝内座二

《荆州占》曰：荧惑入紫微宫中，犯五帝内座，大臣弑主。

荧惑犯造父三

郗萌曰：荧惑入造父中，车马贵。又占曰：荧惑舍造父，水大出。

《黄帝占》曰:荧惑守造父,材官骑士出,马动兵起。

荧惑犯杵臼四

郗萌曰:荧惑守杵臼星,国有舂米军旅之事。又占曰:荧惑守天杵,即大沟渎多水。

荧惑犯司命五

郗萌曰:荧惑守司命,多暴死者。司命主百鬼,与舆鬼同候。

荧惑犯天鸡六

郗萌曰:荧惑舍天鸡,三十日,旱。又曰鸡夜鸣,天下尽惊。

荧惑犯市楼七

郗萌曰:荧惑犯市楼,天下易币。又占曰:荧惑乘市楼,天下有所发,期不出三年。

荧惑犯日星八

郗萌曰:荧惑犯日星,为大战。

荧惑犯亢池九

郗萌曰:荧惑犯亢池,海大鱼死。

荧惑犯天田十

郗萌曰:荧惑守天田,五谷不成,黍贵。

《荆州占》曰:荧惑守天田,旱。又占曰:荧惑守天田,人主犯礼,有灾。

荧惑犯天门十一

《荆州占》曰:荧惑入天门,去复还,关梁不通。又占曰:荧惑舍天门,进退前后,凶,兵大起。荧惑守天门,国绝祀,各以其日占。

荧惑犯平道十二

甘氏曰:荧惑入守平道,天下兵乱。

荧惑犯进贤十三

《宋书·天文志》曰:宋孝武孝建元年十月乙丑,荧惑犯进贤星,时吏部尚书谢庄表解职。

荧惑犯酒旗十四

《春秋文曜钩》曰:饮食失度,荧惑徘徊酒旗。

《荆州占》曰:荧惑守酒旗,天下大酺,有酒肉财物赐,若爵宗室。

荧惑犯诸王十五

《春秋纬》曰:荧惑入诸王星,主以妃党纵恣,为天下所谋。又占曰:荧惑入诸王星,下不信上,王者微。

荧惑犯天高十六

郗萌曰:荧惑入天高,先军起,后有赦。

《荆州占》曰:荧惑入天高,有奇令。又曰:入天高中十日成钩己,有赎罪之令。

《荆州占》曰:荧惑入天高,留二十日,小赦。三十日,大赦。

郗萌曰:荧惑逆行天高中,必有破军死将,亡国去王。

《蓬莱占》曰：荧惑守左高，反者不胜。守右高，反者胜。

荧惑犯砺石十七

郗萌曰：荧惑入砺石，边卒兵起。

《黄帝占》曰：荧惑舍砺石，二十日，诸侯开库发兵。

荧惑犯积尸十八

甘氏曰：荧惑守积尸，大人当之。

荧惑犯五潢十九

《黄帝占》曰：荧惑入五潢，为天下大乱，易政。一曰贵人死。

郗萌曰：荧惑舍五潢，有兵车骑行。

《黄帝占》曰：荧惑入五潢，为运道不通，兵起。

郗萌曰：荧惑舍五潢，牛马多疾死，腐烂道傍。

巫咸曰：荧惑入五潢中，大乱，大旱，大残。以其近占四方殃，死而不葬，易世立王。

陈卓曰：荧惑守五潢，贼起水中。一曰有淫雨。

《黄帝占》曰：荧惑中犯乘守五潢，期二十日，兵起。

荧惑犯咸池二十

《黄帝占》曰：荧惑入咸池中，天下大旱。

甘氏曰：荧惑入咸池，因行其中不止，是谓致兵。诸侯兵起，天下乱。

甘氏曰：荧惑入咸池，有兵丧，天子且以大败失忠臣，若旱。一曰：大水，道不通，贵人死。以入日占国。

郗萌曰：荧惑入咸池，为有以迷惑人主者。一曰地动山摇。

荧惑犯天街二十一

郗萌曰：荧惑舍天街中央，大赦。一曰当天街，为诸侯自立为王。一曰大水。荧惑留止若逆行天街中，为兵革起。荧惑不从天街者，为政令不行，不出其年，有兵。

《文曜钩》曰：荧惑守天街，政塞奸出，上下相疑，四方隔绝无通时。

郗萌曰：荧惑犯天街，国绝祀，以入日占国。

石氏曰：荧惑犯守天街，及徘徊乱行，主弱臣强，道路隔绝，天下不通。

荧惑犯甘氏外官三

荧惑犯狗星一

郗萌曰：荧惑舍狗星，三十日，旱。又曰：狗群嗥，天下人尽惊。

荧惑犯狗国二

《荆州占》曰：荧惑守狗国，外夷为变。

荧惑犯哭星三

《晋阳秋》曰：孝武太元元年九月癸亥，荧惑犯哭星。二年八月，征西大将军桓豁薨。十月，尚书令王彪之薨。

荧惑入八魁四

《荆州占》曰：荧惑守八魁，兵大起。

荧惑犯铁锁五

《荆州占》曰：荧惑犯铁锁，五月以上，臣有谋者。

石氏曰:荧惑入铁锧,若其星动摇,铁锧用。

郗萌曰:荧惑犯乘守铁锧,为铁锧用,将有忧。

荧惑犯天庾六

郗萌曰:荧惑入天庾中,大旱,粟贵发用。

荧惑犯刍藁七

《黄帝占》曰:荧惑入刍藁中,主财宝出,乱臣在内。

荧惑犯九州殊口八

《荆州占》曰:荧惑守九州殊口,九州兵起。

荧惑犯天节九

《荆州占》曰:荧惑守天节,持节臣有奸谋,若使臣死。

荧惑犯九游十

石氏曰:荧惑守九游,日食星坠,天下大乱。若入九游,兵起。

荧惑犯军井十一

《荆州占》曰:荧惑入军井,三日以上,其岁大水。

荧惑犯水府十二

《荆州占》曰:荧惑入水府,有谋臣。一曰:逆行水府,天下大水。

郗萌曰:荧惑守水府,天下洪水。

荧惑犯天狗十三

《荆州占》曰：荧惑入天狗，兵谋，北夷大饥来归。邻国多土功。若守之，为兵谋。

荧惑犯天庙十四

黄帝曰：荧惑入天庙，若守，为庙有事。一曰为凶忧。

《荆州占》曰：荧惑入天庙，有庙残之事。吏不去则死。

荧惑犯巫咸中外官四

荧惑犯长垣一

郗萌曰：荧惑入长垣，敌人入中国。出长垣则出。

《玉历》曰：荧惑入长垣若守之，匈奴入汉国，敌人四夷若皆出，期一年。

荧惑犯土司空二

《荆州占》曰：荧惑守土司空，有兵。又曰：守入土司空，有土徭之事。

荧惑犯键闭三

郗萌曰：荧惑犯乘键闭星，大臣有谋，天子不尊事天者，致火灾于庙。王者不宜出宫下殿，有匿兵于宗庙中者。（《宋书》云：晋穆帝升平三年正月壬辰，荧惑犯键闭，占曰：人主忧。五年正月，穆帝崩。）

荧惑犯天柱四

《荆州占》曰：荧惑守天柱，兵鼓起。

荧惑犯天渊五

《荆州占》曰：荧惑入天渊，大旱，山焦枯。若守之，海水出，江河决溢，若海鱼出。

荧惑犯𫓧锧六

《黄帝占》曰：荧惑入𫓧锧，为大臣诛。

《推度览》曰：大臣戮亡，荧惑环𫓧锧。

《荆州占》曰：火犯𫓧锧，兵起。

荧惑犯天厩七

《荆州占》曰：荧惑入天厩，十日以上，厩马有食变。

石氏曰：荧惑出入天厩，天下厩有忧，长吏败。若干天厩，兵起。

《黄帝占》曰：守天厩，为厩灾之事。人主以马为忧，不即马疾。

郗萌曰：荧惑守天厩三十日，骑马出。

开元占经卷三十八

填星占一

填星名主一

石氏曰：填星，其神雷公，决星名曰卿魄。

《荆州占》曰：填星常晨出东方，夕伏西方，其行岁填一宿，故名填星。

石氏曰：填星主季夏，主中央，主土。于日主戊己。是谓黄帝之子，主德。女主之象，宜受而不受者，为失填。其下之国可伐也。德者，不可伐也。其一名地侯。（案《服食经》曰：雄黄，填星之精也。）

《淮南子》曰：中央，土也。其帝黄帝，其佐后土，执绳而制四方。绳，直也。其神为填星，其兽黄龙，其音宫，其日戊己。

《春秋纬》曰：填星主德。德失，则宫室高，台榭繁，故填星缩，火烧门。动则水决江河破凶。

《文曜钩》曰：填星主德以正常，德失则罚出填星二十四征，以效存亡。

《合诚图》曰：填星，主正纪纲。

甘氏曰：填星主太常，主周梁，（《海中占》曰：周梁，中国也。）邦有德，填星当也。

巫咸曰：填星之德厚，安危存亡之机。填星所宿者，其国安，大人有喜，增土。

《五行传》曰：填星于五常为信，言行不二。于五事为思，心宽容受谏。若五常五事皆失，填星为变动，为土功，为女主，为山崩，为地动。

吴龚《天官星占》曰：填星所居国有德，不可以兵加也。

班固《天文志》曰：填星者，信也，思也。仁义礼智，以信为主。貌言视听，以心为正。故四星皆失，填星乃为之动。

郗萌曰：填星主祭祀鬼神宫及太常。

《荆州占》曰：填星，土之精，主四季。填星主司天下女主之过。女主邪，填星邪；女主正，填星正。

石氏曰：填星正女主，正纪纲。

填星行度二

《五行传》曰：填星以上元甲子岁十一月朔旦冬至夜半甲子时，与日月五星俱起于牛前五度，顺行二十八宿，右旋，岁一宿二十八宿而周天。（案《历法》填星一年平行十二度十一万六千四百三十二分度之四万六千二百七十一，二十九年百六十八日千九百七十六分日之千一百三十七而周天。是三百八十三年而十三周天。）

《淮南子》曰：填星以甲寅元始建斗，（寅元始，历起之年也。建斗，填星起于斗也。）日行二十八分度之一，岁行十二度百一十二分度之五，二十八岁而周天。

《春秋纬》曰：填星出百二十日，反逆；西行百二十日，东行；见三百三十日而入，入三十日复出东方，运之常也。守度持节为纪纲，顺之吉，逆之凶。

《荆州占》曰：填星出东方三百三十日，而夕伏西方三十日，而复晨见东方。

《尚书纬》曰：气在于季夏，其纪填星，是谓大静。无立兵，立兵命曰犯命。夺人一亩，偿以千里。杀人不当，偿以长子。不可起土功，是谓犯天之常，灭德之光。可以居正殿安处，举有道之人，与之虑国，人以顺式时利，以布大德，修礼义。不可以行武事，可以赦罪人。与德相应，其礼衣黄。是谓顺阴阳，奉天之常也。如是则填星得度，其地无灾。

《动声仪》曰：宫音和调，填星如度不逆，则凤凰至。

巫咸曰：填星受制，则养老存鳏寡，行饘粥，施恩泽，事宾客。

郗萌曰：填星用事，务招录贤圣，择廉平，劝民耕农，实仓库，治城郭，通沟渠，奉天祠，修治社稷，数问牢狱，察勉失职，务安百姓。如是，则填星不盈缩，不逆行变色。

《荆州占》曰：填星顺行而明，其国有厚德。填星行中道，阴阳和调。

皇甫谧《年历》曰：甘、石《太初历》所以记星出不同者，以星盈缩在前，各录后所见也。填星之精，凡六十三变。

填星相王休囚死三

《荆州占》曰：填星之相也，从立夏至仲夏时，其色大如精明，无芒角。填星，土也，位在中央，王于四季，其星从孟夏至仲夏时，色当赤而微小。及季夏王时，其色比北极中央大星赤黄，而光明有芒角。填星之休也，从孟秋至仲秋时，色黑而细小无精光。季秋时，其色当比奎大星黄白，而光明有芒。填星之囚也，从立冬至仲冬，其色青而细小，赤黑止而不行。（甘氏云：如小不明也。）至季冬王时，色当比左角青黄，而光明有芒。填星之死也，从立春至仲春，其色白而细小不明。至季春时色当比参左肩而黄白，光明有芒。

甘氏曰：当其相也而有王色，主弱，女主用事。有休色，有土功。有囚色，女主不昌。有死色，贵人多丧。所留守舍，其国有女征。其进舍也及退舍，皆为土功忧事。当其王也而有相色，则女主宗强。有休色，政在公卿。有囚色，女主不昌。有死色，女主族不祥。其所留之舍，有德厚。其进舍也，其国得土。其退舍也，则失土。当其休也而有王色，臣下纵横。有相色，女主请谒行。有囚色，女主宗族有诛伤。死色重，有女丧。所留之舍，其国民流亡。其进舍也及退舍，其国受殃。当其囚也而有王色，有政令四时不和，多风雨灾，五谷不成，盗贼起，野多囚人。有相色，臣下为谋，谋及司空。有休色，女主与妾讼。有死色，国有土功。所留之舍，其国是当。其进舍也，绝嗣复兴。其退舍也，有哭音。当其死也而有王色，下胜上，枯木复生，臣专政。有相色，地泄，其藏从地中出。有休色，五谷暴贵，人臣散亡。有囚色，必有霜雹。所留之舍尤凶。其进舍也，地动，若有蛇怪。其守舍也，有移徙泽。

填星光色芒角四

甘氏曰:候填星以季夏戊己,此王气,色当如其常,色变则失所也。

郗萌曰:填星色有常,黄比参右肩。

《荆州占》曰:填星常色如北极明星,赤比角星,黑比奎明星。

《黄帝占》曰:填星色白多为狱。一曰有素服,天下不安。填星色黄而光辉,辉大,更宫室,有土功事。填星色黄,大无光,女主得意。一曰女主年中有忿争。

《礼记威仪》曰:君乘土而王,其政太平,则填星黄而晖多。

《诗纬》曰:填星华,此奢侈不节,王政之失。

《海中占》曰:填星光明,岁熟。其所守国安,大人有喜,增地。

郗萌曰:填星赤华也,期九十日兵起。填星春色苍,岁善,大熟。填星色青黄,其国有忧。填星赤色,光而泽也,不出其年,兵起。填星色赤,饥,期三年。色青黄,有忧。色青白,期不出五月,兵若狱大起。青多为兵;白多为狱;青白等,兵狱并起。色青黑,六十六日,有丧。皆所在之宿名其国。

《天官书》曰:填星色青圆,忧病。一曰忧水。青角,有兵忧。填星色白圆,有丧。若星赤圆,有兵。黄圆则吉。

《荆州占》曰:填星居之分久而光明,人主吉昌。填星色春青、夏赤、秋白、冬黑,色顺四时,其国强,女主昌。填星色黑圆,多疾若水。黑而小,国有死王。赤为兵,白为丧,黄则吉。填星色黑黄圆,女主吉,有喜。赤圆,女主凶。填星色黄润泽,即国有庆。

《海中占》曰:填星色白芒泽,有子孙喜,立王。

郗萌曰:填星赤有芒,其野谋兵。

《荆州占》曰:填星芒,邪乱失色,女主心不正。填星色赤芒,有兵若火。填星三黄芒,女主盛,其国强。三黑芒,其国亡。

《天官书》曰:填星两黑角,水。青角,忧有兵。白角,哭泣之声。赤角,犯我城。黄角地之争。

《荆州占》曰:填星七角又有芒,女主专政妄诛。填星出其角,为旱。填星在四方宿，当如其方色，吉。失色而角，青为忧。赤为旱，白为兵，黑有死丧。填星失色五角，即有战。若色黄而有九芒，有大水，不乃天裂地动。填星黑角则水。赤角有兵若旱。黄角，有土功事。

填星盈缩失行五

甘氏曰：填星失次，而上二舍三舍，是谓大盈。有王命不成，不乃大水。失次而下二舍，是谓缩。女后有戚，其岁不复。不乃天裂若地动。

甘氏曰：填星缓则不逮，急当过舍，逆则占。

班固《天文志》曰：填星盈，为主不宁。缩，有军不复。

《荆州占》曰：填星退舍为缩，所次之国凶。

《黄帝占》曰：填星见东方，一岁行二舍，吏民相将至退地，诸侯有失邑者。填星西行一舍以上，吏弃法令，民弃其君，子去其父，离其乡里，渡于河海，动地而起矣。填星逆行，天下更王。

《洛书》曰：填星盈缩，下士逆谋，兵乃生。填星盈缩，地动摇宫，有此类则亡引也。填星盈缩，九州骚动，四方相贼。

《潢舍孳》曰：阳弱臣逆，则填星盈缩。（阳者君也。）王者礼义德杀刑尽失，填星乃动而盈。王者以贪扰不宁，大水出。

《文耀钩》曰：填星南西行，为畋猎恣。南西者，南多西少也。

《论语谶》曰：填星盈动，国门阖。

石氏曰：填星失次，进则亡地，退则有丧。填星所居久者，其国有德厚，不可以军。如所居易者，（徐广曰：易犹轻速也。）国其德薄，可侵以土地。填星所居之国，吉。未当居而居之，已去而复还居之，其国得地，不乃得女。当居不安，既已居之，又东西去之，国失土，不乃失女。不可举事用兵，不有土事，若女子之忧，其国可伐。居之久，福禄厚。居之易，福禄薄。

巫咸曰：填星盈失次，退地。白，有丧。角，为争。大，为得地。小，为失地。填星之居宿国，五岁若六岁四岁，其君强固，安其所。去者，其君忧也。填星乱行，人主且失地。使之不然，无淫乱于乐，无见诸侯客，无出游。如是则止。

《海中占》曰：填星去宿，天子不立后。去宿南数十尺，女主不用事，若大水。去其宿北数十尺，女主当之，若大旱。主好畋猎，走狗驰马，出入不时，赐与不当，则填星失宿。民多病，岁多大风，黍稷无实。

京房曰：人君内无仁义，外多华饰，则填星失度，东西叛逆。不救，必忧霜雪。其救也，治社稷明堂，近方直，亲厚重之人，灾消矣。（《荆州占》曰：不救，有雷雹山崩地坼之灾也。）

郗萌曰：人君宰相简鬼神，废祷祀，毁宗庙社稷，即填星逆行，色变地动。填星逆行，有白衣之会。逆行一舍，为水。填星超舍而前，东行一岁二舍，诸侯有归国者。填星逆行二舍，有兵，六十日大赦。填星逆行三舍，为政者死。以季夏戊子日候填星，其色变，行不如常，行失也。

《淮南子》曰：填星岁填一宿，当居而不居，其国亡地。未当居而居之，其国增地，岁熟。

《荆州占》曰：人君宰相大臣治宫室，为台榭，内淫佚，夫妇无别，淫女用事，亵群神而简宗庙，则填星逆行变色，殃至地动。无救，则枉矢出，民疫饥。女主淫佚者，填星逆行入阴。外淫佚者，逆行入阳。逆行入阴，旱。入阳，水。逆行十五度以上，女主坐亡之。填星逆行不轨，为殃为贼。填星盈出，其色苍白，丧。王者德重，填星居之。女主德薄，填星离宿。一曰当居不居，其国以水亡。填星应居之而去，其分饥荒，流满四方。若居之而不安，不可兴土功，不可举大众。填星乱行，王者无德，女主不仁，淫放外游，出入无度。此恶之所致，人君修德以禳之，则可无咎。填星行舍居其南居其北，若去之疾，其分不可用兵，必受殃。若居之而去，更反守之，分增地。填星离宿一丈之阳，女主不用事。去宿一丈之阴，女主死。填星行顺道，阴阳和。若不顺道，去舍南北若一丈，女主不治。一曰王者不立后。填星失次，上及二舍，大水出。上三舍，则天裂地陷。逆一舍已上，吏击，人民弃妻子，去其邑。星东行二舍，分失地。星若乱行，人主失土。无淫放，无出游，无兴宫室，则可以免。填星行失次，逆一舍至二舍，其国饥荒，人民流亡去其乡。填星主土，以填四方。其行于列客所干，年不入。填星出北方宿中，举兵者不利。出东方，利用兵，国强。出南方宿下，有兵者，亡地。出西方宿，兵起。填星逆行入阴，内事逆；行入阳，外事逆。

填星昼见经天六

甘氏曰：填星昼见，臣谋君，女主忧，上相死。填星经天而逆行，天下更政，地大动。

巫咸曰：填星不经天，经天更封。

《荆州占》曰：填星起左角，逆行至轸，是经天。其下国当者亡地，战不胜。

填星变异生足大小傍有小星七

《龙鱼河图》曰：夫填星，主得土之庆。其星下为虚星之神。

巫咸曰：填星下为杜妪，止于空城。（黄石公《三略》曰：初，张良遇神老于路，则脱履，命良取之。良跪而进之，老曰：年少可教。与良三期而后付《三略》焉。良受书，老告之曰：后谷城见有黄石，乃是吾也。遂号曰黄石焉。然则黄石，填星之精。黄者，填之色也。石者，星之质也。填为土德，汉为火行，子以王事告其母也。神老、杜妪同，故备其说。）

《荆州占》曰：填星失色生足，女主退，若被罪。

《黄帝占》曰：填星大如狼星而黄，天下之兵虽会，其国不亡。填星始出大而日愈小，所在国不利；始出小而日愈大，所在国利。

巫咸曰：填星大，人主将昌地广，民人惶惶。系心而行，不忧其家，乃忧其王。

《易纬》曰：土令废，填消食于戊己，以春月。

巫咸曰：填星小，人主有忧。使之不然，无听鼓钟之音，民人有罪者释之，如是则止。不者，民多死，有土功，失地。

《荆州占》曰：填星细微，女主失势。

《黄帝占》曰：填星旁有小星守填星，臣欲弑主。小星入填星中，事立决。小星去，臣利。填星往复小星，主得臣。见东方，东方有之；见西方，西方有之；见南方，南方有之；见北方，北方有之。皆以所在之宿名其国。

填星流动与列星斗八

《雒书》曰：填星动溢，地候之灾，山崩裂。填星动盛，不吉，天下乱畔。

《元命包》曰：填星动，则水决江，海破山，命曰地候跃。天雨丝丝，伪言咄咀，民作船，主急去，地吐泉，鱼衔葩。（宋均曰：一作龟。《晋阳秋》曰：孝武大元三年七月乙亥，填星摇。三年六月大水。）

《春秋纬》曰：黄星动，海水浮，三公及左右谋。

《钩命决》曰：天水失信则玄龟不见，填星大动。

石氏曰：礼德义刑杀尽失，则填星为之动。填星动摇离舍，使者交接道路。

《荆州占》曰：填星动，女主有怒，若有怨。

郗萌曰：填星变色逆行，相凌而斗，会客环守，其国无道。

《荆州占》曰：填星与列舍斗，不出其年，分亡地死将。

填星穰气晕彗九

《洛书》曰：黄帝起，填星珥鱼。（气如鱼形，在填星旁。）

《黄帝占》曰：填星旁有云如狗状，有土功，期一月。

《孝经内记》曰：填星生气而为黄穰者，明日大温，旦雾夕雨。见此者，不出五日，五谷贱，所见之国尤甚。不出三旬中，民多疾病亦死。

《荆州占》曰：填星出穰气长四丈。（一曰雨土。）巫咸曰：填星自晕，有土功，有丧。

郗萌曰：填星出彗，所居下国受兵亡地，不出一年。

开元占经卷三十九

填星占二

填星犯东方七宿

填星犯角一

《黄帝占》曰：填星犯左角，大战。一曰军死。

郗萌曰：填星入角亢，去左角三尺若一尺，与角并出左角一寸，期丙丁日中地动。

《春秋图》曰：填星逆行角中，王后有异喜。

郗萌曰：填星逆行角，女主出入不时。

石氏曰：填星在左角失行至房，侯王、皇帝出入不时，王者有所诛。

《春秋图》曰：填星之角，天下有徙家为二千石者。

《荆州占》曰：填星起右角之左角，尉理受执。填星乘右角，后族家若将相有坐法死者。

郗萌曰：填星乘右角，为旱。乘左角，为水为兵。填星留西角间，军兴，国廷间边境不通。填星逆乘凌左右角，其为日食，国有大变。填星出入天门中，兵在外罢。填星宿角不明者，女主少子。

《孝经纬》曰：帝诚孝，填角并。

《黄帝占》曰：填星出中道，天下太平。出阳道，旱。阴道，多雨。

陈卓曰：填星出阴道，多阴谋。

《荆州占》曰：填星出入留舍角，六十日不下，天下多暴狱。七十日不下，天下有急令。八十日不下，一国有急事。

石氏曰：填星守角，万物不成。填星守左角，天门多直人。填星守右角，天子好游猎，国亡。填星守天门，中国弱，四夷侵。

甘氏曰：填星守角星，后有喜。

巫咸曰：填星守角，为水为兵。

《海中占》曰：填星守角，五谷多伤，人民流亡。填星守左角右角，其色润泽，即岁大熟。其逆行从一宿得二宿，谷贵一倍。从二宿得三宿，三倍。其还，立贱。填星左右角其色黄，小旱，民小厉。其逆行，即旱。其退，立雨。

郗萌曰：填星守角，将忧。一曰有土功之事。填星守左角，更政令。填星守角，为中兵大臣也。

《玉历》曰：填星守角，天子微弱，贤人为辅臣。

郗萌曰：填星出角若守角，兵起西方。

甘氏曰：填星犯守角，强臣不伏，若更政令。

郗萌曰：填星守犯凌右角，为有祸咎。

填星犯亢二

郗萌曰：填星犯亢，廷臣为乱，诸侯当有失国者。

石氏曰：填星数入亢，其国疾疫。

甘氏曰：填星逆行亢，女主治政。一曰：徙倚亢前后，女主非其人，若贱人女暴贵。

郗萌曰：填星逆行亢，女主干朝事。

《荆州占》曰：填星倚亢前后，春夏为火，秋冬为水。

《春秋图》曰：填星之亢，天下有大丧。

郗萌曰：填星合亢，为岁小有水。填星乘灭亢右星，为大人忧，为天下有奇令。填星出入留舍亢，其国以岁致天下。一曰有失地之君，天下忧。

《齐伯》曰：填星出入留舍亢，其国有兵起，果实大贱，贱人之女暴贵。

《春秋图》曰：填星守亢，去一尺若七尺，四夷附中国。

石氏曰：填星守亢，五谷伤，民流亡。填星守亢，四海且安居，贵礼义。填星守亢，色青，有兵。黄，有土功。白义。黑客事。

甘氏曰：填星守亢，旱，有土功。天下必有得地之君，其国以岁致天下。

巫咸曰：填星守亢，为土功。又曰：旱，伤在南方，万物不成，多火灾，民疾疫，有中兵。

《海中占》曰：填星守亢北，水在北方。

郗萌曰：填星守亢，人民田宅贱。一曰人民大亡，五谷以水伤败。填星守亢，为焦旱，不生草。一曰多虫蝗。

《黄帝占》曰：填星逆行守亢，为中兵。

《圣洽符》曰：填星入守亢，为民多疫，物不成，五谷伤，民流亡。

郗萌曰：填星乘亢右星，为水；乘左星，为大兵，谷贵。填星乘若守亢右星，为水，若粂大贵；乘左星，为兵。

《海中占》曰：填星守若舍亢，为五谷颇不成。

甘氏曰：填星犯守亢，逆行不顺，失明，其邑大政不用。

填星犯氐三

《荆州占》曰：填星犯氐左星，左中郎将诛死。犯右星，右中郎将诛死。期三年。

陈卓曰：填星入氐中，期三十日彗星出王邑，西南指。

郗萌曰：填星逆行氐，女主不居宫。

《春秋图》曰：填星入氐，果实大贱，贱人女暴贵。

郗萌曰：填星徙倚前后于氐，女主非其人。填星乘氐之右星，天下有大水。乘氐之左星，天子自将兵于野。填星出入留舍氐，天下用兵。期不出四年，更立侯王。填星出入留舍氐，必有亡地者。

《黄帝占》曰：填星守氐，皇后有拜贺太子。一曰贱人女有暴贵者，若有土功之事。填星守氐，有赦令。

石氏曰：填星守氐，有德令。填星守氐，即岁安。色赤，有分土裂地之君，四夷不服，天下大疫。填星守氐，国有大贤。填星守氐，有土功之事。填星守氐，田宅大贵。一曰有赦。

甘氏曰：填星守大星，皇后有贺。

郗萌曰：填星守氐，太子有智慧，九州清。填星守氐，天下必有亡国死王。

《荆州占》曰：填星守氐，为后夫人忧。谓东行反还，去氐两星二尺，期百二十日；去两星尺，期六十日；与两星齐，期二十日，以赦解之。

《荆州占》曰：填星守氐，奸臣有谋。

《二十八宿山经注》曰：填星色青守氐四十日，郑国王死，更立人君。

《海中占》曰：填星入守氐，必有亡城者。天下用兵，期不出三年，更立侯王。八十日不下，野有万人之众。

填星犯房四

石氏曰：填星犯房，天下相诛。

《荆州占》曰：填星犯房，右服为秦魏，左服为楚，右骖为齐，左骖为赵。

郗萌曰：填星犯房成勾已，为后夫人丧。填星入房三道，为天子有子。填星入房十日成勾已者，天子恶之，以赦解之。

《圣洽符》曰：填星逆行房成勾已，女主自恣，若淫佚。

石氏曰：填星到房心，皆正不失仪，失仪则为变。填星在右角，失行至房，侯王、皇帝出入不时，王者有所诛。

《春秋图》曰：填星之房，仓谷丰。

《援神契》曰：填星舍房，符命道兴。

石氏曰：填星舍房，更起土功，宫室数移，多殃祸。填星守房左，二国交易。守房右，世多鳏寡人。守房左右去复还，庶子乘国。应去而守房，其国有殃。

甘氏曰：填星守房，国有女主喜。

巫咸曰：填星守房，有献马者，若有土功事，起宫室者。填星守房，贵人多死者。填星守房，地动，多旱，民疾疫。一曰民多疾。

《海中占》曰：填星守房，为土功。

郗萌曰：填星守房，大赦，其国有兵。一曰人主无下堂。又为天下诸侯相谋虑，道不通。又为敌兵发。一云，南为旱，北为水，并在宋地。填星守房，为大饥，人相食，死者不葬。

《荆州占》曰：填星守房，有反逆臣，大人丧，天下易主。（《宋书·天文志》曰：晋光熙元年九月己亥，填星守房心，占曰：土守房，多祸丧。守心，国内乱，天下赦。是时司马越专权。十一月惠帝崩，怀帝即位，大赦天下。）

《黄帝占》曰：填星行房南，若守之，为大旱。行房北，犯守之，为大水。

郗萌曰：填星逆行守房，女主出入自恣。一曰女主干政。

《荆州占》曰：填星入房留居之，有失国君。进而守之，其国有兵。退而守之，其国有庆。填星中犯凌房，国君忧。色青，忧丧。色赤，忧兵，积尸成山。色黑，有将相诛。色白有芒角，大哭。

《海中占》曰：填星入房，若犯之，有失地君，其国有兵，若女主忧。

郗萌曰：填星中犯乘守房左骖若左服，皆为其君死，所中将诛。填星中犯乘守右骖若右服，皆为大人死，所中相诛。

陈卓曰：填星中犯乘守房南二星，君死。北二星，大人死。

郗萌曰：填星留逆犯守乘房左右骖，主崩，臣有阴谋。逆行乘凌中道，太子失位而亡。顺行乘凌中道，天下和平。

韩杨曰：填星犯钩钤，王者忧。

郗萌曰：填星犯乘钩钤，大臣有谋。天子不尊事天者，致火灾于宗庙。王者不宜出宫下殿，有谋匿于庙中者。

《黄帝占》曰：填星守钩钤，王者失天下。

填星犯心五

《海中占》曰：填星犯天王，王者绝嗣。犯太子，太子不得代。犯庶子，庶子不利。

郗萌曰：填星入心，大臣有喜。填星逆行心，女主怨望。一曰女主干政。

《黄帝占》曰：填星至房心，皆正不失其道，天下和平。轨道失绳，灾变。填星经心，清明列照，天下内奉明王，帝必延年。填星之心，主赞明，其国安泰，人主有增地，天下太平，天子有庆。

郗萌曰：填星在心，多雨泽，岁熟。

巫咸曰：填星在心，主人亲贤。

石氏曰：填星乘心，其国相死。

《黄帝占》曰：填星居心，人主任贤。

《圣洽符》曰：填星犯乘心，为内乱。臣欲弑主，有失地君。近期十月，中期一年，远期二年。

《荆州占》曰：填星犯乘心，大人凶。近期三年，远期九年。

郗萌曰：填星中犯乘凌心，天下大赦。

石氏曰：填星中犯乘凌太子位，太子忧；少子位，少子忧。填星犯食心左星，为天子因后有忧。

《海中占》曰：填星出入留舍心，二十日不下，且有急令。三十日不下，有名人死者。四十日不下，其国大空，民亡，去其室堂。

《感精符》曰：填星守心，为旱，若有火灾。

石氏曰：填星守心，万物不成。一曰义士多烈节，庸夫立义。填星守心，色黄无故，青黑，旱饥死。

甘氏曰：填星守心，圣主，天下太平。若天子有庆。

巫咸曰：填星守心，其国内乱，若有土功事。一曰民多疾病。又云有火。

郗萌曰：填星守心，国安，大人有喜，增地。一云太子反。

陈卓曰：填星守心，太子庶子凶。色光明黄，吉，有庆赐之事。

甘氏曰：填星逆行守心成勾已，若环绕之，其国内乱，天子恶之。赦，解之。期六月。

郗萌曰：填星犯乘守心明堂，为内乱，臣欲弑主，有亡国。近期十月，中期一年，远期三年。又曰大臣当之。填星犯乘太子者，太子忧，不死则去。犯乘守明堂，大人忧。近期十月，远三年。

郗萌曰：填星犯乘守心右星，为庶子忧。

《东官候》曰：填星犯乘心明堂，万民备火。

巫咸曰：填星中犯乘守心明堂，为战不胜，将军斗死。

郗萌曰：填星中犯乘守明堂，为旱，若备火。

石氏曰：填星中犯守明堂，大臣当之。在阳为燕，在阴为越。

《海中占》曰：填星留逆犯守乘凌心，王者宫内战乱，臣下有谋，易立天子，权在宗家，得势大臣。

填星犯尾六

《黄帝占》曰：填星逆行入尾箕，妾为女主。若星色黄，后宫有喜，若立后。

《浑仪》曰：填星出入尾，必有大将出征，鱼盐大贵。填星与火入尾，缣布大贵，则将相人民去其城郭。填星宿尾逆行而变色，女多进者。

郗萌曰：填星出入留舍尾，鱼盐贵至六倍。

《齐伯》曰：填星出入留舍尾，必有大将出者，而加于齐矣。其国无以持之。

石氏曰：填星守尾，禽兽多暴百姓。填星守尾若角动，更姓易政，天下不安其处。

巫咸曰：填星守尾，兵起。

《海中占》曰：填星守尾，高田不得食，下田荒，人民饥。

郗萌曰：填星守尾，大臣诛。

《玄冥占》曰：填星守尾，后贵人有喜，若立后。

石氏曰：填星犯尾，有兵起，国多盗贼。一曰天下旱，人民饥。

郗萌曰：填星犯守尾，为夫人女主后妃恶之。填星留逆犯守乘陵尾，皇后有以珠玉簪珥惑天子者。巫谗大起，后相贵臣诛，宫人出走，兵起宫门。

填星犯箕七

《春秋纬》曰：填星犯箕，若入宫中，天下大乱，兵大起。

郗萌曰：填星犯箕，女主有忧。一曰为天下大赦。又曰大乱。

巫咸曰：填星入箕中，伺其出而数之，如期二十日兵发。伺始入而处之率，一日期十日，军罢。

《荆州占》曰：填星入箕，盗大起，多斗死者，岁不熟。

石氏曰：填星入箕，天下大乱。其中有一星，民莫处其室养者。星在箕南，旱。在箕北，有风。在箕踵，岁熟。不者不熟。

《百二十占》曰：填星之箕，丘陵且发。

郗萌曰：填星舍箕，用事坐之。

石氏曰：填星出箕，谷大贵，天下旱，饥死过半。

郗萌曰：填星出入流舍箕，年多虫蝗。

石氏曰：填星守箕，后贵人大喜，若立后。一曰王者陵发。填星守箕，后有乱。填星守箕若角动色黑，有土功。其色青，有两军相当，先起兵者败，中起兵者昌，后起兵者亡。

巫咸曰：填星守箕，有水灾，兵起，五谷万物不成。

《海中占》曰：填星守箕，有大丧，有土功事。

郗萌曰：填星守箕，为其岁水。

玄冥曰：填星依度之箕，岁大熟。

《玉历》曰：填星守箕，人主有谋。二十日不下，兵大起，若有水灾。

《东官候》曰：填星出入箕，留守之九十日，民人流亡，兵大起，期一年。多雨虫，必有空国死王，谷水至，小人专政矣。

《海中占》曰：填星出入舍守箕，兵大起。

开元占经卷四十

填星占三

填星犯北方七宿

填星犯南斗一

石氏曰：填星犯南斗，为大赦。

郗萌曰：填星犯行入南斗，且失地。使之不然，无淫于乐，无见诸侯客，无出游，如此即止。又曰：入库以丧，起兵国中。填星入南斗，天下受爵禄。期六十日，若九十日。

陈卓曰：填星出南斗，兵起四方，若西南。

郗萌曰：填星逆行南斗，地动。(《宋书·天文志》曰：晋孝怀永嘉三年，填星久守南斗，其年地动。)填星逆行南斗，女主赏赐不当。

《黄帝占》曰：填星守南斗，先水后旱。若守之一旬，名水有溢者。不然，则有暴水出。

郗萌曰：填星居南斗河戍间，道不通。

《北官候》曰：填星处南斗，不用众，有天下。填星与太白舍南斗、抵斗，若两大，宰相为乱。

郗萌曰：填星出入留舍南斗之间，二十日不下，有大丧。

《齐伯》曰：填星出入留舍南斗，二十日不下，有喜。三十日不下，民人无事。五十日不下，彗星出。六十日不下，民人忧。九十日不下，天下用兵。

《春秋纬》曰：填星守斗，王者封赏诸侯，若上官吏有受赐者。

石氏曰：填星守斗，国多义士。

郗萌曰：填星守南斗，地裂。一曰山崩。天子失制，天下大赦。

《荆州占》曰：填星守斗，大臣逆，奸民贼子欲杀其主。又曰：在阳，田宅贱；在阴，田宅贵。

石氏曰：填星逆行守斗，女主赏淫佚。一曰奸臣贼子欲谋君。

巫咸曰：填星失次守斗，所守之国当诛。

《圣洽符》曰：填星入斗口而守之，人民有背主者，天下壅蔽。在阳，为天子。在阴，为诸侯。期不出一年。

郗萌曰：填星不入南斗道，女主嫡子不代。

填星犯牵牛二

郗萌曰：填星入牵牛，为天下牛车有行。一曰有盗贼。

陈卓曰：填星逆行牵牛，女主为奸为贼。

《春秋图》曰：填星之牛，天下求皮革筋角。

郗萌曰：填星乘牵牛，为天下有大水起，又为人相乘于道。填星出入留舍牵牛，有失地之君。

《春秋图》曰：填星守牛二十日不下，大人有疾，牛马多疫疾而死。

石氏曰：填星守牵牛，诸侯多忠烈。一曰大赦，天下有急。守牛南，为天子；牛北，为吴。

郗萌曰：填星守牵牛，贵人忧。

《海中占》曰：填星守牵牛，为牛多疾。一曰兵起，凶，关东忧雨雪，大人疾，民人疫。

郗萌曰：填星守牵牛，为谷贵。又曰：山崩地裂，冬雷，疾病，奸臣贼子谋弑其主，有急令。一曰涌水出。

陈卓曰：填星守牛，盐贵。

石氏曰：填星犯守牛，有土功事。

甘氏曰：填星犯牛留守之，为破军杀将。

填星犯须女三

《荆州占》曰：填星入须女，天子有大喜。

陈卓曰：填星逆行须女，主不亲事。

《荆州占》曰：填星犯乘须女，人民相恶，有女丧。

郗萌曰：填星守须女逆行，色不明，女主不亲桑。

《齐伯》曰：填星出入留舍须女，其国得以强，且以武致天下。三十日不下，国有失地之君。五十日不下，且有亡王走王，民人归其故乡。

《春秋纬》曰：填星守须女，后宫有喜。贱女暴贵，若后宫专政，女谒横行。

石氏曰：填星守须女，多姣女，朝臣幸。

巫咸曰：填星守须女，世多姣好。一曰贵女与贱人交。

《海中占》曰：填星守须女，阴山水出，庐宅坏，天下多土功事。

郗萌曰：填星守须女，为大水且至。

陈卓曰：填星逆行留犯守凌须女，天子及大臣有变，必有奇政令。

填星犯虚四

巫咸曰：填星入虚中，伺其出日而数之，期二十日为兵发。伺始入处之率，一日军罢。

郗萌曰：填星入虚，有德令，大人忧，天下大虚，天下乱政急。填星逆行虚危，其时天下宗庙及诸侯血食，有官者尽罢。

《荆州占》曰：填星逆行虚，君臣不尊敬祭祀，女主不谨。

《春秋图》曰：填星之虚，有大忧。

郗萌曰：填星舍天府门中央，赦。填星出入留舍虚中，且有急令行。未当至而至，有客兵，不过五日而去。当至不至，其国且用兵。

《文曜钩》曰：填星守虚，土壅水，有土功事。若宫女有死亡之忧。

石氏曰：填星守虚之中，水且为急。进而守之，有客兵，斧钺将用。一曰：世俗游谗，高谈雅论。

巫咸曰：填星守虚，宫人多有病疟死者。若水雨不时，天下大旱，多风，粟贵。一曰有兵灾，为水灾，万物不成，谷败。

《海中占》曰：填星守虚，人民不安，多妖言。

郗萌曰：填星守虚，大臣有欲危宗庙者。填星守天府，必有亡国死主。又曰天下赐喜。

石氏曰:填星逆行守虚,其君简祭祠。

《海中占》曰:填星入虚犯守之,当有急令。星行疾而入,必有客兵,斧锧用,不出其年。

填星犯危五

《荆州占》曰:填星入危,天下大乱,若贼臣死。

郗萌曰:填星逆行危,女主事先人不谨。一曰斋戒不谨。

《春秋图》曰:填星之危,黍大熟,民有忧。填星出入留舍危,其国破亡矣。必有流血,国空虚,有死王。期二年。一曰中外有急。未当至而至,国有客兵,不出五日而去。当去而不去,其国且用兵。

《河图》曰:填星守危,去之一尺,皇后有忧,若贵女有死者。

《文曜钩》曰:填星守危,人民有忧。

石氏曰:填星守犯若角动,色黄黑,以兴功构架屋事。一曰天下弋猎,事在天子。

《海中占》曰:填星守犯,兵起南方。一曰:野物入国库,人君戮,有土功。为旱,五谷不实,民人不安宁,民流亡,且有疾。

郗萌曰:填星守危,为大人盖屋事。一曰民多兵。

《荆州占》曰:填星守危,民多病痈疽者,小有兵。

郗萌曰:填星逆行守危,其君简祭祀。

甘氏曰:填星犯守危,皇后忧疾,兵丧并发。国且有大战,工匠大用。

《海中占》曰:填星入危留守之,其国破亡,有流血,将军战死,亡地五百里,必有徙王,期三年。

郗萌曰:填星守坟墓,为人主有哭泣之声。

填星犯营室六

石氏曰：填星犯营室，犯阳为阳有急，犯阴为阴有急。

《荆州占》曰：填星犯营室，宫中有变，土功事兴。

《春秋图》曰：填星之室，田宅大贵。

巫咸曰：填星居营室，关梁不通，出入操持符节，贵人多死。

郗萌曰：填星宿室而逆行，则女子自恣。

《北官候》曰：填星出入留舍营室中，六十日不下，土功事大起。

《河图》曰：填星守营室，邦君有喜，赐其爵禄，有封土者。

石氏曰：填星守营室东壁，天下不安，百姓易处，人主徙宫，有工匠之事。一曰：守室色黄白，宫女有分离赐邑而去者。

甘氏曰：填星守营室，国有军，若有爵封增国。

《海中占》曰：填星守营室南，则主赐金钱。

郗萌曰：填星守营室，为大人忌。以赦令解之。一曰后夫人忧。

《齐伯》曰：填星守营室，三十日不下，土功大起，王者作宫室。

郗萌曰：填星犯守营室，宫中有夭死，大人皆有土功之事。

《荆州占》曰：填星犯守室，为女有宗庙事，以赦解之。

《春秋图》曰：填星逆行留守室，天下不宁，贵族不相信，亲戚离，公侯不相敬，下欲谋上。

填星犯东壁七

郗萌曰：填星逆行东壁，女主干治。

《春秋图》曰：填星之东壁，民大烦。

郗萌曰：填星出入留舍东壁，九十日不下，帝王且有起。一曰有徙王。一曰必有丧兵。

石氏曰：填星守东壁，远国献珍宝。

巫咸曰：民多疾。

郗萌曰：填星守东壁，为大人卫守，又有土功之事。又为天下兵起。一曰狄兵起，又为多水。一曰岁晚水。一曰：图书与文章进，士用人主之廷。天下大丰，人民顺。

《百二十占》曰：填星守壁，且有易市。

《圣洽符》曰：填星入壁而守之，岁大旱，民多病，万物不成。

甘氏曰：填星逆行，守东壁成勾已，其国必有大兵政之事。六十日不下，有立王。

郗萌曰：填星逆行守东壁，旱，民多病，万物不成。一曰女主自恣。

开元占经卷四十一

填星占四

填星犯西方七宿

填星犯奎宿一

郗萌曰：填星入奎，以丧起兵。一曰国有水事。

《海中占》曰：填星润泽出奎，有善令。其变色入奎，有伪令来者。若出奎，有伪令出使者。

郗萌曰：填星逆行奎，女主为贼。若舍奎，四夷皆服，来朝中国。

《荆州占》曰：填星舍奎，国有德令。

石氏曰：填星出入留舍奎，大水，不通行。

《黄帝占》曰：填星出奎，女主摄政。国有女喜，若有女贵。

郗萌曰：填星出奎，兵起东方。

《荆州占》曰：填星出入留舍奎，其国大乱，更为元年。

《黄帝占》曰：填星守奎，有名者死。

石氏曰：填星守奎，天子戒在边境，不可远将兵，凶。

郗萌曰：填星宿奎，地动。

石氏曰：填星守奎，色黄黑，有土功之事。

巫咸曰：填星守奎，有兵灾，万物不成。

《荆州占》曰：填星守奎，王者忧之。一曰大人当之。

填星犯娄二

《海中占》曰：填星之娄，五谷丰熟，人民息，天下安。填星出入留舍娄，天下且起兵。一曰外国兵来入边。

陈卓曰：填星守娄，有亡国者。

石氏曰：填星守娄，天下国土同心，天子优赏贤士。

郗萌曰：填星守娄者，皆为有白衣之会。一曰天子或在边境，不可远将兵,凶。

《荆州占》曰:填星守娄逆不去,有奸臣谋主。

巫咸曰:填星逆行守娄,三十日不下,女主出入不时,女主谒行。若守之久,九十日不下,有奸臣谋主。

《荆州占》曰:填星出入守娄,六十日不下,用兵三年。至十月小旱,秋有兵,禾稼不成,岁有小霜。

填星犯胃三

石氏曰:填星犯胃,臣为乱。

郗萌曰:填星在胃阳,女主不用事。居其阴,女主死。又曰:犯胃,为天下谷无实,以食为忧。

石氏曰:填星之胃,天下有德令,当有封爵者。

郗萌曰:填星出入留舍胃,九十日不下,客军大败,天下小忧,兵不用。填星舍胃,开仓廪,赐贫穷。

石氏曰:填星守胃白帝,金人将来献骀骥。一曰岁谷大贵。动摇,有兵。填星守胃赤黄,天子自将兵甲而出,其国以亡。填星守胃,天子无蓄积。一曰有德令。

巫咸曰:填星守胃,多水灾。又为兵灾,万物不成。

《玉历》曰:填星逆行守胃若成勾已,天下有兵。六十日不下,士卒大饥,军大败。九十日不下,邻国有暴兵来伐中国,期不出年。

巫咸曰:填星犯守胃,天下仓有缮者,当有殃罚。

填星犯昴四

《圣洽符》曰:填星入昴,敌人为乱,若其王死。将军出,兵当有流血。兵起东北,不出其年。

郗萌曰:土星入昴中,地动,水溢,宗庙坏。填星逆行昴,女主饮食过度。

石氏曰:填星守昴,天下人民贫不得饱,又为民多疾。一曰多火灾为旱。

甘氏曰：皇后忧失势，王者以赦除咎。

石氏曰：守昴，有土功。

巫咸曰：填星守昴，万物五谷不成。

石氏曰：填星出入守昴，外人多为乱。一岁不下，大将出兵，三年乃止。守西北方，百里流血。

《玉历》曰：填星犯守昴，居其南，男子多死；居其北，有女丧；居其东，六畜死；居其西，兵起，国有忧。

郗萌曰：填星中犯守昴，天下有福。一曰：土星居北，为国家忧，若北主死。又曰兵北征于狄。一曰为白衣之会。

填星犯毕五

《黄帝占》曰：填星犯毕，出其北，阴国有忧。

郗萌曰：填星犯毕，有兵谋，期八十日，若八月。

巫咸曰：填星入毕中，伺其入日而数之，期二十日为兵发。伺始入处之率，一日期十日，为兵罢。

郗萌曰：填星入毕者，为其国易王。若入毕口中，大人当之。又曰：地大动，水溢。又曰：入毕中，为忧，有兵。若出奎入毕，大乱。若舍毕口，诸侯夷灭。一曰大人当之，兵起。一曰不战。填星出入留舍毕中，八十日不下，兵起。居野而不用，客军死之。若守毕口，君御守。

石氏曰：填星守毕，人君为下所制，赦令不行。

甘氏曰：填星守毕，边有军者降，王侯受贺，若有大战。（《宋书·天文志》曰：晋安帝义熙六年九月丁丑，填星犯毕。九年三月，林邑王范明达将万余人入寇，九真太守杜慧度拒破之，朱龄石灭蜀。）

巫咸曰：填星守毕，徭役赋敛烦众，卑者竭，尊者盈，下恶其上，强凌弱，兵并起。

郄萌曰：土星逆行毕，女主数游，弋猎不当。

陈卓曰：填星守附耳，兵起，若将相有忧若丧。不即免退。

填星犯觜觿六

石氏曰:填星犯觜觿,其国兵起,天下动移。

郗萌曰:土星守觜觿,民人数亡。

《黄帝占》曰:填星入觜觿中,有兵。

郗萌曰:填星入觜中,伺其出日而数之,期二十日兵发。伺始入处之率,一日期十日兵罢。

石氏曰:填星守觜,国有叛者。

巫咸曰:有兵灾,为水,万物五谷不成。

石氏曰:民流不安,去其国宅。一曰君和同。又曰西方客动侵地,君王崇礼以制义,则国安。

《黄帝占》曰:土星犯守觜,国有土功事。

甘氏曰:土守觜,天下安宁。

巫咸曰:有兵灾,为水。一曰为万物不成,五谷不盈。

郗萌曰:女主喜怒不常,土星逆行觜参。

《荆州占》曰:填星守觜觿,所出之宿,其国亡地。所入之宿,其国得地。

填星犯参七

石氏曰:填星犯参,国有叛者。

郗萌曰:填星逆行,若留止衡中者,为兵革起。

《西官候》曰:填星舍参,国有行,城郭兵备。

郗萌曰:土宿参伐,高田贱,下田贵。

石氏曰:填星守参,天下有大丧。填星犯守参,大臣有出国使者。又曰:守参有赤星出参中,边有兵。

甘氏曰:填星守参,大人出使,天下治城,奸臣谋主,有外兵。

《海中占》曰:土星守参,军破国亡。

郗萌曰:填星守参,若角动赤黑色,触破参中央星,臣子弑其君父。填星守参,为后夫人当之。

开元占经卷四十二

填星占五

填星犯南方七宿

填星犯东井一

郗萌曰:填星出东井,兵起东北。

《黄帝占》曰:填星入东井,有赐爵禄事。

石氏曰:填星入东井,大人忧。(《宋书·天文志》曰:青龙三年七月己丑,填星犯东井距星。四年三月癸卯,在参又还犯之。景元初年九月,皇后毛氏崩。三年正月,明帝崩。)

《荆州占》曰:填星入东井,天下无主。

《五行传》曰:填星当在觜参,而去东井,亡地。(《汉·天文志》曰:景帝中元元年,土星当在觜参,而居东井。觜参,梁分也。后四年梁孝王死,景帝以其子为王也。)

甘氏曰:填星守东井,其岁五谷不登。

石氏曰:填星宿东井逆行,女主斋戒不谨敬。若出入留舍东井,三十日不下,水且大出,流杀人。

郗萌曰:填星守东井,民多疾。

《黄帝占》曰:填星守东井,为万物不成。久守之,金钱易。

《黄帝占》曰:填星守东井,为水灾。或犯守在东井,守其阳,旱。守其阴,水。若国君受诛,以其留守日占国。

石氏曰:填星守东井,为旱,赤地千里。不出九十日,有赦。

郗萌曰:土星守东井,为土功事。

甘氏曰:填星守东井,大壅水。

石氏曰:填星出入留舍东井,六十日不下,兵起,必有破国死王。填星守井钺,大臣有诛,斧钺用,若兵起。(《宋书·天文志》曰:魏明帝青龙三年六月丁未,填星犯井钺。四年闰月乙巳,复犯井钺。景初元年,公孙渊叛,司马懿讨灭之。晋穆帝永和十年正月癸酉,填星掩钺星。十二年十一月齐城陷,执段龛,杀三千余人。安帝义熙八年十二月癸卯,填星犯井钺。九年三月,诛诸葛长民,西虏正横安定,咸克之。)

《黄帝占》曰:填星入井钺,王者恶之。一曰大臣诛。

郗萌曰:填星犯钺,人君有戮死者。

填星犯舆鬼二

甘氏曰:填星犯舆鬼,人君必有所戮。

《黄帝占》曰:填星犯鬼锧,人君有戮死者。

甘氏曰:填星犯天尸,皇后忧失势。

《黄帝占》曰:填星入舆鬼,有兵。

石氏曰:填星入舆鬼,大臣有诛者。

郗萌曰:填星入舆鬼中央,天下有疫。守西南星,西南病。守东南星,东南病。守东北星,东北病。守西北星,西北病。填星入铁锧,王者恶之。

《荆州占》曰:填星入舆鬼,国有戮死者。一曰戮王。

《南官候》曰:填星入鬼,王者戮大臣,若将相,若九亲臣当之。

司马彪《天文志》曰:填星入舆鬼,国有大丧。

《南官候》曰:填星入舆鬼,君谋其臣。

《黄帝占》曰:填星逆行犯舆鬼,女主用财奢淫过度。若女主贵亲有忧。

郗萌曰:填星舍舆鬼中央,赦。

《南官候》曰：填星出入留舍舆鬼，五十日不下，必有大疾，大旱。棺木贵，丝绵布亦贵。

《海中占》曰：填星守舆鬼，出其东，水。出其北，旱。

石氏曰：填星守舆鬼，大人忧，宗庙改。一曰主死。又为大人有祭祀之事。

巫咸曰：填星守舆鬼，后宫有忧。若旱，万物不成。有土功事。

郗萌曰：填星守舆鬼，天下赐喜。

石氏曰：填星守舆鬼，色黄润，大人增地。不则太子当之。

郗萌曰：填星守舆鬼西南，为秦汉有叛臣，以赦令解之。

《百二十占》曰：填星守舆鬼，大人当之。（《宋书·天文志》曰：晋安帝义熙十年七月庚辰，填星犯舆鬼遂守之。九月又犯鬼。十四年，高祖还彭城，受宋公。明年安帝崩。母弟瑯琊王践祚，是曰恭帝也。）填星入若守舆鬼，为主忧，财宝出，乱臣在内；若大臣诛，有干钺乘锧者，君贵人忧；金玉用，民多疾。南入为男，北入为女，西入为老人，东入为丁壮。棺木倍价。

《荆州占》曰：填星守天尸，随所守，主者废之。不出七十日，其天下国有大丧。阳为人君，阴为皇后，左为太子，右为贵臣。

填星犯柳三

甘氏曰：填星犯柳，若不以正道而入之，其国有旱。不则有大灾。若逆行入之，地大动，名山崩。

《荆州占》曰：填星入注，贵人有喜。

石氏曰：填星犯柳，有木功事，若名木见伐者。若宿柳，不旱即水。

郗萌曰：填星出入留舍柳，有急令，丹青贵。

石氏曰：填星守柳，天子戒饮食，食官欲杀主。

甘氏曰：填星守柳，君臣和同，天下道兴。

郗萌曰:填星守柳,万物五谷不成,大饥,民多疾疫。一曰为叛臣中兵也。以德令解之。

《海中占》曰:填星守柳,宫中大乱,以相惊,若有土功事。

郗萌曰:填星守柳,女主不敬祭祀。一曰多水灾。

填星犯七星四

甘氏曰:填星入七星,为人君有事,置太子。填星出入留舍七星,其国五谷大贵。守五十日不下,有兵起,倍海国大败。

郗萌曰:填星留七星者,天下大忧,忧中央。填星宿七星不入其道,水。一曰旱。

《黄帝占》曰:填星守七星,王道兴,天下治。又曰大人有喜。

郗萌曰:填星守七星,人主出不还。一曰有德令。

石氏曰:填星守七星,有迁王。一曰有立后。

郗萌曰:填星守七星,为叛臣中兵也。以德令解之。填星守七星,人主出必不还,必有立后徙王。一曰有赦。若逆行七星,女主衣服不法。

填星犯张五

《黄帝占》曰:填星入张,天下大通,去关梁,宗室煌煌。

郗萌曰:填星出张东,舍二尺以上,国失地。填星出张,兵起北方。

巫咸曰:填星在张,天下安,关梁通。

石氏曰:填星留舍张,阴阳不和,民流千里,鱼鳖死陆道,民忧疾贼。

郗萌曰:填星出入留舍张,兵甲尽出。其秋冬仲月,土功事大起。

甘氏曰:填星守张,天下大通,去关梁。一曰:天下和平,宫女有大喜。

郗萌曰：填星守张，有叛臣中兵。

巫咸曰：填星守张三日，其事微。守之三十日，其事巨。大国诸侯谋虑，大臣伏法死。填星守张，多盗贼，人民相恶，兵并起。

《南官候》曰：填星守张，兵大起。一曰有土功。

石氏曰：逆行张，女主乱朝。

郗萌曰：女主饮食过度。

填星犯翼六

《黄帝占》曰：填星逆行翼，女主乱朝。填星在翼，大臣诛。

石氏曰：填星守翼，有叛臣中兵也。若有土功事。一曰万物不成。

郗萌曰：填星守翼，有兵。

甘氏曰：填星守翼，王者承德，君臣贤明，六合同风，天下和平，礼乐大兴。若守一年，丰。一曰女主有喜者。

巫咸曰：填星守翼，多水灾，五谷不成。

《南官候》曰：填星守翼，后夫人有喜。

填星犯轸七

巫咸曰：填星入轸中，伺其出日而数之，期二十日为兵发。伺始入处之率，一日期十日军罢。

郗萌曰：填星逆行轸，女主持丧不谨。填星出入留舍轸，六十日不下，必有大旱六月。一曰不出年，河海尽空。一曰不出三年，必有大丧。

石氏曰：填星守轸中，兵大起。

甘氏曰：填星守轸，土功大起，国有白衣之会，必有亡地，不出其年。

《荆州占》曰:填星守轸,后有忧。

《齐伯》曰:填星入轸若守之,兵大起,有忧国。河当竭,天下大旱,禾稼死伤,人民大饥,期二年。

石氏曰:填星逆行轸,女主贵亲坐之。

郗萌曰:填星起左角逆行至轸,其下国战不胜。

开元占经卷四十三

填星占六

填星犯石氏中官

填星犯大角一

《海中占》曰：填星犯守大角，臣谋主者，有兵起，人主忧，王者戒慎左右。期不出百八十日，远一年。

填星犯梗河二

巫咸曰：填星犯守梗河，国有谋心，四夷兵起，来侵中国，边境有忧。

填星犯招摇三

《圣洽符》曰：填星犯招摇，兵大起，敌人为寇。若守之，敌人败，若其王死。期不出二年。

《荆州占》曰：填星守招摇，旗帜废不用。

填星犯玄戈四

《圣洽符》曰：填星犯守玄戈，边兵大起，敌人为寇。若守之，敌人败，若其王死。期不出二年。

填星犯天枪五

巫咸曰：填星守天枪，边夷兵起，机枪大用，防戍有忧，若诛边臣，期不出年。

填星犯天棓六

巫咸曰：填星犯守天棓，边夷兵，机枪大用，防戍忧，若诛边臣，期不出年。

填星犯女床七

《荆州占》曰：填星犯女床，凶。

甘氏曰：填星犯守女床，兵起宫中，若后妃有暴诛者。期百八十日，远一年。

填星犯七公八

石氏曰：填星犯七公，群公有疑议。

《黄帝占》曰：填星守七公，为饥民，君不安。

石氏曰：填星守七公，辅臣相疑，若有诛者，人主有忧。

填星犯贯索九

石氏曰：填星入贯索中犯乘守者，以狱为乱，多不平。

巫咸曰：填星守犯贯索，天下乱兵大起，多狱事，贵人有死者。

填星犯天纪十

《文曜钩》曰：填星犯守天纪，幸臣执权，有兵起，王者有忧。

填星犯织女十一

《黄帝占》曰：填星犯守织女，天下有女忧，有兵起，不出其年。

填星犯天市十二

石氏曰：填星入天市，将相凶，籴大贵。若女主有忧。又曰：填星入天市中，相不死，使于皇道。

郗萌曰：填星入若守天市，粂大贱。一曰大贵。又占曰：填星入天市中，王宫有忧。一曰赦。

石氏曰：填星守天市，有讼事入市，必有戮主。留百日，失大将。又占曰：填星逆行入天市，惊。一曰将相凶。

填星犯帝座十三

《玄冥占》曰：填星犯帝座，为臣谋主，天下乱，兵大起，不出年。

填星犯候星十四

《海中占》曰：填星守候星，阴阳不和，五谷伤，人大饥，有兵起。

填星犯宦者十五

甘氏曰：填星犯守宦者，左右辅臣有诛戮者，期不出年。

填星犯宗正十六

石氏曰：填星犯守宗正，左右群臣多死。若更政令，人主有忧。

填星犯宗人十七

石氏曰：填星犯宗人，亲族贵人有忧，若有死者。一曰人主宗亲有离绝者。

填星犯宗星十八

甘氏曰：填星犯守宗星，宗室之臣有分离者。

填星犯东西咸十九

石氏曰：填星犯守东西咸，为臣不从令，有阴谋。

填星犯天江二十

巫咸曰:填星犯守天江,天下有水。若入之,大水齐,城郭损。民饥亡,去其乡。

填星犯建星二十一

《陈卓占》曰:填星犯建星,大臣相谮。

甘氏曰:填星守建星,女主有谋,兵起宫中,女主有黜者。期不出年中。

《海中占》曰:填星守建星,田宅大贵。一曰在阳贱,在阴贵。

填星犯天弁二十二

甘氏曰:填星犯天弁若守之,则囚徒起兵。一曰五谷不成,粟大贵,民饥。

填星犯河鼓二十三

《海中占》曰:填星入河鼓,大将有受赐地者。期百八十日,远一年。

《黄帝占》曰:填星中犯河鼓,大将若左右将有诛。其犯守之,为诛,若有罪。以五色占之。

填星犯离珠二十四

石氏曰:填星犯离珠,宫中有事,若有乱宫者,若宫人有罪黜者。

填星犯匏瓜二十五

《圣洽符》曰:填星犯守匏瓜,天下有忧,若有抢兵,各果贵。一曰鱼盐贵,价十倍,不出其年。

填星犯天津二十六

郗萌曰：填星犯天津，关道绝不通，有兵起，若关吏有忧。若守，有兵革。

《黄帝占》曰：填星出天津中，天下大水有溢者，若天下有急。

填星犯螣蛇二十七

甘氏曰：填星守螣蛇，天子前驱凶，若奸臣有谋，前驱为害。

填星犯王良二十八

石氏曰：填星守王良，为有兵。

齐伯曰：填星守犯王良，天下有兵，诸侯相攻，强臣谋主，期不出年。

填星犯阁道二十九

石氏曰：填星犯守阁道而绝汉者，为九州异政，各主其土，天下有兵，期二年。

填星犯附路三十

石氏曰：填星守附路，大仆有罪，若诛。一曰马多死，道无乘马者。

填星犯天大将军三十一

郗萌曰：填星入天大将军，兴军者吉。

石氏曰：填星犯守天大将军，为大将困，若有死者。

填星犯大陵三十二

石氏曰：填星入大陵，国有大丧，大臣有诛，若戮死。人民死者大半。皆不出其年。

填星犯卷舌三十四

石氏曰：填星乘卷舌，天下多丧。又占曰：填星入守卷舌，国有佞臣谋其君，以口卷舌为人主有忧。

填星犯五车三十五

石氏曰：填星犯五车，大旱，若有丧。一曰犯库星，兵起北方，若西方。犯仓星，谷贵，若有水。

《海中占》曰：填星入五车，兵大起，车骑行。五谷不成，天下民饥，若军绝粮。

郗萌曰：填星守天库，以丧起兵国中。又占曰：填星舍五车中央，大旱。又多虫，在燕代。又占曰：填星舍五车东北，六畜蕃息，缯帛大贱。一曰天下多凶。舍东南，高田收，下田不收。又万民多疾，无死者，民反寿。舍西南，布若棺椁并贵。舍西北，天下安宁。又占曰：填星守昴，东行至天高复反五车，为边兵发，有赦令。

填星守天关三十六

石氏曰：填星行天关中，每至柳杨，当去不去，徘徊乱行，光色盛怒，见其妖祥，中国隔绝，道路不通。

郗萌曰：填星守天关，贵人多死。

巫咸曰：填星守天关，王者壅蔽，信使不达，若关梁不通。

郗萌曰：填星行不从天关，不出其年，有兵。

填星犯南北河三十七

《黄帝占》曰：填星乘南河戍，若出南河南，为中国。

石氏曰：填星守南河，蛮夷兵起，边城有忧，若旱灾，人民饥。

《黄帝占》曰：填星行南河戍中，若留止守之，为旱。一曰为有疾在民。

郗萌曰：填星行南河戍中，若留止守之，为有丧。

《黄帝占》曰：填星出北河戍北，若乘之，为王死。

郗萌曰：填星出北河戍北，若乘之，为有女丧。又占曰：填星守北河戍西，五谷无实。又占曰：填星失度，守阴门若阳门，皆为诸侯奸。

《玄冥占》曰：北主死，天下大水，人民饥，期不出二年之内。

郗萌曰：填星经南河戍之南，刑法峻暴，诛伐不当。经北河戍之北，以女子、金钱，贪色奢侈，失治道。期三年。又占曰：填星守南北河戍，赐爵禄，不出六十日有赦。一曰有土功事。

《黄帝占》曰：填星出北河戍间，若留守北戍，若居南河戍间，若守南戍，为天下有难起，道路不通。

填星犯五诸侯三十八

石氏曰：填星犯五诸侯，若守之，兵大起，将士出，诸侯有死者。

巫咸曰：填星入五诸侯，伺其出日而数之，二十日兵发。伺其入处之率，一日期十日军罢。

石氏曰：填星中犯乘守五诸侯，兵死，期三年。

郗萌曰：填星中犯乘守五诸侯，为所中乘守者，诸侯有殃，期三年，兵发。

填星犯积水三十九

巫咸曰：填星犯守积水，其国有水灾，万物不成，鱼盐贵。一曰：以水为败，籴大贵，人民饥，期二年。

填星犯积薪四十

甘氏曰：填星守积薪，天下旱，五谷不登，人民饥亡。

填星犯水位四十一

石氏曰：填星守犯水位，天下以水为害，津关不通。一曰：大水入城郭，伤人民，不出二年。

填星犯轩辕四十二

《黄帝占》曰:填星行轩辕中,犯女主,女主失势。(失势者,忧丧也。)列大夫有放逐者。五官有治者。色悴,为忧为疾。其所中犯乘守者,诛若有罪。

石氏曰:填星在轩辕中,有以女子谋人君者。又占曰:填星守轩辕,天下大赦。

甘氏曰:填星守轩辕,天下大乱,后宫破散,改政易王。人主以赦除咎,期三年。

《黄帝占》曰:填星守犯女主,女主当之。中犯女主,女主忧。

巫咸曰:填星行犯守轩辕,女主失政,若失贼。一曰大臣当之,若有黜者。期二年。(《宋书·天文志》曰:晋穆帝升平二年十二月辛卯,填星犯轩辕大星。三年十月,豫州刺史谢万入朝,众溃而归,除名为民。十一月,司徒会稽王以二镇败,求自贬三等也。)

石氏曰:填星中犯乘守轩辕大民星,大饥大流。太后宗有诛者,若有罪。中犯乘守少民星,小饥小流,皇后宗有诛者,若有罪。

石氏曰:填星入轩辕中犯乘守之,有逆贼,若火灾。

填星犯少微四十三

石氏曰:填星入少微,君当求贤佐。不求贤佐,则失威夺势矣。

石氏曰:填星犯守少微,名士有忧,王者任用小人,忠臣被害有死者。

《黄帝占》曰:填星入中犯乘守少微,为宰相易。又曰为女主有忧。

石氏曰:填星入中犯乘守少微,为五官乱,宰相有忧。

填星犯太微四十四

陈卓曰:填星犯太微,女主持政,大夫执纲。

《荆州占》曰:填星入太微轨道,吉。轨道者,入西门出东门,若左右掖门，行不留也。不轨道者，谓有所犯守也。

石氏曰：填星出东掖门，为相受命，东南出，德事也。出西掖门，为将受命，西南出，刑事也。期以春夏。

《荆州占》曰：填星入太微宫，皆为天子大惊。一曰有兵。又曰入天庭，不安。

《黄帝占》曰：填星入天庭，色白润泽，为期百八十日有赦。

《荆州占》曰：填星道西番入留止南门者，皆为大臣有忧。

石氏曰：填星入太微、中华东西门，若左右掖门，而南出端门者，为有大臣叛。

郗萌曰：填星入太微，有德令。

石氏曰：填星入西门出东门，皆为人君不安，欲求贤佐。入中华西门出中华门间，为臣出令。入太阴西门出太阴东门，皆为天下大乱，有丧，若大水。

《春秋纬合诚图》曰：填星入中华阙门者，为臣弑主之候。

《黄帝占》曰：填星东行入太微廷，出东门，天下有兵急。若守将相丞、御史大臣有死者。若入端门守廷，大祸至。入南门出东门，国大旱。若入南门南行出西门，国有大水。逆行入东门出西门，大国破亡。若顺入西蕃而留不去，楚国凶殃。

郗萌曰：填星入西门，犯天庭，出端门，皆为大臣伐主。入西门西折出右掖门，皆为大臣假主之威，而不从主命。

石氏曰：填星逆行太微之中，及出门左右掖门者，有逆谋，天子有命将征伐之事。一曰：大赦可以解其患也。

郗萌曰：填星当左右执法，为受事。守太微门三日已下，为受制。三日以上，为兵、为贼、为乱、为饥。

《荆州占》曰：填星中犯左右执法，执法者诛，若有罪。

《荆州占》曰：填星入太微，从右入七日以上，皆为人主忧。

巫咸曰：填星逆行入太微天庭中，为大臣有诛，若诸侯戮死，期二年。

郗萌曰：填星入西华门，出端门，皆为臣诈称诏。

石氏曰：填星入太微廷，所中犯乘守者，皆为天子所诛若有罪。

石氏曰：填星守太微宫，必有破国，易世改王。（案《宋书·天文志》曰：晋安帝义熙十四年八月癸酉，填星入太微，中犯右执法，因留太微，积二百余日乃去。是年高祖受宋公。恭帝元年七月受宋王。二年三月庚午填星犯太微，六月晋帝逊位，高祖入宫。）

《荆州占》曰：填星有留太微廷中，皆为天下大忧。中央留十日以上，皆为天下有亡徒为兵者。

《黄帝占》曰：填星干太微，留守三十日以上，必为有革，天下大赦。

郗萌曰：填星逆行入左掖门，皆为臣劫其主。又入东门至黄帝座，出西门，皆为臣欲弑主不成。

陈卓曰：填星逆行执法四辅，若环绕守之，所守者，有忧，若死亡。近期一年，远期五年。

填星犯黄帝座四十五

石氏曰：填星犯黄帝座，改政易王，天下乱，存亡半，期三年。

石氏曰：填星入太微干黄帝座，其女主执政，用威势。

《荆州占》曰：填星入黄帝座，其色白者，为有赦。又占曰：填星触黄帝座星，贼死。

《黄帝占》曰：填星守黄帝座，为人主忧。

《荆州占》曰：填星逆行入太微天廷中者，为诸侯将有弑主者。至黄帝座而成，不至黄帝座而还，有谋不成。以其入日占国。

《雒书摘亡辟》曰：填星逆守黄帝座，亡君之戒。

填星犯四帝座四十六

石氏曰：填星犯守四帝座，臣谋主。去之一尺，事不成。又占曰：填星中犯乘守四帝座，辟忧。

甘氏曰：填星中犯乘守四帝座，天下亡。

填星犯屏星四十七

甘氏曰：填星犯守屏星，君臣失礼，谋上。一曰大臣有戮死者。

石氏曰：填星中犯乘守屏星，为君臣失礼，而辅臣有诛者，若免罢去。

填星犯郎位四十八

甘氏曰：填星犯守郎位，辅臣有谋，左右宿卫者为乱，王者宜备之。

填星犯郎将四十九

巫咸曰：填星犯守郎将者，命曰淩。淩则将有诛，若将忧。一曰大臣为乱，戒慎左右。

《荆州占》曰：填星中犯乘守郎将，必有不还之使。

填星犯常陈五十

甘氏曰：填星犯守常陈，守卫有谋，近起宫中，天子自出行诛。期百八十日，远一年。

填星犯三台五十一

《玉历》曰：填星入犯上台司命，近臣有罪，若有诛。一曰近臣有逃走者。以五色占，黄白无咎。青黑，忧死丧。期一年。

巫咸曰：填星犯守下台司禄，近臣有罪，若出走。色黑者死。

填星犯相星五十二

石氏曰：填星犯相星，辅臣凶。

填星犯太阳守五十三

甘氏曰：填星守犯太阳守，大臣戮死，若有诛。期不出年。

填星犯天牢五十四

《海中占》曰：填星犯天牢，王者以狱为弊，贵人多有系者。

填星犯文昌五十五

石氏曰：填星入文昌，天下兵起，其臣不安，若有走主。

《荆州占》曰：填星入文昌，国安。

填星犯北斗五十六

郗萌曰：填星入守北斗中，贵人系。

填星犯紫宫五十七

巫咸曰：填星守紫宫，民莫处其室宅，流移亡其乡。又占曰：填星入紫宫，王者益地，天下有喜。一曰主敬妃后。又占曰：填星入紫宫中若守之，女主用事，诛大臣。期六十日有赦。

填星犯北极五十八

《甄曜度》曰：填星乘守中犯北极主星，有大丧。若犯妃后星，女主有殃。一曰大人当之。

《黄帝占》曰：填星犯守钩陈，后宫乱，兵起宫中幸臣，王者忧。

填星犯天一五十九

石氏曰：填星犯天一，幸臣有谋，有兵起，人主忧。

填星犯太一六十

石氏曰：填星守太一，幸臣有谋，兵起，人主忧。

开元占经卷四十四

填星占七

填星犯石氏外官一

填星犯库楼一

郗萌曰：填星入库楼，兵出。又占曰：填星入天库，以举兵大吉。

填星犯南门二

石氏曰：填星犯守南门，边兵起，若道路不通。

填星犯平星三

石氏曰：填星犯平星，凶。

甘氏曰：填星犯平星，执政臣忧，若有罪诛者，期一年。

填星犯骑官四

甘氏曰：填星犯守骑官，有兵起，马多发，若多死。

填星犯积卒五

石氏曰：填星入积卒，若守之，兵大起，士卒大行，若多死，期二年。

填星犯龟星六

《海中占》曰：填星犯守龟星，天下有水旱之灾。守阳则旱，守阴则水。

填星犯傅说七

石氏曰:填星犯守傅说,王者宗庙废五祀,后宫凶。一曰有绝嗣君,期不出二年。

填星犯鱼星八

石氏曰:填星犯守鱼星,凶。

甘氏曰:填星守鱼星之阳,为大旱,鱼行人道。守阴,为大水,鱼盐贵。

填星犯杵星九

《海中占》曰:填星入杵星,若守之,天下有急发米之事,不出其年。

填星犯鳖星十

《黄帝占》曰:填星守鳖星,为有白衣之会。

巫咸曰:填星守鳖星,国有水旱之灾。守阳则旱,守阴则水。

填星犯九坎十一

石氏曰:填星守九坎,天下旱,河水不流,五谷不登,人民大饥。一曰:之阳,大旱;之阴,有水。

填星犯败臼十二

郗萌曰:填星守败臼,民不安其室,忧失其釜甑,若流移去其乡。

填星犯羽林十三

郗萌曰:填星入羽林,为叛臣中兵也。

《海中占》曰:填星入守羽林,有兵起。若逆行变色成勾己,天下大兵,关梁不通,不出其年。

石氏曰:填星入天军,以丧兵起。

郗萌曰:填星犯守天军,为兵起,有破军死将。

填星犯北落师门十四

石氏曰:填星守北落师门,为兵起。又占曰:填星与北落师门相贯抵触,光芒相及,有兵大战,破军杀将,伏尸流血,不可当也。期百八十日,若一年。

填星犯土司空十五

《海中占》曰:填星守土司空,其国以土起兵,若有土功之事,天下旱。

填星犯天仓十六

《黄帝占》曰:填星入天仓户中,主财宝出,君忧臣在内,天下有兵。而仓库之户俱开,主人胜,客事不成。期二十日中而发。

《荆州占》曰:填星守天仓,天下饥,粟出。

填星犯天囷十七

石氏曰:填星入天囷,天下兵起,囷仓储积之物皆发用。一曰御物多有出者,库仓空。期二年。

填星犯天廪十八

石氏曰：填星守天廪，天下大乱。又占曰：填星入守天廪，天下有兵，岁大饥，仓粟散，不出其年。又占曰：填星犯守天廪，天下乱，粟散，不出年。

填星犯天苑十九

石氏曰：填星入守天苑，牛羊禽兽多疾疫。若守之二十日，天下兵起，马多死，其国忧。

填星犯参旗二十

《海中占》曰：填星守参旗，兵大起，弓弩用，士将出行。一曰弓矢贵。

填星犯玉井二十一

《黄帝占》曰：填星入玉井，强国失地。其出之，强国得地。

巫咸曰：填星入玉井，国有水忧，若以水为败，水物不成，期不出年。

填星犯屏星二十二

甘氏曰：填星入屏，诸侯有谋，若大臣有战死者。一为疫。

填星犯厕星二十三

《黄帝占》曰：填星守天厕，为大臣有戮。

填星犯军市二十四

石氏曰：填星入守军市，兵大起，将军出，若以饥兵起。

填星犯野鸡二十五

甘氏曰：填星入军市，犯守野鸡，其国凶。必有死将，军营败，兵士散走。

填星犯狼星二十六

石氏曰：填星守狼星，野兽死。

《荆州占》曰：填星守犯狼星，大将出行，其国有兵。一曰有死将。

填星犯甘氏中官二

填星犯四辅一

《荆州占》曰：填星犯乘守四辅星，君臣失礼，辅臣有诛者。

填星犯酒旗二

《荆州占》曰：填星守酒旗，天下大酺，有酒肉财物赐，若爵宗室。

填星犯天高三

《荆州占》曰：填星守天高，有大赦。

填星犯天潢四

《黄帝占》曰：填星入天潢，兵起，运道不通。

《黄帝占》曰：填星入天潢，为天下大乱，易政。一曰贵人死。

巫咸曰：填星出入天潢中，大乱，大旱，民死不葬，改世易主。以所入占四方中央。

郗萌曰：填星失度留潢中，为人主以水为害，若以井为害。以入日占其国。

《黄帝占》曰：填星中犯乘守天潢，期二十日兵起。

填星犯咸池五

甘氏曰：填星入咸池，有兵丧，天子且以火为败，失忠臣。若旱。一曰：大水，道不通，贵人死。以入日占国。

郗萌曰：填星入咸池，女子为乱，若迷惑人主者。

填星犯天街六

郗萌曰：填星当天街，为诸侯自立为王。一曰大水。

石氏曰：填星犯天街，徘徊乱行，主弱臣强，道路隔，令不行。不出其年有兵。又占曰：填星留止若逆行天街中者，皆为兵革起。

填星犯甘氏外官三

填星犯𫓧锧一

《荆州占》曰：填星犯𫓧锧，五日以上，臣有谋者。

郗萌曰：填星乘守𫓧锧，为𫓧锧用。一曰将有忧。

填星犯刍藁二

《黄帝占》曰：填星入刍藁中，主财宝出，忧臣在内。

填星犯军井三

郗萌曰：填星入军井三日以上，其岁大水，国多土功。

填星犯水府四

郗萌曰：填星守水府，天下洪水。

填星犯天庙五

《黄帝占》曰：填星入天庙若守，为庙有事。一曰为凶忧。

《荆州占》曰：填星入天庙若守，有庙残之事。不去则死。

填星犯巫咸中外官四

填星犯土司空一

《荆州占》曰：填星守入土司空，有土徭之事。

填星犯键闭二

郗萌曰：填星犯守键闭星，大臣有误天子，不尊事天者。天子不宜出宫下殿，有匿兵于宗庙中者。（案《宋书·天文志》曰：魏齐王正始九年七月癸丑，填星犯键闭。明年车驾谒陵，司马懿奏诛曹爽等。天子野宿，是其失势之验也。）

填星犯天渊三

《荆州占》曰：填星守天渊，海水出，江海决溢，若海鱼出。

填星犯铁锧四

《荆州占》曰：填星犯铁锧，诛诸侯。

《黄帝占》曰：填星入铁锧，为大臣诛。

《荆州占》曰：填星犯守铁锧，兵起。

填星犯天厩五

《荆州占》曰：填星入天厩十日以上，厩马有食变。

《黄帝占》曰：填星守天厩，为有灾事。天子以马为忧。不即马疾。

开元占经卷四十五

太白占一

太白名主一

石氏曰：太白者，大而能白，故曰太白。一曰殷星，一曰大正，一曰营星，一曰明星，一曰观星，一曰大衣，一曰大威，一曰太皞，一曰终星，一曰大相，一曰大嚣，一曰爽星，一曰太皓，一曰序星。上公之神出东方为明星。

《荆州占》曰：出东方为启明。

郭璞曰：太白晨见东方，为启明。

《尔雅》曰：明星谓之启明。

《诗》曰：东有启明，西有长庚。

郑玄曰：日既入，谓明星为长庚。

《荆州占》曰：太白出东北为观星，出东方若东南为明星，出西方为太白也。

吴龚《天官星占》曰：太一位在西方，白帝之子，大将之象。一名天相，一名大臣，一名太皓。

石氏曰：太白主秋，主西维，主金，主兵，于日主庚辛，主杀。杀失者，罚出太白。太白之失行，是失秋政者也，以其舍命国。

甘氏曰：太白主大将，主秦郑。

巫咸曰：太白主兵革诛伐，正刑法。

《五行传》曰：太白者，西方金精也，于五常为义，举动得宜，于五事为言，号令民从。义亏言失，逆秋令，则太白为变动，为兵，为杀。

班固《天文志》曰：逆秋令，伤金气，罚见太白。

石氏曰：太白司兵丧奸凶，不时禁不祥，或出东方，或出西方。

《荆州占》曰：太白出东方，色黄而明，旱，黄而不明，此常色也。太白出西方，其高而色正白，旱，若色青白，此其正色也，即变其常，以五色占。

太白行度二

《洪范传》曰：太白以上元甲子岁十一月甲子朔旦冬至夜半甲子时，与日月五星俱起于牛前五度，顺行二十八宿，右游一岁而周天。（案历法，太白一终凡五百八十三日一千三百四十分日之一千二百二十九奇，九星行过一周天二百一十八度一千二百一十九奇，是二百六十七年而百六十七终也，星平行日行一度一周天也。）

石氏曰：太白出东方，高三舍，命曰明星，柔；上又高三舍，命曰大嚣，刚。其出东方也，行星九舍，为百二十三日而反。反又百二十日，行星九舍入。又伏行百二十三日，行星十二舍。昏出西方也，高三舍，命曰太白，柔；上又三舍，命曰大嚣，刚。其出西方也，行星九舍，为百二十三日而反。反又百二十日，行星九舍而入。入又伏行星二舍，为日十五日。晨东方出营室入角，出角入毕，出毕入箕，出箕入柳，出柳入营室。其出西方也，出营室入角，尽如出东方之数。

甘氏曰：太白以摄提格之岁正月与营室晨出于东方亢氐，出东方为日八岁二百二十二日，而复与营室晨出于东方。太白之居左也，其恒二百三十日，其迟也二百四十日，其居右也顺行二百四十日，其速二百三十日，从左过右也，其又百三十日，其速九十日，而见从右过左也，其又三十日，其速十日，而见从右适左，其又三十日，其速十日而见。

《荆州占》曰：太白凡见东方二百三十日，而伏不见四十六日，名少罚。太白与岁星为雄雌，出于东方西方。高三舍为太白，柔，又高三舍为太白，刚，用兵象也。刚则入地深吉浅凶，柔则入地浅吉深凶。

石氏曰：太白出百二十日乃极，乃极退也。未满此日便至极，疾也。东方以辰巳为极，西方以申未为极。太白出，以辰戌，入，以丑未，出入必以风。太白当期而出，其国昌。

《荆州占》曰：太白出入如度，天下昌。

石氏曰:太白出则出兵,入则入兵,战则有胜。用兵象太白吉,反之凶。

《荆州占》曰:太白已入而未出,先起兵者国破亡,祸及一世。

石氏曰:太白,兵象也,行疾用兵疾吉,迟凶,行迟用兵迟吉,疾凶。太白行疾,前用兵者善,行迟,后用兵者善。太白所居久,其乡利,所居易,其乡凶。太白出高,用兵深吉浅凶,出卑,浅吉深凶。

《荆州占》曰:太白之出西方也,在西南则为楚,在西北则为秦、齐、燕。

石氏曰:太白出西方,出酉,秦胜楚,出申,楚胜秦。

《荆州占》曰:太白出入西方,其国伐,宋胜韩,韩胜赵,赵胜魏。

石氏曰:太白伏,外有军则罢,将起兵则止,国勿攻战。太白进退,主候兵。

《荆州占》曰:太白所抵之国凶。

石氏曰:太白不见,不宜出军。若有客来挑,军可应。先动破军杀将,必有积尸。太白出所直之辰,从其色而角胜,其色害者败。太白所直之辰,其直之者国为得位,得位者战胜。太白出东方也为德,举事左之近之吉,右之背之凶。太白出西方也为刑,举事右之背之吉,左之近之凶。太白入东方未出西方,其六十五日为阳,其六十五日为阴,以此时出兵,虽胜有殃,得地必复归之。阳为中国,阴为负海国。

巫咸曰:太白受制,则修城郭,缮藩垣,审群禁,节兵甲,敬百官,诛不法。太白入西方未出东方,其十五日为阳,其十五日为阴,名曰行天命,以此时出兵,其国亡。

《荆州占》曰:太白出西方,常出申酉之间,失行而北走,是谓反坐,有破军有屠城在北方。

《天官书》曰:太白出卯南,南方胜北方;出卯北,北方胜南方;正在卯,东国胜。出西北,北方胜南方;出西南,南方胜北方;正在西,西国胜。

《荆州占》曰:太白远日为兵深,其将强;近日为兵浅,其将弱。

太白伏也，出兵有殃。

《魏武帝兵法》曰：太白已出高，贼深入人境，可击必胜；去勿追，虽见其利，必有后害。

《荆州占》曰：太白以仲冬出东方，若西方，以伐利。太白始出东南维，在日月之阳，阳国之将伤，在其阴利；始出东北维，在日月之阴，阴国凶，在阳吉。出西南维，在日月之阳，阳国凶，在其阴吉。出西北维，在日月之阴，阴国之将伤，在其阳利。又曰：出日北维，匈奴有兵相攻。

《荆州占》曰：太白出西方，上行不至未而反，阴国强，阳国败，战不胜。太白出见西方，上至未，将横行，大强备四方。又曰：出西方上至未，有霸，一曰阴国霸。太白出西方，上不得过申；至之地，大臣有忧，一曰将夺君位。南至未丁之地，大将有忧，群臣狱，人主治狱。太白始出东方，西方之国不可以举兵。始出西方，东方之国不可以举兵。破军杀将，其国大破败。辰星不出，太白独出东方，有德令。独出西方，正在酉，西方兵起不战。独出戌，敌兵起不战。太白入东方，未出西方，西方北方以举兵，身死国亡。太白入西方，未出东方，东方南方以举兵，虽胜得地，复归之，主不血食，殃及三世，将死。凡出军在外，必视太白。太白西，与之西；东，与之东；短，与之短；长，与之长；阴，与之阴；阳，与之阳；翕，与之翕；张，与之张。善驯其道以战，大胜，当前战者，军破将死。太白在阳，阳国利，其以阳时出于阳，重利，在行不失，中国胜。太白在阴，阴国利，其以阴时出于阴，重利。

太白王相休囚死三

《荆州占》曰：太白之相也，从季夏至夏尽，及四季王时，其色黄白，精明无芒。太白之王也，从立秋至秋之尽，其色比狼星而光明，仲秋之时有芒角。太白之休也，从立冬以至冬之尽，其色不精明而无光。太白之囚也，从立春以至春之尽，其色青黄而无光明。太白之死也，从立夏以至夏之尽，其色赤黑，细小而不明。

甘氏曰：当其相也而有王色，主弱将强；有休色，将不兵；有囚色，将诛不成；有死色，将诛伤。所留之舍，其国兵；其进舍也，是趣兵；其退舍也，兵出不成。当其王也而有相色，主弱将权势纵横天下，有谋专行君事；有囚色，所囚者有罢徙之令；有死色，大将死，不葬。所留之舍，其国兵起；其进舍也，其下之国兵归之；其退舍也，兵弱不用。当其休也而有王色，野多贼兵；有相色，野多兵，入人民，乱未央；有囚色，攻牢墓，囚人势横；有死色，从军死，不葬。其所守之舍，有逐将死王；其进舍也，武吏纵横，文吏为虎狼，天下大赦。当其囚也而有王色，大将反成；有相色，下犯其上；有休色，野多暴兵，盗贼并起；有死色，妖言多不祥。所留之舍不可举事用兵；其进舍也，岁多雹霜，万物不成；其退舍也，秋冬无霜雪。当其死也而有王色，流水汤汤；有相色，野火煌煌；有休色，金币不行；有囚色，国多虎狼；其留守也，野兽食人；其进舍也，白刃锵锵；其退舍也，兵不成行。

太白光色芒角四

《荆州占》曰：秋三月，太白出西方，色当白而不白，逆行，必有金石之妖。且见陨星坠为石，石之所下，寇至其野凶，山崩地裂，出水，无火而金自燔，天雨血，高台自压。见此二者，国有大丧，及为祠蓐，收西海之神命，及为役，命兵令勤事，试车马，警边境，修边地。

甘氏曰：候太白以秋庚辛，此王气，色当如其常，色变则失所也。

石氏曰：太白赤比心，黄比参右肩，苍比参左肩，黑比天豕之右目。

《荆州占》曰：太白赤比心，白比狼星、织女星，黄比左角。

班固《天文志》曰：黄比参左肩，青比参右肩，黑比右角。

《天官书》曰：黑奎，大星也，此太白之常色也。一书云青比左角也。

石氏曰：太白色猛赤，次白而苍，若悴而不光，是谓失色，虽得地位，击之必克。其大而圆，黄而泽，可以为好事。其圆大怒而赤，天下兵降而不战。太白色白圆明润，吉；黄圆，和；黑圆，忧；青圆，小忧。

《荆州占》曰：太白青圆为水。

巫咸曰：太白赤，东西南北行，非常色，此有谋国兵起。太白失色，国失兵将亡。太白光明见影，岁熟战胜。

《海中占》曰：太白光明见影，战当太白者，将军增爵，主增寿。

郗萌曰：太白当效而出，色黄为土中央，利有土功事有军。一曰有德令，其国利。太白光如张盖，所在之国有立王。扬光见影，岁大熟。太白色圆而悴，期不出六十日有大丧。太白色黄黑，军在外者罢，有谋者以雨厌之。

《荆州占》曰：太白始出色黄，其国吉；赤，有兵而不伤其国；色白，岁熟；色黑，有水。太白始生，未可击；色隆，未可击；色衰，未可击；色死，急击勿置，不急击，客将为主人。太白其状炎然而上，则有兵大起；下则有天狗，所下其野流血；出无时则易其政。太白色正苍，有兵；青有忧。太白色苍黑，期六十日有水，若丧黑多为水，苍黑等水兵并起。太白苍白而静，天下厌兵。太白色苍白，期不出六十日中，有丧若忧。太白始出色白，其国岁熟。又曰秦利。太白色黑芒泽，有子孙喜立王。太白色赤白而润，有喜。太白始出色黄，其国吉；黄白和同；色赤，来年有兵战胜。又曰楚利。又曰：始出色赤而淳，得地。

巫咸曰：太白色黑，秋水尚可，春破师。

《海中占》曰：太白色赤淳，得食；白淳，有喜；苍忧；苍黑为死。

《荆州占》曰：太白色白而无角，将不胜。

巫咸曰：太白色黄有角，其国疫。又色白，旱。

《荆州占》曰：太白色黑，燕利。

《甘氏占》曰：太白色白，五芒出，早为月食，晚为彗星及天矢，将发于无道之国。

郗萌曰：太白常形，行则垂芒，上锐下大，色如常止。

《荆州》曰：太白苍芒，有丧忧。

甘氏曰：太白独行，赤则武也，可以战；白而芒则文也，不可以战。若行疾者，武也；不行者，文也。

《海中占》曰：太白十二芒钩，不可以战。

京氏曰：尚书微则太白垂芒。

《荆州》曰：太白见一芒，兵起不用；见二芒，战攻；见三芒，天下皆兵起；见四芒，诸侯死境；见五芒，天下更制王国，一曰立邦。太白十芒皆钩，不战而受地。太白所在之乡，视芒而日增长，如行过维，此大人之气也，不可不备。

石氏曰：太白青角，有木事，黑角有水事，白角有丧，赤角有战。

石氏曰：太白赤角，用兵敢战，吉，不敢战，凶。顺角所指，击之吉，逆之凶。

《荆州占》曰：太白大王，光有角，将暴虐为民贼，所往者民苦之，所去者民不治。

巫咸曰：太白赤而有角，将胜；赤而无角，将不胜。

《荆州占》曰：太白四角者赦。

《海中占》曰：太白有五角，立将帅，六角有取国地，七角伐王。

《荆州》曰：太白过宿有角长，取地长，角短，取地短。太白过宿有角外指，其国得地，内指其国失地，期一年。太白居实，有德；居虚，无德。行胜色，（晋灼曰：太白行得度，胜有色也。）色胜位，有位胜无位，有色胜无色，行得尽胜之。（晋灼曰：行应天度，虽有色得位，行尽胜之。行重而色位轻。《星经》得字作德。）出于辰之南，郑得位。行不失，胜；行失，败。色黄而赤，大而角，胜；苍，小，败。出于辰卯间，宋得位。行不失，胜；行失，败。色黄而赤，大而角，胜；黑，小，败。出于寅卯间，卫得位。行不失，胜；行失，败。色黄大而角，胜；苍，小，败。出于寅之北，赵得位。行不失，胜；行失，败。色黄而华，大而角，胜；苍，小，败。出于午未间，吴越得位。行不失，胜；行失，败。色苍廉赤大而角，胜；黄，小，不胜，廉亦败。出于申之南，楚得位。行不失，胜；行失，败。色赤大而角，胜；赤，小，败。出于申酉间，汉得位。行不失，胜；行失，败。色大而角，胜；赤，小，败。出于酉戌间，齐得位。行不失，胜；行失，败。色苍，大而角，胜；白，小,败。出于戌之北,燕得位。行不失,胜;行失,败。色黑,大而角,胜;黄,小,败。

班固《天文志》曰:太白所直之辰,其国为得位。得位者战胜。所有之辰,顺其色白,角者胜,其色害者败。(晋灼曰:郑色黄而赤苍,小,败。宋色黄而赤黑,小,败。楚色赤黑,小,败。燕色黑黄,小,败。皆大角胜。)

《荆州占》曰:太白之色赤也,将者胜;其白,无角,不胜。其刚也,破军杀将;其柔也,胜不杀将。太白赤而角者,武也,战,不战凶。太白之色赤,泽而有角,命曰大旗,旗长取地长,旗短取地短。

《文曜钩》曰:太白青角,棺椁贵。

《荆州占》曰:太白黄而角,有土功。色白而角,文,不可以战。一曰:哭泣之声,色黑而角,大水,有兵在外战吉,不战凶。

《元命包》曰:太白高下进退应兵名舒疾,左右角曜,兵官惊,慎武将,斥武臣。

开元占经卷四十六

太白占二

太白盈缩失行一

石氏曰:日方南,太白居其南,日方北,太白居其北,曰盈,侯王不宁,用兵进吉退凶。日方南,太白居其北,日方北,太白居其南,曰缩,侯王忧,用兵退吉进凶,迟吉疾凶。(日方南谓夏至后也,日方北谓冬至后也。)

《元命包》曰:太白盈则将相谋,太白缩则后族患。圆而不行,我侍为君。

《荆州占》曰:太白出于巳,杀大将;出于未,阳国伤。

《春秋纬文曜钩》曰:太白跃沉浮,主代提,天下更纪,世有名师。(宋均曰:主德不一,则摄提代移更纪,授有令名,能为天下师表者也。)

《荆州占》曰:太白见东方,上至巳,皆更政;出西方,顺行过巳,不及午,有霸国;及午,阴国令天下。(案:班固《天文志》曰:三年秋,太白出西方,有光几中,乍北乍南,过期乃入。是时项羽为楚王,而汉已定三秦,与相距荥阳。几中,是秦地战将胜,而汉国将兴也。晋灼注曰:几中,近逾未地也。)

郗萌曰:太白出戌入未,是谓犯地行刑,绝天维,国大小暴,兵将多伤。

《荆州占》曰:太白行小失道,其将为奸;行大失道,其将为大奸,其国将坐之。逆行尤甚。

石氏曰:其国失杀秋政,则太白失行。

巫咸曰:太白出西方,失道有过,八月不尽九月至,一日期三月。又占曰:太白失行而南,是谓金入火,有兵兵罢,不出三年,国有男丧,若有兵。(《魏武帝兵法》曰:不有破军,必有屠城,北国当之。)

《荆州占》曰:太白失行而北,金入水,灾大兵起。(案《宋书·天文志》曰：晋惠帝光熙元年四月，太白失行，自翼入尾箕。占曰：太白失行而北，是谓反生，不有破军，必有屠城。五月汲桑攻邺，魏郡太守马嵩出战，大败桑，遂害东燕王腾，杀万余人，焚烧，魏时宫室皆尽也。）

《荆州占》曰：太白出至其国之日而独不见，其兵弱，若有此，可击，必能得其将。

《荆州占》曰：太白出东方，失行而北，中国败；失行而南，倍海国败。

石氏曰：太白出西方失行，倍海之国败。（《天文志》曰：夷狄败。）其出东方失行，中国败。

《荆州占》曰：太白有不见三日，有亡国败师。又占曰：太白一南一北，九侯皆伏。又占曰：太白一东一西，害于侯王。（谓有免侯王也。）又占曰：太白在东方，以始出为位，在月南为得行，在月北为失行，不有破军，必有屠城。与月相过失行，月不尽一日，二月二日，三月三日，四月四日，五月五日，六月六日，七月七日，八月八日，九月九日而兵起。

《荆州占》曰：太白出西方，下行一舍，如下北，兵将当有戮者。

郗萌曰：太白出东方，若西方过营室，强国君有兴者；不及营室而反，还入，强国有败者。

《海中占》曰：主好听谗，废直大臣，女子为政，刑法诛杀不以道理，则太白逆行，天鸣地坼，岁多暴风大水，庶民负子而逃，孕多死，麦豆不收。

刘向《洪范》曰：好战功，轻百姓，饰城郭，侵边境，是谓不艾，厥极忧，时生螽，则太白变色逆行。

郗萌曰：太白逆行变色，简宗庙，废祷祀，去祭祀，逆天行。

《荆州占》曰：太白逆行失常，有兵革。又占曰：王者失于秋政，则太白逆行，变色扬芒，与他星舍斗，环绕犯乘，变为妖星彗扫，其害庭国破主死，天下皆兵。王者修德赦罪，存孤恤寡，薄赋省徭，可得无咎。

《荆州占》曰：太白始出逆行，不可以逆战，大凶败亡。

《荆州占》曰：太白出东方，逆行，不至巳而返，阳国强，阴国败，战不胜。一曰阳国有兴者。

《荆州占》曰：太白东方逆行，过巳不至午，有霸国；及午，阳国令天下。一曰阳国霸。

石氏曰：太白出西方，逆行至四正，西方之国吉；出东方，逆行至四正，东方之国吉。

《文曜钩》曰：太白当出不出，阴匿留，主沉湎，大臣有谋。

石氏曰：太白当出不出，当入不入，是谓失舍，不有破军，必有死王亡国。（案《天官书》曰：必有国君之墓。又《宋书·天文志》曰：晋武帝咸宁四年九月，太白当见不见，是时羊祜表请伐吴，上许之。五年十一月兵出，太白始夕见西方。太康元年三月，大破吴军，孙皓面缚请死，吴国遂亡，应之。）

《荆州占》曰：太白未当入而入，天下聚粮。

石氏曰：太白当出而不出，当入而不入，天下偃兵，兵在外而入。（《荆州》曰：有军则罢。）

《文曜钩》曰：太白不当出而出，主躁臣炽，军破主死，兵马滋。

《荆州占》曰：太白当出而出，外有急兵。出南方南方急，出北方北方急。

石氏曰：太白出东方，为东方，入为北方；出西方，为西方，入为南方。又曰：所居久，其国利。

《荆州占》曰：居宿如度，其乡利；易，其乡凶。（苏林注《汉书·天文志》曰：疾，过也。一说易乡而出入。晋灼曰：上言易而出，易言疾，过是。）

甘氏曰：太白政缓则不出，急则不入，逆则凶。又占曰：太白未及其时而出，不及其时而入，天下举兵，所当国亡。以时出而不出，时未入而入，天下偃兵，野有兵者，所当之国大凶。

巫咸曰：太白可出不出，国且有谋；可入不入，国有置兵；当入不入，过二十日天下有兵事。又占曰：太白可入不入，国且置侯；未可入而入，野有寇。又占曰：太白出西方，黄昏而出，阴国之兵强。

《天官书》曰：太白暮食而出，小弱；夜半而出，中弱；鸡鸣而出，大弱，是阴陷于阳。

巫咸曰：太白在东方，平旦而出东方，南方以举兵，天下不能当；

平明而出东方，阳国之兵强；鸡鸣而出，其国大弱；黄昏而出，中弱，是谓阳陷于阴。

石氏曰：太白未当出而出，当入而不入，天下起兵，有破国。

巫咸曰：太白未当出东方而出东方，色黄白，名曰重华。吏民喧哗，事扰不治，民不得耕织，或骚动不得食。使之无然，听讼得其理则止。非重华色而重华，人民作为不祥。

巫咸曰：太白未可下而下东方，色黄而不明，名曰少岁。少岁乱行，人民惊惶于野，若牧牛羊。使之不然，断执死罪以下释之，如此则止。非少岁色而少岁，其岁饥，百鬼不享。

巫咸曰：太白未可出西方而出西方，色白者，名曰太白。有聚卒。使之不然，止工作，无聚众，纵市三旬，以当有卒聚，如此则止。非太白色而太白，有兵。

巫咸曰：太白未可出而出，国且有谋，过二十日，天下有兵事。

巫咸曰：太白未可下而下西方，色青白，名曰白肖。白肖乱行，且有甲兵抢攘，民惶惶，徭役以行，百神不享。使之无然，死人于市者勿葬，吏民三月，带剑佩刀操兵以当有兵，如此则止。非白肖色而白肖，有丧。

《海中占》曰：太白出，不上不下，留桑榆门，（晋灼曰：行迟而下也。）病其下国。（巫咸曰：兵其下国。）

班固《天文志》曰：太白上而疾，未尽期日，过参天，（晋灼曰：参天者，三分天过其一，此戌酉之间也。）病其对国。

《荆州占》曰：太白出王羸，百六十日而上过参天，主尊令行民治，无盗贼，少徭赋。

《荆州占》曰：太白出上，百六十日不能参天，主卑令不行民乱，多盗贼，倍徭赋。又占曰：太白未满日参天，其国亡。又占曰：太白以其时出阳，四十日不动，先起兵者不利。

甘氏曰：邦将乱谋，太白往守之。

《荆州占》曰：太白夕出西方，其旦昏当午，道无行人，其下之国兵起不利，期六月。

《荆州占》曰：太白夕出西方，其昏正月而还，有失地之君，期九十日。

石氏曰：太白已出三日而复微入，三日乃复盛出，是谓懦而伏，其下之国有军，其众败，其将死。

石氏曰：太白入三日而复微出，三日乃复盛入，其下国有忧，其师有粮遗人食，有兵革遗人用之，士卒虽众，将军为人所虏。（班固《天文志》云：其下之国忧师，师虽众，敌人食其粮，用其兵，虏其帅。）

《文曜钩》曰：太白已入三日复出，师忧将虏，主大遇。（宋均曰：大遇，如卫卜追敌师，有夫出征而丧其雄，遇获敌将也。遇或为愚。）

《荆州占》曰：太白已出三日而复入，（《天文志》曰：复，微也。）入三日而复出，（《天文志》曰：复，盛也。）是谓逆伏，其下之国有败军死将，不出其年。今日入明日出，其君死之。

《荆州占》曰：太白出西方，三日而反入，其将军虏。

石氏曰：太白入七日复出，相死；入十日复出，将军战死；入又复出，人君死。

《荆州占》曰：太白不满其日数入，入而复出，入一日，十日而兵死，入五日，五十日而兵死，入十日，百日而兵死。当其日以命其国。

《荆州占》曰：太白已出，高二三丈，乍入乍见，如此三日四日，不过五日，必有大战。

《兵势要秘术》曰：太白出三日而复入，入三日乃出，其国有军，军败，所谓出国。若是已国，戒勿动，有挑战勿应之。虽戒勿动，密严可也。军出乃为动耳。

《文曜钩》曰：阴卑俯军，相图先战，败将见诛。又曰：上复下，下复上，将反，天下骇扰。

《荆州占》曰：太白不出一年，强国之君当之；不出二年，强国之君死之。

太白经天昼见三

石氏曰：凡太白不经天，若经天，天下革政，民更主，是谓乱纪，人民流亡。（孟康曰：谓出东入西、出西入东也。太白阴星，出东当伏东，出西当伏西，过午为经天。晋灼曰：日，阳也，日出则星亡，昼上午上为经天也。)

石氏曰:太白经天见午上,秦国王,天下大乱。

《荆州占》曰:太白昼见于午,名曰经天,是谓乱纪,天下乱,改政易王,人民流亡,弃其子,去其乡里。(案《宋书·天文志》曰:宋后废帝元徽五年五月戊申,太白昼见午上,光明异常。宋顺帝升明元年九月丁亥,太白在翼昼见经天,占曰更姓。后一年,齐受禅之验。)

《荆州占》曰:太白夕见过午,亦曰经天,有连头斩死人,阴国兵强,王天下,女主用事,阳国不利。

《春秋元命包》曰:杀失则攻战刑,故太白逆经天,屠君父,外夷征。

京房《对灾异》曰:人君薄恩无义,懦弱不胜任,则太白失度,经天则变,不救则四边大动,蛮貊侵也。

《春秋文曜钩》曰:太白经天,主失枢。

《春秋纬》曰:彗守角,太白经天,金精之国虚,谋杀作兵。

《春秋汉含孳》曰:阳弱臣逆,则太白经天。(阳弱,君宗弱,不堪为主也。)

《孝经钩命诀》曰:天子失兵,则太白经天。

《雒书雒罪级》曰:太白经天,不日桀侯代政。

巫咸曰:太白昼见而经天争明,而兵起,天下惊,强国弱,女主有名。

《天官书》曰:太白昼见经天,强国弱,弱国强,女主昌也。

巫咸曰:太白当户,期百八十日,蚩尤出兵,且起大将在野。

巫咸曰:太白上中,天下有一主之命。又占曰:太白不当中而中,孟月见之,侯王当之;仲月见之,大将军当之;季月见之,小民当之。又占曰:太白不当过中,是谓绝纲,四国兵起。

《春秋纬运斗枢》曰:太白赤芒,世有过,为大臣三公所乘,则太白经天,有此类,则亡引也。

《荆州占》曰:太白经天,海内悲泣,九州摇动,奋兵负粮。

《春秋纬考异邮》曰:陪臣行毒,诸谒向尊,则太白经天,主命凶。

《荆州占》曰:太白再经天,一入中宫,天下更王,国破主绝,期不出三年。（案班固《天文志》曰：秦二世即位，太白再经天，因以张楚并兴，兵相跆藉，秦遂以亡。苏林曰：跆音台，登蹑也，或作蹈。）

《荆州占》曰：太白晨出东方，过食时而明，有兵，期四十日。若至日中而明，兵起将行，期三月。

《荆州占》曰：太白晨出东方，而中乃明，亡地之君在东方，若东北方，期六十日。又占曰：太白见东方，上至午，将夺君。又曰：阳国王当位者受之。又占曰：太白见东方，至丙巳之间，小将死；过午有起霸者。

《荆州占》曰：太白出高，至巳午之间，士卒劳，有不利军者，难以得功也。又占曰：太白出西方，上至未，阴国有霸者；若过未及午，阴国王令天下。一曰至午者，阴国王者当其位者受之。

陈卓曰：太白从西方若东方上至午，皆为有兵。

《荆州占》曰：太白上至午未间，天下易王，阳国兵强，当其位者受之。又占曰：太白始出辰巳间，为荆楚；正巳，杀大将；出午，天下有亡国；出午未间，天下亡，王者昌。

《荆州占》曰：太白昼见，与日争光，是谓经天，大乱十年，人民流亡，去其乡，女主昌，执政。近日国，必有丧；日中而见，事必然。

司马彪《天文志》曰：太白昼见经天，为兵丧，在大人。（案檀道鸾《晋阳秋》曰：孝武太元三年九月，太白昼见在角，五年九月癸未，皇后王氏崩。十二年六月癸卯，太白昼见经天在柳，十月庚午，太白昼见在斗，十三年正月，内左将军康乐公谢玄薨，十四年妖贼邓黎称号于皇丘，刘牢之灭之。）

甘氏曰：太白昼见，天子有丧，天下更王大乱，是谓经天，有亡国，百姓皆流亡。（案司马彪《天文志》曰：孝安永初元年六月辛丑，太白昼见经天。延光元年三月癸巳，邓太后崩。孝顺永和五年四月戊午，太白昼见，其六年，大将军梁商薨，九江丹阳贼周生马勉等起兵，攻没郡县，梁氏又专权于汉廷中。孝顺汉安二年正月己亥，太白昼见，七月甲申，太白昼见，明年顺帝崩，孝冲即位，明年正月又崩。韦昭《洞纪》曰：桓帝元嘉元年二月，太白昼见，永兴元年二月，太白昼见，其年夏月，河水溢漂杀人，百姓饥穷，流移道路数十万户。《宋书·天文志》曰:魏黄初四年六月甲申,太白昼见,五年十月乙卯,太白又昼见,时孙权受魏爵号,而称兵拒守。七年五月,文帝崩。八月,吴围江夏,寇襄阳,魏江夏太守文聘固守得全,将军司马懿救襄阳,斩吴将张霸。晋惠永康元年三月,太白昼见,占曰为不臣。晋孝武太元七年十一月,太白昼见在斗中,八年四月甲子,太白又昼见在参,九年六月,皇太后褚氏崩也。)

《荆州占》曰:太白昼见,名曰昭明,强国弱,弱国霸,兵大起,期不出年。(案《宋书·天文志》曰:晋孝武太元七年十一月,太白昼见在斗,八年四月甲子,太白又昼见在参,是月桓冲征沔汉,杨亮伐蜀,并拔城略地。八月,苻坚自将兵,号百万,九月攻没寿阳,十月,刘牢之破坚将梁成,斩之,杀获万余人,谢玄等又破坚于肥水,斩其弟融,坚大众奔溃,九年八月,谢玄出屯彭城,经略中州,十年八月,苻坚为其将姚苌所杀。十一年二月戊申,太白又昼见在东井,十二年,慕容垂寇东阿,翟辽寇河上,姚苌假号安定,苻登自立陇上,吕光窃据凉。十二年十月庚午,太白昼见又在斗,自是慕容垂、翟辽、姚苌、苻登、慕容永并阻兵争强。十四年正月,彭城妖贼又称号于皇丘,刘牢之攻破灭之。三月,张道破合乡,围太山,向钦之击走之。是年翟辽又攻荥阳,侵略陈项。于时政事多弊,治道陵迟也。)

巫咸曰:太白昼见,是谓阴明,来年强国有丧。(宋孝武太元二十年七月,太白昼见在太微,二十一年三月,太白连昼见在羽林,二十一年七月,武帝崩。)

司马彪《天文志》曰:太白昼见,为强臣争。(《宋书·天文志》曰:魏明帝青龙三年十月壬申,太白昼见在尾,历二百余日恒见,占曰:尾为燕,燕臣强,有兵。四年三月己巳,太白与月俱在丙,昼见,积二百八十余日。是时公孙渊自立为燕王,署置百官,发兵距司马懿,讨灭之。韦昭《洞记》曰:汉安帝永初二年正月,太白昼见,汉陵河阳失,杀三千五百七十人。五月旱,三年,京师人相食。司马彪《天文志》曰:孝顺永和三年三月壬子,太白昼见,六月丙午,太白昼见,八月乙卯,太白昼见,闰月乙卯,太白昼见。太白将军之官,又为西州,昼见阴盛,与君争明,此时将军梁商父子秉势,故太白常昼见。)

太白变异大小傍有小星四

巫咸曰：太白下，为壮公止于山林。（案《风俗通》云：东方朔者，太白星精，黄帝时为风后，尧时为务成子，周时为老聃，在越为范蠡，在齐为鸱夷，言其神圣，能与王霸之业，变化无常。《列仙传》及《汉武故事》并云朔是岁星精。应劭云是太白精。）

《荆州占》曰：太白赤圆大而光，期不出九十日大兵起。

石氏曰：太白圆大怒而赤，天下有兵，盛而不战。

巫咸曰：太白出而大，兵革将兴，旌旗相望，两敌相当，大将行。

甘氏曰：太白独行，赤，则十五日战，从芒之所指而击者胜。

《荆州占》曰：太白大而芒角，色青白若芙蓉，置竿有影，岁大熟，主寿，将益禄，以战胜守固。

《荆州占》曰：太白当效而出，色白，西方利。

《荆州占》曰：太白当效而出，色黑，北方利。又占曰：太白当效而出，色赤，为兵不足伤，南方利。

《荆州占》曰：太白色白，又曰白甚，春有丧。又占曰：太白始出，赤而大，其年有兵。又占曰：太白色赤，有忧。又曰：其色赤，国失兵将死。

甘氏曰：太白始出大而后小，其国兵弱；始出小而后大，其国兵强。

《荆州占》曰：太白出小而后大，大兵起，东方为阳国，西方为阴国。又曰：始出微细不明，后大而光者，战，兵初弱后胜。

《荆州占》曰：太白始出大而后小，出东方为阳国，出西方为阴国。又曰：始出大而生光，后小不明，战，兵初胜后亡。

巫咸曰：太白出小，有城其将不能守，有兵而不战。又占曰：太白微小不明，天下盗贼多。不明亮者，所居之国尤甚。

《荆州占》曰：太白小，色黑角短，岁熟。一曰饥旱，主卑将军辱，战不胜。

石氏曰：太白小，以角动，兵起。

郗萌曰：太白小以角动，不出三年，中央兵起。

巫咸曰：太白出西方，小而圆，（《荆州占》曰：或小而高。）敢战吉，不敢战凶。西方北方以举兵，天下不能当。黄昏出，阴国之兵强。

巫咸曰：太白傍有小星数寸若尺，期八日，边城有功。

《荆州占》曰：太白色赤小以动，天下出兵，大将失地以归之，兵起。

巫咸曰：太白夕出西方，以八月四日候之，傍有小星附之，若去之尺余至二尺，客军大败，有死将军，在外傍有小星去之尺，军罢。

太白流动与列星斗五

郗萌曰：太白流，国有兵将死。

石氏曰：太白动摇，进退左右，用兵吉，静凶；太白围，以静用兵，静吉躁凶。

《荆州占》曰：太白大而角，摇居不安，东西南北，乍上乍下，如欲惊者，其年有丧，大小必至。

郗萌曰：太白与宿星斗，不出一年，有失国之君，将失位。

《荆州》曰：太白与列星斗，兵弱，为客者利。

太白穰气晕彗六

《黄帝占》曰：太白生为气而白穰，明日大风发屋折木，道上无灰，不出五日，粟大贵五倍，不出年中有兵，岁多大务，伤五谷，妇人多灾伤其子者，不过十月而止。

《黄帝占》曰：太白生穰气，长三丈若六丈，大风雨，兵起，所指处天下民主俱惊。（丈或作尺。）

《孝经右秘》曰：太白垂冠，天下乱，臣下叛。

甘氏曰：太白之为云，如林如杖如杵，皆兵丧俱起，期二月。

巫咸曰：太白白晕，天下赦，有丧有喜，不出二十日，且失国失兵。

郗萌曰：太白出彗西南维，中国民受兵亡地，不出二年。

石氏曰：太白出篲西北维，胡狄受兵，不出一年亡地。

石氏曰：太白出篲西南维，候中国民为多受兵亡地，不过一年。

开元占经卷四十七

太白占三

太白犯东方七宿

太白犯角宿一

《黄帝占》曰：太白犯左角，大战不胜，将军死。

《海中占》曰：太白犯右角，将军有忧，若兵起。一曰有旱灾。

石氏曰：太白入左角，天子忧，诸侯用事。太白逆行左角间，有刺客，天子明慎之。

《黄帝占》曰：太白乘左角，群臣有谋不成，其以家坐罪。（案《宋书·天文志》曰：魏嘉平五年六月戊午，太白犯角，正元元年，李丰等谋乱，悉诛之。）

郗萌曰：太白乘左角，为水、兵。

石氏曰：太白乘左角，天子游猎，冬吉。太白侠左角，大臣退，国亡。

郗萌曰：太白犯守角，道路不通。

《黄帝占》曰：太白守右角，五谷不成，岁大水。

石氏曰：守左角上，臣陵其主；守左角下，奴婢大贱。太白守左角上一尺，边境不宁，二尺忧，百姓亡其俗。一曰七寸国危亡也。太白守左角下芒成，民不民，主不主。太白守左角芒不成，兵不用；芒成，所向无前。太白守左角去复还，臣欲为乱。太白守左角，为填星所干，国有忠将。又曰：太白守左角，为岁星所干，福德。又曰：太白守左角，为辰星所干，龙下渊池。又曰：太白守左角，为天狗所干，六畜蕃息。

石氏曰：太白守左角，为枉矢所干，四夷有弓矢事。

石氏曰：太白守左角，为孛星所干，皇后有子。又曰：太白守左角，为彗星所干，皇后有知臣心。又曰：太白守左角，为流星所干，国少好妻。又曰：太白守左角，为钩陈所干，大厨赐食。皆谓太白守左角也。太白守右角一尺十六日，太子骄溢。太白守右角，郑多佞臣，国君亲小人。

巫咸曰：太白守角，国都围。一曰大人自将兵于野，民多疾疫。

《海中占》曰：太白守左角右角，其色黄白，小旱，民小厉。其逆行即旱，其还立雨，籴如故。

郗萌曰：太白守角三十日，大赦。

《海中占》曰：太白守角，为兵西北行。其色黄，大臣增地；赤色，臣欲反其主。太白犯守左角，大人自将兵于野，臣有谋主者。

巫咸曰：太白犯守左右角，居荧惑之后，及而共犯之，有大战，破军杀将。若犯守左右角，荧惑从之，所犯不成。

郗萌曰：太白入角亢间，有贵客来。

太白犯亢二

《黄帝占》曰：太白入亢中，国有兵。若行疾犯陵而有芒角，朝廷贵臣有戮者，期百日，远八月。

石氏曰：太白数入亢，其国疾病。

《海中占》曰：太白入亢，有丧。

陈卓曰：太白犯天府，廷臣为乱。

郗萌曰：太白出入留舍亢，郑国多亡民，更为无年，五谷不成。一曰五谷多霜死。

《黄帝占》曰：太白守亢为兵，大人自将兵于野。

石氏曰：太白守亢，收敛国兵，以备北方。（案《宋书·天文志》曰：宋明帝泰始五年十月丙申，太白犯亢，时淮北地常缘淮立重戍，以备防北虏也。）

郗萌曰：太白乘亢左星，为水，右星为火为兵，有奇令，有收族者。

巫咸曰：太白守亢，国君有忧，其下有水。

荆州占曰：太白守亢，有奸吏，有兵，牛马用行，宿北兵，期六十日。

郗萌曰：太白守亢，为焦旱不生。一曰多虫蝗，一曰大旱，牛马用。太白守亢，有亡国，天下不通，人君忧水。又曰五谷以水伤。

《东官候》曰：太白守亢，兵行疾，有芒角犯陵，期百日，行迟，期八月。

黄帝曰：太白逆行守亢，为兵。

甘氏曰：太白守犯亢，逆行不顺，失其明色，大政不用。

太白犯氐三

《荆州占》曰：太白犯氐左星，左中郎将诛死，犯右星，右中郎将诛死，皆期三年。

石氏曰：太白入氐，天下大役。一曰有兵。

《荆州占》曰：太白入氐，芒角犯陵，王者亡地，有大兵，期四月。

郗萌曰：太白乘氐之左星，天子有子，兵将于野。乘氐之右星，天下大水、大兵。

石氏曰：太白临氐，霜雨不时。

《黄帝占》曰：太白守氐，国君有忧变，北君失邑。

石氏曰：太白守氐，天下大役，无兵兵起，有兵兵罢。

《荆州占》曰：太白守氐，国有丧，君大哭。

甘氏曰：太白守氐，与两星齐，将军受贺，大臣受拜，远人蒙恩。又曰：期十日而赦。

巫咸曰：太白守氐，国有大忧，王者失地。

《海中占》曰：太白守氐，有兵不行，在西南。

石氏曰:太白入氐守之,兵加其国。

郗萌曰:太白入氐守之,春籴大贵。(案《宋书·天文志》曰:明帝泰始二年十月辛巳,太白入氐,其年春,彭城谷贵民饥。)

石氏曰:太白入氐犯守之,其国大乱,大人有忧,君失地,籴大贵。

《荆州占》曰:太白守氐房,大饥,六畜多死。

太白犯房四

《援神契》曰:太白合表,四夷合从。合表为行中道也。

郗萌曰:太白入房,十日成勾已,为天子忌之,以赦解之。

《文曜钩》曰:太白入房,天子以微诛。

郗萌曰:太白逆行犯房,成勾已,为大人忧,以赦解之。

石氏曰:太白到房心,皆正不失仪,失则为变。

《荆州占》曰:太白守犯陵房,国君有忧。色青忧丧,色赤忧兵,积尸成山;色黑有将相诛,色赤有芒角,大丧。

《黄帝占》曰:太白守房,国有大丧,大臣有战死者。(案《宋书·天文志》曰:宋孝武大明八年十月,太白守房,丹阳尹颜师伯、豫章王子尚并诛。明年昭太后崩。)又曰:太白守房南,天子有良友辅,亦为旱;守房北,天子有良友,亦为水。

石氏曰:太白守房,为良马出厩;太白守房左,去还复,太子去复还,其国多废立天子;守房右,去复还。又曰:太白守房,臣盗君命。

甘氏曰:太白守房,臣胁君。又曰:太白守房,兵车满野,中国有殃,贵女用事,王者失位,期二年。

巫咸曰:太白守房,国有变令,兵四起,大臣当之,国相为乱。又曰:旱多火灾,万物五谷不成。

郗萌曰:太白守房,为人主无下堂。又曰有奸谋。

《荆州占》曰:太白守房,国易政。又曰:守天马,天子马多死。

又曰：太白守房，天下易王，大人有忧，反逆臣。（案《宋书·天文志》曰：晋安帝元兴二年八月癸丑，太白犯房北第二星，十二月桓玄篡位，迁帝于浔阳。又宋后废帝元徽三年八月己巳，太白犯房北头第二星，四年七月，建平王据京口反，时废主凶暴无度，五年七月殒。）

郗萌曰：太白辰星守房，土功大起，布枲大贵，将相失位。

《荆州占》曰：太白守房，六畜多死。（《宋书·天文志》曰：宋明帝泰始二年十一月癸巳，太白犯房，明年牛多死者，诏大官停宰牛。）

《考异邮》曰：太白犯房，王失德。

韩杨曰：太白犯房，大臣当之。（晋成帝咸康四年九月，太白犯房上相，五年七月庚申，相王遵薨。）

石氏曰：太白逆行守房，群臣戴麻锵锵。

《黄帝占》曰：太白行房南，若犯守之，为大旱；行房北，犯守之，为大水。

郗萌曰：太白出入房，霜雨不时，人饥于食，牛马多死。

石氏曰：太白犯守房，为天下相诛。

《海中占》曰：太白入钩钤，王室大乱。

《文曜钩》曰：太白入钩钤，主德移。

石氏曰：太白犯房钩钤，王者忧。

太白犯心五

《海中占》曰：太白入心，有白衣之众，又为丧。

甘氏曰：太白犯心三寸以内，帝怯于兵，将军亡，剑戟上殿，群臣巡走。

《海中占》曰：太白犯心，天子立后绝嗣，犯太子，太子不得代，犯庶子，庶子不利。

石氏曰：太白经心，清明烈照，天下内奉明王，帝必延年。

郗萌曰：太白犯食心左星，为太子有忧，若立。

《荆州占》曰：太子不死则去。一曰女主失势。

《荆州占》曰：太白犯守心，君后走藏。

郗萌曰：太白犯守心，籴贵。

石氏曰：太白舍心，玄色不明，有丧。太白中犯乘陵守心，太子位太子忧，小子位小子忧。

《摘亡辟》曰：太白守心，大山崩，后九年大饥。

《黄帝占》曰：太白守心，天下有大怪，国有大丧。一曰天下有大虫。

巫咸曰：太白守心，君弱臣强，奸臣贼子谋杀其主。

石氏曰：太白守心，兵骑满野，为中国殃。有军在外，客军大败。其年饥，蝗虫败杀。一曰哭声吟吟，戴麻锵锵。

《海中占》曰：太白守心，不出一年，有大兵，多祸殃，在贵人傍。

巫咸曰：太白守心，有火异。

郗萌曰：太白守心，国王有死者。又曰：有奸谋。又曰：天子亡，败物。

《黄帝占》曰：太白逆行守心，哭者吟吟，戴麻锵锵，有大丧。若大臣当之，近期一年，中二年，远三年。

《黄帝占》曰：太白逆行守心，环绕成勾己，为大人忌，故赦以解之，期六月。

郗萌曰：太白退守心，客军大饥。

巫咸曰：太白中犯乘守心，为战不胜，将军斗死。

郗萌曰：太白中犯乘守心明堂，为万民备火，近期一年，中期三年，远期九年。一曰为旱。又曰兵戈四起，国相为乱。一曰大臣当之。（案：后汉孝灵帝中平六年八月丙寅，太白犯心前星，戊辰犯心中大星，其日未暝四刻，大将军何进于省中为诸黄门所杀。己巳，车骑将军何苗为进部曲吴匡所杀。）又曰：太白出入留舍心，三十日不下，国兵大起，在八月九月。

太白犯尾六

石氏曰：太白犯尾，人民为变，国易政。

甘氏曰：太白守尾，宫人有罪者。

巫咸曰：太白守尾，有乱，多火灾，五谷不成。

郗萌曰：太白守尾，天下大虫，军无粮，大将锵锵，满道不行。又曰：守尾近，女主去；远，女主废。

巫咸曰：太白守尾，人民为变，国易主，不然皇后去，若太后去。一曰宫人死之。

郗萌曰：太白抵司空出入，君恶之。

《东官候》早：太白守若入尾，兵大起，民多妖言，期三年。

巫咸曰：太白出入留守尾，兵起于野，将士满道不行。（所谓不行，国乏粮。）

郗萌曰：太白出入留舍尾，春籴贵。一曰更为无年。太白留逆犯守乘凌尾，皇后有珠玉簪珥惑天子者，诬谗大起，后相贵人诛，宫人出走，兵起宫门。

太白犯箕七

石氏曰：太白犯箕，天下大饥。

郗萌曰：太白犯箕，女民莫处其室养者。星在箕南，旱，在箕北，有军。

巫咸曰：太白入箕中，伺其出日而数之，皆期二十日，兵发；伺始入处之率，一日军罢。

《荆州占》曰：太白入箕中，人主自备，下有兵。

郗萌曰：太白在箕中，天下州战，若入箕中，有赦。

甘氏曰：太白出入留舍箕，五日不下，天下大恐，其时多虫，五谷不熟，燕国且以义致天下，若有赦。

《黄帝占》曰：太白守箕，大人卫守。

巫咸曰:太白守箕,多土功事。一曰民疾疫。

《海中占》曰:太白守箕,天下有兵。若角动,天下无所定。

郗萌曰:太白守箕,岁水,万物不成,籴贵,德令不行。又曰:守箕口,执政者为乱。

《东官候》曰:太白守箕,兵起一岁,国增地,必得国。

石氏曰:太白逆行守箕,成勾己,兵起,大臣为乱,天下有忧,王当之,期一年。

郗萌曰:提箕出入,人君恶之。一曰更政。太白与荧惑相随而变,荧惑舍天门,凶。太白舍天津中,人主无出门,若之远宫。

开元占经卷四十八

太白占四

太白犯北方七宿

太白犯南斗一

石氏曰：太白犯南斗，为赦。（案《宋书·天文志》曰：晋康帝建元二年闰月乙酉，太白犯南斗，九月康帝崩，太子立，大赦。《晋阳秋》曰：孝武帝宁康二年九月甲子，太白犯斗第五星，三月丁未，大赦天下也。）

石氏曰：太白去南斗七寸，阴乘阳，小人在位。

巫咸曰：太白入南斗中，国更政令。

石氏曰：太白入斗，大人御守，有兵兵罢，将军为乱。守魁，二十日大赦。

甘氏曰：太白入南斗，将军戮死，国易政，期三年，（司马彪《天文志》曰：永元五年五月九日，金入南斗魁中，为火，将军死。至六年十二月，车骑将军邓鸿坐追虏失利，下狱死。）

《海中占》曰：太白入南斗，将相有黜者。一曰有被杀者。（司马彪《天文志》曰：孝安延光四年九月甲子，太白入南斗口中，侍中黄门孙程等合谋，追尉卫显等立太子保为天子，是为孝顺帝。）

郗萌曰：太白入南斗，不出三十日，有大兵，丞相死。又曰：入斗，外国使来见主，出斗，主遣使至外国，皆期三十日。太白入南斗，留舍斗中，十日不下，匈奴入于所守之国，进者必有兵，退者家久长。太白入南斗，天下受爵禄，期六十日若九十日。（《宋书·天文志》曰：晋穆帝升平四年九月壬午，太白入南斗口，犯第四星，五年五月，哀帝立，大赦，赐爵禄。）

《荆州》曰：太白星入南斗中，将军戮辱，不出三十日，有赦，去复还，将死之。

《文曜钩》曰：太白守南斗，威烁。

陈卓曰：太白入南斗，有丧。一曰君死，不则病。（《宋书·天文志》曰：晋穆帝升平四年九月壬午，太白入南斗口，犯第四星，五年五月，穆帝崩。）

郗萌曰：太白居南斗，河戍间道不通。

《黄帝占》曰：太白守斗，大人当之，国易政。

甘氏曰：太白失次守斗，所守者诛。

巫咸曰：太白守南斗，执政为变。太白留守斗，所守之国当诛。太白犯守南斗，国有兵事，大臣有反者，有名之人诛。（《宋书·天文志》曰：吴太平元年九月壬辰，太白犯南斗，其明年，诸葛诞反，又明年，孙綝废亮。晋元帝大兴元年七月，太白犯南斗，三年九月，太白又犯南斗，永昌元年三月，王敦率江荆之众来攻京都，六军拒战，败绩，于是杀护军将军周颉、尚书令刁协、骠骑将军戴渊等。）

石氏曰：太白犯斗，留守之，破军杀将。

太白犯牵牛二

《海中占》曰：太白入牵牛，为天下牛车有急行。

郗萌曰：太白入牵牛，留守之，大臣为乱。

陈卓曰：太白入牵牛，留守之，大人死，将军失其众，关梁不通，民饥，有自卖者。

石氏曰：太白去牵牛一尺，六畜贵。

《海中占》曰：太白提牵牛出入，万物死。太白出入留舍牵牛，三十日不下，牛大贵。

《荆州占》曰：太白出入留舍牵牛，五十日不下，军出至越城下。

《黄帝占》曰：太白守牵牛，吴越兵起，牛多死。十日不下，牛大贵。（《宋书·天文志》曰：宋前废帝永光元年正月丁酉，太白掩牵牛，明年，广州刺史袁昙远等反。）

《海中占》曰：太白犯守牵牛，诸侯不通。

陈卓曰：太白犯守牵牛，将军凶。

石氏曰：太白守天鼓，有急令。

《海中占》曰：太白守天闲，二十日，大赦。

石氏曰：太白守牛北，人民流死；在其西，虎狼入邑；在其南，多亡狗；在其东，小儿多死。

巫咸曰：太白守牵牛，为五谷不成。

《海中占》曰：太白守牵牛，其国兵起，期六十日。又曰：妖言无已。

《荆州占》曰：太白守牵牛，有兵谋，万人多死。

《海中占》曰：太白守牵牛，为牺牛疾疫。

甘氏曰：太白犯守牵牛，国有大兵，将军为乱，大人忧，国易政。太白犯牵牛，留守之，为有破军杀将。

太白犯须女三

陈卓曰：太白犯须女，布帛贵，军起。

《玉历》曰：太白去须女一尺而守之，一夫十妇，天下女多男少。

齐伯曰：太白出入留舍须女，其国棺贵。三十日不下，国有兵。

石氏曰：太白守须女，王者发布帛丝，库藏珍宝出。

石氏曰：太白守若入须女中，幸臣与女乱，妃党谋王。太白守须女，为有女丧。

巫咸曰：太白守须女，为万物不成。

《海中占》曰：太白守须女，兵起锵锵；东北行，有嫁女娶妇之事。

郗萌曰：太白守须女，为后夫人有变。一曰妾为主。

《百二十占》曰：太白守须女，妃谋主，兵发于内。

《荆州占》曰：太白守须女，天下多寡女。

《北官候》曰：太白入须女留守，有女丧，大臣谋主。

陈卓曰：太白逆行，留守犯陵须女，天子及大臣有疾，女有奇政令。

太白犯虚四

《文曜钩》曰：太白入虚，天子以微诛。

巫咸曰：太白入虚中，伺其出日而数之，期二十日为兵发，伺始入处。

《海中占》曰：太白入虚不出，九十日，有大赦遍天下，天下欲从。太白提虚出入，大臣谋主，政急。

郗萌曰：太白提虚出入，大臣多就诏狱者。又曰多土功，民流亡。

石氏曰：太白去虚一尺，稻粱贵十倍。

郗萌曰：太白出入留舍虚，五十日不下，其国若有疾事。

石氏曰：太白守虚，国多孤寡。

甘氏曰：太白守虚，母覆其子，太子承号之众，当封赏拜赐者。

巫咸曰：太白守虚，为民多疾疫。一曰天下大乱，一曰万物不成。又曰：太白守虚，有兵兵罢。又曰：太白守虚，天子将兵，流血满野，农人荷戟。一曰有兵灾：

《荆州占》曰：太白芒角守虚，大臣谋君。

《海中占》曰：太白守虚，兵起东北，敌人出楚，吴亦然。

郗萌曰：太白在虚中为彗，如剑形，虚国发兵。

太白犯危五

《北官候》曰：太白入危，有兵兵罢，无兵兵起，多火灾。一曰旱，五谷不成。

郗萌曰：太白提天府出入，大臣谋主，政急。

石氏曰：太白守危，去之一尺，诸侯无忠者，以谗言相谤，若有黜者。

郗萌曰：太白守危，宾客有以事死。甘氏曰：太白守危，将军凶，去公门灾消，国有忧。

《荆州占》曰：太白守危，民多疮疽之病。

《百二十日占》曰：太白犯守危，大臣为乱，天下有兵。

《玄冥占》曰:太白入危犯守之,天下有急事,兵大起,国有忧,有兵加于齐国之城。

郗萌曰:太白与危斗不出,其年国有反臣。太白守坟墓,为人主有哭泣之声。

太白犯营室六

郗萌曰:太白犯营室阳,阳有急,犯阴,阴有急。太白晨出东方,上至营室而反还,复入东方,其出西方,若出东方过营室,强国君有兴者,不及营室而反,强国有败者。

石氏曰:太白去营室一尺,威令不行。

甘氏曰:太白入营室犯之,天下兵满野,人主威令不行。六十日不下,将军死之。

齐伯曰:太白出入留舍营室,五十日不下,卫国将困。一岁不去,将军死之。

石氏曰:太白守营室,太子及妃后与臣谋,兵起于内。

郗萌曰:太白守营室,君有殃。

石氏曰:太白守营室,有兵罢,国士安。

郗萌曰:太白守营室东壁中,期六十日,天下金贱。

甘氏曰:太白守营室,天下军起,兵甲满野,大兵乘水欲攻王侯之国,不出四十日。

《荆州占》曰:太白守营室,天下更令,有破军,期二月若百二十日。

郗萌曰:太白守营室,为大人忌,以赦令解之。

《北官候》曰:太白入营室而守之,太子及妃后俱谋,兵起于宫中,期百八十日。

太白犯东壁七

郗萌曰:太白出入留舍东壁,五十日不下,大人当之。

石氏曰:太白去东壁一尺,诸侯用命。

《黄帝占》曰：太白守东壁，文武并行，卫士用兵，大人当之，其国亡。

石氏曰：太白守东壁，为有兵灾。

甘氏曰：太白守东壁，天下有军不战。

巫咸曰：太白守东壁，旱，多火灾。

郗萌曰：太白守东壁，为天下兵起。一曰狄兵起。

《百二十占》曰：太白守犯东壁，且有兵丧。

石氏曰：太白犯守东壁，天下有兵不战。

石氏曰：太白守东壁，兵发于内，太子及妃后与人民谋。

开元占经卷四十九

太白占五

太白犯西方七宿

太白犯奎一

《荆州占》曰:太白入奎中,大水横流,不出百八十日。

郗萌曰:太白入天库,兵起西方。

《海中占》曰:太白出奎,起兵于国外。太白润泽出奎,有善令,变色入奎,有伪令来者,若出奎,为伪令出使者。

石氏曰:太白守奎,外夷入。

《海中占》曰:太白守奎,出复入,籴贵,人流,食贵。

石氏曰:太白守奎,五十日不下,大水,有兵且战。一岁不下,三岁有兵。

甘氏曰:太白守奎,大霜。

《海中占》曰:太白守奎,以水起兵国中。

巫咸曰:太白守奎,万物不成,民疾病。

《海中占》曰:太白守奎,兵起凶。一曰圣人出,一曰徭大起。

郗萌曰:太白守奎,有匿谋,不过岁中。又曰大将军战死若戮死,期九十日,国有流民。又曰赦。

《荆州占》曰:太白守奎,为王者忧。一曰大人当之。

《玉历》曰:太白入奎,若守之,水泉涌出。五十日不下,秦且开库发兵加鲁城,有兵战,国多流民。

石氏曰:太白守奎,外国兵来入,有军不战。一曰水潦为害,伤五谷。

甘氏曰:太白犯守奎,外兵来入国。若去奎一尺,四夷共治中国，期二年。

《文曜钩》曰：太白垂芒守奎，天下柝击。

太白犯娄二

郗萌曰：太白犯娄，有众聚发事。

《玉历》曰：太白顺行之娄，子离其母，其政和平，国有喜。

石氏曰：太白经娄，四夷还去。太白去娄一尺，爵禄贵。太白出入留舍娄，外国兵来入。

齐伯曰：太白出入留舍娄，天下大兵起，秦国以发兵，必有兵加于鲁之城。

《黄帝占》曰：太白守娄，小旱，万物不成。

郗萌曰：太白守娄，有兵，期四十日。又曰有大令。

石氏曰：太白守娄，赦。

甘氏曰：太白守娄，子守其母，天子至孝，将有德。

《荆州占》曰：太白守娄，为聚众兵起，三军行，天下多饥，冢大贵。

石氏曰：太白守犯娄，其乡吉，天下和平，将军有喜。

太白犯胃三

甘氏曰：太白犯胃，色赤，五十日不下，其国大败，有亡主，期不出年。

《海中占》曰：太白入胃中守之，有丧。

《黄帝占》曰：太白守胃二十日，兵大起，流血。

石氏曰：太白守胃五十日，兵大起，其乡有转谷百里，百姓饥，国大乱。

甘氏曰：太白守胃，大臣执忠，天子奉其祀，四海安宁。

巫咸曰：太白守胃，民疾病若流亡。一曰民小流。又曰：太白守胃，为有兵灾，万物不成。

郗萌曰：太白出入留舍胃五十日不下，天下大乱，百姓饥，其国必败。

《海中占》曰：太白守胃，有德令，兵革不用，有兵兵不用。

陈卓曰：太白犯守胃，将为乱国，以无义亡。

《太公决事》曰：太白守胃，五十日不下，兵见，百里流血，后月赦。

郗萌曰：太白守胃，有仁令。一曰天下大赦。

《西官候》曰：太白守胃，色赤如火，兵起见血流。一曰青黄有德令。

《文曜钩》曰：太白贯胃，仓廪虚，边兵结，四夷侵，祸谋成。

《黄帝占》曰：太白逆行守胃，成勾已，其国君死，大臣有诛。若去之一尺，燕赵大饥，人相食，期百八十日。

《孝经右秘》曰：岁将大恶，金加胃。

太白犯昴四

《文曜钩》曰：太白入昴，天子以岁诛。

陈卓曰：太白犯昴，旱，大暑。（《宋书·天文志》曰：晋成帝咸康元年二月己亥，太白犯昴，六月旱。）

陈卓曰：太白犯昴，兵起，近期一年，远期五年。（《宋书·天文志》曰：晋成帝咸康元年二月己亥，太白犯昴，四月石虎侦骑至历阳，朝廷虑其哨众复至，加司徒王导大司马，治兵动众，又遣慈湖、牛渚、鹿湖三戍，五月乃罢。是时湖贼又围襄阳，庾亮拒而退之。）

石氏曰：太白入昴，天下扰，兵大起，期五十日。（《宋书·天文志》曰：晋惠帝大安二年，太白入昴，是年冬，成都、河间攻洛阳，二年正月，东海王越执长沙王乂、张方反。晋康帝建元二年正月壬午，太白又入昴，是年石虎杀其太子邃及其妻子徒属二百余人，又遣将刘宁寇没狄道，又使将张举将万人屯剕东以备慕容皝。）

郗萌曰：太白入昴中，大赦，近期十五日，远期三十日。太白行疾期近，行迟期远。又占曰：太白入昴中，大赦，期九十日。

《玉历》曰：太白入昴中，大忧，国易政，有流血千里，主命恶之，不出其年。

石氏曰：太白去昴一尺，贱人贵。

郗萌曰：太白奔昴若出北者，为阴国有忧。

《黄帝占》曰：太白犯昴，若舍昴，留四五日不去，即大臣有死者。又占曰：太白出入留舍在昴北，有女丧，在昴南，有男丧。又占曰：太白守昴，四夷有兵事。（司马彪《天文志》曰：孝章帝建初元年正月丁巳，太白在昴西一尺，昴为边兵，是时蛮夷陈纵等叛汉。）

《春秋元命包》曰：太白守昴，政绝。

石氏曰：太白守昴，兵从门闯入，人主出走。一曰胡兵入，且亡国，若有谋主之变。居其北则四夷有毒霜早降，岁有疾疠。一曰胡不安，期六十日，当有自来王。

甘氏曰：太白守昴，将军下狱。

《海中占》曰：太白守昴，将军有聚众。

石氏曰：太白守昴，有更令，若有大赦，期百八十日。

巫咸曰：太白守昴，国易政，大人当之。

巫咸曰：太白逆行守昴，扰有兵起，民多有恨狱者。一曰大臣有狱死。又占曰：太白入昴，若居昴北，若犯乘守，北主死。

郗萌曰：太白与昴斗，不出其年，有反臣。又占曰：太白中犯乘守昴，为兵北征于边。

《荆州占》曰：太白犯乘守昴，有角，兵大起天下，流血千里，民多疾。

太白犯毕五

《黄帝占》曰：太白犯毕出北，阳国有忧。

石氏曰：太白犯毕左角，大战不胜，将军死。

《太公决事占》曰：太白犯毕口，大兵起，一岁罢。

《西官候》曰：太白犯毕右角，敌兵大战。（按司马彪《天文志》曰：孝明永平十六年四月癸未，太白犯毕，毕为边兵，后北匈奴入云中，至咸阳，使者高弘发三郡兵追讨，无所得，太仆蔡彤坐不进下狱。）

石氏曰：太白入毕口中，为大人当之，国危。

石氏曰：太白入毕口，有女丧。

《西官候》曰：期百二十日，远期十月。一曰将相当之，若有忧，大人恶之。（《天文志》曰：孝安永初三年五月丙寅，太白入毕口中，延光元年三月癸巳，邓太后崩，五月庚辰，太后兄车骑将军邓骘等七侯皆免官自杀之验也。）

石氏曰：太白入昴，近阳星，大将出征立功，有光荣。

石氏曰：太白入毕口，与两股齐，期四十日，兵起，入直一星，期十日兵起，守之五日，期三日兵起，若有人以猎惑人君者也。

郗萌曰：太白出入留舍毕不下，一国有忧，兵起北方。出入留舍六十日不下，天下有立王。百日不下，不越四年中，王侯有大丧。

巫咸曰：太白入毕中，各伺其出日而数之，期二十日为兵发。伺始入处之率，一日期十日为军罢。

郗萌曰：太白入毕口不出，民人走，有狄夺国。又曰大赦，近期十五日，远期三十日。太白行疾期近，行迟期远。

《西官候》曰：太白入毕，人主守卫，将相有乱者，人主当之。犯左角，大兵战，左右将死。乘陵其上，边将军死。

《太公决事占》曰：太白出东方入毕口，车马贵，易政。

石氏曰:太白出毕阳则旱,出毕阴,则为政令不行。

石氏曰:太白出毕一尺,国丰。

《西官候》曰:太白抵天都尉出入,天下有兵惊,民离,主亦惊。

《文曜钩》曰:太白贯毕,仓廪虚,边兵缮,四夷侵,祸谋成。

石氏占曰:太白守毕傍,有兵。

石氏曰:太白守毕,天子虚,国多枉刑。

甘氏曰:太白守毕,大将有功,大臣使出。

巫咸曰:太白守毕,诸侯兵起,一岁罢。又曰为水,万物五谷不成。

《西官候》曰:太白守毕柄,有兵,邑益强。一曰大臣出使。又曰太白入毕守之,将军谋反,大将出从,竟立功名,国易政,期不出二年。

《玄冥占》曰:太白入毕而守之,将军为乱,国君守卫,大臣当之,改朔易令。

郗萌曰:太白犯守毕,有大兵,民多死。

郗萌曰:太白犯守毕,有急令。一曰相死,边境不安。

《黄帝占》曰:太白犯守毕左股,边夷兵起,左将军战死。若犯守右股,右将军战死,不出其年。

《海中占》曰:太白犯守附耳,国有谗乱之臣在主侧,以畋猎惑主者,若相有喜。

陈卓曰:太白犯附耳,兵将相忧丧也,若不即免退。

太白犯觜觿六

石氏曰:太白犯觜觿,万物不成。

石氏曰:太白犯觜觿,其国兵起,天下移动。

甘氏曰:太白犯觜觿,大臣为乱,大臣当之,国易政,兵起,铁锁用,期九十日。

郗萌曰:太白入觜觿中,有兵。

郗萌曰:太白出入留守觜觿,地数裂,兵且起,大人当之。

《黄帝占》曰:太白守觜觿,时节不调,当温反寒,当寒反温,当雨反晴,当晴反雨。

石氏曰:太白守觜觿,不出三十日,有将军叛,天子之军破,牛马有急行。

石氏曰:太白守觜觿,西方客动,侵地欲为,君王崇礼以制义则国安。

《荆州占》曰:太白守觜觿,天下兵。

石氏曰:太白守觜觿,君臣和同。

甘氏曰:太白守觜觿,四夷和合,天下咸宁。

巫咸曰:太白守觜觿,为万物不成。一曰民多疫,大臣有变。

《西官候》曰:太白犯守觜觿,天下兵起,人民相谋。

太白犯参七

《太公决事占》曰:太白犯参左股,战大胜。

郗萌曰:太白犯参右股,战不胜,将军死。

《海中占》曰:犯参,有大兵将行。

《西官候》曰:太白犯参右肩,有战,右将忧;犯守左肩,亦有战,左将忧。若大臣当之,将军有死者。

《荆州占》曰:太白抵参出入,天下惊;抵天都尉出入,天下发兵。

石氏曰:太白逆行,若留止衡中,兵革起。

《荆州占》曰:太白宿参,若宿伐,为反臣中兵也。

齐伯曰:太白出入留舍参,名将死,天下大乱,兵起而不用,人民流亡,不居其乡,不出年山谷亦空。

石氏曰:太白守参,有兵,天子之军破,牛马有急行。

巫咸曰:太白守参,大臣为变。

石氏曰:太白守参,有赤星出中,边有兵。

郗萌曰:太白守参,天下不安,国大危大忧,若籴贵。

甘氏曰:太白守参,将军出外降,边兵大战。

巫咸曰:太白守参,国有反臣。

《海中占》曰:太白守参,若大水在西方。

石氏曰:太白守犯参伐,大臣为乱,车骑人皆急,兵起。

郗萌曰:太白守伐,卫尉若国将当之,期五月。

开元占经卷五十

太白占六

太白犯南方七宿

太白犯东井一

《海中占》曰：太白犯东井，人主浮船。

石氏曰：太白犯东井，将军恶之。（宋檀道鸾《晋阳秋》曰：孝武太元五年五月丁酉，太白犯东井，八月己巳，领军将军新除太常韩伯卒。安帝元年三月丙辰，太白犯东井，后将军王国宝于狱赐死，又左将军王绪斩于市也。）

石氏曰：太白入东井中，大人卫守，国君失政，大臣为乱，兵大起。（案《晋书·天文志》曰：晋永康二年二月，太白出西方，逆行入东井，是时齐王冏起兵讨赵王伦，伦灭冏，拥兵不朝，专权淫侈，明年诛死。车频《秦书》曰：符生寿光三年二月，太白犯东井，太史奏曰：必有暴兵。生曰：星入井者，必将渴耳，何怪也。时长安谣曰：百里望空城，蔚蔚一何青，瞎儿不知法，仰目不见星。其年符法杀生而坚代立，是其应也。）

郗萌曰：太白入东井中，先起兵者大败，天下大水。（《宋书·天文志》曰：晋穆帝升平三年六月，太白犯东井，四年五月，天下大水之验也。）

郗萌曰：太白出东方，入咸池东，下行入东井，下不忠，有谋上者。

《荆州占》曰：太白入东井，将军有戮死者。

《玉历》曰：太白入东井，失道行阳，先起者亡，后发者昌。

郗萌曰：太白入东井出入，诸侯兵惊，政急民流。

《南官候》曰：太白入东井，留二十日以上，天下更政，若六畜疾。又曰：兵大起，天下易正朔。（谓留井中。）

《黄帝占》曰：太白入东井，为水。

石氏曰：太白守东井，为旱。

石氏曰：太白守东井，十日不下，大臣坐之；三十日不下，神水出，岁多土功。

郗萌曰：太白守东井，一东一西，一南一北，男子不得耕，女子不得织。

巫咸曰：太白守东井，邑君失政，大人当之，大臣为盗，有诛者。又占曰：太白守东井，为万物不成，若失火。

郗萌曰：太白守东井，兵起东南。

石氏曰：太白入若守东井中，大臣为盗。

郗萌曰：太白犯乘守井钺，为其国内乱兵起。

《黄帝占》曰：太白入犯井钺，为臣诛。

郗萌曰：太白入若犯钺，将诛。

石氏曰：太白犯守钺，有兵起，不出其年。

太白犯舆鬼二

甘氏曰：太白犯舆鬼质，将戮。（司马彪《天文志》曰：孝安永初三年六月癸酉，太白入舆鬼，为将凶，后中郎将任尚坐赃侵，其年槛车征弃市也。）

《荆州占》曰：太白入舆鬼，将诛。

陈卓曰：太白入舆鬼，兵革起。

石氏曰：太白犯天尸，将军有忧，其主废。

齐伯曰：太白犯入舆鬼，以罪斩大臣。（案司马彪《天文志》曰：孝桓延熹八年五月癸酉，六月壬戌，太白行入舆鬼，九年十一月，太原郡守刘瓒等坐杀无辜、荆州刺史李隗为贼所拘，皆弃市。永康元年十二月，大将军窦武、尚书令尹勋、黄门令山冰等皆枉死者。）若五十日不下，且有大丧。

石氏曰：太白入舆鬼，西北妇人多兵死。

郗萌曰：太白入舆鬼，为大人卒事，以命终。（案司马彪《天文志》曰：孝质本初元年四月辛巳，太白入舆鬼，闰月一日，孝质帝为梁冀所鸩之验。）

郗萌占曰：太白入舆鬼，岁恶，妇人多怀子而死者。

《荆州占》曰：太白入舆鬼，乱臣在内，有屠城。（案檀道鸾《晋阳秋》曰：孝武太元二年四月戊戌，太白入舆鬼，四年二月，襄阳城陷，四月，魏兴城崩，五月，彭超攻陷盱眙城。）

《南官候》曰：太白入舆鬼，犯积尸，国有大丧，大兵起，将军有战，人多死，白骨满野，无有葬者，期二年。

郗萌曰：太白舍舆鬼东北，天下多枭死者。一曰有兵。

郗萌曰：太白舍舆鬼中央，左右群臣有伏剑若吞药而死者。

郗萌曰：太白出入留舍舆鬼，五十日不下，民大疾死而不收。（案《宋书·天文志》曰：孝武孝建三年四月戊戌，太白犯舆鬼，明年夏，京邑疾疫。明帝泰始四年六月壬寅，太白又犯舆鬼，其年普天下大半疾疫也。）

《南官候》曰：太白出入留舍舆鬼，五十日不下，国兵起，开库发卒。

石氏曰：太白守舆鬼，有兵灾，若旱，多火灾，万物五谷不成。

郗萌曰：太白守舆鬼傍，万民当之。

石氏曰：太白守舆鬼，大人有祭祀之事。

《海中占》曰：太白守舆鬼，出其南，水，出其北，旱。

《南官候》曰：太白久守舆鬼，病在女主。其留二十日以上，有丧，期八月。

《玉历》曰：太白行守舆鬼，成勾己，若环绕之，国有死王，大臣有戮者。五十日不下，人民死者大半。

郗萌占曰：太白入若守舆鬼，为主忧，财宝出，乱臣在内，若大臣谋，有干钺弃质者，君贵人忧，金玉用，民多疾。南入为男，北入为女，西入为老人，东入为丁壮。棺木倍贵。

《荆州占》曰：太白干犯守舆鬼，随所守王者发之，不出七十日，其下国有大丧，阳为人君，阴为皇后，左为太子，右为贵臣。

郗萌曰：太白舆鬼斗，不出其年，有反臣。

太白犯柳三

《南官候》曰：太白犯柳，有木功事，若名木见伐者。

郗萌曰：太白入柳天库，兵起西北方。又曰大人守御。

《南官候》曰：太白入注，兵大起，有益地者。

《海中占》曰：太白逆行入柳，成钩己，下刑上，臣谋主，民有怨仇，多暴死。

《春秋文曜钩》曰：残百姓，诛名臣，则太白入柳。

石氏曰：太白去柳一尺，国有专臣，专命无忌。

《荆州占》曰：太白提天相出入，有阴谋。

《南官候》曰：太白逆乘注，下刑上，民多怨仇暴死者。又占曰：太白抵柳出入，阴谋其主，诸侯应其急。

甘氏曰：太白守柳，将军受贺，王者封臣。

石氏曰：太白守柳，战大胜，大得地。

《海中占》曰：太白守柳，兵大起，一岁罢。若小旱，伤五谷。

《南官候》曰：太白守柳，为反臣中外兵，以德令解之。

《南官候》曰：太白守柳，兵起，一岁大益也。

郗萌曰:太白守柳,敌不安。

齐伯曰:太白守柳,秦兵且至,无王者。

巫咸曰:太白犯守注,有急兵,若有变更之令,下陵上,君弱臣强,奸臣贼子谋杀其主。

郗萌曰:太白守柳,人民多狂。

《荆州占》曰:太白迫守柳,大将军出。

太白犯七星四

郗萌曰:太白犯七星,臣为乱。

甘氏曰:太白入七星,有君置太子者。

郗萌曰:太白出七星,太子且立。

石氏曰:太白去七星一尺,国致七十二人。

郗萌曰:太白提天都出入,岁旱恶。

《荆州占》曰:太白经七星,民非吾民。一曰当有诈为王者。

郗萌曰:太白犯守七星,兵大起,暴巫移市。又占曰:太白留七星中央,为天下大忧。

齐伯曰:太白出入留舍七星,三十日不下,兵且起;六十日不下,必有破国亡王死将;八十日不下,三年兵起,期在春。一曰有急令,期不出年。

《黄帝占》曰:太白守七星,不出二十日有兵。又占曰:太白守七星二十日以上,有急兵。

石氏曰:太白守七星,兵渡津桥者大凶。

甘氏曰:太白守七星,将军纳忠,国君有德。

巫咸曰:太白守七星,兵大起,又为水,万物五谷不成。

郗萌曰:太白守七星,国失政,大人当之。

郗萌曰:太白守七星,战大胜,天子益地。

《荆州占》曰:太白守七星,七日以上至三十日,大将军出。又占曰:太白守七星,车骑满野。又曰行天都,王者有忧。

《南官候》曰:太白守七星,为反臣中外兵,以德令解之。

太白犯张五

《春秋文曜钩》曰:太白入张,天子以微诛。

巫咸曰:太白乘犯张,三日以上至七日,将军内反,贼臣在侧。

郗萌曰:太白提张出入,相自擅阴谋其主。

《荆州占》曰:太白提张出入,诸侯应其急。

石氏曰:太白守张,春旱。

郗萌曰:太白出入留舍张,兵起于其国。

甘氏曰:太白守张,其国有兵,谋不成,天下以空,发兵。一曰兵起不行。

巫咸曰:太白守张,必有大水,多水灾,万物五谷不成,民忧食。

《南官候》曰:太白守张,为反臣中外兵,以德令解之。

《百二十占》曰:太白守张,先旱后水。

石氏曰:太白犯守张,兵革满四野,必有亡国,天下易政。

巫咸曰:太白守张,下凌上,君弱臣强,奸臣贼子谋杀其主。

郗萌曰:太白犯守张,人民多狂。

太白犯翼六

《荆州占》曰:太白入翼,天下兵塞。

郗萌曰:太白出入留舍翼,大风将至。一曰其国不平,若大水出。

《海中占》曰:太白去翼一尺,翼,阳也。太白,金,阴也,阴来附阳,秦朝楚。

郗萌曰:太白舍翼,有客。一曰舍左翼,旱。

《黄帝占》曰:太白舍右翼,兵起。

郗萌曰:太白犯守翼,其国失地。

石氏曰:太白守翼,为万物不成,人民流亡。

石氏曰:太白守翼,三日以上,大臣不臣。一曰大臣为乱。

巫咸曰:太白守翼,有反臣中兵也。

郗萌曰:太白守翼,四夷兵大起,五谷伤风,民多疫。

《玉历》曰:太白守翼,有急事,若有大风。

齐伯曰:太白守翼,臣不承令,人主有忧。

《百二十占》曰:太白守翼,有兵在西方。

《黄帝占》曰:太白守翼,易代,臣行主命。

太白犯轸七

石氏曰:太白守轸,其国兵起得地。

《海中占》曰:太白犯轸,将军为乱,其国兵起,臣欲谋君,贼人谋贵人,兵死。一曰:去之一尺,天下大饥,期不出百八十日。

巫咸曰:太白入轸中,伺其出日而数之,期二十日,为兵发。伺始入处之率,一日期十日,军罢。

《黄帝占》曰:太白犯守轸,兵起西方。

郗萌曰:太白出入留舍轸,轸分为楚府廷,太白,秦国之星也,主金,行轸客兵来过楚矣,必有死主。

《黄帝占》曰:太白守轸,将军为乱,车骑出。

甘氏曰:太白守轸,将军有忧。

《海中占》曰:太白守轸,兵车四夷兵大起。

《南官候》曰:太白守轸,兵大起,有亡地千里,恐有大丧。又占曰:太白守轸,兵谋欲起,人有代上之符。入轸中,兵起,国易政,及有自来侯王受命于王者，男子有功封爵之庆，士卒有远征之役，诸侯应之。魏以位禅晋，时太白入轸中，及留度进过于午之间二十余日。晋代吴之二年，太白入轸。

《荆州占》曰：太白入守轸，将军有疾。

《玄冥占》曰：太白入守轸中央，兵起，国易政，亡地千里，若有大丧，士卒有远征之役，吴楚当受其兵，期二年。

郗萌曰：太白起左角，逆行至轸，国亡地。

开元占经卷五十一

太白占七

太白犯石氏中官

太白犯摄提一

《圣洽符》曰：太白入犯摄提，兵起满野，强臣谋主，若守卫臣有谋，期二年。

太白犯大角二

郗萌曰：太白守大角，兵大用，有国亡。

《荆州占》曰：太白守大角，兵大动。

《文曜钩》曰：太白守犯大角，天下乱，大兵起，强臣谋主，若贵人被戮，期一年。

《海中占》曰：太白犯守大角，臣谋主，有兵起，人主忧，王者戒慎左右，期不出百八十日，远一年。

太白犯梗河三

巫咸曰：太白犯守梗河，国有谋兵，四夷兵起来侵中国，边境有忧。

太白犯招摇四

《圣洽符》曰：太白犯招摇，边兵大起，敌人为寇，若守之敌兵败，若其王死，期不出三年。

《荆州占》曰：太白入守招摇，旗帜起。

甘氏曰：太白守招摇，天下兵大起，非一国，远夷为乱，欲侵中国，人主有忧，期一年。

太白犯玄戈五

《圣洽符》曰：太白犯守玄戈，为边兵大起，敌人为寇，若守之，敌人败，若其王死，期不出二年。

太白犯天枪六

巫咸曰：太白犯守天枪，边兵起，枪大用，防戍有忧，若诛边臣，期不出年。

太白犯天棓七

巫咸曰：太白犯守天棓，边夷起，机棓大用，防戍有忧，若诛边臣，期不出年。

太白犯女床八

《荆州占》曰：太白犯女床凶，若守女床，宫有变害，若被诛。

甘氏曰：太白守犯女床，兵起，宫中若后有诛，期百八十日，远一年。

太白犯七公九

石氏曰：太白犯七公，群臣有诛。

《黄帝占》曰：太白守七公，为饥，君不安。

石氏曰：太白犯守七公，辅臣有诛，议臣相疑，若有诛者，人主有忧。

甘氏曰：太白犯守七公，兵革大起，大臣有诛，若有戮死者，期不出年。

太白犯贯索十

巫咸曰：太白犯守贯索，天下乱兵起，多有狱事，贵人有死者。石氏曰：太白入贯索中犯乘守，以狱为乱。

《玄冥占》曰：太白犯守天牢，以狱起兵，大人忧。

太白犯天纪十一

《荆州占》曰:太白守天纪,有兵乱。

石氏曰:太白守天纪,幸臣执权,有兵起,王者有忧。若犯守,大臣为乱,兵起宫中,若有大旱之灾,人民大饥。

太白犯织女十二

巫咸曰:太白守织女,后有诛者。

《黄帝占》曰:太白犯守织女,天下有女忧,有兵起,不出其年。

太白犯天市垣十三

《海中占》曰:太白入天市,国有谋兵,将相有戮死者,期百八十日。

郗萌曰:太白入天市中,五官有忧。一曰将有忧。一曰大臣戮,若粂贵。

《文曜钩》曰:太白入居守天市中,惊国,有谋兵,鈇钺用,兵大起,期不出三年。

巫咸曰:太白入天市而守之,相坐之,有兵起,贵人有忧,若诛,期二年。

郗萌曰:太白入若守天市,诸侯贵人必有戮者。一曰更币。

太白犯帝座十四

《海中占》曰:太白犯帝座,大臣为乱,强臣谋主,有兵,期不出年。

石氏曰:太白守犯帝座,有逆乱事。

太白犯候星十五

石氏曰:太白犯守候星,诸侯起兵,有千里之行,政令急,民多苦。

《海中占》曰：太白犯守候星，阴阳不和，五谷伤，人民大饥，有兵起。

太白犯宦者十六

石氏曰：太白守宦者，凶。

甘氏曰：太白犯宦者，左右辅臣有谋，若戮死，期不出年。

太白犯斗星十七

石氏曰：太白守斗星者，凶。

太白犯宗正十八

石氏曰：太白守宗正，左右群臣多死者，若更政令，人主有忧。

太白犯宗人十九

石氏曰：太白犯宗人，亲族贵人忧，若有死者。一曰主亲有离绝。

太白犯宗星二十

甘氏曰：太白犯守宗星，宗室之臣有分离者。

《玄冥占》曰：太白触抵宗星，幸臣有诛者，期二年。

太白犯东西咸二十一

石氏曰：太白守东西咸，女主忧，诛，若贵女有戮死，期二年。

《荆州占》曰：太白守东西咸，忧兵起。

石氏曰：太白守犯东西咸者，为臣不从令，有阴私。

太白犯天江二十二

陈卓曰:太白守天江,暴水为害,不出其年。

巫氏曰:太白犯守天江,天下有水。若入之,水齐城郭,人饥,亡去其乡。(《宋书·天文志》曰:晋穆帝永和十一年八月己未,太白犯天江,占曰河津不通。升平元年,慕容隽遂据临漳,有幽并青冀之地,缘河诸将渐奔散,津河隔绝矣。)

太白犯建星二十三

陈卓曰:太白犯建星,大臣相谮。

郗萌曰:太白入建星,外国使来见主。出建星,主遣使至国,期皆三十日。

《黄帝占》曰:太白守建星,满二十日,必大赦。

巫咸曰:太白入建星,若守之,兵起,关道不通,若有外国使来者,期一年。

太白犯天弁二十四

甘氏曰:太白犯天弁,若守之,则囚徒兵起。一曰五谷不成,籴大贵,人民饥。

太白犯河鼓二十五

《黄帝占》曰:太白犯河鼓,大将若左右将有诛者,若有罪,以五色占之。

石氏曰:太白入河鼓,兵大起,大将出。若守之,所犯之将诛,期二年。

郗萌曰:太白守河鼓,兵起,期六十日。

太白犯离珠二十六

石氏曰：太白犯离珠，宫中有事，若有乱宫者，宫人有罪黜者。

巫咸曰：太白犯离珠，有兵起后宫，凶，女主有忧。

太白犯匏瓜二十七

《玄冥占》曰：太白守匏瓜，人主诛邑族，若有兵。一曰王者以果赐诸侯。

《圣洽符》曰：太白犯守匏瓜，天下有忧，若有游兵，名果贵。一曰鱼盐贵，价十倍，不出其年。

太白犯天津二十八

《海中占》曰：太白犯天津，关道绝不通，有兵起，若关吏忧。

《文曜钩》曰：太白入天津，兵起，大乱，以其所近四方中央死而葬，易政立王。

齐伯曰：太白守天津，兵起，有亡国，期一年，远二年。

石氏曰：太白有赤芒而守天津三十日，关道不度，人主有忧，若诸侯。

太白犯螣蛇二十九

甘氏曰：太白守螣蛇，天子前驱凶，奸臣有谋，前驱为害。

《玄冥占》曰：太白守螣蛇，诸侯若先驱者。一曰以水为灾，水物不成。

太白犯王良三十

《帝览嬉》曰：太白入王良，人主以车为弊，马多死，关津不通，国有忧。

石氏曰：太白守王良，为兵。

《海中占》曰：太白守王良三十日，大将亡。一曰主将皆大亡，兵起，车骑行，期百八十日，远一年。

郗萌曰：太白守天马，天子马多死者。

齐伯曰：太白犯守王良，天下有兵，诸侯相恐，强臣谋主，期不出年。

太白犯阁道三十一

石氏曰：太白守阁道而绝汉者，为九州异政，各主其王，天下有兵，期二年。

齐伯曰：太白守阁道，天子御难，御道塞，臣谋君。一曰宫人有谋，戒慎女兵。

太白犯附路三十二

石氏曰：太白守附路，太仆有罪，若有诛。一曰马多死，道无乘马者。

太白犯天将军三十三

郗萌曰：太白入将军，兴军吉。

《荆州占》曰：太白乘犯天将军，将军以兵事诛。又曰：太白守天将军，兵大起，将军行。

《文曜钩》曰：太白入守天将军，大将有忧。若兵起。一曰以饥为败，人民忧。

石氏曰：太白犯守天将军，为大将诛，若有死者。

太白犯大陵三十四

石氏曰：太白入大陵，国有大丧，大臣有诛，若戮死，人民死者大半，皆不出其年。

《荆州占》曰：太白乘大陵，天下尽大丧，死人如岳。

甘氏曰：太白犯守大陵，其国有丧，大人忧，若有土功坟陵之事，期百八十日。

太白犯天船三十五

郗萌曰:太白守天船,大人当之,天下赦。

《圣洽符》曰:太白入守天船,兵起,舟船用,有亡国,期不出年。

《海中占》曰:太白入守天船,国有丧,贵臣有戮,期二年。

太白犯卷舌三十六

《海中占》曰:太白犯卷舌,有奸乱之变。若入之,臣有妄言于君者,若谗臣谋君,以口舌起兵而乱国者,期百二十日,若一年。

石氏曰:太白乘卷舌,天下多丧,若入之,有佞臣谋其君,以口舌为害,人主有忧。

太白犯五车三十七

石氏曰:太白犯五车,大旱,若有丧,兵起,车骑行,五谷不成,天下民饥,君绝粮。犯仓星,谷贵,若有水。一云若入而中犯乘库星,兵起北方若西北方。

郗萌曰:太白入五车,留不去,秦国金玉贵。一曰兵大起百万人以上,入日占其国。

《荆州占》曰:太白入五车天库,天下大兵起。

《文曜钩》曰:太白入经五车,四猾起。

《百二十占》曰:太白入五车,若犯天潢,有大水,五谷不成,粢大贵,期不出年。

郗萌曰:太白入五车留不去,即有兵春见。若舍其西北,多死人,马牛多疾疫,在酒泉敦煌方。舍东北,粢石五百。

《黄帝占》曰:太白守五车,四夷人相食,三岁不复其乱。

郗萌曰:太白守五车,有大兵,不出九十日而至矣。

《黄帝占》曰:太白乘守天库,四夷兵起,必有死王。

郗萌曰:太白乘守天库,中国兵所向无不服,有自来之将,其民入中国,国有大喜。

太白犯天关三十八

《荆州占》曰:太白出入天关,万人多死。

石氏曰:太白行天关中,每至柳杨当去,不去徘徊乱行,光色隆怒,见其妖祥,中国隔绝,道路不通。

《河图》曰:太白提天关,关梁所出入,贵人多死。(《海中占》曰:地气泄,生相害,万物大伤。)

《海中占》曰:太白守天关,二十日,大赦。一云臣诛,主岁水。一曰守之二十日,兵甲锵锵,以水行。

郗萌曰:太白守天关,大臣反。(《宋书·天文志》曰:晋简文咸安二年五月丁未,太白犯天关,占曰兵起。六月庚午,入康城。)一曰为地气泄,贵人多死。

《西官候》曰:太白守天关,兵大起,关道不通,人民相恐。

《海中占》曰:太白守犯天关,道绝,天下相疑,有关梁之令。

郗萌曰:太白行不从天关,不出其年有兵。

太白犯南北河三十九

《黄帝占》曰:太白乘南河戍者,出南河,为中国兵起。

石氏曰:太白行南河戍中,若留止,为西方兵起,百姓疾。

郗萌曰:太白舍河戍三十日,国有男丧。

《黄帝占》曰:太白舍南河戍间,天下难起,道不通。

石氏曰:太白守南河戍,蛮夷兵起,边戍有忧,若有旱灾,人民饥。

《海中占》曰:太白守南河戍,边臣有谋。(郗萌曰:有奸谋也。)若诸侯兵起,君忧,若败亡。

《黄帝占》曰:太白留止守南河戍,为百姓病,若行其中,或留止守之,为旱,有丧。

郗萌曰:太白行南河戍,若留止守之,为有丧;在北河戍下,中国有兵,所向者胜。

《黄帝占》曰:太白乘北河戍,若出北河北,皆为胡王死,若留北河戍下三十日，必有自来主将其民降中国，其留过三十日，四夷大乱。太白从南来，南方当之，从北方来，北方当之。

郗萌曰：太白舍北河戍三十日，有女丧。

甘氏曰：太白守北河戍，边戍有谋，若有兵起，关梁不通，人主有忧，期一年。

郗萌曰：太白守北河戍，有内谋。一曰有白衣之会。又曰四夷相伐。

《荆州占》曰：太白留止守北河中，兵起，道不通。

《玄冥占》曰：太白守北河戍，胡夷兵动，若守之三十日不下，胡人败，若胡王死，天下大水，人民饥，期不出年，若二年。

石氏曰：太白入北河戍中而留止，不出百日，天下兵悉起，兵战秋冬，临冲革也，春夏德也。

郗萌曰：太白经南河戍之南，刑法峻暴，诛伐不当；经北河戍之北，女子金钱，贪色奢佞失治道，皆期三年，中期六年，远期九年，而灾至；居南北河戍中，若守之百日，兵大起。

《荆州占》曰：太白守两河间，天下乖离，道路不通。若在阳门中，天下并战。

郗萌曰：太白在阳门中，旱；入天高中，有奇令。若失度守阴门若阳门，为诸侯奸。入天高成勾己，天下有忧。

《黄帝占》曰：太白留守阴门，不出百日，天下兵悉起。若以四月从东方来，入天高，留三十日，天下民受赐；留五十日，兵起宫中。

郗萌曰：太白不行天门天关，为国有丧。太白与荧惑俱在帝阙中，则有大事分国。

太白犯五诸侯四十

石氏曰：太白犯五诸侯，若守之，兵大起，将士出，诸侯有忧，若有死。（《宋书·天文志》曰：晋安帝义熙六年三月，太白犯五诸侯，是年三月，始兴太守徐道覆反，江州刺史何无忌讨之，大败于豫章，无忌死之。四月，卢循寇湘中，攻巴陵，五月，循等大破豫州，刺史刘敬宣仅以身免。八年六月，临川烈武王道规薨，时为豫州。九月，兖州刺史刘蕃伏诛。)

巫咸曰:太白犯五诸侯,有兵起,大将出,若大臣有诛,若有戮死。如入五诸侯,伺其出日而数之,期二十日,兵发;伺始入日而处之率,一日为十日,而军罢。

《文曜钩》曰:太白守五诸侯,四猾起,兵官乱。

《荆州占》曰:太白守五诸侯,兵起。

郗萌曰:太白犯乘守五诸侯,为所中死乘守者诛,若有殃,期三年,兵发。

石氏曰:太白中犯乘守五诸侯,诸侯兵死,期三年。

太白犯积水四十一

巫咸曰:太白犯守积水,其国有水灾,水物不成,鱼盐贵。一曰:以水为败,粲大贵,人民饥,期二年。

太白犯积薪四十二

甘氏曰:太白犯守积薪,天下大旱,五谷不登,人民饥亡。

太白犯水位四十三

石氏曰:太白犯守水位,天下以水为害,津关不通。一曰:大水入城郭,伤人民,期不出二年。

太白犯轩辕四十四

《荆州占》曰:太白犯轩辕,女御天子仆死。

《文曜钩》曰:太白入轩辕,四猾起。

石氏曰:太白入轩辕中,犯乘之,有逆贼,若火灾。

《黄帝占》曰:太白出东陵,必有白龙出左右宫。若行轩辕中,犯女主,女主失势,忧丧也,列大夫有放逐者,五官有不治者。色悴,为忧为疾。其所中犯乘守者诛,若有罪。

《荆州占》曰:太白行轩辕,端贯出其中而东,大臣出令。

石氏曰：太白在轩辕中，有以女请人君者。

《黄帝占》曰：太白中女主，女主当之。其守犯女主，女主有忧。（《宋书·天文志》曰：魏青龙四年七月七日甲寅，太白犯轩辕大星，景初元年，皇后毛氏崩。晋成帝咸康六年六月七日，太白犯轩辕大星，七年三月，皇后杜氏崩。安帝义熙六年八月壬午，太白犯轩辕大星，七年八月，皇后王氏崩。宋文帝元嘉十六年八月朔日犯轩辕，明年，皇后袁氏崩。）

《圣治符》曰：太白守轩辕，兵大起，忧宫中，若有女丧。各以其所犯占之，期一年。

《帝览嬉》曰：太白守轩辕大星，若环绕之，皇后有急，若忧诛。一曰天下易王，女主有殃。

《荆州占》曰：太白守轩辕，女御有诛者。

巫咸曰：太白行犯守轩辕，女主失政，若失势。一曰大臣当之，若有黜者，期二年。（司马彪《天文志》曰：光武建武九年七月乙卯，金星犯轩辕大星，十月己丑又犯之。轩辕者，后宫之官，大星者，后宫之皇后，金犯之，为失势。是时郭后已失势见疏，后废为中山太后。孝和元年四月乙酉，金星犯轩辕东北二尺，四年，窦氏被诛，太后失势。孝桓永寿二年八月戊午，太白犯轩辕，大星为皇后，后二年四月，懿献后以忧死。）

《荆州占》曰：太白中犯守轩辕左角，为大臣当之。

太白犯少微四十五

石氏曰：太白入少微，君当求贤佐，不求贤佐则失夺势。太白犯守少微，名士有忧，王者任用小人，忠臣被害，有死者。

《黄帝占》曰：太白入中犯乘少微，为宰相易，女主有忧。

石氏曰：太白入中犯乘守少微，为五官乱，宰相忧。

太白犯太微四十六

《春秋纬》曰：太白犯太微，主受期命，夺号灭冲为期。（《宋书·天文志》曰：晋愍帝建武元年六月丁卯，太白犯太微，占曰王者恶之，七月，愍帝崩于寇廷也。）

《帝览嬉》曰：太白行犯太微左右执法，为大臣有忧。（司马彪《天文志》曰：孝安元初元年闰月己未，太白犯太微左执法，建光元年五月，太后兄车骑将军骘等七侯皆免官自杀。《宋书·天文志》曰：晋成帝咸康四年九月，太白犯左执法，五年七月庚申，丞相王导薨。安帝义熙六年九月甲寅，太白犯左执法，八年九月，兖州刺史刘蕃、尚书仆射谢琨伏诛也。）

石氏曰：太白入太微庭所中犯乘守者，为天子所诛若有罪。太白犯左右执法，左右执法者诛若有罪。

郗萌曰：太白犯天府，庭臣为乱。

《荆州占》曰：太白道从太微西蕃北南方星间入到南蕃东方星间，南出道也，中西蕃直坐入者，非道也。太白以庚子日顺入太微天庭中，天子所使也；不以庚子日，非天子使。太白入太微轨道吉。轨道者，入西门出东门，若左右掖门，行不留也。不轨道者，谓有所犯守也。

郗萌曰：太白当太微门为受制，当在左执法受事。左右执法守太微门三日以下，为受制，三日以上，为兵，为贼，为乱，为饥。

石氏曰：太白出东掖门，为相受命东南出，德事也；出西掖门，为将受命西南出，刑事也。期以春夏。太白入太微出左掖门，大将军出东南伐；出右掖门，大将军出西南伐，皆不出其年。

《黄帝占》曰：太白入天庭，色白润泽，为期百八十日有赦。

《帝览嬉》曰：太白入太微而出端门，臣不臣。

《雒书》曰：太白入左右掖门，出太阳东门，强臣暴诛。若入端门庭守十日，臣欲害君，期不十日。

《春秋图》曰：太白入西华门，出东华门，大臣作乱，谋其主，若诸侯不从王命，期百八十日若一年。

石氏曰:太白入太微庭中华东西门若左掖门,而南出端门者,为必有反臣。太白入西出东门,皆为人君不安,欲求贤佐。有入中西华门出中华东门,为臣有不令。有入太阴西门出太阴东门,皆为天下大乱,有丧,若水大。

甘氏曰:太白入太阴西门出东门,天下大乱,主死破宫,若有大水,期一年。(司马彪《天文志》曰:王莽地皇四年秋,太白在太微中,烛地如月光。太白为兵,太微为天庭,太白赢而北入太微,是兵将入天子庭也。是时王莽遣二公之兵至昆阳,已为光武所破,莽又拜九人为将军,至华阴,皆为汉将刘毕、李崧所破,进攻京师。十月戊申,汉兵自宣平城门入,二月己酉,城中少年子弟数千人起兵攻莽,商人杜吴杀莽渐台之上,校尉公宾斩莽首,大兵蹈公庭之中,仍以更始入长安,居前殿,皆以火入宫庭者。)

郗萌曰:太白入太微西门,犯天庭,出端门,为大臣伐主。入西门而折出右掖门,为大臣假主之威而不从主命。太白入西华门出端门东门,诈称诏。太白入太微西门若入端门出东门,为贵者夺势。太白入太微中,臣相杀,国有忧。

《荆州占》曰:太白主西方北方,入太微西南阳星之南为西方,入二星之北为北方,皆臣杀主之候也。犯帝座星,臣胜,不犯不胜,视其所止留之宿国,以知其所诛。

《荆州占》曰:太白入太微西蕃第一星,行至东蕃第一星东下去。太微者,天子之庭也,太白行其中,宫门当闭,大将军被甲,守兵大臣伏诛,左右有罪者。(司马彪《天文志》曰:孝灵帝建宁元年六月,太白在西方,入太微,犯西蕃南头星,其年八月,太傅陈蕃、大将军窦武谋,欲尽诛诸宦者,其年九月辛亥,中常待曹节、长乐五官吏朱瑀觉之,先矫制杀蕃等,家属徙日南。)

《荆州占》曰:太白入太微宫,为天下惊,一曰有兵。太白入天庭,国不安其宫。太白入太微中,近臣起兵;入庭中,丞相御史诛。

《北官候》曰:太白入太微天庭,天子自将兵,大臣谋立,若有诛者。

《黄帝占》曰:太白东行入太微庭中,出东门,天下有急兵,若守将相丞相御史大臣有死者；若入端门守庭，大祸至；入南门出东门，国大旱；入南门逆行出西门，国有大水；逆入东门出西门，国大破亡；若顺入西蕃而留不去，楚国凶殃。

巫咸曰：太白逆行入太阳东门，出西门，有反臣欲伐其主，期九十日。太白逆行入太微天庭中，为大臣有诛，若诸侯戮死，期二年。

石氏曰：太白逆行入左掖门，为臣劫其主。太白逆行于太微之中，及出左右掖门，为有逆谋，天子有命将征伐之事。一曰大赦可以解其患。

《荆州占》曰：太白逆行入太微天庭中，为诸侯将有杀者。若至黄帝座而谋成，不至黄帝座而还，有谋不成，以其入日占国。

《玉历》曰：太白逆行入太微，强臣凌主，天下大乱，诸侯皆兵起。太白留太微庭中，天下大忧；中央留十日以上，为天下亡徒为兵者。太白道南蕃入，留止南门，为大臣有忧。（司马彪《天文志》曰：太白赢而北入太微，大兵将入天子之庭，出太微宫中，有兵。）

《荆州占》曰：太白从右入七日以上，为主有忧。

《感精符》曰：太白入端门而守之，大臣谋叛，将军伐主，外臣陵内，天下大乱，期二年。

《黄帝占》曰：太白干太微，留守二十日以上，为必有兵革，天下大赦。

《春秋纬》曰：太白入太微庭，其陵犯留焉三十日，必有丧。

《荆州占》曰：太白入太微天庭中犯乘守者，杀若有罪，各以守宦名名之。（《宋书·天文志》曰：晋惠帝大安二年秋，太白守太微，成都、河间攻洛阳。三年正月，东海王越执长沙王乂，张方又杀之。）太白食若中犯乘守太微东西蕃四辅，为君失礼，辅臣有诛者。

太白犯黄帝座四十七

石氏曰：太白犯黄帝座，改政易主，天下乱，存亡半。

《雒书雒罪级》曰：太白入黄帝座，强臣杀主。

《荆州占》曰：太白入黄帝座，其色白者为有赦。太白入太微宫中，至黄帝座，有兵在中。

郗萌曰：太白抵黄帝座，为有土功事。

《荆州占》曰：太白触黄帝座，君死。

《黄帝占》曰：太白守黄帝座，为大人忧。

《海中占》曰：太白守端门，若至帝座星南，祸小；若犯黄帝座，臣弑主，天下大乱，不出年。

太白犯四帝座四十八

石氏曰：太白犯四帝座，臣谋主；去之一尺，事不成。

甘氏曰：太白中犯乘守四帝座，天下亡。

《玉历》曰：太白犯四帝座，臣谋主，若被诛。

石氏曰：太白中犯乘守四帝座，辟君忧也。

太白犯屏星四十九

郗萌曰：太白入太微宫中，至屏而留，为有兵在中。

甘氏曰：太白犯守屏星，君臣失礼，下而谋上。一曰大臣有戮死者。

石氏曰：太白犯乘守屏星，君臣失礼，而辅臣有诛者，若免罢去。

太白犯郎位五十

甘氏曰：太白犯守郎位，辅臣有诛，左右宿卫为乱，王者有备。

太白犯郎将五十一

巫咸曰：太白犯守郎将，命曰陵，陵则将有诛者，将忧。

《荆州占》曰：太白犯乘郎将，有以符节奸者。一曰必有不还使。太白中犯乘守郎将，名曰陵。节郎诛。一曰大臣为乱，诫左右。

太白犯常陈五十二

甘氏曰：太白犯常陈，守卫有谋，兵起宫中，天子自出行诛，期百八十日，远一年。

太白犯三台五十三

《玉历》曰：太白入犯上台司命，近臣有罚，若有诛。一曰近臣有逃走者。以五色占，色黄白当无敌，青黑忧死，期一年。

《文曜钩》曰：太白犯守中台司中，奸臣有诛，若有诛者，中公当之。

巫咸曰：太白犯守下台，司禄近臣有罪，若出走，色黑者死。

郗萌曰：太白犯守上台，太尉自将兵，在宫中大战交刃，流血滂沱，贵人多死，期在七月；守中台，司徒反；守下台，司空反。

《荆州占》曰：太白守三台，天下驱掠，兵聚一隅。太白舍天柱下，地大动，民恐，臣以谋主。

石氏曰：太白击天柱，地大动，兵大起。

太白犯相星五十四

石氏曰：太白犯相星，辅臣凶。太白守相星三十日，大臣为乱，天下兵起，人主有忧。

太白犯太阳守五十五

石氏曰：太白犯太阳守，执御臣忧，内将军有死者，期九十日。

甘氏曰：太白犯守太阳守，大臣戮死，若有诛，期不出年。

太白犯天牢五十六

石氏曰：太白犯天牢，王者以狱为弊，贵人多有斩者。一曰若有赦，期不出百八十日。太白入天牢犯守者，以狱为乱。

太白犯文昌宫五十七

石氏曰：太白入文昌，天下兵起，其君不安，若有走主。

《春秋纬》曰：太白入文昌，三军反，兵满都，以弱亡。

太白入北斗五十八

《玄冥占》曰：太白入北斗魁中，强臣夺主位，天子弃宫走，天下大乱，更政易主，期不出三年。

《甄曜度》曰：太白守北斗，人主御守，兵罢国乱。一曰执政令吏忧。以五色占之。

石氏曰：太白入守北斗，执政大臣有忧，若被诛。

郗萌曰：太白入守北斗，贵人有系者。

太白犯紫微宫五十九

巫咸曰：太白守紫微宫，民莫处其室宅，流移去其乡。

太白犯北极钩陈六十

《圣洽符》曰：太白入紫微宫中，犯北极，臣害其主，天下大乱，兵走四塞，易主，期百八十日，远一年。

《黄帝占》曰：太白犯守北极主星，有大丧，大臣有诛。若抵之，兵丧并起。

《文曜钩》曰：太白犯守太子庶子星，各以所守有罪若死。

《荆州占》曰：太白犯乘守北极主星者，为大人忧。一曰有丧。一曰为有反者。太白三月舍枢星下，芒赤色怒，兵起。

《黄帝占》曰：太白犯守钩陈，后宫乱，兵起宫中，幸臣谋主，有忧。

太白犯天一六十一

石氏曰：太白犯天一，幸臣有谋，兵起，人主忧。

太白犯太一六十二

石氏曰：太白犯太一，幸臣有谋，有兵起，人主有忧。

开元占经卷五十二

太白占八

太白犯石氏外官一

太白犯库楼一

郗萌曰:太白入库楼三日,兵起尤甚。一曰兵起西北方。若舍之三十日,诸侯兵悉发,大将出。

《玉历》曰:太白守库楼,兵起,将军出,车骑遍野。

太白犯南门二

石氏曰:太白犯守南门,边夷兵起,若道路不通。

太白犯平星三

石氏曰:太白犯平星,凶。

《文曜钩》曰:太白历平星,主命倾。

甘氏曰:太白守平星,执政臣忧,若有罪诛,期一年。

太白犯骑官四

甘氏曰:太白犯守骑官,有兵起,马多发,若多死。

石氏曰:太白入骑官,若守之,兵大起,车骑用,将军出,若骑士忧。

郗萌曰:太白入守骑官,不出二十日,赦天下。

太白犯积卒五

石氏曰：太白入积卒，若守之，兵大起，士卒大行，若多死，期二年。

《玄冥占》曰：太白犯守积卒，主失位，天下乱，兵大起，期百二十日。

太白犯鳖星六

《黄帝占》曰：太白守鳖星，为有白衣之会。

巫咸曰：太白犯守鳖星，天下有水旱之灾，守阳则旱，守阴则水。

太白犯九坎七

石氏曰：太白守九坎，天下旱，名水不流，五谷不登，人民大饥。一曰之阳大旱，之阴有水。又曰犯守九坎，凶。

太白犯败臼八

石氏曰：太白守败臼，民不安其室，失其釜甑，若流移去其乡。

太白犯羽林九

郗萌曰：太白入羽林，有反臣中兵也。(《宋书·天文志》曰：宋明帝泰始元年十二月己巳，太白入羽林，占曰兵动。明年，羽林兵出，诛太宰江夏王义恭、尚书令柳元景、仆射颜师伯等。明年，会稽太守寻阳王子房、广州刺史袁昙远、雍州刺史袁颛、青州刺史沈文秀并反。)太白经过羽林中，天子为军自守。

《黄帝占》曰：太白守羽林，兵起，期六十日。

石氏曰：太白守羽林，为有马行，期三十日。

《甄曜度》曰：太白入守羽林，兵大起，大将军出行，臣谋其主，若有丧，期二年。

《海中占》曰：太白入守羽林，有兵起。若逆行变色成勾己，天下大兵，关梁不通，不出其年。

《荆州占》曰：太白入天军，大将军在外。

石氏曰：太白入天军中，为兵起。一曰入天军留守，若变色逆行成勾己，为兵起急。

郗萌占曰：太白犯天军，为兵起，有破军死将。太白入天垒，天下有兵，期二十日，若百二十日。

石氏曰：太白入守垒壁阵，天下兵起，左右幸臣为乱，期四十日，若百二十日。

太白犯北落十

石氏曰：太白入守北落，亦为兵大合军门。

《海中占》曰：太白守北落，天下有兵，夷狄入塞来侵中国，将士出。

石氏曰：太白与北落相贯抵触，有光芒相及，为兵战，覆军杀将，伏尸流血，不可当也，期百八十日若一年。

太白犯土司空十一

《圣洽符》曰：太白守土司空，邦君有死者。

《海中占》曰：太白守土司空，其国以土起兵，若有土功之事，天下旱。

石氏曰：太白守土司空，有兵丧，天下忧水。

太白犯天仓十二

《黄帝占》曰：太白入天仓中，主财宝出，主忧臣在内，天下有兵，而仓库之户俱开，主人胜，客事不成，期二十日而发。

《荆州占》曰：太白守天仓，天下饥，粟出。

齐伯曰：太白守天仓，诸侯有发粟之事，有兵起。星若当户守之,将受命,不为主用。

石氏曰:太白入守天仓,有兵起,食粟散出。一曰年谷不登,人民饥。

郗萌曰:太白中犯乘守天仓,四夷人相食,期三岁,兵起西方若北方。

太白犯天囷十三

石氏曰:太白入天囷,天下兵起,囷仓储积之物发用。一曰御物多有出者,库藏空虚,期二年。

《海中占》曰:太白入天囷,天下兵起,诸侯谋,囷仓库藏有破者。(《宋书·天文志》曰:晋孝武太元二年四月壬申,太白入天囷,占曰为饥。隆安元年,王恭举兵胁朝廷,内外戒严,出国宝以谢之。又水旱民饥。)

太白犯天廪十四

石氏曰:太白守天廪,天下大饥。

甘氏曰:太白入守天廪,天下有兵,岁大饥,仓粟散,不出其年。

《玉历》曰:太白入守天廪,兵起满野,天下粟出给军粮。一曰粲贵。

石氏曰:太白犯守天廪,天下乱,粟散出。

太白犯天苑十五

《荆州占》曰:太白入天苑,出兵犯外夷。

《荆州占》曰:太白守天苑,兵起马死。

石氏曰:太白入守天苑,牛羊禽兽多疾疫,若守之二十日,天下兵起,马多死,其国忧。(汉班固《天文志》曰:汉孝武元鼎五年,太白入天苑,占曰将以马起兵也。一曰马将以军而死耗,其后以天马故诛,大宛马大死于军。)

《玄冥占》曰：太白入守天苑，边境兵起，王者出兵征外夷，天下马发。

太白犯参旗十六

《文曜钩》曰：太白守参旗，九州骚动，天下皆兵，弓不下弦，矢不舍筈，其国不宁，王者有忧。

《海中占》曰：太白守参旗，兵大起，弓弩用，将士出行。一曰弓矢贵。

太白犯玉井十七

《黄帝占》曰：太白入玉井，为强国失地；其出之，强国得地。

巫咸曰：太白入玉井，国有水忧，若以水为败，水物为不成，期不出年。

《感精符》曰：太白入守玉井，水兵大起，若以水为变，鱼盐十倍。

太白犯屏星十八

甘氏曰：太白入屏星，为大臣戮若疾。

《玄冥占》曰：太白入守屏星，诸侯有谋，若大臣有戮死者。

太白犯天厕十九

《黄帝占》曰：太白守天厕，为大臣戮者。

郗萌曰：太白守厕星，国多疾疫，兵饥并起，人主有忧。

《甄曜度》曰：太白入守天厕，天下大饥，人相食，死者大半，期二年。

太白犯天矢二十

《帝览嬉》曰：太白守天矢，贵人多有疾而病死者。一曰民多以饥死。

太白犯军市二十一

《荆州占》曰：太白守军市，以饥兵起。

石氏曰：太白入守军市，兵大起，大将军出，若以饥兵起。一曰天下乱，四夷兵起，道路不通。一曰大军饥，绝其粮，兵士逃亡，期二年。

太白犯野鸡二十二

甘氏曰：太白入军市，犯守野鸡，其国凶，有死将，军营败，兵士散。

太白犯狼星二十三

《感精符》曰：太白守狼星，车骑出满野。守二十日，将相有死者。

石氏曰：太白守狼星，野兽死。

郗萌曰：太白提狼星而出入守之，车骑兵出，大将有千里之行。

《荆州占》曰：太白守狼，敌兵起。太白犯守狼星，大将出行，其国有兵。一曰有兵将死。

齐伯曰：太白犯守狼星，兵大起，士卒行，天下凶，诸侯相攻，多贼盗。(《宋书·天文志》曰：晋惠帝永兴二年四月丙子，太白犯狼星。是年荀晞破公师藩，张方破庄阳王虓，关西诸将攻河间王颙，颙奔走，东海王逐而杀之也。)

太白犯弧星二十四

《荆州占》曰：太白守弧星，弓弩矢贵，大将军有千里之行，民多死者。

《玄冥占》曰：太白守弧星，臣有谋主者，库兵尽用，关梁四塞，津道不通，期二年。

太白犯稷星二十五

《海中占》曰:太白犯天稷,有旱灾,五谷不登,岁大饥,五谷散出。

太白犯甘氏中官二

太白犯四辅一

《荆州占》曰:太白犯乘守四辅星,君臣失礼,辅臣有诛者。

太白犯天厨二

《荆州占》曰:太白犯天厨,大官事诛。

石氏曰:太白守天厨,大官吏死。

太白犯鼓旗三

石氏曰:太白守鼓旗,兵革起。

太白犯天田四

《文曜钩》曰:发大兵相残贼,则太白入天田。

《荆州占》曰:太白守天田,五谷伤。

太白犯天门五

《荆州占》曰:太白舍天门中,人主无出邦门之远,宫廊广门,大有伏兵。

太白犯平道六

甘氏曰:太白入守平道,天下兵乱。

太白犯酒旗七

《文曜钩》曰:太白犯酒旗,三公九卿谋。

《荆州占》曰:太白守酒旗,天下大酺,有酒肉财物,若爵宗室。

太白犯天高八

黄帝曰:太白以四月从东方来,入天高,留三十日,民受赐;留五十日,兵起宫中。

郗萌曰:太白入天高成勾己,天下有忧。太白舍天高中,有奇令。

太白犯砺石九

《荆州占》曰:太白守砺石,兵起,以入日占国。

太白犯积尸十

石氏曰:太白守积尸,大人当之。

太白犯天潢十一

黄帝曰:太白入天潢中,天下大乱,易政。一曰贵人死。又曰兵起军起,道不通。

郗萌曰:太白失度,留天潢,为人主忧,以水为害,若以井为害,以入日占其国。

太白犯咸池十二

黄帝曰:太白入咸池中,犯乘守之,有丧。

《春秋纬》曰:太白入咸池,天下乱,易政,人君恶之。

石氏曰:君死,皆以入日占其国。

甘氏曰:太白入咸池,有兵丧,天子且以大败,失忠臣,若旱。一曰大水,道不通,贵人死,以入日占国。

石氏曰：太白入天井，大臣为乱，国家易政令。

郗萌曰：太白入咸池中，犯乘守之，若粲贵。一曰为有迷惑人主者。

《荆州占》曰：太白中犯乘守咸池，大兵起百万人以上。

太白犯天街十三

郗萌曰：太白当天街，为诸侯自立为主。一曰大水，若留止逆行其中，为兵革起。

《荆州占》曰：太白守天街，兵塞道。

《文曜钩》曰：太白犯守天街，徘徊乱行，主弱臣强，道路绝，天下不通。

《荆州占》曰：太白不行天街，为政令不行，不出其年有兵。

太白犯甘氏外官三

太白犯狗星一

石氏曰：太白守狗星，守卫之臣作乱。

太白犯狗国二

《荆州占》曰：太白顺行守狗，国出兵讨鲜卑、乌丸；逆守之，其国为乱。

太白犯天田三

郗萌曰：太白提天田出入，大水。一曰五谷霜死。

太白犯哭泣四

《宋书·天文志》曰：晋孝武太元四年十一月，太白犯哭星，占曰天子有哭泣事。九月癸未，皇后王氏崩。孝武大明三年十月，太白犯哭泣，后六宫多丧，公主薨，天子举哀，岁大旱，民饥。

太白犯八魁五

《荆州占》曰：太白守八魁，兵大起。

太白犯铁锧六

《荆州占》曰：太白犯铁锧五日以上，臣有谋主者。太白犯铁锧，诛执法之官。

郗萌曰：太白犯乘铁锧，为铁锧用。一曰将有忧。

太白犯刍藁七

黄帝曰：太白入刍藁中，主宝出，忧臣在内。

太白犯九州殊口八

《荆州占》曰：太白守九州殊口，九州兵起。

太白犯天节九

《荆州占》曰：太白守天节，大将以兵出。

太白犯军井十

《荆州占》曰：太白入军井三日以上，其岁大水。

太白犯天狗十一

《荆州占》曰：太白入天狗，北夷大饥来归，邻国多土功。

太白犯天纪十二

《荆州占》曰：太白守天纪，天下兵悉起。

太白犯天庙十三

黄帝曰：太白入天庙，若守之，为庙有事。一曰为凶忧。又曰太白入守天庙，有庙残之事，吏不去死。

太白犯巫咸外官四

太白犯长垣一

《感精符》曰：太白入长垣，三公九卿谋主，兵大起，天下乱，王者有忧。

太白犯土司空二

《荆州占》曰：太白出入土司空，有大徭之事。

太白犯键闭三

郗萌曰：太白犯乘键闭星，大臣有误天子，不尊事天者，致大灾于宗庙，天子崩。一曰王者不宜出宫下殿，有匿兵于宗庙中者。

太白犯天桴四

《荆州占》曰：太白守天桴，兵鼓起。

太白犯天渊五

《荆州占》曰：太白守天渊，海水出，江河决，若海鱼出。

太白犯斧锧六

郗萌曰：太白中犯乘守斧锧，为斧锧用。一曰兵将有忧。

黄帝曰：太白入斧锧，为大臣用。

《荆州占》曰：太白犯守斧锧，兵起。

郗萌曰：太白入斧锧，大将诛。

《荆州占》曰：太白犯斧锧，诛执法之臣。

太白犯天厩七

《荆州占》曰：太白入天厩十日以上，厩马有食变。太白守天厩，为厩灾之事，人主以马为忧，不则马疾。

郗萌曰：太白守天厩三十日，骑马出。

开元占经卷五十三

辰星占一

辰星名主一

郗萌曰：辰星七名：小武星，天免，安周，细爽星，能星，钩星。

《荆州占》曰：辰星一曰句星，一曰鼎星，一曰小霜，一曰音黄，一曰岁咸、吴龚。

《天官星占》曰：辰星，北方之位，黑帝之子，宰相之象，一名安调，一名细极，一名能星，一名钩星，一名伺星。辰主德，常行四仲。

张楫《广雅·释天篇》曰：谓之爨星。

《洪范五行传》曰：辰星者，北方水精也。于五常为智，扬擢贪道，于五事为听，不惑是非。智亏听失，逆冬令，则辰星为变怪，为水灾，为四时不和。（班固《天文志》曰：逆冬令，伤水气，则罚见辰星。）

《淮南子》曰：北方，水也，其帝颛顼，其佐玄冥执权而治冬。其神为辰星，其兽玄武，其音羽，其日壬癸。

《荆州占》曰：辰星，色太阴之精，黑帝之子，立冬主北维，其国燕赵，于日壬癸，其位卿相。又曰人君之象，天子执政主刑。刑失者罚出辰星之易是也。

《合诚图》曰：星主正常。

巫咸曰：辰星主调和阴阳，节四时，效其万物。辰星修顺之则喜，逆之则怒。

班固《天文志》曰：辰星，杀伐之气，斗之象也。

《五行志》曰：辰星为蛮夷。

《荆州占》曰：辰星主内谋，天下有急，一时忧出。辰星主刑罚，王者杀无辜，好暴逆，简宗庙，重徭役，逆天时，则辰星伏而不效。主恩宽，赦有罪，轻徭役赋敛，赈贫穷，调阴阳，和四时，则星效于四仲，天下和平，灾害不生。

《荆州占》曰:辰星主刑狱法官及廷尉,人君宰相之治,重刑罚,惰法令,杀无罪,戮不辜,弃正法,货赂上流,则辰星不效,度不时节,法官忧。

《荆州占》曰:有军于野,辰星为偏将之象;无军于野,辰星为刑事之象。辰星主德,燕赵代以北,宰相之象。

石氏赞曰:辰星效四时,和阴阳。

辰星行度二

《洪范五行传》曰:辰星以上元甲子岁十一月甲子朔旦冬至夜半甲子时,与日月五星俱起牵牛前五度,右行迅疾,常与日月相随,见于四仲,以正四时,岁一周天。(案历法,辰星夕见西方,三十日而伏,二十二日而晨见东方而伏,伏入三十三日一千五百四十分日之一千一百六十八奇六十六,复夕见西方如初,一终凡一百一十五日一千一百七十八奇六十六。星行度数亦如之。是七十七年而二百四十九终也。星平行日一度一年周天。旧说皆云辰星效四仲,以为谬矣。)丞相之象,一岁一周,出以四仲,天下和平,不出四仲,灾变生,人民大饥,谷不荣,阴阳错乱,国家倾,冬温夏寒,害伤人。

《洛书》曰:春分二日,辰星在奎,晨见东方,十八日而晨入东方。夏至二日,辰星在井,晨见东方,十八日而晨入东方。秋分二日,辰星在氐,昏出西方,十九日而昏入西方。冬至二日,辰星在女,昏出西方,十九日而昏入西方。

《春秋纬》曰:辰星出四仲为初纪,春分夕出,夏至夕出,秋分夕出,冬至晨出,其出常自辰戌入丑未。

《淮南子》曰:辰星正四时,常以二月春分效奎娄,(效,见也。)以五月夏至效东井舆鬼,以八月秋分效角亢,以十一月冬至效斗牛,出以辰戌,入以丑未。出二旬而复入,晨候之东方,夕候之西方。

石氏曰:辰星仲春春分暮出奎胃东五舍为齐,仲夏夏至,暮出东井舆鬼柳东七舍为楚,仲秋秋分,暮出角亢氐房东四舍为汉中,仲冬冬至,晨出东方舆尾箕斗牛俱出西方为中国。

甘氏曰：辰星是正四时，春分效娄，夏至效舆鬼，秋分效亢，冬至效牵牛。其出东方也，行星四舍为日四十八日其数，二十日而反入于东方。其出西方也，行星四舍，四十八日其数，二十日而反入于西方。

皇甫谧《年历》曰：辰星春分立卯之月，夕效于奎娄；（宋均曰：以二月春分见娄。）夏至立午之月，夕效于东井；秋分立酉之月，夕效于角亢；（宋均曰：见角亢。）冬至立子之月，晨效于斗牛。出以辰戌，入以丑未。（宋均曰：二旬入，晨候之东，夕候之西。）其星将出，必先阴风，辰之情也。

巫咸曰：辰星出四仲，以正四时，出孟，天下大乱更王。（班固《天文志》曰：汉高之时，辰星出四孟，后二年，汉灭楚也。）出四季，彗星出，有败国。一曰诸侯不反命。

《尚书纬》曰：文政失于冬，辰星不效其节。

《孝经援神契》曰：辰星出仲，德和柔。

巫咸曰：辰星出常，不见山海，且有聚卒。辰星受制则闭门阙，无通客，断罚杀，当罪节关梁，禁流徙。

郗萌曰：太白不出，辰星独出，西方兵起不战。辰星入，兵罢。

《荆州占》曰：太白不出，辰星独出东方，天下有兵罢，无兵有德令。

辰星相王休囚死三

《荆州占》曰：辰星之相也，从立秋以至秋之尽，其色即当精明，无芒角，不摇光。辰星之王也，从立冬以至冬之尽，其色则当比奎大星，而青白有精光。冬至之时有芒角。辰星之休也，从立春以至春之尽，其色则当无精光，微小而苍黄。辰星之囚也，从立夏以至夏之尽，其色即当赤黑而不明。辰星之死也，从仲夏以至夏之尽及四季，其色则当赤细小微不明。又辰星之死也，从仲夏以至夏之尽及四季不行，有囚色，秋不下霜，有死色，禾稼不成，雷电不藏。其留守也，其国破亡。其进舍也，与五星舍其下，有殃。其退舍也，五星及之，不可举事用兵。

甘氏曰：当其王也而有相色，大臣专政，令不行。有休色，冬不冰。有囚色，冬无霜雪。有死色，冬有雾，日不明，雷电行。其留守也，其国不祥。其进舍也，与五星合，天下有谋。其退舍也，五星及之，不可举事用兵。当其休也而有王色，是谓不祥，人主弊，臣下纵横。有相色，将相君臣不和。有囚色，夏不雨，天旱。有死色，六月大疫，伤贵人，有土功。其留守也，其国多小儿丧。其进舍也，五星合其下，有水灾。其退舍也，五星及之，不可举事用兵。当其囚也而有王色，则夏雨雪霜，蛰虫生，雷电行。有相色，秋有暴兵。有休色，流水汤汤。有死色，有暴狱，大臣受殃。其进舍也，与五星合，有德令。其退舍也，五星及之，其下之国不可举事用兵。当其死也而有王色，贵人疾疫。有相色，臣下疾疫。有休色，庶人疫。有囚色，大旱。其进舍也，与五星合，其年不登，政令重，使者相望。其退舍也，五星及之，其下之国有兵不成。

五星光色芒角四

甘氏曰：候辰星以冬壬癸，此王气，色当如其常色，变则失所也。

《荆州占》曰：辰星色比织女大星，为正色，青比左角，赤比参右肩，黑比亢，此辰星之常色也。

《礼斗威仪》曰：居水而王，辰星扬光。

《春秋纬》曰：辰星之效也，其色春青黄，夏赤白若赤黄，秋青白，国有德令。冬黄而不明，皆无伤也。则变厥也，其时不昌，辰星当效而出，色白为旱，黄为福，又为五谷熟。赤为兵，黑为水，青为疫。

石氏曰：其国失刑，失冬政，则辰星易色。辰星在东方，其色赤，中国胜。其出西方而赤，倍海国胜。天下无兵于外而赤，则兵起。辰星其色黄而小，出而易处，天下之灾变而不义美矣。辰星之制也，仲夏五月而出，则当赤黑色，今反青黑，其时多水，晚出为帚星，必有空国。

巫咸曰：辰星四时皆变其色，不出其年，君以女忧亡。一曰以女乐亡。

《荆州占》曰：辰星正旗而出，破军杀将，视旗所指，顺而击之，大胜。

石氏曰：辰星芒角为毁，则君蔽，期九年，奸兴，三九二十七年，乱不禁。

辰星盈缩失行五

《春秋纬》曰：辰星其时宜效而不效，为失律，天下有兵不出，兵在外不战。辰星三时不出，兵甲大起；四时不出，天下更政。

《元命包》曰：刑失则简宗庙，废祭祀，故辰星不以时出，当寒反温，四时错政。

《春秋纬》曰：辰星失其时而出，当寒反温，当温反寒，政反清浊同伦也。

《考灵曜》曰：政失于冬，辰星不效其乡。

《孝经钩命》曰：失信则辰星缩，天下大水，岁不丰熟。

石氏曰：辰星当出而不出，谓之击，卒伏而待，兵大起，豪杰发。

甘氏曰：辰星政缓则不出，急则不入，非时则占。邦将大饥，辰星出不以时。

巫咸曰：辰星一时不出，其时不和，兵起。二时不出，二时不和。一曰名水大出。三时不出，三时不和，兵甲大起。四时不出，天下大饥，有决水流杀人民。一曰有孛星出于东方。辰星春不见，期百八十日，大风发屋折木，秋不实，不见娄，长稼伤，乃见彗星。辰星夏不见，期百六十日旱，冬则不藏，不见舆鬼，中稼伤，乃见月食。辰星秋不见，期百八十日有兵，不见亢，稚稼伤。辰星冬不见，期百八十日，阴雨六十日有流民，夏则不长。不见牵牛，民大流。辰星上出四孟，天下乱。一曰天下更王。

《洪范五行传》曰：辰星出孟，易王之表也。汉高三年，辰星出四孟，后二年，汉灭楚也。辰星一时而再见，兵起。其行右，兵右行，行左，兵左行，有兵兵罢。一曰辰星一时再出，色赤而角，不出其年中而兵起。辰星乱行，流水汤汤，兵革抢抢。使之不杀，治沟渠，通水道，如此则止。辰星出天南，大潦，出北，大旱。

《海中占》曰：辰星出四孟，为月食，出四季，彗星。主好破坏名山，壅塞大川，通谷名水，则辰星不出，岁大旱，草木不长，禽兽牛马不蕃，五谷不滋，民多病体痈疽。辰星逆行一舍，以其时水出。

京房《对灾异》曰：人君内无仁义，外多华饰，则辰星失度，不救，必有逆主之谋。其救也，明刑慎罚，审法，心中无纵，功治城郭，可以聘士来贤，广恩行惠，则灾消矣。

《荆州占》曰：辰星出不待其时，当水反旱，当旱反水。辰星不以时效者，用刑罚不中。辰星一时不效，其时不和。二时不效，风雨不适。三时不效，水旱不调。四时不效，王者忧纲纪，天下饥荒，人民流亡，去其乡。辰星不效四仲，则春多苦雨，夏多凄风，当温反寒，当寒反温，阴阳不和，五谷不成。辰星出四季，有破军。

巫咸曰：辰星出四季，败国。

《荆州占》曰：辰星春不见，期百日，必有暴风疾雨而伤苗稼。夏不见，为旱饥，期九十日，有流民。秋不见，期六十日，大水。冬不见，五谷不藏，人民流亡。四时俱不见，河海决波。仲女为妖，彗见于二十八宿，各以其舍命其国。辰星缩，天子失卒，臣害作。辰星乱行，甲兵锵锵。上见四孟，改政易王。见于四仲，阴阳和，五谷成。下见四季，寇贼相望，政失纲。辰星变色而逆，其国殃。留守环绕不去，其国大凶，无道。水星一南一北，害于禾稷，侯王有忧。辰星行诸列宿，失道，乘阳为水，乘阴为旱。

石氏曰：辰星出孟月，天子尊师习兵，有杀谋。

郗萌曰：辰星出西丁未间，天下大旱，赤地千里。

辰星昼见经天六

石氏曰：辰星昼见，其国不亡则大乱。

《荆州占》曰：辰星经天，凶。

辰星变异生足大七

《龙鱼河图》曰：天辰之气主司灾，其精下为先农之神。

巫咸曰：辰星下为女子，止于都津。

石氏曰：辰星之为云，如曲流水，灾，期四月。

《春秋纬》曰：辰星生足，故主走，新主入。

石氏曰：辰星始出东方而大，天下有兵。

巫咸曰：辰星失其常，贼人且昌，社稷倾，亡事行，修鼓革，男女更，治事不治。

《荆州占》曰：辰星出东方，白而大，有兵于外解。色黄，国有福，五谷熟。色赤，旱，为兵。色黑，为水。青为忧，白丧。

巫咸曰：辰星小而失常，主近无益之臣妾，内乱兵起。

《天官书》曰：辰星黄而小，出而易处，天下之文变而不善矣。

巫咸曰：辰星小而动，兵小起，大动，兵大起。

《文曜钩》曰：辰星小而色黄，地大动。

《荆州占》曰：辰星始出东方，小而不明，天子有无益事。辰星小而色黄，当雨反旱，当旱反雨。

辰星流与列宿合斗八

巫咸曰：辰星流，君臣倍，有反事。一曰流若明，明信有事。

石氏曰：辰星流出，天下有大水，太子御史诸官多死。

《荆州占》曰：辰星与宿合东方，臣伐主。

巫咸曰：辰星与宿合若斗西方，期六月，强国宫中有事。

班固《天文志》曰：辰星与他星遇而斗，（晋灼曰：妖星彗孛之属也。）一曰五星，天下大乱，出于房心间，地动。

辰星禨气晕彗九

《黄帝占》曰：辰星生气而为黑禨，明日大雾，暮时大雨，不出六十日，所在宿独大水。

《孝经内记》曰：辰星生气而为黑禨者，不出六十日，牛马羊皆贵三倍。

《荆州占》曰：辰星出禨气一丈，大水。

《孝经右秘》曰：辰星冠珥，帝不明，三月之中，正阳灭弱，下力强，阴制政，反蔽阳，佞人出，世有兵。辰星冠珥，王失土。

巫咸曰：辰星白晕，边有兵，其失色，兵，其国凶。辰星白晕，边有水兵，患三年乃止。

郗萌曰：辰星出彗东北，不出三月，兵聚其下。（司马彪《天文志》曰：光武建武三十年闰月甲午，水在东井二十度，生白气，东南指，焰长五尺为彗，东北行至紫宫西藩上，白气为丧，有焰作彗，彗所以除秽，紫宫天子之宫，彗加其藩，除宫之象，后三年光武崩。）

开元占经卷五十四

辰星占二

辰星犯东方七宿

辰星犯角一

《黄帝占》曰：辰星出中道，天下太平，出阳道，旱，出阴道，多雨，多阴谋。乘左角为旱，乘右角为水，兵小战。乘右角，将相若后家族有坐法死者。近角合斗，女子为天下害，大臣杀主。留两角间，关梁不通，军有衅国庭，边境不通。守角王者，刑罚急，国有帝者，天下大乱。又为水灾。一曰多水灾，一曰五谷不成，又曰大水滂滂，民往来舟船相望。守左右角，黑为水，赤为旱，青为忧，白为丧。守角中央，为大臣忧。

辰星犯亢二

辰星舍亢，岁小水，焦旱不至。辰星数入亢，其国疫病。乘亢左星，万物不成，五谷贵。乘右星，为大兵，有奇令。乘若守亢左星为水，乘右星为大兵，为有击者，逆乘灭右星，为大人忧。守亢，多盗贼，兵并起，人民相恶。逆行守亢，为中央，入亢而犯守之，名曰阴闭三光，大水滂滂，无有立墙。

辰星犯氐三

辰星入氐犯守，贵臣暴，忧法官，有狱事。乘氐右星，天下有大水大兵，天子有自将兵于野。守氐其下七日，有水；守十八日，有兵大起，远九十日。守氐，多恶风，天下大旱，谷不成，天下大疫，国易政。守氐，为多水灾。

辰星犯房四

郗萌曰：辰星入房三道，为天子有子。入房十日成勾己，为天子忌之，以赦解之。守房，人民多暴死者。又为良马出厩，或有暴诛，大臣相害乘，天下道不通。一曰天下水起，不则有兵。守钩钤，地裂若山崩。辰星犯守房，马大贵，若大赦。入守房心间，地动。守房，为人主无下堂，又曰东去而复还，成勾己，为后夫人有丧。一曰为大饥，人相食，死者不葬。又曰守南以水起兵。守房，为天下诸侯相谋虑，道不通。一曰天下易王，大人丧，有反逆臣。逆行守房心，天子被药酒死。一曰宫人食糟糠。犯房，谷大贵，大饥。犯若守房，有白衣之会。一曰为天下相诛。若犯左右参，大人中相诛。犯房，奸臣有谋。辰星留逆犯守乘陵房左右骖，若左右服，皆为主崩，臣有谋阴，所中将谋。逆行乘陵中道，天子失位而亡；顺行乘陵中道，天下和平。辰星犯乘钩钤，大臣有误天子不尊事天者，致大灾于宗庙，王者不宜出宫下殿，有谋匿于宫庙中者。犯钩钤，王者忧。中犯乘陵房星者，国君忧。色青忧丧，赤忧积尸成山，黑有将相诛，白芒角大哭。

辰星犯心五

辰星犯天子，王者绝嗣；犯太子，不得代；犯庶子，庶子不利。辰星经心，清明烈照，天下内奉明王，帝必延年。合心玄色不明，有丧。守心，以水灭火，三日不去，主服女药，大臣相戮，山川大溃，水溢滂滂。一曰大人以外兵死。色黄增地，色白有义于天下。一曰阴侵于阳，臣谋其主。又曰天下大败易王。一曰大臣弑王。逆行守房心，天子被药酒死。一曰宫人食糟糠。辰星中犯乘守心明堂，大人忧，大臣当之，在阳为燕，在阴为胡，期十月，远三年。逆行犯心明堂，环绕成勾己，为大人忧，期六月，若远三年，赦以解之。辰星中犯乘守心明堂，皆为内乱，臣欲弑主，有亡国，近期十月，中期一年，远期二十八年。又曰大臣当之。留逆犯守乘陵心星者，宫内贼乱臣，下有谋易王权，在宗家及得势大臣。

辰星犯尾六

辰星入尾，天下大水，江河决溢，鱼盐贵三倍。辰星入九江，天下多水。守尾者，为大人女君恶之。辰星守尾，大饥，人相食，民异其国，君子卖衣，小人卖子，妃后乱。守尾，执政得事。又曰以水起兵，其年必成。一曰疾病。守尾箕，后宫有省者。一曰后宫有罪废者。守尾，为用事者当之，天下牢开大赦。一曰天下大水，万物不成，民多疾疫。留逆犯守乘陵尾，皇后以珠玉簪珥惑天子者，诬谗大起，后相贵臣诛，宫人出走，兵起宫门。

辰星犯箕七

辰星犯箕，河水大溢。若入箕中，伺其出日而数之，皆期三十日，兵发。伺始入处之率，一日期十日军罢。若入箕，天下大赦。一曰牢开。一曰大人当之。守箕，皆为其岁水。一曰皆为女主忧，合箕，用事者坐之。出箕，谷大贵，天下大旱，饥死过半。守箕中，国有大兵，执政者当之。若守之七日以内，祸灾起，若有疾风解之。守箕，若角动色黑，贵者有弃损自戮死。守箕，岁大旱，多大灾，万物不成。

开元占经卷五十五

辰星占三

辰星犯北方七宿

辰星犯南斗一

石氏曰:辰星犯南斗,为赦。

巫咸曰:辰星入南斗口中,大臣诛。一曰不用众而有天下。

郗萌曰:辰星入南斗,天下受爵禄,期六十日若九十日。

《文曜钩》曰:辰星之南斗,天下大水,五谷伤,人民饥。辰星居南斗,河戍间道不通。

《黄帝占》曰:辰星守斗,有兵。赤而角,天下败;白而大,裂地相赂为和;黑而小,其国亡。

石氏曰:辰星守南斗,在北民冻死,在西虎狼多入邑,在南狗多死,在东女子多死。

刘向《洪范传》曰:辰星守南斗,不可举事用兵,必受其殃。

甘氏曰:辰星守南斗,若角动色青黑,万民大死,桥梁不通,天下水起。辰星失次守南斗,所守者诛。

郗萌曰:守南斗,有兵,易正朔。

陈卓曰:辰星守南斗,万物不成,五谷伤。

石氏曰:辰星犯南斗留守之,破军杀将。

司马彪《天文志》曰:辰星犯南斗,有戮将,若有死相。

辰星犯牵牛二

郗萌曰:辰星乘牵牛,为人相弃于道。

陈卓曰:辰星乘牵牛,谷贵,天下大水。

巫咸曰:辰星守牵牛,为五谷不成。

《感精符》曰:辰星守牵牛,国以水为败,牺牲疫牛多死。

《春秋纬》曰：辰星守牵牛，牛先贱后贵。

石氏曰：辰星守牵牛，水涌为败，大牛多死。辰星守牵牛，民有自卖者，岁多水灾，万物不成，五谷伤。一曰地气泄，贵人多死。

甘氏曰：辰星守牵牛，有牺牲之事，若使人以四足虫为虎来者。色青有病，色黑有死丧。

《海中占》曰：辰星守牵牛，岁多水，民归兵陵，齐燕尤甚。

郗萌曰：辰星守牵牛，民人死丧。一曰谷贵，民多流亡。

《荆州占》曰：辰星守牵牛，关梁不通。

陈卓曰：辰星守牵牛，臣谋其主。

甘氏曰：辰星犯牵牛留守之，为有破军杀将。

陈卓曰：辰星犯守牵牛，涌水出。

《北官候》曰：辰常以冬朝牵牛，当朝不朝，名曰失律；二时不朝，名曰失政；三时不朝，五谷不登。

郗萌曰：辰星急过牵牛，一度过，水一动；二度过，水二动；三度过，水三动；四度过，水四动；五度过，水小出；六度过，水大出，地为之动。

辰星犯须女三

《黄帝占》曰：辰星守须女，其国当有娶妇嫁女之事，若他国来贡女者。一曰兵起，大臣当之。

石氏曰：辰星守须女，为有女丧。

巫咸曰：辰星守须女，为万物不成。

《海中占》曰：天下水雨无济者，至关东尽然。

郗萌曰：为后夫人有变，妾为主。一曰为大水且至。若守须女南，其地数被火；守其北，数被水。

石氏曰：辰星犯守须女，女主御世，天下大赦，其国惊水，国大乱。

《荆州占》曰：天下多寡女，若子死，缯帛贵。

陈卓曰：天下有雨灾，万物不成，国饥，民多疾。

陈卓曰：辰星逆行留犯守陵须女，天子及大臣有变，必有奇政令。

辰星犯虚四

《洛书》曰：辰星犯虚，大臣为谋，主有兵起，其国必败。

甘氏曰：辰星犯虚，其邦多水灾。

《洛书》曰：辰星入虚，有兵起。

《文曜钩》曰：辰星跃入虚，得所欲。

巫咸曰：辰星入虚中，伺其出日而数之，期二十日，为兵发，伺始入处之率，一日期十日军罢。

郗萌曰：辰星入虚，为有德。

《春秋纬》曰：辰星之虚，兵起，大水出。

郗萌曰：辰星在虚东，春水，虚南，夏水，虚西，秋水，虚北，冬雷雨水。

《黄帝占》曰：辰星守虚，雨水常降流溢滂，其国失纲，人民流亡。

石氏曰：辰星守虚，国内乱。一曰政急，天下大乱，天下虚，大人忧。

甘氏曰：辰星守虚若角动，青色，臣有欺君者，有兵有丧于国内。

《海中占》曰：辰星守虚，有兵灾，丁壮行徭，妻子独居，万室虚。一曰春旱秋水，五谷不成。

郗萌曰：辰星守虚，有武臣诛，国必亡。一曰中山水出，人民无所居，从山而处，灾生，日并见。

《荆州占》曰：辰星犯乘虚，若冬守其阳，色赤黄，旱，万物不成，乱兵起。

辰星犯危五

《荆州占》曰：辰星犯入危，奸臣谋主。一曰天下大乱，若贼臣起。

巫咸曰：辰星之危，霖雨百日，其国大水，五谷不成，人民饥。

石氏曰：辰星守危，籴大贵，天下起兵，兵大发。辰星去危，客水灭名宫；若守危，大水，有大丧。

甘氏曰：辰星守危，大臣有戮，刑法官有忧。一曰皇后忧病，兵丧并起。

《海中占》曰：辰星守危，天下兵大发。

郗萌曰：其国破危。一曰为大人盖屋事，若逆行守危，其君简祭祀。

陈卓曰：辰星犯守危，国多水灾。

郗萌曰：辰星守坟墓，为人主有哭泣之事。

辰星犯营室六

郗萌曰：辰星犯营室，为土功事。犯阳阳有急，犯阴阴有急。

《黄帝占》曰：辰星入营室，天下兵乘水欲攻王侯之国，不出百二十日。

《春秋图》曰：辰星之营室，天下繇役，民不宁其处。

甘氏曰：辰星守营室，其色青，宫中女多有死者，大人忧，一旬三月相近，三旬五月国君死。

巫咸曰：辰星守营室，多水灾，五谷不成。

郗萌曰：繇役起。一曰后夫人忧，有大丧。一曰守营室东壁北，关梁不通。又曰守营室为大人忌，以赦令解之。

玄冥曰：辰星守营室，大兵乘船，大水欲入侯王之国，不出四十日。

《百二十占》曰：天下诸侯发动于西北。

《圣洽符》曰：犯守营室中，女有夭死者，大人有土功之事。

辰星犯东壁七

陈卓曰：辰星犯东壁，王者刑急法深，朝廷忧愁，国有盖藏保守之事。

《春秋图》曰：辰星之东壁，天下和平。

石氏曰：守东壁，国有大丧。一曰大水。又曰兵革起。

郗萌曰：辰星守东壁，为大人卫守。一曰为天下兵起。又曰秋兵起，亦云有土功事。又曰为多水。一曰岁晚水。

《春秋图》曰：辰星入东壁而守之，奸臣有谋。

《玉历》曰：逆行守东壁，大水出，桥梁不通，舟船用，民大饥。

开元占经卷五十六

辰星占四

辰星犯西方七宿

辰星犯奎一

石氏曰:辰星入奎,有决漏之事,名水有绝。

《海中占》曰:辰星润泽出奎,有差令,变色入奎,有为令来者,出奎,有为令出使者。

《春秋图》曰:辰星之奎,天下贱人出贵女。

《黄帝占》曰:辰星守奎,奸臣贼子谋弑其主。

《河图》曰:有大水之灾。又曰大臣下狱。

《圣洽符》曰:有沟渎之事于国外。

石氏曰:外国之王入御中国。一云天下多愁。一曰山水溃出。

巫咸曰:多火灾,为旱,万物不成,有兵灾。

郗萌曰:有水事。

《荆州占》曰:王者忧之,大人当之。

辰星犯娄二

《圣洽符》曰:辰星之娄,其国任能,贤人当用,良才得达。

甘氏曰:辰星守娄,若角动,赤黑色,臣有争禄而起兵者。

巫咸曰:多火灾。

郗萌曰:为白衣之会。又曰:外国之主入御中国。

《天文志》曰:辰星守娄,为兵,为匿谋。

郗萌曰:有兵兵罢,无兵兵起。

《荆州占》曰:有兵,牺牲多死。

陈卓曰:多水灾,万物五谷不成。

《百二十占》曰:且有水出。

陈卓曰:犯守娄,刑罚剧急。

《洛书》曰:逆行守娄,岁有水,若有蝗虫,牺牲多死,万物不成。

甘氏曰：辰星入娄，犯守之，王者刑法急，大臣当诛，必有下狱者。

辰星犯胃三

郗萌曰：辰星犯胃，天下谷无实，以饥为忧。一曰为乱。

《春秋图》曰：辰星之胃，布帛贱。

黄帝曰：辰星守胃，且有兵令。一曰国主当之。

黄帝曰：有兵，国以无义失弊。又曰大饥失政。一曰有阴兵，夷狄胜中国。

甘氏曰：辰星守胃，若角动，色赤白，以水兵起，无名而穷。又曰有立侯王，若旱，五谷不成。

巫咸曰：辰星守胃，多火灾，为旱，万物不成，有兵。

《海中占》曰：民人大饥，乱。

《荆州占》曰：逆行守胃，天下有兵，仓谷空虚。

《雌雄图三光占》云：辰星犯胃，母子同死，国立后王，且有急令，国主当之。

陈卓曰：若犯守胃，国主不宁。

《荆州占》曰：辰星守胃，谷贵，伤火灾。

辰星犯昴四

石氏曰：辰星犯乘昴，且有亡国，有谋主之变。若行其北，西夷有毒霜早降，岁有疾疠。

《荆州占》曰：辰星犯乘昴，夷狄之兵起为民害。

郗萌曰：辰星乘昴，若出北者，为阴国有忧，若北主死。

郗萌曰：入昴中，有三丈之水，五谷不成，大饥。

《春秋图》曰：辰星之昴，民且从之陵。

石氏曰：辰星留二十日若六十日守昴中，国开门，有大客，国政大危，易政令，若自来之王。

《黄帝占》曰：辰星守昴，兵起破散，民流亡。

《洛书》曰：大水决溢，为民害，伤五谷。

石氏曰：夷狄胜中国，若五谷不成，民大饥。

甘氏曰：守昴若角动，其谋者在北方，大将之家，外戚之亲，以星入日占期。

甘氏曰：辰星守昴，执法臣诛。

郗萌曰：天下失纲，有兵。一曰起中野。又曰多水灾。又曰守毕昴，东行至天高，复反至五车，为边兵发，有赦。

《感精符》曰：逆行守昴，有兵，大臣有坐法死者。一曰冤狱失理。

《荆州占》曰：逆行守昴环绕，兵起。

郗萌曰：犯若守昴，为白衣之会。

《雌雄图三光占》曰：犯守昴，夷狄之兵起，国失政，一曰有阴兵。

郗萌曰：中犯乘守昴，为兵北征。

辰星犯毕五

《黄帝占》曰：辰星犯毕，出其北，为阴国有忧，出其南，阳国有忧。

郗萌曰：辰星犯毕，若入之，兵起于外，狄有忧。

《荆州占》曰：犯乘毕，边兵起。

巫咸曰：入毕中，各伺其出日而数之，期二十日为兵发，伺始入处之率，一日期十日为军罢。

《海中占》曰：入毕中，有兵。一曰岁熟。

郗萌曰：有忧。一曰其国易主。

石氏曰：出毕阳则旱，出毕阴则水，为政令不行。

《春秋图》曰：辰星之毕，有大赦。

《黄帝占》曰：辰星守毕，山崩民流。

《圣洽符》曰：川河大盛，民多死亡。

《春秋图》曰：子归母，天下安宁，若有赦。

巫咸曰：辰星守毕边，有以水起兵者。

石氏曰：山水溃，河大溢，潦大至。

甘氏曰：辰星守毕，民多疾病死亡。

巫咸曰：有水灾，万物不成。

郗萌曰：野人为乱。

陈卓曰：犯附耳为兵起，若将相有丧忧也，不则免退。

郗萌曰：守毕，急谋兵，期八十日若八月。

辰星犯觜觿六

石氏曰：辰星犯觜，其国兵起，天下动移。

《荆州占》曰：犯乘觜，忧水兵之灾。

郗萌曰：入觜中，伺其出日而数之，期二十日兵发，伺始入处之率，一日期十日军罢。

石氏曰：守觜西方，客动侵地欲为，君王崇礼以制义，则国安。

甘氏曰：守觜，子归母，君臣和同。

巫咸曰：为万物不成。一曰旱，五谷不成，大人忧。又曰不出百日，天下大饥。

巫咸曰：多火灾。

《海中占》曰：守觜中，有兵。

郗萌曰：守觜，万物五谷不成。一曰天子不可动众行兵。又曰有反臣，不出百日，天下水，赵国尤甚。

辰星犯参七

甘氏曰：辰星犯乘参，贵臣黜。

《荆州占》曰：国有水兵。

《春秋图》曰：之参，兵大起。

巫咸曰：留止衡，兵革起，守参，贵臣黜。

郗萌曰：逆行若留止衡中，为兵革起。

《黄帝占》曰：辰星守伐星移南，敌入塞，星移北，敌出塞。

石氏曰：守参，且有水兵。一曰有反者，国有忧。

班固《天文志》曰：辰星与参出南方，为旱，若大臣诛。

石氏曰：守参，天子不可以将兵动众，国有反臣。一曰有赦，若出参中，边有兵。

巫咸曰：水灾，万物不成。

《海中占》曰：守伐，卫尉当之。

郗萌曰：守参若守伐，为有反臣中兵。一曰为后夫人当之。一曰内乱。

《春秋图》曰：逆行守参，边将有忧。一曰外夷动。

《圣洽符》曰：入参，犯守之，不出其年，有兵起，若拔邑，先起兵者破亡，后起兵者昌。

开元占经卷五十七

辰星占五

辰星犯南方七宿

辰星犯东井一

《文曜钩》曰：辰星入东井，蛮夷君忧，有死者，若边兵起，期不出年。

郗萌曰：辰星入东井，军在外，星进兵退，星退兵进。

《河图》曰：辰星出入东井，有暴兵，马当贵。

《荆州占》曰：辰星出入东井，有乱臣。

黄帝曰：辰星守东井，为水。（《天文志》曰：光武建武三十年闰月甲午，水在东井二十度，生白气，东南指，焰长五尺，为彗，东北行至紫宫西藩上，五月甲子不见，凡见三十一日。水常以夏至后效东井，闰月在四月，尚未当见而见，是躁而进也。东井为水，衡水出之为大水。是岁五月及明年，郡国大水，坏城郭，伤禾稼，杀人民也。）

《感精符》曰：辰星守东井，去之七寸，七日已上至十五日，王者诛大臣，期不出百八十日。

石氏曰：守东井，其年早旱晚水。一曰天下大水。又曰法臣相戮。一曰入其中，王者易更政。

甘氏曰：守东井，若角动，色赤黑，以水起兵。色黄润泽，天子有善令。若色变，大人忧，天下有名水绝。所谓绝者，逆行而入之。

郗萌曰：辰星久守东井，为金钱易万物，五谷不成。一曰守东井，胡兵起，五谷霜死，其国尤甚，岁大恶。辰星入犯乘守东井，三日以上，蛮夷君当之，死期三月，若一年二年三年。

石氏曰：犯东井，守钱大臣诛，铁钺用，有兵起。

《荆州占》曰：守东井，道上多死人。

陈卓曰：守东井，百川皆溢。

辰星犯舆鬼二

《河图》曰：辰星犯舆鬼，为国有忧，大臣诛。

石氏曰：有兵。一曰犯天质，兵起。

郗萌曰：犯舆鬼，乱臣在内。

黄帝曰：犯舆鬼质，执法者诛。

《南官候》曰：犯天尸，贵臣有罪，犯四星，天子发之。

郗萌曰：入犯舆鬼，执法者有戮死，若兵起，将军有忧，人多死。

《甄曜度》曰：入舆鬼，犯积尸，大臣有诛，斧锧用，贵人有犯罪者，若戮死。

郗萌曰：辰星入舆鬼，为大人卒，事以命终。

《荆州占》曰：乱臣在内有屠灭。

《天文志》曰：为死丧。一曰大臣有死。

陈卓曰：蛮夷之君有诛。

《春秋图》曰：辰之鬼，天下有疫病。

郗萌曰：守舆鬼，月食，若五谷不成。

《春秋图》曰：民多病，岁大恶，人饥亡。一曰君有戮死者。

《春秋纬》曰：守犯舆鬼，金钱发用，民多痛耳目。

石氏曰：守舆鬼，有兵死者。一曰王者崩。一曰大人有祭祀之事。

《海中占》曰：守舆鬼，出其南，水，出其北，旱。

郗萌曰：守舆鬼，三月，后夫人疾；二十日，太子、夫人疾；十日，诸国王夫人病。守舆鬼西南，为秦汉有反臣兵事，以赦令解之。守舆鬼质星，铁锧用。守舆鬼，有丧，右为主人，左为客。一云五月大水，蝗虫。

《海中占》曰：守入鬼，大人忧。

郗萌曰：入若守舆鬼，为主忧，财宝出，若大臣有谋乘质者，君贵人忧，金玉用，民疾。南入为男，北入为女，西入为老，东入为壮。棺木贵。

《荆州占》曰：干犯守舆鬼，随所守，王者发之，不出七十日，天下有丧，阳为人君，阴为皇后，左为太子，右为贵臣。（《天文志》曰：孝顺汉安二年七月甲申，辰星犯舆鬼，明年八月，顺帝崩，孝冲即位，明年正月崩。）

辰星犯柳三

石氏曰：辰星犯柳，有木功事，若名木见伐者。

《海中占》曰：入天库，以水起。

《荆州占》曰：入注，下刑上，子讼父，民多仇，粟贵，大旱，马贵。

《春秋图》曰：辰星之柳，天下米贵马贵，先潦后旱。

《黄帝占》曰：岁不收。

甘氏曰：王者赐客，若国有贵客。

郗萌曰：为反臣中外兵，以德令解之。一曰舟船相望，在于北方，若处其阳，大旱，又死丧，处其阴，大水，为灾伤。

《玄冥占》曰：贵臣得地，后有德令，不出九十日。

郗萌曰：辰星守柳注，药在酒食中，忌不可食之。

辰星犯七星四

郗萌曰：辰星犯七星，臣为乱。

甘氏曰：入七星，有君置太子者。

《春秋图》曰：辰星之七星，天下劳，多流亡。

郗萌曰：留七星，为天下大忧。（忧中兵也。）

石氏曰：守七星，民多疾。一曰民流千里。又曰兵内起，若守二十日以上，有水。

甘氏曰：守七星，若角动，天下有兵，三年乃解。又曰万物不成。

《海中占》曰：大臣凶，贵人有罪，若法官有忧。

郗萌曰：为反臣中外兵，以德令解之。一曰大水为灾。（此《荆州占》也。）

巫咸曰：犯七星三日以上，贼臣在侧，若有叛臣，皆九十日应之，以善令则无咎。

辰星犯张五

《春秋图》曰：辰星之张，有贤人在下，当为卿相。

石氏曰：守张，天下大水，兵起，若守而角动，有臣伤其君。色赤，有兵出，其君伤，诸侯之臣起于宫中，从庖厨奉牢之间是也。其色黑，食中有药，不可食，大人有忧。

甘氏曰：守张，贵臣专国，天下不宁。

巫咸曰：万物五谷不成。

郗萌曰：为反臣中外兵，以德令解之。（谓赦令也。）又曰：夏麦不收，大饥。一曰民多丧病，又多斗讼。

《南官候》曰：天下大饥。

《百二十占》曰：且有更令。

郗萌曰：入张，若守之，水入火，为逆理犯上，天下不安，下谋上，多斗讼，若多疾。

辰星犯翼六

《玉历》曰：辰星入翼中，兵大起。

《春秋图》曰：辰星之翼，有贤在民间当用。

石氏曰：守翼，水入火，逆理，贵臣有忧，若大臣有戮。又曰：水旱之灾，星入其度，当位者退之以消天怒，王者以赦除咎。又曰：守翼为万物不成。一曰为人民流亡。又曰盐铁大贵四倍，牛马行。

甘氏曰：守翼，大水，兵起。色白，京师起，色黄，事成，色青黑，死事。

巫咸曰：为旱。

《海中占》曰：有兵灾，若大水，在北方，五谷不成。

郗萌曰：多火灾。一曰火在北方。又曰为反臣中外兵，以德解之。

《荆州占》曰：近臣为有亡国，饥岁，民流千里，若地龙见。

陈卓曰：王者有疾，期不出年中。

《二十八宿山经注》曰：辰星一年不出，出于翼轸，主死。

《玄冥占》曰：守翼，若有诛者。

《玉历》曰：有急事，若有大风。

陈卓曰：犯守翼，天下大荒。

班固《天文志》曰：辰星与翼见西方，大臣诛。

辰星犯轸七

石氏曰：辰星入轸中，为大兵起。

巫咸曰：伺其出日而数之，期二十日为兵发，伺始入处之率，一日期十日军罢。

《黄帝占》曰：守轸，天下大疾，贵者多死。一曰国有丧。

《天文志》曰：守犯轸，为白衣之会。

石氏曰：守轸，万物五谷不成。

郗萌曰：守轸，为反臣中外兵，以德令解之。又曰：执法贵臣凶，车骑用。

玉历曰：天下疾疫，人多死，其死，灾多在北方。

《南官候》曰：戚臣凶。

《甄曜度》曰：入轸及守犯之，有兵，必大战，有破军杀将于其野，人心惊骇。守过二十日以上，光明色大，有数十万人战，流血积尸殃，不则大水，有山河崩决，百姓流波之灾，五谷伤败，人民饥死，期二年。

开元占经卷五十八

辰星占六

辰星犯石氏中官

辰星犯大角一

《海中占》曰：辰星守大角，臣谋主，有兵起，人主忧，王者戒慎左右，期不出百八十日，远一年。

辰星犯梗河二

巫咸曰：辰星守梗河，国有谋兵，四夷兵起，来侵中国，边境有忧。

辰星犯招摇三

《圣洽符》曰：辰星犯招摇，边兵大起，四夷为寇。若守之，夷人败，若夷主死，期不出二年。

辰星犯玄戈四

《圣洽符》曰：辰星犯玄戈，边兵大起，侵掠为寇。若守之，夷主死，期不出二年。

辰星犯天枪五

辰星犯天枪，夷兵起，机枪大用，防戍有忧，若诛边臣，期不出年。

辰星犯天棓六

巫咸曰：辰星犯天棓，夷兵起，机枪大用，防戍有忧，若诛边臣，期不出年。

辰星犯女床七

《荆州占》曰：辰星犯女床，凶。

甘氏曰：犯守女床，兵起宫中，若后妃有暴诛者，期百八十日，远一年。

辰星犯七公八

《黄帝占》曰：辰星守七公，为饥，民居不安。

石氏曰：犯守七公，辅臣有谋议，臣相疑，若人主有忧。

辰星犯贯索九

《荆州占》曰：辰星入天牢，天下有贼。又曰水，期一年。一曰旱，期一年。又曰岁饥，人相食。一曰大赦，期百二十日。

巫咸曰：犯守贯索，天下兵大起，多有狱事，贵人有死者。

石氏曰：入天牢中，犯乘守者，以狱多为乱，不出年。

辰星犯天纪十

《文曜钩》曰：辰星犯守天纪，幸臣执权，有兵，王者有忧。

辰星犯织女十一

《黄帝占》曰：辰星犯守织女，天下有女忧，兵起，不出其年。

辰星犯天市垣十二

石氏曰：辰星入天市，大臣有诛。

郗萌曰：辰星入天市中，皆为将相凶。一曰五官有忧。一曰赦。又曰辰星入若守天市，蛮夷之君戮。又曰为惊。一曰更市。

辰星犯帝座十三

石氏曰:辰星犯帝座,为臣谋主,有逆乱事。

《玄冥占》曰:为臣谋主,天下乱,兵大起,不出年。

辰星犯候星十四

《海中占》曰:辰星犯守候星,阴阳不和,五谷伤,人民大饥,有兵起。

辰星犯宦者十五

甘氏曰:辰星犯宦者,辅臣有诛,若戮死,期不出年。

辰星犯宗正十六

石氏曰:辰星犯守宗正,左右群臣多死,若更政令,人主有忧。

辰星犯宗人十七

石氏曰:辰星犯宗人,亲族贵人有忧,若有死者。一曰人主亲宗有离绝者。

辰星犯宗星十八

甘氏曰:辰星犯宗星,宗室之人有分离者。

辰星犯东西咸十九

石氏曰:辰星犯东西咸,为臣不从令,有阴谋。

辰星犯天江二十

《黄帝占》曰:辰星入天江,大水决城郭。

陈卓曰:暴水为害,不出其年。

巫咸曰：犯守天江，天下有水，若入之，大水齐城郭，人民饥，去其乡。

辰星犯建星二十一

陈卓曰：辰星犯建星，大臣相谮。

《百二十占》曰：辰星出建星中，国有水旱，五谷不成，人民饥，不出年。

郗萌曰：守建星，地气泄，贵人多死。一曰臣谋其主。

《荆州占》曰：犯建星，岁水，人饥，有自卖者。

辰星犯天弁二十二

甘氏曰：辰星犯天弁，若守之，则囚徒起兵。一曰五谷不成，籴大贵，人民饥。

辰星犯河鼓二十三

齐伯曰：辰星犯河鼓，大将若左右将将有诛，若守之，将有罪，以五色占之。

甘氏曰：辰星入河鼓，大将出，用兵。

辰星犯离珠二十四

石氏曰：辰星犯离珠，宫中有事，若有乱宫者，若宫人有罪黜者。

辰星犯匏瓜二十五

辰星犯匏瓜三十日，狗夜嗥，鸡鸣，天下尽惊。

《圣洽符》曰：犯守匏瓜，天下有忧，若有游兵，名果贵。一曰鱼盐贵十倍，不出其年。

辰星犯天津二十六

《海中占》曰：辰星犯天津，关道不通，有兵起，若关吏有忧。

郗萌曰：守天津，兵革起。

辰星犯螣蛇二十七

甘氏曰：辰星守螣蛇，天子前驱凶，若奸臣有谋，前驱为害。

辰星犯王良二十八

石氏曰：辰星守王良，为有兵。

齐伯曰：辰星犯守王良，天下有兵，诸侯相攻，强臣谋主，期不出年。

辰星犯阁道二十九

石氏曰：辰星犯阁道绝汉者，为九州异政，各主其主，天下有兵，期二年。

辰星犯附路三十

石氏曰：辰星守附路，太仆有罪，若有诛。一曰马多死，道无乘者。

辰星犯天将军三十一

郗萌曰：辰星入天将军，兴军者吉。

石氏曰：守天将军，为大将军死，若诛。

辰星犯大陵三十二

石氏曰：辰星入大陵，国有大丧，大臣有诛，若戮死，人民死者大半，不出其年。

《荆州占》曰：辰星入大陵，积尸，天下尽丧，死人如丘山。星众兵起，星稀无兵。

辰星犯天船三十三

郗萌曰：辰星守天船，革也。

《圣洽符》曰：入天船或守之，兵大起，舟船用，有亡国，期不出年。

辰星犯卷舌三十四

石氏曰：辰星乘卷舌，天下多丧。又曰：守卷舌，国有佞臣谋其君，以口舌为害，人主有忧。

辰星犯五车三十五

石氏曰：辰星犯五车，大旱，若有丧。一曰犯库星，兵起北方若西方，犯仓星，谷贵，若有水。

《元命包》曰：入五车，则水开。（班固《天文志》曰：大水。）

《海中占》曰：兵大起，车骑行，五谷不成，天下民饥，若军绝粮。

《黄帝占》曰：入五车中，犯乘守天库，以水潦起兵。

辰星犯天关三十六

石氏曰：辰星行天关中，每至抑杨当去不去，徘徊乱行，光色隆怒，见其妖祥，中国隔绝，道路不通。

《文曜钩》曰：守天关，天下大水，津梁不通，人民饥，有自卖，期一年。

石氏曰：行天关，为臣谋主。

郗萌曰：辰星守天关者，皆为贵人多死。

《海中占》曰：辰星守犯天关，道绝，天下相疑，关梁之令。

辰星犯南北河三十七

《黄帝占》曰:辰星乘南河戍,若出南,皆为中国。

石氏曰:守南河,蛮夷兵起,边戍有忧,若有旱灾,人民饥。又曰:留守南戍,中方兵起。

《黄帝占》曰:辰星出北河戍间,若留守北戍,若居南戍间,若守两戍间,为天下有难起,道不通。

《荆州占》曰:守两河戍间,天下乖离。

郗萌曰:失度守阴门若阳门,为诸侯奸。又曰:不行天门天关间,为丧。

辰星犯五诸侯三十八

石氏曰:辰星犯五诸侯,若守之,兵大起,将士出,诸侯有忧,若有死者。

巫咸曰:辰星入五诸侯,伺其出之日而数之,二十日兵起发,伺始入处之率,一日军罢。

石氏曰:守犯乘守五诸侯,诸侯兵死,期三年。

辰星犯积水三十九

石氏曰:辰星守积水,旱。

巫咸曰:犯守积水,其国有水灾,水物不成,鱼盐贵。一曰以水为败,籴大贵,人民饥,期二年。

辰星犯积薪四十

甘氏曰:辰星犯守积薪,天下大旱,五谷不登,人民饥亡。

辰星犯水位四十一

石氏曰:辰星犯守水位,天下以水为害,津关不通。一曰大水入城郭,浸伤人民,皆不出二年。

辰星犯轩辕四十二

《黄帝占》曰：辰星行轩辕中，犯女主，女主失势，忧丧也。（《宋书·天文志》曰：晋穆帝升平四年六月辛亥，辰星犯轩辕，五年五月，帝崩，哀帝立，褚后失势。孝武太元五年七月丙子，辰星犯轩辕，占曰女主当之。九月癸未，皇后王氏崩。安帝隆安三年五月辛未，辰星犯轩辕大星，四年七月，太皇后李氏崩也。）列大夫有放逐者，五官不治，色悴为忧，为疾，其所中犯乘守者，若有罪。

石氏曰：辰星在轩辕中，有以女子请人君者。

巫咸曰：辰星行犯守轩辕，女主失势。一曰大人当之，若有黜者，期二年。

石氏曰：入轩辕中犯乘守之，有逆贼，若火灾。又曰犯守轩辕大民星，大流，太后宗有诛者，若有罪；中犯乘守小民星，小饥小流，皇后宗有诛者，若有罪。

辰星犯少微四十三

石氏曰：辰星入少微，君当求贤佐，不求贤佐则失威夺势者矣。又曰：犯守少微，名士有忧，王者任用小人，忠臣被害有死。又曰：五官乱，宰相易，有兵忧矣。

石氏曰：辰星入中，犯乘守少微，宰相易。一曰女主忧，不出其年。

《帝览嬉》曰：行犯左右执法，为大臣有忧。

郗萌曰：犯左右执法，执法者诛，若有罪。又曰：犯天庭，臣为乱。

辰星犯太微四十四

《荆州占》曰：辰星道从太微西藩北南方星间，入到南方东方星间，南出道中西藩直坐入者，非道也。

《春秋图》曰：辰星若以立秋后七十二日得壬子入太微朝见，当此之时，阴气隆盛，阳气潜藏，不欲穿池决沟渠，犯之冬雷。

《荆州占》曰：辰星以壬子日顺入太微，天子所使也；不以壬子日，非天子使也。

郗萌曰：辰星当太微门为受制，当左执法，为受事左执法，当右执法，为受事右执法。守太微门三日以下为受制，三日以上为兵，为贼，为乱，为饥。

《荆州占》曰：辰星出东掖门为相受命，东南出，德事也；出西掖门为将受事，西南出，刑事也，期以春秋。

《黄帝占》曰：辰星入天庭，色白润泽，为期百八十日有赦。

巫咸曰：辰星入太阴门西，出太阴门东，后宫破，若有大水，期百二十日。

《合诚图》曰：辰星入华阙门，为臣弑之候也。

石氏曰：辰星入太微中华东西门若左右掖门而南出端门，必有反臣；若入西门出东，为人君不安，欲求贤佐；有入中华西门出中华东门，为臣出令；入太阴西出太阴东门，为天下大乱，有丧若大水。

郗萌曰：入太微西门，犯天庭，出端门，为大臣伐主；入西门，折出右掖门，为大臣假主之威而不从主命；入西华门南出端门，为臣诈称诏；入太微若入端门出东门，贵者夺势。

《荆州占》曰：辰星入太微宫，天下有圣女子出燕代；若有大水，伤人民，期三十日。(《天文志》曰：孝桓永寿元年七月己未，辰星入太微中，八十日去，出左掖门，是岁洛水溢至津门，南阳大水。)

《荆州占》曰：辰星入太微天庭，出端门，臣不臣；入太微宫，为天下大惊。一曰有兵。又曰：入天庭，国不安其宫。又曰：辰星见太微，天子当之。

陈卓曰：辰星入太微天子之宫，群臣相杀。(《宋书·天文志》曰：晋永宁元年七月，辰星入太微，初，齐王冏定京都，因留辅政，遂专权无君。是月成都王颖、河间王颙、长沙王乂讨之，冏、乂交战，攻焚宫阙。冏兵败，夷灭乂，杀其兄上将军寔以下二十余人。大安二年，成都攻长沙，于是公私饥困，百姓力屈也。）

齐伯曰：辰星入左右掖门而东出，天下有忧；若入端门而守天庭，强臣夺主位。

《黄帝占》曰：辰星东行入太微庭，出东门，天下有急兵，若守将相丞相御史大臣有死者；若入端门守庭，大祸至；入南门出东门，国大旱；若入南门逆行出西门，国大乱；逆行入东门出西门，大国破亡；若顺入西藩而不留去，楚国凶殃。

巫咸曰：辰星逆行入太微天庭中，为大臣有诛，若诸侯戮死，期二年。

石氏曰：辰星逆行于太微中，及出左右掖门者，有逆谋，天子有命将征伐之事。一曰大赦可以解其患也。

辰星犯黄帝座四十五

石氏曰：辰星犯黄帝座，改政易王，天下乱，存亡半。

辰星犯四帝四十六

甘氏曰：辰星犯乘守四帝座，天下亡。又曰臣谋主，去之一尺，事不成。

辰星犯屏星四十七

甘氏曰：辰星犯守屏星，君臣失礼，下谋上。

辰星犯郎位四十八

甘氏曰：辰星犯守郎位，辅臣有谋，左右宿卫者为乱，王者宜备之。

开元占经卷五十九

辰星占七

辰星犯石氏外官一

辰星犯库楼一

郗萌曰：辰星入库楼，以水起兵，亦大水。

《荆州占》曰：入天库，鈇钺用，大臣诛。

辰星犯南门二

石氏曰：辰星犯守南门，边夷兵起，若道路不通。

辰星犯平星三

石氏曰：辰星犯平星，凶。

甘氏曰：犯守平星，执政臣忧，若有罪诛者，期一年。

辰星犯骑官四

甘氏曰：辰星犯守骑官，有兵起，马多发，若多死。

辰星犯积卒五

石氏曰：辰星入积卒，若守之，兵大起，士卒大行，若多死，期二年。

《玄冥占》曰：犯积卒，主失位，天下乱兵大起，期百八十日。

辰星犯龟星六

《海中占》曰：辰星犯守龟星，天下有水旱之灾。守阳即旱，守阴即水。

辰星犯傅说七

石氏曰：辰星犯守傅说，王者简宗庙，废五祀，后宫凶。一曰有绝嗣君。期不出二年。

辰星犯鱼星八

石氏曰：辰星犯守鱼星，凶。

甘氏曰：犯守鱼星之阳，为大旱，鱼行人道；之阴，为大水，鱼盐贵。

辰星犯杵星九

《海中占》曰：辰星入杵星，若守之，天下有急发之事，不出其年。

辰星犯鳖星十

《黄帝占》曰：辰星守鳖星，有白衣之会。

巫咸曰：国有水旱之灾。守阳则旱，守阴则水。

辰星犯九坎十一

石氏曰：辰星守九坎，天下旱，名水不流，五谷不登，人民大饥。一曰之阳大旱，之阴大水。

石氏曰：犯守九坎，凶。

辰星犯败臼十二

石氏曰：辰星守败臼，民不安其室，忧失其釜甑，若流移去其乡。

辰星犯羽林十三

郗萌曰：辰星入羽林，有反臣中兵。

巫咸曰：入羽林，天下兵起，四夷入国，人主忧。一曰其国以水为忧。

《荆州占》曰：荧惑与辰星俱入天库，军凶，若有水灾。

郗萌曰：犯守天阵，为兵起，有破军死将。

《海中占》曰：入犯守羽林，有兵起。若逆行变色成勾已，天下大兵，关梁不通，不出其年。

辰星犯北落十四

石氏曰：辰星守北落，亦为兵大合，女子兵起。若与北落相贯抵触，光相及，有兵大战，破军杀将，伏尸流血，不可当也。期百八十日若一年。

甘氏曰：守北落，斧钺用，大臣有诛。期不出年。

辰星犯土司空十五

《海中占》曰：辰星守土司空，其国以土起兵，若有土功之事，天下旱。

辰星犯天仓十六

齐伯曰：辰星守天仓，诸侯有发粟之事，有兵起。星若当户守之，将受命不为主用。

《荆州占》曰：辰星入天仓中，主财宝出，主忧乱臣在内，天下有兵，而仓库之户俱开，主人胜，客事不成。期二十日中而发。

郗萌曰：入若天仓，为粟发用。

黄帝曰：守天仓，大水。

《荆州占》曰：守天仓，天下饥，粟出。

辰星犯天囷十七

石氏曰：辰星入天囷，天下兵起，囷仓储积之物皆发用。一曰御物多有出者，库藏空虚。期二年。

辰星犯天廪十八

石氏曰：辰星犯天廪，天下乱，粟散出。一曰天下大饥。

辰星犯天苑十九

石氏曰：辰星入天苑，牛羊禽兽多疾疫。若守之二十日，天下兵起，马多死，其国忧。

辰星犯参旗二十

《海中占》曰：辰星守参旗，兵大起，弓弩用，士将出行。一曰弓矢贵。

辰星犯玉井二十一

《黄帝占》曰：辰星入玉井，为强国失地；其出之，强国得地。

巫咸曰：辰星入玉井，国有大水忧，若以水为败，水物不成。期不出年。

辰星犯屏星二十二

甘氏曰：辰星入守屏星，诸使有谋，若大臣有戮死者。

甘氏曰：入天屏，为大臣戮，若疫。

辰星犯厕星二十三

《黄帝占》曰：辰星守厕，为大臣有戮者。

《甄曜度》曰：入守厕星，天下大饥，人民相食，死者大半。期二年。

辰星犯军市二十四

石氏曰：辰星入守军市，兵大起，大将军出，若以饥兵起。

辰星犯野鸡二十五

甘氏曰：辰星入犯守野鸡，其国凶，必有死将，军营败，兵士散走。

辰星犯狼星二十六

石氏曰：辰星入守狼星，野兽死。

《圣洽符》曰：辰星犯守狼星，天下多奸盗，有兵起，其国以水为忧。

《荆州占》曰：守狼星，大将出，其国有兵。一曰死将。

辰星犯狐星二十七

《荆州占》曰：辰星守狐星，大将有千里之行，国玫惊。

辰星犯稷星二十八

《海中占》曰：辰星守天稷，有旱灾，五谷不登，岁大饥。一曰五谷散出。

辰星犯甘氏中官二

辰星犯四辅一

《荆州占》曰：辰星中犯乘守四辅星，君臣失礼，辅臣有诛者。

辰星犯平道二

甘氏曰：辰星入守平道，天下兵乱。

辰星犯酒旗三

《荆州占》曰：辰星守酒旗，天下大酺，有酒肉财物，赐若爵宗室。

辰星犯天高四

郗萌曰：辰星舍入天高，有奇令。

辰星犯积尸五

石氏曰：辰星守积尸，大人当之。

辰星犯天潢六

《黄帝占》曰：辰星入天潢中者，为起军，道不通，天下大乱，国易政。一曰贵人死，若中犯乘守之，皆期二十日，兵起。

郗萌曰：辰星失度，留天潢中，为人主以水为害，若以井为害。以日入占其国，若出乘天潢，赦，期百二十日内。

辰星犯咸池七

郗萌曰：辰星入咸池，为有迷惑人主者。

《荆州占》曰：若入咸池，天下大乱，人君死，易政，以入日占国。

甘氏曰：有兵丧，天子且以大败失忠臣，若旱。一曰大水，道不通，贵人死，以入日占国。

《文曜钩》曰：大水。

郗萌曰：大人忧，若出乘之，赦，期百二十日内。

辰星犯天街八

郗萌曰：辰星不从天街者，为政令不行，不出其年有兵。当天街者，为诸侯自立为王。一曰大水。若留止逆行天街中，为兵革起。

石氏曰：犯守天街，徘徊乱行，主弱臣强，道路隔绝，天下不通。

辰星犯甘氏外官三

辰星犯八魁一

《荆州占》曰：辰星犯守八魁，兵大起。

辰星犯铁锧二

《荆州占》曰：辰星犯守铁锧，兵起。

黄帝曰：入铁锧，为大臣诛。

辰星犯刍藁三

《黄帝占》曰：辰星入刍藁中，主财宝出，忧臣在内。

辰星犯九州殊口四

《荆州占》曰：守九州殊口，九州兵起。

辰星犯军井五

《荆州占》曰：辰星入军井三日以上，其岁大水。

辰星犯水府六

《荆州占》曰：辰星守水府，臣谋主；入之，水流入邑。

辰星犯天狗七

《荆州占》曰：入天狗北，夷大饥来，邻国多土功。若守之，为兵谋。

辰星犯天庙八

《黄帝占》曰：入若守之，为庙有事。一曰为凶忧。

《荆州占》曰：为有庙残之事，吏不去则死。

辰星犯巫咸中外官四

辰星犯土司空一

《荆州占》曰：守入土司空，有土徭之事。一曰守之有兵。

辰星犯键闭二

郗萌曰：犯乘大臣有谋，天子不尊事，王者不宜出宫下殿，有匿兵于宗庙中者。

辰星犯天泉三

《荆州占》曰：守之海水出，江河决溢，若海鱼出。

辰星犯铁锧四

《荆州占》曰：犯之五日以上，臣有谋者。

郗萌曰：犯守为铁锧用。一曰兵将有忧。

辰星犯天厩五

《荆州占》曰：入之十日以上，厩马有食变。

郗萌曰：守之三十日，骑马出。

黄帝曰：守之为灾厩之事，人主以马为忧，不即为疾。

據文淵閣四庫全書本排印

开元占经

（下）

（唐）瞿昙悉达　著

九州出版社
JIUZHOUPRESS

开元占经卷六十

东方七宿占一

角　一

《春秋纬》曰：列宿二十八，是日月五星之所由，吉凶之所由兆也，故石氏《簿赞》，皆始于角而终于轸。今如旧次，东方七神之宿，为少阳摄提建节青华叶流苍帝灵威仰协助所因乘也。角二星，天关也，其间天门也，其内天庭也，故黄道经其中，日月五星之所行也。角主兵，一曰维首，一曰天陈，一曰天相。左角为天田，为狱，为理，主刑。南三度曰太阳道。右角为尉，为将，主兵，北三度曰太阴道。右角盖天之三门，犹房之四表也，万理之所由，祸福之源始也，故三光轨道，从之则吉，干僻抵触则凶也。

石氏曰：角二星十二度，（刘向《洪范传》曰：与古度同。）度距左角先去极九十一度，在黄道外。度，金星也。（《巫咸占》同。）春夏为木，秋冬为金。两角之间是中道。（郑之分野。）角一名天田，一名天根。右角为尉，左角为狱。角者，天之府庭也。天门者，左右角之间，天道之所治也，阳气之所升也，臣之象也。

郗萌曰：右角为天庭，左角为天田。又曰：角亢秋狱，角为龙角。

《二十八宿山经》曰：角山与亢山相连，在韩金门山中。山中有忧变，则星应于上；星若有变，则山应于下。角亢星神常居其上。（君臣和同，山星无异，麒麟凤凰芝草醴泉，四时降矣。）

《黄帝占》曰：视两角星明，王道大治。其星微小不明，王道失政，辅臣不言。角星左苍右黄，正色也，吉。其色白也，凶，王者大行，百八十日灾应，远不出一年二年。角星明而润泽，朝臣有次第。

两角微小而不明，天下有兵，德令不行。乱错，角垂芒。角星明大，王道太平。角为天将之官，两角之间，三光之道也，南三度太阳道，北三度太阴道，日月五星出入中道，天下太平。出阳多旱，出阴多雨，有阴谋。乘左角，法官谋，南三尺，狱理多冤。两角不明，天下有兵；右角赤明，天下有兵，左角赤明，天下平。日月五星，天之三明也，皆从角所行。行阳道，道其阳，不从其行，岁大水，有兵。二十八宿皆同。角星明大润泽，贤者在朝廷，苍帝德行，天门为开。角主为兵。动内五寸，国中兵起，动外五寸，边兵起。左右动摇非其常，人主忧，臣弑君。各以日占。

亢　二

石氏曰：亢四星，九度，（在黄道内五度半。）春夏为火，秋冬为水。（《五星占》曰：亢，火也。）亢北四尺，是中道。（郑之分野。）

石氏曰：亢者，庙也。亢者天帝庙宫，亢为天府。

《海中占》曰：亢，三光也，三公之事。下者地也，中央者，丞相也，主享祠。一曰亢亦为疏庙。一名天庭，主火与疾，故亢龙多疾。亢星齐明，宗庙有敬，朝廷有序；星不明，则辅臣失次，君令不行。亢星不明，王者内乱；星明大，辅臣纳忠，天下平安。

郗萌曰：亢星明大，民无疾疫。

石氏曰：亢星垂芒，为乱错。亢星离落位，有天子动旗而卒战于野。亢为疾，国有疾，占在亢。秋分，视亢不见，五谷尽伤，粜将二倍。

石氏曰：亢为朝廷，总领四海，故置平星以统理。

《海中占》曰：亢为朝廷布政宫。

氐宿三

石氏曰:氐四星,十五度。(古十七度。)距西南星先至,去极九十四度。(在黄道内一度。)春夏为金,秋冬为水。(《五星入宿占》氐木也。)氐南二尺是中道。(宋之分野。)氐,天子行宫也,一名天庙,一名天府。前二大星嫡,后二星妾。前星,皇后贵族府,其星欲明,臣奉法度,邦君安宁。当大而小其位,臣失势;其星动,其臣出。

《海图》曰:氐宿,宫后女之贵府,出入路寝之宿。氐星发,即有土功事。氐为天庭。氐主疫。

《二十八宿山经》曰:氐山在郑白马山东,氐星神常居其上。氐星明大,则民无出门之徭,马无汗劳。氐主徭役,氐动者徭役起。氐为宿,路寝所止,故置库楼以捍咎。氐为宿宫,休解之房。

房宿四

石氏曰:房四星、钩钤二星,五度。(古七度。)距房西南第二星,去极一百八度。(在黄道外一度弱。)春夏为水,秋冬为火。(又曰:房土星也。)房两服之间是中道。(宋分野。)房为天府,一曰天马,或曰天驷,一名天旗,一名天厩,一名天市,一名天街,一名天燕,一名天仓,一名天表,一名天龙。房为天子明堂,王者岁始布政之堂。房为天马,主车驾。房为四表,表者桀也。

石氏曰:天道,四表之间,三光之正路,人天之定位也。(天庙者,房也。房者关也。日月之行,常出其中。不出其中为不道,不道者政令不行。石氏曰:房主宿,街南二星,君位也,北二星,夫人之位也。房主财宝,房动外,财宝出,动内,财宝入。)

《二十八宿山经》曰:房山在宋地,与心山相连。房心星神常居其上。房心二宿动摇,则房心之山崩,国有走主。填星色黑,出入七十日以上，房心山崩，下伐上也。其星不明，则山有音声，人民扰扰，五谷贵。房心星暗黑，火星守之二百日，房心山则音声，万民相惊，大水，鱼盐五谷贵，百姓愁。若星色赤，赤地千里。房心不见，帝无教。房星欲明，群臣奉忠，天下道兴。

钩钤，天子御也。钩钤相去疏者，天下且赦，相去数者，天子急，多暴令，关闭。钩钤去房，不驾；钩钤离房，法令。王者至孝，则钩钤明。昆弟有亲之思，则钩钤不离房。钩钤去房，欲其近也，近则天下同心，远则天下不和。房主开闭，以其蓄藏之所由也。

心宿五

石氏曰：心三星，五度。（古十二度。）距前第二星，去极一百八度半。（在黄道外三度半。）春夏为木，秋冬为水。（又曰：心星火也。）北四尺是中道。（宋之分野。）心为天相，一名大辰，一名大火，一名天司空。心者宣气也，心为大丞相。

石氏曰：心三星，帝座。大星者，天子也。心者木中火，故其色赤，为天关梁。心三星，星当曲，天下安，直则天子失计。心为明堂，中大星天王位，前后小星子属，以开德发阳。不欲直，直，王失势，期九十日，地动，主客，天子以弱亡。

《尔雅》曰：大火谓之大辰，房心尾也。主天下之赏罚，主天下之急，故天下变动，则心星见不祥。明堂旁多小星，天子忧弱子未处，天子威令不出阁，天下乖争，无君伯八九。心星直，心星变，色黑，大人有忧，民血流；心星灭，则主泣血，后奔逃，强国起。心星消，江河为害，期九年，天子灭。心星动，国有急。心星动摇若角芒者，天下大兵。心星离移，有流民。心前后星皆光明赤黄者，太子庶子各有赐贺之事。心三星明大，则天下同庆，向风被泽。

太史公曰：心三星，上星太子星，星不明，太子不得代；下星庶子星，星明，庶子代。后心动者，国有忧。

尾宿六

石氏曰：尾九星，十八度。（古九度。）距东第二星先至，去极百三十四度。（在黄道外十五度少。）春夏为火，秋冬为水。（又曰水星。）尾北十尺是中道。（燕之分野。）尾一名后族，一名天厕，一名天狗，一名天司空，一名天鸡。尾者，后宫之场也，妃后之府也。上第一星，后也。第三星旁一星相去一寸，名神宫，解衣之内室，说虞之堂。一曰天矢，一曰天九江。尾者，边臣也。又曰通溜宫尾市也，天复船也。尾第一星，嫡妃也，第三星，夫人也，次五星，嫔妾星。欲均明，大小相承，则后宫有序，多子孙。

《二十八宿山经》曰：尾山与箕山相连，在燕九都山西，尾箕星神常居其上。尾主水，又主君臣。尾动者，君臣不和，必有事。尾，天子之九子也，腾跃坼绝，不居其所，天下大乱，君臣不和。尾星明大，皇后有喜，不明微细，皇后有忧及疫。尾星疏远，皇后失势。尾星明，五谷大熟，则民不烦扰；其星不明，五谷大伤。尾星离徙而直，皇后失势。其星就聚，有大水。君臣不和，则占于尾。

箕宿七

石氏曰：箕四星，十一度。（古十度，又十一度四分之一。）度距西北星先至，去极百一十八度。（在黄道外五度少。）春夏为金，秋冬为土。（又曰金星也。）箕北六尺是中道也。（燕之分野。）箕星一名风星，月宿之，必大风。（箕星为风，东北之星也。）一名天阵。一名狐星，主狐貉。一名风口，一名天后也。为天貉府廷，天鸡也，主时，金星也。箕斗，天子之冠服也，并后宫别府也。二十七世妇、八十一御女妾，别宫四者，女相也。故尾箕主百二十妃。尾者，苍龙之末也，直寅，主八风之始。箕后星动，风扬箕，主致客。箕库也。一曰天司空，箕为寄客。

《尔雅》曰：析木谓之津，箕斗之间，汉津也。一曰天市，主八风。箕为风，箕主蛮夷，箕动者，蛮夷有使来。箕舌一星，芒动则大风，不出三日。箕舌动，如致风扬沙。箕星居河边，岁大恶。若中河而居，天下食人。

《易纬是类谋》曰：太山失金鸡，西岳亡玉羊。箕星明大，即国无谗贼。箕中少星，则粢贵。箕者人之精也，故天下安乐，即星众；不安，即星少。箕星离徙，天下大不安，民移徙其处。星不明，天下五谷伤。其星明，谷大熟。其就聚细微，天下忧食。箕中欲其多星。

石氏曰：尾箕主后宫妃后府，故置傅说衍子孙。

开元占经卷六十一

北方七宿占二

南斗占一

石氏曰：南斗六星，二十六度四分度之一。（甘氏同。《洪范传》古二十二度。《淮南子》无四分之一。）度距魁第四星先至，去北极百一十六度。（在黄道外二度半，旧历有四分度之一，在斗度中后推校知度少为多。今历不三百四分度之一七十五在营室一度之末。）春夏为水，秋冬为金。（巫咸释五星入宿吉凶占曰：诸斗，木星也。）日月五星常贯之为中道。（吴之分野。）

《黄帝占》曰：南斗一名铁钺。

《春秋佐助期》曰：南斗主爵禄，神名帙瞻，姓拒终。

石氏曰：南斗魁第一星主吴，第二星主会稽，第三星主丹阳，第四星主豫章，第五星主庐江，第六星主九江。

郗萌曰：南斗六星，一名天库，知之使人不妄。

《北官候》曰：南斗一名天府天关，一名天机，一名天同，天子旗也。斗北二星，天府廷。中央二星，相也。南二星，天库楼也，天梁也。斗西大星，天关也，天子正旗也，土官也。六星欲均明，天下安宁。

韩杨曰：南斗第一星上将，第二星相，第三星妃，第四星太子，第五星第六星天子。

《荆州占》曰：南斗，太宰位也。

《圣洽符》曰：南斗者，天子之庙，主纪天子寿命之期。

甘氏曰：南斗，天子寿命之期也，故曰将有天下之事，占于南斗也。

《二十八宿山经》曰：斗山在吴阳羡山南，斗星之神常居其上。

甘氏曰：南斗主兵，斗动者兵起。南斗星明大，爵禄行，天下安宁，将相同心；其星不明，大小失次，芒角动摇，则王者失政，天下多忧。

郗萌曰：南斗星明，五谷大熟，其臣得势而亲近，治道和平，风雨顺时，斗星不明，五谷不收。移徙位直，其臣逐，风雨不节，天下病。

石氏赞曰：斗主爵禄，褒贤达士，故曰直。建星以成辅，又曰斗，主爵禄功德，祥岁周受，分和阴阳。

牵牛占二

石氏曰：牵牛六星八度。（古九度。）度距中央大星先至，去极百一十度。（在黄道内四度。）春夏为木，秋冬为火。（巫咸曰：木星也。）日月五星常贯牵牛中道也。（吴之分野。）

《佐助期》曰：牵牛主关梁，神名略绪炽，姓蠲除。

《北官候》曰：牵牛一名天鼓，一名天关。牛第一两星如连李，名即路，一名聚火。

石氏曰：牵牛六星，天府也，日月七政所王者。即察政，视牛星明大，次第相承，王道大昌，天下安宁。牛星不明其常色，其岁五谷不成，牛多灾凶。

甘氏曰：牵牛上二星主道路，次南星主关梁，次南三星主南越，故动摇变色，从而占之。

郗萌曰：天鼓星怒者马贵。

《天官书》曰：牵牛为牺牲。

宋均曰：牵牛为牛角。

《月食占》曰：牵牛为冬狱。

《二十八宿山经》曰：牛山与女山相连，各法其星形，牵牛须女星神常居其上。

《黄帝占》曰：牵牛大星亡，大牛死；小星亡，小牛死，疫。中央大星不明而黄者，天下刍大贵十倍。牵牛星直，粢平；曲，粢贵。牛中央大星左右出不明，大将心不正，牛大贵。后星前近中央大星者，牛贵；远，牛贱。前星左右出者，前将心不正；后星左右出者，后将心不正。所谓前者，星南星也，后者，星北星也。牵牛不与织女星直者，天下阴阳不和。

黄帝曰:牵牛远汉者,天下牛大贵;其入汉中者,天下牛多死。

甘氏曰:牵牛动,牛灾,四方皆然。

郗萌曰:牵牛明大,关梁通利。牵牛主大豆,始出色黄,豆贱也;赤,豆虫也;色青,豆贵。

《荆州占》曰:牵牛后星前近中央星者,诸侯以四足为弊,色青,道病,色黑,死不至。牵牛星明,牛贵;细微不明,牛贱。

石氏曰:牵牛生于列泽之邑,以主越国,为府廷。

《百二十占》曰:将有牺牲之事,占于牵牛。

石氏赞曰:牵牛主关梁七政,故置九坎,通水道。又曰:牵牛险阻主关梁,中星高,下牛多殃。

须女占三

石氏曰:须女四星,十二度。(古十度距西。)度距西南第一星先至,去极百六度。(在黄道内八度。)春夏为水,秋冬为火。(巫咸占曰:须女,水星也。)须女南九尺是中道。(越之分野。)

《佐助期》曰:须女星,布帛,名色舒,姓终梨时。

《北官候》曰:须女一名天少府,一名天女,一名务女,一名临官女。

《圣洽符》曰:须女者,主娶妇嫁女也。

巫咸曰:须女,天女也,天府天市斗也。

郗萌曰:须女主麻,其色白者,麻为色,黄不为色,青麻虫。

黄帝曰:须女星欲明,明则士女有绪,国富民殷。

郗萌曰:须女星明大,则女工昌;不明,则法令易,诗书灭绝。

玄冥曰:须女星明,天下大丰,女工有储,国充富;星不明,天下虚,藏不足。

甘氏曰:须女动,则嫁娶。将有嫁娶,占于须女。

石氏赞曰:须女主布帛,裁置之,故置离珠为藏府。又曰:须女珍物宝所藏,故主布帛,奉给主。

虚宿占四

石氏曰:虚二星,十度。(古十四度。)度距南星先至,去极一百四度。(在黄道内八度。)春夏为水,秋冬为金。(巫咸曰:虚金星也。)虚南九尺是中道。(齐之分野。)

《佐助期》曰:虚危为礼堂,虚神名开阳。

《圣洽符》曰:虚危,天益也。

《孝经内记》曰:虚,府廷也。

《北官候》曰:虚主哭泣谅暗之事,一名天军市,一名临宫,一名天府,一名乡中,黄钟宫也,一名兑官,一名申宫。

郗萌曰:虚者生于牛山之中,以为齐国府廷。

《尔雅》曰:北陆虚也。(注曰:北陆,虚星名也。)一名天府,主邑居,主庙堂,主祭祀,主祀祷之事。

黄帝曰:虚二星主坟墓冢宰之官。十一月万物尽,于虚星主之,故虚星死丧。

甘氏曰:虚主丧事,动则有丧。

郗萌曰:虚危并为一体,主觞客之事。中有六星,不欲明见也,明见则神龟用事。将有哭泣之事,则占于虚。

《二十八宿山经》曰:虚山危山相连,在齐臣首山中坐,虚危星神常居其上。

郗萌曰:虚星动摇,有井田之法。虚星不明,天下大旱。

《荆州占》曰:虚危中有六星,不欲明见,明见则有大丧,近期一年,中期二年,远期三年。

危宿占五

石氏曰:危三星、坟墓四星,十七度。(古九度。)度距西南星先至,去极九十九度。(在黄道内九度太。)春夏为水,秋冬为火。(巫咸曰:危,土星也。)危南九尺是中道。(齐之分野。)

《佐助期》曰:虚危为礼堂,神名推长,姓吕贾王。

《北官候》曰:危一名天府,一名天市。

巫咸曰:危为百姓市,又为架构。

《黄帝占》曰:危主庙堂,上视危星以主室。危星主柱,主盖屋,以成帝宫,以教天下。其星明,则天下安宁。

甘氏曰:危主架屋,星动则有架屋之事。

郗萌曰:危星动摇,移徙天下,谋作不解。其星不明,客有诛者。

《玄冥占》曰:危动摇不明,天子作宫殿,民有土功事。

石氏曰:虚危主庙堂,祀考妣,故置坟墓,识先祖茔域。虚危五星为祠堂,坟墓四星,祠祀享。

郗萌曰:危为发屋之事,为盖屋。将有盖屋之事,则占于危。

石氏赞曰:坟墓四星,主悲谅也。

营室占六

石氏曰:营室二星、离宫六星,十六度。(古二十度。)度距南星先至,去极八十五度。(在黄道内十八度半。)春夏为水,秋冬为土。(巫咸曰:营室,木星也。)室南九尺是中道。(卫之分野。)

《佐助期》曰:营室主军市之粮,神名玄耀登,姓娄方。

皇甫谧《年历》:营室一名休官。

《地轴占》:营室一名鳈鰌。

《北官候》曰:营室一名玄冥,一名天官,大人之宫。

郗萌曰:营室,西壁也。

《尔雅》曰:营室谓之定。(郭璞曰:定,正也。)

巫咸曰:营室为天库。

宋均曰:营室为舌俞角。

《天官书》曰:营室为清庙。

《广雅》曰:营室曰豕。

《圣洽符》曰:营室主土,天子庙。又曰:摄提宫,府廷也。

《二十八宿山经》曰:营室山在城山东南,与东壁山相连,室壁星神常居其上。

黄帝曰:营室二星主军粮,离宫六星主隐藏。营室三军所立,外有羽林以卫帝,其星欲明,明则国昌,动摇则兵出。

甘氏曰：营室动，有土功事。

郗萌曰：离宫一星不具，忧子。

郗萌曰：营室一星小不明，祷祀不实，鬼神不享。一曰国家多疫。

郗萌曰：将有土功之事，则占于营室。营室二星亡，则辅臣病死。营室东壁四星，四辅也，欲其正。中有二星，二舍也，欲其实。正犹方，实其旁多小星也。

又《荆州占》曰：四辅不正则辅臣不忠，越职卖权。二舍不实则宫女淫，出入不常，适媵相逾，君不悉御，后宫女怨旷去心。

《荆州占》曰：离宫者，天子之别宫也，主隐藏止息之所也。

石氏赞曰：营室主军粮，以廪士，故置羽林省道理。又曰：营室二星主军粮。

东壁占七

石氏曰：东壁二星，九度。(古十五度。)度距南星先至，去极八十六度。(在黄道内十二度半。)春夏为金，秋冬为水。(巫咸曰：东壁，土星也。)东壁南九尺为中道。(卫之分野。)

《佐助期》曰：东壁主文章，神名瞻工，姓刑孙王。

《北官候》曰：东壁一名天池，一名天术。

巫咸曰：东壁为天梁。

《孝经章句》曰：东壁，市也。又曰天市。

《圣洽符》曰：东壁主土功之事。

《黄帝占》曰：东壁失色，大小不同，则王者好武，经士不用，图书隐藏，天下咸愚。

《甘氏占》曰：东壁主土星，动则土功事兴。东壁星明大，王者明道，术学大兴，国有君子。

郗萌曰：东壁离徙，作治田就聚，以田宅为忧。一曰将有土功之事，占于东壁。

石氏曰：东壁主文章图书府，故置垒壁以卫后。

石氏赞曰：东壁主文章，万物犯壁本乡。

《洪范传》曰：北方七宿九十九度，今九十八度四分度之一。

开元占经卷六十二

西方七宿占三

奎宿占一

石氏曰：奎十六星，十六度。（古十二度。）度距西南大星先至，去极七十度。（在黄道内十四度少。）春夏为金，秋冬为水。（巫咸曰：奎，金星也。）奎南九尺是中道。（鲁之分野。）

《佐助期》曰：奎主武库兵，神名列常，姓均刘方。

《西官候》曰：奎一名天库，一名天边偏将军。武库军库也。奎者，天之玄冥也，沟渎陂池江河汉也。其木榆也，其物牛筋革。奎，金星也。

《天官书》曰：奎曰封豕，一名天豕。

《诗纬》曰：奎为女令。

《圣洽符》曰：奎者沟渎也。

《孝经章句》曰：奎，府廷也。

巫咸曰：奎为天库。又曰：奎娄春狱。

郗萌曰：将有沟渎之事，则占于奎。其西南大星，所谓天豕目者也。亦曰大将，故欲其明也。

《玄冥占》曰：奎大星，大将军，其欲明，而行列两头免近河，以候水兵。芒角动摇进退，国必用兵。或曰有赦令。

《二十八宿山经》曰：奎山娄山相连，奎娄星神常居其上。

黄帝曰：奎星芒角动摇，国必有兵，不出年中。

《河图》曰：帝淫佚政不平，则奎有兵。

《文曜钩》曰：奎星直，期九年，主弑天下，无文法，兵官营垒不宁。

甘氏曰：奎星动，有沟渎之事。

郗萌曰：奎头大星，色黄，忽然不明者，将军叛王也。非其旧，故黄也。

《荆州占》曰：奎中星明者，水大出。

石氏赞曰：奎主军，兵禁不时，故置将军以领之。又曰：奎主库兵，秉统制政功以成。

娄宿占二

石氏曰：娄三星，十二度。（古十五度。）度距中央星先至，去极八十度。（在黄道内十二度。）春夏为水，秋冬为火。（巫咸曰：娄，水星也。）娄南九尺是中道。（鲁之分野。）

《佐助期》曰：娄主苑牧，神名及方，姓台卫。

黄帝曰：娄主宗庙五祀，一名天府，郊太牢也。

《西官候》曰：娄一名密官，一名国市，一名天庙。库娄者，天独禄车也，主为聚众之事。其木柱也，其物铅锡银黄金石。

《圣洽符》曰：娄者，聚众也。

《孝经章句》曰：娄，市也。

巫咸曰：娄为天狱。

郗萌曰：有聚众之事，则占于娄。

《海中占》曰：天子孝，则娄星明大，天下太平。

郗萌曰：娄星直，有执主之命者；就聚，国大不安。一曰星明大则赋敛时。

《玄冥占》曰：娄星明，则王者郊祀，天享之，天子明，臣子多忠孝，王者多子孙，天下和平；娄不明，大小失色，不修五祀。

石氏赞曰：娄主苑牧给享祀，故置天仓以养之。娄主苑牧，有掩敛盖藏，以春营。

胃宿占三

石氏曰：胃三星，十四度。（古十一度。）度距西南星先至，去极八十二度。（在黄道内十二度。）春夏为木，秋冬为水。（巫咸曰：胃，金星也。）胃南九尺是中道。（赵之分野，《淮南子》、《洪范传》曰魏分。）

《佐助期》曰：胃主廪仓，神名稽览，姓研骨白。

《西官候》曰：胃一名天中府，一名密官，为兵为丧。（金星也。）

《圣洽符》曰：胃者，仓廪也。

《孝经章句》曰：胃者，库也。

《天官书》曰：胃者天库。

《百二十占》曰：胃为天府藏也。

郗萌曰：将有仓囷之事，占于胃。

《二十八宿山经》曰：胃山昴山，东与毕山相连，在赵常山中央，其山最高大，胃昴毕之神常居其上。

甘氏曰：胃动，有输运之事。胃星明者，王者郊天得福，天下和平；星不明，大小失位。

《海中占》曰：胃星明大，王者须祀，则寿命长，子孙昌。

郗萌曰：胃星明大，仓廪实；胃星离徙，仓谷不出。其星就聚，谷大贵，民流于道。

《荆州占》曰：胃中星众者谷聚，星少谷散。

石氏赞曰：胃主仓廪五谷基，故置天囷以盛之。又曰：胃宿三星主仓廪，阴收积聚（一云万物积聚。）知人藏。

昴宿占四

石氏曰：昴七星，十一度。（古十五度。）度距西南第一星先，去极七十四度。（在黄道内四度少。）春夏为火，秋冬为金。（巫咸曰：昴，火星也。）昴南九尺是中道。（赵之分野，《淮南子》曰魏分。）

《佐助期》曰：昴主狱事，神名敖，姓金宋赵胜。

《西官候》曰：昴一名武，一名天厨，一名天路，胡星。主兵主丧，其一星亡，邦有兵，水星也。

甘氏曰：昴，茅也。

郗萌曰：昴有一星大名黄星，其星明者天下安，不明者天下大凶。

巫咸曰：昴为天耳目。

黄帝曰：昴星，天牢狱也，王者承天以利狱事，以检淫奢。其星不欲明，明则天下多狱者。

《春秋纬》曰：昴为旄头，房衡位，主胡星，阴之象。

《圣洽符》曰：昴者白衣。（巫咸曰：昴为白衣聚。）又曰胡聚。

《孝经章句》曰：昴，市府廷也。

郗萌曰:将有白衣之会,则占于昴。

《尔雅》曰:西陆,昴也,一曰天狱。

石氏曰:天街者,昴毕之间,阴阳之所分,中国之境界。(《天官书》曰:阴阴国,阳阳国。孟康曰:阴西南维河山以北国也,阳河山以南国也。)

《元命包》曰:帝位明,即昴星光大。

甘氏曰:昴星明,天下多犯狱。昴星动摇,必有大臣下狱。又曰:有白衣之会。又曰:昴星大而数动尽跳者,胡兵大起,不出年中。又曰:昴一大星跳跃,余皆不动者,胡欲侵犯边境,期年中或三年。

郗萌曰:昴星明大则牢狱平。昴星皆明,与奎星等者,水满天下。昴七星,黄道起。昴有一星亡者,多兵为丧。

《五官书》曰:白帝行德,毕昴为之围。围三暮,德乃成;不暮及围不合,德不成。

石氏赞曰:昴主狱事,典治囚,故置卷舌以慎疑。昴主狱事,系凌淫化,伐所犯谋是当。

毕宿占五

石氏曰:毕八星,附耳一星,(附耳,主听察也。)十七度。(古十五度。)度距左股第一星先至,去极七十八度。(在黄道外六度太。)春夏为金,秋冬为水。(巫咸曰:毕,火星。附耳,水星也。)毕北七尺是中道。(赵之分野,王者执毕前驱,即其象也。一曰囚车,今掩兔者曰毕,亦其义也,故主弋猎。其大星曰天高,一曰边将,邦外候也。《淮南子》曰:魏分野。)

《佐助期》曰:毕主边兵,神名扶骨,姓傅儿候。

皇甫谧曰:一名天耳,一名天目,一名风口。

《西官候》曰:毕一名浊,一名天罡,一名天都尉,主制候四方。

《圣洽符》曰:毕者扬兵,一曰清池宫。

《河图》曰:毕为天罡也。

《孝经章句》曰:毕,府廷也。

巫咸曰:毕为天狱。

郗萌曰:毕主山河以南中国也。中国于四海内则在东南为阳,阳则曰岁星，荧惑，填星，占于街南。

《春秋纬》曰：毕罕车为边兵，主弋猎，阳微掇，故置附耳，在大星旁，司天下摇动，谗臣乱主。

《春秋纬》曰：毕为边界天衔，主守备外国，故立附耳以闻不祥。

郗萌曰：将有田猎之事，则占于毕。

黄帝曰：毕左股大星，边将也，主边邦胡狄，候五帝三王垒外域。其国倍叛，其星耀芒。其星欲明，明则远夷来贡。失其色，大小不如其故，则边境还自乱，中国不宁。天以毕罪扫奸雄，平通外域。

《西官候》曰：毕大星，边将军也，星动有芒角，边将有急。

《百二十占》曰：毕主弋猎，为阳国，昴为阴国。日月五星出阳国，即有水，入阴国即旱，上教不行。

黄帝曰：其国背叛，毕星耀芒。

《元命包》曰：毕星光大，色度和同，天下太平，国号未央。

郗萌曰：毕星动摇，有谗臣。毕一星亡为丧，一曰为兵。毕中星出，国内乱，一曰国无主。毕星明大，则边无近远，夷贡来王廷中。毕离移，天下狱大乱。其星就聚，法令大酷。其明，太平；不明，天下谋为乱。

《列宿说》曰：毕星动者，边城有兵起。

石氏曰：附耳著毕，司衔候邪。

巫咸曰：附耳，火官也。

黄帝曰：附耳摇动，有田之事。

《洛书》曰：附耳角动，谗贼将起。

《春秋纬》曰：附耳明，贼动，（宋均曰：贼盛也。）中国微，边兵惊，外国交斗连年，大将虏，主败失。附耳摇动，非其处，有乱臣在侧者。一曰主忧愁。

《论语》曰：附耳明，盗贼令。

郗萌曰：附耳入毕口，直一星，期四十日；直二星，期三十日；直三星，期二十日；直四星，期十日；直五星，期七日；直六星，期三日，兵起。附耳入毕中，为兵革，入深大，附耳缩结，王命兴，辅佐出。附耳动，兵大起，边兵尤甚。

石氏赞曰：毕主边兵，备夷谋，故置天弓以射之。毕为天衔，主边兵，守备境界，知暴横。附耳移动，谗邪行。

觜觿占六

石氏曰：觜觿三星，一度。（古六度。）度距西南星先至，去极八十四度。（直黄道外十二度太。）春夏为水，秋冬为土。（巫咸曰：觜，金星也。）觜北三尺是中道。（晋魏之分野，《淮南子》曰赵分。）

《西官候》曰：觜觿主斩刈左足，一名白虎将，一名天将，斧钺。白虎首，主外军。其外梁也，其内魏也。其木杨，其物钱金器砚石金星也。

《圣洽符》曰：觜觿参伐，天市梁也。

石氏曰：觜觿者，内主梁，外主巴汉。一曰觜觿者，三军之候也。

巫咸曰：觜为宝货，又为天货。

《天官书》：小三星隅置曰觜觿，为白虎首，主葆旅之事。（如淳曰：关中俗谓桑榆生曰葆。晋灼曰：葆，莱也，野生谓之旅。）

《列宿说》曰：觜觿动，葆旅起。将有葆旅之事，则占于觜。

《二十八宿山经》曰：觜觿山与参山相连，在魏天山西南，觜参星神常居其上。

甘氏曰：觜觿三星，行军府藏也，其星欲明，明则国盈，军有储；其星不明，不以出军行将，天下军士无食。王者将出，必察其星。

《百二十占》曰：觜大臮，其星明，则盗贼众。

石氏曰：觜星动明，寇戎发，盗群行。

郗萌曰：觜星近参左股，臣有谋其君者，若主之命，夺主之藏。近右股，大臣谋伐其主，若有大命。觜星明，大将得势。

石氏赞曰：觜参主葆旅收敛，故置参伐以相助。

参宿占七

石氏曰：参十星，十度，（古度同。）度距中央西星先至，去极九十四度半少。（在黄道外二十三度半。）春夏为水，秋冬为土。（巫咸曰：参，金星也。）参北十三尺是中道。（晋魏之分野。《左氏传》子产曰：昔高辛氏有二子，伯曰阏伯，季曰实沈，不相能，寻干戈以相征伐。注曰：寻，用也。传曰：后帝不臧。注曰：后帝，克也。传曰：迁阏伯于商丘。主辰注曰：商丘，宋地，主祀辰星大火也。传曰：商人是因。辰为商星，迁实沈于大夏，主参。《淮南鸿烈》曰赵分。）

《佐助期》曰：参伐主斩刈，神名虚图，姓祖及。

黄帝曰：参应七将也，中央三小星曰伐，天之都尉也，主胡、鲜卑、戎狄之国，故不欲其明也。

《孝经章句》曰：参伐，市府廷也，又为天尉。

巫咸曰：参为衡。

石氏曰：参伐，一名钟龙。

《天官书》曰：参为白虎三星，直也为衡，右下有三星，锐曰罚，（晋灼曰：星邪列为锐。）为斩刈事。其外四星，左右扇股也。参一名伐，一曰大辰，一曰天市，一曰铁钺，又为天狱。

《彗星要占》曰：参者，天之市也。伐者，天之都尉也，天之车骑也，与狼狐同精，天之候蜀也，主南夷戎之国，一曰晋地。

《玉历》曰：参中央星主命，左星主左司马，右星主右司马，左臂主天门，右臂主天狱。

《西官候》曰：参左大星，左将军也；右大星，右将军也；中央三星，三将军；又三小星，小将军也，主胡、鲜卑、越野诸君王也。其星动摇，兵起。

《圣洽符》曰：参者，白虎宿也，足入井中，名曰滔足，虎不得动，天下无兵；足出井外，虎得放逸，纵暴为害，天下兵起。

《元命苞》曰：参主斩刈，所以行罚也；又主权衡，所以平理也；又主边城九驿，故不欲其动也。参，白虎之体也，其星三列，三将也。东北星曰左肩，主左将军；西北星曰右肩，主右将军；东南星曰左足，主后将军；西南星曰右足，主偏将军。

《黄帝占》曰：参星，天右将军也。天市石武，金性刚强，斩刈平时。参应七将，其中三星列，三将也；右肩右足，右将也；左肩左足，左将也。白虎性有怒，左足下有井星，动而陷之，以节其势。凡七将明大，天下之兵精，卫帝有方。茂明芒角又张，赤耀横射，三军骇动，帝自躬甲。

郗萌曰：参为横衡，不正，天下倾。

《百二十占》曰：参为将军，常以夏三月视参，两足进前兵起，若退却，兵罢国宁。又视参两星，动摇则兵起，子有忧。一曰虫苗。

《易纬》曰：参无头，国分兵强。

《圣洽符》曰：参伐者，衣冠衡石，天子之师也。

《春秋纬》曰：参伐灭绝，臣弑君，子弑父。

石氏曰：参左足不入井中，兵大起。参星不欲动，动则兵起。其星不具，其军亡地。星失其色，其军散败，蹉跌不常，王臣不忠，外其心。参中央星差南，胡人入塞；复正，胡人出。

郗萌曰：参星移，名曰失天，客伐主人。明动者，兵军大起。参两肩外向而大者，兵外强；其内向而大者，兵内强。参左股亡，则东方南方不可举兵；右股亡，则西方北方不可举兵。参左足入玉井中，兵大起，天下大水，若其有丧，山石为怪。参为天刑，主伐。星大则兵起，进退迫居及客番息，皆为刑急。参星明者，大将执势，夺去威权，天下变易。参星不明，大将疾。参星离处，大将逐；就聚，大将诛戮。参中央星差北，胡人北。

《荆州占》曰：参星芒角动摇，边候有急，天下兵起。参肩细微，天下兵弱。

石氏曰：参四足有进者将出，有退者无功失势。进者谓移北也，退者谓南也。

《春秋纬》曰：伐有角黄芒，天子灭。

《春秋纬》曰：数世绝则伐生角。

《合诚图》曰：伐有角，诸侯之寝排门阁。

甘氏曰：参伐动者，有斩伐之事。

巫咸曰：伐，水宫也。

郗萌曰：参伐星明大，则斩刈行。伐三星去，疏则法令缓，数则法令急。伐三星不欲明，明与参等者，天下大臣皆谋去其君，是谓不理。伐星大则兵起。

《百二十占》曰：伐星移南，胡山塞，移北，胡山塞。

石氏赞曰：参伐斩刈阴气孳，故置玉井以给厨。参伐主斩刈，摧伤九州，合谋自败失。

刘向《洪范传》曰：西方八十三度，今八十度。

开元占经卷六十三

南方七宿占四

东井占一

石氏曰：东井八星，钺一星，三十三度。（古二十九度。）度距北南辕西头第一星先至，去极七十度。（在黄道外二度半。）春夏为火，秋冬为水。（巫咸曰：东井，水星也。）日月五星行贯井是中道，秦之分野。

《黄帝占》曰：东井，天府法令也，天谗也，一名东陵，一名天井，一名东井，一名天关，一名天阙，一曰天之南门，三光之正道。行不出其中，为天下无道。三光行经其中，不得留守。东井主水，用法清平如水，王者心正，得天理，则井星正行位，主法制著明。左垣四星，四辅也。右垣四星以辅赤帝。井中六星主水衡，其星明大，水横流。

《孝经章句》曰：东井为天渠。

巫咸曰：东井为天亭天候。又曰井鬼夏狱。

《广雅》曰：东井曰鹑首。

《玉历》曰：东井曰天齐。

齐伯曰：东井，天渠也，主于员山，又为其国市。

何法盛《悬象说》曰：井，女主之象也。

《百二十占》曰：东井为天池。

《二十八宿三经》曰：东井舆鬼山在秦火山南，井鬼星神常居其上。

《圣洽符》曰：井钺星大而明，斧钺且用，兵起。

《易纬》曰：钺星明，主自逋，诸侯乱。

石氏曰：东井堕，天下涌水。井钺去则水满。

甘氏曰：用法平，王者心正，则井星明，行位直。钺星明，则臣多犯罪者。

《海中占》曰:井钺一星司淫奢,其星不欲明,明则斧钺用,以斩伏诛之臣。

焦延寿曰:天钺星不与井齐,则大臣有斩者,以欲然也。

郗萌曰:斧锧用,王命兴,辅佐出。

石氏赞曰:东井主水衡以平时,故置钺星斩淫奢。东井八星主水衡,井者象法水,法水平定,执性不淫,故主衡。

舆鬼占二

石氏曰:舆鬼五星四度,(古五度。)度距西南星先至,去极六十八度。(在黄道内太。)春夏为火,秋冬为水。(巫咸曰:鬼,土星。)舆鬼南六尺是中道。(秦之分野。)

郗萌曰:弧射狼,误中参左肩,舆尸于鬼。鬼之言归也。

《南官候》曰:舆鬼一名天铁锧,一名天讼,主察奸,天目也。

《孝经章句》曰:舆鬼为夏狱。又曰:天金玉府也,又名天匮、天圹,其星明则兵起,而战不用节,无兵,兵虽在外,不战。

《黄帝占》曰:舆鬼,南星(石氏曰:南二尺一星。)积布帛,西星(石氏曰:西二尺一星。)积金玉,北星(石氏曰:北二尺一星。)积铢钱,东星(石氏曰:东二尺一星。)积马,中央星积尸。

石氏曰:鬼东北一星主积马,东南一星主积兵,西南一星主积布帛,西北一星主积金玉。此四星有变,则占其所主也。中央色白如粉絮者,所谓积尸气也,一曰天尸,故主死丧,主祠事也。一曰铁锧,故主法,主诛斩。

郗萌曰:舆鬼,中者为锧。鬼星章明,人民更相请召,五谷熟成。

《玉历》曰:舆鬼为天尸,朱雀颈,中星如粉絮,鬼为疫害。

《南官候》曰:舆鬼者,天庙,主神祭祀之事,其国秦也,其木杨也,其物马牛羊虎也。

郗萌曰:舆鬼星明大,岁熟;不明,民大散;其星移徙,民大愁,政令急。舆鬼星皆动,其色瞳瞳,望之若有光,上赋敛重数,徭役繁多,万民悲怨,不出五年,身死家亡。又曰:见此后灾,连年大水,秦国尤甚。舆鬼，质星，欲其忽忽不明，不明则安，明则兵起，斧钺且用。

石氏赞曰：舆鬼视明察奸谋，故置五诸侯以刺之。舆鬼五星主视明，从阴视阳不失精。

柳占三

石氏曰：柳八星十五度，（古十八度。）度距西头第三星先至，去极七十七度。（在黄道外十二度。）春夏为水，秋冬为火。（巫咸曰：柳，土星。）柳北六尺是中道。（周之分野。）

《南宫候》曰：柳，天府也，一名天相，一名天大将军，天少府也，其国狄也，其木桑也，其物羊豕也。

《尔雅》曰：味谓之柳，柳，鹑火也。一曰注，音相近也。

《圣洽符》曰：注者，木功也。

《孝经章句》曰：柳，天库也。

巫咸曰：柳为木官，主工匠。又曰：柳为天库。

《天官书》曰：柳为鸟，注主草木。

齐伯曰：柳者生于道泽之山，为其国府庭也。

郗萌曰：将有木功，则占于柳。

《二十八宿山经》曰：柳山七星山张山皆相连，在周嵩高山东北，柳七星张星神常居其上。

《黄帝占》曰：柳者，朱雀颈也，主卿相大臣之厨，凡八星，以防诈伪。其星欲明，明则大臣重镇以防不虞；其不明，王者失令，宫室不安。

《春秋纬》曰：参注灭绝，臣弑君，子弑父。

郗萌曰：柳星位直，天下谋伐主。其星就聚，兵满国。其星不明，德弊离。其星明，国安昌。注星明，厨养具。注举首，王命兴，辅佐良。

石氏赞曰：柳主上食和味滋，故置天稷以祭祀。柳主上食长养形，仁以行恩成其名。

七星占四

石氏曰:七星七度,(古十三度。)度距中央大星先至,去极九十度。(在黄道外二十一度少。)春夏为火,秋冬为水。(巫咸曰:七星,水星也。)七星北十三度是中道,周之分野。

《黄帝占》曰:七星,赤帝也,一名天库,一名天御府,于午火隆入中宫,德于土星,主衣裳帝冠被服绣之属。

皇甫谧曰:七星,一名延颈。

《南官候》曰:七星,一名天员,天府也,主葆旅之事。

《玉历》曰:七星,一名天河。

《百二十占》曰:七星为员官,一名津桥。

宋均曰:注候,七星也。

《圣治符》曰:七星者,倍海也。

巫咸曰:七星为赐货,又天廷。

《天官书》曰:七星颈为天员官,主急事。

郗萌曰:七星为天帝守诸群盗贼。

《列宿占》曰:七星主兵。

《黄帝占》曰:七星正主阳,朱雀心也。星主衣裳,鸟之翅也,以覆鸟身,以主衣裳也。其星欲明,明则王道大昌,君子家不隐,贤人不逃藏;其星不明,中辅逃亡,贤良不处,天下虚空。王者开四门,则七星光泽,天援纲纪。

甘氏曰:七星动者兵起。

郗萌曰:七星大则枲麻熟成。七星明,执政者平;不明,天子疾。七星离,天下易政,家殊计。

石氏赞曰:七星主衣裳盖身躯,故置轩辕裁制之。又曰:德归好性信有成,故以衣裳属七星。

张宿占五

石氏曰：张六星十八度。（古十三度。）度距应前第一星先至，去极九十七度。（在黄道外二十六度半。）春夏为木，秋冬为水。（巫咸曰：张，水星也。）张北十三尺是中道，周之分野。

《南宫候》曰：张为天府也，一名御府，宝文玉神之藏也。一名天玉，被服也。一名天倡，其星明即天子昌。

齐伯曰：张者生于江水之山，为天库。一曰生于道释之山，为周库。又为都官。

《黄帝占》曰：张，天府也，朱雀嗉也，主帝之珠王宝，宗庙所用，天王内官衣服。其辅帝中宫，内张外翼以卫帝宫。

《圣洽符》曰：张者主酒食。

《孝经章句》曰：张为天相，王者珍宝物，宗庙所用。其西四星，四辅也。帝宫内翼外张，以匡帝宫。

《天官书》曰：张嗉为厨，主觞客。

《南官候》曰：张者为厨，主觞客之事，其木梧桐，其物粟鸡狗羊皮，其国周也。

《列宿说》曰：张主赏与，星动者有赏与之事。

《黄帝占》曰：张星明大，则王者行五礼，得天下之中；其不明，修礼，退金官，以木官代之，则星光明。

《海中占》曰：张星不明，王者少子孙。

郗萌曰：张星明大，则厨养具；若张星不明，多病者、移徙者，天下有逆民就聚者，有兵。

石氏赞曰：张主赐客，宾主嬉，故近（一本云故置之。）少微礼义时。张主长养，位盛阳，人君向治统纲纪。

翼宿占六

石氏曰:翼二十二星,十八度。(古十三度。)度距中央西星先至,去极九十九度。(在黄道外二十度半。)春夏为金,秋冬为土。(巫咸曰:翼,金星也。)翼北十二尺是中道,楚之分野。

《南官候》曰:翼主天昌,五乐八佾也。一名化宫,一名天都市,一名天徐,以和五音。

石氏曰:翼,天乐府也,主辅翼,以卫太微宫,法九州之位,入为将士相,绳直有例,内外小星四十六,官各随其度,小臣之象也。

《圣洽符》曰:翼者,宾客也。

《孝经章句》曰:翼者,市也。

《百二十占》曰:翼为天倡,倍海也,天旗天都也,其国楚,其木茱萸也,其物辕干也,奴婢毛羽节器也。

《黄帝占》曰:翼和五音,调笙律,五辅以卫太微宫,九州之位,入为宰相。其星明,则帝德明,王者纳贤征圣,有进言之庆,礼乐大兴,天下和平;其星不明,天子有忧,将有负海之客,礼乐不和,律吕不调。

巫咸曰:翼,天羽翼,又为负海。

《天官书》曰:翼为羽翮,主远客。

《二十八宿山经》曰:翼山轸山相连,在楚门山中央,最高,翼轸星神常居其上。

郗萌曰:将有负海之事,则占于翼也。

《列宿说》曰:翼主蛮夷,其星动,则蛮夷来见天子者。

《黄帝占》曰:翼星光芒明,帝臣群圣三王清澈,圣贤有期,集会之庆,礼乐大兴,天下和平。

郗萌曰:翼明大,则四夷宾服。翼星徙,天子举兵征伐;其星就聚,天下相伐;其星明,旗用;其星不明,天下无忧。

石氏赞曰:翼主天倡,以戏娱,故近太微,并尊嬉。翼二十二星主天倡,建旗秉节物满张。

轸宿占七

石氏曰:轸四星,长沙一星,辖二星,十七度。(古十六度。)度距西北星先至,去极九十九度。(在黄道外十五度少。)春夏为木,秋冬为土。(巫咸曰:轸,金星也。)轸北十三尺是中道,楚之分野。

《南官候》曰:轸一名天志,主风死丧。东小星辖,西小星辖,胥轸同合,边兵起。胥去轸二尺,所进近轸,名为天胥。辖者车骑发,胥辖反,故车骑罢,远兵息。

《圣洽符》曰:轸者,车事也。

《孝经章句》曰:轸,府廷也,车也。

巫咸曰:轸,天库,楚国星也,会稽也。轸,天子政朝也。

《南官候》曰:轸者,天员府也,其国楚也,汉江荆湘衡也,其木松柏弓,其物青枲帛也。

齐伯曰:轸者,生于蒙山,长为楚之国,为府廷。

《黄帝占》曰:轸,主察凶灾,冢宰之臣,四辅也。

《天官书》曰:轸主风。

黄帝曰:轸者,以候王者寿命,故置长沙一星,主延期,辖二星,主侯王。左辖为同姓,右辖为异姓。长沙辖星欲明,明则寿命长,天下不亡也,细微亡不见七日,其位王侯当之。

《天官书》曰:长沙星不欲明,明与四星等若五星入轸中,兵大起。

郗萌曰:轸北小星去轸数寸者,辖也,辖明与四星等,若辖进退,兵大起。轸南小星去轸二尺者,胥也,辖进胥博轸,是谓天亡,胥三日,车骑发。辖胥各反其处,车骑罢。有兵而辖远轸者,兵罢。

《百二十占》曰:轸为天车,车失辖则倾。

郗萌曰:轸星明大,则车驾备。轸星及长沙星明,天子内佐亲强。轸星移徙,天子忧,谋兵。其星就聚,兵大起。轸星流不正,又无一星,如车无辖,国主忧。将有军出入,则占于轸。轸辖举,南蛮侵。

《列宿说》曰：辖星动，车骑用。

石氏曰：辖二星不欲明，明则韬，车行罔。辖欲进，相去七寸，相去一尺以外，皆凶。

郗萌曰：轸星明，兵大起。

《百二十占》曰：辖星动摇三月，车马大凶。

黄帝曰：长沙明则主寿长。

《洛书》曰：长沙明，下大臣逆谋，兵乃生。

《春秋纬》曰：长沙左辖中星，不欲明，明与四星等，兵大起。

石氏曰：长沙星明，王者保庆，子孙昌。

巫咸曰：长沙明，天子寿丰。

石氏曰：轸主死丧，知凶灾，故设长沙以延期。

石氏曰：轸四星主死丧，建时立节，威严庄，春王小终，季夏殃。

巫咸曰：长沙，木官也。长沙一星主囚亡。

《洪范传》曰：南方一百七度，今一百十二度。

开元占经卷六十四

分野略例

宿次分野一

角亢，郑之分野，自轸十二度至氐四度，于辰在辰，为寿星。三月之时，万物始达于地；春气布养，万物各尽于其天性，不罹天夭，故曰寿星。（《尔雅》曰：寿星，角亢也。郑玄注《月令》曰：仲秋者，日月会于寿星。一名库营。皇甫谧曰：寿星一名天库，一名天翼，一名天正。《天官书》曰：角亢氐，兖州。《淮南子》曰：角亢，郑也。费直《周易分野》曰：自轸七度至氐十一度为寿星。蔡伯喈《月令章句》曰：自轸六度至亢八度谓之寿星之次，未之分野，曰郑星，得角亢也。颍川之文城、定陵、襄城、隶阳、颍阴、长社、阳翟、郑，（八县，颍川郡，秦置。）东接汝南，西接弘农，特得新安、宜阳。（二县属弘农郡，汉武帝置。）皆韩之分野。（《韩世家》曰：韩氏，姬之苗裔也，韩武子事晋，得封于韩也。）《诗风》陈郑之国与韩同星分也。（《陈世家》曰：陈本太昊之虚也，周武王克殷，求舜后，得妫汭，封之于陈，以奉舜祀，为胡公。淮阳国之陈县，则其地也。）郑国，今河南之新郑是也。（新郑县也，河南郡，秦山川郡也，汉高帝改名焉。）本高辛氏之火正祝融之虚，（重黎为帝喾高辛氏居火正，甚有功，能光融天下，帝喾命曰祝融。祝，大也，融，明也。）及成皋、荥阳，（二县也，属河南郡户也。）颍川之嵩、阳城，（二县也。）皆郑之分也，（《郑世家》曰：周宣王封庶弟友于郑，是为桓公也。）属兖州。（《尚书·禹贡》曰：济河惟兖州。《周官》曰：河东曰兖州。《未央分野》曰：郑治颍川，从荥阳南至梁山，东至龙山，今为颍川。）氐房心，宋之分野，自氐五度至尾九度，于辰在卯，为大火。东方为木，心星在卯，火出木星，故曰大火。（《尔雅》曰：火辰房心尾也。大火谓之辰也。语曰参辰，亦曰参商，谓参星与心星也。已释于魏次注中。郑玄注《礼记·月令》曰：季秋者，日月会于大火，斗建戌之辰也。《周礼》曰：大火一名味，一名天马。

皇甫谧曰:大火一名天相,一名天府。《天官书》曰:房心,豫州。《淮南子》曰:氐房心,宋也。费直曰:自氐十一度至尾八度,为大火。蔡氏曰:自亢八度至尾四度,谓之大火之次。《未央分野》曰:宋星得房星,今为梁也。)梁,(秦砀郡,汉高帝改为梁国也。)楚,(汉高帝置楚,周宣帝以为彭城郡也。)山阳郡,(汉景帝分梁国置。)东平,(汉景帝分梁国置济东国,宣帝改为东平国也。)济阴,(汉景帝分梁国为济阴国。)东郡之须昌、寿张,(二县也,寿张本名寿良,汉光武避叔讳,改为寿张也。)皆宋之分野。周分微子于宋,今之睢阳是也。(睢阳县属梁国,周成王封纣庶兄微子于宋,以奉殷祀。)本陶唐火正阏伯之虚也。(阏伯,高辛氏之长子也,居商丘也。)济阴定陶,(定陶,县也,属济阴国。)《诗风》曹国是也。(周武王封弟叔振铎于曹,定陶县是也。)属豫州。(《尚书·禹贡》:荆河惟豫州。《周官》:河南曰豫州。《未央分野》曰:宋治下蔡淮阳,从南恒至济汉水沛郡济阳太行东海,今为梁也。)尾箕燕之分野,自尾十度至南斗十一度,于辰在寅,为析木,尾东方木宿之末,斗北方水宿之初,次在其间,隔别水木,故曰析木。(《尔雅》曰:析木谓之津箕斗之间汉津也。郑玄注《月令》曰:孟冬者,日月会于析木而斗建亥之辰也。《周礼》曰:析木之津,一名天昭,一名汉津。皇甫谧曰:析木一名天丞相,一名天司空,一名天家子,一名天津。《天官书》曰:尾箕,幽州。《淮南子》曰:尾箕,燕也。费直曰:自尾九度至南斗九度,为析木之津。蔡氏曰:自尾四度至南斗六度,谓之析木之次。《未央》曰:燕星得尾箕也。)周武王定殷,封召公于燕,其后三十六世,与六国并称王。(王,易王也。)东有渔阳,右北平、辽东、辽西,西有上谷、代郡、(六郡并秦置。)雁门,(郡秦置。)南得涿郡之易、容城、范阳、北新城、故涿县、良乡、新昌,(八县也,涿郡秦置。)勃海之安次,(安次县也,勃海,汉高帝置。)皆燕之分也,属幽州。(周分翼州,置幽州。《周官》曰:东北曰幽州。《尔雅》曰:燕,幽州。《未央》曰:幽州治蓟,南至积石,东至恒山,今为上谷、渔阳,右北平、辽东、辽西、涿郡也。)南斗牵牛,吴越之分野,自南斗十二度至须女七度,于辰在丑,为星纪。星纪者,言其统纪万物,十二月之位,万物之所终始,故曰星纪也。(《尔雅》曰:星纪斗,牵牛也。郑玄注《月令》曰：仲冬者，日月会于星纪，建子之辰也。皇甫谧《年历》曰：星纪一名天津，一名天府，一名天苟，一名天鸡。《天官书》曰：斗，江湖，牵牛婺女柳州。《淮南子》曰：斗，吴越也。高诱注《吕氏春秋》曰：斗，吴也，牛，越也。费直曰：自南斗一度至须女五度为星纪。蔡氏《月令章句》曰：自南斗六度至须女二度，谓之星纪之次。《未央》曰：吴越星得牛斗。）**今之会稽，九江，**（二郡秦置。）**丹阳，**（秦为漳郡，汉武改为丹阳。）**豫章，**（汉高帝置。）**庐江，**（汉文帝分淮南置。）**广陵，六安，**（汉武帝改江都国为广陵国，分衡山，立六安国也。）**临淮，**（郡，汉武帝置也。）**皆吴之分也。**（《史记·吴世家》曰：吴太伯，周太王之长子也，与弟仲雍让国于季历，奔荆蛮之地，断发文身，荆蛮义而归之，自号句吴国。武王克殷，求太伯仲雍之后，得仲雍曾孙周章，封之于吴也。）**今之苍梧、郁林、合浦、交趾、九真、日南、南海，皆越之分野。**（《越世家》曰：越之先，夏少康之庶子，封会稽，曰无余，以奉禹祀。十有余世，微弱为民，禹祀中绝，千有余载，后有子生而能言：我无余之苗裔也。越人尊以为君，号曰无余王也。至孙允常，越复兴焉。）**并属扬州。**（《禹贡》曰：淮海惟扬州。《周官》曰：东南曰扬州。《未央》曰：吴越北至大江，南至山，东至海，西至洞庭。）**须女虚，齐之分野，自须女八度至危十五度，于辰在子，为玄枵也。玄者黑，北方之色，枵者耗也。十一月之时，阳气在下，阴气在上，万物幽死，未有生者，天地空虚，故曰玄枵也。**（郑玄注《月令》曰：季冬者，日月会于玄枵，斗建丑之辰也。《周礼》曰：玄枵一名天一，颛顼之虚。皇甫谧曰：玄枵一名婺女，一名少府，一名河鼓，一名天机。《天官书》曰：虚危，青州。《淮南子》曰：虚危，齐也。费直曰：自须女六度至危十三度为玄枵。蔡氏曰：自须女二度至危十度，谓之玄枵之次。《未央》曰：齐星得虚危。）**东有菑川，**（汉文帝分齐国为菑川国。）**东莱，**（郡，汉高帝置。）**琅邪，**（郡，秦置。）**高密，**（汉宣帝改胶西国为高密国。）**胶东，**（汉高帝分齐为胶东国。）**南有太山，**（郡，汉高帝置。）**城阳，**（汉文帝分齐国立城阳国。）**北有千乘，**（汉高帝立为国。）**得清河以南，勃海之高乐、高城、重合、阳信，西有济南，**（汉文帝分济国立济南国。）**平原，**（汉高帝置。）**皆齐之分也，**（《齐世家》曰：齐太公望佐周武王，而王乃封太公于齐。武王崩，成王命齐国东至于海，西至于河，南至于穆陵，北至于无棣，而都营丘也。）属青州。（《禹贡》：海岱惟青州。《周官》曰：东曰青州。《尔雅》曰：齐曰营州，则青州也。《未央》曰：齐治营州于营丘，北至燕，西至九河，南至菑水，东至海。）危室壁，卫之分野，自危十六度至奎四度，于辰在亥，为諏訾。諏訾，叹息也。十月之时，阴气始盛，阳气伏藏，万物失藏养育之气，故哀愁而叹悲，嫌无阳，故曰諏訾。（諏訾者，古诸侯也。帝喾娶諏訾氏女，生挚，挚，尧兄也。《尔雅》曰：諏訾曰营室东壁也。一曰豕韦，夏氏之御龙氏国也。《左传》曰：苌弘对周景王曰：蔡侯弑其君之岁，岁在豕韦也。郑玄注《月令》曰：孟春者，日月会于諏訾，而斗建寅之辰也。《周礼》曰：諏訾一名豕韦，一名颛顼，一名諏訾，一名天府，一名北陵，一名卿中。《天官书》曰：营室东壁，并州。《淮南子》曰：营室，东壁也。费直曰：自危十四度至奎一度为諏訾。蔡氏曰：自危十度至东壁八度谓之豕韦之次。《未央》曰：卫星得营室东壁也。）今东郡，（秦置。）魏郡，（汉高帝置之。）黎阳，河内郡，（汉高帝置，本殷之旧都，周既克殷，分其畿内为三国。《诗风》邶鄘卫国是也。）野王朝歌皆卫之分也。卫为翟人所灭，文公徙封楚丘，后三十年，子成公迁于帝丘，今濮阳是也，属并州。（周分冀州置并州。《周官》曰：正北曰并州。今分野无并州所部郡县，并州凡九郡，悉在燕赵秦次中，未详也。《未央》曰：卫置濮阳，其地从王水以东至沛，今为东郡也。）奎娄，鲁之分野，自奎五度至胃六度，于辰在戌，为降娄，降下娄曲也。阴生于午，与阳俱行，至八月阳遂下，九月阳微，剥卦用事，阳将剥尽，阳在上，万物枯落，卷缩而死，故曰降娄。（《尔雅》曰：降娄，奎娄也。郑玄注《月令》曰：仲春者，日月会于降娄，而斗建卯之辰也。《周礼》曰：降娄一名清明。皇甫谧曰：降娄一名天官。《天官书》曰：降娄，鲁徐州。《淮南子》曰：奎娄，鲁也。费直曰：自奎二度至胃三度，谓之降娄之次。《未央》曰：鲁星得奎娄。）东至东海，（郡，汉高置。）南有泗水，（泗水国，汉武帝分东海郡立也。）至淮，得临淮之下，相睢、陵僮、取虑，皆鲁之分也。周成王以少昊之虚曲阜，封周公子伯禽为鲁侯，以为周公主也。（《鲁世家》曰：周武王克殷，封弟周公旦于少昊之虚。周公佐武王，不就封。武王崩，成王命周公子伯禽代居国，是为鲁公也。）属徐州。（《禹贡》曰：海岱及淮，惟徐州。《尔雅》曰：齐东曰徐州，而周罢徐合青，汉武复置徐州。《未央》曰：东至温水，西至荥阳，北至代，南至江。）胃昴，赵之分野，自胃七度至毕十一度，于辰在酉，为大梁。梁，强也，八月之时，白露始降，万物于是坚成而强，故曰大梁。（《尔雅》曰：大梁，昴也。郑玄注《月令》曰：季春日月会于大梁，斗建辰之辰也。注《周礼》曰：大梁一名大阳，一名西陵。皇甫谧曰：大梁一名耕田，一名天仓，一名天狱，一名大军，一名偏将军。《天官书》曰：昴毕，冀州。《淮南子》曰：昴毕，魏也。费直曰：自胃四度至毕八度为大梁。蔡氏曰：自胃一度至毕二度为大梁之次。《未央》曰：赵星得参伐也。）赵本晋地，分晋得赵国。（汉高帝以邯郸郡为赵国。）北有信都，（汉高帝立。）真定，（国，汉武帝立。）常山，（郡，汉高帝置，本因山为名恒山郡，汉又帝讳恒，故改曰常山也。）又得涿郡之高阳、郑州乡，（二县也。涿郡，汉高帝立。）东有广平，（国，汉武帝立。）钜鹿，（郡，汉高帝置。）清河，（国，汉文帝分赵国立。）又得勃海之东平、舒中、武邑、文安、东州、城平、章武，（六县也，汉置河以北也。）南至浮水，（水名，一作漳水。）繁阳、内黄、斥丘，（三县属魏郡，高帝置。）西有太原，（郡，秦置。）定襄，（郡，汉高置。）云中，（秦置。）五原，（秦九原郡，汉武帝改。）朔方，（汉武帝开置。）上党，（秦置。）本韩之别郡，远韩近赵，后卒降赵，皆得之自赵。夙后九世称侯，四世敬侯徙都邯郸。后三世，有武灵王，五世为秦所灭。（《赵世家》曰：赵氏之先，帝颛顼之苗裔，伯益之后也。又虞舜妻之姚姓之女赐姓嬴氏，历夏殷，世为诸侯。后造父为周穆王御而西巡狩，而偃王反缪王，日驰千里，还攻徐，破之，乃赐造父赵城，由此为赵氏。）属冀州。（《禹贡》曰：冀州既载壶口，治梁及岐。《周官》曰：河内曰冀州。《未央》曰：赵治邯郸，北至常山、代郡。）毕觜参，魏之分野，自毕十二度至东井十五度，于辰在申，为实沉。言七月之时，万物极茂，阴气沉重，降实万物，故曰实沉。（高辛氏有二子，伯曰阏伯，季曰实沉，而不相能。后帝不臧，迁阏伯于商丘，主辰，商人是因，故为商星。迁实沉于大夏，主参，唐人是因，故参为唐星。至周武王感灵梦而生叔虞,成王时唐有乱,周公灭唐。成王因戏而封虞于唐河汾之东,方百里,太原郡之晋阳县是也。实沉,参之辰也,因名次焉。郑玄注《礼记·月令》曰:孟夏者,日月会于实沉,斗建巳之辰。《周礼》曰:实沉一名不疑。皇甫谧曰:实沉一名大唐,一名中尉,一名天路,一名天沟,一名天京,一名旄头。《天官书》曰:觜觿参,益州。《淮南子》曰:觜觿参,赵也。郑玄注《周礼·保章氏》曰:实沉,晋也。费直曰:自毕九度至东井十一度为实沉。蔡氏曰:自毕六度至东井十度为实沉之次。《未央》曰:魏星得胃昴毕也。)自高陵(县也,属益州。)以东,尽河东,(郡,秦置。)河内,(汉高帝置。)南有陈留,(郡,汉武帝置。)汝南之邵陵、滍强、新汲,(秦置。)及西华、长平,颍川之舞阳、郾、许、鄢陵,河南之开封、中牟、阳武、酸枣,(酸枣县属陈留县,则为重见也。)皆魏之分也,(《魏世家》曰:毕公高之后也,与周同姓。高佐周武王,得封于毕,更为毕氏,后封其苗裔曰毕万。事晋献公从伐霍耿,魏灭之,献公以魏封万魏,河东郡之永安县是也。武子子悼子徙霍,霍,平阳郡之永安县是也。悼子子昭子徙安邑,河东之安邑县是。昭子孙献子与赵鞅共谋祁羊舌氏,分其地,献子曾孙桓子与赵韩灭智伯。桓子孙文侯,时魏为强大,周烈王赐命为诸侯,文侯子武侯与赵韩灭晋,分其地,故参为魏之分野也。)属益州。(汉武帝改梁州为益州,非魏地,益州地尽在秦楚次中,为其略,未详其旨。《未央》曰:晋治太原,徙魏以西至襄治之,今为河东、河内、上党、云中。)东井舆鬼,秦之分野,自东井十六度至柳八度,于辰在未,为鹑首。南方七宿。其形象鸟,以井为冠,以柳为口,鹑鸟也。首头也,故曰鹑首。(《尔雅》曰:咮谓之柳。郑玄注《礼记·月令》曰:仲夏者日月会于鹑首,斗建午之辰也。《周礼》曰:鹑首一名小章。皇甫谧曰:鹑首一名天禄,一名天子市,一名白虎将,一名斧钺。《天官书》曰:东井舆鬼,雍州。《淮南子》曰:东井舆鬼,秦也。费直曰:自东井十二度至柳四度,为鹑首。蔡氏曰:自东井十度至柳四度,谓之鹑首。《未央》曰:秦星得东井舆鬼也。)自弘农故关以西,(故关,古函谷关也。弘农,郡,汉武帝置。)京兆,扶风,冯翊,(并秦内史,汉武帝分为三辅。)北地,上郡,(二郡,秦置。)西河,安

定，天水，(三郡，汉武帝置。)**陇西，**(秦置。)**南有巴郡，蜀郡，**(二郡，秦置。)**广汉，**(汉置。)**犍为，**(汉武帝置。)**武都，西北有金城，**(汉置。)**武威，**(本休屠王地也。)**张掖，**(本昆耶王地。)**酒泉敦煌，**(敦煌本属酒泉，汉武帝置。)**又西有牂牁，越嶲，益州，皆秦也。**(三郡并汉武帝开置。)**秦之分也。**(《秦世家》曰：秦之先曰非子，与赵同姓，伯益之十六世孙也，为周孝王养马甚息，孝王封为附庸，邑之于秦，号曰秦嬴，天水之陇县则其地也。秦嬴曾孙曰秦仲，周宣王使伐西戎，为戎所杀。宣王复命仲子庄公与四弟伐戎，破之，赐仲大骆之地，于是居于犬丘，扶风之槐里县是也。)**属雍州。**(《禹贡》曰：黑水西河，惟雍州。《周官》曰：正西曰雍州，汉武帝改为凉州。《未央》曰：秦治栎阳，又治咸阳，今为长安，北地从华山，西至随流沙，今为三辅、巴蜀、汉中、陇西、北地、上郡也。)**柳七星张，周之分野。自柳九度至张十七度，于辰在午，为鹑火。南方为火，言五月之时，阳气始隆，火星昏中，在七星朱鸟之处，故曰鹑火。**(《尔雅》曰：柳，鹑火也。柳七星张，南方之中宿也，故曰火。《周礼》曰：鸟与七游，象以鹑火也。郑玄注《礼记·月令》曰：季夏者，日月会于鹑火，斗建未之辰也。《周礼》曰：天井一名致方。注《天官书》曰：七星张三河。《淮南子》曰：七星张周也。费直曰：自柳五度至张十二度为鹑火。蔡氏曰：自柳三度至张十二度，谓之鹑火之次。《未央》曰：周星得注张。)**今之河南，雒阳，谷城，平阳，偃师，巩，维氏，**(此七县属河南郡。)**并周分也，**(《周世家》曰：周之先曰弃，弃生有神怪，长好稼穑，为舜播植百谷，舜封之于邰，扶风是也。号曰后稷，姓为姬氏。曾孙公刘，国于邠，扶风是也。十世孙曰太王，为狄所侵，迁于岐，扶风之美阳是也。太王孙文王，有圣德，周室方隆，徙都于酆，酆在京兆之杜县。文王子武王灭商，徙都于镐，镐在京兆之长安县。武王子成王营雒邑，都河南，郡之河南县是也。或云成王居雒邑，六世孙懿王迁大丘也。)**属三河。**(河南、河内、河东三郡是也。案周之将亡，惟河南一郡，故以为周分野。其河内河东乃在魏次中，未详。周分野称三河之谓矣。《未央》曰：周治洛阳，西至华山，东至荥泽、少室，北至河南，至濮水，今为河东陈留。)**翼轸，楚分野，自张十八度至轸十一度，于辰在巳，**

为鹑尾。南方朱雀七宿以轸为尾，故曰鹑尾。（郑玄注《礼记·月令》曰：孟秋者，日月会于鹑尾，斗建申之辰。《周礼》曰：鹑尾一名鸟帑。皇甫谧曰：鹑尾一名鸟注，一名天根，一名旄，一名树。《天官书》曰：翼轸，荆州。《淮南子》曰：翼，楚也。费直曰：自张十三度至轸六度，为鹑尾。蔡氏曰：自翼十二度至轸六度，为鹑尾之次。《未央》曰：楚星得翼轸也。）今之南郡，（秦置。）江陵，（江陵即南郡所部县，即重见矣。）江夏，（汉高帝置。）零陵，（郡，汉武帝置。）桂阳，武陵，（二郡，汉高帝置。）长沙，（郡，秦为郡，汉高帝改为国。）及江中，（秦置。）汝南，（汉高帝置。）皆楚之分也。周成王先师鬻熊之曾孙熊绎于荆蛮为楚子，居丹阳。后十余世，至熊通，号武王，浸以强大。后五世，有庄王，并有江汉之间，吞陈蔡，县申息，服随唐。后十世，顷王徙于东焉。（《楚世家》曰：鬻熊，祝融之苗裔也，姓芈氏。丹阳，今南郡之枝江县是也。武子文王都于郢，江陵是也。庄王曾孙昭王为吴所破，吴兵入郢，昭王奔随，楚大夫申包胥求救于秦，秦乃救楚，大败吴师。阖庐弟夫概王反，自立为王。阖庐班师，昭王乃得反国，更都于鄀，南郡郑县是也。）属荆州。（《禹贡》曰：荆及衡阳惟荆州。《周官》曰：正南曰荆州。《未央》曰：楚治，南至九江，北至淮水，东至海，西至鱼腹山，今为淮阳、汝阳、庐江、长沙、南海，故楚治南郢也。）

月所主国二

《荆州占》曰：正月周，二月徐，三月荆，四月郑，五月晋，六月卫，七月秦，八月宋，九月齐，十月鲁，十一月吴越，十二月燕赵。

日辰占邦三

石氏曰：甲为齐，乙为东海，（司马迁、班固并以甲乙日月不占。晋灼注曰：海外远甲乙日时，故不占之。）丙为楚，丁为南蛮，（司马迁、班固并以丙丁为江淮海岱。）戊为魏，（一云戊为韩，司马迁、班固并以戊己为中州河济也。）己为韩，（一云己为魏。）庚为秦，辛为西夷，（司马迁、班固并以庚辛为华以西。）壬为燕，（司马迁、班固并以壬为赵，《淮南子》壬为卫。）癸为北夷。（司马迁、班固并以壬癸为常山北,《淮南子》癸为赵。)

石氏曰:子为周,丑为翟,(一云丑魏翟梁。)寅为赵,(《淮南子》、《荆州占》并以寅为楚。)卯为郑,辰为晋,(班固、刘表、韩杨并以辰为邯郸,一云辰为赵也。)巳为卫,午为秦,未为中山,(一云宋。)申为齐,(一云申为晋魏,《荆州占》申为晋。)酉为鲁,戌为赵,(班固云:戌为赵。荆州云:戌为吴。)亥为燕。

灾变期应四

巫咸曰:五星之合,金星以金日,木星以木日,水星以水日,火星以火日,土星以土日。月期十二辰。候其灾之变,以其杀时。甲乙日应在金,丙丁日应在水,戊己日应在木,庚辛日应在火,壬癸日应在土。五星皆同法也。岁星主木也,日以甲乙;荧惑火也,日以丙丁;填星土也,日以戊己;太白金也,日以庚辛;辰星水也,日以壬癸。二十八舍以十二子,故金应在火,木应在金,水应在土,火应在水,土应在木。故木期十二日,十二月,十二岁;火期四十三日,四十三月,四十三岁;土期二十八日,二十八月,二十八岁;金期八日,八月,八岁;水期十日,十月,十岁。又曰:五星守二十八舍,左为春应,右为秋应,前为夏应,后为冬应。其法随气所制前后。

石氏曰:凡五星行犯列舍,前为春应,后为秋应,左为冬应,右为夏应。假令春以东为前,西为后,北为左,南为右,夏以南为前,北为后,东为左,西为右,秋以西为前,东为后,南为左,北为右,冬以北为前,南为后,西为左,东为右。

宋均曰:灾祥见在正月,则应在七月;灾祥见在二月,则应在八月;灾祥见在三月,则应在九月;灾祥见在四月,则应在十月;灾祥见在五月,则应在十一月;灾祥见在六月,则应在十二月;灾祥见在七月,则应在来年正月;灾祥见在八月,则应在来年二月;灾祥见在九月,则应在来年三月;灾祥见在十月,则应在来年四月;灾祥见在十一月,则应在来年五月;灾祥见在十二月,则应在来年六月。

《荆州占》曰:甲乙日有变,期百二十日;丙丁日有变,期八十日;戊己日有变,期六十日;庚辛日有变,期四十日;壬癸日有变,期二十日。

顺逆略例五

巫咸曰:五星之行,东行为顺,西行为逆。

韩公宾注《灵宪》曰:当东反西则逆。

石氏曰:日行五寸一尺为平行。日行一寸二寸为迟。

甘氏曰:逆日迟。

韩公宾注《灵宪》曰:五星之行,近日则迟。

石氏曰:日行一度为疾。

韩公宾曰:五星之行,远日则速。

石氏曰:未应去而去为出,未当来而来为入。

甘氏曰:同形为入。日月五星与宿星同舍为合。

石氏曰:芒角相及,同光为合。

巫咸曰:诸舍精相沓为合。

《荆州占》曰:相去一尺内为合。

孟康曰:合,同舍也。

石氏曰:星光曜相逮为合。

郗萌曰:留三日为合。

孟康曰:舍,宿也,入宿度为舍。

甘氏曰:共行在一宿为舍。

石氏曰:行度所居为舍。

甘氏曰:(阙)为宿。

石氏曰:留二十日以上为宿,宿犹守也。

甘氏曰:行所当至,过二十一日,色润泽为居。

石氏曰:以度至而不去为居。

石氏曰:不东不西为留。

郗萌曰:住不移为留。

石氏曰:居之不去为守。

甘氏曰:徘徊不去其度为守。

《文耀钩》曰:留不去为守。

郗萌曰:二十日以上为守。东西正当为中。

甘氏曰：在上而下为乘。

石氏曰：五星入度，经过宿星，光耀犯之为犯。

郗萌曰：五星所犯，木火土水同度，去之七寸为犯，太白一尺以内为犯。

韦昭曰：自下往触之为犯。

甘氏曰：未当入度，经入为侵。

甘氏曰：在下犯上为陵。

石氏曰：在上犯下为陵。

郗萌曰：星围宿周回一匝为环。不周曰绕。

石氏曰：东西为勾。

甘氏曰：去而复还为勾。

郗萌曰：星行如勾为勾。

石氏曰：南北为已。

甘氏曰：再勾为已。

郗萌曰：星行如已字为已。

石氏曰：西入东出为贯。

甘氏曰：在下相侵为贯，在傍为刺。

郗萌曰：直至为抵，星相触而止为触。

甘氏曰：相切为磨。

石氏曰：相至为磨。

甘氏曰：去之寸为靡，星相灭为抵。

巫咸曰：两体相著为薄。

甘氏曰：不于晦朔者为薄。（虽非日月同宿，阴气隆奄者为薄日光也。）

石氏曰：不交而食曰薄。

《帝览嬉》曰：赤黄无光为薄。

孟康曰：日月无光曰薄。

京房曰：日月赤黄为薄。

韦昭曰：气往迫之为薄。

石氏曰：相陵为斗。

甘氏曰:倚视离而复合,合复离为斗。

韦昭曰:星相击为斗。

郗萌曰:边侵为食。

京氏曰:相侵之食,日体三毁三复,行异处,是为相侵食也,三分日取一也。

韦昭曰:亏毁曰食。

石氏曰:光五寸以内为芒。

巫咸曰:光一尺以内为角,岁星七寸以上谓之角。

郗萌曰:色非其常为变,光耀摇艳为动。

甘氏曰:润泽和顺为喜。

石氏曰:五星光芒隆,谓之怒。

郗萌曰:壮大色强为怒。

石氏曰:超舍而前谓之赢。

《七曜》曰:超舍而前,过其所当舍之宿,以上一舍二舍三舍,谓之赢。

《易萌气枢》曰:大进曰赢。

班固曰:出为赢。

石氏曰:退舍而复为缩。

《七曜》曰:退舍以下一舍二舍三舍,谓之缩。

《易萌气枢》曰:大退曰缩。

班固曰:晚出为缩。

甘氏曰:相近为就聚。

甘氏曰:相远为离徙。

石氏曰:星月相近俱隆明为同光。

巫咸曰:凡五星入月中,星不见为月食星,星见为星食月。

开元占经卷六十五

石氏中官一

摄提占一

石氏曰：摄提六星，夹大角，（入角八度少，去北极五十九度半，在黄道内三十二度太。）一名环枢，一名天枢，一名阙丘，一名致法，一名三老，一名天铁，一名天狱，一名天楯，一名天武，一名天兵。星东西三三而居，形似鼎足。常东向，天子吉昌，若北向，即大人失位，圣人更制，天下有事，期三十日兵出，复三十日兵罢。若摄提北向，向格而治，十日而令出。其反故位，十日而兵罢。

《天官书》曰：摄提者，直斗杓所指以建时，放曰摄提格。

巫咸曰：摄提三星如鼎足，左右角西南向，主易姓。

《乐纬叶图征》曰：摄提为楯，以其夹捧帝席也。

《合诚图》曰：摄提主九卿。

《洛书》曰：摄提移，政更权。

《帝览嬉》曰：仁道不行，摄提失衡。

《含文嘉》曰：王者敬师长有尊，则摄提如列，无则反折。（宋均注曰：师者所以教人为君也，长者所以教人为长也。大角为帝席，摄提六星携纪纲以辅。大角，师长象也，如列者，如鼎足，俱东向。）

《春秋纬》曰：摄提斗携角，以接下化而东向，令乖行，则天下更纪，王者灭。

《文曜钩》曰：代提，天下更纪，世有名师。（宋均曰：主德不一，则摄提代移更纪，授有令名为天下师表者也。）

《援神契》曰：摄提运度，主接灵。

石氏曰：摄提色欲黄而润泽，温温不明，天下安，明大者，三公恣，天子弱，铁钺用。

《元命包》曰：摄提反衡，天下大乱，易姓兴。（宋均曰：反衡谓不东向也。）

《春秋纬》曰：摄提移向北，王者以过见灭。摄提疏阔，大夫僭差。

焦延寿曰：摄提星近大角，若不居其故，近戚有谋贼王者。

石氏赞曰：摄提六星携纪纲，建时立节伺机祥。

大角占二

石氏曰：大角一星，在摄提间。（入亢二度半，去极五十八度，在黄道内三十四度少。）一名格，一名汉星。

《诗纬》曰：大角一曰帝筵，成统理。

《纪历枢》曰：大角为天栋，以正纪纲。一曰大角为火，以其赤明也。

《春秋纬》曰：大角为坐候。一曰大角为帝席，以布神厚德。又曰：大角者，天王帝筵也。

甘氏曰：大角者，栋星也。其星光泽明大，扬芒奋角，强臣伏诛，天下安宁。芒之所指，兵所从往者吉。

石氏曰：大角，天栋也，明则天子威行。

《雒罪级》曰：栋星亡，不吉，王失号。

《尚书纬》曰：栋星亡，罪深重诛。

《春秋纬》曰：大角不见，苍帝失势。

《含文嘉》曰：王者警诸父有差，则大角光明以扬。（宋均曰：诸父，伯仲叔季也。角坚刚而居帝前，帝敬诸父，感天，故应之也。）

《钩命决》曰：赤灭乱，栋星去。

《论谶》曰：栋星亡，主旷之。

石氏曰：大角，贵人象也，主帝座，光润明大则吉，光不明者，若有他色，青忧赤兵，黑疾白丧。大角不明，王者失天心，强臣凌主，天下有忧。秦之亡也，摄提不动，而大角亡去。

焦延寿曰：大角星角起扬光，若近天帝，左右有以席荐害主者。

郗萌曰：大角变色，有芒角，大动，不出三月，兵大起。大角数动，人主好游，不居其宫，驰骋天下。（《晋阳秋》曰：孝武太元二年七月乙亥，大角摇。三年二月乙巳作新官，帝及二后移会稽。）大角不明，则天子耗衰。栋星明大，天子辅强。

《荆州占》曰：栋星亡，王者死。

韩杨曰：大角动摇，主不安，臣下有恶事劫主者。（《宋·天文志》曰：安帝隆安五年七月癸亥，大角星散摇五色，元兴二年，桓玄篡位，迁帝浔阳。）

石氏赞曰：大角帝席色欲明，光隆润泽德合同。

梗河占三

石氏曰：梗河三星，大角北。（西星入亢八度，去极三十八度，在黄道内四十九度。）

郗萌曰：天矛者，天子之兵也。

《黄帝占》曰：梗河三星天锋，天之剑戟，主于罚戮。其星如常明而不动，边寇宁，天下安。星若明大，芒角动摇，边夷兵起，胡人为乱，王者有忧。

《荆州占》曰：梗河天楯，（晋灼曰：名天蚕。）玄戈天矛也，相近相向，大安。

石氏曰：梗河三星，天矛也，梗者递也，河者担也，士卒更递，担持天矛以行也。在斗杓头，主杀，所向无前也，主胡兵。芒角大则四裔不靖，边兵大起。

黄帝曰：梗河主丧，阴十日不见，国有丧。以初不见日占之，男女梗河，末男本女。天不阴，梗河亡不见，视二十八宿星羸缩，若在北斗傍，所见之宿，其国若诸侯有丧。

石氏曰：梗河亡三日不见，国有谋兵，若诸侯有死者。七日不见，国有大丧。以其初不见之日以占其国。梗河，天矛也，亡不见，即有所藏，所藏之国宿有谋兵，不然有丧。求于二十八宿若斗，则是以见之日知其期。

《荆州占》曰：天矛星不欲明大，明大兵起。

石氏曰：梗河三星，天矛锋。

招摇占四

石氏曰:招摇一星,梗河北。(入氐二度半,去极四十度太,在黄道内五十七度强。)

黄帝曰:招摇,尚羊也。(吴龚《天官星占》曰常阳。)尚羊者,悬以匡也。一名矛楯,胡星也。与梗河玄戈列,从北斗柄端抵大角,近北斗者,玄戈,次曰招摇,星明大,赤角而动,胡兵大起,四夷主昌,中国亡。又曰:其俱明,胡利。

《黄帝占》曰:招摇为矛,摄提大楯相当,兵大起,大战。

《春秋纬》曰:斗端有两星,一内为招摇,一外为楯。天锋主兵用,若动兵大行。

《荆州占》曰:招摇,南夷也。

巫咸曰:矛楯,兵星,金官也。

《黄帝占》曰:招摇欲与梗河星相直,则胡常来受命,贡献于中国;不相直,则胡人叛戾。招摇明而不正,胡不来受命。斗末之星,招摇之间,名为天库,招摇离其处,名曰开库,开库兵发。招摇星欲明而微小,则王者威令行四夷。

《春秋纬》曰:矛楯动,兵四行,臣子谋,妄奸通,弑君弑父,九州振。

《春秋纬》曰:楯动摇若角,大兵起,天下弑主,害于中发,四方并兴,王者行德,纳贤正度。又曰:臣主争伐相诛,则矛楯角跃相扞。

焦延寿曰:招遥亡去,国兵起,主遇贼。

《天官书》曰:招摇星赤角,胡兵大起,不来受命,星大亦然。

《荆州占》曰:招摇奋,光明动,天子强。招摇色青,有忧;赤白而明者,天子有怒;黄白光泽,天下安静;小而黑,军破国亡。又曰:色黑为弱。

《荆州占》曰:矛楯动,近臣恣,庶雄谋。

石氏赞曰:招摇玄戈主胡兵,芒角变动,兵革行。

玄戈占五

石氏曰:玄戈一星,在招摇北。(入氐一度,去极三十二度半,在黄道内五十三度半。)

《黄帝占》曰:玄戈主北夷,玄戈,招摇雌也,星欲小微,小微则王者吉,天下安宁。其星明而大,则胡夷单于动,兵大起。

甘氏曰:玄戈主胡兵,星若小动,兵小动;大动,兵大起,胡人入境。

《乐纬》曰:玄戈,宫也,戊子候之,宫乱则荒,其君骄,不听谏,佞在侧。宫和则致凤凰,颂声作。

《荆州占》曰:玄戈小数动后而大动,则兵大起。

石氏曰:玄戈星赤,天下有兵。

天枪占六

石氏曰:天枪三星,在北斗杓东。(西星入氐太,去极二十八度太,在黄道内七十一度。)

《黄帝占》曰:天枪一名天钺,三星鼎足形,在北斗柄端,其状忽然不明,明大则斧钺用。一曰有兵。小不明则兵罢。

石氏曰:天枪三星,主帝伏兵。枪者今之枪也,以竹为之,锐其头以捶地,锋外向以枪人。星温温而不明则吉,若光玥则伏兵行。

巫咸曰:枪,金官也。

黄帝曰:枪三星,备非常,若今之机枪也,其星温而不明,则王者吉,其星明大,则兵起,斧锧用。

石氏曰:左枪右棓,天之武备也。攻城袭邑,当视枪星。大而明,若有叛而自归者,其国不可出兵。星小而明,兵可出,城可袭。

《荆州占》曰:天枪一星不具所见,而兵起。

黄帝曰:天枪星动摇若角,大兵起,天下弑主,害以中发。

《荆州占》曰:天枪扬光,天降丧乱。

石氏赞曰:枪棓八星备非常。

天棓占七

石氏曰：天棓（苏林曰：打棓之棓。）五星，在女床东北。（柄星入箕八度半，去极三十二度，在黄道内七十一度。）

郗萌曰：天棓者，先驱也。

石氏曰：天棓五星，天之武备也。棓者大杖，所以打贼也，皆所以禁暴横，备不虞也。

《黄帝占》曰：天棓五星，天之武备也，以防不虞。其星不明而静，则天下无兵；其星明大动摇，则兵大起，五仗用。

石氏曰：天棓一星不见，其国兵起。

郗萌曰：天棓星，微细则吉，变明则凶有忧。

荆州曰：天棓一星不见，天下有大兵。

女床占八

石氏曰：女床三星，在天纪北。（西星入箕一度，去极五十度，在黄道内五十六度。）女床，后宫御也，众妾所居宫也，侍皇后，随从，以时御见者。

黄帝曰：女床星，后宫御也，嫔妾所居宫也。其星欲明，大小相承，如其故，则后妃安，宫人吉；星若微小不明，非其常处，嫔妾不安，其宫有忧。

郗萌曰：女床者，主女藏。

石氏曰：女床星不明则吉，明则宫女恣。女床星动不吉。

焦延寿曰：女床星舒，妾代女主，不乃死。

《荆州占》曰：女床星无故不见，女子多疾。

韩杨曰：女床非其故，则后宫有忧。

石氏曰：女床主女事，行列微靖吉，乱明动不吉。

石氏赞曰：女床三星待后宫。

七公占九

石氏曰：七公七星，招摇东，（西星入氐四度半，去极三十九度少，在黄道内五十九度半强。）

黄帝曰：七公一名天纪。七公主议疑，天之辅相，七政之象，评议之臣。其星大而齐明，议人有忠，王者安；其星大小有差，微而不明，议者不同，决事不从，人主有忧。

石氏曰：七公，天之相也，三公，廷尉之象也。上星，上公也，次星，中公也，明则七辅强。

《海中占》曰：七公，七辅也，上星上公，次星次公，下星下公，各以其次第齐明，辅臣居其常职。其星不明者，各以其次，辅臣有黜，若有罪，期不出年。

郗萌曰：七公主七政，别善恶。

石氏曰：七公主议疑，天之相理，谓三公、左辅右弼、前疑后丞之官，平议疑狱，断折刑法，欲详审也。星大小不明，议事者不从也。

石氏赞曰：七公七星，议欲详。

贯索占十

石氏曰：贯索九星，（《天官书》曰：勾圜一十五星。晋灼曰：贼人之牢。案贯索为贼人之牢，止有九星，未详迁所云。十五星所以在七公前，上右星入尾半度，去极五十九度少，在黄道内三十七度。）在七公前。

《黄帝占》曰：天牢者，贼人之牢也，天下狱律也，一名连索，一名天受，一名天围。

《论谶》曰：贯索主天牢。

郗萌曰：贯索为逮狱之法律也。天牢主天子之疾病忧患。

《春秋纬》曰：贯索，贼人之牢，中星实则囚多，虚则开出。

石氏曰：贯索北开，名曰牢户，其星间阔则户开，必有赦；若星狭而不开，牢中有忧，贵人当之。

《黄帝占》曰：常以四时候天牢，其口星开披，天下赦，不赦，逆，人主忧，开市不利。

《黄帝占》曰：天牢中央大星，牢监也，左右徙倚不居其处，若不见，大赦，期十八日。天牢中常有系星三，以甲子丙子戊子庚子壬子暮视之，其一星去，有善事，其二星去，有赐令爵禄之事，三星尽去，人主德令，赦天下。甲子期八十一日，丙子期七十二日，戊子期六十日，庚子期八十日，壬子期六十二日而赦。

黄帝曰：天牢中星不欲众，众则囚多。其中星稀则囚少。其中无星，天下无罪人，其国安。连索直而抵织女，天下有急布帛之征。

石氏曰：贯索入汉中，人相食，兵起。天牢口所向开门者，兵所往，期六月。

焦延寿曰：贯索星户开左，若星入牢中，有贵人自索，守者不复，必凶兵死。

郗萌曰：天牢直若角，赦，以丑未候之。天牢旁有此星，以至开闭，天牢已开，天下大赦。此星闭而赦为逆，此星以开不赦为不慎顺，天牢空，更立元年，不行德令，天雨沙石，期三年。

《天官书》曰：赤帝行德，天牢为之空。

《荆州占》曰：天牢中多星，则多系囚。九星天下狱烦，八星奸人入，七星小赦，六星五星大赦。天牢斧锧动摇，非其故，斧锧用。

石氏赞曰：贯索九星禁暴横。

天纪占十一

石氏曰：天纪九星，在贯索东。（四星入尾五度，去极五十一度半，在黄道内五十六度太。）

黄帝曰：天纪，天纬也，主正理冤讼。星齐明，王法正直，无有偏党，天下纲纪。

《论谶》曰：天纪星以表九州，定图位。天纪星主历音律。

黄帝曰：天纪星败绝，山崩易政，有饥民，君不安。

石氏曰：天纪绝，天下大乱，主凶。天纪星明，天下多词讼者，亡则政理坏。

焦延寿曰：天纪星与女床合，王者妻姑姨以淫亡，若以女谒失位。

郗萌曰：纪星入汉中，人相食。

班固《天文志》曰：纪星散者山崩，不则有丧。

《荆州占》曰：纪星散绝，不山崩则主死。又曰：纪星弛散，则国纲纪乱。

石氏赞曰：天纪九星理怨讼。

织女占十二

石氏曰：织女三星，在天纪东端。（大星入斗十一度，去极五十二度，在黄道内六十三度太。）

郗萌曰：织女一名东桥。

《荆州占》曰：织女一名天女，天子之女也，在牵牛西北，鼎足居，星足常向牵牛、扶筐。牵牛、扶筐星亦常向织女之足。不如其故，布帛倍其价，若有丧。（班固《天文志》曰：织女。杜预曰：星占之织女，处女也，天孙女也。案织女七夕有渡河之期，似非处女之称。）

石氏曰：织女主经纬丝帛之事。大星皇圣之母，二小星者，太子庶子位也。三星俱明，天下和平。

《诗纪历枢》曰：织女内正纪纲。

《合诚图》曰：织女，天女也，主瓜果收藏珍宝，以保神明，成衣立纪，故齐制，成文绣，应天道。

巫咸曰：织女，天水官也。

郗萌曰：织女，大长秋也。

黄帝曰：织女主丝帛五采之府。大星后两小星，太子之位，三星齐明，天下和平，丝绵彩帛贱。星若不明，主后有忧，丝绵缯帛贵。织女大星怒而角者，布帛贵。

黄帝曰：织女一星亡，兵起，女子为侈。织女不居其处，若更天下，以女为忧。

石氏曰：织女之道，与贯索相直，布帛贱；不相直，天下有急，布帛贵。织女主丝帛之事，与扶筐为妃，其足常向扶筐即吉，不则丝帛有变。其一足亡也，女病，或曰兵起。

焦延寿曰：织女星入汉，妇人皆水行，后亦然。

郗萌曰：织女晨见东方，赤精明，女工善，不精明，女工恶，常以十月朔六七日视之。

郗萌曰：织女星非故，山摇地动，若牛疾。

陈卓曰：王者至孝，神祇咸喜，则织女三星俱明，天下和平。

石氏赞曰：织女三星保神明，收藏珍宝以奉王。

天市垣占十三

石氏曰：天市垣二十二星，（张衡《浑仪》曰：天市二十二星，帝座前有一耳。）在房心东北。（门右星入尾太，去极九十四度少，在黄道内一度少。）

郗萌曰：天市垣星一名天府，一名长城。

巫咸曰：天市，五帝之治水官也。

郗萌曰：天市者，天子之市也。

《诗纬》曰：天市主聚众。

《春秋纬》曰：天市主权衡。

《荆州占》曰：天市西北大星，南方相去三尺所，名曰天曹。

石氏曰：市者四方所乐，帝都之邦，主王之坐，故帝座在市中，圣主之明候也。

郗萌曰：天市之垣，天之旗帜也，欲其大明，明则粲贱。

石氏曰：天市垣二十二星，主四方边国。门左星宋也，次星卫，次星燕，次星东海，次星徐，次星太山，次星齐，次星河中，次星九河，次星赵，次星魏，次星中山，次星齐，次星河间。市门右一星韩，次星楚，次星梁，次星巴，次星蜀，次星秦，次星周，次星郑，次星晋也。其星光芒，即其国有谋也。若星色微小，其国邑弱，王者修德以扶之。

黄帝曰：天市垣星不明，市中星简，其岁虚，五谷伤，粜大贵，人民饥。天市中,星次其明润泽,众蓄可以积贮,市中星不明,市少,可以发出贮积。

《含文嘉》曰:王者于族人有次序,则天市正明。(宋均注曰:王者于亲疏有次序,族者非一人也,天市之应明,所感多。)

石氏曰:天市星明,则市吏急,商人无利。星微小,则吏弱,商人多利。天市中星众明,则岁实,星稀则岁不实,虚也。

郗萌曰:天市星明大,则粂贱,不明则粂贵。天市中多小星,民富足。

石氏赞曰:天市二十二星为外臣。

帝座占十四

石氏曰:帝座一星,在市中候星西。(入尾十五度半,去极七十一度少,在黄道内三十九度。)

《黄帝占》曰:帝座,天廷也,人主象也。

石氏曰:帝座,天位也。帝座,天之贵神也。执阴阳之锐,秉杀生之府,总万化之原,保存亡之机,和阴阳之气,应四时之分。帝座星色欲明光而润泽,则天子吉,威令行,微小则凶。星亡则王者有忧,大人当之。天下乱,有兵起,期二年。

石氏赞曰:帝座一星尊时行。

候星占十五

石氏曰:候一星,帝座东。(入箕二度半,去极七十三度太,在黄道内三十八度少。)

巫咸曰:候星,土官也。

石氏曰:候星以候阴阳,伺远国夷狄,以知谋征。候星主时变货财,安静吉。候星明,万国同风,王道通利,辅臣强也。微小不明,则王道不通,辅臣弱。星移,主不安,期不出年。若星亡,主失位,期不出年。

《荆州占》曰:候星明大,则四夷开。候星微细,则国安。

石氏赞曰：候星在东，司阴阳。

宦者占十六

石氏曰：宦者四星，在帝座西。（南星入尾十二度，去极七十二度半，在黄道内三十八度。）宦者星，常侍黄门左右小臣侍从之官，常侍市中帝座也。宦者刑余人，在座西，微吉，明凶。

郗萌曰：宦者星非其常，宦者官有忧。宦者刑人也，有刑人于市。

石氏赞曰：宦者在西，侍主傍。

斗星占十七

石氏曰：斗五星，在宦者西南。（第一星入尾十度少，去极七十二度，在黄道内二十五度。）

郗萌曰：斗者主也，署物散也，其星明，吉，不明，凶。若其星亡，岁饥。或其星仰，则天下升斛不平，覆则岁稂。又斗星不明，谷不成，岁大饥，人相食。

石氏赞曰：南有斗星主平量。

宗正星占十八

石氏曰：宗正二星，在帝座东南。（南星入箕二度，去极八十四度，在黄道内二十七度半。）宗正主宗人，小宗之象也。

黄帝曰：宗正，帝宗也，主万物之名，品类于市。其星非其故处，帝宗后族多有黜者，若多死。

石氏曰：宗者主也，正者政也，主政万物之名于市中。星非其故，吏不去则死，及更号令。宗星失色，宗正有事。宗正星明大，帝宗强大；星不明，帝宗弱也。

石氏赞曰：宗正二星宗大夫。

宗人星占十九

石氏曰：宗人四星，在宗正东。（南星入箕七度半，去极八十五度，在黄道内二十八度。）

《元命包》曰：宗人，主先人，以时祠享。

石氏曰：宗人主恩享，大宗之象，敦穆亲亲。

《含文嘉》曰：族人有序，则宗人倚文正明。

黄帝曰：宗人星明如其故，宗室有序，人主吉昌。若动摇不如其常，则宗人不和，王者亲属有变，若宗族贵人多死者。

石氏曰：宗人星离绝，有大怪鸟见。

石氏赞曰：宗人四星录亲疏。

宗星占二十

石氏曰：宗星二星，在宗人北。（南星入箕九度，去极七十九度，在黄道内二十三度太。）

《元命包》曰：宗星主先人祠享。

石氏曰：宗星主别亲疏，宗室之象也，皆帝辅血脉之臣也。

《黄帝占》曰：宗星明而相近，帝相亲，后族有序；其星不明而相远，则帝亲后族相简，若有谋者，王者有忧。

石氏赞曰：宗星二星恩不殊。

东西咸占二十一

石氏曰：东咸四星，在房东北。（南星入心二度，去极一百三度，在黄道内二度少。）西咸四星在房北。

黄帝曰：东西咸一名大明，在房东西，各四星而列，荧惑道也，不道辄还之。

石氏曰：东咸西咸八星者，房户之扇，常为帝之前屏，以表障后宫，以防奸私也。

郗萌曰：东西咸，日月之道也。日月五星不以道，必有贼。

《荆州占》曰：东西咸者，房户也，星明如列表间，天子吉，子孙蕃滋。

石氏曰：东西咸四星在房东北，主日行，色明吉，不明凶。

《海中占》曰：东咸西咸，星明而行列，王者威令行，妃后守其宫。其星微小而不行列，若亡不见，人主威弱，女主自恣，奢淫无度，防守者忧，若宫人有罪。一曰贵女有黜者。

焦延寿曰：东咸星上近钩钤十日，则有谗贼臣入害主者。西咸星前近上，若有角摇起，明动十日，有人以知天数入为害者。

石氏赞曰：东咸西咸防佚淫。

天江星占二十二

石氏曰：天江四星，在尾北。（南星入尾六度少，去极一百一十一度，在黄道外二度半。）

黄帝曰：天江星如常，微小，则阴阳和，水旱调；其星明大，天下大水，江海溢流，五谷不熟，民人以水饥。若其星微，若参差不齐，马贵，一曰马多死。

石氏曰：天江星中河而动，则兵起如流沙，死人若乱麻，以人渡河，如其星不见，则津梁不通。又曰：其星不欲明，动摇则大水出，没城邑，大道不通。

郗萌曰：天江星不欲明河中，而居河中者，大兵起，车骑满野，道不通。

石氏曰：天江四星主太阴，其星明，大水不禁。

建星占二十三

石氏曰：建星在南斗北。（西星入斗七度少，去极一百一十三度少，在黄道内一度。）

黄帝曰：建星者，一名天旗，一名天关。

巫咸曰：建星，土官也。

郗萌曰：建星，天之都关也，为谋事，为天鼓，为天马。南二星，天库也，中央二星，市也，𫓧锧也。上二星，旗也。天府庭也。斗建之间，三光道也。

《海中占》曰：斗建者，阴阳始终之门，大政升平之所起，律历之本原也。

郗萌曰：箕星与建星之间，日月五星之下道也。

《诗雅度览》曰：建星动，劳未央。

焦延寿曰：建星一星不具，若与斗合一月，辟亡，二星，合十日，亡三星，合三日，亡病也。

《荆州占》曰：建星欲其相对列，则天下安，若不相类，天下乱，人主忧。

石氏曰：建星明大，则大臣忠孝，帝承天心；不明，大小不齐，则王者失道，忠臣不用。

石氏赞曰：建星六星为斗承，主国日月行失绳。

天弁星占二十四

石氏曰：天弁九星，在建星北。（西星入斗六度太，去极九十度太，在黄道内一十七度太。）

石氏曰：天弁九星，在天市垣外，天下市官之长也。主市中列肆诸价入在市籍者，商税还，方持物来，皆当贵其租税。其星明大，则市物盛兴；其星不明，则万物衰耗。

黄帝曰：天弁星欲明大，则天下安宁，万物兴隆，珠玉珍物贱；其星不明，天下空虚，万物衰恶，五谷不成，珍物贵。

《乐纬》曰：弁星，羽也，壬子候之，羽乱则危，其财匮，百姓枯渴，为旱。

石氏曰：天弁星，主恭俭，明，吉，不明，凶。

焦延寿曰：天弁星近建星，若明大动摇，天下有女乐见，人主为害者。

石氏赞曰：天弁九星知市珍，其星明大万物兴。

河鼓星占二十五

石氏曰：河鼓三星、旗九星，在牵牛北。（大星入南斗二十二度太，去极八十五度，在黄道内二十八度太。）

黄帝曰：河鼓一名天鼓，一名三武，一名三将军也。中央星，大将也，左星左将军，右星右将军，皆天子将也。

郗萌曰：河鼓一名提鼓，一名天董，一名天厩。

巫咸曰：河鼓，金官也。

《天官书》曰：河鼓大星，上将也。

《合诚图》曰：河鼓备关梁，设难距，鼓金声无口，以音守，闻远知近，达志意。

郗萌曰：河鼓星主军鼓，主斧钺，主外关州。又主军喜怒。

《赫连图》曰：河鼓怒黑，命成矣。

石氏曰：河鼓旗扬而舒者，大将出不可逆，当随旗之指而击之，大胜。

石氏曰：河鼓旗星明者，则旗帜出，以日占其国，其星若戾，将军政乱，士卒强，将相凌。若旗星不正，有兵。

黄帝曰：河鼓星曲，失计夺势。

石氏曰：河鼓不正，若变色，皆为兵忧将免。其星动若怒，皆为兵马或将出。又河鼓欲正直而明大，黄润泽，则无兵，大将吉。又曰：三武易次，兵起。

郗萌曰：天鼓之星怒者，马贵。一名元鼓。

石氏赞曰：河鼓鼓旗建音声，设守险阻知谋征，旗星差戾乱相凌。

离珠星占二十六

石氏曰：离珠五星，在须女北。（北星入须女初，去极九十四度，在黄道内二十度。）

郗萌曰：离珠，女子之星也。

石氏曰：离珠星者，御后宫离袿衣也，环珮玉珠，后夫人之盛饰也，主进王后之衣服也。

黄帝曰：离珠星明，如其常，则宫人妃后安身；其星不明，易其故，则宫人不安。

石氏曰：离珠非其故，后宫乱。从危之阳，天旱；危之阴，大水，五谷不登。离珠明大，则后宫昌；失色不明，则后势，任子不显，所近不正。

石氏赞曰：离五星，御后宫。

匏瓜星二十七

石氏曰：匏瓜星五星，在离珠北。（西星入须女少，去极七十一度半，在黄道内三十三度。）

黄帝占曰：匏瓜一名天鸟，一名天鸡，其四星剑镡之形。其星明大如其故，则果物皆实，岁熟；星若不明，非其常，果物皆恶，岁不登，有大水，川道不通。

石氏曰：匏瓜者，一名天匏，一名天鸡。匏瓜大则岁熟，星微则岁恶。

《黄帝占》曰：匏瓜星主后宫。匏瓜，天鸡也，主司中，所以和五味。

《元命包》曰：匏瓜主阴谋。

郗萌曰：天子果园，为献食者。

《星官训》曰：匏瓜，大瓜也，性内文明而有子，美尽在内。

黄帝曰：匏瓜星明，则野瓜甘露生，庖厨后宫官多子孙；星不明，后失势。又其星非其故则山摇。

石氏曰：匏瓜非其故，则山谷多水，天下不通。

焦延寿曰：匏瓜星不见，若不正动摇，皆为有贼人主者，若以果实为败。

石氏赞曰：匏瓜五星司谋忠。

天津星占二十八

石氏曰：天津九星，在须女北河中。（西北星入斗二度，去极四十九度，在黄道内四十九度少。）

《黄帝占》曰：天津者，一名天潢，一名潢中，一名巨潢，一名江星，一名水王柱，一名格星，一名潢星，一名天津。天津有潢四星，在危之北，居汉。

郗萌曰：天潢者，天津也，一名天汉。

《元命包》曰：天潢主河梁，所以度神，通四方也。又曰：天潢一星，天子都船也。

《黄帝占》曰：天津有变，水贼称王，水道不通。

石氏曰：天津处，河溢，天津覆，水滔天。天津亡，河水为害，天下不通。

石氏曰：天津亡，津道不通；天津张，天下安。

郗萌曰：天潢星不具，天下津河关道绝不通。

石氏赞曰：天津九星通厄穷。

螣蛇星占二十九

石氏曰：螣蛇二十二星，在营室北。（螣星入营室一度半，去极五十一度，在黄道内五十三度少。）螣蛇，天蛇也，主水虫。又螣蛇，蛇之牡也，与龟鳖交，水虫之长也，水中之虫皆属螣蛇。

黄帝曰：螣蛇星明，水虫茂，鱼盐贱；星不明，则水虫衰耗，鱼盐贵。

石氏曰：螣蛇星移南，则军兵起；移北，大水。若星明，不安，微则安。

石氏赞曰：螣蛇之星主水虫。

王良星占三十

石氏曰：王良五星，在奎北。（居河中，西星入壁半度，去极四十二度半，在黄道内五十七度。）

郗萌曰：王良一名天津，一名王济。（案《荆州占》云：王良或占车骑，或占津梁，且古字通用，故二字并依旧本。）

《元命包》曰：天骑四星，在汉中，一名天驷，傍一名王良，主天马。

郗萌曰：王良，一名天马。

《黄帝占》曰：王良主御风雨水道，主河梁。

《河图》曰：王良为天桥。

巫咸曰：王良，天子道桥之度水之官。

郗萌曰：王良者，天子奉车。

郗萌曰：王良策马，前与马等，后与马等。

《荆州占》曰：王良为西桥，故或占车骑，或占津梁。

黄帝曰：驷马参差不行列，天下安；若驷马齐行，王良举策，天子自临兵，国不安。

黄帝曰：王良发者，河水出。

《河图》曰：王良策马，此皆兵候，圣雄并起，期不出九年，天下之兵扰。

《考灵曜》曰：王良策马，狼弧张，咄咀害，出血将将。（王良傍一星名策，策马谓有光芒也，张犹明也。咄咀，大星名也。血将将，兵起死伤以众也。）

《含文嘉》曰：天子乘舟得其所，贵贱不相逾僭，则王良附路星明，常在河中，天子寿昌，万民无疫疠之殃。

《论谶》曰：王良策马，野骨曝。

石氏曰：王良星移则有兵，以东西南北处所在。王良星不具，津河道不通。王良策马，车骑满野，天下大乱，兵大起，明君出，期不出三年。

《海中占》曰：驷马不动，天子安宫。

焦延寿曰：天驷星前与阁道相近，有江河之变。

郗萌曰：王良正，马疾病。王良与马齐，天子有疾马。

《荆州占》曰：王良与马齐，天下有急。

郗萌曰：王良向造父，马贱。

《赫连图》曰：王良策马，北夷制号。（宋均曰：策星在王良傍，若移在王良前，居马后，是谓策马。）

石氏曰：王良星常在汉中则吉，不可移动，移动则有兵。王良驷马动摇，天子欲出，小动小出，大动大出千里。驷马有芒角，天子兵，期二年，王者必有所在，惟意有所想，未发颜色，王良星。

石氏赞曰：王良五星知王庄。

开元占经卷六十六

石氏中官二

阁道星占三十一

石氏曰：阁道六星，（司马迁《天官书》云：后六星绝汉抵营室，曰阁道。案图簿，营室北有塍蛇二十二星，其阁道止六星，恐由子长之谬矣。）在王良东北。（南星入奎五度，去极四十三度少，在黄道内五十八度少。）

巫咸曰：阁道，水官也，

石氏曰：阁道，形如飞阁之状，从紫微北门出，至河上，天子法驾乘其行，神乘也。

石氏曰：阁道，王良旗也，一名紫宫旗，在王良傍而抵紫宫垣。旗动摇，不如其故，旗所指者，兵所起。

《春秋纬》曰：阁道所以扞冲难，灭诸咎。

《黄帝占》曰：阁道，天子御道也，绝汉直紫宫后，名曰阁道。其星明，行列正直，人主吉，天下安。其星动摇不如其故，若星不具，则天子津道不通，有谋臣。阁道星主道星，天子私出入。王者别宫以候，近出星明大，则王者圣明，四方大通，若星不具，天子道津不通。

焦延寿曰：阁道星与紫宫蕃星同行，辟溺河梁，若王者宫阙道有害者。

石氏赞曰：阁道六星神所乘。

附路星占三十二

石氏曰：附路一星，在阁道南傍。（入奎三度，去极四十三度，在黄道内五十七度。）

郗萌曰：附路一名王济之太仆，一名伯乐，一名就父。

《论谶》曰：附路主扫除。

郗萌曰：附路主御风雨。

石氏曰：附路以通道，若阁道道坏当从附路，道备豫不虞，以候灾害，故曰备路。

《礼纬》曰：附路明，天子寿昌，万民无疫病之殃。

《论谶》曰：附路亡，道途塞。

石氏曰：附路星芒，则车骑满野。

郗萌曰：附路正，马车骑满野，天下大乱，期十月。王良，驷马也，正马，谓移在驷马之前。

石氏赞曰：附路一星备败伤。

天将军占三十三

石氏曰：天将十一星，在娄北。（大星入奎十五度半，去极六十度少强，在黄道内二十九度少。）

巫咸曰：天将军，金官也。

郗萌曰：天将军者，天所以将率忠正之群士而自卫者。

石氏曰：天将军者，天之大将军也，中大星，大将也，外卫小吏士也。大将星动摇，兵起，大将出。

《黄帝占》曰：天将军小星动摇不具，兵发。又占曰：天将军星欲明安静，天下无兵，大将安宁；其星不明摇动，天下大兵，大将出行。

《海中占》曰：天将军星动摇，天子自将兵出。

郗萌曰：天将军旗陈直扬者，所指者胜，所背者负。旗者，左右星也。

石氏赞曰：天将军十一星主武兵。

大陵星占三十四

石氏曰：大陵八星，在胃北。（北星入娄六度少，去极四十三度少，在黄道内四十度少。）

石氏曰：大陵一名积京，其星明，蕃国多有大丧，民多疾病，诸侯有丧。

石氏曰：大陵中有积尸星，明则有大丧，死人如丘山。

甘氏曰：大陵丧墓，积尸随居。

郗萌曰：积京者，大陵也，卷舌之口也。大陵曲而北向，卷舌曲而南向，相为牝牡。

郗萌曰：积京中星众则粟聚，星少则粟散。

石氏赞曰：大陵八星主崩丧。

天船星占三十五

石氏曰：天船九星，在大陵北河中。（北星入娄九度，去极四十三度半，在黄道内四十三度少。）

郗萌曰：天船九星，一名王船，中有四星，常欲均明，即天下大安，不明移处，消小不见，天下有兵，若有丧。

石氏曰：天船主水旱之事，一名天更。

《黄帝占》曰：天船主帝王济渡之官，常居汉中。

郗萌曰：天船，天将军兵船也。

石氏曰：天船常在汉中，不明，天下兵起，津河不通，川水大出，舟船用。

焦延寿曰：舟星头四星常在汉中，将以水战不成，若有没国，水大出。

石氏赞曰：天船九星济不通。

卷舌占三十六

石氏曰：卷舌六星，在昴北。（北星入胃十度少，去极五十六度，在黄道内四十一度太。）

《黄帝占》曰：卷星一名胜舌，一名左舌，一名积京，一名积薪。

《春秋合诚图》曰：卷舌主口语。

石氏曰：卷舌主利口，明大则利口用事。

石氏曰：卷舌星欲微小不明，明大多谗言，下多谗，口舌作也。

石氏曰：卷舌星曲如舌即吉；舌直，天下多口舌之害。

《圣洽符》曰：卷舌动，其中星众，兵大起，多口舌；卷舌安静，其中星希，则国宁无兵。

郗萌曰：卷舌星蕃盛，天下多口舌，民多疾死。一曰兵起，人死如丘山。

郗萌曰：卷舌星动，兵大起，多口舌，星希则无兵。

郗萌曰：卷舌星出守，不居汉中，天下尽为口舌妄言。

石氏赞曰：卷舌六星知谗谤。

五车星占三十七

石氏曰：五车五星、三柱九星，凡十四星，在毕东北。（西星入毕三度，去极六十三度，在黄道内十度太。）

石氏曰：五车一名天库，一名天仓，凡五星，在毕昴北，大陵东。其西北端一大星曰天库，天库将毕也，秦也，太白也，其神名曰令尉；次东北星，名曰狱，燕赵也，辰星也，其神名曰风伯；次东星名曰天仓，天仓，卫鲁也，其神名曰雨师；次东南星名曰司空，楚也，镇星也，其神名曰雷公；次西南星名曰乡，乡，韩魏也，荧惑也，其神名曰丰隆。

石氏曰：五车中有三柱，（晋灼曰：柱解音注。）三星鼎足居柱，一名休格，一名旗。

郗萌曰：五车一名咸池，一名为五潢，一名为重华，居丰隆也。

《天文志》曰：三渊者，五车柱也。

《黄帝占》曰：五车者，五帝之座。

巫咸曰：五车，天子五兵，水官。

郗萌曰：五车，天子大泽也，主轻车。

石氏曰：五车，西北大星大豆，东北星稻也，东南星麻也，正南星粟也，西北麦也。

甘氏曰：五车星，五谷各有所主分野，其星动摇变色，其国有兵，五谷大贵，人民饥亡。（阙）决吉凶。

郗萌曰：五车主五谷。一车主蕡，蕡，麻也；一车主麦；一车主赤黑豆；一车主黍；一车主稻米。

《黄帝占》曰：五车三柱星动，期三十日，车骑发。

《礼纬含文嘉》曰：天子观天文，察地理，和阴阳，揆星度，原神明之变，获福于无方，得灵台之视，则五车三柱均明，不离其常，川原陆泽年丰穰。（宋均注曰：天子考察天气，若祥填见赤星之祲者也，所以获福禳灾。五车主五谷，为民禳灾，得民福，民无饥寒之困，故五车星均明以应之也。）

《春秋元命包》曰：五车三柱，象天下之车。一柱不见，三分一车行；二柱不见，三分二车行；三柱不见，天子自将兵。

《文曜钩》曰：咸池中三柱不具，兵革起。

石氏曰：五车中一柱出若不见，兵少半出；二柱出若不见，兵大半出；三柱尽出若不见，兵尽出。柱入而兵入，柱外出，不与天库相近者，军出谷贵，转谷千里。柱外出一月，谷贵，期一岁；出二月，谷贵六倍，期二岁；出三月，谷贵九倍，期三岁；出三月不入，谷贵十倍。

石氏曰：五车柱外出，不居两星之间者，天下大水，木大贵。柱倒立者，就车行，土大贵，转土千里。

石氏曰：五车星欲其均明，阔狭有常。五车天库星中河而不见，天下有积尸，人不可度河，河不通，即有军。

石氏曰：五车明大，若星繁众，兵革大起。

石氏曰：五车休出库者，甲兵强，轻车骑出；休出仓者，大车出，妇女挽粮。体格所指者，车从之。

石氏曰：五车仓星不见，其所临之军必绝食，大穷而亡。

郗萌曰：五车旗不见，天下大风，发屋折木。又占曰：五车休旗动，四夷畔。又占曰：五军休格反抵大星，兵起天下，先兵者胜。

《荆州占》曰：五车柱倒立，战军行。

石氏曰：五车星俱明，五谷丰。一星不明，则其谷不升。又占曰：五车星失色，赤地三千里不生。

石氏曰：五车星有不见，其国饥，有兵忧。

石氏赞曰：五车三柱欲均明，主谷丰耗知败伤。

天关星占三十八

石氏曰：天关星在五车南，参西北。（入觜初度，去极七十三度半，在黄道外二度太。）

郗萌曰：天关，天门也，在黄道中，日月不出其中，行必有一国之主不朝者。一曰柱不道者。五星不出其中，臣必有不道者。

《黄帝占》曰：日月五星不出天关中者，必有叛臣不从君命，若主不道，臣谋君，有兵起。

石氏曰：天关星芒角，有兵。

焦延寿曰：天关星不在，若与五车星舍，大将披甲，国门闭。

《天官书》曰：黑帝行德，天关为之动。

石氏曰：天关星欲大明，明大则王道平通。

石氏赞曰：天关一星道所从。

南北河戍占三十九

石氏曰：南河北河六星，夹东井。（东河中央入井十七度少，去极八十度，在黄道外十四度。）

《春秋纬》曰：井钺北曰北河，南曰南河，两河天关门为关梁也。

《黄帝占》曰：南河戍名曰南纪阳门，南宫南高南关越门。

《黄帝占》曰：南北河戍一名天高，一名天亭，两河戍间为天道。

郗萌曰：南河戍一名南藏，北河戍一名北藏，一名天门。

《黄帝占》曰：北河戍名曰北横阴门，北宫北高北阙胡门。

《黄帝占》曰：南河戍为权，北河戍为衡。权不正则天倾。所谓不正者，南河戍南五尺。

《黄帝占》曰：南北河戍为天街，天街流相抵，天下大乱，亲离也。

巫咸曰：南北戍，北门水官也。

石氏曰：天关者，河戍也，主中国之难，此皆天之度，以昭示人也。

郗萌曰：两河戍与戍俱为帝阙。又占曰：两戍间为天门，日月五星常出其门中，经行吉，不得久留守焉。日月五星不出其中者，为王失道，行其南，以刑法举错不当失道；行其北，以女及财物金钱失道。近期三年，中期六年，远期九年。

韩杨曰：南北戍者，天门也，两戍间为天道，日月五星常出南北戍间，出北旱。

《黄帝占》曰：两河星欲明，大小如其故，则天下安宁，四夷来朝；其星不明，若动摇不于其常，则边兵大动，交侵中国，人主有忧。

郗萌曰：北河戍下多小星，有民不治，将不明，多失职。

《黄帝占》曰：日月五星行不出天道间，必有不道之臣。一曰必有道不通。

石氏曰：南戍主夷狄，北戍主中国，两戍之间天关门。

石氏曰：南北河星不具，道不通。一曰大水。

石氏赞曰：两河六星知逆邪。

五诸侯占四十

石氏曰：五诸侯五星，在东井北，近北河。（西星入井二度，去极五十七度，在黄道内三度少。）

《黄帝占》曰：五诸侯主帝心，一曰帝师，二曰帝友，三曰三公，四曰博士，五曰太史。此五者，为帝定疑也。

巫咸曰：五诸侯，士官。

石氏曰：五诸侯五星，在北戍之南，东西列，东端第一星齐也，西端一星秦也，其余星皆为诸国。

《春秋纬元命包》曰：五诸侯主刺举，戒不虞。

《援神契》曰：五诸侯主危倾，此皆诸侯之职也。

石氏曰：五诸侯者，使发摘奸谋，司察阴私伏匿之事。

《春秋纬》曰：五诸侯理阴阳，举外害，察得失，九州之外，使五星之变逆出名罚。第一典岁，其次如位，故以上天祸从中起。

《礼纬含文嘉》曰：五礼修备，则五诸侯星正行，光明不相凌侵，五禾五木应以大丰。

《黄帝占》曰：五诸侯星欲均，大小齐明，则王吉昌，天下太平，其臣皆忠。星若差戾摇动不明,则辅臣不忠,王者不安,天下有忧。

《春秋纬元命包》曰:五诸侯生角,祸在中。

《春秋纬元命包》曰:五诸侯星流四去外牧伤,天子避宫,公卿逃。

石氏曰:五诸侯星明大润泽,大小齐同者吉,诸侯忠良,王道大兴。细微者凶。

郗萌曰:五诸侯星当明,即天下大治安昌;不明若不见者,天下之贵人有谋其主者,不出三年而发。

韩杨曰:五诸侯纠戒,见乱相屠。

石氏赞曰:五诸侯星主议疑。

积水星占四十一

石氏曰:积水一星,在北河西星北。(入井十三度,去极五十五度,在黄道内十二度太。)

石氏曰:积水一星,一名聚水,积聚美水,以给酒官之旗。

巫咸曰:积水之官。

《黄帝占》曰:积水一星给酒旗积水者,甘泉也,拟于醪酿,以待宾客,其星欲明,天下安,飨宴之礼行;其星不明,人主不安,五谷不登,飨宴礼废,徭役殷烦,人民忧。

石氏曰:积水星明大动摇,天下水,河海溢流,津道不通。

石氏赞曰:积水星,给酒旗。

积薪星占四十二

石氏曰:积薪一星,在积水东南。(入井二十一度半,去极六十一度半,在黄道内十度太。)

石氏曰:积薪,聚薪也,聚薪以给享祀。

《黄帝占》曰:积薪所以给庖厨,以燎熟饮食。其星欲明,明则王者安,五谷熟;其星不明,则庖厨空虚,天下旱,岁不登,人民饥,王者有忧。

石氏曰:积薪与积水相去五尺以内,天下太平,五谷成;若相去一丈以外,天下饥荒,人民流亡,去其乡。

石氏曰：积薪明大，则人君增庖厨。

石氏曰：积薪星明大，禘尝察；星不明，君臣不和，百祀不享。

石氏赞曰：积薪一星主给庖。

水位星占四十三

石氏曰：水位四星，在东井东，南北列。（南星入井十九度半，去极七十二度半，在黄道外三度太。）

《黄帝占》曰：水位，主水官也。其星微小如其故，则阴阳和，雨泽以时，天下安；其星明大，大水横流，沟渠溢满，五谷死伤，民以水饥。

石氏曰：水位星，主水衡。衡平象，水泽平而后流，泽不壅塞也。星明大则兵水兴。

焦延寿曰：水位星上近北戍，国没为河，不乃有滔天之水，以日占国。

石氏赞曰：水位四星泻溢流。

轩辕星占四十四

石氏曰：轩辕十七星，在七星北。（大星入张太，去极七十一度，在黄道内一度少。）

《诗推度灾》曰：黄龙在内，正土职也。一曰陈陵，二曰权星，主雷雨之神。

石氏曰：轩辕一名昏昌宫，而龙蛇形，凡十七星。南端明者，女主也，母也；女主北六尺一星，夫人也，屏也，上将也；北六尺一星，次夫人也，妃也，次将也；北六尺一星，次妃也，其次皆次妃也。女主南三尺星不明者，女御也；御西南丈所一星大明也，太后宗也；御东南丈所一星，少明也，皇后宗也。

郗萌曰：轩辕，女主之廷也，一名天柱。

《荆州占》曰：轩辕前大星明，一曰天关，主阴关。

《淮南鸿烈》曰：轩辕，帝妃之舍也。

巫咸曰：轩辕，天子后妃之庭，主土官也。

《黄帝占》曰：轩辕十七星，主后妃黄龙之体，以应主。南第一星，皇后也；次北一星，三夫人；又北一星，九嫔也；次北一星，二十七世妇；其次北一星，八十一御女。西南六尺一星，太后宗也；东星六尺一星，皇后宗也。后妃星南一尺一星小者，皇子也；次南二尺一星，女史也。其星主雷雨风霜雾露虹蜺背璚抱珥，此轩辕之变气，皆应主之祥。

石氏曰：轩辕星，王后以下所居宫也。一曰帝南宫，中央土神，女主之象也。女主之位，黄帝之舍也。

《礼纬含文嘉》曰：诸舅有仪则，轩辕东西角大张。

《孝经(阙)契》曰：轩辕列明，后女争誉。

石氏曰：轩辕屏星去，无君臣之义。

石氏曰：轩辕星如其故，色黄而润泽，则天下和，年大丰。

石氏曰：轩辕移外，民流亡，从胡人；移其内，民人大饥，胡人来。

焦延寿曰：轩辕星动有摇，若相就，皆为后夫人之宗有死丧，若卑伐尊者。又占曰：女御星去后星远，有贼星迫近之，有赏赐事。其东西至大民少民，王者娶不以次，淫佚不用道理，以下贱为正也。

郗萌曰：轩辕角振，后族败。振，动也。

《荆州占》曰：轩辕欲小，小，黄明也。消小不见，皇贵妃不安，黑色大凶。

石氏曰：轩辕星合，为百二十妃大小相次，后宫多子孙，不明，有暴忧。

石氏赞曰：轩辕龙体主后妃。

少微星占四十五

石氏曰：少微四星，在太微西，南北列。(南星入张十度半，去极七十度半，在黄道内三度半弱。)

韩杨曰：天官图簿，少微四星谓第一处士，第二博士，第三义士，第四大夫也。(别书云：有五星，南端一星主真人，老子、许由也。第二星处士，孔子也。第三星工士，奚仲、鲁班也。第四星术士，定钟律，师旷也。第五星能士，力举九千钧也。《天官书》曰：廷蕃西有堕星五。案图簿止有四星。且韩杨又云异闻，今故兼录也。）

《文曜钩》曰：少微，士大夫位也，一名处士。

巫咸曰：处士，水官也。

石氏曰：少微，伏戏之廷。

巫咸曰：少微，天子副主。或曰博士官。一曰主卫掖门。

《黄帝占》曰：少微主艺能之士，若闻如孔子，巧如鲁班，道术之士，悉皆主之。

《黄帝占》曰：少微星明而行列，王者任贤良，举隐逸才用，天下安；其不明，微而不见，贤良不出，术士潜藏，人主不安。

《春秋纬》曰：大夫专权，则兵陵地坼，少微纤昧。

石氏曰：少微星明大而黄润泽，则贤士举而忠臣用。

石氏曰：少微星微小，则贤士退而忠臣废。

巫咸曰：少微星非其故，女主有忧。

巫咸曰：处士明，王命兴，辅佐出。

焦延寿曰：少微星近太微，若一星独前，入太微西门，胡主有谋贼辟。

石氏赞曰：少微四星逸士位。

太微星占四十六

石氏曰：太微十星，（案司马迁《天官书》、班固《天文志》，并匡星。《十二星验图簿》及所见星位，止十星，未详其占。）在翼轸北，（门右星入翼九度。去极七十六度半，在黄道内二度太也。）

吴龚《天官星占》曰：太微者，天关也，南门关千里，分为左右掖。

郗萌曰：太微之宫，天子之廷，上帝之治，五帝之座也。（案张衡《灵宪》曰：太微为五帝之庭。）名曰保舍，十二诸侯之府也。其外蕃，九卿也。轩辕为权，太微为衡。（案《续晋阳秋》曰：桓温入蜀，闻有善星者，后有大志，遂致之，夜独执其手于星下，问国社之修短。星人曰：太微紫微文昌三宫气候如此，决无忧虞，五十年外不论耳。温不悦，遗绢一匹，钱五千。星人诣刁凿齿曰：受旨自裁，乞命为标揭棺木。凿齿问其故，星人曰：赐绢令我自缢，乞钱买棺，故知之耳。凿齿曰：君几误死。君亦知星宿有不覆之义乎？绢以戏君，钱供资粮，是听君去耳。星人喜，以此言诣温，温叹曰：君三十年看儒书，不如一诣刁主簿。）

《淮南鸿烈》曰：太微者，主朱鸟也。（许慎曰：大风之乡朱鸟。）

《孝经纬》曰：太微天廷，帝以纪录出图，五星并设，神灵集谋，故置将相辅佐执法，郎位，少微以议疑。

巫咸曰：太微，天子常侍土官也。

《黄帝占》曰：太微，天子之宫，西蕃四星，南北列，南端第一星为上将；北间为太阳西门，门北一星为次将；北间为中华西门，门北一星为次相；北间为太阴西门，北端一星为上相。东蕃四星，南北列，南端第一星为上相；北间为太阳东门，门北一星为次相；北间为中华东门，门北一星为次将；北间为太阴东门，北端一星为上将。南蕃两星东西列，其西星为右执法，其东星为左执法，廷尉尚书之象。两执法之间，太微天廷端门也，右执法西间为右掖门，左执法之东为左掖门。帝有四部将军相，有十，帝之所尊贵者为上将相，不以廷尉尚书为例。

《洛书》曰：太微西蕃将执威诛不顺，东蕃相执美拒侯王。

《春秋元命包》曰：太微权政所在。又曰：太微为天廷，理法平辞，监升授德，列宿受符，诸神考节，舒情稽疑也。南蕃二星，东星曰左执法，廷尉之象也，西星曰右执法，御史大夫之象也。执法，所以举刺凶奸者也。两星之间，南端门也。左执法之东，左掖门也，右执法之西，右掖门也。东蕃四星，南第一星曰上相，上相之北，东门也；第二星曰次相，次相之北，中华门也；第三星曰次将，次将之北，太阴门也；第四星曰上将，所谓四辅也。西蕃四星，南第一星曰上将；上将之北，西门也；第二星曰次将，次将之北，中华门也；第三星曰次相，次相之北，太阴门也；第四星曰上相，亦为四辅也。

《春秋纬》曰：天廷微序五统三，立法式，成章臣，卫星为蕃臣，西星将位，东星为相位，中执法，南两星端门，旁左右掖门，五诸侯王。

开元占经卷六十七

石氏中官三

三台占五十三

石氏曰：三台六星，两两而居，起文昌，列抵太微。（两台北星入井三十度太，去极三十度少，在黄道内三十八度少也。）

《黄帝占》曰：三能（苏氏曰：能音台。）者，三公之位也，诸侯农人也，一名天柱，太一之舍道也，文昌之庭也，在下名曰天奇。

《黄帝占》曰：三能近文昌宫者曰太尉，司命，为孟；次星曰司徒，司中，为仲；次星为司空，司禄，为季。

《黄帝占》曰：泰阶，天之三阶也，上阶上星为天子，下星为女主；中阶上星为诸侯三公，下星为卿大夫；下阶上星为士，下星为庶民。所以和阴阳而理万物。又占曰：三台大间中，相去十六度为平过，为太灭，为损。小间中相去太半度为平过，为奢灭，为迫。又占曰：知三能者，使人不病疠，夫妻俱视三能，使人离。三能邑尊，臣之位也。又占曰：司禄主人君之爵禄。

《礼含文嘉》曰：三台为天阶，太一蹑以上下，一曰天阶。

《春秋纬》曰：三能在前，参稽正绪。

《春秋纬元命包》曰：魁下六星，两两而北，曰三能，主德，闻德宣符也。西近文昌二星曰上台，为司命，主寿；次二星中台，为司中，主宗室；东二星曰下台，为司禄，主兵。

《论谶》曰：上台上星主兖豫，下星主荆扬；中台上星主梁雍，下星主冀州；下台上星主青州，下星主徐州。星非其故，以占其邦。

巫咸曰：三能，天子六阶。六阶，土官也。

郗萌曰：三能主爵，为天仓。

司马迁《天官书》曰：三能三衡者，天庭也。

《荆州占》曰：司命主兵，间六尺有兵。又占曰：司命司中禄星，天子定见安危之府也，万民寿之主也。

《黄帝占》曰：司命司中司禄星，色青黑，天下多忧。又占曰：司中主宗室，间六尺，主乱政急，骨肉亲疏远，宗室不和附，人君不安，兵起。

《黄帝占》曰：公侯背叛，率部动兵，则中阶上星其色赤；夷狄侵边，境内骚动，则中阶下星疏而横，其色白；卿大夫废正向邪，作奸营私，则下星垂而疏，其色赤；避尊比下，兴众同位，则星迫而下，色白。

《黄帝占》曰：士庶民不从法令，犯刑为贼，则下阶上星其色赤。星去本就末，淫侈相起，则阇人横，其色白。令行法胜，委命听从，则星迫而下，其色白。又占曰：上能不具，春不得耕；中能不具，夏不得芸；下能不具，秋不得获。又占曰：三阶平，则阴阳和，风雨时，五谷丰，祯祥应，天下太平。三阶不平，则阴阳不和，风雨不时，百灵不享，灾异并生，百姓不宁。

《黄帝占》曰：天子刚猛好兵，灭后杀嗣，则上阶上星其色赤。循宫广囿，肆其声色，则上阶奢而横。温懦柔弱，诛罚不行，则上阶迫，其色白。朋党比周，度逾适易，则上阶下星，其色白。妃嫔尊荣，谗言进用，则上阶下星奢而横，其色白。恃宠肆欲，怀邪作乱，则星高而仰，其色赤。

《黄帝占》曰：人主有纲，臣下有纪，赋敛惟省，刑罚用轻，则上阶为之蹙；诸侯纳贡，朝聘有礼，三公尽忠，卿大夫无私，则中阶为之比；庶民奉化，闺门和穆，干给以时，徭役有序，下阶为之密。蹙、比、密者，相近也。

《黄帝占》曰：人主徭役肆意纵欲，崇饰台榭，数夺农时，上阶为之奢；诸侯盛车服上僭，三公专权，卿大夫贪夸，则中阶为之疏；（案王隐《晋书》曰：张华少子建晓仰占云：中台坼，内惧，遂劝华逊位。华言今惟修德以应之耳。檀道鸾《晋阳秋》曰：张华死后，中台遂坼。太元中还阴敛正，中国以为谢太傅祖德之所致也。《宋书·天文志》云：晋惠帝永康元年三月，中台星坼，是日贾后杀太子，赵王伦寻废杀后，及张华又废帝自立，于是三王并起，操总天权也。）士庶民去本趋末，不务农桑，豪侈相凌，竞为狡猾，则下阶为之阔。奢、疏、阔者，阶相远也。

《洛书》曰：三能横通，天下嘿嘿，后十二年，山大崩，亡主之符也。

《尚书中候》曰：中能垂，公辅谋。

《尚书中候》曰：天能有变，厥为灾，土沦山崩，谷溜满，川枯。

《礼含文嘉》曰：王者得礼之制，不伤财，不害民，君臣和集，草木昆虫各蒙正性，则三台为齐明，不阔不狭，如其度。（宋均注曰：君臣制度官室车旗多少各有科品，则应之也。）

《礼纬含文嘉》曰：殡丧之礼各以其时，变制革礼之差，得制之宜，三台平正，有德星出入其间矣。

《春秋纬》曰：三公擅恣，非其人，则山崩，三台移，鼎折足。

《春秋纬》曰：三能色齐，君臣和；不齐，大乖。

《春秋纬》曰：三能色乱，天子不贤。

甘氏曰：三台色明，行列齐等相类，则君臣和吉而治臻。

甘氏曰：三台色黄，天下谋德，色赤谋兵，色黑有忧，色白为丧，色白为疾。三台不直，天下失谋。

甘氏曰：三能流相抵者，诸侯为乱，天子不见，有亡主，以其日占其国。

甘氏曰：司中星坼，摇若合，赦。

甘氏曰：司禄星其坼者凶，主者当之。

焦延寿曰：三能星摇动，皆为有谋。

郗萌曰：三能之上星疏者，变从上家起；中星疏者，变从中家起；下星疏者，变从下家起。所谓变起者，反逆之事。又占曰：司命司中司禄星，欲其赤黄，万民奋壮，所为数利。

《荆州占》曰：三能一疏一数，宗庙咎责，亡孝悌仁义也。五府不顺，此三公之过也。又占曰：三能不齐等，三公不相信。又占曰：三能色不齐，君臣奔走，黑为丧。

《荆州占》曰：三能一星去，天下危；二星去，天下乱；三星去，天下不治。

《荆州占》曰：三能色黄泽，赦。又占曰：三能黄泽有光，民安寿。又占曰：司命司中司禄，欲其大淳而泽，天子多推恩。

石氏赞曰：三台六星三公位，其色齐明德洋溢。

相星占五十四

石氏曰：相一星，在北斗南。（入翼五度，去极三十一度半，在黄道内三十七度也。）

《黄帝占》曰：相星，天丞相也，大臣象也，主衣服之章。

《黄帝占》曰：相星明大，则天子明，忠臣兴；相星亡，则辅臣黜，若有诛。

石氏曰：相星明，吉；不明，凶。

焦延寿曰：相星亡，相死，不死出走。

石氏赞曰：相在斗南集众事。

太阳守星占五十五

石氏曰：太阳守一星，在相西南。（入张十三度少，去极三十五度半，在黄道内三十九度也。）

《黄帝占》曰：太阳守，辅臣象也，所以守卫天主之宫，备守诸门。其星明，则人主威伏四方，天下安，王者致符瑞。

石氏曰：太阳守星明，吉；不明，不吉。

焦延寿曰：太阳守星北近斗，居七星行间，以入日辟煞亡。

陈卓曰：太阳守星非其常，天下兵起，中国不安，大臣诛。

石氏赞曰：太阳守在西设武备。

天牢星占五十六

石氏曰：天牢六星，在北斗魁下。（东星入张一度少，去极二十六度半，在黄道内四十四度太也。）

《黄帝占》曰：天牢，贵人之牢也，在北斗魁下，所以禁暴横。

《春秋合诚图》曰：天牢主守将。

郗萌曰：天牢，天子疾病之忧患。

《黄帝占》曰：天牢中星众，贵人多下狱；星希，天下安，无罪人。

石氏曰：天牢中无星，天下安宁；有星，贤主伤。

焦延寿曰：天牢星明大动摇，辟拘系。一星明，主侯有系者。

司马迁《天官书》曰：赤帝行德，天牢为之空。

石氏曰：天牢与贯索通占。

石氏赞曰：天牢六星禁暴去恶。

文昌星占五十七

石氏曰：文昌六星，（一本七星。案陆绩《浑天图》曰：文昌中有一星在司禄内，名为主禄，统名为七星。西星入井十五度太，去极二十五度太，在黄道内四十三度半也。）

司马迁《天官书》曰：斗魁戴匡六星曰文昌宫。（晋灼曰：似戴故曰戴匡也。）

《黄帝占》曰：文昌六府之宫也，在斗魁前，经纬天下，文德之宫。六府谓金木水火土谷，从斗魁，第一星为上将，建威武；第二星为次将，临左右；第三星为贵相，主文理；第四星为司命，主赏功进贤；第五星为司中，（班固《天文志》云司禄。）主司过诘咎；第六星司禄，佐理宝。（《天文志》曰司中。）

《洛书》曰：文昌主六府寇。

《春秋纬元命包》曰：文昌主集计祸福也。天道，文者精所聚，昌者，扬天纪，辅弼并居，成天象。

《春秋纬》曰：文昌宫为六府，以布升度，明天道，上将招威，次将辅主，贵相宣德，司命进官，司中灭咎，司禄赏善，佐理扬宝。六名执权，守隶四海之府，土官也。

巫咸曰：文昌，天子司禄之府，土官。

陈卓曰：文昌一星上将，大将军也；二曰次将，尚书也；三曰贵相，太常也；四曰司中，司隶也；五曰司怪，太史也；六曰大理，廷尉也。

《黄帝占》曰:文昌宫者,天府离宫也。文昌宫三能属轩辕,相与为体,星明大齐同,则王者致太平,星不明,道术隐藏,王者求贤则星明。

《黄帝占》曰:文昌星黄润泽光,万民安;青黑微,多所害。又占曰:司命主灭不祥,其星黄泽有光,万民安;苍为天下多有忧。

焦延寿曰:文昌星动摇不如故,三公诛,不乃后死。

陈卓曰:文昌星明,大小齐等,天瑞臻。

石氏赞曰:文昌在西则六府治。

北斗星占五十八

石氏曰:北斗七星,辅一星,在太微北。(第五星入井十三度,去极十一度太,极星入张初,去极十八度少,在黄道内九十八度也。)

《黄帝占》曰:北斗为帝车,运于中央,临制四方,(《汉书·天文志》曰:四海。吴龚《天文星占》曰:四卿也。)分别阴阳,建于四时,均立五行,移应节度,定诸纪纲,太一之事也。配于二十八宿,天所以发其时,地所以成万物,诸侯属焉。

《春秋纬元命包》曰:斗为帝令,出号布政,授度四方,故置辅星以佐功为。斗为人君之象,而号令之主也。兵法曰:北斗名长史,小字大方,能知者便不畏白刃。

巫咸曰:北斗,天子受命之使,士官也。

《河图》曰:北斗魁第一星,开枢受枢,受枢至四星属魁,为璇玑,第二星提执序,第三星玑耀绪,第四星权拾取,第五星玉衡拒,第六星开阳纪、辅星纪,第七星摇光吐,摇光主玉衡,属杓,为玉衡。(案《春秋纬元命包》曰:玉衡北绳注曰,直杓,故曰玉绳也。《舜典》曰:璇玑玉衡以齐七政。巫咸曰:七政者,日月木火土金水星是也。)

《洛书》曰:北斗魁第一曰天枢,第二璇星,第三玑星,第四权星,第五玉衡,第六开阳,第七摇光。第一至第四为魁,第五至第七为杓,合为斗。杓阴布阳,故称北斗。开阳重宝,故置辅。《易斗中》曰北斗第一曰破军，第二曰武曲，第三曰廉，第四曰文曲，第五曰禄存，第六曰巨门，第七曰贪狼。

石氏曰：北斗第一星曰正星，主阳主德，天子之相也。第二曰法星，主阴主刑，女主之位也。第三曰令星，主福。笋四曰伐星，主天理，伐无道。第五曰杀星，主中央，助四旁，杀有罪。第六星危星，主天仓五谷。第七曰部星，一曰应星，主兵。

《淮南鸿烈间诂》曰：斗杓为小岁，（岁之言越历十二辰而行。）正月建寅，月后左行，行十二辰，咸池为太岁。二月建卯，月徙右行四仲，终而复始。太岁迎者辱，顺者强，左者丧，右者昌。小岁东南即生，西北即煞，不可迎也，而可顺也，不可左也，而可右也，其此之谓也。又曰：北斗之神有雌雄，十一月建于子，月后一辰，雄左行，雌右行。五月合午谋刑，（刑为煞，故荠麦死也。）十一月合子，谋德。（德为生，问射于振末。）

《诗含神务》曰：七政天斗上一星天位，二主地，三主火，四主水，五主土，六主木，七主金。

《春秋纬》曰：正星主营室、东壁、奎、娄，法星主胃、昴、毕、觜觿，令星主参、东井、舆鬼、主柳。伐星主七星、张、翼、轸，煞星主角、亢、氐、房，危星主心、尾、箕，南斗，部星主牵牛、须女、虚、危。

石氏曰：北斗第一星主日，第二星主月，第三星主荧惑，第四星主辰星，第五星主填星，第六星主岁星，第七星主太白。

《黄帝占》曰：北斗第一星主秦，第二星主楚，第三星主梁，第四星主吴，第五星主赵，第六星主燕，第七星主齐。

《春秋纬》曰：北斗杓携龙角，（孟康注《天文志》曰：携，连也。）衡殷南斗，魁枕参首，用昏建者杓，华山以西南，（孟康传曰：第七星法太白，杓斗之尾，为阴位，在西方，故主西南也。）夜半建者衡，以殷中州河济之间，平旦建者魁，海岱以东北也。（孟康传曰：斗魁第一星，法于日主齐，魁斗之首阳也，又用其在明阳与明德，在东房，故主东北，齐也。）

《春秋纬文曜钩》曰：华岐以北，龙门积石，西至三危之野，雍州属魁星；太行以东，至碣石、王屋、砥柱，冀州属璇星；三河，雷泽，东至海岱以北，兖青之州属玑星；蒙山以东至羽山，南至江，会稽，震泽，徐扬之州属权星；大别以东，至云泽、九江、衡山，荆州属衡星；荆山西南至岷山，北距鸟鼠，梁州属阳星；外方熊耳以东，至泗水、陪尾，豫州属杓星。

陆绩《浑图》曰：魁星第一星，主徐州，第二星主益州，第三星主冀州，第四星主荆州，第五星主兖州，第六星主扬州，第七星主豫州。

皇甫谧《年历》曰：斗者天枢也，天有七纪，故斗有七星。星间相去七度百二十分，曜各百里，周七千里，分得日月五星九州之地。自一至四曰魁，自五至七曰杓。一曰枢星，太白主之，雍州属焉；二曰璇星，填星主之，冀州属焉；三曰玑星，荧惑主之，青兖州属焉；四曰权星，辰星主之，徐扬州属焉；五曰玉衡，岁星主之，荆州属焉；六曰闿阳，日主之，梁州属焉；七曰摇光，月主之，豫州属焉。摇光一名杓，或曰招摇。以昏候之，左旋于天，月建一辰，昼夜一周，日月会焉，故孟春建寅，日月会于豕韦，仲春建卯，会于降娄，季春建辰，会于大梁，孟夏建巳，会于实沈，仲夏建午，会于鹑首，季夏建未，会于鹑火，孟秋建申，会于鹑尾，仲秋建酉，会于寿星，季秋建戌，会于大火，孟冬建亥，会于析木，仲冬建子，会于星纪，季冬建丑，会于玄枵。

《黄帝占》曰：北斗七星名曰七神，神各主四宿，而卫太一之宫。其星欲明大润泽相类，七政齐明，则天子吉，大臣昌；其星不明，王者弱，大臣有殃。星若摇动，不出百八十日，天下尽兵，多有死者。又占曰：北斗魁第一星为天道，六甲主五子，甲子、丙子、戊子、庚子、壬子。五子者气之始也。魁星建除，主建万物，甲子木，春始王，所以通达根茎，丙子火，夏始王，所以通成花叶，戊子土，季夏始王，主万物肌肤，庚子金，秋始王，煞万物，壬子水，冬始王，主含冻定根，故魁星为岁星，其位甲子。故天子不尊鬼神，幼稚多弱，则魁星不明，不明则岁星不光，不光则万物少稚不昌。天润不盈，魁星不泽，列地封虚财而不赏。王道所后及，皆思其下纪也。

《黄帝占》曰：北斗第二星为地道，六甲主乙丑、乙亥、丁丑、丁亥、己丑、己亥、辛丑、辛亥，建除主除闭。物无不除，除陈发新，地道自虐，故天使万物皆得盛合宁。故第二星为太白，其位为后主诸侯。故天子教令显，数发，土功发，坏没山林，不受藏，则第二星不明，不明则太白无光，无光则名术士不昌，藩臣不忠，地泽不藏，藩臣多疾。

《黄帝占》曰：北斗第三星为人道，六甲主丙寅、甲戌、戊寅、丙戌、壬寅、庚戌、甲寅、壬戌，建除主满开。天下能承天理物，设上定下，夫妇升进而定家道，故第三星主荧惑，百姓不进为退，过则第三星不明，不明则即荧惑无光，无光则百姓罢死役，士多避过亡匿，智士退，贤人避。

《黄帝占》曰：北斗第四星为四时，六甲主丁卯、癸酉、己卯、乙酉、癸卯、己酉、乙卯、辛酉，建除主平四时。四者万物之节度数也。故第四星为辰星，其位为司徒，故天子出令，教化不顺四时，春行秋政，夏行冬政，秋行春政，冬行夏政，四时不和不明，则辰星无光，无光则岁凋杀，五谷不盛，万物不昌，百姓夭丧，上下不相亲，司徒非其人。

《黄帝占》曰：北斗第五星为音德，六甲主戊辰、壬申、庚辰、甲申、壬辰、丙申、甲辰、戊申、丙辰、庚申，建除主定成。音者五气之和，五宫之政，制乐之节，皆在于是，故第五星为填星，其为天子中宫，故天数更日历，损宗庙，历衣服，远亲离疏，戮辱父兄，蕃臣以兵，上下相欺。

《黄帝占》曰：北斗第六星为法星，六甲主己巳、辛未、辛巳、癸未、癸巳、乙未、乙巳、己未，建除主执危。法律者，所以善善而恶恶也，故死者不可生，刑者不可息，故第六星为月，其位主天理。天子出令法苛刻，诛不正，威煞用刑，则第六星不明，不明则月不光，不光则执政不察，盗贼并起。

《黄帝占》曰：北斗第七星为部星，六甲庚午、壬午、丙午、戊午、甲午，建除主破收，主兵，主天四渎。渎者，江河淮济之水，故第七星主日，其位主司马。不敬诸神，江河淮济，则第七星不明，不明则日无光，则海水出，流煞百性，则其年有兵，司马将军而行，万民不昌，司马与士卒俱凶。

《河图》曰：玑四星，纪日蚀微玉衡三星，纪天伦山崩。

《洛书》曰：开枢受微，逆天失度；提旋序微，地道失理；机耀渚微，人民冤结，政乖失常；权拾取微，江河涸竭，水失道；玉衡枢微，音节灾纪；开阳纪微，律历钟吕昧失理；摇光吐微，星辰政度失序。

《诗含神务》曰：七政星不明，各为其政不行。

《尚书璇玑钤》曰：北斗第一星变色，微赤不明，六日而日蚀。

《礼记斗威仪》曰：君乘土而王，其政太平，则宫室黄大，其余六星晖光四起。（宫，北斗魁星也。）

《春秋演孔图》曰：八政不中部，则王纲纪绝失常。

《春秋元命包》曰：衡之拨起，三公后妃恣，君如赘旒。

《春秋纬文曜钩》曰：王者失执偏任，臣下擅任，则衡拨胁柳失制。拨者阳星戾，戾则日蚀心消，江河为害，期九年，天子无威，王者舒濡，臣并为政，则衡匡移侧不停。匡者阴星进，进则山崩谷满，极星亡，日不见，期八年，中国无君王，天下大乱。王者贪恣，开利门，贾百姓，朝以货财为荣，无仁义之廉，则玑星低。低者，枢机星下移，移则山跃参差，天投石，蝗虫为害，奎星息，期九年。主试天下无文法，兵官荣，王者不用仁义为政，则佞臣炽，哲人消，群奸之害，以圆为方，以欺为忠，朝廷闭塞，天下蔽壅，则杓仰。仰者，杓星上句移而高，则山崩，龙群吟，飞火，泉踊，慧入斗，辰守房，天库虚，狼狐张，期八年，五伯起，帝王亡，后党嬉，（宋均曰：嬉，盛也。）谗贼兴，群官之政以私害公，则魁星反而扰衡。

《春秋运斗枢》曰：王者承度行义，郊天事神不敬，废礼，文不从经图，则枢星不明，主病目舌若喉，此类见；主以逆天自恣，为三公名侯所谋，举土功，立州侯，失德逆时，害谋显恶，问仰左官，随意已虐符，则璇星不明，主鲜落若偏枯，近臣恣，将相谋；主以逆阴失符，德义少残。百姓家狱惨毒，吏巧邪暴，设变害舒，失民命，怀冤抑，则玑星不明，主病心腹若眩疸，太尉谋主以逆人伦，诛符命，到禁切，愚喜怒，动失时，则横星不明。若主痹蹶逆，以无禁诛，远雅颂，若倡优奢，政伪度，毁谗则嬉，则玉衡不明；主若痿蹶，以迷或诛，德弊任过，官多尸禄，爵赏逆符，不修斗度，房表之柩，法令数更，以苛相杓，则开阳星不明；主若鬲疽，以不聪明诛，废江淮，不省山渎之祠、州土之位，不应天符，斩伐无度，坏山绝渠，威德四弱，外国远州，摇光不明；主若肿痂痔痛，鲎失柩。

《孝经援神契》曰：王者德至于天，则斗极明。

《援神契》曰：天子不事祠名山，不敬鬼神，则斗第一星不明；数起土功，坏决山陵，逆地理，不从谏，则第二星不明；天子不爱百姓，则第三星不明；发号施令不从四时，则第四星不明；用乐声淫佚，则第五星不明；用文法深刻，则第六星不明；不省江河淮济之祠，则第七星不明。

《孝经内记》曰：两北斗夜见者，天子易后当起。

石氏曰：北斗第四星名照明大动，天子兵强国安，其微小，色若青黑，军破国亡。

石氏曰：七政星明者，其国昌；不明者，其国有殃。

石氏曰：北斗七星欲其明大润泽相类，不相类者治乱。又占曰：北斗一星亡，天下必有大事，若有大变。又占曰：正星有变，其宫有忧若死；法星有变，女主当之若死；令星有变，火官有忧若死；伐星有变，水官有忧若死；煞星有变，土官有忧若死；危星有变，木官有忧若死；部星有变，金官有忧若死。

甘氏曰：衡星分明，则法令从，微细则法令不行。衡星相疏，法令缓；相去数，法令急。又占曰：北斗自晕破军，北斗消，天下君臣相背。

巫咸曰：北斗星明，王者治。

郗萌曰：北斗杓为北高，主急事，驰马兵惊，常以春三月候。北斗魁第一星者曰应星，色赤，大赦，色白，有喜。

郗萌曰：北斗旁多星，则国家安。又占曰：北斗前移外，胡人北，移内，胡人南。

巫咸曰：王者逆道，则北斗不明。

《瑞应图》曰:王者孝行溢,则斗涓精者精光不陨也。

《荆州占》曰:北斗星盛动摇者,不出百日中,天下尽以兵革死。

《荆州占》曰:北斗中多小星者,民怨上,天下多讼法者。无星,二十日有赦。又占曰:北斗亡不相反害,必有伐主。

《荆州占》曰:北斗第一星不明,御史大夫非其人也;第二星不明,大司农非其人也;第三星不明,少府非其人也;第四星不明,光禄非其人也;第五星不明,鸿胪非其人也;第六星不明,廷尉非其人也;第七星不明,执金吾非其人也。

《荆州占》曰:北斗魁第一星主阳主德,天子之象也,万国之始也。有变,日应之,使其官有忧,若有死亡。正星色赤,有兵,不出月中;色白,为水若扬光。色赤,无利,春至夏马,牛金石物贵,夏至秋,黍麦贵,秋至冬,粟黍麦鱼盐贵,冬至春,薪菜贵而粢贱。

《荆州占》曰:北斗第二星主阴主刑而生万物,女主位也,即有变,月应之,无救,大人一子为忧,女主官当之者死。法星色赤,有兵,无救,期一岁若二岁,兵罢。色青,三日有兵,期三月若四月。色青不复,有暴疾之君。色青白,有白衣之会,期三月。色黄黑,更弊。色黑,有大水,期三年中,其有期三月中。色黑白,郭坏之,有暴水若大风,期六月中。

《荆州占》曰:北斗第三星变色青黑,变更法令,天下不安。赤黄有兵。其变白,为一月而兵罢。又占曰:北斗第四星色青若赤,大臣有忧;黄,君有喜。又占曰:北斗第五星色青,米粟贵;赤,菽贵;赤黑,麦贵;白,禾黍贵;黑,粢贱。

《荆州占》曰:北斗第六星色青,有离国;赤,有兵。又占曰:北斗第七星一名应星,主兵,即有忧,太白应之,金官有忧若死。色赤,死,有兵,期一岁,其春也有喜。色青,有移徙民。色黄,有君益地。色白,有忧。色黑,有水。

《文曜钩》曰:辅星匡危。(孟康曰:在北斗第六星旁。)

《春秋合诚图》曰:辅星主旋明。

《援神契》曰:辅星正,矫不平。

《荆州占》曰：辅星，丞相之象也。

《雒罪级》曰：辅星微，公宰弱，无良羽。

《春秋纬》曰：辅星小，天子佐消，七政毁，辅乃亡。

《春秋纬》曰：辅星明近，则辅臣亲厚；疏小，则辅臣微弱无道。

郗萌曰：辅星明，则王者夹辅佐出。

郗萌曰：辅星远斗星五六寸，相不死出走。

《荆州占》曰：辅星近斗一寸二寸，臣欲迫胁主。又占曰：辅星不见，相死。又占曰：辅星北则黄瑞降，子孙蕃昌。又占曰：斗星明，辅星不明，主强臣弱。又占曰：辅星明，斗星不明，臣强主弱。又占曰：辅星大而明，主夺政。又占曰：辅星不明，相不死则免。又占曰：辅星欲小明，小明则相明。又占曰：辅星合斗星，十日兵起。又占曰：辅星明大与斗星合，兵起，臣强主弱。又占曰：斗辅星去，丞相去。

《孝经右秘》曰：大夫不信，斗辅亡。

郗萌曰：辅星入斗中，相系。

《荆州占》曰：辅星入斗中，辅臣有诛者。

《荆州占》曰：辅星生翌，天子惊，大将谋。

《春秋纬》曰：辅星生翌，不出三年，主诛，臣为王。又占曰：邪臣挟私擅国符，辅生翌。又占曰：九卿阿党，排挤正直，骄奢侈害，则江河溃决，斗辅生角。辅远阳，大臣无德，邦必立王。

石氏赞曰：北斗七星，廪授辅相，（一本云辅养，一本云辅争。）近臣见微意。

紫微垣星占五十九

石氏曰：紫微垣十五星，西蕃七，东蕃八。（在北斗北，右星入轸十度，去极九十度半，在黄道内五十六度太。）

《荆州占》曰：紫微宫，紫北也，宫中也，一名天营，一名长垣，又曰日旗。

《乐什图》曰：天宫，紫微宫也。

《春秋合诚图》曰：紫宫者，太一之常座。（郗萌曰：太一之常舍也。)

巫咸曰:紫宫者,天子之常居,土官也。

张衡《灵宪》曰:紫宫为皇极之居。

《春秋元命包》曰:紫宫吐阳合阴。

《淮南天文间诂》曰:紫宫执斗而佐还,日行一度,以周于天日,冬至骏狼之山。骏狼之山,冬至所止也。日移一度,行百八十二度八分度之五,而夏至牛首之维。牛首之维,夏至之所至。反覆三百六十五度四分度之一,而成一岁。

《诗含神雾》曰:紫宫主出度。

《圣洽符》曰:紫宫以戊子日候之,宫乱则荒,其君骄奢不听谏,奸佞在侧,紫宫和而正,则致凤凰,颂声作。

石氏曰:紫宫之星均皆明,大小有常。

郗萌曰:紫宫星不盛,即士耗亡妻子。又占曰:紫宫旗直者,天子出,自将兵。紫宫开,兵起。

《荆州占》曰:紫宫星盛即吉昌,内辅强。

石氏赞曰:紫微宫中十五星备蕃臣。

北极钩陈星占六十

石氏曰:北极五星,钩陈六星,皆在紫微宫中。(钩陈六星入东壁八度太,去极十一度半,在黄道内八十四度。)

《黄帝占》曰:北极者,一名天极,一名北辰。(《论语》曰:譬如北辰,众星共。共谓北极也。)紫宫,天圣主也,三公也,在北斗前。(北极纽星,天之枢也,天运无辍而旋星不移也。)

《黄帝占》曰:天枢,天一坐也。

吴龚《天官星占》曰:北辰者一名天一,一名西秋。

《春秋纬》曰:北极星其一明大者,太一之光,含元气,以斗布常开,命运节,序神明,流精生一,以立黄帝。

《春秋纬》曰:道起于元一为贵,故太一为北极天帝位。

司马迁《天官书》曰:天极星,其一星太一常居也,旁三星三公,或曰子属。

《广雅》曰：北辰曰曜魄。

《黄帝占》曰：北极，太一之座也，第一星主月，太子也。谓第一星者，最赤明者也。

《黄帝占》曰：极星盛，人君吉昌；不明，人君耗。

《礼纬》曰：天子正珪瑁，则北辰列齐。

《春秋纬》曰：北极主出度。又占曰：极星亡，期八年，中国无君王，天下大乱。

《春秋纬运斗枢》曰：王者承度行义，郊天事神不敬，废礼，文不从经图，则枢星不明。

《孝经纬》曰：德至天，则斗星极明，甘露下。

石氏曰：北极星明大，数动摇，主好出游。色青徽灭，皆凶。

《荆州占》曰：北极出斗，去地三丈，大星独居无位出，天下大乱易姓，人相食。又占曰：北极中央星不明，去疏，主不用事。左星不明，太子有忧；右星不明，庶子有忧。

《荆州占》曰：天枢大端指心，小端指参，故用兵者顺行皆天枢，则左青龙，右白虎，前朱雀，后玄武。苍龙白虎朱雀七星，玄武虚危。

《春秋纬》曰：上精为钩，钩陈者，陈也，害土，立万物度数以(阙)陈。

《乐什图》曰：钩陈，后宫也。

《合诚图》曰：钩陈，大帝之正妃也，大帝之常居也。

巫咸曰：钩陈，天子护陈将军，水宫也。

郗萌曰：钩陈者，后宫也。

司马迁《天宫书》曰：后勾四星，末大星，正妃，余三星，后宫之属。

《荆州占》曰：钩陈，天子大司马。又占曰：钩陈者，黄龙之位也。

《荆州占》曰：钩陈四守，太一之所妃也。

《黄帝占》曰：钩陈四守，星盛，人君吉昌；不明盛，人君耗。

石氏曰：钩陈星欲其光明耀美，天子左右强；若细色黑，左右弱。

郗萌曰:钩陈星盛,天子之辅强,小微即辅弱。又占曰:钩陈星去不见,女主恶之。

《荆州占》曰:主不用谏,佞人在位,则钩陈星不明。

石氏赞曰:北极五星最为尊,钩陈大星配辅臣。

天一星占六十一

石氏曰:天一星在紫宫门外右星南,与紫宫门右星同度。(南星入轸十度,去极十度半,在黄道内七十四度半。)

韩杨曰:天一星名曰北斗,主其星明则王者治,不明者王道逆,则斗主不明,七政之星应而变色。

《黄帝占》曰:天一星,地道也,欲其小有光,则阴阳和,万物成。天一星大而明盛,水旱不调,五谷不成,天下大饿,人民流亡,去其乡。

《黄帝占》曰:天一星明泽光润,则天子吉。

石氏曰:天一星欲明而有光,则阴阳和,万物成。又占曰:天一星亡,则天下乱,大人去。

《荆州占》曰:天一之星盛,人君吉昌。

石氏赞曰:天一太一,主承神也。

太一星占六十二

石氏曰:太一一星,在天一星南相近。(入轸十度,去极十度,在黄道内七十四度半也。)

祖暅占曰:太一,赤天帝神也,主使十六神,知风雨水旱兵革饥馑疾疫灾害所在之国。

石氏曰:天一星明,吉;不明,不吉。

《合诚图》曰:太一离其位而乘斗,后九十日兵必起。

《荆州占》曰:太一星失其位,在天子有所之未反。又占曰:太一之居,左文而右武,后极而前行,四帝方旁,众神为辅,文武不明,辅乃不强。

开元占经卷六十八

石氏外官四

库楼占一

石氏曰:库楼十星、五柱十五星,衡四星,凡二十九星,左角南。(西北星入轸少,去极百四十度,在黄道外二十一度太。库楼一曰天库,兵车之府也。其大六星,库也,西四星,楼也,旁十五星,三三而聚者,柱也,中央小星,衡也。)

巫咸曰:天库,金官也。

《春秋元命包》曰:天库主陈兵。

《黄帝占》曰:五车外库者,芒角明大,星多蕃众,则兵大起,车骑多用。库楼所指者兵,所指者兵所往,人能知,库楼者,使人不忘。

《洛书》曰:库楼兵动,害及胡,一曰戎马惊。

《洛书》曰:库无星,下土臣逆谋,兵乃生。

《春秋纬》曰:天库虚,诸侯谋反。一曰中州谋兵四合。

《春秋考异邮》曰:王者谋伐四夷,则库兵动。又占曰:库楼五柱皆动,五将尽行。五柱生角若芒,多公及具无处车马。

石氏曰:库楼及五柱皆不见,兵车尽出,天子自将兵。

焦延寿曰:天楼星上近柱,王者楼殿有飞,不知其处,若有天火烧之者。

郗萌曰:天库主远兵,星摇者其将行,星皆动,将尽行。

郗萌曰:天库星众则藏善散,若皆去则兵起。

石氏赞曰:库楼之官兵所藏,其中欲实,恶虚空。

南门星占二

石氏曰:南门二星,在库楼南。(右星入轸十四度,去极百三十度,在黄道外二十一度太。)

《春秋纬》曰：角南两大星曰南门。（南门，天之外门也。）

《黄帝占》曰：南门星欲明，执法吉，人主昌吉；星若不明，非其故，则臣不忠，若有兵起，王者忧。

石氏曰：南门中有小星三芒者，则兵车出。

石氏赞曰：南门二星主守兵。

平星占三

石氏曰：平星二星，在库楼北。（西星入轸十四度，去极百度，在黄道外十一度太也。）

《春秋合诚图》曰：平星主廷平。

《论谶》曰：平星主法。

《黄帝占》曰：平星欲其明而正直，大小齐同而明，君臣和，政令行；其星不明，差戾不正，君臣不和，政法荒乱。

石氏曰：平星欲齐等，广狭有常，高下不差，则天下治，万物成。

石氏赞曰：平星执法正纪纲，其星差戾政乱荒。

郗萌曰：平星主天下之狱事，若今廷尉之象。

骑官星占四

石氏曰：骑官二十七星，在垣南。（西行北星入亢四度太，去极百一十五度半，在黄道外十九度半也。）

石氏曰：骑官一名轻能，星众天下安，星少骑士畔。（骑官者，今虎贲也。）

石氏曰：房南众星曰骑官将军。骑官主宿卫，一曰骑官金官也。

《黄帝占》曰：骑官者，宿卫帝宫，以防不虞。其星常众而明，王者后宫吉，天下安；其星微少，若芒不见，守卫忧，兵大起，骑乘出。

《荆州占》曰：骑官星众则骑出。一曰星无故皆去，则骑官东守卫王。

积卒星占五

石氏曰：积卒十二星，在房心南。（西星入氐十三度太，去极百二十四度少，在黄道外二十一度少也。）

石氏曰：积卒一名卫士，芒角动，聚兵事。一曰积卒兵官，金官也。

郗萌曰：积卒者，士也，积士也者，所以卫卒暴。

巫咸曰：积卒兵官，金官也。

《黄帝占》曰：积卒主守卫明堂，其星欲微小而明，则天子吉，其国安昌；若明大动摇，则君臣不宁，朝廷有兵。一曰积卒主守卫。

《春秋合诚图》曰：积卒主卫尉。

石氏曰：积卒一星亡，兵少半出；二星亡，兵大半出；三星亡，兵尽出。

《海中占》曰：积卒不如其故，兵，其微细若不见，兵车尽出，士卒满野。

石氏赞曰：积卒十二星归明堂。

龟星占六

石氏曰：龟五星，在尾南。（头星入尾十二度，去极百三十一度，在黄道外二十一度。）

《黄帝占》曰：龟星一名连珠，赞神明。其星明，则君臣和好，奉祀神明岳渎；其星不明，则上下乖离，臣逆于君，不事鬼神，其国不安，主有忧。

《黄帝占》曰：龟星不居汉中，川有易者。

石氏曰：龟星常居汉中吉，星明君臣和，不明即乖。又占曰：龟星常居汉中，则阴阳和，雨泽时；星若不居汉中，有易水。一曰天下水旱，物不成。

石氏赞曰：龟星在东赞神明。

傅说星占七

石氏曰：傅说一星，在尾后。（入尾十二度太，去极百二十度半，在黄道外十三度太。）

《黄帝占》曰：傅说星主后宫，祈神明，保子孙，文章祝说以求福庆。其星明则后宫吉，子孙昌；其星不明或若不见，则后宫人多疾，子孙凶，多有死者。

《春秋元命包》曰：傅说主祝章，巫官也。章，请号之声也。傅说盖女巫也，主王后之内祭祀，以祈子孙，广求胤嗣。

石氏曰：傅说星亡，社稷无主。

石氏曰：傅说星明大则吉，不明者，天下多祷祠。

焦延寿曰：傅说星入尾，天下有祝诅人主者，若有巫医之害，以入日占国。

郗萌曰：傅说星光明，王命兴，辅佐出。

《荆州占》曰：傅说星明大，王者多子孙。一曰傅说主祝章。

鱼星占八

石氏曰：鱼一星，在尾后河中。（入尾十四度，去极百二十二度，在黄道外十二度也。）

《黄帝占》曰：鱼星一名据星，一名蒙星，忽然不明而在，则鱼多，星亡则鱼少。

黄帝占曰：鱼星主云旗，其星忽然不明，如云常居汉中，微而不明，则阴阳和，风雨时，其星明而动摇，则阴阳不调，雨泽不时，有大水。

《春秋元命包》曰：鱼星主云旗，统阴事，调和云雨之期。

《黄帝占》曰：鱼星常居河旁，中河而处，则兵起，期七月，常在河东近箕。

石氏曰：鱼星大而明，则阴阳和。又曰：鱼星动摇，则水暴出。又曰：鱼星出河，大鱼死。一曰旱。

《海中占》曰：鱼星中河而居而明大，天下大水，津道塞。若微小，出河中外，天下大旱，五谷不成。

焦延寿曰：鱼星明则河海水皆出。

班固《五行志》曰：鱼星中河而处，车骑满野。

石氏赞曰：汉中鱼星知云行。

杵星占九

石氏曰：杵三星，在箕南。（北星入箕一度太，云极百三十二度半，在黄道外二十一度太。）

巫咸曰：杵臼，土官也。

《黄帝占》曰：杵星明而动，天下有兵，杵臼用事，军粮急；其星微小，天下安宁而无兵。

石氏曰：天杵臼动，则民失其釜甑，大去其乡。杵纵则民足食，横则民饥。

石氏曰：天杵臼星不具，民卖釜甑。

甘氏曰：杵臼星明，则天下安，五谷成，杵臼用，其年丰。星若不明，岁大恶，五谷不成，杵臼不用。一曰杵在箕南，给庖舂。

鳖星占十

石氏曰：鳖十四星，在南斗。（右星入南斗一度，去极百二十九度半，在黄道外十四度也。）

《黄帝占》曰：鳖星常居汉中，微而不明，则天下和，雨泽时；其星若不居汉中，则阴阳不和，天下旱。

石氏曰：鳖一星去，有白衣之会；二星去，有大丧，以去日占国。

班固《天文志》曰：鳖星不居汉中，有易川者。

石氏赞曰：鳖星为水虫太阴也。

九坎星占十一

石氏曰：九坎九星，在牵牛南。（西南星入斗十四度半，去极百三十六度，在黄道外十九度太。）

巫咸曰：九坎，水官也。

《荆州占》曰：九坎九星，主水旱之事。

《黄帝占》曰：九坎主通水泉，星明则阴阳调和，百川通流，皆注于海；星若不明，百泉不通，河海枯竭，天下大旱，人民饥馑，国有忧。

石氏曰:微吉,明不吉。

石氏赞曰:九坎九星水泉通。

败臼星占十二

石氏曰:败臼四星,在虚危南。(西南星入须女十度,去极百三十一度少,在黄道十九度。)

《荆州占》曰:败臼四星,主正治之事。

《黄帝占》曰:败臼主殃凶,其星微而不明,温温然,则主者吉,人民安;星明而动摇者,人主有忧疾,多灾凶,人民愁苦,天下不安,多死丧。

石氏曰:败臼一星不具,民卖釜甑,去其处。一曰败臼四星主凶灾。

羽林星占十三

石氏曰:羽林四十五星,垒壁阵十二星,凡五十七星,在营室南。(四星入危四度太,去极百二十度太,在黄道外十三度太也。)

郗萌曰:羽林一名材官,一名天南库,一名单于军,又主翌王。

《春秋合诚图》曰:危南有众星曰羽林,为天军。又羽林军,水官也。

《元命苞》曰:羽林主军骑。

《黄帝占》曰:羽林星三三而居,行列相随,守卫之官也。其星实而众明,王者吉,其国安;星希而不明,若动,兵士出;星若亡不见,天下兵尽出。

郗萌曰:羽林星不欲动,动即有兵,不出六十日兵车发,有所之而起。又曰:不出三十日有兵。又曰:羽林中无星,天下兵尽出。一曰大将军发,若大赦。

《春秋元命包》曰:垒城在军位。

郗萌曰:垒城钺,主斩矛。又曰:阵星备武,急非其故,兵起,有破军杀将。

石氏赞曰:羽林众星主翼王。

石氏赞曰：垒壁阵十二星，为营壅。

北落星占十四

石氏曰：北落一星，在羽林西南。（入危九度，去极百三十度太，在黄道外二十三度半。）

郗萌曰：羽林西南有大赤星，状如大角，天军之门也，名曰北落，一名师门。（北者，宿在北也；落者，天军之北落也；师者，众也；门者，军门也。）

《春秋合诚图》曰：北落主非常。

《黄帝占》曰：北落师门星明大，士卒昌，大将军强；星微小若亡不见，天下兵，大将出行，其国不宁，主有忧。

《春秋元命包》曰：北落角者兵起。

《文曜钩》曰：北落亡角有军。

石氏赞曰：北落师门一星主候兵。

土司空星占十五

石氏曰：土司空一星，在奎南。（入壁七度太，去极百二十度少，在黄道外二十四度少也。）

《春秋合诚图》曰：司空主土城。

石氏曰：土司空星大，天下安。又曰：色黄明则吉。一曰知祸殃。

《黄帝占》曰：土司空星明而黄润，则天下安吉，王者吉；其星不明若亡不见，其国有丧，若土功之事，若有旱灾。

天仓星占十六

石氏曰：天仓六星，在娄南。（南星入奎四度太，去极百二十度，在黄道外十八度。）

郗萌曰：天仓者，天司农也。

《黄帝占》曰：天仓，主仓府之藏也。天仓中星众，谷粟聚其中，积储实其中；星希少，仓中虚耗无储，积粟散出。

石氏曰：天仓户开，则岁大熟，粟聚；仓户闭，岁谷不登，天下民饥。

《黄帝占》曰：天下有兵，而仓库之户俱开，主人胜客，客事不成，期二十日发。

石氏曰：天仓中星小众盛，则粟聚岁实，星希，岁耗，谷散仓，则天下乱，若大饥。

郗萌曰：天仓星不具，道不通。

《黄帝占》曰：天仓不见，其所临军分绝仓，大穷而亡。

石氏赞曰：天仓六星（阙）。

天囷星占十七

石氏曰：天囷十三星，在胃南。（东北入胃六度少，去极九十六度半，在黄道外十四度少。）

《黄帝占》曰：天囷主御粮，百库之藏也。（在野曰囷，在邑曰仓，一曰圆曰囷，方曰仓。）囷星欲明，其中星众，百库之藏实满；其星不明，囷中星简，库藏空虚，若多散出，天下不安，其国有忧。

石氏曰：天囷星明则吉，微则凶。

郗萌曰：天囷见即天下囷仓实，不见即皆虚。

石氏曰：天囷十三星，给御粮者也。

天廪星占十八

石氏曰：天廪四星，在昴南。（南星入胃十一度少，去极九十度，在黄道外九度太。）

《春秋合诚图》曰：天廪主廪仓。

巫咸曰：天廪一名天峜，主廪藏会计之事。其星齐明，则年丰国饶，人民安，王者吉；其星小而不明，岁恶藏虚，人民饥。一曰臣受君禄。

《黄帝占》曰：天廪星欲其明而盈实，则岁熟多粟；星黑而希，则岁败腐矣。

天苑星占十九

石氏曰：天苑十六星，在昴毕南。（东北星入毕二度太，去极百十四度，在黄道外四十八度少。）

巫咸曰：天苑，金官也。

郗萌曰：天苑，天子之苑也。

石氏曰：天苑，天囷也，主马牛羊，非其故若星不具，有斩死吏。

《黄帝占》曰：天苑主苑牧牺牲牛羊之属，其星行列齐明，苑中星众，则畜牲蕃息，多饶野兽；其星微小不明若不见，苑中星希败，畜牧不孳，牛羊野多死。

郗萌曰：天苑星非其故若不具，有斩刈之事。

石氏赞曰：天苑十六星主牛羊。

参旗星占二十

石氏曰：参旗九星，在参西，一名天弓。（南星入毕九度半，去极九十三度，在黄道外十三度半也。）

郗萌曰：天弓九星不具，天下大赦。为兵赦，非无故自赦也。一名参旗，一曰天府。

《春秋纬》曰：参旗在参西，勾曲，九星三处，一曰天旗，二曰天苑，三曰九游，以宣威明开绪。

巫咸曰：天弓，金官也。

《春秋纬》曰：天旗司五星之变，日月过之，荧惑守日蚀星，天下乱。

郗萌曰：天弓主司兵弩之事，其星动摇，有以迷惑主者。

《黄帝占》曰：参旗星不欲明，微小而直，王者安，天下无兵，明而曲，状如张弓，天下不宁，兵大起，人民忧。

《礼含文嘉》曰：王者制度有科，物应以宜，则参旗弓行。（宋均注曰：弓行者，参旗星行列纡曲似弓也。）

《易纬》曰：旗星明振，主自消，诸侯乱。

《礼纬》曰：天子至卿士，旗旒中礼，制度有科，则参旗弓行，政齐均平。

石氏曰：参旗不明吉，明有白衣会。一曰边寇动，兵起，弓弩射士发。

石氏曰：参旗九星不欲张。

玉井星占二十一

石氏曰：玉井四星，在参左足下。（西南星入毕十二度少，去极百二十度太，在黄道外五十度少也。）

巫咸曰：玉井，水官。

《春秋纬》曰：玉井主军敌。

《论谶》曰：玉井主粥厨。

《黄帝占》曰：玉井星微小如其故，则阴阳和，雨泽时，五谷成，天下安；其星明而动摇，有大水，五谷不成，人民大饥，国不宁。

郗萌曰：玉井动摇，有水，不出二年。

石氏赞曰：玉井四星主水浆。

屏星占二十二

石氏曰：屏星，在玉井南。（北星入觜太，去极百一十八度，在黄道外四十六度太。）

《春秋纬》曰：天屏主上疾。

石氏曰：天屏星不具，人多疾。

石氏赞曰：屏星在南为屏风。

厕星占二十三

石氏曰：厕四星，在屏东。（西北星入参三度少，去极一百一十五度，在黄道外四十四度半。）

郗萌曰：厕星主观天下疾病。

《黄帝占》曰：天厕星欲黄赤，黄赤而明，吉，苍黑凶。

石氏曰：厕星不具，贵人多病。一曰夭，一曰陷厕。

石氏曰：厕星青黑，主有腰下之疾。黄吉，白凶，黑死，皆为贵人。又曰：黄泽者岁熟。

《玉历》曰：厕星欲温温然明润泽，则王者无疾病，出入不时，星若微小不见，人主带病腹肠之疾，若人民多疫。

石氏赞曰：厕星在东名自彰。

天矢星占二十四

石氏曰：天矢一星，在厕南。（入参七度，去极百二十三度，在黄道外五十三度也。）

石氏曰：天矢星主候吉凶。色黄即吉，青白黑凶。

《黄帝占》曰：天矢星明，万物有命。

《黄帝占》曰：天矢星微，万物流；星不具，多疾死；星亡，万民大瘠。又占曰：常以春秋分候矢星，明黄而润泽，则天下人民无疾病，王者安；其星不明，色青黑，天下人民有腰肠之病，其国饥，人民饿死。

《黄帝占》曰：天矢色黄，为贵人吉，青白为贵人疾，黑贵人死，期三年。

石氏曰：秋分候天矢星亡，万民大乱。

《荆州占》曰：天矢星亡，万民多死。

石氏赞曰：矢星在南色欲黄。

军市星占二十五

石氏曰：军市星，在参东南。（西星入井三度少，去极百十度，在黄道外三十一度。）

石氏曰：军市十三星，水官也。

石氏曰：军市星众，则军有余粮，星少即军饥。

巫咸曰：军市，水官也。

野鸡星占二十六

石氏曰：野鸡一星，在军市中。（入井八度，去极百一十一度，在黄道外四十二度太。）

《黄帝占》曰：野鸡，大将也，主屯营军之号令，警急设备。其星明大，则主将猛，士卒强；其星不明，主将弱，兵士离散。

石氏曰：野鸡安静吉，芒角凶。

《荆州占》曰：野鸡，野将也，主兵。又占曰：野鸡出市，天下有兵，诸侯相攻。

石氏赞曰：野鸡一星主野邦。

狼星占二十七

石氏曰：狼一星，在参东南。（入井十三度，去极百六度太，在黄道外四十二度少也。）

《黄帝占》曰：狼星一名夷将，其星色欲黄白，无光芒，不动摇，天下宁，兵不起，其星色赤而大，光芒四张，动摇变色，天下乱，大兵起，盗贼起于道路，人主不安，百姓忧苦。

《荆州占》曰：狼星，秦南夷也，名曰候，一名天纪，一曰天陵。狼者贼盗，弧者天弓，备盗贼也，故弧射狼，矢端直者，狼不敢动摇，则无盗贼而兵不起。动摇明大，多芒变色，不如常，胡兵大讨。

《纪历枢》曰：狼星为野将。

宋均曰：狼星为羊角。

郑玄曰：狼星主羊。（狼在于未，未为羊也。）

巫咸曰：狼星盛，兵弩贵，小，兵弩贱，金官也。

《黄帝占》曰：狼星盛，兵弩贵，小，兵弩贱。

《元命苞》曰：狼星变色，盗贼萌。

石氏曰：狼星色赤而光明，芒角长大，天下兵起，将军有死者，期二年。

巫咸曰：狼星易其处，不如其故，天下饥，兵士满野，其国凶荒，期不出年。

郗萌曰：狼星白芒，百徒聚天下。又占曰：狼星躁走，为人主不静，不居其宫，驰骋天下。

《荆州占》曰：狼星芒角多，多盗贼，芒角少，少盗贼。

《荆州占》曰：狼星非其故，人相食。

石氏赞曰：狼星在参东南有常，芒角变动为忧兵。

弧星占二十八

石氏曰：弧九星，在狼东南。（西星入井十六度，去极百二十二度少，在黄道外五十二度半也。）

石氏曰：弧星者，天弓也，以备贼盗。狼星为奸寇，弧星为司其非，其矢常欲直，狼则不敢动，天下安宁，无兵起。若矢不直，弧其不张，天下多盗贼，兵大起，国不宁。

《黄帝占》曰：弧星主弓矢之府，以备非常。其星大而齐明，其色黄润，则四方安静，天下无兵。其星色变，不如其常，天下皆兵，弓矢大贵，人主不安。

《荆州占》曰：弧星主武官。弧张，迎战者不胜；弧动，先用兵吉，后者凶。

《黄帝占》曰：狼旗七星屈曲者，夷狄弱，可攻。

《洛书》曰：狼弧张，害及胡。

《尚书纬》曰：黑帝亡也，狼弧张。

《春秋纬》曰：狼弧张，四年之后天下永乱。

焦延寿曰：天弓张，天下尽兵，主与臣相谋。

郗萌曰：有兵，若弧星张，先起兵者利，后起兵者不利。

《荆州占》曰：弧星青黑，有大忧。

《荆州占》曰：弧矢动摇，明大多芒，变色不如常者，多盗贼，胡兵起。

石氏赞曰：弧在东南，阴谋张也。

老人星占二十九

石氏曰：老人星，在弧南。（入井十九度，去极百三十三度半，在黄道外七十五度太。）

《黄帝占》曰：老人星，一名寿星，色黄明大而见，则主寿昌，老者康，天下安宁；其星微小若不见，主不康，老者不强，有兵起。

郗萌曰：老人，南极星也，立秋二十五日晨见丙午之间。（以秋分见南方，春分而没，出于丙，入于丁。）

巫咸曰：老人星，木官也。

《春秋元命包》曰：直弧比地。（晋灼注《天官书》曰：比地，近地也。）有一大星曰南极老人，见则主安，不见则兵革起。常以秋分候之南郊，以庆主令天下。

《春秋纬》曰：老人星见则治平主寿，老人星亡则君危若世夭。

《春秋文耀钩》曰：王者安静，则老人星见。

《春秋运斗枢》曰：王政和平，则老人星临其国，万民寿。

石氏曰：老人星明，主寿昌，天下多贤士。又占曰：老人星色欲黄润，王者老人吉；其色青，主有忧，老人疾。色若黑白，主有老人多死，各以五色占吉凶。

孙氏《瑞应图》曰：王者承天，则老人星临其国。

稷星占三十

石氏曰：稷五星，在七星南。（西星入柳十四度少，去极百四十八度，在黄道外六十八度少也。）

祖暅曰：上稷，农正也，稷者，稷也，取乎百谷之长以为长也。

《黄帝占》曰：稷星主五谷丰耗，其星温温而明，岁大熟，五谷成；其星不明若亡不见，岁不熟，天下饥荒，人民流亡，去其乡。

石氏曰：稷星不见，岁饥也。

石氏赞曰：稷在张南时报功。

开元占经卷六十九

甘氏中官

天皇大帝占一

甘氏曰:天皇大帝一星,在钩陈口中。

《黄帝占》曰:天皇大帝名耀魄宝,主天女象,下出命符。

《河图雒书》云:以授夫子,立五礼。

《春秋纬》曰:大帝紫宫,不言不动摇,以斗运度推精,使五帝修名号。

《元命苞》曰:帝位明达,羽翮秀良,则光大,色度和同,天下太平,国号中央。(宋均曰:帝,大帝之精也。皇,大帝之星。)

甘氏赞曰:天皇大帝,秉万神图。

四辅星占二

甘氏曰:四辅四星,抱北极枢。

郗萌曰:四辅去,君臣失礼,辅臣有诛者。

甘氏赞曰:四辅机权,北极枢也。

华盖星占三

甘氏曰:华盖七星,杠九星,凡十六度,在大帝上。

《荆州占》曰:正上柱盖者名曰杠星,次盖大星者母也,其中央者身也。母星下二寸者,妻子也。若此星有变,各有所主灾也。母星下有二寸有小星,不当见,见即有急,太子不得代立,若有异姓欲立,近期一年,中期二年,远期三年而起,天下烦乱,五谷大贵,田宅无价。

甘氏赞曰:华盖张光,掩翳帝舡,玄橑周杠,摇植距跌。

五帝内座占四

甘氏曰：五帝内座五星，在华盖下。

甘氏赞曰：内座设席。

六甲星占五

甘氏曰：六甲六星，在华盖杠傍。

《春秋纬》曰：六甲中为辅，包罗物类，为神户。（六甲所以纪阳，阳而纪时，故在杠旁，以布政授民。）

甘氏赞曰：六甲中候，出入有须。

天柱星占六

甘氏曰：天柱五星，在紫微宫中，近东垣。

甘氏赞曰：天柱立政，朔望悬书。（天柱立政教，悬图法之所也，常以朔望施禁令于柱，以示百僚。）

柱下史占七

甘氏曰：柱下史一星，在北极东北。

甘氏赞曰：柱下史记过，密移东厨。（厨，书藏也。）

女史星占八

甘氏曰：女史一星，在柱下史北。（女史，妇人微者也，主传漏也。）

甘氏赞曰：女史传漏，动记时。

尚书星占九

甘氏曰：尚书五星，在紫微宫门内东南维。

甘氏赞曰：尚书纳言，夙夜咨谋。

阴德占十

甘氏曰：阴德二星，在尚书西。

《文耀钩》曰：紫微宫前列直斗口三星，随北端锐，若见若不见，曰阴德，为天一刚。（《天官书》、《天文志》并云三星。或曰天一。案《图簿志》，二星。）

《运斗枢》曰：阴德主正经。

《春秋纬》曰：阴德动，臣主争伐相谋。

《运斗枢》曰：阴德浮，近臣恣，庶雄谋，天子咸并相谋。（宋均曰：浮犹见也。阴德星帝微，令著明也。）

焦延寿曰：阴德星明，太子伐主，若有女主治天下者。

《赫连图》曰：阴德灭，圣人即纪。

甘氏赞曰：阴德惟惠，周民赈抚。

天床占十一

甘氏曰：天床六星，在紫微宫门外。

甘氏赞曰：天床寝舍，一本云寝室，解息燕休。

天理星占十二

甘氏曰：天理四星，在北斗魁口中。

《乐纬》曰：天理，贵人之牢也。

《合诚图》曰：天理主司三公。

巫咸曰：北斗魁中天理，主贵者，水官也。

《援神契》曰：天理敕修，纠中情。

甘氏赞曰：天理执平，首鞫魁头。

内厨星占十三

甘氏曰：内厨二星，在紫微宫西南角外，大宫之内，饮食厨也。

甘氏赞曰：内厨优宴，房诵说虞。

内阶星占十四

甘氏曰：内阶六星，在文昌北。

《合诚图》曰：内阶星主明堂。（宋均曰：阶星，内阶也。）

甘氏赞曰：内阶朱户，显宠念虑。

天厨星占十五

甘氏曰：天厨六星，在紫微宫东北维外。

甘氏赞曰：天厨咸馔，百宰若疏。

策星占十六

甘氏曰：策一星，在王良前。

巫咸曰：策星，天子兵马，金官。（案豫章《列士传》曰：周胜字叔达，南昌人，为侍御史。桓帝当南郊，平明应出，胜仰观曰：主御者策星，今官车出，必策马。星悉不动，明必不出。至四更皇子卒，遂止也。）

郗萌曰：策星主天子之仆御。

甘氏赞曰：策执御右，螣蛇先驱。

传舍星占十七

甘氏曰：传舍九星，在华盖上，近河傍。舍，宾客之馆舍也。

巫咸曰：传舍，水官也。

焦延寿曰：传舍星入紫微宫垣间，胡人来入汉宫害上，若胡兵大起。

甘氏赞曰：传舍止客。

造父星占十八

甘氏曰：造父五星，在传舍南河中。

郗萌曰：造父一名西桥，一名司马星，御道仆。

《黄帝占》曰：造父星移处，兵起，车骑满野，马贵。又曰：造父亡，马大贵。

甘氏赞曰：造父洗马，辔勒御镳。

车府星占十九

甘氏曰：车府七星，在天津东近河傍。（车府，主车官也。）

甘氏赞曰：车府撰御。

人星占二十

甘氏曰：人星五星，在车府东南。（一曰卧星，主治万民。）

《元命苞》曰：卧星主夜行，一度齐记以防淫。

巫咸曰：人星，土官也。

焦延寿曰：人星不具，王者有子，不成而死；星尽不见，有人传相惊以诏事，若有诈伪诏者。又曰：妇人大乱，后大兵起。又曰：卧星立，则天子明死民。

甘氏赞曰：人星优游，乃尔宁诸。

内杵星占二十一

甘氏曰：内杵三星，在人星傍。

臼星占二十二

甘氏曰：臼四星，近人星东南。

《论语谶》曰：杵臼七星主给庖。

郗萌曰：杵臼主军粮食。

《黄帝占》曰：天杵臼星不具，民卖其釜甑，去其处。

郗萌曰：天臼之星众则岁乐，星疏则岁饥。又曰：杵臼离，黎民饥。

陈卓曰：杵臼星不具，民失杵臼。

甘氏赞曰：杵臼充舂，主给养厨。

扶筐星占二十三

甘氏曰：扶筐七星，在天津北。

《元命苞》曰：扶筐主藏，盖量入知息耗。

郗萌曰：扶筐主将作事。

焦延寿曰：扶筐近织女，若不正，皆为天下府藏空开。

甘氏赞曰：扶筐采叶，翊养玄羞。

司命星占二十四

甘氏曰：司命二星，在虚北。

《诗纬》曰：司命执刑行罚。

《元命苞》曰：司命举过，灭除不祥。

甘氏曰：司命继嗣，移正朔。

郗萌曰：司命主百鬼。又曰：司命与舆鬼司候。

司禄星占二十五

甘氏曰：司禄二星，在司命北。又曰：司禄增年延德。

司危星占二十六

甘氏曰：司危二星，在司禄北。又曰：司危骄逸亡下。

司非星占二十七

甘氏曰：司非二星，在司危北。又曰：司非以祛多私。

甘氏赞曰：四司绩功，桑麻襄陆。

败瓜星占二十八

甘氏曰：败瓜五星，在匏瓜傍。

甘氏赞曰：败瓜熟烂，遗种畜葙。

河鼓左旗星占二十九

甘氏曰:河鼓左旗九星,在河鼓傍。

甘氏赞曰:左旗幽谷,阻险隐逃。

天鸡星占三十

甘氏曰:天鸡二星,在狗国北。

《合诚图》曰:天鸡主候时。

《荆州占》曰:天鸡非其故,多大水,不通。

甘氏赞曰:鸡鸣司旦,审夜察时。(一本云省时。)

罗堰星占三十一

甘氏曰:罗堰三星,在牵牛东。

郗萌曰:罗堰主起居。

甘氏赞曰:罗堰紫壅,激内注渠。

市楼星占三十二

甘氏曰:市楼六星,在市中,临箕上。又曰:楼星监市计,食啬夫。

《合诚图》曰:天楼主市贾。

郗萌曰:市楼,天子市府也。

《援神契》曰:市楼星动,即贾殊。

甘氏曰:市楼星不见,政乱。

焦延寿曰:市楼星不见,兵作于市,若胡人来入汉市,以兵相害。

郗萌曰:市楼星阳为金钱,阴为珠玉,星有不备者,天子币大乱。又曰:市楼星,天珠玉金钱府也,欲其忽然不明,明则赋敛众。

石氏曰:市楼亡,天下易政。

甘氏赞曰:律度制令遍市楼。

斛星占三十三

甘氏曰：斛四星，在市中斗南。

《论语谶》曰：天斛星主量则。

甘氏赞曰：斗斛称量，尺寸分铢。

日星占三十四

甘氏曰：日一星，在房中道前。

甘氏赞曰：日诏德令，耀生飞鸟也。

天乳星占三十五

甘氏曰：天乳一星在氐北。

甘氏赞曰：天乳甘露，醴酪充饴。

亢池星占三十六

甘氏曰：亢池六星，在亢池北。（亢，舟船也；池，水也。亢池犹度水也。）

《黄帝占》曰：亢池一名代津，一名亢星。亢星，巨星之两端也。亢池败，天下不通。

焦延寿曰：亢池不居亢度中，则庙有大怪。以主司日见，则主命终。

郗萌曰：亢池主水道，其星微细则凶，其坏败宗庙。

甘氏赞曰：亢池不居移徙之家。

渐台星占三十七

甘氏曰：渐台四星，属织女东足。（四方高曰台，下有水曰渐，主晷漏律吕之事。）

甘氏赞曰：渐台守漏晷吹灭。

辇道星占三十八

甘氏曰：辇道五星，属织女西足。

甘氏赞曰：辇道逍遥，优游私行。

三公星占三十九

甘氏曰：三公三星，在北斗柄南。（三公若今之太尉、司徒、司空也。）

石氏曰：三公星，天子辅臣也。其星欲大明黄润泽，有德令。其星赤，皆有兵，苍白黑，有急丧。

《黄帝占》曰：三公一星去，天下危；二星去，天下乱；三星去，天下不治。

甘氏赞曰：三公宣德，奉均匡衡。

周鼎星占四十

甘氏曰：周鼎三星，在摄提西。

《春秋纬》曰：天鼎主流亡。（宋均曰：天鼎，周鼎也。）

甘氏赞曰：周鼎酒樽，二簋缶壶。

帝席星占四十一

甘氏曰：帝席三星，在大角北。

石氏曰：帝席不欲明，明则大臣外其心，期三年。

甘氏赞曰：帝席设座，宴旅酢酬。

天田星占四十二

甘氏曰：天田二星，在右角北。

甘氏赞曰：天田处界，县邑正邪。

天门星占四十三

甘氏曰：天门二星，在左角南。

甘氏赞曰：天门待客，应对无疑。

平道星占四十四

甘氏曰：平道二星，在左右角间。（平道，主治道之官也。）

甘氏赞曰：平道除道，途辙宣输。

进贤星占四十五

甘氏曰：进贤一星，在平道西。

甘氏曰：进贤，卿相举逸命才。

甘氏赞曰：进贤，乡里庠序选。

谒者星占四十六

甘氏曰：谒者一星，在左执法北，主赞谒之官也。

三公内座星占四十七

甘氏曰：三公内座三星，在谒者东北，朝会宴私之所也。

九卿内座星占四十八

甘氏曰：九卿内座三星，在三公北。

甘氏赞曰：三公九卿，赞谒者诸侯。

内五诸侯星四十九

甘氏曰：内五诸侯五星，在九卿西。又曰：五诸侯卫国，故列在帝庭。

《河图》曰：五诸侯主刺奸。

《礼纬》曰：辟雍之礼得，穆穆皇皇和服，则太微诸侯明也。

太子星占五十

甘氏曰:太子一星在帝座北。

从官星占五十一

甘氏曰:从官一星,在太子西北。从官,侍卫之臣也。

甘氏赞曰:从官常陈,五署列居。

幸臣占五十二

甘氏曰:幸臣一星,在帝座东北。

甘氏赞曰:太子幸臣,侍座后聚。

明堂星占五十三

甘氏曰:明堂三星,在太微西南角外。

甘氏赞曰:明堂显化,常尽孝慈。

灵台星占五十四

甘氏曰:灵台三星,在明堂西,观候之所也。

甘氏赞曰:灵台考符,居南密微。

势星占五十五

甘氏曰:势四星,在太阳守北。

甘氏赞曰:势不专事,相命御之。(势者官也,谓刑余之人不可专事,助宣王命而已。)

内平星占五十六

甘氏曰:内平四星,在中台南。

甘氏赞曰:内平近决,谳请礼书。(内平近执法之官,有疑则准案礼律。)

爟星占五十七

甘氏曰：爟四星，在轩辕尾南柳北。

巫咸曰：爟，土宫也。

甘氏赞曰：爟举烽表，远期沉浮。（爟，烽火，惊急以火相告，日行万里。）

酒旗星占五十八

甘氏曰：酒旗三星，在轩辕右角。（酒，酒官也。旗，旗官也。）

《元命苞》曰：酒旗主上尊大帝，运枢阴阳，满陈，列宿成德五星，布恩神明，和合四节，并宣历纪，齐得诸灵合欢，故设酒旗以人侑神。

焦延寿曰：酒旗不具，天下有燕大丧，以酒亡。

甘氏赞曰：酒旗燕会，情意欢娱。

天樽星占五十九

甘氏曰：天樽三星，在东北井。

甘氏赞曰：天樽愍民，怜育幼孤。（天樽主盛饘粥以给贫病也。）

诸王星占六十

甘氏曰：诸王六星，在五车南。

《元命苞》曰：诸王星主存亡。

郗萌曰：诸王主朝会。

《元命苞》曰：王星明则下附从。（宋均曰：不明，下倍畔也。）

甘氏赞曰：王星督察，诸侯存亡。

司怪星占六十一

甘氏曰：司怪四星，在钺前。（司怪主占候灾祥者也。）

《洛书》曰：司怪集得失。又曰：司怪主人揆灵出微。

焦延寿曰：司怪星不行宫中，有大怪，若天下多怪物。

甘氏赞曰：司怪诰咎，国无灾殃。

座旗星占六十二

甘氏曰：座旗九星，在司怪东北。

甘氏赞曰：座旗，旗表别异，殊居以旗。（表则君臣之安位也。）

天高星占六十三

甘氏曰：天高四星，在参旗西，近毕。

《合诚图》曰：天高主斋戒之门。

焦延寿曰：天高星近井钺，大臣斩，不乃高为下，下为高。

甘氏赞曰：天高阙远，九层望楼。

砺星占六十四

甘氏曰：砺石四星，在五车西。

甘氏赞曰：砺石砥刃，百工淬治。

八谷星占六十五

甘氏曰：八谷八星，在五车北。（八谷谓稻、黍、稷、大麦、小麦、大豆、小豆、麻子也。）

巫咸曰：八谷星主土官也。

郗萌曰：八谷主候岁。

石氏曰：八谷一星不具，则一谷不成；三星已上不具，以食为害。

甘氏赞曰：八谷平衡，聚集王都。（谓谷粟皆归集于王都也。）

天谗星占六十六

甘氏曰：天谗一星，在卷舌中。

石氏曰：天谗星明大，则谗佞害民善，天下二心，诸侯专权诬欺。

甘氏赞曰：卷舌唾水，谗主天医。

积水星占六十七

甘氏曰:积水一星,在天船中。

石氏曰:积水星明,则水大出,船行人道,必有沦邑者;星动摇而行上,舟船摩天。

甘氏赞曰:天船布罔,积水候灾。

积尸星占六十八

甘氏曰:积尸一星,在大陵中。

石氏曰:大陵中有朽骨,故大陵中有积尸。若其星明大者,有大丧,死人如丘山。

甘氏赞曰:大陵表墓,积尸随居。

左更星占六十九

甘氏曰:左更五星,在娄东。(左更,山虞之官,主川泽林薮竹林菜蔬之属也。)

郗萌曰:左更主仁之道。

黄帝曰:左更星不具,天下道不通。

焦延寿曰:左更星不动摇,王者以出,必道亡;其动者,以出吉。

甘氏赞曰:左更采薪,菟园采茹。

右更星占七十

甘氏曰:右更五星,在娄西。(右更,主牧养牛马之官也。)

郗萌曰:右更主礼义。

《黄帝占》曰:右更星不具,天下道不通。

焦延寿曰:左更不动,右更独动,王者私出;左右俱动,王者千万官出。

甘氏赞曰:右更仆畜孕重犊驹也。

军南门星占七十一

甘氏曰：军南门一星，在天将军西南，大将军之南门也。

甘氏赞曰：军门营垒，禁攻御暴。

天潢星占七十二

甘氏曰：天潢五星，在五车中。

《合诚图》曰：天潢主河梁，所以渡神人，通四方。

《礼纬》曰：潢星明，天子寿昌，万民无疾疫灾殃。

甘氏赞曰：天潢济渡，渐池濯高。

咸池星占七十三

甘氏曰：咸池三星，在天潢西北。

黄帝曰：咸池一名黄龙，一名五潢。（注云：《天官书》曰：咸池星曰天五潢，一名天津，一名潢池，一名天井，一名天淋。丰际太阴，阴者苍龙之舍也，五帝之车也。）

《乐叶图》曰：咸池五车，天关也。（宋均曰：五车，咸池别名也。）

《春秋纬》曰：咸池天潢，五帝车舍。

《淮南子》曰：咸池者，水鱼之囿也。

郗萌曰：咸池者，天子名池也。

《合诚图》曰：咸池主五谷。

焦延寿曰：咸池星明大，则有龙堕死者，不乃虎狼为人害，若大兵起。

郗萌曰：咸池者，五车中星也，非其故，国旱。

郗萌曰：咸池不足，津河道不通。又曰：五潢欲其黄泽明也。

甘氏赞曰：咸池陂泽，鹍鸡雁鸟。

月星占七十四

甘氏曰:月一星,在昴东,主女主大臣之象也。

甘氏赞曰:月明刑度,光生蟾蜍。

天街星占七十五

甘氏曰:天街二星,在昴毕间,近月东。

巫咸曰:天街,水官也。

《春秋图》曰:天街主伺候。

石氏曰:天街阴阳之所分,中国之境界,昴以西属外国,毕以东属中国也。

石氏曰:天街者,日月五星出入之道也。

甘氏赞曰:天街保塞,孔途道衢。

天阿星占七十六

甘氏曰:天阿一星,在昴西,偏高曰阿,亦曜候之处,以察山林之妖也。

甘氏赞曰:天阿察近,岑蔚西隅。

开元占经卷七十

甘氏外官　巫咸中外官

甘氏外官

青丘星占一

甘氏曰：青丘七星，在轸东南。（青丘，南方蛮夷之国号也。）

《荆州占》曰：青丘星非常动摇，大官有事。

甘氏赞曰：南夷蛮貊，大赫青丘。

折威占二

甘氏曰：折威七星，在亢南。（折威者，狱卒也。）

石氏曰：折威者，天子执法之徒也。

郗萌曰：折威星不居积卒间，胡兵大兴，中国大伤，边将死。

甘氏赞曰：将威断狱，弃诸市都。

阵车占三

甘氏赞曰：阵车三星，在氐南。（阵车犹革车也。）

骑阵将军占四

甘氏曰：骑阵将军一星，在骑宫中东端。（骑阵将军，将军骑将之行阵也。）

车骑星占五

甘氏曰：车骑三星，在骑官南。

巫咸曰：车骑，金官也。

甘氏赞曰：阵车骑部行。

糠星占六

甘氏曰：糠一星，在箕舌前。

甘氏赞曰：箕主簸扬，糠给大猪。

农丈人星占七

甘氏曰：农丈人一星，在南斗西南。（农丈人，老农也。）

郗萌曰：农丈人主岁丰秏。在箕东，岁大熟；在箕西，饥；在箕南，小旱，穰；在箕北，大穰。

甘氏赞曰：先农丈人，执斗与箕。

狗星占八

甘氏曰：狗二星，在南斗魁前。

《荆州占》曰：狗星不如常，戒御之臣当之。

甘氏赞曰：狗主守内，夹门伏踋。

狗国星占九

《荆州》曰：狗国四星，在建星东南。

黄帝曰：狗国星不具，天下有大盗。

甘氏赞曰：狗国，鲜卑乌丸沃沮。

天田星占十

甘氏曰：天田九星，在牵牛南。

郗萌曰：天田如井干状，在营室南。

甘氏赞曰：天田本农，耕器犁锄。

哭星占十一

甘氏曰：哭二星，在虚南。

泣星占十二

甘氏曰:泣二星,在哭星东。

甘氏赞曰:哭泣悲凉,坟墓倚庐。

盖屋星占十三

甘氏曰:盖屋二星,在危南。(主盖治之官也。)

甘氏赞曰:危盖屋室,柱梁侏儒。

八魁星占十四

甘氏曰:八魁九星,在北落东南。

甘氏赞曰:八魁陷阱,栈门揭翘。(八魁主张捕陷阱设机也,栈覆阱也,揭翘为毒炽,使人无践也。)

雷电星占十五

甘氏曰:雷电六星,在营室西南。

甘氏赞曰:雷电震音,殷殷动摇。

云雨星占十六

甘氏曰:云雨四星,在霹雳南。

甘氏赞曰:云雨兴和,休祁茂孽。(兴,发也,和,善也,休亦善也。祁,雨盛貌,孽,草木蕃茂也。)

霹雳星占十七

甘氏曰:霹雳五星,在土公西南。

甘氏赞曰:霹雳奋击捽。(拽、拖、投也。)

土公星占十八

甘氏曰:土公二星,在东壁南。

《论语谶》曰:土公主豫储。

土公吏星占十九

郗萌曰:土公吏,主司过度。

甘氏曰:土公吏二星,在营室西南,一曰土公,司屏厩设储。

铁锧星占二十

甘氏曰:铁锧五星,在天仓西南。

甘氏赞曰:铁锧剉钧石有饶。(铁,斧也,锧,椹也,主斩藁,以饴牛马。四石为钧,言斩剉丰饶盈钧石也。)

天溷星占二十一

甘氏曰:天溷七星,在屏南。

甘氏赞曰:天溷伏作,杼厕粪丘。(天溷,厕也。)

外屏星占二十二

甘氏曰:外屏七星,在奎南。(外屏所以障天溷也。)

甘氏赞曰:屏蔽拥幛,安溷莫睹。

天庾星占二十三

甘氏曰:天庾三星,在天仓东南。(屋积曰仓,露积曰庾。)

甘氏赞曰:天庾积谷,草茂身拊。

刍藁星占二十四

甘氏曰:刍藁六星,在天苑西。

郗萌曰：刍藁一曰天积。天积，天子之藏府也。

《黄帝占》曰：天积中星盛，则百库之藏存，中星无，百库之藏散出。

郗萌曰：刍藁星见，刍藁贱，不即刍藁贵。又曰：天积中星繁，则岁丰穰，民乃安宁；星希则货财散出。

甘氏赞曰：刍藁甸服，纳铚总输。（生草曰刍，禾稈曰藁，故《禹贡》曰：百里赋纳总，二百里纳铚。刈藁曰总，刈穗曰铚，谓甸服入之以供牛马之食也。）

天园星占二十五

甘氏曰：天园十三星，在天苑南。

郗萌曰：天园中小勾曲星明，果熟，苑马牛羊皆善。又曰：天苑南，牛马枥也。其中小星，枥槽也。不见者，牛马羊多死伤者。

甘氏赞曰：天园草实，菜茹蓄储。（生曰菜，熟曰蓄，茹，储果薪也。）

九州殊口星占二十六

甘氏曰：九州殊口九星，在天节下。

《黄帝占》曰：九州殊口，一名勾风，凡九星，在参间，常以十月十一月候。若一星不具，其国凶；三星已上不具，兵起，天下乱。

巫咸曰：九州，外官也。

郗萌曰：九州殊口主聚议。

甘氏赞曰：九州殊口重译辞。（九州殊口，能晓方言之官，九州言语不同，要荒蛮夷，重译乃通也。）

天节星占二十七

石氏曰：天节八星，在毕附耳南。

甘氏曰：天节小而明，节使忠直；其不明若不见，奉使无威敬。

甘氏赞曰：天节奉使，专对无疑。（天节以给使命，灵威德于四海。）

九游星占二十八

甘氏曰：九游九星，在玉井西南。

郗萌曰：九游一名苑游，在参西，九星。

石氏曰：九游一名司曲，一名天旗，主司五星之过。

《元命苞》曰：九游统九州别邦。

石氏曰：九游光芒盛，兵起。

《元命苞》曰：九游星明大，则其位多大人，微则小人临州。

甘氏赞曰：九游威旗，色盛兵兴。

军井星占二十九

甘氏曰：军井四星，在屏东南。

《荆州占》曰：天井如轮曲，与狼星俱主水旱。

甘氏赞曰：军井给水，师用不竭。

水府星占三十

甘氏曰：水府四星，在东井南。

巫咸曰：水府，水官也。

甘氏赞曰：水府堤防，开道激满。

四渎星占三十一

甘氏曰：四渎四星，在东井南辕东。（四渎者，江河淮济之精也。）

甘氏赞曰：四渎受输，涤源注海。

阙丘星占三十二

甘氏曰：阙丘二星，在南河南。

《元命苞》曰：阙丘主灭除之官，毁疏明恩，以帝五常。（宋均曰：阙丘主阙坠丘之官也，毁疏过于王历，则迁之于礼，更立近，明恩情，所在诸星也。）

甘氏赞曰：阙丘双塾，外屏罘罳。（阙丘门外象魏也，天子谓之阙，诸侯谓之两观。丘，高也，塾门西高堂也，天子外屏，罘罳在宫门外，诸侯内屏，罘罳在宫门内，所以别尊卑也。）

天狗星占三十三

甘氏曰：天狗七星，在狼东北。

《元命苞》曰：天狗主守贼。

郗萌曰：天狗非其故，天下有大盗。

甘氏赞曰：野狗响吠，雌雄咸嗥。

丈人星占三十四

石氏曰：丈人二星，在军市西南。

子星占三十五

甘氏曰：子二星，在丈人东。

孙星占三十六

甘氏曰：孙二星，在子星东。

甘氏赞曰：丈人杖行，子孙扶持。

天社星占三十七

甘氏曰：天社六星，在弧南。（昔共工子曰勾龙，能平水土，其精为星，故祀以为社也。）

郗萌曰：天公社者，小人天公祠，祀，非私所事也，所祠者公社主也。

甘氏赞曰：老人天社，理落祷祀。

天纪星占三十八

甘氏曰：天纪一星，在外厨南。（天纪主知禽兽年齿，凡所烹宰，不杀孕，不夭幼，以致繁盛，故处外厨之门也。）

甘氏赞曰：纪别少齿，胎夭不屠。

外厨星占三十九

甘氏曰：外厨六星，在柳南。

甘氏赞曰：外厨烹沦，鸡羊犬猪。

天庙星占四十

甘氏曰：天庙十四星，在张南。（天子之祖庙也。）

《黄帝占》曰：天庙星均明则吉，微细则凶。又曰：星非其故，有凶忧，若白衣之会。又曰：有兵，军食不通。

郗萌曰：天庙星大，色黄润，则吉；苍白为忧，青黑，忧在宫中。

《荆州占》曰：天庙星非其故，有庙残之事，吏不去则死。

甘氏赞曰：天庙祭祀，示民不怠。

东瓯星占四十一

甘氏曰：东瓯五星，在翼南。（东瓯，东越也，今永嘉之永宁县是也。谓东瓯星兼主此地也。）

甘氏赞曰：康居穿骨，越裳东瓯。

器府星占四十二

甘氏曰：器府三十二星，在轸南。（器府，乐器之府。）

甘氏赞曰：器府掌故，管弦丝竹。

巫咸中外官

太尊星占一

巫咸曰：太尊一星，在中台北。

巫咸赞曰：太尊一星，职比圣人。

三公星占二

巫咸曰：三公在北斗魁第一星西。

黄帝曰：三公一星去，天下危；二星去，天下乱；三星去，天下不治。

巫咸赞曰：三公星七政齐同。三公犹今三公也。和阴阳，齐七政也。

大理星占三

巫咸曰：大理二星，在紫宫门左星内。大理者，平狱之官也。

巫咸赞曰：大理奏事，南门左陬。

女御星占四

巫咸曰：女御四星，在钩陈星后北，女御为八十一御妻之象也。

巫咸赞曰：女御礼仪，威容步趋。

天相星占五

巫咸曰：天相三星，在七星大星北。

石氏曰：天相者，天丞相也，主服彩色文章。

巫咸赞曰：天相爵服，彩色显光。

长垣星占六

巫咸曰:长垣四星,在少微西,南北列。

郗萌曰:长垣在七星北,南星亦在太微西六七尺。

《合诚图》曰:长垣主界域。

巫咸赞曰:长垣四星,城邑相包。

虎贲星占七

巫咸曰:虎贲一星,在下台南。(虎贲士,以虎皮为冠,示威猛也。)

巫咸赞曰:虎贲四骑,室旄头。

军门星占八

巫咸曰:军门二星,在青丘西,天子六军之门也。

《荆州占》曰:军门非其故,军道不通。

巫咸赞曰:军门营候,虎尾威旗。

土司空星占九

巫咸曰:土司空四星,在军门南。

《合诚图》曰:土司空主土城。

石氏曰:土司空四星,近青丘;司空,水土司察者,星黄润则吉。

巫咸赞曰:土司空主界域族神土粪。

阳门星占十

巫咸曰:阳门二星,在库楼东北。

巫咸赞曰:阳门戍远,剑戟盾矛。

顿顽星占十一

巫咸曰:顿顽二星,在折威东南。顿顽,亦狱官也,所以与折威相近。

巫咸赞曰：顿顽捕制，察伺狱囚。

从官星占十二

巫咸曰：从官二星，在房星南。

巫咸赞曰：从官二星，主疾病医。

天辐星占十三

巫咸曰：天辐二星，在房距西星。天辐，宰乘舆之官也。

《元命苞》曰：天辐主言祠事，气有离合，设祷谢。（宋均曰：离，星相远也，合，星相近。）

焦延寿曰：天辐近尾吉，远尾天下有为害者。

巫咸赞曰：天辐陈驾，被轩鸾旗。

键闭星占十四

巫咸曰：键闭一星，在房东北。键闭主钥关门之官。（《天官书》：钤北一星牵前。《天文志》曰：常也。）

《荆州占》曰：键闭星明则道大昌，不明则暗乱，宫门不禁，津梁隔绝。

巫咸赞曰：键闭司察，心腹口喉。

罚星占十五

巫咸曰：罚三星，在东咸西，南北列。

巫咸赞曰：罚星受金，罚赎市租。

列肆星占十六

巫咸曰：列肆二星，在天市中斛西北。列肆，列店也，贩鬻金玉珠珍，故在市南。

巫咸赞曰：列肆货贩，金玉玑珠。

车肆星占十七

巫咸曰：车肆二星，在天市门左星内。

巫咸赞曰：车肆二星，百贾肆区。车肆者，列车服之贾，百品随类区别也。

帛度星占十八

帛度二星，在宗星东北。

巫咸赞曰：帛度卖买，与平者俱。

屠肆星占十九

巫咸曰：屠肆二星，在帛度北。

巫咸赞曰：屠肆烹煞，盛馔宾娱，楼星监市，斗食毒夫。（屠宰之肆以供待宾客相娱乐。）

奚仲星占二十

巫咸曰：奚仲四星，如衡状，在天津北。

巫咸赞曰：奚仲弥轮，路軨优绔。（奚仲，车正也。軨在轼前，优绔，覆軨者也。）

钩星占二十一

巫咸曰：钩九星如钩状，在造父北。

《礼含文嘉》曰：王者赐命，诸侯皆如其德，则阴阳和，风雨时，其九为钩曲直。（宋均曰：天之九星主珍异，令赐诸侯，亦所以显异之也，应于主珍之星，故为之曲，有直者也。）

《荆州占》曰：钩星非其故，地动。

巫咸赞曰：钩星戒道，传路宣舆。

天桴星占二十二

巫咸曰：天桴四星，在河鼓左旗端，南北列。

《黄帝占》曰：天桴者，一名奚仲星，在河鼓东，天桴前，近河鼓则鼓用。又曰：天桴动，桴鼓用。

石氏曰：天桴星明，军鼓鸣。

《荆州占》曰：天桴星不明，度数改，漏刻失时。

巫咸赞曰：天桴应度，节漏省时。（天桴，鼓槌也。）谓应漏刻时节也。

天钥星占二十三

巫咸曰：天钥八星，在南斗南杓第二星西。（天钥，琯钥也。）

巫咸赞曰：天钥祀记，稽问莫疑。

天渊星占二十四

巫咸曰：天渊十星，在鳖东南九坎间，一名天渊，一名天海，主灌溉之官。

《广雅》曰：天渊，辕路寝。

巫咸赞曰：天渊灌溉，盈满渊区。

齐星占二十五

齐一星，在九坎东。

赵星占二十六

赵二星，在齐西北。

郑星占二十七

郑一星，在赵东北

越星占二十八

越一星，在郑西北。

周星占二十九

周二星，在越东北。

秦星占三十

秦二星，在周东南。

代星占三十一

代二星，在秦东南。

晋星占三十二

晋一星，在代西南。

韩星占三十三

韩一星，在晋北。

魏星占三十四

魏一星，在韩，近秦星。

楚星占三十五

楚一星，在魏西南，近郑星。

燕星占三十六

燕一星，在楚东南，近晋星。

巫咸曰：齐赵诸国，应天列宿，土地九州，其星有变，各为其国。

离瑜星占三十七

巫咸曰：离瑜三星，在代东，南北列。（离，袿衣也，瑜，玉饰，此妇人服也。）

巫咸赞曰：离瑜玩饰，并见舅姑。

天垒城星占三十八

巫咸曰：天垒城十三星如贯索状，在哭泣南。

巫咸赞曰：天垒主北夷、丁零、匈奴。

虚梁星占三十九

巫咸曰：虚梁四星，在危南。（虚梁，园陵也，非人所处，故曰虚梁也。）

巫咸赞曰：虚梁宫室，屋室谨祷。

天钱星占四十

巫咸曰：天钱十星，在北落西北。

巫咸赞曰：天钱藏府，聚众谈夸。

天纲星占四十一

巫咸曰：天纲一星，在北落西南。（天纲，大絙索也，以张帐幔，天子游犒，野次所须。）

巫咸赞曰：天纲武帐，宫府置卫。

铁锧星占四十二

巫咸曰：铁锧三星，在八魁西北，一曰铁钺。

《元命苞》曰：铁锧主乱行，斩诛枉诈。

郗萌曰：星欲不明，明若动，皆为铁锧用。又曰：铁锧非其故，兵起，铁锧用。

《荆州占》曰：星非其故，兵将有忧。

巫咸赞曰：铁锧拒难，斩伐奸谋。

天厩星占四十三

巫咸曰：天厩十星，在东壁北，近王良。

《合诚图》曰：天厩官主传舍。

巫咸曰：天厩星非其故，有庙戒之事，人主以马为忧，否则马疾。

巫咸赞曰：天厩置驿，逐漏驰骛。天厩主马，如今驿马，其行急疾，与晷漏竞也。

天阴星占四十四

巫咸曰：天阴五星，在毕柄西。

巫咸赞曰：天阴羽猎，附耳密谋。

开元占经卷七十一

流星占一

流星名状一

河图曰：诸流星，皆钩陈之精，天一之御也。流星大如缶若瓮，行绝迹，名曰飞星。其迹著天，名曰流星。

孟康曰：流星，光相连也，大如瓜桃，名曰使星、飞星，主谋事。流星主兵事，使星主行事，以所出入宿占之。（自上而降曰流，自下而升曰飞。）

《尔雅》曰：奔星谓之彴（便窕切。）约。（流星大而疾曰奔。）

郭璞曰：彴而约，流星别名也。

石氏曰：流星如缶瓮，初直后白，其前分为两，是为使星，所之国受福。

《帝览嬉》曰：流星夜见光，望之有尾，离离如贯珠，名曰天狗，从所下，兵大起，王者徙都邑，期三年。

巫咸曰：流星有光见面坠地，若不至地，望之有足，名曰天狗，所往之乡有战流血，其君失地，期不出三年，灾应。又曰：大流星堕破如金散，而有音声，野雉尽响，名曰天狗，其所之地必有战流血。

班固《天文志》曰：流星有声，止地类狗，堕望如火，光炎炎中天。

《天官书》曰：冲天其下圜照数顷处，上锐有黄色，名曰天狗，见则兵起千里，破军杀将。一曰状如大镜。

《玄冥占》曰：流星夜见，头足如奋火，名曰天狗.其所下有兵起，必有战，期二年。

《黄帝占》曰：流星大如瓮，头大尾小，长可三四尺，其后形迹皎皎然，赤白色，名曰天棓，见则其国兵起流血，有死将，期一年，远三年。

《雒书》曰：飞星大如缶瓮，而行绝迹，色如烟火，堕，名曰天保。

此星所往者，其分受福有利，若有吉事，期不出年。

《文耀钩》曰：流星有光，夜见墙垣而有声者，野鸡尽响，名天保，所止之野大兵起。

《荆州占》曰：流星有光黄白，从天堕，有音，如炬烟火下地，鸡昼鸣，名天保也。所坠国安，有喜若水。

石氏曰：流星如缶瓮，其后缦缦白亘天，王者吏均封疆。

《荆州占》曰：将军均封疆。

《海中占》曰：流星有声如雷，其音止地，野鸡尽响，名曰天鼓，其所止国，兵大起，必有战，僵尸满野，期三年。

巫咸曰：流星有光青赤，其长二三丈，名曰天雁，将军之精也。其国起兵，将军当从星所之。

《荆州占》曰：流星其色青，名曰地雁，其所坠者起兵。

《圣洽符》曰：流星大如瓮，其光赤黑，有喙者，名曰顿顽，见则其国有兵，有失地君，期二年。

《荆州占》曰：飞星大如缶若瓮，后皎然白，前卑后高，此谓顿顽，其所从者多死亡削邑而不战。

《圣洽符》曰：飞星如瓮。

《荆州占》曰：大而赤若瓮。后皎然白，长可一丈。

《荆州占》云：长数丈。其星灭，化为云，周流天下，名曰浩滑。《荆州占》曰：名曰大滑。

《海中占》曰：名曰否颠。见则其国必有大战，流血积骨，期一年，远二年。

齐伯曰：飞星如瓮。

《荆州占》曰：如缶若瓮。其后皎然白，前卑后高，名曰浩亢。

《荆州占》云：名曰降石。摇头，乍上乍下，大饥，人相食。

《荆州占》曰：人食不足。期三年。

《荆州占》曰：飞星大如缶若瓮，后皎然白，星灭后白者曲环如车轮，此谓解衔，其国人相斩，为爵禄，此谓自相啮食。

《荆州占》曰：流星大如缶，其光赤黑有喙者，名曰梁星，其所坠之乡有兵，君失地。

《太公阴秘》曰：凡出军击贼，见大流星所指向者，将之用兵，顺之行则胜。又曰：流星下入军，营必空，主将无功，避之则吉。

《推度灾》曰：奔星所坠，其下有兵。

《文耀钩》曰：流星前如缶盆，后皎然白，其欲入时，施施如金散，此谓使星，其所入宿受福，期一年，远二年。

《春秋纬》曰：大奔星有声，望之如火光，见则破军，四方相射。（案《续汉书》曰：灵帝中平二年，边章韩遂将数万骑寇三辅。五月夜，有流星如火光。长十余丈，照章遂营中，驴马尽鸣。贼以为不祥，欲走。董卓闻之喜，明日并兵俱攻，大破之，斩首数千级，章遂败走。《魏志》曰：司马宣王围公孙文懿，夜有大流星长数十丈，从首山东北堕襄平城东南，及文懿走，当流星处斩之。又近验前代，边将败绩，多有奔星坠其营中。）

石氏曰：流星落落如遗大光，其下有战伤。又曰：赤流星其后圆如轮，所之国有兵，其将有他意。

甘氏曰：流星色黄，其后如一疋帛练，所之国增地有喜，期一百八十日。

班固《天文志》曰：汉孝昭始元中，流星下燕万载宫极东去。（李奇曰：极，屋梁也，三辅间名为极。或曰极，栋也，寻栋东去也。延笃谓之堂前栏楯也。）法曰：国恐有诛。其后左将军与长公主燕刺王，谋作乱，咸伏其罪。

《荆州占》曰：大流星赤光照地，流而东，吴越部兵，（一书云齐地部兵。）流而南，楚宋部兵，流而西，秦郑部兵，流而北，燕赵部兵。（案《宋·天文志》曰：晋孝怀永嘉元年九月辛卯，有大流星自西南流于东北，小者如斗相随，天尽赤，声如雷。是年五月，汲桑杀东燕王胜，遂据河北。十一月始遣和郁为征北将军，镇邺西，田甄等大破汲桑，斩于乐陵，于是以甄为汲郡太守，弟兰钜鹿太守。小星相随，小将副帅之象也。司马越忿魏郡以东平原以南皆党于桑，悉以赏甄等，于是侵掠桑地。有声如雷，忿怒之象也。）

《荆州占》曰：流星耀然有光，色白长竟天者，人主之星也。星之所往，人主从之，人主不从，即将军若相从之。星如瓮者，为发谋起事；大如桃者，为使事也。

《荆州占》曰：流星之尾长二三丈，耀然有光竟天，其色白者，主使也，其色赤者，将军使也。（案司马彪《天文志》曰：光武中元二年十月戊子，大流星从西南东北行，如雷。是时使中郎将窦固、杨虚侯马武、杨乡侯王赏将兵征西羌。《宋·天文志》曰：晋海西公太和四年十月壬申，大流星下，有声如雷，明年，遣使免袁真为庶人。桓温征寿春，真病死，息瑾代之，求救于苻坚，温破坚军。六年，寿春城陷如雷，将士怒之象也。）

《荆州占》曰：小流星从敌军上来，徐至吾军上而入，有间谋者，且来间吾军。又流星前赤后青黑者，客军败死。又流星夜见光尾长如厚布，色苍白，为使，赤有兵，黑死丧。又流星甚大，其光照地，色青赤，流四旁，若有赤光，人饥，五谷不藏。又无风云，有流星见，久食间乃入，为大风发屋折木。

《玉历》曰：流星出都邑中，王者有忧，欲去都邑，及有叛者，期不出二年。

《宋书志》曰：蜀后主建兴二年，诸葛亮帅大众伐魏，屯于渭南，有长星赤而芒角，自东北西南投亮营，三投再还，往大还小，占曰：两军相当。有大流星东走军上及坠军中者，皆破败之征也。九月，亮卒于军，焚营而退，群师交恶，多相诛戮。

宋幽川王《幽明录》曰：陈郡袁真在豫州送妓女阿薛、阿郭、阿马三人与桓宣武，至经时，二人共出庭前观，望见一流星直坠盆水中，薛郭二人更以瓢酌取，皆不得，阿马最后，取星正入瓢中，便饮之，即觉有妊，遂生桓玄。

流星四面交行二

《考异邮》曰：陪臣专行，请谒至尊，众星数流，主命凶。

《海中占》曰：流星纷纷，交行耀目，人君自贵，视臣如草土，臣欲有离散之象也，期不出二年。

班固《天文志》曰：孝昭元平元年二月，有大流星如月，众星随而西行。大如月，大臣之象也。众星随之，众人皆随从大臣之象也。此大臣欲行权以安社稷。其四月，昌邑王贺行淫僻，立二十七日，大将军霍光白皇太后废贺。

韦昭《洞记》曰：四月癸未，昭帝崩。

司马彪《天文志》曰：流星百数，四面行者，废人移徙之象。（案《宋·天文志》曰：宋明帝大始二年三月乙未，有流星大小西行，不可胜数，至晓乃息。占曰：人流之象。其年淮北四州地彭城兖州并为虏所没，人流之象。）

《黄帝占》曰：大流星出行，众星纷纷从之而流，期不出三年，王者徙都邑，去其宫殿。又曰：星数流者，天下不安，急使络驿之象也。

石氏曰：流星纷纷交行，移时不止，天下大饥，兵起，人民流亡，各去其乡，期不出三年。

司马彪《天文志》曰：光武建武十二年正月己未，小流星百枚以上，或西北，或正北，或正东，或东北，二夜止。六月戊寅，流星百枚以上四面行。小星者，庶人之类，流行者，移徙之象。于时西讨公孙述，北征虏羯，匈奴侵边，汉遣将军马武等屯下曲、阳临、呼沱以备胡。匈奴入河东，中国未安，米谷荒贵，人或流散。后三年，吴汉等从雁门、代郡、上谷、关西使人六万余置常关居庸关以东，以避胡寇。

《宋书·天文志》曰：晋孝怀永嘉元年十二月丁亥，流星震散。（案刘向说天官列宿，在位之象，众小星无名者，庶人之类，此百官庶人将流散之象也。其后天下大乱，百官万人流移转死矣。验近事，中宗朝，卫王重俊与李多祚等欲举兵诛锄干纪者武三思等，于时先夜有流星缤纷交乱，不可胜记，向晚有大流星百数，皆有尾迹，纷驰渐下向西南。及至王与左右将军等奔退，多向西南，卫王亦殒身于西南方有鄠之野。又验景龙二年六月癸未夜，有流星无数，四方奔堕，缤缤纷纷，不可胜记，多出虚危河鼓天津贯索织女羽林王良阁道。又先天二年六月庚戌，夜有流星无数，皆向北及西北流，从羽林飞入紫微宫者甚众，亦出河鼓织女等坐，后皆朝有变故。因羽林兵诛岑义等贼，干戈垂于紫宫，锋镝流于绛阙，群小流移，急使骆驿。又验其月丙辰夜，小流星四面交流极多，不可胜记，所流者不过二尺，后果京兆醴泉坊人递相讹恐，多弃已宅，散走他里，经宿而止。凡小流星者，庶人之象，交流者惊驰之应也。）

《荆州占》曰：流星以人定至夜半见者，期岁数，夜半至鸡鸣见者，期月数，鸡鸣至平明见者，期日数。

石氏曰：流星见甲子旬为东方，丙子旬为南方，庚子旬为西方，壬子旬为北方，戊子旬为中方。

司马彪《天文志》曰：流星者，贵使也，星大者使大，星小者使小。声隆隆者，怒之象也。行疾者期疾，行迟者期迟也。

《天文志》曰：景元四年六月，大流星二并如斗西方分流南北，光照地，隆隆有声。占曰：流星为贵使，星大者使大。是年钟邓克蜀，二星盖二帅之象。二帅相背，又分流南北之，应钟会既叛，三军愤怒。隆隆有声，兵将怒之象也。

《荆州占》曰：流星大无光者，众人之事也。小而光者，贵人之事也。大而光者，其贵人且众。乍明乍灭者，败谋也。前大后小者，忧恐也。前小后大者，喜事也。蛇行者，奸事也。往疾者，往而不反也。长者，其事长久也。短者，其事疾也。

流星昼行三

《黄帝占》曰：流星名曰营头，营头所之下，流血滂沱，赤地三千里，若过四关，天下道不通，期不出三年。

司马《天文志》曰：王莽地皇四年六月，莽使司徒王寻、司空王邑将兵，号百万众，驱犀象虎狼，放之道路，昼有云气如坏山坠其军上，人皆似压，所为营头之星也。是时光武将兵数千人赴昆阳，奔击二公兵，并力猋发，号呼声动天地，虎狼豹惊怪散。会天大风，飞屋瓦，雨如注水，二公兵乱败，自相贼杀者数万人，竟赴滍水死者委积，滍水为之不流。杀司徒王寻，军人皆散走归本郡，王邑还长安，莽败俱诛死。晋大安二年十一月辛巳，有星昼陨中天北下，有声如雷。明年，刘渊、石勒攻掠并州，多所残灭。王浚起燕代，百姓涂地。

《洛书摘亡辟》曰：流星昼行，亡君之诫。

甘氏曰：星昼行名曰营首，营首所在，有流血滂沱，则天下不通。一曰大旱，赤地千里。所谓昼行者，日未入也。

巫咸曰：流星昼行，名曰争明，其分有兵，国破君亡，期一年，远三年。

京房曰：星昼行，唯百姓不安。

《荆州占》曰：暮若昼，有流星甚大而长，兵从之，其后散无功。又曰：流星昼见，坠邑都中，有王来入都邑者。

《玉历》曰：流星昼行，下都邑中，赤，不出二年，外国相有来者。色白，臣谋主不成，戮死。

班固《天文志》曰：成帝元延元年四月丁酉日，晡时，天清晏，殷殷如雷声，有流星头大如缶，长十余丈，皎然赤白色，从日下东南去，四面或如大盆，或如鸡子，耀耀如雨下，至昏止。郡国皆言星陨。《春秋》星陨如雨，王者失势，诸侯起霸之异也。其后王莽遂专国政。王氏之兴，萌于是也。是时已有星陨之变，后王莽遂篡国。

流星犯日四

《荆州占》曰：奔星入日中，有臣欲谋其主。凡流星贯日不中者，臣谋主，事不成而戮死也。

流星犯月五

《河图》曰：天无云，有流星过月下若月上，其国有喜。

《洛书》曰：流星入月中，不出三年，人主忧。

《海中占》曰：流星入月中，星无光，不出其年亡国；星出，亡国复立。

《海中占》曰：使星入月中，女主疾。

《荆州占》曰：流星入月中，无光，四夷侵中国，不出十月。又奔星入月中，有臣谋其君。又使星入月中，有君失地者。又曰：使星入月中无光，将军戮，期十年。

流星犯五星六

郗萌曰：流星抵岁星，大臣弑主。一曰相戮死。又云：流星抵岁星，岁星没不见，流星反为岁星，人主死，相出走。

《荆州占》曰：使星入岁星，色苍黑，则大农相国死；赤，岁大病，天下饥；黄白，饥；青足食。又流星抵荧惑，天子将大行，国旱饥。又使星入荧惑，国多谗臣，天子备火。

黄帝曰：流星抵填星，后忌之。

郗萌曰：流星抵太白，有喜令。

《天官书》曰：流星抵太白，没不见，流星反为太白，更国政令，将戮死，有内兵。又云：流星抵辰星，辰星没不见，流星反为辰星，国大乱。

开元占经卷七十二

流星占二

流星犯东方七宿一

流星犯角一

石氏曰:流星入在角,兵吏有见系者。色赤以兵系,色黄以土功系,色白以义系,色黑凶死,色青以忧黜。

黄帝曰:流星入角,宫中有事,贵人多死。一曰臣谋主而戮死,不出一年。

郗萌曰:流星色赤如缶,入两角间而止,有来言兵事者。星前赤后黑,军败将死,以四方知所从来者。又曰:流星色黄若白,入角亢间,有贵客来见君庙者。

《荆州占》曰:流星色白入两角间,有诸侯客来者,诸侯有口令。

石氏曰:流星从他宿入角,有邻邦之使者。又曰:流星入角间,关梁不通,有军,边境不通。

甘氏曰:流星出两角间,天子大使出。

郗萌曰:流星色黄,出右角而东,极望人主有出游者也。又曰:使星出入天门间,宫移矣。

《荆州占》曰:流星色青,出左角而东,军忧而兵败绩。黑而光,出在角,邦多疾病,若死亡。

石氏曰:流星抵右角星,后终无子。

黄帝曰:流星抵角,角不动,臣欲弑其主而戮死。

郗萌曰:流星抵角,角不动而散,散而复合,不出其年,其国宫中有大事,贵人多死者。又曰:流星比于右角,流而东,军无战功,二国终相和也。

流星犯亢二

石氏曰：流星入亢，主宗庙事，有使者受命于庙。色赤言兵，黄言土，白言义，青言忧，黑言死。

《海中占》曰：流星入亢中，幸臣有自杀者，期一年。

郗萌曰：流星色黄若白，入角亢间，有贵客来见君庙者。又曰：流星色黑出亢，忧，臣以口舌事自杀，期一月，若一年。

石氏曰：流星出亢，使臣出。以五色占之，国多兵也。

流星犯氐三

黄帝曰：流星入氐，兵起，若国有大水。

石氏曰：流星入氐，国相疾。流星出亢入氐中，人相食，有病从带以下。

甘氏曰：流星入氐，主有疾。一曰国亡。

石氏曰：流星抵氐，国多淫女。

流星犯房四

石氏曰：流星入房，不出其年，主国有大丧。

甘氏曰：流星蛇曲入房，臣杀主代王，辅臣亡，王者以赦除灾，年中销。

郗萌曰：流星入房，王者杀忠臣，辅弼者亡，人主以赦除咎，期二年。流星出左服若右服，君使之诸侯，以马为币。

石氏曰：流星在房，国贵人多死。流星抵房，远乡贡异兽班头马，其国君亡。

《海中占》曰：流星绝钩钤，主有奔马则败。

流星犯心五

石氏曰：流星犯心，大人忧，臣欲伐主，兵大起宫中，不出一年，远二年。

郗萌曰：流星犯乘明堂星，皆为大人忧，为内乱，欲伐君，近期十月，远期三年。犯乘守太子星，太子忧；犯乘守庶子星，庶子有忧。

《荆州占》曰：流星犯乘明堂，若不死则去。

黄帝曰：流星入心，不出其年，国有大丧。一曰弑主，期不出三年。又曰：使星出房，大如鸡，色赤如血，入心，人主遇贼。其出心也行道远人主，贼人于千里之外。

郗萌早：流星入心，不出其年，臣弑其主，不成戮死。又流星入心，不出其年，大臣相贼。

巫咸曰：流星入心，有使来者，赤色言兵，黄言土，白言义，青言忧，黑言凶。出心，大臣出使，以五色占之。

石氏曰：流星出入心，远国使来，星大大国使，星小小国使。又流星起心南行，越君死。

郗萌曰：流星起心，至北斗，赵君死。流星抵心，不出一年，国有大丧。使星入天子宫，留十月，有来聘。

流星犯尾六

《圣洽符》曰：流星入尾，妃后有忧，若有黜者。一曰贼人女当有暴贵者。又流星入尾，前青而后白，人主死。从酉至黄昏，期六十日，将军行；从夕至人定，期九十日，将军行。

石氏曰：流星入尾，色青黑，故臣有败身者；流星出尾，色青黑，臣有逃者。

流星犯箕七

巫咸曰：流星入箕，宫人有来者，及有献女者。（甘伯曰：期一年。）

《百二十占》：流星入箕，客有来者。

巫咸曰：流星出箕，宫人有出者。（甘伯曰：期一年。）

《百二十占》曰：流星出箕，大臣有弃捐者。

流星犯北方七宿二

流星犯南斗一

《感精符》曰：流星入南斗，有使来入国者，色赤兵，黄土，白义，青忧，黑死。

《海中占》曰：流星入南斗，当有邻国使来，不出百八十日。

《二十八宿山经》云：有流星入斗散绝，谷贵，四年之中，异姓为主，人民劳。

石氏曰：流星出南斗，大臣有出使者，以五色占之。

郗萌曰：流星从南斗走北斗，其国有赦令，期在正月二月中。

流星犯牵牛二

《荆州占》曰：流星干牵牛，大将出，期八十日。

《文耀钩》曰：流星入牵牛，当有邻国使者来，不出百八十日。

郗萌曰：流星入牵牛，客有四足虫为币来者，色青道病，色黑道死不至。

《荆州占》曰：流星色赤入天鼓，将受命于主；出天鼓，将出。如星所之，以占四方。

《百二十占》：流星出牵牛，远使出也，期百八十日，远一年。

《宋·天文志》曰：晋安帝隆安五年二月甲寅，流星色赤，众多西行，经牵牛虚危天津阁道，贯太微紫宫，占曰：星者庶民类，众多西行，民将西流之象，经行天子廷，主弱臣强，诸侯兵不制。五年三月，孙恩攻高雅之。五月侵吴郡，内史袁崧出战，为贼所杀。六月孙恩至京口，高雅之击破之，恩进军蒲州，于是内外戒严，营阵屯守，栅断淮口。十月，司马元显大治水军，将以伐桓玄。元兴元年，孙恩在临海，人众饿死散亡，恩亦投水死，吴郡、吴兴户口减半，又流奔而西者不可计。十月，桓玄遣将击刘轨，破走之。二年，玄篡位，迁帝寻阳。

流星犯须女三

石氏曰：流星入须女，天子有纳美女者。若出须女，女御有使者。干须女，贵女下狱，期百八十日。

《文耀钩》曰：流星抵须女，女主有逆谋于君，有戮死者，期不出一年，远二年。

流星犯虚四

《文耀钩》曰：流星入虚，人主大忧，臣下相贼，拔邑若国亡，期三年。

石氏曰：流星入虚，色青，哭泣事，色黄白，有来受赐者。

郗萌曰：奔星以乙丑日流入须女虚危之间，为民流。占曰：流星色赤，若苍黑，入虚危，有拔邑。又流星数从虚危中出者，贵人往求医药。

石氏曰：流星出虚，臣有出使者。

流星犯危五

石氏曰：流星入危，小人乘君子位。

甘氏曰：流星入危，天下不安，期一年。

巫咸曰：流星入危，天下不安，其国有忧，下欲谋上，期百八十日，远一年。

《百二十占》曰：流星入危，盖屋之事；出危，发屋之事。色赤火发，色黑水发，色青忧发，色黄以好发。

石氏曰：流星入危中，若从危出，不出一年，大水，万民饥，卖畜生财物，不能自食。

郗萌曰：流星入危色赤，以人为币；之危右，以兵为币；之危左色青，以圭为币；白，以四足虫为币；黄，以贝为币。

石氏曰：流星抵危色赤，为兵，期一年；黄土功，白丧，期一年；黑死，有分国。又云：流星成对抵危，中国与北狄交兵。

流星犯营室六

《帝览嬉》曰：流星入营室，其君淫佚，宫中有忧，若有变事。

郗萌曰：奔星以冬至前后三日入营室中，国有急事。

石氏曰：流星入营室，有使者来，赤言兵，黄土，白义，青客凶，黑客死。

黄帝曰：流星一曰奔星，出营室，人主去其国，若有内乱，兵起宫中，王者有忧。

郗萌曰：流星出营室，有使，以五色占之。

石氏曰：流星同上。

《北官候》曰：大奔星色赤，流抵营室，有凶，其国贵人有死者。上旬见为老年，来月上旬死；中旬见为中年，来月中旬死；下旬见为盛壮，来月下旬死。

流星犯东壁七

石氏曰：流星干东壁，大国分兵。

《荆州占》曰：流星犯东壁，能文章者死。

石氏曰：流星出入东壁，主文章者有忧。又曰：入之有祭庙之事。

郗萌曰:使星从西壁出入东壁,人主用故臣。(营室一名西壁。)

石氏曰:流星抵东壁,有大臣往使四夷。

流星犯西方七宿三

流星犯奎一

郗萌曰:流星入奎,有破军死将。

《甄曜度》曰:流星入奎,有沟渎之事,若有使来之国者,使出之他国,不出百八十日,当以冲日为期。

刘垒曰:流星流入奎,有沟渎之事于国内;出奎,有沟渎之事于国外。

《宋书·天文志》曰:晋成帝咸康三年六月辛未,有流星大如二斗魁,色青赤,耀地,出奎中,没娄北。占曰:为民饥,五谷不藏。是月大旱。又宋文帝元嘉七年十二月丙戌,有流星头如瓮,尾长二十余丈,大如数十斛船,色赤,有光耀人面,从天船西行,经奎北大星,南过至东壁止,其年索虏寇青州,杀刺史,掠居民。遣征南大将军檀道济讨伐,经宿乃败。

流星犯娄二

石氏曰:流星入娄,有聚众之事于国内。一曰白衣之会,大人为乱,期三年。

《百二十占》曰:流星入娄,有聚众之事。

《流星占》云:流星抵娄,贵贱相谋。

流星犯胃三

《圣洽符》曰:流星入胃,有谷粟之税入。若出之,则有出粟。

石氏曰:流星入胃,保仓之事入于其国内;流星出胃,保仓之事出于其国外。

流星犯昴四

《文耀钩》曰：流星入昴，四夷交兵，白衣之会，若贵人有急下狱，期三年；若出昴，士众满野，若他国有使至，期百八十日，远一年。

石氏曰：流星入昴，贵人有系囚者。

《论语谶》曰：尧率舜等游于首山，观于河，有五老游于河渚。一老曰：河图将来告帝期。二老曰：河图将来告帝谋。三老曰：河图将来告帝书。四老曰：河图将来告帝图。五老曰：河图将来告帝符。龙衔玉苞，金泥玉检封盛书。五老飞为流星，上入昴。

《甄曜度》曰：流星出昴，胡兵起，士众满野，若边国有死王，期一年，远二年。

韩杨曰：流星成对抵昴，中国与四夷交兵。

流星犯毕五

《荆州占》曰：流星干犯毕，边兵大战。

黄帝曰：流星入毕中而复不出，其星小，小赦，其星大，大赦。

《海中占》曰：流星入毕，其君有大忧，先起兵者兵破亡，若有逐相，以其入日占，期百八十日，远一年。

郗萌曰：奔星以己巳日流而之参浊，其国有流民。（浊谓毕也。）

《西官候》曰：流星入毕，贵人有囚系者。

《百二十占》曰：流星入毕，有兵革之谋，出毕，有畋猎之事。

石氏曰：流星出毕，边军大战，贵人多有系囚者。

流星犯觜六

《荆州占》曰：流星干犯觜，其国兵起破亡。

石氏曰：流星入觜，太子使也，外宿中来则外也。四十丈至一百丈，将军使，十丈至三十丈，小使者，皆不出一年。流星入觜中，有师旅之事于国内。

《荆州占》曰：流星入觜中，大臣有倍其主者。

《玄冥占》曰：流星入觜中，大臣叛主，大兵聚，车马将急行，人主有忧，期百八十日若一年。

《百二十占》曰：流星出觜，有师旅之事于国外。一曰兵罢也。

流星犯参七

《流星占》曰：使星色赤若苍黑，于参傍行，人死于中央，县令死。

《黄帝占》曰：流星入参，不出其年兵起，先起者破。一曰客军破。（案《续汉书·天文志》曰：孝和永元元年正月辛亥，有流星起参，长四丈，有光色黄白。二月流星起天棓，东北行三丈所灭，色青白。壬申夜，有流星起太微东蕃，长三丈。三月丙辰，流星起天津。壬戌，有流星起天将军东北行，参为边兵，天棓为兵，太微天廷，天津为水，天将军为兵，流星起之，皆为兵。其年六月，遣车骑将军窦宪等出朔方，日逐王等八十一部降，凡三十余万人，追单于至西海。是岁七月，又雨水漂人民，是其应也。）

《圣洽符》曰：流星入参中，不出其年，国有破军。

《文耀钩》曰：流星入参，有兵起，客军破；若出参，中国之米粟大贱。一曰先起兵者亡，后起兵者昌，期二年。

石氏曰：流星入参，国内均衡石之事。色青黑，不出其年兵起。

郗萌曰：流星赤，之参正星，若之伐正星，出右以兵为币，之左以人为币，之右以金帛为币。一曰兵，一曰币。

《文耀钩》曰：流星出参，象弓矢，兵大起。

郗萌曰：流星色赤，从东方来，至伐而止，此来兵大败吾军也。奔星以己巳日流而之参浊之间，其国有流民。流星出南门以刺参，不出十六年，有一国王兼有天下。南门，东井也。流星出参，国粟米贱。

石氏曰：流星出参，有均衡石之事于国外。

黄帝曰：使星守参右，谷贵，参左，五谷贱。

流星犯南方七宿四

流星犯东井一

《荆州占》曰：流星干犯东井，大臣谋其国，有兵，期百八十日也。

石氏曰：流星入东井，其国君死。

甘氏曰：流星入东井，有水令，从来者其分国亡。

巫咸曰：流星入东井，其国若以水亡，其分民饥，期三年。

郗萌曰：流星入东井，水与城等。

《百二十占》曰：流星入东井，有水事于国中。

《黄帝占》曰：流星出柳入东井，人主浮舟。

郗萌曰：流星出入东井，所之国大水。

《百二十占》曰：流星出东井，有水事于国外。一曰水有绝者。

流星犯舆鬼二

《感精符》曰：流星犯舆鬼，中国与南蛮通，四夷来贡。一曰有宗庙祠祀事。

《百二十占》曰：流星入舆鬼，有祠事于国内。

《五星总占》曰：流星交抵舆鬼，中国与南蛮交兵。

郗萌曰：奔流星抵舆鬼，贵人有戮死。又占曰：奔星有光如火散，且行舆鬼，上大臣得赐，期六月。

流星犯柳三

《荆州占》曰：流星干犯柳，周国当之，期九十日。

《圣洽符》曰：流星入柳，名木有来者；若出，名木有出者。

《百二十占》曰：流星抵柳，名山林有国受伐者。

流星犯七星四

郗萌曰：流星干七星，国有兵，不出百八十日。

黄帝曰：流星入七星，客有以急使来者；若出之，王者有吉事出使，期百八十日，若一年。

《宋书·天文志》曰：流星大如斗，出柳北行，尾十余丈，入紫宫没，尾后余光良久乃灭。占曰：天下凶，有兵丧，天子恶之。武帝、文穆后相继崩。

流星犯张五

石氏曰：流星入张，有使来纳币者。又云：诸侯有谋者，若有人君使人于诸侯。一曰天下有迁徙之民，期三年。

郗萌曰：流星入张，诸侯有来赐吾君近臣者；出张，君赐诸侯臣。

石氏曰：流星出张，诸侯有受赐者。

流星犯翼六

《荆州占》曰：流星干犯翼，国君大臣有忧，远期百八十日。

黄帝曰：流星入翼，贵人有系者。

石氏曰：流星入翼，倍海国有来使者，以神鸟为贡。色黄无故，青道病死，黑死不至。

《海中占》曰：流星入翼，其国用兵，大臣有忧。若抵翼，天下尊诸侯，期百八十日。（《玉历》曰：一年。）

石氏曰：流星出翼，倍海国受赐。流星抵左翼，天下尊诸侯。

《宋书·天文》曰：晋孝武太元六年十月乙卯，有奔星东南经翼轸，声如雷。《星说》曰：光迹相连曰流，绝迹而去曰奔。（案占楚地有兵，军破民流。十二月，苻坚、荆州刺史梁成、襄阳太守阎震率众伐竟陵，桓石虔击，大破之，生擒震，斩首七千，生获万人。声如雷，将帅怒之象也。七年九月，朱绰击襄阳，拔将六百余家而还。）

流星犯轸七

黄帝曰：流星入轸，兵丧并起，国以军为币，王者能以善令则无咎，期三年。

石氏曰：流星入轸，有来使者。一曰为贵人多系者。流星出轸，臣有出使者，以车为币。

郗萌曰：流星入长沙，天下逃亡无处者。

开元占经卷七十三

流星占三

流星犯摄提一

《黄帝占》曰：流星入摄提，外国当以兵为使来者，若有急；流星出之，王者以兵出使，各以五色占。

流星犯大角二

黄帝曰：流星抵破大角，兵大起，四塞有急。若刺大角过，王者失位，期三年。

石氏曰：流星抵大角，有兵起，大将出，人主忧，期百八十日。流星触破大角，四兵合有急；刺大角，主失位；裂之尤甚。流星发大角，盛光明耀，大将出；破大角，亡不吉。

流星犯梗河三

陈卓曰：流星入梗河，王者诛夷国，不出三年。

《玉历》曰：流星入犯梗河，王者诛四夷，若边兵起。一曰蛮王死，期一年，远二年。

流星犯招摇四

黄帝曰：流星起招摇，其所向者兵在焉。又曰贼寇大败。

石氏曰：流星入抵招摇，四夷兵来，边兵大败，若王败，敌有忧，期一年。

流星犯玄戈五

《圣洽符》曰：流星入抵玄戈，夷欲入中国，战大败，流星所抵，兵徙来，期不出二年。

流星犯天枪六

齐伯曰：流星入天枪，外夷来侵，防戍有急者，边境忧。

流星犯天棓七

《甄曜度》曰：流星入天棓，兵大起；五丈长，国有兵，王者忧，期二年。

陈卓曰：流星入天棓，诸侯多讼地者，部分不均平也；出，四夷安。

流星犯女床八

《海中占》曰：流星入女床，后宫有忧，贵女当有暴诛者，期百八十日。

流星犯七公九

玄冥曰：流星入七公，人主信谗佞，诛忠直谏者，凶人起兵，义人入狱，期一年。

石氏曰：流星经七公，当有兵将出。

《文曜钩》曰：流星入抵七公，有兵起，大将出。一曰辅臣有诛，不出二年。

流星犯贯索十

巫咸曰：流星入贯索，天下有狱事，多有死者。一曰臣有入狱者，期一年。（案《异苑》曰：田镇之夜，傍阶墀走，忽值流星入贯索天狱也。旧传若见此者必致死兵，要应披头仰瞻须星，出则无祸矣。镇惧，潜语其妇，散发屋上。兄宵起，见上有物，谓是怪鸟，引弓射之，应弦而坠，乃其弟也。）

陈卓曰：流星入贯索中，女主死，若有兵。又曰使星入天牢，有赦。（案檀道鸾《晋阳秋》曰：孝武大元三年三月庚辰夜，流星大如三斗器，尾长三丈，从七公西行至招摇，须臾转还，东行至贯索而没。六月，苻坚遣其子丕等十万余人，五道寇襄阳。四年正月辛酉，大赦天下。）

《春秋纬》曰：大流星赤黄出贯索中者，怪获死者，女子也。

石氏曰：大奔星赤黄出贯索中，其国贵女有死者。

《荆州占》曰：流星绝连贯索，国城屠。

流星犯天纪十一

《黄帝占》曰：流星入天纪，大臣为乱，兵起宫中，妃后有出者，期二年。

流星犯织女十二

石氏曰：流星入织女，贵女有忧，若有白衣女来者。一曰后族当有出者，期不出百八十日，远则一年。

司马彪《天文志》曰：孝明永平七年正月戊子，流星大如杯，从织女西行照地。织女，天之贵女，流星出之，女主忧。其月癸卯，光烈皇后崩。

巫咸曰：流星入织女，有使从诸侯所来者；出织女，有使之诸侯。

韩杨曰：流星入织女，有白衣女子会；其出也，贼将出。

石氏曰：流星出入织女，有大水。

黄帝曰：流星出织女，有白衣会，为贼兵吏凶，淫内。

《宋书·天文志》曰：穆帝永和十年四月癸未，流星大如斗，色赤黄,出织女,没造父,有声如雷。占曰:燕齐有兵,民流。升平元年,慕容隽遂据临潼,尽有幽并青冀之地,缘河诸将渐奔散,河津隔绝矣。

流星犯天市十三

石氏曰:流星入天市,色苍白,万物贵,赤必大灾,民多疾。又云:大臣有罪,戮于市者,若市吏有忧者。

巫咸曰:流星入天市,乱度量不平,执命者死。

郗萌曰:流星入天市而出,死罪复生。

《玉历》曰:流星入天市,若有死罪当戮,入市而得免者,不出二年。

司马彪《天文志》曰:孝明永平元年四月丁酉,流星大如斗,起天市楼西南行,光照地。流星为使,天市为外兵,西南行为西南夷。是时益州发兵击姑复,蛮夷大牟替陵斩首,传诸雒阳。

流星犯帝座十四

甘氏曰:流星抵帝座,诸侯兵起,臣谋主,若贵人变更政,期三年。

流星犯候十五

《圣洽符》曰:流星抵候星,有兵起,近臣相攻,夷狄内侵,王者有忧。

流星犯宦者十六

齐伯曰:流星入宦者,左右臣不宁,若有忧。一曰当有被黜者,期一年。

流星犯斗星十七

郗萌曰：流星抵斗星，权量不平，市吏有忧。一曰五谷贵，斗不用事。

流星犯宗正十八

《海中占》曰：流星入宗正，左右贵臣多死，若帝宗后族有黜者，期百八十日，远一年。

流星犯宗人十九

《甄曜度》曰：流星入宗人，亲戚臣为乱，若宗中有变事，亲戚离别，期不出年。

流星犯宗星二十

玄冥曰：流星抵宗星，王者宗族不相亲，宗室相疑，以亲为疏。

流星犯东咸二十一

黄帝曰：流星入抵东咸，后出入不得时，淫佚自恣。一曰女主乱宫，王者忧，期一年，远二年。

流星犯天江二十二

石氏曰：流星入天江，有大水，河海溢，人民饥。

流星犯建星二十三

《玉历》曰：流星入建星，关道不通，若有使来者。一曰兵起四塞，民多盗贼，不出三年。

陈卓曰：流星入建星，天下谋乱；赤者昌。

流星犯天弁二十四

甘氏曰：流星入天弁，粜大贵，人民饥。若抵犯之，有兵起，将士行，期二年。

流星犯河鼓二十五

《海中占》曰：流星入河鼓，有兵起，大将出。若抵之，有死将，随其所犯将当之，期一年，远二年。大星为大将，小星为小将。

郗萌曰：使星入河鼓，大将亡其旗鼓。

石氏曰：流星出河鼓，兵出；入河鼓，兵入。又曰：流星入河鼓，所入将惊死；出河鼓，所出将废。

《宋书·天文志》曰：宋明帝太始二年六月己卯，竟夜有流星百余西南行，有一大如瓯，尾大，余黑色，从河鼓出，南行至尾没。占曰：天下鼓出，其年四方反叛，内兵出，大帅亲戎。

流星犯离珠二十六

《圣洽符》曰：流星入离珠，兵宫中起，其宫人有罪及诛者。

流星犯匏瓜二十七

齐伯曰：流星入匏瓜，天下有忧，若有献果者，中有药，不可食，防备之，期百八十日。

《甄曜度》曰：流星出匏瓜，食官有忧。一曰鱼盐价千倍。

流星犯天津二十八

《帝览嬉》曰：流星入汉中而不出，士卒不可以涉；星若绝汉，即可涉。三日内雨则不吉。

石氏曰：流星入天津，必有大使，随星所之，期一年。

《海中占》曰：流星入天津，水道不通，梁塞若津渡有忧。

石氏曰：流星出北斗，人主使于诸侯。

郗萌曰：流星入汉中不出，军不可渡水，先渡者不还。又曰：使星入河津，有大众行者。

《荆州占》曰：流星入汉中，贵人有戮死者，若溺死。

流星犯螣蛇二十九

玄冥曰：流星入螣蛇，雨水为害，鱼盐贵，水物不成，期不出年。

流星犯王良三十

《文曜钩》曰：流星入王良，天下有急，关津不通，有兵起，及牛马多死。

陈卓曰：流星入王良，天下兵尽起。

流星犯阁道三十一

巫咸曰：流星入阁道，王者有忧，左右有谋，道中有伏兵，若道不通，期百十日，远一年。

流星犯附路三十二

《帝览嬉》曰：流星抵附路，太仆有忧，若马多死，若马大出，期二年。

流星犯天将军三十三

黄帝曰：流星入天将军，大将出，士卒用；若抵犯之，将有忧，星所之兵所来，期三年。

石氏曰：流星入天将军，大将惊出。（案司马彪《天文志》曰：孝和永元元年正月辛卯，有流星起参，长四丈，有光色黄白。二月，流星起天棓，东北行三丈所灭，色青白。壬申夜，有流星起太微东蕃，长三丈。三月丙辰，流星起天津。壬戌，有流星起天将军，东北行。参为边兵，天棓为兵，太微为天庭，天津为水，天将军为兵，流星起之为兵。其六月，汉车骑将军窦宪、执金吾耿康、度辽将军邓鸷出朔方，并进兵临私渠北鞮海，斩虏首万余级，获生口牛马羊百万头，日逐王等八十一部降，凡三十余人追单于至西海。是岁七月，又雨水漂人民也。）

流星犯大陵三十四

石氏曰：流星入大陵，有土功事，坟陵之役。若抵之，国有大丧，大人当之，期不出三年。

流星犯天船三十五

《玉历》曰：流星入天船，天下大水，舟船用，若津道不通，有急事。

流星犯卷舌三十六

甘氏曰：流星入卷舌，有谗言乱主者，若有口舌于君，幸臣有忧。

流星犯五车三十七

黄帝曰：流星入五车，天下兵，车骑发，先起者昌。若抵之，其所主五谷贵，期二年，远三年。

郗萌曰：流星入五车，以甲子日中粟车，期三十日粟贵；丙午日中麦车，期二十日麦贵；戊寅日中豆车，期二十七日豆贵；庚申日中蕡车，期二十日蕡贵；壬戌日中黍车，期十日黍贵。以月所见流星之处，则县邑之市为贵矣。

石氏曰：流星出五车，色白，诸侯以兵为忧，色黄受贺，色赤寇兵，车骑满野，青黑多死者，各以其日占。

流星犯天关三十八

石氏曰：流星入抵天关，天下有急兵，关道不通，若多盗贼，人民忧，期百八十日，远一年。

流星犯南河三十九

巫咸曰：流星犯南河，蛮兵起，防戍有忧。一曰流星入南河，为旱为兵。

《宋·天文志》曰：宋武大明八年四月，有流星大如五斗瓯，赤色，有光照面，尾长一丈余，从参北出东行直下，经东井过南河没。占曰：民饥，吴越有兵。明年，四方贼起，王师水陆征伐义兴吴陵，大战，杀伤千计。

流星犯北河四十

巫咸曰：流星入北河，胡兵起，来入中国，若关梁不通。一曰流星入北河，为水为饥，皆期二年。

黄帝曰：流星绝两河间，天下大难，路不通。

石氏曰：南河北河，有流星绝两河戍间，有客抵之，天下大乱，亲戚不恤。

流星犯五诸侯四十一

石氏曰：流星出五诸侯，有大丧，以星所入日占其国。

《玉历》曰：流星入五诸侯，辅臣有忧，若有黜者。一曰诸侯兵有谋主，期不出年。

石氏曰：赤流星出，诸侯有叛者。其中星散绝，诸侯坐其殃咎。

流星犯积水四十二

甘氏曰：流星入抵积水，有大水，舟船用，民大饥。

流星犯积薪四十三

《圣洽符》曰：流星抵积薪，天下以薪藁为忧，若厨官有罪者。

流星犯水位四十四

齐伯曰：流星入水位，天下有水，河海溢流，五谷不成，流民大饥，期三年。

流星犯轩辕四十五

《甄曜度》曰：流星入轩辕，后妃有乱，女主有逆谋，天子宜防之，期三年。

郗萌曰：流星散入轩辕间，女主宫多谗乱。

《荆州占》曰：流星大如瓮，出东陵西下，必有积血。

流星犯少微四十六

郗萌曰：流星入抵少微，贤良集，道术出。一曰能人多来者。

开元占经卷七十四

流星占四

流星犯石氏中官

流星犯太微一

黄帝曰：奔星入太微中，其国有乱。

《海中占》曰：流星入太微，有兵起，外国当以兵至，及有使来者，不出其年。

郗萌曰：使星入天官，留十日，有叛者。

《荆州占》曰：奔星入太微，宫内有乱，近西相也，近东将也。

石氏曰：奔星入太微天庭，避之吉，不避者危死。所谓避者，从左来，避之右，右来避之左。

黄帝曰：流星出太微东门，大兵起，大臣为乱，贵人多死者，若有谋，近期一年，中二年，远三年。流星出太微，大臣有外事，以所之野命其方。

石氏曰：奔星出太微中，有立王，若从王。流星出太微南门，其众贵臣有死者。

《海中占》曰：流星出太微端门，天子之使出，各以所之野命其国，期不出年。

《荆州占》曰：流星出太微天庭之门者，天子使也，以所之野命其东西南北。星来者，使复命。奔星出太微，中国失君。

《玉历》曰：流星出太微天庭，天下兵起，将士大出，王者有忧，期三年灾必应。

石氏曰：流星出太微天庭，大将出。

《荆州占》曰：流星大而赤，数出入天宫庭，如浮船状，有贼臣在旁，人主备，不可出游。

《荆州占》曰：流星纵横经行太微中，主弱臣强，四夷不制，期三月。

石氏曰:流星犯抵左右执法,东相西将,各以所犯皆当诛,以其入日命其国,皆不出三年。

流星犯黄帝座二

石氏曰:流星入太微,犯黄帝座,大人易,其东西犯者皆死亡。

黄帝曰:流星入太微,抵于帝座,天下乱臣弑主,国易政,期不出三年。

流星犯四帝座三

巫咸曰:流星入太微,犯四帝座,辅臣有诛,执法者忧,贵人多死,期二年。

流星犯屏星四

《玄冥占》曰:流星抵屏星,尚书有忧,若有死者,期百八十日,远一年。

流星犯郎位五

巫咸曰:流星入抵郎位,守卫之臣有诛,若左右为乱,若戮有死者,期一年,远二年。

流星犯郎将六

齐伯曰:流星抵郎将,则将有诛,若大臣为乱,王者戒慎左右,不出其年。

流星犯常陈七

《甄曜度》曰:流星入守常陈,卫人有罪者诛,人主忧,期百八十日,远一年。

流星犯三台八

《海中占》曰:流星入上台司命,大臣有罪,若有死;流星出之,近臣有出者,期二年。

《玄冥占》曰:流星入中台司中,奸臣来近主者;流星出中台,奸臣有出者。

甘氏曰:流星入下台司禄,大臣有赐爵封者;流星出之,臣有罪出走,色黑死,皆期二年。

黄帝曰:流星走三台者,大将出。

《辩终备》曰:奔星入三能,天下感,兵祸聚隅。感,动也。

流星犯相星九

《文曜钩》曰:流星抵相星,大兵起,大将出,辅相有变。

流星犯太阳守十

巫咸曰:流星抵太阳守,有兵起,将军出,期三年。

流星犯天牢十一

《黄帝占》曰:流星入天牢,贵人有系者,若多下狱,人民多有罪,期不出年。

黄帝曰:常以丑未日候,流星入天牢者有赦。

《荆州占》曰:流星出紫宫,奔走入天牢,天子以赦解之。

黄帝曰:天牢中有一使星出者小赦;二星出,赦在关内;三星出,赦天下。

《荆州占》曰:流星入贵人之天牢,太仆名臣有系者。其色黄白,无故,青忧,黑凶,赤,以金煞之日,出赦狱中系者出。

流星犯文昌十二

黄帝曰:流星若奔星入文昌宫,其国有乱。

石氏曰:流星入文昌,其国失政,宫庭有兵,若内乱,期二年。奔星出文昌,宫内乱。

《荆州占》曰:奔星出文昌宫,国去其君。一曰国失君。

班固《天文志》曰:孝成帝建始元年九月戊子,有流星出文昌,白色,光烛地,长可四丈,大一围,动摇如龙蛇形,有顷,长可五六丈,四围所屈折委曲,贯紫宫西北,斗西北子亥间,后屈如环,北方不合,留一刻所。占曰:文昌为上将贵相。是时帝舅王凤为大将军,其后宣帝舅子王商为丞相,皆贵臣任政。凤妒商,谮而罢之,商自杀,属亲皆废黜。

司马彪《天文志》曰:孝灵二年四月,有流星出文昌,入紫宫,蛇行,有尾无目,赤色,有光照垣墙。占曰:文昌主上将贵相。后六年,司徒刘邵为中常侍曹节所谮,下狱死。

流星犯北斗十三

黄帝曰:大流星入北斗,天下乱,大发兵,将军出,期六月若一年。(案司马彪《天文志》曰:光武建武十年三月癸卯,流星如月,从太微出,入北斗魁第六星,色白,傍有小星射者千余枚,灭则有声如雷,食顷止。是时光武帝使吴汉发卒三万人击蜀。成帝公孙述十二年十一月,护军高午刺述洞胸死,屠蜀城,灭述妻子宗族。孝灵光和元年四月癸丑,流星犯轩辕第二星,东北行,入北斗魁中。至中平元年,黄巾贼起,上遣中郎将皇甫嵩等征之,斩首千余万级。)

石氏曰:流星入北斗魁中,失名人。流星夜有光,入北斗,大臣有系者,以五色占之。

郗萌曰:大流星色青,入北斗魁中,大臣有系者,有忧也。大流星入北斗魁中失明者,系者斩死。(案班固《天文志》曰:成帝绥和元年正月辛未,有流星从东南入北斗,长数十丈,二刻所止。其年十一月庚子,定陵侯淳于长坐执左道,下狱死。)

郗萌曰：奔星入北斗中，中国使匈奴。（案班固《天文志》曰：成帝阳朔四年闰月庚午，飞星大如缶，西南入北斗下。明年鸿嘉元年正月，匈奴单于离陶莫皋死，五月甲午，遣中郎将杨兴使吊。）

《荆州占》曰：大流星入北斗魁中，大臣背叛。流星使星入北斗魁中，臣有系者，星出系者出。大流星入北斗魁中，贵人囚，青黑忧，赤黑死，赤兵死。

郗萌曰：流星入应星中，天下有赦。

石氏曰：流星出北斗，人主使人于诸侯。色黄白有贺事，青黑有忧事，赤有兵，期二年。

石氏曰：流星出北斗魁中，人主左右有系死者。流星出北斗魁中，若东西不出，期年兵起。流星出北斗魁中，大将军出，以星出日占知所之。

郗萌曰：大流星出北斗后，尾长数丈，将出。流星黄白，出北斗魁中，有赦令。

《荆州占》曰：大流星出北斗魁中，不出其年兵起，占星所之者。使星出北斗东行，齐赵负兵。（《玉历》云：齐鲁郑。）出北斗南行，荆魏负兵。（《玉历》云：为荆州楚韩。）出北斗西行，秦郑负兵。（《玉历》云：秦晋魏。）出北斗北行，楚赵负兵。（《玉历》云：燕赵，皆不出三年。）

玄冥曰：流星出部星，天子伐诸侯，天下将太平，期二年。

京房曰：流星于北斗傍，明如炬火，长六七丈，（一本云六七尺。）如缯布，贼臣专制天下，期三年。

郗萌曰：流星从南斗至北斗者，赦令，期正月二月。

《荆州占》曰：使星守北斗，天下乱。

郗萌曰：大流星拂北斗庑，不出其年，有戮死臣，期三年。奔星以冬至前后十日之内击北斗柄，天子当之，期六十日。

郗萌曰：大流星抵北斗柄，破之，大臣有忧，期六月。流星抵北斗，天下大发兵。使星抵北斗东行，不出其年，臣有戮死者。

《荆州占》曰：流星不入北斗魁中，居其傍，贵人有避宫者。

黄帝曰：流星抵正星，大人遇贼忧。流星出正星，执政者易，期一年。

甘氏曰：大流星抵法星左右，其有光者，男君疾，无光者，女主疾。若出法星，兵起，若有变事，期一年，远二年。

《荆州占》曰：流星抵法星，法星色青，三日有兵，期不出四月；色青白，九月有兵，期不出十月，而起期以春也，不出月，大变，变易国名。

《圣洽符》曰：流星抵令星，有兵起，天下不安；若出令星，王者使诸侯，行令四方。

齐伯曰：流星抵伐星，蛮夷以水兵来入国，若出伐星，天子出使于蛮夷，蛮夷和。若抵破伐星，人多死，期一年，远二年。

石氏曰：流星抵杀星，无光，五日君疾，有光，十日女主死。

甘氏曰：流星抵危星，五谷不成，人君有忧；若出危星，天子出行令。

《荆州占》曰：流星多抵危星，其色赤，有兵，期一岁，黄有土功事，白有丧，期一岁，黑有分国。危星不明，流星数抵之，五谷不成，国相去，君有忧。

郗萌曰：大流星数抵部星，王者忌之。

《荆州占》曰：流星抵部星，色赤，有大忧，若有士封爵，列侯有令，若兵器有怪，黄有喜。

石氏曰：流星入辅星，相官不治，天子制之。星出辅星，相免若死。

流星犯紫宫十四

黄帝曰：流星入紫宫，有大丧，大兵起，将军有戮死者，期三年。（案司马彪《天文志》曰：孝章建初二年九月甲寅，流星过紫宫，长数丈，散为三，灭。后四年六月癸丑，明德皇后崩。孝和永元七年正月丁未，有流星起天津，入紫宫中，灭，色青黄有光。十二月己卯，流星起文昌，入紫宫，后窦太后崩，陇西羌反。《宋·天文志》曰：宋前废帝永光元年六月壬午，有流星前赤后白，入紫宫。明年，会稽太守寻阳王子房、广州刺史袁昙远、雍州刺史袁颢、青州刺史沈文秀并叛，昭太后崩。明年太始二年三月甲寅，流星从五车出，至紫宫西藩没。其年四方反叛，内兵大出，六师亲戎，昭太后崩，大将殷孝祖为南贼所杀也。）

石氏曰：流星入紫宫，主忧，天下多死者，臣犯主。又曰：入紫宫，使者忧。又曰：入紫宫，使者复命。名曰使星，诸侯有来使者。

班固《天文志》曰：孝昭元平元年三月丙戌，流星出翼轸东北，干太微紫宫，始出小，且入大，有光入，有声如雷，三鸣止。占曰：流星入紫宫，天下大凶。其年四月癸未，宫车晏驾。

《荆州占》曰：流星入紫宫，水旱不调。（案韦昭《洞纪》曰：汉灵帝嘉平二年，有流星出文昌，入紫宫。六月，北海水溢，司空杨赐免也。）

《荆州占》曰：奔星入紫宫中，大乱。一曰为其国有乱。其出也，国去其君。（案《中兴书》曰：安帝隆安五年三月甲寅，有流星赤色，众多西行，历牵牛、虚、危、天津、阁道、贯索、太微、紫宫，桓玄篡位之应。）

《荆州占》曰：使星入紫宫，匈奴起兵。

陈卓曰：奔星入紫宫，天下大乱，若有奇令。

石氏曰：流星出紫宫，天子之急使也。青忧，赤有兵，黄有土功，白有丧，一曰义，黑有水事，皆以所之分野命其国。星复入者，使复命也，不出其年。

《海中占》曰：流星出紫宫，人主宫殿空，若有徙王，不则出走，期三年。

《荆州占》曰：流星出紫宫中，奔入天牢中，天子以赦应之。

《宋书·天文志》曰：宋文帝元嘉二十年二月二十四日乙未，流星大如桃，出天津，入紫宫，须臾，有细流星，或五或三相续，又有一大流星从紫宫出，入北斗魁，须臾又有一大流星出贯索中，经天市，诸流星并向西北行，至晓不可称数。《流星占》并云：天子之使。又曰:庶民惟星,星流民散之象。至二十七年,索虏破青冀徐兖豫六州,民死大半。

《荆州占》曰:使星出入紫宫,有空国,王徙。

流星犯北极十五

黄帝曰:使星色白,入北极,天下兵聚。一曰国有大变,若有称兵。

石氏曰:流星入北辰,天下道塞;出北辰,天下安。

焦延寿曰:流星入北辰,兵大起。

黄帝曰:流星出北辰,地动。

石氏曰:使星出北极,兵在外者罢,若兵聚外境,期不出年。

《荆州占》曰:使星色赤出北极,兵罢于外。

石氏曰:当以戊日占,有流星出北辰,天子德令安天下。

黄帝曰:流星抵北极,国有大丧,天下兵起,非一国,将军战死,若大臣破戮,期不出三年。

石氏曰:流星抵北极而止,色前赤后白,有来言兵事者。前白后黄,人主立太子,有裂地者。色赤而前黄锐,有来吾国而死者。色白而前后皆锐,有来言开关而和者,若兵罢,四方皆然。

甘氏曰:流星入钩陈,必有迫劫主者,若臣谋其主,若兵起宫中,期二年。

流星犯天一太一十六

《圣洽符》曰:流星犯抵天一太一者,五谷成熟,人民安乐,天下太平,邻国宁。

开元占经卷七十五

流星占五

流星犯石氏外官一

流星犯库楼一

黄帝曰：流星入库楼，库兵发用事，车骑出；流星出之，兵大起，随星所之，兵所从往，期三年。

郗萌曰：流星出天库，所之邑受兵。使星出入天库楼，天下空虚，兵尽出。

流星犯南门二

石氏曰：流星入南门，西夷兵起，关道不通，国有忧。

《荆州占》曰：流星入南门甚众，大臣有外事。

流星犯平星三

《玉历》曰：流星入平星，执令臣有忧，若有罪；星若出之，臣有黜者，期百八十日。

流星犯骑官四

甘氏曰：流星入骑官，有兵起，骑士将出有忧，若马多死，期一年，远二年。

石氏曰：流星抵骑官，兵起，星所止知之。

流星犯积卒五

《圣洽符》曰：流星入积卒，兵士大行，若将死。一曰近臣有诛者，期不出二年。（案《晋阳秋》曰：大元元年三月丁巳，流星大如斗碗，赤色，尾长二丈，起心星南五丈，经积卒。九月，秦王苻坚屠凉州，虏刺史张天锡，车骑桓冲，屯军淮泗。）

流星犯龟星六

齐伯曰：流星入龟星，天下有水，珠玉贵；流星出之，天下大旱，五谷贵，期不出年。

郗萌曰：流星出龟星，色青黑，所之国大水；赤黄，所之国大旱。

流星犯傅说七

《甄曜度》曰：流星抵傅说，王者有子孙之忧，若出之宫中，有子孙之喜，期不出百八十日。

流星犯鱼星八

《海中占》曰：流星抵鱼星，天下水，鱼盐贵；星若出之，天下旱，鱼行人道。

流星犯杵星九

玄冥曰：流星入杵星，五谷大贵，其岁杵不用事。

流星犯鳖星十

《文曜钩》曰：流星入鳖星，国有大水，色赤出鳖，其国大旱。

郗萌曰：大流星出鳖星，色青黑为大水，赤黄为大旱，视其所之以命邑。

流星犯九坎十一

巫咸曰:流星入九坎,有水旱之变,从南入则大旱,从北入则大水。

流星犯败臼十二

《帝览嬉》曰:流星入败臼,天下有急发米粟之事,杵臼用,期一年。

流星犯羽林十三

黄帝曰:流星入羽林,兵大起,士卒发用,将军有出者,期三年。

石氏曰:流星色赤,入大牢东,君起兵;入其西,太子起兵;入其北,诸侯起兵;出大牢,兵随所之。流星色赤,入天军之南,天子死;入其西,太子死;入其北,诸侯多死。流星色黄白,入天军之西,天子立太子;入其中,天子立侯王,不则受赐。流星色白,入天军之南,后忧疾;入其北,诸侯忧疾。

《春秋纬》曰:使星出入羽林,兵起。

流星犯北落十四

石氏曰:流星抵北落,天下有兵,北夷寇虏入塞,大将出,铁锁用,期百八十日,远一年,若二年。

流星犯土司空十五

《玉历》曰:流星抵土司空,其国有兵,土功起;若抵破司空,国有丧,期三年。

流星犯天仓十六

石氏曰：流星色赤，入天仓中，兵内起；其犯破天仓，旱，若火起，出天仓，粟以兵出。流星色黄白，入天仓中，岁饥，出入天仓，岁大饥，出谷。

甘氏曰：流星入天仓，天下饥，谷散出，若发粟于民，有转谷之事。

流星犯天囷十七

《圣洽符》曰：流星入天困，有兵起，谷当出，有军粮之急，期百八十日，若一年。

流星犯天廪十八

齐伯曰：流星入天廪，其国大饥，五谷不成，人民饥死，米粟当有出廪者，期不出二年。

流星犯天苑十九

《甄曜度》曰：流星入天苑，有兵起，马出行，若多死。一曰禽兽多死。

石氏曰：流星色赤，入天苑中，牛马多伤；出天苑中，牛马多以兵事出者。流星色黄，入天苑中，牛马野禽兽蕃息。流星色苍白黑，入天苑中，牛马野禽兽多死；出天苑，牛马以全出者。流星入天苑，马之事，出天苑，名马出，币入，四足兽有币者。流星入天苑，名马有入者；出天苑，名马有出者。

流星犯参旗二十

《海中占》曰:流星入参旗,兵大起,弓弩用;流星出之,将军出,兵士行,期二年。

郗萌曰:使星出入天弓,匈奴兵起。

流星犯玉井二十一

黄帝曰:流星入玉井中,皆为强国失地;出玉井,强国得地。

郗萌曰:有大流星循伐以下入玉井中,不出其年,水与城等,以星小大迟疾占之。

玄冥曰:流星入玉井,国以水为忧,若疾,国失地;若出之,大水溢流,有溺死者,期不出二年。

《荆州占》曰:流星出玉井,将出。

流星犯屏星二十二

《文曜钩》曰:流星入屏星,执法臣有戮死者,人民多疾,若有死,不出其年。

流星犯厕星二十三

巫咸曰:流星入厕星,天下大饥,人相食。一曰若大水,陷厕中,有谋兵。

流星犯天矢二十四

石氏曰:流星抵天矢,人民多疾,若多死,天下饥。流星色黄吉,青白多疾,黑多饥。

流星犯军市二十五

《玉历》曰：流星入军市，兵大起，大将出，军饥，绝粮，市散，期二年。

流星犯野鸡二十六

甘氏曰：流星入军市，抵野鸡，将离散，士卒死亡，先起兵者殃，期三年。

流星犯狼星二十七

黄帝曰：流星抵破狼星，秦国有殃，先起兵者亡，期一年，远二年。

石氏曰：流星抵狼星，其国兵大起，大将有千里之行，将军有死者。

流星犯弧星二十八

齐伯曰：流星入弧星，天下兵起，诸侯相攻，弓弩用，车骑出。一曰弓矢贵，秦负兵，期不出百八十日，远一年。

司马彪《天文志》曰：光武建武十一年十二月己亥，大流星如缶，出柳，西南行，入弧且灭，分为千余，如遗火状，须臾，有声隐隐如雷。柳为周，弧为秦蜀，大流星出柳入弧者，是大使从周入蜀。时光武使大司马吴汉发南阳，三万人乘船溯江而上，击蜀成帝公孙述。又命将军成等平武都邑郡。十二年二月，吴汉又击述，大司马谢丰斩首五千余级。十一月丁丑，汉护军高午刺述洞胸，其夜死。明日，汉入屠蜀城，诛述大将公孙晃等，所杀数万人，灭述妻子宗族万余人。

流星犯老人星二十九

《荆州占》曰：使星出入老人星，老人有疾忧。

《海中占》曰：流星抵老人，天下多病，老人不安。一曰大兵起，老者行。

流星犯天稷三十

玄冥曰：流星入天稷，五谷散出，谷不熟，天下饥，人民流亡，去其乡。

流星犯甘氏中官二

流星犯天理一

《荆州占》曰：流星入天理，贵人之牢，太仆名臣有系者也。青忧，赤以金杀之，黄白无故，黑凶。流星出魁中，赦系狱者，天理也。

流星犯咸池二

黄帝曰：流星出咸池中，星所之者兵起。

石氏曰：流星入咸池，大水。

郗萌曰：使星舍咸池，有丧。

流星犯甘氏外官三

流星犯哭星一

黄帝曰：出入哭星，有哭泣事。

流星犯水府二

郗萌曰：有大流星赤黄色，出水府，所之邑大旱。

郗萌曰：有大流星青色，出水府，所之邑大水。

流星犯巫咸中外官四

流星犯长垣一

《帝览嬉》曰:流星入长垣中,匈奴兵起,来侵中国,人主有忧。

《荆州占》曰:使星入长垣,匈奴起兵。

流星犯天渊二

郗萌曰:大流星色青黑,出天渊,所之邑大水。大流星色赤黄,出天渊,所之邑大旱。

流星犯厩三

陈卓曰:使星出入天厩,天下有惊。

开元占经卷七十六

杂星占

星昼见一

甘氏曰：星与日并出，名曰女嫁星。与日争光，武且弱，文且强，女子为主而昌。在邑为丧，野为兵。

《辨终备》曰：星昼见，虹不藏，臣人生，海失常，主淫于色酒湎沉，慎失职，出游遨。

甘氏曰：明星夺日光，天下有立王。

《吕氏春秋》曰：武王胜殷，将二虏而问焉，曰：若国有妖乎？二虏对曰：国有妖，星昼见。

甘氏曰：星无故常昼见者，名女王，不出三年，大水浩洋，若有女王立。

京氏曰：昼星见，人臣有奸心，上不明，臣下纵横修撰。

《孝经雌雄图》曰：一星昼见者，君子失国亡道，入边为虏。

《魏氏图》曰：一星昼见者，君子失国亡世，当败必死。

《雌雄图》曰：二星昼见者，皇后失势，以刑死。一曰公亡，刑则失度，为羌狄所贼。又曰：有白衣间诈在宫中。

《魏氏图》曰：三星昼见者，君有亡邦，忧羌人入界，欲为天子。一曰臣有忧，其世绝。又曰：参与辰俱见，天下有兵，二邦相攻，血流。

《孝经内记》曰：三星在日上下者，外人欲杀，奸在后宫。又曰：三星在日左右者，臣欲杀君，与将军共为一心。

《雌雄图》曰：三星昼见者，臣有大忧，公卿为夷狄贼所害。又曰：四星及五星昼见者，王侯为外界人所杀。一曰君弟有死忧。

《内记》曰：四星在日上下者，王侯欲伐，国政之忧。

《魏氏图》曰：北斗昼见者，君死亡，绝后嗣也。

恒星不见二

杨泉《物理论》曰：凡无名之星，一见一不见，唯二十八宿，度数有常，故曰恒星。

《左氏传》曰：鲁庄公七年四月辛卯夜，恒星不见。（恒，常也，谓常见之星也。辛卯四月五日夜，月光尚微，盖时无云，日光不以昏没也。）夜中星陨如雨。（如，而也，夜半乃有云，星落而且如雨，其数多也，皆记异也。日光不匿，恒星不见，云夜中者，以水漏也。）

《传》曰：恒星不见，夜明也，星陨如雨，与雨偕也。（偕，俱也。）

《谷梁传》曰：常星者，在位人君之类，不见者，无君之象也。

《公羊传》曰：恒星布列四方，助天为光明，诸侯之象。不见者，象诸侯之背叛，不佐王者奉顺法度。

《春秋纬》曰：恒星不见，言周制绝灭，众耀陨乱。

《运斗枢》曰：苍帝行失则列星灭。

《雒罪级》曰：恒星不见，主严法度消。

《助佐期》曰：列星不见，精无耀，天子失政，诸侯横暴。

董仲舒曰：常星二十八舍，人君之象也，众星者，万民之类也，列宿不见，象诸侯微也。

许慎曰：众星者，庶民之象也，与列宿俱亡，中国微灭也。

郑玄曰：恒星谓列舍，特天子之正也。不见者，诸侯乘天子礼义法度。又夜明象诸侯概然将强大也。

《河图舍占篇》曰：将失政不法，则星亡。

《尚书中侯·准谶哲》曰：煌煌之灭，（阙）失权流顿斩，恒星灭。

星斗占三

《吕氏春秋》曰：至乱之化，有星斗。

班固《天文志》曰：辰星与他星相遇而斗，天下大乱。

众星摇动四

《洪范天文星变占》曰：汉武元光中，天星尽摇，上问候星。对曰：星摇，民劳也。后征伐四夷，百姓劳于兵革也。

星陨占五

京房《易传》曰：星者，阴精也，五行之形，其体在下，精耀在天，百官之本，各因其原。星飞反行，万民不安。太星陨下，阳失其位，灾害之萌也。其救也，人君当悔过反政，克己责躬，省徭役，安国封侯，以宁民为先，则宿正矣。

《洪范传》曰：星者在位人君之类也，陨者从其陨坠失其所也。夜中然后陨者，言不得终其性命，中道而败。或曰：象其叛也。夜中然后反者，言当以中和之道反之也。天变所以语人也，防恶远非，陨卑有微将以安之也。

班固《天文志》曰：夜中星陨者，为中国也。

《盐铁论》曰：常星犹公卿也，众星犹万民也。列星正则众星齐，常星乱则众星坠。

《感精符》曰：天下无法度，莫能相治，患祸并见，四夷为邪，则星陨，皆失其正，异姓起，行贪奢，强国并兼，民流彼邦，此王者失执，诸侯起霸之异。

董仲舒曰：星陨者，君主太盛，臣下坠落之象也。省刑，罪无加贤臣以救之。

《洛书》曰：众星陨不言，侯伯伐王。

《天镜》曰：国易主，则星坠。国有大凶，其主亡，则众星坠。

董仲舒曰：众星坠，民失其所也。

《荆州占》曰：星坠，当其下有战场，天下乱，期三年。

《推度灾》曰：奔星之所坠，其下有兵；列宿之所坠，灭家邦；众星之所坠，万民亡。

《运期授》曰：黄帝亡也，黄星坠。

《文曜钩》曰：镇星坠，海水溢。

《考异邮》曰：黄星骋，海水跃。

《运斗枢》曰：黄星坠，海水倾。

《淮南子》曰：奔星坠而渤海决。（许慎曰：奔星，流星也。）

《天官书》曰：宋襄公时，陨如雨。（杜预注《春秋》曰：如，而也，星落而且雨也。）天子微，诸侯力政，五伯代兴，更为民主，自是之后，众暴寡，大并小，并为战国。

京房曰：星以春三月坠，岁凶不登；其二月，大殃；秋三月坠，兵起；八月大殃。

《左传》曰：星陨如雨，与雨偕也。

《洪范》曰：此象天子微弱，民将去土，诸侯起霸，终于微灭之应也。

《潜潭巴》曰：星陨如雨，厥民叛，下有专讨归众。

京房曰：人君不仁，伤胎孕，杀无辜，则岁星失度。星陨如雨不收，则弟杀兄，臣诛君。其救也，内慈仁敬让，外虑恩施惠，无犯四时，岁星承度，陨星上覆列宿。又曰：君不任贤，厥妖天雨星也。

《汉书》曰：成帝永始二年二月癸未夜过中，星陨如雨，长一二丈，绎绎未至地灭，至鸡鸣止。谷永对曰：日月星辰烛临下土，其有食陨之异。即遐迩幽隐，靡不咸睹，附丽于天，犹庶民附丽王者，君失道也，纲纪废颓，下将畔去，故星畔天而陨，以见其象。《春秋》记异，星陨最大，自鲁庄公已来，于今再为见。臣闻三代所以丧亡者，由妇人群小沉湎于酒。《书》云：乃用其妇人之言，四方之多罪逋逃，是信是使。《诗》云：赫赫宗周，褒姒灭之。颠覆厥德，荒湛于酒。及秦所以二世而亡者，养生太奢，奉终太厚。方今国家兼而有之，社稷宗庙之大忧也。

《天镜》曰：星坠为石，天下兵起，流血万里。又曰：国有兵凶，则星坠为鸟兽。

京房曰：天下将亡，则星坠为飞虫。又曰：岁大饥大殃，则星坠为粟豆。又曰：天下大兵，则星坠为金铁。

《天镜》曰：天下有水，则星坠为水。又曰：国有大饥，有兵流血，则星坠为土。又曰：国主亡，有兵，则星坠为草木。又曰：兵起国主亡，则星坠为沙。

京房曰：星坠为人而言者，善恶如其言。又曰：国有大丧，则星坠为龙。

《河图》曰：将失政不法，石坠星亡。

《援神契》曰：星坠石坠，大人忧。

京房曰：星堕化为石，臣下倍主，主妄行。又曰：兵将作，妖星陨为石。

《天官书》曰：星坠地则石也。河济之间，时有坠星。

《左传》曰：僖十六年春，陨石于宋五，陨星也。周内史叔兴聘于宋，宋襄公问曰："是何祥也？吉凶焉在？"对曰："今兹鲁多大丧，明年齐有乱，君将得诸侯而不终。"退而告人曰："君失问，是阴阳之事，非吉凶所生也。吉凶由人，吾不敢逆君故也。"

《洪范占》曰：明年齐桓公卒，五子争国，宋公伐齐行霸。后六年，为楚所败，不终之应也。

《抱朴子外图》曰：陨星者其精耀，非陨其质也。陨石于宋五，非星也。俗人视天上惟有日月与星，计言从天上堕，惟当是此三物，而日月常在，故谓堕者必是星耳。天或雨血、雨鱼、雨灰、雨草木、雨兵、雨石、雨谷，如此是天降怪异，无所不有。春秋时，陨石所谓雨石者也，何必星乎？或四方高山之石，飞行为怪，坠之于地耳。其妖大甚，不可悉载。

《史记》：秦始皇三十六年，有坠星下东郡，至地为石，黔首或刻其石，云始皇死而地分。始皇闻之，遣御史逐问莫服，尽取石旁舍人诛之，燔其石。

《洪范占》曰：是岁始皇崩，三年而秦灭亡。

《赵书》曰：石勒时，有星陨魏郡邺县东北六十里，初有黑黄云如幕，长数十尺交错，音声如雷，坠地热气如火，尘起连天，时左右有私锄者，皆震叠。尘止经视之，土犹带热。求觅见，有一石方一尺，青色而轻，击之声如磬。未几石勒死，虎杀其子而自立。

开元占经卷七十七

客星占一

瑞　星

宋均曰：景星大而中空。

孟康曰：景星者，有赤方气与青方气相连，赤方气中有两黄星，青方中一黄星，凡三星，合为景也。（案《蜀志》曰：后主景耀元年，史官言星见，于是大赦，改年为景耀也。）

《天官书》曰：天晴而见景星。景星者，德星也，其状无常，常出有道之国。

《瑞应图》曰：景星者，大星也，状如半月，生于晦朔，助月为明，王者不私人则见。又曰：德及幽隐则出。又曰：景星者，星之精也，光从月出，出于西方，王者不私人以官，使贤者在位，则景星出见，佐月为明。

班固《天文志》曰：天晴而见景星。（占六十日晴，精明亡。）

《河图》曰：黄帝治，景星见于北斗也。

《尚书中候握河纪》曰：尧即位去年，景星出翼，凤凰止庭。（郑玄注曰：景，大也，明也。翼，朱鸟宿也。）又曰：帝执德恭，聪明密微，思心清静，在庭从宜，仁推度符，移序精和，天地休通，五行相化，景星出摄提。

《含文嘉》曰：王者序长幼，各得其正，则房心有德星应之。

《合诚图》曰：天子精耀心，坟务德，则景星窥。（宋均曰：坟，盛也。窥犹见也。）

《礼稽命微》曰：王者制礼作乐，得天心，则景星见。

《感精符》曰：王者德上感皇天，则景星见。

《演孔图》曰：天子以贤举，则景星效于天。

《春秋纬》曰：《周图变书》云：赤雀所衔，蜀，下授文王于丰殿之(阙)剽天子精耀，招神任理(阙)有向心顺务德，则景星见，鸾凤下。

《元命包》曰：仁义茂盛，贤俊彰明，神符感出，景星守参。

《感精符》曰：尧时气充盛，上感皇天，故景星见。

《孝经内事》曰：天子行孝德则景星出。

《援神契》曰：王者德至天则景星见。

《白虎通》曰：景星者，大星也。月或不见，景星恒见，可以夜作，有补于人。

《帝王世纪》曰：舜时景星见于房。

《坤灵图》曰：至德之萌，黄景索于北斗，必以戊己日，其光无芒，行久，无武动军，莫之敢拒。

《含文嘉》曰：宫室之礼得，则虚危有德星应。又曰：居丧以礼，则德星应在虚危。

《稽命征》曰：礼得其宜，则虚危有德星见。

《含文嘉》曰：宫室之礼得，营室有德星应。又曰：居丧以礼，则德星应舆鬼。又曰：天子穆穆，诸侯皇皇，则少微有德星。又曰：殡丧之礼以其时，则三阶平正，有德星出入其间。又曰：天子祫禘，巡狩有度，考功责实，外内之制各得其宜，四方之事无蓄滞，上下交通，则山泽出灵龟宝石，麒麟至苑囿，六畜繁多，天苑有德星应。（案申颖《秦书》：苻坚建元六年四月，天苑有大星，色甚白，占者以为太平之祥，乃立望气台于宫左。冬十一月平燕国，擒慕容暐。）

《含文嘉》曰：天子行乡射饮酒之礼得其宜，则曰大德，天苑左右角皆有大德星应。

《海中占》曰：德星守建星，君臣俱明，天下更平，五谷更兴。

宋均曰：含誉瑞星，光耀侣彗。

《援神契》曰：喜则含誉射。

客星名状二

黄帝曰：客星者，周伯、老子、王蓬絮、国皇、温星，凡五星，皆客星也。行诸列舍十二国分野，各在其所临之邦，所守之宿，以占吉凶。又曰：客星大而色黄煌煌然，名曰周伯，见其国兵起，若有丧，天下大饥，人民流亡，去其乡。又曰：客星明大白淳然，名曰老子，所出之国为饥为凶，为善为恶，为喜为怒，常出见则兵大起，人主有忧。王者以赦除咎则灾消。又曰：客星状如粉絮拂拂然，名曰王蓬絮，见则其国兵起，若有丧，白衣会，其邦饥亡。

《荆州占》曰：王蓬絮星色青而荧荧然，所见之国风雨不如节，焦旱，物不生，五谷不登，多蝗虫，

黄帝曰：客星出而大，其色黄白，望之上有芒角，名曰国皇，见则兵大起，国多变，若有水饥，人主恶之，人多疾。又曰：客星色白而大，状如风动摇，名曰温星，常出四隅。出东南，天下有兵，将军出于野；出东北，有千里暴兵；出西北亦如之；出西南，其国兵丧并起，若大水，人饥。

石氏曰：温星出东南，为大将军服屈不能发者；出于东北，暴骸三千里；出西亦然。

黄帝曰：客星见其分，若留止，即以其色占吉凶，星大事大，星小事小，星色黄得地，色白有丧，色青有忧，色黑有死，色赤有兵，各以五色占之，皆不出三年。

巫咸曰：客星入列宿中外官者，各以其所部舍官名为其事，所之者为其谋，其下之国皆受其祸，以所守之舍为其期，以五气相贼者为其使。

客星犯月三

《河图》曰：日月与大星昼并见，是谓争明，大国弱，小国强。

《河图》曰：大客星流入月中无光，当有与君俱并兵死者。又曰：客星入月中，有破触月，臣弑主，有内乱。

《洛书》曰：客星入月中，有破军。又曰：大星入月中，臣弑主。又曰：大星入月，月无光，其国再伐而亡。一曰其国当者灭亡，四夷来侵。又曰：居月见，不出三年，人主死，不死国有殃。又曰：星见月中，不出其年主忧。又曰：月未中而日星入之，有贼人为政者在东方，文者长，武者亡；月过中而星入之，有贼人为政者在西方，武者长，文者亡。又曰：他星入月中，兵将起，他国有来降者。

高宗曰：星入月中，将有大兵。

《海中占》曰：星入月中，其国若有忧。一曰不出三年，臣胜其主。

京氏曰：星入月中，臣贼其主，夺其家。又曰：月中有星，天下有贼，星多者贼多。又曰：星入月中，大臣谋伐其主，主令不行。

《荆州占》曰：星入月，其国有丧。又曰：星入月中，有破军杀将。又曰：大客星入月中，月无光，其国灭亡，四夷来侵，期五月，若十月。又云：客星贯月，其国内乱，大臣死。

《洛书》曰：星在月右角者，秦氏丁氏为奸，在西宫中。又曰：星在月左角，窦氏宋氏为奸，在东宫中。星在月上者，邓氏司马氏为奸，在南宫中。星在月下者，赵氏李氏为奸，在后宫中。星在月两角，刘氏为奸败。

《孝经内记》曰：月在星角者，臣与黄门僮女人阴奸为贼；两星在月角者，臣与人君共作奸；一星在月中，臣与君妇女共作奸谋；一星在月下者，后宫列女要臣为奸也。

《河图》曰：星在月阴，负海国有胜。星出月下，芒相烁也，君死人饥。

京氏曰:星与月同光,臣下作乱,人民非上,令不行。

甘氏曰:星食月,其国相死。

《洛书》曰:星毁月,下司上。

客星犯岁星四

《荆州占》曰:岁星与他星合,人主不安。又曰:岁星与他星薄之,主有谋。又曰有贼。又曰:客星与岁星斗,不出其年,强国易相。

巫咸曰:他星守岁星,越有忧。一云城邑有忧。

甘氏曰:有星守岁星,人主有忧。

《春秋纬》曰:岁星与他星会而斗,因破他星,人主不宁。他星薄破之,主有谋贼害。

客星犯荧惑五

石氏曰:荧惑与他星会而斗者,皆为祸。

《荆州占》曰:荧惑与他星会而斗,天下兵起,他星破荧惑为祸,荧惑破他星会,事虽有,不能为祸。又曰:荧惑与他星合,相陵而斗,二星相近者其殃大,相远其殃小。

客星犯太白六

甘氏曰:有星入太白中,强国以战亡。又曰:有星入金星,天子伐诸侯,武士大将死。

郗萌曰:县乱星出也,常出太白之旁,相去三四寸所,星出天下大乱。又星从他所来,之太白旁,居与往来,亦为使,其事急。又太白与他星过于四方,必有大败。又太白与他星遇,太白避他星,兵畏,他星避太白,兵成。

客星犯辰星七

巫咸曰:有星入水星,天下大水,大理御史官多死。

班固《天文志》曰:辰星与他星遇而天下乱。

石氏曰:辰星与他星会,光相薄,乃为害。不相及,虽同会不为害。

《荆州占》曰:辰星与他星会,破之,刑事行;他星不破,刑事不害。

石氏曰:辰星出与他星遇而斗,天下大乱。

开元占经卷七十八

客星占二

犯东方七宿

客星犯角一

甘氏曰:客星干犯两角间,白者军起不战,邦有大丧;其色赤,战,所指必有破军侵城,期七十日或三年。

石氏曰:他星入左角,兵吏有来击者,色赤皆以兵击,黄皆以土讼,白皆以义,黑皆以死,青皆以忧。

巫咸曰:客星入左角,狱多死囚。

《荆州占》曰:黄星若白星入左角,里有受咎者。又曰狱官吉。入右角,尉有喜。

《荆州占》曰:赤星入左角,兵吏有攻者也。黄讼土事,白以好讼,青以忧讼,黑以死讼。

石氏曰:白星入右角,兵吏有易者,青以忧去,黄以好去,白以义去,黑以死去。

《海中占》曰:赤星入右角,兵吏有置兵军受命者。

夏氏曰:客星入角,五谷伤,蝗虫生。

郗萌曰:黑星入右角,兵吏有以丧置兵者,色黄若白,以好置兵,青以忧置兵。又曰:客星入角,将相后族家有收戮者。

石氏曰:赤星从两角间过,不入亢中,有兵,色白有过客,色黑有过丧。

郗萌曰:有星出亢入两角间,君有使,诸侯有口令,色赤言兵,黄言土,白言义,青言忧,黑言凶。

石氏曰:他星出左角,狱吏易者,色赤以兵,色黄以好去,色白以义去,色黑以死,色青为忧。

郗萌曰:有星出左角,与星相迫,大如缶,赤如血,其名为祸星,三日三夜不入,命曰动兵,三年而国亡,以其日占之。又曰:黄白星出左角，狱啬夫受梃，色青有大忧，色黑有死者。

石氏曰：有星出右角，有惊将，色赤将不胜，青忧，黄将去，白不战，黑将死。

《海中占》曰：大赤星出右角，国门有出兵，左角国入兵。

郗萌曰：黄星出右角，国有惊，（一云兵惊。）不战受地，星白者不战而进，色黑青者战不胜凶。

《荆州占》曰：赤星出右角，（郗萌曰：出右角入左角也。）将有攻吏者，国有惊。其星不摇散不统绝，战胜。

巫咸曰：客星出角，臣谋其主，贼从外来，天下大乱，将相将有诛者。

《海中占》曰：赤星出角亢间，国邑有围者。

郗萌曰：大赤星若白星出角亢，国有大盗，黄星出北，止天门中，天下兵在外者罢，客星出角，兵大起，期不出二年。

《荆州占》曰：赤星出两角间，国有恐，人民惊。又曰：经两角间，军道塞。

《二十八宿山经注》曰：有客星如半席，出于角亢，则其年韩土有死兵，公使大臣谋死，多灾殃。

郗萌曰：赤星经两角间，国门闭，可以观邑门之闭开也。星白，军在外道塞。赤星从两角间过，不入亢中，有过兵。黄白星数就右角若左角，兵使有受地者。赤星大如锋矢，赤如鸡血，数就右角若左角，兵使遇贼。

《黄帝占》曰：大黄星之两角间，有贵客来见，君庙将有事。

《海中占》曰：黄星起右角之左角，尉理受执。

黄帝曰：赤星止两角间，国门闭，其食道绝。

陈卓曰：客星舍角，天下有陷地。

郗萌曰：客星入舍右角，小人有兵多恐，兵起不用。

石氏曰：客星守左角，色赤，天下大旱，五谷不成。

郗萌曰：客星守左角，狱吏多冤。

石氏曰：客星守右角，有大水。

巫咸曰：客星守右角，（一曰色赤。）多暴虐事。

郗萌曰：客星守南角间赦（一云黄星守两角间。）不尽出，期不出四十日。

班固《天文志》云：客星守两角间，奸人在宫庭。

《黄帝占》曰：大客星守角白，天下中隔不通。

石氏曰：客星守角，强臣宠取国势；他星守角，狱多讼。

巫咸曰：客星守角，五谷不登，大旱，不生草木。

郗萌曰：守角，臣谋其主。一曰贼臣从外入。又客星守角，大旱，五谷不熟，焦旱不生。一曰色赤守角，有兵。又客星守角，天庭大臣有乱者，凶。一曰入天庭十日，天下大乱。又客星逆行守左角，谷贵。

《荆州占》曰：客星犯守角，大旱，五谷不登，富人贫。又赤星留守两角间，有兵，国闭，青有大狱事，白有义来者，黄有土功，黑有凶，人主有殃。

客星犯亢二

甘氏曰：客星干犯亢，中国不安，兵起政乱，期一年。

石氏曰：有星出入角间，入亢，色赤，有过兵，白有过客，黑有过丧。

《海中占》曰：客星数入亢，国疾疫，出亢疾已。

夏氏曰：客星入亢，人流亡。

郗萌曰：客星入亢天庭十日，天下大乱。又客星入亢，有小旱，期三十日。又曰旱。又曰有小水，八谷水伤。又曰五谷不登，为后年。（一书云：五谷丰，人有礼让。）又曰：客星入亢，兵战，士卒行，不出九年。又曰天下大乱。

《荆州占》曰：客星入亢中，天下有德令。色白期秋，赤期夏，黄期六十日，黑期百二十日。又有星出氐入亢中而散，人主有病，从带而上。

《东官候》曰：赤星入亢，有宗庙事。色黑庙中有丧，色青见血，白有兵，女主有丧。

《百二十占》曰：他星入亢，有来使者受命于庙，色赤言兵，黄言土，白言义，青言忧，黑言忧客。

石氏曰：有星出亢，有出使者，以色占，赤言兵，黄言土，白言义，青使者忧，黑使者凶，一曰多兵。

郗萌曰:有星暴出亢,爱臣以口舌事自杀,期一月若一年。又黄星白星出庙以北,中人有受赐者。又黑星出庙北而南入庙,女主有客事者,有庙之事。又客星出入亢,五谷不登,为后年。

石氏曰:有星经两角间入亢,诸侯客有来者,庙将有事,有口令。

《海中占》曰:大赤星从角就亢,人主遇贼。

郗萌曰:客星与亢合,相为乱,国易政。

黄帝曰:赤星集亢氐间,廊庙间有陈兵。

《海中占》曰:客星出亢,若守之,其国大旱,五谷伤,贵人去其乡,人民流亡。若芒角变色,地动为害,期三年。

黄帝曰:客星守亢,国臣不祥。

巫咸曰:客星守亢,有德令。

郗萌曰:客星守亢,天下通,臣有谋其主者,军败不成,多虫蝗,粂贵丝贵,有奇令。又客星守亢,下田伤。

《东官候》曰:客星守亢,则五谷频不成,粂贵。

《荆州占》曰:客星留守亢,色赤旱,青黄人去其乡,黄无他害,黑人民流徙,贵人忧。芒角变色,地动摇宫。

《海中占》曰:客星犯守,国多妖祥。

客星犯氐三

甘氏曰:客星干入氐中,后宫有乱,暴兵动,期百八十日,远三年。

黄帝曰:有客星入氐,色白即将啬夫受赐,色黄迁,色青黑,不死则凶。又客星入氐,日食地震,粂贵,石百五十,有奇令。(一云粂石千五百,谷为玉。)

石氏曰:客星入氐,棺椁贵。

甘氏曰:客星入氐,(《文曜钩》云守氐。)边邦有献女者。

《海中占》曰:大赤星入氐,卒大出。

郗萌曰:客星数入氐,有疾。(一云没巳。)数出,疾已。

陈卓曰:客星入氐,兵从边起,若后宫乱,暴兵动,五谷不成。

《荆州占》曰:客星入氐,麦麻羊贵。

黄帝曰:客星出氐,(一云入氐。)色黄白,与两星齐,期十日而赦。去两星二尺，期百日有赦。

黄帝曰：有星出氐，若有疾于国外。

《文曜钩》曰：客星出氐，人主忧病，一曰有德令，若边国有献女者。

郗萌曰：有星入氐中而散，人主有疾，从带下而上。

《荆州占》曰：有星入氐中，人主有疾，从带而下。

石氏曰：客星起氐中，天子不安宫，移徙，女失坐。

郗萌曰：客星乘氐下星，马牛大贵。

黄帝曰：客星逆行入贯氐中央，日月薄食。

郗萌曰：客星逆入贯氐中，大人夺执失威，大臣乘国之权。又客星逆乘灭氐，有土功事。

黄帝曰：有星守氐，色黑，大水，其国有复王。白，廊庙有忧，黄有喜，赤有兵，在庙中，近臣谋弑贵人。

《文曜钩》曰：客星守氐，人主忧，带下病。

石氏曰：客星守氐，有谋臣欲危其主。

巫咸曰：客星守氐，兵起国亡，天下受图而俱起，亡军。

《海中占》曰：客星守氐，有德令。

郗萌曰：客星守氐，天下中外不通，马不急行，国易政。（案《后魏志·武纪》曰：桓帝时有黄星见于楚宋之分，辽东殷馗善天文，言后五十岁当有真人起岁沛间，其锋不可当。至五十年而太祖破袁绍，天下莫敌。）

《荆州占》曰：客星守氐，木器布帛倍价。

郗萌曰：客星逆守乘灭氐，诸侯王坐法者诛绝，无后。

客星犯房四

《河图》曰：客星干房，失春政，不法。

甘氏曰：客星干犯房，王国空，兵起，人饥，骨肉相残。

黄帝曰：客星入房，籴石千钱，人多饿死相食，多移去其田宅，皆期后年。

石氏曰：客星入房，输食有入者；出房，输食有出者。赤星入房，国名宝用，龙马贵。客星入房，诸侯有献马者，粂大贵。

郗萌曰：赤星就房，国围。又曰：入房马贵，出房，名宝有出者。客星入左服若右服，其有来献马者，出左右服，人君使诸侯以马为币。）房，有大臣弑其君者。又曰：入天府，天下有变更之令，若有急令。客星入天厩之中，满三日而去，有赦。

《荆州占》曰：白星入房下北门，有攻战排门者，在于近臣，期百二十日。客星入天府，有德令。一曰有贼人，一曰有兵发，一曰天下且有大丧。

韩杨曰：白星入房，赦。

黄帝曰：客星出，（《玉历》云：出若守之。）在阳为旱为丧为饥，在阴为兵为水，亦为饥。

班固《天文志》曰：汉孝武元光元年六月，客星见于房，二年十一月，单于将十万骑入武州，汉遣兵三十万以待之。

郗萌曰：客星出房，近臣谋主若暴死，期一年。又有星出房左为父，次为太子，出房右为母，次为长女。

《荆州占》曰：青星出右骖若左骖而散，人主为牛奔败。

郗萌曰：客星在表之北，多水，去下田，耕高田；在表之南，多旱，去高田，耕下田。客星在中道，天下太和，马贵，一曰牛贵。客星舍房左右，群臣有夺地者。又曰吞药死者。

石氏曰：客星守房左骖，马贵。客星守房，宫有谋臣，臣欲无其主。

巫咸曰：客星守房，粂贵。

郗萌曰：客房，天下有急令且恐，治驰道。又曰马疾。一曰人主以马为忧。

《海中占》曰：客星犯钩钤，主有奔马之败。

石氏曰：客星犯钩钤，王宫大乱，不出三年。

客星犯心五

石氏曰：有星入心，诸侯有来使者；星出心，君使人于诸侯。色赤言兵也，色黄言土功，色白言义，色青言使者忧，色黑言客凶。

甘氏曰：赤星入心留回之，天子不有丧，当兵死。

夏氏曰：客星入心，有德令。

郗萌曰：客星入天子之宫，十日成勾己，天下有大赦。客星入太子宫，太子益官。（一本云太子不得代。）黑星出房而入心，近臣谋主，若暴死，期一月中。客星入心，丞相忧疾。又曰大赦，期三月。赤星入心右星，太子有兵；入心左星，庶子有兵。青黑星入心右星，太子有忧，若有罪；入左星，庶子有忧，若有罪。黄白星入心右星，太子受赐；入左星，庶子受赐。

甘氏曰：客星出心，天下大旱，兵起满野，车骑用，国易政，期三年。

郗萌曰：客星出心中央星以南若左右，有抵罪而走者，黄白无占，青忧，黑死，赤以兵随之。又曰：心上有一星，去心一尺所，有中谋，下有星去心一尺所，有外谋，星多谋多，星少谋少，谋多者谓人多也。上下俱星，中外俱有谋，星远人远，星近人近。近期百日，中期在冲月，远期在一年中。

《荆州占》曰：以四月五月在心尾间，至七月八月，大虫从东南来。

黄帝曰：有星大如疋布，贯尾判心下星，诸侯有来附兵于君者。

郗萌曰：客星舍心，兵起。客星逆乘灭心，有谋易君者，宫内有乱谋，权在宗家，得执大臣。

黄帝曰：客星守心，不过三旬有善令。赤星大如锋矢，赤如鸡血，入守心，人主遇贼。其出心也，行道甚远，人主戮于千里之外。

《圣洽符》曰：客星守心，五十日不去，兵大起，国有丧，人民以饥亡，粂贵十倍，期不出百八十日，远一年。

巫咸曰：客星守心，粂贵人饥，兵臣谋，有奸臣，成勾己，有德令。期三月十月，稷布大贵。

郗萌曰：客星守心，有大土功，有大丧，大人当之。又曰人疾。客星守心中央星，大人忧，守太子，太子得立，守庶子，庶子诛。客星守心，赤为亡兵，青黑为忧。客星守心，二十日，谷大贵。

《荆州占》曰：赤星守心，大军兵满野，车骑用，布帛贵，娼女运谷，三年易改。

《杂候集》曰：他星守心，其国亡，邑有善令。

《天旬占》曰：客星守心，蜚蝗大起，籴大贵十倍，万人饥，流亡在道，下有谋反逆者。

石氏曰：客星犯守心，宫钟大鸣，剑戟大横，大臣相疑，天下兵起。心变期急，近期七日，中期七十日，远期百八十日。

《荆州占》曰：客星犯乘守心者，大旱，天下备火，近期十日，远期三年。

客星犯尾六

黄帝曰：客星入尾，岁饥，人相食，多死者。

《圣洽符》曰：客星入尾，大水，其入之顺行，有德，逆行凶。

石氏曰：客星入尾，北夷大饥，来降。客星入尾，人多移徙。又曰：入天司空，多土功事，有尾之禽大贵，天下大水。黑星若苍星入尾，故臣有来使者。白星入尾箕，边城将侯司空死之。客星入尾，皇后有以珠玉簪珥惑天子者。客星入尾，多风。一曰水祥，一曰雨降。客星入尾，宫人恶之。

《荆州占》曰：客星入尾，天下大振，一东一西，一南一北，男不得耕，女不得织。

客星犯箕七

《黄帝占》曰：客星守箕，多土功事。又曰：守箕北小熟，守箕东大熟，守箕南小饥，守箕西大饥。

石氏曰：客星守箕，天下饥，色赤则为兵。

郗萌曰：客星入箕，民流亡；若出箕，宫人出。

《荆州占》曰：客星入箕，多风暴雨，宫女不安，或外国有使来，一曰官木用。

武密曰：客星入箕，则有风雨。

《天文总论》曰：客星入箕，有土功事，守箕则秋冬水灾。

《天文录》曰：客星出于箕，民饥，大臣有见弃者；入箕，北夷饥。

开元占经卷七十九

客星占三

犯北方七宿

客星犯南斗一

甘氏曰：客星干犯南斗度，其国必乱，兵大起，期一年。

陈卓曰：客星干犯南斗，王者疾病，臣谋其君，子谋其父，弟谋其兄，是谓无理，诸侯不通，天下易政，期百八十日，远不出一年。

黄帝曰：客星入南斗中三尺，三日不去，城郭闭，道不通，贵人坐之。又曰：入鈇锧，外兵擒，士卒杀伤其将，外国来降。（《北官候》曰：国来而不降。）

《河图》曰：有星入南斗，有君来见吾君者。

《圣洽符》曰：小赤星气交入南斗建中，此扬见精者，宫人子方生，非其子也。

石氏曰：有星入南斗，诸侯客有来见天子者，出斗，天子使人之诸侯。色青皆言忧，赤皆言兵，黄皆言土，白皆言义，黑皆言凶。客星入南斗中三日三夜，天下有赦，期三月。

巫咸曰：客星入南斗，诸侯不通天子，且有举兵伐父者，弟攻其兄。

夏氏曰：客星入南斗，诸侯相攻伐。

郗萌曰：客星入南斗，多盗贼。以十一月四月入斗中，天下赦，无余囚。期六十日，远期六月。

陈卓曰：客星入南斗中，谷不登，人相攻。

石氏曰：客星出南斗，兵革大起，有大水，天下饥，人相食。一曰关梁不通，期二年。

《宋书·天文志》曰：晋孝武太元二年三月，客星在南斗，至六月乃没，占曰有兵，一曰有赦。是后雍、兖、冀常有兵役。十二月正月大赦，八月又赦。

郗萌曰：赤白星暴出南斗魁前，宫室兵起。中魁，神将军坐之，戮死。

《帝览嬉》曰：客星居南斗，道不通。

黄帝曰：客星守南斗，五谷登，贱，贵于后冬。

《文耀钩》曰：客星守南斗，五十日，大臣有谋，兵大起，国易政，王者有忧，期三年。

黄帝曰：客星守南斗，其君不亲信其臣，有兵兴。

石氏曰：客星守南斗，天下有喜福，五谷熟。

郗萌曰：客星守南斗，诸侯谋，王者役军，人皆走。又曰：大旱，宫庙有火之忧，人多疾疫。又曰：客星守南斗，天下易政。一曰兵官忧。一曰以水饥。

班固《天文志》曰：元帝初元元年四月，客星大如瓜，色青白，在南斗第二星东可四尺。其五月，渤海水大溢。

《荆州占》曰：客星守天库，兵革起。

客星犯牵牛二

陈卓曰：客星犯牵牛，有牺牲之事。

石氏曰：客星中犯牵牛，吴越兵自立，三年而灭，期不出一年，远三年中。

《彗要占》曰：客星干犯牵牛，中国起兵。

黄帝曰：客星入牵牛，诸侯有兵。又曰：入天鼓，外国来降。

郗萌曰：客星入牵牛，大臣外交诸侯。赤黄白，成，青黑，败。又曰：有星入牵牛，诸侯客有来，以四足虫为币者，出牵牛，君使之诸侯，以四足虫为币。色青皆道疾，黑死不至。

《荆州占》曰：客星入牵牛，有兵发而行。

甘氏曰：客星出牵牛，有兵起，大将出，若关梁不通，若地大动，马牛贵三倍，期二年。

巫咸曰：客星出牵牛，其国兵起，大将出，若关梁不通，多死，期不出一年。

陈卓曰：客星出牵牛，兵北行。

郗萌曰：客星舍牵牛，臣谋其主，五谷不登。

《续汉书·天文志》曰：孝明永平九年正月戊申，客星出牵牛，长八尺，历建星，至房南灭，见五十日。牵牛主吴越，房心为宋，后广陵王荆与沈凉楚王英颜忠各谋逆事觉，皆自杀。广陵属吴彭城，古宋地。

石氏曰：守牵牛，越有善象献中国。

甘氏曰：赤星守牵牛，人民为乱。

郗萌曰：客星守牵牛，王者外其大臣。又曰：客星守若入牵牛，盗贼在江海，岁多水。（案司马彪《天文志》曰：孝顺永建六年十二月壬申，客星芒气长二尺余，西南指，色苍白，在牵牛六度。后一年，会稽海贼曾於等杀长吏，拘夺吏民。扬州六郡逆贼章何等犯四十九县，大攻吏人也。）

《地轴占》曰：客星守牵牛，地大动。

《海中占》曰：客星出入守牵牛，马贵，价三倍。

客星犯须女三

陈卓曰：客星干犯须女，邻国有以奇女来进侍者，妾进为后。

石氏曰：客星入须女，诸侯有进女侍者。

陈卓曰：客星入须女，麻贵，诸侯有兵，江淮道路不通。

郗萌曰：客星入须女，留不去，天下诸侯王有不通者。一曰父子不通。

《荆州占》曰：客星入须女，有嫁女娶妇事，多丝帛，絮贵。

《帝览嬉》曰：客星出须女，宫人有谋，女主忧，兵起宫门，若贵人有死，期一年，远二年。

石氏曰：客星出须女，有嫁女事，黄白吉，青黑凶，赤忧。

郗萌曰：客星暴出须女，女主戮罪，期一年。又客星舍须女，留不去，有奇令。

《百二十占》云：他星出须女，御女有出者。

黄帝曰：赤星守须女，女子之丧。

《孝经内记》曰：客星守须女，有奇女降，丝絮布帛贵。

甘氏曰：赤星守须女，人民为乱。

甘氏曰：客星守须女南，有献女，贱女暴贵。

郗萌曰：客星守须女，女子乱其国，亡其政。赤星守须女，有急兵，食贵，人自卖者。一云女妾为妻。

陈卓曰：客星守须女，粢贵。

《北官候》曰：青星入须女，多以兵事死者。

《百二十占》云：他星入须女守之，天下有内美女者。

《荆州占》曰：有黑星出须女，有丧。

客星犯虚四

郗萌曰：客星干犯虚中，哭泣之事，有井田之法，改制之事。

黄帝曰：客星入虚，有军在外大饥，将离散，卒死亡，天下有大令。

石氏曰：客星虚中，主出将。有二客星，天下无处主。客星入虚中，色赤，有游客入国。色黄白吉，色青黑有凶事。

郗萌曰：客星入虚，种贵，籴大贵。又曰：天府有德令，期十一月。客星入虚中三日，环之，有赦，期七十日。客星入虚，大人当之。客星入虚危，色赤，有赍客来者，色白，有无币客来者。赤星入虚，籴贵，人有自卖者。

《荆州占》曰：客星入虚，天下大乱，政急，大人忧，其国饥。

《百二十占》曰：他星入虚危，青若黑，有以丧事使者。

石氏曰：有星入虚危，色青黑，有哭泣之事。客星出虚，大臣为乱，兵大起，国有丧，天下有哭泣之事，期三年。（案司马彪《天文志》曰：孝安永初三年十一月甲午，客星见西方，色苍白，在虚危南，至胃昴。至建光元年三月癸巳，邓太后崩。）

郗萌曰：客星入虚，君使人之诸侯，赤无币，青黑有告丧者。客星出入虚，天子自将兵于野。客星舍天府，天下有急行，期十月。

石氏曰：夏三月视虚中，有奇星一在虚，邦不居其处；有奇星二，将死；有奇星三，相死；有奇星四，将军败；有奇星五，大凶。

司马彪《天文志》曰：客星在虚危为丧。

《孝经章句》曰：客星守虚，臣乱其上而不知。又曰：国君死，或有德令。

甘氏曰：客星守虚，其国兵。

《玉历》曰：客星守虚，三十日不去，其国君死，若大臣有戮，兵丧并起，期百八十日，远一年。

《百二十占》云：他星守虚，有谋。

巫咸曰：客星出虚而守之，其国君死，若大臣有戮，期百八十日，远一年。

石氏曰：客星犯守虚，近一年，远二年，当有哭泣之事。（郗萌曰：国有哭临之事。）

陈卓曰：客星犯守虚，天下有谋。

客星犯危五

郗萌曰：客星犯危，国有哭泣之事。（案《宋书·天文志》曰：魏明帝景初二年十月癸巳，客星见危，逆行，在离宫北、螣蛇南，三年正月，明帝崩。）一曰多雨水，五谷不收，人相食于道。

《荆州占》曰：客星入危，有土功，王者筑宫室，不出一年大水，不出三年大饥，万人无食。

《百二十占》曰：他星入危，有盖屋之事，色赤大变，青忧。

甘氏曰：客星出危，大臣被刑，法官有忧，国多水灾，有土功，王者筑宫室，期不出年。

甘氏曰：赤星出危，以火废国。

郗萌曰：客星出危中，大水，一曰大饥。

甘氏曰：客星守危，王者迁都，其国更立侯王。

郗萌曰：客星守危，天下必有易政更令。客星守危，人主失势夺土，强臣专国，命在台族。又曰：具有大风，有所危败。又曰：不出三年，王者盖屋治宫，天下匠工起，多土功。又曰人流亡。

郗萌曰：客星守危，国政危。

巫咸曰：客星入守危，粢大贵，不出三年。

《荆州占》曰：客星守危，若彗星干之，王侯有薨者，王改服，不出百八十日。（《黄帝占》曰：以日入命其国。）

黄帝曰：客星入守危，若出危，大饥，人食贵，为后年。

郗萌曰：客星守坟墓，人主有哭泣之声。

客星犯营室六

郗萌曰：客星犯营室，国且有宗庙哭泣事。

黄帝曰：奇星入营室中者，天子有忧。

《河图》曰：客星入营室，顺行有德，逆行凶。

《圣洽符》曰：黑星起庙南，入庙北，女主有死者，死者废庙之事。若出庙以北行，中人有鸩死者，或曰庙祭之事。黑星出月入庙，人主有药死，不然有药人主者。

巫咸曰：客星入营室，天下有兵。又曰：人民流食千里。

《海中占》曰：客星入营室，有军，军中大饥，将离散，士卒死亡。

郗萌曰：客星入营室，外夷兵起，贷仓多饥死者。客星入营室，边外起兵，此为外夷之事。客星入营室，国乱，去其主。奇星入营室，不盗即贼，大乱。又曰：无兵兵起，有兵兵罢，星大军皆大，星小军皆小。黑星起庙北而南入，女主恶之。客星从东壁入西壁，庙若城郭有起者。赤星入庙，人臣谋主。

《荆州占》曰：他星入营室，诸侯有来使者，出营室，君使人之诸侯。色赤皆言兵，白皆言义，黄皆言土，青皆有忧，黑皆凶。又奇星入营室，有阴雨，垣墙无立者。又黑星出入庙，庙上有死者，不死者见血。起庙北而南入，女主有死者，有庙废之事。

《圣洽符》曰：白星出庙正南，廷有兵。或曰赤亦然。客星出营室，国有土功，人大饥，大臣为乱，兵大起，士卒亡。（齐伯曰：期一年，不二年。）

《春秋纬》曰：星赤黄出营室中，名曰怪获，主奇去其国，贵人有死者。上旬见，其年发半白，来月上旬死；中旬见，其年鬓白，来月中旬死，偏任后雄烈之毒也；下旬见，其年盛壮，来月下旬死，将用事，毒害流。

郗萌曰：客星出西壁若东壁，城郭有坏者。赤星出庙上正南抵庭，有兵作，庙上有兵。白星出庙以北，中人有受赐者。

黄帝曰：赤星从东壁之西壁，臣有戮其主。

《圣洽符》曰：赤星在营室，有死者，不死者见血。

郗萌曰：客星舍营室，其国且作宗庙，多土功事。留不去，匈奴有兵来。

石氏曰:客星守离宫,兵起,人君有忧,一曰有急。

甘氏曰:客星守营室,有军者客降,主得人地。

郗萌曰:客星守营室,乱出其城郭之事。有奇星守东壁,天子为军自守。一曰天下摇动,在四方。

黄帝曰:客星入若守东壁,诸侯相谋。

郗萌曰:客星入若守东壁,天下且有大丧,白衣满野。

开元占经卷八十

客星占四

犯西方七宿

客星犯奎一

石氏曰：客星犯奎，国有沟渎之事。

黄帝曰：客星犯入奎，破军杀将。

《甄耀度》曰：客星乱芒而角入奎，有破军杀将，王者有忧，人主当之，期三年。

石氏曰：客星入奎，外夷起兵，麻枲贵。

甘氏曰：客星入奎，强国夺地，变争兵起，白衣自立，扰中国。

郗萌曰：客星入奎，刀剑布帛贵。赤星入奎，兵起，期十年。一曰出奎国兵出，一曰数入奎国兵聚。客星入奎，西夷有兵来，到而还。客星入奎，诸山水浍。

《荆州》曰：客星入奎，边兵大动，土功大起。

陈卓曰：客星入奎，武库之臣且有罪。

《西官候》曰：客星入奎，赤，边兵大动；黑，天下沟渠之事；黄，土功大起。

石氏曰：有星入奎，有无所受命而来使者。

《荆州》曰：有星入奎，有陂渎之事于国中；出奎，有陂渎之事于国外。黄星入奎，宫有土功事，宫中有变。

《西官候》曰：赤星入奎，兵聚，有败军。

巫咸曰：客星出奎，边兵大起，白衣立为王，刀剑大。出奎国兵出，入奎国兵聚。

《荆州》曰：星赤黑出奎，有败军。

《西官候》曰：赤星出奎，外夷动兵。

石氏曰:有星出奎,有无受命矫使者。

巫咸曰:赤星逆行,从娄至奎,有兵。

郗萌曰:客星舍奎,留不去,饥。一曰缯帛贵。

黄帝曰:赤星守奎,粢贱。

郗萌曰:客星守奎,粢贱,贼臣在侧,其事败。又曰谋臣有巧伪惑天子者。一曰国以佞亡。又客星守奎,天下修兵,臣有国者。客星守奎,有杀霜不时下者。一曰牛疾疫。一曰六畜贵。

《荆州》曰:客星守奎,王者忧,大人当之。又曰鲁国起兵。

《玄冥占》曰:客星守奎,强国争起兵,有白衣自立动国。

客星犯娄二

石氏曰:客星干犯娄,国有大兵,四时纪祠。娄主苑牧,给享祠天,以奉宗考,王者以承天,诸占远不出三年。

黄帝曰:客星入娄,粢大贵,在后年。

石氏曰:客星入娄,外夷兵起,有聚众之事。

郗萌曰:客星入娄中三日,环之,天下有赦,赎作,期七十日。赤星入娄,兵起,期十年。

《荆州》曰:客星入娄,旱千里,有火灾,其国燔烧,金银用,仓库虚,天下人民多疾病。

《百二十占》:他星入娄,有聚众于国内。

石氏曰:客星出于娄,边城和。

《荆州》曰:客星出娄,有罢众之令。

《西官候》曰:有星出娄,有白服众事。

《百二十占》:他星出娄,有罢众于国外。

石氏曰:客星守娄,人民乱。一曰有聚众之事。

郗萌曰:客星守娄,天下大虚,臣有惑天子,夺主之权者,岁多狱讼,布帛贵。又曰:有从诸侯来附其君不成。一曰多狱讼。又曰:客星入若守娄,其国且燔烧囷仓。

《海中占》:客星出娄而守之,天下欲有分夺国者。一曰客欲夺王国边境侵地,期一年,远二年。

郗萌曰:客星守犯娄,天下欲分社稷者,白衣自立者,牛马贵。一曰有白衣之聚。

客星犯胃三

石氏曰:客星干犯胃,五谷不成,仓库空虚。

《海中占》:客星犯胃,有军发之事。

陈卓曰:客星犯胃,仓粟用。

石氏曰:有星入胃,有葆食之事入,出胃,葆食之事出者。又曰:客星入胃,王者有仓之事,其有出胃中,有出谷粟事。

郗萌曰:客星入胃中,三日一环之,期七十日,赦。又曰:五谷大贵,天下无聚物。

《荆州》曰:有星入胃,王者有廪仓之事。

《百二十占》:客星入胃,饮食之事入,出之,饮食之事出。

黄帝曰:客星出胃入厢,人主食药死。一曰有药人主者。

《荆州》曰:客星出胃,有出谷粟事。

《玄冥占》曰:客星出胃,王者备四夷,强臣陵国,有大兵,天下发粟金铜之事,期百八十日,远年。

《孝经章句》:赤星守胃,国无事。

甘氏曰:客星守胃,强臣陵国。

郗萌曰:客星守胃,留不去,天下饥。

《荆州》曰:客星守胃,天下有发粟事,金铜贵。

郗萌曰:有星入若守胃,有奇令。又曰:客星乘灭若守胃,国官之仓有大兵,焚烧其仓。

客星犯昴四

《黄帝占》:客星入天狱中二月,天下有赦,期五月。

石氏曰:客星入昴,有白衣之会于国内。又曰:贵人有系囚者。昴浊之间,天街也,若客星守之,天下有谋虑。

郗萌曰:客星入昴,天下且有大丧。又曰:众狱,且妄杀不辜,以误主上。客星入昴毕间,诸侯有谋上者。又曰:留三日,赦,不留有忧。客星从昴阳入,有客。

《荆州》曰:客星入天狱中,有德令,水泉出,民去本土,就丘邑。

《西官候》曰:客星暴出胃入昴中,国大人暴死,期一年。

《百二十占》:他星入昴,贵人有德令;若出昴,兵众满野。

司马彪《天文志》曰:孝明永平十四年正月戊子,客星出昴,六十日,昴主边兵,后汉遣奉车都尉显亲侯窦固等将兵三千余人击匈奴。

石氏曰:有星出昴,兵众满野,非丧则会也。

郗萌曰:客星从昴阴出,有走主。客星居昴北,有别离之国,夺地死者。客星入若留昴,王者绝嗣,同姓有起入为主者。客星舍昴不去,天下囚多,则盗贼并起。若留十余日不去,回纥内相贼,国家兵起,回纥来降。有星入舍昴南,籴一贵一贱。

《圣洽符》曰:他星守昴,渔猎起。

石氏曰:客星守昴,万民乱。

甘氏曰:客星守昴,有诈称王命者,不出百八十日。

郗萌曰:客星守昴,谗臣有蔽主德者。又曰有谋以药害上者。又曰囚徒有聚兵弩攻狱者。

《西官候》曰:客星守昴,执法臣诛。

《客星占》曰:客星守昴,朔地殃,天下多乱狱。

《百二十占》:他星守昴,万民忧。

《文耀钩》:客星出昴,若犯守之,当有诈称王令,谲命中国,若有妄言谗谀者,必有自败。

郗萌曰：有星入守昴，金器刀剑贵。

《荆州》曰：客星犯守昴，谗谀贼臣在内，诸侯谋上。一曰有白衣徒聚谋虑。

客星犯毕五

黄帝曰：有星入毕中而复出，其星小小赦，星大大赦。

《圣洽符》曰：客星入毕，顺行有德，逆行凶。

石氏曰：客星入毕，人主猎。一曰有以猎惑人主者。一曰兵起，边兵大动。一曰羊贵。又曰大赤星入毕口，天下大赦，期十五日。若三十日六十日，将相有大忧。

郗萌曰：客星入毕，多狱事。一曰贵人有系囚者。黄星入毕，三夜常见，相死，九十日后死，百二十日大人当之。客星入毕中二月，天下有赦除责，期五月。客星入毕口，与两股齐者，有走主。又曰：期四十日兵发，率一日而十日兵罢。其去也，视其东南西北所往，及其所近宿或受兵。客星入毕中，与两股齐，期四十日兵发，直一星，期二十日兵发，居，期十日兵发。

《荆州》曰：客星入毕，四夷兵起，并为盗。

《西官候》曰：客星入毕中，率一日为十日，诸侯女主当之，君有忧，先起兵者亡。

《百二十占》：他星入毕，有兵革谋。

《春秋纬》曰：赤星出浊，大卒出。

《孝经章句》曰：客星出浊，中国人为乱，有走君；在浊傍，有谗臣在傍者；入浊兵起。

巫咸曰：客星出毕，边兵为乱，四裔兵起，疆宇靡宁，天下饥，必有亡国，近一年，远二年。

郗萌曰：客星出毕，边有兵，车马有急行。

《荆州》曰：客星出毕，人主好畋猎。

郗萌曰：客星从毕，赤黑阴出，有走主。

《西官候》曰：客星居毕中，不时出，主丧。

郗萌曰：客星入毕中，留不去，马贵，一曰牛贵。

黄帝曰：客星守毕，岁大饥。

石氏曰：客星守毕，大臣有谋者，边有谋臣。一曰谗臣蔽主之德。

甘氏曰：客星守毕，外国称王，诈来不可信，外臣谋叛，与近臣通奸。

郗萌曰：客星守毕，大臣忧，多阴谋，其事不成。一曰有土功，风雨不时，谷贵。又曰有走主。客星飞守毕，有德令。客星守毕，天子绝嗣无后。（案《宋书·天文志》曰：晋惠帝永兴元年五月，客星守毕，光熙元年，惠帝崩，终无继嗣也。）又曰：星守毕，后族可收者。一曰霜大下，一曰诸侯有谋虑，一曰沟水大出。

《荆州》曰：客星守毕，王者大将出。

黄帝曰：客星入若守毕，有福，有德令。

陈卓曰：客星犯守毕，大臣有诛者，无兵，兵罢。（石氏曰：视其东西，知其往国受兵。）河海盈溢，人民多流亡。

郗萌曰：客星守附耳，兵。一曰边兵尤甚。

客星犯觜觿六

《荆州》曰：客星干犯觜觿，其国破亡。

黄帝曰：客星入觜觿，车马有急，期四月五月。

郗萌曰：客星入觜觿，有大丧。

《荆州》曰：有星入觜觿，色青凶，赤有丧，黄若白吉喜，黑死，若有水灾，谷籴百倍。

黄帝曰：赤白星入觜觿，若暴出觜中，臣与外臣谋弑其王。星游行，先觉，不得成；不行不明，不觉，期一月。（石氏曰：星明期三月。）

《百二十占》：他星入觜觿，有葆旅之事于国内，星出觜，有葆旅之事于国外。一曰兵罢。

巫咸曰：客星出觜觿，国有大丧，若有侵土欲为君王者，若有水灾，谷贵，粲百倍，人多饿死，期不出三年。

陈卓曰：客星食觜觿，食大贵。

石氏曰：客星守觜觿，魏有良臣辅国主，在西南二千里。

甘氏曰：客星守觜觿，西戎动侵土欲为君王者，崇礼以制义则国安。

郗萌曰：客星入守觜觿，牛马有急行。

郗萌曰：客星犯若守觜觿，其国破亡。一曰食贵，一曰有大丧。

客星犯参七

黄帝曰：有星入参中央，星色白，县令有赐，若伐，色青黑，县令有罪。

夏氏曰：客星入参，五谷贵。

《百二十占》：他星入参，有衡石之事于国内；星出，有衡石之事于都外。色青黑，不出一年兵大起，国之边境坏。

石氏曰：客星入参中，边有暴兵起，边地围而坏。

郗萌曰：客星入伐，有兵，不足以伤。又曰：入天尉中十日，宫中有自杀者。入其阳为男，入其阴为女，皆期三十日。

郗萌曰：有星入伐，有斩刈之事于国内；若出伐，有斩刈之事于国外。色赤以兵斩刈，色白白衣斩刈。

石氏曰：赤星出参中央星，边有兵，县令自将兵。客星出参边，有暴兵起，边城有围，客军入国，若有战，期不出二年。

郗萌曰：有星出参中者，大臣有忧。一星出则一人有忧，二星出则二人有忧，三星出则三人有忧。客星出参斧钺，兵出；入斧钺，兵入。

《荆州》曰：客星出参而环绕之，边城兵起。

石氏曰：赤星出参，武卒用；若守之天尉中，媵嫡相距。客星在伐，色黑为水。

郗萌曰:客星在伐,色黄为土功,色白为丧。

甘氏曰:客星守参,亡地。

郗萌曰:客星守参,有小兵,大臣有执主之命者,若谗臣有女子惑天子者。一曰老人多死,马贵。又曰:更易君,色白为死,赤为兵,黄为易位,黑为忧,苍为小喜。又曰旱,粢贵。

石氏曰:客星守参,魏多君子。

巫咸曰:客星入守参,诸侯国当之。

郗萌曰:客星守伐,诛大臣。

开元占经卷八十一

客星占五

犯南方七宿

客星犯东井一

郗萌曰：客星犯东井，国有土功事，小儿妖言。客星犯乘守东井，此日国乱兵起。

《荆州》曰：客星干犯东井，其国用兵，大臣诛，期八十日。

黄帝曰：客星入东井，五谷不收，籴大贵。客星出北斗入东井，有邑将治陂堤及水事。

《孝经章句》曰：客星入天渠，道途不通，以水为败。

司马彪《天文志》曰：孝安永初元年八月戊申，客星在东井弧星西南，是时羌反，断陇道，遣帅将左右羽林北军五校及诸郡兵征之。是岁郡国四十一郡三百一十五所雨水四渎溢，伤秋稼，坏城郭，杀人之甚也。

石氏曰：有星入东井，有客以水令来者。

郗萌曰：客星出柳入井，主浮船。又曰：入东井，君失政，臣为乱，大人当之。一曰宫中有大忧。

《荆州》曰：客星入东井，贵人死，若有奇令，多失火，火神从天下，妖祥自地出。

《西官候》曰：客星入东井，贵人有疾者。

《百二十占》：他星入东井，有水事于国内。

黄帝曰：客星出东井，宫中火起，大人为乱，兵大起，将军有忧。若白衣有自立者，其国必破，期三年。

《百二十占》曰：他星出东井，有水事于邦外。

郗萌曰：客星出东井，水潦且至。

《荆州》曰：客星经绝东井，名水有绝者。

黄帝曰：客星入东井中，留十日而成勾己，有赎罪之令，期十月。客星守东井，水。

石氏曰：客星守东井，有旱虫，人多疾。一曰贵人死，以其国占之。

甘氏曰：客星守东井，有白衣自立者，其国破，不出年中。

巫咸曰：客星留守东井四十日已上，贵人女有怀子而化为水者。

郗萌曰：客星守东井，多失火者。一曰大臣为乱。一曰三十日已上，贵人女有怀子而死者。一曰百川皆溢。又曰天子以酒为忧，贵人有族者。男子不得耕，女子不得织。

《荆州》曰：客星守东井，贵人有疾者。

《玉历》曰：客星守东井左右，秦以饥，相有罪咎，齐以闻，梁有火灾。

《西官候》曰：客星守东井，色赤，宫中忧。留二十日，贵人女有死不得子者。色黑为大水舟船事，有水令。

巫咸曰：客星出东井而守之，宫中火起，大人为乱，王者以舟船为急，河海溢，土功并起，人无食，白衣有自立者，其国破，期三年。

焦延寿曰：客星入越，大臣多斩者。

客星犯舆鬼二

甘氏曰：客星犯舆鬼，国有非次自立者必败亡。

石氏曰：有星入舆鬼，有诅盟鬼神祠祀之事于国内。（《南官候》曰：于国外。）

夏氏曰：客星入天尸，帝王亡，天下多病。

郗萌曰：客星入天尸，民多死。一曰有大丧。客星入舆鬼，人相食。他星入舆鬼铁锧，用大臣诛。客星入天尸金玉府中，三日一环之，有赦。

陈卓曰：有星入舆鬼，有军，若大人忧。

《百二十占》曰：他星入舆鬼，有祀事于国内；出鬼，有祀事于国外。

巫咸曰：客星出舆鬼，其国有丧，出南为人君，出北为女主，左为太子，右为庶子。若守四星，随其所犯发之，期不出三年。

《荆州》曰：客星入舆鬼，留三十日以上，天下金玉用，易钱。

黄帝曰：客星守舆鬼，人君有大忧。一曰贵人有大忧。

《孝经章句》曰：客星守舆鬼，在其中央，主丧亡，棺木贵，倍其价。

石氏曰：客星守舆鬼，秦有奸臣，欲危其主。

甘氏曰：客星守舆鬼，五十日不去，国有大丧，兵大起，将军战于野，多有死者，期不出一年。

巫咸曰：客星守舆鬼南，男子多死，守北，女子多死，守西，长老贵人多死，守东北一星，棺木贵，铁器鱼盐大贵，皆三倍。

郗萌曰：客星守舆鬼，马贵。一曰牛贵。又曰：多土功事，皆变易更政，男子不得耕，女子不得织。

《荆州》曰：客星守舆鬼东北星，棺木贵；守东南星，五谷贵；守西南星，金钱贵；守西北星，铁器鱼盐百倍。

《玉历》曰：客星守舆鬼，秦有疾。

《南官候》曰：客星守舆鬼，入铁锧，有兵罢。客星守舆鬼，阵兵不战。

黄帝曰：客星出若守舆鬼西，若从西入舆鬼，老人死；出若守东，若从东入，丁少年死。

黄帝曰：客星出若守舆鬼南，若从南入舆鬼，男子死；出若守北，若从北入，女子死。

《荆州》曰：客星干犯守舆鬼，天下有大丧，阳为君，阴为后，左为太子，右为贵臣。又随所守主(阙)王者发之，不出七十日。

客星犯柳三

《荆州》曰：客星干犯柳，周国当之，期九十日。

黄帝曰：客星入柳，道路不通。

郗萌曰：客星入柳，兵从泽起。又曰大师有丧，色黄有喜。

《荆州》曰：客星入柳，兵大起，人大恐，布帛绵絮贵。

《南官候》曰：客星入柳，有兵发行，色赤怒左右，地大动。

《百二十占》曰：他星入柳，名木有来入者。

《孝经章句》曰：苍星出柳，诸侯有死者。

郗萌曰：赤星出柳，执法者遇贼。苍星出柳，杀边诸侯。

《荆州》曰：客星出柳，兵大起，诸侯有死者，其国当之。一曰有大水，人主游船，天下大饥，人民流亡，不出年，远二年。

《百二十占》曰：他星出柳，名木有出者。

郗萌曰：客星出入柳，人多移徙。又曰：出入天相，天子变更其令。柳中有奇星，臣蔽主明，有北军之耻。客星舍柳，天下有大兵，期二月若五月。

《荆州》曰：客星经柳，山林有不伐者。

黄帝曰：客星守柳，库兵大发，天下人为王者治道。

《孝经章句》曰：客星守柳，库兵发，诸侯有死者。

郗萌曰：客星守柳，南宫有变。一曰牛贵。又曰羌夷起变，天下弓弩聚。

《荆州》曰：客星守柳，天下丝麻羊贵。

《百二十占》曰：客星守柳，大人弃其粮。

郗萌曰：客星舍柳，先得地，后失之。又曰：犯守柳，王者赐边客。

客星犯七星四

《荆州》曰：客星干犯七星，其国有大兵，不出百八十日。

石氏曰：有星入七星，有客以急事来使者；出七星，君使人以急事出者。星色青言忧，色赤言兵，黄言土，白言义，黑皆使者凶。

郗萌曰：客星入七星，有立太子者，若有奇令。又曰：色青为疾，白为丧。

《玉历》曰：客星守七星，布帛麻枲贵，津梁绝。

《南官候》曰：客星守天都，山水会，河水决，水且至，人流亡去其乡。

《百二十占》曰：他星守柳，天下变更。

郗萌曰：客星出入天都，人多流亡。一曰止水溢。又曰：黑星结，若就七星，大人忧。

司马彪《天文志》曰：客星居七星，为死丧。

郗萌曰：客星舍七星，留不去左右，宫中以火为忧。（一本云国家喜，天雨五谷，在宫中也。）

郗萌曰：客星舍天都，五谷不成。

黄帝曰：客星守七星三十日，天下变更，水大出，道路不通。

石氏曰：客星守七星，周有大贤。

郗萌曰：客星守七星三十日，天子忧，廷中有贼，必易政。一曰有德令。又曰其国显。一曰必有客事，有土功，菽麻不收，若小豆贵。一曰马贵。一曰盐贵。客星守七星，天子必易政。一曰兵大起。又曰道路多水潦。又曰沟渠道路不通。一曰水大出。

《荆州》曰：客星守七星三十日，河水决，人去其乡。

石氏曰：客星出七星而守之，（甘氏曰：守三十日。）族欲自立王者，不亲其子。客星若不时去，人主有忧，大臣有诛，期不出年。

客星犯张五

《孝经章句》曰：黄星出张中，君且猎，黑星就之，君死。

石氏曰：有星入张，有赐客之事；出张，军使赐诸侯。又曰：入张，国治宗庙，期二十日，国有忧，男子有急。

巫咸曰：客星入张，人迁徙，天下变更令，籴贵。

郗萌曰：客星入张，诸侯有来赐吾君近臣者；出张，赐诸臣。

《荆州》曰：客星入张，政急，人民苦，死边。

《春秋图》曰：客星出张，白衣同姓有自立者，天下更令，有徙人，若使人于诸侯。

郗萌曰:客星出入张,兵起,期百八十日。一曰天子改政令。客星舍张,留不去,前将军谋,有阴兵起。

黄帝曰:客星守张,天下人远去。一曰人有千里之行。

《孝经章句》曰:客星守张,在其中,粜石三百;游在其旁,石百,有急令。

石氏曰:客星守张,楚、周有隐士。

《海中占》:客星守张不去,满三十日,有亡国死亡,臣杀其主,小人谋贵,祸及嗣子,期三年。

郗萌曰:客星守张,小人有欺君者,祸及嗣子。又曰:先起兵者利,后起兵者不利。一曰食中有毒,邻国有来献食物者,天子酒大出,天子以为忧,败。一曰客有忧。又曰弓大贵。一曰粜大贵。一曰粟贵。一曰人忧食,国大饥。

《玉历》曰:客星守张,邑多变在外。

《南官候》曰:客星守张,五谷贵,有赐之事。

甘氏曰:客星出张,若守之,白衣同姓自立者。

郗萌曰:客星入若守张,有亡国死王。又曰相忧。一曰相大疾。

陈卓曰:客星犯守张,天子以酒为忧。

客星犯翼六

《荆州占》曰:客星干犯翼,国有用兵,大臣有忧,远百八十日。

《孝经章句》曰:苍星出翼,五谷风凋。

石氏曰:有星出翼,使人于负海之国;有星入翼,负海客有来使者。皆以鸟为币,色黄白无故,青道病,黑死不至。

巫咸曰:客星出翼,将军谋反,兵大起,必有战,边有大急,同姓诸侯有自立者,若大水,五谷伤,人民饥,去其乡,期三年。

《百二十占》曰:他星出翼,倍海国有受赐者。

郗萌曰:客星出入翼,多风雨,河决,水且至,道路不通。一曰五谷不成,人多流亡。

《孝经章句》曰：客星守翼，人多流亡，水且至，道途不通，兵大起。

石氏曰：客星守翼，君弱臣强，四夷王。

郗萌曰：客星守翼，将军谋反，兵大起。一曰国更其服。又曰有大令，若边有大急。一曰有一国之战。一曰名山有崩者。一曰五谷雨伤。一曰岁大风大水。一曰有大令。

《荆州》曰：客星守翼，岁大饥。

《南官候》曰：客星守翼，有自立者，同姓王侯必有权臣。客星明大守翼，大水，江河决溢，道路不通，鱼龙游于陆道。客星守翼，羽毛旗帜贵。

客星犯轸七

《海中占》：客星干犯轸，近期百八十日，远期一年。

黄帝曰：赤星入轸，轻车入；出轸，轻车出。

石氏曰：有星入轸，诸侯有来使者，以车为币；出轸，君使人之诸侯，皆车为币。

郗萌曰：客星入轸，有土功，若五谷大贵。

《百二十占》曰：他星入轸，有使者以车为币，贵人多系者。一曰无处车系马，或曰野无车马。

《文耀钩》曰：客星出轸，若有白衣自立者，大国多害，若有丧，兵革起，天下有逃主，近期不出一年，远三年。

《荆州》曰：赤星出轸，军出。

《百二十占》曰：他星出轸，有使者以车马为币，以冬三月视轸中。

黄帝曰：赤星守轸，车马有急行。客星守轸，车马贵。

石氏曰：客星守轸，川谷不通而车贵。一曰守轸辖若长沙，车官使有忧。

甘氏曰：客星守轸，国有自立者，大国多害。

郗萌曰：有星守轸，为车事。客星守轸，兵大起，边境尤甚。一曰名山有崩者。一曰若白黄，有外忧，苍为臣。一曰赤黄外忧，黑苍谗臣。一曰有土功之事。一曰五谷大贵。

石氏曰：客星犯守轸，天下有山崩，若水溢出之地中。

郗萌曰：客星入长沙，一天下无处士。一曰天下有逃王。一曰兵尽散出之。

开元占经卷八十二

客星占六

客星犯石氏中官上

客星犯摄提一

郗萌曰：客星入摄提座，谋臣在侧，圣人受制。

郗萌曰：客星当摄提口，将受主俸，不为主用。

郗萌曰：客星舍摄提角不去，国家有喜。一曰天下必有开仓者。

《河图圣洽符》曰：客星出摄提若守之，天下大乱，人君自将兵，君臣谋，兵起宫中，不出其年。

客星犯大角二

甘氏曰：客星出大角，大兵起，天下乱。若守之二十日以上，王者恶之，国易政，期三年。

《海中占》曰：客星出入大角，天下乱，兵大起，臣谋其主，不则天下出水，入城郭，煞人民，期百日。（郗萌曰：期三十日。）

郗萌曰：客星入中大角天角，天子之席有奇令。

郗萌曰：客星舍抵大角，留不去，国家有大责。

石氏曰：他星守大角，诸侯有谋上者。

郗萌曰：客星守大角，天下有忧。

郗萌曰：客星守大角，太子耗衰。

郗萌曰：客星入座，谋臣在侧，圣人受制。

客星犯梗河三

《海中占》曰：客星干犯梗河，天子慎边，四裔不靖。

《荆州占》曰：有星入天矛，天下兵起。

陈卓曰：客星入梗河，天下兵起。

石氏曰：黄白星出天矛，天子用兵。

《玉历》曰：客星出梗河，北兵为乱，侵陵中国，人主有忧，期二年。（按司马《天文志》曰：孝明帝永平四年八月辛酉，客星出梗河西北，指贯索，七十日去梗河，为北兵至。五年十一月，北匈奴七千骑入五原塞，又入云中，至原阳也。）

石氏曰：黄白星走天矛正中之，有军兵罢，无军天子有献兵者，星赤，兵内起，大将为乱，苍白，将有疾，黑，将死，三夜不去，天子多戮者。

石氏曰：客星舍梗河，主在东之君，人民相师长，强者为虎狼，小民为鱼肉。

《海中占》曰：客星舍梗河，阴阳不和，天下大风，树木皆倒。

《天官书》曰：客星守天矛若出之，北兵大动，有丧。

石氏曰：客星出入若守梗河，朔兵大起。

客星犯招摇四

石氏曰：客星干犯招摇，朔兵大来，不出一年。

韩杨曰：客星入招摇，南夷王，且操奇物来降国者。

《黄帝占》曰：客星出招摇，朔兵来。一曰夷狄胜，若旱多风。

石氏曰：客星出招摇，兵革大起，朔兵为乱，若单于死，期一年。

黄帝曰：客星当天库，天下兵革。

石氏曰：客星当天库，将受主命，不为主用。

石氏曰：客星走招摇，北兵来。

黄帝曰：客星居招摇间，北兵起。

郗萌曰：客星舍匈奴星，（按招摇无匈奴之名。郗萌曰：此当以招摇主北兵，以入招摇占，中国兼录之也。）人面龙身，留十余日不去，占主内相贼，国家兵起，敌人来降。

石氏曰：客星守招摇，北主死，其民乱。

石氏曰：客星守招摇，蛮夷君死民乱。

班固《天文志》曰：客星守招摇，蛮夷有乱。

客星犯玄戈五

陈卓曰：客星干犯玄戈，占单于大败，期二年。

《黄帝占》曰：客星出玄戈，敌兵大败，若有死王，期二年。

《荆州占》曰：客星守玄戈，天子死。

石氏曰：客星守玄戈，北兵来。

客星犯天枪六

郗萌曰：客星入天枪，天下有饥兵。

《荆州占》曰：客星入天枪，有大战。

石氏曰：客星出天枪，边外有急，机枪用，有兵起，大将出，期一年。

客星犯天棓七

石氏曰：客星干犯天棓，兵大起，期二年。

焦延寿曰：有星入天棓，大兵当起。

《玉历》曰：客星出天棓，兵大起，下谋上，大人有戮者，期二年。

客星犯女床八

石氏曰：客星干犯女床，贵人暴诛，期百八十日。

郗萌曰：有星入女床，有异女来误我王。

《荆州占》曰：客星入女床，若动摇，女有大行，若天下女子有忧。

甘氏曰：客星出女床，若守之，强臣执政，贵人有暴诛者，期百八十日。

《荆州占》曰：客星守女床，后宫女凶。

客星犯七公九

《河图圣洽符》曰：客星出七公及守之，将相有忧，御臣受戮，若议人有罪，直言者凶。

《黄帝占》曰：客星守七公，为饥民，君不安。

客星犯贯索十

石氏曰：客星干犯贯索，不有大赦，必有大狱，民叛篡弑君，不过三年。

石氏曰：客星入贯索，天下多死人。

石氏曰：他星入贯索，二日有丧。

《荆州占》曰：黄星入贯索，诸侯有以地坐法者。

《黄帝占》曰：有星出贯索中，有赦。星大大赦，星小小赦。

《荆州占》曰：客星出贯索，其国亡土邑。

齐伯曰：客星入贯索，大臣有谋，下有反者，贵人多下狱。一曰守之十日，有大赦，期一年。（按司马彪《天文志》曰：孝明皇帝永平四年八月辛酉，客星出梗河西北，指贯索，七十日去。贯索，贵人之牢，陵乡侯梁松怨望，悬飞书诽谤朝廷，下狱死，妻子家属徙九真也。）

客星犯天纪十一

《黄帝占》曰：客星入天纪，有拘主。

《黄帝占》曰：客星入天纪，诸侯举兵，国政乱。

《甄耀度》曰：客星出天纪，大臣执权，兵宫中，人主有忧，若强臣相戮，期不出二年。

郗萌曰：客星行纪星，有饥民，君不安。

石氏曰：他星守纪星，君不安，有饥民。

客星犯织女十二

石氏曰：客星犯织女，天子女诛死。

陈卓曰：客星干犯织女，后族为乱，贵女有诛者，期三年。

郗萌曰：客星入织女，为旱。

郗萌曰：客星入织女、贯索、须女者，皆等。须女主帛絮，贯索主麻缕，织女主布帛及五彩，皆贵，各守其价，十日一倍，二十日再倍，三十日三倍，皆以四时相执。守南南方贵，守北北方贵，守西西方贵，守东东方贵，守中中贵，所守其国皆贵，其余星皆仿此。

《荆州占》曰：奇星入织女，有兵，十年乃解。一曰人主攻一家一国，若族之。

石氏曰：赤星入织女，主攻一国残之。又曰：接客来，黄星入，女子受地者，黑星入，淫妇忧，青星入，以忧来者。

石氏曰：客星入织女，有女使者，若中守乘犯之，女君诛，若有妇女之事。

石氏曰：黑星出织女，女子多怀子死。

《海中占》曰：客星出织女，若入之，后族为乱，若诛臣。一曰贵女有诛者。各以五色占，白为丧，赤为兵，黑为水，黄为旱，青为饥。

《荆州占》曰：客星出织女，宫人逃。（一书曰青星。）

《黄帝占》曰：客星出入织女，丝絮布帛贵，在后年。

石氏曰：客星出入（郗萌曰守。）织女，有诛臣降王。

郗萌曰：客星在织女下，兵起必战，不出十日。

郗萌曰：客星舍织女，后宫有以药死者。

石氏曰：他星守织女，女有忧，若有嫁娶之事。

石氏曰：他星守织女，乍出乍入，前后左右回惑其色，色青为饥，赤为兵，黄为旱，白为丧，黑为水。

郗萌曰：客星守织女，山摇地动，若牛疾。

《荆州占》曰：客星守织女，有女子使来者，色青忧以来，赤有奇客来，黄白宫女有喜。

客星犯天市垣十三

《文曜钩》曰：客星入天市垣，兵大起，斧钺用，大臣当有斩者，近期一年，远期三年。

石氏曰：客星入天市垣，色黑市使死。

石氏曰：客星入天市，黄白市使忧，黑死，以日占何国。

石氏曰：客星入天市，聚者皆起。或不得耕食，大兵横流，期三年。

石氏曰：客星入天市，大臣诛，有戮卿。一曰有戮王，皆期一年，远三年。（按班固《天文志》曰：孝宣地节元年七月癸酉，客星入天市，芒炎东南指，其色白。是时楚王延寿谋逆自杀。地节二年，故将军瞿告夫人显、将军霍禹、范明友、奉车霍山及诸昆弟嫔婚为侍中诸曹九卿郡守皆谋反，夷族，伏其辜也。）

郗萌曰：客星入市中，兵犯外城。

郗萌曰：客星入天市中，籴石三百，居市门者石五百五十。亦曰游市旁者石百。

郗萌曰：赤星入天市，弃市满天下。

郗萌曰：黄白星入天市，啬夫不迁即赐。

郗萌曰：客星遁，或若填星所发，入市中而出外，死罪复生。

郗萌曰：赤星长寻集天市中，有兵。

郗萌曰：青黑星出天市，啬夫不死即免。

司马彪《天文志》曰：孝灵中平五年六月丁卯，客星如三升碗，出贯索西南，南行入天市至尾，占曰：为贵人丧。明年四月，宫车晏驾。

谢承《后汉书》曰：吴郡周敞师事京房，房为石显所谮系狱，谓敞曰：吾死后三十日，客星必出天市，即吾无辜也。后果如言，敞上书陈其枉。

《荆州占》曰：客星出入天市旗，兵大起，大将斩。

玄冥曰：客星出天市，执令者死，大臣诛，有贵人多市死者，期二年。

郗萌曰：客星入若守天市，执令者死。

郗萌曰：太白星入若守天市，天下乱。

郗萌曰：太白星入若守天市，度量不平，市乱。

客星犯帝座十四

石氏曰：客星干犯帝座，人民大乱，官朝徙大臣，期三年。

《荆州占》曰：客星入帝座，留不去，则有贵人变更令。

《荆州占》曰：赤星入帝座，朝廷有兵。

《河图帝览嬉》曰：客星出帝座，若守之不去，则有贵人变更法令，大臣为乱，人主不安。

客星犯天候十五

《荆州占》曰：客星入天候星，士卒罢，人有急行。

石氏曰：客星出候星，天下乱，人民相攻，士卒出，有急行。

石氏曰：客星守候星，候者忧。

石氏曰：客星守候星，外客欲为主也。

《荆州占》曰：客星守候星，天下大乱。

客星犯宦者十六

石氏曰：客星干犯宦者，宦者灭亡。

郗萌曰：客星舍宦者星，左右贵人有不长者。

《玉历》曰：客星出守宦者星，左右贵人有不废者，不能守其贵。一曰有让位者。

客星犯宗人十七

《河图圣洽符》曰：客星出宗人，帝族亲多死者。一曰王者不亲宗族。

郗萌曰：客星舍宗人，留不去，有贵人死者。

客星犯宗正十八

《荆州占》曰：客星守宗正，更号令。

甘氏曰：客星出宗正，守之不去，左右宗族幸臣多死，不出其年。

客星犯宗星十九

《圣洽符》曰：客星出宗星，帝族亲多死者。一曰王者不亲宗族。

石氏曰：客星守宗星，宗人不和。

客星犯东西咸二十

齐伯曰：客星出东西咸，女主自恣，若淫佚。一曰贵人女有忧，若有黜者，不出其年。

《荆州占》曰：客星守东西咸，人主淫佚失道。

客星犯天江二十一

《黄帝占》曰：客星入天江，河津关绝，道不通。一曰河津吏有忧。

《甄曜度》曰：客星出天江，有大水，河海溢，津关塞，民多饥。

陈卓曰：客星干历天江，大兵攻王国，王者以赦除之则国丰年。

《黄帝占》曰：客星守天江星，一曰津河吏有忧。

客星犯建星二十二

陈卓曰：客星干犯建星，王失道，忠言者诛，贤士逃亡。

《海中占》曰：客星入建星，（郗萌曰守。）有熹福，谷大熟。

郗萌曰：客星入建星，君不亲其大臣。

郗萌曰：赤星入建星，人主谋兵兵罢，出建星，乭乃战。

郗萌曰：赤星入建星，津河水大出，桥梁不通。

《海中占》曰：客星出建星，君不亲其大臣，上下相疑，主令不行。

郗萌曰：客星舍建星，留不去，即有大兵，马大贵。

郗萌曰：客星守建星，人民安。

郗萌曰：客星入守建星，人臣自临府事。

玄冥曰：客星中而守之，天下道塞，多有盗贼，关梁不通，期二年。

客星犯天弁二十三

《文曜钩》曰：客星出天弁，若守之，有囚徒，兵起。一曰五谷伤，大贵。

客星犯河鼓二十四

《黄帝占》曰：客星入河鼓，色赤，有兵，黄则天下安，苍则不用。

郗萌曰：有星入河鼓，有兵，三军出之野。

郗萌曰：大星入河鼓，有兵，三将军出。

郗萌曰：大星入河鼓，天下鼓出。

郗萌曰：大赤星入河鼓星，大将惊，苍黑忧，黄更地，黑入之死。

《荆州占》曰：客星入河鼓，兵吏惊。

《黄帝占》曰：客星出河鼓，兵出；入河鼓，兵入。

巫咸曰：客星出河鼓，旗鼓大用，有兵起，将军立旗帜。一曰谷贵，军绝粮，不出其年。

石氏曰：大赤星若出河鼓，所守之国将惊，若受令出。

郗萌曰：客星舍河鼓，中国有钟鼓之音，若立旗帜。

石氏曰：客星守河鼓，三将军食绝。

郗萌曰：客星守河鼓，将军战亡，有夺鼓者。

《荆州占》曰：客星守河鼓，兵革起，旗鼓用。

《黄帝占》曰：客星中犯乘守河鼓，所中犯者诛，若有罪。

客星犯离珠二十五

《荆州占》曰：客星犯离珠，后宫凶。

《玉历》曰：客星出离珠，若守之，后宫凶，若宫人有罪诛者，期二年。

客星犯匏瓜二十六

石氏曰：客星干犯匏瓜，政乱，近臣相谮，宫有戮死者，以赦除咎。

《黄帝占》曰：客星入匏瓜，有大忧，若鱼盐价十倍。

石氏曰：客星色青，入匏瓜，诸侯有来献果者，中有药不可食。

石氏曰：客星色赤入匏瓜，人主攻一邑，族之。

石氏曰：客星色白入匏瓜，有丧。

石氏曰：有星色黑入匏瓜中若外，皆为鱼盐贵，出匏瓜，君使人赐诸侯果。

《黄帝占》曰：客星色赤出匏瓜，天下有游兵而不战。

《黄帝占》曰：客星白（一本白色青也。）出匏瓜，君使人遗诸侯果。

甘氏曰：客星出匏瓜，人主忧，备毒药，若诸侯献果，中有药不可食，防备之，若食忧，期三年。

《黄帝占》曰：有星出入匏瓜，若在其下，皆为食官有忧。

《黄帝占》曰：客星守匏瓜，山摇。

《黄帝占》曰：有星守匏瓜，有食有忧。

石氏曰：客星守匏瓜，山谷多水。

《黄帝占》曰：客星入若守匏瓜，备奸人献食物有毒药也。

客星犯天津二十七

石氏曰：客星干犯天津，贼断王道。

《黄帝占》曰：客星入天津中若守之，津河道不通。

《圣洽符》曰：客星出天津，天下关绝不通，若津吏有忧罪者。

郗萌曰：客星入天津，诸侯不通，天下备道修桥梁。

郗萌曰：客星入河中，贵人有溺死者。

郗萌曰：客星守天津，水道不通，若船贵。一曰津河吏有忧。

《荆州占》曰：客星守天津，津不可渡。

石氏曰：他星守犯天津，津河为败。

客星犯螣蛇二十八

《荆洲占》曰：客星守螣蛇，水雨为灾。

石氏曰：他星守犯螣蛇，水物不成，水虫为败。

客星犯王良二十九

郗萌曰：客星入王良，将士皆亡。

《甄曜度》曰：客星出王良，天下有急，关津不通，兵起，若马多死，期二年。

石氏曰：客星守王良，津河不通。

郗萌曰：客星守王良，天下有急，马大动，一曰疾病。

郗萌曰：赤星守王良，兵起。一曰守王良，天下大水，桥梁不通。

《海中占》曰：客星入王良而守之，天下兵起，车骑行，人主忧，将军有死者，期三年。

客星犯阁道三十

陈卓曰:客星干犯阁道,王者居正殿不私行,则灾自消。

玄冥曰:客星出阁道,有惊戒之事,若道中有伏兵,人主备左右,慎女兵。

客星犯附路三十一

陈卓曰:客星干犯附路,道不通,天下半隔,期一年。

焦延寿曰:有星入附路,兵大起。

郗萌曰:有星入附路,马贱。

巫咸曰:客星出附路若守之,太仆有忧,若以马罪。一曰马当贱,期不出一年。

客星犯天将军三十二

《河图帝览嬉》曰:客星出将军,将军有忧若黜者,若军吏不忠有过罪者。

石氏曰:有星守天将军,大将军有忧。一曰军吏不安,以饥为败。

客星犯大陵三十三

《荆州占》曰:客星入大陵,若守之,君有大陵功之令。

《黄帝占》曰:客星出大陵,有土功坟陵之事。若犯积尸,国有大丧,人主当之,期三年。

石氏曰:他星若入守大陵,有土功事。

客星犯天船三十四

郗萌曰:客星入天船,水大至。

石氏曰:客星出天船,天下大水,舟船用,若有船事,期不出年。

郗萌曰：客星守天船，有兵。一曰王船有事，不出一年。

客星犯卷舌三十五

《玉历》曰：客星出卷舌，若守之，天下有妄言惑其君者，君信谗臣，罪无辜者。（按班固《天文志》曰：元帝二年五月，客星见昴，分居卷舌东可五尺，青白色，炎长三寸。其年十二月，钜鹿都尉谢君男诈为神人，论死，父免官。孟康注曰：姓谢名君，男儿也，不纪其名，直言男者也。）

客星犯五车三十六

石氏曰：客星干犯五车，兵满野，天下半倾，百姓徙居去其土，期三年。

《黄帝占》曰：客星入五车，色黄，人主受贺，色白言义，色赤言兵，色青言忧，色黑大人当之。

《海中占》曰：客星入五车，所守土谷贵。

郗萌曰：客星入五车，粢倍价。一曰车倍价。皆为后年。

郗萌曰：客星入五车，为赦。

《荆州占》曰：客星入五车，人相食，若大水，沟渎溢。

《黄帝占》曰：有星出五车，色白，君使人诸侯，以车为戒；色黄受贺；赤言兵，车骑满路；色黑多死者，以其日占期。

郗萌曰：客星出五车，兵出；入五车，兵入。

玄冥曰：客星出五车，天下兵起，车骑满野，将相有忧，五谷大贵，人民饥，期百八十日，中一年，远三年。

郗萌曰：客星出入五车，以守五车可取者，客星出入蕡车，取蕡，出入麦车，取麦，出入豆车，取豆，出入黍粟车，取黍粟，出入稻米车，取稻米。出以其行为粟。其出入中行，石二百；出入外行，石百钱。

《黄帝占》曰：客星守五格休左者，军大发，守休右留十日，天下有丧，大乱。

郗萌曰:客星守五车,兵革起。

《海中占》曰:客星入五车,犯守之,大人有忧,车骑发用,将军出令,国易政,期三年。

客星犯天关三十七

《黄帝占》曰:客星入天关,诸侯不通,民多相攻,且有兵,子伐父,弟伐兄,是谓不理,各去其乡。

郗萌曰:客星入天关,民多疾病。

郗萌曰:有星入天关,天下有急。一曰关市不通。

《荆州占》曰:客星入天关,多盗贼,道路不通。

石氏曰:他星入天关,兵战不胜。

石氏曰:客星出天关门,天下起兵不战。

《孝经章句》曰:客星守天关,羊马牛大贵,不出三年,有德令。

《荆州占》曰:客星守天关,诸侯不通,期十二日。又曰民饥,又有自卖者。

客星犯南河界三十八

石氏曰:客星出南河界,有男丧事于外;入南河界,有男丧事于内。

石氏曰:客星出南河,有丧事于外,皆为男丧。晕三重,必有降城。一曰客星干犯两界间,天子出走,大臣执威,王者以赦除咎,群臣尊负,天子以寡。

《黄帝占》曰:客星守南河界,有水。

《荆州占》曰:客星守南河界,民多温病。

齐伯曰:客星出南河若守之,蛮夷兵道不通。一曰入南河界为旱灾,天下大饥,期二年。

郗萌曰:客星行南河界中,若守之,皆为旱。

郗萌曰:客星入北河界,从东入,九十日有兵,从西入,六十日有丧。

郄萌曰：客星他所来入北河界间，诸侯有奸。

《甄曜度》曰：客星出北河，朔兵动，关道塞，其国有忧。一曰入北河，为水饥，期一年。

《黄帝占》曰：北河界多客星，朔兵起。

郄萌曰：北河界下多小星者，民不治，将不明，多有失职。

郄萌曰：客星若赤星守北河界，臣贼主。一曰大臣诛。

《荆州占》曰：客星守北河界，后有乳疾。

郄萌曰：客星见南北河界间，奸人在中。

《帝览嬉》曰：大客星居两界间，天下有难，道在天门中，邦家不通。

客星犯五诸侯三十九

石氏曰：客星干犯五诸侯，王室大乱，兵起，天子宗庙不祀。

《海中占》曰：客星出五诸侯，大臣有忧，若执法者有罪。一曰议臣有黜者。

郄萌曰：客星守五诸侯，天下大乱。

郄萌曰：客星守五诸侯，天子亲属失位，大水行，五谷大贵，天下民多死于道旁者，秦国尤甚。

《荆州占》曰：客星守五诸侯，诸侯亡地。一曰诸侯有忧，秦国受重殃。

客星犯积水四十

石氏曰：客星干犯积水，兵起宫门，宗庙毁绝，大臣有忧。

巫咸曰：客星出积水，天下大水，沟渠溢，有攻堤防之事，期不出年。

客星犯积薪四十一

石氏曰:客星干犯积薪,有乱臣在宗庙。

石氏曰:客星出积薪,有忧,若以薪蒿之事而致罪者。

客星犯水位四十二

石氏曰:客星干犯水位,水道不通,伏兵在水中,以水为害。

《荆州占》曰:客星守水位而川流溢。

《玉历》曰:客星出水位,天下以水为令,法官有忧,若臣下有谋兵起,期三年。

开元占经卷八十三

客星占七

客星犯石氏中官下

客星犯轩辕四十三

石氏曰:客星干犯轩辕,近者诛灭宗族,王者以赦除咎。(按司马彪《天文志》曰:孝明帝永平十四年正月戊子,客星出昴六十日,在轩辕右角稍灭,轩辕右角为贵相,昴为狱事,客星守之为大狱。是时考楚事未竟,司徒虞延与楚王英党与交,皆伏诛也。)

郗萌曰:有星入轩辕,有远来者。

郗萌曰:有星入东陵,有夷从外来降者。

郗萌曰:客星入轩辕,有女子惑天子者。

《荆州占》曰:客星入轩辕,美人有经死者。

焦延寿曰:青黑星出入轩辕,皆为诸夫人有子不成。

司马彪《天文志》曰:客星出轩辕,后宫失势。

郗萌曰:客星舍轩辕之旁,美人有悬死者。

《荆州占》曰:客星守轩辕,狱中有女子饮药死者。

郗萌曰:客星守轩辕,女主不安。一曰有忧。

《洛书甄曜度》曰:客星出轩辕若守之,各随其所守,后妃嫔夫人近者当之。一曰守之三日,美人有经者。(按司马彪《天文志》曰:孝和永元十三年十一月乙丑,轩辕第四星间出客星,色青黄。轩辕为后宫,星出之为失势。其十四年六月辛卯,阴皇后废。)

石氏曰:客星出轩辕,若犯守之,发五将之兵。

石氏曰:他星守轩辕,所起者有忧。

齐伯曰:客星犯守轩辕大星,女主逆天子,若女主与傍人通,宜防之。

客星犯少微四十四

石氏曰：客星干犯少微，白衣聚者凶，术士不显，智者逃亡，期三年。

郗萌曰：有星入少微，奸臣乱。

石氏曰：客星出少微，道术士用，用功者随其能，王者用之。

郗萌曰：客星守少微，处士忧。

《黄帝占》曰：客星入中犯乘守少微，宰相易。又曰女主有忧。

石氏曰：客星入中犯乘守少微，五官乱，宰相有忧。

客星犯太微四十五

郗萌曰：客星中犯左右执法，左右执法诛，若有罪。

《黄帝占》曰：客星入端门，出西门，天下大水，民人饥。

石氏曰：客星入端门，其国有臣谋。

石氏曰：客星入端门，出东门，天下大旱，五谷不成。

甘氏曰：客星入端门，仍出端门，其国有大患，天下大乱易主。以色占。出左掖门其国有忧，出东门其国旱，出右掖门其国大乱，出西门其国大水。

郗萌曰：有星入端门，贼钞主，称王命。

石氏曰：客星入左掖门，出右掖门，其国有丧。

石氏曰：客星入右掖门，其国有客。

石氏曰：客星入左右门，出东西门，国有大丧，贵臣有死者。

甘氏曰：客星入太微右掖门，出端门，小国亡。出左掖门，其国有小事；出东门，其国大亡；仍出右掖门，其国有客，为刑事；出西门，大国以微亡。

《荆州占》曰：客星入左掖门，出端门，其国灭亡；仍出左掖门，其国大伤；出东门，其国大丧；出右掖门，其国大逆无道；出西门，其国流血百里。

石氏曰：客星入东西门，出左右掖门，其国有兵，军有出者，幸臣有忧，皆不出一年。

甘氏曰：客星入东门，出端门，其国有忧；出左掖门，其国所作不成；仍出东门，其国有臣结谋；出右掖门，其国大亡；出西门，其国有殃。

《荆州占》曰：客星入东门出东门，其国有大丧。

《黄帝占》曰：客星入西门出东门，其邦兵起，臣谋主；入东门出西门，大国微亡，守之不去，楚国凶殃。

甘氏曰：客星入西门，出端门，其国大乱；出左掖门，其国不为用；出东门，其国不祥；出右掖门，其国大败；仍出西门，其国有兵。

郗萌曰：客星入西门出端门，（一书云出左掖门。）其国大不熟。

郗萌曰：客星入太微西门出东门，有忧丧。

郗萌曰：他星入太阴门，后宫有贼。

《荆州占》曰：客星入太阴西门，出太阴东门，其国大水，天下大乱。

《荆州占》曰：他星入太阴门，兵起，动天下。

《荆州占》曰：客星入西门，出西门，其国有兵谋。

陈卓曰：客星入干太微，帝宗后族为乱，亡社稷。

《河图帝览嬉》曰：客星入太微廷中，出端门，天下大乱，王者忧，国易政，期三年。（按何法盛《中兴书》曰：晋安帝元兴元年十月，有客星色白如粉絮，出太微垣西，至十二月，入太微，占曰兵入天子庭。二年十二月，桓玄肆逆，放帝后于寻阳。）

石氏曰：他星入太微，色白而泽者赦。

石氏曰：客星入太微宫，二旬若三旬，有小赦，期六月。

石氏曰：他星入四辅，臣为乱。

《海中占》曰：客星入太微中，火大起，有客贼来入国。守之十日不去，其灾成，在阳为男主，在阴为女主，不出四十日。

郗萌曰：赤黄星状如帚，入太微，妇女喜；出太微，天子赐诸侯美女。

郗萌曰：客星入天子宫，丞相忧疾。

郗萌曰：客星入天子宫，十日而成钩己，天下有大赦，奴婢下贱人妻妾长庸，期三月若六月。

《荆州占》曰：客星入太微宫中一旬，宫中有自煞者，期四十日，在阳为男，在阴为女。阳，黄座南也，阴，黄座北也。入二旬，有赦，期六月。

《荆州占》曰：青星入太微，有客来。

《荆州占》曰：星正赤入太微中，兵起。

陈卓曰：星正赤入太微中，庙有兵。

《荆州占》曰：赤黄星润泽入太微中，天子有喜，以其所抵率言，抵座星也，如剑者，男子喜。

《荆州占》曰：客星入太微庭中，有一星，天子出将兵；有二星，天下无处主；有三星，天下散亡。

《荆州占》曰：客星入太微，所中乘守者有殃。

《玄冥占》曰：客星入太微庭中，帝宗后族为乱，欲谋杀主，宫门有伏兵，期三月。

《天官书》曰：客星出天庭，有奇令。

《荆州占》曰：赤星出庭中，有立王，若徙王。又曰火起。

《荆洲占》曰：赤黄星出太微中，天子用金钱赐诸侯王。

《荆州占》曰：星黄如兽，出太微中，天子用畜赐诸侯王。一曰气类兽及蜚，皆客喜也。

《荆州占》曰：有星如拳正圆，出太微中，天子用璧玉赐诸侯王。

陈卓曰：客星出太微，有兵丧。（按《宋书·天文志》曰：魏文帝黄初三年九月甲辰，客星见太微左掖门内。十月，孙权叛命，帝自南征，前驱临江，破其将吕范等，是后累有征。后七年五月，文帝崩。

甘露四年十月丁丑，客星又见太微中，转东南行，历轸宿，积七日灭。景元元年，高贵被害。）

《黄帝占》曰：凡客星出入太微，各以其日占知州国所出，皆不出百日，中一年，远三年，灾必应。

《黄帝占》曰：客星出入太微，人主有忧，大臣为谋，有反者兵起宫中。一曰执政臣有戮者，期一年。

《海中占》曰：客星入太微，天下大乱，兵大起，巨谋其主，不则天下大水，入城郭，煞人民。（郗萌曰：期三十日。）

《荆州占》曰：客星出入太微，大水入城，伤人民，期三十日。

《荆州占》曰：客星舍太微宫，天下有圣女子在燕代。

《荆州占》曰：客星舍太微南蕃留不去，鲁有谋者；舍西蕃留不去，王者泄妖言在楚国。

郗萌曰：客星中太微宫者，不出三十日，（一本云三日也。）必有大赦。

《黄帝占》曰：客星守太微东蕃，若西蕃将相星者，皆为人君有忧。

石氏曰：客星守太微宫，臣煞主。

《玉历》曰：客星出太微犯守将相，左右执法随其所守犯皆有诛，期二年。

甘氏曰：太微中有一客星，天子自将兵；有二客星，天下乱，民散走；有三客星，天下大乱。守之三十日，君死国亡，期三年，远五年。

客星犯黄帝座四十六

《文曜钩》曰：客星入太微，犯黄帝座，天子有忧，臣谋主。至座而还，谋不成，反受其殃。守犯三十日已上，臣谋成，期不出一年。

《荆州占》曰：客星舍五帝座，有圣人与君并治，在蜀秦。

石氏曰：苍白星抵座，天子有丧忧，抵座旁，巨有反之者。（按

《幽明录》曰：汉武帝常微行，过主人家，家有婢国色，帝悦焉，仍留宿，夜与婢卧。有书生亦家宿，善天文，忽见客星移掩帝座甚逼，书生大惊惧，连呼咄咄，不觉声高。仍见一男子操刀将欲入户，闻书生声急，谓为己故，遂缩走，客星应时即退。帝闻其声异而召问之，书生具说所见，乃悟曰："此人是婢婿，将欲肆其凶于朕。"乃召羽林，语主人曰："朕天子也。"于是擒奴而伏诛，厚赐书生。《后汉书》曰：严遵字子陵，会稽余姚人，世祖为书生时，与遵游学。及即位，见遵，遵长揖不拜。上留遵俱寝，遵以足加世祖。其夜客星犯天子宿，明晨太史奏其异，诏曰："朕友人严遵与朕俱卧之耳。"）

石氏曰：有赤星锐如剑，抵座星，天子以兵惊。一曰灾惊。

《荆州占》曰：黑星抵座左右旁，大臣有死者。

《荆州占》曰：黄白星大如拳，正圆，抵座旁者，臣有献美人者。

郗萌曰：黑星抵留座星者，曰天子恶之。

客星犯四帝四十七

巫咸曰：客星犯四帝，辅臣有乱，若有反。一曰若左右辅臣有谋，期百八十日。

客星犯屏星四十八

石氏曰：客星有中犯乘守屏星者，为君臣失礼，而辅臣有诛者，若免罢去。

客星犯郎位四十九

陈卓曰：客星干犯郎位，大臣失势。

《黄帝占》曰：客星入郎位，大臣为乱。

石氏曰：客星入郎位，多死者。

《荆州占》曰：赤星入郎位，兵起，若大忧；出郎位，多用兵远出者。

《荆州占》曰：黑星入郎位，多有罪者。

《荆州占》曰：苍白星入郎位，有乱者。

《荆州占》曰：苍白黑星出郎位，多死者。

《玉历》曰：客星出郎位，守卫臣有谋者，人主有忧，将相有诛者。一曰外夷有反者，期二年。

《荆州占》曰：客星入中郎位，大臣为乱，戒左右。

《黄帝占》曰：客星守郎位，元士有忧。又曰名官位不死必去。

《荆州占》曰：客星守郎位，其将忧也。

客星犯郎将五十

《黄帝占》曰：有星入郎将，色青黑，啬夫不死则免，黄则迁，白则受赐。

《荆州占》曰：有星入郎将，大臣乱，政不行。

石氏曰：客星守郎将，大臣为乱。

甘氏曰：客星出郎将，辅臣有诛，将相有罪，若有黜者，期一年。

甘氏曰：客星入犯守郎将，将诛。

客星犯常陈五十一

石氏曰：他星犯常陈，王者诛之，近期百八十日，远期三年。

《圣洽符》曰：客星出常陈，守卫者有诛，若左右兵起，王者有忧，期不出年。

客星犯三台五十二

石氏曰：黄白星入三能，贵人有赐爵者，苍星出三能，贵人夺爵。（按司马彪《天文志》曰：孝安永安四年六月甲子，客星大如李，苍白，芒气长二尺，西南指上阶，星降，太尉张瑀、司空张敏皆免官也。）

郗萌曰：有星出三能，爵令行。

郗萌曰：客星舍三能，左右群臣有不正者，露当降也。

郗萌曰：客星舍三能，留十余日不去，王侯有不通者，深渠当修，城郭决，此三台之过也。

《黄帝占》曰：客星入三台若守之，大臣多戮，若贵人多病虐死者。

《帝览嬉》曰：客星出三台若守之，主诛大臣，贵人有死者，不出百八十日。

郗萌曰：客星守天柱，大人戒左右，趣治兵弩。

郗萌曰：他星犯守三台，有兵丧。一曰水为灾害。

石氏曰：有星入司命，色苍，民忧丧事，白润泽，妇女多伤，黑，婴儿死。

甘氏曰：有星入司命，近臣抵罪者，色青有忧，黄白无故，黑死。

石氏曰：苍星出司命，王者病死。

甘氏曰：青若黑星入司命中，奸人有出者。

石氏曰：有星入司禄，大臣争荣。

甘氏曰：有星入司禄，色黄若白，近臣有易爵者；出司禄，色青，近臣有抵罪而走者，黑则死。

客星犯相星五十三

陈卓曰：客星干犯相星，辅相忧，不出一年，天下变更其令，民多移徙。

客星犯天牢五十四

《黄帝占》曰：有星入天牢，斧锧用，诸侯有献地者。出天牢，王赐诸侯地，色青皆以兵，黄白皆以好。一曰星出南为献地。

《海中占》曰：客星入天狱，有德令。

郗萌曰:有大星入天牢,有赦,期二十日。

郗萌曰:客星入天牢,必有戮卿。

《荆州占》曰:客星入天牢,贵人有系者,有戮君。

《荆州占》曰:客星入天牢,其国得邑土;出天牢,为亡邑土也。

石氏曰:有奇星守天牢二十日已上,天下大赦。

石氏曰:客星守天牢一年,大鱼死。一曰人相食。

《荆州占》曰:客星守天牢,铁钺用,以其初守日占国。

巫咸曰:客星出天牢,若守之,有贵臣多下狱者,期不出一年。

郗萌曰:常以五子日候天牢中,有变星,期不出十日,赦。

客星犯文昌五十五

石氏曰:客星干犯文昌,则附臣受殃,近期三年,远期六年。

韩杨曰:客星入文昌,有女子惑天子者。

《文曜钩》曰:客星出文昌,其国失政,人主有忧,至受其殃。

石氏曰:客星出文昌,其国失君政。

石氏曰:客星守文昌,有兵,君不安。

《黄帝占》曰:有星入将星,色苍,将有忧。一曰故臣有抵罪。

《黄帝占》曰:黄星入将星,受封,黑,将死。

《黄帝占》曰:大赤星入将星,提鼓之将惊。

《黄帝占》曰:有星入相星,色黄若白,皆为故臣有赐爵者。

《荆州占》曰:有星入司命中,色苍,廷臣有忧,黄,故臣有赐爵者,白,近臣有抵罪者,黑,近臣死。出司命,色赤,王者疾困。

《黄帝占》曰:客星出司命、司中、司禄,近臣抵罪走者,色黄白无故,青忧黑死。

郗萌曰:客星出司命,有加命于群生。一曰有下命者。

石氏曰:有星入司命中,为内乱。

《黄帝曰》曰:有星入司命中,色苍,近臣有忧。一曰近臣有弃捐者。

《荆州占》曰:有星入司中,色苍者有贼。

郗萌曰:青黑星若入司中,奸人有入者;出司中,奸人有出者。

石氏曰:有星入司禄中,色黄若白,近臣有赐爵者。

郗萌曰:客星入司禄,色青黑,近臣有夺爵者。

郗萌曰:客星出司禄,有下赏者。

客星犯北斗五十六

郗萌曰:客星入北斗魁上若下,色青黑,人主大忧,赤有大客,境外与中国争兵,黄白,人主有贺,期皆六十日,若百二十日,人主避舍东方十日,而赐功应之。

郗萌曰:有星入北斗魁中,大人有系者。一曰人主左右有囚者。色黄白无故,色青黑有忧死,不出,色赤斩。

《荆州占》曰:有星出庭入北斗魁中,二千石有系者,色青忧,黑死,赤有斩事。

《荆州占》曰:大星入北斗,贵臣诛,若系者。

《黄帝占》曰:客星出北斗魁中,天子自将兵,国忧倾危,社稷不安,民多苦,期一年。

石氏曰:有星集北斗旁,不入北斗中,名贵人有忧,以五色占之。

郗萌曰:有星出北斗魁,天下赦,星大赦大,星小赦小,期九十日当至。

齐伯曰:客星出北斗旗间,兵大起,车骑行,若贵臣有诛,人主忧。旗者紫宫北斗两间。

《海中占》曰:客星出入北斗,天下大乱,兵大起,臣谋主,不则天下大水,入城郭,煞人民,期百日。(郗萌曰:期三十日也。)

郗萌曰:有星离北斗柄中央,色青相有忧,赤者兵事,黄白有赦,若相遇贼,黑者死。

甘氏曰：客星见北斗魁中，色赤楚当之，青齐当之，黄卫当之，黑燕当之，白秦当之，各以五色知其分野吉凶。

《荆州占》曰：有星见北斗魁中，有死者，色赤楚君当之。

《荆州占》曰：变星见北斗魁中，天子当之。

石氏曰：大星去北斗中，如赤鸟，其头黑，天下有兵。

《甄曜度》曰：客星居北斗旁，帝主有忧，若有不出者，兵大起，士卒用，各以五色占。去北斗一尺，期一年，二尺期二年。

郗萌曰：客星守北斗，天下必有大事，若大变。守斗后，道不通，水。

郗萌曰：客星守北斗七星，人君大变。（一书云有忧。）

《荆州占》曰：有星入正星，大人遇贼；出正星，为政者易。

《荆州占》曰：有星抵正星，有客，色青以禽兽为币，黄以绫罗为币，赤以钱为币，白以人若兵剑为币，黑以金为币，色白苍以羊为币。正星上左右，以马牛鱼盐为币，色黑左右，以五谷为币。

《荆州占》曰：有星出法星，若入法星，主当之。

郗萌曰：有星入令星，执法者死；出令星，执法者逐于诸侯。

《荆州占》曰：有星入伐者，蛮夷以水兵至；出伐星，天子与蛮夷和。

《荆州占》曰：有星抵伐星而舍之者，人多死。

《荆州占》曰：有星抵伐星有光，女主疾；有光而环伐星，君疾。

郗萌曰：有星入煞星，大臣主马者死，期一旬；出煞星，大臣走。

《荆州占》曰：有星入危星，易政；出危星，天子出令不行。

《荆州占》曰：有星入部星，诸侯兵起，子攻父，弟攻兄。

郗萌曰：客星入辅星，有善令。

《荆州占》曰：有星入辅星，色青，相有罪若免；色赤，相受兵若将兵；黄白，相有赐若有喜；黑，相死若免。

客星犯紫微宫五十七

《玉历》曰：客星犯紫微宫，有大丧；若守之十日已上，灾必应，期百二十日。（按《洪范天文星辰变占》曰：汉昭元凤四年九月，客星在紫微宫中枢极间，后三年，昭帝崩也。）

石氏曰：客星入紫微宫，天子有急兵起宫中，必有死王，若有逃走之主，期不出百八十日。（按班固《天文志》曰：宣帝黄龙元年三月，客星居王良东，广可九尺，长丈余，西指出阁道间，至紫宫。其十二月，宫车晏驾。司马彪《天文志》曰：孝章元和元年四月丁巳，客星晨出东方，在胃八度，长三尺，历阁道，入紫宫，留四十日灭。阁道紫宫，天子之宫也。客星犯，谓之大丧。后四年，章帝崩。《宋书·天文志》曰：晋太康元年四月，客星在紫宫，太康末，武帝耽晏游，多疾病，是月乙酉帝崩。永平元年，贾后诛杨骏及其党与，皆夷三族，杨太后亦见煞。是年又诛汝南王亮、太保卫瓘、楚王伟海西。太和四年二月，客星见紫宫西垣，至七月乃灭。六年，桓温废帝也。）

《荆州占》曰：客星入紫微宫，国有大变。一曰为兵起得地。（按班固《天文志》曰：孝昭元凤四年九月，客星去紫微宫中枢极间，其五年六月，发三辅郡国少年济北军也。）

《荆州占》曰：赤星入紫宫，天下乱。一曰为天下无人，其中列大夫多死罪者；入其旁，有乱臣。

《荆州占》曰：黄星入紫宫，人主益地，天下有喜，期十日。

《荆州占》曰：有赤星若黑星入紫宫，从其阳入，有客兵，期六十日到，从其阴入，有走王。

《黄帝占》曰：客星出紫宫，天下大乱，臣煞其主，王者有忧，国有大变，期不出年。

石氏曰：有星如拳正圆，及如兽状，出紫宫，天子用璧玉赐诸侯王。

石氏曰：客星守紫宫，臣煞主。

《荆州占》曰：客星在旗间，车骑起。

客星犯北极勾陈五十八

石氏曰：客星入北极，天下道塞。

《黄帝占》曰：客星出北辰，天子出德令，安天下。

《黄帝占》曰：赤星出天枢，天下兵盈野，罢。

郗萌曰：客星出北极，而所之国大败，四方皆然。

石氏曰：他星见北极，帝王惊，宗室乱，王者修郊祀，奉宗庙，大赦天下，则灾消。

《荆州占》曰：客星舍极，四夷若胡王有丧。

《荆州占》曰：客星守极，大臣诛。

《荆州占》曰：客星（一本云赤星。）守天枢极，兵聚一国，有更君易币。

石氏曰：客星守天枢，国有大忧。

石氏曰：客星出北辰，犯守大星，天下道塞，兵大起，臣欲谋主，兵聚一国，人主有变，期不出年。

《黄帝占》曰：客星犯乘守北辰主星，大人当之。一曰有大丧。一曰有反者。

《荆州占》曰：客星犯乘守太子星，太子有罪若死。

《荆州占》曰：客星中犯乘守庶子星，庶子有罪若死。

石氏曰：赤星入勾陈，兵内乱，大司马戮死；出勾陈，大战，有功。

石氏曰：黑星入勾陈，大司马溺军中。

石氏曰：黄白星入勾陈，将不战，兵去外，罢。

石氏曰：苍白星入勾陈，大司马有丧；出勾陈，军破，将有忧。

《荆州占》曰：赤星入勾陈，必有迫劫主者。

《荆州占》曰：客星入正妃，国有大忧。

陈卓曰：客星入正妃，有大丧。

《荆州占》曰：客星入黄龙之位，有黜妃，臣煞主。

齐伯曰：客星出勾陈，国有大变，后妃有忧，若女主有黜者，不出一年。

石氏曰：客星入勾陈，若犯之，宫中有变，臣杀其主，王者有忧。

客星犯天一太一五十九

《荆州占》曰：客星入天一座，五谷大贵。

《甄曜度》曰：客星出天一太一，五谷贵，人民饥。一曰若有旱灾。

《黄帝占》曰：他星历天一，则宫门闭，王者内不安，近臣乱，不出三年。

开元占经卷八十四

客星占八

客星犯石氏外官一

客星犯天库楼一

《黄帝占》曰：客星入天库，以饥兵起。

石氏曰：客星入天库，粢大贵，为后年。

《天官书》曰：客星入天库，边郡之兵起，此为外夷之事。

郗萌曰：客星犯天库，五谷大贵；入库中，粢石百，处其旁，石五十。

郗萌曰：客星入天库，牛马有行。

郗萌曰：客星入天库，兵起，十年乱。

《荆州占》曰：客星入天库，有兵发行。

《黄帝占》曰：客星出库楼，兵车用，若守之，边兵大起，库兵出，车骑行，期二年，远三年。

《荆州占》曰：客星入若守之天库，外夷兵起。一曰官兵忧。

《黄帝占》曰：客星入若乘守天库，兵车出用。

客星犯南门二

石氏曰：客星出南门若守之，关梁塞，道路不通，人民忧。

石氏曰：南门中有小星三芒者，则兵车出。

司马彪《天文志》曰：孝灵中平二年十月癸亥，客星出南门中，大如半筵，五色喜怒稍小，至后年六月乃消。占曰为兵至。六年，司隶校尉袁绍诛灭中官，大将军部曲将吴匡攻煞车骑将军何苗，死者合数千人。

客星犯平星三

石氏曰:客星出平星,赋敛之臣忧而有过罪者。若库吏不忠,当有废出,期不出一年。

客星犯骑官四

石氏曰:他星入骑官,有喜。

《玉历》曰:客星出骑官星,若守之,有兵起,将军有出者。

石氏曰:客星守骑官,将出有忧。

《荆州占》曰:客星守骑官,士卒发用。

客星犯积卒五

石氏曰:他星守积卒,主兵臣诛。

石氏曰:客星出守积卒,兵士为乱,近臣有诛,士卒多死。

客星犯龟星六

郗萌曰:客星入龟星,小忧,无伤也。又曰天下大仓发。

甘氏曰:客星出龟星,珠玉贵,宝物不入。若守之,君臣不和,上下乖离。

客星犯傅说七

《圣洽符》曰:客星守傅说,王者后宫少子孙,若有绝后者。

客星犯鱼星八

齐伯曰:客星出鱼星,盐鱼贵再倍;若守之摇动,大贵五倍。一曰有大水,期不出一年。

客星犯杵星九

《甄曜度》曰:客星出杵星而守之,天下兵起,有税米粟之事。

客星犯鳖星十

《黄帝占》曰：客星守鳖星，有白衣之会。

石氏曰：有星入鳖星，有水令。

《海中占》曰：客星出守鳖星，有白衣之众聚，若天下有水，水物不成，期百八十日，远一年。

客星犯九坎十一

郗萌曰：有星入九坎，天下有忧。

玄冥曰：客星出九坎，有水旱之灾，出阳则旱，出阴则水。

客星犯败臼十二

《文曜钩》曰：客星守败臼，天下兵起，有军粮之急，米粟之忧，期二年。

石氏曰：他星守败臼，以饥兵起。

客星犯羽林十三

郗萌曰：客星守羽林若天阵，兵大起。

郗萌曰：客星守天阵，将兵吏忧。

郗萌曰：赤星守羽林二十日，臣弑主。

郗萌曰：客星入垒壁，有兵。

石氏曰：黄白星入天军南，天子立后。

巫咸曰：客星出羽林，兵大起，有亡国。若守之久，将军有谋，主者有忧，期不出三年。

客星犯北落十四

石氏曰：黄白星入北落，天子有喜。

石氏曰：黄星出北落，天子使出。

石氏曰:赤星出北落,中兵起。

石氏曰:客星出北落,边夷虏兵起,来入关塞,若关吏有忧。

郗萌曰:客星中犯乘守若北落星斗,光芒相及者,为兵覆军,煞大将。

客星犯土司空十五

《荆州占》曰:客星入土司空,多土功,男不得耕,女不得织,天下大疾。

韩杨曰:客星入土司空,有土徭之事。

《玉历》曰:客星出土司空,外臣有忧,夷狄兵起,若土功之事,人民饥苦多病。

郗萌曰:客星守土司空,宫有土功,若哭泣之事。

石氏曰:客星入守土司空,旱。

客星犯天仓十六

《黄帝占》曰:客星入天仓,粜石一千五百,谷如玉。

郗萌曰:客星入天仓,粜石千,岁大饥,五谷如金玉,能有谷,为君卿。

郗萌曰:客星入天仓,匈奴王且操奇物来进中国。

郗萌曰:周伯星流入天仓,粜贱,以春入,夏贱,以夏入,秋贱,秋入冬贱,冬入春贱。

郗萌曰:老人星流入天仓,粜大贵,春入夏贵,夏入秋贵,秋入冬贵,冬入春贵。

石氏曰:客星入天仓,粟发,出兵满野,期三年。

《黄帝占》曰:客星出入天仓,有发粟之事,出之有出粟,入之有入粟,不出其年,必有兵。

郗萌曰:客星在天仓,天下贫,仓粟出。

《黄帝占》曰:客星当天仓户,将吏受主俸,不为主用。

石氏曰:客星守天仓,马大贵。

郗萌曰：客星入若守天苍，有兵，道不通。

客星犯天囷十七

郗萌曰：客星入天囷，匈奴且操奇物来进中国。

齐伯曰：客星出天囷，若守之，天下大旱，民饥，人相食，若有粟令，期二年。

客星犯天廪十八

石氏曰：有星入天廪中，色青，天下多忧，赤，大旱，有火，黄白，岁熟。

甘氏曰：客星出天廪，天下粟贵，民以饥流亡去其乡，粟当出廪，期一年，远二年。

石氏曰：客星守天廪，马大贵。

石氏曰：他星犯天廪，天下乱。

郗萌曰：客星守天廪，粟发用。

客星犯天苑十九

郗萌曰：客星入天苑，畜多伤。

《荆州占》曰：客星入天苑，禽兽多死。

《玉历》曰：客星守天苑，畜物不孳，禽兽多死，以马起兵，边贼入境。一曰牧马多死，期三年。

石氏曰：他星犯守天苑，兵起马死。（按司马彪《天文志》曰：孝顺阳嘉元年闰月戊子，客星气白，广二尺，长五尺，起天苑西南，东北指，历天苑，抵参伐。天苑主马牛，为外军，色白为兵。是时敦煌太守徐由使疏勒王磐等二万人入于关界，虏获斩首三百余级，乌桓校尉耿毕使乌桓亲仆都尉戎朱魔等出寨，抄鲜卑，斩首，获生口财物，鲜卑怨恨，抄辽东代郡，杀伤吏民。是后西戎北狄为寇害，以马牛起兵，马牛亦死伤于兵中，十余年乃息也。）

客星犯参旗二十

郄萌曰：客星入天宫，天下有变，弓弩皆张。

《黄帝占》曰：星出入天弓，必有削主。

《河图圣洽符》曰：客星出守参旗，天下兵起，大将军行出，弓弩用，人主忧，期百八十日，远期一年。

石氏曰：客星守参，负海不安，兵起。

客星犯玉井二十一

《黄帝占》曰：客星入玉井中者，皆为强国失地；出玉井，强国得地。

郄萌曰：客星入玉井，天下有丧。

《荆州占》曰：客星出玉井，将出。

齐伯曰：客星出玉井，其军已出为忧，若有水败。若入守之三日，其岁大水。

客星犯屏星二十二

石氏曰：客星入天屏，四足大疾。

《海中占》曰：客星出天屏，辅臣有忧，若人民多疾病，四足畜多死。

石氏曰：客星出入天屏，大人疾，主污辱。

郄萌曰：客星出入天屏，人民疾疫。

客星犯天厕二十三

《黄帝占》曰：客星入天厕，天下大饥，人相食，民移去，国君子卖衣，小人卖妻妾。一曰卖子而食。

《黄帝占》曰：客星入天厕，主病带下。

石氏曰：黄白星入天厕，天子有喜，奇物见。

石氏曰：苍白星入天厕，天子有阴病。

石氏曰:有星入天厕,色青有忧,赤有兵,白为旱,黑为凶。

石氏曰:赤星入天厕,有内兵起。

石氏曰:黑星入天厕,天子当之。

郗萌曰:周伯星流入天厕,岁籴大贱。民有余食,以春入夏贱,夏入秋贱,秋入冬贱,冬入春贱,终岁同焉,籴无处也。

郗萌曰:老人星流入天厕,为饥,以春入秋饥,秋入冬饥,冬入春饥。

郗萌曰:客星入天厕,若有流水,水大出。

玄冥曰:客星出天厕,王者有忧,厕中有谋兵,若大人陷厕,宜防备之。

客星犯天矢二十四

石氏曰:客星出天矢而守之,天下民多病,若多死,以五色占之,色黄吉,青白疾,黑死。

客星犯军市二十五

郗萌曰:客星入军市,大饥,将离散,士卒死亡。

《荆州占》曰:他星守军市,兵起。

《玉历》曰:客星出军市,若入守之,军市中人饥,将离散,士卒死亡。期一年。

客星犯狼星二十六

石氏曰:客星守狼弧,夷狄将来降。

郗萌曰:客星守狼弧,邦失大臣,色赤者得,青黑者亡也。

《荆州占》曰:客星守狼星,狗大贵。

《荆州占》曰:客星守狼星,色黄润,有大喜,黑有大忧。

《荆州占》曰:客星守狼星,有围城之急,以入日占何国。

甘氏曰:客星出狼星,若守之,天下起兵,多盗贼,将相多死,若有千里之行。期一年,中二年,远三年。

客星犯弧星二十七

郗萌曰:客星入弧星,将有南夷来降中国者,亦为蜀。

石氏曰:他星守弧,野将死。

石氏曰:客星守弧,主将弱。

郗萌曰:客星守弧,外夷大饥。又曰有兵。若弧星张,先起兵者利,后起兵者不利。

郗萌曰:客星出弧,兵出;入弧,兵入。

郗萌曰:客星舍弧,秋雨,五谷不成。又曰:舍弧左右,群臣有伺其君者。

巫咸曰:客星出弧,若入之,其国有兵,大人惊,贵人多死,士卒出行,不出其年。

客星犯老人星二十八

石氏曰:他星犯老人星,天下老者忧,兵起。

郗萌曰:有星入老人,为政不和。

《黄帝占》曰:客星出老人星,有兵起,老人不安,若老人者行。若守之久,命曰扶老人,其国安,老人昌。

石氏曰:客星入若守老人星,天下民疾。一曰兵起,老人行。

客星犯天稷二十九

石氏曰:有星入天稷,有祀事于国内;出天稷,有祀事于国外。

《海中占》曰:客星守天稷,五谷散出,其岁忧,人民饥。一曰守之久,社稷不安。

客星犯甘氏中官二

客星犯五帝内座一

郗萌曰：客星犯紫宫中帝座，大臣犯主。

客星犯天理二

《荆州占》曰：客星犯天理，天下多狱，廷尉亦坐之。

郗萌曰：有星入天理，禁不明。

《荆州占》曰：有星入天理，大臣有诛者。

客星犯内阶三

《黄帝占》曰：客星犯守内阶，奸臣在左右。

客星犯天厨四

《荆州占》曰：客星守天厨，天下大饥，人相食，若流亡去其国，君子卖衣，小人卖妻。又曰食官有食变。

客星犯策星五

陈卓曰：客星近策星，王者不出宫，下有谋乱，不过七十日。

客星犯传舍六

《黄帝占》曰：客星守传舍，备奸使。

《雒书摘亡辞》曰：客星守传舍，邦有忧，大使转粟相食，天下苦。若自河之东，受剑戟之客。

客星犯造父七

郗萌曰:有星入造父,材官骑士出。

郗萌曰:赤星入造父中,车马贵。

《黄帝占》曰:客星守造父,兵起。

郗萌曰:客星守司马,地大动。

客星犯人星八

焦廷寿曰:有星入人星,天下有诏符传相惊。

客星犯杵臼九

石氏曰:客星守杵臼,岁饥,民费其财。

《黄帝占》曰:客星守杵臼,天下会聚米粟。一曰民失杵臼。

石氏曰:有星入杵臼,天下有急。

郗萌曰:有星入守杵臼,兵起人聚。

客星犯天鸡十

《天官书》曰:客星入天鸡,西北之夷且来下降。

郗萌曰:客星守天鸡,鸡夜鸣,天下尽有惊。

《荆州占》曰:客星守天鸡,山摧,若大水。

客星犯亢池十一

郗萌曰:客星守亢池,有盗宗庙者。

客星犯天田十二

郗萌曰:客星入天田,天焦旱,五谷不登,多虫蝗。

客星犯天门十三

郗萌曰：客星入天门，诸相有谋虑。

客星犯平道十四

郗萌曰：客星守平道，诸侯不朝，奸人横行。

客星犯酒旗十五

《春秋纬》曰：客星守酒旗，饮食失度。

《荆州占》曰：客星守酒旗，天下大酺，有酒害财物，若赐爵宗室。

客星犯天高十六

《荆州占》曰：客星入天高，有奇令。又曰：入天高中十日，成勾己，有赎罪之令。

郗萌曰：客星从天高阴出，有兵。一曰有走主亡臣，从阳入，有赐害之殃。一曰有客兵入者。

郗萌曰：客星守天高，宫中有火忧，有火神从天下，若妖祥自地出。

客星犯砺石十七

《荆州占》曰：客星守砺石，兵动，百工用。

客星犯八谷十八

石氏曰：客星入八谷，天下谷大贵，以饥战，主失位。

客星犯五潢十九

《黄帝占》曰：客星入五潢，兵起，车道不通，天下大乱，易政。一曰贵人死。

郗萌曰：有星入五潢，兵大起。

郗萌曰：客星留天潢中，人主以水为害，若井为害，以入日占国。

客星犯咸池二十

《黄帝占》曰：客星入咸池，大人忧。

《荆州占》曰：客星入咸池，人君死，天下水。

客星犯天街二十一

郗萌曰：客星入天街，内有贼人。

客星犯甘氏外官三

客星犯青丘一

《荆州占》曰：客星守青丘，土官有事。

客星犯车骑二

《天官书》曰：客星入车骑星，西羌且来降。

客星犯狗国三

韩杨曰：客星入狗国，其王且操奇物来下中国。

郗萌曰：客星犯守狗国，皆为天下有大道。

客星犯天田四

郗萌曰：有星入天田，天下有变。

客星犯哭泣五

郗萌曰：客星守哭泣星，人主有哭泣之声。

客星犯八魁六

郗萌曰:有星入八魁,天下多盗贼。

客星犯天溷七

郗萌曰:有星入天溷,上溺下蒙。

客星犯九州殊口八

郗萌曰:有星入九州殊口,九州之民忧水事。
《黄帝占》曰:客星守九州口,负海国不安,兵起。
郗萌曰:客星守九州口,天下凶。

客星犯天节九

郗萌曰:客星入天节,奚、契丹有忧。
《荆州占》曰:客星守天节,臣有忧。

客星犯九游十

《荆州占》曰:客星守九游,忧诸侯之兵,若禽兽多疾。

客星犯军井十一

《荆州占》曰:客星守军井,军以水为忧。
《黄帝占》曰:客星入守天井,大水。

客星犯水府十二

《荆州占》曰:客星守水府,江河决溢。
郗萌曰:有星入水府,天下洪水。

客星犯天狗十三

《黄帝占》曰：客星入天狗中，国多大暴风雨。又曰北夷人饥来降。

《荆州占》曰：客星入天狗，多土功，北夷大饥。

《荆州占》曰：客星守天狗，守御之臣作乱。

客星犯丈人十四

郗萌曰：有星入丈人，明臣不得通。

客星犯天社十五

《黄帝占》曰：有星入天社，有祠事于国内；出天社，有祠事于国外。

客星犯天纪十六

《荆州占》曰：客星守天纪，国政乱。

客星犯天庙十七

甘氏曰：客星犯守天庙，军道不通。一曰有兵。又曰马多死。

甘氏曰：客星中犯乘守天庙，有白衣之会。

《荆州占》曰：客星中犯乘守天庙，祠官有忧。

客星犯东瓯十八

甘氏曰：客星入东瓯，其王且操金玉来下中国。

客星犯巫咸中外官四

客星犯天相一

郗萌曰:客星出入天相,天子变更其令。

客星犯长垣二

郗萌曰:赤星入长垣,胡人大凶。

客星犯军门三

《荆州占》曰:客星犯军门,军道大通。

客星犯阳门四

郗萌曰:有星入阳门,五兵藏。

客星犯钩星五

《荆州占》曰:客星守钩星,地动。

客星犯天桴六

《荆州占》曰:客星守天桴,度数改,漏刻失时。

客星犯天渊七

《荆州占》曰:客星守天渊,天下水出地动,若海鱼出。一曰守三渊,水与城等。

客星犯天垒城八

郗萌曰:客星入天垒城,北夷王且操奇马进中国。

客星犯铁锧九

《黄帝占》曰:客星入铁锧,外兵擒杀其将,士卒乱伤,外国来降。

郗萌曰:有星入铁锧,诸侯有来献地者;出铁锧,则献地诸侯。色青皆以忧,赤皆以兵,黄皆以好。

郗萌曰:客星入铁锧星,铁锧用,以日占其国。

郗萌曰:客星中犯乘铁锧,皆为兵将忧。

客星犯天厩十

《黄帝占》曰:有大星入天厩,马有惊。

郗萌曰:客星入天厩,不满三日,马为之贱。

郗萌曰:有星入天厩,厩车出行。

郗萌曰:客星入天厩之中,满三日而去,有赦。

《黄帝占》曰:客星出若守天厩,有惊戒之事。

开元占经卷八十五

妖星占上

妖星所主一

《黄帝占》曰：妖星者，五行之气，五星之变，如见其方，以为灾殃，各以其日五色占知何国，吉凶决矣。以见无道国，失礼邦，为兵为饥，水旱死亡之征也。

《黄帝占》曰：凡妖星所出，形状不同，为殃如一。其出不过一年，若三年，必有破国屠城，其君死亡，天下大乱，兵士行，战死于野，积尸纵横，余殃尽为水旱兵饥疾疫之殃。

石氏曰：妖星之状不相类，其殃一也，其出不过三月，必有破国乱君，伏死其辜，殃之不尽，当有旱饥暴疾疫矣。

甘氏曰：凡妖星出见，长大，灾深期远，短小，灾浅期近。三尺至五尺，期百日；五尺至一丈，期一年；一丈至三丈，期三年；三丈至五丈，期五年；五丈至十丈，期七年；十丈以上，期九年。审以察之，其灾必应。

天棓占二

《河图》曰：岁星之精，流为天棓。

甘氏曰：天棓一名觉星。

甘氏曰：天棓本类星，末锐长四丈。

班固《天文志》曰：岁星赢而东南。

孟康曰：岁星见东方，行疾则不见，不见则变为妖星也。

石氏曰：见彗星。

甘氏曰：不出三月乃生彗，本类星，末类彗长二丈，盈而东北。

石氏曰：见觉星。

甘氏曰：不出三月，乃生天棓，本类星，末锐长四丈也。

《春秋纬》曰：天棓主灭兵。

《春秋潜潭巴》曰：天棓主奋争。(《河图》曰分争。)

甘氏曰：天棓出，其国凶，不可举事用兵。又曰：期三月，必有破军拔城。

《潜潭巴》曰：棓枪出仲孟，芒交若相棓，宰将伐主，天下大乱。

甘氏曰：天棓出，期三月，必有破军拔城，人君伏死其罪。

甘氏曰：客天棓见，女主用事，其本者为主人。

天枪三

《河图》曰：岁星之精，流为天枪。

《春秋合诚图》曰：天枪主捕制。

《春秋纬》曰：岁星退而西南三月生天枪，阳沈变萌，战乱兵行，诸侯大横，所见国无用兵。

班固《天文志》曰：岁星缩而西南。

孟康曰：岁星当伏西方，行迟早没，变为妖星也。

石氏曰：见搀云如牛。

甘氏曰：不出三月，乃生天枪，左右锐长数丈，缩西北。

石氏曰：见枪云如马。

甘氏曰：不出三月，乃生天枪，本类星，末锐长丈。

《河图》曰：天枪主改修。

甘氏曰：天枪在西北，本类星，末锐一丈。

甘氏曰：天枪见则女主有用事者，其本为主人。

巫咸曰：天枪出，国有功。

班固《天文志》曰：孝文后二年正月壬寅，天枪夕出西南，占曰为兵丧乱。其六年十一月，匈奴入上郡、云中，汉起三军以卫京师。（按刘向《洪范》曰：文帝崩，吴楚七国反者也。）

郗萌曰：岁星与日月同宿，八十日（阙），天枪出婺女至胃为天枪。

天猾四

《河图》曰：岁星之精，流为天猾。

《河图》曰，《春秋纬》曰：天猾主招乱者。

《春秋纬》曰：人主自恣，不备古王，逆天暴物，则天猾起，如众马斗于邦，地跃璚曰反光。

天冲五

《河图》曰：天冲，岁星之精流为之。

刘向《洪范》曰：天冲，其状如人苍衣赤首不动，其名曰天冲。

《春秋潜潭巴》曰：天冲主灭位。

《春秋运斗枢》曰：冲星出，臣谋主，武卒废，天子亡。

《运斗枢》曰：天冲抱极泣帝前，血浊雾下，天下冤。（宋均曰：抱犹向也。极，北辰也。泣言有泪众也。帝，大帝，即北辰也。血浊如雾，雾浊如血。）

国皇六

《河图》曰：岁星之精，流为国皇。

《春秋运斗枢》曰：机星散为国皇。

巫咸曰：国皇之星大而赤，类南极老人星也。

《春秋纬》曰：国皇主灭奸。

《春秋合诚图》曰：国皇主内寇，一曰主内难。

《春秋考异邮》曰：国皇星见，则兵起，天下急。

司马彪《天文志》曰：孝灵光和中，国皇星见东南角，去地一二丈，如炬火状，十余日不见，占曰：国皇为内乱，外内有兵丧。其后黄巾贼张角烧州郡，朝廷遣将讨平，斩首十余万级。中平年，宫车晏驾，大将军何进令司隶校尉袁绍私募兵千余人，阴射洛阳城外，窃呼并州牧董卓，使将兵至京都，共诛中官，对战南北，宫及阙下，死者数千人，燔烧宫室，迁都西京。及司徒王允与将军吕布诛卓，卓部曲将郭汜、李傕提兵攻长安，公卿百官吏民战死者亦且万人，天下之乱，皆自内发。

巫咸曰：国皇星所指，其下起兵，兵强。或曰其卫不利。

石氏曰：国皇星入天库，兵起亡地。

《荆州占》曰：国皇入紫宫，国有大变，兵起。又曰人主有忧。

《荆州占》曰：国皇星入紫宫，兵起得地。

反登七

《河图》曰：岁星之精，流为反登。

《春秋纬》曰：反登主夷分。

《春秋纬》曰：皆少阳之精，司徒之类，青龙七宿之域，有谋反若恣虐为害，主失春政者，以出时冲为期，皆主君征也。

析旦八

《河图》曰：荧惑之精，流为析旦。（或曰昭旦。）

《春秋纬》曰：析旦主弱符。

《春秋纬》曰：析旦横出，浊百尺，为相诛灭。

蚩尤旗九

《河图》曰：荧惑之精，流为蚩尤旗。（按《皇览·冢墓记》曰：蚩尤冢在东郡寿张县阚乡城中，高七丈，民常十月祠之，有赤气出如绛帛，民名为蚩尤旗。《述征记》曰：须昌县阚乡有蚩尤冢，或云上代民以十月旦祠之，辄有赤气如一疋绛，谓蚩尤旗也。《汉书》武帝建元六年、元狩四年，并有长星见。班固《五行志》曰：为蚩尤之旗也。）

《春秋运斗枢》曰：旋星散为蚩尤旗。

《说苑》曰：蚩尤旗，五星盈缩之所生也。

巫咸曰：蚩尤之旗，类彗而后曲象旗。

夏氏曰：四望无云，独见赤云，蚩尤旗也。

《荆州占》曰：蚩尤星如箕，可长二丈，末有星。

《吕氏春秋》曰：乱国之主，众邪并积，有云若桓藿，以长，黄上白下，其名曰蚩尤旗。

《春秋纬》曰：蚩尤旗诛逆国。

《春秋纬合诚图》曰：蚩尤之旗出，平四野。

《河图提》曰：帝将怒，则蚩尤旗出。

《论语摘辅象》曰：虐王反度，则蚩尤旗出。

《雒书》曰：旗刺旋，主备臣边，雄侯之贤，主过出，兵马惊。

《黄帝占》曰：蚩尤旗本类星，而后委曲，其象旗幡，长可二三丈，见则王者鼓旗，大行征伐，四方兵大起，不然国有大丧，王者亡。期三年，中五年，远七年。（按洪范《五行传》曰：武帝建元六年八月，长星出东方，长竟天，占曰：是蚩尤旗，见则王者征伐四方。自是之后，兵讨四夷，连二十年。元狩四年四月，长星复出西北，是时击胡狄。司马彪《天文志》曰：孝献初平三年九月，蚩尤旗长十余丈，色白，出角亢之南，其后丞相曹公征伐天下且三十年。《魏志》曰：高贵乡公正元元年十一月，有白气出南斗侧，广数丈，长竟天，景王问王肃，肃对曰：蚩尤之旗也，东南其有乱乎！二年正月，毌丘俭等据淮南以叛，大将军司马师讨平之，自后征淮南，西平巴蜀。是岁，吴主孙亮五凤元年。太平三年，孙綝盛兵围宫，废亮为会稽王，孙綝主淮南、江东同扬州地，故于时变见吴楚之分，则魏之淮南多与吴同灾，是以毌丘俭以为己应，遂起兵而败。三年，即魏甘露二年，诸葛诞又反淮南，吴遣朱异救之，及城陷，诞众诛灭。《魏氏春秋》曰：正始元年十一月，蚩尤旗见于箕，东吴兵死没各数万人，车骑将军黄权薨之兆也。）

《黄帝占》曰：蚩尤旗出北斗，长二三丈，本有星，其上委曲，见则天下乱，大兵起，天子自将兵，旗鼓用，不然国有大丧，期百八十日，中一年，远三年。

《春秋纬》曰：蚩尤之旗见则山崩。

《春秋纬》曰：蚩尤之旗，五精离芒，天运大兵，垂其彗，后曲而前长，四方并乱，天下灭兵，群猾动帝座于堂，见则五寇行，主不正暴，必有反兵，期五年，天子忧，不以亡，则九年凶。加于斗宿，天子嚣嚣，出于列位，勉正四方。

《春秋纬》曰：蚩尤伐矜诛逆灭患，蚩尤起，天下之兵合祸纷纷。

《春秋纬潜潭巴》曰：蚩尤之旗主伐叛。又曰主惑乱。

《春秋运斗枢》曰：蚩尤之旗见，则山崩，后族擅权。

《春秋运斗枢》曰：蚩尤旗干太微，法式灭，帝死于野。

《春秋纬考异邮》曰：蚩尤旗见，则王者伐枉逆。

《钩命决》曰：旗刺滞，咄咀出，匿谋合。（旗，蚩尤旗也。）

夏氏曰：蚩尤旗所见之方，其下有兵，四方尽有，天下有兵。

郗萌曰：蚩尤旗守轸，赤哭礼。

《荆州占》曰：蚩尤旗见则兵大起，不然有丧。

昭明十

《河图》曰：荧惑之精，流为昭明。（《荆州占》曰：填心之变为昭明也。）

《黄帝占》曰：昭明者，五星之变，出于西方，名曰昭明，金之气也。

《春秋合诚图》曰：赤彗分为昭明，昭明，灭光也。（宋均注曰：灭主之光明也。）象如太白吐芒，故以为起霸之征，期七年。

《春秋运斗枢》曰：机星散为昭明。

《黄帝占》曰：西方有星，望之去地可丈，而白有光，其类太白，数动，察之中赤，是谓西方之野星，名曰昭明，出，兵大起。其出也，下有丧，出南则西方邦失地。

《黄帝占》曰：昭明星出入毕中，有屠国。

《河图》曰：昭明茀心，天子三公，杀主必成。

《雒书兵钤势》曰：昭明见，霸者生。

《春秋运斗枢》曰：昭明有角，亡征也。

《春秋纬》曰：昭明改德。

《春秋纬合诚图》曰：昭明所起，期七年，天子夺于州牧去，所出下发。

《春秋纬考异邮》曰：昭明星见则国灭，贤主立。

《春秋纬考异邮》曰：昭明如太白，不行。

《春秋纬潜潭巴》曰：昭明起有德。

巫咸曰：昭明所起，国起兵，多变。

巫咸曰：西方有星，大而白，有角，目下视，名曰昭明。金之精出，则兵大起，若守房星，国有大丧，必有屠城。昭明下则为天狗，所下者大战流血。星出非其方，有兵冲则不利，期不出三年。

郗萌曰：昭明星见，大人凶。

郗萌曰：昭明出，兵大起。

郗萌曰：昭明星守心，大有丧。

郗萌曰：昭明星见虚中，天下无兵兵起，有兵兵罢，大臣为谋。

《天官书》曰：昭明大而白，无角，乍上乍下，（孟康曰：形如三足几，上有九彗上向也。）所出国起兵多变。

《荆州占》曰：昭明星出营室中，大臣为乱，无兵兵起，有兵兵罢。

司危十一

《河图》曰：荧惑之精，流为司危。

《春秋合诚图》曰：白彗之气，分为司危。司危平非也，以为乖事之征。

《春秋运斗枢》曰：机星散为司危。

孟康曰：司危星大而有毛，两角。

《荆州占》曰：司危类太白，类动，察之赤。

《洛书》曰：司危出，强国盈。

《春秋纬潜潭巴》曰：司危主击强侯兵也。

《合诚图》曰：司危如太白有目，以为乖事之征，见则主失法，期八年，豪杰起，天子以不义失国，有声之臣行主德也。（宋均注曰：声，名称也。）

《春秋纬考异邮》曰：司危见，则其下国残贼。

《天官书》曰：司危星出正西方之野，星去地可六七丈而白，类太白。一曰见兵起强。

《天官书》曰：司危出非其方，下有兵冲，不利。

《荆州占》曰：司危出则兵起，其下为丧。

天搀十二

《河图》曰：荧惑之精，流为天搀。

《春秋纬》曰：岁星退如西北三月，生天搀。

郗萌曰：星出其状白，小类动，是谓搀星，一名斩星。

孙炎曰：搀枪，妖星别名也。（尸子曰：彗星为搀枪也。）

《春秋纬潜潭巴》曰：天搀主煞时。

甘氏曰：天搀见，女主用事者，其本为主人。

甘氏曰：天搀出西南，长数丈，左右锐，出而易处。

巫咸曰：天搀出，其国内乱。

京房曰：天搀出，其下相搀，为乱为兵，赤地千里，枯骨藉藉。（按班固《天文志》曰：孝文后二年正月壬寅，天搀夕出西南，后匈奴入上郡、云中，汉起军以卫京师也。）

郗萌曰：搀星出，即出兵，起出于东方，国益乡皆然。

班固《天文志》曰：天搀出，为兵丧。

《河图》曰：太阳之精，赤乌七宿之域，有谋反，若悖心为虐害，主失政者，期如占，皆以类名也。

五残十三

《河图》曰：五残主奔亡。

《河图》曰：填星之精，流为五残。

《春秋运斗枢》曰：旋星散为五残。

《春秋合诚图》曰：苍彗散为五残，如辰星出角，阳失德，故生角。五残者，五分也。故为残毁败之征。（宋均曰：五残五分彗，一本而五枝也。）期九年奸兴，三九二十七，乱大不可禁。

《黄帝占》曰：五残者，五行之变，出于东方，名曰五残木之气也。（宋均曰：五残一曰五锋。）

巫咸曰：五残星出正东方之野，星状类辰星，可去地六七丈，大而白。

《春秋合诚图》曰：五残主乖亡。

郗萌曰：五残，兵星也。

《黄帝占》曰：东方有星，望之去地可六丈，大而赤，察之中青，（孟康曰：星表青气，如有晕也。）其类岁星，是谓东方之野星，名曰五残，出则兵大起。其出也，下有丧，北出则东方邦失地。

《河图》曰：五残出，则宰司马之辈萌。

《河图》曰：五残出，四蕃虐，天子有急兵。

《雒书雒罪级》曰：五残六贼出，祸合天下，逆侵关枢。

《雒书兵钤势》曰：五残起，野乱成。

《雒书》曰：五锋星出翌，白帝亡也。

《尚书纬运期授》曰：白帝亡也，五残出。

《春秋纬考异邮》曰：五残备急。

《考异邮》曰：五残见则主诛，政去伯。

郗萌曰：五残见则国残，起奔系亡。

《天官书》曰：五残所出非其方，为其下有兵冲不利。

《荆州占》曰：五残大而赤，数动，察之而青。

《荆州占》曰：五残出则兵起，其下为丧。

六贼十四

《黄帝占》曰：六贼者，五行之气，出于南方，名曰六贼，火之气也。

孟康曰：六贼星形如彗。

《黄帝占》曰：南方有星，望之去地六丈，赤而数动，察之有光，其类荧惑，是谓南方之野星，名曰六贼，出则兵起，其国乱。其出也，下有丧，出东方则南方邦失地。

巫咸曰：六贼星见，出正南方之星，去地可六丈，大而赤，数动有光。

《天官书》曰：六贼星所出非其方，为其下有兵冲不利。

狱汉十五

《河图》曰：填星之精，散为狱汉。

《春秋运斗枢》曰：权星散为狱汉。

《黄帝占》曰：咸汉者，五行之气，出于北方，名曰咸汉，水之气也。

班固《天文志》曰：狱汉一名曰咸汉。

《天官书》曰：狱汉星出正北，北方之野星，去地可六丈，大而赤，数动，察之中青。

孟康曰：狱汉青中赤表，下有三彗纵横。

《春秋合诚图》曰：狱汉主逐王。

《春秋潜潭巴》曰：狱汉主刺王。

《黄帝占》曰：北方有星，望之可去地六丈，大而赤，数动，察之中青黑，其类辰星，谓北方之野星，名曰咸汉。出则兵起。其出也，下有丧，出西则北方之邦失地。

《雒书兵钤势》曰：狱汉动，诸侯惊。

《春秋运斗枢》曰：狱汉出，阴精横。

《天官书》曰：狱汉所出非其方，为其下有兵冲不利。

《荆州占》曰：狱汉出则兵起，其下为丧。

大贲十六

《河图》曰：填星之精，散为大贲。

《河图》曰：大贲出，主暴冲也。

炤星十七

《河图》曰：填星之精，散为炤星。

《河图》曰：炤星主灭邦。又曰：炤星见，主灭亡。

绌流十八

《河图》曰：填星之精，散为绌流。

《春秋纬》曰：绌流主伏逃。

《河图》曰：绌流动，天下嗷主自理，无所逃。

茀星十九

甘氏曰：茀星出东南，本有星，末类茀，所当之国是受其殃。

京房曰：茀星三角三年消，五角五年消，七角七年消，九角九年消。

开元占经卷八十六

妖星占中

旬始占二十

《河图》曰：填星之精，散为旬始。

《春秋运斗枢》曰：枢星散为旬始。

《说苑》曰：旬始五星，盈缩之所生也。

《广雅》曰：旬始，妖气也。（徐广曰：旬始，蚩尤也。）

巫咸曰：旬始出于北斗傍，伏如雄鸡，其怒青黑，象伏鳖。（李奇曰：怒当为孥。晋灼曰：孥，雌也。或曰怒则青色。按司马长卿《大人赋》曰：垂旬始以为惨兮，樬彗星以为髯。谓此星也。）

《春秋合诚图》曰：黄彗分为旬始，旬始者，令起也，状如雄鸡，土含阳以文，白接精象鸡，故以为立主之题，十年圣人起伏。（宋均注曰：接，理也。题，识也。土含文采，故其气理为鸡，取其知时。土，数十也，起作也。）

《春秋合诚图》曰：旬始主争兵。

《春秋考异邮》曰：旬始主乱。

《春秋潜潭巴》曰：旬始主招横。

《春秋考异邮》曰：旬始其下，必有灭亡，五奸争治，暴骨积骸，以子续食，见则臣乱兵作，诸侯为虐。

《黄帝占》曰：常以戊戌（巫咸曰戊巳。）视五车中，有奇怪曰旬始，状如鸟有喙而见者，明则兵大起，攻战当其首者破死，欲为之左右勿逆。

《黄帝占》曰：旬始见天库中，所向兵弗能当。

《黄帝占》曰：旬始出见北斗，圣人受命，天子寿，主者有福。

《文曜钩》曰：旬始见行起北斗傍，期六十日，兵大起，上将军出，帝自临兵，期不出年。

《春秋纬》曰：众变并集旬始昭，天下有灭主，五奸争治。

《春秋纬运斗枢》曰：辟之失枢，旬始出于五诸侯。

《孝经章句》曰：有妖星在东井阴，名曰旬始。旬始出，主失国，入井则霜。

郗萌曰：旬始出建星，水灾并行，边境起兵者，备水盗贼。

班固《天文志》曰：旬始如鳖见，群猾横盗。

《玄冥占》曰：有星状如雄雉，其色赤黄，名曰旬始，见则天下有兵，其国不宁，期三年。

石氏曰：常以戊戌日，（一曰戊己。）视天军中，有旬始星，状如鸟，见者兵大起，攻战向其首者破，为之左旋乃战，常勿逆也。

击咎二十一

《河图》曰：填星之精，散为击咎。

《可图》曰：击咎出，臣弄主。一曰臣禁主。

《河图》曰：击咎主大兵。

《文曜钩》曰：击咎守轸，耀百尺，为相诛灭。

《河图》曰：土精斗七星之域，以长四方八卦之内，司空之位，有谋反，若盗虐者，期如上占。

天杵二十二

《河图》曰：太白散之精，为天杵。

石氏曰：天杵主牂羊。

天拊二十三

《河图》曰：太白之精，散为天拊。

《河图》曰：天拊主击殃。

伏灵二十四

《河图》曰：太白之精，散为伏灵。

《河图》曰：伏灵主领谗。

郗萌曰：伏灵出，天下乱复治。

大败二十五

《河图》曰:太白之精,散为大败。

《河图》曰:大败主开冲。

韩杨曰:大败出,击咎谋。

司奸二十六

《河图》曰:太白之精,散为司奸。

《河图》曰:司奸主见妖。

天狗二十七

《河图》曰:太白之精,散为天狗。

《黄帝占》曰:天狗者,五星气合变,出西南,金火气合,名曰天狗。

孟康曰:天狗星有毛,旁有短彗,下有如狗刑者。(按《三秦记》曰:骊山西有白鹿原,周平王时白鹿出是原,原上有狗枷保。秦襄公时有天狗枷来下,民保其上,有贼,天狗则吠而护之,故一保无患也。)

《抱朴子》曰:有黑气如牛马入其军者,名天狗,下食血,其军必败。(《广雅》曰:天狗,妖气也。)

《河图》曰:天狗主候兵。

《春秋纬》曰:天狗主讨贼。

《春秋纬》曰:天狗流,五将开。

石氏曰:西北有星,长三丈而出,水金气交,名曰天狗。(《荆州占》曰:西北三星大而白,名天狗,见则大兵起,天下饥,人相食。按辛氏《秦州记》,乞伏韩归猎于康狼州,见天上如有十丈余绛直下,山川草木皆赤。相气者云:天狗下。后遂破吕保是也。)

石氏曰:天狗所下之处,必有大战,破军杀将,伏尸流血,天狗食之,皆期一年,中二年,远三年,各以其所下之国以占吉凶。

郗萌曰:西北有三大星出,如日状,名曰天狗。天狗出,人相食。一曰昭明下则为天狗,天狗所下,兵大起流血。

郗萌曰：星出其状赤白有光，下即为天狗，其下小小有足，所下之地必流血，国易政。（按《山海经》曰：金门之山有赤犬，名曰天犬，其所下有兵。郭璞注曰：《周书》云：天狗所止地尽倾，余光飞天为流星。长数十丈，其疾如风，声如雷，走如电，吴楚七国反时，过梁野。《洪范五行传》曰：七国之兵战于梁地，故狗先降梁垒，以见其象也。狗者守围之类也，天狗所降以戒守围。班固《天文志》曰：孝文帝后二年八月，天狗下梁野，是岁诛反者周殷长安市，吴楚攻梁，梁王坚守，遂伏尸流血其下也。七年六月，文帝崩。）

班固《天文志》曰：哀帝定平元年正月丁未，日出时有著天白气，广如一疋布，长十余丈，西南行，喧如雷，西行一刻而止，名曰天狗。《传》曰：言不从则有狗祸到。其四年正月二月三月，民相惊动，喧哗奔走，传行诏祷祠西王母。

《兵书》曰：两敌相望，其云气如牛马状，头低尾仰，名曰天狗，勿与战。

《荆州占》曰：天狗犯弧星，大将有千里之行，若贵人多死。

天残二十八

《河图》曰：太白之精，散为天残。

《春秋纬》曰：天残主贪残。

卒起二十九

《河图》曰：太白之精，散为卒起。

《河图》曰：卒起见，祸无时，诸变有萌者，臣运柄。

《河图》曰：卒起主虐亡河，少阴之精，大司马之类，白虎七宿之域，有谋反若戾虐为害，主失秋政者，期如上占，祸应之。

枉矢三十

《河图稽耀钩》曰：辰星之精，散为枉矢。

《荆州占》曰：填星之精，变为枉矢。

《春秋运斗枢》曰：几星散，为枉矢。

《说苑》曰：枉矢之星，盈缩之所生也。

《洪范五行传》曰：枉矢者，弓弩之象也。枉矢之所触，天下之所伐，灭亡之象也。

巫咸曰：枉矢类大流星，色苍黑，蛇行，望之如有毛目，长数丈著天。

《春秋合诚图》曰：枉矢主反萌，黑彗分为枉矢。狂矢者，射星也。水流蛇行，含明，故有毛目，阴合于四，故长四，又水生木，其怒青黑，水灭火，其精沉，故以为谋反之征。在所流受者灭，皆为天子之祥，阴道于六，期六年，萌二十四年，天子以兵亡，所已议见起。

《春秋纬》曰：枉矢主射愚。又曰：枉矢流，射所谋。

《河图》曰：枉矢东流，天下恐。

《洛书》曰：枉矢出，夏桀灭。

《尚书中侯》曰：夏桀无道，枉矢射。

《河图真纪钩》曰：人君邪暴专己，则枉矢动。

《洛书说征示》曰：枉矢射心，山崩，火燔宫。

《雒书雒罪级》曰：枉矢射，主以兵去。

《易纬辨终备》曰：枉矢流，隐谋合，国雄逃。

《诗纬》曰：枉矢流，天降丧乱。

《诗纬含神务》曰：白之亡，枉矢流。

《尚书运期授》曰：白之亡也，枉矢射参。

《尚书纬》曰：枉矢流，天射王。

《春秋纬》曰：黄之亡，有枉矢下流到地，上属天，下以兵亡，天子凶。

《春秋纬》曰：枉矢芒，臣不忠，民不良。

《春秋纬》曰：枉矢或东或西，五谷不升，民流亡。

《春秋潜潭巴》曰：枉矢或南或北，无聚众伐敌国。

《春秋潜潭巴》曰：枉矢守虚，卑国以实，尊国虚。

《春秋潜潭巴》曰：枉矢守填星，民多事，其大芒也黄，德昌。

《春秋潜潭巴》曰：枉矢黑，军士不勇，疾流肿。

《春秋纬运斗枢》曰：枉矢出，射所诛。

《春秋运斗枢》曰：黄帝行失，则枉矢出，射所谋，谋易失枢之主，故以枉矢射之。

《春秋考异邮》曰：枉矢见则谋反之兵合。

《考异邮》曰：枉矢而流射，伐秦以亡。

《春秋汉含孳》曰：枉矢流，主见射。

《春秋佐助期》曰：枉矢流射，黜灭不祥。

《孝经钩命决》曰：乱蒋蒋，枉矢出。

《孝经援神契》曰：枉矢射，匿谋强。

《论语摘辅像》曰：虚王反度，则枉矢合。

《海中占》曰：枉矢类流星，望之有毛目，长可一疋布，皎皎著天，见则大兵起，大将出，弓弩用，期三年。

石氏曰：枉矢射心，地陷备虚狼。

郗萌曰：枉矢出东井，边境起兵，火灾并行，受者备火盗贼。

《说苑》曰：秦二世立，枉矢夜光。

郗萌曰：枉矢射参，秦以亡，一曰帝亡。

班固《天文志》曰：枉矢所触，天下之所伐射，灭亡之象也。（按《宋书·天文志》曰：晋元帝大兴三年四月壬辰，枉矢出虚危，没翼轸。永昌元年三月，王敦率江荆之众来攻京都，六军距战，败绩，于是杀护军将军周顗、尚书令刁协、骠骑将军戴弼，又镇北将军刘隗出奔。四月，又杀湘州刺史谯王承、镇南将军甘卓。闰十一月，元帝崩。间一年，敦亦枭，枉矢之应。）

班固《天文志》曰：枉矢流，以乱伐乱。（按《宋书·天文志》曰：晋元康六年六月丙午夜，有枉矢在斗魁，东南行，是后赵王杀张华，废贾后，以理太子之冤，遂自篡以至屠城。光熙元年五月，枉矢西南流，是时司马越西破河间，奉迎大驾，寻收缪胤、和缓等，肆其无君之心，天下恶之。及死而石勒焚其尸柩也。）

班固《天文志》曰：项羽救钜鹿，枉矢西流。占曰：枉矢所触，天下之所伐射，灭亡象也。物莫直于矢，今蛇行，不能直矢而枉者，执矢者亦不正，以象项羽执政乱也。羽遂合从，坑秦人，屠咸阳。

司马彪《天文志》曰：孝灵中平中夏，流星赤如火，长三四尺，起河鼓，入天市，抵触宦者星，色白，长二三尺，后尾再屈，食顷乃灭，状似枉矢。占曰：枉矢流发，其宫射。所谓矢当直而枉者，操矢者邪枉人也。中平六年，大将军何进谋，尽诛中宦，中宦觉，于省中杀进，俱两破灭，天下由此遂大坏乱。

破女三十一

《河图》曰：辰星之精，散为破女。

《河图》曰：破女见，群臣皆诛。

《河图》曰：破女主胜之符。

拂枢三十二

《河图》曰：辰星之精，散为拂枢。

《河图》曰：拂枢动，乱骇扰，无调时。

《河图》曰：拂枢主制时。

灭宝三十三

《河图》曰：辰星之精，散为灭宝。

《河图》曰：灭宝起，相得之。

《河图》曰：灭宝主伐之。

绕线三十四

《河图》曰：辰星之精，散为绕线。

《春秋纬》曰：绕线主乱孳。

惊惶三十五

《河图》曰：辰星之精，散为惊惶。

《河图》曰：惊惶主相署。

大奋祀三十六

《河图》曰：辰星之精，散为大奋祀。

《河图》曰：大奋祀主招邪。

韩杨曰：大奋祀出，主安之。

《河图》曰：太阴之精，玄武七宿之域，有谋反，若恣虐为害，主失冬政者，期如上占，祸应之。

《春秋纬》曰：五精潜潭，皆以类逆所犯，行失时指下，臣承类者乘而害之，皆灭亡之征也。入天子宿，主灭诸侯，五伯谋。

天锋三十七

宋均曰：天锋，彗象矛锋者也。

《春秋合诚图》曰：天锋主纵横。

宋均曰：天下横纵，则天锋星见。

《洪范五行传》曰：汉昭帝始元元年，锋星出西方，出天市东门，行过河鼓，入营室中，占曰：有乱臣戮死。后左将军上官桀子骠骑将军安与燕王谋反，诛死。

烛星三十八

石氏曰：烛星状如太白，其出也不行，则见不久而灭。

孟康曰：烛星上有三彗上出。

石氏曰：烛星所出邑反。

甘氏曰：烛星出东方，其所出者兵不胜；出南方，有兵，王者亡地；出西方，其国有丧，兵胜；出北方，其所出者兵胜。

《天官书》曰：烛星所烛者城邑乱。

《荆州占》曰：烛星所出，有大盗，不成。

《荆州占》曰：烛星青，有忧事，不吉，赤有华事，黄盖地，白有欢事。

班固《天文志》曰：孝昭五年四月，烛星见奎娄间，占曰有土功，胡人死，边城和。六年筑辽东玄菟郡，二月度辽将军范明友击乌丸还。

蓬星三十九

《荆州占》曰：蓬星一名王星，状如夜火之光，多即至四五，少即一二。一曰蓬星，在西南，修数丈，左右锐出而易处。

《圣洽符》曰：有星其色黄白，方不过三尺，名曰蓬星，见则天下道术士当有出者；布衣之士贵，天下太平，五谷成，人民宁，期一年，远二年。

甘氏曰：蓬星出北斗，诸侯有夺地，以地亡，有兵起星所房者，期不出三年。

郗萌曰：蓬星出太微中，天子立王，期不出三年。

班固《天文志》曰：汉昭帝始元中，汉宦者梁成恢及燕王候星者吴莫如见蓬星出西方天市东门，行过河鼓，入营室中，恢曰：蓬星出六十日，不出三年，下有乱臣戮死于市。

班固《天文志》曰：孝景中三年六月壬戌，蓬星在房南，去房可二丈，大如二斗器，色白，癸亥在心东北，可长丈所，甲子在尾北，可六丈，丁卯在箕北近汉，稍小，且去时大如桃，壬申去，凡十日。占曰：蓬星出，必有乱臣。房心间，天子宫也。是时梁王欲为汉嗣，使人杀汉诤臣袁盎，汉诛梁大臣，斧锧用。梁王恐惧，布车入关，伏斧锧谢罪，然后得免。

《荆州占》曰：蓬星出北斗魁中，王者坐贼死，若大臣诸侯有受诛者。

《荆州占》曰：蓬星出见于东方东南东北，不大旱则大水，五谷不收，粂贵十倍，人相食。

《荆州占》曰：蓬星出司命，王者疾死。

何法盛《中兴书》曰：晋孝武太元二十年九月，有蓬星如粉絮。东南行，历女虚危，至哭星，明年而烈宗崩。

韩杨曰：蓬星出北斗中，大臣诸侯有受兵者。

长庚四十

司马迁《天官书》曰：长庚如一疋布著天。（此长庚非《诗》所谓西有长庚者。）

司马迁《天官书》曰：长庚见则兵起。

四填四十一

巫咸曰：四填星出阳，去地六丈余。

司马迁《天官书》曰：四填出地，可四丈。

《荆州占》曰：四填星大而赤，去地二丈，当以夜半子时出。

《荆州占》曰：四填星见十月而兵起。又曰：四填星见，四隅皆为兵起其下。

地维藏光四十二

《黄帝占》曰：地维藏光者，五行之气出于四季，土之气也。

《荆州占》曰：有星出，大而赤，去地二三丈，如月始出，是谓地维藏光。

《黄帝占》曰：四隅有星，望之可去地四丈，而赤黄摇动，其类填星，是谓中央之野星，出于四隅，名曰地维藏光。出东北隅，天下大水；出东南隅，天下大旱；出西南隅，则有兵起；出西北隅，则天下乱兵大起。

《天官书》曰：地维藏光见，下有乱者亡，有德者昌。

女帛四十三

《黄帝占》曰：女帛者，五星气合之变，出东北，木水气合也。

石氏曰：东北有星，长三丈而出，木水气交，名曰女帛，见则天下兵起，若有大丧。

《荆州占》曰：东北有三丈星出，名曰女帛，女帛出，天下有大丧。

盗星四十四

《黄帝占》曰：盗星，五星气合之变，出东南，木火气合也。

石氏曰：东南有星，长三丈而出，木火气交，名曰盗星。

《荆州占》曰：东南有三星出，名曰盗星，见则天下有大盗，多寇贼。

积陵四十五

《黄帝占》曰：积陵者，五星气合之变，出西北，金水气合也。

石氏曰：西南有星，长三丈而出，(《荆州占》曰：有三星，乃大星出。)金水气交，名曰积陵，见则其下陨霜，兵水并起，五谷不成，人民饥。(《荆州占》曰：天下谷十倍。)

瑞星四十六

《黄帝占》曰：瑞星者，五星气合之变，出与金木水火合于四隅也。

石氏曰：四隅有星，大而赤，察之中黄，数动，长可四丈，此土之气，效于四季，名曰四隅瑞星，所出兵大起，有土功。正月出，十月起兵；二月出，十一月起兵；三月出，七月起兵；四月出，九月起兵。皆期三年，中五年，远七年。

昏昌四十七

《黄帝占》曰：有星出西北，气青赤，以环之，中赤外青，名曰昏昌。见则天下兵起，国易政，先起者昌，后起者亡。高十丈，乱一年；高二十丈，乱二年；高三十丈，乱三年。

华星四十八

甘氏曰：有星出西北，状如有环，名之曰华星。华星见西南，诸侯有失地西北国。

白星四十九

郗萌曰：有如星非星，状如削瓜，有胜兵，名曰白星。白星出，为男丧。

菟昌星五十

石氏曰：西北菟昌之星，其有青赤环之，有殃，青为水，此星见，天下易。

格泽五十一

《黄帝占》曰：格泽者，炎火之状，（《天官书》曰：格泽，星也。）上黄下白，从地而上，下大上锐，见则不种而获，（《天官书》曰：不有土功，必有大客至。）必有大客邻国来者，期一年，远二年。

《广雅》曰：格泽，妖气也。

《玉历》曰：格泽气赤如火，炎炎中天，上下同色，东西绖天，若于南北，长可四五里，此荧惑之变，见，兵起其下，伏尸流血，期三年。

《史记·天官书》曰：格泽星者，如炎火之状，黄白，起地，而下大上锐。其见也，不种而获，不有土功，必有大客。

归邪五十二

巫咸曰：如星非星，如云非云，名曰归邪。（李奇曰：邪音蛇。孟康曰：有两赤彗上向，上有盖，状如气，下连星。）

司马迁《天官书》曰：归蛇见，必有归国者。

濛星五十三

萧子显《晋书》曰：明帝大明三年十二月，夜有赤气如牙旗，长短四面，西南最多。（按《天文占》，此为濛星，一曰刀星，乱之象。）大兴末及此再见，王敦、苏峻之祸，其应切矣。

《宋书·天文志》曰：宋孝武大明三年正月夜，通天薄云，四方生赤黄气，长三尺，乍没乍见，寻皆消灭。占曰：名濛星，一曰刀星，天下有兵，战斗流血。时南兖州刺史竟陵王诞寻据广陵反，遣车骑大将军沈庆之领羽林劲兵，及豫州刺史宗谷、徐州刺史刘道降众军攻战及屠城，城内男女道降，枭斩靡遗。七年正月夜，又通天薄云，四方合，有八气，苍白色，长二三尺，乍见乍没，亦名曰濛星，一名刀星。占曰天下有兵。后二年，帝崩，大臣将相诛灭，皇子被害，昭太后崩，四方兵起，公遣诸军推锋外讨。

开元占经卷八十七

妖星占下

天垣一

天垣星,(在角宿中。)出月左方,日在甲寅,岁星将出而不出,其与日合二十日,其未出二日,必有灾,云苍赤黑色,三物厌日之光,青色之星有两青方在其旁出而生。天垣之星所指之国消主死,政星变色而青,期三年。

天楼二

天楼星,(在亢宿中。)出月左方,日在甲寅,岁星将出而不出,其与日合三十日,其未出三日,必有灾,云苍赤黑色,三物厌日之光,青色之星有两青方在其旁出而生。天楼之星长八十尺,(一本八丈。)所指之国,谷粜大贵,法星变色而青,期三年。

天榱三

天榱星,(在氐宿中。)出月左方,日在甲寅,岁星将出而不出,其与日合四十日,其未出四日,必有灾,云苍赤黑色,三物厌日之光,青色之星有两青方在其旁出而生。天榱星(一本长十丈。)所宿之国,有立王,(一本云地。)令星变色而青,期三年。

首若四

首若(一本真若。)星,(在房宿中。)出月左方,日在甲寅,岁星将出而不出,其与日合五十日,其未出五日,必有灾,云苍赤黑色,三物厌日之光,青色之星有两青方在其旁出而生。首若之星六七尺,(一本六丈。)所指之国亡地,煞星变色而青,期二年或三年。

天荆五

天荆星，（在心宿中。）出月左方，日在甲寅，岁星将出而不出，与日合六十日，其未出六日，必有灾，云苍赤黑色，三物厌日之光，青色之星有两青方在其旁出而生。天荆之星所指之国亡，战不胜，主死，伐星变色而青，期三年。

天根六

天根星，（在尾宿中。）出月左方，日在甲寅，岁星将出而不出，其与日合七十日，其未出七日，必有灾，云苍赤黑色，三物厌日之光，青色之星有两青方在其旁出而生。天根之星所指之国大亡地，战败，星变色而青，期三年。

天枪星七

天枪星，（在箕宿中。）出月左方，日在甲寅，岁星将出而不出，其与日合八十日，其未出八日，必有灾，云苍赤黑色，三物厌日之光，青色之星有两青方在其旁出而生。天枪之星长数丈，所指之国有兵，大军破，应星变色而青，期一年。

端下八

端下星，（在斗宿中。）出月左方，日在壬寅，辰星将出而不出，其与日合二十日，其未出二日，必有灾，云黑黄青色，三物厌日之光，黑色之星有两黑方在旁出而生。端下之星所指之国大破，将死，政星变色而黑，期六月。（一本云或十二月一月。）

商若九

商若（一本云天蒿。）星，（在牛宿中。）出月左方，日在壬寅，辰星将出而不出，其与日合二十五日，其未出二日，必有灾，云黑黄青色，三物厌日之光，黑色之星有两黑方在其旁出而生。商若之星长三四尺，所指之国大水，败，兵起，法星变色而黑，期一年。

天杵十

天杵（一本云天林。）星，（在女宿中。）出月左方，日在壬寅，辰星之变而不出，其与日合三十六日，其未出三日，必有灾，云黑黄青色，三物厌日之光，黑色之星有两黑方在其旁出而生。天杵之星长七八尺，所指之国军破将死，令星变色而黑，期一年。

天麻十一

天麻星，（在虚宿中。）出月左方，日在壬寅，辰星将出而不出，其与日合三十五日，其未出五日，必有灾，云黑黄青色，三物厌日之光，黑色之星有两黑方在其旁出而生。天麻之星长七八尺，（一本云四五尺。）所指之国破亡，煞星之变色而黑，期六月。

天杖十二

天杖（一本天社。）星，（在危宿中。）出月左方，日在壬寅，辰星将出而不出，其与日合四十日，其未出四日，必有灾，云黑黄青色，三物厌日之光，黑色之星有两黑方在其旁出而生。天杖之星长十余丈，勾曲，所指之国兵，主死，伐星变色而黑，期二年。

天揜星十三

天揜星，（在室宿中。）出月左方，日在壬寅，辰星将出而不出，其与日合四十五日，其未出四日，必有灾，云黑黄青色，三物厌日之光，黑色之星有两黑方在其旁出而生。天揜之星长五六尺，所指之国破亡，危星之变色而黑，期三年。

天英十四

天英星，（在壁宿中。）出月左方，日在壬寅，辰星将出而不出，其与日合五十日，其未出五日，必有灾，云黑黄青色，三物厌日之光，黑色之星有两黑方在其旁出而生。天英之星长一十丈,所指之国军破亡地,应星变色而黑,期三年。

白旧十五

白旧星,(在奎宿中。)出月左方,日在庚寅,太白将出而不出,其与日合十日,其未出一日,必有灾,云白赤黑色,三物厌日之光,白色之星有两白方在其旁出而生。白旧之星所指之国,亡地主死,政星变色而白,期一年。

星十六

星(在娄宿中。)出月左方,日在庚寅,太白将出而不出,其与日合二十日,其未出二日,必有灾,云白赤黑色,三物厌日之光,白色之星有两白方在其旁出而生。星所指之国亡,必有大丧,有水灾,法星变色而白,期一年。

粪星十七

粪(一本墙星。)星,(在胃宿中。)出月左方,日在庚寅,太白将出而不出,其与日合三十日,其未出三日,必有灾,云白赤黑色,三物厌日之光,白色之星有两白方在其旁出而生。粪星长十余丈,(一本丈余。)所指之国内乱,令星变色而白,期一年。

林若十八

林若(一本作彗。)星,(在昴宿中。)出月左方,日在庚寅,太白将出而不出,其与日合四十日,其未出四日,必有灾,云白赤黑色,三物厌日之光,白色之星有两白方在其旁出而生。林若之星长十余丈,(一本七尺。)所指之国破亡死丧,煞星变色而白,期一年。

若彗十九

若彗星,(在毕宿中。)出月左方,日在庚寅,太白将出而不出,其与日合五十日,其未出五日,必有灾,云白赤黑色,三物厌日之光,白色之星有两白方在旁出而生。若彗之星长七八尺,所指之国内乱亡地,伐星变色而白,期三年。

帚星二十

帚星,(在觜宿中)出月左方,日在庚寅,太白将出而不出,其与日合六十日,其未出六日,必有灾,云白赤黑色,三物厌日之光,白色之星有两白方在其旁出而生。帚星长四尺,所指之国内乱亡地,危星变色而白,期六月。(一本六年。)

若星二十一

若星,(在参宿中。)出月左方,日在庚寅,太白将出而不出,其与日合七十日,其未出七日,必有灾,云白赤黑色,三物厌日之光,白色之星有两方在其旁出而生。若星所指之国大败,战不胜,应星变色而白,期二年。

蚩尤二十二

蚩尤星,(在井宿中。)出月左方,日在丙寅,荧惑将出而不出,其与日合三十日,其未出三日,必有灾,云赤青黄色,三物厌日之光,赤色之星有两赤方在其旁出而生。蚩尤之星长十七丈,(一本丈余。)其下有大战,政星变色而赤,期二年。

赤若二十三

赤若,(在鬼宿中。)出月左方,日在丙寅,荧惑将出而不出,其与日合四十日,其未出四日,必有灾,云赤青黄色,三物厌日之光,赤色之星有两赤方在其旁出而生。赤若之星其下有死亡流血战败,法星变色而赤，期二年。

天雀二十四

天雀，(一本赤雀，在柳宿中。)出月左方，日在丙寅，荧惑将出而不出，其与日合五十日，其未出五日，必有灾，云赤青黄色，三物厌日之光，赤色之星有两赤方在其旁出而生。天雀之星所指之国败亡，令星变色而赤，期三年。

天惑二十五

天惑，(在星宿中。)出月左方，日在丙寅，荧惑将出而不出，其与日合六十日，其未出六日，必有灾，云赤青黄色，三物厌日之光，赤色之星有两赤方在其旁出而生。天惑之星三角，(一本四角。)长三尺，下早，有兵起，所指之国亡，煞星变色而赤，期一年，远二年。

官张二十六

官张星，(在张宿中。)出月左方，日在丙寅，荧惑将出而不出，其与日合七十日，其未出七日，必有灾，云赤青黄色，三物厌日之光，赤色之星有两赤方在其旁出而生。官张之星三角而勾，所指之国主死，伐星变色而赤，期一年。

晋若二十七

晋若之星，(在翼宿中。)出月左方，日在丙寅，荧惑将出而不出，其与日合八十日，其未出八日，必有灾，云赤青黄色，三物厌日之光，赤色之星有两赤方在其旁出而生。晋若之星所指之国破亡，危星变色而赤，期三年若四年。

天阴二十八

天阴星，(在轸宿中。)出月左方，日在丙寅，荧惑将出而不出，其与日合九十日，未出九日，必有灾，云赤青黄色，三物厌日之光，赤色之星有两赤方在其旁出而生。天阴之星所指之国亡，应星变色而赤，期三年。

折若二十九

折若，（一本云彗。）出月左方，日在戊寅，填星将出而不出，其与日合四十日，其未出四日，必有灾，云黄赤青色，三物厌日之光，黄色之星有两黄方在其旁出而生。折若之星长五尺，所指之国亡，政星变色而黄，期六年，远九年。

天拂三十

天拂星，出月左方，日在戊寅，填星将出而不出，其与日合五十日，其未出五日，必有灾，云黄赤青色，三物厌日之光，黄色之星有两黄方在其旁出而生。天拂之星所指之国兵，法星变色而黄，期三年。

天翟三十一

天翟星，出月左方，日在戊寅，填星将出而不出，其与日合六十日，其未出六日，必有灾，云黄赤青色，三物厌日之光，黄色之星有两黄方出其旁而生。天翟之星四角而勾，中央有星长四尺五尺，所指之国小败，令星变色而黄，期二年或三年。

天枢三十二

天枢星，出月左方，日在戊寅，填星将出而不出，其与日合七十日，其未出七日，必有灾，云黄赤青色，三物厌日之光，黄色之星有两黄方在其旁出而生。天枢之星三角而勾，所指之国战败，煞星变色而黄，期一年或二年。

天从三十三

天从星，出月左方，日在戊寅，填星将出而不出，其与日合八十日，其未出八日，必有灾，云黄赤青色，三物厌日之光，黄色之星有两黄方在其旁出而生。天从之星长六七尺,(一本云七八尺。)所指之国亡,伐星变色而黄,期二年或三年。

天罚三十四

天罚(或作伐。)星,出月左方,日在戊寅,填星将出而不出,其与日合九十日,其未出九日,必有灾,云黄赤青色,三物厌日之光,黄色之星有两黄方在其旁出而生。天罚之星所指之国中见大败,危星变色而黄,期二年或五年。

天社三十五

天社(一本天上。)星,出月左方,日在戊寅,填星将出而不出,其与日合一百日,其未出十日,必有灾,云黄赤青色,三物厌日之光,黄色之星有两黄方在其旁出而生。天社之星天下大乱,所指之国亡,应星变色而黄,期一年。

开元占经卷八十八

彗星占上

候彗孛法一

《黄帝占》曰：候彗星之法，当以五寅之日视瓮水中，见两方气在日旁，则彗将出矣。其与北斗之星各有所主，乃视气之五色相象而定之。其彗星之出，以寅日见日旁，有青方气在日旁，此岁星之精，将欲为彗。以寅日见赤方气在日旁，此荧惑之精将为彗。各以五色气候之，是则五星将欲为彗之变。先见其气，后见其彗。彗星见而长，天子死，五都亡，贱人昌，无道之君受其殃，期不出三年。

石氏曰：候彗灾应之法，各以十二辰所出之地．各属相连，冲破之下，当有兵诛。假令彗星出室壁而依戌地，奎本鲁分，室壁卫分，冲于寅尾，箕燕分，破于辰，角亢郑分，明鲁有兵诛于此国，他皆仿此。

巫咸曰：岁星行东行南，六十日不还，以初去日六月；彗星出东北，六十日不还，以初去日六月；棓星出西北，六十日不还，以初出日六月；搀星出西南，六十日不还，以初去日六月；枪星出，乍东乍西，乍南乍北，天狗出，必有兵革。

巫咸曰：辰星出四季，彗星出。

郗萌曰：太白与日共合同舍七十日，生彗星。

郗萌曰：荧惑守箕三月，彗星出。

《荆州占》曰：岁星逆行过度宿者，则生彗星。一曰天棓，二曰天枪，三曰天搀，四曰茀星。此四者皆为彗。

陈卓占曰：荧惑守心，期三十日，彗星出。

陈卓曰：填星守荧惑，期三十日，彗星出。

齐伯曰：填星出入以舍斗，五十日不下，彗星出。

彗孛名状占二

《春秋文耀钩》曰：辰星散为茀。

《说苑》曰：搀枪彗茀棓，皆五星盈缩之所生。

《荆州占》曰：彗星者，君臣失政，浊乱三光，五逆错变气之所生也。

《吕氏通纪》曰：彗星者，天地之旗也。

《淮南鸿烈》曰：彗星者，天之忌也。

《春秋演孔图》曰：海精死，彗星出。

《春秋考异邮》曰：鲸鱼死，彗星合。（《淮南子》曰：彗星出。宋均曰：是将有兵相煞之祥也。）

《春秋考异邮》曰：臣之恣，地动星孛。

京房曰：君为祸，则彗星出。

郑玄曰：彗星主扫除。

石氏曰：凡彗星有四名，一名孛星，二名拂星，三名扫星，四名彗星。其状不同，为殃如一。其出不过三月，必有破国乱君，伏死其辜，余殃不尽，当为饥旱疾疫之灾。其星日行一尺，二十日而入，此彗星之行也。

文颖注《汉书》曰：孛彗长三星，其占略同，然其形象小异。孛芒短，其光四出，蓬蓬孛孛也；彗其光芒长，参参如扫彗；长星其光芒有一直指，或竟天，或十丈，或一二丈，无常也。大法孛彗星多为除旧布新，改易君上，亦为火灾，长星多为兵革。（《史记·淮南王传》曰：建元六年，彗星见，淮南王安心怪之。或说王曰：先吴军起时，彗星长数尺，然尚流血千里，今彗星长竟天，天下兵当大起。王心以为上无子，天下有变，诸侯并争，愈益治攻战具，遂谋反。）

《黄帝占》曰：彗星出见，本类星，长可二三尺，其炎如气，黄白，孛孛然，名孛星，见则天下兵起，臣谋其主，必有亡国，期不出三年。

《黄帝占》曰：彗星出见，本类星，长可一丈，其炎头散下垂，状如毛拂，名曰拂星，见则天下乱，兵大起，强臣有谋，有走主，其君失地，近一年，中三年，远五年。

《黄帝占》曰：彗星出见，可二丈至三丈，形如竹木枝条，名曰扫星。三丈已上至十丈，名曰彗星。彗扫同形，长短有差，殃灾如一，见则扫除凶秽，必有灭国，臣弑其君，大兵起，国易政，无道之君当之，期三年，中五年，远九年。

石氏曰：扫星者，逆气之所致也，枝条长短如彗星之形，出居二十八宿及中外官，三日七日或三十日或五十日常不灭，彗孛出而即灭，扫除凶秽，除故布新，故言扫星。

董仲舒曰：孛星者，彗星之属也。偏指曰彗，芒气四出曰孛。孛者，孛孛然也。谓之孛者，言其暗昧不明之貌也。一说云孛即彗也，彗星所敝为孛，《春秋》言星孛者皆彗敝也。（按《史记》曰：齐景公三十二年，彗星见，景公坐柏寝，叹曰：堂堂，谁有此乎！群臣皆泣。晏子笑，公怒。晏子曰：臣笑群臣谀甚。景公曰：彗星出东北，当齐分野，寡人以忧。晏子曰：君高台深池，赋敛如弗得，刑罚恐弗胜，孛星将出，彗星何惧乎！公曰：可禳否？晏子曰：使神可祝而来，亦可禳而去也，百姓苦怨以万数，而君令一人禳之，安能胜众口乎？推此言，则孛之为灾，逾于彗也。）

刘向《鸿范传》曰：孛星者，非孛星，恶气之所生也，内不有大乱，则外有大兵。其所以孛孛暧暧者，乱之象也，不明之表，又参然孛焉，兵之类也，故圣人名曰孛。孛者，犹有所妨蔽，有所伤害也。

《荆州占》曰：彗星其象如竹彗树木枝条，长短无常。

《黄帝占》曰：彗星出行犯守外舍，当先知逆顺，入宿深浅，去之远近久速，观其五色，察其动静，及以喜怒扬变色，皆为殃咎。守之去速灾轻，守之久灾重，各随所在之宿命其国以占吉凶。

《黄帝占》曰：彗孛所干历百日以上，期三年；百五十日以上，期五年；二百日以上，期七年。

《黄帝占》曰：彗星出见，其国大人亡。见一旬，期三月十日；见三十日，将当之，期三年；见五十日，相当之，期五年；见七十日，人主当之，期七年若九年，灾必应。

《春秋纬》曰：诸彗内官皆为内谋，曝骨将将，死尸满溪，血流千里，出外宿，不加内官，祸小起。

《巫咸占》曰：彗星入列宿中外者，各以其所部舍官名，为其事所之者为其谋，其下之国皆受其祸，以所守之舍为其期，以五气相贼者为其决。

《海中占》曰：彗长五尺以至一丈，期三月若十月；一丈以至三丈，期三年；三丈以至五丈，期五年；五丈以至十丈，期七年；十丈以上，期九年。

《荆州占》曰：彗星见久，灾深大；其短浅为灾小。

《黄帝占》曰：彗星者，所以除旧布新，扫灭凶秽，其象若竹彗树木枝条，长大而见则灾深期远，短小而见则灾浅期近，皆为兵饥水丧亡国之殃。（按班固《天文志》：始皇之时，十五年间彗星四见，久者八十日，长或竟天，后秦遂以兵内兼六国，外攘四夷，死人如乱麻。）

韦昭《洞纪》曰、《洛书兵钤势》曰：彗星出，野骨捐。

《春秋演孔图》曰：彗星出则国枢蹶。

《演孔图》曰：彗星东出，长八丈，天下更政。

《春秋文曜钩》曰：彗星孛填街塞路，九州粉击，庶人为主。

《春秋运斗枢》曰：彗星见，后曲象旗，则王者伐枉逆。

《春秋运斗枢》曰：星之孛，臣威孳，兵粉击，灭国谋。

《春秋保乾图》曰：星孛备强国，黜臣所欲。又曰星孛兵变。

石氏曰：彗星出而长，名曰白旗，丧气也，当视旗之所指所扫，冲破之下，必有兵丧，其国灭亡，大人受殃，各以冲互为期。前互为近期，冲破为中期，后互为远期，皆不过五七九，灾必应。

石氏曰：扫出，状如上有鸟，赤色，此谓有忧，黑者群臣有贼，扫所在之下，主亡国。

石氏曰：扫出状如小木，长三丈，其本有黑，二三丈，其本有赤，见居四维，此谓为谋，其岁兵发。

石氏曰：扫出状如直竹，长二三丈，其尾锐，白色，此谓天下丧，天子死亡，国朝不庆，诸侯亡。

石氏曰：扫出状如直竹，长二三丈，赤色，尾锐，此谓出急令，兵战，以见诸侯不德。

石氏曰：扫出，诸侯诛，皆在其国受殃，指亦然。

石氏曰：蓬扫出见者饥，有兵，亡地。四方蓬扫出，其状如太白，蓬长三丈，指乐扫见，兵起大乱；渠扫见者，禾稼就；蒲扫见，兵起于境上，军战不胜；杵扫出，大将起反，人主凶；竹扫见，为兵。

甘氏曰：彗茀见则女主有用事者，其本为主人。

甘氏曰：彗扫水之精，出则不过一年，天下水，及有饥。星所在宿，其邦尤甚。

甘氏曰：彗星春夏出为饥水，秋冬出为人主自将兵，若大丧。又曰：冬春见为小凶，夏秋为大凶。

甘氏曰：彗星其枝条长为兵为丧，短为水为饥，其见一旬，期三月。

京房曰：彗星出为饥兵，臣下失中和，故出彗扫除之。（按韦昭《洞纪》曰：汉安帝三年，彗星见。四年，渤海鲜卑磨怀反，掠辽东三县地，平原贼起，攻官寺长吏，西羌匈奴侵边，又旱也。）

刘向《鸿范传》曰：彗星者，天所以去无道而建有德也。（按《春秋左氏传》曰：昭公二十六年，齐有彗星，齐侯使禳之，晏子曰：无益也，只取诬焉。天道不谄，不贰其命，若之何禳之？且天之彗也，以除秽也，君无秽德，又何禳焉？若德之秽，禳之何损？乃止。）

郗萌曰：彗星短为饥为兵，向下为土功，所见之邦当之。

《荆州占》曰：彗星昏见，其国受兵。一曰必亡国灭军，不然必有死主。（按《晏子春秋》曰：景公谓晏子曰：寡人闻彗星出，其所向之国当之。今彗星向吾国，我是以悲。晏子曰：君穿池欲深广，为台欲高大，诛戮如仇雠，又将出彗星，宁可拒乎？公乃填陂池，灭台榭，薄赋敛，缓刑罚。三十七日彗星亡矣。韦昭《洞纪》曰：周贞定王七年，彗星见，八年，贞定王崩。周元王二年，彗星见，其年鲁哀公卒。《幽明录》曰：晋太元末，长星见，孝武心恶之，夜在华林园中饮酒，因举杯属星曰：长星劝尔一杯酒，自古亦何时有万岁天子耶！帝亦寻崩也。）

《荆州占》曰：彗星出，必有反者，兵大起，其国乱亡。一曰不出一岁，天下大水，其邦尤甚。

《荆州占》曰：彗星见则敌国兵起，得人者胜。（按《尉寮子》曰：昔楚将军城父子公子心与齐人未合战，其日夜彗星出，柄在齐，柄之所在胜，不可击。子心曰：彗星何知？以彗斗者，固倒而胜之。明日与齐人战，大破之。）

《玉历》曰：彗星出见，是谓天地相靡，其分受兵，必有亡国，若有死主，期不出三年。（按韦昭《洞纪》曰：周赧王十年十二年十九年，彗星见，后秦取周之地，彗星之应也。）

《巫咸占》曰：彗星有出者，皆是五星之象，以其所出宿，以命五行所属之象。出于木宿，岁星之象；出于火宿，荧惑之象；出于土宿，填星之象；出于金星，太白之象；出于水宿，辰星之象；见于二十八宿中外官变色扬芒，怒而与五星合斗，此皆大兵之冲，破国之殃，臣凌其君，下不伏上，天下不顺，故致此灾。审以五色察之，决知存亡之事。

《海中占》曰：凡彗有色，白黑为男主，赤黄为女主，皆为人君女主死之之殃。

《河图》曰：苍彗主灭不义，少阳之精，司徒之类，苍龙七宿之域有谋反，若恣虐为害，主失春政者，以出时冲为期，皆主君之败也，大人灭。

《春秋纬》曰：苍彗木精，出见而生芒，主逆阳，失天常，则日蚀明消。此星出，期三年，五侯破天子，若兵。

《春秋纬合诚图》曰：苍彗破神明。

《河图》曰：黑彗主涿州，太阴之精，玄武七宿之域，有谋反，若恣虐为害，主失冬政者，期如上占，祸应之。入天子之宿，主灭诸侯位，五伯谋。

《春秋纬》曰：彗水精，贼起，则水决江河，期二年。其出赤，世以水害亡，水害者以类发难也。近四远八，以其祸行。

《河图》曰：白彗主斩强，少阴之精，大司马之类，白如上占，祸应之。

《春秋纬》曰：白彗金精，如锋刃，长四丈，见则将军逆，期二年兵作。

《春秋合诚图》曰：白彗主臣权，一曰专权。

《河图》曰：赤彗主灭五卿，太阳之精也，朱鸟七宿之域，有谋反，若恣虐为害，主失夏政者，期如上占，皆类名之。

《河图》曰：赤彗火精，如火耀，长七尺，贼起，强国恣虐，期三年。

《春秋合诚图》曰：赤彗灭五卿。

《河图》曰：黄彗主女乱，皆土精，斗七星之域以张四方，八卦之内，司空之类，有谋反，若恣虐为害者，期如上占。

《春秋纬》曰：黄彗如正见，（一本云如重云。）则主女害，妃嫔有以色擢上，夺于后妃，期一年。彗星孛见于四方。

《黄帝占》曰：彗星出东方，诸侯有起霸者，皆有兵饥。（按韦昭《洞纪》曰：汉武元狩三年春，有星孛于东方，匈奴入右北平、定襄，煞掠数千人。后元二年七月，有星孛于东方，冬，匈奴入朔方，煞掠人民。《吴志》曰：嘉禾五年十月，彗星见东方，都阳贼彭旦等为乱。《晋朝杂事》曰：武帝太康二年九月，彗星见东方，十一月，鲜卑磨怀反，掠辽东三县地。）

《河图》曰：彗星出东方，河逆决，将相代主，有与天子并治者。（按《古洪范天文星辰变占》：鲁哀公十三年冬十一月，有星孛于东方，其后楚灭陈国，田氏篡齐，六卿分晋也。）

《易坤灵图》曰：彗星自东方出，苍萌动功。

《春秋纬》曰：彗星出东方，争明，光见金代苍，北，皆天子之异，大小之类，各应其邦。

《春秋感精符》曰：星孛于东方，言阴夺阳，臣代主，以兵相灭，以势相乘，天下变易，帝位久空，人人侥幸，布衣纵横，祸未定息，主灭乱起，阴动争明之异也。（按韦昭《洞纪》曰：汉武建元六年八月，有星孛于东方，长竟天门，后越王邪攻南越，赵王恢击之，未至，越人杀邪。）

《春秋运期授》曰：苍帝之也，大（阙）乱慧东出。

《春秋保乾图》曰：彗星出东，君臣争明。

《春秋纬》曰：星茀于东方，将军谋主，主兵去，代主治，行天子之权。

巫咸曰：彗星出东方，其下发兵与天子争，人主亡。

京房曰：星孛于东，则骨肉欲篡，近北，边国入；于西，则兵大起，蛮貊战；经东西方，民病不救之，则致日蚀，既下谋。

《荆州占》曰：彗星出东方，将军有谋人主者。

《黄帝占》曰：彗星出北方，将军有谋，欲代其主，若臣行不顺而致。（《洪范天文星辰变占》曰：汉武建元六年六月，有彗孛于北方，及淮南王安反，服诛。）

《易坤灵图》曰：彗星自北方出，色黑动功。

《春秋纬》曰：彗扫星出北方，诸侯起霸。

郗萌曰：彗星出北方，长八九丈，名勉功。勉功出，天下更致。

石氏曰：扫在北，状如鸡，圣人受兵，强国发兵，诸侯争权，人主凶。

《黄帝占》曰：彗扫茀出西方，天下有兵，夷狄大胜，中国大败。（按《宋书·天文志》曰：晋成帝咸和四年七月，星孛于西北，二十三日灭。十二月，郭默杀江州刺史刘胤，荆州刺史陶侃讨默。明年斩之。石勒又始僭号。）

《易坤灵图》曰：彗星自西方出，白萌动功。

《春秋运斗枢》曰：彗星出西方如钩，长可四丈，名曰天搀。

《晋书》曰：彗星出西方，长可二三丈，名曰天枪，受之者其国方有土功。

《洪范天文星辰变占》曰：汉宣帝地节元年正月，有星孛于西方，去太白二丈所，占曰：太白为大将军，彗孛加之，扫灭象也。明年，大将军霍光薨。后二年，光家夷灭。

《荆州占》曰：彗星出西方，命曰天棓。

《黄帝占》曰：彗扫星出南方，天下大乱，无有君上，兵饥并起。

《易坤灵图》曰：彗星自南方出，赤萌动功。

石氏曰：彗星出东南，其本类星，末类彗，长可二三丈至一丈，名曰天枪，受之者其国内乱，兵起宫中，王者忧之。

甘氏曰：彗星出东南方，状茀，长一丈，所受之者其国有丧，内乱。

甘氏曰：彗扫东，东南国大人死，七十日主当之，五十日相当之，四十日将当之。

《荆州占》曰：彗星出东南，长二丈以上，为其国内乱。

《春秋运斗枢》曰：彗星出东北，名曰天棓。

石氏曰：彗星出东北，其本类星，末类彗，长可四五尺若一丈，名曰天搀，受之者其国有戮死者，大臣贵人当之。

甘氏曰：扫星见东北，名曰天棓，受之者其国君有戮。

石氏曰：彗星出西北，本类星，末类彗，长可四五尺至一丈，名曰天棓，受之者大乱，兵大起，若女主有忧，有大水，其年民饥。

巫咸曰：彗星出西北如钩，长可四五丈，名曰天搀，受之者国内乱。

《荆州占》曰：彗扫出西北，其本类星，末类帚，长三丈以上，其内乱。（按《魏志》曰：毌丘俭为镇东都督，日与扬州刺史文钦善。正元二年正月，有彗星数十丈，西北竟天，起于吴楚之分，俭钦喜，以为己祥，遂矫太后诏罪状大将军司马景王，移诸郡国降兵大反。）

石氏曰：彗星出西南，本类星，末类彗，长可二三丈，名曰扫星，受之者其国兵大起，将相有死者，邦易政，人主有忧。（按韦昭《洞纪》曰：汉景二年，有星孛于西南，四月壬午，太后薄氏崩也。）

石氏曰：扫出西南，有本类星，末类彗星，长三丈以上，其国有土功。

《春秋纬》曰：彗星出中央，正在人上，（一本长四丈也。）命曰天罚，受者国有丧。

石氏曰：彗星出中央，正在人上，其本类星，末类彗，长可五六尺至一丈，名曰天戈，天下兵也，人主亡，受者其国有大丧，人民饥亡。凡五彗出见，皆期三年，中五年，远七年九年。

《荆州占》曰：彗星见中央，正出人上，长三四丈以上，其国内丧。

《魏氏图》曰：帚星东去，西南指，海中兵起，欲败中国也；西去而东指，羌胡入界，煞人灾也；南去而北指者，天下人死半邦也；北去而南指，天下水没城郭，地陷崩也。

《魏氏图》曰：东行西指，越兵大起，得所出国，民排患也。

《魏氏图》曰：南行西北指者，其国大丰。

《孝经内纪》曰：彗星东北行西南指者，所出国中大要为乱也。

《魏氏图》曰：西行东指者，国塞，外兵入国，为大起兵。

《魏氏图》曰：北行南指者，其国中祸大起也。

《魏氏图》曰：西行东南指者，国中大恶为乱。

《孝经雌雄图》曰：彗星四出，（按图文横如十字而四尾并散也。）满天下有知之士就高而居之也，无知之士流为粪土，耕于山胁。

《彗星图》曰：蒺藜星出，天下大旱，赤地五百里，无生草也。两彗俱见，彗有芒角五。

《孝经雌雄图》曰：两彗俱见者，天子岁再赦。（一曰北向指者，一岁再赦也。）

《孝经内记》曰：二彗星起南指者，所出国大血流道。

《洛书摘亡辟》曰：三彗俱起，海内少男子。

《春秋元命包》曰：彗星四出，灭六王。

《洛书摘亡辟》曰：彗星四出，灭六王。

《荆州占》曰：彗星四出竟天，人主亡征也。

《洛书》曰：五彗并出，太白入午，白虹贯能，主省尚可治。

《春秋纬》曰：五彗俱出，圣君起，则获麟执授纪。

巫咸曰：五彗俱出，侯称王，天下大乱，兵起四方，诸侯同谋，人主亡，除旧布新，扫去凶殃，更立明君，天下大昌。期百八十日，远一年。又曰：五彗出东方，人主坐之，圣人起亦然。

《荆州占》曰：五彗俱出，天下兵起，人主亡。

《春秋纬》曰：彗星五芒，祸之极效之征也。

《春秋考异邮》曰：彗星之芒临京都，主以赏罚不行，偏任见犯。

开元占经卷八十九

彗星占中

彗星昼见一

《彗星图》曰：彗星昼见，所临国下当为河，天地合矣。（按孙盛《晋阳秋》曰：惠帝大安元年夏四月，彗星昼见，不行其占也。）

彗星犯日二

《孝经雌雄图》曰：彗在日傍，子欲杀父。又曰：四彗在日中，君有德，天下欢，以大丰盛也。

石氏曰：彗星守日，候精星也，天下大乱，兵革大起，群臣并谋，天子亡，期不出三年。

《玉历》曰：彗星贯日，臣杀君，子谋父，贯日过，事必然，期百日，远一年。

彗星犯月三

《河图圣洽符》曰：彗星入月中，必有破军死将，兵大起，其国以火灾，此三年大饥。

《洛书》曰：彗星入月中，必有亡军亡将，起以北国。

《海中占》曰：彗星入月中，兵大起，有臣欲弑其君者，十二年大饥。

《海中占》曰：彗星入月中，星无光，不出其年，亡国；星出，亡国复立。

《河图》曰：彗星角袭月，臣弑其主。（按《战国策》曰：唐雎谓秦王曰：专诸判王僚，彗星袭月也。）

甘氏曰：彗星在月首，必有大兵起者，将军死，有失地君，不出二年。

《文曜钩》曰：彗星之行掩月，五星拂而过，兵大起，必有战，有死将，臣专政，逐其主，王者忧，期三年。

《孝经雌雄图》曰：彗星在月中，臣当坐，君子死忧。

齐伯曰：彗星贯月，天下有大兵，臣杀主，若女主当之，期一年，远二年。

彗星犯五星四

《黄帝占》曰：彗星出入太白，长可五六丈，金火之兵大用，大战流血，天下更政，期三年，远五年。

石氏曰：扫星出守五星，侯称皇，天下起兵，诸侯并谋，天子亡。

彗星犯东方七宿五

角彗孛犯角

甘氏曰：彗孛干犯两角间，白者军起不战，邦有大丧；其色赤，战芒所指，必有破军侵城，期七十日或三年。（按《宋书·天文志》曰：魏甘露二年十一月，彗星见角，色白。景元元年，高贵乡公帅左右兵袭晋文王，未及战，为成济所害。哀帝兴宁元年八月，有星孛于角亢，入天市。三年正月，皇后王氏崩。二月，哀帝崩。三月，慕容攻洛阳，沈劲等战死。）

石氏曰：彗星出角，天下大乱，更政易王，暴兵起，必有战，期三年，中五年，远九年。

陈卓曰：彗星出角，天子起兵王廷，谷大贵，大疾疫。

韩杨曰：彗星出角，后党恣，外连祸。

郗萌曰：彗星出入角，长可七八尺，天下更政，金火之兵大用。

亢彗孛犯亢

《黄帝占》曰：彗孛星干犯亢，国有昏乱，释旧布新，易帝王，近期百八十日，远一年。

甘氏曰：彗茀干犯亢，中国不安，兵起政乱，期一年。

巫咸曰：彗星出亢，天下大饥，其国有兵，人民多疫，人相食，期不出三年。（按檀道鸾《晋阳秋》曰：孝武帝宁康二年三月丙戌，彗星出氐亢，移及角轸翼张，长十丈，东北指。十一月，天门逆贼攻郡，杀吏民。威远将军桓石虔攻羌贼姚苌于垫江。三年正月丁未。八月，大赦天下。太元二年九月，苻坚屠凉州，虏刺史张天锡，车骑冲发，三州吏民移，诸流民悉居淮南也。）

《荆州占》曰：彗星出亢，天子失德，天下大饥，有水兵疫。（按《宋书·天文志》曰：魏景元三年十一月壬寅，彗星见亢，色白，长五丈，积四十五日灭，钟会、邓艾伐蜀，克之，会、艾反乱。）

陈卓曰：彗星出亢，为兵丧，五谷不成。

氐彗孛犯氐

《黄帝占》曰：彗孛干犯氐，大臣杀其主，兵大起，更政，近期百六十日，远期一年。

陈卓曰：彗孛干犯氐，大赦，天子失德，粢大贵。

甘氏曰：彗茀干入氐中，后宫有乱，暴兵，不出百八十日，远三年。

《黄帝占》曰：彗星入氐房间，绮绮索索，如冬木无叶，从风而倚，此星出为兵戎，此岁星之变，见不过一年。

石氏曰：彗星出氐，天子不安，有大赦，中宫有乱，暴兵起，不出百八十日。

石氏曰：彗星出氐中，天下大赦；其灭，民大疾恶，粢大贵，有兵事。

石氏曰：彗星起氐中，天子不安，宫移徙，必失座。（按《宋书·天文志》曰：宋少帝景初元年十月戊午，有星孛于氐北，尾长三四丈，西北指，贯摄提，向大角东行，日长六七尺，十余日灭，明年五月，徐羡之等废帝。）

房彗孛犯房

甘氏曰：彗茀干犯房，王国有兵起，民饥，骨肉相残也。

石氏曰：茀从房出，天子绌，行为无道，诸侯举兵守国。

甘氏曰：彗星出房，大兵起，水旱不调，人多饥死，去其宅田。一曰人相食。期不出二年。

郗萌曰：彗星出房中，国大饥，有兵擅兴在道旁，矛戟在野，战斗不止，蜚虫横下。

陈卓曰：彗星出房，山崩。

《尚书中候》曰：星孛房，四邦灾。（按《春秋》：鲁昭公十年冬，有星孛于大辰，鲁大夫申须曰：诸侯其有大灾乎！明年五月，宋卫陈郑四国同日火。）

《考异邮》曰：彗孛贯房，王室大乱。

《荆州占》曰：彗孛星于房，赤帝之后受命，人主凶，有亡国。

郗萌曰：彗星如房，后百二十日火。

《甄曜度》曰：彗星守房，天下有丧，戴麻锵锵，天子亡，不出其年。

《春秋纬演孔图》曰：彗星守房心，天下有丧。一曰天子亡。一曰大人忧。

《诗纬含神务》曰：苍之亡，彗出房。

石氏曰：彗孛干犯钩钤，王宫大乱，不出三年。

心彗孛犯心

《尧图变书》曰：大辰有孛，主谋见煞，必有立王，相射伐。

《春秋纬》曰：星茀干大辰，国分为二，大夫制君。

《春秋纬潜潭巴》曰：有星茀干大辰，受命之君大振兵旅，争于野。

《春秋纬演孔图》曰：彗星贼起，入大辰，天帝谋易王。

《春秋感精符》曰：孛星贼起，光入大辰者，将有阴谋，以邪犯正，与天子争势居位者，大臣谋主，两王并立，周分之异也。

《易纬》曰：彗星守大辰，东方之疫，天子亡。

《春秋纬》曰：彗星守大辰，天子哭。（按《宋书·天文志》曰：魏青龙四年十月甲申，有孛星干大辰，长三丈。景初元年，皇后毛氏崩。）

《黄帝占》曰：彗星出心，兵起宫中，剑戟交锋，大臣相疑，有戮死者，近七日，中七十日，远八十日。

《春秋运斗枢》曰：孛星守心，主位分，大臣谋上，天子凶。

玄冥曰：彗星出心，若守之，天子有丧，德令不出，蝗虫大起，民大饥,流亡去其乡,期一年,远二年。(司马彪《天文志》曰:孝桓延禧四年五月辛酉,客去营室,稍顺行,生芒,长五尺,所至心一转为彗,为大丧。后年,邓后以忧死也。)

《宋书·天文志》曰:安帝义熙十二年五月甲申,彗星出天市,扫帝位,在房心北。房心,宋之分野。占曰:得彗柄者兴,除旧布新,宋兴之象也。

玄冥曰:彗星出心,若守之,大水,五谷不成。

石氏曰:彗孛犯守心宫,钟大鸣,剑戟交横,大臣相疑,天下兵起,心变期急,近期七日,中期七十日,远期百八十日。

尾彗孛犯尾

《合诚图》曰:扫出尾箕间,状如蓬首扫,臣专权。

陈卓曰:彗星出尾宿,兵革罢弊,天下大饥,君子卖衣,小人卖妻,岁多大风大雨。

《海中占》曰:彗星出入尾,后相贵臣诛,兵起宫门,宫人走出,国易政,期一年,中二年,远三年。(按《洪范天文志星辰变占》曰:汉文后七年九月,星孛于西方,其本直,尾箕末指虚危,长丈余,及天汉,十六日不见。后三年,吴楚七国同时皆反也。)

石氏曰:彗星孛干犯守尾,后有以珠玉簪珥惑天子者,诸谗大起,后相贵臣诛,宫人出走,兵起宫门,多土功,近期百八十日,远一年。

箕彗孛犯箕

石氏曰:彗星出箕,夷狄为乱,大兵起,天下大旱,籴贵十倍,人多饿死,死者大半,期二年。

《海中占》曰:彗星出箕,天下大饥,大臣有见弃捐者。

《河图圣洽符》曰:彗星出入箕,天下大旱,谷贵,人民饥死,十有五死。

《圣洽符》曰:彗星守箕,东夷下湿与水军将为乱。

彗孛犯北方七宿六

斗彗孛犯南斗

甘氏曰：彗孛干犯南斗度，其国必乱，兵大起，期一年。

陈卓曰：彗茀长干犯南斗，王者病疾，臣谋其君，子谋其父，弟谋其兄，是谓无理，诸侯不通，天下易政，大乱兵起，期百八十日，远不出一年。（按《宋书·天文志》曰：晋武帝太康八年九月，星孛干犯南斗，长数十丈，十余日灭。太康末，武帝躭晏游，多病疾，是月乙酉，帝崩。永平元年，贾后诛杨骏及其党与，皆夷三族，杨太后亦杀。是年又诛汝南王亮、太保卫瓘、楚王伟，王室兵丧之应也。）

《春秋纬》曰：彗星出南斗，天下有势皆谋。

《孝经雌雄图》曰：彗星出南斗中，宫中失火烧宝。

甘氏曰：彗星出南斗，大臣谋反，兵水并起，天下乱，将军有战，若流血。星若灭斗，其国主亡，若星明，反臣受殃，近三年，中五年，远七年。

《荆州占》曰：彗星出南斗，天下皆谋上。

石氏曰：彗星茀于斗房，赤帝之后受令，人主凶，有亡国。

牛彗孛犯牛

甘氏曰：彗茀干犯牵牛，吴越兵自立，三年而灭。（陈卓云：期一年，远三年。）

《彗要占》曰：彗茀干犯牵牛，中国起兵。

《荆州占》曰：彗入天鼓，有兵。

《荆州占》曰：彗星干牵牛须女之间，状如彗，其本有四星垒然，此星出为兵，此辰星变见，不过一年，兵大起，国饥。

《海中占》曰：彗星出牵牛，四夷兵起，边境为乱，来侵中国，人主有忧，期一年，中二年远三年。（司马彪《天文志》曰：孝章建初元年八月庚寅，彗星出天市，长二尺，所行稍入牵牛三度，积四十日稍灭，彗出。天市为外军，牵牛为吴越，是时蛮夷陈纵等反，安夷长宋延为西羌所杀，校尉马防行车骑将军征西羌。又阜陵王延子男鲂谋反，大逆天道，得不诛，废为侯。）

陈卓曰：彗星牵牛，改元易号之象也。（按班固《天文志》曰：哀帝建平二年，彗出牵牛七十余日。传曰：彗所以扫旧布新也。牵牛日月五星所从起，历数之元，三正之始，彗而出之，政更之象也。而出久者，其事大也。其六月甲子夏，贺良等建言，当改元易号，增漏刻，诏书改建平二年为大初元德元年，号曰陈圣刘太平皇帝，漏刻以百二十为度。八月丁巳，悉复蠲除之，贺良及党与皆伏诛流放。其后卒有王莽篡国之祸。《宋书·天文志》曰：晋惠帝永康元年十二月，彗出牵牛之西，指天市，明年，赵王篡位，改元，寻为大兵所灭也。）又曰：多兵，粲贵，牛大死。

《春秋圣洽符》曰：彗星牵牛，北夷骄奢，治将为乱。

须女彗孛犯须女

石氏曰：彗茀干犯须女，邻国有以奇女来侍者。

石氏曰：彗孛干犯须女，其邦兵起，女为乱，若妾迁为后，王者无信，大乱，期不出三年。退女所亲，天下安宁矣。

《感精符》曰：彗星出须女，其国大兵起，女主为乱，王者恶之，将军戮死，若以战亡，期不出三年。（按檀道鸾《晋阳秋》曰：孝武宁康二年正月丁巳，有星孛干女虚，芒长四尺，西南指。太元二年五月，苻坚遣伪帅毛当、苻寇逼西凉州，虏刺史西平公张天锡，送于坚所。冬十月，车骑桓冲遣咨议参军淮南太守刘波沈舟淮泗，乘虚设计以送凉州，又发三州官吏移救，流民悉置淮南也。）

巫咸曰：彗星出须女之间，辰星之变也。

陈卓曰：彗星出须女，帝以女亡，有水灾，粲大贵，盐贵。

虚彗星孛犯虚

郗萌曰：彗星干犯虚中，有哭泣之事，墙垣无立者，有井田之法，改制之事。

《荆州占》曰：彗星干犯虚，宗庙起兵。

陈卓曰：彗星孛犯干虚，其国野战流血，星芒角所指，兵所积也。

甘氏曰：彗星孛干虚，其国亡。

《帝览嬉》曰：彗星出虚，兵大起，天子自将兵于野，大战流血，其芒炎所指，国必亡，期三年，远五年。

《春秋纬运斗枢》曰：彗孛出虚危间，大司空行诛。

郗萌曰：彗星出虚危间，天下乱。

《荆州占》曰：彗星出虚危间，司空行谋。

陈卓曰：彗星出虚，大水，期三年。

《玉历》曰：彗星出虚危之间，其国有叛臣，兵大起，将军出行，国易政，期三年。（按《宋书·天文志》曰：晋惠帝永康二年四月，彗星见齐分，是时齐王冏起兵讨赵王伦，伦灭冏，拥兵不朝，专权淫奢，明年诛死。宋武永初三年二月辛巳，有星孛于虚危，绕河津，扫河鼓，占曰为兵丧。五月宫车晏驾，明年遣军救青司。二月太后萧氏崩。）

危彗孛犯危

石氏曰：彗孛干犯危，其国有叛者，兵起，大将军出。

甘氏曰：彗星出危，天下乱，司空行诛，有土功之事，兵大起，期二年。

玄冥曰：彗星出危，其国有叛臣，兵大起，将军出，国易政，若大水，民饥，期三年。

陈卓曰：彗星出孛于危，帝必易，有大水，粢大贵。

营室彗犯室

甘氏曰：彗孛干犯营室，先起兵者弱，不可以战，战必亡地，主将必亡去之，近期百八十日，远二年。

《圣洽符》曰：彗星出营室，有大水。（按韦昭《洞纪》曰：汉成建始元年正月，有星孛于营室，三年秋，关内大水也。）

《圣洽符》曰：彗星出营室，天下兵大起。

齐伯曰：彗星出室壁间，兵大起，若有大丧，有亡国死王，期不出三年。（按司马《天文志》曰：孝顺帝永和六年二月丁巳，彗星见东方，长六七尺，色青白，西南指营室，及坟墓星。后四年，孝顺帝崩。《宋·天文志》曰：宋武永初三年十一月戊午，有星孛于室壁，少帝景平元年正月乙卯，有星孛于东壁南，白色，二丈余，拂天苑，二十日灭。是年兵救青司，二月太后萧氏崩。）

《黄帝占》曰：彗星出营室，天下乱，易政。（按《宋书·天文志》曰：魏嘉平三年十一月癸亥，有星孛于营室，积九十日。正元二年二月，李丰、丰弟兖州刺史翼、后父光禄大夫张缉等谋乱，皆伏诛，皇后亦废。其九月，帝废为齐王，高贵乡公代立也。）

郗萌曰：以五色占其吉凶。

《黄帝占》曰：孛见营室中，后宫且有乱。一曰有德令。（按《洪范天文志星辰变占》曰：汉成建始元年正月，有星孛于营室，青白色，长六七丈，广尺余，占曰：营室为后宫怀妊之宫，彗星加之，将害人性。其后许皇后坐祝诅废，赵飞燕为皇后，弟为昭仪，害两皇子，卒皆伏辜，家属徙于辽西也。）

郗萌曰：诸孛气在营室，民人疾疫死亡。

《河图》曰：彗起芒，临营室，以告咎。

《荆州占》曰：彗星干守营室，则五校三军动，兵不战，牛马惊，不出七十日。

石氏曰：彗星犯守营室，先起兵者不可以战，必亡地，期三年，远六年。

壁彗星孛犯东壁

石氏曰：彗茀干犯东壁，其国起兵，火灾庙堂，四门流血，天下隔。

《荆州占》曰：彗孛干犯东壁，文章者死。

郗萌曰：诸孛气入东壁，人民疾疫，多死亡。

巫咸曰：彗星出东壁，王者起兵，毁坏宗庙，四门伏兵，流血滂滂，人民惶惶，莫知其殃，近期一年，中期三年，远五年。

《荆州占》曰：彗星出东壁，大水，民流于道。

彗孛犯西方七宿七

奎彗孛犯奎

甘氏曰：彗星干犯奎度，其国君出战，大饥，人相食，国无继嗣，近期一年，远三年。

石氏曰：彗星出，西北举兵伐中国，其下食石千钱，天下大水。

《海中占》曰：彗星出奎，有大兵起，四夷来伐中国，郡君出战，天下大饥，有水灾，期三年，远五年。

《河图》曰：杵彗出贯奎，库兵悉出，祸在强侯外夷相应首谋，期三年，远九年。（按《宋书·天文志》曰：晋惠帝元康五年四月，有星孛于奎，到轩辕太微，经三台大陵，占曰：奎为鲁，又为库兵，轩辕为后宫，太微天子廷，三台为三公，大陵有积尸死丧之事。明年，武库火，西羌反。后五年，司空张华遇祸，贾后废死，鲁公贾谧诛。又明年，赵王伦篡位，于是三公兴兵讨伦，士民战死十余万人也。）

《荆州占》曰：彗星守奎，鲁国兵起。

《宋书·天文志》曰：晋成帝咸康二年正月辛巳，彗星夕见西方，在奎，占曰为兵丧。奎又边兵。四年，石虎伐慕容晃，不克，既退，晃追击之，又破麻秋。时晃称藩，边兵之应也。

娄彗孛犯娄

石氏曰：彗孛干犯娄，国有大兵，四时绝祠，远不出三年。

陈卓曰：彗孛干犯娄，臣夺君位，近期一年，远三年。

《海中占》曰：彗星出娄，国有大兵，四时绝祠，有亡国，先旱后水，人民饥死，五谷大贵，籴无价，期一年，远二年。

陈卓曰：彗星出娄，六畜疫。

胃彗孛犯胃

石氏曰：彗茀干犯胃，五谷不成，仓库空虚。

甘氏曰：彗干犯胃，其国兵起，不出三年。

《黄帝占》曰：彗星出胃昴之间，状如竹竿而细，此星出为兵戎，此太白之变，见不过一年，其国兵起，若有丧。

巫咸曰：彗星出胃，大臣为乱，天下兵起，五谷不升，人民饥饿，京都囷仓悉皆空虚，期三年，中五年，远七年。

郗萌曰：彗星出胃昴之间，状如竹彗，为兵灾若火。

《荆州占》曰：彗星出胃昴之间，大国起兵。

昴彗孛犯昴

甘氏曰：彗星孛干犯昴度，大臣乱国，兵大惊，期一年。

《春秋运斗枢》曰：彗星孛出昴毕间，大邦起王。

甘氏曰：彗星出见昴，有丧。

巫咸曰：彗星出昴，大臣为乱，君弱臣强，边兵大起，天子忧之，人民惊恐，国有忧主，期一年，中二年，远三年。（按司马彪《天文志》曰：光武建武十五年正月丁未，彗星见昴，稍西北行，入营室，犯离宫，三月乙未至东壁灭，见四十九日。彗星为兵，又除秽，昴为胡兵。至十一月，定襄都尉阴承反，太守随诛之，卢芳从匈奴入，居高柳，至十六年十月，芳降，上玺绶。一曰昴为狱事，是时大司徒欧阳歙以事系狱，逾岁死。离宫，妃后之所居，彗星犯之，是除宫也。是时郭后已疏，至十七年十月，遂废为中山太后也。）

郗萌曰：彗星出昴，色赤，边有大兵谋反，天子有忧。

郗萌曰：彗星出昴，赦。

毕彗孛犯毕

《荆州占》曰：彗孛犯毕，必有死丈夫数万人。

甘氏曰：彗孛干犯毕，边兵寇，中国亡，近期一年，远期五年。

《荆州占》曰：彗星干犯毕，边军大战。

陈卓曰：彗孛干犯毕，中原流血。

《黄帝占》曰：彗星毕觜之间，小而长，状如直竿，上有星垒垒然，此星出为兵戎，此镇星之变见，不过一年，兵起宫中，女主有殃。

石氏曰：彗星出毕，大兵起，马贵。其星内指，边兵胜；其星落地，兵破。

巫咸曰：彗星出毕，突厥为寇，乱中国，边兵战，有流血，若有亡主死将，期三年，远五年。

《黄帝占》曰：彗孛守毕柄，侯邑益土。守毕口中，邦相为乱，邑易政，邑君大臣当之。

《黄帝占》曰：彗星出附耳，庶雄起，陪臣反。

司马彪《天文志》曰：孝献建安五年十月辛亥，有星孛于大梁，冀州分也。时袁绍在冀州，其年十一月，绍军为曹公所破，七年夏，绍死，后公遂取冀州。

觜彗星孛犯觜

石氏曰：彗星干犯觜觿，国兵起，天下动扰，期一年，远三年。

《荆州占》曰：彗星干犯觜觿，其国兵起破亡。

甘氏曰：彗星出觜觿，其国兵起，有失地死王，天下民流，大臣出战，下有亡国，期三年，远五年。

石氏曰：彗星出觜觿，谷大贵，大臣出战，期七月。

刘向《洪范传》曰：彗星见觜觿，必有破国乱君，伏死其辜者。（按《汉书·天文志》曰：景帝中二年三月丁酉，彗星夜见西北，色白，长丈，在觜觿，旦去益小，十五日不见。觜觿梁也，是时梁王恐惧，伏斧钺谢罪，然后得免也。）

参彗孛犯参

石氏曰：彗孛干犯参，其国边兵大败，其君亡，近期一年，远期三年。

《黄帝占》曰：彗星出参伐，天子更政。

甘氏曰：彗星出参，大兵蔽地，大臣谋反，后有忧，天子躬甲，斧钺大用，兵马驰道，弓弩恒张，期三年，远五年。（《汉书·五行志》曰：元延三年，星孛及摄提大角，从参至辰，并亡世嗣，王莽篡也。）

《荆州占》曰：彗出于参东井之间，上柱煞，伐长吏。

《黄帝占》曰：彗星与荧惑并见于参，天子更政。一曰天子受政。

石氏曰：彗星见参伐，大国君不吉。

郗萌曰：彗茀星流入参，若出参，其年兵起。（按班固《天文志》曰：元帝初元五年四月，彗星出西北，赤黄白色，长八尺，所后数日，长丈余，东北指参分，后二年余，西羌反，左将军奉世击平之。）

彗孛犯南方七宿八

东井彗孛犯东井

《黄帝占》曰：彗孛干犯东井，大使出野，有两军相当，不出三年。

甘氏曰：彗星干犯东井，其国兵起。（按车频《秦书》曰：苻坚九年四月，有客星出尾箕，长十余丈，状如彗而末曲，或名蚩尤旗，拂于东井，自夏及冬不灭。太史令张益孟光奏彗起尾箕，尾箕燕分，而拂东井，东井秦分，燕首兆乱于秦，东胡鲜卑历世称燕，今慕容暐父子兄弟亡处而不报，圣朝职爵鳞次，执权乘势，驰轮跃马，贵荣莫与为二，宜少抑退，除其渠帅。夫蝮蛇螫手，状夫解腕，玄象告兆，事应无差。坚不纳，后慕容氏遂称王于燕地。）

《荆州占》曰：彗星干犯东井，则大臣谋，其国用兵，期百八十日。

石氏曰：彗星出东井，其国兵大起，车骑满野，有军大战，将军有死者，若大臣有诛，期三年，中六年，远九年。

《郗萌占》曰：扫出东井，上茎煞渐渐长，上白下赤，状如矛刃，此为兵灾，乃太白之变。

陈卓曰：彗星出东井，民人谗言，国政崩坏，天下大水。

陈卓曰：彗在东井，大人死，见三十日，兵将当之，见五十日，相当之，时见七十日，主当之。

鬼彗孛犯舆鬼

石氏曰：彗孛干犯舆鬼，大兵横行，近期一年，远三年。天子小赦除咎。

石氏曰：彗星出舆鬼，国有大兵，战死于野，骸骨满坑，人民疾病，死者纵横，期不出三年。王者以赦除咎则灾消矣。

石氏曰：彗星出舆鬼，名曰丧楼，皆以赦解应之。

《荆州占》曰：彗星出舆鬼，有丧。

陈卓曰：彗星出舆鬼，人民疾病，死者半，棺木贵。

柳彗孛犯柳

甘氏曰：彗孛干犯柳，国诛大臣，兵丧并发，外臣凌主，天下倾危，期三年。（按班固《天文志》曰：孝武建元三年三月，有星孛于注张，历太微，干紫宫，至于天潢，其后济东胶西江都王皆坐法削黜自杀，淮南衡山谋反而诛之。）

《荆州占》曰：彗星干犯柳，周国当之，期九十日。

《黄帝占》曰：彗星出张注之间，状如吹之火且燃，此星出，有兵灾，此荧惑之变见，不过一年，兵起国亡。

巫咸曰：彗星出柳，国诛大臣，兵丧并起，强臣凌主，天下倾危，其国大旱，民以饥死，期三年，远五年。

陈卓曰：彗星出柳，有兵，臣凌主，大旱，谷贵。

《诗纬含神务》曰：彗星守咮，南夷将为乱。（按司马彪《天文志》曰：孝明永平八年六月壬午，长星出柳张三十七度，犯轩辕，刺天船、大陵，微气至上阶，凡五十六日去，柳周也，是岁受雨水郡十四，伤稼。）

七星彗星犯七星

甘氏曰：彗星干犯七星，邦有乱臣，国主不定，兵起宫殿，贵臣戮，大臣相疑，近期七十日，远期百八十日。

《荆州占》曰：彗星干犯七星，其国有大兵，不出百八十日。

《河图》曰：彗孛出七星，天子与圣叶，期三年，圣人出。

甘氏曰：彗星出七星，国有叛臣，人主不安，兵起宫中，大臣戮死，贵人当诛，若有水灾，民饥，期不出三年，远三年。（按《宋书·天文志》曰：魏齐王正始六年八月戊午，彗星见七星，长二丈，色白，进至张，积二十三日灭。七年十月癸亥，又见轸，长一丈，积一百五十六日灭。九年二月，又见昴，长六尺，色青白，芒西南指。七月又见翼，长三尺，进至轸，积四十二日灭。嘉平元年，司马懿诛曹爽兄弟，及其党与，皆夷三族，京师严兵，实始剪魏。三年，诛楚王彪，又袭王陵于淮南。淮南东楚也。幽魏诸王于邺。）

郗萌曰：扫星出七星张之间，状如布，从风如靡，此星为兵戎，荧惑之变也。

郗萌曰：彗星出七星张之间，状如欻之火且燃，为兵，荧惑之变也。

张彗孛犯张

甘氏曰：彗孛干犯张，其国外内用兵，王徙宫，天下半亡。

石氏曰：彗星出张，天下大乱，有兵，王者徙宫殿，天下半亡，人民惶惶，无有聊生。见五十日，期三年；七十日，期五年；百日，期七年；百五十日，期九年，必发。（按司马彪《天文志》曰：王莽地皇三年十一月，有星孛于张，东南行五日不见。后一年正月，光武起兵春陵，会下乡新市贼张卬、王常及更始兵亦至，俱攻破南阳，斩莽前队大夫甄阜、属正梁丘赐等，煞其士众数万人，更始立为天子，至河南，都洛阳，西入长安，败死。光武兴于河北，复都洛阳。）

陈卓曰：彗星出张，大旱，谷石三千，粟尤甚。

《宋·天文志》曰：魏明帝景初二年八月，彗孛星见张，长三尺，逆西行，三十一日灭，占曰为兵丧。张，周分野，洛邑恶之，其十月斩公孙渊。明年正月，明帝崩。晋武帝太康二年八月，有星又孛于张，四年三月戊申，孛于西南，四年三月癸丑，齐王攸薨，四月戊寅，任城王陵薨，五月己亥，瑯琊王伷薨，十一月戊午，新都王该薨。

翼彗孛犯翼

《黄帝占》曰：彗星干翼，国用兵，大臣有忧，远期百八十日。

甘氏曰：彗孛干犯翼，其国有大兵，芒所指降伏，近期三年，远期七年。

《孝经钩命决》曰：天子失礼则孛于翼。

《黄帝占》曰：彗星出翼轸之间，天下皆谋上，国有大丧，人主死亡，必有大兵，期不出三年。

《春秋运斗枢》曰：孛扫出翼轸之间，天下有势皆谋。

石氏曰：彗星出翼，其国有丧，以水为饥，民多流亡，视芒所指，必有降伏，期三年，远六年。（按《宋书·天文志》曰：魏明帝太和六年十一月丙寅，有星孛于翼，近太微上将星。明年，孙权有辽东之败。权又自向合肥新城,遣全琮攻六安,皆不克而去。又明年,诸葛亮入秦川,据渭南,司马懿距之。孙权遣步骘、诸葛瑾等临江夏江口,孙韶、张承等向广陵淮阴,权以大众围新城,以应亮。于是帝自东征,权及诸将乃退。太和六年十二月,陈王桓薨。青龙元年夏,北海王苏薨。三年正月,太后郭氏崩也。)

郗萌曰:彗茀出翼轸之间,状如布,从风而靡,为兵灾荧惑之变也。

石氏曰:彗星守翼,大臣谋反,五谷贵。

彗孛犯轸

甘氏曰:彗孛干犯轸,兵丧并起,期百八十日,远一年。(按《宋书·天文志》曰:晋武帝太始四年正月丙戌,彗星见轸,青白色。二月,皇太后王氏崩,十月,吴将施续寇江夏,或寇襄阳,后将军田章、荆州刺史胡烈等破却之。司马彪《天文志》曰:孝献建安十二年十月辛卯,有星孛于鹑首,荆州分野。时荆州牧刘表专据荆州,益州从事周群以为荆州牧将死而失主。明年秋表卒,子琮自代。曹公将攻荆州,琮惧,举军诣公降也。)

巫咸曰:彗星出轸,天子崩,兵丧并起,满宫门,车马无主,民无定君,期三年,中五年,远九年。王者以赦除咎则消矣。

开元占经卷九十

彗星占下

彗孛犯石氏中官一

彗孛犯摄提一

石氏曰：彗星出摄提，天下乱，帝自将兵于野，兵起宫中，王者有忧，期不出二年。

郗萌曰：彗星出摄提，主迷惑，群下争起。

彗孛犯大角二

齐伯曰：彗孛出大角傍，可六七丈，天下大乱，兵大起，国易政，期三年，中五年，远七年。（按《洪范五行传》曰：秦始皇帝三十七年五月，彗星出于大角，其长七尺，以东北入于女御，有一大星与星斗于宫中三月。五月，彗星尽，大星乃亡。始皇以六月乙丑死于沙丘，及西南行至咸阳，乃祸诸子女，官及九卿皆死以兵，天下大乱，起而攻秦，遂亡。又曰：五月彗星出于鹑首十五余日，汉三年十月，有彗星出于大角，旬余乃入，是时项籍为楚王，霸主诸侯，天下归心于汉，楚将灭，故彗除位也。）

郗萌曰：彗星出入角，可七八丈，天下更政。

《钩命决》曰：天子失仁，则彗守大角。

黄帝曰：彗星犯守大角，大兵起，国不安，天子失御，有亡国，更政令。

《雒书说微示》曰：彗星贯，坐乱起。

《荆州》曰：彗星孛大角，人主亡。

彗孛犯梗河三

《海中占》曰：彗孛干犯梗河，天子慎边防乱中国。

陈卓曰：彗孛干犯梗河，北兵为败。

巫咸曰：彗星出梗河，四夷兵为败，中国有边患，若守之，王者诛四夷，期三年。

彗孛犯招摇四

陈卓曰：彗孛干犯招摇，边兵大动，期一年。

石氏曰：彗星出招摇，突厥入寇，守之胜。

黄帝曰：攻胡，星孛招摇。（《天官书》曰：汉兵伐大宛，星孛招摇也。）

石氏曰：彗星守招摇，犯北主，期出三年。

班固《天文志》曰：汉孝武太初中，星孛于招摇，其后汉兵击大宛，斩其王。

彗孛犯玄戈五

陈卓曰：彗孛干犯玄戈，主战，单于大败，期二年。

《玉历》曰：彗星出玄戈，北方兵起，单于大败，其国破亡，期一年，远三年。

彗星犯天枪六

甘氏曰：彗星出天枪，王者备四夷，防捍边境，若有惊恐，人民忧。

陈卓曰：彗星守天枪，钛钺大用，诛杀不当，多枭首之民。

彗孛犯天棓七

《圣洽符》曰：彗星出天棓，兵大起，五仗用，国有忧，期二年。

陈卓曰：彗星守天棓，兵四起。

彗孛犯女床八

石氏曰：彗孛干犯女床，贵人暴诛，期百八十日。

齐伯曰：彗星犯女床，贵人有忧，若有暴诛者。一曰贵女有罪者，期百八十日，远一年。

彗星犯七公九

《甄曜度》曰：彗星出七公，忠言者凶，议人下狱，政令不行，王者信谗，邪臣在侧，其国忧败。

彗孛犯贯索十

《春秋纬》曰：彗星出贯索，大臣忧，有反者。

《海中占》曰：彗星出贯索，必有反臣杀君，若有大赦，期百日，远一年。

《孝经内记》曰：彗星在天狱，诸侯作祸。

彗孛犯纪星十一

陈卓曰：彗星犯纪星，天下国相击，若地震。（按班固《天文志》曰：孝武建元三年四月，星孛天纪，四年十月而地震。《宋书·天文志》曰：青龙四年十一月己亥，彗星犯天纪，景初元年六月地震。）

《玄冥占》曰：彗星出天纪，大臣相戮，兵起宫中，主后忧，若出走，期二年。

彗星犯织女十二

陈卓曰：彗孛干犯织女，后族为乱，贵女有诛者，期三年。

《文曜钩》曰：彗星出织女，后党为乱，贵女有诛者，若有女变，期百八十日。（按班固《天文志》曰：孝武建元三年四月，有孛星于天纪，至织女，其后陈皇后废。）

甘氏曰：彗星出见织女，有降主。

《运斗枢》曰：彗星出织女，女主之党反。

彗孛犯天市十三

石氏曰：彗孛犯天市，所犯者诛。

巫咸曰：彗星出天市，豪杰内外俱起，执令者死，大臣有诛，期三年。

司马彪《天文志》曰：孝献初平四年十月，孛星出两角间，东北行，入天市中而灭，占曰：彗除天市，将徙帝，将易都。是时上在长安，后二年东迁，明年七月至洛阳，其八月，曹公迎上都许。

何法盛《中兴书》曰：哀帝兴宁元年八月，有星孛于亢，入天市，后有龙相诛宝之乱。

车频《秦书》：苻坚建元八年五月，遣少弟阳平公融镇邺，停灞东，苟太后以融少子忧甚，比发，三出送之，垂半夜，窃往，内外莫知，太史令魏述夜奏，天市南门内有后妃移动之像，坚检而知之，惊曰：天道与人，何其不远！遂重星占。

彗孛犯帝座十四

石氏曰：彗孛犯帝座，民人大乱，宫朝徙治，大臣不臣，期三年。

《帝览嬉》曰：彗星出帝座，大臣为乱。守之不去，贵人有变更政令。

彗孛犯候星十五

石氏曰：彗孛干犯候星，兵起帝宫，大国易治，期三年。若出候星，天下乱，宗人相败，若相攻，士卒有急行，不出其年。

彗孛犯宦者十六

《玉历》曰：彗孛出宦者，左右贵人有罪，若刑于市者，不出二年。（按《宋书·天文志》曰：魏青龙四年十一月己亥，彗星犯宦者。刘向《五纪论》曰：宦者在天市，为中外有兵。景初元年九月，吴将朱然围江夏，荆州刺史胡质击走之，二年正月，讨公孙渊。）

彗孛犯斗星十七

《圣洽符》曰：彗星出斗星，天下乱，民不从市，外不用事，人民饥。

彗孛犯宗正十八

甘氏曰：彗星出宗正，宗主有事，若左右亲族有死者，期百八十日，远一年。

彗孛犯宗人十九

齐伯曰：彗星出宗人，王者同姓臣罪，若亲族有谋者，期不出一年。

彗孛犯宗星二十

《甄曜度》曰：彗星出宗星，主恩薄，以亲为疏，简宗庙，则彗出之。

《春秋纬》曰：彗星出宗星，族人反。

彗孛犯东西咸二十一

《文曜钩》曰：彗星出东咸，女主淫佚自恣，宫门不禁，若贵女有忧。

彗孛犯天江二十二

巫咸曰:彗星出天江,天下大水,舟船用,五谷不登,其岁人相食,期三年。

陈卓曰:彗孛干历天江,大兵攻王国,王者以赦除之,则国丰平。

彗勃犯建星二十三

陈卓曰:彗孛干犯建星,王失道,忠言者诛,贤士逃亡。

黄帝曰:彗星出建星,道路不通,多盗贼,子攻父,弟攻兄。守之则有大兵,将军出行,期一年,远三年。

彗孛犯天弁二十四

《帝览嬉》曰:彗孛出天弁,宝玉大贵,若粂贵五倍,万物不兴,其国饥。

郗萌曰:彗星入若守天弁者,皆为囚徒起兵。

彗孛犯河鼓二十五

郗萌曰:彗星入河鼓,且有兵。

黄帝曰:彗星出河鼓,天下兵起,大将出谋,旗鼓立。若守之,有死将。守中星,大将死;守旁两星,小将死。期一年,中三年,远五年。

《春秋纬》曰:彗星出河鼓,鼓鸣,武士发,天子赋。

彗勃犯离珠二十六

石氏曰:彗孛犯离珠,后宫为乱,若宫人有诛。守之阳为大旱,阴为大水,五谷不登,人民饥。

彗孛犯匏瓜二十七

石氏曰:彗星干犯匏瓜,政乱,近臣相谮,宫有戮死者,王者以赦除咎。

《玉历》曰：彗星出匏瓜，人主因食瓜而亡，若果中有药害其君，若食官忧。

《玉历》曰：彗星守匏瓜，鱼盐贵十倍，果物不成。

彗孛犯天津二十八

石氏曰：彗星犯天津，贼断王道。

郗萌曰：彗星干犯入汉中，有亡国，当其野者变之。

甘氏曰：彗星出天津，关津不通，若关吏有忧。若守之，天下大乱，津河隔塞，有旱灾，期三年。

《雒书摘亡辟》曰：彗星见汉中，亡君之戒。

何法盛《中兴书》曰：安帝隆安四年十一月，星孛于贯索，及天市中天津，其时元显辅政，刑罚不中，故扫贯索，发徭无度，故扫天市，建士失节，故扫天津。天津关通万川，利关梁也，天市货财帛，周百姓也，贯索平察刑狱，无枉滥也，而元显皆反之，天若曰扫除秽恶，令改革也。显不悛，遂致覆灭。

彗孛犯王良二十九

《运斗枢》曰：彗星出王良，好游驰，奉车反。

齐伯曰：彗星出王良，兵马大动，车骑行，天下有急，马多死。一曰水道不通，津关塞，期二年，远三年。

《宋书·天文志》曰：魏陈留王咸熙二年五月，彗星见王良，丈余，色白，东南指，积十二日灭，占曰：王良，天子御驷，彗星扫之，禅伐之表，除旧布新之象。白色为丧，王良东壁宿，又并州之分野。八月晋王薨，十二月帝逊位于晋。

彗孛犯螣蛇三十

陈卓曰：彗孛干犯螣蛇，水道不通，天下隔，期二年。

《圣洽符》曰：彗星出螣蛇，以水雨为害，大水出，万物不成，民人饥。一曰水虫为败。

彗孛犯阁道三十一

陈卓曰：彗星干犯阁道，王者居正殿，不私行，则灾自消。

《甄曜度》曰：彗星出阁道，天下津不通，兵大起，御道有伏兵，欲谋其主，王者宜备之。

彗孛犯附路三十二

陈卓曰：彗孛干犯附路，道不通，天下半隔，期一年。

《海中占》曰：彗孛出附路，天下大饥，车骑满野，道中纵横，人主临兵，期三年。

彗孛犯天将军三十三

《玄冥占》曰：彗星出天将军，兵大起，将军出，旗陈立。若守之，大将死，若有诛，期不出二年。

彗孛犯大陵三十四

《文曜钩》曰：彗星出大陵，国有大丧，有土功坟陵之事。若守之，天子崩，明审，期不出三年，远五年。

《春秋纬》曰：彗星出大陵，天子以不慈见犯，复出之将反。

彗孛犯天船三十五

《春秋纬》曰：彗星出舟星，外夷侵。

巫咸曰：彗星出天船，天下大水，舟船用事，若外夷来侵，水兵起，期一年。（按司马彪《天文志》曰：汉孝明帝永平三年六月丁卯，彗星出天船北，长二尺所，稍北行至亢南，百三十五日去。是岁，伊洛水溢到津城门，坏伊桥，郡七、县三十二皆大水。《宋书·天文志》曰：晋穆帝升平二年五月丁亥，彗星出天船，在胃宿中。四年五月，天下皆大水。)

彗孛犯五车三十六

石氏曰:彗孛干犯五车,兵满野,天下半倾,百姓徙居去其土,期三年。

黄帝曰:彗星出五车,兵大起,车骑行,有攻战,粢大贵,人民饥。彗若守之,先起兵者昌,后起兵者亡,期三年。

《春秋纬》曰:彗星出五车,谷霜兵起,主卖位,天下贤名起。

彗孛犯卷舌三十七

《帝览嬉》曰:彗孛出卷舌,人主用谗言,诛忠臣,贵人有戮死者。一曰民多言讼,不出年。

《春秋纬》曰:彗星出卷舌,主以听谗之,主遇杀,大臣反。(按《宋书·天文志》曰:宋文帝元嘉二十八年五月,彗星见卷舌,入太微,过帝座,犯上相拂屏,出端门,灭翼轸。三十年,天子巫蛊咒诅事觉,遂以杀逆害朝臣。孝建元年,荆江二州反,皆夷灭。卷舌咒诅之象,彗之所起,是其应也。)

彗孛犯天关三十八

石氏曰:彗星出天关,兵大起,道路不通,民多盗贼,必有关塞之事,人主有忧。

《玄冥占》曰:彗星出天关而守之,天下道绝,国多盗贼,关梁不通,人主有忧,期一年,远二年。

彗孛犯南北河戍三十九

《海中占》曰:彗星出南河,蛮越兵起,边域有忧,若关吏有罪者。

郗萌曰:彗星出天高,庙臣反,名侯王起。

《海中占》曰:彗星守南河,为大旱,出北河,夷为乱,来侵中国。若守,胡军败。又曰:守北河,为大水,期不出三年。

石氏曰：朝鲜之伐，星拂河戍。（按班固《天文志》曰：汉武帝元封中，星孛干河戍，其后汉兵击拔朝鲜北，为乐浪、玄菟郡。）

石氏曰：彗孛干两戍间，天子出走，大臣亲盛亡王者以赦咎。

彗孛犯五诸侯四十

石氏曰：彗孛干犯五诸侯，王室大乱，兵起，天子宫庙不祀。

《春秋纬》曰：彗星出五诸侯，州牧反，九州合谋。

《玉历》曰：彗星出五诸侯，执政臣有谋，若有被戮者，贵人当之，人主有忧，期一年，远二年。

司马彪《天文志》曰：孝献建安十七年十二月，有星孛于五诸侯，时周群以为西方专据土地者皆将失亡。是时益州刘璋据益州，汉中太守张鲁别据汉中，韩遂据凉州，宋建别据枹罕。明年冬，曹公遣偏将击凉州。十九年，获宋建，韩遂逃于羌中病死。其年秋，璋失益州。二十年秋，公攻汉中，鲁降也。

彗孛犯积水四十一

石氏曰：彗星干犯积水，兵起宫门，宗庙毁绝，大臣有忧。

彗孛犯积薪四十二

石氏曰：彗孛干犯积薪，有乱臣在宗庙。

彗孛犯水位四十三

石氏曰：彗孛干犯水位，水道不通，伏兵在水中，以水为害。

甘氏曰：彗孛出水位，天下以水为忧，有兵起，五谷不成，人民饥。

彗孛犯轩辕四十四

石氏曰：彗孛干犯轩辕，近臣诛，灭宗族，王者以赦除咎。

黄帝曰：彗孛出轩辕，皇后有忧，若失势，宫人不安，人主有忧。

《春秋纬》曰：彗星入轩辕，后族乱。

《运斗枢》曰：彗孛出轩辕，女妃为寇。

石氏曰：彗星犯轩辕，天下大乱易王，以五色占期。

《黄帝占》曰：彗星入轩辕，若守之，天下大乱，易王，宫门当闭，若女主死，期三年，远五年。

彗孛犯少微四十五

石氏曰：彗孛干犯少微，白衣聚者凶，术士不显，智者逃亡，期三年。

巫咸曰：彗星出少微，多能臣有死者，若上臣有罪。一曰法令臣有诛者。

石氏曰：彗星出少微，士夫起。

《宋书·天文志》曰：魏黄初六年十月乙未，有星孛于少微，历轩辕，占曰：孛彗为丧，除旧布新之象。是时帝军广陵，辛丑，亲御甲胄，跨马观兵。明年五月，文帝崩。

彗孛犯太微四十六

《春秋纬》曰：彗星茀干太微，天子乱。

陈卓曰：彗孛干入太微，帝宗后族为乱，亡社稷。一曰所犯者亡。

《圣洽符》曰：彗星入太微庭中，臣谋主，有兵起，王者灾社稷，其国忧，期百八十日，远一年。

郗萌曰：赤黄星状如帚，入太微，妇女喜心；出太微，天子赐诸侯美女。

《春秋纬》曰：彗若出犯执法，御史反。

《运斗枢》曰：彗孛出若干太微，法式灭，帝死于野。

《春秋纬》曰：彗星出而茀太微，天下乱，不过三五，必易政，以色占期。（按司马彪《天文志》曰：孝灵光和五年七月，彗星出下台，东南行，入太微，至太子幸臣，二十余日而消。彗入太微，天下易主。至中平六年，宫车晏驾。孝献建安二十三年三月，彗孛晨见东方，三十余日，夕出西方，犯历五车、东井、五诸侯、文昌、轩辕、后妃、太微，锋炎指帝座。二十五年正月，魏文帝受禅。）

《玉历》曰：彗星出太微，帝宗后族为乱，大臣弑主，谋在亲戚御臣，王者有忧，期三年。

石氏曰：彗星出太微中宫，火大起，杀人。

甘氏曰：彗星出太微天庭中，有立王，若徙王。

《孝经雌雄图》曰：彗在太微，君害臣。

《玉历》曰：彗星犯太微，天子妃后去，宫人不安，女主有忧。

彗孛犯黄帝座四十七

石氏曰：彗孛如粉絮，入太微，犯守帝座，国有崩丧，大臣立主，（石氏曰：王者以赦除咎。）天下大乱，兵起。若犯守四帝，辅臣有诛，执政者亡，期三年。

石氏曰：彗星如粉絮，犯座星，兵丧并起。又大彗茀干犯座星，王者亡，子孙不昌，王者循孝于天，奉宗庙郊祠，则灾除。

《雒书说征示》曰：彗指帝座四旁，中大乱。

《荆州占》曰：星锐如剑，正赤。直抵座星，天子惊兵。一曰惊火。又云：星如苴帚，抵座星旁，左右诸臣兵起，内乱。

陈卓曰：星状如帚，正赤，抵圣座星，妇女兵。

彗孛犯屏星四十八

《玉历》曰：彗星出屏星，守卫臣有谋，若有罪，执法者当之。

彗孛犯郎位四十九

陈卓曰：彗孛干犯郎位，臣失势。

《运斗枢》曰：彗出郎位，郎官谋反，天子因官郎位所主之官也。

《玉历》曰：彗星出郎位，左右守卫为乱，若有谋者，人主惊备之。

彗孛犯郎将五十

《玉历》曰:彗星出郎将,大将有诛,若有罪。一曰大臣为乱,有兵起。

彗孛犯常陈五十一

甘氏曰:彗星出常陈,若守之,王者出,诛左右守卫之臣。一曰若防守者有死,期三年。

彗孛犯三台五十二

黄帝曰:彗星出上台司命,有兵起,大臣三公有自出者,若守之,贵臣有诛,上公有忧,期百八十日,远一年。

黄帝曰:彗星出中台司中,奸臣有谋,兵大起,贵人当出。彗若守之,中公有罪若忧,诛。

黄帝曰:彗出下台司禄,近臣有罪,若忧,死。若守之,贵人多死,下公当之,将忧,皆不出三年。

《运斗枢》曰:彗星出三台西,相反;出其中,太尉反;出其东,大司马反。(按韦昭《洞纪》曰:汉灵帝光和五年,彗星出下台,十月,太尉许盛免。)

《孝经内记》曰:彗在三台,臣害君者也。

《宋书·天文志》曰:晋惠帝大安二年三月,彗见东方,指三公,占曰:兵丧之象。三台为三公。是年冬,成都河间攻洛阳。三年正月,东海王越、长沙王反,张方讨之。

《雌雄图》曰:彗星出三台,有阴谋,奸轨起。一曰宫中火起。一曰臣害君,祸大起。

彗孛犯相星五十三

陈卓曰:彗孛干犯相星,辅相忧,不出一年,天下变更其令,民多移徙。

彗孛犯天牢五十四

《雌雄图》曰：彗星出天牢，诸侯作祸，相贼害。

《荆州》曰：彗星出天牢，豪杰中外俱起。

齐伯曰：彗星出天牢，贵人多下狱者，若大臣有戮，其国亡，期百八十日，远一年。

彗孛犯文昌五十五

石氏曰：彗孛干犯文昌，则辅臣受殃，近期三年，远期六年。

《运斗枢》曰：彗星出文昌上将星，大将军反；出次将，左右将军反；出贵相，大司徒反；出司禄，得势大臣反；出司命，天下有权者俱反，乱尤甚。

《合诚图》曰：彗星出而茀文昌，天下大乱，政以色占。

甘氏曰：彗星出文昌，若守之，天下大乱，大臣受殃，国易政，各以五色占之，近期一年，中二年，远三年。

彗孛犯北斗五十六

《春秋纬》曰：星茀于北斗中，有雄圣人受命天子。

《潜潭巴》曰：星孛于北斗，璇玑更授，天子起走。

《感精符》曰：孛贼入北斗中者，大国结谋伐天子。运枢行之主号，诸侯争权，天下皆叛，兵合祸构，逆乱之变也。

《辨终备》曰：彗入北斗，帝宫空。（按韦昭《洞纪》曰：顷王六年，彗星入北斗，晋赵有率诸侯平周乱，立王子班，是为匡王。）

《宋书·天文志》曰：义熙十四年五月壬子，孛于北斗魁中，癸亥，彗星出太微西柄，起上相星，下芒衡长至十余丈，进扫北斗紫微中。占曰：彗出太微，社稷亡，天下易王。入北斗紫微，帝宫空。一曰得圣主。是年，宋高祖受宋公。恭帝元熙元年七月，晋帝逊位，高祖入宫也。

《感精符》曰：星孛入北斗，兵大起，将有以外制权、以兵为政者。

《坤灵图》曰:至德之萌,黄星孛于北斗,必以戊巳日,其光无芒,文行无武动事,莫之敢拒者。

《汉含孳》曰:彗星入北斗,强国乱。

《钩命决》曰:周襄王不能事其母,孛入北斗。

甘氏曰:彗茀流入北斗魁中,得名人;其不入北斗魁,失名人。

刘向《洪范传》曰:孛入于北斗,邪乱之臣将弑其君。

京房曰:星孛入北斗,则大臣叛。

郗萌曰:赤星入北斗,中国使匈奴。

《荆州占》曰:彗星流入北斗,诸侯戮,春夏期三月,秋冬期一年。

黄帝曰:彗星出北斗,长可八九尺,天下更政易王.暴兵卒起,期百八十日,若一年。

《春秋纬》曰:彗星出北斗九星中,九卿反,如星所主,其政毁,其人乱。

《潜潭巴》曰:彗星芒出于斗枢,天子亡,诸侯息。

《雌雄图》曰:彗星出北斗中,宫中火起。

石氏曰:彗星出北斗,长可七八尺,天下大乱,国易政,有兵起。若大战,先起者亡,中起者殃,后起者昌。期三年,中五年,远九年。

《海中占》曰:彗星出北斗,大臣谋反,兵大起。(按《洪范天文星象变占》曰:汉武建元三年三月,有星孛于王良,芒自太微经斗内,至天汉,其后济东王、胶东王、江都王皆坐法削黜自杀,衡山王反,诛之也。)又曰:若入斗魁,大臣诛死,若被诛。三日乃占,春夏期三年,秋冬期一年。

《魏氏图》曰:帚星出于斗中者,宫中失火烧宝。

郗萌曰:彗星出北斗,长可八九丈,名曰勉功。勉功出,天下更政。

《荆州占》曰:彗星出北斗之中,反而入北斗后,将得大臣;其出北斗,亡大臣。其一西一东,害于侯公;一南一北,戒在金革;一入一羸,天下不宁。

《荆州》曰:彗星出北斗中,圣人受命。

玄冥曰:彗星出北斗,必有大战流血。若入斗中,得名将;不入斗中，失名将。各以其日占知其国，不出其年。

石氏曰：孛星出北斗中，大臣诸侯有受地。

巫咸曰：彗星见于北斗，天下更政。

《洪范传》曰：孛星见北斗中，大臣诸侯有受诛者。一曰受兵。

《甄曜度》曰：彗孛贯北斗，下有杰王，五军合。

《演孔图》曰：彗星守北斗，天帝谋易王。

《春秋纬》曰：彗星守北斗，强国发，诸侯争天下。

《海中占》：彗孛守北斗，强国发兵，大臣争权，大人有忧，国易其主，天下不宁。守之三日以上，大臣当诛，期三年，远五年。（按《左氏传》：鲁文公十四年七月，星孛于北斗，周内史叔服曰：不出七年，宋齐晋之君皆将死乱。后十六年，宋襄夫人使昭公田孟诸而弑之。十八年，齐阎职反，邴歜弑懿公于申池。宣公二年，晋赵穿弑灵公于桃园。杜预曰：史服但言事，不论其占。服虔曰：晋赵盾弑灵公也。）

《春秋纬》曰：彗星出辅星，庶雄起，陪臣反。

彗孛犯紫宫五十七

《感精符》曰：星孛于紫宫，将有阴谋反者。

陈卓曰：星孛于紫宫，有大变，拔兵上殿。一曰入紫微宫，有奇令。

《春秋纬》曰：彗星入紫微宫，其国谋反。

黄帝曰：彗星出而抵紫宫，天下大乱。

《荆州》曰：彗星出长垣，边反。又曰：彗星而抵紫宫，天下易政。（按司马彪《天文志》曰：孝灵中平五年二月，彗星出奎，逆行入紫微宫，复出，六十余日乃消。占曰：天下易主。明年，宫车晏驾。韦昭《洞纪》曰：汉黄龙元年三月，有星孛于王良阁道，入紫宫，十二月宣帝崩。）

《黄帝占》曰：彗星出紫宫，入守之，宫中有兵，天下大乱，有亡主，国易政，以五色占其国，期百八十日，中一年，远三年。（按司马彪《天文志》曰：孝献建安九年十月，有星孛于东井舆鬼，入轩辕太微，十一年正月，有星孛北斗，首入斗中，尾贯紫宫及北辰。占曰：彗扫太微紫宫，人主易位，其后魏文帝受禅。司马彪《天文志》曰：孝章建初元年十二月戊寅，彗星出娄二度，长八九尺，稍入紫微宫中，百六十日消灭，大人忌。后四年六月癸丑，明德皇后崩。〕

《荆州》曰：彗星守天子宫，有乱天子之政者。

彗孛犯北极钩陈五十八

《春秋纬》曰：彗星入枢，名人起相诛，天下乱。

玄冥曰：彗星出北辰，臣谋弑主，有自立王。彗耀刺下，为寇害，期一年。

《春秋纬》曰：彗星入枢，期八年，五霸起，帝主亡。

《荆州》曰：彗星划天枢，五精之类谋。

黄帝曰：彗星入守北辰，除旧布新，三王立，五旗生，有端命之应，名人起兵，天下大乱，君臣相诛，期不出百八十日，中一年，远三年。

石氏曰：彗星出钩陈，臣弑其主。若入守钩陈，幸臣乱宫，若有诛者，期不出一年，远三年。

彗孛犯天一太一五十九

黄帝曰：彗孛干历天一，则宫门不闭，王者内不安，近臣乱，不出三年。

彗星犯石氏外官二

彗孛犯天库楼一

《春秋纬》曰：彗孛出天库楼，兵动惊，主泣血，下不听。

石氏曰：彗星出库楼，天下兵起，车骑满野，库兵用。一曰民以饥兵起，期三年。

彗孛犯南门二

《玉历》曰:彗星出南门,有兵起,兵器用,若道路不通。

彗孛犯平星三

齐伯曰:彗星出平星,执法臣忧,政令不行,国失纲纪。

石氏曰:彗星犯平星,主以峻法为过,海内乱。

彗孛犯骑官四

《春秋纬》曰:彗星出骑官,英雄起,天子忧。

甘氏曰:彗星出骑官,士卒发用,兵骑出。若守之,将军若有死者,期三年。

彗孛犯积卒五

《甄曜度》曰:彗星出积卒,为谋。星去疾,谋不成。若守之,主将有忧。

《春秋纬》曰:彗星出积卒,卫士并为乱祸不成。

彗孛犯龟星六

《文曜钩》曰:彗星出龟星,珠玉有出者,宝物大贵。若守之,君臣不和,上下乖离。

彗孛犯傅说七

《春秋纬》曰:彗星出傅说,主以祠非其神,失礼,为内外所谋,巫祝起,天下匿,谗在宫中。

石氏曰:彗星出傅说,王者后宫少子孙。若守之,有绝祀之君。

彗孛犯鱼星八

《春秋纬》曰:彗星出鱼星,后党反。

《玉历》曰：彗星出鱼星，天下大水，海鱼出，名水溢。若守之，天下大旱，鱼行人道，不出其年。

彗孛犯杵星九

甘氏曰：彗星出杵星，岁大饥，有兵起，民以米粟为忧，若绝军粮。

彗孛犯鳖星十

《圣洽符》曰：彗星出鳖星，有大水，白衣之会，若有水令。若守之，其国大旱。

彗孛犯九坎十一

齐伯曰：彗星出九坎，有水旱之灾，出南则大旱，出北则大水。

彗孛犯败臼十二

《甄曜度》曰：彗星出败臼，天下有急兵，当于米粟之事，国有忧，期二年。

彗孛犯羽林十三

《春秋纬》曰：彗星出羽林，军人谋反。

《海中占》曰：彗孛出羽林，兵起宫中，臣弑其主，大人被甲，有亡国。若守之三十日，国破主亡，期三年。

《春秋纬》曰：彗星出垒城，校尉以反军成。

彗孛犯北落十四

《玄冥占》曰：彗星出北落，若守之，兵起大战，若杀大将，人主自将兵于外，四夷作乱，期三年，远五年。

彗孛犯土司空十五

《文曜钩》曰：彗星出土司空，兵大起，有土功事，若营室。一曰大将忧，期一年。

彗孛犯天仓十六

巫咸曰：彗星出天仓，兵革大起，粟大出，天下民饥，以粟为忧，若有转输之事。

《海中占》曰：彗星出天仓，天下粟出。若守之久，国无储粮，人民饥，期三年。

彗孛犯天囷十七

巫咸曰：彗星出天囷，仓库虚空，无储积，有出粟，天下大饥，人民流移，期二年。

彗孛犯天廪十八

《帝览嬉》曰：彗星出天廪，其国大饥，仓粟出廪，人饥死，其分兵起，期不出三年。

彗孛犯天苑十九

《春秋纬》曰：彗星入天苑，都护反。

黄帝曰：彗星出天苑，兵大起，马多发，牧畜不蕃，多有死者。一曰禽兽獐鹿多死。（按司马彪《天文志》曰：孝安永初三年十二月乙亥，彗起天苑南，东北指，长六七丈，色苍。天苑为外兵起，是后羌兵讨贼杜季贡，又使乌丸击鲜卑，又使中郎将任尚、护羌校尉马贤击虏，皆降之。）

彗孛犯参旗二十

《春秋纬》曰：彗星出天弓，暴骨将死，死尸满溪，流血千里。

石氏曰：彗星出参旗，天下大乱，兵起，弓弩用，大将出有变。一曰弓弩大贵，期三年。

彗孛犯玉井二十一

《玉历》曰：彗星出玉井，兵大起，强国失地。一曰彗守玉井，天下大水，河海溢流，民多没死。

彗孛犯屏星二十二

甘氏曰：彗星出屏星，大臣有戮，国有忧。一曰彗守屏，人民疾疫，有移国。

彗孛犯厕星二十三

《圣洽符》曰：彗孛出厕，大人有忧，若厕有谋兵欲害主。一曰彗星入厕，天下饥，人相食，期二年。

彗孛犯矢星二十四

齐伯曰：彗星出矢星，若守之，贵人多患腹而死，若人民多死，以五色占，黄则吉，青白疾，黑死。

彗孛犯军市二十五

《甄曜度》曰：彗孛出军市，大兵起，军粮绝，天下大饥，将士离散，兵多死亡，期二年。

彗孛犯野鸡二十六

《海中占》曰：彗星守野鸡，大将死，军市破，诸侯相攻，有亡国，期三年。

彗孛犯狼星二十七

黄帝曰:彗星出狼星,国有急兵,名将出行,将军有忧。若守之,必有千里之行,大战流血,死者大半。期三年,中五年,远七年。

《运斗枢》曰:彗星出狼弧,主以恣侵为过,外夷反。

彗孛犯弧星二十八

石氏曰:彗星出弧星,弓矢大用,大兵起,其国乱惊,人民不宁,多盗贼。(按司马彪《天文志》曰:孝灵光和三年冬,彗星出狼弧,东行至于张,反去。后四年,京都发兵击黄巾贼。)

彗孛犯老人星二十九

巫咸曰:彗星出老人,其色黄,王者昌。若守之,赤彗三芒,人主受殃,老者不康。

彗孛犯天稷三十

《海中占》:彗星出天稷,岁大饥,五谷不成,人民流亡,社稷不安。

彗星犯甘氏中官三

彗星犯天理一

《春秋纬》曰:彗星出天理,大司空斩将逐天子。

彗孛犯策星二

彗孛星近策星,王者不宜出宫,下有谋乱,不过七十日。

彗星犯造父三

陈卓曰:彗星入造父,若守之,仆御谋弑主,有斩死者,兵尽起。

彗孛犯卧星四

《春秋纬》曰：彗星出卧星，尚书反。人星一名卧星也。

彗孛犯扶筐五

陈卓曰：彗星出扶筐，将作反。

彗星犯酒旗六

《春秋纬》曰：彗星出酒旗，主以酒过，为相所害。

彗孛犯诸王七

《春秋纬》曰：彗星出诸王星，诸侯称王皇，以南吴楚、北燕赵、东齐宋、西秦晋。

彗孛犯司怪八

《春秋纬》曰：彗星出司怪，主多妖祥，僻伪起，大臣侯王代主位。

彗星犯天高九

《春秋纬》曰：彗星出天高，庙臣反，名王起，改号。

彗孛犯天演十

《春秋纬》曰：彗星出天演，但闻之将反。

彗孛犯天街十一

《运斗枢》曰：彗星出天街，五侯并起，天子自理。

《海中占》曰：彗星出天街，内有贼人。

彗孛犯甘氏外官四

彗孛犯铁锧一

《春秋纬》曰：彗星出铁锧，淫兵多，主以妄诛，将锧之臣反。

彗孛犯阙丘二

《春秋纬》曰：彗星出阙丘，帝灭。

彗孛犯巫咸中外官五

彗孛犯长垣一

甘氏曰：彗星出长垣，大臣谋反，兵起宫中，天下有乱，亡国，人主有忧，期不出二年。

《春秋纬》曰：彗星出长垣，边反。

彗孛犯天厩二

陈卓曰：彗星出天厩，守之，天下名厩有失火者，若移徙。一曰天下厩车马有怪。

《春秋纬》曰：彗星出厩官，法令违，法度数起变，臣执主势。

开元占经卷九十一

风　占

候风法

凡候风，必于高平畅达之地，立五丈竿，以鸡羽八两为葆，属竿上，候风吹羽葆平直则占。亦可竿首作盘，作三足乌于盘上，两足连上而外立，一足系下而内转，风来则乌转，回首向之，乌口衔花，花旋则占之。羽必用鸡，取其属巽而能知时。羽重八两，以相八风；竿长五丈，以法五音。乌者日中之精，巢居知风，乌为其首也。今按古书云：立三丈五尺竿，以鸡羽五两系其端，羽平则占，然则长短轻重惟其适宜，不在过泥，但须出众中，不被隐蔽，有风即动，直而不激，便可占候。羽毛必须五两以上，八两以下，盖羽重则难举，轻则易平。时常占候，必须用乌，行军权设，取便用羽。作葆之法，取鸡羽中破之，取其毛多处，以细绳紧缚，内中夹之，长三四尺许，属竿上，其触鹿扶摇四转五复之风，各以形状占之。

风名状

《尔雅》曰：风而雨土曰霾，阴而风曰曀，日出而风为暴，回风为飘，焚轮谓之颓，扶摇谓之飙。

李淳风曰：按占风之家，多云发石折木，扬沙走石等语。若每占中俱着此语，其文至繁，今辄以一家例之。古云发屋折木，扬沙走石，今谓之怒风，多为不吉之象。一日之内三转移，方古云四转五复，今谓之乱风。乱风者，狂乱不定之象。无云晴爽，忽起大风，不经刻而止绝，绝复忽起，古云暴风。卒起乍有乍无，今谓之暴风，暴风主有卒暴事。鸣条摆树，萧萧有声，今谓之飘风，善恶依经旨。迅风触尘蓬勃，古云触尘蓬勃，今谓之勃风。回旋羊角，古云扶摇羊角，今谓之回风。回风者，旋风也。回风卒起而圜转，扶摇有如羊角，向上转轮，有自上而下者，有自下而上者，或平条长，或磨地而起，总谓之回风，亦专有占。古云清凉温和，尘埃不起，今谓之和风。古云暗冥昏浊寒克者，今谓之霾曀。

凡风和畅清悦，温凉适时，埃尘不起，人情恬淡，是谓祥风。天色晦暝，云气昏浊，风声寒惨，埃壒蓬勃，是谓灾风。风势纷杂交乱，乍起乍止，深藏莫测，其声聒耳，是谓小人魅惑风。风势暴起，南北不定，离合氛埃，是谓上下不宁风。风势冥冥，白日阴惨，黄雾四合，是谓政化未明风。风势戚戚，南北杂乱，高下蓬勃，是谓大兵将至风。风势凛烈，人怀战栗，是谓刑罚惨刻风。风声啾唧惨切，令人悲憯，为大丧风。风声欻欻，如火奔驰，乍起乍息，为旱火风。连风冥晦四日五日，人皆悲伤，为大水杀人风。

凡吉祥之风，日色清明，风势和缓，从岁月日时德上来，或乘王相而来，去地稍高，不扬尘沙，人心喜悦，是谓祥风，人君德令下施之应。

凡凶灾之风，日色白浊，天气昏寒，风声叫怒，飞沙卷尘，乘刑杀而至，当详五音，定八方，观其起止占之。今略诸家寒克白浊为例，诸称寒克白浊，今谓之灾气。诸称清明温和，谓之和风。诸称大风寒，冥冥日无光，沉没雾气，今云昏气。

诸　例

《黄帝占》曰：凡风之动，皆不安之象也。若在山川海滨，空穴之间，风所出处，皆不可占之，以为常式。若在宫宅城营之内，战阵之所，风势异常，扬沙走石，日光昏浊，则必占之。

凡人君理顺四时，则春无凄风，夏无苦雨。先王之治，以天下为家，兆民为子，风起异常，用意察之，若纷错交横离合，氛埃相注，此风之应，必在人主。

李淳风曰:巽为风,风占灾异最验。凡候风,须筑高二十四尺,于上设竿,令其四达无隐,则远近皆知,期克不爽矣。

凡鸣条以上,怒风起止,皆详其五音与岁月日时刑德合冲墓杀,五刑生克,王相囚死,以言吉凶,仍以六情推之,万不失一。

凡年月日时四杀五墓,风从上来,白昼昏寒,皆为凶风。其日三刑最急,坐不及起,有贼来暴至。若行即防伏兵,平时无兵,防人谋害。

凡年月日时刑杀五墓风起,日色白浊,日气昏寒,兴兵动众,逢之急,整武备。

凡两军相当,以分主客,以日辰所得纳音为客,以时下十二时辰与风所来方为主。若日辰纳音能克时辰及方,为客胜;时下支神及风来方能克纳音,则客败,主人胜。寻常家居,亦以此分内外。

凡恶风黑风三刑冲破墓杀风,当日有大雨,及三日内有大雨,其灾皆散。一曰宫日风,当日雨,征风三日雨,羽风五日雨,商风七日雨,角风九日雨,但依日数得雨皆解。

凡风自冲来,为殃为丧,为火为兵,为大人死,以占何国。若当时有大雨,即不占。

凡风滚雨及风后降雨,皆雨气也,不占。

凡风从太岁上来,鸣条摆树,而天色清爽,日光明盛,着体清凉温和者,祥风也。天子有德令,法不私,大臣畏慎,国昌民安之象。若风势蓬勃,扬尘蔽天,着人寒惨,日白无光,兼刑带杀,则为国有暴令。月建为大臣。日为令长。时来为民。

凡风湿热,逼人著地,走石吹沙,鸣条落叶,为囚风,以日辰占何国,饥荒,人不安。

风势和缓,不扬尘土,气色清温,日光皎洁,以日辰占何国,岁美人安。

凡风起岁月日时德上,鸣条落叶,及宫日宫时天门乾上发风,皆吉风。五音之日，风起岁月日时刑上，黑色，勃勃然，经刻冥冥，不见人形，是谓妖风。宫日为君，以下四日为大臣死其分，下不熟，民灾，以日占国。

干 德

甲丙戊庚壬为阳，阳德自处。甲德在甲。丙德在丙。戊德在戊。壬德在壬。此谓自处。

乙丁己辛癸为阴，阴德在阳。乙德在庚。丁德在壬。己德在甲。辛德在丙。癸德在戊。此谓在阳取合为德也。

支 德

岁月日时在巳，德在子。在丑德在午。在寅德在未。在卯德在甲。在辰德在酉。在巳德在戌。在午德在亥。在未德在子。在申德在丑。在酉德在寅。在戌德在卯。在亥德在辰。以次顺行，前五辰是也。

月干德

寅午戌月德在丙。亥卯未月德在甲。申子辰月德在寅。巳酉丑月德在庚。

三 合

申子辰。亥卯未。寅午戌。巳酉丑。

六 合

寅亥。子丑。卯戌。辰酉。巳申。午未。

德干合

甲己。乙庚。丙辛。丁壬。戊癸。

岁月日时杀

寅午戌杀在丑。巳酉丑杀在辰。申子辰杀在未。亥卯未杀在戌。

吟呻杀

四孟月在酉。四仲月在巳。四季月在丑。

岁月日时刑

子刑卯,卯为刑下,子为刑上。丑刑戌,戌为刑下,未为刑上。寅刑巳,巳为刑下,申为刑上。卯刑子,子为刑下,卯为刑上。辰刑辰。巳刑申,申为刑下,寅为刑上。午刑午。未刑丑,丑为刑下,戌为刑上。申刑寅,寅为刑下,巳为刑上。酉刑酉。戌刑未,未为刑下,丑为刑上。亥刑亥。

凡刑下来者祸浅,刑上来者灾深。自刑者兼刑上刑下,其灾尤深。谓之三刑者,刑上刑下自刑也。

五　墓

亥卯未木墓在未。寅午戌火墓在戌。申子辰水墓在亥。巳酉丑金墓在丑。土墓在辰。

干　刑

甲刑戊。乙刑己。丙刑庚。丁刑辛。戊刑壬。己刑癸。庚刑甲。辛刑乙。壬刑丙。癸刑丁。

冲　破

十二支冲,子冲午,午冲子。丑冲未,未冲丑。寅冲申,申冲寅。卯冲酉,酉冲卯。辰冲戌,戌冲辰。巳冲亥,亥冲巳。

五音六属法

五音，一言宫，三言征，五言羽，七言商，九言角。六属，庚属震，辛属巽，戊属坎，己属离，丙属艮，丁属兑，子午属庚，丑未属辛，寅申属戊，卯酉属己，辰戌属丙，巳亥属丁。

乾主甲子壬午。甲为阳日之始，壬为阳日之终，子为阳辰之始，午为阳辰之终，乾初在子，则四在午，乾主阳，内子外午，内为始，外为终也。

坤主乙未癸丑。乙为阴日之始，癸为阴日之终，丑为阴辰之始，未为阴辰之终，坤为初，在未，四在丑，坤主阴，故内主未，外主丑。

震主庚子庚午。震为长男，乾初九主甲，对于庚，故震主庚，以父授子，故主子午，与父同也。

巽主辛丑辛未。巽为长女，坤初主乙，乙与辛对，故巽主辛，以母授女，故主丑未，与母同也。

坎主戊寅戊甲。坎主中男，故主中干中辰。

离主巳卯巳酉。离为中女，亦主中干中辰。

艮主丙辰丙戌。艮为少男，乾上主壬对丙，故主丙辰，丙戌是第五配。

兑主丁巳丁亥。兑为少女，坤上主癸对丁，故主丁巳，丁亥是第六配。

以地十二辰合十干，以十干所属者命之，以其言数纳其音，以主一日，日辰相配，共得一音，此纳音之法也。

纳　音

甲子壬申，甲午庚辰，壬寅庚戌，为阳商。乙丑癸酉，辛亥乙未，辛巳癸卯，为阴商。丙寅戊子，甲辰甲戌，丙申戊午，为阳征。丁卯己丑，乙巳乙亥，丁酉己未，为阴征。戊辰庚寅，壬午壬子，戊戌庚辰，为阳角。己巳辛卯，癸未癸丑，己亥辛酉，为阴角。庚午丙戌，戊申戊寅，庚子丙辰，为阳宫。辛未丁亥，己酉己卯，辛丑丁巳，为阴宫。甲申壬辰，丙午甲寅，丙子壬戌，为阳羽。乙酉癸巳，丁未丁丑，乙卯癸亥，为阴羽。凡言宫商角徵羽日皆依此。

地十二辰五音法

子主阳宫，土主帝王。丑为阳征火，主旱，主火灾，主宫寺，主口舌。寅为阳征火，主旱，主火，主烽燧。卯为阳羽水，主雨霖，主水，主雾。辰为阳商金，主大将军，主吏士。巳为阳角木，主疾病，主忧患。午为阳宫土，主后妃。未为阴征火，主庶人，主土功，主蜚虫，主诏诰，主书檄，主旱。申为阴征火，主邮驿尉候，主旱火。酉为阴羽水霜雪，主雷电，主沉阴，主雹。戌为阴商金，主小将，主兵刃。亥为阴角木，主死丧哭泣。

李先生曰：自午至巳，皆为阴律所生，故为阳。自午至亥，皆为阳律所生，故为阴。

五音相动风占

宫日风从子午宫来，为宫动宫，主人君出行，急风暴起急出，有急令，慢风慢出有喜令，以干占知远近。宫日风从阳宫来，山陵崩坏，人君出行，地动，旱，有土功；风从阴宫来，地震裂，若后出行。又为旱。又曰阳宫之日，风从子午宫来，君出行。阴宫之日，风从子午宫来，后出行。宫日风从子午宫来，时加子午，为重宫，君欲行，大臣走，又为风雨不调。

宫日风从丑未寅申征来，为宫动征，有火烛，有土功宝物出，有兵。

时加征为重征，有义兵行，有土功，有诏令，谓之义风。

宫日风从卯酉来，为宫动羽，且有大雨，不则大臣出走，若复为旱。宫君羽臣，君怒臣走，宫土羽水，土盛水衰，水衰则火起，故复为旱也。

时加羽为重羽，即有雨，五谷成。

宫日风从辰戌商来，为宫动商，有兵行，且有客兵来。

时加辰戌，为重商，有兵殃。

宫日风从巳亥角来，为宫动角，有兵战，人主忧，客兵伤，有丧。从阳商来，边兵战，有大丧。宫为土为君，角为木，土动木不胜，故君凶，木主哭泣，故主丧。

时加巳亥为重角，君不昌，有大丧。

宫日大风从乾来，有暴雨涌水。若风不扬尘，气色和畅，日光明盛不寒惨者，国有善令。艮来山陵崩坏，人君出行，水涌地裂。巽来蝗虫生，害五谷。坤来有土功，走兽为害，巳上时加宫则占。

征日风从阳宫来，土功起，大旱，火灾顿起宫寺。风从阴宫来，太子有疾。

时加征为重征，有土功，火灾起。

征日风从丑寅阳征来，有火灾，君有恐，走兽为人害，宫寺多焚。从王相来，岁大旱，又多火灾。风从未申阴征来，人君忧，走兽为火灾。一曰六畜多死。

时加丑寅未申为重征，国四门闭，为火事。

征日风从阳商来，有急兵，人主出，以兵自守，期七日若七十日。从阴商来，有急兵战。一曰风从阳商来，辅臣强，大臣死，民有殃，以日占国。

征日风从阳羽来，四邻有事，宝物出，阴盛于阳，且有雷电霜雹，诸侯大臣多失多火，四夷有兵。从阴羽来，宝物出，多震雷，四夷有事。

征日风从阳角来，有兵，边有急。金克木，木子火反克金，故有兵，亦为有丧。从阴角来，边有惊火。一曰边兵大起，春有丧。

羽日风从阳宫来，人持财物聚，君有吏令，边兵起，土功兴，将受命，有集会，有寒雪雹。风从阴宫来，暴寒伤物，有水，有土功，兵集。

羽日风从阳宫来，国有兵，有急令，臣有忧，关梁塞，道路不通。从阴征来，边兵忧。

羽日风从羽来，有白衣聚，有大丧大寒雪雹，期五日若五十日，且有大雨。雨从南方来，国有忧，人多病；雨从北方来，贼聚水中，且有雪雹。阳羽日应，阴羽夜应。

羽日风从商来，有兵围城不战，边有急，关梁不通，大雨，客兵不利。金水子母和，故不战。羽为角，除害，象臣为君讨贼，故动必大雨，不出战故也。

羽日风从角来，边有兵，围城城破。一曰兵不解。时加巳亥为重角，有围城，有大丧。

商日风从阳宫来，戒太子忌怒，人臣有急兵，宫土商金，母忧其子，故为太子，亦为人主有疾。从阴宫来，庶子有忧，有急变，兵起北方。

商日风从征来，国邑受令，兵行，将在外，兵还不战，臣受兵令而行。征为号令，商为兵，商受征克，故兵退。一曰小旱。时加征为重征，有火，有大旱。

商日风从羽来，大雨水，岁大荒，国忧乱，有兵起东方。羽水从金生，故有大兵大水之事。

商日风从阳商来，有白衣聚众，且有大水，关梁不通，大将出，忌外兵，邑有小寇，人主忧，国门四闭，兵在西方。从阴商来，国有大殃，粟贵，国有兵，风怒，期七日、七十日，有急令，兵大起。商为金，二金并行，故有大丧。一曰商日风从商来，大臣死。

商日风从阳角上来，有猝兵，有急令。从阴角上来，有丧，土功作。

角日风从阳宫上来，兵从中起，君忧，国门四闭。从阴宫来，有大丧，贵人多疾病，有土功。宫为君，角主丧死，故有大丧。

角日风从征上来，大臣灾，亦防火虫生，粟贵。一曰吏捡人财，有兵，仓粟宝物出。

角日风从羽上来，有大雨，土功兴，边有兵，卿大夫多口舌疾病，亦为夷人相夺。

角日风从商来，有急兵。一曰臣不忠。

角日风从阳角来，边兵起，人主忧，有贼至，战不胜，多死。从阴角来，有兵，有大丧。一曰远丧至。时加角，有丧，有边兵战，盗贼起，粟贵民饥，野多死人。角主死丧，重角尤甚也。

开元占经卷九十二

雨占

雨者，阴阳和而天地气交之所为也。太清之世，十日一雨，雨不破块。京房曰：太平之时，一岁三十六雨，是为休征，时若之应，凡雨三日以上为霖，久雨谓霪。

杂占

天无云而雨，谓之天泣，其占为国易政，若出军逢之，其军必不还。《河图》曰：主急恚怒，则无云而雨。《抱朴子》曰：无云而雨，是谓雨血，将军当扬兵讲武以应之。雨大，军中尤甚者，将军败死。京房曰：人君进无德树为功，则无云而雨。

正月

一日有风雨，三月谷贵。一曰正月一日风雨，其年大恶，微风小雨，年小恶。风悲鸣，疾作灾起。又曰正月一日风雨，米贵蚕伤。风雨从四方来，兵起。正月一日无风而雨，岁中，下田麦成，禾黍小贵。正月上旬雨卯，谷贵一倍；中旬雨卯，谷贵十倍。正月晦日雨风兼至，籴贵禾恶。

二月

一日风雨，谷贵禾恶。二日七日八日九日，当雨不雨，道中有饿死人。九日至十五日，当雨不雨，兵起。十七十八日，当雨不雨，虫冬不蛰。十九二十日，当雨不雨，三月大旱。二十六日至二十八日，当雨不雨，有逆风从东来，损物。二月晦日风雨，多疾病死亡。

三月

一日雨，井泉空。二日雨，泽无余。三日雨，水旱不时。四日雨，变易治。五日雨，沟渎滂。六日雨，坏垣墙。七日雨，决堤防。

八日雨，乘船行。九日雨，难可期。三月一日风雨，民疾病百虫生，其日雷雨，有旱。三月一日至三日，当雨不雨，秋多大雾，道有饿死人。七日当雨不雨，谷贵。九日至十五日不雨，兵在外者罢。十八日至二十日，当雨不雨，角虫死，天下民有恐。二十三日至二十七日，当雨不雨，冬虫不蛰，民病。三月辰日雨，百虫生；未日雨，百虫死。三月三日小雨，蚕善，大雨，蚕恶。三月十六日雨，桑柘贱。

春

甲寅乙卯日，雨入地五寸，谷小贵。若不贵，至夏大贵。

春甲申至己丑日雨，庚寅至癸巳日雨，皆为谷大贵。

春甲申雨，其年五谷熟；春甲乙日俱不雨，民不耕。

四　月

一日风雨，米贵麦恶，赤地千里。四月二日三日有雨，其年五谷熟。四月四日至七日，当雨不雨，蛰虫冬出，民自恣，不安其处。十一日至十四日，当雨不雨，岁恶。十八日当雨不雨，大旱，冬温。二十一日当雨不雨，兵起东北千里。三十日当雨不雨，有大风伤屋。四月四日雨，五谷贵。五日六日雨，宜旱麦。四日至七日风，大豆熟。四月晦日雨，至五月朔，大饥，其年大水，麦恶蝗生。

五　月

一日风雨，米大贵，人食草木。一曰牛贵。五月四日至七日，当雨不雨，大旱虫生。十一日至十七日，当雨不雨，西方千里外人疫病。二十日当雨不雨，草木枯死。二十三日当雨不雨，乳母多病。二十六日当雨不雨，大旱，风，至秋九月多雨。二十九日三十日当雨不雨，大暑热。五月上辰日有雨，蝗虫发，一曰虫随雨下，食禾。巳日雨同。五月晦日风雨，米贵，不则在其冲。

六　月

一日有风雨，米贵。六月三日四日六日，当雨不雨，角虫多死。

四日至二十日，当雨不雨，牛贵。二十日至二十二日，当雨不雨，下田水，人少食。二十三日至二十四日，当雨不雨，合冻。二十七日当雨不雨，下田水，人饥。六月晦日风雨，来年春谷贵。

夏

甲乙丙丁日俱无雨，人不耕。甲申至己丑日雨，麦贵。夏甲申日雨，米大贵。夏丙寅丁卯日雨，秋谷贵一倍。夏三月内辰日雨，百虫生；未日雨，虫死。夏甲子庚辰辛巳日雨，虫死，有雷亦然。

七　月

一日大风雨，米贵，人多疾疽者。一曰来春谷贵。七月七日大雨，粂倍贵；小雨，粂大贱。七月二十二日当雨不雨，有大水。二十三日二十四日，当雨不雨，大风害物。二十五日当雨不雨，兵起外国。七月晦日风雨，谷贵。

八　月

一日风雨，谷贵。其日阴雨，宜麦布贵，麻子大贵，占至三日而止。其日晴无云，麦不实。八月一日当雨不雨，有大雷风。二日至五日，当雨不雨，秋大霜，民病。八日至十五日，当雨不雨，多大寒。十九日当雨不雨，民多妖言。二十一日当雨不雨，牛贵二倍。二十六日当雨不雨，冬多大雷。八月九日有雨，牛贵一倍。八月晦日风雨，来年有水有旱。京房曰：八月晦日昏而雨，缯帛贵。人定时雨，贵人贱，贱人贵；夜半雨，米贵，婴儿多损；鸡鸣雨，兵起。一曰：夜半雨，雨所建，寇贼起；鸡鸣雨，兵事急，民徙其乡。

九　月

一日雨，麻子贵十倍。二日雨，贵五倍。一曰九月一日风雨，来年春旱夏水。九月一日当雨不雨，霜早降杀物，人弃妻子。十二日当雨不雨，民多死。二十日当雨不雨，天下有恐。九月晦日有风雨，有水，岁恶。

十　月

一日有风雨，年内旱，来年夏多水，麻子贵。一曰其岁恶。一曰十月一日大雨，米大贵，小雨小贵。十月二日雨，麻子贵五倍。十月三日当雨不雨，兵起西北方。七日至十日，当雨不雨，江河决，水逆流。十三日至十五日，当雨不雨，多大风寒。十九日当雨不雨，小儿病。二十五日当雨不雨，冬温无水，连年疾病。十月晦日风雨，谷贵五倍，人多死。

十一月

一日风雨，人多死。十一月四日当雨不雨，大旱。八日至十一日，当雨不雨，乳母多死。十六日当雨不雨，民多死亡，贫者富，富者贫。十一月晦日风雨，春旱，谷贵五倍。京房曰：十一月雨水横流，天下饥。又曰：冬大雨水，君死国亡。

十二月

一日风雨，来年春旱，夏多雨，谷贵。二日四日至六日，当雨不雨，大旱。九日至十三日，当雨不雨，多大雾。二十日当雨不雨，有角虫为贼。二十七日当雨不雨，有大风雷。十二月晦日风雨，春旱。

冬

壬寅癸卯日雨，春谷大贵。甲申至己丑日雨，米大贵。庚寅至癸巳日风雨，米贱，收谷者折阅。

干支占雨

春雨，甲子六十日旱；夏雨，甲子四十日旱；秋雨，甲子四十日涝；冬雨，甲子二十七日寒雪。

春雨甲申，五谷熟。夏雨甲申，五禾大美。秋雨甲申，六畜死。冬雨甲申，人多死。

春雨乙卯，夏粜贵。夏雨丁卯，秋粜贵。秋雨辛卯，冬粜贵。冬雨癸卯，来春粜贵。《黄帝占》曰：春不欲雨乙卯，夏不欲雨丁卯，秋不欲雨辛卯，冬不欲雨癸卯，以此四日占民安否。若其日雨，则疾疫起。

凡四时卯日雨，皆主谷价。雨一卯，斛百文；雨二卯，斛二百文；雨三卯，斛三百；雨四卯，斛金一斤。

正五九月，杀在丑；二六十月，杀在戌；三七十一月，杀在未；四八十二月，杀在辰。以此日雨，雨所建，贼犯之，期六十日。

凡壬戌癸亥日雨，以乘甲子旬乃止，贱人伐贵者。京房占曰：诸寅卯日有小雨，小急，大雨大急。丙午日雨，有围城。戊午日雨霖，三日止，其下大战。乙卯日雨，旱，有兵起东方。丁卯雨，旱，有兵起南方。己卯雨，旱，有兵起中央。辛卯雨，旱，有兵起西方。癸卯雨，旱，有兵起北方。

立　春

雨复五谷。

立　秋

雨害五谷。

天镜占

天雨三日以上不绝，阴谋兴。《汉·五行志》：文帝后三年，大雨，昼夜不绝，四十五日以上不绝。其后新垣平谋反。凡雨作于四时旺相之日，草木得之，莫不荣茂。其死囚休废之日，虽有雨，不能生物也。

凡泰和之世，雷雨必作于巳午阴生之后，至夜而止者吉；若作于子丑寅卯，至丙而晴者，为乱为兵，亡民失国。凡先风后雨为顺，先雨后风为逆。雨止而风雷不止，云雾不散者，国乱人灾。

凡先雷后雨，其雨必小；先雨后雷，雨必大也。

《易候》：凡占雨，以晦朔弦望云气四塞者皆雨，东风则当日雨。黑气如牛彘者，有暴雨。黑气如水牛，不出三日大雨。黑气如群羊，奔如飞鸟，五日必雨。黑云气如浮船，雨。苍黑云如栉棉蔽日月，五日内雨。云如两人提鼓持桴，有暴雨。四望见青白云，名曰天塞之云，雨之征也。《尚书大传》曰：五岳之云触石而出，皆不崇朝而雨。

京房曰：诸六甲日无云，一旬少雨。月离毕之阴则雨，离毕之阳无雨。日傍有赤云如冠珥，不有大风必有大雨。

东方朔占

子日东风卯日雨，丑日东风辰日雨，寅日东风巳日雨，卯日东风午日雨，辰日东风未日雨，巳日东风申日雨，午日东风即日雨，未日东风申日雨，申日东风子日雨，酉日东风丑日雨，戌日东风寅日雨，亥日东风辰日雨。又曰：甲子日雨丙寅止。乙丑雨丁卯止。丙寅雨即日止。丁卯雨夕止。戊辰雨夜半止。己巳雨立止。庚午日雨辛未止。辛未日雨戊寅止。壬寅日雨即日止。癸酉日雨甲戌止。甲戌日雨即时止。己卯日雨立止。庚辰日雨即止。辛巳日雨癸未止。壬午日雨即日止。癸未日雨甲申止。甲申日雨即止。乙酉日雨丙戌止。丙戌日雨夕止。丁亥日雨即时止。戊子日雨庚寅止。己丑日雨壬辰止。庚寅日雨即时止。辛卯日雨夕止。壬辰日雨辛丑止。癸巳日雨夕止。甲午日雨即时止。乙未日雨丁酉止。丙申日雨夕止。丁酉日己亥止。戊戌日辛丑止。己亥日即止。庚子日壬辰止。辛丑日壬寅止。壬寅日即止。癸卯日即时止。甲辰日即止。乙巳日丙午止。丙午日即止。丁未日即时止。戊申日庚戌止。己酉日辛亥止。庚戌日即止。辛亥日癸丑止。壬子日癸丑止。癸丑日即时止。甲寅日即止。乙卯日丙辰止。丙辰雨丁巳止。丁巳雨即时止。戊午日即止。己未日即止。庚申日即止。辛酉日即时止。壬戌日即止。癸亥日即时止。子日雨立止，不止寅日止。丑日丙寅日止，不止至卯止。寅日雨即止，不止卯止。卯日即止，不止巳止。辰日雨巳止。巳日雨未止，不止申止。午日雨立止，不止至十日阴。未日雨申止，不止戌止。申日雨夕止见日，不见日久阴。酉日雨立止，不止久阴。戌日雨立止，不止久阴。亥日雨立止，不止久阴。此其大概也。

开元占经卷九十三

候星善恶占

元日祥瑞

汉魏鲜正月朔旦。《八风占》云：风南来，大旱。西南来，小旱。西来有兵，西北来有胡兵，胡豆成。北方来为中岁。东北来为上岁。东来大水。东南来人病，岁恶。八风各与其冲对课，多胜少，疾胜徐。自旦至食时为麦，食时至日昳为稷，昳至晡时为黍，晡时至下晡为菽，下晡至日没为麻。

风从北来宜客，南来为主吉，西来宜客，东来宜主，西北来宜客，东南来宜主，西南来有谋不成，东北来主客俱不利。若风热冷异常，或暴急昏浊，又当以八卦暴风占之。京房占：正月朔日，候八风从乾来，有忧兵；坎来有大水；艮来人疾疫，岁内有虫蝗；震来阳气干，岁大旱，有丧；巽来年内多风，伤五谷；离来岁旱，大热，多火灾；坤来有疾疫，道上多死人；兑来有兵事。

八节日气候

立春正月节，其日晴明少云岁熟，阴则旱，虫伤禾豆。风从乾来，暴霜杀物，谷猝贵。坎来，冬大寒，胡兵内扰。艮来五谷熟。震来气泄，物不成。巽来多风虫。离来旱伤物。坤来春寒，六月水，人多愁土功。兑来早霜兵起。

春分二月中，其日东方有青云，岁熟，晴明，物不成。风从乾来，岁多寒，金铁倍贵。坎来，豆菽不成，民饥病。艮来，夏不热，米贵一倍。震来，五谷成，亦无盗贼。巽来，虫生四月，多暴寒。离来，五月先水后旱。坤来小水，人多疟疾。兑来春寒，八月国有忧有兵。

立夏日南方有赤云，岁丰，清明则旱。风从乾来，其年凶饥，夏霜，麦不刈。坎来，多雨水，鱼行人道。艮来，山崩地动人疫。震来，雷不时击物。巽来，其年大熟。离来，夏旱禾焦。坤来，万物夭伤。兑来，蝗虫大作。

夏至日南方有赤气则熟，晴明则旱。风从乾来，寒，伤万物。坎来，寒暑不时，夏日多寒。艮来，山水暴出。震来，八月人多疾。巽来，九月风落草木。离来，五谷熟。坤来，六月雨水横流。兑来，秋多雨霜。

立秋日有白云及小雨则吉，晴明物不成。风从乾来，甚寒多雨。坎来，冬多雪，多阴寒。艮来，秋气不和。震来，秋多雨雹，人不和，草木再荣。巽来，内兵猝起。离来，兵戎不利，多旱。坤来，五谷熟。兑来，兵起将行。

秋分日西方有白云则善，晴明物不成。风从乾来，人多相掠。坎来多寒。艮来，十二月多阴寒。震来，人疫再，花不实。巽来，十月多风。离来，兵动国南七百里。坤来，土功兴。兑来，五谷大收。

立冬日晴明小寒，人君吉，天下喜。风从乾来，君令行，天下安。坎来，冬雪杀走兽。艮来，地气泄，人多病。震来，人不安居，多寒。巽来，冬温，明年夏旱。离来，明年五月大疫。坤来，水泛溢，鱼盐倍多。兑来，妖言为幻，兵在山泽。

冬至日有云雪寒，明年大丰，晴明物不成。风从乾来，强国有忧，多寒。坎来，岁美人安。艮来，正月多阴。震来，雷不发，大雨并。巽来，百虫害物。离来，冬温，乳母多死，水旱不时，人疫。坤来，虫伤苗，多水。兑来，明年秋雨，兵起。

立夏巽卦，王风从乾来，为一逆，小凶。立春艮卦，王风从坤来，为二逆，兵起。立秋坤卦，王风从艮来，为三逆，谷无实。立冬乾卦，王风从巽来，为四逆，人去其乡。秋分兑卦，王风从震来，为五逆，带刀入市。

冬至坎卦，王风从离来，为六逆，人民溃散。夏至离卦，王风从坎来，为七逆，臣子为乱。春分震卦，王风从兑来，为八逆，殿上有刺客。

七十二候当候不候

正　月

是月也，东风解冻，蛰虫始振，鱼陟负冰，獭祭鱼，候雁北，草木萌动。孟春行夏令，则雨水不时，草木早落，国时有恐。行秋令，则其民大疫，猋风暴雨总至，藜莠蓬蒿并兴。行冬令，则水潦为败，雪霜大挚，首种不入。

二　月

桃始华，仓庚鸣，鹰化为鸠，玄鸟至，雷乃发，声始电。仲春行秋令，则其国大水，寒气总至，寇戎来征。行冬令，则阳气不胜，麦乃不熟，民多相掠。行夏令，则国乃大旱，暖气早来，虫螟为害。

三　月

桐始华，田鼠化为鴽，虹始见，萍始生，鸣鸠拂其羽，戴胜降于桑。季春行冬令，则寒气时发，草木皆肃，国有大恐。行夏令，则民多疾疫，时雨不降，山陵不收。行秋令，则天多沉阴，淫雨早降，兵革并起。

四　月

蝼蝈鸣，蚯蚓出，王瓜生，苦菜秀，靡草死，麦秋至。孟夏行秋令，则苦雨数来，五谷不滋，四鄙入保。行冬令，则草木早枯，后乃大水，败其城郭。行春令，则蝗虫为败，暴风来格，秀草不实。

五　月

螳螂生，鵙始鸣，反舌无声，鹿角解，蜩始鸣，半夏生。仲夏行冬令，则雹冻伤谷，道路不通，暴兵来至。行春令，则五谷晚熟，百螣时起，其国乃饥。行秋令，则草木零落，果实早成，民殃于疫。

六　月

温风至，蟋蟀居壁，鹰始挚，腐草为萤，土润溽暑，大雨时行。季夏行春令，则谷实解落，国多风咳，民乃迁徙。行秋令，则丘隰水潦，禾稼不熟，乃多女灾。行冬令，则风寒不时，鹰隼早鸷，四鄙入保。

七　月

凉风至，白露降，寒蝉鸣，鹰乃祭鸟，天地始肃，禾乃登。孟秋行冬令，则阴气大胜，介虫败谷，戎兵乃来。行春令，则其国乃旱，阳气复还，五谷不实。行夏令，则其国火灾，寒热不节，民多疟疾。

八　月

鸿雁来，玄鸟归，群鸟养羞，雷始收声，蛰虫坏户，水始涸。仲秋行春令，则秋雨不降，草木生荣，国乃大恐。行夏令，则其国乃旱，蛰虫不藏，五谷复生。行冬令，则风灾数起，收雷先行，草木早死。

九　月

鸿雁来宾，雀入大水为蛤，菊有黄华，豺乃祭兽，草木黄落，蛰虫咸俯。季秋行夏令，则其国大水，冬藏殃散，民多鼽嚏。行冬令，则国多盗贼，边境不宁，土地分裂。行春令，则暖风来至，民气解惰，师兴不居。

十　月

水始冰，地始冻，雉入大水为蜃，虹藏不见，天气上升，地气下降，闭塞而成冬。孟冬行春令，则冻闭不密，地气上泄，民多流亡。行夏令，则国多暴风，方冬不寒，蛰虫复出。行秋令，则霜雪不时，小兵时起，土地侵削。

十一月

鹖鴠不鸣，虎始交，荔挺出，蚯蚓结，麋角解，水泉动。仲冬行夏令，则其国乃旱，氛雾冥冥，雷乃发声。行秋令，则天时雨汁，瓜瓠不成，国有大兵。行春令，则虫螟为败，水泉咸竭，民多疾疠。

十二月

雁北乡，鹊始巢，雉雊鸡乳，征鸟厉疾，水泽腹坚。季冬行秋令，则白露蚤降，介虫为妖，四邻入保。行春令，则胎夭多伤，国多痼疾，命之曰逆。行夏令，则水潦败国，时雪不降，冰冻消释。

开元占经卷九十四

云气杂占

帝王气

天子气内赤外黄，正四方郁郁葱葱，所发之处，当有王者。若天子欲有游往，其地亦先发此气，远近数里。如法计之，吉凶以日辰生克决，期以支干数法。

又曰：天子气如城门隐隐在气雾中，又多在晨昏见。

又曰：天子气如千石仓在气雾中。

又曰：天子气五色如山镇。又曰：天子气如高楼在雾中。又曰：气象青衣人垂手在日西，天子气也。又曰：敌上气如龙马，杂色，郁郁冲天者，帝王之气，不可击。若在吾军，必得天助。又曰：气如龟如凤，五色，随王时发者，天子气也。范增曰：吾使人望沛公，其气冲天，五色相摎，皆为龙虎，此非人臣气也。

《洛书》曰：苍帝起，青云扶日；赤帝起，赤云扶日；黄帝起，黄云扶日；白帝起，白云扶日；黑帝起，黑云扶日。

一曰苍帝气如人向日，拳手而俯首，一手在后。赤帝气如象火光，如覆蔂状，立在日下。黄帝气如马在日下。白帝气如虎在日下。黑帝气如船在日下。青紫气自地属天，其地有贵女。凡帝王气发，常以四时王相时日相生之日。相生之日，其国大昌。

贤人气

贤人气，视四方常有大云，五色具者，其下贤人隐也。青云润泽蔽日，在日西北，为举贤良。

将军气

将军之气，如龙如虎，在杀气中。两军相当，若发军上，则其将猛锐欲动也。吉凶以日辰决之。若无军在外，亦当有暴兵起。城营上气如火烟，或如山林竹木，或白色而有赤气绕之，或紫黑如门楼，或上黑下赤如旌旗，或如张弓弩，或如尘埃，本大而高，首锐而卑，或如囷仓，正白，见日益明，或白如粉沸，或如夜火光照人，此皆猛将气也。军上气黄白而转泽者，将有盛德，不可击。军上气发，渐渐如云，变作山形者，将有深谋，不可击。若在吾，速战大胜。

军上气黑，下赤气在前者，将精悍不可当。军上气如交蛇向人，此猛将气也，不可当。若在吾军，战必大胜。

赤气上与天连，军中必有良将。

军上气青白而高者，将勇大战；前白后青而高者，将弱而士勇；前大后小，将怯不明。军上气青而疏散者，其将怯弱可击。

兵　气

胜兵气上与天连，或如火光，或如山堤上有林木，或如埃尘粉沸，其色黄白，或如旌旗无风而扬，挥势指敌，或白气粉沸如楼，缘以赤气，或如人持斧向敌，或如蛇举头向敌，或如埃尘，前卑后高，或如牛马，头低尾昂，或如旌旗，如锋刃向人，或有人如牵牛，或如乳虎，或如疋帛，或如覆舟，或气似堤覆，前后皆白，此皆雄兵猛士之气，不可击。若在我军上，急战大胜。

军上气黄白色，润泽重厚者，胜。

军上发黄气，将士精勇不可击。若在吾军，可战。

军营上有赤黄气上达于天者，不可击。军上有五色气，上与天连，此天应之军，不可击。军上气上小下大，其军士日增益，不可击。军上气遥望如斗鸡，赤白相随，在云中，得天助，不可击。

军上气上锐，其色黄白，圆而泽者，其将勇猛，士卒能强战，不可击。云如日月而有赤气绕之，似日月晕，或有光者，所见之城邑不可攻。云气如伏虎居上，或如华盖，或如杵形向外，或如赤马，或如山岳，皆不可攻。敌上有气，或云如中天至而及我军，常有此而不变者，不可攻。军上常有气者难攻。有云状如鸟飞去者，其国战胜。两军相当，敌上有气如飞鸟徘徊，或来而高者，兵精难击。夜视彼军上有黑气出，上有赤气临我军上，彼强我弱，弱能破强，小能击大，大战大胜，小战小胜。望四方有赤气如鸟在黑气中，或如黑人在赤气中，或如赤杵在乌气中，或如人十十五五有行列，或状如旌旗在乌气中，有赤云气在前者，其兵精锐，不可当。云气三匹帛，前横后大，在军上者，战胜。

败兵气囚废枯散，如马肝色，或如死灰，或如偃鱼，或如偃盖，或乍见乍聚乍散，如雾始起，或如群羊如群猪在气雾中，皆衰乱也。军上气如死蛇，如系牛，如双蛇垂头，如蜚鸟四散，如决堤垣，如坏屋，如人无头，如人相指，如惊鹿相逐，如两鸡相向，或如人头，如扬灰，如卷席，如县衣，如匹布乱攘，如人相随，或如粉如尘，勃勃如烟，或五色杂乱，东西南北不定，或如群鸟乱飞，或纷纷如转蓬，或如败船，或如卧人无手足，或如覆车杂乱不起者，皆败军之气，击之必克。

军上气上大下小者，士卒日减。军上十日无气发者，其军必败。十日无气而忽有赤白气乍出即灭者，外声欲战而实欲退散。黑云气如坏山堕军上，名曰营头之气，其军必败散。军上气如火光夜照人者，军士散乱。军上气出而半绝者，欲败渐尽者走。一绝一败，再绝再败，三绝三败。在东发白气者灾深。军上有气如双蛇守日，急往击之，大胜勿疑。军上有赤气炎降于天，士卒众乱将死。

赤气如火光从天流下入军，军乱将死。军上气苍苍，须臾散，击之必胜。若在我军，宜严备固守。

军上气前高后卑者败。军上有黑气如牛形，或如马形，从气雾中渐渐入军，名曰天狗食血，其军败散。军上气苍黑乱者，士卒饥。两军相当，十里之内，三里之外，望彼军上气高而前后白青散者，败气也，急击之。

云气如人头临军上，战大败，流血满谷。

云如鸡如兔临营上者，军败走。云气盖道蔽濛昼晦者，饭不暇食，炊不暇熟，宜急去之，不然必败。

军上气黑而卑如楼状，军不移必败。军上气先青而渐变黑者，其将欲死。散军之气，如燔生草之烟，前虽锐而后必退，得便击之胜。黑气临营，或聚或散，如鸟将宿者，必有云如鸟，其出如虻，其国战不胜。敌上有云气如丹蛇者，击之胜。有云气如尾在气雾中临军上者，中人与外人通。军行有白气如猪来临者，军大惊，宜备之。日晕有气如死蛇，属晕者将死，两军相当，不利先举。日晕旁有赤云如县钟，其下将死。日月晕有背气，所临者败。

军上有白虹及曲蜺者败。白虹及蜺入营者败。日晕气薄恶及后至先去，其下军败。日晕有四缺在外，军悉败散。凡日月晕与气，以先有者为发，先去者为散。军上有日旁虹蜺，不可逆之，若得其逆，宜徙去之。降气如人十十五五皆低叉手，或如人叉手相向，或气如黑山，以黄为缘者，皆降伏之气也。白气如鸟，趣入屯营，连络不绝而须臾下者，当有他国来降。暴兵气白，如瓜蔓连结，部队相逐，须臾罢而复出，或至八九而来不断者，有急贼猝至，宜防之。白气如仙人衣，千万连结，部队相逐，罢而复兴，如是者当有千里兵来，宜备之。黑气从彼来之我军者，欲袭我也。敌人吉，宜备不宜战。敌还从而击之，必得小胜。天色苍茫而有此气，依支干日数内无风雨，则所发之方时则凶，时克日则自消散，此气所发之方，当有使告急，一人来则气一条，依数计之，若散满一方，则有众来依，日支干数内有风雨则伏。

（阙）气如人持刀盾，或有云如坐人，赤色，所临城邑有猝兵至，惊怖，须臾去。赤气如人持节，兵来未息。

云如方虹，或如赤虹，其下有暴兵。云气如旌旗，其下兵暴起。云气如虎跃，如人行，色白而悴者，暴兵起。云如人行，止而不崩，有暴兵。白气如带道竟天，有暴兵。候敌气上有云，下亦有云者，兵必至。白虹所出，必有暴兵流血。赤云如火，所向兵至。云气如匹布着天，经丑未者，天下多兵，赤者尤甚。有云如胡人列陈，天下兵起。

白气广五六丈，东西竟天，天下兵起。有云如豹，四五枚相聚，其国兵大起。云如狗，四五以上相聚，兵起。四方清明无云，独有赤云赫然者，所见之地兵起。四望无云，独有黑云极天，名曰天沟，天下兵起，云半天则兵半起，三日内有雨则灾解。壬子日候四方无云，独有云如旌旗，其下兵起，若遍四方，则天下尽有兵。

云气一道，上白下黄，或白色如疋布，长数丈，或上黄下白，如旗状，长二三丈，或长气纯赤而委曲一道如布帛，皆谓之蚩尤旗，见则兵大起。

风云气

风雨气如鱼龙行，其色苍润，或黄气蔽日昏惨，或如积土，或如累盆，黄色润厚，朝东夕西，压日或奄之，皆风雨之气也。朝视日上，有黑云气和雾压日，日光旁射，其色惨淡黄白者，其日有风雨，晚日欲入有之，则其夜有风雨。云气如乱穰，大风将至，视所从来避之，云甚厚而润大，雨必暴至。四始之日，有黑云气如阵厚重而润者，多雨。日始出，有晕气如车盖在日上者，其日雨。日上下有黑云气如蛟龙者，必有风雨。云气如黑蛇冲日，其下有大雨水。

月初生，色黄者多晴，色青多雨，色润白者大雨。

苍云气入北斗，多大风。黄云气蔽北斗，明日雨。白气掩北斗，不过三日雨。青云气掩北斗，五日内雨。

天无云而白斗上下独有云，五日内大雨。日入后有白光如气，自地至天，直入北斗，所历星皆失色，其夜必有大风。太白出气，长数丈，多风雨，所指处兵大起。辰星出气，长一丈，大雨水。

九土异气

海旁蜃气象楼台。广野气成宫阙。自华以南，气上黑下赤。嵩高三河气正赤。恒山之北气青。渤海之间气正黑。江淮之间气皆白。东海气如篔簦。河水气如引布。江汉气劲如杼。济水气如黑豘。渭水气如狼白尾。淮南气如白羊。一曰如帛。少室气如白兔青尾。恒山气如黑牛青尾。东夷气如树。西夷气如室屋。南夷气如阁台,或如舟船幡旗。北夷气如群羊,如穹庐。

韩云如布。周云如车轮。秦云如行人。卫云如犬。魏云如鼠。齐云如绛衣。越云如龙。蜀云如囷。宋云如车。吴云如日。当其地而见者不占。

开元占经卷九十五

云气犯二十八宿占

角宿云气干犯占

云气如刀剑出两角间，有阴谋，天子无出殿庭，期不出三十日。青气入角，天子有疾，出之祸除。赤气入左角兵起，右角国兵惊，战不利。赤气入角而波扬者，有火灾。如行者，将奔命。赤气从两角过入亢，有过兵。赤气从北斗直过两角间回，有过兵。白气出入两角，战不胜。白气从两角过入亢者，有过客。苍气入左角，有兵兵败。苍云气出右角，兵在外者，战有忧。苍白云气出入两角，兵有大败。黑云气出入两角，用兵偏将败，有水灾。黑气从两角过入亢，有过兵。黄气入两角间，天子有祠祀事。黄白气润泽入角，王者得地。

亢宿云气干犯占

云气青色入亢，人疫。出氐入亢，人君有疾。黑云气入亢，有水灾。一曰有使出外，言水事。《荆州占》曰：人多疟疾。黑气出氐入亢，君有疾死。赤云气入亢，廊庙间有陈兵。赤而扬波，大人忧，大疫。黄白云气入亢，有治事。白云气入亢，有土功，人疾病。

氐宿云气干犯占

云气入氐，黄白色，有土功。黑色大水。赤有内兵。苍白色，疫疹大行。白色，天下疫久不散，宫中有女丧。黑气入氐房间，天子遣使于诸侯，有口令。

房宿云气干犯占

云气入房，赤黄润泽，名宝入；出房，国宝有出者。黄云气入房，外国入贡。黑云气出房，宫中有忧。黑气入房，诸侯有使来，言口令之事，且有大水。赤云气入房，宫中内乱，大兵起。赤云状如人，入房，后有娠，不然奸事起。赤云气如波扬，入房，宫中火灾，兵起庙廷，人主杌棿不安。红云气入房，诸侯王有死者，期三年。苍白云气入房，将相忧。白气如大道，入房，委蛇入汉，国有大水，兵起宫中，人民流亡，饥死路旁，尸骸不收。不过二年，帝王崩，妇女傭客不还。云气如带，经两角间入房，关门闭；再经之，兵起；三经之，天下不通。

心宿云气干犯占

云气出心，青色，天子使人于诸侯。赤色有兵将出。赤黄气出心，王就国。黑云气入心，天子忧，入左星庶子忧，入右星太子忧。一曰黑气入心右星，庶子受赐禄。白气入心，天子左右臣作乱，兵起。白气入心左星，太子受赐。赤气入心，有立王。赤气出心南行，天子左右有亡去者。赤云气锋锐正刺心，天子忧。苍白气入心中星，天子忧。黄气入心，天子有子孙喜；入右星，太子喜。黄白云气润泽如匹布，正抵心下，外国有来归者。云气状如彗帚，色赤如血，入心，天子遇贼，出心，天子有杀伐。若出远则谷贵，杀伐人于千里之外。

尾宿云气干犯占

青云气入尾，故臣有来归者；出尾，臣有死者。白气入尾，故臣有谋来归而受诛者。黑气入尾，故臣有来归骸骨者。赤黄气入尾，有使来言兵事。黑气出尾，人民流亡。青气出尾，臣作乱。赤黄气出尾，君遣使于诸侯言兵事。

箕宿云气干犯占

黄白云气入箕，蛮夷有使来。黄云气入箕，有献美女者。变而色黑，道死不至，色苍，道上为风所覆。苍白云气入箕，其国有灾，出之灾除。黄白云气出箕，天子使者出。一曰宫中美人有出者。赤云气出箕，兵出，入之兵入。

斗宿云气干犯占

苍白云气入南斗，多大风。赤云气入斗，兵起；如波扬，大旱，多大灾。黄白云气入斗，诸侯来见天子，不则有使者来贡。黑气入斗，宗庙中有大忧。赤气入南斗，外兵入；出斗，内兵出。黄白气出斗，天子使人于诸侯。赤气入北斗，还向南斗，不出一年，其下有流血，将死营空，客胜主人。

牛宿云气干犯占

苍白云气入牛，牛多死，出之则灾消。苍白云气横贯牛宿，有兵丧，除旧布新。黄白云气入牛，牛蕃息。一曰诸侯有以四足虫入贡者。黑云气入牛，天下牛多死。赤云气入牛，牛马多以漕挽死者，出之则兵出。赤云气如波扬，入牛，有兵大战，牛马大损。白气入牛，有兵丧。

虹出牵牛之度，有崩城，期二年。

女宿云气干犯占

云气黄白色入女，国有嫁娶事。苍白云气入女，天下女子多疾病，出之则灾消。赤云气入女，妇人多产死者。一曰多兵死。白气入女，女子多疾疫。黑气入女，天下多女子之丧。黄云气出入须女，天下女子多喜事。

虚宿云气干犯占

云气入虚，苍白色，有哭泣，出之祸除。黄云气入虚，天子以喜起庙祀祠。黄白云气入虚，亨气也，天子敬祀宗庙。赤云气入虚，有火灾，一曰有兵在庙中；出虚，有兵庙外。白气入虚，有无币之客来；出虚，有使出外。黑气入虚，有水灾。一曰庙圯。云气如立虹出虚，天下大虚，多火灾。

危宿云气干犯占

苍白云气入危，天子大造宫室。青气入危，国忧，有损屋。赤云气入危，有土功盖屋之事大作。一曰宫中有兵忧。赤气出危，以火发屋。一曰有火灾。黑气出危，北乡大水，人流亡；东乡其国君死，百草不实；西乡人主忧，死丧；南乡有疾疫。期不出其年，远明年。黑气入危，自北来大水，西来死君，东来稻粟不实，南来有兵，皆不出一年。白气出入危，其国有兵。黄云气出入危，皆为土功兴。一曰黄气出危，国有喜。白气及黑气入危者，皆有死丧哭泣事。青黑气出入危，皆有水灾。

室宿云气干犯占

黄云气入室，有土功事。苍白云气入室，大人忧丧。黄白云气润泽入室，诸侯有使来；若出室，天子有使出外，皆言宗庙之事。赤气入室，有兵。赤云气如大道，来室上下，人主不可出宫，有逆臣，有疾病，不出三年，其土大饥，有军在外，则有大战，流血暴尸。赤气如波扬，入室，兵入宫，有亡国。黑气入室，大人有死丧。青气入室，其国忧。杂气入室，人多暴死。有气明润光泽，如日月之彩，出入室中，男子之祥。黄气光明润泽，出入室，国有喜。

壁宿云气干犯占

苍白云气入壁，大人忧，死丧，出之祸除。赤云气入壁，有兵。赤云气入壁，如波扬，兵火并起，大臣有烧死者。赤气从西壁入东壁，兵气也，天子手杀其臣。黑气入壁，有破国亡主。一曰有大水。黄云气入壁，天子裂土建侯。陈卓曰烈士出。青云气入壁，有兵起。黄白云气入壁，外国入贡。一曰天子立庙，期一年。

奎宿云气干犯占

苍白云气出奎，有兵；入奎，天下妇人多灾。赤云气入奎，有兵入；出之兵出。一曰有疾病。赤气入奎，有伪使。一曰有无所受命而来者。赤气出奎，有诈出使者。黄云气入奎中，有贡珠玉珍宝者。一曰天子纳后夫人。黄气出奎，玺宝有出者。一曰有出宫人，不则后妃有黜者。赤气入奎，天下妇人多血疾。黑气入奎，有疾疫，三日夜不出，大人忧之，出则祸除。

娄宿云气干犯占

青黑云气入娄，有兵疫，出之则祸除。白气入娄，人民受赐。黄气入娄，贵人受赐。黑气入娄，有水，有白衣之会。黑气出娄，纷纷如转蓬始至，大人食中毒。一曰大水且至。赤云气如剑锋，入娄，宗庙苑牧中兵起。青气入娄，有兵忧。

胃宿云气干犯占

苍白云气入胃，国以丧粜粟。青黑气出胃，兵起。赤云气出胃，以兵出粟。黑气入胃，仓粟败腐。苍白气出胃，以丧出粟。黑气如转蓬，出胃，大人食中毒死，且有大水。黄白云气明泽入胃，大人入国，仓库充实；出之，有出粟赈民之事。赤云气入胃，以兵粜粟。

昴宿云气干犯占

苍白云气入昴，人疾疫多死，妖言大起，出则祸除。黑气入昴，北地灾。苍赤云气入昴，人疾疫，多妖言，不则龙见。赤云气入昴，有军令，白衣将兵。一曰天子自将，民聚鼓下。赤气出昴，军在野处。青黑气出昴，有兵，且有大水。黄白气润泽入昴，天子白衣会；出昴，白衣会罢。

昴黑有珥，兵息。

毕宿云气干犯占

苍白云气入毕,岁不收,出则祸除。赤云气入毕,兵起。赤气如波扬,大旱,有火灾。黄白气入毕,其岁美,出毕则授民田。一曰黄气带白入毕,天子有太子喜,兵在外者解。一曰其岁有大人生。黄白气出毕,有拜将。赤气出毕,将军兵出。黑气入毕,相乱政,将死。白气入毕,相死,出则祸除。赤气入附耳,兵起;出之,将军兵出。苍白气入附耳,将军死。黄白气入附耳,天下无兵,安。黄白气出附耳,有拜将。黑气入附耳,将死。

觜宿云气干犯占

苍白云气入觜,天子有葆旅之事,出之则祸除。赤云气入觜,兵起。赤气如扬波,入觜中,兵入国,火随之;出觜,则兵随之出。黄白气润泽入觜,有神宝入。一曰有负宝玉来献天子者。白气入觜,民食葆旅。白气出觜,有葆旅之事于国外。黑气入觜,大人忧,边将戮,赵地有灾,出之祸除。黄云气出觜,国兵随之出;入觜,国兵入。

参宿云气干犯占

苍白云气入参,臣为乱。苍白气出参伐而环绕,天子自将兵巡边。苍白云气入伐,大将忧,有斩刈之事。苍白气出伐,以白衣行斩刈事。苍气入参,边境有忧。赤云气入参,内兵起,将军为乱诛。赤云气如波扬,入参,边城仓库焚。赤气出参中央,边有大兵。赤气入伐,有斩刈,将军忧。黑气入参,大水,将军死。气锐如锋,大人当之。黑气出参,有兵,有水灾,将军忧。黑气出伐,以水伐国。白气入参,天下用兵。一曰天子有阴病。黄白气入参,大将受赐。黄气出伐,将军战胜。

井宿云气干犯占

青云气出井，大如井口，上拂参而行入河中，大水没城郭，期二十日，远三十日。苍白气出井，有水令；入井，民大疫。黑气入井，民疾病，多死丧，天下大水，道无行车。黄白云气入井，有客来言水泽事。赤云气入井，大水，不则疾疫，亦为旱。苍白云气入井，有丧，女主恶之。白气入井，大雨水。赤气入井，有兵。一曰水贼起。赤气入井，天子以水行兵。黄气出井，天子以泽泉之利养民。恒以正月朔夜候东井中，或上下有云气润泽，则其岁多潦。

鬼宿云气干犯占

黑气入鬼，大人皇后皆有忧。白气入鬼，人疾病。赤云气入鬼，大旱，有火灾。黄气入鬼，有土功。

柳宿云气干犯占

赤云气入柳，有火灾；出柳，大旱。黄云气入柳，期五十日有赦。一曰黄气入柳，天子造宫室，土木大兴。黄气出，有赦。黑气入柳，天子宫庙木腐败。黑气如锋刃刺柳，三夜不散，大人忧。白气出柳，国有忧，兵出。白气入柳，天子造宫室。苍白气入柳，有忧。黄白气出柳，天子出美木作室；入柳，得美木。

星宿云气干犯占

苍白云气入七星，大人忧。苍白云气出七星，天子有急使出。其气回曲而不正，有亡臣。赤云气入七星中，兵气也，若有客来，必有兵随之。赤云气如波扬，入七星中，火气也，宫中有火灾。四曲五曲，后妃恶之。赤气出七星，天子使出，亦有兵随之出。黄气仿佛入七星，外有贡献。黄气出七星，天子有赐于诸侯。气见而大风随之者，有赦。黄白气润泽入七星，远人来贡。黑气入七星，贤人多死，出之祸除。白气入七星，国有死丧。云如蜚鸟啄七星，大人有忧。

张宿云气干犯占

苍白云气入张，庭中觞客，有忧变，出之祸除。赤云气出入张，天子用兵赐物。白气入张，大客有忧。黄气润泽入张，天子因喜赐客。黄白气出张，天子命使，赐诸侯。赤黄气入张，有忧；出张，天子用兵。黑气入张，徘徊而散，其分有水灾。黑气入张而转绕之，或如刀剑刺之，天子防客。赤云气如扬波，入张，天子宫中大哭。

翼宿云气干犯占

赤云气入翼，有暴客入国境。赤气出翼，其国兵出，随气所之。苍白气入翼，太常之官忧之。黄气润泽入翼，诸侯来贡物。黄气出翼，天子遣使于诸侯。黄白气入翼，外国入贡，一曰白气若黑气入翼，正抵其星，三夜不去，宗庙有忧，大人恐，兵大起。

轸宿云气干犯占

苍白云气入轸，王者不可行幸宫观，出之其祸除。苍云围轸，亡国之戒。黄白云气润泽入轸，诸侯入贡，以车为币；出轸，天子以车赐诸侯。赤云气入轸，兵从中起。赤云气如波扬，入轸，车库火灾，兵且起，有大丧。赤气出轸，将出兵行。白气入轸，有大丧。黑气入轸，大人忧。黑气如鼠入轸中，天子有坠车堕马落床之厄。黑气四散入轸，及回绕之，天下大水，车不用。

开元占经卷九十六

云气犯列宿占

大　角

黑气奄大角，久而不散，主命者恶之。苍白气入，国有大丧。黄白气如月近大角，乍明乍暗，青云一道，如千寻枪竿冲大角而过，天子栋梁折。

进　贤

苍白气入进贤，相黜，野逸忧。白气入，贤士丧。黑气入，贤士忧。黄气入，贤士有恩赐。

库　楼

赤气直如千寻枪竿冲库楼，天子自将兵，兵大动，中外震惊，武库官忧，天下不安。

折　威

苍白气入折威中，大臣为乱，兵起，天子失威，出之则祸除。赤气入折威中，大臣反天子，出将兵。黄白气入折威，外国有来求和亲者，出折威，天子有德令。黑气入，天子恶之，出则祸除。

阳　门

赤气入阳门，边兵起，有战。

骑　官

苍白气入骑官，骑将死。赤气出，骑兵大出。赤气入，骑士忧。黑气入，军中有疾病。

从　官

黄气入，巫医受爵。

天　江

赤气出天江，将军出野。青气入天江，大水。黄白气入天江，天子用兵，出之兵罢。

傅　说

赤气入傅说，巫祝之官受戮。

鱼　星

赤气入鱼星，车骑满，军大动，将军忧。黄气出鱼星，天子用事起兵，入之兵罢。

龟　星

赤气入龟星，巫卜之官有诛。

鳖　星

赤黑气入鳖星，有白衣会，天下易政。

九　坎

赤云气入九坎，天下大旱。黑气入，大水。

河　鼓

苍白气入河鼓，将有忧，军在外则天子之军败，将死，出之则祸除。赤气入河鼓，兵起，客军入。赤气出河鼓，军出，将军战不胜。黄白气入，有以众来降者；出之，将有喜。黑气入将死。青气入，将忧。

织　女

苍白云气入织女，女主忧病。一曰人主忧，出则祸除。赤气入，有以女子故而家受诛者。赤气入，女子多死外兵。黑气入，王者为女所害。一曰女子多病死。白气入，女有丧。黄白气入，天子以女幸一家；出之，天子外得美女。

天　津

苍白气入天津中，君有水忧。赤气入，大旱。黄气入，天子有德令。赤气出，兵起。黑气入，大水。天津汉中有黑气独居，大若席，名曰云汉，不满三日，迟不出五日，大雨。黑气状如舡，若一疋布，维河津间，不出十日大雨。

败　臼

赤气入败臼，人主凶。黑气入，天下人灾。

瓠　瓜

苍白气入瓠瓜，瓜果不可食；出瓠瓜，其祸除。赤气入，天子攻一邑，残之。黄白气出，天子以果赐诸侯。黑气入，天子食果致害。

天垒城

赤气奄入垒城，北夷惊，有疾疫。

羽林军

苍白气入羽林，军有忧。入其南，若入羽林直南出，皆为后有忧。入其北，诸侯忧。出之则祸除。赤气出羽林，兵随之，凶。赤气入，兵起。入其东，后起兵；入其西，太子起兵；入其北，诸侯起兵。黄气入，天子入军中。黄白气出羽军南，后有所献；出其北，太子有献。黑气入，兵起大战。入其南，天子忌之；入其西，太子忌之；入其北，诸侯忧。

北落师门

苍白气入北落，有疾疫。赤气出，兵出。赤气入，外兵入。黄气入，中使至，军有喜。黑气入，将死。

螣 蛇

黑气出入天蛇，天下大水。

天 厩

苍白气入天厩，马有惊。

王 良

苍白气入王良，天子忧，坠车马，奉车忧，出之祸除。赤气入王良，太仆奉车诛。赤气中驷马，内乱兵起。赤气出，车骑满野。黄气入，奉车拜赐，天子有喜，诸侯有献马者。一曰有神马见。黄气出，奉车受命行德令。一曰天子出车马赐诸侯王。黑气入，奉车太仆死。

附 路

苍白气入附路，太仆忧之；出附路，祸除。赤气入，太仆有铁锁之诛。赤气出，兵起。黄白气入，太仆拜赐；出之，有德令。黑气入，太仆死。

阁 道

白气入阁道，有急事在内。白气出，人主有疾病。黄气入，天子有喜。

天大将军

苍白气入天将军，军中有疾疫，兵多将死。赤气出，兵多出。赤气入，兵将皆有凶，军在外，防客兵来。

土司空

黄云气入土司空，土工失作，有建国徙都之事。

天　仓

苍白气入天仓，岁不熟，出之祸除。赤气入，兵内起，有火灾。赤气出，以兵出粟。赤气如波扬，入之，大旱，火大起。黄白气入，天下大熟。苍黑气入，天下不熟。

天　廪

赤气入天禀，大旱，有火灾。黑气入禀，粟腐败。黄白气入，岁丰。黄白气出，天子出粟赈民。黑气出，大水伤谷。苍白气入，虫大生，出之则祸除。赤气出，天子以用兵出粟。

大　陵

苍白气入大陵，天下多死丧。赤气入，天下兵起，多以兵死。黑气入，大疫。

积　尸

黑气入积尸，天下人大疫死。

天　舡

赤气入天舡，不出一年，有自立者。一曰不出九十日，水中兵战。赤气出，水兵起。苍白气入，有殃，天子不可乘舡，出之祸除。赤黑气入，天子戒乘舡。黄白气入，天子幸舡有喜，必有神状。若光景处舡上者，青气或黑气，舟师勿行。

刍　藁

赤云气入天积，积中火起。赤气入，天子用火，出散货。黄白气入，天子自喜，多出货财；出之，天子有喜，出货财。

天　苑

苍白气入天苑，牛马畜兽疫，出之则祸除。赤气入，牛马多死伤。赤气出，牛马以兵事出。黄白气入，牛马禽兽蕃息。黑气入，牛马死，出之祸除。

五　车

苍白气入五车，兵大起，民流亡。赤气入，兵起大战。

天　潢

苍白黑气入天潢，有死丧忧，出之则祸除。赤气入，兵内起。赤气出，兵出战。赤气出入如扬波者，兵库焚。黄气入若出之，天子有喜，有兵则兵罢。

咸　池

苍白气入咸池，水虫多死。一曰池中鱼多飞亡。黑气入，大水。赤气出，旱。黄白气入，天子有喜，出则有神鱼见。

天　关

黄气入天关，四方来贡玉帛。

天　高

白气出天高，早霜伤稼。

参　旗

赤气出参旗，不出一年，西戎来，欲盗中国，若侵地。不出三年，天下烦扰，百姓多忧。青气出入同上。

天　园

白气出天园，兵起。

玉　井

青气从参下入井玉中，不出三年，人不饮食井。黄气入三日不去，军在外绝水。白气入，兵起。赤黄气润泽入之，有军来降。

屏　星

黑气入屏星，大疫。

天　厕

苍白气入天厕，天子有阴病。青气入内，兵起。黑气入，天子忧。白气入，天子有阴病。赤气入，有兵。赤云气出天厕，祸除。黄白气出入，皆为有喜。

南北两河

苍白气入两河戍间，兵大起，道不通，出河戍则祸除。入北河则边兵动，又为疾疫，夷王死。赤气出两河间，天子用兵于诸侯。黄白气入河戍间，随河行，天子出德令，天下有难，道路不通。

五诸侯

苍白气入五诸侯，诸侯有黜死者。

积　水

苍白气入积水，天下水灾。

积　薪

赤气入积薪，火焚积聚。

水　位

黑气入水位，大水。赤气入，大旱。

军　市

赤气入军市，军中大惊。

阙　丘

赤气入阙丘，宫中火灾，天子不安其居。

狼　星

赤气入天狼，胡兵入塞，民大恐忧。

弧　矢

赤气入弧矢，天下惊恐。一曰边陲有警。黑气入弧，胡中疫作。

老　人

白气奄入老人，王者国绝。

天　纪

黑气奄入天纪，禽兽大疫，六畜死耗。

爟　星

赤气入之，天下烽火举动。

酒　旗

赤气入酒旗，天子以酒丧身。

轩　辕

苍白气入轩辕，后宫忧，有疾疫。赤气入宫，忧火。

天　相

黄气入天相，相臣有喜。黑气入天相，相臣死，不则有疾病。苍白气入，相臣忧。赤气入，相臣忧。赤气出，相出师。

器　府

赤气入器府，天下乐废。

石氏中外官占

大　理

黄云气入大理，刑法官有迁。巫咸曰有赦。黑气入大理，决狱不平刑受诛。

六　甲

黄云气入六甲，术士用。黄白气入，太史受爵赐。黑气入，太史忧。

内　厨

黑气入内厨，饮食防毒。

北　斗

云气五采入北斗，天子立太子，近期百日，远二年。

辅　星

黄白云气集辅星，相有喜。赤气入辅星，相受斧钺之诛。苍白气入辅星，相有忧。白气入辅星，相黜。黑气入辅星，相死。

天　理

赤云气入天理，兵大起，相出师。

相　星

黄白气入天相，将相有喜。黑气入，将相忧死。

势　星

黄气入势，中官受赐。赤气出入，中官反。黑气入，中官忧。

三　台

黄气入，将相喜。赤气入，多败伤。黑气入，三公忧，将相死。

天　棓

黄气入，天子先驱有拜赐者。赤气入，大人忧。

天　枪

赤气入天枪，天子惊恐。一曰失位。苍白气入，兵起。

玄　戈

黑气入戈，胡兵退。苍白云气入，胡人大疫死。赤气出，胡兵大起。

招　摇

赤气入招摇正中，有兵内起，大将为乱。赤气出于招摇，兵起大战。黄白气出，天子以喜用师。

梗　河

黑气出梗河，兵起大战。赤气出梗河，国兵大出；入梗河，大战。苍白气入，将死。

贯　索

苍白气入贯索中,天子忧,亡地,出则祸除。赤气入,有内乱,兵起。赤气出,内兵出。黄白气入,天子有喜。黑气入,大人恶之。赤白气入,狱多枉死者。

女　床

黄气出入女床,后宫有子喜。白气入,后宫有丧。黑气入,有死者。青气入,有病。赤气入,宫中兵起。

宦　者

黄气入宦者,受赐。赤气入宦者,诛。黑气入宦者,死。赤气出宦者,作奸蔽主。

郎　位

苍白气入郎位,中兵起。一曰中郎有内乱,出则祸除。赤气入,兵起;出郎位,多用兵,远出行。黄白气入,中郎受赐。

灵　台

青黑气入,有大风雨,期三日,远七日中。黄气入,太史喜。赤白气入,太史有忧。

少　微

苍白气入少微,贤士忧。一曰大臣黜。赤气入,宰臣谋叛。

长　垣

苍白气入长垣，胡兵起。赤气入，胡兵入，有火灾。赤气出，边兵起。

摄　提

青云气入摄提，九卿有忧。黄气入，九卿有赏。赤气入，戈盾用事。黑气入，大臣诛。

开元占经卷九十七

猛将军阵胜负云气占

太公曰：凡兴军动众陈兵，天必见其云气，示之以安危，故胜则可逆知也。其军中有知晓时气者，厚宠之，常令清朝，若日午察彼军及我军上气色，皆须记之。若军上气不盛，加警备守，辄勿轻战，战则不足，守则有余。察气者，军之大要，常令三五人参马登高若临下察之，进退以气为候。

贤将气

凡兴兵动众，忌大风雷而阴不见日。凡气初出如甑，上气勃勃，上积为雾，雾为阴险，气为虹霓若晕珥之属，如不积不结，散漫一方，不能为灾，必和杂杀气，森森然疾起，乃可论占。常以平旦下晡日出没时候之，期内有风雨，灾不成，或有黑气如幢，出于营中，上黑下黄，敌欲来求战，无诚实言，及九日内必觉，备之吉。或日月阴沉无光，不雨，或十日昼夜无光，不见日月，名曰蒙。日久阴不雨，下谋上也。凡敌军上气黄白润泽者，将有威德。或军上气发，渐渐如云，变作山形，将有深谋。或敌上气黑中赤在前者，将精悍，皆不得击。凡气上与天连，军中将贤良也。

猛将气

凡气如龙如虎，或如火烟之形，或如火光之状，或如山林，或如尘埃，头尖而锐，或气黑如门上楼，皆猛将气也。凡敌上气青而疏散者，将怯弱，若前大后小者，将怯不明。

凡军上气浑浑圆长，赤气在其中，或有气如赤杵在黑云中，皆有伏兵，或两军相当，赤气在前后左右者，有伏兵，随气所在防之。或有云绞绞绵绵，此以车骑为伏兵；或有云如布席之状，比以步卒为伏兵；或有云如山岳，在外有伏兵，不可不审也。

降城气

凡降城之气，如人十十五五，皆叉手低头，降之象。或有气上黄下白，名曰喜气，所临之军欲求和退。若风不蓬勃，旌旗晕晕，顺风而扬举，或向敌终日，军行有功胜候也。

胜军气

凡敌军上气如山堤上林木，不可与战。在吾军大胜。或如火光，亦大胜。或敌上白气坌沸如楼，缘以赤气者，兵劲不可击。在吾军必大胜。或敌上气黄白厚润而重者，勿与战。或遥视军上云如斗鸡，赤白相随在气中，得天助，不可击。两军相当，上有气如蛇举头向敌者，战必胜。

军营气

凡军营上有五色气，上与天连，此应天之军，不可击。有赤黄气于天，亦不可攻。或有云如日月，而赤气绕之，如日晕状有光者，所见之地大胜，不可攻也。敌上如虎状，其军亦不可攻也。若逆风来，应气旁勃，牙旗阴折不见日，旌旗激扬，败候也。若云气从敌所来，终日不止，吾军不可出，出则不利。若风云俱来，此为败候在急也。

凡敌上气色如马肝，如死灰，或类偃盖，败征。或黑气如坏山堕军上者，军必败。或军上气昏发，连夜照人，则军士散乱。或军上气有五色杂乱，东西南北不定者，其军必败。或军上有赤气炎炎降天，将死众乱。或军上有黑气如牛马形，从气雾中下渐渐入军，名曰天狗下食血，败军也。或有云气盖道，蒙蔽尽山，此败候也。

城中气

凡城中有白气如旗者，不可攻。或有黄云临城，有大喜庆。或有青色如牛头触人者，其城不可攻屠。或城中气出东方，其色黄，此天钺也，不可伐，伐者死。或城上气如火烟，主人欲出战，其气无极者，不可攻。或气如杵，从城中向外者，内兵突出，主人胜，不可攻。或城上有云分为两彗状者，攻不可得。

围城气

凡攻城围邑，过旬日不雷雨者，城有辅助，疾去之勿攻也。此皆胜气。

凡攻城围邑，赤气在城上，黄气四面绕之，城中有大将死，城降。城上有赤气如飞鸟，击之可破矣。或有气出入者，人欲逃。或有气如灰，气出如覆其车上者，士多病，城屠。或城上无云气，士卒散。或城营上有赤云，状如众人头，下多死丧流血。凡攻城，有白气绕城而入者，急攻可得。若有曲蛇从城外入城者，三日内城屠。此皆败气。凡敌上有云如车盖，不可击。若有云如双青蛇，云去可击，大胜。

伏兵气

伏兵气如幢节，在黑云中转高锐，不可击。城营上见有云如雄鸡，城必降。边城云如蛟龙，所见处军将失魄。敌上有云长如引素，如阵前锐，或白黑色有谋，青色有兵，赤色有反，黄色急去。敌上有气如牵牛，未可击。有云如坐人，赤色，所临必有卒兵来至，惊恐，须臾而去。

军　气

凡占军气，与敌相对，将当访军中善相气者，厚宠之，留令清朝，若日中时察彼军及我军上气，皆纸笔录记。上将军将军察之，若我军上气不善，但警备镇守，勿接战。敌在东在南在西在北，每庚子日及辰戌午未，登五丈高台，去一里，占，百人以上便有气。气如尘埃，前卑后高者，将士精锐，不可击。气如堤阪，前后摩地，避之勿击。见彼军上气如尘埃粉沸，其色黄白，如旗幡晖晖然，无风而动，将士勇猛不可击。我军如此，亦不用战。凡对敌，或有气来甚卑，不荫覆人，上下掩构盖道者，大贼必至，食不及饱，严备之。

军胜气

凡云起王相者吉，凶死者凶，有胜无，实胜虚，高胜下，泽胜枯，长胜短，厚胜薄。我军在西贼军在东，西高东下，西厚东薄，西泽东枯，西长东短，则我军胜也。

两军气

两军相对，遥见军上有气纷纷勃勃，如烟如尘，贼凶败。军上下日无气者，其军必败。若我军无气，将修德，抚士众，存问寒暑，警诫固守。有赤色气如火从天下入军，军乱将死。有黑气如牛猪者，瓦解之气，军必败。有白气如瓜蔓连结，部队相随，须臾罢而复出，及至八九而不断者，贼必至，严守之。若雨气蒙蒙围城有入处者，外兵当败，入若有出者，内兵当突出。凡气安则军安也，气动摇则军不安，气四散去，军破且败，其气如群羊，击之必大克。两军相当，有气如飞鸟徘徊在我城上，或来而高者，兵锐不可击。两军相去十里内三里外，军上无气，是死兵，击之必大胜也。两军欲战，视彼军气氛氲如焚，生军之烟者，初必精锐不可当，待其气散，击之必胜。其气黑出如山带黄，是谢气，敌人自降。

败军气

军败之气，如群鸟乱飞，疾伐之，必大胜。气乍明乍暗，皆有诈谋。气过旬不散，城有大辅，疾去之勿攻。凡敌上气如双蛇飞鸟，如缺垣，如坏屋，如人无头，如惊麞，如走鹿相逐，如鸡相向，皆为败军杀将之气。敌上气如囷仓正白，见日益明者，将士猛锐，不可击之。敌上气黑中有赤气在前，精悍不可当。敌上气如转蓬者，击之立破。

游兵气

游兵气如彗云扫除，或数百丈，万万无根本。败军之气，如破车，如人无足无臂。若下轻其将，妖怪并作，众口相惑，当修德审令，缮砺锋甲，勒诫誓士，以避天怒，然后复择吉日，祭牙旗，具太牢之馔，震鼓铎之音，诚心启请，以备天问，观其祥应矣。若人马喜跃，旌旗皆前指，金铎之声扬以清，鞞鼓之音宛以鸣，此得神明之助，持以安众心，乃可用矣。

开元占经卷九十八

虹蜺占

《元命包》曰:阴阳交为虹蜺。

《汉书·天文志》曰:虹蜺,阴阳之精。

如淳曰:雄曰虹,雌曰蜺。又曰:色著为虹,色微为蜺。

《月令》曰:季春之月,虹始见。

《尔雅》曰:螮蝀谓之虹也。

京房曰:虹,日旁气也。

蔡氏《月令章句》曰:虹,螮蝀也。阴阳交接之气著于形色者也。雄曰虹,雌曰蜺。常依阴昼见于日冲,无云不见,太阴亦不见。虹常依象阳见于日旁,白而直者曰蜺。凡日旁者,四时常有之,惟虹起季春见,至孟冬乃藏。

《尔雅》曰:蜺为挈贰。郭注云:蜺雌虹雄也,挈贰,蜺别名也。

《说文》曰:蜺屈虹青赤或白色,阴气也。

《合诚图》曰:虹蜺主惑心。

《潜潭巴》曰:虹蜺主内淫。

《春秋纬》曰:虹蜺者,斗乱之精也,主失度,主惑訾。又云:虹蜺见,雨即晴,旱即雨。注云:谓久雨虹见即晴,久旱蜺见即雨也。

京氏曰:凡蜺者,阴挠阳,后妃无德,以色亲也。

《雒罪级》曰:蜺出不言,内妒乱。

京氏曰:蜺三出,三巳三辰除之,除即日雨。韦昭注曰:三辰,从寅至辰也。

《诗》曰:螮蝀在东,莫之敢指。朝隮于西,崇朝其雨。毛氏曰:夫妇过礼则虹气盛。

《元命包》曰:世惑臣谋,虹舒照。

高宗《八节虹气占》曰:虹以立春四十六日内出正东,贯震中,春多雨,夏多火灾,冬多海贼,秋多水,民流亡。虹以春分四十六日内出东南，贯巽中，春大旱，灾北起。虹以立夏四十六日内出正南，贯离中，大旱，火为灾，麻独甚。虹以夏至四十六日内出西南，贯坤中，小水虫为灾食谷，鱼不滋。虹以立秋四十六日内出正西，贯兑中，秋多水冬旱。虹以秋分四十六日内出西北，贯乾中，秋多水，虎为灾食人，逆贼生。虹以立冬四十六日内出东北，贯艮中，春多旱，夏火，粟贵。

京氏曰：虹春出西方，黑云覆之，夏大水。白云覆之，夏多寒，民病疟若瘟病者。赤云覆之，夏多旱。黄云覆之，夏大旱，谷不熟。虹夏出西方，黑云覆之，秋多雨。白云覆之，冬多风。青云覆之，冬多寒，民病疟若病瘟。赤云覆之，秋大旱。黄云覆之，秋大收。虹秋出西方，黑云覆之，冬多雨。白云覆之，冬多风，又多寒，民病疟若病瘟。又赤云覆之，冬大旱。若黄云覆之，冬籴大贱。

京房氏传曰：虹冬出西方，黑云覆之，春多雨。白云覆之，春多狂风。青云覆之，春多寒，民病疟若病瘟。赤云覆之，春大旱。黄云覆之，春雨和调。虹出南方，无春夏秋冬所见之处，不出三年，民流亡，不归收葬，风雨不时，民饥。虹出北方，雨阴阳不调，当雨反旱，当旱反雨，冬夏不调，万人大愁，所照之国必有卖幼孙者，其岁多病疾，夏小雨，冬荒，不出三年，所照之国民守其仓，暴骨惶惶，哭泣相望，童子行行，大旱二百八十日乃雨，所照之国尤甚。

《易飞候占》曰：虹凡相有五法，苍无胡，虹也；赤无胡者，蚩尤旗也；白无胡者，蜺也；冲不屈者，天杵也；直上不诎者，天棓也。此五虹以甲乙出东方，岁若谷大贱，犬食人食；丙丁出南方，天下大旱；庚辛出东南，甑釜不充，釜食多空，户五步六死人。虹以四月五月六月出西，麦贵，七月八月出西，菜贵，九月出西，大小豆贵，十月出西，尽贵，一出一倍，再出再倍，三出三倍，四出四倍，五出五倍，饥民千里。十月虹出东北者，其国亡。虹出横，至上反入又不曲正直者，不出九十日，民多病死，不出三年，大旱，民流亡，所照之国尤甚。虹出直上行，名曰章，所出之处，民多病而死，民多瘟者，不然大旱千里，民多妖言，所照之国尤甚。又曰：温而不雨，虹出无处者，下精不功之事也。温而虹出家人屋，妊妇多死。夫王道之始，先正夫妇，夫妇正则父子亲，父子亲则君臣忠，君臣忠则化行。王道之兴，无不以德，衰无不以危。天见变异以为戒，欲其觉悟，故为虹蜺之异，所以谴告人君也。后专夫权，民苦刑杀，人妖君之行，故虹蜺五色也。

《韩诗》曰：蝃蝀刺奔女也。蝃蝀在东，莫之敢指。蝃蝀，东方名也。诗人言蝃蝀在东者，邪色乘阳，人君淫佚之征。臣为君父隐讳，故言莫之敢指。刺卫奔女，私奔淫佚，决成家室之计，皆指女也。

《抱朴子》曰：屈虹见城上，其下必大战流血。屈虹从城外入城中者，三日内城可屠。

《黄帝占》曰：攻城从外南方入饮城中者，从虹攻胜。

郗萌曰：城上有交头虹，城可攻。

《潜潭巴》曰：虹五色迭至，照于宫，有兵革之事。

张璠《汉纪》曰：灵帝时，虹昼见殿前，色青赤。蔡氏曰：小人女子之祥也。《续汉书》灵帝光和元年，有黑气随北宫温殿东庭中，如车盖隆起，奋迅五色，有头长十余丈，形貌似龙。上问蔡氏，蔡氏对曰：所谓天投蜺者也。不见足尾，不得称龙。中平元年，黄巾贼张角起兵，六年，宫车宴驾。

《汉·五行志》曰：后妃有专，蜺再重赤而专，至旱。注云：专者负也。

《潜潭巴》曰：五蜺俱出，天子诎。

《感精符》曰：九虹俱出，五色从横，或头冲尾，或尾绕头，失节九女并讹妃族，族悉黜天外，若兵起，威内夺。

京氏曰：蜺有九，皆主身也。专君者以色专爱及君事也。

《通卦验》曰：虹不时见，女谒乱宫。虹者阴阳交接之气，阳唱阴和之象。今失节不见者，似人君心在房内，不修外事，废礼失义，夫人淫恣而不敢制，故女谒乱宫。

《地镜》曰：虹从池井出若饮，国空虚。

《易妖占》曰：虹出君池，若饮君井，其君无后。

《汉书》曰：天雨虹，下属燕王只井中，饮井，井水竭，只后诛。

《周书时训》曰：清明后十日，虹始见，不见妇人色乱。小雪之日，虹藏不见，收虹不藏，妇不专一。

《演孔图》曰：地欧蜺，承天而败，皆臣子逆四方。注云：地欧蜺，土中跃出也。

《抱朴子》曰：赤虹见城上，其下必大战流血。

《易候》曰：赤虹如杵，万人死其下，白虹亦然。

《运斗枢》曰：帝老不听政，赤虹填门。注云：不能听政，故虹贯塞主门，以绝之也。

《文曜钩》曰：齐举管夷吾，虹贯牛山，趣齐去妇，毋近妃宫。齐侯大惧，更立贤辅。宋均曰：出君住而阴气贯之，君惑于妻馆之象，故夷吾劝去之也。

虹蜺贯日二

京氏《对灾异》曰：虹蜺近日则奸臣谋，贯日客伐主。其救也，释女乐，戒非常，正股肱，入贤良。

《雒罪级》曰：五虹刺不言，内妾恣。

京氏曰：臣伤君不救，国君亡。

《易候》曰：赤虹与日俱出，其所之有急。

甘氏曰：赤虹出日左，大凶。

白虹三

《易候》曰：白虹其下有流血。

《晋·天文志》曰：白虹者，百殃之事，众乱所基。白虹雾，奸臣谋君，擅权主威。夜雾白虹见，臣有忧；昼雾白虹见，君有忧。虹头反至地，流血之象。

《黄帝占》曰：白虹绕城不匝，从虹所在击之胜。其决贼及从其地破走。

《抱朴子》曰：白虹见城上，其下必大战流血。

京房曰：秋有白虹一双出西方，急陈兵待之，其赤气依傍者，必有获城。

白虹贯日四

《感精符》曰：宰相之谋欲有国，则白虹贯日，毁灭息。

《摘亡辟》曰：白虹贯日，四夷为祸，主恐见伐。

《感精符》曰：白虹贯日，天子将忧。

《荆州占》曰：白虹贯日，臣杀主。

《甘氏占》曰：日旁有白虹冲日在东方，东方反；在西方，西方反；在四方皆然，期不出五年，有臣倍其主者。白大将死，色赤，大夫出，一曰有反城。白虹贯日，近臣为乱，诸侯有欲反者。赤黑虹尤甚，期不出三年。

《雒罪级》曰：白虹贯日，近臣乱胜，主人亡。

《易妖占》曰：白虹在日为丧，又为兵。

京房《对灾异》曰：虹蜺贯日，客杀主，专君位，大臣乘枢。不救之则兵至宫殿战。

《史记》曰：邹阳上书曰：荆轲慕燕丹之义，白虹贯日，太子畏之。应邵曰：燕太子丹，秦始皇遇之无礼，丹亡去，故厚养荆轲，令刺秦王，积诚感天，白虹为之贯日。《列士传》曰：太子见虹贯日不彻，曰：吾事不成矣。

《后汉书》曰：唐樟永建五年举孝廉，除郎中，时白虹贯日，樟因上便宜三事，陈其咎征。书奏，弃官去之。

《诗推度灾》曰：挠弱不立，邪臣蔽主，则白虹刺日，为政无常，天下逆。

京房《易传》曰：白虹双出日中，妻以贵娇夫。白虹在日侧，黑蜺裹之，气正直，妻不从正。蜺与日会，妇人擅国。蜺日夺明而火，温温而雨，尊卑不别，列宿虹蜺出。

郗萌曰：虹与日俱出房心间，诸侯王死，期不三年。

甘氏曰:虹出牵牛之度,必有坏城,期二年。

陈卓曰:虹出须女,后族专权,谋杀为害。

《洛书》曰:天无云,有赤蜺绕昴毕东北角,西行,臣主相谋伐。

《洛书摘亡辟》曰:苍云白虹围轸,亡之戒也。

《运斗枢》曰:后族专权,虹贯太微。

开元占经卷九十九

山石冢光占

山 崩

《尚书中候》曰：山崩水溃，纳小人。

《运斗枢》曰：山崩者，大夫排主，阳毁失基。

《考异邮》曰：山者君之位也，崩毁者阳失制度，为臣所犯毁。

《春秋纬保乾图》曰：山崩道散。又曰：山崩，修北斗七政之事，辅豪杰除恶之毒。

董仲舒《对灾异》曰：山者阴类，崩者忠贞离，叛臣蔽主之善，使恩泽不流，怒恚壅隔，民人乖散之象也。任贤良，使忠贞，以救之。

《地镜》曰：山崩，人君位消政暴，不出三年，有兵夺之。

京房《易传》曰：山崩，阴乘阳，弱胜强，天壁亡。又曰：国山崩，君争政，女戚五年败。又曰：邑山崩，邑有战，主亡或大水。

京房《对灾异》曰：山者三公之位，台辅之德也。乃兴云出雨，漫溉万物，助天成功，今崩去者，此谓大臣怀叛不忠也。

《地镜》曰：山春崩，国有伐城；夏崩，天下有水，国主亡；秋崩，有大兵；冬崩，年中大饥。

京房《易妖占》曰：山以春崩，亡邑有拔城；以秋崩，人主恶之；以夏崩，人主有亡，天下大水；以冬崩，多饥兵兴。又曰：山崩绝，辅臣去。又曰：山以二月崩，其邑战；以八月崩，有兵；以十一月崩，此降民从而行。

《河图秘征篇》曰：侯恣权则邑土崩。

《春秋经》：鲁僖公十四年，沙麓崩，卜偃曰：将有大咎，几亡国。《谷梁传》曰：林属于山曰麓，沙其名也。《公羊传》曰：沙麓，河上邑也。班固《天文志》曰：沙麓者，地沙山名也，震而麓崩，不书震，举重者也。杜预曰：沙麓，山名也。阳平元城县东有沙麓山。刘向《洪范传》曰：崩者陷而下也。麓在山下，平地臣象，阴位也。崩者散落，皆叛不事上之类也。夫山者君之表也，麓者臣之象也。故沙麓崩，臣将叛也。沙麓卑地，无崩颓而崩，其异甚矣。

《春秋》：鲁成公五年，梁山崩。《谷梁传》曰：壅河三日不流，晋君率群臣素服而哭之，河乃流。《左传》曰：晋侯以传召伯宗，伯宗辟重曰：辟传。重人曰：待我，不如捷之速也。问其所，曰：绛人也。问绛事焉，曰：梁山崩，将召伯宗谋之。问将若之何，曰：山有朽坏而崩，可若何？国主山川，故山崩川竭，君为之不举，降服乘缦彻乐出次祝币，史辞以礼焉，其如此而已，虽伯宗若之何。伯宗请见之，不可，遂以告而从之。

《洪范传》曰：山者阳之位，君之象也。水者阴之表也，民之类也。崩者坏沮也，壅者不得其所也。天若语曰：人君权威重，将崩坏不治，百姓将不得其所也。至于以丧礼泣之，缟素哭泣然后流，丧亡之象也。刘歆曰：梁山，晋望也。古者三代命祀，祭不越望，吉凶祸福不是过也。国主山川，山崩川竭，亡之征也。

汉文帝元年，齐楚之山二十九，同日俱大发水大溃。《洪范传》曰：山者君之象，一曰诸侯位也。水者阴之类，言众盛强，沮溃败君之效也。一曰诸侯沮，俱自坏败也。

《东方朔别传》载汉孝武帝时，未央宫前殿钟无故自鸣，三日三夜不止，于是帝召太史待诏方朔问之，曰：恐有兵气。帝更问于东方朔曰：夫铜者土之子，土者铜之母，以阴阳气类言之，子母相感动，山恐有崩堕者，是以钟先为之鸣。故《易》曰：鸣鹤在阴，其子和之。精之至也。帝曰：应在几日？朔曰：在后五日内。居三日，南郡太守上书，言山崩。丞相以闻，帝曰：善。赐朔帛三十疋。

《考异邮》曰：山之亡，主沉溺。

山移动　山亡　山鸣　山出光　山石生血

《地镜》曰：山徙是谓德重，直臣去，佞人用，政在女主，不出五年，有走王。又曰：山无故自徙，天下兵，社稷亡。又曰：山徙是谓非分,不出三年,四方兵起。又曰:山石忽自动,及相掏累,及大小移转,或湿或血,为天下兵乱。

《地镜》曰:山无故亡,人君失位。

《地镜》曰:山无故昼夜有声如哭,天下兵丧。

《春秋潜潭巴》曰:山有长光,臣下不良。

《地镜》曰:山有长光,臣不祥。

《地镜》曰:石忽生赤如血,诸侯不助,时父子绝。

山石变化　石生水中

《地镜》曰:山中见异类物,非人所常见者,各有形名音声,皆为其邑大水,或饥,兵革行,邑亡。又曰:山忽化为人形,及六畜飞鸟形,皆天下虚。又曰:石化为人,君绝祠。又曰:石如人形,庶雄持政;如禽形,诸侯兴兵诛行;形如飞鸟,外戚女主近臣谋反。又曰:山忽生于石上,邑出主。石生正方,三公外谋,不出三年,逆兵起。又曰:石生重累,不出五年,相谋逆且成。又曰:石生往往如聚,不出五年,兵谋行。

《地镜》曰:石生水中上见者,近相谋逆,与女主连,不出八年兵行。

石生庙邑　冢自声音　冢自移并陷与冢树自死

《地镜》曰:石生于都邑,人君去故就新,不出三年易政。又曰:石生于宗庙中,人君不行先王法度,不出三年易主。又曰:石生而陨坠,雄烈败。

《地镜》曰:冢自音声,天下大兵起。

《地镜》曰:冢自动,天下分破。又曰:冢自陷,天下移。又曰:冢树自死,天下易主。

光

《河图》曰：圣人起，昌光见。

《汉书·郊祀志》曰：武帝封禅，夜有光，昼有白云起封中。

《元命苞》曰：有瑶光贯月，感女枢生颛顼，女枢见此而意感也。

《河图》曰：瑶光如虹贯月，正白感女枢，出房之官，生帝颛顼。

《汉武帝禅仪》曰：天封之禅，昼有白气，夜有赤光。

《汉书·郊祀志》曰：武帝幸汾阴，汾阴男子公孙傍洋等见汾阴傍有光如绛，上遂立后土祠于汾阴。又郊太一祠，上有光，封禅太山，其夜有光。又曰：宣帝祀世宗庙，神光兴于殿旁，神光又兴于房中，如烛状。广川国世宗庙殿上有钟音，房大开，夜有光，殿上昼明。

《东观汉记》曰：安帝私在郡第，数有神光照耀室内。又曰：李轶等语谶曰，言刘氏当复起，李氏为辅，遂市兵弩绛衣赤帻，归旧庐，望见庐南有若火光，以为人，持火呼之，光遂炽，曈曈赫然，上属天，有顷不见，异之。

张勃《吴录》曰：武烈皇帝姓孙氏名坚，字文台，吴郡富春人。汉季世，墓上数有光云五色，上烛天。

《天源记》曰：武王吕光子世明王以石氏建武四年夜，有光曜举舍，异之，名曰光。

《异苑》曰：孙坚丧父，行葬地，忽有一人曰：君欲为百世诸侯，欲为四世帝乎？曰：欲为帝。此人因揭一处而没。既葬，冢上常有怪。

《抱朴子》曰：有赤光如火从天来下入，军乱将死。

郗萌曰：有光如日月，见虚，为男子之祥。又曰：有光如蛟龙，见宫室，为女子之祥。

《后秦记》曰：姚襄将与苻广眉战，谓将军王钦庐曰：吾数行，常有异光引吾前，状如导驱，数日忽复不见，意恶之，此何祥也？钦庐不对，即与眉战，死于陈。

开元占经卷一百

井泉自出河移水火占

醴泉　河出

《瑞应图》曰：醴泉者，水之精也。王者得地理则出，有仙人以爵酌之。

《运斗枢》曰：旋星得则醴泉出。

《地镜》曰：河徙是谓阴反，不出五年，有叛臣，兵行，民流亡。河徙一里至三里，是谓失政，且有谋臣；河徙至五里十里，女主执政，外戚有背叛。河徙十里已上，人君失道，政在下臣。流水忽易道，君易贤。

水涌溢及竭

《地镜》曰：河盈溢，不出三年，国有忧。水忽自盈起，君凶，且大水。

《运斗枢》曰：帝壮而夺势，水决坏山。注云：壮年健时见夺势，故水决坏山，言阴奸行，君危也。

《汉书》曰：武帝建始二年，北宫井水溢出，王莽之征也。水流庭，霍氏遂乱。

王隐《晋书》曰：大兴元年，河水竭断百余步，两头深浅如故，中绝不流。

《后魏书》曰：前废帝普大元年，司徒府大仓前井并溢，占曰：民迁流之象。永熙三年十月，都迁于邺地。

《地镜》曰：井水流出地，若理绝者，臣骄猾，兵方起。

京房《易候》曰：涌水无处，必流杀人七日，七年圣人灭。

《晋中兴征书祥说》曰：咸安九年，涛水入石头，杀人，俄而海西公废。大元十三年十二月戊子，涛水入石头，毁大船，沈杀人。己亥，江水涌起，建康秣陵江淹没杀人，阴旺之应也。

崔鸿《十六国春秋北燕录》曰：龙城东沟竭涸积年，夏四月，沟中坟起有声,俄而泉涌出。闵尚曰:沟中坟起,所谓深谷为陵;泉涌出,所谓百川沸腾,阴旺之所致也。国及家井自沸溢,君将亡覆之,期三十日。水忽自竭,邑虚不吉。都邑中水无故自绝及易处者,邑人徙亡。

河壅

《地镜》曰:河大壅,下臣执政,或主大水色变,不出六年,易王,女主亡。

《汉书·五行志》曰:水北方,终藏万物者也。其于人道,命终而形藏,精神放越,圣人为宗庙以收魂气,春秋祭祀以终孝道,若不敬鬼神,政令逆,则水失其性,百川逆溢,坏县乡邑,溺人民,及淫雨伤稼,是水不润下。

《尚书大传》曰:简宗庙,不祷祠,废祭祀,逆天时,则水不润下。

《潜潭巴》曰:河水逆流,怨气甚。

《地镜》曰:水逆流,是谓道逆,不出二年,兵从女主起。

《国语》曰:灵王二十年,谷洛二水斗,毁王宫。又曰:水忽不流,妇人惑政乱令废,不出五年亡国。水一年不流,有反臣。

《汉·五行志》曰:谷洛斗,刘向以谓近火沴水,以传推之,四渎比诸侯,洛其次卿大夫象,卿大夫将分争以危王室也。

《地镜》曰:流水忽停,天下饥,停水流,天下兵。

《续汉书》曰:桓帝永兴二年,彭城泗水增长逆流,永寿元年六月,洛水溢至津城门,流物。是时皇后兄冀秉政,疾忠直,后遂诛灭。

水赤

京房《易候》曰:宫水化为血七月,七年圣人灭。

《古今注》曰:安帝延平六年,河东水化为血。

《异苑》曰:勃勃虏都长安端门外井,人常宿汲停水壅,中夜砰磕有声,视水如血,中有丹鱼,长三尺而有赤光,国寻灭。

京房《易候》曰:水自赤光如血,其国有流血。

《地镜》曰:水赤如血,邑有流血。

《晋朝杂事》曰:元康六年,彭城泗水赤如血。

京氏《对灾异》曰：河水赤者，狱有冤恨，诛杀不当，则致河水赤也。其救也，正狱刑，解疑罪。

京房《易传》曰：君湎于酒，淫于色，贤人潜，国家危，厥异流水赤。

《汉·五行志》曰：秦武王三年，渭水赤。

《汉书》曰：广陵王胥宫中池水变，鱼死，王为事诛。

《后魏书》曰：太祖登国中，河南有虎七，卧于河侧，三日及去。后一年，蚍蜉白鹿尽渡河北。后一年，河水赤如血。此卫辰灭亡之应，及诛其族类，悉投之河，其地遂空。

《地镜》曰：井水赤，邑虚，相攻主亡。

水黄浊　水清　水无鱼　水自臭

《地镜》曰：君井若黄浊，政令不明。清水忽自浊，天下将死。国及家井浊，皆君主将亡覆之，期三十日。

《易乾凿度》曰：孔子曰：天之将降喜应，河水清三日，清变白，白变赤，赤变黑，黑变黄，各三日，河水安，天下乃清。

《续汉书》曰：延熹九年，济阴东郡济北平原河水清，襄楷上言：河者诸侯之象，清者阳明之征，岂诸侯有窥京都计邪？其明年，桓帝晏驾，征解渎亭侯为汉嗣，是为孝灵皇帝。

《地镜》曰：泽泉水无鱼，天王无居。

《地镜》曰：国及家井臭，君将亡覆之，期三十日。

《吴志》曰：诸葛恪将诛，盥漱闻水腥臭，侍者授衣，衣服亦自臭，恪怪其故，易衣易水，其臭如初。

水出高山　水出朝市　水沸

《礼记·威仪》曰：君乘土而王，其政太平，则蒙水出于山。

京房《易候》曰：水无故高山上出，邑亡起兵。

《地镜》曰：山石崖有水出，主有谋不成。水忽自出山上，兵且作。

《地镜》曰：水忽出于朝市，兵且作。

京房《易候》曰：水无故市中出，邑兵大作。

《地镜》曰:君井涌沸,宗庙失堕。

单子曰:夏桀德衰,岱山泉沸。

京房《易候》曰:泉水沸,此谓贱人将贵。王者不顾骨肉,不亲九族,厥德已,泉涌沸。

京房《对灾异》曰:江河沸者,有声无实,此为执政者怀奸不公,众邪并聚,则致此灾,不救必有叛君谋其政也。令百官举公直,选有德,置于政。井水沸者,谓人君好用谗邪所致也。

《崖头易林》曰:井水沸,不可安居。

水中火出 水鸣 水出异物 井自出 井中气出 泽枯 火不炎上

京房《对灾异》曰:水中火出何?所谓阴气溢,亡阳施也。女妃无阳,则敌气溢,至水中火出。不救,有天殃,阴害阳。其救也,正妃妾,率后宫,施命令,诰四方,嫁贞女,赐鳏寡,此灾即消。

《地镜》曰:泽水忽自鸣,百姓哀;若作金声,土地分裂。国及家井有音声,皆君主将亡覆之,期三十日。

《地镜》曰:凡水中忽见异物,皆为大旱。

《瑞应图》曰:井不凿自成,王者清净则出流,有仙人至之征。

《地镜》曰:井中气直上叩天,而王走民间,国大衰损兵起。

京房曰:泽枯岁贫,国易臣,不出三年各辞。

《尚书大传》曰:弃法律,逐功臣,杀冢子,妾为妻,则火不炎上。(君上行此四者,为天南宫之政官,于地为火无故燔炽为害,是不上。)

《汉·五行志》曰:谗夫昌,邪胜正,则火失其性,宗庙宫馆灾,是火不炎上也。

火无烟

《南燕录》曰:慕容超大正五年,南郊柴燎焰起而烟不出,灵台张光令私于中书侍郎王景晖曰:烟者国之种,今火旺烟灭,国其亡乎!

开元占经卷一百一

霜雪雹冰寒雾露霾曀霰霁濛占

霜　占

《元命包》曰：阴阳凝为霜。

《易·坤卦》曰：初六，履霜，坚冰至。《象》曰：履霜坚冰，阴始凝也。驯致其道，至坚冰也。

《礼记·月令》曰：季秋之月，霜始降，百工休，孟冬行秋令，则雪霜不时。

《考异邮》曰：霜者阴精，冬令也。四时相代，以霜收杀，霜之为言亡也，物以终也。

曾子曰：阴气胜，凝为霜。

《地镜》曰：视屋上瓦独无霜者，其下有宝藏。

《援神契》曰：霜挫物。

京房曰：凡候霜下早晚，若正月一日雷，知七月一日霜下；若二月一日雷，即知八月一日霜下。又曰：霜者刑罚行也，霜者所以成万物也，刑罚者所以诛恶人者也，刑一以惩十，杀一以全万。非圣君居位，则刑罚妄行，诛杀不当，故天应以殒霜于春于夏。臣依公结私，诛杀无罪，霜下在土，却忠臣，依公结私，以缓有罪，霜附木。杀罚不由上，霜见风而飞，此皆刑罚不法之应。又曰：霜下或未见日而欲晞者，此人君以喜怒行刑罚也。霜或见日而不晞，此人君执法坚不可犯也。霜或天阴不见星而有霜者，此臣下擅行诛罚也。兴兵妄诛，厥灾其霜杀五谷，诛不原情，兹谓不仁。冬先雨，乃殒霜，有芒角，贤圣遭害，其霜附木不下地。

《考异邮》曰：穆公即位，仲夏霜杀草，日不消。僖公即位，殒霜不杀草，梅李实。不杀草者，臣威强；梅李大树，此果为实，是君不能伐也。定公即位，殒霜杀菽。菽者稼最强，季氏之萌也。

《天镜》曰：霜非时而杀草，是时而不杀，并为虫蝗，是谓大饥。春陨霜杀草木，是谓阴隆，臣强君弱，下不事上。

京房曰：春下霜七日，七年圣人灭。

《春秋命历序》曰：桀无道，夏陨霜。

《师旷占》曰：春夏一日有霜云者，君父治政，大严大苦大杀，天以示之。何以言之？霜威杀万草，坐大杀也。见变如此，宜损威杀，重人命。

京氏曰：夏霜，君死国亡。霜下或无芒者，此人君行刑罚而哀恕其人也。霜下或无芒者，此人君观过刺不深也。芒或旁指者，此人君旁言而刑人也。霜下或芒严者，此人君刺过深克者。芒或向下者，或如露微者，此人君尽欲加法一姓服属也。霜下或同类之物或不死，此人君知人有罚同，独有所缓不诛。有以平法诛者，霜下或翩翩状如雪者，此人君知人有罪，不以为意也，亦不出于狴牢也。霜或止于树头而不下地者，此下请决罪而上不下也。霜下或有泽于物者，此人君欲杀直而下却之也。霜下昼夜不明而陨霜者，皆君臣诛或心疑而径行之，霜亦随之于春。霜下或重，其日温者，此行诛或依法深浅，故其日温也。霜不下而物自以寒死者，此邪臣执法周密，众人不知，物不得霜而死也。夜雨雪且为霜，为人君率臣重以为严也。

雪

《元命包》曰：阴阳凝为雪。

《氾胜书》曰：雪者五谷之精。

曾子曰：阴气胜则凝为雪。

《穆天子传》曰：雪盈数尺，年丰。

《八节占》曰：冬有积雪，岁美人和。又曰：冬祁寒，降雪盈尺，年丰岁稔之候。

董仲舒曰：太平之世，雪不封条，凌弥毒害而已。

《考异邮》曰：庚辰，大雪深七尺，并者丈四尺。

京房曰：雪附木者，此人君听言杀忠臣也。雪未至地而复上，久而复下，此人君欲宽死罪。雪而温者，此人君脱有罪。凡雪者，阴气盛也，小人系公结私，以胁其主而专其权，二月九月而不已，此执法权正引邪以成贼理，故雪厚为旱，薄则为冰，皆一百九十二日。

《天镜》曰：春雨雪不消，妻党专政，擅持君威，天下饥，民死亡。

《易通卦验》曰：乾得坎之寒，则夏雨雪。

《天镜》曰：夏雨雪，必有大丧，天下兵起。

《诗推度灾》曰：违天地，绝人伦，则夏雨雪。

《晋朝杂事》曰：大康七年，河阴雨赤雪二顷。

京房《易候》曰：夏雨雪，国殃，必有丧，司马为乱。又曰：君死国亡。

《天镜》曰：秋雨雪，百姓多死，草木零落，天下大丧。雪下厚三尺以上，大兵方起。

雹

《考异邮》曰：阴阳专精，凝合生雹，雹之言合也。

董仲舒曰：雹者，阴气胁阳也。

京房曰：凡雹过大，人君恶闻其过也，抑贤不与共位，小人取利，布币私施，所爱人专，施不普，当雨不雨，天反下雹，人有衅则严威集，人欲惑其君，故雹伤生。雹或杀飞鸟者，此人君信谗佞之言，行谪罚于庶人。

《月令》曰：仲夏行冬令，则雹冻伤谷。

《感精符》曰：大臣擅法则雨雹。

京房曰：雹下或毁瓦，碎破车，杀马牛者，此人君任小人，伐其人。雹下尽剥树木之枝，又害五谷者，此人君赋敛酷，民有杀者。雹下或多状如积雪者，此臣欲弑君也。雹下或尽败人禾稼者，此人君因春夏庶人有罪执杀之。雹下或霜俱降者，此人君私邪人从后过而诛之。雹下极地而睪者，此人君私施邪人而下成之。雹下或状如积冰者，此臣欲杀人君。雹下或多芒状如雪者，此人君欲害人而甚者。雹下或如梨实者，此人君大乱庶人而恶甚者。雹下或与风俱降者，此人君施大乱，其寒过度罚深。雹下或状如珠者，此人君欲害人而甚也。

《汉书・五行志》曰：大雨雹，常寒之罚。武帝元封三年十二月，雨雹大如马头，宣帝地节四年，山阳济阴雨雹如鸡子，深二尺五寸，杀二十余人，皆霍氏诛征也。

《续汉书・五行志》曰：孝安永初三年，雨雹大如雁子，伤稼，是时邓太后专阳政。

《晋中兴书》曰：太和三年四月，雨雹，是时海西昏乱，相龙朱实等淫逆。太元二十一年四月雨雹，是时王道子辅政，奸佞竞进，烈宗不能禁绝，王室大乱。

《天镜》曰：夏雨雹民饥。

冰

《地镜》曰：水以春冰，有兵，其岁不成。冰夏冰，胡兵将起，人民无病而死，大饥，民流。秋冰，下臣忧，大兵起。

《左传》：成公十六年春正月，雨木冰，寒过节，冰著树也。

《谷梁传》曰：阴阳失度，时寒过节，雨而木冰，志异也，根枝折。

《墨子》曰：三苗大乱，天命殛之，夏冰。

京房曰：夏水冰冻者，国君有疾病，民流亡，五谷不成，人民饿。

《说苑》曰：秦始皇即位，夏冻。

《地镜》曰：水三月至八月忽有冰者，大兵丧。

《汉书・五行志》曰：刘歆云：阳强不下通，阴弛不上达，故雨而木为冰。木曲直也，刘向以为冰阴之隆，木少阳，贵臣象，此人将有害，则阴气胁木。叔孙乔如出奔，公子偃诛死，公见执辱之异也。或曰长老名木，冰为木介，介，甲兵象也。

《晋中兴书》曰：大兴三年二月，雨木冰，其后有王敦之难。

京房《易候》曰：夏而冻，其乡有流亡。

《地镜》曰：水冬不冰，易王或饥兵。

寒

京房曰：有德遭险，兹谓逆命，厥异寒。

《洪范五行传》曰：听之不聪，是谓不谋，厥罚恒寒。

《晋中兴书》曰：大兴四年冬，大寒，民冻死。是时王敦肆乱，而天子不能禁，任意专杀，戮及忠良。

京房《易候》曰：夏有遗冬，人民行诉。夏而大寒，其国有急。冬而不冻泽，其乡有疾疫。冬至后十日不冻者，人君不行，刑不严。一曰缓死罪不诛。

雾

《元命包》曰：阴阳乱为雾。

《庄子》曰：腾水上溢，故为雾。

《尔雅》曰：地气发，天不应曰雾。

董仲舒曰：太平之世，雾不塞望。

东方朔曰：凡雾气不顺四时，逆相交错，微风小雨，为阴阳气乱之象。从寅至辰巳上，周而复始，为逆者不成，积日不解，昼夜昏暗，天下欲分离。

京房《易候》曰：甲乙有雾，疾疫；丙丁有雾，旱；戊己有雾，邻国有城拔，无军有土功事；庚辛有雾，兵；壬癸有雾，为水。冬雾及其门，日悬而雾，马驰人起。不雨雾曰兵所走。

《帝王世纪》曰：黄帝五十年秋七月庚申，天大雾，三日三夜雾除，帝游洛水之上，见大鱼负图书，命河图，《帝视萌》篇是也。

《河图》曰：山冬大雾，十日以上不除者，山崩之候也。山，水脉也。

郗萌曰：凡雾四合，有虹各见其方，随四时凶气青黄更相掩。

《运斗枢》曰：四独雾下，天下冤。

《晋书·天文志》曰：昼雾夜明，臣志得伸。

《孝经洞宝册》曰：世无道，皇不用孝，法去兵经，五雾并起，苍苍郁郁淫淫，蔽四方。

《天镜》曰：天雨雾如黄土，百姓劳苦，奔亡不安，名曰黄雾。

《汉书·元后传》曰：成帝时，王大弟封侯，其夏黄雾四塞终日。

《晋中兴书》曰：大宁元年，黄雾四塞，王敦之应。咸和元年，大雾，步武不相见，会稽王道子专政之应也。

《陆机别传》曰：机被诛日，大风折木，天地雾合。

《兵书》曰：白雾四面围城，必有兵到城下，不出其日。

《史记》曰：上至平城，匈奴围王七日，大雾，汉使人来往，胡不觉。

《抱朴子》曰：白雾四面围城，不出百日，大兵至城下。

黄帝曰：雾者百邪之气，阴来冒阳，奸臣擅君权立威。

《荆州占》曰：昼雾夜明，臣志得伸；夜雾昼明，臣志不伸。雾终日终时，君有忧色，黄小雨。

郗萌曰：雾从夜半至日中不解，遂上为雾，君不悟，行邪政于百姓。过日中而似雨，强气所避。

《河图》曰：雾乍散，臣欲谋君，为逆者不成，自亡。

《荆州占》曰：凡雾气四方俱起，百步不见人，名曰昏，不有破国，必有灭门。

甘氏曰：雾秋以庚申辛酉日，气色白，东行为利客，先举兵者胜，后举兵者败。

巫咸曰：雾夏以丙丁巳午日，赤黄气西行，为利客，主人凶。

《海中占》曰：雾冬以壬癸亥子日，气青黑色南行，兴军动众。

露

《元命包》曰：阴阳散为露。

曾子曰：阳胜则散为露。

蔡氏《月令》曰：露者阴液也，睪为露。

《论衡》曰：露，秋气所生也。

《易通卦验》曰：立秋白露下。

《元命包》曰：露以润草。

《运斗枢》曰：天枢得则甘露浊。

《五经通义》曰：和气津凝，为露从地出。

《礼运》曰：圣王所以为而弗悖也，天降甘露，地出醴泉。

《命历序》曰：桀纣无道，露冬下。

《吕氏春秋》伊尹说汤曰：水之美者，三危之露，和之美者，雩揭之露，其色紫。

《地镜》曰：图视山川，多露无霜者，其下有美玉。

《瑞应图》云：耆老得敬，则柏受甘露；尊贤爱老，不失细微，则竹苇受甘露。

霾曀（曀，于计切，阴而风也。）

《尔雅》曰：风而雨土为霾。

郗萌曰：凡天地四方昏濛若下尘，十五日以上，或一月，或一时，雨不沾衣而有土，名曰霾。故曰天地霾，君臣乖，若不大旱，外人来。

《尔雅》曰：阴而风为曀。

《说文》曰：曀，天地阴沉也。

《纪年》曰：帝辛受时，周大曀。周昭王十九年，天大曀，雉兔皆震。惠成王元年，昼晦。十六年，邯郸四曀，室多坏，民多死。

霰

《说文》曰：霰，稷雪也，从雨散声。

《释名》曰：霰，星也，水雪相搏，如星而霰。

曾子曰：阴之专气为霰。

《尔雅》曰：霰为消雪。郭璞注云：霰，水雪杂下，故为消雪也。

《毛诗》曰：如彼雨雪，先集维霰。注云：霰，暴雪也。或云：雪上遇温气而搏之，霰也。

霁

《说文》曰：霁者，雨止也，云罢貌。

《晋中兴征祥说》曰：咸和四年，阴霖五十余日，苏峻灭后，乃霁。

《魏略五行志》曰：延康元年，大霖雨五十余日，魏有天下，乃霁。将受大祚之应也。

濛

《释名》曰：濛，日不明。濛，蒙蒙然也。

京房曰：臣私禄及亲，兹谓罔辟，厥异濛行。善不请于上，兹谓祚福，濛一日五起五解。辟不谋臣，臣辟异道，上濛下雾。立嗣子疑，兹谓动欲濛赤，日不明。利邪以食，兹谓闭上，濛大起，日不见，若雨不雨，十二日解。禄生于下，兹谓诬君，濛微而小雨，已乃大雨。下相攘善，兹谓盗明，濛黄浊。下陈功于上，兹谓不知，濛微而赤风鸣条，夜复濛不解。

《春秋潜潭巴》曰：大濛三十日，群猾起。

《抱朴子》曰：若濛气围城，或入于城，则外兵得入。若濛气从内出，主人出战。

《尚书中候》曰：桀无道，地吐黄，黄是濛也。

《礼记·月令》曰：仲冬行夏令，气濛冥冥。

《演孔图》曰：猾待期则赤濛沾冠。

《黄帝占》曰：凡连阴十日，昼不见日，夜不见月，乱风四起，欲雨而无雨，名曰濛。臣谋君，故曰久阴不雨，臣谋主。

郗萌曰：濛雾者，邪气也，阴未冲阳，奸臣谋君，在天为濛，在人为雾。日月不见为濛，前后人不相见为雾。

《荆州占》曰：夜濛昼明，臣谋政；昼雾夜明，臣得伸志。

开元占经卷一百二

雷霆占

雷

《易·说卦》曰：震为雷。动万物者，莫疾乎雷。

《河图始开图》曰：阴阳相薄为雷。

《河图帝通纪》曰：雷，天地之鼓也。

《洪范五行传》曰：雷者，诸侯之象也。

《河图》曰：黄帝以雷精起。

《尚书中候》曰：秦穆公出狩，天震大雷，下有火，化为白雀，衔丹书，集公车。

《史记》曰：高祖母刘媪尝息大泽之陂，梦与神遇，时雷霆冥晦，见蛟龙于其上，已而有娠，遂产高祖。

《元命包》曰：阴阳为雷。

京房曰：凡雷者，阴阳合和，震动万物，使各戴其元而起，故雷以动闻百里，或闻七十里，或闻五十里，或闻二十里，各应其德而起，以应人君行之动静。或雨且雷，和气令，雷声或殷殷轹轹，风雨微，皆阴阳和，利稼之雨，象君臣百姓和合也。

《论衡》曰：图画之士图雷之状，累累如连鼓形，又图一人若力士之容，谓之雷公。

京房曰：雷者，月当有效于消息以为主，声闻于人。雷之为政，大壮始，君臣强，从解起。

《风俗通》曰：雷已发声作酱，令人肠中雷鸣，故雷不作酱也。

京房曰：雷起乾宫，人民多疾病；雷起坎宫，国邑多雨；雷起艮宫，禾好枭长，五谷贱；雷起震宫，五谷暴贵，多伤；雷起巽宫，雨霜伤五谷；雷起离宫，夏少水，旱，蝗虫；雷起坤宫，蝗虫害五谷；雷起兑宫，兵起，铜铁贵。雷起水门，流潦滂沱；雷起天门，人不安；雷起石门，蝗虫食，大凶；雷起木门，棺木贵，岁大熟；雷起风门，霜禾伤；雷起金门，铜铁贵；雷起火门，夏旱，蝗虫食；雷起土门，五谷贱，鱼不长；雷起鬼门，人民常暴死。春始雷东方，东方五谷尽熟，人民蕃殖；以夜雷，岁半熟。雷始南方，岁小旱，夜雷大旱，粜倍，种不成。雷始西方，谷小熟，有虫；夜雷，六畜病。雷始西方，五谷不熟，有曝骨其野，马牛大病；夜雷，赤地千里，粜贵。雷始北方，海水出，百川皆流滥，五谷不成；夜雷，百川皆溢。春不雷而霜，树木以风落，皆为人疾病。春三月甲子己丑戊寅辛卯戊午，有雷霹雳石，其下有兵。春夏甲子丙寅戊子，有雷杀人，有将军在外大战，期不出三十日。夏三月雷电不闻，多疾病，害五谷。夏三月甲子己丑戊寅辛卯，疾风雷，其在城坏军，在外大战。戊子雷，云露变，土易民，以其雷入月深浅日，当一月或当一岁，不出其月，必有亡国死王。庚子雷，必有恶令，期不出三十日，或曰有令。庚午日雷，不出其月兵起，甲子雷亦兵矣。春己丑丁丑，夏甲午壬戌己亥丁未，冬甲寅，又曰春戊寅，夏戊申，冬戊子，不雨而雷，雷之所建，有所将流血。戊子雷，雨三日止，其下大战，不雨而雷，外兵必归，不雨而雷，兵起必阻。王者动事不时，正月大雷；动事不明，但雷而不电。当雷不雷，太阳弱，此君弱臣强，臣夺君政，故春分之后雷不发声，君当扬威武，退强臣，正治道，当发声矣。人神德隆，雷鸣盛春。秋分雷，春分不雷，秋分不雷，春分雷，春过一日，秋亦过一日。春雷不发，秋雷不藏，君死国亡。冬雷上朔，皆为所当之乡骸骨盈野，夜雷亦然。冬雷者，阳气之盛应之，各以雷之日知何方鸣，东方，各以其辰为方。冬三月，有大雷闻千里者，人君绝令，霹雳者以兵去，温者以弱去矣。天冬雷，地必震。教令挠则冬雷，民饥。冬雷不蛰，兹谓自藏，万物化不成。

《天官书》云：无云而雷，是谓天狗，所当之国必有甲兵，王国偏虚。冬雷而星下，胡蛮之王死中野，不雷而星下，其国兵起。又曰：冬雷而星不下，当日之国王死其所。冬雷屈折，不及三年有兵丧，有更政。天无云而雷者，此君无恩泽于百姓，国将易君，万人不静，小人失命。雷声掩掩，状如欲息，雨疏无风，此人君深念忧百姓。又曰：雷或一声而止，此人君出令重也。雷而不雨，此人君欲动，其事无补于百姓，有风令行，无风令不行。雷风雨霹雳，丘陵者，逆先人之令。雷或霹雳，大风甚雨，发屋折木，此皆小人处位，贤士隐。雷雨大风霹雳，此皆人君用谗言，刑杀正人。上下不和，岁少雷。雷不雨者，有声无实也，士走。霹雳，破害也。贤人兴道，雷止其处，不然夜半雷，一闻其声。若电无雷，皆为人君绝令，一名枉矢。雷或霆，此人君动令，下不蔽欺明君。雷蛟龙出，国有贤士正言不谄者，阴中阴也。雷之发声，于坎多水，于艮山崩，于震多风，于巽必大风起，于离大旱，于坤土功，于兑兵起，于乾天象。雷声或格格，雨下籍籍，此人君施百姓侮之。雷声深铄铄，状如欲伏，雨疏无风者，此人君深忧念百姓。入震卦，雷一闻声后不复闻，若有无电雷，皆为人君绝令，亦名枉矢。雷如聚火而徙，此人君且绝之象。雷电皆生火，有所击，极阴生阳也。雷或霹雳无风雨者，此皆刚柔不均，激气并作，此君臣相忿争，恶令暴出。雷或霹雳甚大，风雨俱至者，此皆乱令大作，以动百姓。雷声或在南，或在北，或在西，或在东，此人君为政不知所去就也。先雷后雨，不湿土；先雨后雷，屋舍崩隤。

《师旷占》曰：春雷始起，其音柏柏格格。霹雳者，谓雄雷旱气也。其鸣依依音音不大霹雳者，谓雌雷水气也。春不雨，有雷音在地中，其所有兵起其下。

《礼记·月令》曰：春日夜分，雷乃发声，有不戒其容止者，生子不备，必有凶灾。

《天镜》曰：冬震兵饥。

《晋中兴书》曰：升平二年十一月雷，是时皇太后临朝，政舒缓。

《洪范五行传》曰：秦二世元年，无云而雷。雷阳也，云阴也，有云然后有雷，有臣然后有君也。无云而雷，示君独处无人民也。

《河图》曰：臣僭大者不犯主，则雷电击朝。

京氏《五星占》曰：人君承用节度，即雷风以节，暴行威福，则雷霆击人。其救也，议狱缓死，则灾消矣。

京氏《对灾异》曰：雷鸣连而不绝者，此谓人君政事，民不恐惧。又曰：雷电俱出，或先鸣而后电者，此谓执法贪苛。

霹雳占

《春秋繁露》曰：霹雳者，金气也，其音商，故应以霹雳。

《说文》曰：震，霹雳振物也。

《释名》曰：霹雳，折也，所历皆破折。震，战也，所击辄破，若攻战也。

《范子计然》曰：天者变化行精气者也，令者谓暴风雨霹雳也。

《晋朝杂事》曰：元康七年，霹雳破城南高禖石。高禖，中宫求子像也。贾后妒忌，将杀怀愍，天怒，霹雳之，贾后将诛应也。

《搜神记》曰：扶风杨道和，夏于田中，值天雷雨，止桑树下，霹雳击之。道和以锄格，折其左股，遂落地，不得去，赤如丹，目如镜，手如牛角，长三尺余，状如六畜，头似猕猴。

《续搜神记》曰：吴兴人章狗者，五月中于田中耕，以饭萝置菰里，晚饥求食，而饭已尽，如此非一日。后于菰中伺之，见一大蛇偷食其饭，狗即以镬刈之，蛇便走去。狗乘船逐之，至一坂，有穴，蛇便入穴，但闻啼哭，人云：斫某甲。或云当何如。或言符雷公命霹雳杀奴。须臾云雨四合，震电伤狗，狗于是跳梁大骂云：天公，我贫穷，展力耕垦，蛇来偷食我饭，罪应在蛇，反更来霹雳，许是无知，雷公若来，今当以镬斫汝腹破。须臾云雨辄开，乃更还霹雳向穴，诸蛇死者数十。

《天镜》曰：雷霆击宫庭中，大夫欲逆，不出五年，交兵流血。

《合诚图》曰：霹雳击于殿，女宫急。

《潜潭巴》曰：霹雳击宫室，君情泄，下有谋起。

《天镜》曰：雷霆击宗庙，是谓天戒人君暴云，不出八年，削地夺国。

《春秋繁露》曰：王言下不从革，而秋多霹雳。

《天镜》曰：雷电击贵人从官车骑，此乃人君惑于佞人，失众和。

《汉献帝纪》曰：初平二年，无云而霹雳杀人。

《天镜》曰：雷霆击贵人正殿，此谓重阳之戒，此佞人持政，不出六年，地削君亡。

《晋中兴书》曰：元兴三年秋，永安王皇后自巴陵将设威仪入宫，天大雷，震人马，一时俱栗。

《续晋阳秋》曰：大兴元年，震含章殿四柱，杀内侍二人。

电

《河图》曰：激阳为电。

《易稽览图》曰：阴阳和合，其电耀耀也，其光长。

《元命包》曰：阴阳激为电。

《河图》曰：大电绕枢星，照郊野，感符宝而生黄帝。

《天官书》曰：电者阴阳之动也。

《庄子》曰：阴气伏于黄泉，阳气上通于天，阴阳交争，故为电。

《释名》曰：电，殄也，乍见则殄威也。

京房曰：电生火，有所击，极阴生阳之象。

董仲舒曰：太平世，电不眴目，贯示光耀而已。

霆

京房曰：凡霆者，金余气也。金者内镜而外冥，人君即位，乃先敬让，而内尚贼心，阴行众物，举事发微，自以为明，虚言妄据，深依以考，凡事亦自以为能矣，故无云而霆。霆或为火者，此人君以暴罚也。霆或聚火者，光起而从，此人君将众之象也。霆或中天而见，此人君自以为明也。霆或将如交蛇，光明之而一正者，此人君行明行直。霆或正赤，下至地而复上者，此人君听谗言也。霆或东西南北皆有霆者，此人君行役，不避四时也。霆或正直而长光明者，此人君行微，人不知曲直。霆或正黄泽者，此人君行明，虽得事实，取其中也。或雾而霆者，此人君默行，不得事实，而乱不息，下将不制。霆瞬瞬晖晖者，此人君质不知自明也。霆或奕奕明之而复息者，此人君讥问内直言之事。霆或无云而以昏数见者，此人君诚以微言而以害人也。一云默言。霆或将如蝶蛇，明久而微正者，此人君行不明，莫有非也。天阴不雨但为霆者，此人君阴行，欲以来事实也。

开元占经卷一百三

历法　麟德历经

历　法

上元甲子,距今麟德元年甲子,岁积二十六万九千八百八十算外,上元甲子,距今大唐开元二年甲寅,岁积二十六万九千九百三十算外。章岁三万九千五百七十一,总法一千三百四十。章月四十八万九千四百二十八。半总六百七十。章闰一万四千五百七十六。辰率三百三十五。闰分一千二百一十四。(奇八。)奇率一十二。历周四十四万三千七十七。旬周六十。月法二十九日余七百一十一。弦法七日余五百一十二。(奇九。)气法一十五日余二百九十二。(奇十。)历法二十七日余七百四十三。(奇一。)

推朔端术:置上元甲子距今所求年算,以章月乘为岁分,章岁除为积月,余为闰余,以闰余减岁分为朔分,总除为积日,余为小余。(以天正小余减朔分余为总实。)求次朔,以月法加;求闰余,以闰余加;求弦,以弦法各加其朔,得上弦,以次转加望,下弦及来月朔。

推入历术:以历周去总实,余以变奇率乘之,满变小余,加其余,总法除为日,不尽为余命日,算外即所求年天正恒朔入历日及余。

求次朔及弦望,准前术。(满历日及余奇则去之。)求夜半入历,各以其恒小余减。

推中气术:各以闰余加其恒朔小余,即其气节,以气法加。

推加时术:各以六乘其小余,辰率除,残以五乘四百二,除为辰残,又以六乘,如前余为刻分,命时起子半算,即加时所在辰及刻分。

求定气术:冬夏二至即以恒气为定,自外各以气下消息数息减消,加其恒气小余,(满若不足进退其日。)各得所求。(加者为盈气,减者为缩气,定其盈缩所在,故曰定气。)

推日中影及消息盈缩定数术:各置其所入气后气数相减,余以乘所入,如算十五,以各减其数为定。(前少加之,前多减之,其求入历定迟速及星者仿此。入气十五算者如十六。)

推朔弦望盈缩经辰所入术:各以其日所入盈缩定积,盈加缩减,其恒经辰所入,余即各所求。

推朔弦望定迟速术:置所入日迟速数分后日数相减,余以入历日,余乘以总法,除得以加减迟速数为定。

推定朔弦望术:各以其日迟速盈缩定数,历速减迟加,气盈如缩,减恒小余,满若不足,进退其日,命以甲子算外即各所求。

推定月大小术:其定朔日名,十干与来月同者,大;不同者小;月无中气者为闰。(若正月交有时正见者,消息前后各一两月,以定月以之大小。今亏在晦二,其弦望亦随事消息,月朔大小若过类三者,观定小余;近夜半者,量定其弦望,以五乘定小余,杪法除为刻,即各其辰所入刻数,皆减其晨刻,不尽为辰,后刻不满前刻者,从前日注于嗣后。)

推土王术:置四季之节,加大余十二,小余二百三十五,即各其气后土王日。

推没日术:气小余一千四百七已上,以九十乘之,又以十五乘小分,从以减没分十二万二千三百五十七,余以没法一千七百五十七除为日,不尽为余,以日数加气大余,即各气内没日。

推每定气初日夜半日所在定度术:各以其定小余减其气日度分,命以宿次,即其夜半日度及分。求次日,日加一度,又各以其日躔差率进加退减度分数。

推朔望加时所在度术:各以定小余加其日夜半日度分,即加时所在。

推朔望加时月所在度术:朔加时日所在为合朔,日月同度,加其望日,加时度一百八十二分百三十四四十二。

推朔定日夜半月所在度术:各在其定小余乘所入历日离程总法而一,为夜半后分,以六十七,除为度,余为度分,以减其日加时所在夜及分,命以宿度。求次日,各以离程加。(若至其朔,即别起其端,不得因前而加之。)

推定气日昼夜漏及日出没时：倍其气晨前刻及分，分漏法从刻为日不见漏，以减百刻为日见漏，加日见漏五刻为昼漏刻，以昼漏刻减百刻，余为夜时刻，四刻十二分加晨前漏刻，命起于刻算外，即日出晨刻，以日见漏加日出辰刻，以次如前，即日没所在晨刻。（以二十五除夜漏，得每更一算之数，以二刻三十六分，加日没晨刻，即甲夜即卯晨。又以更筹数加之，得甲夜一筹数，以次累满，晨去之，即五更筹所当晨刻及分也。以配二十一前夜漏漏法。）

推昏明去中星度术：每日求其昼夜漏刻数，以乘岁实二百，乘总法而除之，得昏去其中星度，以减周天度，余为晨去中星度，以昏明去中星度，加其晨所在，即各其日中星度数。（其梗概粗举者，加其夜半日度，亦各其中中星宿度。）因求次日者，各置其日刻差七十三乘之，二百八十八而一为度差，满十为度，冬至后加，夏至后减，随日加减，各得每日去中度，晨昏所距，日在黄道，中星准度以赤道。

历　日	离　程	速(迟)数
一日九百八十五	增一百四十四	速初
二日九百七十四	增一百一十七	速一百二十四
三日九百六十二	增九十九	速二百五十一
四日九百四十八	增七十八	速三百五十
五日九百三十三	增五十六	速四百二十八
六日九百一十八	增四十三	速四百八十四
七日九百二	增九	速五百一十七
八日八百八十六	减一十四	速五百二十六
九日八百七十	减三十八	速五百十二
十日八百五十四	减六十二	速四百七十四
十一日八百三十九	减八十五	速四百一十二
十二日八百二十六	减百四	速三百二十七
十三日八百一十五	减百二十一	速二百二十三
十四日八百八	初减一百二末增二十九	速一百二

一十五日百一十	增一百二十八	迟二十九
十六日八百一十九	增一百十五	迟一百五十七
十七日八百三十三	增九十五	迟二百七十二
十八日八百四十六	增七十四	迟三百六十七
十九日八百六十一	增五十二	迟四百四十一
二十日八百七十七	增二十八	迟四百九十三
二十一日八百九十三	增四	迟五百二十一
二十二日九百九	减二十	迟五百二十五
二十三日九百二十五	减四十四	迟五百五
二十四日九百四十一	减六十八	迟四百六十一
二十五日九百五十	减八十九	迟三百九十三
二十六日九百六十八	减百八	迟三百四
二十七日九百七十九	减百二十五	迟百九十六
二十八日九百八十五	减百三十四初减七十一	迟七十一

二十日气日中影消息数盈缩数，晨前刻（及分）昏去中度定日度及寄冬十一月，一丈二尺七寸五分，息初先盈，末三十刻八十二度二分斗十二度。

赤道度：

斗二十六。牛八。女十四。虚十。危十七。室十六。壁九。（北方九十八度斗分三百二十八。）

奎十六。娄十三。胃十四。昴十一。毕十六。觜二。参九。（西方八十度。）

井三十三。鬼四。柳十五。星七。张十八。翼十八。轸十八。（南方一百一十二度。）

角十二。亢九。氐十五。房五。心五。尾十八。箕十一。（东方七十五度。）

黄道度：

斗二十四。（及分）牛七。女十一。虚十。危十六。室十八。

壁十。(北斗九十六度。)

奎十七。娄十三。胃十五。昴十一。毕十六。觜三。参十。(西方八十三度。)

井三十。鬼四。柳十四。星七。张十七。翼十九。轸十八。(南方一百九度。)

角十二。亢十。氐十六。房五。心五。尾十八。箕十。(东方七十七度。)

终率一千九十三万九千三百一十三。奇率三百。

约终三万六千四百六十四。奇一百一十三。

交中一万八千二百三十二。奇五十六半。

亏朔三千一百六。奇一百八十六。

望实一万九千七百八十五。奇一百五十。

后准一千五百五十三。奇九十三半。

前准一万六千六百七十八。奇二百六十三。

推泛交分术:置总实以终率去之,不足去者,奇率乘之,满。终率又去之,奇率约之,为天正恒朔夜半入交分,不尽为奇。(以天正恒朔小余,朔泛交分,交加分,即天正恒。)

求望泛交分,以望实加之,求以朔者,以亏朔加之,满,约终去之。

推朔望定交分术:以六十一乘定迟速数七十,七十七除之,所得为限数,及入气盈缩,加减泛交分,为定交分。

推入蚀限术:入交定分,如交中已下为月在外道,交中已上,以交中减之,余为月在内道,内外分如后准已上,前准已上者为入蚀限,望则月蚀朔入限,月在里者,蚀入限如后准已下为交后分,前准已上反减交中,余为交前分,置前后分,以一百一十二约之,为去交时数。

推日月蚀所在辰术:如求律气应加时法,得加时所去辰。月在衡辰蚀,昔非正见者,于日出及日没前十二刻半内,其初末以候之。

求月在表朔蚀,准夏至初去交前后二百四十八分为初准已下,加则午正前后七刻内者蚀。又夏至前后每一日损初准二分,毕于前后九十四日各为每日变准,若变已下加时如前者蚀。又以末准六十减初准及变准，余以十八约之为刻准，以算。午正前后七刻数，百时准加时去时，准内去交，如末准已下前蚀。又置末准，每一刻加十八为差准，加时刻去午正前后，如差准刻已下去交分，如差准已下者甚蚀。秋分至春分，去交如末准已下，加时南方三辰者二蚀。求月在里朔不蚀，准夏至日去交一千三百七十三初为准，初准已上加时午正前后十八刻，内或不蚀。又夏至后每一日益初准一分半，毕前后九十四日各为每日变准，以初准减变准，余十而一为刻准，以减午正前后十八刻，余为时准，去交在变准已上加时准，内或不蚀。

推月蚀分术：置去交前后定分，冬交前皆去二百二十四，春交后去一百，交前去二百，夏不问前后去五十，秋交后去二百，交前去一百，不足去蚀既。有蚀者，以减后准一百四而一，余，半已下为半弱，半已上为半强，命以十五满限，得月蚀之大分。

月在内道蚀，（初起东南，蚀甚西南。）月在外道蚀。（初起东北，食甚西北，十三分已上正东起，皆据正南而言之。）

推日食分术：月在内道，冬至毕雨水秋分毕大雪，以五百五十八为差。（自入春分已后，日损六分，毕芒种。）夏至初日无差。（自后日益六分，毕白露。）

置去交前后定分，皆以差减，不足减，反减差为不蚀。余小满毕小暑，加时午正前后七刻外。去不蚀余，一时三刻内即加一时，大寒毕立春，交前五时外，大暑毕立秋，立后五时外，皆去不蚀余。一时五时内，即加一时，月在外道。冬至初日无差，自后日益六分为毕雨水，自入春毕白露，皆以五百二十二为差。（自入秋分已后，日损六分，毕大雪，所损为差。）以差加去交定分为蚀分，以减后准余为不食分，各置差十五约之，以减一百四余为定法。以除不余分得为分余，半法已上为半强，已下为半弱，以减十五余为蚀之大分。月在内道日蚀，（初起西南，蚀甚东北。）月在外道日蚀。（初起西南，食甚东南，十三分已上正西起，亦据正南方而言之也。）

推日月蚀亏初及复末时刻术：置朔望蚀大分为率，五已下增二，已上增三，十已上增四，十三分已上增五为蚀。用刻以四乘十除，得减蚀甚刻为亏初，又六乘，十而一，以加蚀甚刻为复末辰刻。（其月蚀甚初末更筹，因其日月所入辰刻及分，依前定气所遇夜刻更筹术，求其初末及其时更筹。）

岁星：率五十三万四千四百八十二，奇四十五。

伏分二万四千三十一，奇二十二半。

荧惑：率一百四万五千八十，奇六十。

伏分九万七千九十，奇六十。

填星：率五十万六千六百二十三，奇二十九。

伏分二万四千八百四十一，奇六十四半。

太白：率七十八万二千四百四十九，奇九。

伏分五万六千二百二十四，奇五十四半。

辰星：率一十五万五千二百七十八，奇六十六。

伏分二万六百九十九，奇三十三。

木终曰：三百九十八，余一千一百六十二，奇四十五。

火终曰：七百七十八，余一千二百二十，奇六十。

土终曰：三百七十八，余一百三，奇二十九。

金终曰：五百八十三，余一千二百二十九，奇九。

夕见伏二百五十六日，晨见伏三百二十七日。

余奇同终分奇。

水终曰：百一十五，余一千一百七十八日，奇六十六。

夕见伏五十二日，晨见伏六十三日。

余奇同终分奇。

推五星平见术：各以伏分减总实，余以其星率去之，余反减率余总法，约为日，不尽为余奇，即所求年天正恒朔夜半后晨夕见，见日算及余奇。（天正定朔进退日者，进减加一日为定朔半夜后星平见日及余奇，其金水二星知得夕平见，其满晨见伏日及余奇者去之，余为晨平见之。）命起天正定月大小，去之不满月命日算外，即各所求。

推五星定见术：各置其星平见所入气，计日损益，满半总为日，不满为分，以损益所加减讫，余以加减平见日及分．为半其日消息定数；息减消加之，即其定见分。岁星，（初见去日起十四度。）见入冬至，（毕小寒。）减六日，（已后日损八十七分。）春分初日平，（已后日加八十五分。)立夏毕小满加六日,(已后日损八十九分。)夏至毕立秋加四日,(已后日损百七十八分。)自白露初日平,(已后日减五十三分。)小雪毕大雪减六日。

荧惑,(初见去日十七度。)见入冬至,初日减二十七日,(已后日损六十三分。)大寒初日平,(自后日加四十二分。)雨水毕谷雨加二十七日,(自入立夏已后,日损一百九十八分。)立秋平,(自入处暑已后减百九十八分。)小雪毕大雪减二十七日。

填星,(初见去日十七度。)见入冬至,(初日。)减四日,(自后日益八十九分。)大寒毕春分减八日,(自入清明已后日损五十九分。)小暑初依平,(自后日加八十九分。)白露初日加八日,(自后日损七十分。)秋分加四日,(自后寒露已后,日损五十九分。)小雪初日依平。(自后日减八十七分。)

太白初见,(加八日自后日损去日十一度。)夕见入冬至,初日依平,(自后日减一十分。)惊蛰毕春分减九日,(自入清明已后日损一十分。)芒种依平,(自入夏至后日加一百分。)处暑毕秋分减九日,(自入寒露已后日损一百分。)大雪依平,(自入大寒已后,日加六十七分。)立春毕立夏加三日,(自入小满已后日损六十七分。)晨见入冬至依平,(自入大寒已后日加六十七分。)大雪依平,晨见入冬至依平,(自入大寒已后日加六十七分。)立春毕立夏加三日。(自入小满已后日减六十七分。)夏至依平,(自入小暑已后日减六十七分。)立秋毕立冬减三日。(自入小雪已后日损六十七分。)

辰星,(初见去日十七度。)夕见冬至,(毕清明依平。)谷雨毕芒种减二日,夏至毕大暑依平,立秋皆霜降,应见不见,其在立秋及霜降二气之内,夕去日十八度外三十六度内,有木火土金星已上者,夕见。立冬毕大雪依平,晨见入冬至减四日,小寒毕大寒依平,立春毕启蛰减三日。(其在启蛰气内去日度如前,晨无木火土金一星已上者不见。)雨水毕立夏,应见不见,(其在立夏气内去日度如前,有木火金一星已上者亦见。)小满毕寒露依平,霜降毕立冬加一日,小雪毕大雪依平。

推星见所在度术。置星定见日夜半日所在宿度算及分,以定见余，加其夜半度分，乃以其星初见去日度数，晨减夕加之，即星初见辰所在宿度。转求次日夜半星行所至，各以一日所行度及分，顺行逆减之，有小分以日率为母，小分满母，去从行分一，行分满半，总去，从度一，其行有益疾益迟者，副置一日行分，各以其差疾益迟，损乃加之，留者因前，逆则依减，得每日所至。（其五星后顺流退所终日度，各依伏求其去日远近消息日度之率，以定伏日所在，若注历，其日月及金水等皆弃其分。）

推平行度分。置定度，率以半总乘，有分者从之，以日率除，所得为一日行分。

求差行初日行度分术。置定日率减一，以所差分乘，半之为差率，益疾以差率减，益迟以差率加，平行分即初日行分。

岁星：初顺差行，（先疾日益迟一分。）一百一十四日。行一十八度，（五百九十四分。）前留二十六日。旋退差行，（先迟益疾二分。）四十二日。退六度十二分，又退（先疾益迟二分。）四十二日，退六度，（十二分。）后留二十五日。后顺差行，（先迟日益疾一分。）一百一十四日。行一十八度。（五百九十四分，日尽而夕伏。）

荧惑：（前日加加减度率，加疾率行限，减率。）前迟日率，度率，退。（率度率。）后留（日率。）后疾。（日率行限。）

冬至（二百四十三依平）百六十五　六十　二十五　六十三　二十二　十三（二百一十平行）　一百三　十二

小寒（二百二十二依平平行）　一百五十五　同前　同前　同前　二十六　十五（一百九十五正行）　一百四十一　十七

大寒（二百二十五依平行　一百四十七加四）　五十五　二十　同前　二十二　二十五（一百八十八日平行一百二九十四）

立春（二百一十八减二一百四十同前）　六十　二十五　同前　十八　同前（一百六十八平行）　九十

雨水（二百三减七差行二百一十五平）　同前　八百六十七　同前　同前

惊蛰（二百一十五差行　一百三十二同前）　同前　同前　同前　十九（一百六十五平行）　同前　八十三

春分(一百九十五差行　一百一十七平)　同前　同前　同前(四百六十三)　同前(十七)　十八(百六十七差行)　八十八

清明(一百八十八日前差行一百一十加二)　同前　同前　同前　同前　二十三(一百七十二差行)　九十三

谷雨(一百八十四百一十八同前差行)　同前　二十四　同前　同前　同前(一百七十六一百七十七　九十八　九十八)

立夏(同前同前差行同前加四十)　同前　二十三　同前　同前　同前(一百八十九　度行六十六日)　一百一十一

小满(九日同前差行　同前同前)　同前　同前　同前　同前　同前　(一百四同前)　一百　二十六

芒种(一百七十三平差　九十五同前)　二十四　同前　同前　同前　同前　(二百一十九十四日同前　二百四十一　一百五十五)

夏至(一百七十一六日同前平差行　九十三同前)　同前　二十五　同前　同前　同前　(十日　同前同前)　同前

小暑(一百七十四平差行　九十六平)　同前　同前　六十十四　同前　(五日二百五十三半度行五十日)　一百七十五

大暑(一百七十九平差行　一百加四)　同前　同前　五十六十二　同前　(一百六十三同前)　一百八十五

立秋(一百八十四平平行　一百六平)　同前　同前　五十七十一　同前　(同前行半度二十日)　同前

处暑(九十九半度行　加五十六日　一百一十一平)　同前　同前　同前　同前　(同前平行)　同前

白露(二百一十四加十半度行四十四日　一百一十六平)　同前　同前　(同前十二日六十三)　十七　同前　(同前平行)　同前

秋分(二百三十三半度行　同前同前)　百五十四半　同前　(同前二十)　同前　(五十一日　二百五十五平行)　一百七十七

寒露(二百四十七同前平行　一百六十五同前平行)　七十五三十　(同前九日六十六　同前二十)　四　(二百五十五平行)

一百六十七

霜降(二百五十六八百二十五十九平差行　二百五十六　二百一百二十九　一百七十八一百八十一加四)　六十　二十五　(同前同前六日一百三七十　二百二十五平行)　一百五十七

立冬(十三日同前平平行　同前同前　同前)　十七　(同前十二日六十七　同前二十一　二百二十五平行)　一百四十七

小雪(二百五十八平平行　同前同前)　同前　同前　(同前八日六十三　同前十七)　同前　(二百一十五平行)　一百三十七

大雪(二百五十平平行　一百七十二平)　同前　二十　同前

同前　同前　(二百五平行)　一百二十七

前留十三,(前疾减日率者,以其数分益比留及后迟日益。前疾加日率者,以其数分减比留及后迟日益。)后顺迟差行(先迟日益疾二分。)六十日,行二十五度。(前疾加度者,此迟依数减之为定疾。无加度者,此迟入秋分至立冬减三度,入立冬减五度,后留定日缩十三日者,以所缩日数加此迟日率之。)

推荧惑平率及变率术:各以其所入气数与后所数减余计日,以加减本率,皆为平率。(其后疾变率与前迟缩六十日,行二十五度,退行六十三日十五度者,以所盈缩日度,盈减缩加之,唯退行度即盈加缩减其差行者,前疾先疾,后疾先迟,各日益迟疾分余,皆平行后疾分日尽而夕伏。)

填星:初顺差行,(先疾日益迟半分。)八十三日。行七度,(二百九十分。)前留三十六日,旋退差行,(先迟日益疾退半分。)五十一日退三度,(三十分。)又退(先疾日益迟退半分。)五十一日,退三度,(三十分。)后留三十六日,后顺差行,(先迟日益疾半分。)八十三日,行七度。(二百九十分日尽而夕伏。)

太白:夕见疾顺,(入冬至毕立夏,入立秋毕大雪。)一百七十二日行二百六度,(自入小满后十日益一度为定度,初入白露毕春分差行先疾自益迟二分,自余平行。)夏至毕小暑一百七十二日,行二百九度,(自入大暑已后五日损一度半气尽。)启蛰毕芒种七日行七度,(自入夏至后五日益一毕于小暑。)寒露初日二十三日,行二十三度,

(自后六日损一毕于小暑。)顺迟差行,(先疾日益迟八分,前疾加度,过二百六度者,唯数损此度。)四十二日,行十十度。夕留七日。夕退西行十日,退五度(日尽而夕伏。)晨见,(初退。)西行十日,退五度,(日退半度。)晨留七顺迟差行,(冬至毕立夏大雪毕气尽。)四十二日,行三十度,(先迟日益疾八分,自入小满已后,率十日损一度,毕芒种。)夏至毕寒露四十二日,行二十七度,(差行依前,自入霜降已后,气数益一度,毕于小雪。)平行,(冬至毕气尽,立夏毕气尽。)十三日,行十三度,(自行一度,自入小寒已后六日益日及度,各一毕于启蛰,入小满后,七日损日及度,各一毕立秋。)雨水初日二十三日,行二十三度。(自后六日损度,各一毕于谷雨。)处暑毕寒露无此,平行,(自霜降后五日益日及度,各一毕大雪。)度行一百七十二日,行二百六。(前迟行损不满三十度者,此疾依数益之,处暑寒露差行先迟日益疾一分尽余平行日尽而晨伏。)

辰星:夕见顺行十二日,行二十一度六分,(日行一度五百三分。)大暑毕处暑十二日,行一十七度一十分,(日行一度二百八十分。)平行七日行七度,(自入暑后二日损日及度,各一入立秋无此平行。)顺迟行六日行七度,(四日行二百二十四分,疾行分一十七度者,无此迟行。)夕留五日,(日尽而夕伏。)晨见,留五日,行二度,(四日行二百四分,自入大寒毕行于启蛰,无迟行。)顺迟行六日,平行七日行七度,(日行一度入大寒已后,二日损日及度,各一入立春无平行。)顺疾行十二日行二十一度,(六日一行度五日三分。)前无迟行者,十二日行一十七度一十分。(日行一度二百八十分各日尽而夕伏。)

开元占经卷一百四

算法　天竺九执历经

算　法

臣等谨案：九执历法，梵天所造，五通仙人承习传授，肇自上古，白博义二月春分朔，于时曜躔娄宿，道历景止，日中气和，庶物渐荣，一切渐长，动植欢喜，神祇交泰，椁兹令节，命为历元。窃稽开设法数，建立章率，述而不作，信而好古，窃简易之智陈，得希夷之妙术，河带山砺，久而逾新，藏往知来，挹而靡竭。尝试言之，盖以其国人多好道，苟非其气，虽曰子弟，终不传也。臣等谨凭天旨，专精钻仰，凡在隐秘，咸得解通，今削除繁冗，开明法要，修仍旧贯，缉缀新经，备列算术，备标如左，自作口诀，亦题目附本章。

算字法：样（一字　二字　三字　四字　五字　六字　七字　八字　九字）点，右天竺算法，用上件九个字，乘除其字，皆一举礼而成。凡数至十，进入前位，每空位处恒安一点，有间咸记，无由辄错，运算便眼，趁须先及历度。

右天竺度法，三百六十，确符管律，更无奇剩。（中国胜五度四分度之一，今〔阙〕家术源天竺，则弃没日，不入历度。中国则收没日，推日历度。由是度数不合。彼此有异。又凡称没者，虚数之谓也。所以二十四气，遇没十六日移节，在漏刻，遇没，十日移。然天地所产，人最灵焉，骸骨之数，有法象乎，玩同管律，理亦详矣。）

推积日及小余章：（闰及甲子算七曜直等在术中。）上古积年数太繁广，每因章首，遂便删除，务从简易，用舍随时。今起明庆二年丁巳岁二月一日以为历首，至开元二年甲寅岁，置积年五十七算。（甲子五十算。）术曰置积年，（假令推开元二年甲寅岁事，置五十七算为积年，若推向前一年癸丑岁事，即减一算，若推向其年三月五日事，即历后一年乙卯岁事，即加一算，他皆仿此。）以十二乘之，加自入年已来所积月。(假令推其年三月五日事,即历起二月一日为首,于二乘讫数上,更加一算,即是加入年经一个月了。)加讫重张位下,以七乘之,恒加一百三十二,以二百二十八除之,得闰月。(不尽为闰余,既未满闰弃之。)以闰月加上位为积月,以三十乘之。加自入月已来所经日。(假令推三月五日事,即于三十乘讫数上,更五算,即是加入月所经五日了。)重张位下位十一乘之,恒加差四百二十九,一百六十九,以七百三除之,得自入历已来所经小月。(其小月梵云欠夜。)不尽为小余。(其小梵云小月余。)以小月减上位为积月,其小余及积日各列为位。又置积日,以六十除,弃之余,从庚申算上命之,得甲子之次。又置积日,以七除,弃之余,从荧惑月命得之七曜直日次。(一算为荧惑,二算为辰星,三算为岁星,四算为太白,五算为填星,算定为日。)其七曜直用事法,别具本占。

推中日章:凡在梵历,大例分积满六十成一度,其度积满三十成一相,其相积满十二乘弃之,他皆仿此。(其相,梵音呼为星施,是聚义巴。承前或〔阙〕为次,或〔阙〕为辰,今从相也。其度,梵音呼为薄伽,录前〔阙〕为大分,今从度也。其分,梵音呼为立多,录前译为小分,今从分也。)术曰置积日重张位,下位以十二乘,以九百除之,得没度。(其没度,中国在历法为没日者是也。)不尽十五除之,得没分,恒加差三十分。(其分薄六十成一度。)以没度减上积日,又每退积日一置为六十分,以没分减之,减余列为中日分位,其减讫积日以三百六十除之,得自入历已来所经年,弃之,(假令置积年五十七算还只除得五十七。)余以三十除之,得相,不尽为度,其相及度与前所列中日分并之,置为日中位。(置位皆三重,从戴而列之,其下位列分,其中位列度,其上位列相,他皆仿此。)

推中月章:术曰置小余重张位,下位二十五,余之得者加上位,加讫以六十除之得度,不尽为分,其度分列为位,又置自入月已来所经日,(假令前推积日加自入月五算,推此亦须准前数置止算。)以十二除之,以三十除之得相,不尽为度,以其相及度与前所列度及分并之,又与中日并之,置为中月位。

推高月章：术曰置积日以九除之得度，余以六十乘之，依前除之，谓亦九除也，得分，其度以三百六十除，弃之余，以三十除之得相，不尽为度，其相及度兼分列为位，又置积日，以六十除之得分，（其分满六十成一度。）以其分并前所列分位，恒加差十八相二十六度四十一分，一相十三度四十五分，置为高月位。

推月藏章：（承前或译为月损益率。）术曰置中月以高月减之，（如不是减于月中相位，上更加十二相减之。）减讫置为月藏位。

推日藏章：（承前或译为日损益率。）术曰置中日减二相二十度，（如不足减，于中月相位上更加十二相减之也，他皆仿此。）减讫置为日藏位。

推定日章：日段六。第一段，（三十五。）第二段，（三十二。）第三段，（二十七。）第四段，（二十二。）第五段，（十三。）第六段，（五。）右一段每管十五度，两段管一相，凡在六段，用管三相。术曰置日藏若相及度位俱定，唯有分者，置分以第一段三十五乘之，以九百除之得分，（凡此分满六十成一度。）恒视日藏位，（相定及一二三四五相者，命曰羖首，六七八九十及十一相者，命曰称首，又凡在梵历，相定是一相法一相，是二相法二相是法，他皆仿此。）得羖首，即以此度分损中日位，得称首，即以此分益中日位。（以度损益度以损益分。）如是损益讫，置为定日位。

推定月章：（承前或译为月或。）月段六。第一段，（七十七。）第二段，（七十一。）第三段，（六十一。）第四段，（四十七。）第五段，（三十。）第六段，（十。）右一段每管十五度，两段管一相，凡在六段，用管三相。术曰置月藏若相及度位俱定，唯有分者置其分，以第一段七十七乘之，以九百除之得分。（凡此分满六十成一度。）恒视月藏位，（相定段一二三四五相者，命曰羖首，六七八九十及十一相者，命曰称首。）得羖首，即以此度分损中月位，得称首，即以此度分益中月位，如是损益讫，置为定月位。

叙三相已下藏例：（日与月并同此法。）置减位。（若相定位，其度不满十五，兼有入者，而置其度，以六十乘之内分，在梵历是名通作分也，亦以第一段乘之，以九百除之，得分，其分命用并亦准前。）置藏位。（若有十五度已上者，直将除弃十五度讫，十乘度内分也，他皆仿此。以次第二段乘之，准前除也，他皆仿此。以次第二段乘之，准前除之。凡言准前者，用旧术也，今亦用九百除之，他皆仿此。得分，其分加上位，不满六十成一度，其度及分命用并已准前。）置藏位。（若有一相十五度已下者，直除去一相讫，即并列第一段，第二段为上位，余通分内，子以次段乘之，自余命用，并亦准前。）置藏位。（若有一相十五度已上者，直除讫一相，兼十五讫，即并第一段迄，至第三段为之位，旬余命用，并亦准前。）置藏位。（若有二相十五度已下者，除讫二相讫，而开列第一段迄至第四段为上位，自余命用，并亦准前。）置藏位。（若有二相十五度已下者，有余讫二相兼十五度讫，即列第一段迄至第五段为上位，自余命用，并亦准前。）置藏位。（若唯有三相更无度分者，直弃三相讫，即并列第一段迄至第六段为上位，自余命用，并亦准前。）

叙三相已上藏例：（日与月并用此法。用此法，凡用梵历〔阙〕皆仿此。）置藏位。（如有三四五相者，别置六相以减之，减余相度分至于排段命用，并亦准前。前止承前〔阙〕云，傍五六相，以本减傍，去上张下，命用者是也。）置藏位。（如有六七八相者，直弃六相，余相度分至于排段命用，并亦准前。）置藏位。（如有九十及十一相者，别置十二相减之，减余相度分至于排段命用，并亦准前。）

推昼刻及夜刻章：（梵历昼夜刻共有六十刻，凡一刻即六十分，成都计总有三千六百分，若作一百刻，每一刻得三十六分。）刻段三。第一段，（一百六十。）第二段，（一百三十二。）第三段，（五十四）。右一段每管一相，凡在三段，用管三相。（至于排段别位受及乘除，叙例命用亦同前定日法。）术曰置定日，若相空即置其度，通作分，以第一段一百六十乘之，以一千八百除之，得分。（其分满六十成一刻。）其分一六十除之得刻，不尽为分，恒加三十刻置为夜刻分位，又恒别置六十刻，以所置刻及减之，减余刻及分，置为短刻分位。（凡春分后昼渐长，夜渐短，其长刻昼也，短刻夜也。春分羖首也，秋分后夜渐长，昼渐短，其长刻夜也，其短刻昼也，秋分称首也。）其长刻及其短刻及分合置为全昼全夜刻位，其全昼全夜刻及分，并各半之置为半昼半夜位。（置定日若有一相直弃一相即列第一段，一百六十为上位，余通作分，以第二段一百二十乘以一千八百除，自余命用并亦准前，置定日。若有二相，亦直弃二相，并列第一段第二段，二百九十为上位，余通作分，以第三段五十四乘之，以一千八百除之，自余命用并亦准前。）

推月域章：（承前或译为明量，确据梵音，呼为勃夜，其义云月食限也。谓每经一昼一夜，月行吞得度数之量也。译为域者，亦得剂域之限也，此月域内兼日行分合在其中。）术曰置今日定月，以昨日定月减之，余通作分，凡置为月域位。（又法置七百九十为本位，又取通乘月段，以九乘之讫，直弃一位，余者恒视月藏三四五六七八相者，命曰蟹首，九十一兼相位，定及一二相，命曰龟首。）蟹首益本位，龟首损本位，即是月域。

推日域章：（承首译为日法，明量其义，日以减却日行分，故标日为前也。）日行分法，（相位定及一相二相三相，行分五十七，四相行分五十八，五相行分五十九，六相行分六十，七相八相九相行分六十一，十相行分六十，十一相行分五十九。）术曰恒视定月相位，以前行分，于月域数内（假令相位空，即于月域数内减却行分五十七，他皆仿此。）减讫置为日域位。

推宿刻章：（宿法于此术中凡是宿平等为八百分，天竺每以月临宿占其日一，即休咎仍取其宿用事。又唯用二十七宿，命娄为始，去牛，终奎，其牛宿，恒着吉祥之时，不拘诸宿之例，别有占算法。）术曰置定月，通作分，（谓三十乘内度，六十乘度内分，他皆仿此。）以八百除之，得已通宿次，余者是用宿。（假令除得为娄二百，胃三百，即是已过宿次，余者是所临毕宿用事也。他皆仿此。）以六十乘之，以月域除之，得宿刻，又乘又除。（谓亦以六十乘，亦以月域除，他皆仿此。）得分置其刻及分为宿刻位。

推宿断章：术曰置半（阙）刻及分，兼全昼刻及分，以宿刻及分减之,先减夜刻。(谓从夜半子时向亥申至于戌酉而减之。)如夜刻尽,余以减昼刻,(亦谓从酉向申未等而减之也。)如减夜不尽,即直只减夜不减昼也,知夜昼俱尽,入以减往夜刻。(谓从卯向寅日等而减之也。)如减往夜全刻亦尽,余以减往昼刻。(谓从酉向申等而减之也。)凡减昼夜刻至所止处,是正著两宿界中央刻时。(谓已遇宿位未所临宿之初也。其日时月初临其宿用是也。)以此时名宿断时,置其刻及分为宿断位。

推节刻章:(或译为著蚀时,或译为日节,中国名为加时。梵云即初详意义如竹以节隔其间,今日一昼一夜〔阙〕,其昨日一昼一夜,相分每刻之处,亦如竹节,由是名焉。)术曰置定月,以定日减之,(如不足减,于定月相位上更加十二相减之。)减余通作分,以七百二十除弃之。(其弃者是加自入月已来日,若少于本数,名未来节数,若多于本数,名过去节断。)余者名为节除,以六十乘,以日域除之,得节刻,不尽又乘又除。(凡言又乘又除,皆是依前数乘之,依前数除之,今此以六十乘,以日域除,他皆仿此。)得分,置其刻及分为节刻位。

推节断章:(谓正著蚀时也,亦是往日今日,每两界中央分判检剂节断之处也。)术曰置半夜刻及分,兼全昼刻及分,以节刻及分,一如取宿断法,减之至所止刻为节断刻时,(谓正著蚀时也。)置其刻及分为节断位。

推均分章:(承前或译为月度分法,在梵历此术九妙,朔下日月相及度分算三位并均,望即度及分二位均,弦即准只分一位均,推得朔望均分路日月交蚀。)根法,(置定月,以日定减之,减余有六相者弃有有相,余通作分,名为过去根法。如减余通五相者,别置六相减之,减余作分,名为未来根法。)术曰置根法,以六十乘之,以日减除之,如是过去以除得数损之日分,如是未来以除得数益定日分,又以除得数加根法,以六十除之得度不尽为分,如是过去损定月度分,如是未来益定月度分,日月度分均平齐等,即并列之,置为均分位。又法置节刻位,通作分,列为根法。术曰置根法以定日行分,(谓日域术中相法之下所标五十七等是也。)乘之,以三千六百除之,得分,其余损益定日分。(其损益法,损之而得均者,即便损之,益之而得均者,即便益之。)又置根法,以日域乘之,以三千六百除之得分,其分又以六十除之得度,不尽为分,以其度及分损益定月度分。(日若益之,月亦益之,日若损之,月亦损之。)如是损益讫,置为均分法。(俱损俱益,是均分也,一损一益,非均分也。)

推阿修章:(承前或译为风,或泽为蚀神,梵之日呼为罗喉,释典所云罗喉阿修王,即此臣灵也。又《河图》云:暗虚值月则月蚀,值星则星亡,亦谓此怪灵也。又诸曜则巡宿顺行,其阿修则巡宿逆转,掩蔽日月,以亦交蚀。)术曰置积日,以六千七百九十四除之,得为已过遍数,弃之,余以十二乘之,准前除之,(谓亦以六千九百九十四除之也。)得相,余以十三乘之,准前除之得度,余以六十乘之,准前除之得分,列为前位,又别置五相二十四度四十分,以其前位减之,(如不足减,于五相位上更加十二相减之。)减讫,余相度分置为阿修位。

叙日月蚀法:凡算蚀者,先置均分及阿修位,从前蚀之后斗至六个月白博义,(天竺每月二博义,从月初至十五日为白博义,从十六日至月尽为黑博义,其博义译云翅也。)十五日,月当交蚀之限,从前蚀后斗至六个月黑博义。(月尽日也。)日当交蚀之限,月或个月,白博义蚀,或五个月,白博义蚀,或十四日蚀,或十六日蚀,日或七个月蚀,或五个月蚀,或十六日蚀,日或七个月蚀,或五个月蚀。又日蚀初亏皆在西方,月蚀初亏皆在东方,蚀既者虽亦带隅,正方之数俱多也。(其正方谓东西方也。)蚀鲜者虽亦带隅,正方之数小也。又蚀所从方进而亏黑,还于其方,退而放明也。又蚀色初至如烟,于时亦如烟。又蚀不尽,缺处黑,如尽,外赤色,中赤黑色。

推间量府章:(日月有蚀无蚀及起亏方隅,并在此术中。)置均分,以阿修减之,(如不足减,加十二相于均分相位上减之。)记减得投首,为北行。(若得北行,其有日蚀,初起西北,其有月蚀,初起东南。)得称首,为南行。(若得南行,其有日蚀,初起西南,其有月蚀,初起东北。)余者置为间量府。(凡有蚀法减阿修讫,余者即是间量府也。如十二度已下，月即有蚀，十二度已上，无蚀。凡日蚀法，减阿修讫，余者即是间量府也，兼有日成间量讫，有十二度已上，日即有蚀，十二度已下无蚀。）如其加十二相减阿修者还，却置十二相减讫蚀者，置为间量府，如其减阿修，有六相已上者，置弃六相，余者置为间量府，如其减阿修讫，有五相已上者，别置六相减之，减讫，余者置为间量府。

推月间量命段法。（凡一段管三度四十五分，每八段管一相，总有二十四段，用管三相。其段下侧注者，是积段，并成三数。）第一段，（二百二十五。）第二段，（二百二十四，并四百四十九。）第一相。第三段，（二百二十二并六百七十一。）第四段，（一百一十九并八百九十。）第五段，（二百一十五并一千一百五。）第六段，（三百一十并一千三百一十五。）第七段，（二百五并一千五百二十。）第八段，（一百九十九并一千七百一十九。）第九段，（一百九十一并一千九百一。）第十段，（一百八十三并二千九十三。）第二相。第十一段，（一百七十四并二千二百六十七。）第十二段，（一百六十四并二千四百三十一。）第十三段，（一百五十四并二千五百八十五。）第十四段，（一百四十三并二千七百二十八。）第十五段，（一百三十一并二千八百五十九。）第十六段。（一百一十九并二千九百七十八。）第十七段，（一百六并三千八百四。）第十八段，（九十三并三千一百七十七。）第三相。第十九段，（七十九并三千二百五十六。）第二十段，（六十五并三千三百二十一。）第二十一段，（五十一并三千五百七十二。）第二十二段，（三十七并三千四百九。）第二十三段，（二十二并三千四百二十一。）第二十四段。（七并三千四百三十八。）术曰置间量府，通作分，以二百二十五除之，得者为段，以其段下并数列为上位，（假令除得一，其第一段下无并，即直列二百二十五为上位，如其除得二，即例测注并数四百四十九为上位，如其除得三，例侧注并数六百七十一为上位，他皆仿此。）余以次段乘之，（假令除得三，例侧注并数为上位讫，即以第四段二百一十九乘之，他皆仿此。）以二百二十五除之，得者并上位置为间量命。（非月蚀用之。）

推月间量法：术曰置间量命，以四乘之，置为初位，又列置四万三千四十一，以月域除之得者，（假令除得五十一，即以五十一除初位。）以除初位得度，不尽六十乘之，依前除之得分，置为月间量位。（如推日蚀列算日间星法。）

推月量法：术曰置月域，以二乘之，以四十九除之，得度，不尽以六十乘之，依前除之，得分，置是月量位。

推阿修量法：术曰置月域，以五乘之，以四十八除之，得度，不尽以六十乘之，依前除之，得分，置为阿修量位。

推阿修及月全位半位法：置阿修量与月量，并之为全位，又半之为半位，其全位其半位，各列为位。

推蚀经刻法：（谓初亏至复满，所经刻数也。）术曰置量自相乘，（先以度自相乘，列为上位，又以分自相乘，以三上除之，加上位，凡三十分从度者，谓收半已上也。）又置半位，亦自相乘，（亦如收分法为之。）置半位相乘讫数减之，减余以开方除之，（其开方，梵音云根法也。）得者以六十乘之，又以日域除之，得刻，不尽又乘又除，得分，其刻及分二乘之，（谓位分也。）置为亏满刻法。（又以其数加节断刻上，节断是；若初亏时得此刻，通至复满时。）

推月规法：（此术中备载日月缺亏多少及蚀既深浅等事。）术曰置月量，半准其数，或用线，或用木为规限，绕作光明坛。又置间量，准其数，或以线，或以木，从光明坛正中心向蚀方引出，至末际，置为位。又起末际位，据为正中心，置阿修量半，准其数，或用线，或用木，为规限，绕作黑暗坛，据黑暗坛掩著处，以定亏缺多少，蚀既深浅，一如其事。（若推日蚀掩规，置月量半，为光明坛，以日成间量府，得作间量者为间量以及月量，半为黑暗坛，自余算术并同月规法。）

推蚀甚法：（谓蚀后更停，经一刻或二刻或半刻方始退蚀放明也。）术曰置阿修量半，以月量半减之，余又以月间量减之，（如其减间量尽，为蚀尽，如其减不尽，为蚀不尽，若尽即有蚀甚法，若不尽则无蚀甚法。）减余以六十乘之，以日域除之，得刻，不尽又乘又除，得分其刻及分二乘之。(谓倍也。)置为蚀甚刻位。

推蚀刻位:(谓左右用行数推步,蚀隅畔剂并图如左。)术曰置间量以九十乘之,以半位除之,得度,置为蚀行法。

蚀行法

度		南		度
四		度		四
十		四		五
五		十		五
度	二十分卅	五	卅分十二	度
东				西
度	二十分卅		卅分十二	度
度		度		度
四		四		四
十		十		十
五		五		五
		北		

右先为八方,讫东西正中加一画,各中通,以成十方。诸方各置四十五度,其东西二分头加一中画,便是各半其方,即东西各四半方也。各置二十二度三十分,言蚀从亏者,是从中道北入也,言从南亏者,是从中道南入也。

若从东北隅入,月蚀即从东中道北行,以蚀行减方数尽,则蚀初之分。(南入法准此。)若从西北隅入,日蚀即从西中道北行,以蚀行减方数尽,即蚀初之分。(南入法准此。)

推日量法:术曰置日行分,(谓日减术前所标五十七等数。)以六十乘之,以十一除之,得度,余以六十乘之,依前除得分,置为日量法。

推日蚀法:(凡云日蚀,太白从月,星伐阿修星,又并日月二为半位,其所用间量之,并以日间为之,日蚀术算亦同月蚀也。)术曰置节断刻位，通作分，谓六十乘刻内分也，别置之为刻分位。

推日上星驷法：术曰置定日以半夜刻及全昼刻并之，并讫所行刻以减定日分行，减讫置为日蚀出位。又别置三十度，以日出位度及分减分，（其减分法退一度破为六十分而减之。）减余通作分，置为上虚驷。

段法：第一段，（一百九十八。）第二段，（二百三十二。）第三段，（二百九十。）第四段，（三百五十一。）第五段，（二百六十。）第六段。（三百五十八。）右六段从上向下为羖首次，从下向上为称首，及置上虚驷，恒视日出相得羖首次第，（假令日出相定即得羖首也，谓即须用羖首第一段乘也，他皆仿此。）以其段乘之，以一千八百除之，所得者谓所得数也，以减刻分位成减为一相，即以一相加日出相位，（日出位中度及分并弃之。）即以次段减段，令用羖首第段乘上虚驷讫，即第刻分位乘三十，段二百三十二减之，又以一相准前加日出相位，又以其次段减刻分位成减，又以一相加日出相位，视刻分位数堪更减之，他皆仿此。至不成减，止余刻分位，不成减云余也，以三十乘以所至段除，能止从羖首加三相于星相位讫，即取次四段除之，他皆仿此。得此度不尽，以六十乘，依前除得分，以所得度及分并加日出位，加讫即是节断，恒减三相减讫。（羖首为北行，称首为南行。）日间如是量府三相已上，准减相例为如之，为其相定及三相已下，总通作分，谓三十乘内度六十乘度也，一如前推月间量命法为之，置为月间量命，以一百四十六数除之，所得为度，余以六十乘之，依前除之，所得为分，置为位，恒观月间量府，若羖首减，谓随方眼法。

随方眼法，（其随方眼，中国用三十五分也。）若称首以加随方眼法之置以位为中命，置中命又一如前命法为之，置为后命，月域乘之，以五万一千五百六除之，所得为度，余以六十乘之，依前除之，所得分所得度及分，恒视间量府，（谓均分减阿修讫，间量府也。）得羖首减之，（亦为均分减阿修讫，间量府也。）得称首加之，（亦谓加均分间量府也。）减阿修讫，置为日间量。（如十一度已下有蚀，十一度已上无蚀。）又并日月二量为全位，复半之为半位，置半位自相至，又置日间量，亦自相乘讫，即以半位数内减却日成数，成减有蚀，不成减无蚀，余并一如蚀中叙。（凡在历大侧，如其分不足减，退度一置为六十分而减之，如其度不足，退相一置为三十度而减之，如其相不足减，加十二相而减之。）置上虚驷恒日出相，依羖首称首次第，（假令日出相定，即得羖首也，谓即用羖首第二段乘也，他皆仿此。）以其段乘之，以一千八百除之，所得者（谓所除得数也。）以减刻分位，成减，为一相，即以一相加日出相位，（其日出位所有度及分并弃之。）又即以次段减刻分位，（假令用羖首第一段乘上虚驷讫，即用以第二段二百三十二减之，他皆仿此。）成减，又以一相加日出相位，又以次段分减刻位，成减，又以一相加日出相位，每视刻分位数堪更减段者，恒教此法减而加之，至不成减止，余以三千乘，以所至段除之，日得度，不尽六十乘，依前除之得分，以此度及分并加日出位，（其日出位度分先并弃之，令以此度加及分置之。）加讫即是节断著也。其节断著恒减三相，减讫，（得羖首为北行，得称首为南行。）置为日间量府。如其有三相已上，（谓日间量府有三相已上也。）准减相例（其例在定日术后者是也。）为之，如其三相已下，总通作分，（谓三十乘相内度，六十乘度内分也。）如推月间量命法为之，置为日间量命，以一百四十六除之得度，余以六十乘之，依前除之得分，恒视日间量府，若得羖首，即以此度分数内减却随方，（其随方眼，中国用三十五分。）若得称首，即以此度分数内更并随方眼，置为中命，置中命，又再更一如前命法为之，置为后命，置后命以月域乘之，以五万一千五百六十六除之，得度，余以六十乘，依前除之得分，恒视间量府，（得均分减阿修讫，间量府也。）得羖首以此度分损之，（谓损其减阿修讫，间量府也。）得称首以此度分益之，（谓其减益阿修讫，间量府也。）如此损益讫，置为日间量位，其间量数有十一度已下，日即占蚀，十一度已上，又并日月二量为全位，又半之，占无蚀，为半位，置半位，自相乘，又置日间量，亦自相乘，即以半位数，谓有相乘讫数也。内减却日间量数，谓自相讫数也。成减有蚀，不成减无蚀，自余术理咸悉，一如月蚀中术。

开元占经卷一百五

古今历积年及章率

古今历积年及章率：古今历上元已来至今开元二年甲寅岁积，黄帝历上元辛卯至今二百七十六万八百六十三算外。

章岁十九。章闰七。章月二百三十五。蔀岁七十九。蔀月九百四十。蔀日二万七千七百五十九。元法四千五百六十。纪法一千五百二十。蚀月一百三十五。蚀法二十三。蚀岁五百一十三。蚀数一千八十一。

颛顼历上元乙卯至今二百七十六万一千一十九算外。

章岁十九。章闰七。

夏历上元乙丑至今二百七十六万五百八十九算外。

章岁十九。章闰七。

殷历上元甲寅至今二百七十六万一千八十算外。

章岁十九。章闰七。

周历上元丁巳至今二百七十六万一千一百三十算外。

章岁十九。章闰七。

鲁历上元庚子至今二百七十六万一千三百三十四算外。

章岁十九。章闰七。

前汉刘歆三统历上元庚戌至今一十四万三千九百三十四算外。

章岁十九。章闰七。日法八十一。统法一千五百三十九。朔望会一百三十五。元法四千六百一十七。冬至牛初。岁星一百四十四年起一次。

岁数一百四十四。周数一百四十五。

后汉四分历上元庚辰至今九千九百九十五算外。

元法四千五百六十。纪法一千五百二十。纪月一万八千八百。蔀法七十六。蔀月九百四十。章法十九。章月二百四十五。周天一千四百六十一。日法四。蔀日二万七千七百五十九。没数二十一。通法四百八十七。没法七。(亦为章闰。)日余一百六十八。中法三十三。大周三十四万三千三百三十五。月周一千一十六。

吴刘洪乾象历上元己丑至今七千八百八十五算外。

乾法一千一百七十八岁。会通七千一百七十一。纪法五百八十九。周天二十一万五千一百三十。通法四万三千二十六。通数三十一。日法一千四百五十七。岁中十二。余数三千九十。章岁十九。没法一百三。章闰七。会数四十七。会岁八百九十三。章月二百三十五。会率一千八百八十三。朔望合数九百四十一。会月一万四千四十五。纪月七千二百八十五。元月一万四千五百七十。月周七千八百七十四。小周二百五十四。

魏韩诩黄初历上元壬午至今三万二千七十二算外。

章岁一十九。章闰七。纪法二千八百八十三。斗分一千二百五。周天一百七十八万三千五百。日法一万二千七十九。经六千四百九。月法三十五万六千七百。

魏杨伟景初历上元壬辰至今四千五百二十三算上。

元法一万一千五十八。纪法一千八百四十三。纪月二万二千七百九十五。章岁十九。章月二百三十五。章闰七。通数一十三万四千六百三十。日法四千五百五十九。余数九千六百七十。周天六十七万三千一百五十纪日。岁中一十二。气法一十二。没分六万七千三百一十五。没法九百六十七。月周二万四千六百三十八。通法四十七。会通七十九万一百一十。朔望合数六万七千三百一十五。入交限数七十二万二千七百九十五。通周一十二万五千六百二十一。

周日日余二千五百二十八。周虚二千三十一。斗分四百五十五。

晋刘智正历上元甲子至今九万七千八百五十算外。

章岁十九。章闰七。纪日一百四万九百五十三。交会通六百一十万九千一百七十四。纪岁二千八百五十。冬至斗二十一。纪月三万五千二百五十。余一万八千七百三。

姜岌历上元甲子至今八万四千一百七十算外。

章岁十九。章闰七。纪二千四百五十一。斗分六百五。日法六千六十三。经余三千二百一十七。历余三千三百六十二。冬至在斗十七。

梁赵历上元甲寅至今六万一千七百四十算上。

元法四十三万二千。纪法七万二千。蔀法七千二百。章岁六百。章月七千四百二十一。(亦曰时法。)章闰二百二十二。周天二百六十二万九千七百五十九。(亦曰通数。)余数三万七千七百五十九。斗分一千七百五十九。日法八万九千五十二。(亦曰蔀日。)月周九万六千二百五十二。小周八千二十二。会数一百七十三。度余二万七千七百一十九。会虚六万一千三百三十三。交会差一百四十七。度余三千三百一十一。迟疾差六百余四千五百三十。周日二十七日余四万九千三百八十。周虚三万九千六百七十二。

宋何丞天元嘉历上元庚辰至今五千九百七十四算外。

章岁十九。章闰七。纪法六百八。日法九百五十二。历余四百一十七。经历三百九十九。度法三百四。度分七十五。会月九百三十九。会数一百六十。雨水室二度。

宋祖冲之大明历上元甲子至今五万二千一百九十算外。

元法五十九万二千三百六十五。纪法三万九千四百九十一。章岁三百九十一。章月四千八百三十六。小周五千二百二十七。章闰一百四十四。闰法十二。月周五十二万七千九百二十七。日余十六万九千七百七十五。月法十一万六千三百二十一。日法三千九百三十九。岁分一千四百四十二万三千八百四。岁余九千五百八十九。余数二十万七千四十四。没分三百六十万五千九百五十一。没法五万一千七百六十一。周天一千四百四十二万四千六百六十四。度分一万四百四十九。差八百六十。行分法二十三。

小分法一千七百一十七。通周七十二万六千八百一十。会周七十一万七千七百七十七。通法二万六千三百七十七。

梁武大同历上元甲子至今一百二万五千八百七十算外。

章岁六百一十九。日法一千五百三十六。纪法三万九千六百一十六。

后魏张龙祥正光历上元壬子至今一十六万七千九百四十二算外。

章岁五百五。章闰一百八十六。章月六千二百四十六。蔀法六千六十。斗分一千四百七十七。纪法六万六百。统法十二万一千二百。元法三十六万三千六百。日法七万四千九百五十二。周天分二百二十一万三千三百七十七。气法二十四。经月大余二十九。(小余三万九千七百六十九。)会数一百七十三。余二万三千二百八。会通一千二百九十八万九千九百四。周日二十七。余四万一千五百六十二。通周二百六万五千二百六十六。小周六千七百五十一。月周八万一千一十二。

东魏兴和历上元甲子至今二十九万四千一百七十算外。

章岁五百六十二。度法一万六千八百八十。章闰二百七。斗分四千一百一十七。日法二十万八千五百三十。余十一万六百四十七。周天六百一十五万八千一十七。历余一十万五千六百三十一。会数一百七十三。日余六万七千一百一十七。木终余一万五千六百八。火终余一万五千一百四十三。土终余九百八十一。金终余一万四千五百二。水终余一万四千八百一十八。冬至斗。

刘孝孙历上元甲子至今四十三万五千二百三十算外。

章岁六百一十九。元法一十六万九百四十。纪法九千四十七。日法一千一百四十四。岁余一千九百六十六。虚分六千四百七。差分五百九。度法二万四千一百四十一。行分三十九。会月二千一十三。会率三百四十一。周法三万四千三百二十。历朔差分六万七千四百四十二。冬至命度起危前五度。

齐宋景天保历上元甲子至今一十一万六百九十算外。

元法一百四十一万九千六百。纪法二千三万六千六百。蔀法三万三千六百六十。（亦名日度法。）章岁六百七十六。（亦名日度法。）章闰二百四十九。（亦名闰法。）章中八千一百一十二。章月八千三百六十一。日法二十九万二千六百三十五。周天八百六十四万一千六百八十五。（亦名通数，亦名蔀法，亦名没分。）余数一十二万四千八十七。（亦名没分。）斗名五千七百八十七。岁中十二。气法二十四。会数一百七十三。余九万一千五十八。会通五千七十一万六千九百一十三。会虚二十七万一千五百七十七。周日二十七。余一十六万二千二百六十一。通周八百六万三千四百六。周虚一十三万三百七十四。小周九千三十七。月周三十一万六千二百九十五。望十四。余二十二万三千九百五十三半。交限数一百五十八。余一十五万九千七百三十九半。经月二十九。余一十五万五千二百七十二。虚分十三万七千三百六十三。

周甄变天和历上元甲寅至今八十七万五千九百四十算外。

章岁三百九十一。章闰一百四十四。蔀法三万三千四百六十。日法二十九万一百六十。朔余一十九万三千九百九十一。斗分五千七百三十一。会余九万三千五百一十六。历余一十六万八百三十。冬至日在斗十五度。

周马显景寅元历上元景寅至今四万一千六百八十八算外。

章岁四百四十八。章闰一百六十五。斗分三千一百六十七。蔀法一万三千九百九十二。日法五万三千五百六十三。（亦曰蔀会法。）历余二万九千六百九十三。会日一百七十三。会余一万六千六百一十九。冬至日在斗十二度。

隋张宾历上元甲子至今四百一十二万九千一百三十算外。

元法六百一十七万七千六百。纪法一百二万九千六百。蔀法十万二千九百六十。（亦名度法。）章岁四百二十九。章闰一百五十八。章月五千三百六。通月五百三十七万二千二百九。日法十八万一千一百二十。(亦名周法。)虚分八万五千三百九十一。朔时法一万五千六百一十。周天分三千七百六十万五千四百六十三。(亦曰没分。)余数五十三万九千八百六十三。(亦曰没法。)岁中十二。斗分三万五千六十三。气法二十四。气时法八千五百八十。会月一千二百九十七。会率二百二十二。合数一百一十半。会分一十一亿八千七百二十五万八千一百八十九。会通六十九亿六千七百七十五万五千七十三。(亦曰交数。)会日法四千二十万四千三百二十。会日一百七十三。余五万六千一百四十三。小分一百一十。会虚一十二万五千七百七十六。小分一百一十一。会日限一百五十八。会九万八千八百三十八。小分二百二十半。朔望合日数十四。余一十三万九千二百二十四。小分一百一十半。交法五亿一千二百一十万四千八百。三分法二千八百一十五。阴阳历一十三。余三万二百六十三。小分二千三百二十八。历合二十七。余三万八千六百七。小分一千八百四十一。朔差二。余五万七千九百二十二。小分九百七十四。望差一。余二万八千九百六十一。小分一千八百九十四半。蚀限十二。余八万一千三百三。小分四百三十三半。定差四万四千五百四十八。通周五百一万二千六百九十九。余岁一万三千八百九十七。限三千八百一十三。周日二十七。余十万八百五十九。(亦名小大法。)周虚八万一千六十一。通率七。差虚十三万七千三百七十二。转率二百四十。分率七百五十八。日周一百三十七万六千四百。小周五千七百三十五。朔望合数十四度。余一十三万九千二百二十四半。

张曹玄历上元甲子至今一百四十二万七千七百五十算外。

章岁四百一十。章闰一百五十一。日法一千一百四十四。度法四万二千六百四十。朔余六百。斗分一万八千八百六十六。岁差五百三。周法二千五百四十八。余一千四百一十三。冬至命度虚。(初五后七。)交会通一千六十四万六千七百二十九。(比古会日。)朔差九十万七千五十七。(比古会数。)

刘焯皇极历上元甲子至今一百万八千九百五十算外。

章岁六百七十六。度法九万三千二百八十八。日法一千二百四十二。余六百五十九。岁余二万二千八百一十三。岁差一千四百二十三。会月二千七百二十九。会率四百六十五。周法二千二百六十三。余一千二百五十五。

傅仁均戊寅历上元戊寅至今一十六万四千四百三十六算外。

章岁六百七十六。(亦名行分法。)章闰二百四十九。章月八千六百六十一。月法三十八万四千七十五。日法一万三千六。时法六千五百三。度法九千四百六十四。(亦名气法。)气时法一千一百八十三。岁分三百四十五万六千六百七十五。岁余二千三百一十五。周天分三百四十五万六千八百四十五。斗分二千四百八十五半。没分七万六千八百一十五。没法一千一百三。历日二十七。历日余一万六千六十四。历周七十九万八千二百。历法二万八千九百六十八。余数四万九千六百三十五。

神龙历上元乙巳至今四十一万四千三百七十算外。

母法一百。旬周六十。辰法八刻三十三分二十半。期周三百六十五日。余二十四奇四十八。气法十五日余二十一奇八十五少半。月法二十九日余五十三奇六。候法五日余七奇二十八游分四。望法十四日余七十六奇五十三。弦法七日余三十八奇二十六半。闰差十日余八十七奇七十六。没数九十一余三十一奇十二。没法一余三十一奇十二。日周法二十七日余五十五奇四十五小分五十九。日差法一百余九十七奇六十小分四十一。天周三百六十五度余二十五奇七十一小分七十一。交周法二十七日余二十一奇二十二小分十六七分。交差法二日余二十一奇八十三小分八十三三分。交中十三日余六十奇六十一小分八三分半。阳前限十二日余四十四奇六十九小分十六七分。阳后限一日余十五奇九十一小分九十一六分半。阴前限二十六日余十五奇三十小分二十五分半。岁星合法三百九十三日余八十六奇七十九小分八十。荧惑合法七百七十九日余九十一奇五十五小分四十五。镇星合法三千七十九日余八奇四小分八十。太白合法五百八十三日余九十一奇七十七小分七十。中合法二百九十。日余九十五奇八十八小分八十五。辰星合法一百一十五日余八十七奇九十五小分七十。中合法五十七日余九十三奇九十七小分八十五。

李淳风见行麟德历上元甲子至今二十六万九千九百三十算外。

章岁三万九千五百七十一。总法一千三百四十。章月三十八万九千四百二十八。半总六百七十。章闰一万四千五百七十六。辰率三百三十五。闰分一千二百一十四奇八。奇率一十二。历周四十四万三千七十七。旬周六十。月法二十九日余七百一十一。弦法七日余五百一十二奇九。气法十五日余二百九十二奇十。历法二十七日余七百四十三奇。

开元占经卷一百六

星图一

二十八宿星座古今同异

东方青龙七宿一

角二星十二度夹左角星，去极九十一度，郑分，旧南星在赤道内一度，今测其南星正押赤道。亢四星距西第二星，去极八十度，郑分，旧南第二星在赤道外，今测在赤道内二度。氐四星十五度，距西南星，去极九十四度，宋分，古今同。房四星、钩钤二星五度，距西南第二星，去极一百八度，宋分，古今同。心三星古今同，五度，距前第一星，去极一百八度半，宋分。尾九星、神宫一星十八度，距本第二星，去极一百二十四度，燕分，旧去极一百二十度。又三星入河，今去极一百二十四度，有六星入河，又距星傍有一星，旧不载。按《古经赞》云：神宫一星在尾第二星傍，主解衣之内室。既有古赞，今附入其天河，审视天河，曲邪中绝，与旧不同，并依天改正。箕四星十一度，距西北星，去极一百二十四度，燕分。旧四星并在河内，审视天南二星出河，其天河与旧不同，今并依天改正。

北方玄武七宿二

南斗六星二十六度四分度之一，距魁南第四星，去极一百一十六度，吴分，旧柄第二星在黄道内，又魁二星出河，今测在黄道外，魁四星出河。牵牛六星八度，距中央大星，去极一百一十度，吴分，旧南二星入南斗度，一星在牵牛度，今视天三星并在牵牛度，元不入斗，又旧去极一百六度，今测一百一十度。须女四星十二度，古今同，去极一百六度，赵分。虚二星十度，古今同，距南星，去极一百四度，齐分。危三星、坟墓四星，古今同，十七度，距西南星，去极九十九度，齐分。营室二星、离宫六星十六度，距南星，去极八十五度，卫分，古今同。东壁二星九度，距南星，去极八十六度，卫分，古今同。

西方白虎七宿三

奎十六星，距西南大星，去极七十度，鲁分，旧去极七十七度，今测七十度。又旧星并均，今视天即有疏有密，大小不等。娄宿古今同，三星十二度，距中央大星，去极八十度，鲁分。昴古今同，七星十一度，距西南第一星，去极七十四度，赵分。毕古今同，八星、附耳一星十六度，距左股第一星，去极七十八度，赵分。觜古今同，三星二度，距西南星，去极八十四度，晋魏分。参古今同，十星九度，距中央西星，去极九十四度，晋魏分。

南方朱雀七宿四

东井八星、钺一星，三十三度，距南辕西头，去极七十度，秦分。《星经》云：去极七十度，其距星旧在黄道内一度，又八星并在河，今以仪测，在黄道外一度。又北辕二星出河。舆鬼四星四度，距西南去极六十八度，秦分。旧积尸积兵帛积金玉等四星正指四方，今积尸等并全出黄道内，又外四星斜指四隅。柳八星十五度，距西头第三星，去极七十七度，周分，旧西南口头欠一星，东头尾后加一星，添满八星，今视天尾后无星，其星本在口边，今改正。星七星七度，距中央大星，去极九十一度，周分，旧去极九十七度，距星合在赤道外六度，旧在赤道内一度，今测去极九十度，星正押赤道。张宿古今同，六星十八度，距前第一星，去极九十七度，周分。翼二十二星十八度，距中央西星，去极九十九度，楚分，旧距前第一星，按经今距中央西星，今测正距中央西星。又星有远近斜曲小异。轸四星、长沙一星、辖二星十七度，距西北星，去极九十八度，楚分，旧距西南星即与经旨乖舛，今测取西北星即得确传度数，如中央距星并合赤道外。

开元占经卷一百七

星图二

石氏中官星座古今同异

摄提古今同,六星夹大角。大角同,一星。梗河三星大角北。西星曲向南,今视西星亦端直。招摇古今同,一星梗河北。玄戈古今同,一星招摇北。天枪古今同,三星北斗柄东。天棓古今同,五星女床东北。女床古今同,三星天纪星北。七公古今司,七星招摇东。贯索古今同,九星七公前。天纪九星贯索东,旧在尾箕度,今测东三星入南斗度,近织女。织女古今同,三星天纪星东端。天市垣二十二星房心东北端,旧东垣从南门第一星至第五星并在赤道外,今测从门头星至第三星在赤道外,余星在赤道内,又东垣第二星第六星在河里,旧图并不入市。又审视天河,一差入市。帝座古今同,一星在市中。候古今同,一星帝座东南。宦者古今同,四星帝座西。斗五星在宦者西南,旧斗星口,仰兼背斛,今视天斗口向下覆斛。宗正古今同,二星帝座东南。宗人旧在河外,今在河内。四星宗正东。宗星旧两星相去远,今测两星相去近,二星宗人北。东咸古今四星房东北。西咸旧四星,并在房星西赤道外北一度,今测在房星西北,三星在赤道内房度,一星在赤道外氐一度,四星房西北。天江古今同,四星在尾北。建星旧五星在黄道内,兼一星,又一星在黄道外,今测六星并在黄道内,元不入河,六星在南斗北。天弁旧大小远近并均,又偃势覆向下,今测有疏密大小不均,其偃势仰向上,又视天河与旧不同,九星在建星北。河鼓旧三星并旗六星并入河,又旗南四星在赤道外,今测河鼓唯北一星及旗三星入河,又旗南唯三星在赤道外,视天河正当河差,河鼓并旗十二星在牵牛北。离珠旧在须女,又在须女北横列,今测在牵牛度,又在须女西北竖立,五星在须女西北。匏瓜旧并在河中,又近天津,今测在河外,又去津远,又视天河与旧不同,五星在离珠北。天津旧并在虚度,仍竖,唯二星出河,今测向西北,东南斜指,入牵牛女虚等度,及有六星出河,又视天河有断绝委曲不同,九星在虚北河中,螣蛇旧八星出河,今视唯尾末二星出河。二十二星在奎北河中。阁道旧北四星出河,今测北二星出河,六星在王良北。附路古今同,一星阁道傍。天大将军旧星并均圆曲向上,今测星有出入不均,十一星在娄北。大陵古今同,八星在胃北。天舡旧四星出河,今在河内,九星在大陵北河中。卷舌旧北二星入河,今并在河外,六星在昴北。五车旧东北及西北星入河,今出河,又西北柱旧双星向上,今测向下,又东北柱旧双星在东北,今向西北,五车三柱十四星在毕东北端。天关古今同,一星五车南,参西北。南河北河,南河旧在河内,西二星入前实沉次,今测不入河,亦不入前次,复在河外,又在后鹑首次。北河旧在鹑首次,今测二星入前实沉次,六星夹东井。五诸侯旧东头第一星在黄道外,今测在黄道内四度。又旧东头第二星曲向南,今乃曲向北,又与第三星相近,五星在东并北,近北河。积水积薪二星旧在鹑首次,今并在前实沉次。积水一星北河西北,积薪一星积水东南。水位旧南二星入河,今四星并在河外,四星东井东南北列。轩辕旧尾渐斜向上,其右角在黄道内,今测其尾势迤逦向西,其左角出黄道外半度,不在内,十七星在七星大星北。少微同四星,太微西南北列。太微古今同,十星在翼轸北。黄帝座旧四星,去黄帝座近远并相侣,今有近有远不等,黄帝座一星在太微中,四帝四星夹黄帝座。内屏古今同,四星在黄帝座南。郎位,旧取端正均配行列,今有偏并不均,十五星在帝座东北。郎将古今同,一星郎位东北。常陈古今同,七星如毕状,帝座北。三台古今同,六星两两而居,起文昌,列抵太微。相星太阳守二座,旧重四相当,今太阳守在相星西南,相一星北斗南,太阳守一星相星西南。天牢旧均圆近中台,今其星北斗魁下,兼有疏有密。文昌古今同,六星北斗魁前。北斗古今同,七星辅一星在太微北。紫微宫垣两蕃,旧在娄昴毕井柳张轸等度,今测在胃毕井鬼七星张轸等度,十五星东蕃八,西蕃七,北斗北。北极古今同,五星。钩陈六星,皆在紫微宫中。天一太一,旧并在轸度,今俱在翼度,天一一星紫微宫门外右星南,太一一星天一星南相近。

开元占经卷一百八

星图三

石氏中官星座古今同异

库楼古今同，十星、五柱、十五星、冲四星，凡二十九星，在角南。北落师门古今同，一星羽林西南。土司空旧在奎度天溷东南，视天在东壁度，一星奎南。土司空新图溷西南。南门古今同，二星库楼南。平星古今同，二星库楼北。天仓旧二星在奎度，三星在娄度，今五星在奎度，一星在娄度，六星在娄南。骑官旧三三又列并均，今其星有疏密，有横竖，亦有斜，不均。二十七星在氐南。天囷古今同，十三星在胃南。天廪旧四星并在赤道内，西北东南列，今三星在赤道外，又西南东北列，四星在昴南。积卒古今同，十二星房心南。龟星旧四星入河，一星出河，审视天，唯一星入河，四星出河。又天河曲直与旧不同，五星在尾南。天苑古今同，十六星昴毕南。傅说古今同，一星在尾后。鱼星旧在傅说东南，今测在傅说东北，其天河断绝曲斜与旧不同，一星在尾河中。杵星古今同，三星在箕南。参旗古今同，九星在参西，一名天弓。玉井古今同，玉井四星在参左足下。天屏古今同，二星玉井南。鳖星旧在南斗度，又在斗魁东南，今测在箕度，又在斗魁西，唯东一星入南斗度，十四星南斗南。厕星古今同，四星在屏东。天矢古今同，一星在厕南。军市旧在厕正东，又星并均图，今测在东北，其星有相近，亦有疏阔，十三星参东南。九坎旧在斗牛女度，今在斗牛度，不至女宿，九星牵牛南。狼星古今同，一星参东南。败臼旧在须女危度，今测唯在虚度，四星虚危南。弧星旧全坐并在河外，今测东头一星入河，并疏密大小不依象，九星东南。垒壁陈东头第一星入东壁度，又西头五星入危度，今测不入东壁度，又西六星入危度。其羽林旧八星络东壁距道入壁度，三三又对，南北分为五行，西一星入危度，审视不络东壁度，西九星入危度，南北只有四行，亦有不相入者。羽林四十五星，垒壁十二星，凡五十七星室壁南。老人古今同，一星在弧南。稷星古今同，五星七星南。

开元占经卷一百九

星图四

甘氏中官古今同异

天皇大帝古今同,一星钩陈口中。四辅古今同.四星抱北极枢。华盖古今同,七星、杠九星,凡十六星,大帝上。周鼎古今同,三星摄提西。帝席古今同,三星在角南。平道古今同,二星左右角间。五帝内座古今同,五星华盖上。六甲古今同,六星华盖傍。天柱古今同,五星紫微宫中近东垣。进贤古今同,一星平道西。谒者古今同,一星左执法东北。三公内座古今同,三星谒者东北。九卿内座古今同,三星三公北。柱下史旧经云在北极东南斗度,审视在北极东北牵度,一星北极东北。女史旧图在南斗度,今测在须女度,当柱下史北,与紫宫东垣南第六星相近,一星柱下史北,近紫微东垣第六星内。五诸侯古今同,五星九卿西。太子古今同,一星黄帝座东北。从官古今同,一星太子西北。幸臣古今同,一星太子东北。尚书古今同,五星紫微宫门内。东维阴德古今同,二星尚书西。天床旧图普阔促均齐,视天乃狭长,兼有明暗,六星紫宫门外。天理古今同,四星北斗魁中。内厨古今同,二星紫微宫西南角外。明堂古今同,三星太微西南角外。灵台古今同,三星明堂西。势星古今同,四星太阳守西北。内平旧云在中台南,旧图在轩辕腹,又在柳七星度,今测在中台南张七度,复与《星经》同,四星中台南。耀星旧图在轩辕腹内,今测在轩辕尾南,近柳北四星。内阶经云在文昌北,旧图安星在八谷北毕觜东井等度,其星又阔促,今测在文昌北东井柳度,又狭长,两相近,亦与《星经》本文同,六星文星北。天厨旧在虚危度,并阔促均齐,今测在南斗牵牛须女虚等度,又狭长明暗不等。酒旗古今同,三星轩辕右角南。天罇古今同,三星东井北。诸王古今同,六星五车南。司怪旧图端列南第一星出河,审视天并在河内,又向西曲，四星在钺星前。座旗旧去在司怪西北，旧图及视天并司怪东北九星。天高古今同，四星参旗西近毕。策星旧图在河外，今在河内，一星王良前。传舍旧图在奎娄度，今测在东壁奎娄胃等度九星，华盖上近河傍。造父古今同，五星钩星南河中。砺石古今同，四星五车南。八谷古今同，八星五车北。天谗古今同，一星卷舌中。积水古今同，一星天船中。积尸古今同，一星大陵中。车府古今同，七星天津东近河傍。人星古今同，五星车府东南。臼杵古今同，三星人星傍。臼星古今同，四星人星东南。左更古今同，五星在娄东。右更古今同，五星在娄西。军南门旧在天将大军西，近奎北，以仪测，在天将军南，如奎正东，一星天将军西南。天横旧四星东西列，一星在北，审视天，四星南北列，一星在西，五星在五车中。扶匡旧在须女度东北，西南行列，又在子规外，审视天在南斗度东，南北行列，又在子规内，唯一星在规外。司命古今同，二星在虚北。司禄古今同，二星司命北。司危古今同，二星司禄北。司非古今同，二星司危北。败瓜旧四星入河，一星出河又横，审视天并在河外，又竖五星匏瓜傍。咸池旧图在五车中近东，今测近西，附金柱，三星天潢西北。月星古今同，一星在昴东。天冲旧图络黄道，今在黄道北，二星昴毕间，近月星东。天河古今同，一星在昴西。河鼓左旗旧九星并入河，今测三星出河，九星河鼓左傍。天鸡古今同，二星狗国北。罗堰古今同，三星牵牛东。市楼旧在赤道外，今测在赤道内，六星在市中，临箕上。斛星古今同，四星在市中斗南。日星古今同，一星房中道前。天乳古今同，一星在氐北。亢池古今同，六星在亢北。渐台古今同，四星属织女东足。辇道旧星并均南斗度，又在河外，今其星有远有近，南二星入牵牛度，又入河。五星属织女西足。三公古今同，三星在北斗西南。

开元占经卷一百十

星图五

二十八宿

甘氏外官一

青丘古今同，七星在轸东南。折威古今同，七星在亢南。阵车古今同，三星在氐南。骑阵将军古今同，一星骑官中东端。糠星古今同，一星箕舌前。车骑古今同，三星骑官南。农丈人旧在狗星西南，今在狗星西，一星南斗西南。狗星古今同，二星南斗魁前。狗国古今同，四星建星东南。天田古今同，九星牵牛南。哭星古今同，三星在虚南。泣星古今同，二星在哭东。盖屋二星在危南。八魁旧三星在营室度，六星在危度，今并在营室度，九星北落东南。雷电古今同，营室西南。云雨古今同，四星霹雳西南。霹雳古今同，五星土公西南。土公古今同，二星东壁南。土公吏古今同，二星营室西南。铁锧古今同，五星天苍西南。天溷古今同，七星外屏南。外屏古今同，七星在奎南。天庾古今同，三星天仓东南。刍藁古今同，六星天苑西。天园古今同，十三星天苑南。九州殊口古今同，九星天节下。天节古今同，八星毕附耳下星南。九游古今同，玉井西南。军井经云玉井东南，旧在屏南，今在屏东四星。水府旧在东井南河外，今在河内，四星东井南。四渎一星入河，三星出河，今三星入河，一星出河，四星东井南辕东。阙丘旧在南河东南赤道外，今在南河南赤道内，二星南河南。天狗古今同，七星狼东北。三坐旧并在西北斜列，今并在东北斜列。丈人二星军井西南，子二星丈人东，孙二星在子东。天社古今同，六星在弧南。天记古今同，一星外厨南。外厨旧近河，又东西狭，今去河远临赤道，又东西阔，六星柳南。天庙旧并引行正直，今有曲直，十四星在张南。东瓯古今同，五星在翼南。

巫咸中官二

大尊旧在中台西子规外，今在中台北子规内，一星中台北。三师古今同，三星北斗魁第一星西。大理古今同，二星紫微宫门老星内。御女古今同，四星钩陈后北。天相古今同，三星七星大星北。长垣旧在黄道外有二星，今并在黄道内，四星少微西，南北列。虎贲古今同，一星下台南。军门土司空二坐旧并在轸星南，今在轸星西南近翼。军门二星青邱西。土司空四星军门南。阳门古今同，二星库楼东北。顿顽古今同，二星折威东南。从官古今同，二星房星南。天辐古今同，二星房星南。〔天辐古今同，二星房距星西。〕键闭古今同，一星房东北。罚星古今同，三星东咸北列。列肆古今同，二星天市中斛西北。车肆古今同，二星天市门左星内。帛度古今同，二星宗星东北。屠肆古今同，二星帛度北。奚仲旧三星在虚度，一星入女度，其星在子规外竖立，今三星在牵牛度，一星在南斗度，泊子规东南，西北斜列，四星如衡状，天津北。钩星古今同，九星如钩状，造父北。天桴旧在赤道外，今在赤道内，四星河鼓左旗端，南北列。天钥古今同，八星南斗柄第二星西。天渊古今同，十星在鳖东南九坎间，一名三泉。齐一星九坎东，衡星东北。赵二星在齐西北。郑一星在赵东北。越一星在郑西北。周二星在赵东北。秦二星在周东。代二星在周东南。晋一星在周西南。韩一星在晋北。魏一星在韩北，近秦星。楚一星在魏西南，近郑星。燕一星在楚东南，近晋星。秦赵等十二星座旧图并须女度，今齐郑赵越周等五座在须女度，又列位不同。璃瑜古今同，三星在代东南北外。天垒城古今同，十三星如贯索状，哭泣西。虚梁古今同，四星在危南。天钱古今同，十星在北落东北。天网古今同，一星在北落西南。斧钺古今同，三星在八魁西北。东厩旧络东壁距道，又在河外，今测络奎距道仍北，三星入河，不络东壁距道。十星东壁北，近王良。天阴旧骑赤道，今测近黄道五车毕柄西。

开元占经卷一百十一

八谷占

八谷生长

神农曰:禾生于枣,出于上党羊头之山右谷中,生七十日秀,六十日熟,凡一百三十日成,忌于寅卯。黍生于榆,出于大梁之山左谷中,生六十日秀,四十日熟,凡一百日成,忌于丑。大豆生于槐,出于沮石之山谷中,九十日毕,六十日熟,凡一百五十日成,忌于卯。小豆生于李,出于农石之山谷中,生六十日华,五十日熟,凡一百一十日成,忌于卯。秫生于杨,出于农石之山谷中,七十日秀,六十日熟,凡一百三十日成,忌于午。荞麦生于杏,出于长石之山谷中,生二十四日秀,五十日熟,凡七十五日成,忌于子。麻生于荆,出于农石之山谷中,生七十日秀,六十日熟,凡一百三十日成,忌于未午辰亥日。小麦生于桃,出于须石之山谷中,生三百日秀,三十日熟,凡三百三十日成,忌于子。稻生于柳,出于农石之山谷中,生八十日秀,七十日熟,凡百五十日成,忌于亥。五谷生长日种者多实,以老死日种者无实,又难生,以忌日种之,一人不食。禾生于巳,疾于酉,长于子,老于戌,恶于丙丁,忌于寅卯。黍生于寅,疾于午,长于丙丁,老于戌,死于申,恶于壬,忌于丑。豆生于申,疾于子,长于壬,老于丑,恶于甲乙,忌于丙丁。麦生于酉,疾于卯,长于辰,老于午,死于巳,恶于戌,忌于子。

太岁在四季,葶苈子熟时可种禾豆,夏至时可种黍麻,夏至后百五十日地气上时可种麦。(丑未戌是也。)太岁在四仲,椹熟时可种禾豆,夏至可种黍糜,夏至后九十日地气上可麦。(子午卯酉是也。)太岁在四孟,以蚕卧起时可种禾豆,夏至前五十日可种稻黍糜,夏至后八十日地气上可种麦。(寅申巳亥是也。)

八谷阴阳相冲

《黄帝占》曰：谷有阴阳，冲位相当，王相废休，名在其乡。

《黄帝要经》曰：春夏为阳，秋冬为阴，阴当合贱，阳当合贵，春夏贱为顺，秋冬贵为逆。

《黄帝占》曰：稻与小麦为阴阳，稻贱时小麦贵，十五日反之亦等。黍与小豆为阴阳，黍贱时小豆贵。麻与大麦为阴阳，麦贱时大麦贵，大麦贱时小豆贵。麻与大麦为阴阳，麻贱时大麦贵，大麦贱时麻贵。粟与大豆为阴阳，粟贱大豆贵，大豆贱粟贵。

候八谷贵贱及岁杂物蚕善恶

《黄帝占》曰：粟尝以建戌之月下旬二十五日下价为本，以建亥之月上旬上价为末，乘本贵之一钱以五，并本价，以为来年春夏极贵定，即亥月与戌月平者，更以建子之月乘亥月价见一贵之，一贵之以三皆并本价，以为来年春夏极贵，各在其冲月，即冬三月皆不贵，各平，平者来年春不复贵矣。黍常以建酉之月下旬二十五日下价为本，以建戌之月上价上旬为末，本一钱贵之以五，并本价，以为来年春夏极价定，即冬三月平，平者春夏不复贵。麻常以建戌之月下旬二十五日价为本，以建亥之月上旬价为末，末乘其本一钱贵之以五，并本价，以为来年春夏价定，即冬三月皆平，平者春夏不复贵。大豆常以建亥之月下旬二十五日下价为本，以建子之月上旬上价为末，末乘其本一钱贵之以五，并本价，以为来年春夏极价定矣，即冬三月皆平，平者春夏不复贵。麦常以建午之月下旬二十五日下价为本，以建未之月上旬上价为末，末乘本一钱贵之五，并本价，以为来冬春价极贵定矣，夏秋三月平，平者冬不复贵。

《师旷占》曰：常以正月一日迄十二日以占十二月，以日易月，每岁黄气，其气为差岁，风从西来、西南来，皆为谷贵，从东即谷贱。

《黄帝占》曰：正月上卯日候风，其有寒风者谷小贵，若至冲必贵矣。其卯日不风寒而温者，即中平也。春雨甲申五谷熟，夏雨甲申五谷大好。

《神农占》曰：正月上朔有风雨，三月谷贵，石五百钱。

《黄帝占》曰：春雨甲寅乙卯，入地五寸，籴小贵，若不贵夏谷贵。正月丙丁为朔，稷黍贵；戊己为朔，粟贵；庚辛为朔，麻稻贵；甲乙为朔，大小麦贵；壬癸为朔，大小豆贵。正月三日当风不风，则莫不同者，谓无黍。

《东方朔占》曰：正月朔日雨，岁中，下田麦成，禾黍小贵。

《沛公占》：常以正月甲辰先至，大麦贵；丙辰先至，黍贵；戊辰先至，粟贵；庚辰先至，大豆贵；壬辰先至，小豆贵。正月一日得寅贵，尽十二日以占十二月。

《黄帝占》曰：正月晦二月朔，有风雨，稻恶籴贵；二月晦三月朔，有风雨，其年大水，麦恶；十二月晦正月朔，风雨，春旱；三月晦四月朔，有风雨，春籴贵；四月晦五月朔，有风雨，其年大水，麦恶；五月晦六月朔，有风雨，春旱；六月晦七月朔，有风雨，春籴贵；七月晦八月朔，有风雨，岁籴贵。

《东方朔占》曰：三月得己朔，大麦熟；庚朔，禾熟，兵贼起；辛朔，下田不收；壬朔，赤地千里，米谷贵；癸朔熟。三月有三卯，大豆好，无三卯，旱，种禾，四月丙午夏苗长。四月无三卯，旱，种麻。

《京房占》曰：五月无三卯，旱，种大豆；六月无三卯，稷不好。

《神农占》曰：八月有三卯，麦大善；无三卯，麦不善。

《京房占》曰：八月无三卯，旱，种麦。

《黄帝占》曰：四月朔日风起东来，鸡鸣至日出，禾黍亩三斛，至日中，亩二十斛，至夜半，亩三十斛，以中田准之。

《黄帝占》曰：夏至以五月朔日至者，其国大惊，谷小贵；四月五日六日至者，谷大贵；十日十二日至者，五谷大贵；二十七日二十九日至者，国王大惊；以晦日至者，国有大丧；六月朔至者，人民相食，及五年事，四月至上。又云：夏至在天门，土国大惊；在地户谷雨，五谷大贵；在人门，为三公群臣大夫，谷贵，必察之二日之中。又五六月晦朔日夏至者，卖田宅，谷贵十倍，人民相食，其岁恶，田宅虽贱，慎勿取之。立夏戊子,大风自北来,籴石三百倍贵。

《黄帝要经》曰:春雨乙卯,夏籴贵;夏雨丁卯,秋籴贵;秋雨辛卯,冬籴贵;冬雨癸卯,春籴贵倍。雨一卯斛百文,雨二卯斛二百,雨三卯斛三百,雨四卯斛一斤金。

《沛公占》曰:三月一日乙卯,荆楚贱,得丁卯周秦贵,得己卯燕赵贵,得辛卯韩魏贵,得癸卯梁鲁贵。

《神农占》曰:凡虫食李则黍贵,食枣粟贵,食杏麦贵,食荆麻贵,食桑丝贵。正月上朔日风从东来,植禾善;风从南来,植黍善;风从北来,稚禾善。四月四日风从东来,植豆善;西来四日至七日中善,七日至十日稚禾善,十四日无风不可种豆,从东至日到来年,满六十日,有大风雨,折树木,麦大善。从平朔至食时,植麦善;至日中,中麦善;至日入,稚麦善。常以夏至后九十日可种。四月朔日风从东来,从平明至辰时,植黍善,至日中中黍善,至日入稚黍善。正月朔日日清明蚕善。

《京房占》曰:正月一日候风,平明和调不风,植稼蚕善,日中和调,中稼稚蚕善,至暮无风,五谷桑蚕滋茂,人民六畜无病。

《沛公占》曰:正月一日平明温不风,早蚕善,日中不风,中蚕善,日入不风,稚蚕善,终日不风,植稚皆善。

东方朔曰:正月朔日当温,更风雨者,米大贵,蚕伤,风起西方,来年兵革贵。

京房曰:太岁在寅岁中三十日,大阴,蚕不登,菽麦昌,人民食四升。太岁在卯中调和,豆麦昌,人民食五升,旱四十日,在六月。太岁在辰岁中,旱三十日,六月大风,旱六十日,岁人病,豆成。太岁在巳,小兵起,大麦登,四十日旱,在六月,百物贱,不宜早蚕,晚者成,五谷熟。太岁在午,五百日旱,蚕登,百谷不为,晚蚕伤,兵革起,六畜小儿死。太岁在未,十月小兵,豆登麦恶,旱,蚕不成,晚者好,旱六十日,在二月。太岁在申,蚕登,麦熟,五谷,旱五十日,人多病,兵革起,早蚕不成,晚者好。太岁在酉,兵起,人病,早蚕不登,晚者好,六畜伤,六月七月旱。太岁在戌,兵起,蚕不登,肉贱,牛马贵,高山旱，人饥，米斗七十文。太岁在亥，兵起，人饥，人多病忧，在四十日，在州旱七十日，豆麦好，五谷成，蚕子如星。太岁在子，水旱不时，五谷不成，旱三十三日，在六月，西方米麦暴贵。太岁在丑，有兵起，早蚕不成，晚者好，人民不安。

《黄帝占》曰：太岁在亥，名曰天空，籴法当贵。太岁在丑，名曰阴尽阳起，可取阳谷，阳谷者粟也。太岁在巳，名曰地空，籴法当贵。太岁在未，名曰阳尽阴起，可取阴谷，阴谷者黍也。太阴乘寅，早水晚旱，蚕禾菽麦昌，人食四升。太阴乘卯，禾稻菽麦黍昌，人食二升。太阴乘辰，早旱晚水，人饥，豆昌麦熟，民食二升。太岁乘巳，小兵动，蚕麦昌，二升。太阴乘午，大旱，蚕成，稻菽麦昌，禾不为，二升。太岁乘未，小兵起，蚕稻昌，菽麦不为，三升。太阴乘酉，大兵，民疫，蚕菽麦皆不成，民食七升，大耗。太阴乘亥，有兵，麦禾善，五升。太阴乘子，天大雾，岁水大出，稻麦蚕禾昌，民食三升。大阴乘丑，岁小兵，早蚕不登，稻疾菽不成，麦昌，民食三升。

《黄帝占》曰：正月一日二日雨，民食二升；三日四日雨，民食四升；五日六日雨，民食六升；七日八日雨，民食一升；十日雨不占。

《师旷占》曰：正月七日风从西北来，起荆地弱来，人民霖变讼，六畜贵，谷亦贵，过度岁不善。

《京房占》曰：正月初一日为鸡，二日为狗，三日为羊，四日为猪，五日为牛，六日为马，七日为人，八日为谷，和调不风寒，即人不病，六畜不死亡。

郗萌曰：常以正月朔日暮候东井，上有云，岁水潦，务耕山田高处。

东方朔曰：常以正月一日夜半子时候东方，有黄色云者，春大赦；南方有黄云者，夏有赦；西方有黄云者，秋有赦；北方有黄云者，冬有赦；杂者皇太子有赦；有黑云杂者，必有皇后若女子之赦。

《京房易占》曰：正月一日云气五色备且精神，十二律气各具，岁则天下太平。风雨从西北起，籴贵。

神农曰：正月有甲子，籴初贵后贱。

沛公曰：正月甲寅先至，棺木贵；丙寅先至，丝帛贵；壬寅先至，鱼盐贵，各三倍。正月朔日，大风发屋折木，扬沙动石，其岁恶。风从东方来，人民多疾病；风从南方来，大旱；风从西方来，六畜死亡伤；风从北方来，下田不收，高田好。常从冬至后却数到来年正月上午，满五十日食足，不满一日之月，过一日长一月。

神农曰：正月上辛温者善，风寒者不好。

《黄帝占》曰：常以正月八月夜候月在昴东，年中大喜；月在昴西，岁多雨；月在昴北，其年大恶；月在昴南，其年大旱。

京房曰：正月八月候月在参东，大善；在参西，多水虫；在参北，大恶。

《黄帝占经》曰：春不欲雨乙卯，夏不欲雨丁卯，秋不欲雨辛卯，冬不欲雨癸卯，以此四卯日雨者，人民多病。

《黄帝占》曰：常以正月一日夜半子时至明视北方，有黑云，七月水四丈七尺；青云必有疾病流行，燕赵当之；赤黄云人民大饥，国多刑狱；白云素服之变；赤云国有喜，母子同光，女有昌。视南有赤云，当大旱，赤地千里，五月炎旱，六月有风雨，发屋折木；有白云，国有大丧，天子失丧坐；有黑云，大水，不出其年五月；有青云者，大吉，妇女谋内。视西方有白云，秋有兵，内相走，宫钟不鸣，剑戟交锋；有青云，大凶，君克臣必死，物在市，不出其年九月；黑云者大吉利。秋雨甲申，六畜多死；冬雨甲申，人民疾病。九月晦十月朔，有风雨，其岁恶，有小水；十月晦十一月朔，有风雨，人民多死；四月一日二日得酉，人民大乐；三日四日得酉，人民悦和；五日六日得酉，人民多疾病；七日八日得酉，人民多病；九日十日得酉，人民多流；十一日十二日得酉，人民自相食，大凶。

京房曰：五月朔日当热而风雨者，米贵，人食草木；风从北方来，禾大败，人民相食。

《黄帝占》曰：立夏后五日虹始出者，万物皆实。冬至后一日二日得酉，其岁半熟；三日四日得酉，人民大乐；五日六日得酉，田禾大熟；七日八日得酉，大恶；九日得酉，五谷大贵；十日十一二日得酉，五谷大成，伤害六畜，寇贼多兴；十三日得酉，人民相战，大凶灾，八方俱沸沸。酉者金兵之本，收成之元首。

京房曰：冬至后一日有壬，无雨；二日有壬，稚再生；三日四日有壬，上下皆熟；五日六日有壬，沟渠溢，苗易治；七日八日有壬，水横流；九日十日有壬，无立墙；过十日有壬，还一等；至后三日七日有壬，苗难治。

《黄帝占》曰：青车木位，甲寅之精。不周风至。一曰贼风至，棺木贵，苇席贱；广莫风至，材木贵，葵韭贱；条风至，葱薤贱，刍藁贵；明庶风至，梏朽贱，蒲席贵；清明风至，棺木贱，苇席贵；景风至，材木贱，葵韭贵；凉风至，刍藁贱，葱薤贵；阊阖风至，蒲席贱，梏朽贵。火车丙寅之精，不周风至，枲麻络贱，黄白绿贵；广莫风至，纻缕贱，锦绣贵；条风至，布缕贱，缯帛贵；明庶风至，绵皮革贱，絓絮贵；清明风至，黄白绿贱，枲麻络贵；景风至，锦绣絓贱，纻贵；凉风至，缯席贱，布缕贵；阊阖风至，絓絮贱，绵皮革贵。土车戊寅之精，不周风至，稻贱，秫术麦贵；广莫风至，小豆贱，黍贵；条风至，大豆贱，粟贵；明庶风至，大麦贱，麻緁贵；清明风至，秫与小麦贱，稻贵；景风至，黍贱，小豆贵；凉风至，粟贱，大豆贵；阊阖风至，麻緁贱，大麦贵。金车庚寅之精，不周风至，铁器贱，铅锡贵；广莫风至，胶漆贱，黄金贵；条风至，珠玑贱，铜器贵；明庶风至，玉器贱，田宅贵；清明风至，铅锡贱，铁器贵；景风至，黄金贱，胶漆贵；凉风至，铜器贱，珠玑贵；阊阖风至，田宅贱，玉器贵。水车壬寅之精，不周风发，盐豉贱，海错贵；广莫风至，鸡犬贱，鲤鱼贵；条风发，猪豚贱，生鱼贵；明庶风发，牛马贱，羊羔贵；清明风发，海鱼贱，盐豉贵；景风发，鲤鱼贱，鸡犬贵；凉风发，生鱼贱，猪豚贵；阊阖风至，羊羔贱，牛马贵。凡五寅之风，所从吹本乡来之处贱，风往所冲之处为贵。一日分出时终日，贵在六十日，从日入至夜半，贵在二旬中，从夜半至鸡鸣平明，贵在一时。

常以庚寅之日候五车金星动，故有耗，其物金铁贵。动而不明即贵，有大风寒，折木发屋，即大贵；大风寒大贵，小风寒小贵，其温即贱，不风寒自如。常以壬寅之日候五车水星，主船筏六畜，水中自行者，故水车星动微黑，即贵水物，有大风寒，折木发屋者，大贵，大风寒大贵，小风寒小贵，不风寒自如。常以甲寅之日候五车木星，立柱材木苗芦薪苛茅，故木车星动微青即贵，有风寒，折木发屋，大风寒大贵，小风寒小贵，其温即贱，不风寒自如。常以丙寅之日候五车火星，主虫采缯帛皮革，色赤动即贵，有大风，发屋折木，大风寒大贵，小风寒小贵，其温即贱，不风寒自如。常以戊寅之日候五车土星，主土公田宅五谷，其星赤黄有柱动，即谷贵，有大风寒，发屋折木，大风寒大贵，小风寒小贵，温即贱，不风寒自如。

开元占经卷一百十二

竹木草药占

草木休征

朱　草

孙氏《瑞应图》曰：朱草者，草之精也，圣人之德无所不至则生。

《鹖冠子》曰：惟圣人能正其音，调其声，故德上及泰清，下及泰宁，中及万灵，朱草生。

《尚书大传》曰：德光地序则朱草生。

《淮南子》曰：太清之世，流黄出，朱草生。

《春秋运斗枢》曰：璇星得则朱草生。

《尚书候》曰：文命得成，俊乂在官，朱草生郊。

《魏略》曰：文帝欲禅，朱草生于文昌殿侧。

《大戴礼》曰：朱草生，日生一叶，至十五日止，十六日落一叶。

嘉　禾

《春秋感精符》曰：德沦于地则嘉禾生。

《春秋运斗枢》曰：璇星得则嘉禾液。

福　草

《礼斗威仪》曰：君乘木而王，福草生于庙中。

《瑞应图》曰：福草者，宗庙斋敬则生宗庙中。

芝　草

《运斗枢》曰：瑶光得则陵出芝草。

《瑞应》曰：芝草者，亲近耆老，养有道，则生。

《地镜》曰：敬事耆老，不失旧故，则芝草生。

禾连理

《地镜》曰：不失民心，则木连理生。

木同本异枝

京房曰：有木同本而异枝，是华光，国有吉昌，五谷登，他民归国。

《京房传》曰：树同本异末，君有庆，诸侯朝。

木卒长

《地镜》曰：国治，树木卒长自大，其君方有嘉。

京房《易传》曰：木成员围以上，一夜长数丈，当有臣强于君。

木生君屋上及朝廷

《地镜》曰：木卒生人屋室上，其地出圣人。

京房《易传》曰：木生于君屋上及朝廷，其君有圣子。

木生木及木垂枝

《地镜》曰：木生木，国益土。又曰：木生枝尽向下者，大吉。

木偃自起及木生有实

京房曰：有偃木而起，岁有大吉。木生有实，其邑有庆。

竹木咎征

竹木自死疾疫非时枯落

《地镜》曰：竹柏枝遍一百里，是谓阴消阳，国必亡。又曰：竹柏夏枯，王侯失位。又曰：树木非其时而枯，是谓金克伐，不出一年，暴兵外国来。又曰：凡树忽生死，主易兵将至。又曰：社树自死，世主国君亡。

京房曰：有木夏落叶，有兵丧。

京房《易侯》曰：秋叶落七十步，人民移徙；大飞扬，人民离乡。

《地镜》曰：木叶非时落，去本七十步，国有兵，民弃故乡。

木生复死

京房《易侯》曰：枯杨生荑断枯复生，天辟当之。

《地镜》曰：竹苇树木枯死忽复生，辅臣执政，流其令。又曰：枯木冬生，谓阴阳易位，不出二年，国有丧，小人近，君子亡。又曰：木实当死者反生，世主凶。

京房《易传》曰：木枯而生，不及二年，国有大丧，上贪色，以宠人为主。又曰：枯杨生花，国后当之。

木冬荣

《地镜》曰：木冬生，有兵，民流。一曰君失政。又曰：木冬华，当生反死。

京房曰：木冬生，王者不平，有卿相出走。又曰：有木冬荣，黍不成。又曰：木冬生，国后当之。

木再荣

《地镜》曰：木一岁再花实，有兵，民流。又曰：木再荣，世主堕手，姬女致兵之象。又曰：桃再花，夏有霜；杏再花，夏有电；李再花，春有霜；榆再荚，有宽令，当死反生。又曰：木春冬再作实，世主凶；秋夏再花实，邻国逼之。

京房曰：木岁再花，国后当之。又曰：木一岁再实，邻国来其国。又曰：木再荣于夏，后亡，国有丧，若五谷不熟，百姓罢作。

桑谷自生朝廷及木生不入土

《地镜》曰：桑谷俱生于庙廷，世主废贤用不肖。又曰：木生不入土而独立，天下危。

木卒生道中及木卒枝

《地镜》曰:木卒生道中,君失治,九宫废。又曰:木无故一夜十枝丛生,邑将虚。

木伤叶及木自鸣

《地镜》曰:木生一枝偏无叶,岁恶民饥。又曰:木忽自鸣,主死;自鸣作金声者,主地方分裂。

木哭泣及出血并生齿

《地镜》曰:树木泣,天下有兵。

京房《飞候》曰:树哭实邑虚,虚邑实。

《地镜》曰:木无故血出及汁流出地,邑败,有兵。

京房曰:伐木有血,侯王有忧。又曰:林木生齿,有兵起。

榆荚不落

京房曰:榆荚不落,国受大咎。

竹实反枝

《地镜》曰:竹实,众鸟群行,不出二年大饥。又曰:竹忽实而枯,主易民饥。又曰:国中竹皆尽枯,地失。

黍穄生疣

京房《易传》曰:黍生疣,大君有忧,相去亡;穄生疣,大君忧,大臣死。

蓬叶生

京房《易传》曰:蓬叶繁兴,岁不熟。

开元占经卷一百一十三

人及神鬼占

人名体

《春秋说题辞》曰：人者仁也，以心合也。（宋均曰：与他相偶合也。）

《易》曰：立人之道曰仁与义。

《春秋繁露》曰：人有三百六十六节，耳目之明，日月之象，外有四支，副时数也，乍视乍瞑，副昼夜也，乍哀乍乐，副阴阳也。

《白虎通》曰：人有五藏六府，所应五行六合也。

《大戴礼》曰：天地人，一二三，三三九，九九八十一，主日，日数十，故人十月而生，人生期晬然后行，三年头然后合焉。

《孝经援神契》曰：头圆法天，足方象地，五藏象五行，四支法四时，九窍法九州，两目法日月，肝仁，肺义，脾信，心礼，胆断，肾智，旁光，须发象星辰，节象月岁，肠法经纬。

人　瑞

真　人

《礼斗威仪》曰：君乘土而王，其政太平，黄真人游于后池。（宋均注曰：黄土色，游于后宫之池，则黄帝问道于玄女素女是也。）

孙氏《瑞应图》曰：真人者，黄帝时游于池。王者著德不贪货利，则金人乘金船游王后池。又曰：王者德至，则金人游于池。

玉　女

《礼含文嘉》曰：禹卑宫室，尽力沟洫，百谷用成，玉女敬降养。（宋均注云：玉女，有人如玉色也。天降精生玉女，使能养人，美女玉色，养以延寿也。）

贤圣进

《春秋繁露》曰：君恩及倮虫，城郭充实，则贤圣皆进。

郑玄注《论语》云：周公相成王，致太平时，四乳而生八子，皆有贤行，和气之所致也。

长人见

《魏志》曰：咸熙二年，晋太子昭封襄武县，言有大人见，长三丈余迹，长三尺二寸，白巾，著黄单衣，黄巾柱杖。或云今当太平。

人　怪

长人入国

京房曰：君暴乱，疾有道，厥妖长狄入国。

《左传》：文公十一年，败狄于咸。《谷梁》《公羊传》曰：长，狄也，兄弟三人，一者之鲁，一者之齐，一者之晋，煞之，身横九亩，（五丈四尺。）断其首而载之，眉见于轼，何以书，记异也。刘向以为时周室衰微，三国为大，可责者也。天戒若曰：不行礼义，大为夷狄之行，将致危亡。其后三国皆有簒逆之祸，近下人伐上之痾也。

《史记》：秦始皇帝二十六年，有大人长五丈，足迹六尺，皆夷狄服，凡十二人，见于临洮。天戒若曰：大为夷狄之行，将受其祸。是岁秦始皇初并六国，反喜以为瑞，销天下兵器，作金人十二像之，自言贤圣，燔诗书，坑儒士，奢淫暴虐，务欲广地，南戍五岭，北筑长城，以备胡越，堑山填谷，西自临洮，东至大辽，东西径数千里，故大人见于临洮，明祸乱之起也。后十四年而秦亡。

人走入宫室

《春秋潜潭巴》曰：有人入宫之祸，极效之验也。又曰：有人走入宫，不知其名，大水为灾，国惊，群猾并谋。

《汉书·五行志》曰：成帝建始三年七月丁未，渭上女子陈持弓年九岁，言大水至，走入城，入未央宫尚方掖门殿门，门内诸卫户者莫见，至钩盾省乃见，民惊走上城。此下将篡国，因女宠有宫室之象也。后王氏兄弟父子五侯秉权，至莽卒篡天下。又曰：成帝绥和二年八月庚申，郑通里男子王褒衣绛衣小冠，带钩入北司马殿东门，上前殿，入非常室，解帷组结佩之曰：天帝令我居此署。长业等收缚考问褒，故公车大谁卒，（应劭曰：在司马殿门，掌欢呵也。）病狂易，不自知入宫，后王莽篡之象。

《续汉书》云：灵帝光和中，洛阳男子以弓箭射阙北，吏收考问，辞居贫负责，无所聊生，因买弓箭以射阙，近射妖也。其后车骑将军何苗与兄大将军进，部曲相疑，对相攻击，战于阙下，苗死败，杀数千人，洛阳宫室因火延烧尽。

《风俗通》曰：灵帝光和元年，南宫中黄门寺有一男子长九尺，白衣，中黄门吏呵问：汝何等人？白衣妄入宫曰：我梁伯夏，天使我为天子。吏欲收取，忽不见，董卓之应也。

王陵《晋书·惠帝纪》曰：齐王冏为大司马，十二月，有白头老公入司马府，大呼有大兵起，不出甲子旬。即收都卫考，竟殉于内外。

《演晋汉春秋》曰：齐王冏辅政大安元年，有一妇诣大司马门，求寄产，吏乃诘之，妇曰：待我截脐便去。言讫不见。有位者闻而恶焉。至二年而冏被诛。

讹　言

《汉书·王莽传》曰：建国元年，长安狂女子碧呼道中：高皇帝大怒，趣归我国，不者九月杀汝！莽收捕杀之。

《幽州录》曰：吴郡张茂度在益州时，忽有人道：朝廷诛徐羡之、傅亮、谢晦三人。遂传纷纭。张推问造言之主,问何由言此,答曰:实无所承,恍惚不知言之耳。张鞭之,传者遂息。后乃验,日月正与符同。

沈约《宋书》曰:大明二年,民筑治广陵城,刘诞出巡行,有人扬声大骂曰:大兵寻至,何以辛苦百姓!使执之问其本末,答曰:夷姓名孙,家在海陵,天公与佛道共议,欲烧此间人民。道佛苦谏强得至今,大祸将至,何不立六慎门?诞问:六慎云何?答曰:古言祸不过六慎门。诞以其言狂悖,杀之。又五军士忽狂,见鬼惊怖啼哭曰:外军围城。城上张白布帆,执录二十余日乃散。筑城之日,云雾晦暝,白虹临门,连蜀城内。

童谣

《汉书·五行志》曰:言之不从,是谓不义,时则有诗妖,君亢阳而虐,臣畏刑而箝口,则怨谤之气发于歌谣,故有诗妖。

《洪范五行传》曰:下既非君上之刑,畏严刑而不敢正言,则先发于歌。歌,口事也,气逆则恶言至,或有怪谣,以此占之,故曰诗妖。古者人君必视人民,听其歌谣,以省国政。

《左传》曰:僖公五年,晋侯伐虢。八月甲午,围上阳,问卜偃曰:吾其济乎?对曰:克之。公曰:何时?对曰:童谣有云:丙之晨,龙尾伏辰。(龙尾,尾星也,日月之会曰辰,曰日在尾,故尾星伏而不见也。)均服振振,取虢之旂。(戎事上下同服,振振,盛貌,旂,军之旌旗也。)鹑之贲贲,天策焞焞,火中成军,虢公其奔。(鹑,火星也,贲贲,鸟星之体也,天策,傅说星,时近日星微,焞焞,无光耀也。言丙子平旦,鹑火中,军事有成功也。此已上皆童谣言也。童子未有念虑之惑,而会成嬉戏之言,似若有凭者。其言或中或否,博览之士,能惧思之人兼而志之,以为炯戒,以为将来之验,有益于世教。)其九月十月之交乎!(以星验之,知九月十月之交谓夏之九月十月也。交,晦朔交会。)丙子旦日在尾,月在策,(是夜日月合朔于尾,月行疾,故至旦而过在策。)鹑火中,必是时也。冬十二月丙子朔,晋灭虢，虢公丑奔京师。（周之十二月，夏之十月也。）

《左传》曰：文成之世，童谣曰：鸜之鹆之，公出辱之。鸜鹆之羽，公在外野，往馈之马。鸜鹆跦跦，公在乾侯。征褰与襦，鸜鹆之巢。远哉摇摇，稠父丧劳，宋父以骄。鸜鹆鸜鹆，往歌来哭。至昭公时，鸜鹆来巢。公攻季氏败，出奔在外，野次乾侯，八年薨于外，归葬。鲁昭公名稠，公子宋立，是为定公。

《异苑》曰：秦世有童谣云：秦始皇，奄僵僵，开吾户，据吾床，饮吾酒，唾吾浆，食饮以为粮，张弓射东墙，前至沙丘当灭亡。始皇既坑儒焚典，乃发孔子墓，欲取经传，圹既启，悉如谣者之言。又言谣文藏在冢壁，始皇甚恶之，反问之，还沙丘而修别路，见群小儿辇沙为阜，问之，云沙丘也。从此得疾而殂。

《汉书·五行志》曰：元帝时童谣云：井水溢，灭灶烟，灌玉堂，流金门。至成帝建始二年三月戊子，北宫中井泉水溢出南流，象春秋时有鸜鹆之谣，而后有来巢之验。井水阴也，灶烟阳也，玉堂金门至尊之居，象阴盛而灭阳，窃有宫室之应也。王莽生于元帝初元，四年成帝封为三公，辅政，因以篡位。

又曰：成帝时童谣曰：燕燕尾涎涎，张公子时相见，木门仓琅根，燕飞来，啄皇孙，皇孙死，燕啄矢。其后帝为微行出游，常与富平侯张放俱称富平侯家人，过河阳公主作乐，见舞者赵飞燕而幸之，故曰燕燕尾涎涎，美好貌也。张公子谓富平侯也。木门仓琅根谓宫门铜锾，（服虔曰：门铜枢也。应劭曰：门铜铺首环也。苏林曰：锾音环。）言将尊贵也。后遂立为皇后，弟昭仪，贼害后宫，皇子卒，皆伏辜，所谓“燕飞来，啄皇孙，皇孙死，燕啄矢”者也。

又曰：成帝时童谣曰：邪径败良田，谗言乱善人，桂树花不实，黄爵巢其巅，昔为人所羡，今为人所怜。桂树赤色，汉家象，花不实，无继嗣也。王莽自谓黄象，黄爵巢其巅，象也。

《续汉书》曰：更始时，南阳有童谣曰：谐不谐，在赤眉；得不得，在河北。是时更始在长安，世祖为大司马，平定河北，更始大臣并见煞，是更始之不谐在赤眉也。世祖由河北兴。

又曰：世祖建武中，蜀童谣曰：黄牛白腹，五铢当复。是时公孙述僭号于蜀，时人窃言莽称黄，述欲继之，故称白腹。五铢汉家货，明当复也。述遂诛灭。

又曰：顺帝之末，京都童谣曰：直如弦，死道边；曲如钩，反封侯。案顺帝即世，孝质短祚，大将军梁冀贪，树疏幼李固，以为清河雅性聪明，敦诗悦礼，加以属亲，立长则顺，置善则固，而冀私白太后，策免固，因征蠡吾侯，遂即至尊。固由是结怨，幽毙于狱，暴尸道路，而太尉胡广封安乐乡侯，司徒赵戒厨亭侯，司空袁阳安国亭侯。

又曰：桓帝之时，京都童谣曰：城上乌，尾毕逋，父为吏，子为徒，一徒死，百乘车，车班班，入河间。河间姹女工数钱，以钱为室金为堂。石上慊慊舂黄粱，梁下有悬鼓，我欲击之丞卿怒。案此谣皆谓为政贪也。城上乌尾毕逋者，处高利独食，不与下共，谓人主多聚敛也。父为吏子为徒者，言蛮夷将叛逆，父既为军吏，其子又为卒徒，往击之也。一徒死百乘车者，言前一人往讨，广既死矣，后又遣百乘车往也。车班班入河间者，言桓帝将崩，銮舆班班入河间，迎灵帝也。河间姹女工数钱，以钱为室金为堂者，言灵帝既立，其母永乐太后好聚金钱以为堂室也。石上慊慊舂黄粱者，永乐虽积金钱，犹慊慊常若不足，使人舂黄粱而食之也。梁下有悬鼓，我欲击之丞卿怒者，永乐教灵帝使卖官受钱，所禄非其人，天下忠笃之士怨望，欲击悬鼓以求见丞卿主鼓者，亦复谄顺，怒而止我也。

又曰：献帝践祚之初，京都童谣曰：千里草，何青青，十日卜，不得生。案千里草为董，十日卜为卓，青青暴强之貌，不得生者，亦旋破亡也。

《魏略》曰：令狐愚字公治，太原人，为兖州刺史。愚见吴未平而齐王芳年少，又闻楚王有智勇，初东郡有谣云：白马出河，妖马夜过，官收鞫呜呼，众马皆应。明日见迹大如斛，行数里还入河中。又有谣言：白马素羁西南驰，其谁乘者朱虎骑。愚既闻此谣，又闻大司马楚王小字朱虎，故遂与其舅王陵阴谋立楚王。愚病死后发觉，刀割愚棺而戮尸焉。

《吴志》曰：初兴年中，吴中童谣曰：黄金车斑斓，昌门出天子。昌门，吴西郭门也，夫差所作也，其后孙氏兴焉。

《异苑》曰：义熙中童谣云：长作扫帚枢作杷，扫除洛中迎瑯琊。及十一年，晋大军至洛，修复园陵时封瑯琊王也。

《中兴征祥说》曰：大和中童谣曰：青青御路杨，白马紫缕缰。汝非皇太子，那得甘露浆。又曰：凤凰生一雏，天下莫不喜。本言是马驹，何悟成龙子。是时海西公宠爱殿中常侍相龙等，因共为乱，生子男三人，海西以为己子，将欲立之，既而被废，以马缰杀三子。三子死之明日，南方献甘露焉。

《中兴征祥说》曰：隆和中谣曰：升平不满斗，隆和那得久。哀皇闻而恶之，改为兴宁。又谣曰：虽复改兴宁，只自无聊生。寻哀帝中药，不识万儿。

《异苑》曰：石勒末年谣曰：一杯水，食者吉，石勒死，人不知，不信我语视盐池。三月忽变而生涩，七月而勒死，池还如先。又曰：苻坚域中谣曰：河水浊复清，苻诏死新城。又谣曰：肩不过项。及其南侵，其相王猛谏曰：童谣有云"肩不过项"，此不宜远行之征也。不从，果败于寿春之项城。

人生角及自出地

京房曰：权臣专政，厥妖人生角。

《汉书·五行志》曰：景帝二年九月，胶东人年七十余生角，角有毛。角兵象，老人吴王象也，年七十七，国象也。时胶西、济南、临淄、胶东四王谋反，连楚赵，凡七国。

《华阳国志》云：李势未亡之前，涪陵有民头生角，长三寸，凡三截之。

京房《易传》曰：人自地出，君有忧。民散流，国亡地。

男化为女

《春秋潜潭巴》曰：小人聚，天子弱，则丈夫化为女子。

京房曰：丈夫化为妇人，兹谓柔胜强，阴胜阳，邦必亡。又曰：男化为女，有异姓来其国。

《蜀王本纪》曰：武都丈夫化为女子，颜色美好，盖山精也。蜀王取为后，后死，蜀王于武都担土，于成都葬之，故地号曰武担，以石镜一表其墓。

《汉书·五行志》曰：哀帝建平三年，豫章有男子化为女子，嫁为人妇，生子。长安陈凤言：阳变为阴，将无继嗣，自相生之象，生一子，将复一世绝也。

女化为男

《春秋潜潭巴》曰：贤人去位，天子独居，则女化为丈夫。

京房曰：女子化为男子，兹谓阴昌，贱人为政，其邦必亡。又曰：君将绝嗣，则君妻化为男。

《纪年》曰：晋定公二十五年，西山女子化为丈夫，与之妻，能生子。其年郑一女生四十人，二十人死。

《史记》曰：魏襄王三年，魏有女子化丈夫。

《续汉书·五行志》曰：献帝建安七年，越嶲有女子化为男子，时周群上言，哀帝时亦有此，将有代易之事。至二十五年，帝封山阳公。

人生而能言

京房《易传》曰：言之不知，则人生而能言，天使代其言也。又曰：人生而能言，言善则善，言恶则恶，此国之征。

《地镜》曰：多有谗贼，人生而言。

人生而能行

京房曰：人生而行，其国大昌，其君有忧。又曰：自受其殃，黔首散亡。

《地镜》曰：王事急，民欲流亡，国有兵，则人生而能行。

人相食

《续汉书·五行志》曰：灵帝建宁三年，河内妇食夫，河南夫食妇。

《异苑》曰：后汉桓帝元嘉元年，任城民妇生儿，即自取食之。又谓姑曰：天使如此，我亦行死尸僵者，门闾安歆者，失半覆则尽灭。言毕而匍匐，复产一儿，而两头，五人杨难自王仇池，分国之应也。

人生子异形

《天镜》曰：妇女一时生三男，不出三年，外国来；生三女，国有阴私。

《春秋潜潭巴》曰：人生五首，猾大起。

京房曰：人生子首在背，天下易乡。

《天镜》曰：人生两首，不出三年，上帝命王征四方，布令天下。又曰：人生四头两目，世主大哀，人生多头，君王有咎，民颠沛流亡。

《地镜》曰：天下忧，主凶民流亡，则人生有四目。

《天镜》曰：人生三目，横兵并起为害。

京房曰：人生子有一目，其国不宁。

《春秋演孔图》曰：崇高将亡，阴不承阳，怨望生，则十口之人出。

京房曰：人生有二口以上，国主见惊以兵。

《天镜》曰：人生两口，五谷不登，百姓丧亡。

京房曰：人生子舌长，天下有兵。人生子有一耳，是谓不聪。人生有三耳以上，是谓多方，其国无王。又曰：是谓多聪，国事无定。人生子有一手，是谓不寿，其国有咎。人生有三臂，有反臣。人生有三手以上，臣谋主。人生三足，是谓非常，天下有兵。

《天镜》曰：人生多足，是谓大役，其国东西移走。人生有三足，不出二年，国有兵丧。

京房曰：人生子有一足，是谓不行，国主亡。人生子有三十指，民流亡。人生子有二鼻，有民谋其主。人生有二背，臣反主亡。

《天镜》曰：人生两身，世主被殃，民人散亡。人生两腹，不出三年，岁大熟，民食足。

京房曰：人生子有三腹，其国分。人生有二腹，是谓恶祥，国主以仇亡。人生子目在首上及后，天子亡。

《天镜》曰：人生目着腹，五谷丰，横兵起。

京房曰：人生子目在项背，天子不安。人生子目在臂及手，天下有大事。人生子目在腋下，天下不相见。人生子目在阴，天子亡位。人生子目在踵及足，是谓下视，天下大兵。人生子口在首上及在后，国主亡。

《天镜》曰：人生子两口在背，国无兵，人民行，五谷昌。

京房曰：人生子口在肢，臣主亡。人生子口在腹旁，天下有兵。一曰为天德，五谷丰熟。人生子口在节，天下民大饥，流亡。人生子鼻在背及项，天下不宁。人生子鼻在首前，太子有殃。人生子鼻在腹，天下大荒。人生子鼻在四肢节，天子亡。人生子鼻在阴，是谓不恒，天子降。人生子耳在首上及前后，天下有兵，民流亡，国君丧。人生子耳在腹，天下兵。人生子耳在背及肩项，天下有忧。人生子耳在四肢及手足，有反主者。人生子腹在背，天下饥。人生子腹在手上前后，天下民饥兵作。人生子腹在四肢足，天下有大兵，又曰天子易。人生子四肢在背，天下乱于兵。人生子阴在首，天下大乱；在背，天子无后。人生子阴在腹，天下有大事。

京房《易候》曰：人生子足小，此谓下约，不出三年，邦消亡。

《汉书・五行志》曰：平帝元始六年六月，长安女子生儿，两头异颈，面相向，四臂共胸，尻上有目，长二寸所，若六畜首目在下，兹谓亡上，政将变更。凡妖之作，以谴失正，各象其类。二首下不一也，手多所任邪也，足少下不胜任也。

《风俗通》曰：灵帝光和二年，洛阳上西门外女子生儿，两头异肩，四臂共胸，俱前向，以为不祥，随地弃去。朝廷变乱，上下无别，二头之象也。

《春秋运斗枢》曰：人主不省山川之祠，州土之位，不应天府，斩伐无度，坏山绝渠，则人生大头。

《天镜》曰：人生子头如囊者，主有咎凶。又曰：人生头大，不出三年，将有大师来伐其国。又曰：人生无头，世主方凶。

京房曰：人生子无目，其国主暴死。人生子无口，其国主见贼。又曰多疾。

《春秋运斗枢》曰：上弊下塞，则人无唇。

京房曰：人生子无唇，是谓不祥，国主死亡。人生子无耳，天子不聪。

《天镜》曰：人生而无口鼻耳，世主凶，其国年熟。人生子无鼻，其国主疾病。人生子无足，岁大饥。人生子无手，主有客兵至。人生子无手掌，世主大忧，疾病。人生无足，世有丧征也。人生无足，不出三年，其国空。

京房曰：人生子无指，天子有更令。人生子无腹，其国年大熟。人生子无四肢，其国主君臣有反者。人生子无阴，其国主无后。人生子无尻，国主以仇亡。

《天镜》曰：人生子无头，不出三年，有大师来伐其国。人生子无骨，其国主昌。

《魏志》：公孙述时，襄平北市有人生肉长围各数尺，有头目口喙，无手足而动摇，此赤眚也。占曰：有形不成，有体无声，其灭亡必也。

人生六畜

京房曰：人生六畜，是谓更有王，天下易主。人生马，百姓劳苦。人生彘犬，人君失道。人生彘，贵人牵义，民不义。人生六畜形人面者，天子不聪。人生六畜口在手之上及腹，天下有大兵。人生六畜口在腹背胸，天下有反者。人生子人形六畜面，更天子。人生六畜口在阴，天下有恶天子。人生六畜耳在手上，天下有忧，又云有反者。人生六畜耳在四肢，天下有兵，一曰天下大荒。人生六畜耳在腹及胸，天下有反臣。人生六畜耳在阴，群臣常谋天下。人生六畜四肢在腹及首，天下大乱。人生六畜有三首以上，天下乐昌。人生六畜有两身，天下有重兵。人生六畜有三目以上，天下有乱臣。人生六畜有一目，国令不行。人生六畜有两口以上，天下有兵。人生六畜有三耳以上，天下有大事。人生六畜有一耳，国主不聪。人生六畜有两鼻以上，有谋反者。人生六畜有一足，天下无主。人生六畜有二足，天下有大忧。人生六畜阴在首上，天子失位。人生六畜有二阴以上，国主多子。人生六畜有四肢无节，天下有不善者。人生六畜有二尾以上，国有大事。人生六畜有毛无羽，天子失位。人生六畜有羽无毛，天子无朝之者。人生六畜身半有毛半无毛，国有大事。人生六畜无面，天下兵作。人生六畜无首，天下无主，天子失位。人生六畜无目，社稷亡。人生六畜无口，天下大饥，重有大兵。人生六畜无鼻，天下有灾。人生六畜无耳，天子无令臣。人生六畜无腹，天下大饥，重以大兵。人生六畜无四肢，天子无忠臣。人生六畜无阴，天子无后。人生六畜无骨筋肉，天下昌。人生六畜无尾，是谓无后，近臣反，杀主。人生六畜无毛，天下贫民饥。

《地镜》曰：兵起则人生牛马。

人生野兽飞鸟

《天镜》曰：人生野兽，国君兄弟分别，不出一年，夷狄内侵。

京房曰：人生野兽，天下不通。人生野兽，有他变形，天下大兵，凶亡。

京房《易候》曰：人生飞鸟，兹谓不祥，司马将兵，上卿亡。人生子形如飞鸟面者，非常兵行。人生子人面飞鸟形者，大水行，兵战。人生飞鸟有人形体者，天下分。

《天镜》曰：人生飞鸟，君忧，小民散流。

人生五谷草木杂物

京房曰：人生子尽为五谷，国民昌。人生子尽为草木，国主死。人生子尽为石，兵强。人生他物，非人所见闻者，皆为天下有兵。

人生龙蛇虫鱼

《地镜》曰：国君见伐，则人生龙。

京房曰：人生龙，有异姓来相其国，君将亡。人生子人面而龙蛇形者，天下有兵。

《纪年》曰：今王四年，碧阳君之诸御产二龙。人生子人形而龙蛇面者，天下饥，其兵合。人生蛇蜂虿，天下有并民。人生蛇蜥蜴，国破，有丧君走。人生子鱼为首者，有大水。

人死而更生

《天镜》曰：人死复生，国有大病，五谷死，兵起。

京房曰：子不三年改父之道，则为私，厥妖人死更生。

《左传》曰：晋杀秦谍于绛，七日复生。

《续汉书·五行志》曰：献帝初平中，长沙人姓桓死，棺敛月余，其母闻棺中有声，发之遂生。至阴为阳，下人为上，其后曹公由匹庶起也。又曰：献帝建安四年，武陵宛县女子李娥年六十余，死于城外，已四十年，行人闻冢中有声，发出遂活。

京房《易传》曰：死人复行，五谷不登，兵革大起。

女生赤毛

京房《易传》曰：人君尊卑无别，则女生赤毛。

神　瑞

西王母

《帝王世纪》曰：舜时群瑞毕臻，昆仑之北，玉山之神，人身虎首豹尾，蓬头戴胜，执几杖，皓然白石，城金室而居，南有青鸟，常为取食，名曰西王母，慕舜之德，来献白环及贡益地图。

《瑞应图》曰：王者承先王法度无遗失则来。黄帝时，西王母使使乘白鹿来献白环。

《大戴礼》曰：舜以天德嗣尧，布恩散德，日月出入，莫不率俾，西王母来献玉琯。（《异苑》云：零陵文学奚景于舜庙下得玉琯一，即舜西王母所献玉琯也。《汉·律历志》注云：西王母献舜白玉管。以玉为管也。）

四海神

《金匮》曰：武王伐纣，都洛邑，阴寒雨雪一十余日，深丈余。甲子朔旦，有五丈夫乘马车，从两骑，至王门外，欲谒武王。武王将出见之，太公曰：不可。雪深丈余，五丈夫车骑无迹，恐是圣人。太公乃持一器粥，出门而进五车两骑曰：王方未出，天寒，故进热粥以御寒，而不知长幼从何来？两骑曰：先进南海君，次进东海君，次北海君，次西海君，次河伯雨师风伯。粥既毕，使者告太公，太公谓武王曰：此四海之神，王可见之。南海神曰祝融，东海神曰勾芒，北海神曰玄冥，西海神曰蓐收，河伯名为凭，雨师名咏，风伯名飞廉，请以名前，五神皆惊，相视而叹。祝融等皆拜焉。武王曰：天阴远来，何以教之？四海曰：天代立周谨来受命，请敕风伯等各奉其职。

《墨子》曰：郑缪公昼处庙，有神入门而左，鸟身素服三纯，面状正方。缪公乃惧，神曰：无奔，帝享汝明德，使锡寿十年，使君昌。公问神名，神曰勾芒。

《国语》：夏之兴也，融降于崇山。（融，祝融也，崇，高山也，夏居阳城，高山所近也。）

登山神

《管子》曰：桓公北征孤竹，未至卑耳溪十里，援弓将射，未敢发，见人长尺，而人物具冠，右祛衣，走马前疾。管仲曰：臣闻登山之神有俞儿者，长尺，人物具焉，伯王之君兴则见，且走马前导也。右祛示从右涉。至溪，如所言。公拜马前曰：仲父之圣若此。对曰：夷吾闻圣人先知无形，非有形而后知。臣非圣人，臣承教者也。

神　女

《瑞应图》曰：美女者，盖神女也，君德被远则至，周穆王时持酒来酌之。

神　怪

神吟啸

《淮南子》曰：夏桀乱四时之政，黄神吟啸，鬼神失其常。

神降莘

《左传》庄公三十二年，有神降于莘。（有神声以接人莘虢地。）惠王问内史过曰：是何故？对曰：周之将兴，明神降之，鉴其德也。将亡，神又降之，观其恶也。故有得神以兴，亦有以亡。虞夏商周皆有之。王曰：若之何？对曰：以其物享焉，其至之日，亦其物也。（享，祭也，若以甲乙日至，祭先脾，玉用苍，服尚青，以此而祭也。）王从之，内史过往，闻虢请命，（闻虢请于神求赐土田之命。）反曰：虢必亡矣。虐而听于神，神居莘六月，虢公使祝应、宗区、史嚚享焉，神赐之土田。（祝，太祝也，宗，宗人也，史，太史也，应、区、嚚，人名也。）史嚚曰：虢其亡乎！吾闻之，国将兴，听于民，（政顺民心。）将亡，听于神。（求福于神。）神聪明正直而一者也，依人而行，（唯德是与。）虢多凉德，其何土之能得！（凉，薄也，谓二年晋灭虢也。）

回禄神　蓐收神

《国语》曰：夏之亡也，回禄信于聆隧。（回禄，火神，再宿为信，聆隧，地名也。）又曰虢公梦在庙，（虢公，王季之子，文王之弟，虢虢公丑也，庙，室庙也。）有神人面白毛虎爪，执钺于西阿。（西荣也。）公惧而走，神曰：无走，帝命曰，使晋袭于尔门。（帝，天也，袭，入也。）公拜稽首，觉，召史嚚占之，对曰：如君之言，则蓐收也。天之刑神，（刑杀神也。）天事官成。（官成祸福，各以官象成也。）公使囚之，且使国人贺梦。（欲转吉，故使贺也。）舟之侨（大夫也。）告其诸族曰：众谓虢不久，吾乃今知之。（以其贺梦。）其适晋，六年虢亡。

神致璧

《史记》：秦始皇三十六年秋，使者从关东夜过华阴平舒道，有人持璧遮使者曰：为吾遗镐池君，（服虔曰：水神也。张晏曰：武王居镐，镐池君则武王也。武王伐商，故神云始皇荒淫若纣矣，今亦可伐也。孟康曰：长安西南有镐池也。）言曰：今年祖龙死。（苏林曰：祖，始也，龙，人君之象，谓始皇也。）使者问其故，因忽不见，置其璧去。使者奉璧具以闻，始皇默然良久，曰：山鬼固不过知一岁事也。退言曰：祖龙者，人之先也。使御府视璧，乃二十八年行度江所沉璧也。三十七年，始皇崩于沙丘。

神降不见形

《吴志·孙权传》曰：太元元年五月，临海罗阳县有神自称王表，周旋民间，语言饮食与人无异，然不见形。又有一婢名纺绩。是月，遣中书郎李崇，赍辅国将军罗阳王印绶迎王表。李崇既至，与崇及所在郡守令长谈论，崇等无以易，所过山川，遣婢与其神相闻。秋七月，崇与表至，权于苍龙门外为立第舍。表说水旱小事，往往有验。十一月，权祭郊还，寝疾。二年二月，表亡。至四月，权薨。

池神见

《幽明录》曰：晋武帝于殿上窗下，清曙忽见一人，著白帏黄绢单衣，举身沾湿，自称是华林园中池水神，名曰淋泠君也，若善见待，有福佑。时帝饮已醉，取常佩刀空掷之，刀空过无碍，神忽曰：不以往事垂接，当令知所过。居少时暴崩。

鬼　怪

鬼　见

《天镜》曰：鬼见官府及私宅内，失土地之象。

《国语》曰：周之衰也，杜伯射王于鄗。（注云：常昭曰：鄗，鄗京也，杜国伯爵，陶唐氏之后也。）

《春秋》曰：宣王杀杜伯而不辜，后三年，宣王会诸侯，田于圃，日中杜伯起于道右，朱衣冠，操朱弓矢，射宣王，中心折脊而死也。

《左传》曰：庄公八年十二月，齐侯游于姑棼，遂田于贝丘，（姑棼、贝丘皆齐地，田，猎也。）见大豕，从者曰：公子彭生也。（公见大豕而从者见彭生，皆妖鬼也。）公怒曰：彭生敢见！射之，豕人立而啼。公惧，坠于车，伤足丧屦。

《汉书·五行志》曰：高后八年三月自灞上还枳道，见物如苍狗，撠高后腋，怒，见赵王如意为祟，遂病腋伤而崩。先是，后杀如意。

鬼掷人屋

《天镜》曰：鬼掷人屋扣门户，如贼盗劫人，不出一年，民人疾病。

鬼　呼

《墨子》曰：夏桀之时，鬼呼于国。

《天镜》曰：鬼呼，大人当之，是谓丧亡，不出一年，天下争地。一曰哭祖民分散。

《述异记》曰：吕光永康二年，有鬼叫于都卫曰：兄弟相灭百性毙，两口绝祀。吏寻声视之，则靡所见。是年光死，娇子绍立，五日，绍庶兄纂篡绍自立。明年，纂弟车骑大将军常山公征伐，屡有战功，疑纂不已，帅众攻纂，所杀无穷，常酗游走无度，明年，因醉为从弟超所杀。超推兄隆为主，姚兴因衅遣叔父征西将军陇西公硕德伐之，隆师徒挠败，乃称蕃于姚氏。三年，遂为姚氏所灭。

鬼吟哭

《墨子》曰：夏桀之时，鬼叫于国。商纣之亡，有鬼宵吟。

董仲舒《五行逆顺》曰：人君简宗庙，不祷祝，咎及于外，则鬼夜哭。

京房曰：国虚空，人君有尸禄，则鬼夜哭。

《晋阳秋》曰：苻坚未败，常安市鬼夜哭，一月乃止。

京房曰：鬼夜哭，国将亡。

开元占经卷一百十四

器服休咎城邑宫殿怪异占

器用休征

琅玕　白玉　白玉赤文

《孝经援神契》曰：神灵孳液，百宝为用，则琅玕景。（宋均曰：事神明得理则琅玉有光景也。）

《礼稽命征》曰：王者得理制，则泽谷之中有白玉出。

《礼稽命征》曰：王者制礼作乐，改损祭器，得鬼神之助，则有白玉赤文，像其威仪之状。

玉英　玉罂　玉典

《瑞应图》曰：王者五常并循，则玉英见。又云：王者服饰不侈，则出。又自正饰服不逾祭服，乃出。

《孝经援神契》曰：玉英，石华，王者尊卑不失其服则见。又曰：神灵孳液，则有玉英。（宋均曰：玉有英华也。）

《瑞应图》曰：玉罂者，师旷时来至杂紫绶。又云：王者慈仁则玉典见。

玉　璜

《尚书大传》曰：周文至磻溪，见吕尚钓鱼，文王拜，尚云：望钓得玉璜，剜曰姬受命，佐捡德，合于令，昌来提。（郑玄云：钓得鱼，鱼中得玉璜也。佐捡犹助，提者取也，半璧曰璜。）

《瑞应图》曰：王者循五常则出。

玉璧　玉瓮

《瑞应图》曰：王者贤良美德，则白玉出。

《中兴征祥说》曰：王者不隐其过，则玉璧见。愍帝建武元年，江宁民虞迪垦地，得白玉麒麟玺一枚，文曰长寿万年。安帝义熙十二年，左卫兵陈阳于淮水中得玉玺一枚。

《瑞应图》曰：玉瓮者，圣人应也，不汲自盈，王者饮食不流离下贱则出。

玄　珪

《尚书璇玑钤》曰：玄珪则出，刻曰延喜。（禹功既成，天佩以玄珪也。）

《瑞应图》曰：王者勤苦以忧天下，厚人薄己，卑宫室而尽力乎沟洫，则玄珪出。禹时天以赐禹。又云：四海会同则玄珪出。

金车　金胜　银瓮

《瑞应图》云：王孝至孝，仁德广施，则金车出。舜时见于帝廷。

《孝经援神契》曰：金胜者，象人所镂胜而金色，四夷来即出。

《瑞应图》曰：世无盗贼凶人，则金胜出。又曰：浸润不行，奸盗静谧，绨绣不用，则见。

《晋中兴征祥说》曰：金胜者，仁宝也，不斫自成，光若水月，四夷宾服则出。穆帝永和元年，阳谷民得金胜一枚，长五寸，状如织胜。后桓温平蜀路，此四方来服之应也。

《瑞应图》曰：王者宴不及醉，则银瓮出。

明珠　明月珠　珠英　珠镜　地珠

《礼记威仪》曰：君乘金而王，其政象平，则海出明珠。

《援神契》曰：王者德至渊泉，则海出明珠。（珠可照暗也。）

《瑞应图》曰:明月珠者,介鳞之物、鱼盐之税,通乎什一,则海出明珠以给王者。

《礼记威仪》曰:君乘土而王,其政太平,远方神献其珠英。(有神圣故以其地所生来献。舜时西王母献益地图玉琯者是也。)

《援神契》曰:神灵孳液,百宝为用,则珠镜见。(事神明得理则大珠有光耀,可为镜。)

《瑞应图》曰:王者以才为宝,则地珠出。

大贝　琉璃碧

《礼记威仪》曰:君乘金而王,其政荡平,则海出大贝。

《援神契》曰:德至渊泉,则江出大贝。

《运斗枢》云:先德则江吐大贝。

《瑞应图》云:王者不贪财宝,则海出大贝,大可盈车。又曰:王者不匮则出。

《援神契》云:王者行政,神明得理,则琉璃碧见。

《瑞应图》曰:王者不多取妻妾,则碧琉璃见。

苏胡钩　珊瑚钩

《援神契》曰:王者要誓信,则苏胡钩出。

《瑞应图》曰:王者弃玩好之物,则苏胡成其钩而出。

《瑞应图》曰:王者敬信则珊瑚钩见。

神　鼎

《瑞应图》曰:神鼎者,质文之精也,知凶知吉,知存知亡,能重能轻,能不炊而沸,不汲而满,中五味。黄帝作三鼎,象三辰。大禹治水,收天下美铜以为九鼎,象九州也。王者兴则出,衰则去。

《说苑》曰:汉孝武帝时,汾阴得宝鼎而献甘泉宫。群臣上寿贺,皆曰得周鼎,侍中吾丘寿王曰:周德始于后稷,长于公刘,大于太王,成于武王，显于周公，德泽上畅于天，下漏于泉，上天报应，鼎为周出。今汉自高祖以继周，昭德显行，六合和同，至陛下而愈盛，天照有德，而宝鼎自至，所以遗汉，此汉鼎，非周鼎也。上曰：善。群臣皆称万岁，赐寿王黄金十斤。

《晋中兴征祥说》云：王德盛则神鼎见。神鼎者，仁器也，不炊而沸，不汲而满，烟煴之气自然而生，世乱则藏于深山，文明则应运而至，故禹铸宝鼎以拟之。成帝咸康八年，阳谷民刘珪夜见光，取得鼎一枚，外围四寸，此文明之应也。

丹甑　瓶瓮

《援神契》曰：丹甑者，不炊而自热，五谷丰穰则见。

《瑞应图》云：王者弃淫污之物，则丹甑出。又曰：化行年丰即出。

《瑞应图》云：瓶瓮不汲自满，王者清廉则出。又曰：接于末贱则出。

白　裘

《瑞应图》曰：王者以身率先人，恶衣服而致美乎黻冕，则献白裘。禹时渠搜民乘白马来献。（《禹贡》：渠搜，山名。西夷衣皮，见禹功成，皆来服也。）又云：王者政本五行，教民种植，以事其先，则献白裘。又云：王者德茂，不耻恶衣，则四夷来献白裘。黄帝时，南夷乘白鹿来献白裘。

器服咎征

钟自移　钟自鸣　钟不鸣

《天镜》曰：钟自鸣，移处，君不安，不出年。

《春秋潜潭巴》曰：天子钟自鸣，下土动兵。

《兵书》曰：钟无音，士卒怒，欲攻战。

鼓自鸣　鼓不鸣

《潜潭巴》曰：库兵动，鼓自鸣。

《天镜》曰：鼓忽夜鸣，有敌人来。

《兵书》曰：金鼓无故自鸣，军中当罢，且有功名。

《兵书》曰：金鼓无故忽无音响者，邑且降。

《汉书·五行志》云：李陵击匈奴，夜击鼓起士，不鸣，陵曰：吾士气少衰而鼓不起，何耶？军中是有女子乎！搜军中，得卒妻皆斩之。

角自鸣　角不鸣　巾箱中有鼓角声

《天镜》曰：国君角自鸣，有伐者。

《天镜》曰：角吹而不鸣，不宜征伐。

《异苑》曰：晋孝武大元末，每闻巾箱中有鼓吹鼙角之声。又曰：护军府军铠甲铮铮有声，遭王敦之变。

刀剑自拔自鸣

京房曰：君刀剑无故自拔，与其室相去，君且杀。

《地镜》曰：刀剑无故自拔出及光有声者，忧兵伤，若有血汗。

京房云：君刀剑无故自鸣，他人无闻者，而君独闻之，妻妾且杀其君。

《兵书》曰：将军剑无故自鸣，他人不闻，己独闻之，此名妇为人杀之象。

忘豹尾

《晋中兴书》曰：海西公初即位，忘设豹尾。圣人所以豹变也，而海西豹变之日，非所忘之时，天戒若曰，忘其豹尾，亦不能终也。

车奔 鼎沦 鼎震

《天镜》曰:国君车奔,不出三年,有丧事。

《墨子》曰:桀无道,九鼎沦。

《洪范五行传》曰:周烈王二十三年,鼎震,金失也。金震,木动之也。鼎者宗庙之器,鼎震,木沴金失之象。

冶铁飞

《汉书·五行志》曰:武帝征和二年春,涿郡铁官销铁,皆飞去。其三月,涿郡太守刘屈氂为丞相,后月巫蛊事忽兴,帝女阳石公主与太仆公孙敬声下狱死,掘蛊太子宫,太子与母皇后议,恐不能自明,乃杀江充,举兵与丞相屈氂战,死者数万人,太子败走,至湖自杀。明年,屈氂复坐祝诅腰斩,妻枭首。成帝河平二年正月,沛郡铁官铸铁不下,隆如雷声,又如鼓音,工十三人惊走,竟还视地,地陷数尺,炉分十二,炉中销铁散如流星。时王凤为大司马大将军,秉政,丞相王商与凤有隙,凤谮之,免官自杀。

灶釜鸣

《地镜》曰:宫中灶及釜甑鸣响者,不出一年,有大丧。

郭璞《洞林》曰:卷令施安上家釜九鸣,旬月之中,寻有九丧。

臼中水出

京房《易传妖占》曰:臼水出,大臣咎。

《地镜》曰:水忽出臼中,臣为咎,且将大水。

《帝王世纪》曰:初力牧之后曰挚,其母曰始朵,居伊水之滨,梦神告己曰:臼出水而远走,无顾。及明,视臼中有水,即告邻而走,东十里乃顾,其地尽为水矣。

《伏候古今注》曰:成帝建始二年,太原祁安县民石臼中水出如流状，稍益至满臼，民夜谣曰：水大出，走上城。后三年，女子陈持弓闻谣言大水至，走入掖门，至省中，官吏大惊，上城。

秤斗改小　饮食自亡

《天镜》曰：人君改小秤衡斗桶，是谓裂德，五谷不入仓，民流亡，大饥。

京房传曰：君饮食无故自亡，君且失位，凶。

床自动　床自亡　帐幕自动

京房传曰：君床无故自动，君且移居。

《兵书》曰：将军坐床无故自动，臣下欲杀之。又曰：君床无故自亡去，君且去。

《兵书》曰：将军帐幕无故自动，人散走，各归其乡。

羽　扇

《晋中兴书》曰：旧为羽扇柄者，刻木以象骨，用十毛取全数也。中兴初，王敦始改用长柄，使下出可提，减其羽用八，识者以为柄使可执用，是敦执国柄之象也。毛减用八者，是羽翮损少之应也。

襂　头

《晋中兴征祥说》曰：太元中，人不复着襂头，亦服妖也，象人君独立无亲戚也。

《天镜》曰：人君及民无故违国制，服上古之服，是谓悖德，君臣有反政。又曰：好作大衣，下臣悦。又曰：无故小其衣服，不出三年，边有急兵，若外国来降服，后大凶。又曰：好小衣，臣自用。又曰：人君好为短小之衣，兵革，不出六年，边城有相犯，君弱臣强。又曰：好着黄者太平，好着白，兵好着青，年中熟。

京氏云：民人皆好素服者，民多丧，期三年。众人好学诸侯之服，而高其衣服，不出五年失民。

假髻

《左传》曰：郑子臧好聚鹬冠，（张晏曰：鹬鸟赤足黄文，以其毛饰冠。韦昭曰：鹬禽翠鸟也。）郑文公恶之，使贼杀之。刘向以为近服妖者也。一曰非独为子臧之身，亦文公戒也。初文公不礼晋文，又犯周天子命而伐滑，不尊敬上，其后晋文伐郑，几亡国。

冠坠

《汉书·五行志》曰：昭帝时，昌邑王贺遣中大夫之长安，多治仄注冠，（应劭曰：今法冠是也。李奇曰：一云高山冠，本齐冠也，谒者服之也。）赐大臣，后又以冠奴。刘向以为近服妖也。时王贺狂悖，闻天子不豫，弋猎驰骋如故，与驺奴宰人游居娱戏，骄慢不敬。冠者尊服，奴者贱人，贺无故好作非常之冠，暴尊象也，以冠奴者，当自至尊坠至贱也。

冠衣改变

《续汉书》曰：灵帝光和四年，作列肆于宫，彩女为商贩，更盗窃，帝著尚服，饮食宴观以为乐。又于西园与狗著进贤冠，带绶，又驾四驴车，帝躬自操辔驰骋。此服妖也，后天下乱。

《搜神记》曰：晋中兴，著帻者以带缚项，下逼上，上无地也。

《续汉书·五行志》曰：献帝建安中，男子之衣好为长身，而下甚短，女子好为长裙，而上甚短。时益州从事黄嗣以为服妖，是阳无下而阴无上，天下未欲平也，后遂大乱。

《搜神记》曰：吴景帝以后，衣服之制，长上短下，又积领五六而裳居一二，故归命放情于上，百姓恻于下之象也。晋兴后，服上俭下丰，又为长裳以张之，盖上衰弱下放纵也。

衣服汗血　衣服自亡　衣服有光　衣自出匣

《兵书》曰：将军衣无故自汗血，臣下欲杀之。

京房曰：君朝服无故自亡，君有事，臣大凶。

《兵书》曰：衣无故自亡，将且死，人家亦然。

《异苑》曰：晋惠帝羊皇后将入宫，衣中忽有光若火，后藩王构兵，四废四立，及洛阳失御，复为刘曜所嫔。

《汉书》曰：平帝元始元年二月乙未，义陵寝衣在匣中，忽出在床上。又曰：《王莽传》，社陵便殿乘舆，宫府衣在藏中，忽自倒去外堂上，良久委地。莽恶之。

绶带有光　履改变

《天镜》曰：印绶有光者，免官，带有光，贺事。

《搜神记》曰：昔初作履者，妇人员头，男子方头。员者顺之义，盖作者之意，所以别男女也。履者所履践而行者也。太康初，妇人皆方头履，言去其从，与男女无别。

履自着足　履自亡

京氏曰：君履无故自着于君足，有远行。

京氏曰：君履无故自亡，君且不复远行。

《天镜》曰：人君履无故夜亡其处，近臣为践。

败屩自聚

《搜神记》曰：元康之末以至于太安之间，江淮之域有败屩自聚于道，多者至四五十量。余尝视之，时人散而去之，明日悉复。或见狸衔而聚之。说者曰：屩，人之贱服，处于下，当劳辱下民之象；败者，疲毙之象；道者，地理四方所以交通。王命所由败，屩聚道，民罢病，将构聚为乱。后张昌逆乱。

城邑宫殿怪

邑壅成山　邑没为池

《地镜》曰：邑无故壅成山，是谓阳反为阴，君淫，为妇人所谋，不出一年兵起。又曰：邑没为池，是谓侵阳，人主征发无道，不出一年，兵马兴。

门崩坏

京氏曰：上下咸悖，厥妖城门坏。

《天镜》曰：君门倾，君不安上。

《洪范五行传》曰：秦世都门无故崩。都门者，秦东郭门，通山东者也。亦崩者，象赵高杀二世时，外降政内败。一曰西郭莫崩，而东独然又先崩者，象山东兵至，灭坏出二世不逾，楚汉之兵皆自都门而入，此皆内不平外不敬之所致。

《汉书·五行志》曰：景帝三年十二月，吴二城门倾，大船自覆。刘向以为近金沴木，木动也。先是，吴王濞以太子死于汉，称疾不朝，阴与楚王戊谋为逆乱。城犹国也，其一门名曰楚门，一门名曰鱼门，吴地以船为家，以鱼为食。天戒若曰：与楚所谋，倾国覆家，吴地以王不寤。正月与楚俱举兵，身死国亡。又曰：宣帝时，大司马霍禹所居第门自坏，时禹内不顺，外不敬，见戒不改，卒受灭亡之诛。又曰：哀帝时大司马董贤第门自坏，时贤以私爱居大位，赏赐无度，骄慢不敬，大失臣道，见戒不改，后贤夫妻自杀，家徙合浦。

《续汉书》曰：桓帝延熹五年，太学门无故自坏，裴楷以为太学者教化所居，其门自坏，文德将衰，教化废也。是后天下遂至大乱。

《魏志》曰：黄初二年春，文帝幸许昌，城南门无故自崩，帝心恶之，遂不入，还洛阳。五月帝崩。

《晋中兴征祥说》曰：元兴二年，大桁门层屋自坏。桁门者，盖古之鸡门，都城之门也，王者所由出入，是孝安静默，警跸之响未尝至于鸡门，而桓玄之篡乘间也。

门关折　门钥自亡

《地镜》曰:城门关无故自折,将有贼至,为人所开,邑败。

京氏曰:君门户自亡,其君且杀。

《汉书·五行志》曰:成帝元延元年,长安章城门牡自亡,函谷关决,门牡自亡。(晋灼曰:牡,出钥也。孟康曰:决门,聚落门也。)谷永对曰:章城通路寝之路,函谷关阻山东之险,城门关守国之固,固将去焉,故牡飞。

门自开闭

《天镜》曰:昼夜门自开闭,方有大兵至,大忧。

京房传曰:君门户无故自阖,臣杀其君。又曰:国门无故夜自开,且有昼闭之忧。

《天镜》曰:殿阁门夜自开,其下方有大兵。

《地镜》曰:人家门户无故自开自闭,有力兵事。

京房传曰:城门无故不可开,邑有忧。又曰:君门无故不可开者,君凶,人家亦然。

《地镜》曰:凡门无故不可开,是谓戒过,不出三年,必有兵从近城郭起。

《洪范五行传》曰:燕王明光宫卧内,三户闭不可开,王使二十余人疏户,终不开,久甚,王意以为内有人,使奴踞屋视,内中无人。小臣者赵圣推户,户开,视其户不开。夫户以出入屋室者也,无故不开,且不居也。

屋室自坏

干宝《晋纪》曰:武帝大熙元年,太庙梁折,四月,世祖崩。

《晋中兴征祥说》曰:大兴二年,吴郡米庑无故坏。米庑货籴之屋,无故自坏,天戒若曰:五谷踊贵,无所籴买,不复须屋。是岁人大饥,饿死者十二三万。又云:王敦在武昌架屋,五间已构五木,一宿梁坠地,栿在柱上甚危,无几作乱,敦灭。

殿名妖异

《晋中兴征祥说》曰:烈宗起清暑殿,识者非之。清暑楚声今起,殿以楚之声为号,非吉祥,后桓楚篡。

《续晋阳秋》曰:桓玄在姑熟起斋,画为龙,名曰盘龙斋,及败,刘毅居之。毅小字盘龙。

城郭宫阙有声崩侧

《天镜》曰:城郭宫阙廷栋梁头鸣,不出二年二月,国亡削地。

京氏曰:邑城门无故夜鸣,邑有大丧,人家亦然。

《地镜》曰:邑城门忽夜鸣者,将有兵丧。

《王莽传》曰:天凤二年,朱鸟门鸣,昼夜不绝也。

王隐《晋书》曰:城有声,若牛出许昌城,此应主为愍怀太子。

《潜潭巴》曰:宫柱自鸣,下士诸侯号有声。

《天镜》曰:宫殿廷门自鸣,动摇有声音,不出三年,有流血交兵,从近臣亲戚起。

京房传曰:邑君屋无故自动,动而大声者,邑且虚。

《天镜》曰:君府门阁自鸣,强兵方至。

京氏曰:君室中无故有人声,且有大奸。又曰:君室殿无故有哭声,国家大凶。又曰:贱人将贵,则城复于隍。

社鸣及自移

《潜潭巴》曰:里社鸣,此里有圣人,其响百姓归之,天子走。(鸣则教令行善,汤放桀也,响,鸣之怒。)

京房曰:社鸣,实邑虚,虚邑实。又曰:里社鸣,圣人出。又曰:社树自移,君有大行,有凶,移来国昌。

市惊及出泉

《天镜》曰:民人市惊,大兵至,失政之象也。

京房曰:市人无故自惊者,春惊期一年,夏惊期二年,秋惊期三年,冬惊期四年。案《握镜》曰:叛兵起,失政之象也。又曰:天不雨,粲肆自出泉,百姓乱。又曰:粲肆无故自出泉,民人相食,君肆无故自出泉,将军与相为乱。一曰国内乱期三年。

城庙宫殿濡湿

京房曰:天不雨,庙自濡者,其国大饥,人主当之。

《天镜》曰:人君宫殿门墙润濡,不出一年,狱失囚。又曰:宫殿及垣墙无故汁出,如水濯之状,不出八十日亡国。

《述异记》曰:宋临王子项在荆州,永光元年,所住庭柏折栋裂,并自濡,湿汁滴地,明年被诛。

京房曰:天不雨而城自濡者,其国大溃乱,相当之。

宫殿自动

《天镜》曰:人君宫阙宫廷门户无故自动,不出期年,有流民,且交兵。

京房曰:君宫室无故自动者,且为兵墟。

宫殿臭　宫室柱生芝

《天镜》曰:宫殿中及宫府间闻腐臭,不出一年,有暴丧,若妇人暴死。又曰:宫殿闻血腥腐臭,是谓不出一年有大水流血。又曰:宫殿中闻焦臭,是谓移妖,不出一年,以火为灾。又曰:宫殿闻臭,是谓阳动,不出一年,宗庙社稷移徙。

《握镜》曰:宫室屋木无故生芝者,白为丧,赤为血及火,青为狱,黑为贼,黄为吉。

宫殿生点　宫殿瓦自坠　宫殿柱自鸣

《地镜》曰：宫室中壁无故生点者，白为丧，赤为血及火，青为狱，玄为虚耗亡遗，黄为吉。

《潜潭巴》曰：宫瓦自坠，诸侯强凌，主身不祥。又曰：宫室柱自鸣，下士诸侯号有声。

开元占经卷一百十五

禽占

鸟休征

凤凰鸾

《尚书考灵曜》曰:通天文者明,审地理者昌,凤凰下之。

《地镜》曰:凤凰赤精,顼颛德。

《尚书中候》曰:尧即政,凤凰巢阿阁。

《礼斗威仪》曰:君乘土德而王,其政太平,凤凰集于苑林。

京房曰:凤凰来仪,翩翩其羽,兹谓休德。

《抱朴子》曰:古者太平之世,凤凰常居其国而生光。

《淮南子》曰:凤凰之翔,至德也。

《礼稽命征》曰:父子君臣夫妇尊卑有别,凤凰至,飞翔盛于明堂。

京房《易候》曰:鸾见于国,天下大安。

《中候》曰:周公归政于成王,鸾凰见。

白乌　白燕

《地镜》曰:条庶感则白乌来。

《瑞应图》曰:白乌者,宗庙肃则至。

京房《易妖占》曰:山见白燕,其君且得贵女。

《地镜》曰:妾媵有制,白燕来巢。

朱雀　黄雀

《地镜》曰:赤雀衔书,文王德。

《瑞应图》曰:赤雀者,王者动应于天时,则衔书来。

《礼稽命征》曰：祭五岳四渎得其宜，则黄雀集。

白鸠　玉鸡　比翼鸟　三足乌　鹦巢园树

《瑞应图》曰：白鸠，王者养耆老，尊道德，不以新失旧则至。又云：玉鸡者，王者德令神明则出。

《地镜》曰：王者德綦高远，则比翼鸟来至。又曰：王者德不任卜筮，则三足乌来。

京房曰：鹦巢园树，岁安熟。

鸟咎征

鸾三指　鹊巢宫阙及巢军　鹤巢树

《地镜》曰：鸾三指，其下不以德，所下之国有易王。又曰：鹊巢门殿上，贤据代之，世主衰失之象。

京氏曰：鹊巢军旗鼓上，将军死。又曰：鹤巢树，此谓失教，邑亡岁苦，人多死。

燕群及市朝树　燕衔土　燕雀斗

京房曰：燕群斗，外内饥于寇，国兵起。

《地镜》曰：玄鸟群见，水大兴，女主持政，兵革且起，不出四年，王道绝。

京房曰：燕自经市朝之树，为政者凶。

京房曰：燕衔土出之，国益土。又曰：燕衔土出置之，邑中虚。

《地镜》曰：雀与燕共斗，内寇乱，此国兵起。

京房曰：燕与雀斗，贱人为寇。

鸡非时鸣

《易通卦验》曰：万民闻鸡鸣，皆翘首结带，正衣裳。

京房曰：鸡无故夜鸣，必有急令。又曰：鸡据栖而鸣，邑令不迁，乃免也。

《地镜》曰：鸡昏鸣者，世主任女人为政方乱。又曰：鸡夜鸣，天子适有急令，戎马兴。

京房曰：鸡夜半中鸣，有军军罢，若有惊亡，将军妻死。又曰：鸡晨昏鸣，人民有事；人定鸣，且战；夜半鸣，流血滂沱。又曰：鸡不以时鸣，国当之。

《地镜》曰：鸡飞及走且鸣，天子退声。又曰：雌鸡作雄鸡鸣，女主乱政，家则妻妾奸媒，女人忧。

京房曰：雌鸡非时而雄鸣者，家大伤。

鸡不上栖及不下栖　雌鸡冠距生

《地镜》曰：鸡不肯上栖上树者，凶。又曰：鸡日中不下栖，女主乱政，家则妻妾奸谋，女人忧。

京房《易候》曰：鸡逐日不下树，其邑必有水忧。

《地镜》曰：雌鸡拷腹生冠距，女主乱政，家则妻妾奸谋，女人忧。

《河图》曰：鸡有六指杀人。

鸡与野鸟斗戏

京房曰：鸡与野鸟飞走，入人堂而斗若戏，其君不复居，人主亡。又曰：鸡与野鸟斗，其邑乱臣弑君，大臣相戮，流血滂沱。又曰：鸡鸟相斗，其国杀大臣，有丧邑，流血。

《地镜》曰：鸡与野鸟斗，君杀国乱。

鸡不鼓翼及窥井　鸡自飞翔及五色

京房《易候》曰：鸡不鼓翼，国受大咎。

《地镜》曰：鸡窥井，牢狱事。

《地镜》曰：鸡无故自飞翔去家，有蛊。

《河图》曰：鸡有五色，杀人。又曰玄鸡头食病人。

鸡自来及自死　鸡与乌鸟淫

《地镜》曰:他鸡无故飞来不去家者,暴死。又曰:鸡无故自死,家虚耗。又曰:鸡与乌鸟淫,世主内乱,外臣有谋,横兵方起。

鸡生子异形

京房曰:鸡生子不完,其邑忧。又曰:鸡不卵,生子无羽而兽形,邑虚。又曰:鸡不卵而生子非鸡形者,邑有大水。又曰:鸡不卵而生子为六畜形,邑有兵作。又曰:鸡不卵而生子为鼠者,邑有大害。又曰:鸡不卵而生子为野兽形者,邑有大忧。又曰:鸡不卵而生子有六畜形,邑有忧。又曰:鸡卵中尽为虫蛇蜂蝇,国邑虚。

《地镜》曰:鸡生子杂异形,皆为兵水忧。

雉立宫门上及入宫止君室上

京房曰:雉无故立宫阙门上,其主且去宫殿。又曰:雉无故巢邑君屋上,且大事,宫虚。

京房曰:雉止君屋上,为虚,不可居,君当之。

《地镜》曰:雉入宫室,其主去宫。

京房云:雉无故入人室庭,家虚。

雉相戏及巢木上并自死宫中

《地镜》曰:雉无故相戏,其主且去宫。雉自死宫中,其主去宫。

京房曰:雉无故巢木上,水大至。

雀巢木及穴地　雀不见及客雀来

京房《易候》曰:雀巢于木,兹谓伤禄,必有弃职。

《地镜》曰:雀皆巢木上,大兵起。

京房曰:雀无故巢木,岁大水,兵起。又曰:雀无故穴其地,邑有兵。

京房曰：雀不见，岁饥。

《地镜》曰：客雀从他所来，岁中谷贵，民移徙。又曰：阳雀大众多，先水后旱，冬有兵，君无恩。又曰：水雀衔鱼置宫寺室上，不出三年，水出坏邑。又曰：水雀下竹，女主执政，忧，有水出。又曰：水雀下杨柏，君行阴道，不出三年，军行。

《遁甲至哉钤》曰：赤雀不见则无贤，白雀不降则无后嗣。

鸠移巢　鹊集鸣城室及木上

京房曰：邑鸠巢去树木之地若室上，谓去常居，亡地且兵。

《地镜》曰：鹊集城上及室上，鸣而泣，皆为兵且起，邑将虚。

鹊夜鸣及群饮井　鹊群下集地及巢军

京房曰：鹊夜鸣，且必有甲兵。

《地镜》曰：鹊夜飞鸣，兵且起，邑将虚。又曰：鹊群饮井中，兵且起，邑将虚。又曰：鹊群下集地，兵起，邑将虚。

京房曰：鹊巢军起资，屋空虚。

鹊相斗及自死

《地镜》曰：鹊相斗死，为兵起，邑将虚。又曰：鹊自死宫中，兵起邑虚。

京房曰：鹊无故自死宫中，主死。又曰：鹊无故自死君宫室门上，有喜，及屋上亦然。

伯劳鸟鸣聚　鸟巢集军

《地镜》曰：伯劳斗屋上及呼不止，不出六十日祸起。

京房曰：伯劳鸟鸣，为怪，君室凶。又曰：伯劳鸟聚军中，岁大水。又曰：伯劳鸟聚军中，大水且至。

京房曰：鸟巢军旗鼓上，将军死。又曰：鸟集聚军中，将军出令，增秩应之。

鸜鹆巢宫室　鹳鹊鸣巢宫室上

《地镜》曰：鸜鹆巢宫室，不出三年，夷狄内侵。又曰：鹳鹊鸣人君屋上及巢屋，大水且至，民流散，国将亡。又曰：鹳鹊巢门殿上，贤据代之，世主衰失之象。

鸟巢宫阙上

《地镜》曰：野鸟巢宫室，不出三年，夷狄内侵。又曰：鸟巢城上及其下，不出一年，忧被围。

京房曰：鸟无故巢于门上及殿下，宫邑且虚，其屋巢者，为不终岁，无兵者兵作。

众鸟鸣泣城邑门阙　众鸟夜鸣

《地镜》曰：鸟鸣君门上作人声，君亡。又曰：众鸟集木上鸣而泣，兵且起，邑将虚。

京房曰：众鸟皆无故自立城，泣人家室上者，国且围，家亦然。又曰：飞鸟无故泣而立于野及木上，鸣而相应，邑有大兵。又曰：众鸟无故立城，泣邑门上，其邑且虚。又曰：鸟鸣门阙上如人音，邑且亡。又曰：众鸟群鸣城上，声习习，实邑。又曰：众鸟鸣回军中必暴战，不出三四日中。

京房曰：众鸟夜鸣，且必有甲兵。

《地镜》曰：众鸟夜鸣，为兵且起，邑将虚。

鸟止入宿宫阙城邑

京房曰：鸟无故群立君门上者，其君死。又曰：众鸟集止城上，内向则邑见围，外向邑大兵行。又曰：众鸟栖城上，内向则凶，外向破于兵。又曰：日有非常之鸟来宿于邑，此谓敛吏，邑有兵。又曰：

飞鸟皆无故自入宿邑中及附木身，不大凶即邑虚。又曰：野鸟飞入君室，其邑虚，亡之他方。又曰：鸟无故群宿邑中，其邑虚。

《地镜》曰：非常鸟来宿邑中，此名敛殃，流血滂沱。（鸟或黄身黑翼白头股赤喙足也。）

《地镜》曰：野鸟飞入宫，其君方去。

鸟死宫中及集宫殿城邑

京房曰：众鸟无故自死宫中，其君死。

《地镜》曰：众鸟自死宫中，兵起邑虚。又曰：飞鸟群聚宫殿中，主失国无后主。又曰：众鸟集城及室上鸣而泣，皆为兵且起，国将虚。

鸟翔宫邑上

《地镜》曰：鸿鸟之属翔府国宫府上两时以上，或至三日，群谋将起，大兵将至。又曰：野鸟群翔邑上，邑且虚，市上亦然。又曰：飞鸟俱翔障日，臣下有谋，宜警之。邑中终岁无鸟，兵起。

鸟飞舞于市及饮井　鸟巢井中及集地

京房曰：飞鸟无故飞舞于市，邑且有兵。

《地镜》曰：众鸟群下饮井中，兵且起，邑将虚。

《地镜》曰：大鸟巢井中，贼弑君。又曰：众鸟群下集地，兵且起，邑将虚。

鸟斗死及与兽斗　鸟异形

《地镜》曰：众鸟相斗死，为兵且起，邑将虚。又曰：飞鸟与四足斗，横兵方起。

京房曰：飞鸟与野兽斗，国有殃。

京房曰：众飞鸟有人形，为兵。又曰：众飞鸟为兽形，见即大人忧。又曰:众飞鸟为六畜形,见则有兵。

鸟集故墟及冬卵　野鸟入邑及却飞

京房曰:故墟无人,众鸟集之,必复居。

《地镜》曰:众鸟冬生子,此不祥,君有祸。

京房曰:有白文鸟居野,不及三年,有死君,此旱祥也。

《地镜》曰:野禽鸟入人家,勿煞之,有殃。又曰:鸟却飞,世主失国。

《黄帝占》曰:天下有鸟,毛羽五色者,雄名曰最,雌名曰极,此鸟见,天下大凶。(小见可,若普见,天下大灾。)

鸟巢军资及集军中

京房曰:鸟巢军资,屋空虚。又曰:鸟集聚军中,将出令增秩应之。又曰:鸟集军中,人皆不知其名,此为劳军,必败。又曰:野鸟群入军室,必灭。又曰:众鸟群飞军上太多,战必败,兵且罢。又曰:军中入飞鸟止军上,万数止其上,将军应死。

开元占经卷一百十六

兽　占

兽休征

麒　麟

京房《易传》曰：麒麟，麇身牛尾马蹄，有五彩，腹下黄，高丈二尺，毛长。

《瑞应图》曰：麟者仁兽也，牡曰麒，牝曰麟，羊头鹿身，牛尾马蹄，黄色圆顶，顶有一角，角瑞戴。含仁戴义，音中钟吕。牡鸣曰游圣，牝鸣曰归和。春鸣曰（阙），夏鸣曰（阙），秋鸣曰（阙），冬鸣曰（阙）。五色主青，五音主玉，食义禾之实，饮珠之精，步中规，行中距，游必择土，翔而后处，不践生虫，不折生草，不群居，不侣行，不食不义，不饮污池，不入陷穿，不经罗网，斌斌乎文章，申申乎其乐。王者德及幽隐，不肖斥退，贤者在位，则至。又曰：日月王动，则有仪，静则有容，则见。

《晋中兴征祥说》曰：麟者应也，盖与圣为期应也。角上有肉，示不伤也。

曾子曰：麟，毛虫之精，阳气所生。

《鹖冠子》云：麟，阴之精。

《抱朴子》云：麟，兽之圣也，寿二千岁焉。

《说文》云：麟者，仁兽也，麇身牛尾，狼蹄肉角，一角角端有肉，王者至仁则出。今并州有麟，大小如鹿，非鯿也。

《礼记》曰：王者之嘉。又曰：圣王用水火金木，饮食必时，颁爵位必当年德，无昆虫之灾、凶饥妖孽之疾，则天不爱道，地不爱宝，人不忧情，则麒麟在近郊。

《春秋感精符》曰：麒一角者，明海内共一主也。王者不刳胎，不剖卵，则出于郊。又曰：王者德旁流四表，则麒麟至。

《春秋考异邮》曰：王者功平则麟至。

《礼记威仪》曰：君乘金而王，其政象平，则麒麟在郊。麟，木精也。（文子曰：主有积德者，天兴之，地助之，鬼神辅佑之，则麒麟在郊。）

何休注《公羊传》曰：麟角戴肉，设武备而不为害，所以为仁也。上有圣帝明王，天下太平，乃至。

孙卿子曰：王者好生恶杀，则麒在郊野。

《春秋繁露》曰：恩及羽虫，则麒麟至。

蔡氏《月令章句》云：视听孔修，则麒麟至。

《尚书中候》曰：黄帝时，麒麟在囿。（麒似马无角，麟似麋而一角。）

《汉书》曰：武帝元狩元年，幸雍祠五畤，获白麟，作白麟之歌。应劭注云：武帝获白麟，为瑞，乃铸黄金为麟趾，以协嘉祉焉。（案晋武帝时白麟再见。）

白泽　飞黄　騊駼　駃騠

《瑞应图》曰：黄帝巡于东海，白泽出，能言语，达知万物之精，以戒于民，为除灾害。贤君德及幽遐则出。（《抱朴子》云：黄帝穷神知奸者，出于白泽之辞也。）

《淮南子》曰：黄帝治天下，物无分争之心，日月星辰不失行，风雨时，五谷熟，于是飞黄伏皂。又曰：天下有道，飞黄服皂。注云：飞黄出西方，状如狐，背上有角，乘之寿三千岁。伏皂历而食焉。郭璞注《山海经》云：乘黄即飞黄也。《周书》乘黄似狐，背有两肉角也。

《瑞应图》云：王者舆服有度，秣马不过所乘，则地出乘黄。

《瑞应图》曰：騊駼者，幽兽也。明王在位则来，为时除灾害。又曰：德盛则至。

《山海经》曰：有兽异状如马，名日騊駼。又曰：駃騠者，后土之兽也，自能言语，王者仁孝于民则出。禹治水有功而来。

周市　角端

《瑞应图》曰：周市者，神兽名也，星宿之变而见，王者德盛则至。

又曰:角端日行万八千里,能言,晓四夷之语,明君圣主在位,明达方外幽隐之事,则角端奉书而来。

獬豸兕

《说文》曰:獬豸似牛一角,古者决讼,命触不直者。

《瑞应图》曰:獬豸,王者狱讼平则出。

《神异经》曰:獬豸毛青似熊,性忠直,见人斗则触不直者,闻人论则咋不正者。

《论衡》曰:獬豸者,一角之羊也,性知有义。皋陶治狱,其罪疑者令羊触之,有罪则触之,无罪则不触。斯盖天生一角圣兽,助狱为验,故皋陶跪座事之,则神奇瑞应也。

《瑞应图》曰:兕知曲直,王者狱讼无偏则出。

郭璞注《山海经》云:兕似青牛色,一角,重三十斤。

犀角戴通

《援神契》曰:神灵孳液,百宝为用,则犀角戴通。注曰:案《交州记》云:犀毛如豕,蹄有三甲,头如马,有二角,鼻上角长,额上角短,浮着肉,不连骨也。

《南州异物志》云:犀如象大,色正乌,似毫猪,神者角有光耀,白日视之凡犀,暗夜视之,皆烽光从甲中出,望如炬火。以角冒地,飞鸟走兽皆惊,或一角、两角、三角。

《抱朴子》曰:通天犀角有一白理如綖者,以盛米,置群鸡中,鸡辄惊,故名曰骇鸡犀。得其通天以刻为鱼,衔以入水,当为开方三尺,所得气息。

《淮南子》云:犀置狐穴,狐不敢复居。

郭璞注《山海经》云:犀角似象,食棘,口中常流血。案平帝章帝时,黄支国献犀牛,章帝时日南献白犀也。

白　象

《援神契》曰:神灵孳液,百宝为用,则白象素。象色白如素也。

《瑞应图》曰：王者政教得于四方，则白象至。（得字当作行。）又曰：王者自养有道，则白象负不死药来。

驺虞 白虎

毛苌注《诗》曰：驺虞，义兽也。白虎玄文，不食生物，有至信之德则应之。

《援神契》曰：王者德至鸟兽，则白虎动。

《晋中兴征祥说》曰：王者仁而不害，则白虎见。白虎者，仁兽也，虎而白色，缟身如雪，无杂毛，啸则风兴。昔召公化行陕西之国，驺虞应焉。

《宋书·符瑞志》云：王者不暴虐，则白虎而不害。

《感精符》云：将兴，白虎戏朝。（戏汤朝也。）

《括地象》曰：圣王感期而兴，则有玉虎晨鸣，雷声于四野。

白獐 五色鹿 白鹿

《瑞应图》曰：王者德茂，则白獐见。注云：案宋文帝时，华林园白獐生二子，皆白。又元帝时，白鹿再见。宋文帝、孝武帝并获白鹿。何法盛、沈约皆以白鹿附白獐焉。又云：天鹿纯灵之兽，五色光耀，王者孝道备则至。

《礼记威仪》曰：君乘水而王，其政和平，则北海输白鹿。

《援神契》曰：王者德至鸟兽，则白鹿见。

《晋中兴征祥说》曰：白鹿者，仁兽也，王者明惠及下则见。色若霜雪白，牝牡不与紫鹿为群。注云：周平王时，白鹿见。汉章帝西巡日，白鹿见于临平观。

《天镜》曰：王者仁明则白鹿至。又曰：爱民人，白鹿见。

赤熊 赤罴

《瑞应图》曰：王者奸宄息，则赤熊入国。注云：案宋文帝时白熊见。沈约《符瑞志》曰：附赤熊。

《瑞应图》曰：王者远佞人，除奸猾，则赤罴见。

《天镜》曰：王者武功遏乱，则赤罴出。

白狼　白狐　玄狐

《瑞应图》曰：王者仁德明哲，则白狼见。又曰：王者进退依法度则至，周宣王得之而犬戎服。

《尚书璇玑钤》曰：白狼衔钩入殿朝。（注云：钩，缚束之要。案《帝王世纪》曰：汤得天下要地，有神獐白狼衔钩入殿朝。）

《瑞应图》曰：王者仁智明则白狐出。又曰：王者仁智动唯法度，则见。

《天镜》云：王者德和则白狐来。又曰：成王时太平，则玄狐见。

文狐　九尾狐

《礼斗威仪》曰：君乘火而王，其政讼平，则南海输文狐。

《瑞应图》曰：王者德及禽兽，则南海输文狐。

《援神契》曰：德至鸟兽，则狐九尾。宋均注云：王燕嘉宾，则狐九尾也。

《淮南子》曰：狐九尾者，九配得其所，子孙繁息，明后当旺也。

《瑞应图》曰：六合一统，则九尾狐见。一云：王者不倾于色则至，文王得之，东夷服。

《吕氏春秋》曰：禹年三十未娶，行于涂山，思时晚慕失制，乃曰：吾之娶必有应焉。乃见白狐九尾而造于禹。禹曰：白者服也，九尾其征矣。涂山人歌曰：绥绥白狐，九尾庞庞。成家成室，我都彼昌。禹因娶涂山氏女。

陈思王《上九尾狐表》曰：黄初元年十一月二十三日，于甄城县北见众狐数十首在后，大狐在中央，长七八尺，赤紫色，举头树尾，尾甚长大，林丛有之甚多，然后知九尾狐斯诚圣王德正和气所应也。

赤兔　白兔

《瑞应图》曰：王者德茂，则赤兔见。

《晋中兴征祥说》曰：白兔，仁兽也，王者尊敬耆老则见。

《天镜》曰：人君好赉贫，则白兔见。

《瑞应图》曰：王者敬事耆老，则白兔见。又云：王者应事疾则见。注云：《春秋元命包》曰：兔者月明之精也。

《玉策记》曰：兔百岁则色白也。

一角兽　三角兽　比肩兽　六足兽

《瑞应图》曰：天下太平，则一角兽至。又云：六合同归，则一角兽至。又云：王者法度修明，三统得所，则三角兽至。

《天镜》曰：王者承先法度，无所造次，则三角兽至。

《瑞应图》曰：王者德及幽隐，鳏寡得所，则比肩兽至。又云：王者谋及众庶，则六足兽至。

兽咎征

麒麟执

《春秋合诚图》曰：苍帝将亡，则麒麟见绁。

《公羊传》曰：襄公十有四年春，西狩，获麟，麟者仁兽，有王者则至，无王者则不至。有以告者，有麇而角者，孔子曰：孰为来哉？反袂拭面，涕沾袍，曰：吾道穷矣！

《五经异义·公羊说》：孔子获麟，天命绝周，天下叛去为贼。

狸力　猾裹　朱厌　犰狳　朱儒　蜚

《山海经》曰：岠山有兽，其状如豚，有距，其音如狗吠，其名曰狸力，见则其县多土功。又云：尧光之山，有兽如人而彘鬣，其名曰猾裹。（滑怀两音。）或曰：署襄其音如斫木，（如人斫木声。）见则其县有大徭。（谓作役也，或曰其县乱。）又云：小次之山有兽焉，其状如猿，而白首赤足，名曰朱厌，见则为兵。又云：余我之山有兽，状如兔，鸟喙鸱目蛇尾，见人则眠，名曰犰狳。（仇余两音。）其鸣自叫，见则螽蝗为败。又云：耿山有兽，状如狐而鱼翼，其名朱儒，自呼，见国有恐。又云：太山有兽焉，其名蜚，行水则竭，行草则死，见则大疫。

象

《运斗枢》曰:变江淮之祠,斩伐无度,则瑶光不明,象负车奔。象八足,阴敖翔。注云:象,太阴之物,八足是欲行之八方之远。臣如此,自恣之甚也。

《东观汉记》曰:桓帝延熹五年,有惊马逸象入宫殿,国灾。

白虎执　虎断道入国　虎食人　虎衔鱼　虎相食

《合诚图》曰:白帝亡则白虎执。

京房曰:虎断道,边国谋。又曰:白虎入国邑,野人为政,危其宗人。

《地镜》曰:虎入国,国将空荒。

京房《易传》曰:君行无道,将害民庶,虎食人。

《运斗枢》曰:君失恩于小民,则虎衔鱼。

《地镜》曰:虎相食,不出三年,国荒。

虎牛尾无口目　虎两口　虎两足

《河图说征示》曰:主无德,则虎牛尾无口目,名曰乱朝。

《潜潭巴》曰:有虎两口,君出走,诸侯绌。注云:虎可畏,今复两口,象大臣欲有所咀嚼也。

《地镜》曰:世主方起,大臣遘罪,则虎有两口。

《晋杂事记》曰:太康六年,南阳献两足虎。注云:干宝曰:虎金精,南阳火也,金入火刑,王室乱妖也。

王隐《晋书》曰:中宗诏问王隐曰:荆州送两足虎,其征何为也?隐曰:谨案先臣铨传,太康时两足虎,因作诗以讽。铨意以晋金行也,金在西方,其兽为虎,虎有四足,犹国有四方,无半势而又见获,将有愍怀之祸也。

麈入宫　麇入国

《晋中兴征祥说》曰:兴宁元年十月,麈入于东海王宫。麈,主也,将为天下主之征。后哀帝崩,东海王即位。

京房《易候》曰：麋入都而国虚。又曰：麋见于邑，有臣戮。又曰：麋入市，邑有忧。

《地镜》曰：麋入国，国方见屠。

《洪范五行传》曰：庄公十七年冬，多麋。牝兽之淫莫大于麋，麋，迷也，庄公悦郑詹之言，取齐淫女。刘歆以为毛虫之孽，刘向以为麋色青，近青祥。

候鹿解角　鹿入宫　熊入宫

《易通卦验》曰：鹿者，兽中阳也，兽者阴，贵臣之象，鹿应阴解角者，夏至太阳始屈，阴阳相向，君臣之象，今失节不解，阴不变阳，臣不承君之象，故为贵臣作奸。

京房《易候》曰：鹿入宫都而国虚。

《论衡》曰：汉中王筑宫楼未成，鹿走上阶，其后果薨。

《汉书》曰：昌邑王贺闻人声，曰熊，视而见大熊，左右莫见。王以问郎中令龚遂，遂曰：熊山野之兽，而来入宫室，王独见之，此天戒大王，恐宫将空虚之象也。贺不改寤，后卒失国。

狼入国绕军　狼食人

《吕氏春秋》曰：乱国之妖，有狼入国。

京房《易候占》曰：君失春政，则苍狼入于邑；君失秋政，则白狼入于邑；君失冬政，则黑狼见于邑。又曰：狼逐家人犬者，夷狄且来，入君邑中。又曰：狼鸣于邑中，邑且空；狼伏邑中，有兵。又曰：赤狼见于国，不出三年，必有大祸，野人为政。

《抱朴子》曰：有狼狐绕军而鸣者，军败。又曰：君无道，则狼食人。

狐一头两身　五狐入室上屋　狸三头　獭不祭鱼

《灾异图》曰：王公不祗上命，刻暴百姓，人民吁嗟，则一头两身狐见。

京房曰：狐逐家人犬者，夷狄且来，入君邑中。又曰：狐入室，必有大丧，将出室不居。

《地镜》曰：狐入室，有暴丧，上屋亦然，以淫危主。

《河图说征示》曰：狸三头名曰蘖，蘖见则女害。

《通卦验》曰：獭不祭鱼，国多盗贼。

兔两头　兔生雉　兔入宫　兔止宫城

《运斗枢》曰：女两舌则兔两头。

《吕氏春秋》曰：乱国之妖，有兔生雉。

《握镜》曰：兔上城及入宫中，不出一年主死。

京房曰：兔入于王宫，其君亡。

京房曰：兔无故入宫，溃其宫矣，家亦然。又曰：兔止城上，邑必虚，入宫殿，生子，其宫且空，生草木矣。又曰：兔无故入宫殿生子者，宫有忧。又曰：兔无故宿及守之，其邑君死，兵小行。

王隐《晋书》曰：王后在蓟时，有谣曰：出城门，以望户，中有伏尸，王彭祖，有野狐踞后府门，后为石勒所杀。

鼠群行　鼠却行

京房曰：鼠群行，有水，期一年。又曰：鼠无故群，不居穴，众聚居殿中者，其君死。

《地镜》曰：鼠无故群行，不畏人，昼为饥，夜为兵。又曰：鼠群行入廷，豪侵弱。又曰：或道中有兵丧。

京房曰：鼠无故却退而前尾者，邑有忧。

鼠鸣朝市　鼠舞朝市

京房曰：鼠无故群相随，朝夕鸣，邑且为湖泽，期一年至。又曰：鼠无故朝时及暮时当朝邑门而泣，邑且空虚。又曰：鼠相斗，其君死。

《地镜》曰：鼠无故自向城若市朝而大鸣，皆为兵丧。又曰：鼠聚朝廷市衢中而鸣，地方屠裂。又曰：鼠泣唶唶，为兵丧，在家人凶。

京房曰：鼠无故舞于朝市，其邑有大丧。又曰：鼠无故舞邑门外，厥君亡于廷中道上，其邑有大兵。

《地镜》曰：鼠无故舞戏，游走大道，君当之，若家主当之。

鼠积土　鼠巢木上　鼠食木实五谷

京房曰：鼠无故皆自积土，大水且至，水去邑饥。

《兵书》曰：鼠薮军中，将有谋反意。又曰：野鼠在此中者，军必败。

京房曰：鼠无故巢木上，邑且大水。

《汉书》：成帝建始四年，长安城南有鼠衔黄蒿柏叶，上民家柏及榆树为巢，时议臣以为恐有水灾。穴而登木，象贱人将为显贵之位。

《潜潭巴》曰：鼠食木果，众臣不任，害贤人也。

《对灾异》曰：人君斥贤任佞，众谗在朝，而鼠群行，食五谷。

《地镜》曰：鼠食木实上树，邪臣害贤，俗败也。又曰：人君用刑深刻，吏为阴贼，上下无德，则群鼠害禾谷。

鼠逐狸　鼠斗及生子杀子

京房曰：众鼠逐狸，兹谓有伤，臣代其王，思为乱天辟亡。又曰：鼠无故逐狸狗，是谓反祥，臣且杀其君。又曰：众鼠逐狸，杀其君，大臣亡。或曰诸侯以妇女诛异姓，来相国者也。

《地镜》曰：鼠斗宫殿上，为兵丧，自杀其子亦然。

京房曰：鼠无故皆自相杀，斩其首道中者，兵作。又曰：鼠斗殿上，其君死。又曰：鼠生子宫中而不穴，宫且空。又曰：鼠无故杀其子，若自出穴，其子死于穴中，其邑且虚。

鼠穴殿冠带履

京房曰：鼠无故穴殿上宫中，其君死。

《地镜》曰：鼠无故常穴人履冠带，其身危。

鼠啮殿上地穿门户宿褥席上　鼠交殿上

京房曰：鼠无故啮殿上及寝庙中地，其君死。又曰：鼠无故穿殿上及室中,邑舍空。又曰:鼠穿门户,外内通明,大喜。又曰:鼠穿门户,下彻外,有迁者。又曰:鼠无故自常宿褥席中,身死。又曰:鼠交殿上,其君死。

鼠啮杂物

京房曰:鼠啮人杖,主被伤。又曰:鼠啮马蹄,行破亡。鼠啮履头,家有丧,急去之。又曰:鼠啮牛角及蹄,不行。又曰:鼠啮冠,即其身死,若有丧。又曰:鼠啮人带,有利吏被选,断之狱辞连。又曰:鼠啮刀剑,奴妾不祥,后有殃。又曰:鼠啮宫府文书曳尾,官府有赦。又曰:鼠啮衣背上,唯有丧。又曰:鼠啮上衽,有利囊得财。又曰:鼠啮人鼻,且有丧。啮人头,男子伤,洗浴吉。鼠啮人者,有谋贼人。鼠啮人足,有行事,去而吉。鼠啮人颊,必被辱若丧。啮人手指,奴婢死。鼠啮人耳目,有欲为贼者。鼠啮人发,是谓御者女子大贼。鼠啮人织布帛,伤衣,丧。鼠啮祭物,家丧。鼠啮宫中树木枝叶,家有贼。鼠啮床席中央,夫妇杂叙。鼠为怪凶者,伤丈夫,为之烧铁门户,无咎。

《地镜》曰:鼠啮人衣,有斗争事。

五股翼九足蝟生冠 兽从地出

《运斗枢》曰:废江淮山渎之祠,则瑶光不明,股翼九足。又曰女舌蝟生冠。

《握镜》曰:凡四足兽从土中出,殃至,六足兽,上无齿,主增地。

野兽入宫邑

京房《易候》曰:野兽入居室,兹谓不转德,室不居。

京房曰:野兽大小入邑中及王朝廷若大道上,邑有大害,君亡地,有流血。野兽无故入邑,居朝廷门及宫府中及邑廷且虚,家无人。野兽群鸣,邑中且空虚。野兽自经于市中,邑且大岁凶。野兽入军中,将军大战必败,急祭祀鬼神以救之。野兽鸣军中,大邦小,小邦大。野兽生子邑中者,其邑大虚。

《地镜》曰:野兽入宫门及寺门,用事者罢。野兽入城郭,臣下迷惑,有兵。野兽上城入宫中,不出一年,主死。

野兽死邑中　野兽却行

京房《易妖占》曰:野兽无故自死邑中门者,国且空。

《天镜》曰:野兽自死在市道侧,邑中兵方大起。

《握镜》曰:野兽却行,君当为臣。

野兽与六畜飞鸟交及斗

《地镜》曰:野兽与飞鸟斗,兵作。野兽与家畜来斗,他国来伐国。

《握镜》曰:野兽来与家六畜交,此人君淫于外国妇女,以淫为行,且失国。野兽与马交,国淫乱。

京房曰:有四足与飞鸟斗,有兵作,大臣去。又曰:野兽来与家畜斗,有邻国来伐,国将亡。

野兽生子异形

京房曰:野兽生子有人形者,且易其主。野兽生子为螽虫如蜂形,天下且更令。野兽生子为彘,走入君室,邑且亡,社稷为人所攻。野兽生子为蛇者,其邑有大事。野兽生子其足多者,邑有忧。野兽生子足少者,邑有丧。野兽生子其口多者,邑有兵。野兽生子其目多者,邑君忧。野兽生子其目少者,邑有急兵。野兽生子无目者,其邑有忧。野兽生子无耳鼻,其邑有兵。野兽生子耳鼻多者,其邑有行兵。野兽生子耳鼻少者,邑有大兵起。野兽生子无尾者,邑无后。野兽生子其形不居其处者,皆为兵事。

开元占经卷一百十七

牛占

牛休征

金　牛

《瑞应图》云：王者土地开辟，则金牛见。注云：案《交州记》曰：九真群居风山，有金牛时时见，光照数十里。又武昌郡有金牛冈，冈边石上有牛迹焉。又《罗浮山记》云：增城县有牛潭，潭侧有圆石，金牛出时，盘此石上，有周灵潜往掩击，得金锁三尺许。牛出水时，有五色光。又吴与巴及淮南并有金牛，皆带金锁也。

牛有上齿

《地镜》曰：世主治而增地，则牛有上齿。

牛咎征

牛舞　牛悲鸣

《握镜》曰：牛忽舞戏军中，军罢还乡。

《天镜》曰：牛如舞，其国将亡。

《潜潭巴》曰：宫殿中有牛悲鸣，政教衰，诸侯并。牛者兵之符也。注云：牛有角，兵象也，鸣喻教令也。

京房曰：牛无故夜皆鸣，且有暴兵，牝牛善牡鸣及于大道上，邑有大兵。

《运斗枢》曰：主忧下愁，阴类逆，则牛哭于田。

牛能言

《吕氏春秋》曰：乱国之妖，牛能人言。

京房曰：牛能言，如其言占吉凶。

《搜神记》曰：晋太安中，江夏郡功曹张骍乘牛忽言曰：天下方乱，吾甚疾焉，乘我何之！骍惧，中道而反。犬又曰：归何早也？安陆县有善卜者，骍从人占之曰：大凶，非惟一家之祸，亦天下将有兵乱也。后一郡皆破亡。骍还，牛又人立行，百姓聚观者众。其秋张昌乱，一郡残伤者大半，骍家族灭。

牛从地中出　牡牛生子

《天镜》曰：牛从土中出者，不出千日，有兵，民流亡。

京房曰：牛自地中出，邑中有兵，小民破亡，君有丧，不出三年。

《天镜》曰：牛从地中出，不出二年，有大殃。

京房曰：牡牛有子，其君无后。

牛生子异形

《运斗枢》曰：人君七政错壅，下懵暗，上不明，则牛五头不能行。（宋均注：五头喻五方不肯趋上命也。）

京房曰：牛生子一首二身，其邑分；牛生子二头，天下分。胡氏之象也。

《天镜》曰：牛两头，军分为两。

《搜神记》曰：元帝大兴中，割晋陵郡封少子以嗣太傅东海王，俄而世子母石婕妤疾病，使郭璞筮之，遇明夷之既济，曰：世子不宜裂土分国，以致患悔，母子并贵之咎也。法所封内当有牛生一子两头者，见此物则疾瘳矣。其七月，曲河县陈门，牛生子两头，郡县图其形而上之，元帝以示石氏，石氏见而有间。或问其故，晋陵土，上所以受命之邦也。凡物莫能两大，使世子并其方，其气莫以取之，故致两头之妖，以为警也。

《河图说征示》曰：人主失国无民，见牛四角二足。

京房曰：牛生八足，上有三首，邑增地；君任邪佞，则牛两头八足二尾。又曰：牛生子三角，其邑且有兵。牛生三目以上，邑有贼臣。臣多口，则牛四目在背。牛生子三鼻，其邑有兵。牛生子鼻一孔，邑作事不成。君臣不听事，则牛一耳。牛生子三耳以上，邑大乱。人君众恶同志，至德潜隐，兴徭役，夺民时，则牛生五蹄。民人徭三月，邑有贼臣，则牛二尾。牛生子三阴已上，君多子。牛生子目在腹下及旁，邑且有事。牛生子口在腹下及在头上，邑有大事。牛生子口在四肢，邑君亡。牛生子口在背，其邑臣口舌。牛生子耳在腹下，民大饥。牛生子耳鼻在腹及背，其君相谋伤。牛生子鼻在四肢上，邑有大贼。牛生子足在腹，邑徙。牛生子尾在腹，邑大徭。牛生子尾在四肢，邑君易。牛生子无首，邑无令君不吉。牛生子无鼻，民太息。牛生子无尾，民贫士弱。牛生子无毛有羽，邑君亡。牛生子无阴，其君无子，君无子则牛无阴。牛生子无足，其邑谷不成。牛生子足在背，邑且有大兵。兵行，徭役夺民时，厥妖牛生五足。牛生子三足，其邑君有久疾。

《灾异图》曰：王公侯刺史不祗上命，克暴百姓，则牛八足。

《汉书·五行志》曰：秦文公五年，游朐衍有献五足牛者。刘向以为近牛祸也。先是文惠王初，都咸阳，广大宫室。足者止也，戒秦建止奢泰也。又曰：景帝中元六年，梁孝王田北山，有献牛足生背上者。刘向以为近牛祸。先是，孝王骄奢，起苑方三百里，宫馆阁道相连，欲求为汉嗣。足出于背，下奸上之象也。

《异苑》曰：晋永嘉中，曲阿陈文家牛生两头犊。建武中，曲阿牛生犊一躯两头。永昌元年，江北郭洗牛生两头八足。咸和元年，护军营牛生两头六足。太元中，蜀人献动角牛，奋头则角耳摇。石虎时，犉牛水道在腹下。宋元嘉中，仓谷王石丰家牛生尾在额上。元嘉十四年十月，东阳留元子家牛生两头，犊堕地便娇健善走，元子射之乃死，以呈郡守，荀伯子余亲睹焉。《广汉戴道》：周元嘉中，牛生犊有脚而无脊骨也。

牛生人

京房曰：牛生人，民流亡。牛生人，一身二首，其邑昌。牛生人，一身三首，其邑有兵。牛生人，一身二首，无口三鼻，一鼻在项，一鼻在颊，其邑有兵不远。牛生人，一身一首，无目，一耳，相臣有兵。牛生人，一身二首，无目三耳，一耳在项，一耳在颊，其邑有兵。牛生人，一身三首，一鼻在项，一鼻在颊，女人治其政。牛生人，一身二首，无耳，三口，一口在颊，民饥。牛生人，一身二首，无耳，三口以上，一口居顶，一口居颊，人民饥。牛生人，一身三首，二口，无耳，一口在顶，民惊兵，君乱亡。牛生人，一身二首，无耳，三口，一口在颊，一口在股上，民且大惊，其邑有乱亡。牛生人，一身三首，三耳，无目，一耳居顶，一耳居颊，其邑有兵，民多流亡。牛生人，三头三面，有军行。牛生人，一首四面，其君亡地。牛生人，一首二口，其邑大饥。牛生人，一首一鼻，邑民贫。牛生人，一首三目以上，天下有争者。牛生人，一首三耳以上，邑治且乱。牛生人，一首一面，天下有争者。牛生人，一身项以上无，其邑有兵。牛生人，二首以上，其臣有反者。又云邑有大疾。牛生人，三足以上，民多相谗。牛生人，三臂以上，其邑兵行。牛生人，三阴以上，其国有谋臣。牛生人，目在腋下，其君且凶。牛生人，目在腹，天下诸侯杂居；目在背，其邑有大臣反。牛生人，目在足下，此谓不亲，其邑有大谋。牛生人，鼻在腋下，主令不行。牛生人，鼻在足，民哭。牛生人，鼻在腹，其邑谷不成。牛生人，鼻在背，其民多。牛生人，口在腹下，邑有火。牛生人，口在背，邑得利，臣有凶事。牛生人，腹在胫，邑有饥。牛生人，阴在背腹，其君有大事。牛生人，无鼻，邑有丧。牛生人，无耳，有鬼惊人者，相主走。牛生人，无足，其邑不种。牛生人，无臂，其邑疾。牛生人，无体，其邑有事。牛生人，无腹，其邑饥。牛生人，人身而六畜面者，此则不吉，臣下不受命。牛生人，人身而鸟头面者，邑有兵。牛生人，人面而六畜身者，此谓不祥，其邑有兵。牛生人，人面而犬身，其邑苦。牛生人，人面而野兽身者，邑有亡地。牛生人，人面鱼身，邑有水。牛生人，人身而虫蛇面者，其邑亡地。牛生人，人面而虫蛇身者，此邑皆空。

牛生六畜

《天镜》曰：牛生六畜，兵且作，其君不安。

京房曰：邑更主则牛生六畜。牛生六畜，其邑女子为主。君不安宅，则牛生马。牛生马，兵将作，人零落，不安宅。牛生六畜人形者，其邑更主。牛生六畜，一身一首，其君亡。牛生六畜，二鼻以上，其君有兵。牛生六畜，二口以上，邑有兵。牛生六畜，三耳三口以上，邑亡地。牛生六畜，无目，其邑令不行。牛生六畜，无四肢，主不治。

牛生野兽飞鸟　牛生鱼

牛生野兽，天下不通。牛生野兽，似人形，其邑有兵。兵大作，则牛生鼠。国有兵水，则牛生飞鸟。牛生飞鸟鸣者，有他变，且为兵水。

京房曰：天下虚则牛生鱼。

牛生五谷屎金铁石木草土布帛　牛疫

京房曰：牛生五谷，其邑昌，且大穰。牛生土及屎土，邑地大昌。牛生金铁，其邑有兵。兵强主武，则牛生石。牛屎生草木，其君死。牛屎布帛，其君有令。

《握镜》曰：牛大疫，觔革动，主用兵杂城郭，不出三年，有大殃。

开元占经卷一百十八

马占

马休征

神　马

《援神契》曰：王者德至山陵，则泽出神马。（宋均注云：神马巡狩四方。《典略》曰：神马者，河之精也。）

《晋中兴书征祥说》曰：孝武帝大元十四年六月，宁朔州刺史贾统上言，晋宁须池县此月辛亥有马二匹出于河上，一白一乌，盘戏相逐河水上，从卯至巳乃没。

龙　马

《尚书中候》曰：尧励德匪懈，万民和欣，龙马衔甲，赤文绿色，龟背袤广九尺，五色，颏下有赤文似字。注云：龙形象马，赤熛怒之使，甲所以藏图。王者有仁德则龙马见也。其文赤色而绿地也。

《瑞应图》曰：龙马者，仁马也，河水之精，高八尺，长头，身有鳞甲，骼上有翼，旁有垂毛，鸣声嘎咿，蹈水不没，有明王则见。又曰：王者不储秣马，则龙马乘黄泽马白马朱鬐并集矣。

腾黄　飞兔　骠袅　泽马　玉马　驳马

《瑞应图》曰：腾黄者，神马也，其色黄。王者德被四方则至。一名吉光。乘之寿三千岁，以马无死时。又曰：飞兔者，马名也，日行三万里。禹治水有功，勤劳历年，救民之害，天眷其德而至。又曰：骠袅者，神马也，与赤兔同应。

应劭注《汉书》云：骠袅，古驳马，赤喙玄身，日行一万五千里。又曰：王者爱人而贱马，则泽马来。又曰：王者劳来百姓则至。

《随巢子》曰：夏后之兴，方泽出马。

《瑞应图》曰：王者精明尊贤，则玉马至。又曰：师旷时，玉马出。又曰：世治则西王母献岱驳马。

《礼斗威仪》曰：君乘火而王，其政和平，则南河输驳马。（注曰：驳马者，黄赤色马也。）

《天镜》曰：王者不伤禽兽，则驳马见。

白马朱鬣　青马白鬣

《瑞应图》曰：明王在上，则白马朱鬣至。又曰：王者乘服有度，则白马朱鬣。又曰：白马朱鬣者，任用贤良则出。

《礼记威仪》曰：周王白马朱鬣。

《天镜》曰：王者资服有制，则青马白鬣来。

马咎征

马化为牛狐及出地中

京房曰：马化为牛，君且无强兵也。

《纪年》曰：周宣王三十三年，有马化为狐。

京房《易传》曰：马出地中，国有兵，民散亡。又曰：军丧，不出三年。

马变毛

京房曰：马一夜改毛，易政，又曰：马一夜变毛，名曰易衣，君且小忧，有马之家家长死。又曰：马一夜变易毛色，南乡更为北乡，东乡更为西乡，政且有变。

《握镜》曰：马忽易色，君忧。一曰：马忽变易赤色，主有大丧。

马悲鸣　马能言

《潜潭巴》曰：天子马行而鸣，天号无声，故马应之而鸣。

《天镜》曰：马鸣蹹地不食，必远行千里，若国君所乘马，主伐他国。主乘马夜悲鸣，国有外贼。

京房曰：马无故一夜皆鸣，且有大兵来者。又曰：马能言，如其言吉则吉，言凶则凶。

《吕氏春秋》曰：乱国之妖，马乃言。

马入宫殿

《潜潭巴》曰：有马入宫，大臣不从，行不忠。其有声也，臣名于天下，主令不行，轻见虏。注云：马地精，阴也，从人，无所不之，今忽入宫，臣欲夺主位居其宫之祥也。有声是日而鸣，声者欲行主教令也。

京房曰：马走入君宫，有兵事，大忧。

《异苑》曰：后赵建武十四年，有妖马一匹，色青，尾焦燎，自中阳走阙下。是岁虎死，国乱。

《晋阳秋》曰：咸康八年，有马色赤如血，自宣阳门直入殿前走出，不知所之。

《二石伪事》曰：石混说建武十四年时，忽有斓马一匹，有四目，系著殿中十余日，突去不知所在。

马生角

《地镜》曰：马忽生角，其君以兵攻，国破亡。

《吕氏春秋》曰：乱国之妖，马乃生角。

京房曰：下不顺政，厥妖马生角，兹谓贤士不足。又曰：天子亲伐，马生角。

《洪范五行传》曰：文帝十二年，有马生角于吴，在耳前，上向，右角长三寸，左角长二寸，皆大二寸。刘向以为马不当生角，犹吴主不当举兵向上也。又曰：成帝绥和二年二月，大厩马生角左右耳前，围长各一寸。是时王莽为大司马，害上之萌自此始矣。

《晋纪》曰：隆安四年，梁州刺史郭诠送马生角，桓玄之应也。

《赵书》曰：前赵临泾县马生角，在耳，长七寸，摇之则动。

牡马生驹

京房曰：方伯分威，厥妖牡马生驹。

《史记》：秦昭王二十年，牡马生驹而死，非类妄生而死，犹秦恃力强得天下，而还自灭之象也。

《汉书·五行志》曰：哀帝建平二年，定襄牡马生驹，三足，随群饮食，太守以闻。马，国之武用，三足，不任用之象。后侍中董贤年二十二为大司马，居上公之位，天下不宗。哀帝暴崩，成帝母王太后召弟子新都侯王莽入，收印绶，贤自杀，莽因代之。

马生子异形

京房曰：马生子一目，其君弱。马生子三目以上，臣制主令。马生子二口以上者，其令多乱。马生子三鼻以上，民流亡。马生子三耳以上，其民人多死者。马生子二疋以上，民流亡。马生子三足，其邑主且有不祥。马生子二阴以上，有兵。马生子目在腹下及在旁，其邑有兵。马生子目在四支，其邑俘囚。马生子目在阴，其邑大弱，主亡。马生子目在背，民流亡不从令。马生子口在背，邑民大去其君。马生子口在腹，邑饥，五谷大贵。马生子耳鼻在四支者，兵作。马生子耳鼻在腹及背，臣谋叛上，败绩。马生子足在首，失邑君。马生子足在背，人主有行。马生子足在腹，主劳民饥。马生子尾在首足，谷不成。马生子尾在背，其君摇。马生子尾在腹，臣谋反。马生子无目，其邑君久疾。马生子无口鼻，其邑君无子。马生子无耳，主失位。马生子无足，主失位。

《古今注》曰：汉哀帝大初四年中，张幼卿有马生子，一身三头九口，各有言，民皆书之户上。

《华阳国志》曰：蜀李特将亡，马生驹，一头二身，著六牙，一牡。

《异苑》曰：李势时，有马生驹，一头二身六脚，身中有牝牡。

马生人

京房曰：上无天子，诸侯相伐，民流百姓劳，厥妖马生人。马生人，一身有两头以上，邑有反者，兵大作。马生人，一首三额以上，邑相挠乱。马生人，一首两额以上，邑有大兵。马生人，一身而两首，无目，一耳居额以上，且有兵。马生人，一身三首以上，三耳以上，无目，一耳居额上，是谓不祥，天下有兵，民流亡。马生人，一身两首九口，鼻居项，天下大饥，民流亡。马生人，一身两首以上，无耳无口，二鼻以上，一鼻著项，一鼻著额，天下有兵丧。马生人，一身两首，邑无主。马生人，一身而两面以上，其邑大不祥。马生人，三首以上，邑争凶。马生人，一身三耳以上，其邑乱。马生人，一首两鼻以上，邑民贫。马生人，有臂无首足，邑有兵，不胜凶。马生人，三臂以上，邑君有恶疾。马生人，三足以上，其邑劳。马生人，三腹以上，无足，邑有大丧。马生人，三阴以上，臣谋其主。马生人，首在腋下，主贼杀其臣。马生人，首在足下，邑君私，社稷亡。马生人，首在背，民大劳苦。马生人，首在阴，其君亡地。马生人，目在腋下，其君丧。马生人，目在背，邑有大兵流亡。马生人，目在腹若喉额，人主有亡地。马生人，目在足下，此谓下视，欲谋其上。马生人，口在腹，邑有兵，民且饥。马生人口在背，邑有大事，民绝食。马生人，鼻在腹下，主令不行。马生人，鼻在足下，民相从哭。马生人，鼻在腹下，其邑谷不成。马生人，鼻在背，邑民劳。马生人，鼻在阴，邑君鬼神不享。马生人，耳在背，民不相从，邑有兵。马生人，耳在腹，其邑弱主治不行。马生人，耳在阴，贤者不上通。马生人，腹在跨，其邑大饥，君亡地。马生人，阴在上，其君无子。马生人，阴在背腹，民饥，臣下大谋其主。马生人，四支在首及项，其君失位。马生人，无首，其君大疾。马生人，无目，其国失令亡。马生人，无口，天下大饥。马生人，无鼻，其邑有丧。马生人无耳，其邑有鬼惊人主。马生人，无手足，其邑不谷。马生人，无臂，邑有兵，兵败。马生人，无腹，邑亡，有兵，民饥。马生人，人身而畜面者，民饥主易。马生人，人面而六畜身者，是不祥，邑有兵。马生人，人面而野兽身者，邑有大客及兵。马生人，人身而野兽面，天下有亡邑。马生人，人面鸟身，是谓不祥，邑有兵。马生人，人身而虫蛇面者，邑且亡。马生人，人面而虫蛇身者，谓邑虚及有兵。马生人，人身而蛇龙面，其邑有弱主不治。马生人，人面而龙蛇身者，民流亡。

《洪范五行传》曰：秦孝公二十一年，有马生人，占曰：畜生非其类，子孙必有非其姓者。后始皇盖吕不韦子也。

《史记》曰：秦孝公有马生人。刘向以为皆马祸也。孝公始用商君攻守之法，东侵诸侯，其象将以兵革抗极成功而还自害也。

马生六畜

京房曰：马生六畜，君有大事。马生羊，邑安，又曰国无忧，民大安。马生牛，人安，五谷蕃。马生六畜，一首两身，其君且逐。马生六畜，二口以上，天下有作兵者。马生六畜，二鼻以上，民大饥。马生六畜，三耳三目以上，君失社稷亡。马生六畜无首，人君失位。马生六畜无四支，其君不安。马生六畜无目，臣塞君之善，上令不行。马生六畜无鼻口，天下有兵。马生六畜无耳，天子失忠臣。马生六畜无阴者，女主治。

马生野兽飞鸟　马生鱼虫

京房曰：马生野兽，有他变，民尽为兵。马生野兽，天下不通。马生飞鸟，民不安，有反臣。马生飞鸟，有他变形者，皆为兵丧。又曰：马生鱼，邑主忧。又云大水至，谷不成。马生虫蛇及蜂蚊者，其邑流亡。

马生五谷金钱铁石土草木

京房曰：马生五谷，岁乐昌。马生金钱，其邑臣有欲贼主者。马生石，其邑强。马生土，其邑增地。马生草木，其君疾。马生布帛者，政令且更。

开元占经卷一百十九

羊犬豕占

羊休征

玉羊见

《瑞应图》曰：钟律调，五音当节，则玉羊见师旷时。

羊疫　夷羊　羊两口　羊六头　羊多角

《汉书五行志》曰：视之不明，是谓不哲，时则有羊祸，多疫死及为怪。

《国语》曰：商之亡也，夷羊在牧。贾逵注曰：夷羊，神兽也。《货食传》曰：羊，扬也。许慎注《淮南子》曰：大羊也，牧，商牧野。

《天镜》曰：羊一头两口，其年不熟，民饥亡。

《灾异图》曰：王侯二千石不祗上命，克暴百姓吁嗟，则一羊六头。

《异苑》曰：石虎建武初，秦州南安虞大柳摩献六角及四角羊各十，山羌中有三角五角羊，又旄牛有一角，皆其类也。江陵黄丘村有羊两头，一头下，不能鸣。

羊四耳　羊无足　羊生犬马

《河图》曰：黑羊四耳，目在腋下，名孽，见即有起王。

《天镜》曰：羊无后足，前吉后凶。又曰：羊无前足，先忧后悦。

《晋中兴征祥说》曰：咸和元年，司徒府羊产无后足，其后苏峻作逆。

《天镜》曰：羊生犬，国被外贼。又曰：羊生马，天下将兵起。

犬咎征

犬狂疾

《洪范五行传》曰:犬祸者,西方也,以口守言之类也。言气毁则犬伤疾矣。故曰犬伤祸也。旱岁犬多狂死,或言气乱则犬为怪,以期占之。

京房曰:佞臣在侧则犬妖生,岁多蝗虫。任佞则群物尽伤,犬妖则军兵将至。又曰:犬能言吉,凶如其言。又曰:犬呼其主,主且亡。

《天镜》曰:犬作人音声,世主移。

犬群嗥　犬自食子　犬反哺　犬负子　犬不啮鼠

《淮南子》曰:夏桀在位,乱四时之政,而万物失所,犬群嗥起渊。

《运斗枢》曰:七政乱,主见禁,则天下犬嗥。

《天镜》曰:犬嗥街巷中,不出其年,有贼在邑。犬群嗥街巷中,不出其年,外内戒严,君臣交兵,从朝廷起。二犬嗥,众犬和,兵必起。犬群嗥城池,不出三年三月,国内虚空。犬嗥屋上,国有丧。犬嗥门巷中,其邑不宁。

京房曰:犬晨夜嗥堂室上,家且有丧,邑亦然。

《天镜》曰:犬群嗥,暮嗥室中,男若女必喜,朝嗥室中,长女死。

《墨子》曰:三苗大乱,天命倾覆,则犬嗥于市中。

《天镜》曰:犬逆吠,其主必远行,若国君远征,伤将,亦伤兵。

京房《易传》云:犬群嗥,国将亡。

《天镜》曰:犬自食子,国无盗贼。又曰:犬子初生,反哺其母,国有义。又曰:犬负其子走,来入城池中,其国不征伐,邻国归。犬负其子入巷,民去其乡。

京房曰:犬无故皆见鼠不动,邑且有贼臣,公不禁下。

犬聚宫门　犬浴水中　犬从地中出

京氏曰：犬死无故当邑门及宫门，聚如尸，皆大凶。又曰：犬无故相从浴水中，兵大作。又曰：犬自地中出，邑大水，君且贫。

《晋书征祥说》曰：兴平二年，吴郡府舍地中得犬子，二头，一雄一雌。太守张懋闻斋内床下犬子声，地自拆，见有二犬，取而养之，皆成。寻而懋为洗克所害。（注云：《夏鼎志》曰：掘地而得狗名曰假。《尸子》曰：地中有犬，名地狼也。）

又曰：晋孝武帝大元中，庐江灊县何旭家忽闻地中有犬子声，即于声处掘之，见一狗母，状甚羸瘦，走人菰中，不知所在。视其处，有犬子二头，一雄一雌。取而养之，雌死雄活，及长，为犬善噬野兽。其后旭里中为蛮所没。安帝隆安中，辅国将军孙无终家既阳中地中闻犬子声，寻穴地有拆，犬子皆白色，一雄一雌，取而养之皆死。后无终为桓玄所诛。

犬戴冠

京房曰：君不正，臣欲篡，厥妖狗冠，出朝门。

《汉书·五行志》曰：昌邑王贺为王时，见白犬冠方出，冠而无尾，此服妖，示犬祸。龚遂曰：天戒在君也。贺既废死，不得置后，犬无尾征也。

《续汉书·五行志》曰：熹平中，省内冠狗带绶，以为娱乐。有一狗突出，走入司徒府门，或见之者，莫不惊怪。灵帝宠用便嬖，西园卖官，实狗而冠也。

犬生角　犬两首　犬入宫室淫连　犬豕交

《天镜》曰：犬生角，世主增地。

京房曰：犬生角，必人主失政，小人进用。

《汉书·五行志》曰：文帝后元五年，齐城门外有狗生角，齐悼惠王亡后，帝分齐地，立其庶子七人皆为王，兄弟并强，有亢阳心，故犬祸见。犬守卫，角兵家，在前向上也。犬不当生角，犹诸侯不当举兵向京师也。

《运斗枢》曰：狗两首，人行衔刀。宋均注云：狗为人吠守，而设两头，且主行衔刀兵，是宿卫之臣欲叛自作主而妖也。

《地镜》曰：犬入室中淫连，君亡之象。

《吕氏春秋》曰：乱国之妖，犬彘乃连。注云：案《汉书·五行志》曰：景帝三年，邯郸狗与彘交，悖乱之气近犬豕祸也。比时赵王遂悖乱，与吴楚谋为逆，遣使匈奴求助，卒伏诛。

京房曰：人君夫妇不严，厥妖狗与豕交，兹谓反德，国有兵革。

犬生子异形

京氏曰：犬生子三耳以上，邑且有乱臣。犬子生一目，邑有臣事二主者。犬生子三目以上，邑有大臣谋主。犬生子有二口，邑有忧。犬生子鼻一孔，邑有兵。犬生子有二鼻，邑且有兵。犬生子三足以上，其邑主有公侯。犬生子有五足以上，其邑且大卒行。犬生子有二阴，君多子。犬生子有二尾以上，邑有徙亡。犬生子口在背，邑有反臣。犬生子口在阴，邑臣强，主命弱，令不行。犬生子口在四足，臣杀其君。犬生子口在腹下及腹旁，邑大忧。犬生子口在腹，民大饥。犬生子口在四支，其邑君亡。犬生子有鼻在四支，邑有兵。犬生子足在腹，邑有徙亡。犬生子足在背，邑有大咎。犬生子足在首，邑君且有大仇。犬生子尾在腹，邑有大臣杀君。犬生子尾在背四支，邑有三主争者。犬生子无尾，邑大臣杀君。犬生子无目，邑主病。犬生子无口鼻，民饥。犬生子无足，谷不成。犬生子无尾，邑民贫。

犬生人

京氏曰：犬生人，其邑君失位，兵行。犬生子人形不具，其邑有兵。犬生子人之形，而物各不居其所者，主亡。犬生人之形而六畜身，主亡，大有咎。犬生人之形而飞鸟身，邑大水。犬生人之形而野兽身，此有亡主。犬生人之形而鱼身者，邑大水。犬生人之形而鼠形者，其邑虚。

犬生六畜　犬生鼠生鱼　犬生野兽　犬生飞鸟蜂蛇

京氏曰：犬生六畜，其邑易命，有大事。犬生六畜，一首二身，邑有废。犬生六畜，两身，邑且二君，流。犬生六畜，两口以上，邑大臣乱。犬生六畜三鼻，其邑有乱臣。犬生六畜有人形，邑易主。犬生六畜无首，其邑有大事。犬生六畜无耳，邑不用事。犬生六畜无目，其邑兵行。犬生六畜无口鼻，民流亡，作兵。犬生六畜无四支，邑不治，有兵。犬生六畜无阴，主且暴死。犬生豕，岁大熟，民乐。

《天镜》曰：狗生豕，吉，不出三年，国安乐。

京氏曰：犬生子为鼠，岁虚，民流亡。犬生子为鱼，邑有大水。

《地镜》曰：犬生野兽，大夫有外谋，不出三年，君且亡国。

京氏曰：犬生野兽，邑有大咎。犬生野兽人形者，邑有大兵。

京房曰：犬生飞鸟，虽有人形，及不具，皆为大兵大水。犬生子为蜂，天下更令。犬生子为蜂蛇，其邑民人流。

犬矢溺宫室道路　犬矢金石杂物

京氏曰：犬矢宫室中殿堂上三日以上，邑空虚。犬矢王门中，其主有喜。犬矢王门外，邑主有忧。犬矢邑社，不及大神，五日以上，邑亡。犬皆群溺于邑门外及内，兵作，人家亦然。犬无故大道矢而行，邑大凶。群犬无故皆矢大道中，兵行。犬矢人民床席上，其殃大。犬矢井中，家虚，邑亦然。犬无故溺人，其人不出三岁亡。又曰：犬矢石，其邑臣强君弱。犬矢金铁，邑兵大作。犬矢土，邑愈坠。坠地也。犬矢五谷，邑昌岁成。犬矢布帛，邑有暴政。犬矢草木，邑人有丧。

豕咎征

豕能言　豕自食子　豕自食尾

京氏曰：豕能言，吉凶如其言。豕昼同时俱鸣，此谓哭主，岁不成。又曰：豕自食其子，家破。又曰：豕反自食其尾，家富，岁且凶。

豕登屋入宫

京氏曰：豕之屋上，其邑得贤士。豕入君室中，其社稷邑君且亡。

《汉书·五行志》曰：昭帝元凤元年，燕王宫永巷中豕出圈，坏都灶，衔鬴六七枚置殿前。刘向以为灶者生养之本，豕陈鬴于庭，灶将不用，宫室废矣。燕王不改，卒伏诛。

《地镜》曰：野猪入宫室中，其军将围，小人失宅。

京氏曰：豕无故入君室屋，且有女忧为乱。又曰：赤彘见于国，不出三年，必有大祸，野人为政。

豕生子异形

《灾异图》曰：王侯刺史二千石令长不祗上命，则豕一头两身六脚。

《古今注》曰：哀帝大初三年，长安彘生两头三目，一目在项中。

京氏曰：豕生子有角，其邑有福禄。豕生子有二口以上，其邑且安。豕生子鼻一穴，郡有九侯。豕生子三足，其岁不熟。豕生子五足以上，其邑有大咎，兵。豕生子一阴，其邑分无后。豕生子目在四支，其邑兵行得地。豕生子目在腹下及旁，邑有大咎。豕生子口在背，邑主弱，群臣夺，王令不行。豕生子口在腹，其邑饥。豕生子口在四肢，民饥，兵作，邑亡。豕生子口在阴，邑有大谋。豕生子耳鼻在腹及背，臣谋其主。豕生子耳鼻在四肢及在首上，兵作邑中。豕生子足在首上，亡社稷。豕生子足在其腹，邑有大事。豕生子足在背，其民劳于兵。豕生子尾在腹及首，邑有大事。豕生子无口，其邑乱。豕生子无目，其邑臣夺主令。豕生子无尾，其邑兵弱。豕生子无尾有羽，邑亡。

豕生人

京氏曰：豕生人之形，即纯行，圣人且行兵，不纯行，其邑失社稷。豕生人而有六畜形者，此邑乱亡。豕生人形而有飞鸟者，其邑大水。豕生人形而有野兽形者，其邑兵。豕生人形，如物各有不居其位，邑失地。

豕生六畜

京氏曰：豕生六畜，其邑易主。

《吕氏春秋》曰：乱国之妖，有豕生狗。

《天镜》曰：豕生狗，不出三年，国王走于野中死。

京氏曰：豕生犬，其君走，谋于野中。豕犬形不具，邑有兵，诸兵数起。豕生六畜，有人形，邑且更令。豕生六畜，一首二身，邑分。豕生六畜二鼻以上，邑有兵行。豕生六畜二口以上，其邑亡地，臣乱。豕生六畜三鼻三目以上，其邑大恐。豕生六畜无首，其邑不安。豕生六畜无目，邑令不行。豕生六畜无耳，其邑君且不听政。豕生六畜无口鼻，其邑民流亡。豕生六畜无阴，其邑无嗣子。豕生六畜无四肢，其君不治。

豕生野兽虫鱼飞鸟蜂蛇

《运斗枢》曰：人主以不孝仁之名侵犯大道，则豕生鹿。（大道者，君政也。）

京氏曰：豕生野兽，其邑民饥，有兵。豕生飞鸟，其邑水。豕生鱼，其邑大水灾。豕生虫蝇，其邑流亡。

豕矢金石草木

京氏曰：豕矢金铁，邑兵大作。豕矢土，邑增土。豕矢石，邑大兵强，胜四方也。豕矢五谷，岁成熟。豕矢草木，其邑有丧。

开元占经卷一百二十

龙鱼虫蛇占

龙龟鱼虫瑞

龙

《瑞应图》曰:王者承天命,而天道四通而悉达无益之术藏,而世无浮言,言吉则河出龙图。

《援神契》曰:天子孝则大龙负图也。

《礼记》曰:圣王用水火金木必时,颁爵位必当,年得无水旱之灾,妖孽之疾,则龙在宫沼。

《天镜》曰:凡龙春见,无殃咎。

《瑞应图》曰:青龙,水之精也,乘云而上下,不处渊泉,王者有仁则出。又曰:君子在位,不有斥退,则见。

《礼稽命征》曰:王者得礼之制,则山泽谷之中有赤龙。

《瑞应图》曰:黄龙者,五龙之长也,不混池鱼,德及渊泉,则黄龙应和气而游池沼。

蔡氏《月令章句》曰:智听政事则黄龙见。

《瑞应图》曰:王者精察贤德,则白龙见。

《河图》曰:黄龙负鳞甲成字以授黄帝,帝令侍臣写之,以示天下。(《魏文帝杂事》曰:黄帝录图,五龙舞河,此应圣贤之符也。)

《尚书中候》曰:河出龙图,赤文像字,以授轩辕。

《元命包》曰:唐帝游河渚,赤龙负图以出,图赤色如锦床,赤玉为匣,白玉为检,黄珠为泥,玄玉为鉴,章曰天皇大帝,合神制署,天上帝孙,伊尧龙润,涓图在唐典。右尉舜等百二十臣,发视之,藏之大麓。

《运斗枢》曰:舜为天子,东巡至寽中月临观,(注云:临河观望,月或为丹字也。)五采负图,出置舜前。图黄,为匣如柜,长三尺,广八寸，厚一寸四分，而连有石，白玉为检，黄金为匣，黄芝为泥，封两端，章曰天皇帝符玺，五字广长各三寸，深四分，鸟文。舜与三公大司空禹等三十人发视，玄色而绨状，可卷舒，长四十二尺，广九尺，中有七十二帝地形之制，天文分度之差。（注云：黄帝含枢纽之使也，故龙匣皆黄，四合者，有道相入也。有户言可开合也。）

《尚书中候》云：舜沉璧，黄龙负卷舒图，出水坛畔，赤文绿字也。

《大戴礼》曰：颛顼端拱以有谋，疏通以知事，养财以任地，履时以象天，依鬼神以制义，治气以教民，洁诚以祭祀，乘龙而至四海，动静之物，大小之神，日月所照，莫不祗属。又曰：帝喾妙日月而送迎之，明鬼神而教事之，春夏乘龙，秋冬乘马。

《括地图》曰：禹平天下，二龙降之，禹御龙行城，既周而还。（注：《神虚记》曰：禹乘二龙，郭里而为御。）

《尚书中候》曰：周公摄命七年，归政成王，沉璧于河，荣光幕河，青云浮至，青龙御玄甲，临坛吐图而去。（注云：周公摄政，归美成王，制礼作乐，天下治和，荣光五色从河水出，幕覆其上，浮云从荣光中来。青龙者，苍帝灵威仰之使也，玄甲所以裹图也。）

蛟

《山海经》曰：祷过之山，虎蛟，鱼身蛇尾，音鸳鸯。（注云：似蛇，四脚，龙之属也。）

《说文》曰：鱼满千头，蛟来为之长，率鱼而飞，置苛韭水即蛟去。

《淮南子》曰：蛟龙寝于渊，而卵乳于陵。（注云：许慎曰：蛟鳖属乳，谓卵自乳者也。）文子曰：王有道德者，天与之，地助之，鬼神辅之，则蛟龙宿其沼。（注云：《山海经》言蛟龙蛇而四脚，小头细颈，颈有白婴，大者十数围也。）

玉龟　龟负图　玄龟负书

《瑞应图》曰：玉龟者，为圣国出，师旷时至，以录谶书。

《礼稽命征》曰：制礼作乐，改损祭器，有鬼神之助，则龟负图。

又曰：刑杀当其罪，赏锡其功，立事得礼之宜，则龟负象载。

《白虎通》曰：德至渊泉，洛出龟书。

《礼含文嘉》曰：伏羲德洽上下，故地应以龟书，伏羲乃象以作卦。

《尚书中候》曰：黄帝东巡至洛，龟书咸赤文绿字，以授轩辕。（注云：虚龟负书所出，黄帝咸则也。）

《尚书中候》曰：唐帝沉璧于洛水，龟负书出，背甲赤文成字止坛也。又曰：汤沉璧于河，黑龟出赤文题。又曰：周公沉璧，玄龟青纯。（注云：何休解，纯绿也，谓绿纯，千岁龟也。）含光刻背甲书，止洛于坛，赤文似字，周公视，周王乃视，龟留不去，周公援笔以世文而写之，书成文消龟去。

《宋书·符瑞志》曰：玄龟洛书者，天符也，王者德至渊泉则出。

虚龟五色　龟在宫沼

《瑞应图》曰：虚龟者，玄文五色，神虚之精也。上隆法天，下平象地，能见存亡，明于吉凶，不偏不党，唯义是从，其惟龟乎！虚龟从此谓也。虚者德之精也，龟者久也。能明于久远事，王者不偏不党，尊耆老不失旧故，则神龟出。又曰：虚龟似鳖而长，含五行之精，三百岁游于藕叶之上，千岁游于蒲上，进一尺二寸，王者奉顺后土承天则见。

《宋书·符瑞志》曰：王者德泽湛清，畋猎顺时，则出五色鲜明龟，三百岁游于莲叶上，三千岁常游于卷耳之上。禹卑宫室，虚龟见。

《春秋礼演图》曰：文命将兴，龟穴莲。

《礼记》曰：圣王用民必顺，颂爵当时，无水旱之灾，妖孽之疫，则龟在宫池。

毛龟　四眼六眼八眼龟

《宋书·符瑞志》曰：宋文帝三获白龟，孝武帝获毛龟，明帝获四眼龟、六眼龟、八眼龟，前书不载，当时并以为嘉祥，今附于龟瑞之末，并载其形，以示将来也。

比目鱼　黄鱼跃出　白鱼入舟　神鱼舞河

《瑞应》曰：王者明照出远，则比目鱼见。（注云：《尔雅》曰：状如牛脾，细鲜紫色，两片相合乃行。）

《尚书中候》曰：汤沉璧于洛水，黄鱼双跃出济千澶，玄鸟随鱼出，示止，化为玄玉，赤勒日，玄精太乙，受神命伐，天下服。（注云：黄土色，明土归汤，玄鸟叶光纪之使，天乙汤名，天命之伐桀也。）

《尚书中候》曰：周武王渡于孟津中流，白鱼跃入于王舟，王俯取鱼，鱼长三尺，赤文，有字题目下颊右曰：姬发遵昌。王燔以告天，有火自天流为赤乌。（注云：孟津，南河津名也，右助天告以伐纣之意。姬周姓，遵循也，昌文王名，言武王之业也。宋均注《元命包》曰：燔鱼祭天，烟火光化为赤乌，乌日中阳物，有光明而能照也。）

《汉书》曰：宣帝诏云：朕饬躬齐精，所为百姓，未济大河，天气清净，神鱼舞河，朕之德惧不能任。

赤蛇　大螾　大蝼

《礼稽命征》曰：王者得礼之制，则泽谷必有赤蛇。

《东观汉记》云：安帝生，赤蛇盘于床席之间。

《吕氏春秋》曰：黄帝时，天见大螾，黄帝曰：土气胜，故其色尚黄，其事则王。注曰：螾，蚯蚓也。

《帝王世纪》曰：黄帝得螾如虹。应劭云：神螾，大五六围，长十余丈也。

《吕氏春秋》曰：黄帝时，天见大蝼，黄帝曰：土气胜，故其色尚黄，其事则王。

野蚕成茧

《后汉书》曰：光武建武元年六月己未，即皇帝位，大赦天下，野蚕生麻尤盛，野蚕成茧，被于山阜，民获其利非一。

《吴志》曰：孙权黄龙三年，夏有野蚕茧大如卵，由卷野稻自生，改为禾兴县。

龙龟鱼虫怪

无云而龙出　黄龙坠　龙五色

《天镜》曰：大兵将至，大水为害，则无云龙出。

《春秋合诚图》曰：黄帝将亡，则黄龙坠。

《握镜》曰：君失木行，则春青龙见，国被兵，其乡散亡，青狼豕亦然。失火行，则夏赤，失金则秋白，失水则冬黑，失土则四季黄，皆如上占。又曰：苍龙见，国有凶；黄龙见，国有丧；白龙见，有兵；黑龙见，有忧凶。

龙见邑社廷庙

京房曰：山见龙过于邑，邑迁。赤龙见于国，不出三年，必有大祸，野人为政。

《天镜》曰：龙见于社稷，必有大战流血。龙从宫中出，谗人聚，其国亡。

《地镜》曰：龙下朝廷，人君不顺四时，行出不时。龙以冬出当道，或斗邑中，或乳国中，或见上腹下背，有大战，主忧。（春夏秋出不占。）

《墨子》曰：昔三苗大乱，天命殛之，龙生于太庙。

《异苑》曰：会稽有独姥，常织芦布为业，以义熙初晒缉于庭，忽疾风雷雨，山阴县东魏家堂屋上有一苍龙，长数丈，须臾而散成缉，从风飘乱。姥先以大瓮著阶下，有顷天雨芦缉满瓮，视之悉是芦缉，尔日郭中有曝晒者，莫不失之。后有卢龙之难，寻自散走，咸谓是其应矣。

龙见井中

《潜潭巴》曰：龙从井中出，下为猾，谋虑大兵不本而出。（注云：龙从井出，圣人在下位，今而见势稍大，欲猾乱时主祥也。）

京房曰：井出龙若马，君不守宗庙。又曰：有德遭害，厥妖龙见井中。又曰：君行暴恶，黑龙从井中出。

《汉书·五行志》曰：惠帝二年正月癸酉旦，有两龙见于兰陵延东里温陵井中，至乙亥夜去。刘向以为龙贵象而困于庶人井中，象诸侯将有幽执之祸。其后吕太后幽杀赵王，诸吕亦终诛灭。

《魏志》曰：高贵乡公正元元年冬十月戊戌，黄龙见于郲井中。甘露元年正月辛丑，青龙见轵县井中。二年二月，青龙见温县井中。三年，黄龙仍见顿丘、冠军、阳夏县界井中。四年正月，黄龙二见宁陵县界井中。（注：《汉晋春秋》曰：是非龙，人乃咸以为吉祥。帝曰：龙者君德也，上不在天，下不在地，掩而数居于井，非嘉兆也，乃作《潜龙诗》以自讽焉。司马文王见而恶之，五年五月己丑，高贵乡公卒，时年二十。）又曰：帝见威权日去，不胜其忿，遂帅僮仆数百掺鼓而出。文王弟十七骑校尉伸入，遇帝于东门，左右诃之，伸众奔走，中护贾充入，逆帝，战南阙下，帝自用剑，众欲退，太子舍人成济前刺帝，刃出于背。陈留王景元元年十二月甲申，黄龙见华县井中。三年二月，青龙见轵井。咸熙二年十一月壬戌，诏群公卿士奉皇帝玺绶策，禅位于晋嗣王。

《晋阳秋》曰：太原五年，龙见武库井中，帝观有喜色，百官将贺，刘毅以为不祥。孙楚上事曰：顷闻武库井中有二龙，群官或谓之祯祥而称贺，或有谓之非祥无所贺，可谓楚既失之而齐亦未为得也。而龙守鳞翼，潜于重渊，或仰攀云汉，游于苍昊，而今蟠于坎井，同雄于蛙虾，岂独管库之士或有隐伏期役之贤没于行伍，故龙见光景，有所感悟耶？

《异苑》曰：谢晦家室各宅南路上有古井，以元嘉二年，汲者忽见二龙甚分明，行道住观者莫不嗟异，有人入井看，乃是砖隐起龙形，泉从边出，浇灌殊驶。后晦等皆伏法。《淮南》所谓井见而贵臣拘者也。

龙逐人

《洪范五行传》曰：秦文公大猎，有龙出逐文公，公射得之。龙逐人，非所当也，射而得之，非所当射得也。射为射妖，龙为龙孽，皆昏乱之君所致也。龙者天之象，阳之表，超乎众也。射，兵革之祸也。龙伤获为擒灭之患，是国且有兵，将擒获也。文公感悟，改行自新，因居汧之阴，子孙繁昌。

龙斗　龙死

《考异邮》曰：龙斗则主将易。宋均曰：龙君象，斗则将争也。

《潜潭巴》曰：日月食之，则蛟龙群斗。

京房曰：龙斗邑中，历数日不止，人主且分比兵为忧。

《汉书·五行志》曰：《左传》昭公十九年，龙斗于郑时门之外洧渊。刘向以为近龙孽也。郑小国，摄乎晋楚之间，重以强吴，郑当其冲，不纯修德，将斗三国，以自危亡。是时子产任政，内惠于民，外善辞令，以交三国，郑卒亡患，此纯以德消变之效也。（案《春秋经》即郑定公也。）

《续汉书·五行志》曰：桓帝延熹元年，河内野王山有死龙，长可数十丈，襄楷以为龙者帝王瑞。天凤中，黄山宫有死龙，汉兵诛王莽，此易代之征，后魏代汉。

灵龟执　龟无文　穿井得龟

《合诚图》曰：玄帝将亡，则灵龟执。

《尧录书》曰：玄帝之将终也，水不流下，则龟无文。

《世语》曰：晋长沙王从封长沙至国，穿井入地四丈，得大石，其中有灵龟，而长二尺余，长沙王诛之象也。

车频《秦书》曰：苻坚建元十三年，高陆县民穿井得龟，其大三尺六寸，背文负八卦古字。坚藏之太卜，因而养之。十六年而坚死，令取其骨稽问吉凶，名曰客龟。太卜佐齐鲁，梦客龟言：我归江南不过，死于秦鲁。自解曰：龟三万六千岁而终之，必有灾国之征。

巨鱼见　丹鱼见

京房曰：海数见巨鱼，邪人进，贤者疏。

《汉书·五行志》曰：灵帝熹平二年，东莱海出大鱼二，长八九丈，高二丈余。明年，中山王畅、任城王博并薨。

《异苑》曰：勃勃虏都长安端门外，瓮水有声，视水如沸，有丹鱼长三尺，有赤光，国寻灭。

河鱼逆上及生人　鱼偃行

京房曰：众逆同志，阙妖河鱼逆上。

《洪范五行传》曰：秦始皇八年，河鱼逆水上。刘向以为鱼孽。鱼阴类，民象也，逆水上，民将不从君令，为逆行也。

京房《易候》曰：下无臣，大人不实，则鱼生人。

《运斗枢》曰：天下将乱，则鱼偃，无足行。宋均曰：鱼潜伏，今见且偃行，是弱而降，自恣无所畏也。

鱼飞　鱼见屋上

京氏曰：鱼飞者，治国无礼义，则鱼飞，水有渊奥，即鱼居焉。国无礼义，民去焉，故鱼飞，不救有虚邑。其救也，安民治业，定礼兴乐。又曰：鱼入师中，司马将战胜，鱼飞集于司马鼓上，司马当之。

《地镜》曰：鱼飞入路中，兵作。又曰：鱼飞去水，国有暴兵。

《汉书·五行传》曰：听之不聪，是谓不谋，君严寒气动，故有鱼孽。鱼去水而飞，极阴之孽也。

京房《易传》曰：青鱼去水飞入道，兵将起。

《握镜》曰：鱼忽出屋上，死道中，皆有兵奔败。

《魏志》曰：齐王正始中，有二鱼长尺，集于武库之屋，有司以为吉祥。王肃曰：鱼生于渊而居于屋，介鳞之物失其所也，边将其殆有弃甲之变。而后果有东阙之败。

五色蛇　蛇有翼足

《淮南万毕术》曰：君失春政，则仓蛇见于邑，即岁多祸。君失夏政则赤蛇见，君失秋政则白蛇见，君失冬政则黑蛇见。

京房曰：玄蛇冬出则君凶。

《河图》曰：蛇四足四翼，各群立，见则兵作。

《合诚图》曰：白帝将亡，则蛇有足，伏如人。

京氏《易传》曰：青蛇见足，军中将罢。

蛇入都邑宫庙

《礼记威仪》曰：贱人为君，则蛇入都。

《潜潭巴》曰：朝有大蛇，亲属无道，将何为。宋均注曰：蛇阴物而性蚕燕，今而在朝，是亲属或欲为无道，何为言不成也。

《吕氏春秋》曰：妖孽生，国有游蛇，蛇一西一东。

《汉书·五行志》曰：皇之不极，是谓失德，则有蛇孽。

《灾异图》曰：外镇王侯不祇上命，克暴百姓，则龙蛇见。

京氏曰：蛇群聚大道上，邑有急兵。蛇聚于国，必有围城。黄蛇见于邑，旱；长蛇见，大水。

《淮南万毕术》曰：君室无故见蛇，君且去；蛇无故在床上，君非其子。

《汉书·五行志》曰：《左传》文公十六年，有蛇自泉宫出，入于国，如先君之数。刘向以为泉宫在囿中，公母姜氏尝居之，蛇从之出，象宫将不居也。又蛇入国，将有女忧也。如先君之数者，公母将薨之象。公恶之，乃毁泉台。后二年薨，公子遂杀文公之二子恶视，而主宣公，文夫人归于齐。

《搜神记》曰：鲁定公元年秋，有九蛇绕柱，占曰：以为九世庙不祀，乃立炀宫。

《会稽典录》曰：淳于翼字叔通，除洛阳市，长桓帝即位，有大蛇见德阳殿上，翼占曰：以蛇有鳞，甲兵之应也。

《晋征祥说》曰：大宁中，武昌有大蛇居神寺神树上，出头从人受食。（案京房《易妖占》曰：大蛇见神寺，不出三年，有大兵，国有大忧。时王敦作逆。）

《晋惠帝起居注》曰：齐有大蛇，长三百余步，又负二蛇，长十余步，过市，市人悉逐观之，由齐城北门入汉景祠，须臾不复见。

京房《易传》曰：蛇见将军营中，师罢，出则中军将军得志。或曰得士。

蛇鸣君室　蛇交市廷　蛇冲腹　蛇斗

《淮南万毕术》曰：为死事则蛇鸣君室。

京房曰：蛇鸣君室凶。

《地镜》曰：蛇交于市及廷中者，不出三年，必有亡主，各以其国君应之。

《运斗枢》曰：君失政，臣挟私，则蛇冲巴。（巴腹虫也。）

《河图》曰：大蛇朝市路群斗，又去不去，霸者当路。

《淮南万毕术》曰：蛇无故斗于君室，后必争立，小死小不胜，大死大不胜，小大皆死，皆不立也。

《汉书·五行志》曰：《左传》郑厉公时，有内蛇与外蛇斗郑南门中，内蛇死。刘向以为先是郑厉公劫相祭仲而逐昭公代立，后厉公奔出，公复入，弟子仪代立，厉公自外劫大夫傅瑕，使僇子仪，此外蛇杀内蛇之象。

《赵书》曰：前赵时，安定太守邵琨上言，蛇与鼠斗于郡门，而蛇自死。

蛙聚　蛙与虾蟆斗

《易辨终备》曰:蛙聚,大盗出。

《运斗枢》曰:妃色惑主,蛙累入邦门。

《汉书》:武帝元鼎五年秋,蛙与虾蟆群斗,是岁四将军众十万征南越。

候蚯蚓出　蜈蚣入邑　蚁聚土　候螳螂生　候蜩鸣

《周书·时训》曰:立夏后五日,蚯蚓出,不出则臣夺后令。冬至之日蚯蚓结,不结则君政不行。

京房曰:见山蝍蛆入于邑内杀。(《广雅》曰:蜈蚣也。)又曰:蚁无故当道,若门户,城聚土,水且伤人。

《易通卦验》曰:螳螂搏蝉蜣之虫,乘虚而杀物,自隐蔽而有所害,捕搏之象也。奸人性阴邪,行令失节,所生武官不务诘奸,故为奸猾事发。

《月令》云:小暑至,螳螂生。

《周书》曰:夏至后五日蜩始鸣,不鸣则贵臣放逸。立秋之日,寒蜩不鸣。

《通卦验》曰:遁上九候蝉始鸣,蝉不鸣,人臣力争,国多妖言。

蝼蛄集朝廷　蚯蚓蝼蛄见军中　蝼蛄大如牛

京房《易飞候》曰:蝼蛄集朝廷,厥咎黜。又曰:蚯蚓蝼蛄见,军中尤多,师将罢,有谋者不久。地生诸虫,将军急去,大凶。

《抱朴子》曰:蝼蛄见,军尤生多,有军罢,又宜备叛。

京氏曰:蝼蛄大如牛,长一丈,见,邑且有贱人贵。

蜂食苗　蜂生国　蜂入军中　蛾飞蔽日

《五行传》曰：秦昭王委事太后弟穰侯为丞相，弟谦荡君皆用事，私门权倾公朝。三十八年，上郡大饥，山东尽死，民无所食，蜂食民苗。蜂食民苗者，赤祥之灾也，能飞扬之类，赤挟毒火之色也。不当食苗，不当位也，故见灾，以蜚之蜂见挟毒物之害也。天意若曰：君不明，臣下若蜂虿而夺民，将为国家害也。

《天镜》曰：蜂生国，舍内空，亡象。

《兵书》曰：军行，蜂群飞，蜂及蜜蜂尤多者，必大战道路，防之。又曰：军中有蜂鸣移，主将败，士卒亡矣。

《汉书·元帝纪》曰：建昭元年春三月，上幸雍祠五畤，秋八月，有白蛾飞蔽日，从东都至轵道。（注：如淳曰：《三辅黄图》长安城东北次门号曰宣平城门，其外郭曰东都门也。）冬河间王元有罪，废迁房陵。

蝗　生

《五行传》曰：介虫者，小虫有甲，能蜚扬之类，阳气所生，于《春秋》为象虫，今谓之蝗，皆其类也。曰：介，虫之孽也。《说文》曰：蝗虫也，旱气动象。至使乞货，则生螣。旧说螟、螣、蟊、贼，一种虫也。如言寇、盗、奸、宄，内外言之耳，故捷为文学曰：此四种皆蝗也。

《礼·月令》曰：孟夏行春令，则蝗虫为灾。

《春秋纬》曰：愁精所感，扰气所生，蝨冬生，天不能灭，地不能藏。

《潜潭巴》曰：生蝗虫，兵大起，行千里。

《五行传》曰：君行暴虐而赋税贪叨无厌，以师动众，取邑治城，而失众心，则虫为害。

《尔雅》曰：蝗虫食苗心曰螟，食苗叶曰蚮，食苗根曰蟊，食苗节曰贼。

董仲舒《对灾异》曰：佞臣居位，贪叨之征。邪人在位，则蝗虫食叶；君用臣才不任职，则虫食茎；君用佞人在朝，则虫食节；君用奸贼在位，则虫食根。

《礼·月令》：仲春行夏令，虫蝗为害。

《说文》曰：螟虫食谷心，从冥声。吏冥冥犯法即生螟。

《吕氏春秋》曰：乱国之妖，有螟集其国，其年凶。

《淮南子》曰：政恶生孽，虫食心。

京房曰：吏为贪狼，多螟螣。宫室奢，虫食叶。

《汉书·五行志》曰：《春秋》鲁哀公十二年十二月螟，十三年九月螟，十二月螟。刘向以为春用田赋冬而螟，此三螟皆虐取民之效。

《春秋汉含孳》曰：鲁室履亩而税，贪恣太过，则蝝生。

《汉书·五行志》曰：刘歆以为，蝝蝗蠹之有翼（音蚍蜉），食谷为灾，黑青也。董仲舒以为蝝螟始生也。是时初税亩，乱先王制，故应是而蝝生。

《诗推度灾》曰：在下不臣，虫食叶，贷者伐也，小臣为政事，变其法，故立字贷，与伐同其变，臣欲杀也。

京房曰：得无节，虫食叶。

《说文》曰：蟀，野虫食草根者也。吏抵冒取民则生蟀。

京房曰：臣安禄，厥灾虫食根，不绌无德，虫食本；害忠孝，虫食根。

《握镜》曰：螟虫食根，咎在女主社稷。

《毛诗义礼》曰：蟊长而细，或说云：蟊，蝼蛄也。蝼蛄食苗根，为人患。

《诗推度灾》曰：伤苗食之贼也。

京房曰：与公侯争，虫食萏，伤忠臣，虫食萏。

《史记》：秦始皇四年十月，螟虫从东方来，蔽天如严雪，是岁天下失苽瓠。

《汉书·五行志》曰：景帝中元三年秋，蝗，匈奴寇边。武帝元光五年秋，蝗，五将众三十万伏马邑，又四将征匈奴。元鼎五年秋，蝗，四将征南越。元封六年秋，蝗，两将征朝鲜。太初元年夏，蝗从东方飞至敦煌，三年秋复蝗，其年贰师征大宛，天下奉其役连年。征和三年秋，蝗，四年夏蝗，先是一年，三将连众十余万征匈奴，贰师七万人没不还。平帝元始二年秋，蝗遍天下，是时王莽秉政。

《汉书》：王莽地皇三年夏，蝗从东方来，蔽天，至长安，入未央宫缘殿。四年，汉兵斩莽。

《续汉书·五行志》曰：安帝永初四年夏，蝗，是时西羌寇乱，军众征距之连年。五年夏，九州蝗。六年三月，去年蝗处复蝗子生。七年二月，郡国蝗。顺帝永建五年，郡国十二蝗，是时鲜卑寇朔方，用众征之。永和元年秋七月，偃师蝗。去年年冬，乌桓寇沙南，用众征之。

《续汉书·五行志》曰：桓帝永兴元年七月，郡国三十二大蝗，是时梁翼秉政。

《东观汉记》曰：马棱伯威为广陵太守，连年有蝗，谷贵，棱奏罢强官，薄赋税，蝗虫飞入海中，化为鱼虾。

《晋中兴征祥说》曰：元帝大兴二年，徐州及扬州之西江郡蝗，三年，冀州蝗，皆胡肆暴之征。武帝太元十六年五月，棠邑界有蝗，广千里，长三十里许，从南来，其飞蔽天，害苗稼，是时官以贿成，皆入私库，贪私苟得之征也。

《赵书》曰：石勒十四年五月，飞蝗穿地而生，二十日化如蚕，七八日而卧，四日蜕则飞，周遍河朔，百草无遗，唯不食三豆及麻。

蜮生　蝇蔽　蚊虻兴　虻大如牛　蛾蠓满野

《春秋汉含孳》曰：妃党纵横，佞人谮世，则蜮生。

《春秋》：鲁庄公十八年秋有蜮。注云：蜮，短狐也，盖以含沙射人为灾也。

《汉书·五行志》曰：庄公十八年有蜮。刘向以为蜮生南越之地，多淫妇人，男女同川，淫女为主，乱气所生，故宣武名之蜮。（蜮由惑也谓之短狐。）是时庄公将取齐之淫女，故蜮至。

《五行传》曰：《诗》云：为鬼为蜮，则不可得。盖气精也。《诗义礼》曰：一名射景，如鳖三足。

《纪年》：晋献公二年春，周惠王居于郑，郑人入王府，多取玉，玉化为蜮，射人。

《古今注》曰：成帝建始元年六月，苍蝇万数集白虎门朝坐处，蔽地。

《汉书》：昌邑王贺梦青蝇矢积西阶东河五六石，以屋瓦覆，发视之，青蝇矢也。以问龚遂，遂曰：阶下左侧，谗人众多，愿皆放之。贺不用其言，卒至于废。

《诗推度灾》曰：逆天地，绝人伦，则蚊虻兴。

《兵书》曰：军行逢虻尤多者，必大战道路，防之。

《异邮》曰：陈涉即亡，景驹为主，项羽诛婴，都制九塞，自称楚王，地生神虻，大如牛。

《淮南子》：衰世飞蛩满野。许慎曰：蛩，蠛蠓也。

蛰虫不藏　虫两足　飞虫反坠　虫生宗庙

《春秋繁露》曰：木干水，冬蛰虫不藏；土干水，蛰虫冬出。

《潜潭巴》曰：虫两足赤口，诸侯强。

《五经异义·公羊说》：后夫人之家专权擅势，秉持国政，蚕食百姓，则虫飞反坠。

《握镜》曰：甲虫无故生宗庙中，不出三年，臣背叛，兵兴，国忧，亡天下。虫无故自死，用刑暴，戕害过。

京房曰：军行道逢虫蛇怒，必大战，吏兵与马，贼将死，以君大就，五校乱错，故致以怪。